NomosTexte

Europarecht

Textausgabe mit einer Einführung von
Prof. Dr. Roland Bieber

Begründet durch
Prof. Dr. Hans-Joachim Glaesner

24. Auflage

Stand: 1. August 2016

Redaktion:
Prof. Dr. Roland Bieber

Die Deutsche Bibliothek verzeichnet diese Publikation in
der Deutschen Nationalbibliografie; detaillierte bibliografische
Daten sind im Internet über http://dnb.ddb.de abrufbar.

ISBN 978-3-8487-3393-4

24. Auflage 2017
© Nomos Verlagsgesellschaft, Baden-Baden 2017. Gedruckt
in Deutschland. Alle Rechte, auch die des Nachdrucks von
Auszügen, der fotomechanischen Wiedergabe und der Übersetzung, vorbehalten.

5

Inhaltsverzeichnis

A. Recht der Europäischen Union
I. Gründungsverträge

II. Grund- und Bürgerrechte

III. Organisationsrecht
Allgemeines

Europäisches Parlament

Europäischer Gerichtshof

Europäische Zentralbank

IV. Justizielle und polizeiliche Zusammenarbeit in Straf- und Zivilsachen

V. Finanzverfassung

B. Recht der Bundesrepublik Deutschland

C. Europarat und Europäische Menschenrechtskonvention

Einleitung

Von Prof. Dr. Roland Bieber
Universität Lausanne

I.

Auch nach dem Referendum in Großbritannien vom 23. Juni 2016 zugunsten eines Austritts bleibt die **Europäische Union** (EU) das bedeutendste Ergebnis der Bemühungen um eine freiwillige und **friedliche Zusammenarbeit** der Völker Europas. Gemeinsame Grundlage der Union sind die Erhaltung von **Freiheit, Demokratie, Rechtsstaatlichkeit** und die Gewährleistung des **Schutzes der Grundrechte** (Art. 2 EUV). Unter den Zielen der Union stehen die Förderung des Friedens, der Werte der Union und das Wohlergehen ihrer Völker an der Spitze. Weiterhin nennt der EUV u.a. den Raum der Freiheit, der Sicherheit und des Rechts mit umfassender Freizügigkeit in einem Raum ohne Binnengrenzen, die Wirtschafts- und Währungsunion, den Binnenmarkt mit sozialer Marktwirtschaft, Umweltschutz, soziale Gerechtigkeit (Art. 3 EUV).

Seit der Erklärung des französischen Außenministers Robert Schuman vom 9. Mai 1950, der Vorstufe des EGKS-Vertrages, verdichtete sich der politische Wille zur europäischen Einigung in Gestalt mehrerer aufeinander aufbauender Verträge sowie – zwischen 1971 und 2011 – sieben Verträgen zur **Erweiterung** der EG/EU. Der am 13. Dezember 2007 unterzeichnete **Vertrag von Lissabon** konsolidierte und präzisierte diesen Bestand und stellte die Union insoweit auf neue Grundlagen, als er den zuvor geltenden Vertrag über die Europäische Gemeinschaft (**EG-Vertrag**) zu einem „**Vertrag über die Arbeitsweise der Europäischen Union**" (**AEUV**) umwandelte. Nach seiner Ratifizierung durch die damals 27 Mitgliedstaaten trat der Vertrag am 1. Dezember 2009 in Kraft. Eine erneute Änderung (zu Art. 136 AEUV) wurde 2011 beschlossen, um besondere Vereinbarungen zwischen den Staaten zu ermöglichen, die den Euro eingeführt haben. Sie trat am 1. Mai 2013 in Kraft.

In Deutschland hatte das BVerfG im Juni 2009 die Vereinbarkeit des Vertrags von Lissabon mit dem Grundgesetz bestätigt. Allerdings forderte das BVerfG Korrekturen am Begleitgesetz, um die Beteiligung von Bundestag und Bundesrat an der EU-Gesetzgebung zu stärken.

Mit dem Referendum in Großbritannien zugunsten eines Austritts hat dieses Land die Union noch nicht verlassen. Dazu bedarf es erst der Einleitung und Durchführung des in Art. 50 EUV bezeichneten Verfahrens, dessen Abwicklung bis zu zwei Jahren und bei Zustimmung des Europäischen Rates noch länger dauern kann. Bis zur Wirksamkeit des Austritts bleibt ein Staat mit allen Rechten und Pflichten Mitglied der Union.

II.

Das Recht der Europäischen Union ist Teil eines **umfassenden europäischen Normensystems**, zu dem die darauf bezogenen Regeln der **staatlichen Rechtsordnungen** ebenso gehören wie die **Satzung des Europarats**. Die vorliegende Sammlung enthält die wichtigsten Bestimmungen dieses **Europäischen Verfassungsverbunds**:

–   Den **EU-Vertrag (EUV)** und den **Vertrag über die Arbeitsweise der Union (AEUV)**,
–   Die **Charta der Grundrechte** der Europäischen Union,
–   **Akte des institutionellen Rechts** (u.a. Akt über die Wahl der Mitglieder des Europäischen Parlaments, Regeln über Sitz, Sprachen und Vorrechte der Organe, Satzung und Verfahrensordnung des EuGH, Satzung der EZB),
–   Regeln über die **Finanzverfassung, (**u.a. den **Eigenmittelbeschluss** vom 26. Mai 2014, und den sog. **„Euro-Rettungsschirm-Vertrag" (ESM)**, der am 27. September 2012 in Kraft getreten ist),
–   Bestimmungen über die **justizielle und polizeiliche Zusammenarbeit in Straf- und Zivilsachen** (u.a. Europol-Agentur, Europäischer Haftbefehl, gegenseitige Anerkennung von Entscheidungen in Zivil- und Handelssachen),
–   **Deutsches Recht**, das die Arbeitsweise einiger Verfassungsorgane gemäß den Vorgaben des Bundesverfassungsgerichts den Erfordernissen des EU-Rechts anpasst (u.a. Gesetze über die Zusammenarbeit von Bundesregierung und Bundestag sowie von Bund und Ländern in EU-Angelegenheiten und das Integrationsverantwortungsgesetz) nach dem aufgrund des Vertrags von Lissabon **anwendbaren Stand**,
–   **Europarat und Europäische Menschenrechtskonvention** (u.a. die Satzung des Europarats, Europäische Menschenrechtskonvention).

III.

Seit dem Beitritt Kroatiens am 1. Juli 2013 und bis zum Wirksamwerden des Austritts Großbritanniens umfasst die Europäische Union **achtundzwanzig Staaten**. Damit besitzen mehr als 508 Millionen Europäer eine **gemeinsame Rechtsordnung, gemeinsame Institutionen** und handeln in einem **gemeinsamen Markt**. Der Prozess des auf Frieden und Freiwilligkeit beruhenden Zusammenschlusses der europäischen Völker hat damit eine neue Dimension und Qualität erreicht.

Der neue Zustand der Union ist ein Ergebnis vielfältiger Entwicklungen, die sich insbesondere an den Vertragsänderungen zur Verabschiedung der **Einheitlichen Europäischen Akte** (in Kraft seit 1. Juli 1987), dem Ver-

trag von Maastricht (in Kraft seit 1. November 1993) sowie an den Verträgen von **Amsterdam** (1999), **Nizza** (2003) und **Lissabon** und an den
in Etappen erfolgten Erweiterungen von ursprünglich sechs auf achtundzwanzig Staaten ermessen lassen.

Die Entwicklung der Union ist jedoch weder auf die genannten Vertragsänderungen beschränkt, noch hat sie damit ein Endstadium erreicht:
Parallel zu der Erweiterung um die Staaten Mittel- und Osteuropas
(2004/2007/2013) hatte die EU weitreichende innere Reformen eingeleitet. Zu deren Vorbereitung wurde im Jahre 2001 ein **Konvent** einberufen.
Dieser unterbreitete im Jahre 2003 den Entwurf einer **Verfassung für
Europa**. Die Verfassung wurde am 29. Oktober 2004 in Rom unterzeichnet. Wegen ablehnender Referenden in Frankreich und den Niederlanden
konnte sie **nicht in Kraft treten**.

Der Vertrag von Lissabon greift wesentliche inhaltliche Elemente auf,
verzichtet allerdings auf wichtige symbolische Gehalte, wie z.B. die Verwendung der Begriffe „Verfassung" und „Gesetz", ausdrückliche Regeln
über den Vorrang von EU-Recht vor entgegenstehendem staatlichen
Recht und Regeln über Flagge und Hymne der Union. Die vorgesehene
Aufnahme einer **Grundrechtecharta** erfolgte in der Form eines gesonderten Aktes.

Die von den negativ verlaufenen Referenden ausgelöste Krise, die bei der
Ratifizierung des Vertrages von Lissabon sichtbaren Probleme und die
seit 2010 zu Tage getretenen Finanzkrisen führten zu einer Suche nach
Alternativen und Ergänzungen zur bisher von den Regierungen der Mitgliedstaaten verfolgten Methode des Umgangs mit dem Projekt der Einigung der europäischen Völker. Deutlich werden dabei **zunehmende Dif-
ferenzierungen** im Inneren der Union. Sichtbar werden Unterschiede z.B.
daran, dass ab dem 1. Januar 2015 erst 19 Mitgliedstaaten den Euro als
gemeinsame Währung eingeführt haben. Auch wurden die Verträge über
gegenseitige finanzielle Unterstützung („ESM") und über strengere staatliche Haushaltsregeln („Fiskalpakt") im Jahre 2012 nur von einem Teil
der Mitgliedstaaten unterzeichnet. Unter besonderen Voraussetzungen
ermöglicht der EUV in Art. 20 zwischen mindestens neun Mitgliedstaaten
eine **„verstärkte Zusammenarbeit"**. In welchem Spannungsfeld sich die
Union weiterentwickelt, wird auch daran deutlich, dass sie einerseits mit
weiteren Beitrittsanträgen (insbesondere südosteuropäischer Staaten) befasst ist, während sie gleichzeitig über die Modalitäten des Ausscheidens
von Großbritannien aus der Union beschließen muss..

IV.

Der EUV bezeichnet **Ziele** (Art. 3 EUV), die zum einen durch die **Existenz** und **Beachtung** der Verträge, zum anderen durch **späteres Handeln** (insbesondere mit Hilfe von Gesetzgebung) erreicht und gewähr-

leistet werden sollen. Zu diesem Zweck begründen die Verträge ein dif-
ferenziertes **institutionelles System** (Art. 13 EUV). Insoweit unterschei-
det sich die Unionsverfassung nicht grundlegend von staatlichen Verfassungen. Während jedoch die staatliche Verfassung als rechtliche Grund-
ordnung des Gemeinwesens, also einer von vornherein existierenden,
wenngleich fortwährend neu zu konstituierenden Gesellschaft bezeichnet
werden kann, verfolgt die Unionsverfassung das weiterreichende Ziel, aus
sich selbst heraus das Gemeinwesen schrittweise zu errichten. In diesem
Prozess versteht sich der EUV als eine Etappe, nicht aber als abschlie-
ßende Normierung ("Dieser Vertrag stellt eine neue Stufe bei der Verwirklichung einer immer engeren Union der Völker Europas dar ..."
(Art. 1 Abs. 2 EUV)).
Eine ausführlichere Aufzählung der zu verfolgenden Ziele enthalten
Art. 3–6 AEUV. Im Verhältnis zu Art. 3 EUV bilden die Zielbestimmun-
gen im AEUV die spezielleren Normen. Schwerpunkte der zu verfolgenden Ziele bilden die Errichtung und Gewährleistung des **Binnenmark-
tes**, der **Wirtschafts- und Währungsunion** sowie die Durchführung von
Maßnahmen auf Gebieten, die die ganze Fülle bisher staatlichen Handelns
erfassen, sie reichen von Umwelt- und Verbraucherschutz bis zu Straf-
und Zivilrecht, Landwirtschaft, Verkehr, Forschung, Gesundheit, Bildung
und Kultur. Zuständigkeiten im Inneren umfassen regelmäßig auch die
Befugnis zum Handeln nach außen u.a. in der Form internationaler Abkommen.

V.

Durch den Vertrag von Lissabon wurden EU und EG verschmolzen. Der
Euratom-Vertrag behielt dagegen seine Gültigkeit. Die danach neu geschaffene Europäische Union trat die Rechtsnachfolge der Europäischen
Gemeinschaft an (Art. 1 Abs. 3 EUV). Danach besteht nur noch **ein ein-
ziges Rechtssubjekt** (Art. 47 EUV: "Die Union besitzt Rechtspersönlichkeit"). Entsprechend wurde die zuvor bestehende dreigliederige Pfei-
lerstruktur der Verträge aufgegeben.
Mit der formellen Wandlung der Rechtspersönlichkeit durch den Vertrag
von Lissabon ging eine beachtliche inhaltliche **Fortentwicklung des
Verfassungsrechts der Union** einher. Diese betrifft sowohl die **Grundlagen** als auch die **Institutionen** und **Zuständigkeiten** der Union.
So wurden die der Union und ihren Mitgliedstaaten **gemeinsamen und
sie verpflichtenden Werte** in Art. 2 und 6 EUV hervorgehoben und ergänzt.
Die Arten der **Zuständigkeiten** der Union werden nunmehr abstrakt definiert (Art. 2 AEUV: Ausschließliche, geteilte, ergänzende und koordinierende Zuständigkeiten) und die einzelnen Aufgabenbereiche werden
diesen jeweiligen Kategorien zugeordnet (Art. 3 ff. AEUV).

Als Arbeitsprinzip der Union wird das Prinzip der **repräsentative Demokratie** postuliert (Art. 10 EUV). Gleichzeitig wurde ein **Initiativrecht der Unionsbürger** eingeführt. Mindestens eine Million Bürger aus einer „erheblichen" Zahl von Mitgliedstaaten können danach die Kommission zur Vorlage von Gesetzgebungsvorschlägen auffordern (Art. 11 EUV).

Zu den Besonderheiten im Bereich der Institutionen gehört das Amt des **Präsidenten des Europäischen Rates**. Dieser wird für die Dauer von zweieinhalb Jahren vom Europäischen Rat gewählt. Er darf kein staatliches Amt ausüben, dagegen ist möglich, dass der Präsident der Kommission in dieses Amt gewählt wird (Art. 15 EUV). Der **Europäische Rat** selbst ist vollständig in das institutionelle System der Union eingegliedert worden (Art. 13 EUV).

Der **Hohe Vertreter der Union für die Außen- und Sicherheitspolitik** wird vom Europäischen Rat ernannt. Er leitet den Rat „Auswärtige Angelegenheiten" und gehört gleichzeitig als Vizepräsident der Kommission an (Art. 18 EUV). Der **Präsident der Kommission** wird vom Europäischen Parlament gewählt. Ab 2014 sollte die Anzahl der **Mitglieder der Kommission** auf zwei Drittel der Zahl der Mitgliedstaaten verkleinert werden (Art. 17 Abs. 6 EUV), doch entschied der Europäische Rat, dass auch danach eine der Zahl der Mitgliedstaaten entsprechende Größe der Kommission beibehalten wird.

Das **Europäische Parlament** ist neben dem Rat gleichberechtigter Mit-Gesetzgeber (Art. 14 EUV). Es entscheidet im Regelfall mit der Mehrheit der abgegebenen Stimmen (Art. 231 AEUV). Die Gesamtzahl seiner Mitglieder wird auf 751 Abgeordnete, die Höchstzahl pro Mitgliedstaat auf 96 Abgeordnete begrenzt (Art. 14 Abs. 2 EUV).

Für **Abstimmungen im Rat** besteht grundsätzlich das Erfordernis der qualifizierten Mehrheit. Seit 2014 gilt diese als erreicht, wenn 55 % der Mitglieder des Rates, mindestens jedoch 15 Mitgliedstaaten, die gleichzeitig 65 % der Einwohner der Union vertreten, einer Vorlage zustimmen (Art. 16 EUV). Das frühere System der Stimmgewichtung (Art. 205 EGV a.F.) wurde aufgegeben.

Im Bereich der **Außenbeziehungen** besteht ein **aktives Gesandtschaftsrecht** der EU bei Drittstaaten und internationalen Organisationen. Die Union verfügt über einen eigenen **Auswärtigen Dienst**.

Die **Beziehungen zwischen der EU und ihren Mitgliedstaaten** werden in zahlreichen Einzelbestimmungen entfaltet. Eine **Solidaritätsklausel** regelt die gegenseitige Unterstützung in Katastrophenfällen (Art. 222 AEUV).

Die **staatlichen Parlamente** verfügen über ein Mitwirkungsrecht bei der Kontrolle der Wahrung des Subsidiaritätsprinzips (Art. 12 EUV) und allgemein Informationsrechte (Protokoll Nr. 1 „über die Rolle der nationalen Parlamente in der Europäischen Union"). Die **Zusammenarbeit zwi-**

schen den Verwaltungen zum Zwecke der effektiven Durchführung des Unionsrechts wird in Art. 197 AEUV geregelt.

In Art. 50 EUV wird den Mitgliedstaaten ausdrückliches ein **Austritts-recht** eingeräumt. Ein Recht zum Ausschluss eines Mitgliedstaates sieht der Wortlaut des Vertrages dagegen nicht vor.

Bei **Rechtshandlungen im Rahmen der Union** ist gemäß Art. 288 AEUV zu unterscheiden zwischen Verordnungen, Richtlinien, Beschlüssen, Empfehlungen und Stellungnahmen. Die Gesetzgebung erfolgt im Regelfall im **ordentlichen Verfahren** (Art. 289 AEUV). „Besondere Gesetzgebungsverfahren" (Art. 289 Abs. 2 AEUV) gelten für die Beschlussfassung über einzelne Rechtsakte, unter anderem für den Haushaltsplan (Art. 314 AEUV).

Eine besondere Ausgestaltung erfährt das **Verfahren der Vertragsänderung.** Danach ist zwischen ordentlichen Änderungsverfahren, vereinfachten Änderungsverfahren zu Verfahrensvorschriften und vereinfachten Änderungsverfahren zu internen Politikbereichen der Union zu unterscheiden. Gemeinsam ist allen Vorschriften die nicht unproblematische Voraussetzung, dass sie eine Zustimmung aller Mitgliedstaaten erfordern. Diese wird im ordentlichen Verfahren im Wege eines Ratifizierungsverfahrens erteilt. Bei der vereinfachten Änderung erfolgt die Zustimmung im Rahmen eines einstimmigen Beschlusses des Europäischen Rates und gegebenenfalls einer vereinfachten Zustimmung der staatlichen Organe. Ungeklärt ist die Frage, ob ordentliche Vertragsänderungen auch dann in Kraft treten können, wenn sie nur von einer qualifizierten Mehrheit der Mitgliedstaaten gebilligt wurden (Art. 48 Abs. 5 EUV).

Zu den wichtigsten Neuerungen des Vertrags von Lissabon gehört die Übernahme der bereits im Jahre 2000 beschlossenen **Charta der Grundrechte** in das Primärrecht (Art. 6 EUV). Diese Charta verpflichtet die Institutionen der EU sowie die Mitgliedstaaten soweit diese das Recht der Union ausführen. Der Charta sind – ein Novum im Recht der EU – amtliche Erläuterungen beigefügt.

Ein Beitritt der Union zur EMRK ist ausdrücklich vorgesehen (Art. 6 Abs. 2 EUV). Ein erstes dazu mit dem Europarat verhandeltes Abkommen erklärte der EuGH 2014 für vertragswidrig (Gutachten 2/13). Es konnte daher nicht in Kraft treten.

Im Rahmen der **Wirtschafts- und Währungsunion** gelten besondere Regeln für Beschlüsse der Mitgliedstaaten, die den Euro als gemeinsame Währung verwenden („Euro-Gruppe", Art. 136–138 AEUV).

VI.

Die Entwicklung und Entfaltung des europäischen Rechts beruht nicht nur auf förmlichen Vertragsänderungen. Wegen ihrer Lückenhaftigkeit und der als Entwicklungsprozess konzipierten Verträge gingen wesentliche

Elemente des Rechts der Union aus der **Verfassungspraxis** hervor. Zumindest während der ersten dreißig Jahre, als die Mitgliedstaaten zögerten, offensichtliche Lücken der Verträge im Wege förmlicher Verfahren zu schließen, erwuchs dem Europäischen Gerichtshof aus seiner Funktion als Verfassungsgericht Verantwortung und Spielraum für die Fortentwicklung der Verfassung. Erinnert sei an die Rechtsprechung zum **Vorrang** und zur **unmittelbaren Wirkung** des europäischen Rechts, zum **Grundrechtsschutz**, zum **Umfang der Grundfreiheiten** und zur **Haftung** für Verstöße gegen EU-Recht. Zahlreiche Urteilsformulierungen wurden nachfolgend in die Vertragstexte übernommen (z.B. Art. 6 Abs. 2 EUV a.F. zum Grundrechtsschutz). In jüngerer Zeit wird der EuGH vermehrt angerufen, um Grenzen des Handelns der Union bzw. ihrer Institutionen zu bestimmen (Beispiele: Rs. C-370/12 (Pringle), Urteil vom 27. November 2012 (= Zuständigkeiten im Rahmen der WWU); Rs. C-62/14 (Vorlage des BVerfG zu den Befugnissen der EZB, im Juni 2015 vom EuGH entschieden und im Juni 2016 vom BVerfG befolgt).

VII.

Die europäische Integration ist und bleibt ein Versuch des **gemeinsamen Regierens in einem System verflochtener Verfassungen.** Der Vertrag von Lissabon bildet eine Entwicklungsstufe in dem europäischen Einigungsprozess. Er wird notwendigerweise weitere Wandlungen erfahren. Zusammen mit den Institutionen der Union müssen staatliche Institutionen (Regierungen, Parlamente und Gerichte, insbesondere Verfassungsgerichte) dabei auch lernen, vor allen beteiligten Völkern Verantwortung für das gemeinsame Projekt zu übernehmen und seine Gründe, Ziele und Nutzen immer wieder den Bürgern zu erklären. Das BVerfG hat für Deutschland hierzu in seiner Entscheidung zum Lissabon-Vertrag prinzipiell richtige Forderungen nach Übernahme von „Integrationsverantwortung" gestellt. Allerdings geschah dies im Rahmen eines historisch überholten und dem Integrationsprozess nicht angemessenen Konzepts des „souveränen Staats", der Zuständigkeiten „abgibt". Zutreffend spricht dagegen das tschechische Verfassungsgericht in diesem Zusammenhang von „geteilter Souveränität". In dieser Formulierung kommt zum Ausdruck, dass die der Union übertragenen Zuständigkeiten nicht etwa auf eine „fremde Macht in Brüssel" verlagert wurden, sondern im Rahmen **gemeinsamer Institutionen in gemeinsamer Verantwortung** ausgeübt werden.

VIII.

Um die Arbeit mit der Textsammlung, insbesondere für Studenten und Praktiker zu erleichtern, wird der **Unions-Vertrag** vorangestellt, anschließend folgt der **Vertrag über die Arbeitsweise der Union**. Sämtliche Änderungen dieser Gründungsverträge durch nachfolgende Änderungs- und Beitrittsverträge **wurden eingearbeitet**. Eine **synoptische Gegenüberstellung** der Bestimmungen des früher geltenden EUV und EGV mit den durch den Vertrag von Lissabon geänderten Bestimmungen des EUV und des AEUV erleichtern den Zugang zu den neuen Texten. Dem erleichterten Zugang dienen weiterhin **Überschriften** zu den einzelnen Vertragsbestimmungen. Dabei handelt es sich allerdings nicht um amtliche Formulierungen, sondern um **redaktionelle Bearbeitungen**. Ein **Stichwortverzeichnis** am Ende der Sammlung ermöglicht den Zugang zu den Texten.

Eine umfassende und aktuelle **Sammlung aller wesentlichen Rechtsakte** der Europäischen Union enthält die im Nomos-Verlag erscheinende und fortlaufend aktualisierte Textsammlung „**Handbuch des Europäischen Rechts**".

Ausführlich dargestellt und kritisch analysiert wird das EU-Recht in dem im Nomos-Verlag veröffentlichten Werk von **Bieber/Epiney/Haag/Kotzur, Die Europäische Union**, 12. Auflage 2016, 722 Seiten.

Vertrag über die Europäische Union
vom 7. Februar 1992

(ABl. C 191 vom 29. 7. 1992;
berichtigt ABl. C 378 vom 23. 12. 2011, S. 3)

in der Fassung des Vertrags von Lissabon vom 13. 12. 2007
(ABl. C 306 vom 17. 12. 2007)[1]

Inhalt

Präambel

SEINE MAJESTÄT DER KÖNIG DER BELGIER, IHRE MAJESTÄT
DIE KÖNIGIN VON DÄNEMARK, DER PRÄSIDENT DER BUN-
DESREPUBLIK DEUTSCHLAND, DER PRÄSIDENT DER GRIE-
CHISCHEN REPUBLIK, SEINE MAJESTÄT DER KÖNIG VON SPA-
NIEN, DER PRÄSIDENT DER FRANZÖSISCHEN REPUBLIK, DER
PRÄSIDENT IRLANDS, DER PRÄSIDENT DER ITALIENISCHEN
REPUBLIK, SEINE KÖNIGLICHE HOHEIT DER GROSSHERZOG
VON LUXEMBURG, IHRE MAJESTÄT DIE KÖNIGIN DER NIE-
DERLANDE, DER PRÄSIDENT DER PORTUGIESISCHEN REPU-

---

1) In der Fassung der Bekanntmachung vom 9. 5. 2008 (ABl. 2008 C 115 S. 13); berichtigt in ABl. 2009 C 290 S. 1. Nachfolgende konsolidierte Fassungen (ABl. 2010 C
   83 S. 13; ABl. 2012 326 C S. 13; ABl. 2016 C 202 S. 13) sind berücksichtigt.

BLIK, IHRE MAJESTÄT DIE KÖNIGIN DES VEREINIGTEN KÖNIGREICHS GROSSBRITANNIEN UND NORDIRLAND[1],

ENTSCHLOSSEN, den mit der Gründung der Europäischen Gemeinschaften eingeleiteten Prozess der europäischen Integration auf eine neue Stufe zu heben,

SCHÖPFEND aus dem kulturellen, religiösen und humanistischen Erbe Europas, aus dem sich die unverletzlichen und unveräußerlichen Rechte des Menschen sowie Freiheit, Demokratie, Gleichheit und Rechtsstaatlichkeit als universelle Werte entwickelt haben,

EINGEDENK der historischen Bedeutung der Überwindung der Teilung des europäischen Kontinents und der Notwendigkeit, feste Grundlagen für die Gestalt des zukünftigen Europas zu schaffen,

IN BESTÄTIGUNG ihres Bekenntnisses zu den Grundsätzen der Freiheit, der Demokratie und der Achtung der Menschenrechte und Grundfreiheiten und der Rechtsstaatlichkeit,

IN BESTÄTIGUNG der Bedeutung, die sie den sozialen Grundrechten beimessen, wie sie in der am 18. Oktober 1961 in Turin unterzeichneten Europäischen Sozialcharta und in der Unionscharta der sozialen Grundrechte der Arbeitnehmer von 1989 festgelegt sind,

IN DEM WUNSCH, die Solidarität zwischen ihren Völkern unter Achtung ihrer Geschichte, ihrer Kultur und ihrer Traditionen zu stärken,

IN DEM WUNSCH, Demokratie und Effizienz in der Arbeit der Organe weiter zu stärken, damit diese in die Lage versetzt werden, die ihnen übertragenen Aufgaben in einem einheitlichen institutionellen Rahmen besser wahrzunehmen,

ENTSCHLOSSEN, die Stärkung und die Konvergenz ihrer Volkswirtschaften herbeizuführen und eine Wirtschafts- und Währungsunion zu errichten, die im Einklang mit diesem Vertrag und dem Vertrag über die Arbeitsweise der Europäischen Union eine einheitliche, stabile Währung einschließt,

IN DEM FESTEN WILLEN, im Rahmen der Verwirklichung des Binnenmarkts sowie der Stärkung des Zusammenhalts und des Umweltschutzes den wirtschaftlichen und sozialen Fortschritt ihrer Völker unter Berücksichtigung des Grundsatzes der nachhaltigen Entwicklung zu fördern und Politiken zu verfolgen, die gewährleisten, dass Fortschritte bei der wirtschaftlichen Integration mit parallelen Fortschritten auf anderen Gebieten einhergehen,

---

1) Seit dem ursprünglichen Vertragsschluss sind Mitgliedstaaten der Europäischen Union geworden: die Republik Bulgarien, die Tschechische Republik, die Republik Estland, die Republik Zypern, die Republik Lettland, die Republik Litauen, die Republik Ungarn, die Republik Malta, die Republik Österreich, die Republik Polen, Rumänien, die Republik Slowenien, die Slowakische Republik, die Republik Finnland und das Königreich Schweden.

ENTSCHLOSSEN, eine gemeinsame Unionsbürgerschaft für die Staatsangehörigen ihrer Länder einzuführen,

ENTSCHLOSSEN, eine Gemeinsame Außen- und Sicherheitspolitik zu verfolgen, wozu nach Maßgabe des Artikels 42 auch die schrittweise Festlegung einer gemeinsamen Verteidigungspolitik gehört, die zu einer gemeinsamen Verteidigung führen könnte, und so die Identität und Unabhängigkeit Europas zu stärken, um Frieden, Sicherheit und Fortschritt in Europa und in der Welt zu fördern,

ENTSCHLOSSEN, die Freizügigkeit unter gleichzeitiger Gewährleistung der Sicherheit ihrer Bürger durch den Aufbau eines Raums der Freiheit, der Sicherheit und des Rechts nach Maßgabe der Bestimmungen dieses Vertrags und des Vertrags über die Arbeitsweise der Europäischen Union zu fördern,

ENTSCHLOSSEN, den Prozess der Schaffung einer immer engeren Union der Völker Europas, in der die Entscheidungen entsprechend dem Subsidiaritätsprinzip möglichst bürgernah getroffen werden, weiterzuführen,

IM HINBLICK auf weitere Schritte, die getan werden müssen, um die europäische Integration voranzutreiben,

HABEN BESCHLOSSEN, eine Europäische Union zu gründen; sie haben zu diesem Zweck zu ihren Bevollmächtigten ernannt:

(Aufzählung der Bevollmächtigten nicht wiedergegeben)

DIESE SIND nach Austausch ihrer als gut und gehörig befundenen Vollmachten wie folgt ÜBEREINGEKOMMEN:

Titel I
Gemeinsame Bestimmungen

Artikel 1 (ex-Artikel 1 EUV)[1)] [Grundlagen]

Durch diesen Vertrag gründen die HOHEN VERTRAGSPARTEIEN untereinander eine EUROPÄISCHE UNION (im Folgenden „Union"), der die Mitgliedstaaten Zuständigkeiten zur Verwirklichung ihrer gemeinsamen Ziele übertragen.

Dieser Vertrag stellt eine neue Stufe bei der Verwirklichung einer immer engeren Union der Völker Europas dar, in der die Entscheidungen möglichst offen und möglichst bürgernah getroffen werden.

[1]Grundlage der Union sind dieser Vertrag und der Vertrag über die Arbeitsweise der Europäischen Union (im Folgenden „Verträge"). [2]Beide Verträge sind rechtlich gleichrangig. [3]Die Union tritt an die Stelle der Europäischen Gemeinschaft, deren Rechtsnachfolgerin sie ist.

---

1) Dieser Verweis hat lediglich hinweisenden Charakter. Zur Vertiefung vgl. die Übereinstimmungstabellen für die Entsprechung zwischen bisheriger und neuer Nummerierung der Verträge.

Artikel 2 [Werte]

[1]Die Werte, auf die sich die Union gründet, sind die Achtung der Menschenwürde, Freiheit, Demokratie, Gleichheit, Rechtsstaatlichkeit und die Wahrung der Menschenrechte einschließlich der Rechte der Personen, die Minderheiten angehören. [2]Diese Werte sind allen Mitgliedstaaten in einer Gesellschaft gemeinsam, die sich durch Pluralismus, Nichtdiskriminierung, Toleranz, Gerechtigkeit, Solidarität und die Gleichheit von Frauen und Männern auszeichnet.

Artikel 3 (ex-Artikel 2 EUV) [Ziele]

(1) Ziel der Union ist es, den Frieden, ihre Werte und das Wohlergehen ihrer Völker zu fördern.

(2) Die Union bietet ihren Bürgerinnen und Bürgern einen Raum der Freiheit, der Sicherheit und des Rechts ohne Binnengrenzen, in dem – in Verbindung mit geeigneten Maßnahmen in Bezug auf die Kontrollen an den Außengrenzen, das Asyl, die Einwanderung sowie die Verhütung und Bekämpfung der Kriminalität – der freie Personenverkehr gewährleistet ist.

(3) [1]Die Union errichtet einen Binnenmarkt. [2]Sie wirkt auf die nachhaltige Entwicklung Europas auf der Grundlage eines ausgewogenen Wirtschaftswachstums und von Preisstabilität, eine in hohem Maße wettbewerbsfähige soziale Marktwirtschaft, die auf Vollbeschäftigung und sozialen Fortschritt abzielt, sowie ein hohes Maß an Umweltschutz und Verbesserung der Umweltqualität hin. [3]Sie fördert den wissenschaftlichen und technischen Fortschritt.

Sie bekämpft soziale Ausgrenzung und Diskriminierungen und fördert soziale Gerechtigkeit und sozialen Schutz, die Gleichstellung von Frauen und Männern, die Solidarität zwischen den Generationen und den Schutz der Rechte des Kindes.

Sie fördert den wirtschaftlichen, sozialen und territorialen Zusammenhalt und die Solidarität zwischen den Mitgliedstaaten.

Sie wahrt den Reichtum ihrer kulturellen und sprachlichen Vielfalt und sorgt für den Schutz und die Entwicklung des kulturellen Erbes Europas.

(4) Die Union errichtet eine Wirtschafts- und Währungsunion, deren Währung der Euro ist.

(5) [1]In ihren Beziehungen zur übrigen Welt schützt und fördert die Union ihre Werte und Interessen und trägt zum Schutz ihrer Bürgerinnen und Bürger bei. [2]Sie leistet einen Beitrag zu Frieden, Sicherheit, globaler nachhaltiger Entwicklung, Solidarität und gegenseitiger Achtung unter den Völkern, zu freiem und gerechtem Handel, zur Beseitigung der Armut und zum Schutz der Menschenrechte, insbesondere der Rechte des Kindes, sowie zur strikten Einhaltung und Weiterentwicklung des Völkerrechts, insbesondere zur Wahrung der Grundsätze der Charta der Vereinten Nationen.

(6) Die Union verfolgt ihre Ziele mit geeigneten Mitteln entsprechend den Zuständigkeiten, die ihr in den Verträgen übertragen sind.

Artikel 4 [Stellung der Mitgliedstaaten]

(1) Alle der Union nicht in den Verträgen übertragenen Zuständigkeiten verbleiben gemäß Artikel 5 bei den Mitgliedstaaten.

(2) [1]Die Union achtet die Gleichheit der Mitgliedstaaten vor den Verträgen und ihre jeweilige nationale Identität, die in ihren grundlegenden politischen und verfassungsmäßigen Strukturen einschließlich der regionalen und lokalen Selbstverwaltung zum Ausdruck kommt. [2]Sie achtet die grundlegenden Funktionen des Staates, insbesondere die Wahrung der territorialen Unversehrtheit, die Aufrechterhaltung der öffentlichen Ordnung und den Schutz der nationalen Sicherheit. [3]Insbesondere die nationale Sicherheit fällt weiterhin in die alleinige Verantwortung der einzelnen Mitgliedstaaten.

(3) Nach dem Grundsatz der loyalen Zusammenarbeit achten und unterstützen sich die Union und die Mitgliedstaaten gegenseitig bei der Erfüllung der Aufgaben, die sich aus den Verträgen ergeben.

Die Mitgliedstaaten ergreifen alle geeigneten Maßnahmen allgemeiner oder besonderer Art zur Erfüllung der Verpflichtungen, die sich aus den Verträgen oder den Handlungen der Organe der Union ergeben.

Die Mitgliedstaaten unterstützen die Union bei der Erfüllung ihrer Aufgabe und unterlassen alle Maßnahmen, die die Verwirklichung der Ziele der Union gefährden könnten.

Artikel 5 (ex-Artikel 5 EGV) [Subsidiaritätsprinzip]

(1) [1]Für die Abgrenzung der Zuständigkeiten der Union gilt der Grundsatz der begrenzten Einzelermächtigung. [2]Für die Ausübung der Zuständigkeiten der Union gelten die Grundsätze der Subsidiarität und der Verhältnismäßigkeit.

(2) [1]Nach dem Grundsatz der begrenzten Einzelermächtigung wird die Union nur innerhalb der Grenzen der Zuständigkeiten tätig, die die Mitgliedstaaten ihr in den Verträgen zur Verwirklichung der darin niedergelegten Ziele übertragen haben. [2]Alle der Union nicht in den Verträgen übertragenen Zuständigkeiten verbleiben bei den Mitgliedstaaten.

(3) Nach dem Subsidiaritätsprinzip wird die Union in den Bereichen, die nicht in ihre ausschließliche Zuständigkeit fallen, nur tätig, sofern und soweit die Ziele der in Betracht gezogenen Maßnahmen von den Mitgliedstaaten weder auf zentraler noch auf regionaler oder lokaler Ebene ausreichend verwirklicht werden können, sondern vielmehr wegen ihres Umfangs oder ihrer Wirkungen auf Unionsebene besser zu verwirklichen sind.

[1]Die Organe der Union wenden das Subsidiaritätsprinzip nach dem Protokoll über die Anwendung der Grundsätze der Subsidiarität und der Verhältnismäßigkeit an. [2]Die nationalen Parlamente achten auf die Ein-

haltung des Subsidiaritätsprinzips nach dem in jenem Protokoll vorgesehenen Verfahren.

(4) Nach dem Grundsatz der Verhältnismäßigkeit gehen die Maßnahmen der Union inhaltlich wie formal nicht über das zur Erreichung der Ziele der Verträge erforderliche Maß hinaus.

Die Organe der Union wenden den Grundsatz der Verhältnismäßigkeit nach dem Protokoll über die Anwendung der Grundsätze der Subsidiarität und der Verhältnismäßigkeit an.

Artikel 6 (ex-Artikel 6 EUV) [Charta der Grundrechte; EMRK]

(1) Die Union erkennt die Rechte, Freiheiten und Grundsätze an, die in der Charta der Grundrechte der Europäischen Union vom 7. Dezember 2000 in der am 12. Dezember 2007 in Straßburg angepassten Fassung niedergelegt sind; die Charta der Grundrechte und die Verträge sind rechtlich gleichrangig.

Durch die Bestimmungen der Charta werden die in den Verträgen festgelegten Zuständigkeiten der Union in keiner Weise erweitert.

Die in der Charta niedergelegten Rechte, Freiheiten und Grundsätze werden gemäß den allgemeinen Bestimmungen des Titels VII der Charta, der ihre Auslegung und Anwendung regelt, und unter gebührender Berücksichtigung der in der Charta angeführten Erläuterungen, in denen die Quellen dieser Bestimmungen angegeben sind, ausgelegt.

(2) [1]Die Union tritt der Europäischen Konvention zum Schutz der Menschenrechte und Grundfreiheiten bei. [2]Dieser Beitritt ändert nicht die in den Verträgen festgelegten Zuständigkeiten der Union.

(3) Die Grundrechte, wie sie in der Europäischen Konvention zum Schutz der Menschenrechte und Grundfreiheiten gewährleistet sind und wie sie sich aus den gemeinsamen Verfassungsüberlieferungen der Mitgliedstaaten ergeben, sind als allgemeine Grundsätze Teil des Unionsrechts.

Artikel 7 (ex-Artikel 7 EUV) [Suspendierung der Mitgliedschaft]

(1) [1]Auf begründeten Vorschlag eines Drittels der Mitgliedstaaten, des Europäischen Parlaments oder der Europäischen Kommission kann der Rat mit der Mehrheit von vier Fünfteln seiner Mitglieder nach Zustimmung des Europäischen Parlaments feststellen, dass die eindeutige Gefahr einer schwerwiegenden Verletzung der in Artikel 2 genannten Werte durch einen Mitgliedstaat besteht. [2]Der Rat hört, bevor er eine solche Feststellung trifft, den betroffenen Mitgliedstaat und kann Empfehlungen an ihn richten, die er nach demselben Verfahren beschließt.

Der Rat überprüft regelmäßig, ob die Gründe, die zu dieser Feststellung geführt haben, noch zutreffen.

(2) Auf Vorschlag eines Drittels der Mitgliedstaaten oder der Europäischen Kommission und nach Zustimmung des Europäischen Parlaments kann der Europäische Rat einstimmig feststellen, dass eine schwerwie-

gende und anhaltende Verletzung der in Artikel 2 genannten Werte durch einen Mitgliedstaat vorliegt, nachdem er den betroffenen Mitgliedstaat zu einer Stellungnahme aufgefordert hat.

(3) [1]Wurde die Feststellung nach Absatz 2 getroffen, so kann der Rat mit qualifizierter Mehrheit beschließen, bestimmte Rechte auszusetzen, die sich aus der Anwendung der Verträge auf den betroffenen Mitgliedstaat herleiten, einschließlich der Stimmrechte des Vertreters der Regierung dieses Mitgliedstaats im Rat. [2]Dabei berücksichtigt er die möglichen Auswirkungen einer solchen Aussetzung auf die Rechte und Pflichten natürlicher und juristischer Personen.

Die sich aus den Verträgen ergebenden Verpflichtungen des betroffenen Mitgliedstaats sind für diesen auf jeden Fall weiterhin verbindlich.

(4) Der Rat kann zu einem späteren Zeitpunkt mit qualifizierter Mehrheit beschließen, nach Absatz 3 getroffene Maßnahmen abzuändern oder aufzuheben, wenn in der Lage, die zur Verhängung dieser Maßnahmen geführt hat, Änderungen eingetreten sind.

(5) Die Abstimmungsmodalitäten, die für die Zwecke dieses Artikels für das Europäische Parlament, den Europäischen Rat und den Rat gelten, sind in Artikel 354 des Vertrags über die Arbeitsweise der Europäischen Union festgelegt.

Artikel 8 [Nachbarschaftsbeziehungen]

(1) Die Union entwickelt besondere Beziehungen zu den Ländern in ihrer Nachbarschaft, um einen Raum des Wohlstands und der guten Nachbarschaft zu schaffen, der auf den Werten der Union aufbaut und sich durch enge, friedliche Beziehungen auf der Grundlage der Zusammenarbeit auszeichnet.

(2) [1]Für die Zwecke des Absatzes 1 kann die Union spezielle Übereinkünfte mit den betreffenden Ländern schließen. [2]Diese Übereinkünfte können gegenseitige Rechte und Pflichten umfassen und die Möglichkeit zu gemeinsamem Vorgehen eröffnen. [3]Zur Durchführung der Übereinkünfte finden regelmäßige Konsultationen statt.

Titel II
Bestimmungen über die demokratischen Grundsätze

Artikel 9 [Gleichheitsgrundsatz; Unionsbürgerschaft]

[1]Die Union achtet in ihrem gesamten Handeln den Grundsatz der Gleichheit ihrer Bürgerinnen und Bürger, denen ein gleiches Maß an Aufmerksamkeit seitens der Organe, Einrichtungen und sonstigen Stellen der Union zuteil wird. [2]Unionsbürger ist, wer die Staatsangehörigkeit eines Mitgliedstaats besitzt. [3]Die Unionsbürgerschaft tritt zur nationalen Staatsbürgerschaft hinzu, ersetzt sie aber nicht.

Artikel 10 [Repräsentative Demokratie]
(1) Die Arbeitsweise der Union beruht auf der repräsentativen Demokratie.

(2) Die Bürgerinnen und Bürger sind auf Unionsebene unmittelbar im Europäischen Parlament vertreten.

Die Mitgliedstaaten werden im Europäischen Rat von ihrem jeweiligen Staats- oder Regierungschef und im Rat von ihrer jeweiligen Regierung vertreten, die ihrerseits in demokratischer Weise gegenüber ihrem nationalen Parlament oder gegenüber ihren Bürgerinnen und Bürgern Rechenschaft ablegen müssen.

(3) [1]Alle Bürgerinnen und Bürger haben das Recht, am demokratischen Leben der Union teilzunehmen. [2]Die Entscheidungen werden so offen und bürgernah wie möglich getroffen.

(4) Politische Parteien auf europäischer Ebene tragen zur Herausbildung eines europäischen politischen Bewusstseins und zum Ausdruck des Willens der Bürgerinnen und Bürger der Union bei.

Artikel 11 [Repräsentative Verbände; Bürgerinitiative]
(1) Die Organe geben den Bürgerinnen und Bürgern und den repräsentativen Verbänden in geeigneter Weise die Möglichkeit, ihre Ansichten in allen Bereichen des Handelns der Union öffentlich bekannt zu geben und auszutauschen.

(2) Die Organe pflegen einen offenen, transparenten und regelmäßigen Dialog mit den repräsentativen Verbänden und der Zivilgesellschaft.

(3) Um die Kohärenz und die Transparenz des Handelns der Union zu gewährleisten, führt die Europäische Kommission umfangreiche Anhörungen der Betroffenen durch.

(4) Unionsbürgerinnen und Unionsbürger, deren Anzahl mindestens eine Million betragen und bei denen es sich um Staatsangehörige einer erheblichen Anzahl von Mitgliedstaaten handeln muss, können die Initiative ergreifen und die Europäische Kommission auffordern, im Rahmen ihrer Befugnisse geeignete Vorschläge zu Themen zu unterbreiten, zu denen es nach Ansicht jener Bürgerinnen und Bürger eines Rechtsakts der Union bedarf, um die Verträge umzusetzen.

Die Verfahren und Bedingungen, die für eine solche Bürgerinitiative gelten, werden nach Artikel 24 Absatz 1 des Vertrags über die Arbeitsweise der Europäischen Union festgelegt.

Artikel 12 [Mitwirkung der nationalen Parlamente]
Die nationalen Parlamente tragen aktiv zur guten Arbeitsweise der Union bei, indem sie

a) von den Organen der Union unterrichtet werden und ihnen die Entwürfe von Gesetzgebungsakten der Union gemäß dem Protokoll über die Rolle der nationalen Parlamente in der Europäischen Union zugeleitet werden;

b) dafür sorgen, dass der Grundsatz der Subsidiarität gemäß den in dem Protokoll über die Anwendung der Grundsätze der Subsidiarität und der Verhältnismäßigkeit vorgesehenen Verfahren beachtet wird;

c) sich im Rahmen des Raums der Freiheit, der Sicherheit und des Rechts an den Mechanismen zur Bewertung der Durchführung der Unionspolitiken in diesem Bereich nach Artikel 70 des Vertrags über die Arbeitsweise der Europäischen Union beteiligen und in die politische Kontrolle von Europol und die Bewertung der Tätigkeit von Eurojust nach den Artikeln 88 und 85 des genannten Vertrags einbezogen werden;

d) sich an den Verfahren zur Änderung der Verträge nach Artikel 48 dieses Vertrags beteiligen;

e) über Anträge auf Beitritt zur Union nach Artikel 49 dieses Vertrags unterrichtet werden;

f) sich an der interparlamentarischen Zusammenarbeit zwischen den nationalen Parlamenten und mit dem Europäischen Parlament gemäß dem Protokoll über die Rolle der nationalen Parlamente in der Europäischen Union beteiligen.

Titel III
Bestimmungen über die Organe

Artikel 13 [Institutioneller Rahmen]

(1) Die Union verfügt über einen institutionellen Rahmen, der zum Zweck hat, ihren Werten Geltung zu verschaffen, ihre Ziele zu verfolgen, ihren Interessen, denen ihrer Bürgerinnen und Bürger und denen der Mitgliedstaaten zu dienen sowie die Kohärenz, Effizienz und Kontinuität ihrer Politik und ihrer Maßnahmen sicherzustellen.

Die Organe der Union sind
– das Europäische Parlament,
– der Europäische Rat,
– der Rat,
– die Europäische Kommission (im Folgenden „Kommission"),
– der Gerichtshof der Europäischen Union,
– die Europäische Zentralbank,
– der Rechnungshof.

(2) ¹Jedes Organ handelt nach Maßgabe der ihm in den Verträgen zugewiesenen Befugnisse nach den Verfahren, Bedingungen und Zielen, die in den Verträgen festgelegt sind. ²Die Organe arbeiten loyal zusammen.

(3) Die Bestimmungen über die Europäische Zentralbank und den Rechnungshof sowie die detaillierten Bestimmungen über die übrigen Organe sind im Vertrag über die Arbeitsweise der Europäischen Union enthalten.

(4) Das Europäische Parlament, der Rat und die Kommission werden von einem Wirtschafts- und Sozialausschuss sowie einem Ausschuss der Regionen unterstützt, die beratende Aufgaben wahrnehmen.

Artikel 14 [Europäisches Parlament]
(1) [1]Das Europäische Parlament wird gemeinsam mit dem Rat als Gesetzgeber tätig und übt gemeinsam mit ihm die Haushaltsbefugnisse aus. [2]Es erfüllt Aufgaben der politischen Kontrolle und Beratungsfunktionen nach Maßgabe der Verträge. [3]Es wählt den Präsidenten der Kommission.

(2) [1]Das Europäische Parlament setzt sich aus Vertretern der Unionsbürgerinnen und Unionsbürger zusammen. [2]Ihre Anzahl darf 750 nicht überschreiten, zuzüglich des Präsidenten. [3]Die Bürgerinnen und Bürger sind im Europäischen Parlament degressiv proportional, mindestens jedoch mit sechs Mitgliedern je Mitgliedstaat vertreten. [4]Kein Mitgliedstaat erhält mehr als 96 Sitze.

Der Europäische Rat erlässt einstimmig auf Initiative des Europäischen Parlaments und mit dessen Zustimmung einen Beschluss über die Zusammensetzung des Europäischen Parlaments, in dem die in Unterabsatz 1 genannten Grundsätze gewahrt sind.

(3) Die Mitglieder des Europäischen Parlaments werden in allgemeiner, unmittelbarer, freier und geheimer Wahl für eine Amtszeit von fünf Jahren gewählt.

(4) Das Europäische Parlament wählt aus seiner Mitte seinen Präsidenten und sein Präsidium.

Artikel 15 [Europäischer Rat]
(1) [1]Der Europäische Rat gibt der Union die für ihre Entwicklung erforderlichen Impulse und legt die allgemeinen politischen Zielvorstellungen und Prioritäten hierfür fest. [2]Er wird nicht gesetzgeberisch tätig.

(2) [1]Der Europäische Rat setzt sich zusammen aus den Staats- und Regierungschefs der Mitgliedstaaten sowie dem Präsidenten des Europäischen Rates und dem Präsidenten der Kommission. [2]Der Hohe Vertreter der Union für Außen- und Sicherheitspolitik nimmt an seinen Arbeiten teil.

(3) [1]Der Europäische Rat tritt zweimal pro Halbjahr zusammen; er wird von seinem Präsidenten einberufen. [2]Wenn es die Tagesordnung erfordert, können die Mitglieder des Europäischen Rates beschließen, sich jeweils von einem Minister oder – im Fall des Präsidenten der Kommission – von einem Mitglied der Kommission unterstützen zu lassen. [3]Wenn es die Lage erfordert, beruft der Präsident eine außerordentliche Tagung des Europäischen Rates ein.

(4) Soweit in den Verträgen nichts anderes festgelegt ist, entscheidet der Europäische Rat im Konsens.

(5) [1]Der Europäische Rat wählt seinen Präsidenten mit qualifizierter Mehrheit für eine Amtszeit von zweieinhalb Jahren; der Präsident kann

einmal wiedergewählt werden. [2]Im Falle einer Verhinderung oder einer schweren Verfehlung kann der Europäische Rat ihn im Wege des gleichen Verfahrens von seinem Amt entbinden.

(6) Der Präsident des Europäischen Rates

a) führt den Vorsitz bei den Arbeiten des Europäischen Rates und gibt ihnen Impulse,

b) sorgt in Zusammenarbeit mit dem Präsidenten der Kommission auf der Grundlage der Arbeiten des Rates „Allgemeine Angelegenheiten" für die Vorbereitung und Kontinuität der Arbeiten des Europäischen Rates,

c) wirkt darauf hin, dass Zusammenhalt und Konsens im Europäischen Rat gefördert werden,

d) legt dem Europäischen Parlament im Anschluss an jede Tagung des Europäischen Rates einen Bericht vor.

Der Präsident des Europäischen Rates nimmt auf seiner Ebene und in seiner Eigenschaft, unbeschadet der Befugnisse des Hohen Vertreters der Union für Außen- und Sicherheitspolitik, die Außenvertretung der Union in Angelegenheiten der Gemeinsamen Außen- und Sicherheitspolitik wahr.

Der Präsident des Europäischen Rates darf kein einzelstaatliches Amt ausüben.

Artikel 16 [Rat]

(1) [1]Der Rat wird gemeinsam mit dem Europäischen Parlament als Gesetzgeber tätig und übt gemeinsam mit ihm die Haushaltsbefugnisse aus. [2]Zu seinen Aufgaben gehört die Festlegung der Politik und die Koordinierung nach Maßgabe der Verträge.

(2) Der Rat besteht aus je einem Vertreter jedes Mitgliedstaats auf Ministerebene, der befugt ist, für die Regierung des von ihm vertretenen Mitgliedstaats verbindlich zu handeln und das Stimmrecht auszuüben.

(3) Soweit in den Verträgen nichts anderes festgelegt ist, beschließt der Rat mit qualifizierter Mehrheit.

(4) Ab dem 1. November 2014 gilt als qualifizierte Mehrheit eine Mehrheit von mindestens 55 % der Mitglieder des Rates, gebildet aus mindestens 15 Mitgliedern, sofern die von diesen vertretenen Mitgliedstaaten zusammen mindestens 65 % der Bevölkerung der Union ausmachen.

Für eine Sperrminorität sind mindestens vier Mitglieder des Rates erforderlich, andernfalls gilt die qualifizierte Mehrheit als erreicht.

Die übrigen Modalitäten für die Abstimmung mit qualifizierter Mehrheit sind in Artikel 238 Absatz 2 des Vertrags über die Arbeitsweise der Europäischen Union festgelegt.

(5) Die Übergangsbestimmungen für die Definition der qualifizierten Mehrheit, die bis zum 31. Oktober 2014 gelten, sowie die Übergangsbe-

stimmungen, die zwischen dem 1. November 2014 und dem 31. März 2017 gelten, sind im Protokoll über die Übergangsbestimmungen festgelegt.

(6) Der Rat tagt in verschiedenen Zusammensetzungen; die Liste dieser Zusammensetzungen wird nach Artikel 236 des Vertrags über die Arbeitsweise der Europäischen Union angenommen.

[1]Als Rat „Allgemeine Angelegenheiten" sorgt er für die Kohärenz der Arbeiten des Rates in seinen verschiedenen Zusammensetzungen. [2]In Verbindung mit dem Präsidenten des Europäischen Rates und mit der Kommission bereitet er die Tagungen des Europäischen Rates vor und sorgt für das weitere Vorgehen.

Als Rat „Auswärtige Angelegenheiten" gestaltet er das auswärtige Handeln der Union entsprechend den strategischen Vorgaben des Europäischen Rates und sorgt für die Kohärenz des Handelns der Union.

(7) Ein Ausschuss der Ständigen Vertreter der Regierungen der Mitgliedstaaten ist für die Vorbereitung der Arbeiten des Rates verantwortlich.

(8) [1]Der Rat tagt öffentlich, wenn er über Entwürfe zu Gesetzgebungsakten berät und abstimmt. [2]Zu diesem Zweck wird jede Ratstagung in zwei Teile unterteilt, von denen der eine den Beratungen über die Gesetzgebungsakte der Union und der andere den nicht die Gesetzgebung betreffenden Tätigkeiten gewidmet ist.

(9) Der Vorsitz im Rat in allen seinen Zusammensetzungen mit Ausnahme des Rates „Auswärtige Angelegenheiten" wird von den Vertretern der Mitgliedstaaten im Rat unter Bedingungen, die gemäß Artikel 236 des Vertrags über die Arbeitsweise der Europäischen Union festgelegt werden, nach einem System der gleichberechtigten Rotation wahrgenommen.

Artikel 17 [Europäische Kommission]

(1) [1]Die Kommission fördert die allgemeinen Interessen der Union und ergreift geeignete Initiativen zu diesem Zweck. [2]Sie sorgt für die Anwendung der Verträge sowie der von den Organen kraft der Verträge erlassenen Maßnahmen. [3]Sie überwacht die Anwendung des Unionsrechts unter der Kontrolle des Gerichtshofs der Europäischen Union. [4]Sie führt den Haushaltsplan aus und verwaltet die Programme. [5]Sie übt nach Maßgabe der Verträge Koordinierungs-, Exekutiv- und Verwaltungsfunktionen aus. [6]Außer in der Gemeinsamen Außen- und Sicherheitspolitik und den übrigen in den Verträgen vorgesehenen Fällen nimmt sie die Vertretung der Union nach außen wahr. [7]Sie leitet die jährliche und die mehrjährige Programmplanung der Union mit dem Ziel ein, interinstitutionelle Vereinbarungen zu erreichen.

(2) [1]Soweit in den Verträgen nichts anderes festgelegt ist, darf ein Gesetzgebungsakt der Union nur auf Vorschlag der Kommission erlassen

werden. [2]Andere Rechtsakte werden auf der Grundlage eines Kommissionsvorschlags erlassen, wenn dies in den Verträgen vorgesehen ist.

(3) Die Amtszeit der Kommission beträgt fünf Jahre.

Die Mitglieder der Kommission werden aufgrund ihrer allgemeinen Befähigung und ihres Einsatzes für Europa unter Persönlichkeiten ausgewählt, die volle Gewähr für ihre Unabhängigkeit bieten.

[1]Die Kommission übt ihre Tätigkeit in voller Unabhängigkeit aus. [2]Die Mitglieder der Kommission dürfen unbeschadet des Artikels 18 Absatz 2 Weisungen von einer Regierung, einem Organ, einer Einrichtung oder jeder anderen Stelle weder einholen noch entgegennehmen. [3]Sie enthalten sich jeder Handlung, die mit ihrem Amt oder der Erfüllung ihrer Aufgaben unvereinbar ist.

(4) Die Kommission, die zwischen dem Zeitpunkt des Inkrafttretens des Vertrags von Lissabon und dem 31. Oktober 2014 ernannt wird, besteht einschließlich ihres Präsidenten und des Hohen Vertreters der Union für Außen- und Sicherheitspolitik, der einer der Vizepräsidenten der Kommission ist, aus je einem Staatsangehörigen jedes Mitgliedstaats.

(5) Ab dem 1. November 2014 besteht die Kommission, einschließlich ihres Präsidenten und des Hohen Vertreters der Union für Außen- und Sicherheitspolitik, aus einer Anzahl von Mitgliedern, die zwei Dritteln der Zahl der Mitgliedstaaten entspricht, sofern der Europäische Rat nicht einstimmig eine Änderung dieser Anzahl beschließt.

[1]Die Mitglieder der Kommission werden unter den Staatsangehörigen der Mitgliedstaaten in einem System der strikt gleichberechtigten Rotation zwischen den Mitgliedstaaten so ausgewählt, dass das demografische und geografische Spektrum der Gesamtheit der Mitgliedstaaten zum Ausdruck kommt. [2]Dieses System wird vom Europäischen Rat nach Artikel 244 des Vertrags über die Arbeitsweise der Europäischen Union einstimmig festgelegt.

(6) Der Präsident der Kommission

a) legt die Leitlinien fest, nach denen die Kommission ihre Aufgaben ausübt,

b) beschließt über die interne Organisation der Kommission, um die Kohärenz, die Effizienz und das Kollegialitätsprinzip im Rahmen ihrer Tätigkeit sicherzustellen,

c) ernennt, mit Ausnahme des Hohen Vertreters der Union für Außen- und Sicherheitspolitik, die Vizepräsidenten aus dem Kreis der Mitglieder der Kommission.

[1]Ein Mitglied der Kommission legt sein Amt nieder, wenn es vom Präsidenten dazu aufgefordert wird. [2]Der Hohe Vertreter der Union für Außen- und Sicherheitspolitik legt sein Amt nach dem Verfahren des Artikels 18 Absatz 1 nieder, wenn er vom Präsidenten dazu aufgefordert wird.

(7) [1]Der Europäische Rat schlägt dem Europäischen Parlament nach entsprechenden Konsultationen mit qualifizierter Mehrheit einen Kandi-

daten für das Amt des Präsidenten der Kommission vor; dabei berücksichtigt er das Ergebnis der Wahlen zum Europäischen Parlament. [2]Das Europäische Parlament wählt diesen Kandidaten mit der Mehrheit seiner Mitglieder. [3]Erhält dieser Kandidat nicht die Mehrheit, so schlägt der Europäische Rat dem Europäischen Parlament innerhalb eines Monats mit qualifizierter Mehrheit einen neuen Kandidaten vor, für dessen Wahl das Europäische Parlament dasselbe Verfahren anwendet.

[1]Der Rat nimmt, im Einvernehmen mit dem gewählten Präsidenten, die Liste der anderen Persönlichkeiten an, die er als Mitglieder der Kommission vorschlägt. [2]Diese werden auf der Grundlage der Vorschläge der Mitgliedstaaten entsprechend den Kriterien nach Absatz 3 Unterabsatz 2 und Absatz 5 Unterabsatz 2 ausgewählt.

[1]Der Präsident, der Hohe Vertreter der Union für Außen- und Sicherheitspolitik und die übrigen Mitglieder der Kommission stellen sich als Kollegium einem Zustimmungsvotum des Europäischen Parlaments. [2]Auf der Grundlage dieser Zustimmung wird die Kommission vom Europäischen Rat mit qualifizierter Mehrheit ernannt.

(8) [1]Die Kommission ist als Kollegium dem Europäischen Parlament verantwortlich. [2]Das Europäische Parlament kann nach Artikel 234 des Vertrags über die Arbeitsweise der Europäischen Union einen Misstrauensantrag gegen die Kommission annehmen. [3]Wird ein solcher Antrag angenommen, so müssen die Mitglieder der Kommission geschlossen ihr Amt niederlegen, und der Hohe Vertreter der Union für Außen- und Sicherheitspolitik muss sein im Rahmen der Kommission ausgeübtes Amt niederlegen.

Artikel 18 [Hoher Vertreter für Außen- und Sicherheitspolitik]
(1) [1]Der Europäische Rat ernennt mit qualifizierter Mehrheit und mit Zustimmung des Präsidenten der Kommission den Hohen Vertreter der Union für Außen- und Sicherheitspolitik. [2]Der Europäische Rat kann die Amtszeit des Hohen Vertreters nach dem gleichen Verfahren beenden.

(2) [1]Der Hohe Vertreter leitet die Gemeinsame Außen- und Sicherheitspolitik der Union. [2]Er trägt durch seine Vorschläge zur Festlegung dieser Politik bei und führt sie im Auftrag des Rates durch. [3]Er handelt ebenso im Bereich der Gemeinsamen Sicherheits- und Verteidigungspolitik.

(3) Der Hohe Vertreter führt den Vorsitz im Rat „Auswärtige Angelegenheiten".

(4) [1]Der Hohe Vertreter ist einer der Vizepräsidenten der Kommission. [2]Er sorgt für die Kohärenz des auswärtigen Handelns der Union. [3]Er ist innerhalb der Kommission mit deren Zuständigkeiten im Bereich der Außenbeziehungen und mit der Koordinierung der übrigen Aspekte des auswärtigen Handelns der Union betraut. [4]Bei der Wahrnehmung dieser Zuständigkeiten in der Kommission und ausschließlich im Hinblick auf diese

Zuständigkeiten unterliegt der Hohe Vertreter den Verfahren, die für die Arbeitsweise der Kommission gelten, soweit dies mit den Absätzen 2 und 3 vereinbar ist.

Artikel 19 [Gerichtshof der Europäischen Union]
(1) [1]Der Gerichtshof der Europäischen Union umfasst den Gerichtshof, das Gericht und Fachgerichte. [2]Er sichert die Wahrung des Rechts bei der Auslegung und Anwendung der Verträge.

Die Mitgliedstaaten schaffen die erforderlichen Rechtsbehelfe, damit ein wirksamer Rechtsschutz in den vom Unionsrecht erfassten Bereichen gewährleistet ist.

(2) [1]Der Gerichtshof besteht aus einem Richter je Mitgliedstaat. [2]Er wird von Generalanwälten unterstützt.

Das Gericht besteht aus mindestens einem Richter je Mitgliedstaat.

[1]Als Richter und Generalanwälte des Gerichtshofs und als Richter des Gerichts sind Persönlichkeiten auszuwählen, die jede Gewähr für Unabhängigkeit bieten und die Voraussetzungen der Artikel 253 und 254 des Vertrags über die Arbeitsweise der Europäischen Union erfüllen. [2]Sie werden von den Regierungen der Mitgliedstaaten im gegenseitigen Einvernehmen für eine Amtszeit von sechs Jahren ernannt. [3]Die Wiederernennung ausscheidender Richter und Generalanwälte ist zulässig.

(3) Der Gerichtshof der Europäischen Union entscheidet nach Maßgabe der Verträge
a) über Klagen eines Mitgliedstaats, eines Organs oder natürlicher oder juristischer Personen;
b) im Wege der Vorabentscheidung auf Antrag der einzelstaatlichen Gerichte über die Auslegung des Unionsrechts oder über die Gültigkeit der Handlungen der Organe;
c) in allen anderen in den Verträgen vorgesehenen Fällen.

Titel IV
Bestimmungen über eine verstärkte Zusammenarbeit

Artikel 20   (ex-Artikel 27 a bis 27 e, 40 bis 40 b und 43 bis 45 EUV und ex-Artikel 11 und 11 a EGV)
(1) Die Mitgliedstaaten, die untereinander eine Verstärkte Zusammenarbeit im Rahmen der nicht ausschließlichen Zuständigkeiten der Union begründen wollen, können, in den Grenzen und nach Maßgabe dieses Artikels und der Artikel 326 bis 334 des Vertrags über die Arbeitsweise der Europäischen Union, die Organe der Union in Anspruch nehmen und diese Zuständigkeiten unter Anwendung der einschlägigen Bestimmungen der Verträge ausüben.

[1]Eine Verstärkte Zusammenarbeit ist darauf ausgerichtet, die Verwirklichung der Ziele der Union zu fördern, ihre Interessen zu schützen und ihren Integrationsprozess zu stärken. [2]Sie steht allen Mitgliedstaaten nach

Artikel 328 des Vertrags über die Arbeitsweise der Europäischen Union
jederzeit offen.

(2) [1]Der Beschluss über die Ermächtigung zu einer Verstärkten Zusammenarbeit wird vom Rat als letztes Mittel erlassen, wenn dieser feststellt, dass die mit dieser Zusammenarbeit angestrebten Ziele von der
Union in ihrer Gesamtheit nicht innerhalb eines vertretbaren Zeitraums
verwirklicht werden können, und sofern an der Zusammenarbeit mindestens neun Mitgliedstaaten beteiligt sind. [2]Der Rat beschließt nach dem in
Artikel 329 des Vertrags über die Arbeitsweise der Europäischen Union
vorgesehenen Verfahren.

(3) [1]Alle Mitglieder des Rates können an dessen Beratungen teilnehmen, aber nur die Mitglieder des Rates, die die an der Verstärkten Zusammenarbeit beteiligten Mitgliedstaaten vertreten, nehmen an der Abstimmung teil. [2]Die Abstimmungsmodalitäten sind in Artikel 330 des
Vertrags über die Arbeitsweise der Europäischen Union vorgesehen.

(4) [1]An die im Rahmen einer Verstärkten Zusammenarbeit erlassenen
Rechtsakte sind nur die an dieser Zusammenarbeit beteiligten Mitgliedstaaten gebunden. [2]Sie gelten nicht als Besitzstand, der von beitrittswilligen Staaten angenommen werden muss.

Titel V
**Allgemeine Bestimmungen über das auswärtige Handeln der Union
und besondere Bestimmungen über die Gemeinsame Außen- und
Sicherheitspolitik**

Kapitel 1
Allgemeine Bestimmungen über das auswärtige Handeln der Union

Artikel 21 [Wahrung der Grundsätze und Ziele]
(1) Die Union lässt sich bei ihrem Handeln auf internationaler Ebene von
den Grundsätzen leiten, die für ihre eigene Entstehung, Entwicklung und
Erweiterung maßgebend waren und denen sie auch weltweit zu stärkerer
Geltung verhelfen will: Demokratie, Rechtsstaatlichkeit, die universelle
Gültigkeit und Unteilbarkeit der Menschenrechte und Grundfreiheiten,
die Achtung der Menschenwürde, der Grundsatz der Gleichheit und der
Grundsatz der Solidarität sowie die Achtung der Grundsätze der Charta
der Vereinten Nationen und des Völkerrechts.

[1]Die Union strebt an, die Beziehungen zu Drittländern und zu regionalen oder weltweiten internationalen Organisationen, die die in Unterabsatz
1 aufgeführten Grundsätze teilen, auszubauen und Partnerschaften mit
ihnen aufzubauen. [2]Sie setzt sich insbesondere im Rahmen der Vereinten
Nationen für multilaterale Lösungen bei gemeinsamen Problemen ein.

(2) Die Union legt die gemeinsame Politik sowie Maßnahmen fest, führt
diese durch und setzt sich für ein hohes Maß an Zusammenarbeit auf allen
Gebieten der internationalen Beziehungen ein, um

a) ihre Werte, ihre grundlegenden Interessen, ihre Sicherheit, ihre Un-
    abhängigkeit und ihre Unversehrtheit zu wahren;
b) Demokratie, Rechtsstaatlichkeit, die Menschenrechte und die Grund-
    sätze des Völkerrechts zu festigen und zu fördern;
c) nach Maßgabe der Ziele und Grundsätze der Charta der Vereinten
    Nationen sowie der Prinzipien der Schlussakte von Helsinki und der
    Ziele der Charta von Paris, einschließlich derjenigen, die die Außen-
    grenzen betreffen, den Frieden zu erhalten, Konflikte zu verhüten und
    die internationale Sicherheit zu stärken;
d) die nachhaltige Entwicklung in Bezug auf Wirtschaft, Gesellschaft
    und Umwelt in den Entwicklungsländern zu fördern mit dem vorran-
    gigen Ziel, die Armut zu beseitigen;
e) die Integration aller Länder in die Weltwirtschaft zu fördern, unter
    anderem auch durch den schrittweisen Abbau internationaler Han-
    delshemmnisse;
f) zur Entwicklung von internationalen Maßnahmen zur Erhaltung und
    Verbesserung der Qualität der Umwelt und der nachhaltigen Bewirt-
    schaftung der weltweiten natürlichen Ressourcen beizutragen, um
    eine nachhaltige Entwicklung sicherzustellen;
g) den Völkern, Ländern und Regionen, die von Naturkatastrophen oder
    von vom Menschen verursachten Katastrophen betroffen sind, zu hel-
    fen; und
h) eine Weltordnung zu fördern, die auf einer verstärkten multilateralen
    Zusammenarbeit und einer verantwortungsvollen Weltordnungspoli-
    tik beruht.

(3) Die Union wahrt bei der Ausarbeitung und Umsetzung ihres auswärtigen Handelns in den verschiedenen unter diesen Titel und den Fünften
Teil des Vertrags über die Arbeitsweise der Europäischen Union fallenden
Bereichen sowie der externen Aspekte der übrigen Politikbereiche die in
den Absätzen 1 und 2 genannten Grundsätze und Ziele.

[1]Die Union achtet auf die Kohärenz zwischen den einzelnen Bereichen
ihres auswärtigen Handelns sowie zwischen diesen und ihren übrigen Politikbereichen. [2]Der Rat und die Kommission, die vom Hohen Vertreter
der Union für Außen- und Sicherheitspolitik unterstützt werden, stellen
diese Kohärenz sicher und arbeiten zu diesem Zweck zusammen.

Artikel 22 [Strategische Interessen und Ziele]

(1) Auf der Grundlage der in Artikel 21 aufgeführten Grundsätze und Ziele
legt der Europäische Rat die strategischen Interessen und Ziele der Union
fest.

[1]Die Beschlüsse des Europäischen Rates über die strategischen Interessen und Ziele der Union erstrecken sich auf die Gemeinsame Außen-
und Sicherheitspolitik sowie auf andere Bereiche des auswärtigen Handelns der Union. [2]Sie können die Beziehungen der Union zu einem Land
oder einer Region betreffen oder aber ein bestimmtes Thema zum Ge-

genstand haben. [3]Sie enthalten Bestimmungen zu ihrer Geltungsdauer und zu den von der Union und den Mitgliedstaaten bereitzustellenden Mitteln.

[1]Der Europäische Rat beschließt einstimmig auf Empfehlung des Rates, die dieser nach den für den jeweiligen Bereich vorgesehenen Regelungen abgibt. [2]Die Beschlüsse des Europäischen Rates werden nach Maßgabe der in den Verträgen vorgesehenen Verfahren durchgeführt.

(2) Der Hohe Vertreter der Union für Außen- und Sicherheitspolitik und die Kommission können dem Rat gemeinsame Vorschläge vorlegen, wobei der Hohe Vertreter für den Bereich der Gemeinsamen Außen- und Sicherheitspolitik und die Kommission für die anderen Bereiche des auswärtigen Handelns zuständig ist.

Kapitel 2
Besondere Bestimmungen über die Gemeinsame Außen- und Sicherheitspolitik

Abschnitt 1
Gemeinsame Bestimmungen.

Artikel 23 [Grundsätze und Ziele]
Das Handeln der Union auf internationaler Ebene im Rahmen dieses Kapitels beruht auf den Grundsätzen des Kapitels 1, verfolgt die darin genannten Ziele und steht mit den allgemeinen Bestimmungen jenes Kapitels im Einklang.

Artikel 24 (ex-Artikel 11 EUV) [Gegenstandsbereich]
(1) Die Zuständigkeit der Union in der Gemeinsamen Außen- und Sicherheitspolitik erstreckt sich auf alle Bereiche der Außenpolitik sowie auf sämtliche Fragen im Zusammenhang mit der Sicherheit der Union, einschließlich der schrittweisen Festlegung einer gemeinsamen Verteidigungspolitik, die zu einer gemeinsamen Verteidigung führen kann.

[1]Für die Gemeinsame Außen- und Sicherheitspolitik gelten besondere Bestimmungen und Verfahren. [2]Sie wird vom Europäischen Rat und vom Rat einstimmig festgelegt und durchgeführt, soweit in den Verträgen nichts anderes vorgesehen ist. [3]Der Erlass von Gesetzgebungsakten ist ausgeschlossen. [4]Die Gemeinsame Außen- und Sicherheitspolitik wird vom Hohen Vertreter der Union für Außen- und Sicherheitspolitik und von den Mitgliedstaaten gemäß den Verträgen durchgeführt. [5]Die spezifische Rolle des Europäischen Parlaments und der Kommission in diesem Bereich ist in den Verträgen festgelegt. [6]Der Gerichtshof der Europäischen Union ist in Bezug auf diese Bestimmungen nicht zuständig; hiervon ausgenommen ist die Kontrolle der Einhaltung des Artikels 40 dieses Vertrags und die Überwachung der Rechtmäßigkeit bestimmter Beschlüsse nach Artikel 275 Absatz 2 des Vertrags über die Arbeitsweise der Europäischen Union.

(2) Die Union verfolgt, bestimmt und verwirklicht im Rahmen der Grundsätze und Ziele ihres auswärtigen Handelns eine Gemeinsame Außen- und Sicherheitspolitik, die auf einer Entwicklung der gegenseitigen politischen Solidarität der Mitgliedstaaten, der Ermittlung der Fragen von allgemeiner Bedeutung und der Erreichung einer immer stärkeren Konvergenz des Handelns der Mitgliedstaaten beruht.

(3) Die Mitgliedstaaten unterstützen die Außen- und Sicherheitspolitik der Union aktiv und vorbehaltlos im Geiste der Loyalität und der gegenseitigen Solidarität und achten das Handeln der Union in diesem Bereich. [1]Die Mitgliedstaaten arbeiten zusammen, um ihre gegenseitige politische Solidarität zu stärken und weiterzuentwickeln. [2]Sie enthalten sich jeder Handlung, die den Interessen der Union zuwiderläuft oder ihrer Wirksamkeit als kohärente Kraft in den internationalen Beziehungen schaden könnte.

Der Rat und der Hohe Vertreter tragen für die Einhaltung dieser Grundsätze Sorge.

Artikel 25 (ex-Artikel 12 EUV) [Handlungsformen]
Die Union verfolgt ihre Gemeinsame Außen- und Sicherheitspolitik, indem sie
a) die allgemeinen Leitlinien bestimmt,
b) Beschlüsse erlässt zur Festlegung
    i)   der von der Union durchzuführenden Aktionen,
    ii)   der von der Union einzunehmenden Standpunkte,
    iii) der Einzelheiten der Durchführung der unter den Ziffern i und ii genannten Beschlüsse,
    und
c) die systematische Zusammenarbeit der Mitgliedstaaten bei der Führung ihrer Politik ausbaut.

Artikel 26 (ex-Artikel 13 EUV) [Ziele und Leitlinien; Beschlüsse]
(1) [1]Der Europäische Rat bestimmt die strategischen Interessen der Union und legt die Ziele und die allgemeinen Leitlinien der Gemeinsamen Außen- und Sicherheitspolitik fest, und zwar auch bei Fragen mit verteidigungspolitischen Bezügen. [2]Er erlässt die erforderlichen Beschlüsse.

Wenn eine internationale Entwicklung es erfordert, beruft der Präsident des Europäischen Rates eine außerordentliche Tagung des Europäischen Rates ein, um die strategischen Vorgaben für die Politik der Union angesichts dieser Entwicklung festzulegen.

(2) Der Rat gestaltet die Gemeinsame Außen- und Sicherheitspolitik und fasst die für die Festlegung und Durchführung dieser Politik erforderlichen Beschlüsse auf der Grundlage der vom Europäischen Rat festgelegten allgemeinen Leitlinien und strategischen Vorgaben.

Der Rat und der Hohe Vertreter der Union für Außen- und Sicherheitspolitik tragen für ein einheitliches, kohärentes und wirksames Vorgehen
der Union Sorge.

(3) Die Gemeinsame Außen- und Sicherheitspolitik wird vom Hohen
Vertreter und von den Mitgliedstaaten mit einzelstaatlichen Mitteln und
den Mitteln der Union durchgeführt.

Artikel 27 [Hoher Vertreter]

(1) Der Hohe Vertreter der Union für Außen- und Sicherheitspolitik, der
im Rat „Auswärtige Angelegenheiten" den Vorsitz führt, trägt durch seine
Vorschläge zur Festlegung der Gemeinsamen Außen- und Sicherheitspolitik bei und stellt sicher, dass die vom Europäischen Rat und vom Rat
erlassenen Beschlüsse durchgeführt werden.

(2) [1]Der Hohe Vertreter vertritt die Union in den Bereichen der Gemeinsamen Außen- und Sicherheitspolitik. [2]Er führt im Namen der Union
den politischen Dialog mit Dritten und vertritt den Standpunkt der Union
in internationalen Organisationen und auf internationalen Konferenzen.

(3) [1]Bei der Erfüllung seines Auftrags stützt sich der Hohe Vertreter
auf einen Europäischen Auswärtigen Dienst. [2]Dieser Dienst arbeitet mit
den diplomatischen Diensten der Mitgliedstaaten zusammen und umfasst
Beamte aus den einschlägigen Abteilungen des Generalsekretariats des
Rates und der Kommission sowie abgeordnetes Personal der nationalen
diplomatischen Dienste. [3]Die Organisation und die Arbeitsweise des Europäischen Auswärtigen Dienstes werden durch einen Beschluss des Rates festgelegt. [4]Der Rat beschließt auf Vorschlag des Hohen Vertreters
nach Anhörung des Europäischen Parlaments und nach Zustimmung der
Kommission.

Artikel 28 (ex-Artikel 14 EUV) [Beschlüsse]

(1) [1]Verlangt eine internationale Situation ein operatives Vorgehen der
Union, so erlässt der Rat die erforderlichen Beschlüsse. [2]In den Beschlüssen sind ihre Ziele, ihr Umfang, die der Union zur Verfügung zu stellenden
Mittel sowie die Bedingungen und erforderlichenfalls der Zeitraum für
ihre Durchführung festgelegt.

Tritt eine Änderung der Umstände mit erheblichen Auswirkungen auf
eine Angelegenheit ein, die Gegenstand eines solchen Beschlusses ist, so
überprüft der Rat die Grundsätze und Ziele dieses Beschlusses und erlässt
die erforderlichen Beschlüsse.

(2) Die Beschlüsse nach Absatz 1 sind für die Mitgliedstaaten bei ihren
Stellungnahmen und ihrem Vorgehen bindend.

(3) [1]Jede einzelstaatliche Stellungnahme oder Maßnahme, die im Rahmen eines Beschlusses nach Absatz 1 geplant ist, wird von dem betreffenden Mitgliedstaat so rechtzeitig mitgeteilt, dass erforderlichenfalls eine
vorherige Abstimmung im Rat stattfinden kann. [2]Die Pflicht zur vorherigen Unterrichtung gilt nicht für Maßnahmen, die eine bloße praktische

Umsetzung der Beschlüsse des Rates auf einzelstaatlicher Ebene darstellen.

(4) [1]Bei zwingender Notwendigkeit aufgrund der Entwicklung der Lage und falls eine Überprüfung des Beschlusses des Rates nach Absatz 1 nicht stattfindet, können die Mitgliedstaaten unter Berücksichtigung der allgemeinen Ziele des genannten Beschlusses die erforderlichen Sofortmaßnahmen ergreifen. [2]Der betreffende Mitgliedstaat unterrichtet den Rat sofort über derartige Maßnahmen.

(5) [1]Ein Mitgliedstaat befasst den Rat, wenn sich bei der Durchführung eines Beschlusses nach diesem Artikel größere Schwierigkeiten ergeben; der Rat berät darüber und sucht nach angemessenen Lösungen. [2]Diese dürfen nicht im Widerspruch zu den Zielen des Beschlusses nach Absatz 1 stehen oder seiner Wirksamkeit schaden.

Artikel 29 (ex-Artikel 15 EUV) [Standpunkte der Union; Einklang einzelstaatlicher Politiken]

[1]Der Rat erlässt Beschlüsse, in denen der Standpunkt der Union zu einer bestimmten Frage geografischer oder thematischer Art bestimmt wird. [2]Die Mitgliedstaaten tragen dafür Sorge, dass ihre einzelstaatliche Politik mit den Standpunkten der Union in Einklang steht.

Artikel 30 (ex-Artikel 22 EUV) [Initiativrecht]

(1) Jeder Mitgliedstaat, der Hohe Vertreter der Union für Außen- und Sicherheitspolitik oder der Hohe Vertreter mit Unterstützung der Kommission kann den Rat mit einer Frage der Gemeinsamen Außen- und Sicherheitspolitik befassen und ihm Initiativen beziehungsweise Vorschläge unterbreiten.

(2) In den Fällen, in denen eine rasche Entscheidung notwendig ist, beruft der Hohe Vertreter von sich aus oder auf Antrag eines Mitgliedstaats innerhalb von 48 Stunden, bei absoluter Notwendigkeit in kürzerer Zeit, eine außerordentliche Tagung des Rates ein.

Artikel 31 (ex-Artikel 23 EUV) [Entscheidungsverfahren]

(1) [1]Beschlüsse nach diesem Kapitel werden vom Europäischen Rat und vom Rat einstimmig gefasst, soweit in diesem Kapitel nichts anderes festgelegt ist. [2]Der Erlass von Gesetzgebungsakten ist ausgeschlossen.

[1]Bei einer Stimmenthaltung kann jedes Ratsmitglied zu seiner Enthaltung eine förmliche Erklärung im Sinne dieses Unterabsatzes abgeben. [2]In diesem Fall ist es nicht verpflichtet, den Beschluss durchzuführen, akzeptiert jedoch, dass der Beschluss für die Union bindend ist. [3]Im Geiste gegenseitiger Solidarität unterlässt der betreffende Mitgliedstaat alles, was dem auf diesem Beschluss beruhenden Vorgehen der Union zuwiderlaufen oder es behindern könnte, und die anderen Mitgliedstaaten respektieren seinen Standpunkt. [4]Vertreten die Mitglieder des Rates, die bei ihrer Stimmenthaltung eine solche Erklärung abgeben, mindestens ein

Drittel der Mitgliedstaaten, die mindestens ein Drittel der Unionsbevölkerung ausmachen, so wird der Beschluss nicht erlassen.

(2) Abweichend von Absatz 1 beschließt der Rat mit qualifizierter Mehrheit, wenn er

– auf der Grundlage eines Beschlusses des Europäischen Rates über die strategischen Interessen und Ziele der Union nach Artikel 22 Absatz 1 einen Beschluss erlässt, mit dem eine Aktion oder ein Standpunkt der Union festgelegt wird;

– auf einen Vorschlag hin, den ihm der Hohe Vertreter der Union für Außen- und Sicherheitspolitik auf spezielles Ersuchen des Europäischen Rates unterbreitet hat, das auf dessen eigene Initiative oder auf eine Initiative des Hohen Vertreters zurückgeht, einen Beschluss erlässt, mit dem eine Aktion oder ein Standpunkt der Union festgelegt wird;

– einen Beschluss zur Durchführung eines Beschlusses, mit dem eine Aktion oder ein Standpunkt der Union festgelegt wird, erlässt,

– nach Artikel 33 einen Sonderbeauftragten ernennt.

[1]Erklärt ein Mitglied des Rates, dass es aus wesentlichen Gründen der nationalen Politik, die es auch nennen muss, die Absicht hat, einen mit qualifizierter Mehrheit zu fassenden Beschluss abzulehnen, so erfolgt keine Abstimmung. [2]Der Hohe Vertreter bemüht sich in engem Benehmen mit dem betroffenen Mitgliedstaat um eine für diesen Mitgliedstaat annehmbare Lösung. [3]Gelingt dies nicht, so kann der Rat mit qualifizierter Mehrheit veranlassen, dass die Frage im Hinblick auf einen einstimmigen Beschluss an den Europäischen Rat verwiesen wird.

(3) Der Europäische Rat kann einstimmig einen Beschluss erlassen, in dem vorgesehen ist, dass der Rat in anderen als den in Absatz 2 genannten Fällen mit qualifizierter Mehrheit beschließt.

(4) Die Absätze 2 und 3 gelten nicht für Beschlüsse mit militärischen oder verteidigungspolitischen Bezügen.

(5) In Verfahrensfragen beschließt der Rat mit der Mehrheit seiner Mitglieder.

Artikel 32   (ex-Artikel 16 EUV) [Konsultation; Solidarität]

[1]Die Mitgliedstaaten stimmen sich im Europäischen Rat und im Rat zu jeder außen- und sicherheitspolitischen Frage von allgemeiner Bedeutung ab, um ein gemeinsames Vorgehen festzulegen. [2]Bevor ein Mitgliedstaat in einer Weise, die die Interessen der Union berühren könnte, auf internationaler Ebene tätig wird oder eine Verpflichtung eingeht, konsultiert er die anderen Mitgliedstaaten im Europäischen Rat oder im Rat. [3]Die Mitgliedstaaten gewährleisten durch konvergentes Handeln, dass die Union ihre Interessen und ihre Werte auf internationaler Ebene geltend machen kann. [4]Die Mitgliedstaaten sind untereinander solidarisch.

Hat der Europäische Rat oder der Rat ein gemeinsames Vorgehen der Union im Sinne des Absatzes 1 festgelegt, so koordinieren der Hohe Vertreter der Union für Außen- und Sicherheitspolitik und die Minister für auswärtige Angelegenheiten der Mitgliedstaaten ihre Tätigkeiten im Rat.

Die diplomatischen Vertretungen der Mitgliedstaaten und die Delegationen der Union in Drittländern und bei internationalen Organisationen arbeiten zusammen und tragen zur Festlegung und Durchführung des gemeinsamen Vorgehens bei.

Artikel 33   (ex-Artikel 18 EUV) [Sonderbeauftragter]
[1]Der Rat kann auf Vorschlag des Hohen Vertreters der Union für Außen- und Sicherheitspolitik einen Sonderbeauftragten für besondere politische Fragen ernennen. [2]Der Sonderbeauftragte übt sein Mandat unter der Verantwortung des Hohen Vertreters aus.

Artikel 34   (ex-Artikel 19 EUV) [Internationale Organisationen und Konferenzen]
(1) [1]Die Mitgliedstaaten koordinieren ihr Handeln in internationalen Organisationen und auf internationalen Konferenzen. [2]Sie treten dort für die Standpunkte der Union ein. [3]Der Hohe Vertreter der Union für Außen- und Sicherheitspolitik trägt für die Organisation dieser Koordinierung Sorge.

In den internationalen Organisationen und auf internationalen Konferenzen, bei denen nicht alle Mitgliedstaaten vertreten sind, setzen sich die dort vertretenen Mitgliedstaaten für die Standpunkte der Union ein.

(2) Nach Artikel 24 Absatz 3 unterrichten die Mitgliedstaaten, die in internationalen Organisationen oder auf internationalen Konferenzen vertreten sind, die dort nicht vertretenen Mitgliedstaaten und den Hohen Vertreter laufend über alle Fragen von gemeinsamem Interesse.

[1]Die Mitgliedstaaten, die auch Mitglieder des Sicherheitsrats der Vereinten Nationen sind, stimmen sich ab und unterrichten die übrigen Mitgliedstaaten sowie den Hohen Vertreter in vollem Umfang. [2]Die Mitgliedstaaten, die Mitglieder des Sicherheitsrats sind, setzen sich bei der Wahrnehmung ihrer Aufgaben unbeschadet ihrer Verantwortlichkeiten aufgrund der Charta der Vereinten Nationen für die Standpunkte und Interessen der Union ein.

Wenn die Union einen Standpunkt zu einem Thema festgelegt hat, das auf der Tagesordnung des Sicherheitsrats der Vereinten Nationen steht, beantragen die dort vertretenen Mitgliedstaaten, dass der Hohe Vertreter gebeten wird, den Standpunkt der Union vorzutragen.

Artikel 35   (ex-Artikel 20 EUV) [Diplomatische und konsularische Zusammenarbeit]
Die diplomatischen und konsularischen Vertretungen der Mitgliedstaaten und die Delegationen der Union in dritten Ländern und auf internationalen Konferenzen sowie ihre Vertretungen bei internationalen Organisationen

stimmen sich ab, um die Einhaltung und Durchführung der nach diesem Kapitel erlassenen Beschlüsse, mit denen Standpunkte und Aktionen der Union festgelegt werden, zu gewährleisten.

Sie intensivieren ihre Zusammenarbeit durch Informationsaustausch und gemeinsame Bewertungen.

Sie tragen zur Verwirklichung des in Artikel 20 Absatz 2 Buchstabe c des Vertrags über die Arbeitsweise der Europäischen Union genannten Rechts der Unionsbürgerinnen und Unionsbürger auf Schutz im Hoheitsgebiet von Drittländern und zur Durchführung der nach Artikel 23 des genannten Vertrags erlassenen Maßnahmen bei.

Artikel 36 (ex-Artikel 21 EUV) [Beteiligung des Parlaments]

[1]Der Hohe Vertreter der Union für Außen- und Sicherheitspolitik hört das Europäische Parlament regelmäßig zu den wichtigsten Aspekten und den grundlegenden Weichenstellungen der Gemeinsamen Außen- und Sicherheitspolitik und der Gemeinsamen Sicherheits- und Verteidigungspolitik und unterrichtet es über die Entwicklung der Politik in diesen Bereichen. [2]Er achtet darauf, dass die Auffassungen des Europäischen Parlaments gebührend berücksichtigt werden. [3]Die Sonderbeauftragten können zur Unterrichtung des Europäischen Parlaments mit herangezogen werden.

[1]Das Europäische Parlament kann Anfragen oder Empfehlungen an den Rat und den Hohen Vertreter richten. [2]Zweimal jährlich führt es eine Aussprache über die Fortschritte bei der Durchführung der Gemeinsamen Außen- und Sicherheitspolitik, einschließlich der Gemeinsamen Sicherheits- und Verteidigungspolitik.

Artikel 37 (ex-Artikel 24 EUV) [Internationale Abkommen]

Die Union kann in den unter dieses Kapitel fallenden Bereichen Übereinkünfte mit einem oder mehreren Staaten oder internationalen Organisationen schließen.

Artikel 38 (ex-Artikel 25 EUV) [Politisches und Sicherheitspolitisches Komitee]

[1]Unbeschadet des Artikels 240 des Vertrags über die Arbeitsweise der Europäischen Union verfolgt ein Politisches und Sicherheitspolitisches Komitee die internationale Lage in den Bereichen der Gemeinsamen Außen- und Sicherheitspolitik und trägt auf Ersuchen des Rates, des Hohen Vertreters der Union für Außen- und Sicherheitspolitik oder von sich aus durch an den Rat gerichtete Stellungnahmen zur Festlegung der Politiken bei. [2]Ferner überwacht es die Durchführung vereinbarter Politiken; dies gilt unbeschadet der Zuständigkeiten des Hohen Vertreters.

Im Rahmen dieses Kapitels nimmt das Politische und Sicherheitspolitische Komitee unter der Verantwortung des Rates und des Hohen Vertreters die politische Kontrolle und strategische Leitung von Krisenbewältigungsoperationen im Sinne des Artikels 43 wahr.

Der Rat kann das Komitee für den Zweck und die Dauer einer Operation zur Krisenbewältigung, die vom Rat festgelegt werden, ermächtigen, geeignete Beschlüsse hinsichtlich der politischen Kontrolle und strategischen Leitung der Operation zu fassen.

Artikel 39 [Datenschutz]

[1]Gemäß Artikel 16 des Vertrags über die Arbeitsweise der Europäischen Union und abweichend von Absatz 2 des genannten Artikels erlässt der Rat einen Beschluss zur Festlegung von Vorschriften über den Schutz natürlicher Personen bei der Verarbeitung personenbezogener Daten durch die Mitgliedstaaten im Rahmen der Ausübung von Tätigkeiten, die in den Anwendungsbereich dieses Kapitels fallen, und über den freien Datenverkehr. [2]Die Einhaltung dieser Vorschriften wird von unabhängigen Behörden überwacht.

Artikel 40 (ex-Artikel 47 EUV) [Nichttangieren der Zuständigkeiten der Union]

Die Durchführung der Gemeinsamen Außen- und Sicherheitspolitik lässt die Anwendung der Verfahren und den jeweiligen Umfang der Befugnisse der Organe, die in den Verträgen für die Ausübung der in den Artikeln 3 bis 6 des Vertrags über die Arbeitsweise der Europäischen Union aufgeführten Zuständigkeiten der Union vorgesehen sind, unberührt.

Ebenso lässt die Durchführung der Politik nach den genannten Artikeln die Anwendung der Verfahren und den jeweiligen Umfang der Befugnisse der Organe, die in den Verträgen für die Ausübung der Zuständigkeiten der Union nach diesem Kapitel vorgesehen sind, unberührt.

Artikel 41 (ex-Artikel 28 EUV) [Finanzierung]

(1) Die Verwaltungsausgaben, die den Organen aus der Durchführung dieses Kapitels entstehen, gehen zulasten des Haushalts der Union.

(2) Die operativen Ausgaben im Zusammenhang mit der Durchführung dieses Kapitels gehen ebenfalls zulasten des Haushalts der Union, mit Ausnahme der Ausgaben aufgrund von Maßnahmen mit militärischen oder verteidigungspolitischen Bezügen und von Fällen, in denen der Rat einstimmig etwas anderes beschließt.

[1]In Fällen, in denen die Ausgaben nicht zulasten des Haushalts der Union gehen, gehen sie nach dem Bruttosozialprodukt-Schlüssel zulasten der Mitgliedstaaten, sofern der Rat nicht einstimmig etwas anderes beschließt. [2]Die Mitgliedstaaten, deren Vertreter im Rat eine förmliche Erklärung nach Artikel 31 Absatz 1 Unterabsatz 2 abgegeben haben, sind nicht verpflichtet, zur Finanzierung von Ausgaben für Maßnahmen mit militärischen oder verteidigungspolitischen Bezügen beizutragen.

(3) [1]Der Rat erlässt einen Beschluss zur Festlegung besonderer Verfahren, um den schnellen Zugriff auf die Haushaltsmittel der Union zu gewährleisten, die für die Sofortfinanzierung von Initiativen im Rahmen der Gemeinsamen Außen- und Sicherheitspolitik, insbesondere von Tä-

tigkeiten zur Vorbereitung einer Mission nach Artikel 42 Absatz 1 und Artikel 43 bestimmt sind. [2]Er beschließt nach Anhörung des Europäischen Parlaments.

Die Tätigkeiten zur Vorbereitung der in Artikel 42 Absatz 1 und in Artikel 43 genannten Missionen, die nicht zulasten des Haushalts der Union gehen, werden aus einem aus Beiträgen der Mitgliedstaaten gebildeten Anschubfonds finanziert.

Der Rat erlässt mit qualifizierter Mehrheit auf Vorschlag des Hohen Vertreters der Union für Außen- und Sicherheitspolitik die Beschlüsse über

a) die Einzelheiten für die Bildung und die Finanzierung des Anschubfonds, insbesondere die Höhe der Mittelzuweisungen für den Fonds;
b) die Einzelheiten für die Verwaltung des Anschubfonds;
c) die Einzelheiten für die Finanzkontrolle.

[1]Kann die geplante Mission nach Artikel 42 Absatz 1 und Artikel 43 nicht aus dem Haushalt der Union finanziert werden, so ermächtigt der Rat den Hohen Vertreter zur Inanspruchnahme dieses Fonds. [2]Der Hohe Vertreter erstattet dem Rat Bericht über die Erfüllung dieses Mandats.

Abschnitt 2
Bestimmungen über die Gemeinsame Sicherheits- und Verteidigungspolitik

Artikel 42 (ex-Artikel 17 EUV) [Aufgaben und Tätigkeiten; Europäische Verteidigungsagentur]

(1) [1]Die Gemeinsame Sicherheits- und Verteidigungspolitik ist integraler Bestandteil der Gemeinsamen Außen- und Sicherheitspolitik. [2]Sie sichert der Union eine auf zivile und militärische Mittel gestützte Operationsfähigkeit. [3]Auf diese kann die Union bei Missionen außerhalb der Union zur Friedenssicherung, Konfliktverhütung und Stärkung der internationalen Sicherheit in Übereinstimmung mit den Grundsätzen der Charta der Vereinten Nationen zurückgreifen. [4]Sie erfüllt diese Aufgaben mit Hilfe der Fähigkeiten, die von den Mitgliedstaaten bereitgestellt werden.

(2) [1]Die Gemeinsame Sicherheits- und Verteidigungspolitik umfasst die schrittweise Festlegung einer gemeinsamen Verteidigungspolitik der Union. [2]Diese führt zu einer gemeinsamen Verteidigung, sobald der Europäische Rat dies einstimmig beschlossen hat. [3]Er empfiehlt in diesem Fall den Mitgliedstaaten, einen Beschluss in diesem Sinne im Einklang mit ihren verfassungsrechtlichen Vorschriften zu erlassen.

Die Politik der Union nach diesem Abschnitt berührt nicht den besonderen Charakter der Sicherheits- und Verteidigungspolitik bestimmter Mitgliedstaaten; sie achtet die Verpflichtungen einiger Mitgliedstaaten, die ihre gemeinsame Verteidigung in der Nordatlantikvertrags-Organisation (NATO) verwirklicht sehen, aus dem Nordatlantikvertrag und ist

vereinbar mit der in jenem Rahmen festgelegten gemeinsamen Sicher-
heits- und Verteidigungspolitik.

(3) [1]Die Mitgliedstaaten stellen der Union für die Umsetzung der Gemeinsamen Sicherheits- und Verteidigungspolitik zivile und militärische
Fähigkeiten als Beitrag zur Verwirklichung der vom Rat festgelegten Ziele zur Verfügung. [2]Die Mitgliedstaaten, die zusammen multinationale
Streitkräfte aufstellen, können diese auch für die Gemeinsame Sicher-
heits- und Verteidigungspolitik zur Verfügung stellen.

[1]Die Mitgliedstaaten verpflichten sich, ihre militärischen Fähigkeiten
schrittweise zu verbessern. [2]Die Agentur für die Bereiche Entwicklung
der Verteidigungsfähigkeiten, Forschung, Beschaffung und Rüstung (im
Folgenden „Europäische Verteidigungsagentur") ermittelt den operativen
Bedarf und fördert Maßnahmen zur Bedarfsdeckung, trägt zur Ermittlung
von Maßnahmen zur Stärkung der industriellen und technologischen Basis des Verteidigungssektors bei und führt diese Maßnahmen gegebenenfalls durch, beteiligt sich an der Festlegung einer europäischen Politik im
Bereich der Fähigkeiten und der Rüstung und unterstützt den Rat bei der
Beurteilung der Verbesserung der militärischen Fähigkeiten.

(4) [1]Beschlüsse zur Gemeinsamen Sicherheits- und Verteidigungspolitik, einschließlich der Beschlüsse über die Einleitung einer Mission nach
diesem Artikel, werden vom Rat einstimmig auf Vorschlag des Hohen
Vertreters der Union für Außen- und Sicherheitspolitik oder auf Initiative
eines Mitgliedstaats erlassen. [2]Der Hohe Vertreter kann gegebenenfalls
gemeinsam mit der Kommission den Rückgriff auf einzelstaatliche Mittel
sowie auf Instrumente der Union vorschlagen.

(5) [1]Der Rat kann zur Wahrung der Werte der Union und im Dienste
ihrer Interessen eine Gruppe von Mitgliedstaaten mit der Durchführung
einer Mission im Rahmen der Union beauftragen. [2]Die Durchführung
einer solchen Mission fällt unter Artikel 44.

(6) [1]Die Mitgliedstaaten, die anspruchsvollere Kriterien in Bezug auf
die militärischen Fähigkeiten erfüllen und die im Hinblick auf Missionen
mit höchsten Anforderungen untereinander weiter gehende Verpflichtungen eingegangen sind, begründen eine Ständige Strukturierte Zusammenarbeit im Rahmen der Union. [2]Diese Zusammenarbeit erfolgt nach Maßgabe von Artikel 46. [3]Sie berührt nicht die Bestimmungen des Artikels
43.

(7) [1]Im Falle eines bewaffneten Angriffs auf das Hoheitsgebiet eines
Mitgliedstaats schulden die anderen Mitgliedstaaten ihm alle in ihrer
Macht stehende Hilfe und Unterstützung, im Einklang mit Artikel 51 der
Charta der Vereinten Nationen. [2]Dies lässt den besonderen Charakter der
Sicherheits- und Verteidigungspolitik bestimmter Mitgliedstaaten unbe-
rührt.

Die Verpflichtungen und die Zusammenarbeit in diesem Bereich bleiben im Einklang mit den im Rahmen der Nordatlantikvertrags-Organisa-

tion eingegangenen Verpflichtungen, die für die ihr angehörenden Staaten weiterhin das Fundament ihrer kollektiven Verteidigung und das Instrument für deren Verwirklichung ist.

Artikel 43 [Gegenstand der Missionen; Beschlüsse]
(1) [1]Die in Artikel 42 Absatz 1 vorgesehenen Missionen, bei deren Durchführung die Union auf zivile und militärische Mittel zurückgreifen kann, umfassen gemeinsame Abrüstungsmaßnahmen, humanitäre Aufgaben und Rettungseinsätze, Aufgaben der militärischen Beratung und Unterstützung, Aufgaben der Konfliktverhütung und der Erhaltung des Friedens sowie Kampfeinsätze im Rahmen der Krisenbewältigung einschließlich Frieden schaffender Maßnahmen und Operationen zur Stabilisierung der Lage nach Konflikten. [2]Mit allen diesen Missionen kann zur Bekämpfung des Terrorismus beigetragen werden, unter anderem auch durch die Unterstützung für Drittländer bei der Bekämpfung des Terrorismus in ihrem Hoheitsgebiet.
(2) [1]Der Rat erlässt die Beschlüsse über Missionen nach Absatz 1; in den Beschlüssen sind Ziel und Umfang der Missionen sowie die für sie geltenden allgemeinen Durchführungsbestimmungen festgelegt. [2]Der Hohe Vertreter der Union für Außen- und Sicherheitspolitik sorgt unter Aufsicht des Rates und in engem und ständigem Benehmen mit dem Politischen und Sicherheitspolitischen Komitee für die Koordinierung der zivilen und militärischen Aspekte dieser Missionen.

Artikel 44 [Durchführung der Missionen]
(1) [1]Im Rahmen der nach Artikel 43 erlassenen Beschlüsse kann der Rat die Durchführung einer Mission einer Gruppe von Mitgliedstaaten übertragen, die dies wünschen und über die für eine derartige Mission erforderlichen Fähigkeiten verfügen. [2]Die betreffenden Mitgliedstaaten vereinbaren in Absprache mit dem Hohen Vertreter der Union für Außen- und Sicherheitspolitik untereinander die Ausführung der Mission.
(2) [1]Die an der Durchführung der Mission teilnehmenden Mitgliedstaaten unterrichten den Rat von sich aus oder auf Antrag eines anderen Mitgliedstaats regelmäßig über den Stand der Mission. [2]Die teilnehmenden Mitgliedstaaten befassen den Rat sofort, wenn sich aus der Durchführung der Mission schwerwiegende Konsequenzen ergeben oder das Ziel der Mission, ihr Umfang oder die für sie geltenden Regelungen, wie sie in den in Absatz 1 genannten Beschlüssen festgelegt sind, geändert werden müssen. [3]Der Rat erlässt in diesen Fällen die erforderlichen Beschlüsse.

Artikel 45 [Aufgaben der Europäischen Verteidigungsagentur]
(1) Aufgabe der in Artikel 42 Absatz 3 genannten, dem Rat unterstellten Europäischen Verteidigungsagentur ist es,
a) bei der Ermittlung der Ziele im Bereich der militärischen Fähigkeiten der Mitgliedstaaten und der Beurteilung, ob die von den Mitglied-

staaten in Bezug auf diese Fähigkeiten eingegangenen Verpflichtungen erfüllt wurden, mitzuwirken;

b) auf eine Harmonisierung des operativen Bedarfs sowie die Festlegung effizienter und kompatibler Beschaffungsverfahren hinzuwirken;

c) multilaterale Projekte zur Erfüllung der Ziele im Bereich der militärischen Fähigkeiten vorzuschlagen und für die Koordinierung der von den Mitgliedstaaten durchgeführten Programme sowie die Verwaltung spezifischer Kooperationsprogramme zu sorgen;

d) die Forschung auf dem Gebiet der Verteidigungstechnologie zu unterstützen, gemeinsame Forschungsaktivitäten sowie Studien zu technischen Lösungen, die dem künftigen operativen Bedarf gerecht werden, zu koordinieren und zu planen;

e) dazu beizutragen, dass zweckdienliche Maßnahmen zur Stärkung der industriellen und technologischen Basis des Verteidigungssektors und für einen wirkungsvolleren Einsatz der Verteidigungsausgaben ermittelt werden, und diese Maßnahmen gegebenenfalls durchzuführen.

(2) [1]Alle Mitgliedstaaten können auf Wunsch an der Arbeit der Europäischen Verteidigungsagentur teilnehmen. [2]Der Rat erlässt mit qualifizierter Mehrheit einen Beschluss, in dem die Rechtsstellung, der Sitz und die Funktionsweise der Agentur festgelegt werden. [3]Dieser Beschluss trägt dem Umfang der effektiven Beteiligung an den Tätigkeiten der Agentur Rechnung. [4]Innerhalb der Agentur werden spezielle Gruppen gebildet, in denen Mitgliedstaaten zusammenkommen, die gemeinsame Projekte durchführen. [5]Die Agentur versieht ihre Aufgaben erforderlichenfalls in Verbindung mit der Kommission.

Artikel 46 [Ständige Strukturierte Zusammenarbeit]

(1) Die Mitgliedstaaten, die sich an der Ständigen Strukturierten Zusammenarbeit im Sinne des Artikels 42 Absatz 6 beteiligen möchten und hinsichtlich der militärischen Fähigkeiten die Kriterien erfüllen und die Verpflichtungen eingehen, die in dem Protokoll über die Ständige Strukturierte Zusammenarbeit enthalten sind, teilen dem Rat und dem Hohen Vertreter der Union für Außen- und Sicherheitspolitik ihre Absicht mit.

(2) [1]Der Rat erlässt binnen drei Monaten nach der in Absatz 1 genannten Mitteilung einen Beschluss über die Begründung der Ständigen Strukturierten Zusammenarbeit und über die Liste der daran teilnehmenden Mitgliedstaaten. [2]Der Rat beschließt nach Anhörung des Hohen Vertreters mit qualifizierter Mehrheit.

(3) Jeder Mitgliedstaat, der sich zu einem späteren Zeitpunkt an der Ständigen Strukturierten Zusammenarbeit beteiligen möchte, teilt dem Rat und dem Hohen Vertreter seine Absicht mit.

[1]Der Rat erlässt einen Beschluss, in dem die Teilnahme des betreffenden Mitgliedstaats, der die Kriterien und Verpflichtungen nach den Artikeln 1 und 2 des Protokolls über die Ständige Strukturierte Zusammenarbeit erfüllt beziehungsweise eingeht, bestätigt wird. [2]Der Rat beschließt

mit qualifizierter Mehrheit nach Anhörung des Hohen Vertreters. [3]Nur die Mitglieder des Rates, die die teilnehmenden Mitgliedstaaten vertreten, sind stimmberechtigt.

Die qualifizierte Mehrheit bestimmt sich nach Artikel 238 Absatz 3 Buchstabe a des Vertrags über die Arbeitsweise der Europäischen Union.

(4) Erfüllt ein teilnehmender Mitgliedstaat die Kriterien nach den Artikeln 1 und 2 des Protokolls über die Ständige Strukturierte Zusammenarbeit nicht mehr oder kann er den darin genannten Verpflichtungen nicht mehr nachkommen, so kann der Rat einen Beschluss erlassen, durch den die Teilnahme dieses Staates ausgesetzt wird.

[1]Der Rat beschließt mit qualifizierter Mehrheit. [2]Nur die Mitglieder des Rates, die die teilnehmenden Mitgliedstaaten mit Ausnahme des betroffenen Mitgliedstaats vertreten, sind stimmberechtigt.

Die qualifizierte Mehrheit bestimmt sich nach Artikel 238 Absatz 3 Buchstabe a des Vertrags über die Arbeitsweise der Europäischen Union.

(5) Wünscht ein teilnehmender Mitgliedstaat, von der Ständigen Strukturierten Zusammenarbeit Abstand zu nehmen, so teilt er seine Entscheidung dem Rat mit, der zur Kenntnis nimmt, dass die Teilnahme des betreffenden Mitgliedstaats beendet ist.

(6) [1]Mit Ausnahme der Beschlüsse nach den Absätzen 2 bis 5 erlässt der Rat die Beschlüsse und Empfehlungen im Rahmen der Ständigen Strukturierten Zusammenarbeit einstimmig. [2]Für die Zwecke dieses Absatzes bezieht sich die Einstimmigkeit allein auf die Stimmen der Vertreter der an der Zusammenarbeit teilnehmenden Mitgliedstaaten.

Titel VI
Schlussbestimmungen

Artikel 47 [Rechtspersönlichkeit der Union]
Die Union besitzt Rechtspersönlichkeit.

Artikel 48 (ex-Artikel 48 EUV) [Vertragsänderungen]
(1) [1]Die Verträge können gemäß dem ordentlichen Änderungsverfahren geändert werden. [2]Sie können ebenfalls nach vereinfachten Änderungsverfahren geändert werden.

Ordentliches Änderungsverfahren

(2) [1]Die Regierung jedes Mitgliedstaats, das Europäische Parlament oder die Kommission kann dem Rat Entwürfe zur Änderung der Verträge vorlegen. [2]Diese Entwürfe können unter anderem eine Ausdehnung oder Verringerung der der Union in den Verträgen übertragenen Zuständigkeiten zum Ziel haben. [3]Diese Entwürfe werden vom Rat dem Europäischen Rat übermittelt und den nationalen Parlamenten zur Kenntnis gebracht.

(3) [1]Beschließt der Europäische Rat nach Anhörung des Europäischen Parlaments und der Kommission mit einfacher Mehrheit die Prüfung der

vorgeschlagenen Änderungen, so beruft der Präsident des Europäischen Rates einen Konvent von Vertretern der nationalen Parlamente, der Staats- und Regierungschefs der Mitgliedstaaten, des Europäischen Parlaments und der Kommission ein. [2]Bei institutionellen Änderungen im Währungs- bereich wird auch die Europäische Zentralbank gehört. [3]Der Konvent prüft die Änderungsentwürfe und nimmt im Konsensverfahren eine Emp- fehlung an, die an eine Konferenz der Vertreter der Regierungen der Mit- gliedstaaten nach Absatz 4 gerichtet ist.

[1]Der Europäische Rat kann mit einfacher Mehrheit nach Zustimmung des Europäischen Parlaments beschließen, keinen Konvent einzuberufen, wenn seine Einberufung aufgrund des Umfangs der geplanten Änderun- gen nicht gerechtfertigt ist. [2]In diesem Fall legt der Europäische Rat das Mandat für eine Konferenz der Vertreter der Regierungen der Mitglied- staaten fest.

(4) Eine Konferenz der Vertreter der Regierungen der Mitgliedstaaten wird vom Präsidenten des Rates einberufen, um die an den Verträgen vorzunehmenden Änderungen zu vereinbaren.

Die Änderungen treten in Kraft, nachdem sie von allen Mitgliedstaaten nach Maßgabe ihrer verfassungsrechtlichen Vorschriften ratifiziert wor- den sind.

(5) Haben nach Ablauf von zwei Jahren nach der Unterzeichnung eines Vertrags zur Änderung der Verträge vier Fünftel der Mitgliedstaaten den genannten Vertrag ratifiziert und sind in einem Mitgliedstaat oder meh- reren Mitgliedstaaten Schwierigkeiten bei der Ratifikation aufgetreten, so befasst sich der Europäische Rat mit der Frage.

Vereinfachte Änderungsverfahren

(6) Die Regierung jedes Mitgliedstaats, das Europäische Parlament oder die Kommission kann dem Europäischen Rat Entwürfe zur Änderung aller oder eines Teils der Bestimmungen des Dritten Teils des Vertrags über die Arbeitsweise der Europäischen Union über die internen Politik- bereiche der Union vorlegen.

[1]Der Europäische Rat kann einen Beschluss zur Änderung aller oder eines Teils der Bestimmungen des Dritten Teils des Vertrags über die Arbeitsweise der Europäischen Union erlassen. [2]Der Europäische Rat be- schließt einstimmig nach Anhörung des Europäischen Parlaments und der Kommission sowie, bei institutionellen Änderungen im Währungsbe- reich, der Europäischen Zentralbank. [3]Dieser Beschluss tritt erst nach Zu- stimmung der Mitgliedstaaten im Einklang mit ihren jeweiligen verfas- sungsrechtlichen Vorschriften in Kraft.

Der Beschluss nach Unterabsatz 2 darf nicht zu einer Ausdehnung der der Union im Rahmen der Verträge übertragenen Zuständigkeiten führen.

(7) [1]In Fällen, in denen der Rat nach Maßgabe des Vertrags über die Arbeitsweise der Europäischen Union oder des Titels V dieses Vertrags in einem Bereich oder in einem bestimmten Fall einstimmig beschließt,

kann der Europäische Rat einen Beschluss erlassen, wonach der Rat in diesem Bereich oder in diesem Fall mit qualifizierter Mehrheit beschließen kann. [2]Dieser Unterabsatz gilt nicht für Beschlüsse mit militärischen oder verteidigungspolitischen Bezügen.

In Fällen, in denen nach Maßgabe des Vertrags über die Arbeitsweise der Europäischen Union Gesetzgebungsakte vom Rat gemäß einem besonderen Gesetzgebungsverfahren erlassen werden müssen, kann der Europäische Rat einen Beschluss erlassen, wonach die Gesetzgebungsakte gemäß dem ordentlichen Gesetzgebungsverfahren erlassen werden können.

[1]Jede vom Europäischen Rat auf der Grundlage von Unterabsatz 1 oder Unterabsatz 2 ergriffene Initiative wird den nationalen Parlamenten übermittelt. [2]Wird dieser Vorschlag innerhalb von sechs Monaten nach der Übermittlung von einem nationalen Parlament abgelehnt, so wird der Beschluss nach Unterabsatz 1 oder Unterabsatz 2 nicht erlassen. [3]Wird die Initiative nicht abgelehnt, so kann der Europäische Rat den Beschluss erlassen.

Der Europäische Rat erlässt die Beschlüsse nach den Unterabsätzen 1 oder 2 einstimmig nach Zustimmung des Europäischen Parlaments, das mit der Mehrheit seiner Mitglieder beschließt.

Artikel 49   (ex-Artikel 49 EUV) [Beitritt]
[1]Jeder europäische Staat, der die in Artikel 2 genannten Werte achtet und sich für ihre Förderung einsetzt, kann beantragen, Mitglied der Union zu werden. [2]Das Europäische Parlament und die nationalen Parlamente werden über diesen Antrag unterrichtet. [3]Der antragstellende Staat richtet seinen Antrag an den Rat; dieser beschließt einstimmig nach Anhörung der Kommission und nach Zustimmung des Europäischen Parlaments, das mit der Mehrheit seiner Mitglieder beschließt. [4]Die vom Europäischen Rat vereinbarten Kriterien werden berücksichtigt.

[1]Die Aufnahmebedingungen und die durch eine Aufnahme erforderlich werdenden Anpassungen der Verträge, auf denen die Union beruht, werden durch ein Abkommen zwischen den Mitgliedstaaten und dem antragstellenden Staat geregelt. [2]Das Abkommen bedarf der Ratifikation durch alle Vertragsstaaten gemäß ihren verfassungsrechtlichen Vorschriften.

Artikel 50   [Austritt]
(1) Jeder Mitgliedstaat kann im Einklang mit seinen verfassungsrechtlichen Vorschriften beschließen, aus der Union auszutreten.

(2) [1]Ein Mitgliedstaat, der auszutreten beschließt, teilt dem Europäischen Rat seine Absicht mit. [2]Auf der Grundlage der Leitlinien des Europäischen Rates handelt die Union mit diesem Staat ein Abkommen über die Einzelheiten des Austritts aus und schließt das Abkommen, wobei der Rahmen für die künftigen Beziehungen dieses Staates zur Union berücksichtigt wird. [3]Das Abkommen wird nach Artikel 218 Absatz 3 des Ver-

trags über die Arbeitsweise der Europäischen Union ausgehandelt. [4]Es wird vom Rat im Namen der Union geschlossen; der Rat beschließt mit qualifizierter Mehrheit nach Zustimmung des Europäischen Parlaments.

(3) Die Verträge finden auf den betroffenen Staat ab dem Tag des Inkrafttretens des Austrittsabkommens oder andernfalls zwei Jahre nach der in Absatz 2 genannten Mitteilung keine Anwendung mehr, es sei denn, der Europäische Rat beschließt im Einvernehmen mit dem betroffenen Mitgliedstaat einstimmig, diese Frist zu verlängern.

(4) Für die Zwecke der Absätze 2 und 3 nimmt das Mitglied des Europäischen Rates und des Rates, das den austretenden Mitgliedstaat vertritt, weder an den diesen Mitgliedstaat betreffenden Beratungen noch an der entsprechenden Beschlussfassung des Europäischen Rates oder des Rates teil.

Die qualifizierte Mehrheit bestimmt sich nach Artikel 238 Absatz 3 Buchstabe b des Vertrags über die Arbeitsweise der Europäischen Union.

(5) Ein Staat, der aus der Union ausgetreten ist und erneut Mitglied werden möchte, muss dies nach dem Verfahren des Artikels 49 beantragen.

Artikel 51 [Protokolle und Anhänge]
Die Protokolle und Anhänge der Verträge sind Bestandteil der Verträge.

Artikel 52 [Geltungsbereich]
(1) Die Verträge gelten für das Königreich Belgien, die Republik Bulgarien, die Tschechische Republik, das Königreich Dänemark, die Bundesrepublik Deutschland, die Republik Estland, Irland, die Hellenische Republik, das Königreich Spanien, die Französische Republik, die Italienische Republik, die Republik Zypern, die Republik Lettland, die Republik Litauen, das Großherzogtum Luxemburg, die Republik Ungarn, die Republik Malta, das Königreich der Niederlande, die Republik Österreich, die Republik Polen, die Portugiesische Republik, Rumänien, die Republik Slowenien, die Slowakische Republik, die Republik Finnland, das Königreich Schweden und das Vereinigte Königreich Großbritannien und Nordirland.

(2) Der räumliche Geltungsbereich der Verträge wird in Artikel 355 des Vertrags über die Arbeitsweise der Europäischen Union im Einzelnen angegeben.

Artikel 53 (ex-Artikel 51 EUV) [Vertragsdauer]
Dieser Vertrag gilt auf unbegrenzte Zeit.

Artikel 54 (ex-Artikel 52 EUV) [Ratifizierung; Inkrafttreten]
(1) [1]Dieser Vertrag bedarf der Ratifikation durch die Hohen Vertragsparteien gemäß ihren verfassungsrechtlichen Vorschriften. [2]Die Ratifikationsurkunden werden bei der Regierung der Italienischen Republik hinterlegt.

(2) Dieser Vertrag tritt am 1. Januar 1993 in Kraft, sofern alle Ratifikationsurkunden hinterlegt worden sind, oder andernfalls am ersten Tag des auf die Hinterlegung der letzten Ratifikationsurkunde folgenden Monats.

Artikel 55 (ex-Artikel 53 EUV) [Vertragssprachen]

(1) Dieser Vertrag ist in einer Urschrift in bulgarischer, dänischer, deutscher, englischer, estnischer, finnischer, französischer, griechischer, irischer, italienischer, lettischer, litauischer, maltesischer, niederländischer, polnischer, portugiesischer, rumänischer, schwedischer, slowakischer, slowenischer, spanischer, tschechischer und ungarischer Sprache abgefasst, wobei jeder Wortlaut gleichermaßen verbindlich ist; er wird im Archiv der Regierung der Italienischen Republik hinterlegt; diese übermittelt der Regierung jedes anderen Unterzeichnerstaats eine beglaubigte Abschrift.

(2) [1]Dieser Vertrag kann ferner in jede andere von den Mitgliedstaaten bestimmte Sprache übersetzt werden, sofern diese Sprache nach der Verfassungsordnung des jeweiligen Mitgliedstaats in dessen gesamtem Hoheitsgebiet oder in Teilen davon Amtssprache ist. [2]Die betreffenden Mitgliedstaaten stellen eine beglaubigte Abschrift dieser Übersetzungen zur Verfügung, die in den Archiven des Rates hinterlegt wird.

ZU URKUND DESSEN haben die unterzeichneten Bevollmächtigten ihre Unterschriften unter diesen Vertrag gesetzt.

Geschehen zu Maastricht am siebten Februar neunzehnhundertzweiundneunzig.

(Aufzählung der Unterzeichner nicht wiedergegeben)

Vertrag über die Arbeitsweise der Europäischen Union

Konsolidierte Fassung des Vertrags zur Gründung der
Europäischen Gemeinschaft vom 25. März 1957 (BGBl. II S, 766)

in der Fassung des Vertrags von Lissabon vom 13. Dezember 2007
(ABl. C 306 vom 17. 12. 2007)[1)]
zuletzt geändert durch Beschluss 2012/419/EU vom 11. Juli 2012
(ABl. L 204 vom 31. 7. 2012, S. 131)

Inhalt

Präambel

---

1) In der Fassung der Bekanntmachung vom 9. 5. 2008 (ABl. 2008 C 115 S. 13); berichtigt in ABl. 2009 C 290 S. 1). Nachfolgende konsolidierte Fassungen (ABl. 2010 C
83 S. 47; ABl. 2012 326 C S. 47; ABl. 2016 C 202 S. 47) sind berücksichtigt.

Präambel

SEINE MAJESTÄT DER KÖNIG DER BELGIER, DER PRÄSIDENT
DER BUNDESREPUBLIK DEUTSCHLAND, DER PRÄSIDENT DER
FRANZÖSISCHEN REPUBLIK, DER PRÄSIDENT DER ITALIENI-
SCHEN REPUBLIK, IHRE KÖNIGLICHE HOHEIT DIE GROSSHER-

ZOGIN VON LUXEMBURG, IHRE MAJESTÄT DIE KÖNIGIN DER NIEDERLANDE,[1]

IN DEM FESTEN WILLEN, die Grundlagen für einen immer engeren Zusammenschluss der europäischen Völker zu schaffen,

ENTSCHLOSSEN, durch gemeinsames Handeln den wirtschaftlichen und sozialen Fortschritt ihrer Staaten zu sichern, indem sie die Europa trennenden Schranken beseitigen,

IN DEM VORSATZ, die stetige Besserung der Lebens- und Beschäftigungsbedingungen ihrer Völker als wesentliches Ziel anzustreben,

IN DER ERKENNTNIS, dass zur Beseitigung der bestehenden Hindernisse ein einverständliches Vorgehen erforderlich ist, um eine beständige Wirtschaftsausweitung, einen ausgewogenen Handelsverkehr und einen redlichen Wettbewerb zu gewährleisten,

IN DEM BESTREBEN, ihre Volkswirtschaften zu einigen und deren harmonische Entwicklung zu fördern, indem sie den Abstand zwischen einzelnen Gebieten und den Rückstand weniger begünstigter Gebiete verringern,

IN DEM WUNSCH, durch eine gemeinsame Handelspolitik zur fortschreitenden Beseitigung der Beschränkungen im zwischenstaatlichen Wirtschaftsverkehr beizutragen,

IN DER ABSICHT, die Verbundenheit Europas mit den überseeischen Ländern zu bekräftigen, und in dem Wunsch, entsprechend den Grundsätzen der Satzung der Vereinten Nationen den Wohlstand der überseeischen Länder zu fördern,

ENTSCHLOSSEN, durch diesen Zusammenschluss ihrer Wirtschaftskräfte Frieden und Freiheit zu wahren und zu festigen, und mit der Aufforderung an die anderen Völker Europas, die sich zu dem gleichen hohen Ziel bekennen, sich diesen Bestrebungen anzuschließen,

ENTSCHLOSSEN, durch umfassenden Zugang zur Bildung und durch ständige Weiterbildung auf einen möglichst hohen Wissensstand ihrer Völker hinzuwirken,

HABEN zu diesem Zweck zu ihren Bevollmächtigten ERNANNT
(*Aufzählung der Bevollmächtigten nicht wiedergegeben*)

DIESE SIND nach Austausch ihrer als gut und gehörig befundenen Vollmachten wie folgt übereingekommen:

---

1) Seit dem ursprünglichen Vertragsschluss sind Mitgliedstaaten der Europäischen Union geworden: die Republik Bulgarien, die Tschechische Republik, das Königreich Dänemark, die Republik Estland, Irland, die Hellenische Republik, das Königreich Spanien, die Republik Zypern, die Republik Lettland, die Republik Litauen, die Republik Ungarn, die Republik Malta, die Republik Österreich, die Republik Polen, die Portugiesische Republik, Rumänien, die Republik Slowenien, die Slowakische Republik, die Republik Finnland, das Königreich Schweden und das Vereinigte Königreich Großbritannien und Nordirland.

Erster Teil
Grundsätze

Artikel 1 [Regelungsbereich]

(1) Dieser Vertrag regelt die Arbeitsweise der Union und legt die Bereiche, die Abgrenzung und die Einzelheiten der Ausübung ihrer Zuständigkeiten fest.

(2) [1]Dieser Vertrag und der Vertrag über die Europäische Union bilden die Verträge, auf die sich die Union gründet. [2]Diese beiden Verträge, die rechtlich gleichrangig sind, werden als „die Verträge" bezeichnet.

Titel I
Arten und Bereiche der Zuständigkeit der Union

Artikel 2 [Arten von Zuständigkeiten]

(1) Übertragen die Verträge der Union für einen bestimmten Bereich eine ausschließliche Zuständigkeit, so kann nur die Union gesetzgeberisch tätig werden und verbindliche Rechtsakte erlassen; die Mitgliedstaaten dürfen in einem solchen Fall nur tätig werden, wenn sie von der Union hierzu ermächtigt werden, oder um Rechtsakte der Union durchzuführen.

(2) [1]Übertragen die Verträge der Union für einen bestimmten Bereich eine mit den Mitgliedstaaten geteilte Zuständigkeit, so können die Union und die Mitgliedstaaten in diesem Bereich gesetzgeberisch tätig werden und verbindliche Rechtsakte erlassen. [2]Die Mitgliedstaaten nehmen ihre Zuständigkeit wahr, sofern und soweit die Union ihre Zuständigkeit nicht ausgeübt hat. [3]Die Mitgliedstaaten nehmen ihre Zuständigkeit erneut wahr, sofern und soweit die Union entschieden hat, ihre Zuständigkeit nicht mehr auszuüben.

(3) Die Mitgliedstaaten koordinieren ihre Wirtschafts- und Beschäftigungspolitik im Rahmen von Regelungen nach Maßgabe dieses Vertrags, für deren Festlegung die Union zuständig ist.

(4) Die Union ist nach Maßgabe des Vertrags über die Europäische Union dafür zuständig, eine gemeinsame Außen- und Sicherheitspolitik einschließlich der schrittweisen Festlegung einer gemeinsamen Verteidigungspolitik zu erarbeiten und zu verwirklichen.

(5) In bestimmten Bereichen ist die Union nach Maßgabe der Verträge dafür zuständig, Maßnahmen zur Unterstützung, Koordinierung oder Ergänzung der Maßnahmen der Mitgliedstaaten durchzuführen, ohne dass dadurch die Zuständigkeit der Union für diese Bereiche an die Stelle der Zuständigkeit der Mitgliedstaaten tritt.

Die verbindlichen Rechtsakte der Union, die aufgrund der diese Bereiche betreffenden Bestimmungen der Verträge erlassen werden, dürfen keine Harmonisierung der Rechtsvorschriften der Mitgliedstaaten beinhalten.

(6) Der Umfang der Zuständigkeiten der Union und die Einzelheiten ihrer Ausübung ergeben sich aus den Bestimmungen der Verträge zu den einzelnen Bereichen.

Artikel 3 [Bereiche mit ausschließlicher Zuständigkeit]
(1) Die Union hat ausschließliche Zuständigkeit in folgenden Bereichen:
a) Zollunion,
b) Festlegung der für das Funktionieren des Binnenmarkts erforderlichen Wettbewerbsregeln,
c) Währungspolitik für die Mitgliedstaaten, deren Währung der Euro ist,
d) Erhaltung der biologischen Meeresschätze im Rahmen der gemeinsamen Fischereipolitik,
e) gemeinsame Handelspolitik.

(2) Die Union hat ferner die ausschließliche Zuständigkeit für den Abschluss internationaler Übereinkünfte, wenn der Abschluss einer solchen Übereinkunft in einem Gesetzgebungsakt der Union vorgesehen ist, wenn er notwendig ist, damit sie ihre interne Zuständigkeit ausüben kann, oder soweit er gemeinsame Regeln beeinträchtigen oder deren Tragweite verändern könnte.

Artikel 4 [Bereiche mit geteilter Zuständigkeit]
(1) Die Union teilt ihre Zuständigkeit mit den Mitgliedstaaten, wenn ihr die Verträge außerhalb der in den Artikeln 3 und 6 genannten Bereiche eine Zuständigkeit übertragen.

(2) Die von der Union mit den Mitgliedstaaten geteilte Zuständigkeit erstreckt sich auf die folgenden Hauptbereiche:
a) Binnenmarkt,
b) Sozialpolitik hinsichtlich der in diesem Vertrag genannten Aspekte,
c) wirtschaftlicher, sozialer und territorialer Zusammenhalt,
d) Landwirtschaft und Fischerei, ausgenommen die Erhaltung der biologischen Meeresschätze,
e) Umwelt,
f) Verbraucherschutz,
g) Verkehr,
h) transeuropäische Netze,
i) Energie,
j) Raum der Freiheit, der Sicherheit und des Rechts,
k) gemeinsame Sicherheitsanliegen im Bereich der öffentlichen Gesundheit hinsichtlich der in diesem Vertrag genannten Aspekte.

(3) In den Bereichen Forschung, technologische Entwicklung und Raumfahrt erstreckt sich die Zuständigkeit der Union darauf, Maßnahmen zu treffen, insbesondere Programme zu erstellen und durchzuführen, ohne dass die Ausübung dieser Zuständigkeit die Mitgliedstaaten hindert, ihre Zuständigkeit auszuüben.

(4) In den Bereichen Entwicklungszusammenarbeit und humanitäre Hilfe erstreckt sich die Zuständigkeit der Union darauf, Maßnahmen zu treffen und eine gemeinsame Politik zu verfolgen, ohne dass die Ausübung dieser Zuständigkeit die Mitgliedstaaten hindert, ihre Zuständigkeit auszuüben.

Artikel 5 [Die Koordinierung der Wirtschafts- und Beschäftigungspolitik]

(1) [1]Die Mitgliedstaaten koordinieren ihre Wirtschaftspolitik innerhalb der Union. [2]Zu diesem Zweck erlässt der Rat Maßnahmen; insbesondere beschließt er die Grundzüge dieser Politik.

Für die Mitgliedstaaten, deren Währung der Euro ist, gelten besondere Regelungen.

(2) Die Union trifft Maßnahmen zur Koordinierung der Beschäftigungspolitik der Mitgliedstaaten, insbesondere durch die Festlegung von Leitlinien für diese Politik.

(3) Die Union kann Initiativen zur Koordinierung der Sozialpolitik der Mitgliedstaaten ergreifen.

Artikel 6 [Unterstützungs-, Koordinierungs- und Ergänzungsmaßnahmen]

[1]Die Union ist für die Durchführung von Maßnahmen zur Unterstützung, Koordinierung oder Ergänzung der Maßnahmen der Mitgliedstaaten zuständig. [2]Diese Maßnahmen mit europäischer Zielsetzung können in folgenden Bereichen getroffen werden:

a) Schutz und Verbesserung der menschlichen Gesundheit,
b) Industrie,
c) Kultur,
d) Tourismus,
e) allgemeine und berufliche Bildung, Jugend und Sport,
f) Katastrophenschutz,
g) Verwaltungszusammenarbeit.

Titel II
Allgemein geltende Bestimmungen

Artikel 7 [Kohärenzprinzip]

Die Union achtet auf die Kohärenz zwischen ihrer Politik und ihren Maßnahmen in den verschiedenen Bereichen und trägt dabei unter Einhaltung des Grundsatzes der begrenzten Einzelermächtigung ihren Zielen in ihrer Gesamtheit Rechnung.

**Artikel 8 (ex-Artikel 3 Absatz 2 EGV)[1)] [Förderung der
              Gleichstellung von Männern und Frauen]**
Bei allen ihren Tätigkeiten wirkt die Union darauf hin, Ungleichheiten zu
beseitigen und die Gleichstellung von Männern und Frauen zu fördern.

Artikel 9 [Sozialer Schutz]
Bei der Festlegung und Durchführung ihrer Politik und ihrer Maßnahmen
trägt die Union den Erfordernissen im Zusammenhang mit der Förderung
eines hohen Beschäftigungsniveaus, mit der Gewährleistung eines angemessenen sozialen Schutzes, mit der Bekämpfung der sozialen Ausgrenzung sowie mit einem hohen Niveau der allgemeinen und beruflichen
Bildung und des Gesundheitsschutzes Rechnung.

Artikel 10 [Bekämpfung von Diskriminierungen]
Bei der Festlegung und Durchführung ihrer Politik und ihrer Maßnahmen
zielt die Union darauf ab, Diskriminierungen aus Gründen des Geschlechts, der Rasse, der ethnischen Herkunft, der Religion oder der Weltanschauung, einer Behinderung, des Alters oder der sexuellen Ausrichtung zu bekämpfen.

Artikel 11 (ex-Artikel 6 EGV) [Umweltschutzerfordernisse]
Die Erfordernisse des Umweltschutzes müssen bei der Festlegung und
Durchführung der Unionspolitiken und -maßnahmen insbesondere zur
Förderung einer nachhaltigen Entwicklung einbezogen werden.

**Artikel 12 (ex-Artikel 153 Absatz 2 EGV)
              [Verbraucherschutzmaßnahmen]**
Den Erfordernissen des Verbraucherschutzes wird bei der Festlegung und
Durchführung der anderen Unionspolitiken und -maßnahmen Rechnung
getragen.

Artikel 13 [Tierschutz]
Bei der Festlegung und Durchführung der Politik der Union in den Bereichen Landwirtschaft, Fischerei, Verkehr, Binnenmarkt, Forschung,
technologische Entwicklung und Raumfahrt tragen die Union und die
Mitgliedstaaten den Erfordernissen des Wohlergehens der Tiere als füh-
lende Wesen in vollem Umfang Rechnung; sie berücksichtigen hierbei die
Rechts- und Verwaltungsvorschriften und die Gepflogenheiten der Mitgliedstaaten insbesondere in Bezug auf religiöse Riten, kulturelle Traditionen und das regionale Erbe.

**Artikel 14 (ex-Artikel 16 EGV) [Dienste von allgemeinem
              wirtschaftlichem Interesse]**
[1]Unbeschadet des Artikels 4 des Vertrags über die Europäische Union und
der Artikel 93, 106 und 107 dieses Vertrags und in Anbetracht des Stel-

---

1) Dieser Verweis hat lediglich hinweisenden Charakter. Zur Vertiefung vgl. die Übereinstimmungstabellen für die Entsprechung zwischen bisheriger und neuer Nummerierung der Verträge (Anm. d. Red.: In dieser Sammlung abgedruckt unter 5).

lenwerts, den Dienste von allgemeinem wirtschaftlichem Interesse innerhalb der gemeinsamen Werte der Union einnehmen, sowie ihrer Bedeutung bei der Förderung des sozialen und territorialen Zusammenhalts tragen die Union und die Mitgliedstaaten im Rahmen ihrer jeweiligen Befugnisse im Anwendungsbereich der Verträge dafür Sorge, dass die Grundsätze und Bedingungen, insbesondere jene wirtschaftlicher und finanzieller Art, für das Funktionieren dieser Dienste so gestaltet sind, dass diese ihren Aufgaben nachkommen können. [2]Diese Grundsätze und Bedingungen werden vom Europäischen Parlament und vom Rat durch Verordnungen gemäß dem ordentlichen Gesetzgebungsverfahren festgelegt, unbeschadet der Zuständigkeit der Mitgliedstaaten, diese Dienste im Einklang mit den Verträgen zur Verfügung zu stellen, in Auftrag zu geben und zu finanzieren.

Artikel 15 (ex-Artikel 255 EGV) [Offenheit; Zugang zu Dokumenten]

(1) Um eine verantwortungsvolle Verwaltung zu fördern und die Beteiligung der Zivilgesellschaft sicherzustellen, handeln die Organe, Einrichtungen und sonstigen Stellen der Union unter weitestgehender Beachtung des Grundsatzes der Offenheit.

(2) Das Europäische Parlament tagt öffentlich; dies gilt auch für den Rat, wenn er über Entwürfe zu Gesetzgebungsakten berät oder abstimmt.

(3) Jeder Unionsbürger sowie jede natürliche oder juristische Person mit Wohnsitz oder satzungsgemäßem Sitz in einem Mitgliedstaat hat das Recht auf Zugang zu Dokumenten der Organe, Einrichtungen und sonstigen Stellen der Union, unabhängig von der Form der für diese Dokumente verwendeten Träger, vorbehaltlich der Grundsätze und Bedingungen, die nach diesem Absatz festzulegen sind.

Die allgemeinen Grundsätze und die aufgrund öffentlicher oder privater Interessen geltenden Einschränkungen für die Ausübung dieses Rechts auf Zugang zu Dokumenten werden vom Europäischen Parlament und vom Rat durch Verordnungen gemäß dem ordentlichen Gesetzgebungsverfahren festgelegt.

Die Organe, Einrichtungen und sonstigen Stellen gewährleisten die Transparenz ihrer Tätigkeit und legen im Einklang mit den in Unterabsatz 2 genannten Verordnungen in ihrer Geschäftsordnung Sonderbestimmungen hinsichtlich des Zugangs zu ihren Dokumenten fest.

Dieser Absatz gilt für den Gerichtshof der Europäischen Union, die Europäische Zentralbank und die Europäische Investitionsbank nur dann, wenn sie Verwaltungsaufgaben wahrnehmen.

Das Europäische Parlament und der Rat sorgen dafür, dass die Dokumente, die die Gesetzgebungsverfahren betreffen, nach Maßgabe der in Unterabsatz 2 genannten Verordnungen öffentlich zugänglich gemacht werden.

Artikel 16 (ex-Artikel 286 EGV) [Datenschutz]

(1) Jede Person hat das Recht auf Schutz der sie betreffenden personenbezogenen Daten.

(2) ¹Das Europäische Parlament und der Rat erlassen gemäß dem ordentlichen Gesetzgebungsverfahren Vorschriften über den Schutz natürlicher Personen bei der Verarbeitung personenbezogener Daten durch die Organe, Einrichtungen und sonstigen Stellen der Union sowie durch die Mitgliedstaaten im Rahmen der Ausübung von Tätigkeiten, die in den Anwendungsbereich des Unionsrechts fallen, und über den freien Datenverkehr. ²Die Einhaltung dieser Vorschriften wird von unabhängigen Behörden überwacht.

Die auf der Grundlage dieses Artikels erlassenen Vorschriften lassen die spezifischen Bestimmungen des Artikels 39 des Vertrags über die Europäische Union unberührt.

Artikel 17 [Status der Kirchen und weltanschaulichen Gemeinschaften]

(1) Die Union achtet den Status, den Kirchen und religiöse Vereinigungen oder Gemeinschaften in den Mitgliedstaaten nach deren Rechtsvorschriften genießen, und beeinträchtigt ihn nicht.

(2) Die Union achtet in gleicher Weise den Status, den weltanschauliche Gemeinschaften nach den einzelstaatlichen Rechtsvorschriften genießen.

(3) Die Union pflegt mit diesen Kirchen und Gemeinschaften in Anerkennung ihrer Identität und ihres besonderen Beitrags einen offenen, transparenten und regelmäßigen Dialog.

Zweiter Teil
Nichtdiskriminierung und Unionsbürgerschaft

Artikel 18 (ex-Artikel 12 EGV) [Diskriminierungsverbot]

Unbeschadet besonderer Bestimmungen der Verträge ist in ihrem Anwendungsbereich jede Diskriminierung aus Gründen der Staatsangehörigkeit verboten.

Das Europäische Parlament und der Rat können gemäß dem ordentlichen Gesetzgebungsverfahren Regelungen für das Verbot solcher Diskriminierungen treffen.

Artikel 19 (ex-Artikel 13 EGV) [Antidiskriminierungsmaßnahmen]

(1) Unbeschadet der sonstigen Bestimmungen der Verträge kann der Rat im Rahmen der durch die Verträge auf die Union übertragenen Zuständigkeiten gemäß einem besonderen Gesetzgebungsverfahren und nach Zustimmung des Europäischen Parlaments einstimmig geeignete Vorkehrungen treffen, um Diskriminierungen aus Gründen des Geschlechts, der Rasse, der ethnischen Herkunft, der Religion oder der Weltanschauung, einer Behinderung, des Alters oder der sexuellen Ausrichtung zu bekämpfen.

(2) Abweichend von Absatz 1 können das Europäische Parlament und der Rat gemäß dem ordentlichen Gesetzgebungsverfahren die Grundprinzipien für Fördermaßnahmen der Union unter Ausschluss jeglicher Harmonisierung der Rechts- und Verwaltungsvorschriften der Mitgliedstaaten zur Unterstützung der Maßnahmen festlegen, die die Mitgliedstaaten treffen, um zur Verwirklichung der in Absatz 1 genannten Ziele beizutragen.

Artikel 20 (ex-Artikel 17 EGV) [Unionsbürgerschaft]

(1) [1]Es wird eine Unionsbürgerschaft eingeführt. [2]Unionsbürger ist, wer die Staatsangehörigkeit eines Mitgliedstaats besitzt. [3]Die Unionsbürgerschaft tritt zur nationalen Staatsbürgerschaft hinzu, ersetzt sie aber nicht.

(2) [1]Die Unionsbürgerinnen und Unionsbürger haben die in den Verträgen vorgesehenen Rechte und Pflichten. [2]Sie haben unter anderem

a) das Recht, sich im Hoheitsgebiet der Mitgliedstaaten frei zu bewegen und aufzuhalten;

b) in dem Mitgliedstaat, in dem sie ihren Wohnsitz haben, das aktive und passive Wahlrecht bei den Wahlen zum Europäischen Parlament und bei den Kommunalwahlen, wobei für sie dieselben Bedingungen gelten wie für die Angehörigen des betreffenden Mitgliedstaats;

c) im Hoheitsgebiet eines Drittlands, in dem der Mitgliedstaat, dessen Staatsangehörigkeit sie besitzen, nicht vertreten ist, Recht auf Schutz durch die diplomatischen und konsularischen Behörden eines jeden Mitgliedstaats unter denselben Bedingungen wie Staatsangehörige dieses Staates;

d) das Recht, Petitionen an das Europäische Parlament zu richten und sich an den Europäischen Bürgerbeauftragten zu wenden, sowie das Recht, sich in einer der Sprachen der Verträge an die Organe und die beratenden Einrichtungen der Union zu wenden und eine Antwort in derselben Sprache zu erhalten.

[3]Diese Rechte werden unter den Bedingungen und innerhalb der Grenzen ausgeübt, die in den Verträgen und durch die in Anwendung der Verträge erlassenen Maßnahmen festgelegt sind.

Artikel 21 (ex-Artikel 18 EGV) [Freizügigkeit]

(1) Jeder Unionsbürger hat das Recht, sich im Hoheitsgebiet der Mitgliedstaaten vorbehaltlich der in den Verträgen und in den Durchführungsvorschriften vorgesehenen Beschränkungen und Bedingungen frei zu bewegen und aufzuhalten.

(2) Erscheint zur Erreichung dieses Ziels ein Tätigwerden der Union erforderlich und sehen die Verträge hierfür keine Befugnisse vor, so können das Europäische Parlament und der Rat gemäß dem ordentlichen Gesetzgebungsverfahren Vorschriften erlassen, mit denen die Ausübung der Rechte nach Absatz 1 erleichtert wird.

(3) [1]Zu den gleichen wie den in Absatz 1 genannten Zwecken kann der Rat, sofern die Verträge hierfür keine Befugnisse vorsehen, gemäß einem besonderen Gesetzgebungsverfahren Maßnahmen erlassen, die die soziale Sicherheit oder den sozialen Schutz betreffen. [2]Der Rat beschließt einstimmig nach Anhörung des Europäischen Parlaments.

Artikel 22 (ex-Artikel 19 EGV) [Wahlrecht]

(1) [1]Jeder Unionsbürger mit Wohnsitz in einem Mitgliedstaat, dessen Staatsangehörigkeit er nicht besitzt, hat in dem Mitgliedstaat, in dem er seinen Wohnsitz hat, das aktive und passive Wahlrecht bei Kommunalwahlen, wobei für ihn dieselben Bedingungen gelten wie für die Angehörigen des betreffenden Mitgliedstaats. [2]Dieses Recht wird vorbehaltlich der Einzelheiten ausgeübt, die vom Rat einstimmig gemäß einem besonderen Gesetzgebungsverfahren und nach Anhörung des Europäischen Parlaments festgelegt werden; in diesen können Ausnahmeregelungen vorgesehen werden, wenn dies aufgrund besonderer Probleme eines Mitgliedstaats gerechtfertigt ist.

(2) [1]Unbeschadet des Artikels 223 Absatz 1 und der Bestimmungen zu dessen Durchführung besitzt jeder Unionsbürger mit Wohnsitz in einem Mitgliedstaat, dessen Staatsangehörigkeit er nicht besitzt, in dem Mitgliedstaat, in dem er seinen Wohnsitz hat, das aktive und passive Wahlrecht bei den Wahlen zum Europäischen Parlament, wobei für ihn dieselben Bedingungen gelten wie für die Angehörigen des betreffenden Mitgliedstaats. [2]Dieses Recht wird vorbehaltlich der Einzelheiten ausgeübt, die vom Rat einstimmig gemäß einem besonderen Gesetzgebungsverfahren und nach Anhörung des Europäischen Parlaments festgelegt werden; in diesen können Ausnahmeregelungen vorgesehen werden, wenn dies aufgrund besonderer Probleme eines Mitgliedstaats gerechtfertigt ist.

Artikel 23 (ex-Artikel 20 EGV) [Diplomatischer und konsularischer Schutz]

[1]Jeder Unionsbürger genießt im Hoheitsgebiet eines dritten Landes, in dem der Mitgliedstaat, dessen Staatsangehörigkeit er besitzt, nicht vertreten ist, den diplomatischen und konsularischen Schutz eines jeden Mitgliedstaats unter denselben Bedingungen wie Staatsangehörige dieses Staates. [2]Die Mitgliedstaaten treffen die notwendigen Vorkehrungen und leiten die für diesen Schutz erforderlichen internationalen Verhandlungen ein.

Der Rat kann gemäß einem besonderen Gesetzgebungsverfahren und nach Anhörung des Europäischen Parlaments Richtlinien zur Festlegung der notwendigen Koordinierungs- und Kooperationsmaßnahmen zur Erleichterung dieses Schutzes erlassen.

Artikel 24 (ex-Artikel 21 EGV) [Petitionsrecht]

Die Bestimmungen über die Verfahren und Bedingungen, die für eine Bürgerinitiative im Sinne des Artikels 11 des Vertrags über die Europäische Union gelten, einschließlich der Mindestzahl der Mitgliedstaaten, aus denen die Bürgerinnen und Bürger, die diese Initiative ergreifen, kommen müssen, werden vom Europäischen Parlament und vom Rat gemäß dem ordentlichen Gesetzgebungsverfahren durch Verordnungen festgelegt.

Jeder Unionsbürger besitzt das Petitionsrecht beim Europäischen Parlament nach Artikel 227.

Jeder Unionsbürger kann sich an den nach Artikel 228 eingesetzten Bürgerbeauftragten wenden.

Jeder Unionsbürger kann sich schriftlich in einer der in Artikel 55 Absatz 1 des Vertrags über die Europäische Union genannten Sprachen an jedes Organ oder an jede Einrichtung wenden, die in dem vorliegenden Artikel oder in Artikel 13 des genannten Vertrags genannt sind, und eine Antwort in derselben Sprache erhalten.

Artikel 25 (ex-Artikel 22 EGV) [Berichtspflicht]
[1]Die Kommission erstattet dem Europäischen Parlament, dem Rat und dem Wirtschafts- und Sozialausschuss alle drei Jahre über die Anwendung dieses Teils Bericht. [2]In dem Bericht wird der Fortentwicklung der Union Rechnung getragen.

[1]Auf dieser Grundlage kann der Rat unbeschadet der anderen Bestimmungen der Verträge zur Ergänzung der in Artikel 20 Absatz 2 aufgeführten Rechte einstimmig gemäß einem besonderen Gesetzgebungsverfahren nach Zustimmung des Europäischen Parlaments Bestimmungen erlassen. [2]Diese Bestimmungen treten nach Zustimmung der Mitgliedstaaten im Einklang mit ihren jeweiligen verfassungsrechtlichen Vorschriften in Kraft.

Dritter Teil
Die internen Politiken und Maßnahmen der Union

Titel I
Der Binnenmarkt

Artikel 26 (ex-Artikel 14 EGV) [Binnenmarkt]
(1) Die Union erlässt die erforderlichen Maßnahmen, um nach Maßgabe der einschlägigen Bestimmungen der Verträge den Binnenmarkt zu verwirklichen beziehungsweise dessen Funktionieren zu gewährleisten.

(2) Der Binnenmarkt umfasst einen Raum ohne Binnengrenzen, in dem der freie Verkehr von Waren, Personen, Dienstleistungen und Kapital gemäß den Bestimmungen der Verträge gewährleistet ist.

(3) Der Rat legt auf Vorschlag der Kommission die Leitlinien und Bedingungen fest, die erforderlich sind, um in allen betroffenen Sektoren einen ausgewogenen Fortschritt zu gewährleisten.

Artikel 27 (ex-Artikel 15 EGV) [Ausnahmeregelung]
Bei der Formulierung ihrer Vorschläge zur Verwirklichung der Ziele des
Artikels 26 berücksichtigt die Kommission den Umfang der Anstrengungen, die einigen Volkswirtschaften mit unterschiedlichem Entwicklungsstand für die Errichtung des Binnenmarkts abverlangt werden, und kann
geeignete Bestimmungen vorschlagen.

Erhalten diese Bestimmungen die Form von Ausnahmeregelungen, so
müssen sie vorübergehender Art sein und dürfen das Funktionieren des
Binnenmarkts so wenig wie möglich stören.

Titel II
Der freie Warenverkehr

Artikel 28 (ex-Artikel 23 EGV) [Zollunion]
(1) Die Union umfasst eine Zollunion, die sich auf den gesamten Waren-
austausch erstreckt; sie umfasst das Verbot, zwischen den Mitgliedstaaten
Ein- und Ausfuhrzölle und Abgaben gleicher Wirkung zu erheben, sowie
die Einführung eines Gemeinsamen Zolltarifs gegenüber dritten Ländern.

(2) Artikel 30 und Kapitel 3 dieses Titels gelten für die aus den Mitgliedstaaten stammenden Waren sowie für diejenigen Waren aus dritten
Ländern, die sich in den Mitgliedstaaten im freien Verkehr befinden.

Artikel 29 (ex-Artikel 24 EGV) [Freier Warenverkehr]
Als im freien Verkehr eines Mitgliedstaats befindlich gelten diejenigen
Waren aus dritten Ländern, für die in dem betreffenden Mitgliedstaat die
Einfuhrförmlichkeiten erfüllt sowie die vorgeschriebenen Zölle und Ab-
gaben gleicher Wirkung erhoben und nicht ganz oder teilweise rückver-
gütet worden sind.

Kapitel 1
Die Zollunion

Artikel 30 (ex-Artikel 25 EGV) [Verbot von Binnenzöllen]
[1]Ein- und Ausfuhrzölle oder Abgaben gleicher Wirkung sind zwischen
den Mitgliedstaaten verboten. [2]Dieses Verbot gilt auch für Finanzzölle.

Artikel 31 (ex-Artikel 26 EGV) [Gemeinsamer Zolltarif]
Der Rat legt die Sätze des Gemeinsamen Zolltarifs auf Vorschlag der
Kommission fest.

**Artikel 32 (ex-Artikel 27 EGV) [Kommissionsaufgaben;
        Zielsetzung]**
Bei der Ausübung der ihr aufgrund dieses Kapitels übertragenen Aufgaben geht die Kommission von folgenden Gesichtspunkten aus:

a) der Notwendigkeit, den Handelsverkehr zwischen den Mitgliedstaaten und dritten Ländern zu fördern;
b) der Entwicklung der Wettbewerbsbedingungen innerhalb der Union, soweit diese Entwicklung zu einer Zunahme der Wettbewerbsfähigkeit der Unternehmen führt;
c) dem Versorgungsbedarf der Union an Rohstoffen und Halbfertigwaren; hierbei achtet die Kommission darauf, zwischen den Mitgliedstaaten die Wettbewerbsbedingungen für Fertigwaren nicht zu verfälschen;
d) der Notwendigkeit, ernsthafte Störungen im Wirtschaftsleben der Mitgliedstaaten zu vermeiden und eine rationale Entwicklung der Erzeugung sowie eine Ausweitung des Verbrauchs innerhalb der Union zu gewährleisten.

Kapitel 2
Die Zusammenarbeit im Zollwesen

Artikel 33   (ex-Artikel 135 EGV) [Maßnahmen zum Ausbau der Zusammenarbeit]
Das Europäische Parlament und der Rat treffen im Rahmen des Geltungsbereichs der Verträge gemäß dem ordentlichen Gesetzgebungsverfahren Maßnahmen zum Ausbau der Zusammenarbeit im Zollwesen zwischen den Mitgliedstaaten sowie zwischen den Mitgliedstaaten und der Kommission.

Kapitel 3
Verbot von mengenmäßigen Beschränkungen zwischen den Mitgliedstaaten

Artikel 34   (ex-Artikel 28 EGV) [Einfuhrbeschränkungen]
Mengenmäßige Einfuhrbeschränkungen sowie alle Maßnahmen gleicher Wirkung sind zwischen den Mitgliedstaaten verboten.

Artikel 35   (ex-Artikel 29 EGV) [Ausfuhrbeschränkungen]
Mengenmäßige Ausfuhrbeschränkungen sowie alle Maßnahmen gleicher Wirkung sind zwischen den Mitgliedstaaten verboten.

Artikel 36   (ex-Artikel 30 EGV) [Ausnahmen]
[1]Die Bestimmungen der Artikel 34 und 35 stehen Einfuhr-, Ausfuhr- und Durchfuhrverboten oder -beschränkungen nicht entgegen, die aus Gründen der öffentlichen Sittlichkeit, Ordnung und Sicherheit, zum Schutze der Gesundheit und des Lebens von Menschen, Tieren oder Pflanzen, des nationalen Kulturguts von künstlerischem, geschichtlichem oder archäologischem Wert oder des gewerblichen und kommerziellen Eigentums gerechtfertigt sind. [2]Diese Verbote oder Beschränkungen dürfen jedoch

weder ein Mittel zur willkürlichen Diskriminierung noch eine verschleierte Beschränkung des Handels zwischen den Mitgliedstaaten darstellen.

Artikel 37 (ex-Artikel 31 EGV) [Staatliche Handelsmonopole]
(1) Die Mitgliedstaaten formen ihre staatlichen Handelsmonopole derart um, dass jede Diskriminierung in den Versorgungs- und Absatzbedingungen zwischen den Angehörigen der Mitgliedstaaten ausgeschlossen ist.

[1]Dieser Artikel gilt für alle Einrichtungen, durch die ein Mitgliedstaat unmittelbar oder mittelbar die Einfuhr oder die Ausfuhr zwischen den Mitgliedstaaten rechtlich oder tatsächlich kontrolliert, lenkt oder merklich beeinflusst. [2]Er gilt auch für die von einem Staat auf andere Rechtsträger übertragenen Monopole.

(2) Die Mitgliedstaaten unterlassen jede neue Maßnahme, die den in Absatz 1 genannten Grundsätzen widerspricht oder die Tragweite der Artikel über das Verbot von Zöllen und mengenmäßigen Beschränkungen zwischen den Mitgliedstaaten einengt.

(3) Ist mit einem staatlichen Handelsmonopol eine Regelung zur Erleichterung des Absatzes oder der Verwertung landwirtschaftlicher Erzeugnisse verbunden, so sollen bei der Anwendung dieses Artikels gleichwertige Sicherheiten für die Beschäftigung und Lebenshaltung der betreffenden Erzeuger gewährleistet werden.

Titel III
Die Landwirtschaft und die Fischerei

Artikel 38 (ex-Artikel 32 EGV) [Gemeinsame Agrar- und Fischereipolitik]
(1) Die Union legt eine gemeinsame Agrar- und Fischereipolitik fest und führt sie durch.

[1]Der Binnenmarkt umfasst auch die Landwirtschaft, die Fischerei und den Handel mit landwirtschaftlichen Erzeugnissen. [2]Unter landwirtschaftlichen Erzeugnissen sind die Erzeugnisse des Bodens, der Viehzucht und der Fischerei sowie die mit diesen in unmittelbarem Zusammenhang stehenden Erzeugnisse der ersten Verarbeitungsstufe zu verstehen. [3]Die Bezugnahmen auf die gemeinsame Agrarpolitik oder auf die Landwirtschaft und die Verwendung des Wortes „landwirtschaftlich" sind in dem Sinne zu verstehen, dass damit unter Berücksichtigung der besonderen Merkmale des Fischereisektors auch die Fischerei gemeint ist.

(2) Die Vorschriften für die Errichtung oder das Funktionieren des Binnenmarkts finden auf die landwirtschaftlichen Erzeugnisse Anwendung, soweit in den Artikeln 39 bis 44 nicht etwas anderes bestimmt ist.

(3) Die Erzeugnisse, für welche die Artikel 39 bis 44 gelten, sind in Anhang I aufgeführt.

(4) Mit dem Funktionieren und der Entwicklung des Binnenmarkts für landwirtschaftliche Erzeugnisse muss die Gestaltung einer gemeinsamen Agrarpolitik Hand in Hand gehen.

Artikel 39   (ex-Artikel 33 EGV) [Gemeinsame Agrarpolitik]

(1) Ziel der gemeinsamen Agrarpolitik ist es,

a) die Produktivität der Landwirtschaft durch Förderung des technischen Fortschritts, Rationalisierung der landwirtschaftlichen Erzeugung und den bestmöglichen Einsatz der Produktionsfaktoren, insbesondere der Arbeitskräfte, zu steigern;

b) auf diese Weise der landwirtschaftlichen Bevölkerung, insbesondere durch Erhöhung des Pro-Kopf-Einkommens der in der Landwirtschaft tätigen Personen, eine angemessene Lebenshaltung zu gewährleisten;

c) die Märkte zu stabilisieren;

d) die Versorgung sicherzustellen;

e) für die Belieferung der Verbraucher zu angemessenen Preisen Sorge zu tragen.

(2) Bei der Gestaltung der gemeinsamen Agrarpolitik und der hierfür anzuwendenden besonderen Methoden ist Folgendes zu berücksichtigen:

a) die besondere Eigenart der landwirtschaftlichen Tätigkeit, die sich aus dem sozialen Aufbau der Landwirtschaft und den strukturellen und naturbedingten Unterschieden der verschiedenen landwirtschaftlichen Gebiete ergibt;

b) die Notwendigkeit, die geeigneten Anpassungen stufenweise durchzuführen;

c) die Tatsache, dass die Landwirtschaft in den Mitgliedstaaten einen mit der gesamten Volkswirtschaft eng verflochtenen Wirtschaftsbereich darstellt.

Artikel 40   (ex-Artikel 34 EGV) [Gemeinsame Marktorganisation]

(1) Um die Ziele des Artikels 39 zu erreichen, wird eine gemeinsame Organisation der Agrarmärkte geschaffen.

Diese besteht je nach Erzeugnis aus einer der folgenden Organisationsformen:

a) gemeinsame Wettbewerbsregeln,

b) bindende Koordinierung der verschiedenen einzelstaatlichen Marktordnungen,

c) eine europäische Marktordnung.

(2) Die nach Absatz 1 gestaltete gemeinsame Organisation kann alle zur Durchführung des Artikels 39 erforderlichen Maßnahmen einschließen, insbesondere Preisregelungen, Beihilfen für die Erzeugung und die Verteilung der verschiedenen Erzeugnisse, Einlagerungs- und Ausgleichsmaßnahmen, gemeinsame Einrichtungen zur Stabilisierung der Ein- oder Ausfuhr.

Die gemeinsame Organisation hat sich auf die Verfolgung der Ziele des Artikels 39 zu beschränken und jede Diskriminierung zwischen Erzeugern oder Verbrauchern innerhalb der Union auszuschließen.

Eine etwaige gemeinsame Preispolitik muss auf gemeinsamen Grundsätzen und einheitlichen Berechnungsmethoden beruhen.

(3) Um der in Absatz 1 genannten gemeinsamen Organisation die Erreichung ihrer Ziele zu ermöglichen, können ein oder mehrere Ausrichtungs- oder Garantiefonds für die Landwirtschaft geschaffen werden.

Artikel 41   (ex-Artikel 35 EGV) [Agrarpolitische Maßnahmen]

Um die Ziele des Artikels 39 zu erreichen, können im Rahmen der gemeinsamen Agrarpolitik folgende Maßnahmen vorgesehen werden:

a) eine wirksame Koordinierung der Bestrebungen auf dem Gebiet der Berufsausbildung, der Forschung und der Verbreitung landwirtschaftlicher Fachkenntnisse; hierbei können Vorhaben oder Einrichtungen gemeinsam finanziert werden;

b) gemeinsame Maßnahmen zur Förderung des Verbrauchs bestimmter Erzeugnisse.

Artikel 42   (ex-Artikel 36 EGV) [Wettbewerbsregeln; Einschränkung]

Das Kapitel über die Wettbewerbsregeln findet auf die Produktion landwirtschaftlicher Erzeugnisse und den Handel mit diesen nur insoweit Anwendung, als das Europäische Parlament und der Rat dies unter Berücksichtigung der Ziele des Artikels 39 im Rahmen des Artikels 43 Absatz 2 und gemäß dem dort vorgesehenen Verfahren bestimmt.

Der Rat kann auf Vorschlag der Kommission genehmigen, dass Beihilfen gewährt werden

a) zum Schutz von Betrieben, die durch strukturelle oder naturgegebene Bedingungen benachteiligt sind, oder

b) im Rahmen wirtschaftlicher Entwicklungsprogramme.

Artikel 43   (ex-Artikel 37 EGV) [Rechtsetzung, Kompetenzen und Verfahren]

(1) Die Kommission legt zur Gestaltung und Durchführung der gemeinsamen Agrarpolitik Vorschläge vor, welche unter anderem die Ablösung der einzelstaatlichen Marktordnungen durch eine der in Artikel 40 Absatz 1 vorgesehenen gemeinsamen Organisationsformen sowie die Durchführung der in diesem Titel bezeichneten Maßnahmen vorsehen.

Diese Vorschläge müssen dem inneren Zusammenhang der in diesem Titel aufgeführten landwirtschaftlichen Fragen Rechnung tragen.

(2) Das Europäische Parlament und der Rat legen gemäß dem ordentlichen Gesetzgebungsverfahren und nach Anhörung des Wirtschafts- und Sozialausschusses die gemeinsame Organisation der Agrarmärkte nach Artikel 40 Absatz 1 sowie die anderen Bestimmungen fest, die für die

Verwirklichung der Ziele der gemeinsamen Agrar- und Fischereipolitik notwendig sind.

(3) Der Rat erlässt auf Vorschlag der Kommission die Maßnahmen zur Festsetzung der Preise, der Abschöpfungen, der Beihilfen und der mengenmäßigen Beschränkungen sowie zur Festsetzung und Aufteilung der Fangmöglichkeiten in der Fischerei.

(4) Die einzelstaatlichen Marktordnungen können nach Maßgabe des Absatzes 2 durch die in Artikel 40 Absatz 1 vorgesehene gemeinsame Organisation ersetzt werden,

a) wenn sie den Mitgliedstaaten, die sich gegen diese Maßnahme ausgesprochen haben und eine eigene Marktordnung für die in Betracht kommende Erzeugung besitzen, gleichwertige Sicherheiten für die Beschäftigung und Lebenshaltung der betreffenden Erzeuger bietet; hierbei sind die im Zeitablauf möglichen Anpassungen und erforderlichen Spezialisierungen zu berücksichtigen, und

b) wenn die gemeinsame Organisation für den Handelsverkehr innerhalb der Union Bedingungen sicherstellt, die denen eines Binnenmarkts entsprechen.

(5) Wird eine gemeinsame Organisation für bestimmte Rohstoffe geschaffen, bevor eine gemeinsame Organisation für die entsprechenden weiterverarbeiteten Erzeugnisse besteht, so können die betreffenden Rohstoffe aus Ländern außerhalb der Union eingeführt werden, wenn sie für weiterverarbeitete Erzeugnisse verwendet werden, die zur Ausfuhr nach dritten Ländern bestimmt sind.

Artikel 44 (ex-Artikel 38 EGV) [Ausgleichsabgaben]

Besteht in einem Mitgliedstaat für ein Erzeugnis eine innerstaatliche Marktordnung oder Regelung gleicher Wirkung und wird dadurch eine gleichartige Erzeugung in einem anderen Mitgliedstaat in ihrer Wettbewerbslage beeinträchtigt, so erheben die Mitgliedstaaten bei der Einfuhr des betreffenden Erzeugnisses aus dem Mitgliedstaat, in dem die genannte Marktordnung oder Regelung besteht, eine Ausgleichsabgabe, es sei denn, dass dieser Mitgliedstaat eine Ausgleichsabgabe bei der Ausfuhr erhebt.

Die Kommission setzt diese Abgaben in der zur Wiederherstellung des Gleichgewichts erforderlichen Höhe fest; sie kann auch andere Maßnahmen genehmigen, deren Bedingungen und Einzelheiten sie festlegt.

Titel IV
Die Freizügigkeit, der freie Dienstleistungs- und Kapitalverkehr

Kapitel 1
Die Arbeitskräfte

Artikel 45 (ex-Artikel 39 EGV) [Freizügigkeit; Inhalt]
(1) Innerhalb der Union ist die Freizügigkeit der Arbeitnehmer gewährleistet.

(2) Sie umfasst die Abschaffung jeder auf der Staatsangehörigkeit beruhenden unterschiedlichen Behandlung der Arbeitnehmer der Mitgliedstaaten in Bezug auf Beschäftigung, Entlohnung und sonstige Arbeitsbedingungen.

(3) Sie gibt – vorbehaltlich der aus Gründen der öffentlichen Ordnung, Sicherheit und Gesundheit gerechtfertigten Beschränkungen – den Arbeitnehmern das Recht,

a) sich um tatsächlich angebotene Stellen zu bewerben;

b) sich zu diesem Zweck im Hoheitsgebiet der Mitgliedstaaten frei zu bewegen;

c) sich in einem Mitgliedstaat aufzuhalten, um dort nach den für die Arbeitnehmer dieses Staates geltenden Rechts- und Verwaltungsvorschriften eine Beschäftigung auszuüben;

d) nach Beendigung einer Beschäftigung im Hoheitsgebiet eines Mitgliedstaats unter Bedingungen zu verbleiben, welche die Kommission durch Verordnungen festlegt.

(4) Dieser Artikel findet keine Anwendung auf die Beschäftigung in der öffentlichen Verwaltung.

Artikel 46 (ex-Artikel 40 EGV) [Freizügigkeit; Herstellung]
Das Europäische Parlament und der Rat treffen gemäß dem ordentlichen Gesetzgebungsverfahren und nach Anhörung des Wirtschafts- und Sozialausschusses durch Richtlinien oder Verordnungen alle erforderlichen Maßnahmen, um die Freizügigkeit der Arbeitnehmer im Sinne des Artikels 45 herzustellen, insbesondere

a) durch Sicherstellung einer engen Zusammenarbeit zwischen den einzelstaatlichen Arbeitsverwaltungen;

b) durch die Beseitigung der Verwaltungsverfahren und -praktiken sowie der für den Zugang zu verfügbaren Arbeitsplätzen vorgeschriebenen Fristen, die sich aus innerstaatlichen Rechtsvorschriften oder vorher zwischen den Mitgliedstaaten geschlossenen Übereinkünften ergeben und deren Beibehaltung die Herstellung der Freizügigkeit der Arbeitnehmer hindert;

c) durch die Beseitigung aller Fristen und sonstigen Beschränkungen, die in innerstaatlichen Rechtsvorschriften oder vorher zwischen den Mitgliedstaaten geschlossenen Übereinkünften vorgesehen sind und die

den Arbeitnehmern der anderen Mitgliedstaaten für die freie Wahl des
Arbeitsplatzes andere Bedingungen als den inländischen Arbeitnehmern auferlegen;

d) durch die Schaffung geeigneter Verfahren für die Zusammenführung
und den Ausgleich von Angebot und Nachfrage auf dem Arbeitsmarkt
zu Bedingungen, die eine ernstliche Gefährdung der Lebenshaltung
und des Beschäftigungsstands in einzelnen Gebieten und Industrien
ausschließen.

Artikel 47   (ex-Artikel 41 EGV) [Austausch junger Arbeitskräfte]
Die Mitgliedstaaten fördern den Austausch junger Arbeitskräfte im Rahmen eines gemeinsamen Programms.

**Artikel 48   (ex-Artikel 42 EGV) [Sicherstellung der Ansprüche und
Leistungen auf dem Gebiet soziale Sicherheit]**
Das Europäische Parlament und der Rat beschließen gemäß dem ordentlichen Gesetzgebungsverfahren die auf dem Gebiet der sozialen Sicherheit für die Herstellung der Freizügigkeit der Arbeitnehmer notwendigen
Maßnahmen; zu diesem Zweck führen sie insbesondere ein System ein,
das zu- und abwandernden Arbeitnehmern und Selbstständigen sowie deren anspruchsberechtigten Angehörigen Folgendes sichert:

a) die Zusammenrechnung aller nach den verschiedenen innerstaatlichen
Rechtsvorschriften berücksichtigten Zeiten für den Erwerb und die
Aufrechterhaltung des Leistungsanspruchs sowie für die Berechnung
der Leistungen;

b) die Zahlung der Leistungen an Personen, die in den Hoheitsgebieten
der Mitgliedstaaten wohnen.

[1]Erklärt ein Mitglied des Rates, dass ein Entwurf eines Gesetzgebungsakts nach Absatz 1 wichtige Aspekte seines Systems der sozialen Sicherheit, insbesondere dessen Geltungsbereich, Kosten oder Finanzstruktur,
verletzen oder dessen finanzielles Gleichgewicht beeinträchtigen würde,
so kann es beantragen, dass der Europäische Rat befasst wird. [2]In diesem
Fall wird das ordentliche Gesetzgebungsverfahren ausgesetzt. [3]Nach einer
Aussprache geht der Europäische Rat binnen vier Monaten nach Aussetzung des Verfahrens wie folgt vor:

a) er verweist den Entwurf an den Rat zurück, wodurch die Aussetzung
des ordentlichen Gesetzgebungsverfahrens beendet wird, oder

b) er sieht von einem Tätigwerden ab, oder aber er ersucht die Kommission um Vorlage eines neuen Vorschlags; in diesem Fall gilt der ursprünglich vorgeschlagene Rechtsakt als nicht erlassen.

Kapitel 2
Das Niederlassungsrecht

Artikel 49 (ex-Artikel 43 EGV) [Recht auf freie Niederlassung]
[1]Die Beschränkungen der freien Niederlassung von Staatsangehörigen eines Mitgliedstaats im Hoheitsgebiet eines anderen Mitgliedstaats sind nach Maßgabe der folgenden Bestimmungen verboten. [2]Das Gleiche gilt für Beschränkungen der Gründung von Agenturen, Zweigniederlassungen oder Tochtergesellschaften durch Angehörige eines Mitgliedstaats, die im Hoheitsgebiet eines Mitgliedstaats ansässig sind.

Vorbehaltlich des Kapitels über den Kapitalverkehr umfasst die Niederlassungsfreiheit die Aufnahme und Ausübung selbstständiger Erwerbstätigkeiten sowie die Gründung und Leitung von Unternehmen, insbesondere von Gesellschaften im Sinne des Artikels 54 Absatz 2, nach den Bestimmungen des Aufnahmestaats für seine eigenen Angehörigen.

Artikel 50 (ex-Artikel 44 EGV) [Verwirklichung der Niederlassungsfreiheit]
(1) Das Europäische Parlament und der Rat erlassen gemäß dem ordentlichen Gesetzgebungsverfahren und nach Anhörung des Wirtschafts- und Sozialausschusses Richtlinien zur Verwirklichung der Niederlassungsfreiheit für eine bestimmte Tätigkeit.

(2) Das Europäische Parlament, der Rat und die Kommission erfüllen die Aufgaben, die ihnen aufgrund der obigen Bestimmungen übertragen sind, indem sie insbesondere

a) im Allgemeinen diejenigen Tätigkeiten mit Vorrang behandeln, bei denen die Niederlassungsfreiheit die Entwicklung der Produktion und des Handels in besonderer Weise fördert;

b) eine enge Zusammenarbeit zwischen den zuständigen Verwaltungen der Mitgliedstaaten sicherstellen, um sich über die besondere Lage auf den verschiedenen Tätigkeitsgebieten innerhalb der Union zu unterrichten;

c) die aus innerstaatlichen Rechtsvorschriften oder vorher zwischen den Mitgliedstaaten geschlossenen Übereinkünften abgeleiteten Verwaltungsverfahren und -praktiken ausschalten, deren Beibehaltung der Niederlassungsfreiheit entgegensteht;

d) dafür Sorge tragen, dass Arbeitnehmer eines Mitgliedstaats, die im Hoheitsgebiet eines anderen Mitgliedstaats beschäftigt sind, dort verbleiben und eine selbstständige Tätigkeit unter denselben Voraussetzungen ausüben können, die sie erfüllen müssten, wenn sie in diesen Staat erst zu dem Zeitpunkt einreisen würden, in dem sie diese Tätigkeit aufzunehmen beabsichtigen;

e) den Erwerb und die Nutzung von Grundbesitz im Hoheitsgebiet eines Mitgliedstaats durch Angehörige eines anderen Mitgliedstaats ermöglichen, soweit hierdurch die Grundsätze des Artikels 39 Absatz 2 nicht beeinträchtigt werden;

f) veranlassen, dass bei jedem in Betracht kommenden Wirtschaftszweig die Beschränkungen der Niederlassungsfreiheit in Bezug auf die Voraussetzungen für die Errichtung von Agenturen, Zweigniederlassungen und Tochtergesellschaften im Hoheitsgebiet eines Mitgliedstaats sowie für den Eintritt des Personals der Hauptniederlassung in ihre Leitungs- oder Überwachungsorgane schrittweise aufgehoben werden;

g) soweit erforderlich, die Schutzbestimmungen koordinieren, die in den Mitgliedstaaten den Gesellschaften im Sinne des Artikels 54 Absatz 2 im Interesse der Gesellschafter sowie Dritter vorgeschrieben sind, um diese Bestimmungen gleichwertig zu gestalten;

h) sicherstellen, dass die Bedingungen für die Niederlassung nicht durch Beihilfen der Mitgliedstaaten verfälscht werden.

Artikel 51   (ex-Artikel 45 EGV) [Ausübung öffentlicher Gewalt]

Auf Tätigkeiten, die in einem Mitgliedstaat dauernd oder zeitweise mit der Ausübung öffentlicher Gewalt verbunden sind, findet dieses Kapitel in dem betreffenden Mitgliedstaat keine Anwendung.

Das Europäische Parlament und der Rat können gemäß dem ordentlichen Gesetzgebungsverfahren beschließen, dass dieses Kapitel auf bestimmte Tätigkeiten keine Anwendung findet.

Artikel 52   (ex-Artikel 46 EGV) [Öffentliche Ordnung, Sicherheit, Gesundheit; Koordinierungsrichtlinien]

(1) Dieses Kapitel und die aufgrund desselben getroffenen Maßnahmen beeinträchtigen nicht die Anwendbarkeit der Rechts- und Verwaltungsvorschriften, die eine Sonderregelung für Ausländer vorsehen und aus Gründen der öffentlichen Ordnung, Sicherheit oder Gesundheit gerechtfertigt sind.

(2) Das Europäische Parlament und der Rat erlassen gemäß dem ordentlichen Gesetzgebungsverfahren Richtlinien für die Koordinierung der genannten Vorschriften.

Artikel 53   (ex-Artikel 47 EGV) [Gegenseitige Anerkennung von Zeugnissen und Diplomen]

(1) Um die Aufnahme und Ausübung selbstständiger Tätigkeiten zu erleichtern, erlassen das Europäische Parlament und der Rat gemäß dem ordentlichen Gesetzgebungsverfahren Richtlinien für die gegenseitige Anerkennung der Diplome, Prüfungszeugnisse und sonstigen Befähigungsnachweise sowie für die Koordinierung der Rechts- und Verwaltungsvorschriften der Mitgliedstaaten über die Aufnahme und Ausübung selbstständiger Tätigkeiten.

(2) Die schrittweise Aufhebung der Beschränkungen für die ärztlichen, arztähnlichen und pharmazeutischen Berufe setzt die Koordinierung der

Bedingungen für die Ausübung dieser Berufe in den einzelnen Mitgliedstaaten voraus.

Artikel 54 (ex-Artikel 48 EGV) [Gleichstellung der Gesellschaften]
Für die Anwendung dieses Kapitels stehen die nach den Rechtsvorschriften eines Mitgliedstaats gegründeten Gesellschaften, die ihren satzungsmäßigen Sitz, ihre Hauptverwaltung oder ihre Hauptniederlassung innerhalb der Union haben, den natürlichen Personen gleich, die Angehörige der Mitgliedstaaten sind.

Als Gesellschaften gelten die Gesellschaften des bürgerlichen Rechts und des Handelsrechts einschließlich der Genossenschaften und die sonstigen juristischen Personen des öffentlichen und privaten Rechts mit Ausnahme derjenigen, die keinen Erwerbszweck verfolgen.

Artikel 55 (ex-Artikel 294 EGV) [Gleichstellung bei Kapitalbeteiligung]
Unbeschadet der sonstigen Bestimmungen der Verträge stellen die Mitgliedstaaten die Staatsangehörigen der anderen Mitgliedstaaten hinsichtlich ihrer Beteiligung am Kapital von Gesellschaften im Sinne des Artikels 54 den eigenen Staatsangehörigen gleich.

Kapitel 3
Dienstleistungen

Artikel 56 (ex-Artikel 49 EGV) [Recht auf freie Dienstleistungen]
Die Beschränkungen des freien Dienstleistungsverkehrs innerhalb der Union für Angehörige der Mitgliedstaaten, die in einem anderen Mitgliedstaat als demjenigen des Leistungsempfängers ansässig sind, sind nach Maßgabe der folgenden Bestimmungen verboten.

Das Europäische Parlament und der Rat können gemäß dem ordentlichen Gesetzgebungsverfahren beschließen, dass dieses Kapitel auch auf Erbringer von Dienstleistungen Anwendung findet, welche die Staatsangehörigkeit eines dritten Landes besitzen und innerhalb der Union ansässig sind.

Artikel 57 (ex-Artikel 50 EGV) [Begriff der Dienstleistungen]
Dienstleistungen im Sinne der Verträge sind Leistungen, die in der Regel gegen Entgelt erbracht werden, soweit sie nicht den Vorschriften über den freien Waren- und Kapitalverkehr und über die Freizügigkeit der Personen unterliegen.

Als Dienstleistungen gelten insbesondere:
a) gewerbliche Tätigkeiten,
b) kaufmännische Tätigkeiten,
c) handwerkliche Tätigkeiten,
d) freiberufliche Tätigkeiten.

Unbeschadet des Kapitels über die Niederlassungsfreiheit kann der Leistende zwecks Erbringung seiner Leistungen seine Tätigkeit vorübergehend in dem Mitgliedstaat ausüben, in dem die Leistung erbracht wird, und zwar unter den Voraussetzungen, welche dieser Mitgliedstaat für seine eigenen Angehörigen vorschreibt.

Artikel 58 (ex-Artikel 51 EGV) [Dienstleistungen im Verkehr und Kapitalverkehr]
(1) Für den freien Dienstleistungsverkehr auf dem Gebiet des Verkehrs gelten die Bestimmungen des Titels über den Verkehr.

(2) Die Liberalisierung der mit dem Kapitalverkehr verbundenen Dienstleistungen der Banken und Versicherungen wird im Einklang mit der Liberalisierung des Kapitalverkehrs durchgeführt.

Artikel 59 (ex-Artikel 52 EGV) [Dienstleistungsrichtlinien]
(1) Das Europäische Parlament und der Rat erlassen gemäß dem ordentlichen Gesetzgebungsverfahren und nach Anhörung des Wirtschafts- und Sozialausschusses Richtlinien zur Liberalisierung einer bestimmten Dienstleistung.

(2) Bei den in Absatz 1 genannten Richtlinien sind im Allgemeinen mit Vorrang diejenigen Dienstleistungen zu berücksichtigen, welche die Produktionskosten unmittelbar beeinflussen oder deren Liberalisierung zur Förderung des Warenverkehrs beiträgt.

Artikel 60 (ex-Artikel 53 EGV) [Weitergehende Liberalisierung]
Die Mitgliedstaaten bemühen sich, über das Ausmaß der Liberalisierung der Dienstleistungen, zu dem sie aufgrund der Richtlinien gemäß Artikel 59 Absatz 1 verpflichtet sind, hinauszugehen, falls ihre wirtschaftliche Gesamtlage und die Lage des betreffenden Wirtschaftszweigs dies zulassen.

Die Kommission richtet entsprechende Empfehlungen an die betreffenden Staaten.

Artikel 61 (ex-Artikel 54 EGV) [Übergangsregelung]
Solange die Beschränkungen des freien Dienstleistungsverkehrs nicht aufgehoben sind, wendet sie jeder Mitgliedstaat ohne Unterscheidung nach Staatsangehörigkeit oder Aufenthaltsort auf alle in Artikel 56 Absatz 1 bezeichneten Erbringer von Dienstleistungen an.

Artikel 62 (ex-Artikel 55 EGV) [Anwendung von Niederlassungsrecht]
Die Bestimmungen der Artikel 51 bis 54 finden auf das in diesem Kapitel geregelte Sachgebiet Anwendung.

Kapitel 4
Der Kapital- und Zahlungsverkehr

Artikel 63 (ex-Artikel 56 EGV) [Freier Kapital- und Zahlungsverkehr]
(1) Im Rahmen der Bestimmungen dieses Kapitels sind alle Beschränkungen des Kapitalverkehrs zwischen den Mitgliedstaaten sowie zwischen den Mitgliedstaaten und dritten Ländern verboten.

(2) Im Rahmen der Bestimmungen dieses Kapitels sind alle Beschränkungen des Zahlungsverkehrs zwischen den Mitgliedstaaten sowie zwischen den Mitgliedstaaten und dritten Ländern verboten.

Artikel 64 (ex-Artikel 57 EGV) [Zulässige Beschränkungen]
(1) [1]Artikel 63 berührt nicht die Anwendung derjenigen Beschränkungen auf dritte Länder, die am 31. Dezember 1993 aufgrund einzelstaatlicher Rechtsvorschriften oder aufgrund von Rechtsvorschriften der Union für den Kapitalverkehr mit dritten Ländern im Zusammenhang mit Direktinvestitionen einschließlich Anlagen in Immobilien, mit der Niederlassung, der Erbringung von Finanzdienstleistungen oder der Zulassung von Wertpapieren zu den Kapitalmärkten bestehen. [2]Für in Bulgarien, Estland und Ungarn bestehende Beschränkungen nach innerstaatlichem Recht ist der maßgebliche Zeitpunkt der 31. Dezember 1999. [3]Für in Kroatien nach innerstaatlichem Recht bestehende Beschränkungen ist der maßgebliche Zeitpunkt der 31. Dezember 2002.

(2) Unbeschadet der anderen Kapitel der Verträge sowie ihrer Bemühungen um eine möglichst weit gehende Verwirklichung des Zieles eines freien Kapitalverkehrs zwischen den Mitgliedstaaten und dritten Ländern beschließen das Europäische Parlament und der Rat gemäß dem ordentlichen Gesetzgebungsverfahren Maßnahmen für den Kapitalverkehr mit dritten Ländern im Zusammenhang mit Direktinvestitionen einschließlich Anlagen in Immobilien, mit der Niederlassung, der Erbringung von Finanzdienstleistungen oder der Zulassung von Wertpapieren zu den Kapitalmärkten.

(3) Abweichend von Absatz 2 kann nur der Rat gemäß einem besonderen Gesetzgebungsverfahren und nach Anhörung des Europäischen Parlaments Maßnahmen einstimmig beschließen, die im Rahmen des Unionsrechts für die Liberalisierung des Kapitalverkehrs mit Drittländern einen Rückschritt darstellen.

Artikel 65 (ex-Artikel 58 EGV) [Einzelstaatliche Beschränkungen]
(1) Artikel 63 berührt nicht das Recht der Mitgliedstaaten,
a) die einschlägigen Vorschriften ihres Steuerrechts anzuwenden, die Steuerpflichtige mit unterschiedlichem Wohnort oder Kapitalanlageort unterschiedlich behandeln,

b) die unerlässlichen Maßnahmen zu treffen, um Zuwiderhandlungen gegen innerstaatliche Rechts- und Verwaltungsvorschriften, insbesondere auf dem Gebiet des Steuerrechts und der Aufsicht über Finanzinstitute, zu verhindern, sowie Meldeverfahren für den Kapitalverkehr zwecks administrativer oder statistischer Information vorzusehen oder Maßnahmen zu ergreifen, die aus Gründen der öffentlichen Ordnung oder Sicherheit gerechtfertigt sind.

(2) Dieses Kapitel berührt nicht die Anwendbarkeit von Beschränkungen des Niederlassungsrechts, die mit den Verträgen vereinbar sind.

(3) Die in den Absätzen 1 und 2 genannten Maßnahmen und Verfahren dürfen weder ein Mittel zur willkürlichen Diskriminierung noch eine verschleierte Beschränkung des freien Kapital- und Zahlungsverkehrs im Sinne des Artikels 63 darstellen.

(4) [1]Sind keine Maßnahmen nach Artikel 64 Absatz 3 erlassen worden, so kann die Kommission oder, wenn diese binnen drei Monaten nach der Vorlage eines entsprechenden Antrags des betreffenden Mitgliedstaats keinen Beschluss erlassen hat, der Rat einen Beschluss erlassen, mit dem festgelegt wird, dass die von einem Mitgliedstaat in Bezug auf ein oder mehrere Drittländer getroffenen restriktiven steuerlichen Maßnahmen insofern als mit den Verträgen vereinbar anzusehen sind, als sie durch eines der Ziele der Union gerechtfertigt und mit dem ordnungsgemäßen Funktionieren des Binnenmarkts vereinbar sind. [2]Der Rat beschließt einstimmig auf Antrag eines Mitgliedstaats.

Artikel 66 (ex-Artikel 59 EGV) [Schutzmaßnahmen]
Falls Kapitalbewegungen nach oder aus dritten Ländern unter außergewöhnlichen Umständen das Funktionieren der Wirtschafts- und Währungsunion schwerwiegend stören oder zu stören drohen, kann der Rat auf Vorschlag der Kommission und nach Anhörung der Europäischen Zentralbank gegenüber dritten Ländern Schutzmaßnahmen mit einer Geltungsdauer von höchstens sechs Monaten treffen, wenn diese unbedingt erforderlich sind.

Titel V
Der Raum der Freiheit, der Sicherheit und des Rechts

Kapitel 1
Allgemeine Bestimmungen

Artikel 67 (ex-Artikel 61 EGV und ex-Artikel 29 EUV) [Grundsätze]
(1) Die Union bildet einen Raum der Freiheit, der Sicherheit und des Rechts, in dem die Grundrechte und die verschiedenen Rechtsordnungen und -traditionen der Mitgliedstaaten geachtet werden.

(2) [1]Sie stellt sicher, dass Personen an den Binnengrenzen nicht kontrolliert werden, und entwickelt eine gemeinsame Politik in den Bereichen

Asyl, Einwanderung und Kontrollen an den Außengrenzen, die sich auf die Solidarität der Mitgliedstaaten gründet und gegenüber Drittstaatsangehörigen angemessen ist. [2]Für die Zwecke dieses Titels werden Staatenlose den Drittstaatsangehörigen gleichgestellt.

(3) Die Union wirkt darauf hin, durch Maßnahmen zur Verhütung und Bekämpfung von Kriminalität sowie von Rassismus und Fremdenfeindlichkeit, zur Koordinierung und Zusammenarbeit von Polizeibehörden und Organen der Strafrechtspflege und den anderen zuständigen Behörden sowie durch die gegenseitige Anerkennung strafrechtlicher Entscheidungen und erforderlichenfalls durch die Angleichung der strafrechtlichen Rechtsvorschriften ein hohes Maß an Sicherheit zu gewährleisten.

(4) Die Union erleichtert den Zugang zum Recht, insbesondere durch den Grundsatz der gegenseitigen Anerkennung gerichtlicher und außergerichtlicher Entscheidungen in Zivilsachen.

Artikel 68 [Strategische Leitlinien]
Der Europäische Rat legt die strategischen Leitlinien für die gesetzgeberische und operative Programmplanung im Raum der Freiheit, der Sicherheit und des Rechts fest.

Artikel 69 [Achtung des Subsidiaritätsprinzips]
Die nationalen Parlamente tragen bei Gesetzgebungsvorschlägen und -initiativen, die im Rahmen der Kapitel 4 und 5 vorgelegt werden, Sorge für die Achtung des Subsidiaritätsprinzips nach Maßgabe des Protokolls über die Anwendung der Grundsätze der Subsidiarität und der Verhältnismäßigkeit.

Artikel 70 [Kontrolle der nationalen Durchführungsmaßnahmen]
[1]Unbeschadet der Artikel 258, 259 und 260 kann der Rat auf Vorschlag der Kommission Maßnahmen erlassen, mit denen Einzelheiten festgelegt werden, nach denen die Mitgliedstaaten in Zusammenarbeit mit der Kommission eine objektive und unparteiische Bewertung der Durchführung der unter diesen Titel fallenden Unionspolitik durch die Behörden der Mitgliedstaaten vornehmen, insbesondere um die umfassende Anwendung des Grundsatzes der gegenseitigen Anerkennung zu fördern. [2]Das Europäische Parlament und die nationalen Parlamente werden vom Inhalt und den Ergebnissen dieser Bewertung unterrichtet.

Artikel 71 (ex-Artikel 36 EUV) [Ständiger Ausschuss]
[1]Im Rat wird ein ständiger Ausschuss eingesetzt, um sicherzustellen, dass innerhalb der Union die operative Zusammenarbeit im Bereich der inneren Sicherheit gefördert und verstärkt wird. [2]Er fördert unbeschadet des Artikels 240 die Koordinierung der Maßnahmen der zuständigen Behörden der Mitgliedstaaten. [3]Die Vertreter der betroffenen Einrichtungen und sonstigen Stellen der Union können an den Arbeiten des Ausschusses beteiligt werden. [4]Das Europäische Parlament und die nationalen Parlamente werden über die Arbeiten des Ausschusses auf dem Laufenden gehalten.

**Artikel 72 (ex-Artikel 64 Absatz 1 EGV und ex-Artikel 33 EUV)
[Nationale Zuständigkeiten]**

Dieser Titel berührt nicht die Wahrnehmung der Zuständigkeiten der Mitgliedstaaten für die Aufrechterhaltung der öffentlichen Ordnung und den Schutz der inneren Sicherheit.

Artikel 73 [Zusammenarbeit der Mitgliedstaaten]

Es steht den Mitgliedstaaten frei, untereinander und in eigener Verantwortung Formen der Zusammenarbeit und Koordinierung zwischen den zuständigen Dienststellen ihrer für den Schutz der nationalen Sicherheit verantwortlichen Verwaltungen einzurichten, die sie für geeignet halten.

Artikel 74 (ex-Artikel 66 EGV) [Verwaltungszusammenarbeit]

[1]Der Rat erlässt Maßnahmen, um die Verwaltungszusammenarbeit zwischen den zuständigen Dienststellen der Mitgliedstaaten in den Bereichen dieses Titels sowie die Zusammenarbeit zwischen diesen Dienststellen und der Kommission zu gewährleisten. [2]Dabei beschließt er auf Vorschlag der Kommission vorbehaltlich des Artikels 76 und nach Anhörung des Europäischen Parlaments.

**Artikel 75 (ex-Artikel 60 EGV) [Maßnahmen gegen
Terrorismusfinanzierung]**

Sofern dies notwendig ist, um die Ziele des Artikels 67 in Bezug auf die Verhütung und Bekämpfung von Terrorismus und damit verbundener Aktivitäten zu verwirklichen, schaffen das Europäische Parlament und der Rat gemäß dem ordentlichen Gesetzgebungsverfahren durch Verordnungen einen Rahmen für Verwaltungsmaßnahmen in Bezug auf Kapitalbewegungen und Zahlungen, wozu das Einfrieren von Geldern, finanziellen Vermögenswerten oder wirtschaftlichen Erträgen gehören kann, deren Eigentümer oder Besitzer natürliche oder juristische Personen, Gruppierungen oder nichtstaatliche Einheiten sind.

Der Rat erlässt auf Vorschlag der Kommission Maßnahmen zur Umsetzung des in Absatz 1 genannten Rahmens.

In den Rechtsakten nach diesem Artikel müssen die erforderlichen Bestimmungen über den Rechtsschutz vorgesehen sein.

Artikel 76 [Initiativrecht]

Die in den Kapiteln 4 und 5 genannten Rechtsakte sowie die in Artikel 74 genannten Maßnahmen, mit denen die Verwaltungszusammenarbeit in den Bereichen der genannten Kapitel gewährleistet wird, werden wie folgt erlassen:

a) auf Vorschlag der Kommission oder
b) auf Initiative eines Viertels der Mitgliedstaaten.

Kapitel 2
Politik im Bereich Grenzkontrollen, Asyl und Einwanderung

Artikel 77 (ex-Artikel 62 EGV) [Visamaßnahmen]

(1) Die Union entwickelt eine Politik, mit der

a) sichergestellt werden soll, dass Personen unabhängig von ihrer Staatsangehörigkeit beim Überschreiten der Binnengrenzen nicht kontrolliert werden;

b) die Personenkontrolle und die wirksame Überwachung des Grenzübertritts an den Außengrenzen sichergestellt werden soll;

c) schrittweise ein integriertes Grenzschutzsystem an den Außengrenzen eingeführt werden soll.

(2) Für die Zwecke des Absatzes 1 erlassen das Europäische Parlament und der Rat gemäß dem ordentlichen Gesetzgebungsverfahren Maßnahmen, die folgende Bereiche betreffen:

a) die gemeinsame Politik in Bezug auf Visa und andere kurzfristige Aufenthaltstitel;

b) die Kontrollen, denen Personen beim Überschreiten der Außengrenzen unterzogen werden;

c) die Voraussetzungen, unter denen sich Drittstaatsangehörige innerhalb der Union während eines kurzen Zeitraums frei bewegen können;

d) alle Maßnahmen, die für die schrittweise Einführung eines integrierten Grenzschutzsystems an den Außengrenzen erforderlich sind;

e) die Abschaffung der Kontrolle von Personen gleich welcher Staatsangehörigkeit beim Überschreiten der Binnengrenzen.

(3) [1]Erscheint zur Erleichterung der Ausübung des in Artikel 20 Absatz 2 Buchstabe a genannten Rechts ein Tätigwerden der Union erforderlich, so kann der Rat gemäß einem besonderen Gesetzgebungsverfahren Bestimmungen betreffend Pässe, Personalausweise, Aufenthaltstitel oder diesen gleichgestellte Dokumente erlassen, sofern die Verträge hierfür anderweitig keine Befugnisse vorsehen. [2]Der Rat beschließt einstimmig nach Anhörung des Europäischen Parlaments.

(4) Dieser Artikel berührt nicht die Zuständigkeit der Mitgliedstaaten für die geografische Festlegung ihrer Grenzen nach dem Völkerrecht.

Artikel 78 (ex-Artikel 63 Nummern 1 und 2 und
                   ex-Artikel 64 Absatz 2 EGV) [Asylpolitik]

(1) [1]Die Union entwickelt eine gemeinsame Politik im Bereich Asyl, subsidiärer Schutz und vorübergehender Schutz, mit der jedem Drittstaatsangehörigen, der internationalen Schutz benötigt, ein angemessener Status angeboten und die Einhaltung des Grundsatzes der Nicht-Zurückweisung gewährleistet werden soll. [2]Diese Politik muss mit dem Genfer Abkommen vom 28. Juli 1951 und dem Protokoll vom 31. Januar 1967 über die Rechtsstellung der Flüchtlinge sowie den anderen einschlägigen Verträgen im Einklang stehen.

(2) Für die Zwecke des Absatzes 1 erlassen das Europäische Parlament und der Rat gemäß dem ordentlichen Gesetzgebungsverfahren Maßnahmen in Bezug auf ein gemeinsames europäisches Asylsystem, das Folgendes umfasst:

a) einen in der ganzen Union gültigen einheitlichen Asylstatus für Drittstaatsangehörige;

b) einen einheitlichen subsidiären Schutzstatus für Drittstaatsangehörige, die keinen europäischen Asylstatus erhalten, aber internationalen Schutz benötigen;

c) eine gemeinsame Regelung für den vorübergehenden Schutz von Vertriebenen im Falle eines Massenzustroms;

d) gemeinsame Verfahren für die Gewährung und den Entzug des einheitlichen Asylstatus beziehungsweise des subsidiären Schutzstatus;

e) Kriterien und Verfahren zur Bestimmung des Mitgliedstaats, der für die Prüfung eines Antrags auf Asyl oder subsidiären Schutz zuständig ist;

f) Normen über die Aufnahmebedingungen von Personen, die Asyl oder subsidiären Schutz beantragen;

g) Partnerschaft und Zusammenarbeit mit Drittländern zur Steuerung des Zustroms von Personen, die Asyl oder subsidiären beziehungsweise vorübergehenden Schutz beantragen.

(3) [1]Befinden sich ein oder mehrere Mitgliedstaaten aufgrund eines plötzlichen Zustroms von Drittstaatsangehörigen in einer Notlage, so kann der Rat auf Vorschlag der Kommission vorläufige Maßnahmen zugunsten der betreffenden Mitgliedstaaten erlassen. [2]Er beschließt nach Anhörung des Europäischen Parlaments.

Artikel 79   (ex-Artikel 63 Nummern 3 und 4 EGV) [Einwanderungspolitik]

(1) Die Union entwickelt eine gemeinsame Einwanderungspolitik, die in allen Phasen eine wirksame Steuerung der Migrationsströme, eine angemessene Behandlung von Drittstaatsangehörigen, die sich rechtmäßig in einem Mitgliedstaat aufhalten, sowie die Verhütung und verstärkte Bekämpfung von illegaler Einwanderung und Menschenhandel gewährleisten soll.

(2) Für die Zwecke des Absatzes 1 erlassen das Europäische Parlament und der Rat gemäß dem ordentlichen Gesetzgebungsverfahren Maßnahmen in folgenden Bereichen:

a) Einreise- und Aufenthaltsvoraussetzungen sowie Normen für die Erteilung von Visa und Aufenthaltstiteln für einen langfristigen Aufenthalt, einschließlich solcher zur Familienzusammenführung, durch die Mitgliedstaaten;

b) Festlegung der Rechte von Drittstaatsangehörigen, die sich rechtmäßig in einem Mitgliedstaat aufhalten, einschließlich der Bedingungen, unter denen sie sich in den anderen Mitgliedstaaten frei bewegen und aufhalten dürfen;

c) illegale Einwanderung und illegaler Aufenthalt, einschließlich Abschiebung und Rückführung solcher Personen, die sich illegal in einem Mitgliedstaat aufhalten;

d) Bekämpfung des Menschenhandels, insbesondere des Handels mit Frauen und Kindern.

(3) Die Union kann mit Drittländern Übereinkünfte über eine Rückübernahme von Drittstaatsangehörigen in ihr Ursprungs- oder Herkunftsland schließen, die die Voraussetzungen für die Einreise in das Hoheitsgebiet eines der Mitgliedstaaten oder die Anwesenheit oder den Aufenthalt in diesem Gebiet nicht oder nicht mehr erfüllen.

(4) Das Europäische Parlament und der Rat können gemäß dem ordentlichen Gesetzgebungsverfahren unter Ausschluss jeglicher Harmonisierung der Rechtsvorschriften der Mitgliedstaaten Maßnahmen festlegen, mit denen die Bemühungen der Mitgliedstaaten um die Integration der sich rechtmäßig in ihrem Hoheitsgebiet aufhaltenden Drittstaatsangehörigen gefördert und unterstützt werden.

(5) Dieser Artikel berührt nicht das Recht der Mitgliedstaaten, festzulegen, wie viele Drittstaatsangehörige aus Drittländern in ihr Hoheitsgebiet einreisen dürfen, um dort als Arbeitnehmer oder Selbstständige Arbeit zu suchen.

Artikel 80 [Solidaritätsgrundsatz]
[1]Für die unter dieses Kapitel fallende Politik der Union und ihre Umsetzung gilt der Grundsatz der Solidarität und der gerechten Aufteilung der Verantwortlichkeiten unter den Mitgliedstaaten, einschließlich in finanzieller Hinsicht. [2]Die aufgrund dieses Kapitels erlassenen Rechtsakte der Union enthalten, immer wenn dies erforderlich ist, entsprechende Maßnahmen für die Anwendung dieses Grundsatzes.

Kapitel 3
Justizielle Zusammenarbeit in Zivilsachen

Artikel 81 (ex-Artikel 65 EGV) [Justizielle Zusammenarbeit in Zivilsachen]
(1) [1]Die Union entwickelt eine justizielle Zusammenarbeit in Zivilsachen mit grenzüberschreitendem Bezug, die auf dem Grundsatz der gegenseitigen Anerkennung gerichtlicher und außergerichtlicher Entscheidungen beruht. [2]Diese Zusammenarbeit kann den Erlass von Maßnahmen zur Angleichung der Rechtsvorschriften der Mitgliedstaaten umfassen.

(2) Für die Zwecke des Absatzes 1 erlassen das Europäische Parlament und der Rat, insbesondere wenn dies für das reibungslose Funktionieren

des Binnenmarkts erforderlich ist, gemäß dem ordentlichen Gesetzgebungsverfahren Maßnahmen, die Folgendes sicherstellen sollen:

a) die gegenseitige Anerkennung und die Vollstreckung gerichtlicher und außergerichtlicher Entscheidungen zwischen den Mitgliedstaaten;

b) die grenzüberschreitende Zustellung gerichtlicher und außergerichtlicher Schriftstücke;

c) die Vereinbarkeit der in den Mitgliedstaaten geltenden Kollisionsnormen und Vorschriften zur Vermeidung von Kompetenzkonflikten;

d) die Zusammenarbeit bei der Erhebung von Beweismitteln;

e) einen effektiven Zugang zum Recht;

f) die Beseitigung von Hindernissen für die reibungslose Abwicklung von Zivilverfahren, erforderlichenfalls durch Förderung der Vereinbarkeit der in den Mitgliedstaaten geltenden zivilrechtlichen Verfahrensvorschriften;

g) die Entwicklung von alternativen Methoden für die Beilegung von Streitigkeiten;

h) die Förderung der Weiterbildung von Richtern und Justizbediensteten.

(3) [1]Abweichend von Absatz 2 werden Maßnahmen zum Familienrecht mit grenzüberschreitendem Bezug vom Rat gemäß einem besonderen Gesetzgebungsverfahren festgelegt. [2]Dieser beschließt einstimmig nach Anhörung des Europäischen Parlaments.

[1]Der Rat kann auf Vorschlag der Kommission einen Beschluss erlassen, durch den die Aspekte des Familienrechts mit grenzüberschreitendem Bezug bestimmt werden, die Gegenstand von Rechtsakten sein können, die gemäß dem ordentlichen Gesetzgebungsverfahren erlassen werden. [2]Der Rat beschließt einstimmig nach Anhörung des Europäischen Parlaments.

[1]Der in Unterabsatz 2 genannte Vorschlag wird den nationalen Parlamenten übermittelt. [2]Wird dieser Vorschlag innerhalb von sechs Monaten nach der Übermittlung von einem nationalen Parlament abgelehnt, so wird der Beschluss nicht erlassen. [3]Wird der Vorschlag nicht abgelehnt, so kann der Rat den Beschluss erlassen.

Kapitel 4
Justizielle Zusammenarbeit in Strafsachen

Artikel 82 (ex-Artikel 31 EUV) [Gegenseitige Anerkennung]

(1) Die justizielle Zusammenarbeit in Strafsachen in der Union beruht auf dem Grundsatz der gegenseitigen Anerkennung gerichtlicher Urteile und Entscheidungen und umfasst die Angleichung der Rechtsvorschriften der Mitgliedstaaten in den in Absatz 2 und in Artikel 83 genannten Bereichen.

Das Europäische Parlament und der Rat erlassen gemäß dem ordentlichen Gesetzgebungsverfahren Maßnahmen, um

a) Regeln und Verfahren festzulegen, mit denen die Anerkennung aller
   Arten von Urteilen und gerichtlichen Entscheidungen in der gesamten
   Union sichergestellt wird;
b) Kompetenzkonflikte zwischen den Mitgliedstaaten zu verhindern und
   beizulegen;
c) die Weiterbildung von Richtern und Staatsanwälten sowie Justizbediensteten zu fördern;
d) die Zusammenarbeit zwischen den Justizbehörden oder entsprechenden Behörden der Mitgliedstaaten im Rahmen der Strafverfolgung
   sowie des Vollzugs und der Vollstreckung von Entscheidungen zu
   erleichtern.

(2) [1]Soweit dies zur Erleichterung der gegenseitigen Anerkennung gerichtlicher Urteile und Entscheidungen und der polizeilichen und justiziellen Zusammenarbeit in Strafsachen mit grenzüberschreitender Dimension erforderlich ist, können das Europäische Parlament und der Rat gemäß dem ordentlichen Gesetzgebungsverfahren durch Richtlinien Mindestvorschriften festlegen. [2]Bei diesen Mindestvorschriften werden die
Unterschiede zwischen den Rechtsordnungen und -traditionen der Mitgliedstaaten berücksichtigt.

Die Vorschriften betreffen Folgendes:
a) die Zulässigkeit von Beweismitteln auf gegenseitiger Basis zwischen
   den Mitgliedstaaten;
b) die Rechte des Einzelnen im Strafverfahren;
c) die Rechte der Opfer von Straftaten;
d) sonstige spezifische Aspekte des Strafverfahrens, die zuvor vom Rat
   durch Beschluss bestimmt worden sind; dieser Beschluss wird vom
   Rat einstimmig nach Zustimmung des Europäischen Parlaments erlassen.

Der Erlass von Mindestvorschriften nach diesem Absatz hindert die Mitgliedstaaten nicht daran, ein höheres Schutzniveau für den Einzelnen beizubehalten oder einzuführen.

(3) [1]Ist ein Mitglied des Rates der Auffassung, dass ein Entwurf einer
Richtlinie nach Absatz 2 grundlegende Aspekte seiner Strafrechtsordnung
berühren würde, so kann es beantragen, dass der Europäische Rat befasst
wird. [2]In diesem Fall wird das ordentliche Gesetzgebungsverfahren ausgesetzt. [3]Nach einer Aussprache verweist der Europäische Rat im Falle
eines Einvernehmens den Entwurf binnen vier Monaten nach Aussetzung
des Verfahrens an den Rat zurück, wodurch die Aussetzung des ordentlichen Gesetzgebungsverfahrens beendet wird.

[1]Sofern kein Einvernehmen erzielt wird, mindestens neun Mitgliedstaaten aber eine Verstärkte Zusammenarbeit auf der Grundlage des betreffenden Entwurfs einer Richtlinie begründen möchten, teilen diese
Mitgliedstaaten dies binnen derselben Frist dem Europäischen Parlament,
dem Rat und der Kommission mit. [2]In diesem Fall gilt die Ermächtigung

zu einer Verstärkten Zusammenarbeit nach Artikel 20 Absatz 2 des Vertrags über die Europäische Union und Artikel 329 Absatz 1 dieses Vertrags als erteilt, und die Bestimmungen über die Verstärkte Zusammenarbeit finden Anwendung.

Artikel 83   (ex-Artikel 31 EUV) [Straftaten mit grenzüberschreitender Dimension]

(1) Das Europäische Parlament und der Rat können gemäß dem ordentlichen Gesetzgebungsverfahren durch Richtlinien Mindestvorschriften zur Festlegung von Straftaten und Strafen in Bereichen besonders schwerer Kriminalität festlegen, die aufgrund der Art oder der Auswirkungen der Straftaten oder aufgrund einer besonderen Notwendigkeit, sie auf einer gemeinsamen Grundlage zu bekämpfen, eine grenzüberschreitende Dimension haben.

Derartige Kriminalitätsbereiche sind: Terrorismus, Menschenhandel und sexuelle Ausbeutung von Frauen und Kindern, illegaler Drogenhandel, illegaler Waffenhandel, Geldwäsche, Korruption, Fälschung von Zahlungsmitteln, Computerkriminalität und organisierte Kriminalität.

[1]Je nach Entwicklung der Kriminalität kann der Rat einen Beschluss erlassen, in dem andere Kriminalitätsbereiche bestimmt werden, die die Kriterien dieses Absatzes erfüllen. [2]Er beschließt einstimmig nach Zustimmung des Europäischen Parlaments.

(2) [1]Erweist sich die Angleichung der strafrechtlichen Rechtsvorschriften der Mitgliedstaaten als unerlässlich für die wirksame Durchführung der Politik der Union auf einem Gebiet, auf dem Harmonisierungsmaßnahmen erfolgt sind, so können durch Richtlinien Mindestvorschriften für die Festlegung von Straftaten und Strafen auf dem betreffenden Gebiet festgelegt werden. [2]Diese Richtlinien werden unbeschadet des Artikels 76 gemäß dem gleichen ordentlichen oder besonderen Gesetzgebungsverfahren wie die betreffenden Harmonisierungsmaßnahmen erlassen.

(3) [1]Ist ein Mitglied des Rates der Auffassung, dass der Entwurf einer Richtlinie nach den Absätzen 1 oder 2 grundlegende Aspekte seiner Strafrechtsordnung berühren würde, so kann es beantragen, dass der Europäische Rat befasst wird. [2]In diesem Fall wird das ordentliche Gesetzgebungsverfahren ausgesetzt. [3]Nach einer Aussprache verweist der Europäische Rat im Falle eines Einvernehmens den Entwurf binnen vier Monaten nach Aussetzung des Verfahrens an den Rat zurück, wodurch die Aussetzung des ordentlichen Gesetzgebungsverfahrens beendet wird.

[1]Sofern kein Einvernehmen erzielt wird, mindestens neun Mitgliedstaaten aber eine Verstärkte Zusammenarbeit auf der Grundlage des betreffenden Entwurfs einer Richtlinie begründen möchten, teilen diese Mitgliedstaaten dies binnen derselben Frist dem Europäischen Parlament, dem Rat und der Kommission mit. [2]In diesem Fall gilt die Ermächtigung zu einer Verstärkten Zusammenarbeit nach Artikel 20 Absatz 2 des Ver-

trags über die Europäische Union und Artikel 329 Absatz 1 dieses Vertrags als erteilt, und die Bestimmungen über die Verstärkte Zusammenarbeit finden Anwendung.

Artikel 84 [Kriminalprävention]
Das Europäische Parlament und der Rat können gemäß dem ordentlichen Gesetzgebungsverfahren unter Ausschluss jeglicher Harmonisierung der Rechtsvorschriften der Mitgliedstaaten Maßnahmen festlegen, um das Vorgehen der Mitgliedstaaten im Bereich der Kriminalprävention zu fördern und zu unterstützen.

Artikel 85 (ex-Artikel 31 EUV) [Eurojust]
(1) Eurojust hat den Auftrag, die Koordinierung und Zusammenarbeit zwischen den nationalen Behörden zu unterstützen und zu verstärken, die für die Ermittlung und Verfolgung von schwerer Kriminalität zuständig sind, wenn zwei oder mehr Mitgliedstaaten betroffen sind oder eine Verfolgung auf gemeinsamer Grundlage erforderlich ist; Eurojust stützt sich dabei auf die von den Behörden der Mitgliedstaaten und von Europol durchgeführten Operationen und gelieferten Informationen.

[1]Zu diesem Zweck legen das Europäische Parlament und der Rat gemäß dem ordentlichen Gesetzgebungsverfahren durch Verordnungen den Aufbau, die Arbeitsweise, den Tätigkeitsbereich und die Aufgaben von Eurojust fest. [2]Zu diesen Aufgaben kann Folgendes gehören:
a) Einleitung von strafrechtlichen Ermittlungsmaßnahmen sowie Vorschläge zur Einleitung von strafrechtlichen Verfolgungsmaßnahmen, die von den zuständigen nationalen Behörden durchgeführt werden, insbesondere bei Straftaten zum Nachteil der finanziellen Interessen der Union;
b) Koordinierung der unter Buchstabe a genannten Ermittlungs- und Verfolgungsmaßnahmen;
c) Verstärkung der justiziellen Zusammenarbeit, unter anderem auch durch die Beilegung von Kompetenzkonflikten und eine enge Zusammenarbeit mit dem Europäischen Justiziellen Netz.
Durch diese Verordnungen werden ferner die Einzelheiten für die Beteiligung des Europäischen Parlaments und der nationalen Parlamente an der Bewertung der Tätigkeit von Eurojust festgelegt.

(2) Im Rahmen der Strafverfolgungsmaßnahmen nach Absatz 1 werden die förmlichen Prozesshandlungen unbeschadet des Artikels 86 durch die zuständigen einzelstaatlichen Bediensteten vorgenommen.

Artikel 86 [Europäische Staatsanwaltschaft]
(1) [1]Zur Bekämpfung von Straftaten zum Nachteil der finanziellen Interessen der Union kann der Rat gemäß einem besonderen Gesetzgebungsverfahren durch Verordnungen ausgehend von Eurojust eine Europäische Staatsanwaltschaft einsetzen. [2]Der Rat beschließt einstimmig nach Zustimmung des Europäischen Parlaments.

[1]Sofern keine Einstimmigkeit besteht, kann eine Gruppe von mindestens neun Mitgliedstaaten beantragen, dass der Europäische Rat mit dem Entwurf einer Verordnung befasst wird. [2]In diesem Fall wird das Verfahren im Rat ausgesetzt. [3]Nach einer Aussprache verweist der Europäische Rat im Falle eines Einvernehmens den Entwurf binnen vier Monaten nach Aussetzung des Verfahrens an den Rat zur Annahme zurück.

[1]Sofern kein Einvernehmen erzielt wird, mindestens neun Mitgliedstaaten aber eine Verstärkte Zusammenarbeit auf der Grundlage des betreffenden Entwurfs einer Verordnung begründen möchten, teilen diese Mitgliedstaaten dies binnen derselben Frist dem Europäischen Parlament, dem Rat und der Kommission mit. [2]In diesem Fall gilt die Ermächtigung zu einer Verstärkten Zusammenarbeit nach Artikel 20 Absatz 2 des Vertrags über die Europäische Union und Artikel 329 Absatz 1 dieses Vertrags als erteilt, und die Bestimmungen über die Verstärkte Zusammenarbeit finden Anwendung.

(2) [1]Die Europäische Staatsanwaltschaft ist, gegebenenfalls in Verbindung mit Europol, zuständig für die strafrechtliche Untersuchung und Verfolgung sowie die Anklageerhebung in Bezug auf Personen, die als Täter oder Teilnehmer Straftaten zum Nachteil der finanziellen Interessen der Union begangen haben, die in der Verordnung nach Absatz 1 festgelegt sind. [2]Die Europäische Staatsanwaltschaft nimmt bei diesen Straftaten vor den zuständigen Gerichten der Mitgliedstaaten die Aufgaben der Staatsanwaltschaft wahr.

(3) Die in Absatz 1 genannte Verordnung legt die Satzung der Europäischen Staatsanwaltschaft, die Einzelheiten für die Erfüllung ihrer Aufgaben, die für ihre Tätigkeit geltenden Verfahrensvorschriften sowie die Regeln für die Zulässigkeit von Beweismitteln und für die gerichtliche Kontrolle der von der Europäischen Staatsanwaltschaft bei der Erfüllung ihrer Aufgaben vorgenommenen Prozesshandlungen fest.

(4) [1]Der Europäische Rat kann gleichzeitig mit der Annahme der Verordnung oder im Anschluss daran einen Beschluss zur Änderung des Absatzes 1 mit dem Ziel einer Ausdehnung der Befugnisse der Europäischen Staatsanwaltschaft auf die Bekämpfung der schweren Kriminalität mit grenzüberschreitender Dimension und zur entsprechenden Änderung des Absatzes 2 hinsichtlich Personen, die als Täter oder Teilnehmer schwere, mehr als einen Mitgliedstaat betreffende Straftaten begangen haben, erlassen. [2]Der Europäische Rat beschließt einstimmig nach Zustimmung des Europäischen Parlaments und nach Anhörung der Kommission.

Kapitel 5
Polizeiliche Zusammenarbeit

Artikel 87 (ex-Artikel 30 EUV) [Inhalt der polizeilichen Zusammenarbeit]

(1) Die Union entwickelt eine polizeiliche Zusammenarbeit zwischen allen zuständigen Behörden der Mitgliedstaaten, einschließlich der Polizei, des Zolls und anderer auf die Verhütung oder die Aufdeckung von Straftaten sowie entsprechende Ermittlungen spezialisierter Strafverfolgungsbehörden.

(2) Für die Zwecke des Absatzes 1 können das Europäische Parlament und der Rat gemäß dem ordentlichen Gesetzgebungsverfahren Maßnahmen erlassen, die Folgendes betreffen:

a) Einholen, Speichern, Verarbeiten, Analysieren und Austauschen sachdienlicher Informationen;

b) Unterstützung bei der Aus- und Weiterbildung von Personal sowie Zusammenarbeit in Bezug auf den Austausch von Personal, die Ausrüstungsgegenstände und die kriminaltechnische Forschung;

c) gemeinsame Ermittlungstechniken zur Aufdeckung schwerwiegender Formen der organisierten Kriminalität.

(3) [1]Der Rat kann gemäß einem besonderen Gesetzgebungsverfahren Maßnahmen erlassen, die die operative Zusammenarbeit zwischen den in diesem Artikel genannten Behörden betreffen. [2]Der Rat beschließt einstimmig nach Anhörung des Europäischen Parlaments.

[1]Sofern keine Einstimmigkeit besteht, kann eine Gruppe von mindestens neun Mitgliedstaaten beantragen, dass der Europäische Rat mit dem Entwurf von Maßnahmen befasst wird. [2]In diesem Fall wird das Verfahren im Rat ausgesetzt. [3]Nach einer Aussprache verweist der Europäische Rat im Falle eines Einvernehmens den Entwurf binnen vier Monaten nach Aussetzung des Verfahrens an den Rat zur Annahme zurück.

[1]Sofern kein Einvernehmen erzielt wird, mindestens neun Mitgliedstaaten aber eine Verstärkte Zusammenarbeit auf der Grundlage des betreffenden Entwurfs von Maßnahmen begründen möchten, teilen diese Mitgliedstaaten dies binnen derselben Frist dem Europäischen Parlament, dem Rat und der Kommission mit. [2]In diesem Fall gilt die Ermächtigung zu einer Verstärkten Zusammenarbeit nach Artikel 20 Absatz 2 des Vertrags über die Europäische Union und Artikel 329 Absatz 1 dieses Vertrags als erteilt, und die Bestimmungen über die Verstärkte Zusammenarbeit finden Anwendung.

Das besondere Verfahren nach den Unterabsätzen 2 und 3 gilt nicht für Rechtsakte, die eine Weiterentwicklung des Schengen-Besitzstands darstellen.

Artikel 88 (ex-Artikel 30 EUV) [Europol]

(1) Europol hat den Auftrag, die Tätigkeit der Polizeibehörden und der anderen Strafverfolgungsbehörden der Mitgliedstaaten sowie deren gegenseitige Zusammenarbeit bei der Verhütung und Bekämpfung der zwei oder mehr Mitgliedstaaten betreffenden schweren Kriminalität, des Terrorismus und der Kriminalitätsformen, die ein gemeinsames Interesse verletzen, das Gegenstand einer Politik der Union ist, zu unterstützen und zu verstärken.

(2) [1]Das Europäische Parlament und der Rat legen gemäß dem ordentlichen Gesetzgebungsverfahren durch Verordnungen den Aufbau, die Arbeitsweise, den Tätigkeitsbereich und die Aufgaben von Europol fest. [2]Zu diesen Aufgaben kann Folgendes gehören:

a) Einholen, Speichern, Verarbeiten, Analysieren und Austauschen von Informationen, die insbesondere von den Behörden der Mitgliedstaaten oder Drittländern beziehungsweise Stellen außerhalb der Union übermittelt werden;

b) Koordinierung, Organisation und Durchführung von Ermittlungen und von operativen Maßnahmen, die gemeinsam mit den zuständigen Behörden der Mitgliedstaaten oder im Rahmen gemeinsamer Ermittlungsgruppen durchgeführt werden, gegebenenfalls in Verbindung mit Eurojust.

Durch diese Verordnungen werden ferner die Einzelheiten für die Kontrolle der Tätigkeiten von Europol durch das Europäische Parlament festgelegt; an dieser Kontrolle werden die nationalen Parlamente beteiligt.

(3) [1]Europol darf operative Maßnahmen nur in Verbindung und in Absprache mit den Behörden des Mitgliedstaats oder der Mitgliedstaaten ergreifen, deren Hoheitsgebiet betroffen ist. [2]Die Anwendung von Zwangsmaßnahmen bleibt ausschließlich den zuständigen einzelstaatlichen Behörden vorbehalten.

Artikel 89 (ex-Artikel 32 EUV) [Extraterritoriale Aktivitäten]

[1]Der Rat legt gemäß einem besonderen Gesetzgebungsverfahren fest, unter welchen Bedingungen und innerhalb welcher Grenzen die in den Artikeln 82 und 87 genannten zuständigen Behörden der Mitgliedstaaten im Hoheitsgebiet eines anderen Mitgliedstaats in Verbindung und in Absprache mit dessen Behörden tätig werden dürfen. [2]Der Rat beschließt einstimmig nach Anhörung des Europäischen Parlaments.

Titel VI
Der Verkehr

Artikel 90 (ex-Artikel 70 EGV) [Gemeinsame Verkehrspolitik]

Auf dem in diesem Titel geregelten Sachgebiet werden die Ziele der Verträge im Rahmen einer gemeinsamen Verkehrspolitik verfolgt.

Artikel 91 (ex-Artikel 71 EGV) [Erforderliche Maßnahmen]
(1) Zur Durchführung des Artikels 90 werden das Europäische Parlament und der Rat unter Berücksichtigung der Besonderheiten des Verkehrs gemäß dem ordentlichen Gesetzgebungsverfahren und nach Anhörung des Wirtschafts- und Sozialausschusses sowie des Ausschusses der Regionen
a) für den internationalen Verkehr aus oder nach dem Hoheitsgebiet eines Mitgliedstaats oder für den Durchgangsverkehr durch das Hoheitsgebiet eines oder mehrerer Mitgliedstaaten gemeinsame Regeln aufstellen;
b) für die Zulassung von Verkehrsunternehmern zum Verkehr innerhalb eines Mitgliedstaats, in dem sie nicht ansässig sind, die Bedingungen festlegen;
c) Maßnahmen zur Verbesserung der Verkehrssicherheit erlassen;
d) alle sonstigen zweckdienlichen Vorschriften erlassen.
(2) Beim Erlass von Maßnahmen nach Absatz 1 wird den Fällen Rechnung getragen, in denen die Anwendung den Lebensstandard und die Beschäftigungslage in bestimmten Regionen sowie den Betrieb der Verkehrseinrichtungen ernstlich beeinträchtigen könnte.

Artikel 92 (ex-Artikel 72 EGV) [Stillhalteverpflichtung]
Bis zum Erlass der in Artikel 91 Absatz 1 genannten Vorschriften darf ein Mitgliedstaat die verschiedenen, am 1. Januar 1958 oder, im Falle später beigetretener Staaten, zum Zeitpunkt ihres Beitritts auf diesem Gebiet geltenden Vorschriften in ihren unmittelbaren oder mittelbaren Auswirkungen auf die Verkehrsunternehmer anderer Mitgliedstaaten im Vergleich zu den inländischen Verkehrsunternehmern nicht ungünstiger gestalten, es sei denn, dass der Rat einstimmig eine Maßnahme billigt, die eine Ausnahmeregelung gewährt.

Artikel 93 (ex-Artikel 73 EGV) [Staatliche Beihilfen]
Mit den Verträgen vereinbar sind Beihilfen, die den Erfordernissen der Koordinierung des Verkehrs oder der Abgeltung bestimmter, mit dem Begriff des öffentlichen Dienstes zusammenhängender Leistungen entsprechen.

Artikel 94 (ex-Artikel 74 EGV) [Eigenwirtschaftlichkeitsklausel]
Jede Maßnahme auf dem Gebiet der Beförderungsentgelte und -bedingungen, die im Rahmen der Verträge getroffen wird, hat der wirtschaftlichen Lage der Verkehrsunternehmer Rechnung zu tragen.

Artikel 95 (ex-Artikel 75 EGV) [Diskriminierungsverbot]
(1) Im Verkehr innerhalb der Union sind Diskriminierungen verboten, die darin bestehen, dass ein Verkehrsunternehmer in denselben Verkehrsverbindungen für die gleichen Güter je nach ihrem Herkunfts- oder Bestimmungsland unterschiedliche Frachten und Beförderungsbedingungen anwendet.

(2) Absatz 1 schließt sonstige Maßnahmen nicht aus, die das Europäische Parlament und der Rat gemäß Artikel 91 Absatz 1 treffen können.

(3) Der Rat trifft auf Vorschlag der Kommission und nach Anhörung des Europäischen Parlaments und des Wirtschafts- und Sozialausschusses eine Regelung zur Durchführung des Absatzes 1.

Er kann insbesondere die erforderlichen Vorschriften erlassen, um es den Organen der Union zu ermöglichen, für die Beachtung des Absatzes 1 Sorge zu tragen, und um den Verkehrsnutzern die Vorteile dieser Bestimmung voll zukommen zu lassen.

(4) Die Kommission prüft von sich aus oder auf Antrag eines Mitgliedstaats die Diskriminierungsfälle des Absatzes 1 und erlässt nach Beratung mit jedem in Betracht kommenden Mitgliedstaat die erforderlichen Beschlüsse im Rahmen der gemäß Absatz 3 getroffenen Regelung.

Artikel 96 (ex-Artikel 76 EGV) [Verbot von Unterstützungstarifen]

(1) Im Verkehr innerhalb der Union sind die von einem Mitgliedstaat auferlegten Frachten und Beförderungsbedingungen verboten, die in irgendeiner Weise der Unterstützung oder dem Schutz eines oder mehrerer bestimmter Unternehmen oder Industrien dienen, es sei denn, dass die Kommission die Genehmigung hierzu erteilt.

(2) Die Kommission prüft von sich aus oder auf Antrag eines Mitgliedstaats die in Absatz 1 bezeichneten Frachten und Beförderungsbedingungen; hierbei berücksichtigt sie insbesondere sowohl die Erfordernisse einer angemessenen Standortpolitik, die Bedürfnisse der unterentwickelten Gebiete und die Probleme der durch politische Umstände schwer betroffenen Gebiete als auch die Auswirkungen dieser Frachten und Beförderungsbedingungen auf den Wettbewerb zwischen den Verkehrsarten.

Die Kommission erlässt die erforderlichen Beschlüsse nach Beratung mit jedem in Betracht kommenden Mitgliedstaat.

(3) Das in Absatz 1 genannte Verbot trifft nicht die Wettbewerbstarife.

Artikel 97 (ex-Artikel 77 EGV) [Grenzübergangskosten]

Die Abgaben oder Gebühren, die ein Verkehrsunternehmer neben den Frachten beim Grenzübergang in Rechnung stellt, dürfen unter Berücksichtigung der hierdurch tatsächlich verursachten Kosten eine angemessene Höhe nicht übersteigen.

Die Mitgliedstaaten werden bemüht sein, diese Kosten schrittweise zu verringern.

Die Kommission kann zur Durchführung dieses Artikels Empfehlungen an die Mitgliedstaaten richten.

Artikel 98 (ex-Artikel 78 EGV) [Deutschlandklausel]

[1]Die Bestimmungen dieses Titels stehen Maßnahmen in der Bundesrepublik Deutschland nicht entgegen, soweit sie erforderlich sind, um die wirtschaftlichen Nachteile auszugleichen, die der Wirtschaft bestimmter, von der Teilung Deutschlands betroffener Gebiete der Bundesrepublik aus

dieser Teilung entstehen. [2]Der Rat kann fünf Jahre nach dem Inkrafttreten des Vertrags von Lissabon auf Vorschlag der Kommission einen Beschluss erlassen, mit dem dieser Artikel aufgehoben wird.

Artikel 99 (ex-Artikel 79 EGV) [Beratender Ausschuss]
[1]Bei der Kommission wird ein beratender Ausschuss gebildet; er besteht aus Sachverständigen, die von den Regierungen der Mitgliedstaaten ernannt werden. [2]Die Kommission hört den Ausschuss je nach Bedarf in Verkehrsfragen an.

Artikel 100 (ex-Artikel 80 EGV) [Sachlicher Geltungsbereich]
(1) Dieser Titel gilt für die Beförderungen im Eisenbahn-, Straßen- und Binnenschiffsverkehr.

(2) [1]Das Europäische Parlament und der Rat können gemäß dem ordentlichen Gesetzgebungsverfahren geeignete Vorschriften für die Seeschifffahrt und die Luftfahrt erlassen. [2]Sie beschließen nach Anhörung des Wirtschafts- und Sozialausschusses und des Ausschusses der Regionen.

Titel VII
Gemeinsame Regeln betreffend Wettbewerb, Steuerfragen und Angleichung der Rechtsvorschriften

Kapitel 1
Wettbewerbsregeln

Abschnitt 1
Vorschriften für Unternehmen

Artikel 101 (ex-Artikel 81 EGV) [Kartellverbot]
(1) Mit dem Binnenmarkt unvereinbar und verboten sind alle Vereinbarungen zwischen Unternehmen, Beschlüsse von Unternehmensvereinigungen und aufeinander abgestimmte Verhaltensweisen, welche den Handel zwischen Mitgliedstaaten zu beeinträchtigen geeignet sind und eine Verhinderung, Einschränkung oder Verfälschung des Wettbewerbs innerhalb des Binnenmarkts bezwecken oder bewirken, insbesondere
a) die unmittelbare oder mittelbare Festsetzung der An- oder Verkaufspreise oder sonstiger Geschäftsbedingungen;
b) die Einschränkung oder Kontrolle der Erzeugung, des Absatzes, der technischen Entwicklung oder der Investitionen;
c) die Aufteilung der Märkte oder Versorgungsquellen;
d) die Anwendung unterschiedlicher Bedingungen bei gleichwertigen Leistungen gegenüber Handelspartnern, wodurch diese im Wettbewerb benachteiligt werden;
e) die an den Abschluss von Verträgen geknüpfte Bedingung, dass die Vertragspartner zusätzliche Leistungen annehmen, die weder sachlich

noch nach Handelsbrauch in Beziehung zum Vertragsgegenstand stehen.

(2) Die nach diesem Artikel verbotenen Vereinbarungen oder Beschlüsse sind nichtig.

(3) Die Bestimmungen des Absatzes 1 können für nicht anwendbar erklärt werden auf

- Vereinbarungen oder Gruppen von Vereinbarungen zwischen Unternehmen,
- Beschlüsse oder Gruppen von Beschlüssen von Unternehmensvereinigungen,
- aufeinander abgestimmte Verhaltensweisen oder Gruppen von solchen,

die unter angemessener Beteiligung der Verbraucher an dem entstehenden Gewinn zur Verbesserung der Warenerzeugung oder -verteilung oder zur Förderung des technischen oder wirtschaftlichen Fortschritts beitragen, ohne dass den beteiligten Unternehmen

a) Beschränkungen auferlegt werden, die für die Verwirklichung dieser Ziele nicht unerlässlich sind, oder

b) Möglichkeiten eröffnet werden, für einen wesentlichen Teil der betreffenden Waren den Wettbewerb auszuschalten.

Artikel 102 (ex-Artikel 82 EGV) [Missbrauch marktbeherrschender Stellung]

Mit dem Binnenmarkt unvereinbar und verboten ist die missbräuchliche Ausnutzung einer beherrschenden Stellung auf dem Binnenmarkt oder auf einem wesentlichen Teil desselben durch ein oder mehrere Unternehmen, soweit dies dazu führen kann, den Handel zwischen Mitgliedstaaten zu beeinträchtigen.

Dieser Missbrauch kann insbesondere in Folgendem bestehen:

a) der unmittelbaren oder mittelbaren Erzwingung von unangemessenen Einkaufs- oder Verkaufspreisen oder sonstigen Geschäftsbedingungen;

b) der Einschränkung der Erzeugung, des Absatzes oder der technischen Entwicklung zum Schaden der Verbraucher;

c) der Anwendung unterschiedlicher Bedingungen bei gleichwertigen Leistungen gegenüber Handelspartnern, wodurch diese im Wettbewerb benachteiligt werden;

d) der an den Abschluss von Verträgen geknüpften Bedingung, dass die Vertragspartner zusätzliche Leistungen annehmen, die weder sachlich noch nach Handelsbrauch in Beziehung zum Vertragsgegenstand stehen.

Artikel 103 (ex-Artikel 83 EGV) [Durchführungsvorschriften]

(1) Die zweckdienlichen Verordnungen oder Richtlinien zur Verwirklichung der in den Artikeln 101 und 102 niedergelegten Grundsätze wer-

den vom Rat auf Vorschlag der Kommission und nach Anhörung des Europäischen Parlaments beschlossen.

(2) Die in Absatz 1 vorgesehenen Vorschriften bezwecken insbesondere,

a) die Beachtung der in Artikel 101 Absatz 1 und Artikel 102 genannten Verbote durch die Einführung von Geldbußen und Zwangsgeldern zu gewährleisten;

b) die Einzelheiten der Anwendung des Artikels 101 Absatz 3 festzulegen; dabei ist dem Erfordernis einer wirksamen Überwachung bei möglichst einfacher Verwaltungskontrolle Rechnung zu tragen;

c) gegebenenfalls den Anwendungsbereich der Artikel 101 und 102 für die einzelnen Wirtschaftszweige näher zu bestimmen;

d) die Aufgaben der Kommission und des Gerichtshofs der Europäischen Union bei der Anwendung der in diesem Absatz vorgesehenen Vorschriften gegeneinander abzugrenzen;

e) das Verhältnis zwischen den innerstaatlichen Rechtsvorschriften einerseits und den in diesem Abschnitt enthaltenen oder aufgrund dieses Artikels getroffenen Bestimmungen andererseits festzulegen.

Artikel 104 (ex-Artikel 84 EGV) [Befugnisse der Mitgliedstaaten]
Bis zum Inkrafttreten der gemäß Artikel 103 erlassenen Vorschriften entscheiden die Behörden der Mitgliedstaaten im Einklang mit ihren eigenen Rechtsvorschriften und den Bestimmungen der Artikel 101, insbesondere Absatz 3, und 102 über die Zulässigkeit von Vereinbarungen, Beschlüssen und aufeinander abgestimmten Verhaltensweisen sowie über die missbräuchliche Ausnutzung einer beherrschenden Stellung auf dem Binnenmarkt.

Artikel 105 (ex-Artikel 85 EGV) [Befugnisse der Kommission]
(1) [1]Unbeschadet des Artikels 104 achtet die Kommission auf die Verwirklichung der in den Artikeln 101 und 102 niedergelegten Grundsätze. [2]Sie untersucht auf Antrag eines Mitgliedstaats oder von Amts wegen in Verbindung mit den zuständigen Behörden der Mitgliedstaaten, die ihr Amtshilfe zu leisten haben, die Fälle, in denen Zuwiderhandlungen gegen diese Grundsätze vermutet werden. [3]Stellt sie eine Zuwiderhandlung fest, so schlägt sie geeignete Mittel vor, um diese abzustellen.

(2) [1]Wird die Zuwiderhandlung nicht abgestellt, so trifft die Kommission in einem mit Gründen versehenen Beschluss die Feststellung, dass eine derartige Zuwiderhandlung vorliegt. [2]Sie kann den Beschluss veröffentlichen und die Mitgliedstaaten ermächtigen, die erforderlichen Abhilfemaßnahmen zu treffen, deren Bedingungen und Einzelheiten sie festlegt.

(3) Die Kommission kann Verordnungen zu den Gruppen von Vereinbarungen erlassen, zu denen der Rat nach Artikel 103 Absatz 2 Buchstabe b eine Verordnung oder Richtlinie erlassen hat.

Artikel 106　(ex-Artikel 86 EGV) [Öffentliche und monopolartige Unternehmen]

(1) Die Mitgliedstaaten werden in Bezug auf öffentliche Unternehmen und auf Unternehmen, denen sie besondere oder ausschließliche Rechte gewähren, keine den Verträgen und insbesondere den Artikeln 18 und 101 bis 109 widersprechende Maßnahmen treffen oder beibehalten.

(2) [1]Für Unternehmen, die mit Dienstleistungen von allgemeinem wirtschaftlichem Interesse betraut sind oder den Charakter eines Finanzmonopols haben, gelten die Vorschriften der Verträge, insbesondere die Wettbewerbsregeln, soweit die Anwendung dieser Vorschriften nicht die Erfüllung der ihnen übertragenen besonderen Aufgabe rechtlich oder tatsächlich verhindert. [2]Die Entwicklung des Handelsverkehrs darf nicht in einem Ausmaß beeinträchtigt werden, das dem Interesse der Union zuwiderläuft.

(3) Die Kommission achtet auf die Anwendung dieses Artikels und richtet erforderlichenfalls geeignete Richtlinien oder Beschlüsse an die Mitgliedstaaten.

Abschnitt 2
Staatliche Beihilfen

Artikel 107　(ex-Artikel 87 EGV) [Vereinbare und unvereinbare Beihilfen]

(1) Soweit in den Verträgen nicht etwas anderes bestimmt ist, sind staatliche oder aus staatlichen Mitteln gewährte Beihilfen gleich welcher Art, die durch die Begünstigung bestimmter Unternehmen oder Produktionszweige den Wettbewerb verfälschen oder zu verfälschen drohen, mit dem Binnenmarkt unvereinbar, soweit sie den Handel zwischen Mitgliedstaaten beeinträchtigen.

(2) Mit dem Binnenmarkt vereinbar sind:

a) Beihilfen sozialer Art an einzelne Verbraucher, wenn sie ohne Diskriminierung nach der Herkunft der Waren gewährt werden;

b) Beihilfen zur Beseitigung von Schäden, die durch Naturkatastrophen oder sonstige außergewöhnliche Ereignisse entstanden sind;

c) Beihilfen für die Wirtschaft bestimmter, durch die Teilung Deutschlands betroffener Gebiete der Bundesrepublik Deutschland, soweit sie zum Ausgleich der durch die Teilung verursachten wirtschaftlichen Nachteile erforderlich sind. Der Rat kann fünf Jahre nach dem Inkrafttreten des Vertrags von Lissabon auf Vorschlag der Kommission einen Beschluss erlassen, mit dem dieser Buchstabe aufgehoben wird.

(3) Als mit dem Binnenmarkt vereinbar können angesehen werden:

a) Beihilfen zur Förderung der wirtschaftlichen Entwicklung von Gebieten, in denen die Lebenshaltung außergewöhnlich niedrig ist oder eine erhebliche Unterbeschäftigung herrscht, sowie der in Artikel 349 genannten Gebiete unter Berücksichtigung ihrer strukturellen, wirtschaftlichen und sozialen Lage;

b) Beihilfen zur Förderung wichtiger Vorhaben von gemeinsamem europäischem Interesse oder zur Behebung einer beträchtlichen Störung im Wirtschaftsleben eines Mitgliedstaats;

c) Beihilfen zur Förderung der Entwicklung gewisser Wirtschaftszweige oder Wirtschaftsgebiete, soweit sie die Handelsbedingungen nicht in einer Weise verändern, die dem gemeinsamen Interesse zuwiderläuft;

d) Beihilfen zur Förderung der Kultur und der Erhaltung des kulturellen Erbes, soweit sie die Handels- und Wettbewerbsbedingungen in der Union nicht in einem Maß beeinträchtigen, das dem gemeinsamen Interesse zuwiderläuft;

e) sonstige Arten von Beihilfen, die der Rat durch einen Beschluss auf Vorschlag der Kommission bestimmt.

Artikel 108 (ex-Artikel 88 EGV) [Verfahren; Maßnahmen]
(1) [1]Die Kommission überprüft fortlaufend in Zusammenarbeit mit den Mitgliedstaaten die in diesen bestehenden Beihilferegelungen. [2]Sie schlägt ihnen die zweckdienlichen Maßnahmen vor, welche die fortschreitende Entwicklung und das Funktionieren des Binnenmarkts erfordern.

(2) Stellt die Kommission fest, nachdem sie den Beteiligten eine Frist zur Äußerung gesetzt hat, dass eine von einem Staat oder aus staatlichen Mitteln gewährte Beihilfe mit dem Binnenmarkt nach Artikel 107 unvereinbar ist oder dass sie missbräuchlich angewandt wird, so beschließt sie, dass der betreffende Staat sie binnen einer von ihr bestimmten Frist aufzuheben oder umzugestalten hat.

Kommt der betreffende Staat diesem Beschluss innerhalb der festgesetzten Frist nicht nach, so kann die Kommission oder jeder betroffene Staat in Abweichung von den Artikeln 258 und 259 den Gerichtshof der Europäischen Union unmittelbar anrufen.

[1]Der Rat kann einstimmig auf Antrag eines Mitgliedstaats beschließen, dass eine von diesem Staat gewährte oder geplante Beihilfe in Abweichung von Artikel 107 oder von den nach Artikel 109 erlassenen Verordnungen als mit dem Binnenmarkt vereinbar gilt, wenn außergewöhnliche Umstände einen solchen Beschluss rechtfertigen. [2]Hat die Kommission bezüglich dieser Beihilfe das in Unterabsatz 1 dieses Absatzes vorgesehene Verfahren bereits eingeleitet, so bewirkt der Antrag des betreffenden Staates an den Rat die Aussetzung dieses Verfahrens, bis der Rat sich geäußert hat.

Äußert sich der Rat nicht binnen drei Monaten nach Antragstellung, so beschließt die Kommission.

(3) [1]Die Kommission wird von jeder beabsichtigten Einführung oder Umgestaltung von Beihilfen so rechtzeitig unterrichtet, dass sie sich dazu

äußern kann. [2]Ist sie der Auffassung, dass ein derartiges Vorhaben nach Artikel 107 mit dem Binnenmarkt unvereinbar ist, so leitet sie unverzüglich das in Absatz 2 vorgesehene Verfahren ein. [3]Der betreffende Mitgliedstaat darf die beabsichtigte Maßnahme nicht durchführen, bevor die Kommission einen abschließenden Beschluss erlassen hat.

(4) Die Kommission kann Verordnungen zu den Arten von staatlichen Beihilfen erlassen, für die der Rat nach Artikel 109 festgelegt hat, dass sie von dem Verfahren nach Absatz 3 ausgenommen werden können.

Artikel 109 (ex-Artikel 89 EGV) [Durchführungsverordnungen]
Der Rat kann auf Vorschlag der Kommission und nach Anhörung des Europäischen Parlaments alle zweckdienlichen Durchführungsverordnungen zu den Artikeln 107 und 108 erlassen und insbesondere die Bedingungen für die Anwendung des Artikels 108 Absatz 3 sowie diejenigen Arten von Beihilfen festlegen, die von diesem Verfahren ausgenommen sind.

Kapitel 2
Steuerliche Vorschriften

Artikel 110 (ex-Artikel 90 EGV) [Steuerausgleich bei Einfuhren]
Die Mitgliedstaaten erheben auf Waren aus anderen Mitgliedstaaten weder unmittelbar noch mittelbar höhere inländische Abgaben gleich welcher Art, als gleichartige inländische Waren unmittelbar oder mittelbar zu tragen haben.

Die Mitgliedstaaten erheben auf Waren aus anderen Mitgliedstaaten keine inländischen Abgaben, die geeignet sind, andere Produktionen mittelbar zu schützen.

Artikel 111 (ex-Artikel 91 EGV) [Steuerausgleich bei Ausfuhren]
Werden Waren in das Hoheitsgebiet eines Mitgliedstaats ausgeführt, so darf die Rückvergütung für inländische Abgaben nicht höher sein als die auf die ausgeführten Waren mittelbar oder unmittelbar erhobenen inländischen Abgaben.

Artikel 112 (ex-Artikel 92 EGV) [Steuerausgleich bei direkten Steuern]
Für Abgaben außer Umsatzsteuern, Verbrauchsabgaben und sonstigen indirekten Steuern sind Entlastungen und Rückvergütungen bei der Ausfuhr nach anderen Mitgliedstaaten sowie Ausgleichsabgaben bei der Einfuhr aus den Mitgliedstaaten nur zulässig, soweit der Rat sie vorher auf Vorschlag der Kommission für eine begrenzte Frist genehmigt hat.

Artikel 113 (ex-Artikel 93 EGV) [Harmonisierung der indirekten Steuern]

Der Rat erlässt gemäß einem besonderen Gesetzgebungsverfahren und nach Anhörung des Europäischen Parlaments und des Wirtschafts- und Sozialausschusses einstimmig die Bestimmungen zur Harmonisierung der Rechtsvorschriften über die Umsatzsteuern, die Verbrauchsabgaben und sonstige indirekte Steuern, soweit diese Harmonisierung für die Errichtung und das Funktionieren des Binnenmarkts und die Vermeidung von Wettbewerbsverzerrungen notwendig ist.

Kapitel 3
Angleichung der Rechtsvorschriften

Artikel 114 (ex-Artikel 95 EGV) [Rechtsangleichung im Binnenmarkt; Schutzklausel]

(1) [1]Soweit in den Verträgen nichts anderes bestimmt ist, gilt für die Verwirklichung der Ziele des Artikels 26 die nachstehende Regelung. [2]Das Europäische Parlament und der Rat erlassen gemäß dem ordentlichen Gesetzgebungsverfahren und nach Anhörung des Wirtschafts- und Sozialausschusses die Maßnahmen zur Angleichung der Rechts- und Verwaltungsvorschriften der Mitgliedstaaten, welche die Errichtung und das Funktionieren des Binnenmarkts zum Gegenstand haben.

(2) Absatz 1 gilt nicht für die Bestimmungen über die Steuern, die Bestimmungen über die Freizügigkeit und die Bestimmungen über die Rechte und Interessen der Arbeitnehmer.

(3) [1]Die Kommission geht in ihren Vorschlägen nach Absatz 1 in den Bereichen Gesundheit, Sicherheit, Umweltschutz und Verbraucherschutz von einem hohen Schutzniveau aus und berücksichtigt dabei insbesondere alle auf wissenschaftliche Ergebnisse gestützten neuen Entwicklungen. [2]Im Rahmen ihrer jeweiligen Befugnisse streben das Europäische Parlament und der Rat dieses Ziel ebenfalls an.

(4) Hält es ein Mitgliedstaat nach dem Erlass einer Harmonisierungsmaßnahme durch das Europäische Parlament und den Rat beziehungsweise durch den Rat oder die Kommission für erforderlich, einzelstaatliche Bestimmungen beizubehalten, die durch wichtige Erfordernisse im Sinne des Artikels 36 oder in Bezug auf den Schutz der Arbeitsumwelt oder den Umweltschutz gerechtfertigt sind, so teilt er diese Bestimmungen sowie die Gründe für ihre Beibehaltung der Kommission mit.

(5) Unbeschadet des Absatzes 4 teilt ferner ein Mitgliedstaat, der es nach dem Erlass einer Harmonisierungsmaßnahme durch das Europäische Parlament und den Rat beziehungsweise durch den Rat oder die Kommission für erforderlich hält, auf neue wissenschaftliche Erkenntnisse gestützte einzelstaatliche Bestimmungen zum Schutz der Umwelt oder der Arbeitsumwelt aufgrund eines spezifischen Problems für diesen Mitglied-

staat, das sich nach dem Erlass der Harmonisierungsmaßnahme ergibt, einzuführen, die in Aussicht genommenen Bestimmungen sowie die Gründe für ihre Einführung der Kommission mit.

(6) Die Kommission beschließt binnen sechs Monaten nach den Mitteilungen nach den Absätzen 4 und 5, die betreffenden einzelstaatlichen Bestimmungen zu billigen oder abzulehnen, nachdem sie geprüft hat, ob sie ein Mittel zur willkürlichen Diskriminierung und eine verschleierte Beschränkung des Handels zwischen den Mitgliedstaaten darstellen und ob sie das Funktionieren des Binnenmarkts behindern.

Erlässt die Kommission innerhalb dieses Zeitraums keinen Beschluss, so gelten die in den Absätzen 4 und 5 genannten einzelstaatlichen Bestimmungen als gebilligt.

Die Kommission kann, sofern dies aufgrund des schwierigen Sachverhalts gerechtfertigt ist und keine Gefahr für die menschliche Gesundheit besteht, dem betreffenden Mitgliedstaat mitteilen, dass der in diesem Absatz genannte Zeitraum gegebenenfalls um einen weiteren Zeitraum von bis zu sechs Monaten verlängert wird.

(7) Wird es einem Mitgliedstaat nach Absatz 6 gestattet, von der Harmonisierungsmaßnahme abweichende einzelstaatliche Bestimmungen beizubehalten oder einzuführen, so prüft die Kommission unverzüglich, ob sie eine Anpassung dieser Maßnahme vorschlägt.

(8) Wirft ein Mitgliedstaat in einem Bereich, der zuvor bereits Gegenstand von Harmonisierungsmaßnahmen war, ein spezielles Gesundheitsproblem auf, so teilt er dies der Kommission mit, die dann umgehend prüft, ob sie dem Rat entsprechende Maßnahmen vorschlägt.

(9) In Abweichung von dem Verfahren der Artikel 258 und 259 kann die Kommission oder ein Mitgliedstaat den Gerichtshof der Europäischen Union unmittelbar anrufen, wenn die Kommission oder der Staat der Auffassung ist, dass ein anderer Mitgliedstaat die in diesem Artikel vorgesehenen Befugnisse missbraucht.

(10) Die vorgenannten Harmonisierungsmaßnahmen sind in geeigneten Fällen mit einer Schutzklausel verbunden, welche die Mitgliedstaaten ermächtigt, aus einem oder mehreren der in Artikel 36 genannten nicht wirtschaftlichen Gründe vorläufige Maßnahmen zu treffen, die einem Kontrollverfahren der Union unterliegen.

Artikel 115 (ex-Artikel 94 EGV) [Rechtsangleichung; Richtlinien]
Unbeschadet des Artikels 114 erlässt der Rat gemäß einem besonderen Gesetzgebungsverfahren einstimmig und nach Anhörung des Europäischen Parlaments und des Wirtschafts- und Sozialausschusses Richtlinien für die Angleichung derjenigen Rechts- und Verwaltungsvorschriften der Mitgliedstaaten, die sich unmittelbar auf die Errichtung oder das Funktionieren des Binnenmarkts auswirken.

Artikel 116 (ex-Artikel 96 EGV) [Beseitigung vorhandener Verzerrungen]

Stellt die Kommission fest, dass vorhandene Unterschiede in den Rechts- und Verwaltungsvorschriften der Mitgliedstaaten die Wettbewerbsbedingungen auf dem Binnenmarkt verfälschen und dadurch eine Verzerrung hervorrufen, die zu beseitigen ist, so tritt sie mit den betreffenden Mitgliedstaaten in Beratungen ein.

[1]Führen diese Beratungen nicht zur Beseitigung dieser Verzerrung, so erlassen das Europäische Parlament und der Rat gemäß dem ordentlichen Gesetzgebungsverfahren die erforderlichen Richtlinien. [2]Es können alle sonstigen in den Verträgen vorgesehenen zweckdienlichen Maßnahmen erlassen werden.

Artikel 117 (ex-Artikel 97 EGV) [Vermeidung neuer Verzerrungen]

(1) [1]Ist zu befürchten, dass der Erlass oder die Änderung einer Rechts- oder Verwaltungsvorschrift eine Verzerrung im Sinne des Artikels 116 verursacht, so setzt sich der Mitgliedstaat, der diese Maßnahme beabsichtigt, mit der Kommission ins Benehmen. [2]Diese empfiehlt nach Beratung mit den Mitgliedstaaten den beteiligten Staaten die zur Vermeidung dieser Verzerrung geeigneten Maßnahmen.

(2) [1]Kommt der Staat, der innerstaatliche Vorschriften erlassen oder ändern will, der an ihn gerichteten Empfehlung der Kommission nicht nach, so kann nicht gemäß Artikel 116 verlangt werden, dass die anderen Mitgliedstaaten ihre innerstaatlichen Vorschriften ändern, um die Verzerrung zu beseitigen. [2]Verursacht ein Mitgliedstaat, der die Empfehlung der Kommission außer Acht lässt, eine Verzerrung lediglich zu seinem eigenen Nachteil, so findet Artikel 116 keine Anwendung.

Artikel 118 [Schutz des geistigen Eigentums]

Im Rahmen der Verwirklichung oder des Funktionierens des Binnenmarkts erlassen das Europäische Parlament und der Rat gemäß dem ordentlichen Gesetzgebungsverfahren Maßnahmen zur Schaffung europäischer Rechtstitel über einen einheitlichen Schutz der Rechte des geistigen Eigentums in der Union sowie zur Einführung von zentralisierten Zulassungs-, Koordinierungs- und Kontrollregelungen auf Unionsebene.

[1]Der Rat legt gemäß einem besonderen Gesetzgebungsverfahren durch Verordnungen die Sprachenregelungen für die europäischen Rechtstitel fest. [2]Der Rat beschließt einstimmig nach Anhörung des Europäischen Parlaments.

Titel VIII
Die Wirtschafts- und Währungspolitik

Artikel 119 (ex-Artikel 4 EGV) [Grundsätze der Wirtschafts- und Währungspolitik]
(1) Die Tätigkeit der Mitgliedstaaten und der Union im Sinne des Artikels 3 des Vertrags über die Europäische Union umfasst nach Maßgabe der Verträge die Einführung einer Wirtschaftspolitik, die auf einer engen Koordinierung der Wirtschaftspolitik der Mitgliedstaaten, dem Binnenmarkt und der Festlegung gemeinsamer Ziele beruht und dem Grundsatz einer offenen Marktwirtschaft mit freiem Wettbewerb verpflichtet ist.

(2) Parallel dazu umfasst diese Tätigkeit nach Maßgabe der Verträge und der darin vorgesehenen Verfahren eine einheitliche Währung, den Euro, sowie die Festlegung und Durchführung einer einheitlichen Geld- sowie Wechselkurspolitik, die beide vorrangig das Ziel der Preisstabilität verfolgen und unbeschadet dieses Zieles die allgemeine Wirtschaftspolitik in der Union unter Beachtung des Grundsatzes einer offenen Marktwirtschaft mit freiem Wettbewerb unterstützen sollen.

(3) Diese Tätigkeit der Mitgliedstaaten und der Union setzt die Einhaltung der folgenden richtungweisenden Grundsätze voraus: stabile Preise, gesunde öffentliche Finanzen und monetäre Rahmenbedingungen sowie eine tragfähige Zahlungsbilanz.

Kapitel 1
Die Wirtschaftspolitik

Artikel 120 (ex-Artikel 98 EGV) [Ausrichtung der Wirtschaftspolitik]
[1]Die Mitgliedstaaten richten ihre Wirtschaftspolitik so aus, dass sie im Rahmen der in Artikel 121 Absatz 2 genannten Grundzüge zur Verwirklichung der Ziele der Union im Sinne des Artikels 3 des Vertrags über die Europäische Union beitragen. [2]Die Mitgliedstaaten und die Union handeln im Einklang mit dem Grundsatz einer offenen Marktwirtschaft mit freiem Wettbewerb, wodurch ein effizienter Einsatz der Ressourcen gefördert wird, und halten sich dabei an die in Artikel 119 genannten Grundsätze.

Artikel 121 (ex-Artikel 99 EGV) [Grundzüge; Verfahren]
(1) Die Mitgliedstaaten betrachten ihre Wirtschaftspolitik als eine Angelegenheit von gemeinsamem Interesse und koordinieren sie im Rat nach Maßgabe des Artikels 120.

(2) Der Rat erstellt auf Empfehlung der Kommission einen Entwurf für die Grundzüge der Wirtschaftspolitik der Mitgliedstaaten und der Union und erstattet dem Europäischen Rat hierüber Bericht.

Der Europäische Rat erörtert auf der Grundlage dieses Berichtes des Rates eine Schlussfolgerung zu den Grundzügen der Wirtschaftspolitik der Mitgliedstaaten und der Union.

[1]Auf der Grundlage dieser Schlussfolgerung verabschiedet der Rat eine Empfehlung, in der diese Grundzüge dargelegt werden. [2]Der Rat unterrichtet das Europäische Parlament über seine Empfehlung.

(3) Um eine engere Koordinierung der Wirtschaftspolitik und eine dauerhafte Konvergenz der Wirtschaftsleistungen der Mitgliedstaaten zu gewährleisten, überwacht der Rat anhand von Berichten der Kommission die wirtschaftliche Entwicklung in jedem Mitgliedstaat und in der Union sowie die Vereinbarkeit der Wirtschaftspolitik mit den in Absatz 2 genannten Grundzügen und nimmt in regelmäßigen Abständen eine Gesamtbewertung vor.

Zum Zwecke dieser multilateralen Überwachung übermitteln die Mitgliedstaaten der Kommission Angaben zu wichtigen einzelstaatlichen Maßnahmen auf dem Gebiet ihrer Wirtschaftspolitik sowie weitere von ihnen für erforderlich erachtete Angaben.

(4) [1]Wird im Rahmen des Verfahrens nach Absatz 3 festgestellt, dass die Wirtschaftspolitik eines Mitgliedstaats nicht mit den in Absatz 2 genannten Grundzügen vereinbar ist oder das ordnungsgemäße Funktionieren der Wirtschafts- und Währungsunion zu gefährden droht, so kann die Kommission eine Verwarnung an den betreffenden Mitgliedstaat richten. [2]Der Rat kann auf Empfehlung der Kommission die erforderlichen Empfehlungen an den betreffenden Mitgliedstaat richten. [3]Der Rat kann auf Vorschlag der Kommission beschließen, seine Empfehlungen zu veröffentlichen.

Der Rat beschließt im Rahmen dieses Absatzes ohne Berücksichtigung der Stimme des den betreffenden Mitgliedstaat vertretenden Mitglieds des Rates.

Die qualifizierte Mehrheit der übrigen Mitglieder des Rates bestimmt sich nach Artikel 238 Absatz 3 Buchstabe a.

(5) [1]Der Präsident des Rates und die Kommission erstatten dem Europäischen Parlament über die Ergebnisse der multilateralen Überwachung Bericht. [2]Der Präsident des Rates kann ersucht werden, vor dem zuständigen Ausschuss des Europäischen Parlaments zu erscheinen, wenn der Rat seine Empfehlungen veröffentlicht hat.

(6) Das Europäische Parlament und der Rat können gemäß dem ordentlichen Gesetzgebungsverfahren durch Verordnungen die Einzelheiten des Verfahrens der multilateralen Überwachung im Sinne der Absätze 3 und 4 festlegen.

Artikel 122 (ex-Artikel 100 EGV) [Befugnis des Rates bei Schwierigkeiten]

(1) Der Rat kann auf Vorschlag der Kommission unbeschadet der sonstigen in den Verträgen vorgesehenen Verfahren im Geiste der Solidarität zwischen den Mitgliedstaaten über die der Wirtschaftslage angemessenen Maßnahmen beschließen, insbesondere falls gravierende Schwierigkeiten in der Versorgung mit bestimmten Waren, vor allem im Energiebereich, auftreten.

(2) [1]Ist ein Mitgliedstaat aufgrund von Naturkatastrophen oder außergewöhnlichen Ereignissen, die sich seiner Kontrolle entziehen, von Schwierigkeiten betroffen oder von gravierenden Schwierigkeiten ernstlich bedroht, so kann der Rat auf Vorschlag der Kommission beschließen, dem betreffenden Mitgliedstaat unter bestimmten Bedingungen einen finanziellen Beistand der Union zu gewähren. [2]Der Präsident des Rates unterrichtet das Europäische Parlament über den Beschluss.

Artikel 123 (ex-Artikel 101 EGV) [Verbot von Kreditfazilitäten für öffentliche Einrichtungen]

(1) Überziehungs- oder andere Kreditfazilitäten bei der Europäischen Zentralbank oder den Zentralbanken der Mitgliedstaaten (im Folgenden als „nationale Zentralbanken" bezeichnet) für Organe, Einrichtungen oder sonstige Stellen der Union, Zentralregierungen, regionale oder lokale Gebietskörperschaften oder andere öffentlich-rechtliche Körperschaften, sonstige Einrichtungen des öffentlichen Rechts oder öffentliche Unternehmen der Mitgliedstaaten sind ebenso verboten wie der unmittelbare Erwerb von Schuldtiteln von diesen durch die Europäische Zentralbank oder die nationalen Zentralbanken.

(2) Die Bestimmungen des Absatzes 1 gelten nicht für Kreditinstitute in öffentlichem Eigentum; diese werden von der jeweiligen nationalen Zentralbank und der Europäischen Zentralbank, was die Bereitstellung von Zentralbankgeld betrifft, wie private Kreditinstitute behandelt.

Artikel 124 (ex-Artikel 102 EGV) [Verbot bevorrechtigten Zugangs]

Maßnahmen, die nicht aus aufsichtsrechtlichen Gründen getroffen werden und einen bevorrechtigten Zugang der Organe, Einrichtungen oder sonstigen Stellen der Union, der Zentralregierungen, der regionalen oder lokalen Gebietskörperschaften oder anderen öffentlich-rechtlichen Körperschaften, sonstiger Einrichtungen des öffentlichen Rechts oder öffentlicher Unternehmen der Mitgliedstaaten zu den Finanzinstituten schaffen, sind verboten.

Artikel 125 (ex-Artikel 103 EGV) [Haftungsausschlüsse]

(1) [1]Die Union haftet nicht für die Verbindlichkeiten der Zentralregierungen, der regionalen oder lokalen Gebietskörperschaften oder anderen öffentlich-rechtlichen Körperschaften, sonstiger Einrichtungen des öffentlichen Rechts oder öffentlicher Unternehmen von Mitgliedstaaten und

tritt nicht für derartige Verbindlichkeiten ein; dies gilt unbeschadet der gegenseitigen finanziellen Garantien für die gemeinsame Durchführung eines bestimmten Vorhabens. [2]Ein Mitgliedstaat haftet nicht für die Verbindlichkeiten der Zentralregierungen, der regionalen oder lokalen Gebietskörperschaften oder anderen öffentlich-rechtlichen Körperschaften, sonstiger Einrichtungen des öffentlichen Rechts oder öffentlicher Unternehmen eines anderen Mitgliedstaats und tritt nicht für derartige Verbindlichkeiten ein; dies gilt unbeschadet der gegenseitigen finanziellen Garantien für die gemeinsame Durchführung eines bestimmten Vorhabens.

(2) Der Rat kann erforderlichenfalls auf Vorschlag der Kommission und nach Anhörung des Europäischen Parlaments die Definitionen für die Anwendung der in den Artikeln 123 und 124 sowie in diesem Artikel vorgesehenen Verbote näher bestimmen.

Artikel 126 (ex-Artikel 104 EGV) [Übermäßige öffentliche Defizite; Haushaltsdisziplin]

(1) Die Mitgliedstaaten vermeiden übermäßige öffentliche Defizite.

(2) [1]Die Kommission überwacht die Entwicklung der Haushaltslage und der Höhe des öffentlichen Schuldenstands in den Mitgliedstaaten im Hinblick auf die Feststellung schwerwiegender Fehler. [2]Insbesondere prüft sie die Einhaltung der Haushaltsdisziplin anhand von zwei Kriterien, nämlich daran,

a) ob das Verhältnis des geplanten oder tatsächlichen öffentlichen Defizits zum Bruttoinlandsprodukt einen bestimmten Referenzwert überschreitet, es sei denn, dass

 – entweder das Verhältnis erheblich und laufend zurückgegangen ist und einen Wert in der Nähe des Referenzwerts erreicht hat

 – oder der Referenzwert nur ausnahmsweise und vorübergehend überschritten wird und das Verhältnis in der Nähe des Referenzwerts bleibt,

b) ob das Verhältnis des öffentlichen Schuldenstands zum Bruttoinlandsprodukt einen bestimmten Referenzwert überschreitet, es sei denn, dass das Verhältnis hinreichend rückläufig ist und sich rasch genug dem Referenzwert nähert.

[3]Die Referenzwerte werden in einem den Verträgen beigefügten Protokoll über das Verfahren bei einem übermäßigen Defizit im Einzelnen festgelegt.

(3) [1]Erfüllt ein Mitgliedstaat keines oder nur eines dieser Kriterien, so erstellt die Kommission einen Bericht. [2]In diesem Bericht wird berücksichtigt, ob das öffentliche Defizit die öffentlichen Ausgaben für Investitionen übertrifft; berücksichtigt werden ferner alle sonstigen einschlägigen Faktoren, einschließlich der mittelfristigen Wirtschafts- und Haushaltslage des Mitgliedstaats.

Die Kommission kann ferner einen Bericht erstellen, wenn sie ungeachtet der Erfüllung der Kriterien der Auffassung ist, dass in einem Mitgliedstaat die Gefahr eines übermäßigen Defizits besteht.

(4) Der Wirtschafts- und Finanzausschuss gibt eine Stellungnahme zu dem Bericht der Kommission ab.

(5) Ist die Kommission der Auffassung, dass in einem Mitgliedstaat ein übermäßiges Defizit besteht oder sich ergeben könnte, so legt sie dem betreffenden Mitgliedstaat eine Stellungnahme vor und unterrichtet den Rat.

(6) Der Rat beschließt auf Vorschlag der Kommission und unter Berücksichtigung der Bemerkungen, die der betreffende Mitgliedstaat gegebenenfalls abzugeben wünscht, nach Prüfung der Gesamtlage, ob ein übermäßiges Defizit besteht.

(7) [1]Stellt der Rat nach Absatz 6 ein übermäßiges Defizit fest, so richtet er auf Empfehlung der Kommission unverzüglich Empfehlungen an den betreffenden Mitgliedstaat mit dem Ziel, dieser Lage innerhalb einer bestimmter Frist abzuhelfen. [2]Vorbehaltlich des Absatzes 8 werden diese Empfehlungen nicht veröffentlicht.

(8) Stellt der Rat fest, dass seine Empfehlungen innerhalb der gesetzten Frist keine wirksamen Maßnahmen ausgelöst haben, so kann er seine Empfehlungen veröffentlichen.

(9) Falls ein Mitgliedstaat den Empfehlungen des Rates weiterhin nicht Folge leistet, kann der Rat beschließen, den Mitgliedstaat mit der Maßgabe in Verzug zu setzen, innerhalb einer bestimmten Frist Maßnahmen für den nach Auffassung des Rates zur Sanierung erforderlichen Defizitabbau zu treffen.

Der Rat kann in diesem Fall den betreffenden Mitgliedstaat ersuchen, nach einem konkreten Zeitplan Berichte vorzulegen, um die Anpassungsbemühungen des Mitgliedstaats überprüfen zu können.

(10) Das Recht auf Klageerhebung nach den Artikeln 258 und 259 kann im Rahmen der Absätze 1 bis 9 dieses Artikels nicht ausgeübt werden.

(11) Solange ein Mitgliedstaat einen Beschluss nach Absatz 9 nicht befolgt, kann der Rat beschließen, eine oder mehrere der nachstehenden Maßnahmen anzuwenden oder gegebenenfalls zu verschärfen, nämlich
- von dem betreffenden Mitgliedstaat verlangen, vor der Emission von Schuldverschreibungen und sonstigen Wertpapieren vom Rat näher zu bezeichnende zusätzliche Angaben zu veröffentlichen,
- die Europäische Investitionsbank ersuchen, ihre Darlehenspolitik gegenüber dem Mitgliedstaat zu überprüfen,
- von dem Mitgliedstaat verlangen, eine unverzinsliche Einlage in angemessener Höhe bei der Union zu hinterlegen, bis das übermäßige Defizit nach Ansicht des Rates korrigiert worden ist,
- Geldbußen in angemessener Höhe verhängen.

Der Präsident des Rates unterrichtet das Europäische Parlament von den Beschlüssen.

(12) [1]Der Rat hebt einige oder sämtliche Beschlüsse oder Empfehlungen nach den Absätzen 6 bis 9 und 11 so weit auf, wie das übermäßige Defizit in dem betreffenden Mitgliedstaat nach Ansicht des Rates korrigiert worden ist. [2]Hat der Rat zuvor Empfehlungen veröffentlicht, so stellt er, sobald der Beschluss nach Absatz 8 aufgehoben worden ist, in einer öffentlichen Erklärung fest, dass in dem betreffenden Mitgliedstaat kein übermäßiges Defizit mehr besteht.

(13) Die Beschlussfassung und die Empfehlungen des Rates nach den Absätzen 8, 9, 11 und 12 erfolgen auf Empfehlung der Kommission.

Erlässt der Rat Maßnahmen nach den Absätzen 6 bis 9 sowie den Absätzen 11 und 12, so beschließt er ohne Berücksichtigung der Stimme des den betreffenden Mitgliedstaat vertretenden Mitglieds des Rates.

Die qualifizierte Mehrheit der übrigen Mitglieder des Rates bestimmt sich nach Artikel 238 Absatz 3 Buchstabe a.

(14) Weitere Bestimmungen über die Durchführung des in diesem Artikel beschriebenen Verfahrens sind in dem den Verträgen beigefügten Protokoll über das Verfahren bei einem übermäßigen Defizit enthalten.

Der Rat verabschiedet gemäß einem besonderen Gesetzgebungsverfahren einstimmig und nach Anhörung des Europäischen Parlaments sowie der Europäischen Zentralbank die geeigneten Bestimmungen, die sodann das genannte Protokoll ablösen.

Der Rat beschließt vorbehaltlich der sonstigen Bestimmungen dieses Absatzes auf Vorschlag der Kommission und nach Anhörung des Europäischen Parlaments nähere Einzelheiten und Begriffsbestimmungen für die Durchführung des genannten Protokolls.

Kapitel 2
Die Währungspolitik

Artikel 127 (ex-Artikel 105 EGV) [Ziele und Aufgaben]
(1) [1]Das vorrangige Ziel des Europäischen Systems der Zentralbanken (im Folgenden „ESZB") ist es, die Preisstabilität zu gewährleisten. [2]Soweit dies ohne Beeinträchtigung des Zieles der Preisstabilität möglich ist, unterstützt das ESZB die allgemeine Wirtschaftspolitik in der Union, um zur Verwirklichung der in Artikel 3 des Vertrags über die Europäische Union festgelegten Ziele der Union beizutragen. [3]Das ESZB handelt im Einklang mit dem Grundsatz einer offenen Marktwirtschaft mit freiem Wettbewerb, wodurch ein effizienter Einsatz der Ressourcen gefördert wird, und hält sich dabei an die in Artikel 119 genannten Grundsätze.

(2) Die grundlegenden Aufgaben des ESZB bestehen darin,

–   die Geldpolitik der Union festzulegen und auszuführen,
–   Devisengeschäfte im Einklang mit Artikel 219 durchzuführen,
–   die offiziellen Währungsreserven der Mitgliedstaaten zu halten und
    zu verwalten,
–   das reibungslose Funktionieren der Zahlungssysteme zu fördern.

(3) Absatz 2 dritter Gedankenstrich berührt nicht die Haltung und Verwaltung von Arbeitsguthaben in Fremdwährungen durch die Regierungen der Mitgliedstaaten.

(4) Die Europäische Zentralbank wird gehört
–   zu allen Vorschlägen für Rechtsakte der Union im Zuständigkeitsbereich der Europäischen Zentralbank,
–   von den nationalen Behörden zu allen Entwürfen für Rechtsvorschriften im Zuständigkeitsbereich der Europäischen Zentralbank, und zwar innerhalb der Grenzen und unter den Bedingungen, die der Rat nach dem Verfahren des Artikels 129 Absatz 4 festlegt.
Die Europäische Zentralbank kann gegenüber den zuständigen Organen, Einrichtungen oder sonstigen Stellen der Union und gegenüber den nationalen Behörden Stellungnahmen zu in ihren Zuständigkeitsbereich fallenden Fragen abgeben.

(5) Das ESZB trägt zur reibungslosen Durchführung der von den zuständigen Behörden auf dem Gebiet der Aufsicht über die Kreditinstitute und der Stabilität des Finanzsystems ergriffenen Maßnahmen bei.

(6) Der Rat kann einstimmig durch Verordnungen gemäß einem besonderen Gesetzgebungsverfahren und nach Anhörung des Europäischen Parlaments und der Europäischen Zentralbank besondere Aufgaben im Zusammenhang mit der Aufsicht über Kreditinstitute und sonstige Finanzinstitute mit Ausnahme von Versicherungsunternehmen der Europäischen Zentralbank übertragen.

Artikel 128 (ex-Artikel 106 EGV) [Ausgabe von Banknoten und Münzen]

(1) [1]Die Europäische Zentralbank hat das ausschließliche Recht, die Ausgabe von Euro-Banknoten innerhalb der Union zu genehmigen. [2]Die Europäische Zentralbank und die nationalen Zentralbanken sind zur Ausgabe dieser Banknoten berechtigt. [3]Die von der Europäischen Zentralbank und den nationalen Zentralbanken ausgegebenen Banknoten sind die einzigen Banknoten, die in der Union als gesetzliches Zahlungsmittel gelten.

(2) [1]Die Mitgliedstaaten haben das Recht zur Ausgabe von Euro-Münzen, wobei der Umfang dieser Ausgabe der Genehmigung durch die Europäische Zentralbank bedarf. [2]Der Rat kann auf Vorschlag der Kommission und nach Anhörung des Europäischen Parlaments und der Europäischen Zentralbank Maßnahmen erlassen, um die Stückelung und die technischen Merkmale aller für den Umlauf bestimmten Münzen so weit zu

harmonisieren, wie dies für deren reibungslosen Umlauf innerhalb der Union erforderlich ist.

Artikel 129 (ex-Artikel 107 EGV) [ESZB, EZB; Struktur und Satzung]

(1) Das ESZB wird von den Beschlussorganen der Europäischen Zentralbank, nämlich dem Rat der Europäischen Zentralbank und dem Direktorium, geleitet.

(2) Die Satzung des Europäischen Systems der Zentralbanken und der Europäischen Zentralbank (im Folgenden „Satzung des ESZB und der EZB") ist in einem den Verträgen beigefügten Protokoll festgelegt.

(3) [1]Das Europäische Parlament und der Rat können die Artikel 5.1, 5.2, 5.3, 17, 18, 19.1, 22, 23, 24, 26, 32.2, 32.3, 32.4, 32.6, 33.1 Buchstabe a und 36 der Satzung des ESZB und der EZB gemäß dem ordentlichen Gesetzgebungsverfahren ändern. [2]Sie beschließen entweder auf Empfehlung der Europäischen Zentralbank nach Anhörung der Kommission oder auf Empfehlung der Kommission nach Anhörung der Europäischen Zentralbank.

(4) Der Rat erlässt entweder auf Vorschlag der Kommission und nach Anhörung des Europäischen Parlaments und der Europäischen Zentralbank oder auf Empfehlung der Europäischen Zentralbank und nach Anhörung des Europäischen Parlaments und der Kommission die in den Artikeln 4, 5.4, 19.2, 20, 28.1, 29.2, 30.4 und 34.3 der Satzung des ESZB und der EZB genannten Bestimmungen.

Artikel 130 (ex-Artikel 108 EGV) [Unabhängigkeit der EZB und NZB]

[1]Bei der Wahrnehmung der ihnen durch die Verträge und die Satzung des ESZB und der EZB übertragenen Befugnisse, Aufgaben und Pflichten darf weder die Europäische Zentralbank noch eine nationale Zentralbank noch ein Mitglied ihrer Beschlussorgane Weisungen von Organen, Einrichtungen oder sonstigen Stellen der Union, Regierungen der Mitgliedstaaten oder anderen Stellen einholen oder entgegennehmen. [2]Die Organe, Einrichtungen oder sonstigen Stellen der Union sowie die Regierungen der Mitgliedstaaten verpflichten sich, diesen Grundsatz zu beachten und nicht zu versuchen, die Mitglieder der Beschlussorgane der Europäischen Zentralbank oder der nationalen Zentralbanken bei der Wahrnehmung ihrer Aufgaben zu beeinflussen.

Artikel 131 (ex-Artikel 109 EGV) [Pflichten der Mitgliedstaaten]

Jeder Mitgliedstaat stellt sicher, dass seine innerstaatlichen Rechtsvorschriften einschließlich der Satzung seiner nationalen Zentralbank mit den Verträgen sowie mit der Satzung des ESZB und der EZB im Einklang stehen.

Artikel 132 (ex-Artikel 110 EGV) [Befugnis der EZB]

(1) Zur Erfüllung der dem ESZB übertragenen Aufgaben werden von der Europäischen Zentralbank gemäß den Verträgen und unter den in der Satzung des ESZB und der EZB vorgesehenen Bedingungen

– Verordnungen erlassen, insoweit dies für die Erfüllung der in Artikel 3.1 erster Gedankenstrich, Artikel 19.1, Artikel 22 oder Artikel 25.2 der Satzung des ESZB und der EZB festgelegten Aufgaben erforderlich ist; sie erlässt Verordnungen ferner in den Fällen, die in den Rechtsakten des Rates nach Artikel 129 Absatz 4 vorgesehen werden,

– Beschlüsse erlassen, die zur Erfüllung der dem ESZB nach den Verträgen und der Satzung des ESZB und der EZB übertragenen Aufgaben erforderlich sind,

– Empfehlungen und Stellungnahmen abgegeben.

(2) Die Europäische Zentralbank kann die Veröffentlichung ihrer Beschlüsse, Empfehlungen und Stellungnahmen beschließen.

(3) Innerhalb der Grenzen und unter den Bedingungen, die der Rat nach dem Verfahren des Artikels 129 Absatz 4 festlegt, ist die Europäische Zentralbank befugt, Unternehmen bei Nichteinhaltung der Verpflichtungen, die sich aus ihren Verordnungen und Beschlüssen ergeben, mit Geldbußen oder in regelmäßigen Abständen zu zahlenden Zwangsgeldern zu belegen.

Artikel 133 [Euro als einheitliche Währung]

[1]Unbeschadet der Befugnisse der Europäischen Zentralbank erlassen das Europäische Parlament und der Rat gemäß dem ordentlichen Gesetzgebungsverfahren die Maßnahmen, die für die Verwendung des Euro als einheitliche Währung erforderlich sind. [2]Diese Maßnahmen werden nach Anhörung der Europäischen Zentralbank erlassen.

Kapitel 3
Institutionelle Bestimmungen

Artikel 134 (ex-Artikel 114 EGV) [Wirtschafts- und Finanzausschuss]

(1) Um die Koordinierung der Politiken der Mitgliedstaaten in dem für das Funktionieren des Binnenmarkts erforderlichen Umfang zu fördern, wird ein Wirtschafts- und Finanzausschuss eingesetzt.

(2) Der Wirtschafts- und Finanzausschuss hat die Aufgabe,

– auf Ersuchen des Rates oder der Kommission oder von sich aus Stellungnahmen an diese Organe abzugeben;

– die Wirtschafts- und Finanzlage der Mitgliedstaaten und der Union zu beobachten und dem Rat und der Kommission regelmäßig darüber Bericht zu erstatten, insbesondere über die finanziellen Beziehungen zu dritten Ländern und internationalen Einrichtungen;

– unbeschadet des Artikels 240 an der Vorbereitung der in Artikel 66, Artikel 75, Artikel 121 Absätze 2, 3, 4 und 6, Artikel 122, Artikel 124, Artikel 125, Artikel 126, Artikel 127 Absatz 6, Artikel 128 Absatz 2, Artikel 129 Absätze 3 und 4, Artikel 138, Artikel 140 Absätze 2 und 3, Artikel 143, Artikel 144 Absätze 2 und 3 und Artikel 219 genannten Arbeiten des Rates mitzuwirken und die sonstigen ihm vom Rat übertragenen Beratungsaufgaben und vorbereitenden Arbeiten auszuführen;

– mindestens einmal jährlich die Lage hinsichtlich des Kapitalverkehrs und der Freiheit des Zahlungsverkehrs, wie sie sich aus der Anwendung der Verträge und der Maßnahmen des Rates ergeben, zu prüfen; die Prüfung erstreckt sich auf alle Maßnahmen im Zusammenhang mit dem Kapital- und Zahlungsverkehr; der Ausschuss erstattet der Kommission und dem Rat Bericht über das Ergebnis dieser Prüfung.

Jeder Mitgliedstaat sowie die Kommission und die Europäische Zentralbank ernennen jeweils höchstens zwei Mitglieder des Ausschusses.

(3) [1]Der Rat legt auf Vorschlag der Kommission und nach Anhörung der Europäischen Zentralbank und des in diesem Artikel genannten Ausschusses im Einzelnen fest, wie sich der Wirtschafts- und Finanzausschuss zusammensetzt. [2]Der Präsident des Rates unterrichtet das Europäische Parlament über diesen Beschluss.

(4) Sofern und solange es Mitgliedstaaten gibt, für die eine Ausnahmeregelung nach Artikel 139 gilt, hat der Ausschuss zusätzlich zu den in Absatz 2 beschriebenen Aufgaben die Währungs- und Finanzlage sowie den allgemeinen Zahlungsverkehr der betreffenden Mitgliedstaaten zu beobachten und dem Rat und der Kommission regelmäßig darüber Bericht zu erstatten.

Artikel 135 (ex-Artikel 115 EGV) [Beteiligung der Kommission]
[1]Bei Fragen, die in den Geltungsbereich von Artikel 121 Absatz 4, Artikel 126 mit Ausnahme von Absatz 14, Artikel 138, Artikel 140 Absatz 1, Artikel 140 Absatz 2 Unterabsatz 1, Artikel 140 Absatz 3 und Artikel 219 fallen, kann der Rat oder ein Mitgliedstaat die Kommission ersuchen, je nach Zweckmäßigkeit eine Empfehlung oder einen Vorschlag zu unterbreiten. [2]Die Kommission prüft dieses Ersuchen und unterbreitet dem Rat umgehend ihre Schlussfolgerungen.

Kapitel 4
**Besondere Bestimmungen für die Mitgliedstaaten,
deren Währung der Euro ist**

Artikel 136 [Haushaltsdisziplin; Grundzüge der Wirtschaftspolitik]
(1) Im Hinblick auf das reibungslose Funktionieren der Wirtschafts- und Währungsunion erlässt der Rat für die Mitgliedstaaten, deren Währung

der Euro ist, Maßnahmen nach den einschlägigen Bestimmungen der Verträge und dem entsprechenden Verfahren unter den in den Artikeln 121 und 126 genannten Verfahren, mit Ausnahme des in Artikel 126 Absatz 14 genannten Verfahrens, um

a) die Koordinierung und Überwachung ihrer Haushaltsdisziplin zu verstärken,

b) für diese Staaten Grundzüge der Wirtschaftspolitik auszuarbeiten, wobei darauf zu achten ist, dass diese mit den für die gesamte Union angenommenen Grundzügen der Wirtschaftspolitik vereinbar sind, und ihre Einhaltung zu überwachen.

(2) Bei den in Absatz 1 genannten Maßnahmen sind nur die Mitglieder des Rates stimmberechtigt, die die Mitgliedstaaten vertreten, deren Währung der Euro ist.

Die qualifizierte Mehrheit dieser Mitglieder bestimmt sich nach Artikel 238 Absatz 3 Buchstabe a.

(3) Die Mitgliedstaaten, deren Währung der Euro ist, können einen Stabilitätsmechanismus einrichten, der aktiviert wird, wenn dies unabdingbar ist, um die Stabilität des Euro-Währungsgebiets insgesamt zu wahren. Die Gewährung aller erforderlichen Finanzhilfen im Rahmen des Mechanismus wird strengen Auflagen unterliegen.

Artikel 137 [Tagungen der Euro-Gruppe]

Die Einzelheiten für die Tagungen der Minister der Mitgliedstaaten, deren Währung der Euro ist, sind in dem Protokoll betreffend die Euro-Gruppe festgelegt.

Artikel 138 (ex-Artikel 111 Absatz 4 EGV) [Stellung des Euro im Internationalen Währungssystem]

(1) [1]Zur Gewährleistung der Stellung des Euro im internationalen Währungssystem erlässt der Rat auf Vorschlag der Kommission einen Beschluss zur Festlegung der innerhalb der zuständigen internationalen Einrichtungen und Konferenzen im Finanzbereich einzunehmenden gemeinsamen Standpunkte zu den Fragen, die von besonderer Bedeutung für die Wirtschafts- und Währungsunion sind. [2]Der Rat beschließt nach Anhörung der Europäischen Zentralbank.

(2) [1]Der Rat kann auf Vorschlag der Kommission geeignete Maßnahmen mit dem Ziel erlassen, eine einheitliche Vertretung bei den internationalen Einrichtungen und Konferenzen im Finanzbereich sicherzustellen. [2]Der Rat beschließt nach Anhörung der Europäischen Zentralbank.

(3) Bei den in den Absätzen 1 und 2 genannten Maßnahmen sind nur die Mitglieder des Rates stimmberechtigt, die die Mitgliedstaaten vertreten, deren Währung der Euro ist.

Die qualifizierte Mehrheit dieser Mitglieder bestimmt sich nach Artikel 238 Absatz 3 Buchstabe a.

Kapitel 5
Übergangsbestimmungen

Artikel 139 [Ausnahmeregelungen]

(1) Die Mitgliedstaaten, für die der Rat nicht beschlossen hat, dass sie die erforderlichen Voraussetzungen für die Einführung des Euro erfüllen, werden im Folgenden als „Mitgliedstaaten, für die eine Ausnahmeregelung gilt" oder „Mitgliedstaaten mit Ausnahmeregelung" bezeichnet.

(2) Auf die Mitgliedstaaten, für die eine Ausnahmeregelung gilt, finden die im Folgenden aufgeführten Bestimmungen der Verträge keine Anwendung:

a) Annahme der das Euro-Währungsgebiet generell betreffenden Teile der Grundzüge der Wirtschaftspolitik (Artikel 121 Absatz 2);

b) Zwangsmittel zum Abbau eines übermäßigen Defizits (Artikel 126 Absätze 9 und 11);

c) Ziele und Aufgaben des ESZB (Artikel 127 Absätze 1, 2, 3 und 5);

d) Ausgabe des Euro (Artikel 128);

e) Rechtsakte der Europäischen Zentralbank (Artikel 132);

f) Maßnahmen bezüglich der Verwendung des Euro (Artikel 133);

g) Währungsvereinbarungen und andere Maßnahmen bezüglich der Wechselkurspolitik (Artikel 219);

h) Ernennung der Mitglieder des Direktoriums der Europäischen Zentralbank (Artikel 283 Absatz 2);

i) Beschlüsse zur Festlegung der innerhalb der zuständigen internationalen Einrichtungen und Konferenzen im Finanzbereich einzunehmenden gemeinsamen Standpunkte zu den Fragen, die von besonderer Bedeutung für die Wirtschafts- und Währungsunion sind (Artikel 138 Absatz 1);

j) Maßnahmen zur Sicherstellung einer einheitlichen Vertretung bei den internationalen Einrichtungen und Konferenzen im Finanzbereich (Artikel 138 Absatz 2).

Somit sind „Mitgliedstaaten" im Sinne der in den Buchstaben a bis j genannten Artikel die Mitgliedstaaten, deren Währung der Euro ist.

(3) Die Mitgliedstaaten, für die eine Ausnahmeregelung gilt, und deren nationale Zentralbanken sind nach Kapitel IX der Satzung des ESZB und der EZB von den Rechten und Pflichten im Rahmen des ESZB ausgeschlossen.

(4) Das Stimmrecht der Mitglieder des Rates, die Mitgliedstaaten mit Ausnahmeregelung vertreten, ruht beim Erlass von Maßnahmen nach den in Absatz 2 genannten Artikeln durch den Rat sowie bei

a) Empfehlungen an die Mitgliedstaaten, deren Währung der Euro ist, im Rahmen der multilateralen Überwachung, einschließlich Empfehlungen zu den Stabilitätsprogrammen und Verwarnungen (Artikel 121 Absatz 4);

b) Maßnahmen bei übermäßigem Defizit von Mitgliedstaaten, deren
   Währung der Euro ist (Artikel 126 Absätze 6, 7, 8, 12 und 13).

Die qualifizierte Mehrheit der übrigen Mitglieder des Rates bestimmt sich
nach Artikel 238 Absatz 3 Buchstabe a.

**Artikel 140 (ex-Artikel 121 Absatz 1, ex-Artikel 122 Absatz 2 Satz 2
und ex-Artikel 123 Absatz 5 EGV) [Konvergenzbericht]**
(1) [1]Mindestens einmal alle zwei Jahre oder auf Antrag eines Mitgliedstaats, für den eine Ausnahmeregelung gilt, berichten die Kommission
und die Europäische Zentralbank dem Rat, inwieweit die Mitgliedstaaten,
für die eine Ausnahmeregelung gilt, bei der Verwirklichung der Wirt-
schafts- und Währungsunion ihren Verpflichtungen bereits nachgekommen sind. [2]In ihren Berichten wird auch die Frage geprüft, inwieweit die
innerstaatlichen Rechtsvorschriften jedes einzelnen dieser Mitgliedstaaten einschließlich der Satzung der jeweiligen nationalen Zentralbank mit
Artikel 130 und Artikel 131 sowie der Satzung des ESZB und der EZB
vereinbar sind. [3]Ferner wird darin geprüft, ob ein hoher Grad an dauerhafter Konvergenz erreicht ist; Maßstab hierfür ist, ob die einzelnen Mitgliedstaaten folgende Kriterien erfüllen:
–   Erreichung eines hohen Grades an Preisstabilität, ersichtlich aus einer
    Inflationsrate, die der Inflationsrate jener – höchstens drei – Mitglied-
    staaten nahe kommt, die auf dem Gebiet der Preisstabilität das beste
    Ergebnis erzielt haben;
–   eine auf Dauer tragbare Finanzlage der öffentlichen Hand, ersichtlich
    aus einer öffentlichen Haushaltslage ohne übermäßiges Defizit im
    Sinne des Artikels 126 Absatz 6;
–   Einhaltung der normalen Bandbreiten des Wechselkursmechanismus
    des Europäischen Währungssystems seit mindestens zwei Jahren ohne
    Abwertung gegenüber dem Euro;
–   Dauerhaftigkeit der von dem Mitgliedstaat mit Ausnahmeregelung
    erreichten Konvergenz und seiner Teilnahme am Wechselkursmecha-
    nismus, die im Niveau der langfristigen Zinssätze zum Ausdruck
    kommt.
[1]Die vier Kriterien in diesem Absatz sowie die jeweils erforderliche Dauer
ihrer Einhaltung sind in einem den Verträgen beigefügten Protokoll näher
festgelegt. [2]Die Berichte der Kommission und der Europäischen Zentralbank berücksichtigen auch die Ergebnisse bei der Integration der Märkte,
den Stand und die Entwicklung der Leistungsbilanzen, die Entwicklung
bei den Lohnstückkosten und andere Preisindizes.

(2) Der Rat beschließt nach Anhörung des Europäischen Parlaments
und nach Aussprache im Europäischen Rat auf Vorschlag der Kommission, welche der Mitgliedstaaten, für die eine Ausnahmeregelung gilt, die
auf den Kriterien des Absatzes 1 beruhenden Voraussetzungen erfüllen,
und hebt die Ausnahmeregelungen der betreffenden Mitgliedstaaten auf.

[1]Der Rat beschließt auf Empfehlung einer qualifizierten Mehrheit derjenigen seiner Mitglieder, die Mitgliedstaaten vertreten, deren Währung der Euro ist. [2]Diese Mitglieder beschließen innerhalb von sechs Monaten nach Eingang des Vorschlags der Kommission beim Rat.

Die in Unterabsatz 2 genannte qualifizierte Mehrheit dieser Mitglieder bestimmt sich nach Artikel 238 Absatz 3 Buchstabe a.

(3) Wird nach dem Verfahren des Absatzes 2 beschlossen, eine Ausnahmeregelung aufzuheben, so legt der Rat aufgrund eines einstimmigen Beschlusses der Mitgliedstaaten, deren Währung der Euro ist, und des betreffenden Mitgliedstaats auf Vorschlag der Kommission und nach Anhörung der Europäischen Zentralbank den Kurs, zu dem dessen Währung durch den Euro ersetzt wird, unwiderruflich fest und ergreift die sonstigen erforderlichen Maßnahmen zur Einführung des Euro als einheitliche Währung in dem betreffenden Mitgliedstaat.

Artikel 141 (ex-Artikel 123 Absatz 3 und ex-Artikel 117 Absatz 2 erster bis fünfter Gedankenstrich EGV) [Erweiterter Rat der EZB]

(1) Sofern und solange es Mitgliedstaaten gibt, für die eine Ausnahmeregelung gilt, wird unbeschadet des Artikels 129 Absatz 1 der in Artikel 44 der Satzung des ESZB und der EZB bezeichnete Erweiterte Rat der Europäischen Zentralbank als drittes Beschlussorgan der Europäischen Zentralbank errichtet.

(2) Sofern und solange es Mitgliedstaaten gibt, für die eine Ausnahmeregelung gilt, ist es die Aufgabe der Europäischen Zentralbank, in Bezug auf diese Mitgliedstaaten

- die Zusammenarbeit zwischen den nationalen Zentralbanken zu verstärken;
- die Koordinierung der Geldpolitiken der Mitgliedstaaten mit dem Ziel zu verstärken, die Preisstabilität aufrechtzuerhalten;
- das Funktionieren des Wechselkursmechanismus zu überwachen;
- Konsultationen zu Fragen durchzuführen, die in die Zuständigkeit der nationalen Zentralbanken fallen und die Stabilität der Finanzinstitute und -märkte berühren;
- die seinerzeitigen Aufgaben des Europäischen Fonds für währungspolitische Zusammenarbeit, die zuvor vom Europäischen Währungsinstitut übernommen worden waren, wahrzunehmen.

Artikel 142 (ex-Artikel 124 Absatz 1 EGV) [Wechselkurspolitik]

[1]Jeder Mitgliedstaat, für den eine Ausnahmeregelung gilt, behandelt seine Wechselkurspolitik als eine Angelegenheit von gemeinsamem Interesse. [2]Er berücksichtigt dabei die Erfahrungen, die bei der Zusammenarbeit im Rahmen des Wechselkursmechanismus gesammelt worden sind.

Artikel 143 (ex-Artikel 119 EGV) **[Schwierigkeiten der Zahlungsbilanz]**

(1) ¹Ist ein Mitgliedstaat, für den eine Ausnahmeregelung gilt, hinsichtlich seiner Zahlungsbilanz von Schwierigkeiten betroffen oder ernstlich bedroht, die sich entweder aus einem Ungleichgewicht seiner Gesamtzahlungsbilanz oder aus der Art der ihm zur Verfügung stehenden Devisen ergeben, und sind diese Schwierigkeiten geeignet, insbesondere das Funktionieren des Binnenmarkts oder die Verwirklichung der gemeinsamen Handelspolitik zu gefährden, so prüft die Kommission unverzüglich die Lage dieses Staates sowie die Maßnahmen, die er getroffen hat oder unter Einsatz aller ihm zur Verfügung stehenden Mittel nach den Verträgen treffen kann. ²Die Kommission gibt die Maßnahmen an, die sie dem betreffenden Mitgliedstaat empfiehlt.

Erweisen sich die von einem Mitgliedstaat mit Ausnahmeregelung ergriffenen und die von der Kommission angeregten Maßnahmen als unzureichend, die aufgetretenen oder drohenden Schwierigkeiten zu beheben, so empfiehlt die Kommission dem Rat nach Anhörung des Wirtschafts- und Finanzausschusses einen gegenseitigen Beistand und die dafür geeigneten Methoden.

Die Kommission unterrichtet den Rat regelmäßig über die Lage und ihre Entwicklung.

(2) ¹Der Rat gewährt den gegenseitigen Beistand; er erlässt Richtlinien oder Beschlüsse, welche die Bedingungen und Einzelheiten hierfür festlegen. ²Der gegenseitige Beistand kann insbesondere erfolgen

a) durch ein abgestimmtes Vorgehen bei anderen internationalen Organisationen, an die sich die Mitgliedstaaten, für die eine Ausnahmeregelung gilt, wenden können;

b) durch Maßnahmen, die notwendig sind, um Verlagerungen von Handelsströmen zu vermeiden, falls der in Schwierigkeiten befindliche Mitgliedstaat mit Ausnahmeregelung mengenmäßige Beschränkungen gegenüber dritten Ländern beibehält oder wieder einführt;

c) durch Bereitstellung von Krediten in begrenzter Höhe seitens anderer Mitgliedstaaten; hierzu ist ihr Einverständnis erforderlich.

(3) Stimmt der Rat dem von der Kommission empfohlenen gegenseitigen Beistand nicht zu oder sind der gewährte Beistand und die getroffenen Maßnahmen unzureichend, so ermächtigt die Kommission den in Schwierigkeiten befindlichen Mitgliedstaat mit Ausnahmeregelung, Schutzmaßnahmen zu treffen, deren Bedingungen und Einzelheiten sie festlegt.

Der Rat kann diese Ermächtigung aufheben und die Bedingungen und Einzelheiten ändern.

Artikel 144 (ex-Artikel 120 EGV) [Plötzliche Zahlungsbilanzkrise; Schutzmaßnahmen]

(1) [1]Gerät ein Mitgliedstaat, für den eine Ausnahmeregelung gilt, in eine plötzliche Zahlungsbilanzkrise und wird ein Beschluss im Sinne des Artikels 143 Absatz 2 nicht unverzüglich getroffen, so kann der betreffende Staat vorsorglich die erforderlichen Schutzmaßnahmen ergreifen. [2]Sie dürfen nur ein Mindestmaß an Störungen im Funktionieren des Binnenmarkts hervorrufen und nicht über das zur Behebung der plötzlich aufgetretenen Schwierigkeiten unbedingt erforderliche Ausmaß hinausgehen.

(2) [1]Die Kommission und die anderen Mitgliedstaaten werden über die Schutzmaßnahmen spätestens bei deren Inkrafttreten unterrichtet. [2]Die Kommission kann dem Rat den gegenseitigen Beistand nach Artikel 143 empfehlen.

(3) Auf Empfehlung der Kommission und nach Anhörung des Wirtschafts- und Finanzausschusses kann der Rat beschließen, dass der betreffende Mitgliedstaat diese Schutzmaßnahmen zu ändern, auszusetzen oder aufzuheben hat.

Titel IX
Beschäftigung

Artikel 145 (ex-Artikel 125 EGV) [Koordinierte Beschäftigungsstrategie]

Die Mitgliedstaaten und die Union arbeiten nach diesem Titel auf die Entwicklung einer koordinierten Beschäftigungsstrategie und insbesondere auf die Förderung der Qualifizierung, Ausbildung und Anpassungsfähigkeit der Arbeitnehmer sowie der Fähigkeit der Arbeitsmärkte hin, auf die Erfordernisse des wirtschaftlichen Wandels zu reagieren, um die Ziele des Artikels 3 des Vertrags über die Europäische Union zu erreichen.

Artikel 146 (ex-Artikel 126 EGV) [Abstimmung der Beschäftigungspolitik]

(1) Die Mitgliedstaaten tragen durch ihre Beschäftigungspolitik im Einklang mit den nach Artikel 121 Absatz 2 verabschiedeten Grundzügen der Wirtschaftspolitik der Mitgliedstaaten und der Union zur Erreichung der in Artikel 145 genannten Ziele bei.

(2) Die Mitgliedstaaten betrachten die Förderung der Beschäftigung als Angelegenheit von gemeinsamem Interesse und stimmen ihre diesbezüglichen Tätigkeiten nach Maßgabe des Artikels 148 im Rat aufeinander ab, wobei die einzelstaatlichen Gepflogenheiten in Bezug auf die Verantwortung der Sozialpartner berücksichtigt werden.

Artikel 147 (ex-Artikel 127 EGV) [Hohes Beschäftigungsniveau]

(1) [1]Die Union trägt zu einem hohen Beschäftigungsniveau bei, indem sie die Zusammenarbeit zwischen den Mitgliedstaaten fördert und deren

Maßnahmen in diesem Bereich unterstützt und erforderlichenfalls ergänzt. [2]Hierbei wird die Zuständigkeit der Mitgliedstaaten beachtet.

(2) Das Ziel eines hohen Beschäftigungsniveaus wird bei der Festlegung und Durchführung der Unionspolitiken und -maßnahmen berücksichtigt.

Artikel 148   (ex-Artikel 128 EGV) [Jahresbericht; Leitlinien;
Prüfung der Beschäftigungslage]
(1) Anhand eines gemeinsamen Jahresberichts des Rates und der Kommission prüft der Europäische Rat jährlich die Beschäftigungslage in der Union und nimmt hierzu Schlussfolgerungen an.

(2) [1]Anhand der Schlussfolgerungen des Europäischen Rates legt der Rat auf Vorschlag der Kommission und nach Anhörung des Europäischen Parlaments, des Wirtschafts- und Sozialausschusses, des Ausschusses der Regionen und des in Artikel 150 genannten Beschäftigungsausschusses jährlich Leitlinien fest, welche die Mitgliedstaaten in ihrer Beschäftigungspolitik berücksichtigen. [2]Diese Leitlinien müssen mit den nach Artikel 121 Absatz 2 verabschiedeten Grundzügen in Einklang stehen.

(3) Jeder Mitgliedstaat übermittelt dem Rat und der Kommission jährlich einen Bericht über die wichtigsten Maßnahmen, die er zur Durchführung seiner Beschäftigungspolitik im Lichte der beschäftigungspolitischen Leitlinien nach Absatz 2 getroffen hat.

(4) [1]Anhand der in Absatz 3 genannten Berichte und nach Stellungnahme des Beschäftigungsausschusses unterzieht der Rat die Durchführung der Beschäftigungspolitik der Mitgliedstaaten im Lichte der beschäftigungspolitischen Leitlinien jährlich einer Prüfung. [2]Der Rat kann dabei auf Empfehlung der Kommission Empfehlungen an die Mitgliedstaaten richten, wenn er dies aufgrund der Ergebnisse dieser Prüfung für angebracht hält.

(5) Auf der Grundlage der Ergebnisse der genannten Prüfung erstellen der Rat und die Kommission einen gemeinsamen Jahresbericht für den Europäischen Rat über die Beschäftigungslage in der Union und über die Umsetzung der beschäftigungspolitischen Leitlinien.

Artikel 149   (ex-Artikel 129 EGV) [Anreizmaßnahmen des EP und
des Rates]
Das Europäische Parlament und der Rat können gemäß dem ordentlichen Gesetzgebungsverfahren und nach Anhörung des Wirtschafts- und Sozialausschusses sowie des Ausschusses der Regionen Anreizmaßnahmen zur Förderung der Zusammenarbeit zwischen den Mitgliedstaaten und zur Unterstützung ihrer Beschäftigungsmaßnahmen durch Initiativen beschließen, die darauf abzielen, den Austausch von Informationen und bewährten Verfahren zu entwickeln, vergleichende Analysen und Gutachten bereitzustellen sowie innovative Ansätze zu fördern und Erfahrungen zu bewerten, und zwar insbesondere durch den Rückgriff auf Pilotvorhaben.

Diese Maßnahmen schließen keinerlei Harmonisierung der Rechts- und Verwaltungsvorschriften der Mitgliedstaaten ein.

Artikel 150 (ex-Artikel 130 EGV) [Beschäftigungsausschuss]

[1]Der Rat, der mit einfacher Mehrheit beschließt, setzt nach Anhörung des Europäischen Parlaments einen Beschäftigungsausschuss mit beratender Funktion zur Förderung der Koordinierung der Beschäftigungs- und Arbeitsmarktpolitik der Mitgliedstaaten ein. [2]Der Ausschuss hat folgende Aufgaben:

– Er verfolgt die Beschäftigungslage und die Beschäftigungspolitik in den Mitgliedstaaten und der Union;
– er gibt unbeschadet des Artikels 240 auf Ersuchen des Rates oder der Kommission oder von sich aus Stellungnahmen ab und trägt zur Vorbereitung der in Artikel 148 genannten Beratungen des Rates bei.

Bei der Erfüllung seines Auftrags hört der Ausschuss die Sozialpartner.

Jeder Mitgliedstaat und die Kommission entsenden zwei Mitglieder in den Ausschuss.

Titel X
Sozialpolitik

Artikel 151 (ex-Artikel 136 EGV) [Soziale Ziele]

Die Union und die Mitgliedstaaten verfolgen eingedenk der sozialen Grundrechte, wie sie in der am 18. Oktober 1961 in Turin unterzeichneten Europäischen Sozialcharta und in der Gemeinschaftscharta der sozialen Grundrechte der Arbeitnehmer von 1989 festgelegt sind, folgende Ziele: die Förderung der Beschäftigung, die Verbesserung der Lebens- und Arbeitsbedingungen, um dadurch auf dem Wege des Fortschritts ihre Angleichung zu ermöglichen, einen angemessenen sozialen Schutz, den sozialen Dialog, die Entwicklung des Arbeitskräftepotenzials im Hinblick auf ein dauerhaft hohes Beschäftigungsniveau und die Bekämpfung von Ausgrenzungen.

Zu diesem Zweck führen die Union und die Mitgliedstaaten Maßnahmen durch, die der Vielfalt der einzelstaatlichen Gepflogenheiten, insbesondere in den vertraglichen Beziehungen, sowie der Notwendigkeit, die Wettbewerbsfähigkeit der Wirtschaft der Union zu erhalten, Rechnung tragen.

Sie sind der Auffassung, dass sich eine solche Entwicklung sowohl aus dem eine Abstimmung der Sozialordnungen begünstigenden Wirken des Binnenmarkts als auch aus den in den Verträgen vorgesehenen Verfahren sowie aus der Angleichung ihrer Rechts- und Verwaltungsvorschriften ergeben wird.

Artikel 152 [Rolle der Sozialpartner; sozialer Dialog; Sozialgipfel]

[1]Die Union anerkennt und fördert die Rolle der Sozialpartner auf Ebene der Union unter Berücksichtigung der Unterschiedlichkeit der nationalen

Systeme. [2]Sie fördert den sozialen Dialog und achtet dabei die Autonomie der Sozialpartner.

Der Dreigliedrige Sozialgipfel für Wachstum und Beschäftigung trägt zum sozialen Dialog bei.

Artikel 153 (ex-Artikel 137 EGV) [Verbesserung der Arbeitsumwelt; Mindestvorschriften; soziale Sicherheit]

(1) Zur Verwirklichung der Ziele des Artikels 151 unterstützt und ergänzt die Union die Tätigkeit der Mitgliedstaaten auf folgenden Gebieten:

a) Verbesserung insbesondere der Arbeitsumwelt zum Schutz der Gesundheit und der Sicherheit der Arbeitnehmer,

b) Arbeitsbedingungen,

c) soziale Sicherheit und sozialer Schutz der Arbeitnehmer,

d) Schutz der Arbeitnehmer bei Beendigung des Arbeitsvertrags,

e) Unterrichtung und Anhörung der Arbeitnehmer,

f) Vertretung und kollektive Wahrnehmung der Arbeitnehmer- und Arbeitgeberinteressen, einschließlich der Mitbestimmung, vorbehaltlich des Absatzes 5,

g) Beschäftigungsbedingungen der Staatsangehörigen dritter Länder, die sich rechtmäßig im Gebiet der Union aufhalten,

h) berufliche Eingliederung der aus dem Arbeitsmarkt ausgegrenzten Personen, unbeschadet des Artikels 166,

i) Chancengleichheit von Männern und Frauen auf dem Arbeitsmarkt und Gleichbehandlung am Arbeitsplatz,

j) Bekämpfung der sozialen Ausgrenzung,

k) Modernisierung der Systeme des sozialen Schutzes, unbeschadet des Buchstabens c.

(2) Zu diesem Zweck können das Europäische Parlament und der Rat

a) unter Ausschluss jeglicher Harmonisierung der Rechts- und Verwaltungsvorschriften der Mitgliedstaaten Maßnahmen annehmen, die dazu bestimmt sind, die Zusammenarbeit zwischen den Mitgliedstaaten durch Initiativen zu fördern, die die Verbesserung des Wissensstands, die Entwicklung des Austauschs von Informationen und bewährten Verfahren, die Förderung innovativer Ansätze und die Bewertung von Erfahrungen zum Ziel haben;

b) in den in Absatz 1 Buchstaben a bis i genannten Bereichen unter Berücksichtigung der in den einzelnen Mitgliedstaaten bestehenden Bedingungen und technischen Regelungen durch Richtlinien Mindestvorschriften erlassen, die schrittweise anzuwenden sind. Diese Richtlinien sollen keine verwaltungsmäßigen, finanziellen oder rechtlichen Auflagen vorschreiben, die der Gründung und Entwicklung von kleinen und mittleren Unternehmen entgegenstehen.

Das Europäische Parlament und der Rat beschließen gemäß dem ordentlichen Gesetzgebungsverfahren nach Anhörung des Wirtschafts- und Sozialausschusses und des Ausschusses der Regionen.

In den in Absatz 1 Buchstaben c, d, f und g genannten Bereichen beschließt der Rat einstimmig gemäß einem besonderen Gesetzgebungsverfahren nach Anhörung des Europäischen Parlaments und der genannten Ausschüsse.

Der Rat kann einstimmig auf Vorschlag der Kommission nach Anhörung des Europäischen Parlaments beschließen, dass das ordentliche Gesetzgebungsverfahren auf Absatz 1 Buchstaben d, f und g angewandt wird.

(3) Ein Mitgliedstaat kann den Sozialpartnern auf deren gemeinsamen Antrag die Durchführung von aufgrund des Absatzes 2 angenommenen Richtlinien oder gegebenenfalls die Durchführung eines nach Artikel 155 erlassenen Beschlusses des Rates übertragen.

In diesem Fall vergewissert sich der Mitgliedstaat, dass die Sozialpartner spätestens zu dem Zeitpunkt, zu dem eine Richtlinie umgesetzt oder ein Beschluss durchgeführt sein muss, im Wege einer Vereinbarung die erforderlichen Vorkehrungen getroffen haben; dabei hat der Mitgliedstaat alle erforderlichen Maßnahmen zu treffen, um jederzeit gewährleisten zu können, dass die durch diese Richtlinie oder diesen Beschluss vorgeschriebenen Ergebnisse erzielt werden.

(4) Die aufgrund dieses Artikels erlassenen Bestimmungen
– berühren nicht die anerkannte Befugnis der Mitgliedstaaten, die Grundprinzipien ihres Systems der sozialen Sicherheit festzulegen, und dürfen das finanzielle Gleichgewicht dieser Systeme nicht erheblich beeinträchtigen;
– hindern die Mitgliedstaaten nicht daran, strengere Schutzmaßnahmen beizubehalten oder zu treffen, die mit den Verträgen vereinbar sind.

(5) Dieser Artikel gilt nicht für das Arbeitsentgelt, das Koalitionsrecht, das Streikrecht sowie das Aussperrungsrecht.

Artikel 154 (ex-Artikel 138 EGV) [Anhörung der Sozialpartner]

(1) Die Kommission hat die Aufgabe, die Anhörung der Sozialpartner auf Unionsebene zu fördern, und erlässt alle zweckdienlichen Maßnahmen, um den Dialog zwischen den Sozialpartnern zu erleichtern, wobei sie für Ausgewogenheit bei der Unterstützung der Parteien sorgt.

(2) Zu diesem Zweck hört die Kommission vor Unterbreitung von Vorschlägen im Bereich der Sozialpolitik die Sozialpartner zu der Frage, wie eine Unionsaktion gegebenenfalls ausgerichtet werden sollte.

(3) [1]Hält die Kommission nach dieser Anhörung eine Unionsmaßnahme für zweckmäßig, so hört sie die Sozialpartner zum Inhalt des in Aussicht genommenen Vorschlags. [2]Die Sozialpartner übermitteln der Kommission eine Stellungnahme oder gegebenenfalls eine Empfehlung.

(4) [1]Bei den Anhörungen nach den Absätzen 2 und 3 können die Sozialpartner der Kommission mitteilen, dass sie den Prozess nach Artikel 155 in Gang setzen wollen. [2]Die Dauer dieses Prozesses darf höchstens neun Monate betragen, sofern die betroffenen Sozialpartner und die Kommission nicht gemeinsam eine Verlängerung beschließen.

Artikel 155 (ex-Artikel 139 EGV) [Sozialer Dialog; Vereinbarungen]

(1) Der Dialog zwischen den Sozialpartnern auf Unionsebene kann, falls sie es wünschen, zur Herstellung vertraglicher Beziehungen einschließlich des Abschlusses von Vereinbarungen führen.

(2) [1]Die Durchführung der auf Unionsebene geschlossenen Vereinbarungen erfolgt entweder nach den jeweiligen Verfahren und Gepflogenheiten der Sozialpartner und der Mitgliedstaaten oder – in den durch Artikel 153 erfassten Bereichen – auf gemeinsamen Antrag der Unterzeichnerparteien durch einen Beschluss des Rates auf Vorschlag der Kommission. [2]Das Europäische Parlament wird unterrichtet.

Der Rat beschließt einstimmig, sofern die betreffende Vereinbarung eine oder mehrere Bestimmungen betreffend einen der Bereiche enthält, für die nach Artikel 153 Absatz 2 Einstimmigkeit erforderlich ist.

Artikel 156 (ex-Artikel 140 EGV) [Sozialpolitische Zusammenarbeit]

Unbeschadet der sonstigen Bestimmungen der Verträge fördert die Kommission im Hinblick auf die Erreichung der Ziele des Artikels 151 die Zusammenarbeit zwischen den Mitgliedstaaten und erleichtert die Abstimmung ihres Vorgehens in allen unter dieses Kapitel fallenden Bereichen der Sozialpolitik, insbesondere auf dem Gebiet

– der Beschäftigung,
– des Arbeitsrechts und der Arbeitsbedingungen,
– der beruflichen Ausbildung und Fortbildung,
– der sozialen Sicherheit,
– der Verhütung von Berufsunfällen und Berufskrankheiten,
– des Gesundheitsschutzes bei der Arbeit,
– des Koalitionsrechts und der Kollektivverhandlungen zwischen Arbeitgebern und Arbeitnehmern.

[1]Zu diesem Zweck wird die Kommission in enger Verbindung mit den Mitgliedstaaten durch Untersuchungen, Stellungnahmen und die Durchführung von Konsultationen in Bezug auf innerstaatlich oder in den internationalen Organisationen zu behandelnde Fragen tätig, und zwar insbesondere im Wege von Initiativen, die darauf abzielen, Leitlinien und Indikatoren festzulegen, den Austausch bewährter Verfahren durchzuführen und die erforderlichen Elemente für eine regelmäßige Überwachung und Bewertung auszuarbeiten. [2]Das Europäische Parlament wird in vollem Umfang unterrichtet.

Vor Abgabe der in diesem Artikel vorgesehenen Stellungnahmen hört die Kommission den Wirtschafts- und Sozialausschuss.

Artikel 157 (ex-Artikel 141 EGV) [Gleichbehandlung von Männern und Frauen]

(1) Jeder Mitgliedstaat stellt die Anwendung des Grundsatzes des gleichen Entgelts für Männer und Frauen bei gleicher oder gleichwertiger Arbeit sicher.

(2) Unter „Entgelt" im Sinne dieses Artikels sind die üblichen Grund- oder Mindestlöhne und -gehälter sowie alle sonstigen Vergütungen zu verstehen, die der Arbeitgeber aufgrund des Dienstverhältnisses dem Arbeitnehmer unmittelbar oder mittelbar in bar oder in Sachleistungen zahlt.

Gleichheit des Arbeitsentgelts ohne Diskriminierung aufgrund des Geschlechts bedeutet,

a) dass das Entgelt für eine gleiche nach Akkord bezahlte Arbeit aufgrund der gleichen Maßeinheit festgesetzt wird,

b) dass für eine nach Zeit bezahlte Arbeit das Entgelt bei gleichem Arbeitsplatz gleich ist.

(3) Das Europäische Parlament und der Rat beschließen gemäß dem ordentlichen Gesetzgebungsverfahren und nach Anhörung des Wirtschafts- und Sozialausschusses Maßnahmen zur Gewährleistung der Anwendung des Grundsatzes der Chancengleichheit und der Gleichbehandlung von Männern und Frauen in Arbeits- und Beschäftigungsfragen, einschließlich des Grundsatzes des gleichen Entgelts bei gleicher oder gleichwertiger Arbeit.

(4) Im Hinblick auf die effektive Gewährleistung der vollen Gleichstellung von Männern und Frauen im Arbeitsleben hindert der Grundsatz der Gleichbehandlung die Mitgliedstaaten nicht daran, zur Erleichterung der Berufstätigkeit des unterrepräsentierten Geschlechts oder zur Verhinderung bzw. zum Ausgleich von Benachteiligungen in der beruflichen Laufbahn spezifische Vergünstigungen beizubehalten oder zu beschließen.

Artikel 158 (ex-Artikel 142 EGV) [Gleichwertigkeit bezahlter Freizeit]

Die Mitgliedstaaten sind bestrebt, die bestehende Gleichwertigkeit der Ordnungen über die bezahlte Freizeit beizubehalten.

Artikel 159 (ex-Artikel 143 EGV) [Bericht zu sozialen Zielen und demografischer Lage]

[1]Die Kommission erstellt jährlich einen Bericht über den Stand der Verwirklichung der in Artikel 151 genannten Ziele sowie über die demografische Lage in der Union. [2]Sie übermittelt diesen Bericht dem Europäischen Parlament, dem Rat und dem Wirtschafts- und Sozialausschuss.

Artikel 160 (ex-Artikel 144 EGV) [Ausschuss für Sozialschutz]
[1]Der Rat, der mit einfacher Mehrheit beschließt, setzt nach Anhörung des Europäischen Parlaments einen Ausschuss für Sozialschutz mit beratender Aufgabe ein, um die Zusammenarbeit im Bereich des sozialen Schutzes zwischen den Mitgliedstaaten und mit der Kommission zu fördern. [2]Der Ausschuss hat folgende Aufgaben:
–   Er verfolgt die soziale Lage und die Entwicklung der Politiken im Bereich des sozialen Schutzes in den Mitgliedstaaten und der Union;
–   er fördert den Austausch von Informationen, Erfahrungen und bewährten Verfahren zwischen den Mitgliedstaaten und mit der Kommission;
–   unbeschadet des Artikels 240 arbeitet er auf Ersuchen des Rates oder der Kommission oder von sich aus in seinem Zuständigkeitsbereich Berichte aus, gibt Stellungnahmen ab oder wird auf andere Weise tätig.
Bei der Erfüllung seines Auftrags stellt der Ausschuss geeignete Kontakte zu den Sozialpartnern her.
Jeder Mitgliedstaat und die Kommission ernennen zwei Mitglieder des Ausschusses.

Artikel 161 (ex-Artikel 145 EGV) [Jahresbericht über soziale Lage]
Der Jahresbericht der Kommission an das Europäische Parlament hat stets ein besonderes Kapitel über die Entwicklung der sozialen Lage in der Union zu enthalten.
Das Europäische Parlament kann die Kommission auffordern, Berichte über besondere, die soziale Lage betreffende Fragen auszuarbeiten.

Titel XI
Der Europäische Sozialfonds

Artikel 162 (ex-Artikel 146 EGV) [Europäischer Sozialfonds; Ziel]
Um die Beschäftigungsmöglichkeiten der Arbeitskräfte im Binnenmarkt zu verbessern und damit zur Hebung der Lebenshaltung beizutragen, wird nach Maßgabe der folgenden Bestimmungen ein Europäischer Sozialfonds errichtet, dessen Ziel es ist, innerhalb der Union die berufliche Verwendbarkeit und die örtliche und berufliche Mobilität der Arbeitskräfte zu fördern sowie die Anpassung an die industriellen Wandlungsprozesse und an Veränderungen der Produktionssysteme insbesondere durch berufliche Bildung und Umschulung zu erleichtern.

Artikel 163 (ex-Artikel 147 EGV) [Europäischer Sozialfonds; Verwaltung]
Die Verwaltung des Fonds obliegt der Kommission.

Die Kommission wird hierbei von einem Ausschuss unterstützt, der aus Vertretern der Regierungen sowie der Arbeitgeber- und der Arbeitnehmerverbände besteht; den Vorsitz führt ein Mitglied der Kommission.

Artikel 164 (ex-Artikel 148 EGV) [Durchführungsverordnungen]
Das Europäische Parlament und der Rat erlassen gemäß dem ordentlichen Gesetzgebungsverfahren und nach Anhörung des Wirtschafts- und Sozialausschusses sowie des Ausschusses der Regionen die den Europäischen Sozialfonds betreffenden Durchführungsverordnungen.

Titel XII
Allgemeine und berufliche Bildung, Jugend und Sport

Artikel 165 (ex-Artikel 149 EGV) [Bildungspolitische Zusammenarbeit; Ziele]
(1) Die Union trägt zur Entwicklung einer qualitativ hoch stehenden Bildung dadurch bei, dass sie die Zusammenarbeit zwischen den Mitgliedstaaten fördert und die Tätigkeit der Mitgliedstaaten unter strikter Beachtung der Verantwortung der Mitgliedstaaten für die Lehrinhalte und die Gestaltung des Bildungssystems sowie der Vielfalt ihrer Kulturen und Sprachen erforderlichenfalls unterstützt und ergänzt.

Die Union trägt zur Förderung der europäischen Dimension des Sports bei und berücksichtigt dabei dessen besondere Merkmale, dessen auf freiwilligem Engagement basierende Strukturen sowie dessen soziale und pädagogische Funktion.

(2) Die Tätigkeit der Union hat folgende Ziele:
– Entwicklung der europäischen Dimension im Bildungswesen, insbesondere durch Erlernen und Verbreitung der Sprachen der Mitgliedstaaten;
– Förderung der Mobilität von Lernenden und Lehrenden, auch durch die Förderung der akademischen Anerkennung der Diplome und Studienzeiten;
– Förderung der Zusammenarbeit zwischen den Bildungseinrichtungen;
– Ausbau des Informations- und Erfahrungsaustauschs über gemeinsame Probleme im Rahmen der Bildungssysteme der Mitgliedstaaten;
– Förderung des Ausbaus des Jugendaustauschs und des Austauschs sozialpädagogischer Betreuer und verstärkte Beteiligung der Jugendlichen am demokratischen Leben in Europa;
– Förderung der Entwicklung der Fernlehre;
– Entwicklung der europäischen Dimension des Sports durch Förderung der Fairness und der Offenheit von Sportwettkämpfen und der Zusammenarbeit zwischen den für den Sport verantwortlichen Organisationen sowie durch den Schutz der körperlichen und seelischen Unversehrtheit der Sportler, insbesondere der jüngeren Sportler.

(3) Die Union und die Mitgliedstaaten fördern die Zusammenarbeit mit dritten Ländern und den für den Bildungsbereich und den Sport zuständigen internationalen Organisationen, insbesondere dem Europarat.

(4) Als Beitrag zur Verwirklichung der Ziele dieses Artikels
– erlassen das Europäische Parlament und der Rat gemäß dem ordentlichen Gesetzgebungsverfahren und nach Anhörung des Wirtschafts- und Sozialausschusses und des Ausschusses der Regionen Fördermaßnahmen unter Ausschluss jeglicher Harmonisierung der Rechts- und Verwaltungsvorschriften der Mitgliedstaaten;
– erlässt der Rat auf Vorschlag der Kommission Empfehlungen.

Artikel 166 (ex-Artikel 150 EGV) [Politik der beruflichen Bildung; Ziele]

(1) Die Union führt eine Politik der beruflichen Bildung, welche die Maßnahmen der Mitgliedstaaten unter strikter Beachtung der Verantwortung der Mitgliedstaaten für Inhalt und Gestaltung der beruflichen Bildung unterstützt und ergänzt.

(2) Die Tätigkeit der Union hat folgende Ziele:
– Erleichterung der Anpassung an die industriellen Wandlungsprozesse, insbesondere durch berufliche Bildung und Umschulung;
– Verbesserung der beruflichen Erstausbildung und Weiterbildung zur Erleichterung der beruflichen Eingliederung und Wiedereingliederung in den Arbeitsmarkt;
– Erleichterung der Aufnahme einer beruflichen Bildung sowie Förderung der Mobilität der Ausbilder und der in beruflicher Bildung befindlichen Personen, insbesondere der Jugendlichen;
– Förderung der Zusammenarbeit in Fragen der beruflichen Bildung zwischen Unterrichtsanstalten und Unternehmen;
– Ausbau des Informations- und Erfahrungsaustauschs über gemeinsame Probleme im Rahmen der Berufsbildungssysteme der Mitgliedstaaten.

(3) Die Union und die Mitgliedstaaten fördern die Zusammenarbeit mit dritten Ländern und den für die berufliche Bildung zuständigen internationalen Organisationen.

(4) Das Europäische Parlament und der Rat erlassen gemäß dem ordentlichen Gesetzgebungsverfahren und nach Anhörung des Wirtschafts- und Sozialausschusses sowie des Ausschusses der Regionen Maßnahmen, die zur Verwirklichung der Ziele dieses Artikels beitragen, unter Ausschluss jeglicher Harmonisierung der Rechts- und Verwaltungsvorschriften der Mitgliedstaaten, und der Rat erlässt auf Vorschlag der Kommission Empfehlungen.

Titel XIII
Kultur

Artikel 167 (ex-Artikel 151 EGV) [Beitrag der Union; kulturelle Zusammenarbeit]

(1) Die Union leistet einen Beitrag zur Entfaltung der Kulturen der Mitgliedstaaten unter Wahrung ihrer nationalen und regionalen Vielfalt sowie gleichzeitiger Hervorhebung des gemeinsamen kulturellen Erbes.

(2) Die Union fördert durch ihre Tätigkeit die Zusammenarbeit zwischen den Mitgliedstaaten und unterstützt und ergänzt erforderlichenfalls deren Tätigkeit in folgenden Bereichen:

– Verbesserung der Kenntnis und Verbreitung der Kultur und Geschichte der europäischen Völker,
– Erhaltung und Schutz des kulturellen Erbes von europäischer Bedeutung,
– nichtkommerzieller Kulturaustausch,
– künstlerisches und literarisches Schaffen, einschließlich im audiovisuellen Bereich.

(3) Die Union und die Mitgliedstaaten fördern die Zusammenarbeit mit dritten Ländern und den für den Kulturbereich zuständigen internationalen Organisationen, insbesondere mit dem Europarat.

(4) Die Union trägt bei ihrer Tätigkeit aufgrund anderer Bestimmungen der Verträge den kulturellen Aspekten Rechnung, insbesondere zur Wahrung und Förderung der Vielfalt ihrer Kulturen.

(5) Als Beitrag zur Verwirklichung der Ziele dieses Artikels

– erlassen das Europäische Parlament und der Rat gemäß dem ordentlichen Gesetzgebungsverfahren und nach Anhörung des Ausschusses der Regionen Fördermaßnahmen unter Ausschluss jeglicher Harmonisierung der Rechts- und Verwaltungsvorschriften der Mitgliedstaaten.
– erlässt der Rat auf Vorschlag der Kommission Empfehlungen.

Titel XIV
Gesundheitswesen

Artikel 168 (ex-Artikel 152 EGV) [Unionspolitik; Zusammenarbeit im Gesundheitswesen; Maßnahmen]

(1) Bei der Festlegung und Durchführung aller Unionspolitiken und -maßnahmen wird ein hohes Gesundheitsschutzniveau sichergestellt.

[1]Die Tätigkeit der Union ergänzt die Politik der Mitgliedstaaten und ist auf die Verbesserung der Gesundheit der Bevölkerung, die Verhütung von Humankrankheiten und die Beseitigung von Ursachen für die Gefährdung der körperlichen und geistigen Gesundheit gerichtet. [2]Sie umfasst die Bekämpfung der weit verbreiteten schweren Krankheiten, wobei die Erfor-

schung der Ursachen, der Übertragung und der Verhütung dieser Krankheiten sowie Gesundheitsinformation und -erziehung gefördert werden; außerdem umfasst sie die Beobachtung, frühzeitige Meldung und Bekämpfung schwerwiegender grenzüberschreitender Gesundheitsgefahren.

Die Union ergänzt die Maßnahmen der Mitgliedstaaten zur Verringerung drogenkonsumbedingter Gesundheitsschäden einschließlich der Informations- und Vorbeugungsmaßnahmen.

(2) ¹Die Union fördert die Zusammenarbeit zwischen den Mitgliedstaaten in den in diesem Artikel genannten Bereichen und unterstützt erforderlichenfalls deren Tätigkeit. ²Sie fördert insbesondere die Zusammenarbeit zwischen den Mitgliedstaaten, die darauf abzielt, die Komplementarität ihrer Gesundheitsdienste in den Grenzgebieten zu verbessern.

¹Die Mitgliedstaaten koordinieren untereinander im Benehmen mit der Kommission ihre Politiken und Programme in den in Absatz 1 genannten Bereichen. ²Die Kommission kann in enger Verbindung mit den Mitgliedstaaten alle Initiativen ergreifen, die dieser Koordinierung förderlich sind, insbesondere Initiativen, die darauf abzielen, Leitlinien und Indikatoren festzulegen, den Austausch bewährter Verfahren durchzuführen und die erforderlichen Elemente für eine regelmäßige Überwachung und Bewertung auszuarbeiten. ³Das Europäische Parlament wird in vollem Umfang unterrichtet.

(3) Die Union und die Mitgliedstaaten fördern die Zusammenarbeit mit dritten Ländern und den für das Gesundheitswesen zuständigen internationalen Organisationen.

(4) Abweichend von Artikel 2 Absatz 5 und Artikel 6 Buchstabe a tragen das Europäische Parlament und der Rat nach Artikel 4 Absatz 2 Buchstabe k gemäß dem ordentlichen Gesetzgebungsverfahren und nach Anhörung des Wirtschafts- und Sozialausschusses sowie des Ausschusses der Regionen mit folgenden Maßnahmen zur Verwirklichung der Ziele dieses Artikels bei, um den gemeinsamen Sicherheitsanliegen Rechnung zu tragen:

a) Maßnahmen zur Festlegung hoher Qualitäts- und Sicherheitsstandards für Organe und Substanzen menschlichen Ursprungs sowie für Blut und Blutderivate; diese Maßnahmen hindern die Mitgliedstaaten nicht daran, strengere Schutzmaßnahmen beizubehalten oder einzuführen;

b) Maßnahmen in den Bereichen Veterinärwesen und Pflanzenschutz, die unmittelbar den Schutz der Gesundheit der Bevölkerung zum Ziel haben;

c) Maßnahmen zur Festlegung hoher Qualitäts- und Sicherheitsstandards für Arzneimittel und Medizinprodukte.

(5) Das Europäische Parlament und der Rat können unter Ausschluss jeglicher Harmonisierung der Rechtsvorschriften der Mitgliedstaaten gemäß dem ordentlichen Gesetzgebungsverfahren und nach Anhörung des

Wirtschafts- und Sozialausschusses und des Ausschusses der Regionen auch Fördermaßnahmen zum Schutz und zur Verbesserung der menschlichen Gesundheit sowie insbesondere zur Bekämpfung der weit verbreiteten schweren grenzüberschreitenden Krankheiten, Maßnahmen zur Beobachtung, frühzeitigen Meldung und Bekämpfung schwerwiegender grenzüberschreitender Gesundheitsgefahren sowie Maßnahmen, die unmittelbar den Schutz der Gesundheit der Bevölkerung vor Tabakkonsum und Alkoholmissbrauch zum Ziel haben, erlassen.

(6) Der Rat kann ferner auf Vorschlag der Kommission für die in diesem Artikel genannten Zwecke Empfehlungen erlassen.

(7) [1]Bei der Tätigkeit der Union wird die Verantwortung der Mitgliedstaaten für die Festlegung ihrer Gesundheitspolitik sowie für die Organisation des Gesundheitswesens und die medizinische Versorgung gewahrt. [2]Die Verantwortung der Mitgliedstaaten umfasst die Verwaltung des Gesundheitswesens und der medizinischen Versorgung sowie die Zuweisung der dafür bereitgestellten Mittel. [3]Die Maßnahmen nach Absatz 4 Buchstabe a lassen die einzelstaatlichen Regelungen über die Spende oder die medizinische Verwendung von Organen und Blut unberührt.

Titel XV
Verbraucherschutz

Artikel 169 (ex-Artikel 153 EGV) [Beitrag der Union; Maßnahmen]
(1) Zur Förderung der Interessen der Verbraucher und zur Gewährleistung eines hohen Verbraucherschutzniveaus leistet die Union einen Beitrag zum Schutz der Gesundheit, der Sicherheit und der wirtschaftlichen Interessen der Verbraucher sowie zur Förderung ihres Rechtes auf Information, Erziehung und Bildung von Vereinigungen zur Wahrung ihrer Interessen.

(2) Die Union leistet einen Beitrag zur Erreichung der in Absatz 1 genannten Ziele durch

a) Maßnahmen, die sie im Rahmen der Verwirklichung des Binnenmarkts nach Artikel 114 erlässt;

b) Maßnahmen zur Unterstützung, Ergänzung und Überwachung der Politik der Mitgliedstaaten.

(3) Das Europäische Parlament und der Rat beschließen gemäß dem ordentlichen Gesetzgebungsverfahren und nach Anhörung des Wirtschafts- und Sozialausschusses die Maßnahmen nach Absatz 2 Buchstabe b.

(4) [1]Die nach Absatz 3 beschlossenen Maßnahmen hindern die einzelnen Mitgliedstaaten nicht daran, strengere Schutzmaßnahmen beizubehalten oder zu ergreifen. [2]Diese Maßnahmen müssen mit den Verträgen vereinbar sein. [3]Sie werden der Kommission mitgeteilt.

Titel XVI
Transeuropäische Netze

Artikel 170 (ex-Artikel 154 EGV) [Aufbau; Interoperabilität; Zugang]

(1) Um einen Beitrag zur Verwirklichung der Ziele der Artikel 26 und 174 zu leisten und den Bürgern der Union, den Wirtschaftsbeteiligten sowie den regionalen und lokalen Gebietskörperschaften in vollem Umfang die Vorteile zugute kommen zu lassen, die sich aus der Schaffung eines Raumes ohne Binnengrenzen ergeben, trägt die Union zum Auf- und Ausbau transeuropäischer Netze in den Bereichen der Verkehrs-, Telekommunikations- und Energieinfrastruktur bei.

(2) [1]Die Tätigkeit der Union zielt im Rahmen eines Systems offener und wettbewerbsorientierter Märkte auf die Förderung des Verbunds und der Interoperabilität der einzelstaatlichen Netze sowie des Zugangs zu diesen Netzen ab. [2]Sie trägt insbesondere der Notwendigkeit Rechnung, insulare, eingeschlossene und am Rande gelegene Gebiete mit den zentralen Gebieten der Union zu verbinden.

Artikel 171 (ex-Artikel 155 EGV) [Leitlinien; Aktionen]

(1) Zur Erreichung der Ziele des Artikels 170 geht die Union wie folgt vor:

– Sie stellt eine Reihe von Leitlinien auf, in denen die Ziele, die Prioritäten und die Grundzüge der im Bereich der transeuropäischen Netze in Betracht gezogenen Aktionen erfasst werden; in diesen Leitlinien werden Vorhaben von gemeinsamem Interesse ausgewiesen;

– sie führt jede Aktion durch, die sich gegebenenfalls als notwendig erweist, um die Interoperabilität der Netze zu gewährleisten, insbesondere im Bereich der Harmonisierung der technischen Normen;

– sie kann von den Mitgliedstaaten unterstützte Vorhaben von gemeinsamem Interesse, die im Rahmen der Leitlinien gemäß dem ersten Gedankenstrich ausgewiesen sind, insbesondere in Form von Durchführbarkeitsstudien, Anleihebürgschaften oder Zinszuschüssen unterstützen; die Union kann auch über den nach Artikel 177 errichteten Kohäsionsfonds zu spezifischen Verkehrsinfrastrukturvorhaben in den Mitgliedstaaten finanziell beitragen.

Die Union berücksichtigt bei ihren Maßnahmen die potenzielle wirtschaftliche Lebensfähigkeit der Vorhaben.

(2) [1]Die Mitgliedstaaten koordinieren untereinander in Verbindung mit der Kommission die einzelstaatlichen Politiken, die sich erheblich auf die Verwirklichung der Ziele des Artikels 170 auswirken können. [2]Die Kommission kann in enger Zusammenarbeit mit den Mitgliedstaaten alle Initiativen ergreifen, die dieser Koordinierung förderlich sind.

(3) Die Union kann beschließen, mit dritten Ländern zur Förderung von Vorhaben von gemeinsamem Interesse sowie zur Sicherstellung der Interoperabilität der Netze zusammenzuarbeiten.

Artikel 172 (ex-Artikel 156 EGV) [Beschlussfassung]
Die Leitlinien und die übrigen Maßnahmen nach Artikel 171 Absatz 1 werden vom Europäischen Parlament und vom Rat gemäß dem ordentlichen Gesetzgebungsverfahren und nach Anhörung des Wirtschafts- und Sozialausschusses und des Ausschusses der Regionen festgelegt.

Leitlinien und Vorhaben von gemeinsamem Interesse, die das Hoheitsgebiet eines Mitgliedstaats betreffen, bedürfen der Billigung des betroffenen Mitgliedstaats.

Titel XVII
Industrie

Artikel 173 (ex-Artikel 157 EGV) [Wettbewerbsfähigkeit; Subventionsverbot]
(1) Die Union und die Mitgliedstaaten sorgen dafür, dass die notwendigen Voraussetzungen für die Wettbewerbsfähigkeit der Industrie der Union gewährleistet sind.

Zu diesem Zweck zielt ihre Tätigkeit entsprechend einem System offener und wettbewerbsorientierter Märkte auf Folgendes ab:
– Erleichterung der Anpassung der Industrie an die strukturellen Veränderungen;
– Förderung eines für die Initiative und Weiterentwicklung der Unternehmen in der gesamten Union, insbesondere der kleinen und mittleren Unternehmen, günstigen Umfelds;
– Förderung eines für die Zusammenarbeit zwischen Unternehmen günstigen Umfelds;
– Förderung einer besseren Nutzung des industriellen Potenzials der Politik in den Bereichen Innovation, Forschung und technologische Entwicklung.

(2) [1]Die Mitgliedstaaten konsultieren einander in Verbindung mit der Kommission und koordinieren, soweit erforderlich, ihre Maßnahmen. [2]Die Kommission kann alle Initiativen ergreifen, die dieser Koordinierung förderlich sind, insbesondere Initiativen, die darauf abzielen, Leitlinien und Indikatoren festzulegen, den Austausch bewährter Verfahren durchzuführen und die erforderlichen Elemente für eine regelmäßige Überwachung und Bewertung auszuarbeiten. [3]Das Europäische Parlament wird in vollem Umfang unterrichtet.

(3) [1]Die Union trägt durch die Politik und die Maßnahmen, die sie aufgrund anderer Bestimmungen der Verträge durchführt, zur Erreichung der Ziele des Absatzes 1 bei. [2]Das Europäische Parlament und der Rat können unter Ausschluss jeglicher Harmonisierung der Rechtsvorschriften der

Mitgliedstaaten gemäß dem ordentlichen Gesetzgebungsverfahren und nach Anhörung des Wirtschafts- und Sozialausschusses spezifische Maßnahmen zur Unterstützung der in den Mitgliedstaaten durchgeführten Maßnahmen im Hinblick auf die Verwirklichung der Ziele des Absatzes 1 beschließen.

Dieser Titel bietet keine Grundlage dafür, dass die Union irgendeine Maßnahme einführt, die zu Wettbewerbsverzerrungen führen könnte oder steuerliche Vorschriften oder Bestimmungen betreffend die Rechte und Interessen der Arbeitnehmer enthält.

Titel XVIII
Wirtschaftlicher, sozialer und territorialer Zusammenhalt

Artikel 174 (ex-Artikel 158 EGV) [Ziele; benachteiligte Gebiete]
Die Union entwickelt und verfolgt weiterhin ihre Politik zur Stärkung ihres wirtschaftlichen, sozialen und territorialen Zusammenhalts, um eine harmonische Entwicklung der Union als Ganzes zu fördern.

Die Union setzt sich insbesondere zum Ziel, die Unterschiede im Entwicklungsstand der verschiedenen Regionen und den Rückstand der am stärksten benachteiligten Gebiete zu verringern.

Unter den betreffenden Gebieten gilt besondere Aufmerksamkeit den ländlichen Gebieten, den vom industriellen Wandel betroffenen Gebieten und den Gebieten mit schweren und dauerhaften natürlichen oder demografischen Nachteilen, wie den nördlichsten Regionen mit sehr geringer Bevölkerungsdichte sowie den Insel-, Grenz- und Bergregionen.

Artikel 175 (ex-Artikel 159 EGV) [Strukturfonds; Bericht;
Aktionen]
[1]Die Mitgliedstaaten führen und koordinieren ihre Wirtschaftspolitik in der Weise, dass auch die in Artikel 174 genannten Ziele erreicht werden. [2]Die Festlegung und Durchführung der Politiken und Aktionen der Union sowie die Errichtung des Binnenmarkts berücksichtigen die Ziele des Artikels 174 und tragen zu deren Verwirklichung bei. [3]Die Union unterstützt auch diese Bemühungen durch die Politik, die sie mit Hilfe der Strukturfonds (Europäischer Ausrichtungs- und Garantiefonds für die Landwirtschaft – Abteilung Ausrichtung, Europäischer Sozialfonds, Europäischer Fonds für regionale Entwicklung), der Europäischen Investitionsbank und der sonstigen vorhandenen Finanzierungsinstrumente führt.

[1]Die Kommission erstattet dem Europäischen Parlament, dem Rat, dem Wirtschafts- und Sozialausschuss und dem Ausschuss der Regionen alle drei Jahre Bericht über die Fortschritte bei der Verwirklichung des wirtschaftlichen, sozialen und territorialen Zusammenhalts und über die Art und Weise, in der die in diesem Artikel vorgesehenen Mittel hierzu beigetragen haben. [2]Diesem Bericht werden erforderlichenfalls entsprechende Vorschläge beigefügt.

Falls sich spezifische Aktionen außerhalb der Fonds und unbeschadet der im Rahmen der anderen Politiken der Union beschlossenen Maßnahmen als erforderlich erweisen, so können sie vom Europäischen Parlament und vom Rat gemäß dem ordentlichen Gesetzgebungsverfahren nach Anhörung des Wirtschafts- und Sozialausschusses und des Ausschusses der Regionen beschlossen werden.

Artikel 176 (ex-Artikel 160 EGV) [Europäischer Fonds für regionale Entwicklung]

Aufgabe des Europäischen Fonds für regionale Entwicklung ist es, durch Beteiligung an der Entwicklung und an der strukturellen Anpassung der rückständigen Gebiete und an der Umstellung der Industriegebiete mit rückläufiger Entwicklung zum Ausgleich der wichtigsten regionalen Ungleichgewichte in der Union beizutragen.

Artikel 177 (ex-Artikel 161 EGV) [Aufgaben der Strukturfonds; Kohäsionsfonds]

[1]Unbeschadet des Artikels 178 legen das Europäische Parlament und der Rat durch Verordnungen gemäß dem ordentlichen Gesetzgebungsverfahren und nach Anhörung des Wirtschafts- und Sozialausschusses und des Ausschusses der Regionen die Aufgaben, die vorrangigen Ziele und die Organisation der Strukturfonds fest, was ihre Neuordnung einschließen kann. [2]Nach demselben Verfahren werden ferner die für die Fonds geltenden allgemeinen Regeln sowie die Bestimmungen festgelegt, die zur Gewährleistung einer wirksamen Arbeitsweise und zur Koordinierung der Fonds sowohl untereinander als auch mit den anderen vorhandenen Finanzierungsinstrumenten erforderlich sind.

Ein nach demselben Verfahren errichteter Kohäsionsfonds trägt zu Vorhaben in den Bereichen Umwelt und transeuropäische Netze auf dem Gebiet der Verkehrsinfrastruktur finanziell bei.

Artikel 178 (ex-Artikel 162 EGV) [Durchführungsverordnungen]

Die den Europäischen Fonds für regionale Entwicklung betreffenden Durchführungsverordnungen werden vom Europäischen Parlament und vom Rat gemäß dem ordentlichen Gesetzgebungsverfahren und nach Anhörung des Wirtschafts- und Sozialausschusses sowie des Ausschusses der Regionen gefasst.

Für den Europäischen Ausrichtungs- und Garantiefonds für die Landwirtschaft, Abteilung Ausrichtung, und den Europäischen Sozialfonds sind die Artikel 43 bzw. 164 weiterhin anwendbar.

Titel XIX
Forschung, technologische Entwicklung und Raumfahrt

Artikel 179 (ex-Artikel 163 EGV) [Ziele]
(1) Die Union hat zum Ziel, ihre wissenschaftlichen und technologischen Grundlagen dadurch zu stärken, dass ein europäischer Raum der Forschung geschaffen wird, in dem Freizügigkeit für Forscher herrscht und wissenschaftliche Erkenntnisse und Technologien frei ausgetauscht werden, die Entwicklung ihrer Wettbewerbsfähigkeit einschließlich der ihrer Industrie zu fördern sowie alle Forschungsmaßnahmen zu unterstützen, die aufgrund anderer Kapitel der Verträge für erforderlich gehalten werden.

(2) In diesem Sinne unterstützt sie in der gesamten Union die Unternehmen – einschließlich der kleinen und mittleren Unternehmen –, die Forschungszentren und die Hochschulen bei ihren Bemühungen auf dem Gebiet der Forschung und technologischen Entwicklung von hoher Qualität; sie fördert ihre Zusammenarbeitsbestrebungen, damit vor allem die Forscher ungehindert über die Grenzen hinweg zusammenarbeiten und die Unternehmen die Möglichkeiten des Binnenmarkts in vollem Umfang nutzen können, und zwar insbesondere durch Öffnen des einzelstaatlichen öffentlichen Auftragswesens, Festlegung gemeinsamer Normen und Beseitigung der dieser Zusammenarbeit entgegenstehenden rechtlichen und steuerlichen Hindernisse.

(3) Alle Maßnahmen der Union aufgrund der Verträge auf dem Gebiet der Forschung und der technologischen Entwicklung einschließlich der Demonstrationsvorhaben werden nach Maßgabe dieses Titels beschlossen und durchgeführt.

Artikel 180 (ex-Artikel 164 EGV) [Ergänzende Maßnahmen der Union]
Zur Erreichung dieser Ziele trifft die Union folgende Maßnahmen, welche die in den Mitgliedstaaten durchgeführten Aktionen ergänzen:
a) Durchführung von Programmen für Forschung, technologische Entwicklung und Demonstration unter Förderung der Zusammenarbeit mit und zwischen Unternehmen, Forschungszentren und Hochschulen;
b) Förderung der Zusammenarbeit mit dritten Ländern und internationalen Organisationen auf dem Gebiet der Forschung der Union, technologischen Entwicklung und Demonstration;
c) Verbreitung und Auswertung der Ergebnisse der Tätigkeiten auf dem Gebiet der Forschung der Union, technologischen Entwicklung und Demonstration;
d) Förderung der Ausbildung und der Mobilität der Forscher aus der Union.

**Artikel 181 (ex-Artikel 165 EGV) [Koordinierung;
Kommissionsinitiativen]**

(1) Die Union und die Mitgliedstaaten koordinieren ihre Tätigkeiten auf
dem Gebiet der Forschung und der technologischen Entwicklung, um die
Kohärenz der einzelstaatlichen Politiken und der Politik der Union sicherzustellen.

(2) [1]Die Kommission kann in enger Zusammenarbeit mit den Mitgliedstaaten alle Initiativen ergreifen, die der Koordinierung nach Absatz 1
förderlich sind, insbesondere Initiativen, die darauf abzielen, Leitlinien
und Indikatoren festzulegen, den Austausch bewährter Verfahren durchzuführen und die erforderlichen Elemente für eine regelmäßige Überwachung und Bewertung auszuarbeiten. [2]Das Europäische Parlament wird
in vollem Umfang unterrichtet.

**Artikel 182 (ex-Artikel 166 EGV) [Rahmenprogramm; spezifische
Programmen]**

(1) Das Europäische Parlament und der Rat stellen gemäß dem ordentli-
chen Gesetzgebungsverfahren und nach Anhörung des Wirtschafts- und
Sozialausschusses ein mehrjähriges Rahmenprogramm auf, in dem alle
Aktionen der Union zusammengefasst werden.

In dem Rahmenprogramm werden

– die wissenschaftlichen und technologischen Ziele, die mit den Maßnahmen nach Artikel 180 erreicht werden sollen, sowie die jeweiligen
   Prioritäten festgelegt;
– die Grundzüge dieser Maßnahmen angegeben;
– der Gesamthöchstbetrag und die Einzelheiten der finanziellen Beteiligung der Union am Rahmenprogramm sowie die jeweiligen Anteile
   der vorgesehenen Maßnahmen festgelegt.

(2) Das Rahmenprogramm wird je nach Entwicklung der Lage angepasst
oder ergänzt.

(3) [1]Die Durchführung des Rahmenprogramms erfolgt durch spezifische Programme, die innerhalb einer jeden Aktion entwickelt werden. [2]In
jedem spezifischen Programm werden die Einzelheiten seiner Durchführung, seine Laufzeit und die für notwendig erachteten Mittel festgelegt.
[3]Die Summe der in den spezifischen Programmen für notwendig erachteten Beträge darf den für das Rahmenprogramm und für jede Aktion
festgesetzten Gesamthöchstbetrag nicht überschreiten.

(4) Die spezifischen Programme werden vom Rat gemäß einem besonderen Gesetzgebungsverfahren nach Anhörung des Europäischen Parlaments und des Wirtschafts- und Sozialausschusses beschlossen.

(5) Ergänzend zu den in dem mehrjährigen Rahmenprogramm vorgesehenen Aktionen erlassen das Europäische Parlament und der Rat gemäß
dem ordentlichen Gesetzgebungsverfahren und nach Anhörung des Wirt-

schafts- und Sozialausschusses die Maßnahmen, die für die Verwirklichung des Europäischen Raums der Forschung notwendig sind.

Artikel 183 (ex-Artikel 167 EGV) [Durchführung des Rahmenprogramms]

Zur Durchführung des mehrjährigen Rahmenprogramms legt die Union Folgendes fest:
– die Regeln für die Beteiligung der Unternehmen, der Forschungszentren und der Hochschulen;
– die Regeln für die Verbreitung der Forschungsergebnisse.

Artikel 184 (ex-Artikel 168 EGV) [Zusatzprogramme]

Bei der Durchführung des mehrjährigen Rahmenprogramms können Zusatzprogramme beschlossen werden, an denen nur bestimmte Mitgliedstaaten teilnehmen, die sie vorbehaltlich einer etwaigen Beteiligung der Union auch finanzieren.

Die Union legt die Regeln für die Zusatzprogramme fest, insbesondere hinsichtlich der Verbreitung der Kenntnisse und des Zugangs anderer Mitgliedstaaten.

Artikel 185 (ex-Artikel 169 EGV) [Beteiligung der Union]

Die Union kann im Einvernehmen mit den betreffenden Mitgliedstaaten bei der Durchführung des mehrjährigen Rahmenprogramms eine Beteiligung an Forschungs- und Entwicklungsprogrammen mehrerer Mitgliedstaaten, einschließlich der Beteiligung an den zu ihrer Durchführung geschaffenen Strukturen, vorsehen.

Artikel 186 (ex-Artikel 170 EGV) [Internationale Zusammenarbeit]

Die Union kann bei der Durchführung des mehrjährigen Rahmenprogramms eine Zusammenarbeit auf dem Gebiet der Forschung, technologischen Entwicklung und Demonstration der Union mit dritten Ländern oder internationalen Organisationen vorsehen.

Die Einzelheiten dieser Zusammenarbeit können Gegenstand von Abkommen zwischen der Union und den betreffenden dritten Parteien sein.

Artikel 187 (ex-Artikel 171 EGV) [Gemeinsame Unternehmen]

Die Union kann gemeinsame Unternehmen gründen oder andere Strukturen schaffen, die für die ordnungsgemäße Durchführung der Programme für Forschung, technologische Entwicklung und Demonstration der Union erforderlich sind.

Artikel 188 (ex-Artikel 172) [Befugnisse des Rates]

Der Rat legt auf Vorschlag der Kommission und nach Anhörung des Europäischen Parlaments und des Wirtschafts- und Sozialausschusses die in Artikel 187 vorgesehenen Bestimmungen fest.

[1]Das Europäische Parlament und der Rat legen gemäß dem ordentlichen Gesetzgebungsverfahren und nach Anhörung des Wirtschafts- und Sozialausschusses die in den Artikeln 183, 184 und 185 vorgesehenen Be-

stimmungen fest. [2]Für die Verabschiedung der Zusatzprogramme ist die Zustimmung der daran beteiligten Mitgliedstaaten erforderlich.

Artikel 189 [Europäische Raumfahrtpolitik]

(1) [1]Zur Förderung des wissenschaftlichen und technischen Fortschritts, der Wettbewerbsfähigkeit der Industrie und der Durchführung ihrer Politik arbeitet die Union eine europäische Raumfahrtpolitik aus. [2]Sie kann zu diesem Zweck gemeinsame Initiativen fördern, die Forschung und technologische Entwicklung unterstützen und die Anstrengungen zur Erforschung und Nutzung des Weltraums koordinieren.

(2) Als Beitrag zur Erreichung der Ziele des Absatzes 1 werden vom Europäischen Parlament und vom Rat unter Ausschluss jeglicher Harmonisierung der Rechtsvorschriften der Mitgliedstaaten gemäß dem ordentlichen Gesetzgebungsverfahren die notwendigen Maßnahmen erlassen, was in Form eines europäischen Raumfahrtprogramms geschehen kann.

(3) Die Union stellt die zweckdienlichen Verbindungen zur Europäischen Weltraumorganisation her.

(4) Dieser Artikel gilt unbeschadet der sonstigen Bestimmungen dieses Titels.

Artikel 190 (ex-Artikel 173 EGV) [Jahresforschungsbericht]

[1]Zu Beginn jedes Jahres unterbreitet die Kommission dem Europäischen Parlament und dem Rat einen Bericht. [2]Dieser Bericht erstreckt sich insbesondere auf die Tätigkeiten auf dem Gebiet der Forschung und technologischen Entwicklung und der Verbreitung der Ergebnisse dieser Tätigkeiten während des Vorjahres sowie auf das Arbeitsprogramm des laufenden Jahres.

Titel XX
Umwelt

Artikel 191 (ex-Artikel 174 EGV) [Ziele; Maßnahmen; Schutzklausel; internationale Zusammenarbeit]

(1) Die Umweltpolitik der Union trägt zur Verfolgung der nachstehenden Ziele bei:
– Erhaltung und Schutz der Umwelt sowie Verbesserung ihrer Qualität;
– Schutz der menschlichen Gesundheit;
– umsichtige und rationelle Verwendung der natürlichen Ressourcen;
– Förderung von Maßnahmen auf internationaler Ebene zur Bewältigung regionaler oder globaler Umweltprobleme und insbesondere zur Bekämpfung des Klimawandels.

(2) [1]Die Umweltpolitik der Union zielt unter Berücksichtigung der unterschiedlichen Gegebenheiten in den einzelnen Regionen der Union auf ein hohes Schutzniveau ab. [2]Sie beruht auf den Grundsätzen der Vorsorge und Vorbeugung, auf dem Grundsatz, Umweltbeeinträchtigungen mit

Vorrang an ihrem Ursprung zu bekämpfen, sowie auf dem Verursacher-
prinzip.

Im Hinblick hierauf umfassen die den Erfordernissen des Umweltschutzes entsprechenden Harmonisierungsmaßnahmen gegebenenfalls
eine Schutzklausel, mit der die Mitgliedstaaten ermächtigt werden, aus
nicht wirtschaftlich bedingten umweltpolitischen Gründen vorläufige
Maßnahmen zu treffen, die einem Kontrollverfahren der Union unterliegen.

(3) Bei der Erarbeitung ihrer Umweltpolitik berücksichtigt die Union
– die verfügbaren wissenschaftlichen und technischen Daten;
– die Umweltbedingungen in den einzelnen Regionen der Union;
– die Vorteile und die Belastung aufgrund des Tätigwerdens bzw. eines
  Nichttätigwerdens;
– die wirtschaftliche und soziale Entwicklung der Union insgesamt sowie die ausgewogene Entwicklung ihrer Regionen.

(4) ¹Die Union und die Mitgliedstaaten arbeiten im Rahmen ihrer jeweiligen Befugnisse mit dritten Ländern und den zuständigen internationalen Organisationen zusammen. ²Die Einzelheiten der Zusammenarbeit
der Union können Gegenstand von Abkommen zwischen dieser und den
betreffenden dritten Parteien sein.

Unterabsatz 1 berührt nicht die Zuständigkeit der Mitgliedstaaten, in
internationalen Gremien zu verhandeln und internationale Abkommen zu
schließen.

Artikel 192 (ex-Artikel 175 EGV) [Beschlussverfahren; Verursacherprinzip; Finanzierung]

(1) Das Europäische Parlament und der Rat beschließen gemäß dem ordentlichen Gesetzgebungsverfahren und nach Anhörung des Wirtschafts-
und Sozialausschusses sowie des Ausschusses der Regionen über das Tätigwerden der Union zur Erreichung der in Artikel 191 genannten Ziele.

(2) Abweichend von dem Beschlussverfahren des Absatzes 1 und unbeschadet des Artikels 114 erlässt der Rat gemäß einem besonderen Gesetzgebungsverfahren nach Anhörung des Europäischen Parlaments, des
Wirtschafts- und Sozialausschusses sowie des Ausschusses der Regionen
einstimmig
a) Vorschriften überwiegend steuerlicher Art;
b) Maßnahmen, die
    – die Raumordnung berühren,
    – die mengenmäßige Bewirtschaftung der Wasserressourcen berüh-
      ren oder die Verfügbarkeit dieser Ressourcen mittelbar oder un-
      mittelbar betreffen,
    – die Bodennutzung mit Ausnahme der Abfallbewirtschaftung be-
      rühren;

c) Maßnahmen, welche die Wahl eines Mitgliedstaats zwischen verschiedenen Energiequellen und die allgemeine Struktur seiner Energieversorgung erheblich berühren.

Der Rat kann auf Vorschlag der Kommission und nach Anhörung des
Europäischen Parlaments, des Wirtschafts- und Sozialausschusses und
des Ausschusses der Regionen einstimmig festlegen, dass für die in Unterabsatz 1 genannten Bereiche das ordentliche Gesetzgebungsverfahren
gilt.

(3) Das Europäische Parlament und der Rat beschließen gemäß dem
ordentlichen Gesetzgebungsverfahren und nach Anhörung des Wirt-
schafts- und Sozialausschusses sowie des Ausschusses der Regionen allgemeine Aktionsprogramme, in denen die vorrangigen Ziele festgelegt
werden.

Die zur Durchführung dieser Programme erforderlichen Maßnahmen
werden, je nach Fall, nach dem in Absatz 1 beziehungsweise Absatz 2
vorgesehenen Verfahren erlassen.

(4) Unbeschadet bestimmter Maßnahmen der Union tragen die Mitgliedstaaten für die Finanzierung und Durchführung der Umweltpolitik
Sorge.

(5) Sofern eine Maßnahme nach Absatz 1 mit unverhältnismäßig hohen
Kosten für die Behörden eines Mitgliedstaats verbunden ist, werden darin
unbeschadet des Verursacherprinzips geeignete Bestimmungen in folgender Form vorgesehen:
– vorübergehende Ausnahmeregelungen und/oder
– eine finanzielle Unterstützung aus dem nach Artikel 177 errichteten
   Kohäsionsfonds.

Artikel 193 (ex-Artikel 176 EGV) [Verstärkte Schutzmaßnahmen]
[1]Die Schutzmaßnahmen, die aufgrund des Artikels 192 getroffen werden,
hindern die einzelnen Mitgliedstaaten nicht daran, verstärkte Schutzmaßnahmen beizubehalten oder zu ergreifen. [2]Die betreffenden Maßnahmen
müssen mit den Verträgen vereinbar sein. [3]Sie werden der Kommission
notifiziert.

Titel XXI
Energie

Artikel 194 [Ziele; Maßnahmen]
(1) Die Energiepolitik der Union verfolgt im Geiste der Solidarität zwischen den Mitgliedstaaten im Rahmen der Verwirklichung oder des Funktionierens des Binnenmarkts und unter Berücksichtigung der Notwendigkeit der Erhaltung und Verbesserung der Umwelt folgende Ziele:
a) Sicherstellung des Funktionierens des Energiemarkts;
b) Gewährleistung der Energieversorgungssicherheit in der Union;

c) Förderung der Energieeffizienz und von Energieeinsparungen sowie Entwicklung neuer und erneuerbarer Energiequellen und
d) Förderung der Interkonnektion der Energienetze.

(2) [1]Unbeschadet der Anwendung anderer Bestimmungen der Verträge erlassen das Europäische Parlament und der Rat gemäß dem ordentlichen Gesetzgebungsverfahren die Maßnahmen, die erforderlich sind, um die Ziele nach Absatz 1 zu verwirklichen. [2]Der Erlass dieser Maßnahmen erfolgt nach Anhörung des Wirtschafts- und Sozialausschusses und des Ausschusses der Regionen.

Diese Maßnahmen berühren unbeschadet des Artikels 192 Absatz 2 Buchstabe c nicht das Recht eines Mitgliedstaats, die Bedingungen für die Nutzung seiner Energieressourcen, seine Wahl zwischen verschiedenen Energiequellen und die allgemeine Struktur seiner Energieversorgung zu bestimmen.

(3) Abweichend von Absatz 2 erlässt der Rat die darin genannten Maßnahmen gemäß einem besonderen Gesetzgebungsverfahren einstimmig nach Anhörung des Europäischen Parlaments, wenn sie überwiegend steuerlicher Art sind.

Titel XXII
Tourismus

Artikel 195 [Maßnahmen; Ziele]
(1) Die Union ergänzt die Maßnahmen der Mitgliedstaaten im Tourismussektor, insbesondere durch die Förderung der Wettbewerbsfähigkeit der Unternehmen der Union in diesem Sektor.

Die Union verfolgt zu diesem Zweck mit ihrer Tätigkeit das Ziel,
a) die Schaffung eines günstigen Umfelds für die Entwicklung der Unternehmen in diesem Sektor anzuregen;
b) die Zusammenarbeit zwischen den Mitgliedstaaten insbesondere durch den Austausch bewährter Praktiken zu unterstützen.

(2) Das Europäische Parlament und der Rat erlassen unter Ausschluss jeglicher Harmonisierung der Rechtsvorschriften der Mitgliedstaaten gemäß dem ordentlichen Gesetzgebungsverfahren die spezifischen Maßnahmen zur Ergänzung der Maßnahmen, die die Mitgliedstaaten zur Verwirklichung der in diesem Artikel genannten Ziele durchführen.

Titel XXIII
Katastrophenschutz

Artikel 196 [Ziele]
(1) Die Union fördert die Zusammenarbeit zwischen den Mitgliedstaaten, um die Systeme zur Verhütung von Naturkatastrophen oder von vom Menschen verursachten Katastrophen und zum Schutz vor solchen Katastrophen wirksamer zu gestalten.

Die Tätigkeit der Union hat folgende Ziele:

a) Unterstützung und Ergänzung der Tätigkeit der Mitgliedstaaten auf nationaler, regionaler und kommunaler Ebene im Hinblick auf die Risikoprävention, auf die Ausbildung der in den Mitgliedstaaten am Katastrophenschutz Beteiligten und auf Einsätze im Falle von Naturkatastrophen oder von vom Menschen verursachten Katastrophen in der Union;

b) Förderung einer schnellen und effizienten Zusammenarbeit in der Union zwischen den einzelstaatlichen Katastrophenschutzstellen;

c) Verbesserung der Kohärenz der Katastrophenschutzmaßnahmen auf internationaler Ebene.

(2) Das Europäische Parlament und der Rat erlassen unter Ausschluss jeglicher Harmonisierung der Rechtsvorschriften der Mitgliedstaaten gemäß dem ordentlichen Gesetzgebungsverfahren die erforderlichen Maßnahmen zur Verfolgung der Ziele des Absatzes 1.

Titel XXIV
Verwaltungszusammenarbeit

Artikel 197 [Effektive Durchführung des Unionsrechts]

(1) Die für das ordnungsgemäße Funktionieren der Union entscheidende effektive Durchführung des Unionsrechts durch die Mitgliedstaaten ist als Frage von gemeinsamem Interesse anzusehen.

(2) [1]Die Union kann die Mitgliedstaaten in ihren Bemühungen um eine Verbesserung der Fähigkeit ihrer Verwaltung zur Durchführung des Unionsrechts unterstützen. [2]Dies kann insbesondere die Erleichterung des Austauschs von Informationen und von Beamten sowie die Unterstützung von Aus- und Weiterbildungsprogrammen beinhalten. [3]Die Mitgliedstaaten müssen diese Unterstützung nicht in Anspruch nehmen. [4]Das Europäische Parlament und der Rat erlassen die erforderlichen Maßnahmen unter Ausschluss jeglicher Harmonisierung der Rechtsvorschriften der Mitgliedstaaten durch Verordnungen gemäß dem ordentlichen Gesetzgebungsverfahren.

(3) [1]Dieser Artikel berührt weder die Verpflichtung der Mitgliedstaaten, das Unionsrecht durchzuführen, noch die Befugnisse und Pflichten der Kommission. [2]Er berührt auch nicht die übrigen Bestimmungen der Verträge, in denen eine Verwaltungszusammenarbeit unter den Mitgliedstaaten sowie zwischen diesen und der Union vorgesehen ist.

Vierter Teil
Die Assoziierung der überseeischen Länder und Hoheitsgebiete

Artikel 198 (ex-Artikel 182 EGV) [Assoziierung; Ziel]

[1]Die Mitgliedstaaten kommen überein, die außereuropäischen Länder und Hoheitsgebiete, die mit Dänemark, Frankreich, den Niederlanden und

dem Vereinigten Königreich besondere Beziehungen unterhalten, der Union zu assoziieren. [2]Diese Länder und Hoheitsgebiete, im Folgenden als „Länder und Hoheitsgebiete" bezeichnet, sind in Anhang II aufgeführt.

Ziel der Assoziierung ist die Förderung der wirtschaftlichen und sozialen Entwicklung der Länder und Hoheitsgebiete und die Herstellung enger Wirtschaftsbeziehungen zwischen ihnen und der gesamten Union.

Entsprechend den in der Präambel dieses Vertrags aufgestellten Grundsätzen soll die Assoziierung in erster Linie den Interessen der Einwohner dieser Länder und Hoheitsgebiete dienen und ihren Wohlstand fördern, um sie der von ihnen erstrebten wirtschaftlichen, sozialen und kulturellen Entwicklung entgegenzuführen.

Artikel 199 (ex-Artikel 183 EGV) [Zwecke]
Mit der Assoziierung werden folgende Zwecke verfolgt:
1. Die Mitgliedstaaten wenden auf ihren Handelsverkehr mit den Ländern und Hoheitsgebieten das System an, das sie aufgrund der Verträge untereinander anwenden.
2. Jedes Land oder Hoheitsgebiet wendet auf seinen Handelsverkehr mit den Mitgliedstaaten und den anderen Ländern und Hoheitsgebieten das System an, das es auf den europäischen Staat anwendet, mit dem es besondere Beziehungen unterhält.
3. Die Mitgliedstaaten beteiligen sich an den Investitionen, welche die fortschreitende Entwicklung dieser Länder und Hoheitsgebiete erfordert.
4. Bei Ausschreibungen und Lieferungen für Investitionen, die von der Union finanziert werden, steht die Beteiligung zu gleichen Bedingungen allen natürlichen und juristischen Personen offen, welche die Staatsangehörigkeit der Mitgliedstaaten oder der Länder oder Hoheitsgebiete besitzen.
5. Soweit aufgrund des Artikels 203 nicht Sonderregelungen getroffen werden, gelten zwischen den Mitgliedstaaten und den Ländern und Hoheitsgebieten für das Niederlassungsrecht ihrer Staatsangehörigen und Gesellschaften die Bestimmungen und Verfahrensregeln des Kapitels Niederlassungsfreiheit, und zwar unter Ausschluss jeder Diskriminierung.

Artikel 200 (ex-Artikel 184 EGV) [Zölle; Zollverbot]
(1) Zölle bei der Einfuhr von Waren aus den Ländern und Hoheitsgebieten in die Mitgliedstaaten sind verboten; dies geschieht nach Maßgabe des in den Verträgen vorgesehenen Verbots von Zöllen zwischen den Mitgliedstaaten.

(2) In jedem Land und Hoheitsgebiet sind Zölle bei der Einfuhr von Waren aus den Mitgliedstaaten und den anderen Ländern und Hoheitsgebieten nach Maßgabe des Artikels 30 verboten.

(3) Die Länder und Hoheitsgebiete können jedoch Zölle erheben, die den Erfordernissen ihrer Entwicklung und Industrialisierung entsprechen oder als Finanzzölle der Finanzierung ihres Haushalts dienen.

Die in Unterabsatz 1 genannten Zölle dürfen nicht höher sein als diejenigen, die für die Einfuhr von Waren aus dem Mitgliedstaat gelten, mit dem das entsprechende Land oder Hoheitsgebiet besondere Beziehungen unterhält.

(4) Absatz 2 gilt nicht für die Länder und Hoheitsgebiete, die aufgrund besonderer internationaler Verpflichtungen bereits einen nichtdiskriminierenden Zolltarif anwenden.

(5) Die Festlegung oder Änderung der Zollsätze für Waren, die in die Länder und Hoheitsgebiete eingeführt werden, darf weder rechtlich noch tatsächlich zu einer mittelbaren oder unmittelbaren Diskriminierung zwischen den Einfuhren aus den einzelnen Mitgliedstaaten führen.

Artikel 201 (ex-Artikel 185 EGV) [Verkehrsverlagerungen]

Ist die Höhe der Zollsätze, die bei der Einfuhr in ein Land oder Hoheitsgebiet für Waren aus einem dritten Land gelten, bei Anwendung des Artikels 200 Absatz 1 geeignet, Verkehrsverlagerungen zum Nachteil eines Mitgliedstaats hervorzurufen, so kann dieser die Kommission ersuchen, den anderen Mitgliedstaaten die erforderlichen Abhilfemaßnahmen vorzuschlagen.

Artikel 202 (ex-Artikel 186 EGV) [Freizügigkeit der Arbeitskräfte]

Vorbehaltlich der Bestimmungen über die Volksgesundheit und die öffentliche Sicherheit und Ordnung werden für die Freizügigkeit der Arbeitskräfte aus den Ländern und Hoheitsgebieten in den Mitgliedstaaten und der Arbeitskräfte aus den Mitgliedstaaten in den Ländern und Hoheitsgebieten Rechtsakte nach Artikel 203 erlassen.

Artikel 203 (ex-Artikel 187 EGV) [Durchführung]

[1]Der Rat erlässt einstimmig auf Vorschlag der Kommission und aufgrund der im Rahmen der Assoziierung der Länder und Hoheitsgebiete an die Union erzielten Ergebnisse und der Grundsätze der Verträge die Bestimmungen über die Einzelheiten und das Verfahren für die Assoziierung der Länder und Hoheitsgebiete an die Union. [2]Werden diese Bestimmungen vom Rat gemäß einem besonderen Gesetzgebungsverfahren angenommen, so beschließt er einstimmig auf Vorschlag der Kommission nach Anhörung des Europäischen Parlaments.

Artikel 204 (ex-Artikel 188 EGV) [Grönland]

Die Artikel 198 bis 203 sind auf Grönland anwendbar, vorbehaltlich der spezifischen Bestimmungen für Grönland in dem Protokoll über die Sonderregelung für Grönland im Anhang zu den Verträgen.

Fünfter Teil
Das auswärtige Handeln der Union

Titel I
Allgemeine Bestimmungen über das auswärtige Handeln der Union

Artikel 205 [Grundsätze des Handelns auf internationaler Ebene]
Das Handeln der Union auf internationaler Ebene im Rahmen dieses Teils
wird von den Grundsätzen bestimmt, von den Zielen geleitet und an den
allgemeinen Bestimmungen ausgerichtet, die in Titel V Kapitel 1 des
Vertrags über die Europäische Union niedergelegt sind.

Titel II
Gemeinsame Handelspolitik

Artikel 206 (ex-Artikel 131 EGV) [Ziele]
Durch die Schaffung einer Zollunion nach den Artikeln 28 bis 32 trägt die
Union im gemeinsamen Interesse zur harmonischen Entwicklung des
Welthandels, zur schrittweisen Beseitigung der Beschränkungen im in-
ternationalen Handelsverkehr und bei den ausländischen Direktinvesti-
tionen sowie zum Abbau der Zollschranken und anderer Schranken bei.

Artikel 207 (ex-Artikel 133 EGV) [Gemeinsame Handelspolitik; Verfahren]
(1) [1]Die gemeinsame Handelspolitik wird nach einheitlichen Grundsätzen
gestaltet; dies gilt insbesondere für die Änderung von Zollsätzen, für den
Abschluss von Zoll- und Handelsabkommen, die den Handel mit Waren
und Dienstleistungen betreffen, und für die Handelsaspekte des geistigen
Eigentums, die ausländischen Direktinvestitionen, die Vereinheitlichung
der Liberalisierungsmaßnahmen, die Ausfuhrpolitik sowie die handels-
politischen Schutzmaßnahmen, zum Beispiel im Fall von Dumping und
Subventionen. [2]Die gemeinsame Handelspolitik wird im Rahmen der
Grundsätze und Ziele des auswärtigen Handelns der Union gestaltet.

(2) Das Europäische Parlament und der Rat erlassen durch Verordnungen gemäß dem ordentlichen Gesetzgebungsverfahren die Maßnahmen,
mit denen der Rahmen für die Umsetzung der gemeinsamen Handelspolitik bestimmt wird.

(3) Sind mit einem oder mehreren Drittländern oder internationalen
Organisationen Abkommen auszuhandeln und zu schließen, so findet Ar-
tikel 218 vorbehaltlich der besonderen Bestimmungen dieses Artikels
Anwendung.

[1]Die Kommission legt dem Rat Empfehlungen vor; dieser ermächtigt
die Kommission zur Aufnahme der erforderlichen Verhandlungen. [2]Der
Rat und die Kommission haben dafür Sorge zu tragen, dass die ausge-
handelten Abkommen mit der internen Politik und den internen Vorschriften der Union vereinbar sind.

[1]Die Kommission führt diese Verhandlungen im Benehmen mit einem zu ihrer Unterstützung vom Rat bestellten Sonderausschuss und nach Maßgabe der Richtlinien, die ihr der Rat erteilen kann. [2]Die Kommission erstattet dem Sonderausschuss sowie dem Europäischen Parlament regelmäßig Bericht über den Stand der Verhandlungen.

(4) Über die Aushandlung und den Abschluss der in Absatz 3 genannten Abkommen beschließt der Rat mit qualifizierter Mehrheit.

Über die Aushandlung und den Abschluss eines Abkommens über den Dienstleistungsverkehr, über Handelsaspekte des geistigen Eigentums oder über ausländische Direktinvestitionen beschließt der Rat einstimmig, wenn das betreffende Abkommen Bestimmungen enthält, bei denen für die Annahme interner Vorschriften Einstimmigkeit erforderlich ist.

Der Rat beschließt ebenfalls einstimmig über die Aushandlung und den Abschluss von Abkommen in den folgenden Bereichen:

a) Handel mit kulturellen und audiovisuellen Dienstleistungen, wenn diese Abkommen die kulturelle und sprachliche Vielfalt in der Union beeinträchtigen könnten;

b) Handel mit Dienstleistungen des Sozial-, des Bildungs- und des Gesundheitssektors, wenn diese Abkommen die einzelstaatliche Organisation dieser Dienstleistungen ernsthaft stören und die Verantwortlichkeit der Mitgliedstaaten für ihre Erbringung beeinträchtigen könnten.

(5) Für die Aushandlung und den Abschluss von internationalen Abkommen im Bereich des Verkehrs gelten der Dritte Teil Titel VI sowie Artikel 218.

(6) Die Ausübung der durch diesen Artikel übertragenen Zuständigkeiten im Bereich der gemeinsamen Handelspolitik hat keine Auswirkungen auf die Abgrenzung der Zuständigkeiten zwischen der Union und den Mitgliedstaaten und führt nicht zu einer Harmonisierung der Rechtsvorschriften der Mitgliedstaaten, soweit eine solche Harmonisierung in den Verträgen ausgeschlossen wird.

Titel III
Zusammenarbeit mit Drittländern und humanitäre Hilfe

Kapitel 1
Entwicklungszusammenarbeit

Artikel 208 (ex-Artikel 177 EGV) [Unionspolitik; Ziele]

(1) [1]Die Politik der Union auf dem Gebiet der Entwicklungszusammenarbeit wird im Rahmen der Grundsätze und Ziele des auswärtigen Handelns der Union durchgeführt. [2]Die Politik der Union und die Politik der Mitgliedstaaten auf dem Gebiet der Entwicklungszusammenarbeit ergänzen und verstärken sich gegenseitig.

[1]Hauptziel der Unionspolitik in diesem Bereich ist die Bekämpfung und auf längere Sicht die Beseitigung der Armut. [2]Bei der Durchführung politischer Maßnahmen, die sich auf die Entwicklungsländer auswirken können, trägt die Union den Zielen der Entwicklungszusammenarbeit Rechnung.

(2) Die Union und die Mitgliedstaaten kommen den im Rahmen der Vereinten Nationen und anderer zuständiger internationaler Organisationen gegebenen Zusagen nach und berücksichtigen die in diesem Rahmen gebilligten Zielsetzungen.

Artikel 209   (ex-Artikel 179 EGV) [Maßnahmen; Rolle der EIB]
(1) Das Europäische Parlament und der Rat erlassen gemäß dem ordentlichen Gesetzgebungsverfahren die zur Durchführung der Politik im Bereich der Entwicklungszusammenarbeit erforderlichen Maßnahmen; diese Maßnahmen können Mehrjahresprogramme für die Zusammenarbeit mit Entwicklungsländern oder thematische Programme betreffen.

(2) Die Union kann mit Drittländern und den zuständigen internationalen Organisationen alle Übereinkünfte schließen, die zur Verwirklichung der Ziele des Artikels 21 des Vertrags über die Europäische Union und des Artikels 208 dieses Vertrags beitragen.

Unterabsatz 1 berührt nicht die Zuständigkeit der Mitgliedstaaten, in internationalen Gremien zu verhandeln und Übereinkünfte zu schließen.

(3) Die Europäische Investitionsbank trägt nach Maßgabe ihrer Satzung zur Durchführung der Maßnahmen im Sinne des Absatzes 1 bei.

Artikel 210   (ex-Artikel 180 EGV) [Koordinierung von
**   Hilfsprogrammen]**
(1) [1]Die Union und die Mitgliedstaaten koordinieren ihre Politik auf dem Gebiet der Entwicklungszusammenarbeit und stimmen ihre Hilfsprogramme aufeinander ab, auch in internationalen Organisationen und auf internationalen Konferenzen, damit ihre Maßnahmen einander besser ergänzen und wirksamer sind. [2]Sie können gemeinsame Maßnahmen ergreifen. [3]Die Mitgliedstaaten tragen erforderlichenfalls zur Durchführung der Hilfsprogramme der Union bei.

(2) Die Kommission kann alle Initiativen ergreifen, die der in Absatz 1 genannten Koordinierung förderlich sind.

Artikel 211   (ex-Artikel 181 EGV) [Internationale Zusammenarbeit]
Die Union und die Mitgliedstaaten arbeiten im Rahmen ihrer jeweiligen Befugnisse mit dritten Ländern und den zuständigen internationalen Organisationen zusammen.

Kapitel 2
Wirtschaftliche, finanzielle und technische Zusammenarbeit mit Drittländern

Artikel 212   (ex-Artikel 181 a EGV) [Ziele; Maßnahmen; Zusammenarbeit]

(1) [1]Unbeschadet der übrigen Bestimmungen der Verträge, insbesondere der Artikel 208 bis 211, führt die Union mit Drittländern, die keine Entwicklungsländer sind, Maßnahmen der wirtschaftlichen, finanziellen und technischen Zusammenarbeit durch, die auch Unterstützung, insbesondere im finanziellen Bereich, einschließen. [2]Diese Maßnahmen stehen mit der Entwicklungspolitik der Union im Einklang und werden im Rahmen der Grundsätze und Ziele ihres auswärtigen Handelns durchgeführt. [3]Die Maßnahmen der Union und die Maßnahmen der Mitgliedstaaten ergänzen und verstärken sich gegenseitig.

(2) Das Europäische Parlament und der Rat erlassen gemäß dem ordentlichen Gesetzgebungsverfahren die zur Durchführung des Absatzes 1 erforderlichen Maßnahmen.

(3) [1]Die Union und die Mitgliedstaaten arbeiten im Rahmen ihrer jeweiligen Zuständigkeiten mit Drittländern und den zuständigen internationalen Organisationen zusammen. [2]Die Einzelheiten der Zusammenarbeit der Union können in Abkommen zwischen dieser und den betreffenden dritten Parteien geregelt werden.

Unterabsatz 1 berührt nicht die Zuständigkeit der Mitgliedstaaten, in internationalen Gremien zu verhandeln und internationale Abkommen zu schließen.

Artikel 213   [Finanzielle Hilfe]
Ist es aufgrund der Lage in einem Drittland notwendig, dass die Union umgehend finanzielle Hilfe leistet, so erlässt der Rat auf Vorschlag der Kommission die erforderlichen Beschlüsse.

Kapitel 3
Humanitäre Hilfe

Artikel 214   [Maßnahmen; Europäisches Freiwilligenkorps]
(1) [1]Den Rahmen für die Maßnahmen der Union im Bereich der humanitären Hilfe bilden die Grundsätze und Ziele des auswärtigen Handelns der Union. [2]Die Maßnahmen dienen dazu, Einwohnern von Drittländern, die von Naturkatastrophen oder von vom Menschen verursachten Katastrophen betroffen sind, gezielt Hilfe, Rettung und Schutz zu bringen, damit die aus diesen Notständen resultierenden humanitären Bedürfnisse gedeckt werden können. [3]Die Maßnahmen der Union und die Maßnahmen der Mitgliedstaaten ergänzen und verstärken sich gegenseitig.

(2) Die Maßnahmen der humanitären Hilfe werden im Einklang mit den Grundsätzen des Völkerrechts sowie den Grundsätzen der Unparteilichkeit, der Neutralität und der Nichtdiskriminierung durchgeführt.

(3) Das Europäische Parlament und der Rat legen gemäß dem ordentlichen Gesetzgebungsverfahren die Maßnahmen zur Festlegung des Rahmens fest, innerhalb dessen die Maßnahmen der humanitären Hilfe der Union durchgeführt werden.

(4) Die Union kann mit Drittländern und den zuständigen internationalen Organisationen alle Übereinkünfte schließen, die zur Verwirklichung der Ziele des Absatzes 1 und des Artikels 21 des Vertrags über die Europäische Union beitragen.

Unterabsatz 1 berührt nicht die Zuständigkeit der Mitgliedstaaten, in internationalen Gremien zu verhandeln und Übereinkünfte zu schließen.

(5) [1]Als Rahmen für gemeinsame Beiträge der jungen Europäer zu den Maßnahmen der humanitären Hilfe der Union wird ein Europäisches Freiwilligenkorps für humanitäre Hilfe geschaffen. [2]Das Europäische Parlament und der Rat legen gemäß dem ordentlichen Gesetzgebungsverfahren durch Verordnungen die Rechtsstellung und die Einzelheiten der Arbeitsweise des Korps fest.

(6) Die Kommission kann alle Initiativen ergreifen, die der Koordinierung zwischen den Maßnahmen der Union und denen der Mitgliedstaaten förderlich sind, damit die Programme der Union und der Mitgliedstaaten im Bereich der humanitären Hilfe wirksamer sind und einander besser ergänzen.

(7) Die Union trägt dafür Sorge, dass ihre Maßnahmen der humanitären Hilfe mit den Maßnahmen der internationalen Organisationen und Einrichtungen, insbesondere derer, die zum System der Vereinten Nationen gehören, abgestimmt werden und im Einklang mit ihnen stehen.

Titel IV
Restriktive Maßnahmen

Artikel 215 (ex-Artikel 301 EGV)
(1) [1]Sieht ein nach Titel V Kapitel 2 des Vertrags über die Europäische Union erlassener Beschluss die Aussetzung, Einschränkung oder vollständige Einstellung der Wirtschafts- und Finanzbeziehungen zu einem oder mehreren Drittländern vor, so erlässt der Rat die erforderlichen Maßnahmen mit qualifizierter Mehrheit auf gemeinsamen Vorschlag des Hohen Vertreters der Union für Außen- und Sicherheitspolitik und der Kommission. [2]Er unterrichtet hierüber das Europäische Parlament.

(2) Sieht ein nach Titel V Kapitel 2 des Vertrags über die Europäische Union erlassener Beschluss dies vor, so kann der Rat nach dem Verfahren des Absatzes 1 restriktive Maßnahmen gegen natürliche oder juristische Personen sowie Gruppierungen oder nichtstaatliche Einheiten erlassen.

(3) In den Rechtsakten nach diesem Artikel müssen die erforderlichen Bestimmungen über den Rechtsschutz vorgesehen sein.

Titel V
Internationale Übereinkünfte

Artikel 216 [Abschluss von Übereinkünften]
(1) Die Union kann mit einem oder mehreren Drittländern oder einer oder mehreren internationalen Organisationen eine Übereinkunft schließen, wenn dies in den Verträgen vorgesehen ist oder wenn der Abschluss einer Übereinkunft im Rahmen der Politik der Union entweder zur Verwirklichung eines der in den Verträgen festgesetzten Ziele erforderlich oder in einem verbindlichen Rechtsakt der Union vorgesehen ist oder aber gemeinsame Vorschriften beeinträchtigen oder deren Anwendungsbereich ändern könnte.

(2) Die von der Union geschlossenen Übereinkünfte binden die Organe der Union und die Mitgliedstaaten.

Artikel 217 (ex-Artikel 310 EGV) [Assoziierungsabkommen]
Die Union kann mit einem oder mehreren Drittländern oder einer oder mehreren internationalen Organisationen Abkommen schließen, die eine Assoziierung mit gegenseitigen Rechten und Pflichten, gemeinsamem Vorgehen und besonderen Verfahren herstellen.

Artikel 218 (ex-Artikel 300 EGV) [Verfahren; EuGH-Gutachten]
(1) Unbeschadet der besonderen Bestimmungen des Artikels 207 werden Übereinkünfte zwischen der Union und Drittländern oder internationalen Organisationen nach dem im Folgenden beschriebenen Verfahren ausgehandelt und geschlossen.

(2) Der Rat erteilt eine Ermächtigung zur Aufnahme von Verhandlungen, legt Verhandlungsrichtlinien fest, genehmigt die Unterzeichnung und schließt die Übereinkünfte.

(3) Die Kommission oder, wenn sich die geplante Übereinkunft ausschließlich oder hauptsächlich auf die Gemeinsame Außen- und Sicherheitspolitik bezieht, der Hohe Vertreter der Union für Außen- und Sicherheitspolitik legt dem Rat Empfehlungen vor; dieser erlässt einen Beschluss über die Ermächtigung zur Aufnahme von Verhandlungen und über die Benennung, je nach dem Gegenstand der geplanten Übereinkunft, des Verhandlungsführers oder des Leiters des Verhandlungsteams der Union.

(4) Der Rat kann dem Verhandlungsführer Richtlinien erteilen und einen Sonderausschuss bestellen; die Verhandlungen sind im Benehmen mit diesem Ausschuss zu führen.

(5) Der Rat erlässt auf Vorschlag des Verhandlungsführers einen Beschluss, mit dem die Unterzeichnung der Übereinkunft und gegebenen-

falls deren vorläufige Anwendung vor dem Inkrafttreten genehmigt werden.

(6) Der Rat erlässt auf Vorschlag des Verhandlungsführers einen Beschluss über den Abschluss der Übereinkunft.

Mit Ausnahme der Übereinkünfte, die ausschließlich die Gemeinsame Außen- und Sicherheitspolitik betreffen, erlässt der Rat den Beschluss über den Abschluss der Übereinkunft

a) nach Zustimmung des Europäischen Parlaments in folgenden Fällen:

   i)   Assoziierungsabkommen;

   ii)   Übereinkunft über den Beitritt der Union zur Europäischen Konvention zum Schutz der Menschenrechte und Grundfreiheiten;

   iii)   Übereinkünfte, die durch die Einführung von Zusammenarbeitsverfahren einen besonderen institutionellen Rahmen schaffen;

   iv)   Übereinkünfte mit erheblichen finanziellen Folgen für die Union;

   v)   Übereinkünfte in Bereichen, für die entweder das ordentliche Gesetzgebungsverfahren oder, wenn die Zustimmung des Europäischen Parlaments erforderlich ist, das besondere Gesetzgebungsverfahren gilt.

Das Europäische Parlament und der Rat können in dringenden Fällen eine Frist für die Zustimmung vereinbaren.

b) nach Anhörung des Europäischen Parlaments in den übrigen Fällen. Das Europäische Parlament gibt seine Stellungnahme innerhalb einer Frist ab, die der Rat entsprechend der Dringlichkeit festlegen kann. Ergeht innerhalb dieser Frist keine Stellungnahme, so kann der Rat einen Beschluss fassen.

(7) [1]Abweichend von den Absätzen 5, 6 und 9 kann der Rat den Verhandlungsführer bei Abschluss einer Übereinkunft ermächtigen, im Namen der Union Änderungen der Übereinkunft zu billigen, wenn die Übereinkunft vorsieht, dass diese Änderungen im Wege eines vereinfachten Verfahrens oder durch ein durch die Übereinkunft eingesetztes Gremium anzunehmen sind. [2]Der Rat kann diese Ermächtigung gegebenenfalls mit besonderen Bedingungen verbinden.

(8) Der Rat beschließt während des gesamten Verfahrens mit qualifizierter Mehrheit.

[1]Er beschließt jedoch einstimmig, wenn die Übereinkunft einen Bereich betrifft, in dem für den Erlass eines Rechtsakts der Union Einstimmigkeit erforderlich ist, sowie bei Assoziierungsabkommen und Übereinkünften nach Artikel 212 mit beitrittswilligen Staaten. [2]Auch über die Übereinkunft über den Beitritt der Union zur Europäischen Konvention zum Schutz der Menschenrechte und Grundfreiheiten beschließt der Rat einstimmig; der Beschluss zum Abschluss dieser Übereinkunft tritt in Kraft,

nachdem die Mitgliedstaaten im Einklang mit ihren jeweiligen verfassungsrechtlichen Vorschriften zugestimmt haben.

(9) Der Rat erlässt auf Vorschlag der Kommission oder des Hohen Vertreters der Union für Außen- und Sicherheitspolitik einen Beschluss über die Aussetzung der Anwendung einer Übereinkunft und zur Festlegung der Standpunkte, die im Namen der Union in einem durch eine Übereinkunft eingesetzten Gremium zu vertreten sind, sofern dieses Gremium rechtswirksame Akte, mit Ausnahme von Rechtsakten zur Ergänzung oder Änderung des institutionellen Rahmens der betreffenden Übereinkunft, zu erlassen hat.

(10) Das Europäische Parlament wird in allen Phasen des Verfahrens unverzüglich und umfassend unterrichtet.

(11) [1]Ein Mitgliedstaat, das Europäische Parlament, der Rat oder die Kommission können ein Gutachten des Gerichtshofs über die Vereinbarkeit einer geplanten Übereinkunft mit den Verträgen einholen. [2]Ist das Gutachten des Gerichtshofs ablehnend, so kann die geplante Übereinkunft nur in Kraft treten, wenn sie oder die Verträge geändert werden.

Artikel 219 (ex-Artikel 111 Absätze 1 bis 3 und Absatz 5 EGV) [Wechselkursfestlegung; internationale Vereinbarungen]

(1) [1]Abweichend von Artikel 218 kann der Rat entweder auf Empfehlung der Europäischen Zentralbank oder auf Empfehlung der Kommission und nach Anhörung der Europäischen Zentralbank in dem Bemühen, zu einem mit dem Ziel der Preisstabilität im Einklang stehenden Konsens zu gelangen, förmliche Vereinbarungen über ein Wechselkurssystem für den Euro gegenüber den Währungen von Drittstaaten treffen. [2]Der Rat beschließt nach dem Verfahren des Absatzes 3 einstimmig nach Anhörung des Europäischen Parlaments.

[1]Der Rat kann entweder auf Empfehlung der Europäischen Zentralbank oder auf Empfehlung der Kommission und nach Anhörung der Europäischen Zentralbank in dem Bemühen, zu einem mit dem Ziel der Preisstabilität im Einklang stehenden Konsens zu gelangen, die Euro-Leitkurse innerhalb des Wechselkurssystems festlegen, ändern oder aufgeben. [2]Der Präsident des Rates unterrichtet das Europäische Parlament von der Festlegung, Änderung oder Aufgabe der Euro-Leitkurse.

(2) [1]Besteht gegenüber einer oder mehreren Währungen von Drittstaaten kein Wechselkurssystem nach Absatz 1, so kann der Rat entweder auf Empfehlung der Kommission und nach Anhörung der Europäischen Zentralbank oder auf Empfehlung der Europäischen Zentralbank allgemeine Orientierungen für die Wechselkurspolitik gegenüber diesen Währungen aufstellen. [2]Diese allgemeinen Orientierungen dürfen das vorrangige Ziel des ESZB, die Preisstabilität zu gewährleisten, nicht beeinträchtigen.

(3) [1]Wenn von der Union mit einem oder mehreren Drittstaaten oder internationalen Organisationen Vereinbarungen im Zusammenhang mit Währungsfragen oder Devisenregelungen auszuhandeln sind, beschließt der Rat abweichend von Artikel 218 auf Empfehlung der Kommission und nach Anhörung der Europäischen Zentralbank die Modalitäten für die Aushandlung und den Abschluss solcher Vereinbarungen. [2]Mit diesen Modalitäten wird gewährleistet, dass die Union einen einheitlichen Standpunkt vertritt. [3]Die Kommission wird an den Verhandlungen in vollem Umfang beteiligt.

(4) Die Mitgliedstaaten haben das Recht, unbeschadet der Unionszuständigkeit und der Unionsvereinbarungen über die Wirtschafts- und Währungsunion in internationalen Gremien Verhandlungen zu führen und internationale Vereinbarungen zu treffen.

Titel VI
Beziehungen der Union zu internationalen Organisationen und Drittländern sowie Delegationen der Union

Artikel 220   (ex-Artikel 302 bis 304 EGV) [Zusammenarbeit mit internationalen Organisationen]

(1) Die Union betreibt jede zweckdienliche Zusammenarbeit mit den Organen der Vereinten Nationen und ihrer Sonderorganisationen, dem Europarat, der Organisation für Sicherheit und Zusammenarbeit in Europa und der Organisation für wirtschaftliche Zusammenarbeit und Entwicklung.

Die Union unterhält ferner, soweit zweckdienlich, Beziehungen zu anderen internationalen Organisationen.

(2) Die Durchführung dieses Artikels obliegt dem Hohen Vertreter der Union für Außen- und Sicherheitspolitik und der Kommission.

Artikel 221 [Delegation der Union]

(1) Die Delegationen der Union in Drittländern und bei internationalen Organisationen sorgen für die Vertretung der Union.

(2) [1]Die Delegationen der Union unterstehen der Leitung des Hohen Vertreters der Union für Außen- und Sicherheitspolitik. [2]Sie werden in enger Zusammenarbeit mit den diplomatischen und konsularischen Vertretungen der Mitgliedstaaten tätig.

Titel VII
Solidaritätsklausel

Artikel 222 [Solidarisches Handeln bei Terrorismus und Katastrophen]

(1) [1]Die Union und ihre Mitgliedstaaten handeln gemeinsam im Geiste der Solidarität, wenn ein Mitgliedstaat von einem Terroranschlag, einer

Naturkatastrophe oder einer vom Menschen verursachten Katastrophe betroffen ist. [2]Die Union mobilisiert alle ihr zur Verfügung stehenden Mittel, einschließlich der ihr von den Mitgliedstaaten bereitgestellten militärischen Mittel, um

a) – terroristische Bedrohungen im Hoheitsgebiet von Mitgliedstaaten abzuwenden;

   – die demokratischen Institutionen und die Zivilbevölkerung vor etwaigen Terroranschlägen zu schützen;

   – im Falle eines Terroranschlags einen Mitgliedstaat auf Ersuchen seiner politischen Organe innerhalb seines Hoheitsgebiets zu unterstützen;

b) im Falle einer Naturkatastrophe oder einer vom Menschen verursachten Katastrophe einen Mitgliedstaat auf Ersuchen seiner politischen Organe innerhalb seines Hoheitsgebiets zu unterstützen.

(2) [1]Ist ein Mitgliedstaat von einem Terroranschlag, einer Naturkatastrophe oder einer vom Menschen verursachten Katastrophe betroffen, so leisten die anderen Mitgliedstaaten ihm auf Ersuchen seiner politischen Organe Unterstützung. [2]Zu diesem Zweck sprechen die Mitgliedstaaten sich im Rat ab.

(3) [1]Die Einzelheiten für die Anwendung dieser Solidaritätsklausel durch die Union werden durch einen Beschluss festgelegt, den der Rat aufgrund eines gemeinsamen Vorschlags der Kommission und des Hohen Vertreters der Union für Außen- und Sicherheitspolitik erlässt. [2]Hat dieser Beschluss Auswirkungen im Bereich der Verteidigung, so beschließt der Rat nach Artikel 31 Absatz 1 des Vertrags über die Europäische Union. [3]Das Europäische Parlament wird darüber unterrichtet.

Für die Zwecke dieses Absatzes unterstützen den Rat unbeschadet des Artikels 240 das Politische und Sicherheitspolitische Komitee, das sich hierbei auf die im Rahmen der Gemeinsamen Sicherheits- und Verteidigungspolitik entwickelten Strukturen stützt, sowie der Ausschuss nach Artikel 71, die dem Rat gegebenenfalls gemeinsame Stellungnahmen vorlegen.

(4) Damit die Union und ihre Mitgliedstaaten auf effiziente Weise tätig werden können, nimmt der Europäische Rat regelmäßig eine Einschätzung der Bedrohungen vor, denen die Union ausgesetzt ist.

Sechster Teil
Institutionelle Bestimmungen und Finanzvorschriften

Titel I
Vorschriften über die Organe

Kapitel 1
Die Organe

Abschnitt 1
Das Europäische Parlament

Artikel 223 (ex-Artikel 190 Absätze 4 und 5 EGV) [Einheitliches Wahlverfahren; Statut der Abgeordneten]

(1) Das Europäische Parlament erstellt einen Entwurf der erforderlichen Bestimmungen für die allgemeine unmittelbare Wahl seiner Mitglieder nach einem einheitlichen Verfahren in allen Mitgliedstaaten oder im Einklang mit den allen Mitgliedstaaten gemeinsamen Grundsätzen.

[1]Der Rat erlässt die erforderlichen Bestimmungen einstimmig gemäß einem besonderen Gesetzgebungsverfahren und nach Zustimmung des Europäischen Parlaments, die mit der Mehrheit seiner Mitglieder erteilt wird. [2]Diese Bestimmungen treten nach Zustimmung der Mitgliedstaaten im Einklang mit ihren jeweiligen verfassungsrechtlichen Vorschriften in Kraft.

(2) [1]Das Europäische Parlament legt aus eigener Initiative gemäß einem besonderen Gesetzgebungsverfahren durch Verordnungen nach Anhörung der Kommission und mit Zustimmung des Rates die Regelungen und allgemeinen Bedingungen für die Wahrnehmung der Aufgaben seiner Mitglieder fest. [2]Alle Vorschriften und Bedingungen, die die Steuerregelung für die Mitglieder oder ehemaligen Mitglieder betreffen, sind vom Rat einstimmig festzulegen.

Artikel 224 (ex-Artikel 191 Absatz 2 EGV) [Politische Parteien]

Das Europäische Parlament und der Rat legen gemäß dem ordentlichen Gesetzgebungsverfahren durch Verordnungen die Regelungen für die politischen Parteien auf europäischer Ebene nach Artikel 10 Absatz 4 des Vertrags über die Europäische Union und insbesondere die Vorschriften über ihre Finanzierung fest.

Artikel 225 (ex-Artikel 192 Absatz 2 EGV) [Beteiligung]

[1]Das Europäische Parlament kann mit der Mehrheit seiner Mitglieder die Kommission auffordern, geeignete Vorschläge zu Fragen zu unterbreiten, die nach seiner Auffassung die Ausarbeitung eines Unionsakts zur Durchführung der Verträge erfordern. [2]Legt die Kommission keinen Vorschlag vor, so teilt sie dem Europäischen Parlament die Gründe dafür mit.

Artikel 226 (ex-Artikel 193 EGV) [Untersuchungsausschuss]
Das Europäische Parlament kann bei der Erfüllung seiner Aufgaben auf
Antrag eines Viertels seiner Mitglieder die Einsetzung eines nichtständi-
gen Untersuchungsausschusses beschließen, der unbeschadet der Befugnisse, die anderen Organen oder Einrichtungen durch die Verträge übertragen sind, behauptete Verstöße gegen das Unionsrecht oder Missstände
bei der Anwendung desselben prüft; dies gilt nicht, wenn ein Gericht mit
den behaupteten Sachverhalten befasst ist, solange das Gerichtsverfahren
nicht abgeschlossen ist.

Mit der Vorlage seines Berichts hört der nichtständige Untersuchungs-
ausschuss auf zu bestehen.

Die Einzelheiten der Ausübung des Untersuchungsrechts werden vom
Europäischen Parlament festgelegt, das aus eigener Initiative gemäß
einem besonderen Gesetzgebungsverfahren durch Verordnungen nach
Zustimmung des Rates und der Kommission beschließt.

Artikel 227 (ex-Artikel 194 EGV) [Petitionsrecht]
Jeder Bürger der Union sowie jede natürliche oder juristische Person mit
Wohnort oder satzungsmäßigem Sitz in einem Mitgliedstaat kann allein
oder zusammen mit anderen Bürgern oder Personen in Angelegenheiten,
die in die Tätigkeitsbereiche der Union fallen und die ihn oder sie unmittelbar betreffen, eine Petition an das Europäische Parlament richten.

Artikel 228 (ex-Artikel 195 EGV) [Bürgerbeauftragter]
(1) [1]Ein vom Europäischen Parlament gewählter Europäischer Bürgerbeauftragter ist befugt, Beschwerden von jedem Bürger der Union oder von
jeder natürlichen oder juristischen Person mit Wohnort oder satzungsmäßigem Sitz in einem Mitgliedstaat über Missstände bei der Tätigkeit der
Organe, Einrichtungen oder sonstigen Stellen der Union, mit Ausnahme
des Gerichtshofs der Europäischen Union in Ausübung seiner Rechtsprechungsbefugnisse, entgegenzunehmen. [2]Er untersucht diese Beschwerden
und erstattet darüber Bericht.

[1]Der Bürgerbeauftragte führt im Rahmen seines Auftrags von sich aus
oder aufgrund von Beschwerden, die ihm unmittelbar oder über ein Mitglied des Europäischen Parlaments zugehen, Untersuchungen durch, die
er für gerechtfertigt hält; dies gilt nicht, wenn die behaupteten Sachver-
halte Gegenstand eines Gerichtsverfahrens sind oder waren. [2]Hat der Bürgerbeauftragte einen Missstand festgestellt, so befasst er das betreffende
Organ, die betreffende Einrichtung oder sonstige Stelle, das bzw. die über
eine Frist von drei Monaten verfügt, um ihm seine bzw. ihre Stellungnahme zu übermitteln. [3]Der Bürgerbeauftragte legt anschließend dem Europäischen Parlament und dem betreffenden Organ, der betreffenden Einrichtung oder sonstigen Stelle einen Bericht vor. [4]Der Beschwerdeführer
wird über das Ergebnis dieser Untersuchungen unterrichtet.

Der Bürgerbeauftragte legt dem Europäischen Parlament jährlich einen Bericht über die Ergebnisse seiner Untersuchungen vor.

(2) [1]Der Bürgerbeauftragte wird nach jeder Wahl des Europäischen Parlaments für die Dauer der Wahlperiode gewählt. [2]Wiederwahl ist zulässig.

Der Bürgerbeauftragte kann auf Antrag des Europäischen Parlaments vom Gerichtshof seines Amtes enthoben werden, wenn er die Voraussetzungen für die Ausübung seines Amtes nicht mehr erfüllt oder eine schwere Verfehlung begangen hat.

(3) [1]Der Bürgerbeauftragte übt sein Amt in völliger Unabhängigkeit aus. [2]Er darf bei der Erfüllung seiner Pflichten von keiner Regierung, keinem Organ, keiner Einrichtung oder sonstigen Stelle Weisungen einholen oder entgegennehmen. [3]Der Bürgerbeauftragte darf während seiner Amtszeit keine andere entgeltliche oder unentgeltliche Berufstätigkeit ausüben.

(4) Das Europäische Parlament legt aus eigener Initiative gemäß einem besonderen Gesetzgebungsverfahren durch Verordnungen nach Stellungnahme der Kommission und nach Zustimmung des Rates die Regelungen und allgemeinen Bedingungen für die Ausübung der Aufgaben des Bürgerbeauftragten fest.

Artikel 229   (ex-Artikel 196 EGV) [Sitzungsperioden]

[1]Das Europäische Parlament hält jährlich eine Sitzungsperiode ab. [2]Es tritt, ohne dass es einer Einberufung bedarf, am zweiten Dienstag des Monats März zusammen.

Das Europäische Parlament kann auf Antrag der Mehrheit seiner Mitglieder sowie auf Antrag des Rates oder der Kommission zu einer außerordentlichen Sitzungsperiode zusammentreten.

Artikel 230   (ex-Artikel 197 Absätze 2, 3 und 4 EGV) [Anhörung von Kommission, Europäischem Rat und Rat]

Die Kommission kann an allen Sitzungen des Europäischen Parlaments teilnehmen und wird auf ihren Antrag gehört.

Die Kommission antwortet mündlich oder schriftlich auf die ihr vom Europäischen Parlament oder von dessen Mitgliedern gestellten Fragen.

Der Europäische Rat und der Rat werden vom Europäischen Parlament nach Maßgabe der Geschäftsordnung des Europäischen Rates und der Geschäftsordnung des Rates gehört.

Artikel 231   (ex-Artikel 198 EGV) [Beschlussfassung; Beschlussfähigkeit]

Soweit die Verträge nicht etwas anderes bestimmen, beschließt das Europäische Parlament mit der Mehrheit der abgegebenen Stimmen.

Die Geschäftsordnung legt die Beschlussfähigkeit fest.

Artikel 232 (ex-Artikel 199 EGV) [Geschäftsordnung; Niederschriften]
Das Europäische Parlament gibt sich seine Geschäftsordnung; hierzu sind die Stimmen der Mehrheit seiner Mitglieder erforderlich.

Die Verhandlungsniederschriften des Europäischen Parlaments werden nach Maßgabe der Verträge und seiner Geschäftsordnung veröffentlicht.

Artikel 233 (ex-Artikel 200 EGV) [Jährlicher Gesamtbericht]
Das Europäische Parlament erörtert in öffentlicher Sitzung den jährlichen Gesamtbericht, der ihm von der Kommission vorgelegt wird.

Artikel 234 (ex-Artikel 201 EGV) [Misstrauensantrag]
Wird wegen der Tätigkeit der Kommission ein Misstrauensantrag eingebracht, so darf das Europäische Parlament nicht vor Ablauf von drei Tagen nach seiner Einbringung und nur in offener Abstimmung darüber entscheiden.

[1]Wird der Misstrauensantrag mit der Mehrheit von zwei Dritteln der abgegebenen Stimmen und mit der Mehrheit der Mitglieder des Europäischen Parlaments angenommen, so legen die Mitglieder der Kommission geschlossen ihr Amt nieder, und der Hohe Vertreter der Union für Außen- und Sicherheitspolitik legt sein im Rahmen der Kommission ausgeübtes Amt nieder. [2]Sie bleiben im Amt und führen die laufenden Geschäfte bis zu ihrer Ersetzung nach Artikel 17 des Vertrags über die Europäische Union weiter. [3]In diesem Fall endet die Amtszeit der zu ihrer Ersetzung ernannten Mitglieder der Kommission zu dem Zeitpunkt, zu dem die Amtszeit der Mitglieder der Kommission, die ihr Amt geschlossen niederlegen mussten, geendet hätte.

Abschnitt 2
Der Europäische Rat

Artikel 235 [Beschlussverfahren; Geschäftsordnung]
(1) Jedes Mitglied des Europäischen Rates kann sich das Stimmrecht höchstens eines anderen Mitglieds übertragen lassen.

[1]Beschließt der Europäische Rat mit qualifizierter Mehrheit, so gelten für ihn Artikel 16 Absatz 4 des Vertrags über die Europäische Union und Artikel 238 Absatz 2 dieses Vertrags. [2]An Abstimmungen im Europäischen Rat nehmen dessen Präsident und der Präsident der Kommission nicht teil.

Die Stimmenthaltung von anwesenden oder vertretenen Mitgliedern steht dem Zustandekommen von Beschlüssen des Europäischen Rates, zu denen Einstimmigkeit erforderlich ist, nicht entgegen.

(2) Der Präsident des Europäischen Parlaments kann vom Europäischen Rat gehört werden.

(3) Der Europäische Rat beschließt mit einfacher Mehrheit über Verfahrensfragen sowie über den Erlass seiner Geschäftsordnung.

(4) Der Europäische Rat wird vom Generalsekretariat des Rates unterstützt.

Artikel 236 [Beschluss zu Zusammensetzung und Vorsitz]
Der Europäische Rat erlässt mit qualifizierter Mehrheit

a) einen Beschluss zur Festlegung der Zusammensetzungen des Rates, mit Ausnahme des Rates „Allgemeine Angelegenheiten" und des Rates „Auswärtige Angelegenheiten" nach Artikel 16 Absatz 6 des Vertrags über die Europäische Union;

b) einen Beschluss nach Artikel 16 Absatz 9 des Vertrags über die Europäische Union zur Festlegung des Vorsitzes im Rat in allen seinen Zusammensetzungen mit Ausnahme des Rates „Auswärtige Angelegenheiten".

Abschnitt 3
Der Rat

Artikel 237 (ex-Artikel 204 EGV) [Einberufung]
Der Rat wird von seinem Präsidenten aus eigenem Entschluss oder auf Antrag eines seiner Mitglieder oder der Kommission einberufen.

Artikel 238 (ex-Artikel 205 Absätze 1 und 2 EGV) [Beschlussfassung; Mehrheiten]
(1) Ist zu einem Beschluss des Rates die einfache Mehrheit erforderlich, so beschließt der Rat mit der Mehrheit seiner Mitglieder.

(2) Beschließt der Rat nicht auf Vorschlag der Kommission oder des Hohen Vertreters der Union für Außen- und Sicherheitspolitik, so gilt ab dem 1. November 2014 abweichend von Artikel 16 Absatz 4 des Vertrags über die Europäische Union und vorbehaltlich der Vorschriften des Protokolls über die Übergangsbestimmungen als qualifizierte Mehrheit eine Mehrheit von mindestens 72 % der Mitglieder des Rates, sofern die von ihnen vertretenen Mitgliedstaaten zusammen mindestens 65 % der Bevölkerung der Union ausmachen.

(3) In den Fällen, in denen in Anwendung der Verträge nicht alle Mitglieder des Rates stimmberechtigt sind, gilt ab dem 1. November 2014 vorbehaltlich der Vorschriften des Protokolls über die Übergangsbestimmungen für die qualifizierte Mehrheit Folgendes:

a) Als qualifizierte Mehrheit gilt eine Mehrheit von mindestens 55 % derjenigen Mitglieder des Rates, die die beteiligten Mitgliedstaaten vertreten, sofern die von ihnen vertretenen Mitgliedstaaten zusammen mindestens 65 % der Bevölkerung der beteiligten Mitgliedstaaten ausmachen.

Für eine Sperrminorität bedarf es mindestens der Mindestzahl von Mitgliedern des Rates, die zusammen mehr als 35 % der Bevölkerung der beteiligten Mitgliedstaaten vertreten, zuzüglich eines Mitglieds; andernfalls gilt die qualifizierte Mehrheit als erreicht.

b) Beschließt der Rat nicht auf Vorschlag der Kommission oder des Hohen Vertreters der Union für Außen- und Sicherheitspolitik, so gilt abweichend von Buchstabe a als qualifizierte Mehrheit eine Mehrheit von mindestens 72 % derjenigen Mitglieder des Rates, die die beteiligten Mitgliedstaaten vertreten, sofern die von ihnen vertretenen Mitgliedstaaten zusammen mindestens 65 % der Bevölkerung der beteiligten Mitgliedstaaten ausmachen.

(4) Die Stimmenthaltung von anwesenden oder vertretenen Mitgliedern steht dem Zustandekommen von Beschlüssen des Rates, zu denen Einstimmigkeit erforderlich ist, nicht entgegen.

Artikel 239 (ex-Artikel 206 EGV) [Übertragung des Stimmrechts]
Jedes Mitglied kann sich das Stimmrecht höchstens eines anderen Mitglieds übertragen lassen.

Artikel 240 (ex-Artikel 207 EGV) [Ausschuss der ständigen Vertreter; Generalsekretariat; Geschäftsordnung]
(1) [1]Ein Ausschuss, der sich aus den Ständigen Vertretern der Regierungen der Mitgliedstaaten zusammensetzt, trägt die Verantwortung, die Arbeiten des Rates vorzubereiten und die ihm vom Rat übertragenen Aufträge auszuführen. [2]Der Ausschuss kann in Fällen, die in der Geschäftsordnung des Rates vorgesehen sind, Verfahrensbeschlüsse fassen.

(2) Der Rat wird von einem Generalsekretariat unterstützt, das einem vom Rat ernannten Generalsekretär untersteht.

Der Rat beschließt mit einfacher Mehrheit über die Organisation des Generalsekretariats.

(3) Der Rat beschließt mit einfacher Mehrheit über Verfahrensfragen sowie über den Erlass seiner Geschäftsordnung.

Artikel 241 (ex-Artikel 208 EGV) [Vorschlagsaufforderung]
[1]Der Rat, der mit einfacher Mehrheit beschließt, kann die Kommission auffordern, die nach seiner Ansicht zur Verwirklichung der gemeinsamen Ziele geeigneten Untersuchungen vorzunehmen und ihm entsprechende Vorschläge zu unterbreiten. [2]Legt die Kommission keinen Vorschlag vor, so teilt sie dem Rat die Gründe dafür mit.

Artikel 242 (ex-Artikel 209 EGV) [Ausschüsse; Rechtsstellung]
Der Rat, der mit einfacher Mehrheit beschließt, regelt nach Anhörung der Kommission die rechtliche Stellung der in den Verträgen vorgesehenen Ausschüsse.

Artikel 243 (ex-Artikel 210 EGV) [Festsetzung der Bezüge]
[1]Der Rat setzt die Gehälter, Vergütungen und Ruhegehälter für den Präsidenten des Europäischen Rates, den Präsidenten der Kommission, den Hohen Vertreter der Union für Außen- und Sicherheitspolitik, die Mit-

glieder der Kommission, die Präsidenten, die Mitglieder und die Kanzler des Gerichtshofs der Europäischen Union sowie den Generalsekretär des Rates fest. [2]Er setzt ebenfalls alle als Entgelt gezahlten Vergütungen fest.

Abschnitt 4
Die Kommission

Artikel 244 [Rotationsprinzip]

Gemäß Artikel 17 Absatz 5 des Vertrags über die Europäische Union werden die Kommissionsmitglieder in einem vom Europäischen Rat einstimmig festgelegten System der Rotation ausgewählt, das auf folgenden Grundsätzen beruht:

a) Die Mitgliedstaaten werden bei der Festlegung der Reihenfolge und der Dauer der Amtszeiten ihrer Staatsangehörigen in der Kommission vollkommen gleich behandelt; demzufolge kann die Gesamtzahl der Mandate, welche Staatsangehörige zweier beliebiger Mitgliedstaaten innehaben, niemals um mehr als eines voneinander abweichen.

b) Vorbehaltlich des Buchstabens a ist jede der aufeinander folgenden Kommissionen so zusammengesetzt, dass das demografische und geografische Spektrum der Gesamtheit der Mitgliedstaaten auf zufrieden stellende Weise zum Ausdruck kommt.

Artikel 245 (ex-Artikel 213 EGV) [Amtspflichten; Amtsenthebung]

[1]Die Mitglieder der Kommission haben jede Handlung zu unterlassen, die mit ihren Aufgaben unvereinbar ist. [2]Die Mitgliedstaaten achten ihre Unabhängigkeit und versuchen nicht, sie bei der Erfüllung ihrer Aufgaben zu beeinflussen.

[1]Die Mitglieder der Kommission dürfen während ihrer Amtszeit keine andere entgeltliche oder unentgeltliche Berufstätigkeit ausüben. [2]Bei der Aufnahme ihrer Tätigkeit übernehmen sie die feierliche Verpflichtung, während der Ausübung und nach Ablauf ihrer Amtstätigkeit die sich aus ihrem Amt ergebenden Pflichten zu erfüllen, insbesondere die Pflicht, bei der Annahme gewisser Tätigkeiten oder Vorteile nach Ablauf dieser Tätigkeit ehrenhaft und zurückhaltend zu sein. [3]Werden diese Pflichten verletzt, so kann der Gerichtshof auf Antrag des Rates, der mit einfacher Mehrheit beschließt, oder der Kommission das Mitglied je nach Lage des Falles gemäß Artikel 247 seines Amtes entheben oder ihm seine Ruhegehaltsansprüche oder andere an ihrer Stelle gewährte Vergünstigungen aberkennen.

Artikel 246 (ex-Artikel 215 EGV) [Neubesetzung nach Rücktritt, Amtsenthebung oder Tod]

Abgesehen von den regelmäßigen Neubesetzungen und von Todesfällen endet das Amt eines Mitglieds der Kommission durch Rücktritt oder Amtsenthebung.

Für ein zurückgetretenes, seines Amtes enthobenes oder verstorbenes Mitglied wird für die verbleibende Amtszeit vom Rat mit Zustimmung des Präsidenten der Kommission nach Anhörung des Europäischen Parlaments und nach den Anforderungen des Artikels 17 Absatz 3 Unterabsatz 2 des Vertrags über die Europäische Union ein neues Mitglied derselben Staatsangehörigkeit ernannt.

Der Rat kann auf Vorschlag des Präsidenten der Kommission einstimmig beschließen, dass ein ausscheidendes Mitglied der Kommission für die verbleibende Amtszeit nicht ersetzt werden muss, insbesondere wenn es sich um eine kurze Zeitspanne handelt.

[1]Bei Rücktritt, Amtsenthebung oder Tod des Präsidenten wird für die verbleibende Amtszeit ein Nachfolger ernannt. [2]Für die Ersetzung findet das Verfahren des Artikels 17 Absatz 7 Unterabsatz 1 des Vertrags über die Europäische Union Anwendung.

Bei Rücktritt, Amtsenthebung oder Tod des Hohen Vertreters der Union für die Außen- und Sicherheitspolitik wird für die verbleibende Amtszeit nach Artikel 18 Absatz 1 des Vertrags über die Europäische Union ein Nachfolger ernannt.

Bei Rücktritt aller Mitglieder der Kommission bleiben diese bis zur Neubesetzung ihres Sitzes nach Artikel 17 des Vertrags über die Europäische Union für die verbleibende Amtszeit im Amt und führen die laufenden Geschäfte weiter.

Artikel 247 (ex-Artikel 216 EGV) [Amtsenthebung]

Jedes Mitglied der Kommission, das die Voraussetzungen für die Ausübung seines Amtes nicht mehr erfüllt oder eine schwere Verfehlung begangen hat, kann auf Antrag des Rates, der mit einfacher Mehrheit beschließt, oder der Kommission durch den Gerichtshof seines Amtes enthoben werden.

Artikel 248 (ex-Artikel 217 Absatz 2 EGV) [Zuständigkeiten]

[1]Die Zuständigkeiten der Kommission werden unbeschadet des Artikels 18 Absatz 4 des Vertrags über die Europäische Union von ihrem Präsidenten nach Artikel 17 Absatz 6 des genannten Vertrags gegliedert und zwischen ihren Mitgliedern aufgeteilt. [2]Der Präsident kann diese Zuständigkeitsverteilung im Laufe der Amtszeit ändern. [3]Die Mitglieder der Kommission üben die ihnen vom Präsidenten übertragenen Aufgaben unter dessen Leitung aus.

Artikel 249 (ex-Artikel 218 Absatz 2 und ex-Artikel 212 EGV) [Geschäftsordnung; Gesamtbericht]

(1) [1]Die Kommission gibt sich eine Geschäftsordnung, um ihr ordnungsgemäßes Arbeiten und das ihrer Dienststellen zu gewährleisten. [2]Sie sorgt für die Veröffentlichung dieser Geschäftsordnung.

(2) Die Kommission veröffentlicht jährlich, und zwar spätestens einen Monat vor Beginn der Sitzungsperiode des Europäischen Parlaments, einen Gesamtbericht über die Tätigkeit der Union.

Artikel 250 (ex-Artikel 219 EGV) [Beschlussfassung]

Die Beschlüsse der Kommission werden mit der Mehrheit ihrer Mitglieder gefasst.

Die Beschlussfähigkeit wird in ihrer Geschäftsordnung festgelegt.

Abschnitt 5
Der Gerichtshof der Europäischen Union

Artikel 251 (ex-Artikel 221 EGV) [Spruchkörper des Gerichtshofs]

Der Gerichtshof tagt in Kammern oder als Große Kammer entsprechend den hierfür in der Satzung des Gerichtshofs der Europäischen Union vorgesehenen Regeln.

Wenn die Satzung es vorsieht, kann der Gerichtshof auch als Plenum tagen.

Artikel 252 (ex-Artikel 222 EGV) [Generalanwälte]

[1]Der Gerichtshof wird von acht Generalanwälten unterstützt. [2]Auf Antrag des Gerichtshofs kann der Rat einstimmig die Zahl der Generalanwälte erhöhen.[1]

Der Generalanwalt hat öffentlich in völliger Unparteilichkeit und Unabhängigkeit begründete Schlussanträge zu den Rechtssachen zu stellen, in denen nach der Satzung des Gerichtshofs der Europäischen Union seine Mitwirkung erforderlich ist.

Artikel 253 (ex-Artikel 223 EGV) [Ernennung; Kanzler; Amtszeit; Verfahrensordnung]

Zu Richtern und Generalanwälten des Gerichtshofs sind Persönlichkeiten auszuwählen, die jede Gewähr für Unabhängigkeit bieten und in ihrem Staat die für die höchsten richterlichen Ämter erforderlichen Voraussetzungen erfüllen oder Juristen von anerkannt hervorragender Befähigung sind; sie werden von den Regierungen der Mitgliedstaaten im gegenseitigen Einvernehmen nach Anhörung des in Artikel 255 vorgesehenen Ausschusses auf sechs Jahre ernannt.

Alle drei Jahre findet nach Maßgabe der Satzung des Gerichtshofs der Europäischen Union eine teilweise Neubesetzung der Stellen der Richter und Generalanwälte statt.

[1]Die Richter wählen aus ihrer Mitte den Präsidenten des Gerichtshofs für die Dauer von drei Jahren. [2]Wiederwahl ist zulässig.

---

1) Anm. d. Red. Gemäß Beschluss 2013/336/EU v. 25. 6. 2013 (ABl. L 179 v. 29. 6. 2013, S. 92) wurde die Zahl der Generalanwälte wie folgt erhöht:
   mit Wirkung vom 1. 7. 2013 auf neun;
   mit Wirkung vom 7. 10. 2015 auf elf.

Die Wiederernennung ausscheidender Richter und Generalanwälte ist zulässig.

Der Gerichtshof ernennt seinen Kanzler und bestimmt dessen Stellung.

[1]Der Gerichtshof erlässt seine Verfahrensordnung. [2]Sie bedarf der Genehmigung des Rates.

Artikel 254 (ex-Artikel 224 EGV) [Zusammensetzung des Gerichts; Verfahrensordnung]

[1]Die Zahl der Richter des Gerichts wird in der Satzung des Gerichtshofs der Europäischen Union festgelegt. [2]In der Satzung kann vorgesehen werden, dass das Gericht von Generalanwälten unterstützt wird.

[1]Zu Mitgliedern des Gerichts sind Personen auszuwählen, die jede Gewähr für Unabhängigkeit bieten und über die Befähigung zur Ausübung hoher richterlicher Tätigkeiten verfügen. [2]Sie werden von den Regierungen der Mitgliedstaaten im gegenseitigen Einvernehmen nach Anhörung des in Artikel 255 vorgesehenen Ausschusses für sechs Jahre ernannt. [3]Alle drei Jahre wird das Gericht teilweise neu besetzt. [4]Die Wiederernennung ausscheidender Mitglieder ist zulässig.

[1]Die Richter wählen aus ihrer Mitte den Präsidenten des Gerichts für die Dauer von drei Jahren. [2]Wiederwahl ist zulässig.

Das Gericht ernennt seinen Kanzler und bestimmt dessen Stellung.

[1]Das Gericht erlässt seine Verfahrensordnung im Einvernehmen mit dem Gerichtshof. [2]Sie bedarf der Genehmigung des Rates.

Soweit die Satzung des Gerichtshofs der Europäischen Union nichts anderes vorsieht, finden die den Gerichtshof betreffenden Bestimmungen der Verträge auf das Gericht Anwendung.

Artikel 255 [Ausschuss zur Beurteilung der Bewerber]

Es wird ein Ausschuss eingerichtet, der die Aufgabe hat, vor einer Ernennung durch die Regierungen der Mitgliedstaaten nach den Artikeln 253 und 254 eine Stellungnahme zur Eignung der Bewerber für die Ausübung des Amts eines Richters oder Generalanwalts beim Gerichtshof oder beim Gericht abzugeben.

[1]Der Ausschuss setzt sich aus sieben Persönlichkeiten zusammen, die aus dem Kreis ehemaliger Mitglieder des Gerichtshofs und des Gerichts, der Mitglieder der höchsten einzelstaatlichen Gerichte und der Juristen von anerkannt hervorragender Befähigung ausgewählt werden, von denen einer vom Europäischen Parlament vorgeschlagen wird. [2]Der Rat erlässt einen Beschluss zur Festlegung der Vorschriften für die Arbeitsweise und einen Beschluss zur Ernennung der Mitglieder dieses Ausschusses. [3]Er beschließt auf Initiative des Präsidenten des Gerichtshofs.

Artikel 256 (ex-Artikel 225 EGV) [Gericht; Zuständigkeiten]

(1) [1]Das Gericht ist für Entscheidungen im ersten Rechtszug über die in den Artikeln 263, 265, 268, 270 und 272 genannten Klagen zuständig, mit Ausnahme derjenigen Klagen, die einem nach Artikel 257 gebildeten

Fachgericht übertragen werden, und der Klagen, die gemäß der Satzung dem Gerichtshof vorbehalten sind. [2]In der Satzung kann vorgesehen werden, dass das Gericht für andere Kategorien von Klagen zuständig ist.

Gegen die Entscheidungen des Gerichts aufgrund dieses Absatzes kann nach Maßgabe der Bedingungen und innerhalb der Grenzen, die in der Satzung vorgesehen sind, beim Gerichtshof ein auf Rechtsfragen beschränktes Rechtsmittel eingelegt werden.

(2) Das Gericht ist für Entscheidungen über Rechtsmittel gegen die Entscheidungen der Fachgerichte zuständig.

Die Entscheidungen des Gerichts aufgrund dieses Absatzes können nach Maßgabe der Bedingungen und innerhalb der Grenzen, die in der Satzung vorgesehen sind, in Ausnahmefällen vom Gerichtshof überprüft werden, wenn die ernste Gefahr besteht, dass die Einheit oder Kohärenz des Unionsrechts berührt wird.

(3) Das Gericht ist in besonderen in der Satzung festgelegten Sachgebieten für Vorabentscheidungen nach Artikel 267 zuständig.

Wenn das Gericht der Auffassung ist, dass eine Rechtssache eine Grundsatzentscheidung erfordert, die die Einheit oder die Kohärenz des Unionsrechts berühren könnte, kann es die Rechtssache zur Entscheidung an den Gerichtshof verweisen.

Die Entscheidungen des Gerichts über Anträge auf Vorabentscheidung können nach Maßgabe der Bedingungen und innerhalb der Grenzen, die in der Satzung vorgesehen sind, in Ausnahmefällen vom Gerichtshof überprüft werden, wenn die ernste Gefahr besteht, dass die Einheit oder die Kohärenz des Unionsrechts berührt wird.

Artikel 257 (ex-Artikel 225 a EGV) [Fachgerichte]

[1]Das Europäische Parlament und der Rat können gemäß dem ordentlichen Gesetzgebungsverfahren dem Gericht beigeordnete Fachgerichte bilden, die für Entscheidungen im ersten Rechtszug über bestimmte Kategorien von Klagen zuständig sind, die auf besonderen Sachgebieten erhoben werden. [2]Das Europäische Parlament und der Rat beschließen durch Verordnungen entweder auf Vorschlag der Kommission nach Anhörung des Gerichtshofs oder auf Antrag des Gerichtshofs nach Anhörung der Kommission.

In der Verordnung über die Bildung eines Fachgerichts werden die Regeln für die Zusammensetzung dieses Gerichts und der ihm übertragene Zuständigkeitsbereich festgelegt.

Gegen die Entscheidungen der Fachgerichte kann vor dem Gericht ein auf Rechtsfragen beschränktes Rechtsmittel oder, wenn die Verordnung über die Bildung des Fachgerichts dies vorsieht, ein auch Sachfragen betreffendes Rechtsmittel eingelegt werden.

[1]Zu Mitgliedern der Fachgerichte sind Personen auszuwählen, die jede Gewähr für Unabhängigkeit bieten und über die Befähigung zur Aus-

übung richterlicher Tätigkeiten verfügen. [2]Sie werden einstimmig vom Rat ernannt.

[1]Die Fachgerichte erlassen ihre Verfahrensordnung im Einvernehmen mit dem Gerichtshof. [2]Diese Verfahrensordnung bedarf der Genehmigung des Rates.

[1]Soweit die Verordnung über die Bildung der Fachgerichte nichts anderes vorsieht, finden die den Gerichtshof der Europäischen Union betreffenden Bestimmungen der Verträge und die Satzung des Gerichtshofs der Europäischen Union auf die Fachgerichte Anwendung. [2]Titel I und Artikel 64 der Satzung gelten auf jeden Fall für die Fachgerichte.

Artikel 258 (ex-Artikel 226 EGV) [Vertragsverletzungsverfahren]
Hat nach Auffassung der Kommission ein Mitgliedstaat gegen eine Verpflichtung aus den Verträgen verstoßen, so gibt sie eine mit Gründen versehene Stellungnahme hierzu ab; sie hat dem Staat zuvor Gelegenheit zur Äußerung zu geben.

Kommt der Staat dieser Stellungnahme innerhalb der von der Kommission gesetzten Frist nicht nach, so kann die Kommission den Gerichtshof der Europäischen Union anrufen.

Artikel 259 (ex-Artikel 227 EGV) [Klage eines Mitgliedstaats]
Jeder Mitgliedstaat kann den Gerichtshof der Europäischen Union anrufen, wenn er der Auffassung ist, dass ein anderer Mitgliedstaat gegen eine Verpflichtung aus den Verträgen verstoßen hat.

Bevor ein Mitgliedstaat wegen einer angeblichen Verletzung der Verpflichtungen aus den Verträgen gegen einen anderen Staat Klage erhebt, muss er die Kommission damit befassen.

Die Kommission erlässt eine mit Gründen versehene Stellungnahme; sie gibt den beteiligten Staaten zuvor Gelegenheit zu schriftlicher und mündlicher Äußerung in einem kontradiktorischen Verfahren.

Gibt die Kommission binnen drei Monaten nach dem Zeitpunkt, in dem ein entsprechender Antrag gestellt wurde, keine Stellungnahme ab, so kann ungeachtet des Fehlens der Stellungnahme vor dem Gerichtshof geklagt werden.

Artikel 260 (ex-Artikel 228 EGV) [Wirkung von Urteilen; Zwangsgeld]
(1) Stellt der Gerichtshof der Europäischen Union fest, dass ein Mitgliedstaat gegen eine Verpflichtung aus den Verträgen verstoßen hat, so hat dieser Staat die Maßnahmen zu ergreifen, die sich aus dem Urteil des Gerichtshofs ergeben.

(2) [1]Hat der betreffende Mitgliedstaat die Maßnahmen, die sich aus dem Urteil des Gerichtshofs ergeben, nach Auffassung der Kommission nicht getroffen, so kann die Kommission den Gerichtshof anrufen, nachdem sie diesem Staat zuvor Gelegenheit zur Äußerung gegeben hat. [2]Hierbei benennt sie die Höhe des von dem betreffenden Mitgliedstaat zu zahlenden

Pauschalbetrags oder Zwangsgelds, die sie den Umständen nach für angemessen hält.

Stellt der Gerichtshof fest, dass der betreffende Mitgliedstaat seinem Urteil nicht nachgekommen ist, so kann er die Zahlung eines Pauschalbetrags oder Zwangsgelds verhängen.

Dieses Verfahren lässt den Artikel 259 unberührt.

(3) Erhebt die Kommission beim Gerichtshof Klage nach Artikel 258, weil sie der Auffassung ist, dass der betreffende Mitgliedstaat gegen seine Verpflichtung verstoßen hat, Maßnahmen zur Umsetzung einer gemäß einem Gesetzgebungsverfahren erlassenen Richtlinie mitzuteilen, so kann sie, wenn sie dies für zweckmäßig hält, die Höhe des von dem betreffenden Mitgliedstaat zu zahlenden Pauschalbetrags oder Zwangsgelds benennen, die sie den Umständen nach für angemessen hält.

[1]Stellt der Gerichtshof einen Verstoß fest, so kann er gegen den betreffenden Mitgliedstaat die Zahlung eines Pauschalbetrags oder eines Zwangsgelds bis zur Höhe des von der Kommission genannten Betrags verhängen. [2]Die Zahlungsverpflichtung gilt ab dem vom Gerichtshof in seinem Urteil festgelegten Zeitpunkt.

Artikel 261 (ex-Artikel 229 EGV) [Ermessensprüfung; Zwangsmaßnahmen]

Aufgrund der Verträge vom Europäischen Parlament und vom Rat gemeinsam sowie vom Rat erlassene Verordnungen können hinsichtlich der darin vorgesehenen Zwangsmaßnahmen dem Gerichtshof der Europäischen Union eine Zuständigkeit übertragen, welche die Befugnis zu unbeschränkter Ermessensnachprüfung und zur Änderung oder Verhängung solcher Maßnahmen umfasst.

Artikel 262 (ex-Artikel 229 a EGV) [Entscheidungen über das geistige Eigentum]

[1]Unbeschadet der sonstigen Bestimmungen der Verträge kann der Rat gemäß einem besonderen Gesetzgebungsverfahren nach Anhörung des Europäischen Parlaments einstimmig Bestimmungen erlassen, mit denen dem Gerichtshof der Europäischen Union in dem vom Rat festgelegten Umfang die Zuständigkeit übertragen wird, über Rechtsstreitigkeiten im Zusammenhang mit der Anwendung von aufgrund der Verträge erlassenen Rechtsakten, mit denen europäische Rechtstitel für das geistige Eigentum geschaffen werden, zu entscheiden. [2]Diese Bestimmungen treten nach Zustimmung der Mitgliedstaaten im Einklang mit ihren jeweiligen verfassungsrechtlichen Vorschriften in Kraft.

Artikel 263 (ex-Artikel 230 EGV) [Nichtigkeitsklage; Frist]

[1]Der Gerichtshof der Europäischen Union überwacht die Rechtmäßigkeit der Gesetzgebungsakte sowie der Handlungen des Rates, der Kommission und der Europäischen Zentralbank, soweit es sich nicht um Empfehlungen oder Stellungnahmen handelt, und der Handlungen des Europäischen Par-

laments und des Europäischen Rates mit Rechtswirkung gegenüber Dritten. [2]Er überwacht ebenfalls die Rechtmäßigkeit der Handlungen der Einrichtungen oder sonstigen Stellen der Union mit Rechtswirkung gegenüber Dritten.

Zu diesem Zweck ist der Gerichtshof der Europäischen Union für Klagen zuständig, die ein Mitgliedstaat, das Europäische Parlament, der Rat oder die Kommission wegen Unzuständigkeit, Verletzung wesentlicher Formvorschriften, Verletzung der Verträge oder einer bei seiner Durchführung anzuwendenden Rechtsnorm oder wegen Ermessensmissbrauchs erhebt.

Der Gerichtshof der Europäischen Union ist unter den gleichen Voraussetzungen zuständig für Klagen des Rechnungshofs, der Europäischen Zentralbank und des Ausschusses der Regionen, die auf die Wahrung ihrer Rechte abzielen.

Jede natürliche oder juristische Person kann unter den Bedingungen nach den Absätzen 1 und 2 gegen die an sie gerichteten oder sie unmittelbar und individuell betreffenden Handlungen sowie gegen Rechtsakte mit Verordnungscharakter, die sie unmittelbar betreffen und keine Durchführungsmaßnahmen nach sich ziehen, Klage erheben.

In den Rechtsakten zur Gründung von Einrichtungen und sonstigen Stellen der Union können besondere Bedingungen und Einzelheiten für die Erhebung von Klagen von natürlichen oder juristischen Personen gegen Handlungen dieser Einrichtungen und sonstigen Stellen vorgesehen werden, die eine Rechtswirkung gegenüber diesen Personen haben.

Die in diesem Artikel vorgesehenen Klagen sind binnen zwei Monaten zu erheben; diese Frist läuft je nach Lage des Falles von der Bekanntgabe der betreffenden Handlung, ihrer Mitteilung an den Kläger oder in Ermangelung dessen von dem Zeitpunkt an, zu dem der Kläger von dieser Handlung Kenntnis erlangt hat.

Artikel 264 (ex-Artikel 231 EGV) [Nichtigerklärung]

Ist die Klage begründet, so erklärt der Gerichtshof der Europäischen Union die angefochtene Handlung für nichtig.

Erklärt der Gerichtshof eine Handlung für nichtig, so bezeichnet er, falls er dies für notwendig hält, diejenigen ihrer Wirkungen, die als fortgeltend zu betrachten sind.

Artikel 265 (ex-Artikel 232 EGV) [Untätigkeitsklage]

[1]Unterlässt es das Europäische Parlament, der Europäische Rat, der Rat, die Kommission oder die Europäische Zentralbank unter Verletzung der Verträge, einen Beschluss zu fassen, so können die Mitgliedstaaten und die anderen Organe der Union beim Gerichtshof der Europäischen Union Klage auf Feststellung dieser Vertragsverletzung erheben. [2]Dieser Artikel gilt entsprechend für die Einrichtungen und sonstigen Stellen der Union, die es unterlassen, tätig zu werden.

[1]Diese Klage ist nur zulässig, wenn das in Frage stehende Organ, die in Frage stehende Einrichtung oder sonstige Stelle zuvor aufgefordert worden ist, tätig zu werden. [2]Hat es bzw. sie binnen zwei Monaten nach dieser Aufforderung nicht Stellung genommen, so kann die Klage innerhalb einer weiteren Frist von zwei Monaten erhoben werden.

Jede natürliche oder juristische Person kann nach Maßgabe der Absätze 1 und 2 vor dem Gerichtshof Beschwerde darüber führen, dass ein Organ oder eine Einrichtung oder sonstige Stelle der Union es unterlassen hat, einen anderen Akt als eine Empfehlung oder eine Stellungnahme an sie zu richten.

Artikel 266 (ex-Artikel 233 EGV) [Verpflichtung]

Die Organe, Einrichtungen oder sonstigen Stellen, denen das für nichtig erklärte Handeln zur Last fällt oder deren Untätigkeit als vertragswidrig erklärt worden ist, haben die sich aus dem Urteil des Gerichtshofs der Europäischen Union ergebenden Maßnahmen zu ergreifen.

Diese Verpflichtung besteht unbeschadet der Verpflichtungen, die sich aus der Anwendung des Artikels 340 Absatz 2 ergeben.

Artikel 267 (ex-Artikel 234 EGV) [Vorabentscheidung]

Der Gerichtshof der Europäischen Union entscheidet im Wege der Vorabentscheidung
a) über die Auslegung der Verträge,
b) über die Gültigkeit und die Auslegung der Handlungen der Organe, Einrichtungen oder sonstigen Stellen der Union.

Wird eine derartige Frage einem Gericht eines Mitgliedstaats gestellt und hält dieses Gericht eine Entscheidung darüber zum Erlass seines Urteils für erforderlich, so kann es diese Frage dem Gerichtshof zur Entscheidung vorlegen.

Wird eine derartige Frage in einem schwebenden Verfahren bei einem einzelstaatlichen Gericht gestellt, dessen Entscheidungen selbst nicht mehr mit Rechtsmitteln des innerstaatlichen Rechts angefochten werden können, so ist dieses Gericht zur Anrufung des Gerichtshofs verpflichtet.

Wird eine derartige Frage in einem schwebenden Verfahren, das eine inhaftierte Person betrifft, bei einem einzelstaatlichen Gericht gestellt, so entscheidet der Gerichtshof innerhalb kürzester Zeit.

Artikel 268 (ex-Artikel 235 EGV) [Schadensersatzklagen]

Der Gerichtshof der Europäischen Union ist für Streitsachen über den in Artikel 340 Absätze 2 und 3 vorgesehenen Schadensersatz zuständig.

Artikel 269 [Eingeschränkte Zuständigkeit bei Fragen bezüglich der Suspendierung der Mitgliedschaft]

Der Gerichtshof ist für Entscheidungen über die Rechtmäßigkeit eines nach Artikel 7 des Vertrags über die Europäische Union erlassenen Rechtsakts des Europäischen Rates oder des Rates nur auf Antrag des von einer Feststellung des Europäischen Rates oder des Rates betroffenen Mitgliedstaats und lediglich im Hinblick auf die Einhaltung der in dem genannten Artikel vorgesehenen Verfahrensbestimmungen zuständig.

[1]Der Antrag muss binnen eines Monats nach der jeweiligen Feststellung gestellt werden. [2]Der Gerichtshof entscheidet binnen eines Monats nach Antragstellung.

Artikel 270 (ex-Artikel 236 EGV) [Dienstrechtliche Streitigkeiten]
Der Gerichtshof der Europäischen Union ist für alle Streitsachen zwischen der Union und deren Bediensteten innerhalb der Grenzen und nach Maßgabe der Bedingungen zuständig, die im Statut der Beamten der Union und in den Beschäftigungsbedingungen für die sonstigen Bediensteten der Union festgelegt sind.

Artikel 271 (ex-Artikel 237 EGV) [Zuständigkeit für EIB und EZB]
Der Gerichtshof der Europäischen Union ist nach Maßgabe der folgenden Bestimmungen zuständig in Streitsachen über

a) die Erfüllung der Verpflichtungen der Mitgliedstaaten aus der Satzung der Europäischen Investitionsbank. Der Verwaltungsrat der Bank besitzt hierbei die der Kommission in Artikel 258 übertragenen Befugnisse;

b) die Beschlüsse des Rates der Gouverneure der Europäischen Investitionsbank. Jeder Mitgliedstaat, die Kommission und der Verwaltungsrat der Bank können hierzu nach Maßgabe des Artikels 263 Klage erheben;

c) die Beschlüsse des Verwaltungsrats der Europäischen Investitionsbank. Diese können nach Maßgabe des Artikels 263 nur von Mitgliedstaaten oder der Kommission und lediglich wegen Verletzung der Formvorschriften des Artikels 19 Absatz 2 und Absätze 5 bis 7 der Satzung der Investitionsbank angefochten werden;

d) die Erfüllung der sich aus den Verträgen und der Satzung des ESZB und der EZB ergebenden Verpflichtungen durch die nationalen Zentralbanken. Der Rat der Gouverneure der Europäischen Zentralbank besitzt hierbei gegenüber den nationalen Zentralbanken die Befugnisse, die der Kommission in Artikel 258 gegenüber den Mitgliedstaaten eingeräumt werden. Stellt der Gerichtshof der Europäischen Union fest, dass eine nationale Zentralbank gegen eine Verpflichtung aus den Verträgen verstoßen hat, so hat diese Bank die Maßnahmen zu ergreifen, die sich aus dem Urteil des Gerichtshofs ergeben.

Artikel 272 (ex-Artikel 238 EGV) [Schiedsklausel]
Der Gerichtshof der Europäischen Union ist für Entscheidungen aufgrund einer Schiedsklausel zuständig, die in einem von der Union oder für ihre Rechnung abgeschlossenen öffentlich-rechtlichen oder privatrechtlichen Vertrag enthalten ist.

Artikel 273 (ex-Artikel 239 EGV) [Schiedsvertrag]
Der Gerichtshof ist für jede mit dem Gegenstand der Verträge in Zusammenhang stehende Streitigkeit zwischen Mitgliedstaaten zuständig, wenn diese bei ihm aufgrund eines Schiedsvertrags anhängig gemacht wird.

Artikel 274 (ex-Artikel 240 EGV) [Kompetenzabgrenzung]
Soweit keine Zuständigkeit des Gerichtshofs der Europäischen Union aufgrund der Verträge besteht, sind Streitsachen, bei denen die Union Partei ist, der Zuständigkeit der einzelstaatlichen Gerichte nicht entzogen.

Artikel 275 [Unzuständigkeit in der Außen- und Sicherheitspolitik]
Der Gerichtshof der Europäischen Union ist nicht zuständig für die Bestimmungen hinsichtlich der Gemeinsamen Außen- und Sicherheitspolitik und für die auf der Grundlage dieser Bestimmungen erlassenen Rechtsakte.

Der Gerichtshof ist jedoch zuständig für die Kontrolle der Einhaltung von Artikel 40 des Vertrags über die Europäische Union und für die unter den Voraussetzungen des Artikels 263 Absatz 4 dieses Vertrags erhobenen Klagen im Zusammenhang mit der Überwachung der Rechtmäßigkeit von Beschlüssen über restriktive Maßnahmen gegenüber natürlichen oder juristischen Personen, die der Rat auf der Grundlage von Titel V Kapitel 2 des Vertrags über die Europäische Union erlassen hat.

Artikel 276 [Unzuständigkeit für nationale Polizeimaßnahmen]
Bei der Ausübung seiner Befugnisse im Rahmen der Bestimmungen des Dritten Teils Titel V Kapitel 4 und 5 über den Raum der Freiheit, der Sicherheit und des Rechts ist der Gerichtshof der Europäischen Union nicht zuständig für die Überprüfung der Gültigkeit oder Verhältnismäßigkeit von Maßnahmen der Polizei oder anderer Strafverfolgungsbehörden eines Mitgliedstaats oder der Wahrnehmung der Zuständigkeiten der Mitgliedstaaten für die Aufrechterhaltung der öffentlichen Ordnung und den Schutz der inneren Sicherheit.

Artikel 277 (ex-Artikel 241 EGV) [Inzidente Normenkontrolle]
Ungeachtet des Ablaufs der in Artikel 263 Absatz 6 genannten Frist kann jede Partei in einem Rechtsstreit, bei dem die Rechtmäßigkeit eines von einem Organ, einer Einrichtung oder einer sonstigen Stelle der Union erlassenen Rechtsakts mit allgemeiner Geltung angefochten wird, vor dem Gerichtshof der Europäischen Union die Unanwendbarkeit dieses Rechtsakts aus den in Artikel 263 Absatz 2 genannten Gründen geltend machen.

Artikel 278 (ex-Artikel 242 EGV) [Kein Suspensiveffekt]
[1]Klagen bei dem Gerichtshof der Europäischen Union haben keine aufschiebende Wirkung. [2]Der Gerichtshof kann jedoch, wenn er dies den Umständen nach für nötig hält, die Durchführung der angefochtenen Handlung aussetzen.

Artikel 279 (ex-Artikel 243 EGV) [Einstweilige Anordnungen]
Der Gerichtshof der Europäischen Union kann in den bei ihm anhängigen
Sachen die erforderlichen einstweiligen Anordnungen treffen.

Artikel 280 (ex-Artikel 244 EGV) [Vollstreckbarkeit der Urteile]
Die Urteile des Gerichtshofs der Europäischen Union sind gemäß Artikel
299 vollstreckbar.

Artikel 281 (ex-Artikel 245 EGV) [Satzung]
Die Satzung des Gerichtshofs der Europäischen Union wird in einem besonderen Protokoll festgelegt.

[1]Das Europäische Parlament und der Rat können gemäß dem ordentlichen Gesetzgebungsverfahren die Satzung mit Ausnahme ihres Titels I
und ihres Artikels 64 ändern. [2]Das Europäische Parlament und der Rat
beschließen entweder auf Antrag des Gerichtshofs nach Anhörung der
Kommission oder auf Vorschlag der Kommission nach Anhörung des
Gerichtshofs.

Abschnitt 6
Die Europäische Zentralbank

**Artikel 282 [Aufgaben; Rechtspersönlichkeit; Unabhängigkeit;
Anhörung]**
(1) [1]Die Europäische Zentralbank und die nationalen Zentralbanken bilden das Europäische System der Zentralbanken (ESZB). [2]Die Europäische
Zentralbank und die nationalen Zentralbanken der Mitgliedstaaten, deren
Währung der Euro ist, bilden das Eurosystem und betreiben die Währungspolitik der Union.

(2) [1]Das ESZB wird von den Beschlussorganen der Europäischen Zentralbank geleitet. [2]Sein vorrangiges Ziel ist es, die Preisstabilität zu gewährleisten. [3]Unbeschadet dieses Zieles unterstützt es die allgemeine
Wirtschaftspolitik in der Union, um zur Verwirklichung ihrer Ziele beizutragen.

(3) [1]Die Europäische Zentralbank besitzt Rechtspersönlichkeit. [2]Sie allein ist befugt, die Ausgabe des Euro zu genehmigen. [3]Sie ist in der Ausübung ihrer Befugnisse und der Verwaltung ihrer Mittel unabhängig. [4]Die
Organe, Einrichtungen und sonstigen Stellen der Union sowie die Regierungen der Mitgliedstaaten achten diese Unabhängigkeit.

(4) [1]Die Europäische Zentralbank erlässt die für die Erfüllung ihrer
Aufgaben erforderlichen Maßnahmen nach den Artikeln 127 bis 133 und
Artikel 138 und nach Maßgabe der Satzung des ESZB und der EZB. [2]Nach
diesen Artikeln behalten die Mitgliedstaaten, deren Währung nicht der
Euro ist, sowie deren Zentralbanken ihre Zuständigkeiten im Währungs-
bereich.

(5) Die Europäische Zentralbank wird in den Bereichen, auf die sich
ihre Befugnisse erstrecken, zu allen Entwürfen für Rechtsakte der Union

sowie zu allen Entwürfen für Rechtsvorschriften auf einzelstaatlicher Ebene gehört und kann Stellungnahmen abgeben.

Artikel 283 (ex-Artikel 112 EGV) [EZB-Rat; Zusammensetzung]
(1) Der Rat der Europäischen Zentralbank besteht aus den Mitgliedern des Direktoriums der Europäischen Zentralbank und den Präsidenten der nationalen Zentralbanken der Mitgliedstaaten, deren Währung der Euro ist.

(2) Das Direktorium besteht aus dem Präsidenten, dem Vizepräsidenten und vier weiteren Mitgliedern.

Der Präsident, der Vizepräsident und die weiteren Mitglieder des Direktoriums werden vom Europäischen Rat auf Empfehlung des Rates, der hierzu das Europäische Parlament und den Rat der Europäischen Zentralbank anhört, aus dem Kreis der in Währungs- oder Bankfragen anerkannten und erfahrenen Persönlichkeiten mit qualifizierter Mehrheit ausgewählt und ernannt.

Ihre Amtszeit beträgt acht Jahre; Wiederernennung ist nicht zulässig.

Nur Staatsangehörige der Mitgliedstaaten können Mitglieder des Direktoriums werden.

Artikel 284 (ex-Artikel 113 EGV) [Teilnehmerrechte; Jahresbericht]
(1) Der Präsident des Rates und ein Mitglied der Kommission können ohne Stimmrecht an den Sitzungen des Rates der Europäischen Zentralbank teilnehmen.

Der Präsident des Rates kann dem Rat der Europäischen Zentralbank einen Antrag zur Beratung vorlegen.

(2) Der Präsident der Europäischen Zentralbank wird zur Teilnahme an den Tagungen des Rates eingeladen, wenn dieser Fragen im Zusammenhang mit den Zielen und Aufgaben des ESZB erörtert.

(3) [1]Die Europäische Zentralbank unterbreitet dem Europäischen Parlament, dem Rat und der Kommission sowie auch dem Europäischen Rat einen Jahresbericht über die Tätigkeit des ESZB und die Geld- und Währungspolitik im vergangenen und im laufenden Jahr. [2]Der Präsident der Europäischen Zentralbank legt den Bericht dem Rat und dem Europäischen Parlament vor, das auf dieser Grundlage eine allgemeine Aussprache durchführen kann.

Der Präsident der Europäischen Zentralbank und die anderen Mitglieder des Direktoriums können auf Ersuchen des Europäischen Parlaments oder auf ihre Initiative hin von den zuständigen Ausschüssen des Europäischen Parlaments gehört werden.

Abschnitt 7
Der Rechnungshof

Artikel 285 (ex-Artikel 246 EGV) [Aufgabe; Zusammensetzung]
Der Rechnungshof nimmt die Rechnungsprüfung der Union wahr.
[1]Der Rechnungshof besteht aus einem Staatsangehörigen je Mitgliedstaat. [2]Seine Mitglieder üben ihre Aufgaben in voller Unabhängigkeit zum allgemeinen Wohl der Union aus.

Artikel 286 (ex-Artikel 247 EGV) [Mitglieder; Ernennung und Ausscheiden]
(1) [1]Zu Mitgliedern des Rechnungshofs sind Persönlichkeiten auszuwählen, die in ihren Staaten Rechnungsprüfungsorganen angehören oder angehört haben oder die für dieses Amt besonders geeignet sind. [2]Sie müssen jede Gewähr für Unabhängigkeit bieten.

(2) [1]Die Mitglieder des Rechnungshofs werden auf sechs Jahre ernannt. [2]Der Rat nimmt die gemäß den Vorschlägen der einzelnen Mitgliedstaaten erstellte Liste der Mitglieder nach Anhörung des Europäischen Parlaments an. [3]Die Wiederernennung der Mitglieder des Rechnungshofs ist zulässig.

[1]Sie wählen aus ihrer Mitte den Präsidenten des Rechnungshofs für drei Jahre. [2]Wiederwahl ist zulässig.

(3) [1]Die Mitglieder des Rechnungshofs dürfen bei der Erfüllung ihrer Pflichten Anweisungen von einer Regierung oder einer anderen Stelle weder anfordern noch entgegennehmen. [2]Sie haben jede Handlung zu unterlassen, die mit ihren Aufgaben unvereinbar ist.

(4) [1]Die Mitglieder des Rechnungshofs dürfen während ihrer Amtszeit keine andere entgeltliche oder unentgeltliche Berufstätigkeit ausüben. [2]Bei der Aufnahme ihrer Tätigkeit übernehmen sie die feierliche Verpflichtung, während der Ausübung und nach Ablauf ihrer Amtstätigkeit die sich aus ihrem Amt ergebenden Pflichten zu erfüllen, insbesondere die Pflicht, bei der Annahme gewisser Tätigkeiten oder Vorteile nach Ablauf dieser Tätigkeit ehrenhaft und zurückhaltend zu sein.

(5) Abgesehen von regelmäßigen Neubesetzungen und von Todesfällen endet das Amt eines Mitglieds des Rechnungshofs durch Rücktritt oder durch Amtsenthebung durch den Gerichtshof gemäß Absatz 6.

Für das ausscheidende Mitglied wird für die verbleibende Amtszeit ein Nachfolger ernannt.

Außer im Fall der Amtsenthebung bleiben die Mitglieder des Rechnungshofs bis zur Neubesetzung ihres Sitzes im Amt.

(6) Ein Mitglied des Rechnungshofs kann nur dann seines Amtes enthoben oder seiner Ruhegehaltsansprüche oder anderer an ihrer Stelle gewährter Vergünstigungen für verlustig erklärt werden, wenn der Gerichtshof auf Antrag des Rechnungshofs feststellt, dass es nicht mehr die er-

forderlichen Voraussetzungen erfüllt oder den sich aus seinem Amt ergebenden Verpflichtungen nicht mehr nachkommt.

(7) [1]Der Rat setzt die Beschäftigungsbedingungen für den Präsidenten und die Mitglieder des Rechnungshofs fest, insbesondere die Gehälter, Vergütungen und Ruhegehälter. [2]Er setzt alle sonstigen als Entgelt gezahlten Vergütungen fest.

(8) Die für die Richter des Gerichtshofs der Europäischen Union geltenden Bestimmungen des Protokolls über die Vorrechte und Befreiungen der Europäischen Union gelten auch für die Mitglieder des Rechnungshofs.

Artikel 287 (ex-Artikel 248 EGV) [Rechnungsprüfung]

(1) [1]Der Rechnungshof prüft die Rechnung über alle Einnahmen und Ausgaben der Union. [2]Er prüft ebenfalls die Rechnung über alle Einnahmen und Ausgaben jeder von der Union geschaffenen Einrichtung oder sonstigen Stelle, soweit der Gründungsakt dies nicht ausschließt.

[1]Der Rechnungshof legt dem Europäischen Parlament und dem Rat eine Erklärung über die Zuverlässigkeit der Rechnungsführung sowie die Rechtmäßigkeit und Ordnungsmäßigkeit der zugrunde liegenden Vorgänge vor, die im *Amtsblatt der Europäischen Union* veröffentlicht wird. [2]Diese Erklärung kann durch spezifische Beurteilungen zu allen größeren Tätigkeitsbereichen der Union ergänzt werden.

(2) [1]Der Rechnungshof prüft die Rechtmäßigkeit und Ordnungsmäßigkeit der Einnahmen und Ausgaben und überzeugt sich von der Wirtschaftlichkeit der Haushaltsführung. [2]Dabei berichtet er insbesondere über alle Fälle von Unregelmäßigkeiten.

Die Prüfung der Einnahmen erfolgt anhand der Feststellungen und der Zahlungen der Einnahmen an die Union.

Die Prüfung der Ausgaben erfolgt anhand der Mittelbindungen und der Zahlungen.

Diese Prüfungen können vor Abschluss der Rechnung des betreffenden Haushaltsjahrs durchgeführt werden.

(3) [1]Die Prüfung wird anhand der Rechnungsunterlagen und erforderlichenfalls an Ort und Stelle bei den anderen Organen der Union, in den Räumlichkeiten der Einrichtungen oder sonstigen Stellen, die Einnahmen oder Ausgaben für Rechnung der Union verwalten, sowie der natürlichen und juristischen Personen, die Zahlungen aus dem Haushalt erhalten, und in den Mitgliedstaaten durchgeführt. [2]Die Prüfung in den Mitgliedstaaten erfolgt in Verbindung mit den einzelstaatlichen Rechnungsprüfungsorganen oder, wenn diese nicht über die erforderliche Zuständigkeit verfügen, mit den zuständigen einzelstaatlichen Dienststellen. [3]Der Rechnungshof und die einzelstaatlichen Rechnungsprüfungsorgane arbeiten unter Wahrung ihrer Unabhängigkeit vertrauensvoll zusammen. [4]Diese Organe oder

Dienststellen teilen dem Rechnungshof mit, ob sie an der Prüfung teilzunehmen beabsichtigen.

Die anderen Organe der Union, die Einrichtungen oder sonstige Stellen, die Einnahmen oder Ausgaben für Rechnung der Union verwalten, die natürlichen oder juristischen Personen, die Zahlungen aus dem Haushalt erhalten, und die einzelstaatlichen Rechnungsprüfungsorgane oder, wenn diese nicht über die erforderliche Zuständigkeit verfügen, die zuständigen einzelstaatlichen Dienststellen übermitteln dem Rechnungshof auf dessen Antrag die für die Erfüllung seiner Aufgabe erforderlichen Unterlagen oder Informationen.

[1]Die Rechte des Rechnungshofs auf Zugang zu Informationen der Europäischen Investitionsbank im Zusammenhang mit deren Tätigkeit bei der Verwaltung von Einnahmen und Ausgaben der Union werden in einer Vereinbarung zwischen dem Rechnungshof, der Bank und der Kommission geregelt. [2]Der Rechnungshof hat auch dann Recht auf Zugang zu den Informationen, die für die Prüfung der von der Bank verwalteten Einnahmen und Ausgaben der Union erforderlich sind, wenn eine entsprechende Vereinbarung nicht besteht.

(4) [1]Der Rechnungshof erstattet nach Abschluss eines jeden Haushaltsjahrs einen Jahresbericht. [2]Dieser Bericht wird den anderen Organen der Union vorgelegt und im *Amtsblatt der Europäischen Union* zusammen mit den Antworten dieser Organe auf die Bemerkungen des Rechnungshofs veröffentlicht.

Der Rechnungshof kann ferner jederzeit seine Bemerkungen zu besonderen Fragen vorlegen, insbesondere in Form von Sonderberichten, und auf Antrag eines der anderen Organe der Union Stellungnahmen abgeben.

[1]Er nimmt seine jährlichen Berichte, Sonderberichte oder Stellungnahmen mit der Mehrheit seiner Mitglieder an. [2]Er kann jedoch für die Annahme bestimmter Arten von Berichten oder Stellungnahmen nach Maßgabe seiner Geschäftsordnung Kammern bilden.

Er unterstützt das Europäische Parlament und den Rat bei der Kontrolle der Ausführung des Haushaltsplans.

[1]Der Rechnungshof gibt sich eine Geschäftsordnung. [2]Diese bedarf der Genehmigung des Rates.

Kapitel 2
Rechtsakte der Union, Annahmeverfahren und sonstige Vorschriften

Abschnitt 1
Die Rechtsakte der Union

Artikel 288 (ex-Artikel 249 EGV) [Rechtsakte; Katalog]

Für die Ausübung der Zuständigkeiten der Union nehmen die Organe Verordnungen, Richtlinien, Beschlüsse, Empfehlungen und Stellungnahmen an.

[1]Die Verordnung hat allgemeine Geltung. [2]Sie ist in allen ihren Teilen verbindlich und gilt unmittelbar in jedem Mitgliedstaat.

Die Richtlinie ist für jeden Mitgliedstaat, an den sie gerichtet wird, hinsichtlich des zu erreichenden Ziels verbindlich, überlässt jedoch den innerstaatlichen Stellen die Wahl der Form und der Mittel.

[1]Beschlüsse sind in allen ihren Teilen verbindlich. [2]Sind sie an bestimmte Adressaten gerichtet, so sind sie nur für diese verbindlich.

Die Empfehlungen und Stellungnahmen sind nicht verbindlich.

Artikel 289 [Ordentliches und besonderes Gesetzgebungsverfahren; Initiativrecht]

(1) [1]Das ordentliche Gesetzgebungsverfahren besteht in der gemeinsamen Annahme einer Verordnung, einer Richtlinie oder eines Beschlusses durch das Europäische Parlament und den Rat auf Vorschlag der Kommission. [2]Dieses Verfahren ist in Artikel 294 festgelegt.

(2) In bestimmten, in den Verträgen vorgesehenen Fällen erfolgt als besonderes Gesetzgebungsverfahren die Annahme einer Verordnung, einer Richtlinie oder eines Beschlusses durch das Europäische Parlament mit Beteiligung des Rates oder durch den Rat mit Beteiligung des Europäischen Parlaments.

(3) Rechtsakte, die gemäß einem Gesetzgebungsverfahren angenommen werden, sind Gesetzgebungsakte.

(4) In bestimmten, in den Verträgen vorgesehenen Fällen können Gesetzgebungsakte auf Initiative einer Gruppe von Mitgliedstaaten oder des Europäischen Parlaments, auf Empfehlung der Europäischen Zentralbank oder auf Antrag des Gerichtshofs oder der Europäischen Investitionsbank erlassen werden.

Artikel 290 [Delegation von Befugnissen auf die Kommission]

(1) In Gesetzgebungsakten kann der Kommission die Befugnis übertragen werden, Rechtsakte ohne Gesetzescharakter mit allgemeiner Geltung zur Ergänzung oder Änderung bestimmter nicht wesentlicher Vorschriften des betreffenden Gesetzgebungsaktes zu erlassen.

[1]In den betreffenden Gesetzgebungsakten werden Ziele, Inhalt, Geltungsbereich und Dauer der Befugnisübertragung ausdrücklich festgelegt. [2]Die wesentlichen Aspekte eines Bereichs sind dem Gesetzgebungsakt

vorbehalten und eine Befugnisübertragung ist für sie deshalb ausgeschlossen.

(2) Die Bedingungen, unter denen die Übertragung erfolgt, werden in Gesetzgebungsakten ausdrücklich festgelegt, wobei folgende Möglichkeiten bestehen:

a) Das Europäische Parlament oder der Rat kann beschließen, die Übertragung zu widerrufen.

b) Der delegierte Rechtsakt kann nur in Kraft treten, wenn das Europäische Parlament oder der Rat innerhalb der im Gesetzgebungsakt festgelegten Frist keine Einwände erhebt.

Für die Zwecke der Buchstaben a und b beschließt das Europäische Parlament mit der Mehrheit seiner Mitglieder und der Rat mit qualifizierter Mehrheit.

(3) In den Titel der delegierten Rechtsakte wird das Wort „delegiert" eingefügt.

Artikel 291 [Durchführungsrechtsakte]

(1) Die Mitgliedstaaten ergreifen alle zur Durchführung der verbindlichen Rechtsakte der Union erforderlichen Maßnahmen nach innerstaatlichem Recht.

(2) Bedarf es einheitlicher Bedingungen für die Durchführung der verbindlichen Rechtsakte der Union, so werden mit diesen Rechtsakten der Kommission oder, in entsprechend begründeten Sonderfällen und in den in den Artikeln 24 und 26 des Vertrags über die Europäische Union vorgesehenen Fällen, dem Rat Durchführungsbefugnisse übertragen.

(3) Für die Zwecke des Absatzes 2 legen das Europäische Parlament und der Rat gemäß dem ordentlichen Gesetzgebungsverfahren durch Verordnungen im Voraus allgemeine Regeln und Grundsätze fest, nach denen die Mitgliedstaaten die Wahrnehmung der Durchführungsbefugnisse durch die Kommission kontrollieren.

(4) In den Titel der Durchführungsrechtsakte wird der Wortteil „Durchführungs-" eingefügt.

Artikel 292 [Empfehlungen; Ratsbeschlüsse]

[1]Der Rat gibt Empfehlungen ab. [2]Er beschließt auf Vorschlag der Kommission in allen Fällen, in denen er nach Maßgabe der Verträge Rechtsakte auf Vorschlag der Kommission erlässt. [3]In den Bereichen, in denen für den Erlass eines Rechtsakts der Union Einstimmigkeit vorgesehen ist, beschließt er einstimmig. [4]Die Kommission und, in bestimmten in den Verträgen vorgesehenen Fällen, die Europäische Zentralbank geben Empfehlungen ab.

Abschnitt 2
Annahmeverfahren und sonstige Vorschriften

Artikel 293 (ex-Artikel 250 EGV) [Vorschlag der Kommission; Änderung]

(1) Wird der Rat aufgrund der Verträge auf Vorschlag der Kommission tätig, so kann er diesen Vorschlag nur einstimmig abändern; dies gilt nicht in den Fällen nach Artikel 294 Absätze 10 und 13, nach Artikel 310, Artikel 312, Artikel 314 und nach Artikel 315 Absatz 2.

(2) Solange ein Beschluss des Rates nicht ergangen ist, kann die Kommission ihren Vorschlag jederzeit im Verlauf der Verfahren zur Annahme eines Rechtsakts der Union ändern.

Artikel 294 (ex-Artikel 251 EGV) [Ordentliches Gesetzgebungsverfahren]

(1) Wird in den Verträgen hinsichtlich der Annahme eines Rechtsakts auf das ordentliche Gesetzgebungsverfahren Bezug genommen, so gilt das nachstehende Verfahren.

(2) Die Kommission unterbreitet dem Europäischen Parlament und dem Rat einen Vorschlag.

Erste Lesung

(3) Das Europäische Parlament legt seinen Standpunkt in erster Lesung fest und übermittelt ihn dem Rat.

(4) Billigt der Rat den Standpunkt des Europäischen Parlaments, so ist der betreffende Rechtsakt in der Fassung des Standpunkts des Europäischen Parlaments erlassen.

(5) Billigt der Rat den Standpunkt des Europäischen Parlaments nicht, so legt er seinen Standpunkt in erster Lesung fest und übermittelt ihn dem Europäischen Parlament.

(6) [1]Der Rat unterrichtet das Europäische Parlament in allen Einzelheiten über die Gründe, aus denen er seinen Standpunkt in erster Lesung festgelegt hat. [2]Die Kommission unterrichtet das Europäische Parlament in vollem Umfang über ihren Standpunkt.

Zweite Lesung

(7) Hat das Europäische Parlament binnen drei Monaten nach der Übermittlung

a) den Standpunkt des Rates in erster Lesung gebilligt oder sich nicht geäußert, so gilt der betreffende Rechtsakt als in der Fassung des Standpunkts des Rates erlassen;

b) den Standpunkt des Rates in erster Lesung mit der Mehrheit seiner Mitglieder abgelehnt, so gilt der vorgeschlagene Rechtsakt als nicht erlassen;

c) mit der Mehrheit seiner Mitglieder Abänderungen an dem Standpunkt des Rates in erster Lesung vorgeschlagen, so wird die abgeänderte

Fassung dem Rat und der Kommission zugeleitet; die Kommission gibt eine Stellungnahme zu diesen Abänderungen ab.

(8) Hat der Rat binnen drei Monaten nach Eingang der Abänderungen des Europäischen Parlaments mit qualifizierter Mehrheit

a) alle diese Abänderungen gebilligt, so gilt der betreffende Rechtsakt als erlassen;

b) nicht alle Abänderungen gebilligt, so beruft der Präsident des Rates im Einvernehmen mit dem Präsidenten des Europäischen Parlaments binnen sechs Wochen den Vermittlungsausschuss ein.

(9) Über Abänderungen, zu denen die Kommission eine ablehnende Stellungnahme abgegeben hat, beschließt der Rat einstimmig.

Vermittlung

(10) Der Vermittlungsausschuss, der aus den Mitgliedern des Rates oder deren Vertretern und ebenso vielen das Europäische Parlament vertretenden Mitgliedern besteht, hat die Aufgabe, mit der qualifizierten Mehrheit der Mitglieder des Rates oder deren Vertretern und der Mehrheit der das Europäische Parlament vertretenden Mitglieder binnen sechs Wochen nach seiner Einberufung eine Einigung auf der Grundlage der Standpunkte des Europäischen Parlaments und des Rates in zweiter Lesung zu erzielen.

(11) Die Kommission nimmt an den Arbeiten des Vermittlungsausschusses teil und ergreift alle erforderlichen Initiativen, um auf eine Annäherung der Standpunkte des Europäischen Parlaments und des Rates hinzuwirken.

(12) Billigt der Vermittlungsausschuss binnen sechs Wochen nach seiner Einberufung keinen gemeinsamen Entwurf, so gilt der vorgeschlagene Rechtsakt als nicht erlassen.

Dritte Lesung

(13) [1]Billigt der Vermittlungsausschuss innerhalb dieser Frist einen gemeinsamen Entwurf, so verfügen das Europäische Parlament und der Rat ab dieser Billigung über eine Frist von sechs Wochen, um den betreffenden Rechtsakt entsprechend diesem Entwurf zu erlassen, wobei im Europäischen Parlament die Mehrheit der abgegebenen Stimmen und im Rat die qualifizierte Mehrheit erforderlich ist. [2]Andernfalls gilt der vorgeschlagene Rechtsakt als nicht erlassen.

(14) Die in diesem Artikel genannten Fristen von drei Monaten beziehungsweise sechs Wochen werden auf Initiative des Europäischen Parlaments oder des Rates um höchstens einen Monat beziehungsweise zwei Wochen verlängert.

Besondere Bestimmungen

(15) Wird in den in den Verträgen vorgesehenen Fällen ein Gesetzgebungsakt auf Initiative einer Gruppe von Mitgliedstaaten, auf Empfehlung der Europäischen Zentralbank oder auf Antrag des Gerichtshofs im or-

dentlichen Gesetzgebungsverfahren erlassen, so finden Absatz 2, Absatz 6 Satz 2 und Absatz 9 keine Anwendung.

[1]In diesen Fällen übermitteln das Europäische Parlament und der Rat der Kommission den Entwurf des Rechtsakts sowie ihre jeweiligen Standpunkte in erster und zweiter Lesung. [2]Das Europäische Parlament oder der Rat kann die Kommission während des gesamten Verfahrens um eine Stellungnahme bitten, die die Kommission auch von sich aus abgeben kann. [3]Sie kann auch nach Maßgabe des Absatzes 11 an dem Vermittlungsausschuss teilnehmen, sofern sie dies für erforderlich hält.

Artikel 295 [Interinstitutionelle Vereinbarungen]
[1]Das Europäische Parlament, der Rat und die Kommission beraten sich und regeln einvernehmlich die Einzelheiten ihrer Zusammenarbeit. [2]Dazu können sie unter Wahrung der Verträge interinstitutionelle Vereinbarungen schließen, die auch bindenden Charakter haben können.

Artikel 296 (ex-Artikel 253 EGV) [Begründungspflicht]
Wird die Art des zu erlassenden Rechtsakts von den Verträgen nicht vorgegeben, so entscheiden die Organe darüber von Fall zu Fall unter Einhaltung der geltenden Verfahren und des Grundsatzes der Verhältnismäßigkeit.

Die Rechtsakte sind mit einer Begründung zu versehen und nehmen auf die in den Verträgen vorgesehenen Vorschläge, Initiativen, Empfehlungen, Anträge oder Stellungnahmen Bezug.

Werden das Europäische Parlament und der Rat mit dem Entwurf eines Gesetzgebungsakts befasst, so nehmen sie keine Rechtsakte an, die gemäß dem für den betreffenden Bereich geltenden Gesetzgebungsverfahren nicht vorgesehen sind.

Artikel 297 (ex-Artikel 254 EGV) [Unterzeichnung; Veröffentlichung; Inkrafttreten]
(1) Gesetzgebungsakte, die gemäß dem ordentlichen Gesetzgebungsverfahren erlassen wurden, werden vom Präsidenten des Europäischen Parlaments und vom Präsidenten des Rates unterzeichnet.

Gesetzgebungsakte, die gemäß einem besonderen Gesetzgebungsverfahren erlassen wurden, werden vom Präsidenten des Organs unterzeichnet, das sie erlassen hat.

[1]Die Gesetzgebungsakte werden im *Amtsblatt der Europäischen Union* veröffentlicht. [2]Sie treten zu dem durch sie festgelegten Zeitpunkt oder anderenfalls am zwanzigsten Tag nach ihrer Veröffentlichung in Kraft.

(2) Rechtsakte ohne Gesetzescharakter, die als Verordnung, Richtlinie oder Beschluss, der an keinen bestimmten Adressaten gerichtet ist, erlassen wurden, werden vom Präsidenten des Organs unterzeichnet, das sie erlassen hat.

[1]Verordnungen, Richtlinien, die an alle Mitgliedstaaten gerichtet sind, sowie Beschlüsse, die an keinen bestimmten Adressaten gerichtet sind,

werden im *Amtsblatt der Europäischen Union* veröffentlicht. [2]Sie treten zu dem durch sie festgelegten Zeitpunkt oder anderenfalls am zwanzigsten Tag nach ihrer Veröffentlichung in Kraft.

Die anderen Richtlinien sowie die Beschlüsse, die an einen bestimmten Adressaten gerichtet sind, werden denjenigen, für die sie bestimmt sind, bekannt gegeben und durch diese Bekanntgabe wirksam.

Artikel 298 [Europäische Verwaltung]

(1) Zur Ausübung ihrer Aufgaben stützen sich die Organe, Einrichtungen und sonstigen Stellen der Union auf eine offene, effiziente und unabhängige europäische Verwaltung.

(2) Die Bestimmungen zu diesem Zweck werden unter Beachtung des Statuts und der Beschäftigungsbedingungen nach Artikel 336 vom Europäischen Parlament und vom Rat gemäß dem ordentlichen Gesetzgebungsverfahren durch Verordnungen erlassen.

Artikel 299 (ex-Artikel 256 EGV) [Zwangsvollstreckung]

Die Rechtsakte des Rates, der Kommission oder der Europäischen Zentralbank, die eine Zahlung auferlegen, sind vollstreckbare Titel; dies gilt nicht gegenüber Staaten.

[1]Die Zwangsvollstreckung erfolgt nach den Vorschriften des Zivilprozessrechts des Staates, in dessen Hoheitsgebiet sie stattfindet. [2]Die Vollstreckungsklausel wird nach einer Prüfung, die sich lediglich auf die Echtheit des Titels erstrecken darf, von der staatlichen Behörde erteilt, welche die Regierung jedes Mitgliedstaats zu diesem Zweck bestimmt und der Kommission und dem Gerichtshof der Europäischen Union benennt.

Sind diese Formvorschriften auf Antrag der die Vollstreckung betreibenden Partei erfüllt, so kann diese die Zwangsvollstreckung nach innerstaatlichem Recht betreiben, indem sie die zuständige Stelle unmittelbar anruft.

[1]Die Zwangsvollstreckung kann nur durch eine Entscheidung des Gerichtshofs der Europäischen Union ausgesetzt werden. [2]Für die Prüfung der Ordnungsmäßigkeit der Vollstreckungsmaßnahmen sind jedoch die einzelstaatlichen Rechtsprechungsorgane zuständig.

Kapitel 3
Die beratenden Einrichtungen der Union

Artikel 300 [Wirtschafts- und Sozialausschuss; Ausschuss der Regionen]

(1) Das Europäische Parlament, der Rat und die Kommission werden von einem Wirtschafts- und Sozialausschuss sowie einem Ausschuss der Regionen unterstützt, die beratende Aufgaben wahrnehmen.

(2) Der Wirtschafts- und Sozialausschuss setzt sich zusammen aus Vertretern der Organisationen der Arbeitgeber und der Arbeitnehmer sowie anderen Vertretern der Zivilgesellschaft, insbesondere aus dem sozialen und wirtschaftlichen, dem staatsbürgerlichen, dem beruflichen und dem kulturellen Bereich.

(3) Der Ausschuss der Regionen setzt sich zusammen aus Vertretern der regionalen und lokalen Gebietskörperschaften, die entweder ein auf Wahlen beruhendes Mandat in einer regionalen oder lokalen Gebietskörperschaft innehaben oder gegenüber einer gewählten Versammlung politisch verantwortlich sind.

(4) [1]Die Mitglieder des Wirtschafts- und Sozialausschusses und des Ausschusses der Regionen sind an keine Weisungen gebunden. [2]Sie üben ihre Tätigkeit in voller Unabhängigkeit zum allgemeinen Wohl der Union aus.

(5) [1]Die Vorschriften der Absätze 2 und 3 über die Art der Zusammensetzung dieser Ausschüsse werden in regelmäßigen Abständen vom Rat überprüft, um der wirtschaftlichen, sozialen und demografischen Entwicklung in der Union Rechnung zu tragen. [2]Der Rat erlässt auf Vorschlag der Kommission Beschlüsse zu diesem Zweck.

Abschnitt 1
Der Wirtschafts- und Sozialausschuss

Artikel 301 (ex-Artikel 258 EGV) [Zusammensetzung]
Der Wirtschafts- und Sozialausschuss hat höchstens dreihundertfünfzig Mitglieder.

Der Rat erlässt einstimmig auf Vorschlag der Kommission einen Beschluss über die Zusammensetzung des Ausschusses.

Der Rat setzt die Vergütungen für die Mitglieder des Ausschusses fest.

Artikel 302 (ex-Artikel 259 EGV) [Ernennung]
(1) [1]Die Mitglieder des Ausschusses werden für fünf Jahre ernannt. [2]Der Rat nimmt die gemäß den Vorschlägen der einzelnen Mitgliedstaaten erstellte Liste der Mitglieder an. [3]Die Wiederernennung der Mitglieder des Ausschusses ist zulässig.

(2) [1]Der Rat beschließt nach Anhörung der Kommission. [2]Er kann die Meinung der maßgeblichen europäischen Organisationen der verschiedenen Zweige des Wirtschafts- und Soziallebens und der Zivilgesellschaft einholen, die von der Tätigkeit der Union betroffen sind.

Artikel 303 (ex-Artikel 260 EGV) [Präsidium; Geschäftsordnung; Einberufung]
Der Ausschuss wählt aus seiner Mitte seinen Präsidenten und sein Präsidium auf zweieinhalb Jahre.

Er gibt sich eine Geschäftsordnung.

[1]Der Ausschuss wird von seinem Präsidenten auf Antrag des Europäischen Parlaments, des Rates oder der Kommission einberufen. [2]Er kann auch von sich aus zusammentreten.

Artikel 304 (ex-Artikel 262 EGV) [Anhörung]
[1]Der Ausschuss wird vom Europäischen Parlament, vom Rat oder der Kommission in den in den Verträgen vorgesehenen Fällen gehört. [2]Er kann von diesen Organen in allen Fällen gehört werden, in denen diese es für zweckmäßig erachten. [3]Er kann von sich aus eine Stellungnahme in den Fällen abgeben, in denen er dies für zweckmäßig erachtet.

[1]Wenn das Europäische Parlament, der Rat oder die Kommission es für notwendig erachten, setzen sie dem Ausschuss für die Vorlage seiner Stellungnahme eine Frist; diese beträgt mindestens einen Monat, vom Eingang der Mitteilung beim Präsidenten des Ausschusses an gerechnet. [2]Nach Ablauf der Frist kann das Fehlen einer Stellungnahme unberücksichtigt bleiben.

Die Stellungnahmen des Ausschusses sowie ein Bericht über die Beratungen werden dem Europäischen Parlament, dem Rat und der Kommission übermittelt.

Abschnitt 2
Der Ausschuss der Regionen

Artikel 305 (ex-Artikel 263 Absätze 2, 3 und 4 EGV)
[Zusammensetzung; Mitglieder]
Der Ausschuss der Regionen hat höchstens dreihundertfünfzig Mitglieder.

Der Rat erlässt einstimmig auf Vorschlag der Kommission einen Beschluss über die Zusammensetzung des Ausschusses.

[1]Die Mitglieder des Ausschusses sowie eine gleiche Anzahl von Stellvertretern werden auf fünf Jahre ernannt. [2]Wiederernennung ist zulässig. [3]Der Rat nimmt die gemäß den Vorschlägen der einzelnen Mitgliedstaaten erstellte Liste der Mitglieder und Stellvertreter an. [4]Die Amtszeit der Mitglieder des Ausschusses endet automatisch bei Ablauf des in Artikel 300 Absatz 3 genannten Mandats, aufgrund dessen sie vorgeschlagen wurden; für die verbleibende Amtszeit wird nach demselben Verfahren ein Nachfolger ernannt. [5]Ein Mitglied des Ausschusses darf nicht gleichzeitig Mitglied des Europäischen Parlaments sein.

Artikel 306 (ex-Artikel 264 EGV) [Präsidium; Geschäftsordnung;
Einberufung]
Der Ausschuss der Regionen wählt aus seiner Mitte seinen Präsidenten und sein Präsidium auf zweieinhalb Jahre.

Er gibt sich eine Geschäftsordnung.

¹Der Ausschuss wird von seinem Präsidenten auf Antrag des Europäischen Parlaments, des Rates oder der Kommission einberufen. ²Er kann auch von sich aus zusammentreten.

Artikel 307 (ex-Artikel 265 EGV) [Anhörung]

Der Ausschuss der Regionen wird vom Europäischen Parlament, vom Rat oder von der Kommission in den in den Verträgen vorgesehenen Fällen und in allen anderen Fällen gehört, in denen eines dieser Organe dies für zweckmäßig erachtet, insbesondere in Fällen, welche die grenzüberschreitende Zusammenarbeit betreffen.

¹Wenn das Europäische Parlament, der Rat oder die Kommission es für notwendig erachten, setzen sie dem Ausschuss für die Vorlage seiner Stellungnahme eine Frist; diese beträgt mindestens einen Monat, vom Eingang der diesbezüglichen Mitteilung beim Präsidenten des Ausschusses an gerechnet. ²Nach Ablauf der Frist kann das Fehlen einer Stellungnahme unberücksichtigt bleiben.

¹Wird der Wirtschafts- und Sozialausschuss nach Artikel 304 gehört, so wird der Ausschuss der Regionen vom Europäischen Parlament, vom Rat oder von der Kommission über dieses Ersuchen um Stellungnahme unterrichtet. ²Der Ausschuss der Regionen kann, wenn er der Auffassung ist, dass spezifische regionale Interessen berührt werden, eine entsprechende Stellungnahme abgeben.

Er kann, wenn er dies für zweckdienlich erachtet, von sich aus eine Stellungnahme abgeben.

Die Stellungnahme des Ausschusses sowie ein Bericht über die Beratungen werden dem Europäischen Parlament, dem Rat und der Kommission übermittelt.

Kapitel 4
Die Europäische Investitionsbank

Artikel 308 (ex-Artikel 266 EGV) [Rechtspersönlichkeit; Mitglieder; Satzung]

Die Europäische Investitionsbank besitzt Rechtspersönlichkeit.

Mitglieder der Europäischen Investitionsbank sind die Mitgliedstaaten.

¹Die Satzung der Europäischen Investitionsbank ist den Verträgen als Protokoll beigefügt. ²Der Rat kann auf Antrag der Europäischen Investitionsbank und nach Anhörung des Europäischen Parlaments und der Kommission oder auf Vorschlag der Kommission und nach Anhörung des Europäischen Parlaments und der Europäischen Investitionsbank die Satzung der Bank einstimmig gemäß einem besonderen Gesetzgebungsverfahren ändern.

Artikel 309 (ex-Artikel 267 EGV) [Aufgabe]

[1]Aufgabe der Europäischen Investitionsbank ist es, zu einer ausgewogenen und reibungslosen Entwicklung des Binnenmarkts im Interesse der Union beizutragen; hierbei bedient sie sich des Kapitalmarkts sowie ihrer eigenen Mittel. [2]In diesem Sinne erleichtert sie ohne Verfolgung eines Erwerbszwecks durch Gewährung von Darlehen und Bürgschaften die Finanzierung der nachstehend bezeichneten Vorhaben in allen Wirtschaftszweigen:

a) Vorhaben zur Erschließung der weniger entwickelten Gebiete;

b) Vorhaben zur Modernisierung oder Umstellung von Unternehmen oder zur Schaffung neuer Arbeitsmöglichkeiten, die sich aus der Errichtung oder dem Funktionieren des Binnenmarkts ergeben und wegen ihres Umfangs oder ihrer Art mit den in den einzelnen Mitgliedstaaten vorhandenen Mitteln nicht vollständig finanziert werden können;

c) Vorhaben von gemeinsamem Interesse für mehrere Mitgliedstaaten, die wegen ihres Umfangs oder ihrer Art mit den in den einzelnen Mitgliedstaaten vorhandenen Mitteln nicht vollständig finanziert werden können.

In Erfüllung ihrer Aufgabe erleichtert die Bank die Finanzierung von Investitionsprogrammen in Verbindung mit der Unterstützung aus den Strukturfonds und anderen Finanzierungsinstrumenten der Union.

Titel II
Finanzvorschriften

Artikel 310 (ex-Artikel 268 EGV) [Haushaltsplan;
Haushaltsdisziplin; Betrugsbekämpfung]

(1) Alle Einnahmen und Ausgaben der Union werden für jedes Haushaltsjahr veranschlagt und in den Haushaltsplan eingesetzt.

Der jährliche Haushaltsplan der Union wird vom Europäischen Parlament und vom Rat nach Maßgabe des Artikels 314 aufgestellt.

Der Haushaltsplan ist in Einnahmen und Ausgaben auszugleichen.

(2) Die in den Haushaltsplan eingesetzten Ausgaben werden für ein Haushaltsjahr entsprechend der Verordnung nach Artikel 322 bewilligt.

(3) Die Ausführung der in den Haushaltsplan eingesetzten Ausgaben setzt den Erlass eines verbindlichen Rechtsakts der Union voraus, mit dem die Maßnahme der Union und die Ausführung der entsprechenden Ausgabe entsprechend der Verordnung nach Artikel 322 eine Rechtsgrundlage erhalten, soweit nicht diese Verordnung Ausnahmen vorsieht.

(4) Um die Haushaltsdisziplin sicherzustellen, erlässt die Union keine Rechtsakte, die erhebliche Auswirkungen auf den Haushaltsplan haben könnten, ohne die Gewähr zu bieten, dass die mit diesen Rechtsakten verbundenen Ausgaben im Rahmen der Eigenmittel der Union und unter

Einhaltung des mehrjährigen Finanzrahmens nach Artikel 312 finanziert werden können.

(5) ¹Der Haushaltsplan wird entsprechend dem Grundsatz der Wirtschaftlichkeit der Haushaltsführung ausgeführt. ²Die Mitgliedstaaten arbeiten mit der Union zusammen, um sicherzustellen, dass die in den Haushaltsplan eingesetzten Mittel nach diesem Grundsatz verwendet werden.

(6) Die Union und die Mitgliedstaaten bekämpfen nach Artikel 325 Betrügereien und sonstige gegen die finanziellen Interessen der Union gerichtete rechtswidrige Handlungen.

Kapitel 1
Die Eigenmittel der Union

Artikel 311   (ex-Artikel 269 EGV) [Haushaltsfinanzierung; Beschluss]

Die Union stattet sich mit den erforderlichen Mitteln aus, um ihre Ziele erreichen und ihre Politik durchführen zu können.

Der Haushalt wird unbeschadet der sonstigen Einnahmen vollständig aus Eigenmitteln finanziert.

¹Der Rat erlässt gemäß einem besonderen Gesetzgebungsverfahren einstimmig und nach Anhörung des Europäischen Parlaments einen Beschluss, mit dem die Bestimmungen über das System der Eigenmittel der Union festgelegt werden. ²Darin können neue Kategorien von Eigenmitteln eingeführt oder bestehende Kategorien abgeschafft werden. ³Dieser Beschluss tritt erst nach Zustimmung der Mitgliedstaaten im Einklang mit ihren jeweiligen verfassungsrechtlichen Vorschriften in Kraft.

¹Der Rat legt gemäß einem besonderen Gesetzgebungsverfahren durch Verordnungen Durchführungsmaßnahmen zu dem System der Eigenmittel der Union fest, sofern dies in dem nach Absatz 3 erlassenen Beschluss vorgesehen ist. ²Der Rat beschließt nach Zustimmung des Europäischen Parlaments.

Kapitel 2
Der mehrjährige Finanzrahmen

Artikel 312   [Zweck und Inhalt; Beschluss]

(1) Mit dem mehrjährigen Finanzrahmen soll sichergestellt werden, dass die Ausgaben der Union innerhalb der Grenzen ihrer Eigenmittel eine geordnete Entwicklung nehmen.

Er wird für einen Zeitraum von mindestens fünf Jahren aufgestellt.

Bei der Aufstellung des jährlichen Haushaltsplans der Union ist der mehrjährige Finanzrahmen einzuhalten.

(2) [1]Der Rat erlässt gemäß einem besonderen Gesetzgebungsverfahren eine Verordnung zur Festlegung des mehrjährigen Finanzrahmens. [2]Er beschließt einstimmig nach Zustimmung des Europäischen Parlaments, die mit der Mehrheit seiner Mitglieder erteilt wird.

Der Europäische Rat kann einstimmig einen Beschluss fassen, wonach der Rat mit qualifizierter Mehrheit beschließen kann, wenn er die in Unterabsatz 1 genannte Verordnung erlässt.

(3) [1]In dem Finanzrahmen werden die jährlichen Obergrenzen der Mittel für Verpflichtungen je Ausgabenkategorie und die jährliche Obergrenze der Mittel für Zahlungen festgelegt. [2]Die Ausgabenkategorien, von denen es nur wenige geben darf, entsprechen den Haupttätigkeitsbereichen der Union.

Der Finanzrahmen enthält auch alle sonstigen für den reibungslosen Ablauf des jährlichen Haushaltsverfahrens sachdienlichen Bestimmungen.

(4) Hat der Rat bis zum Ablauf des vorangegangenen Finanzrahmens keine Verordnung zur Aufstellung eines neuen Finanzrahmens erlassen, so werden die Obergrenzen und sonstigen Bestimmungen des letzten Jahres des vorangegangenen Finanzrahmens bis zum Erlass dieses Rechtsakts fortgeschrieben.

(5) Das Europäische Parlament, der Rat und die Kommission treffen während des gesamten Verfahrens zur Annahme des Finanzrahmens alle erforderlichen Maßnahmen, um den Erlass des Rechtsakts zu erleichtern.

Kapitel 3
Der Jahreshaushaltsplan der Union

Artikel 313 (ex-Artikel 272 Absatz 1 EGV) [Haushaltsjahr]
Das Haushaltsjahr beginnt am 1. Januar und endet am 31. Dezember.

Artikel 314 (ex-Artikel 272 Absätze 2 bis 10 EGV)
[Haushaltsentwurf; Festlegung]
Das Europäische Parlament und der Rat legen den Jahreshaushaltsplan der Union im Rahmen eines besonderen Gesetzgebungsverfahrens nach den folgenden Bestimmungen fest:

(1) [1]Jedes Organ, mit Ausnahme der Europäischen Zentralbank, stellt vor dem 1. Juli einen Haushaltsvoranschlag für seine Ausgaben für das folgende Haushaltsjahr auf. [2]Die Kommission fasst diese Voranschläge in einem Entwurf für den Haushaltsplan zusammen, der abweichende Voranschläge enthalten kann.

Dieser Entwurf umfasst den Ansatz der Einnahmen und den Ansatz der Ausgaben.

(2) Die Kommission legt dem Europäischen Parlament und dem Rat spätestens am 1. September des Jahres, das dem entsprechenden Haus-

haltsjahr vorausgeht, einen Vorschlag mit dem Entwurf des Haushaltsplans vor.

Die Kommission kann den Entwurf des Haushaltsplans während des laufenden Verfahrens bis zur Einberufung des in Absatz 5 genannten Vermittlungsausschusses ändern.

(3) ¹Der Rat legt seinen Standpunkt zu dem Entwurf des Haushaltsplans fest und leitet ihn spätestens am 1. Oktober des Jahres, das dem entsprechenden Haushaltsjahr vorausgeht, dem Europäischen Parlament zu. ²Er unterrichtet das Europäische Parlament in vollem Umfang über die Gründe, aus denen er seinen Standpunkt festgelegt hat.

(4) Hat das Europäische Parlament binnen 42 Tagen nach der Übermittlung

a) den Standpunkt des Rates gebilligt, so ist der Haushaltsplan erlassen;

b) keinen Beschluss gefasst, so gilt der Haushaltsplan als erlassen;

c) mit der Mehrheit seiner Mitglieder Abänderungen angenommen, so wird die abgeänderte Fassung des Entwurfs dem Rat und der Kommission zugeleitet. Der Präsident des Europäischen Parlaments beruft im Einvernehmen mit dem Präsidenten des Rates umgehend den Vermittlungsausschuss ein. Der Vermittlungsausschuss tritt jedoch nicht zusammen, wenn der Rat dem Europäischen Parlament binnen zehn Tagen nach der Übermittlung des geänderten Entwurfs mitteilt, dass er alle seine Abänderungen billigt.

(5) Der Vermittlungsausschuss, der aus den Mitgliedern des Rates oder deren Vertretern und ebenso vielen das Europäische Parlament vertretenden Mitgliedern besteht, hat die Aufgabe, binnen 21 Tagen nach seiner Einberufung auf der Grundlage der Standpunkte des Europäischen Parlaments und des Rates mit der qualifizierten Mehrheit der Mitglieder des Rates oder deren Vertretern und der Mehrheit der das Europäische Parlament vertretenden Mitglieder eine Einigung über einen gemeinsamen Entwurf zu erzielen.

Die Kommission nimmt an den Arbeiten des Vermittlungsausschusses teil und ergreift alle erforderlichen Initiativen, um eine Annäherung der Standpunkte des Europäischen Parlaments und des Rates zu bewirken.

(6) Einigt sich der Vermittlungsausschuss innerhalb der in Absatz 5 genannten Frist von 21 Tagen auf einen gemeinsamen Entwurf, so verfügen das Europäische Parlament und der Rat ab dieser Einigung über eine Frist von 14 Tagen, um den gemeinsamen Entwurf zu billigen.

(7) Wenn innerhalb der in Absatz 6 genannten Frist von 14 Tagen

a) der gemeinsame Entwurf sowohl vom Europäischen Parlament als auch vom Rat gebilligt wird oder beide keinen Beschluss fassen oder eines dieser Organe den gemeinsamen Entwurf billigt, während das andere Organ keinen Beschluss fasst, so gilt der Haushaltsplan als entsprechend dem gemeinsamen Entwurf endgültig erlassen, oder

b) der gemeinsame Entwurf sowohl vom Europäischen Parlament mit der Mehrheit seiner Mitglieder als auch vom Rat abgelehnt wird oder eines dieser Organe den gemeinsamen Entwurf ablehnt, während das andere Organ keinen Beschluss fasst, so legt die Kommission einen neuen Entwurf für den Haushaltsplan vor, oder

c) der gemeinsame Entwurf vom Europäischen Parlament mit der Mehrheit seiner Mitglieder abgelehnt wird, während er vom Rat gebilligt wird, so legt die Kommission einen neuen Entwurf für den Haushaltsplan vor, oder

d) der gemeinsame Entwurf vom Europäischen Parlament gebilligt wird, während er vom Rat abgelehnt wird, so kann das Europäische Parlament binnen 14 Tagen ab dem Tag der Ablehnung durch den Rat mit der Mehrheit seiner Mitglieder und drei Fünfteln der abgegebenen Stimmen beschließen, alle oder einige der in Absatz 4 Buchstabe c genannten Abänderungen zu bestätigen. Wird eine Abänderung des Europäischen Parlaments nicht bestätigt, so wird der im Vermittlungsausschuss vereinbarte Standpunkt zu dem Haushaltsposten, der Gegenstand der Abänderung ist, übernommen. Der Haushaltsplan gilt als auf dieser Grundlage endgültig erlassen.

(8) Einigt sich der Vermittlungsausschuss nicht binnen der in Absatz 5 genannten Frist von 21 Tagen auf einen gemeinsamen Entwurf, so legt die Kommission einen neuen Entwurf für den Haushaltsplan vor.

(9) Nach Abschluss des Verfahrens dieses Artikels stellt der Präsident des Europäischen Parlaments fest, dass der Haushaltsplan endgültig erlassen ist.

(10) Jedes Organ übt die ihm aufgrund dieses Artikels zufallenden Befugnisse unter Wahrung der Verträge und der Rechtsakte aus, die auf der Grundlage der Verträge insbesondere im Bereich der Eigenmittel der Union und des Gleichgewichts von Einnahmen und Ausgaben erlassen wurden.

Artikel 315 (ex-Artikel 273 EGV) [Nothaushaltsrecht]

Ist zu Beginn eines Haushaltsjahres der Haushaltsplan noch nicht endgültig erlassen, so können nach der gemäß Artikel 322 festgelegten Haushaltsordnung für jedes Kapitel monatliche Ausgaben bis zur Höhe eines Zwölftels der im betreffenden Kapitel des Haushaltsplans des vorangegangenen Haushaltsjahres eingesetzten Mittel vorgenommen werden, die jedoch ein Zwölftel der Mittelansätze des gleichen Kapitels des Haushaltsplanentwurfs nicht überschreiten dürfen.

[1]Der Rat kann auf Vorschlag der Kommission unter Beachtung der sonstigen Bestimmungen des Absatzes 1 entsprechend der nach Artikel 322 erlassenen Verordnung Ausgaben genehmigen, die über dieses Zwölftel hinausgehen. [2]Er leitet seinen Beschluss unverzüglich dem Europäischen Parlament zu.

In dem Beschluss nach Absatz 2 werden unter Beachtung der in Artikel 311 genannten Rechtsakte die zur Durchführung dieses Artikels erforderlichen Maßnahmen betreffend die Mittel vorgesehen.

Der Beschluss tritt 30 Tage nach seinem Erlass in Kraft, sofern das Europäische Parlament nicht innerhalb dieser Frist mit der Mehrheit seiner Mitglieder beschließt, diese Ausgaben zu kürzen.

Artikel 316   (ex-Artikel 271 EGV) [Ausgabenseite des Haushaltsplans; Übertragung]

Nach Maßgabe der aufgrund des Artikels 322 erlassenen Vorschriften dürfen die nicht für Personalausgaben vorgesehenen Mittel, die bis zum Ende der Durchführungszeit eines Haushaltsplans nicht verbraucht worden sind, lediglich auf das nächste Haushaltsjahr übertragen werden.

Die vorgesehenen Mittel werden nach Kapiteln gegliedert, in denen die Ausgaben nach Art oder Bestimmung zusammengefasst sind; die Kapitel werden nach der gemäß Artikel 322 festgelegten Haushaltsordnung unterteilt.

Die Ausgaben des Europäischen Parlaments, des Europäischen Rates und des Rates, der Kommission sowie des Gerichtshofs der Europäischen Union werden unbeschadet einer besonderen Regelung für bestimmte gemeinsame Ausgaben in gesonderten Teilen des Haushaltsplans aufgeführt.

Kapitel 4
Ausführung des Haushaltsplans und Entlastung

Artikel 317   (ex-Artikel 274 EGV) [Ausführung des Haushaltsplans]

[1]Die Kommission führt den Haushaltsplan zusammen mit den Mitgliedstaaten gemäß der nach Artikel 322 festgelegten Haushaltsordnung in eigener Verantwortung und im Rahmen der zugewiesenen Mittel entsprechend dem Grundsatz der Wirtschaftlichkeit der Haushaltsführung aus. [2]Die Mitgliedstaaten arbeiten mit der Kommission zusammen, um sicherzustellen, dass die Mittel nach dem Grundsatz der Wirtschaftlichkeit der Haushaltsführung verwendet werden.

[1]In der Haushaltsordnung sind die Kontroll- und Wirtschaftsprüfungspflichten der Mitgliedstaaten bei der Ausführung des Haushaltsplans sowie die damit verbundenen Verantwortlichkeiten geregelt. [2]Darin sind ferner die Verantwortlichkeiten und die besonderen Einzelheiten geregelt, nach denen jedes Organ an der Vornahme seiner Ausgaben beteiligt ist.

Die Kommission kann nach der gemäß Artikel 322 festgelegten Haushaltsordnung Mittel von Kapitel zu Kapitel oder von Untergliederung zu Untergliederung übertragen.

Artikel 318 (ex-Artikel 275 EGV) [Rechnungslegung]
[1]Die Kommission legt dem Europäischen Parlament und dem Rat jährlich die Rechnung des abgelaufenen Haushaltsjahres für die Rechnungsvorgänge des Haushaltsplans vor. [2]Sie übermittelt ihnen ferner eine Übersicht über das Vermögen und die Schulden der Union.

Die Kommission legt dem Europäischen Parlament und dem Rat ferner einen Evaluierungsbericht zu den Finanzen der Union vor, der sich auf die Ergebnisse stützt, die insbesondere in Bezug auf die Vorgaben erzielt wurden, die vom Europäischen Parlament und vom Rat nach Artikel 319 erteilt wurden.

Artikel 319 (ex-Artikel 276 EGV) [Entlastung]
(1) [1]Auf Empfehlung des Rates erteilt das Europäische Parlament der Kommission Entlastung zur Ausführung des Haushaltsplans. [2]Zu diesem Zweck prüft es nach dem Rat die Rechnung, die Übersicht und den Evaluierungsbericht nach Artikel 318 sowie den Jahresbericht des Rechnungshofs zusammen mit den Antworten der kontrollierten Organe auf dessen Bemerkungen, die in Artikel 287 Absatz 1 Unterabsatz 2 genannte Zuverlässigkeitserklärung und die einschlägigen Sonderberichte des Rechnungshofs.

(2) [1]Das Europäische Parlament kann vor der Entlastung der Kommission sowie auch zu anderen Zwecken im Zusammenhang mit der Ausübung ihrer Haushaltsbefugnisse die Kommission auffordern, Auskunft über die Vornahme der Ausgaben oder die Arbeitsweise der Finanzkontrollsysteme zu erteilen. [2]Die Kommission legt dem Europäischen Parlament auf dessen Ersuchen alle notwendigen Informationen vor.

(3) Die Kommission trifft alle zweckdienlichen Maßnahmen, um den Bemerkungen in den Entlastungsbeschlüssen und anderen Bemerkungen des Europäischen Parlaments zur Vornahme der Ausgaben sowie den Erläuterungen, die den Entlastungsempfehlungen des Rates beigefügt sind, nachzukommen.

[1]Auf Ersuchen des Europäischen Parlaments oder des Rates erstattet die Kommission Bericht über die Maßnahmen, die aufgrund dieser Bemerkungen und Erläuterungen getroffen wurden, insbesondere über die Weisungen, die den für die Ausführung des Haushaltsplans zuständigen Dienststellen erteilt worden sind. [2]Diese Berichte sind auch dem Rechnungshof zuzuleiten.

Kapitel 5
Gemeinsame Bestimmungen

Artikel 320 (ex-Artikel 277 EGV) [Währungseinheit]
Der mehrjährige Finanzrahmen und der Jahreshaushaltsplan werden in Euro aufgestellt.

Artikel 321 (ex-Artikel 278 EGV) [Transfer]

[1]Die Kommission kann vorbehaltlich der Unterrichtung der zuständigen Behörden der betreffenden Mitgliedstaaten ihre Guthaben in der Währung eines dieser Staaten in die Währung eines anderen Mitgliedstaats transferieren, soweit dies erforderlich ist, um diese Guthaben für die in den Verträgen vorgesehenen Zwecke zu verwenden. [2]Besitzt die Kommission verfügbare oder flüssige Guthaben in der benötigten Währung, so vermeidet sie soweit möglich derartige Transferierungen.

[1]Die Kommission verkehrt mit jedem Mitgliedstaat über die von diesem bezeichnete Behörde. [2]Bei der Durchführung ihrer Finanzgeschäfte nimmt sie die Notenbank des betreffenden Mitgliedstaats oder ein anderes von diesem genehmigtes Finanzinstitut in Anspruch.

Artikel 322 (ex-Artikel 279 EGV) [Haushaltsordnung; Verfahren]

(1) Das Europäische Parlament und der Rat erlassen gemäß dem ordentlichen Gesetzgebungsverfahren durch Verordnungen nach Anhörung des Rechnungshofs

a) die Haushaltsvorschriften, in denen insbesondere die Aufstellung und Ausführung des Haushaltsplans sowie die Rechnungslegung und Rechnungsprüfung im Einzelnen geregelt werden;

b) die Vorschriften, die die Kontrolle der Verantwortung der Finanzakteure und insbesondere der Anweisungsbefugten und der Rechnungsführer regeln.

(2) Der Rat legt auf Vorschlag der Kommission und nach Anhörung des Europäischen Parlaments und des Rechnungshofs die Einzelheiten und das Verfahren fest, nach denen die Haushaltseinnahmen, die in der Regelung über die Eigenmittel der Union vorgesehen sind, der Kommission zur Verfügung gestellt werden, sowie die Maßnahmen, die zu treffen sind, um gegebenenfalls die erforderlichen Kassenmittel bereitzustellen.

Artikel 323 [Gesicherte Finanzmittel]

Das Europäische Parlament, der Rat und die Kommission stellen sicher, dass der Union die Finanzmittel zur Verfügung stehen, die es ihr ermöglichen, ihren rechtlichen Verpflichtungen gegenüber Dritten nachzukommen.

Artikel 324 [Einberufung der Präsidenten der Organe]

[1]Auf Initiative der Kommission werden im Rahmen der nach diesem Titel vorgesehenen Haushaltsverfahren regelmäßige Treffen der Präsidenten des Europäischen Parlaments, des Rates und der Kommission einberufen. [2]Diese treffen alle erforderlichen Maßnahmen, um die Abstimmung und Annäherung der Standpunkte der Organe, denen sie vorstehen, zu fördern und so die Durchführung dieses Titels zu erleichtern.

Kapitel 6
Betrugsbekämpfung

Artikel 325 (ex-Artikel 280 EGV) [Bekämpfung von Betrügereien]
(1) Die Union und die Mitgliedstaaten bekämpfen Betrügereien und sonstige gegen die finanziellen Interessen der Union gerichtete rechtswidrige Handlungen mit Maßnahmen nach diesem Artikel, die abschreckend sind und in den Mitgliedstaaten sowie in den Organen, Einrichtungen und sonstigen Stellen der Union einen effektiven Schutz bewirken.

(2) Zur Bekämpfung von Betrügereien, die sich gegen die finanziellen Interessen der Union richten, ergreifen die Mitgliedstaaten die gleichen Maßnahmen, die sie auch zur Bekämpfung von Betrügereien ergreifen, die sich gegen ihre eigenen finanziellen Interessen richten.

(3) [1]Die Mitgliedstaaten koordinieren unbeschadet der sonstigen Bestimmungen der Verträge ihre Tätigkeit zum Schutz der finanziellen Interessen der Union vor Betrügereien. [2]Sie sorgen zu diesem Zweck zusammen mit der Kommission für eine enge, regelmäßige Zusammenarbeit zwischen den zuständigen Behörden.

(4) Zur Gewährleistung eines effektiven und gleichwertigen Schutzes in den Mitgliedstaaten sowie in den Organen, Einrichtungen und sonstigen Stellen der Union beschließen das Europäische Parlament und der Rat gemäß dem ordentlichen Gesetzgebungsverfahren nach Anhörung des Rechnungshofs die erforderlichen Maßnahmen zur Verhütung und Bekämpfung von Betrügereien, die sich gegen die finanziellen Interessen der Union richten.

(5) Die Kommission legt in Zusammenarbeit mit den Mitgliedstaaten dem Europäischen Parlament und dem Rat jährlich einen Bericht über die Maßnahmen vor, die zur Durchführung dieses Artikels getroffen wurden.

Titel III
Verstärkte Zusammenarbeit

Artikel 326 (ex-Artikel 27 a bis 27 e, 40 bis 40 b und 43 bis 45 EUV sowie ex-Artikel 11 und 11 a EGV) [Grundsätze]
Eine Verstärkte Zusammenarbeit achtet die Verträge und das Recht der Union.

[1]Sie darf weder den Binnenmarkt noch den wirtschaftlichen, sozialen und territorialen Zusammenhalt beeinträchtigen. [2]Sie darf für den Handel zwischen den Mitgliedstaaten weder ein Hindernis noch eine Diskriminierung darstellen noch darf sie zu Verzerrungen des Wettbewerbs zwischen den Mitgliedstaaten führen.

Artikel 327 (ex-Artikel 27 a bis 27 e, 40 bis 40 b und 43 bis 45 EUV sowie ex-Artikel 11 und 11 a EGV) [Nichtbeteiligte Mitgliedstaaten]

[1]Eine Verstärkte Zusammenarbeit achtet die Zuständigkeiten, Rechte und Pflichten der nicht an der Zusammenarbeit beteiligten Mitgliedstaaten. [2]Diese stehen der Durchführung der Verstärkten Zusammenarbeit durch die daran beteiligten Mitgliedstaaten nicht im Wege.

Artikel 328 (ex-Artikel 27 a bis 27 e, 40 bis 40 b und 43 bis 45 EUV sowie ex-Artikel 11 und 11 a EGV) [Teilnahmemöglichkeit weiterer Mitgliedstaaten]

(1) [1]Bei ihrer Begründung steht eine Verstärkte Zusammenarbeit allen Mitgliedstaaten offen, sofern sie die in dem hierzu ermächtigenden Beschluss gegebenenfalls festgelegten Teilnahmevoraussetzungen erfüllen. [2]Dies gilt auch zu jedem anderen Zeitpunkt, sofern sie neben den genannten Voraussetzungen auch die in diesem Rahmen bereits erlassenen Rechtsakte beachten.

Die Kommission und die an einer Verstärkten Zusammenarbeit teilnehmenden Mitgliedstaaten tragen dafür Sorge, dass die Teilnahme möglichst vieler Mitgliedstaaten gefördert wird.

(2) Die Kommission und gegebenenfalls der Hohe Vertreter der Union für die Außen- und Sicherheitspolitik unterrichten das Europäische Parlament und den Rat regelmäßig über die Entwicklung einer Verstärkten Zusammenarbeit.

Artikel 329 (ex-Artikel 27 a bis 27 e, 40 bis 40 b und 43 bis 45 EUV sowie ex-Artikel 11 und 11 a EGV) [Ermächtigung]

(1) [1]Die Mitgliedstaaten, die in einem der Bereiche der Verträge – mit Ausnahme der Bereiche, für die die Union die ausschließliche Zuständigkeit besitzt, und der Gemeinsamen Außen- und Sicherheitspolitik – untereinander eine Verstärkte Zusammenarbeit begründen möchten, richten einen Antrag an die Kommission, in dem der Anwendungsbereich und die Ziele aufgeführt werden, die mit der beabsichtigten Verstärkten Zusammenarbeit angestrebt werden. [2]Die Kommission kann dem Rat einen entsprechenden Vorschlag vorlegen. [3]Legt die Kommission keinen Vorschlag vor, so teilt sie den betroffenen Mitgliedstaaten ihre Gründe dafür mit.

Die Ermächtigung zur Einleitung einer Verstärkten Zusammenarbeit nach Unterabsatz 1 wird vom Rat auf Vorschlag der Kommission und nach Zustimmung des Europäischen Parlaments erteilt.

(2) [1]Der Antrag der Mitgliedstaaten, die untereinander im Rahmen der Gemeinsamen Außen- und Sicherheitspolitik eine Verstärkte Zusammenarbeit begründen möchten, wird an den Rat gerichtet. [2]Er wird dem Hohen Vertreter der Union für die Außen- und Sicherheitspolitik, der zur Kohärenz der beabsichtigten Verstärkten Zusammenarbeit mit der Gemeinsa-

men Außen- und Sicherheitspolitik der Union Stellung nimmt, sowie der Kommission übermittelt, die insbesondere zur Kohärenz der beabsichtigten Verstärkten Zusammenarbeit mit der Politik der Union in anderen Bereichen Stellung nimmt. [3]Der Antrag wird ferner dem Europäischen Parlament zur Unterrichtung übermittelt.

Die Ermächtigung zur Einleitung einer Verstärkten Zusammenarbeit wird mit einem Beschluss des Rates erteilt, der einstimmig beschließt.

Artikel 330 (ex-Artikel 27 a bis 27 e, 40 bis 40 b und 43 bis 45 EUV sowie ex-Artikel 11 und 11 a EGV) [Beratungen; Stimmberechtigung]

Alle Mitglieder des Rates können an dessen Beratungen teilnehmen, aber nur die Mitglieder des Rates, die die an der Verstärkten Zusammenarbeit beteiligten Mitgliedstaaten vertreten, sind stimmberechtigt.

Die Einstimmigkeit bezieht sich allein auf die Stimmen der Vertreter der an der Verstärkten Zusammenarbeit beteiligten Mitgliedstaaten.

Die qualifizierte Mehrheit bestimmt sich nach Artikel 238 Absatz 3.

Artikel 331 (ex-Artikel 27 a bis 27 e, 40 bis 40 b und 43 bis 45 EUV sowie ex-Artikel 11 und 11 a EGV) [Beitritt weiterer Mitgliedstaaten]

(1) Jeder Mitgliedstaat, der sich einer bestehenden Verstärkten Zusammenarbeit in einem der in Artikel 329 Absatz 1 genannten Bereiche anschließen will, teilt dem Rat und der Kommission seine Absicht mit.

[1]Die Kommission bestätigt binnen vier Monaten nach Eingang der Mitteilung die Beteiligung des betreffenden Mitgliedstaats. [2]Dabei stellt sie gegebenenfalls fest, dass die Beteiligungsvoraussetzungen erfüllt sind, und erlässt die notwendigen Übergangsmaßnahmen zur Anwendung der im Rahmen der Verstärkten Zusammenarbeit bereits erlassenen Rechtsakte.

[1]Ist die Kommission jedoch der Auffassung, dass die Beteiligungsvoraussetzungen nicht erfüllt sind, so gibt sie an, welche Bestimmungen zur Erfüllung dieser Voraussetzungen erlassen werden müssen, und legt eine Frist für die erneute Prüfung des Antrags fest. [2]Nach Ablauf dieser Frist prüft sie den Antrag erneut nach dem in Unterabsatz 2 vorgesehenen Verfahren. [3]Ist die Kommission der Auffassung, dass die Beteiligungsvoraussetzungen weiterhin nicht erfüllt sind, so kann der betreffende Mitgliedstaat mit dieser Frage den Rat befassen, der über den Antrag befindet. [4]Der Rat beschließt nach Artikel 330. [5]Er kann außerdem auf Vorschlag der Kommission die in Unterabsatz 2 genannten Übergangsmaßnahmen erlassen.

(2) Jeder Mitgliedstaat, der an einer bestehenden Verstärkten Zusammenarbeit im Rahmen der Gemeinsamen Außen- und Sicherheitspolitik teilnehmen möchte, teilt dem Rat, dem Hohen Vertreter der Union für die Außen- und Sicherheitspolitik und der Kommission seine Absicht mit.

[1]Der Rat bestätigt die Teilnahme des betreffenden Mitgliedstaats nach Anhörung des Hohen Vertreters der Union für die Außen- und Sicherheitspolitik und gegebenenfalls nach der Feststellung, dass die Teilnahmevoraussetzungen erfüllt sind. [2]Der Rat kann auf Vorschlag des Hohen Vertreters ferner die notwendigen Übergangsmaßnahmen zur Anwendung der im Rahmen der Verstärkten Zusammenarbeit bereits erlassenen Rechtsakte treffen. [3]Ist der Rat jedoch der Auffassung, dass die Teilnahmevoraussetzungen nicht erfüllt sind, so gibt er an, welche Schritte zur Erfüllung dieser Voraussetzungen notwendig sind, und legt eine Frist für die erneute Prüfung des Antrags auf Teilnahme fest.

Für die Zwecke dieses Absatzes beschließt der Rat einstimmig nach Artikel 330.

Artikel 332 (ex-Artikel 27 a bis 27 e, 40 bis 40 b und 43 bis 45 EUV sowie ex-Artikel 11 und 11 a EGV) [Ausgabenlast]

Die sich aus der Durchführung einer Verstärkten Zusammenarbeit ergebenden Ausgaben, mit Ausnahme der Verwaltungskosten der Organe, werden von den beteiligten Mitgliedstaaten getragen, sofern der Rat nicht nach Anhörung des Europäischen Parlaments durch einstimmigen Beschluss sämtlicher Mitglieder des Rates etwas anderes beschließt.

Artikel 333 (ex-Artikel 27 a bis 27 e, 40 bis 40 b und 43 bis 45 EUV sowie ex-Artikel 11 und 11 a EGV) [Abstimmungsregeln]

(1) Wenn nach einer Bestimmung der Verträge, die im Rahmen einer Verstärkten Zusammenarbeit angewendet werden könnte, der Rat einstimmig beschließen muss, kann der Rat nach Artikel 330 einstimmig einen Beschluss dahin gehend erlassen, dass er mit qualifizierter Mehrheit beschließt.

(2) [1]Wenn nach einer Bestimmung der Verträge, die im Rahmen einer Verstärkten Zusammenarbeit angewendet werden könnte, Rechtsakte vom Rat gemäß einem besonderen Gesetzgebungsverfahren erlassen werden müssen, kann der Rat nach Artikel 330 einstimmig einen Beschluss dahin gehend erlassen, dass er gemäß dem ordentlichen Gesetzgebungsverfahren beschließt. [2]Der Rat beschließt nach Anhörung des Europäischen Parlaments.

(3) Die Absätze 1 und 2 gelten nicht für Beschlüsse mit militärischen oder verteidigungspolitischen Bezügen.

Artikel 334 (ex-Artikel 27 a bis 27 e, 40 bis 40 b und 43 bis 45 EUV sowie ex-Artikel 11 und 11 a EGV) [Kohärenz]

Der Rat und die Kommission stellen sicher, dass die im Rahmen einer Verstärkten Zusammenarbeit durchgeführten Maßnahmen untereinander und mit der Politik der Union im Einklang stehen, und arbeiten entsprechend zusammen.

Siebter Teil
Allgemeine und Schlussbestimmungen

Artikel 335   (ex-Artikel 282 EGV) [Rechts- und Geschäftsfähigkeit der Union]
[1]Die Union besitzt in jedem Mitgliedstaat die weitestgehende Rechts- und Geschäftsfähigkeit, die juristischen Personen nach dessen Rechtsvorschriften zuerkannt ist; sie kann insbesondere bewegliches und unbewegliches Vermögen erwerben und veräußern sowie vor Gericht stehen. [2]Zu diesem Zweck wird sie von der Kommission vertreten. [3]In Fragen, die das Funktionieren der einzelnen Organe betreffen, wird die Union hingegen aufgrund von deren Verwaltungsautonomie von dem betreffenden Organ vertreten.

Artikel 336   (ex-Artikel 283 EGV) [Beamtenstatut; Beschäftigungsbedingungen]
Das Europäische Parlament und der Rat erlassen gemäß dem ordentlichen Gesetzgebungsverfahren durch Verordnungen nach Anhörung der anderen betroffenen Organe das Statut der Beamten der Europäischen Union und die Beschäftigungsbedingungen für die sonstigen Bediensteten der Union.

Artikel 337   (ex-Artikel 284 EGV) [Auskunftsrecht der Kommission]
Zur Erfüllung der ihr übertragenen Aufgaben kann die Kommission alle erforderlichen Auskünfte einholen und alle erforderlichen Nachprüfungen vornehmen; der Rahmen und die nähere Maßgabe hierfür werden vom Rat, der mit einfacher Mehrheit beschließt, gemäß den Bestimmungen der Verträge festgelegt.

Artikel 338   (ex-Artikel 285 EGV) [Statistiken]
(1) Unbeschadet des Artikels 5 des Protokolls über die Satzung des Europäischen Systems der Zentralbanken und der Europäischen Zentralbank beschließen das Europäische Parlament und der Rat gemäß dem ordentlichen Gesetzgebungsverfahren Maßnahmen für die Erstellung von Statistiken, wenn dies für die Durchführung der Tätigkeiten der Union erforderlich ist.

(2) Die Erstellung der Unionsstatistiken erfolgt unter Wahrung der Unparteilichkeit, der Zuverlässigkeit, der Objektivität, der wissenschaftlichen Unabhängigkeit, der Kostenwirksamkeit und der statistischen Geheimhaltung; der Wirtschaft dürfen dadurch keine übermäßigen Belastungen entstehen.

Artikel 339   (ex-Artikel 287 EGV) [Geheimhaltungspflicht]
Die Mitglieder der Organe der Union, die Mitglieder der Ausschüsse sowie die Beamten und sonstigen Bediensteten der Union sind verpflichtet, auch nach Beendigung ihrer Amtstätigkeit Auskünfte, die ihrem Wesen nach unter das Berufsgeheimnis fallen, nicht preiszugeben; dies gilt ins-

besondere für Auskünfte über Unternehmen sowie deren Geschäftsbeziehungen oder Kostenelemente.

Artikel 340 (ex-Artikel 288 EGV) [Haftung; Union und Bedienstete]

Die vertragliche Haftung der Union bestimmt sich nach dem Recht, das auf den betreffenden Vertrag anzuwenden ist.

Im Bereich der außervertraglichen Haftung ersetzt die Union den durch ihre Organe oder Bediensteten in Ausübung ihrer Amtstätigkeit verursachten Schaden nach den allgemeinen Rechtsgrundsätzen, die den Rechtsordnungen der Mitgliedstaaten gemeinsam sind.

Abweichend von Absatz 2 ersetzt die Europäische Zentralbank den durch sie oder ihre Bediensteten in Ausübung ihrer Amtstätigkeit verursachten Schaden nach den allgemeinen Rechtsgrundsätzen, die den Rechtsordnungen der Mitgliedstaaten gemeinsam sind.

Die persönliche Haftung der Bediensteten gegenüber der Union bestimmt sich nach den Vorschriften ihres Statuts oder der für sie geltenden Beschäftigungsbedingungen.

Artikel 341 (ex-Artikel 289 EGV) [Sitz der Organe]

Der Sitz der Organe der Union wird im Einvernehmen zwischen den Regierungen der Mitgliedstaaten bestimmt.

Artikel 342 (ex-Artikel 290 EGV) [Sprachenfrage]

Die Regelung der Sprachenfrage für die Organe der Union wird unbeschadet der Satzung des Gerichtshofs der Europäischen Union vom Rat einstimmig durch Verordnungen getroffen.

Artikel 343 (ex-Artikel 291 EGV) [Vorrechte und Befreiungen]

[1]Die Union genießt im Hoheitsgebiet der Mitgliedstaaten die zur Erfüllung ihrer Aufgabe erforderlichen Vorrechte und Befreiungen nach Maßgabe des Protokolls vom 8. April 1965 über die Vorrechte und Befreiungen der Europäischen Union. [2]Dasselbe gilt für die Europäische Zentralbank und die Europäische Investitionsbank.

Artikel 344 (ex-Artikel 292 EGV) [Streitigkeiten]

Die Mitgliedstaaten verpflichten sich, Streitigkeiten über die Auslegung oder Anwendung der Verträge nicht anders als hierin vorgesehen zu regeln.

Artikel 345 (ex-Artikel 295 EGV) [Innerstaatliche Eigentumsordnung]

Die Verträge lassen die Eigentumsordnung in den verschiedenen Mitgliedstaaten unberührt.

Artikel 346 (ex-Artikel 296 EGV) [Nationale Sicherheitsinteressen; Rüstungsgüter]

(1) Die Vorschriften der Verträge stehen folgenden Bestimmungen nicht entgegen:

a) Ein Mitgliedstaat ist nicht verpflichtet, Auskünfte zu erteilen, deren Preisgabe seines Erachtens seinen wesentlichen Sicherheitsinteressen widerspricht;

b) jeder Mitgliedstaat kann die Maßnahmen ergreifen, die seines Erachtens für die Wahrung seiner wesentlichen Sicherheitsinteressen erforderlich sind, soweit sie die Erzeugung von Waffen, Munition und Kriegsmaterial oder den Handel damit betreffen; diese Maßnahmen dürfen auf dem Binnenmarkt die Wettbewerbsbedingungen hinsichtlich der nicht eigens für militärische Zwecke bestimmten Waren nicht beeinträchtigen.

(2) Der Rat kann die von ihm am 15. April 1958 festgelegte Liste der Waren, auf die Absatz 1 Buchstabe b Anwendung findet, einstimmig auf Vorschlag der Kommission ändern.

Artikel 347 (ex-Artikel 297 EGV) [Krisen; Maßnahmen]

Die Mitgliedstaaten setzen sich miteinander ins Benehmen, um durch gemeinsames Vorgehen zu verhindern, dass das Funktionieren des Binnenmarkts durch Maßnahmen beeinträchtigt wird, die ein Mitgliedstaat bei einer schwerwiegenden innerstaatlichen Störung der öffentlichen Ordnung, im Kriegsfall, bei einer ernsten, eine Kriegsgefahr darstellenden internationalen Spannung oder in Erfüllung der Verpflichtungen trifft, die er im Hinblick auf die Aufrechterhaltung des Friedens und der internationalen Sicherheit übernommen hat.

Artikel 348 (ex-Artikel 298 EGV) [Wettbewerbsverfälschung; besonderes Vertragsverletzungsverfahren]

Werden auf dem Binnenmarkt die Wettbewerbsbedingungen durch Maßnahmen aufgrund der Artikel 346 und 347 verfälscht, so prüft die Kommission gemeinsam mit dem beteiligten Staat, wie diese Maßnahmen den Vorschriften der Verträge angepasst werden können.

[1]In Abweichung von dem in den Artikeln 258 und 259 vorgesehenen Verfahren kann die Kommission oder ein Mitgliedstaat den Gerichtshof unmittelbar anrufen, wenn die Kommission oder der Staat der Auffassung ist, dass ein anderer Mitgliedstaat die in den Artikeln 346 und 347 vorgesehenen Befugnisse missbraucht. [2]Der Gerichtshof entscheidet unter Ausschluss der Öffentlichkeit.

Artikel 349 (ex-Artikel 299 Absatz 2 Unterabsätze 2, 3 und 4 EGV) [Sonderregelungen für die außereuropäischen Territorien der Mitgliedstaaten]

[1]Unter Berücksichtigung der strukturbedingten sozialen und wirtschaftlichen Lage von Guadeloupe, Französisch-Guayana, Martinique, Mayotte, Réunion, und Saint-Martin, der Azoren, Madeiras und der Kanarischen Inseln, die durch die Faktoren Abgelegenheit, Insellage, geringe Größe, schwierige Relief- und Klimabedingungen und wirtschaftliche Abhängigkeit von einigen wenigen Erzeugnissen erschwert wird, die als ständige

Gegebenheiten und durch ihr Zusammenwirken die Entwicklung schwer beeinträchtigen, beschließt der Rat auf Vorschlag der Kommission nach Anhörung des Europäischen Parlaments spezifische Maßnahmen, die insbesondere darauf abzielen, die Bedingungen für die Anwendung der Verträge auf die genannten Gebiete, einschließlich gemeinsamer Politiken, festzulegen. [2]Werden die betreffenden spezifischen Maßnahmen vom Rat gemäß einem besonderen Gesetzgebungsverfahren erlassen, so beschließt er ebenfalls auf Vorschlag der Kommission und nach Anhörung des Europäischen Parlaments.

Die Maßnahmen nach Absatz 1 betreffen insbesondere die Zoll- und Handelspolitik, Steuerpolitik, Freizonen, Agrar- und Fischereipolitik, die Bedingungen für die Versorgung mit Rohstoffen und grundlegenden Verbrauchsgütern, staatliche Beihilfen sowie die Bedingungen für den Zugang zu den Strukturfonds und zu den horizontalen Unionsprogrammen.

Der Rat beschließt die in Absatz 1 genannten Maßnahmen unter Berücksichtigung der besonderen Merkmale und Zwänge der Gebiete in äußerster Randlage, ohne dabei die Integrität und Kohärenz der Rechtsordnung der Union, die auch den Binnenmarkt und die gemeinsamen Politiken umfasst, auszuhöhlen.

Artikel 350 (ex-Artikel 306 EGV) [Verhältnis zu Benelux-Staaten]
Die Verträge stehen dem Bestehen und der Durchführung der regionalen Zusammenschlüsse zwischen Belgien und Luxemburg sowie zwischen Belgien, Luxemburg und den Niederlanden nicht entgegen, soweit die Ziele dieser Zusammenschlüsse durch Anwendung der Verträge nicht erreicht sind.

Artikel 351 (ex-Artikel 307 EGV) [Verhältnis zu früheren Verträgen]
Die Rechte und Pflichten aus Übereinkünften, die vor dem 1. Januar 1958 oder, im Falle später beigetretener Staaten, vor dem Zeitpunkt ihres Beitritts zwischen einem oder mehreren Mitgliedstaaten einerseits und einem oder mehreren dritten Ländern andererseits geschlossen wurden, werden durch die Verträge nicht berührt.

[1]Soweit diese Übereinkünfte mit den Verträgen nicht vereinbar sind, wenden der oder die betreffenden Mitgliedstaaten alle geeigneten Mittel an, um die festgestellten Unvereinbarkeiten zu beheben. [2]Erforderlichenfalls leisten die Mitgliedstaaten zu diesem Zweck einander Hilfe; sie nehmen gegebenenfalls eine gemeinsame Haltung ein.

Bei Anwendung der in Absatz 1 bezeichneten Übereinkünfte tragen die Mitgliedstaaten dem Umstand Rechnung, dass die in den Verträgen von jedem Mitgliedstaat gewährten Vorteile Bestandteil der Errichtung der Union sind und daher in untrennbarem Zusammenhang stehen mit der Schaffung gemeinsamer Organe, der Übertragung von Zuständigkeiten auf diese und der Gewährung der gleichen Vorteile durch alle anderen Mitgliedstaaten.

Artikel 352 (ex-Artikel 308 EGV) [Ergänzende Rechtsetzungsbefugnis]

(1) [1]Erscheint ein Tätigwerden der Union im Rahmen der in den Verträgen festgelegten Politikbereiche erforderlich, um eines der Ziele der Verträge zu verwirklichen, und sind in den Verträgen die hierfür erforderlichen Befugnisse nicht vorgesehen, so erlässt der Rat einstimmig auf Vorschlag der Kommission und nach Zustimmung des Europäischen Parlaments die geeigneten Vorschriften. [2]Werden diese Vorschriften vom Rat gemäß einem besonderen Gesetzgebungsverfahren erlassen, so beschließt er ebenfalls einstimmig auf Vorschlag der Kommission und nach Zustimmung des Europäischen Parlaments.

(2) Die Kommission macht die nationalen Parlamente im Rahmen des Verfahrens zur Kontrolle der Einhaltung des Subsidiaritätsprinzips nach Artikel 5 Absatz 3 des Vertrags über die Europäische Union auf die Vorschläge aufmerksam, die sich auf diesen Artikel stützen.

(3) Die auf diesem Artikel beruhenden Maßnahmen dürfen keine Harmonisierung der Rechtsvorschriften der Mitgliedstaaten in den Fällen beinhalten, in denen die Verträge eine solche Harmonisierung ausschließen.

(4) Dieser Artikel kann nicht als Grundlage für die Verwirklichung von Zielen der Gemeinsamen Außen- und Sicherheitspolitik dienen, und Rechtsakte, die nach diesem Artikel erlassen werden, müssen innerhalb der in Artikel 40 Absatz 2 des Vertrags über die Europäische Union festgelegten Grenzen bleiben.

Artikel 353 [Nichtanwendung der Einstimmigkeit]

Artikel 48 Absatz 7 des Vertrags über die Europäische Union findet keine Anwendung auf die folgenden Artikel:
– Artikel 311 Absätze 3 und 4,
– Artikel 312 Absatz 2 Unterabsatz 1,
– Artikel 352 und
– Artikel 354.

Artikel 354 (ex-Artikel 309 EGV) [Stimmrechtsaussetzung]

[1]Für die Zwecke des Artikels 7 des Vertrags über die Europäische Union über die Aussetzung bestimmter mit der Zugehörigkeit zur Union verbundener Rechte ist das Mitglied des Europäischen Rates oder des Rates, das den betroffenen Mitgliedstaat vertritt, nicht stimmberechtigt und der betreffende Mitgliedstaat wird bei der Berechnung des Drittels oder der vier Fünftel der Mitgliedstaaten nach den Absätzen 1 und 2 des genannten Artikels nicht berücksichtigt. [2]Die Stimmenthaltung von anwesenden oder vertretenen Mitgliedern steht dem Erlass von Beschlüssen nach Absatz 2 des genannten Artikels nicht entgegen.

Für den Erlass von Beschlüssen nach Artikel 7 Absätze 3 und 4 des Vertrags über die Europäische Union bestimmt sich die qualifizierte Mehrheit nach Artikel 238 Absatz 3 Buchstabe b dieses Vertrags.

Beschließt der Rat nach dem Erlass eines Beschlusses über die Aussetzung der Stimmrechte nach Artikel 7 Absatz 3 des Vertrags über die Europäische Union auf der Grundlage einer Bestimmung der Verträge mit qualifizierter Mehrheit, so bestimmt sich die qualifizierte Mehrheit hierfür nach Artikel 238 Absatz 3 Buchstabe b dieses Vertrags oder, wenn der Rat auf Vorschlag der Kommission oder des Hohen Vertreters der Union für die Außen- und Sicherheitspolitik handelt, nach Artikel 238 Absatz 3 Buchstabe a.

Für die Zwecke des Artikels 7 des Vertrags über die Europäische Union beschließt das Europäische Parlament mit der Mehrheit von zwei Dritteln der abgegebenen Stimmen und mit der Mehrheit seiner Mitglieder.

Artikel 355 (ex-Artikel 299 Absatz 2 Unterabsatz 1 und Absätze 3 bis 6 EGV) [Räumlicher Geltungsbereich]
Zusätzlich zu den Bestimmungen des Artikels 52 des Vertrags über die Europäische Union über den räumlichen Geltungsbereich der Verträge gelten folgende Bestimmungen:

(1) Die Verträge gelten nach Artikel 349 für Guadeloupe, Französisch-Guayana, Martinique, Mayotte, Réunion, Saint Martin, die Azoren, Madeira und die Kanarischen Inseln.

(2) Für die in Anhang II aufgeführten überseeischen Länder und Hoheitsgebiete gilt das besondere Assoziierungssystem, das im Vierten Teil festgelegt ist.

Die Verträge finden keine Anwendung auf die überseeischen Länder und Hoheitsgebiete, die besondere Beziehungen zum Vereinigten Königreich Großbritannien und Nordirland unterhalten und die in dem genannten Anhang nicht aufgeführt sind.

(3) Die Verträge finden auf die europäischen Hoheitsgebiete Anwendung, deren auswärtige Beziehungen ein Mitgliedstaat wahrnimmt.

(4) Die Verträge finden entsprechend den Bestimmungen des Protokolls Nr. 2 zur Akte über die Bedingungen des Beitritts der Republik Österreich, der Republik Finnland und des Königreichs Schweden auf die Ålandinseln Anwendung.

(5) Abweichend von Artikel 52 des Vertrags über die Europäische Union und von den Absätzen 1 bis 4 dieses Artikels gilt:
a) Die Verträge finden auf die Färöer keine Anwendung.
b) Die Verträge finden auf die Hoheitszonen des Vereinigten Königreichs auf Zypern, Akrotiri und Dhekelia, nur insoweit Anwendung, als dies erforderlich ist, um die Anwendung der Regelungen des Protokolls über die Hoheitszonen des Vereinigten Königreichs Großbritannien und Nordirland in Zypern, das der Akte über die Bedingungen

des Beitritts der Tschechischen Republik, der Republik Estland, der Republik Zypern, der Republik Lettland, der Republik Litauen, der Republik Ungarn, der Republik Malta, der Republik Polen, der Republik Slowenien und der Slowakischen Republik zur Europäischen Union beigefügt ist, nach Maßgabe jenes Protokolls sicherzustellen.

c) Die Verträge finden auf die Kanalinseln und die Insel Man nur insoweit Anwendung, als dies erforderlich ist, um die Anwendung der Regelung sicherzustellen, die in dem am 22. Januar 1972 unterzeichneten Vertrag über den Beitritt neuer Mitgliedstaaten zur Europäischen Wirtschaftsgemeinschaft und zur Europäischen Atomgemeinschaft für diese Inseln vorgesehen ist.

(6) [1]Der Europäische Rat kann auf Initiative des betroffenen Mitgliedstaats einen Beschluss zur Änderung des Status eines in den Absätzen 1 und 2 genannten dänischen, französischen oder niederländischen Landes oder Hoheitsgebiets gegenüber der Union erlassen. [2]Der Europäische Rat beschließt einstimmig nach Anhörung der Kommission.

Artikel 356 (ex-Artikel 312 EGV) [Geltungsdauer]
Dieser Vertrag gilt auf unbegrenzte Zeit.

Artikel 357 (ex-Artikel 313 EGV) [Ratifizierung; Inkrafttreten]
[1]Dieser Vertrag bedarf der Ratifizierung durch die Hohen Vertragsparteien gemäß ihren verfassungsrechtlichen Vorschriften. [2]Die Ratifikationsurkunden werden bei der Regierung der Italienischen Republik hinterlegt.

[1]Dieser Vertrag tritt am ersten Tag des auf die Hinterlegung der letzten Ratifikationsurkunde folgenden Monats in Kraft. [2]Findet diese Hinterlegung weniger als fünfzehn Tage vor Beginn des folgenden Monats statt, so tritt der Vertrag am ersten Tag des zweiten Monats nach dieser Hinterlegung in Kraft.

Artikel 358 [Verbindlicher Wortlaut; Hinterlegung]
Die Bestimmungen des Artikels 55 des Vertrags über die Europäische Union sind auf diesen Vertrag anwendbar.

ZU URKUND DESSEN haben die unterzeichneten Bevollmächtigten ihre Unterschriften unter diesen Vertrag gesetzt.

Geschehen zu Rom am fünfundzwanzigsten März neunzehnhundertsiebenundfünfzig.

(Aufzählung der Unterzeichner nicht wiedergegeben)

Anhang I
Liste zu Artikel 38 des Vertrags über die Arbeitsweise der Europäischen Union

– 1 – Nummer des Brüsseler Zolltarifschemas	– 2 – Warenbezeichnung
Kapitel 1	Lebende Tiere
Kapitel 2	Fleisch und genießbarer Schlachtabfall
Kapitel 3	Fische, Krebstiere und Weichtiere
Kapitel 4	Milch und Milcherzeugnisse, Vogeleier; natürlicher Honig
Kapitel 5 05.04	Därme, Blasen und Mägen von anderen Tieren als Fischen, ganz oder geteilt
05.15	Waren tierischen Ursprungs, anderweit weder genannt noch inbegriffen; nicht lebende Tiere des Kapitels 1 oder 3, ungenießbar
Kapitel 6	Lebende Pflanzen und Waren des Blumenhandels
Kapitel 7	Gemüse, Pflanzen, Wurzeln und Knollen, die zu Ernährungszwecken verwendet werden
Kapitel 8	Genießbare Früchte, Schalen von Zitrusfrüchten oder von Melonen
Kapitel 9	Kaffee, Tee und Gewürze, ausgenommen Mate (Position 09.03)
Kapitel 10	Getreide
Kapitel 11	Müllereierzeugnisse, Malz; Stärke; Kleber, Inulin
Kapitel 12	Ölsaaten und ölhaltige Früchte; verschiedene Samen und Früchte; Pflanzen zum Gewerbe- oder Heilgebrauch, Stroh und Futter
Kapitel 13 ex 13.03	Pektin
Kapitel 15 15.01	Schweineschmalz; Geflügelfett, ausgepresst oder ausgeschmolzen
15.02	Talg von Rindern, Schafen oder Ziegen, roh oder ausgeschmolzen, einschließlich Premier Jus
15.03	Schmalzstearin; Oleostearin; Schmalzöl, Oleomargarine und Talgöl, weder emulgiert, vermischt noch anders verarbeitet
15.04	Fette und Öle von Fischen oder Meeressäugetieren, auch raffiniert

– 1 – Nummer des Brüsseler Zollta- rifschemas	– 2 – Warenbezeichnung
15.07	Fette pflanzliche Öle, flüssig oder fest, roh, gereinigt oder raffiniert
15.12	Tierische und pflanzliche Fette und Öle, gehärtet, auch raffiniert, jedoch nicht weiter verarbeitet
15.13	Margarine, Kunstspeisefett und andere genießbare verarbeitete Fette
15.17	Rückstände aus der Verarbeitung von Fettstoffen oder von tierischen oder pflanzlichen Wachsen
Kapitel 16	Zubereitungen von Fleisch, Fischen, Krebstieren und Weichtieren
Kapitel 17	
17.01	Rüben- und Rohrzucker, fest
17.02	Andere Zucker; Sirupe; Kunsthonig, auch mit natürlichem Honig vermischt; Zucker und Melassen, karamellisiert
17.03	Melassen, auch entfärbt
17.05[1]	Zucker, Sirupe und Melassen, aromatisiert oder gefärbt (einschließlich Vanille- und Vanillinzucker), ausgenommen Fruchtsäfte mit beliebigem Zusatz von Zucker
Kapitel 18	
18.01	Kakaobohnen, auch Bruch, roh oder geröstet
18.02	Kakaoschalen, Kakaohäutchen und anderer Kakaoabfall
Kapitel 20	Zubereitungen von Gemüse, Küchenkräutern, Früchten und anderen Pflanzen oder Pflanzenteilen
Kapitel 22	
22.04	Traubenmost, teilweise vergoren, auch ohne Alkohol stummgemacht
22.05	Wein aus frischen Weintrauben; mit Alkohol stummgemachter Most aus frischen Weintrauben
22.07	Apfelwein, Birnenwein, Met und andere gegorene Getränke

---

[1] Position eingefügt gemäß Artikel 1 der Verordnung Nr. 7 a des Rates der Europäischen Wirtschaftsgemeinschaft vom 18. 12. 1959 (ABl. 7 vom 30. 1. 1961, S. 71/61).

– 1 – Nummer des Brüsseler Zollta- rifschemas	– 2 – Warenbezeichnung
ex 22.08[1] ex 22.09[1]	Äthylalkohol und Sprit, vergällt und unvergällt, mit einem beliebigen Äthylalkoholgehalt, hergestellt aus landwirtschaftlichen Erzeugnissen, die in Anhang I aufgeführt sind (ausgenommen Branntwein, Likör und andere alkoholische Getränke, zusammengesetzte alkoholische Zubereitungen – Essenzen – zur Herstellung von Getränken)
22.10[1] Kapitel 23	Speiseessig Rückstände und Abfälle der Lebensmittelindustrie; zubereitetes Futter
Kapitel 24 24.01	 Tabak, unverarbeitet; Tabakabfälle
Kapitel 45 45.01	 Naturkork, unbearbeitet, und Korkabfälle; Korkschrot, Korkmehl
Kapitel 54 54.01	 Flachs, roh, geröstet, geschwungen, gehechelt oder anders bearbeitet, jedoch nicht versponnen; Werg und Abfälle (einschließlich Reißspinnstoff)
Kapitel 57 57.01	 Hanf (*Cannabis sativa*), roh, geröstet, geschwungen, gehechelt oder anders bearbeitet, jedoch nicht versponnen; Werg und Abfälle (einschließlich Reißspinnstoff)

---

1) Position eingefügt gemäß Artikel 1 der Verordnung Nr. 7 a des Rates der Europäischen Wirtschaftsgemeinschaft vom 18. 12. 1959 (ABl. 7 vom 30. 1. 1961, S. 71/61).

Anhang II
Überseeische Länder und Hoheitsgebiete, auf welche der Vierte Teil des Vertrags über die Arbeitsweise der Europäischen Union Anwendung findet

- Grönland
- Neukaledonien und Nebengebiete
- Französisch-Polynesien
- Französische Süd- und Antarktisgebiete
- Wallis und Futuna
- St. Pierre und Miquelon
- Saint-Barthélemy
- Aruba
- Niederländische Antillen:
- Bonaire
- Curaçao
- Saba
- Sint Eustatius
- Sint Maarten
- Anguilla
- Kaimaninseln
- Falklandinseln
- Südgeorgien und südliche Sandwichinseln
- Montserrat
- Pitcairn
- St. Helena und Nebengebiete
- Britisches Antarktis-Territorium
- Britisches Territorium im Indischen Ozean
- Turks- und Caicosinseln
- Britische Jungferninseln
- Bermuda

Protokolle

Inhalt

Protokoll (Nr. 1)
über die Rolle der nationalen Parlamente in der Europäischen Union
vom 13. Dezember 2007

(ABl. C 306 vom 17. 12. 2007, S. 148)[1]

DIE HOHEN VERTRAGSPARTEIEN –

EINGEDENK dessen, dass die Art der Kontrolle der Regierungen durch die nationalen Parlamente hinsichtlich der Tätigkeiten der Europäischen Union Sache der besonderen verfassungsrechtlichen Gestaltung und Praxis jedes Mitgliedstaats ist,

IN DEM WUNSCH, eine stärkere Beteiligung der nationalen Parlamente an den Tätigkeiten der Europäischen Union zu fördern und ihnen bessere Möglichkeiten zu geben, sich zu den Entwürfen von Gesetzgebungsakten der Europäischen Union sowie zu anderen Fragen, die für sie von besonderem Interesse sein können, zu äußern –

SIND über folgende Bestimmungen ÜBEREINGEKOMMEN, die dem Vertrag über die Europäische Union, dem Vertrag über die Arbeitsweise der Europäischen Union und dem Vertrag zur Gründung der Europäischen Atomgemeinschaft beigefügt sind:

---

1) Nachfolgende konsolidierte Fassungen sind berücksichtigt.

Titel I
Unterrichtung der nationalen Parlamente

Artikel 1 [Direkte Zuleitung von Dokumenten]

[1]Die Konsultationsdokumente der Kommission (Grün- und Weißbücher sowie Mitteilungen) werden bei ihrer Veröffentlichung von der Kommission direkt den nationalen Parlamenten zugeleitet. [2]Ferner leitet die Kommission den nationalen Parlamenten gleichzeitig mit der Übermittlung an das Europäische Parlament und den Rat das jährliche Rechtsetzungsprogramm sowie alle weiteren Dokumente für die Ausarbeitung der Rechtsetzungsprogramme oder politischen Strategien zu.

Artikel 2 [Zuleitung der Entwürfe von Gesetzgebungsakten]

Die an das Europäische Parlament und den Rat gerichteten Entwürfe von Gesetzgebungsakten werden den nationalen Parlamenten zugeleitet.

Im Sinne dieses Protokolls bezeichnet „Entwurf eines Gesetzgebungsakts" die Vorschläge der Kommission, die Initiativen einer Gruppe von Mitgliedstaaten, die Initiativen des Europäischen Parlaments, die Anträge des Gerichtshofs, die Empfehlungen der Europäischen Zentralbank und die Anträge der Europäischen Investitionsbank, die den Erlass eines Gesetzgebungsaktes zum Ziel haben.

Die von der Kommission vorgelegten Entwürfe von Gesetzgebungsakten werden von der Kommission gleichzeitig mit der Übermittlung an das Europäische Parlament und den Rat direkt den nationalen Parlamenten zugeleitet.

Die vom Europäischen Parlament vorgelegten Entwürfe von Gesetzgebungsakten werden vom Europäischen Parlament direkt den nationalen Parlamenten zugeleitet.

Die von einer Gruppe von Mitgliedstaaten, vom Gerichtshof, von der Europäischen Zentralbank oder von der Europäischen Investitionsbank vorgelegten Entwürfe von Gesetzgebungsakten werden vom Rat den nationalen Parlamenten zugeleitet.

Artikel 3 [Begründete Stellungnahme]

Die nationalen Parlamente können nach dem im Protokoll über die Anwendung der Grundsätze der Subsidiarität und der Verhältnismäßigkeit vorgesehenen Verfahren eine begründete Stellungnahme zur Übereinstimmung eines Entwurfs eines Gesetzgebungsakts mit dem Subsidiaritätsprinzip an die Präsidenten des Europäischen Parlaments, des Rates und der Kommission richten.

Wird der Entwurf eines Gesetzgebungsakts von einer Gruppe von Mitgliedstaaten vorgelegt, so übermittelt der Präsident des Rates die begründete Stellungnahme oder die begründeten Stellungnahmen den Regierungen dieser Mitgliedstaaten.

Wird der Entwurf eines Gesetzgebungsakts vom Gerichtshof, von der Europäischen Zentralbank oder von der Europäischen Investitionsbank vorgelegt, so übermittelt der Präsident des Rates die begründete Stellungnahme oder die begründeten Stellungnahmen dem betreffenden Organ oder der betreffenden Einrichtung.

Artikel 4 [Fristen]

[1]Zwischen dem Zeitpunkt, zu dem ein Entwurf eines Gesetzgebungsakts den nationalen Parlamenten in den Amtssprachen der Union zugeleitet wird, und dem Zeitpunkt, zu dem er zwecks Erlass oder zur Festlegung eines Standpunkts im Rahmen eines Gesetzgebungsverfahrens auf die vorläufige Tagesordnung des Rates gesetzt wird, müssen acht Wochen liegen. [2]In dringenden Fällen, die in dem Rechtsakt oder dem Standpunkt des Rates begründet werden, sind Ausnahmen möglich. [3]Außer in ordnungsgemäß begründeten dringenden Fällen darf in diesen acht Wochen keine Einigung über den Entwurf eines Gesetzgebungsakts festgestellt werden. [4]Außer in ordnungsgemäß begründeten dringenden Fällen müssen zwischen der Aufnahme des Entwurfs eines Gesetzgebungsakts in die vorläufige Tagesordnung für die Tagung des Rates und der Festlegung eines Standpunkts zehn Tage liegen.

Artikel 5 [Zuleitung der Tagesordnungen]

Den nationalen Parlamenten werden die Tagesordnungen für die Tagungen des Rates und die Ergebnisse dieser Tagungen, einschließlich der Protokolle der Tagungen, auf denen der Rat über Entwürfe von Gesetzgebungsakten berät, gleichzeitig mit der Übermittlung an die Regierungen der Mitgliedstaaten direkt zugeleitet.

Artikel 6 [Unterrichtung über Vertragsänderungsabsichten]

Beabsichtigt der Europäische Rat, Artikel 48 Absatz 7 Unterabsatz 1 oder Unterabsatz 2 des Vertrags über die Europäische Union in Anspruch zu nehmen, so werden die nationalen Parlamente mindestens sechs Monate vor dem Erlass eines Beschlusses von der Initiative des Europäischen Rates unterrichtet.

Artikel 7 [Jahresbericht des Rechnungshofs]

Der Rechnungshof übermittelt den nationalen Parlamenten gleichzeitig mit der Übermittlung an das Europäische Parlament und den Rat seinen Jahresbericht zur Unterrichtung.

Artikel 8 [Geltung für jede der Kammern]

Handelt es sich bei dem System des nationalen Parlaments nicht um ein Einkammersystem, so gelten die Artikel 1 bis 7 für jede der Kammern des Parlaments.

Titel II
Zusammenarbeit zwischen den Parlamenten

Artikel 9 [Festlegung der Zusammenarbeit]

Das Europäische Parlament und die nationalen Parlamente legen gemeinsam fest, wie eine effiziente und regelmäßige Zusammenarbeit zwischen den Parlamenten innerhalb der Union gestaltet und gefördert werden kann.

Artikel 10 [Konferenz der Europa-Ausschüsse]

[1]Eine Konferenz der Europa-Ausschüsse der Parlamente kann jeden ihr zweckmäßig erscheinenden Beitrag dem Europäischen Parlament, dem Rat und der Kommission zur Kenntnis bringen. [2]Diese Konferenz fördert ferner den Austausch von Informationen und bewährten Praktiken zwischen den nationalen Parlamenten und dem Europäischen Parlament, einschließlich ihrer Fachausschüsse. [3]Sie kann auch interparlamentarische Konferenzen zu Einzelthemen organisieren, insbesondere zur Erörterung von Fragen der Gemeinsamen Außen- und Sicherheitspolitik, einschließlich der Gemeinsamen Sicherheits- und Verteidigungspolitik. [4]Die Beiträge der Konferenz binden nicht die nationalen Parlamente und greifen ihrem Standpunkt nicht vor.

Protokoll (Nr. 2)
über die Anwendung der Grundsätze der Subsidiarität und der Verhältnismäßigkeit
vom 13. Dezember 2007

(ABl. C 306 vom 17. 12. 2007, S. 150)[1)]

DIE HOHEN VERTRAGSPARTEIEN –

---

1)   Nachfolgende konsolidierte Fassungen sind berücksichtigt.

IN DEM WUNSCH sicherzustellen, dass die Entscheidungen in der Union so bürgernah wie möglich getroffen werden,

ENTSCHLOSSEN, die Bedingungen für die Anwendung der in Artikel 5 des Vertrags über die Europäische Union verankerten Grundsätze der Subsidiarität und der Verhältnismäßigkeit festzulegen und ein System zur Kontrolle der Anwendung dieser Grundsätze zu schaffen –

SIND über folgende Bestimmungen ÜBEREINGEKOMMEN, die dem Vertrag über die Europäische Union und dem Vertrag über die Arbeitsweise der Europäischen Union beigefügt sind:

Artikel 1 [Gegenstand]

Jedes Organ trägt stets für die Einhaltung der in Artikel 5 des Vertrags über die Europäische Union niedergelegten Grundsätze der Subsidiarität und der Verhältnismäßigkeit Sorge.

Artikel 2 [Konsultationen der Kommission]

[1]Die Kommission führt umfangreiche Anhörungen durch, bevor sie einen Gesetzgebungsakt vorschlägt. [2]Dabei ist gegebenenfalls der regionalen und lokalen Bedeutung der in Betracht gezogenen Maßnahmen Rechnung zu tragen. [3]In außergewöhnlich dringenden Fällen führt die Kommission keine Konsultationen durch. [4]Sie begründet dies in ihrem Vorschlag.

Artikel 3 [„Entwurf eines Gesetzgebungsakts"]

Im Sinne dieses Protokolls bezeichnet „Entwurf eines Gesetzgebungsakts" die Vorschläge der Kommission, die Initiativen einer Gruppe von Mitgliedstaaten, die Initiativen des Europäischen Parlaments, die Anträge des Gerichtshofs, die Empfehlungen der Europäischen Zentralbank und die Anträge der Europäischen Investitionsbank, die den Erlass eines Gesetzgebungsakts zum Ziel haben.

Artikel 4 [Zuleitung der Entwürfe für Gesetzgebungsakte]

[1]Die Kommission leitet ihre Entwürfe für Gesetzgebungsakte und ihre geänderten Entwürfe den nationalen Parlamenten und dem Unionsgesetzgeber gleichzeitig zu. [2]Das Europäische Parlament leitet seine Entwürfe von Gesetzgebungsakten sowie seine geänderten Entwürfe den nationalen Parlamenten zu. [3]Der Rat leitet die von einer Gruppe von Mitgliedstaaten, vom Gerichtshof, von der Europäischen Zentralbank oder von der Europäischen Investitionsbank vorgelegten Entwürfe von Gesetzgebungsakten sowie die geänderten Entwürfe den nationalen Parlamenten zu. [4]Sobald das Europäische Parlament seine legislativen Entschließungen an-

genommen und der Rat seine Standpunkte festgelegt hat, leiten sie diese den nationalen Parlamenten zu.

Artikel 5 [Begründung und Vermerk mit detaillierten Angaben]

[1]Die Entwürfe von Gesetzgebungsakten werden im Hinblick auf die Grundsätze der Subsidiarität und der Verhältnismäßigkeit begründet. [2]Jeder Entwurf eines Gesetzgebungsakts sollte einen Vermerk mit detaillierten Angaben enthalten, die es ermöglichen zu beurteilen, ob die Grundsätze der Subsidiarität und der Verhältnismäßigkeit eingehalten wurden. [3]Dieser Vermerk sollte Angaben zu den voraussichtlichen finanziellen Auswirkungen sowie im Fall einer Richtlinie zu den Auswirkungen auf die von den Mitgliedstaaten zu erlassenden Rechtsvorschriften, einschließlich gegebenenfalls der regionalen Rechtsvorschriften, enthalten. [4]Die Feststellung, dass ein Ziel der Union besser auf Unionsebene erreicht werden kann, beruht auf qualitativen und, soweit möglich, quantitativen Kriterien. [5]Die Entwürfe von Gesetzgebungsakten berücksichtigen dabei, dass die finanzielle Belastung und der Verwaltungsaufwand der Union, der nationalen Regierungen, der regionalen und lokalen Behörden, der Wirtschaftsteilnehmer und der Bürgerinnen und Bürger so gering wie möglich gehalten werden und in einem angemessenen Verhältnis zu dem angestrebten Ziel stehen müssen.

Artikel 6 [Einrede der Unvereinbarkeit mit dem Subsidiaritätsprinzip]

[1]Die nationalen Parlamente oder die Kammern eines dieser Parlamente können binnen acht Wochen nach dem Zeitpunkt der Übermittlung eines Entwurfs eines Gesetzgebungsakts in den Amtssprachen der Union in einer begründeten Stellungnahme an die Präsidenten des Europäischen Parlaments, des Rates und der Kommission darlegen, weshalb der Entwurf ihres Erachtens nicht mit dem Subsidiaritätsprinzip vereinbar ist. [2]Dabei obliegt es dem jeweiligen nationalen Parlament oder der jeweiligen Kammer eines nationalen Parlaments, gegebenenfalls die regionalen Parlamente mit Gesetzgebungsbefugnissen zu konsultieren. [3]Wird der Entwurf eines Gesetzgebungsakts von einer Gruppe von Mitgliedstaaten vorgelegt, so übermittelt der Präsident des Rates die Stellungnahme den Regierungen dieser Mitgliedstaaten. [4]Wird der Entwurf eines Gesetzgebungsakts vom Gerichtshof, von der Europäischen Zentralbank oder von der Europäischen Investitionsbank vorgelegt, so übermittelt der Präsident des Rates die Stellungnahme dem betreffenden Organ oder der betreffenden Einrichtung.

Artikel 7 [Stimmverteilung; Überprüfung, Änderung, Zurückziehung eines Entwurfs]

(1) [1]Das Europäische Parlament, der Rat und die Kommission sowie gegebenenfalls die Gruppe von Mitgliedstaaten, der Gerichtshof, die Europäische Zentralbank oder die Europäische Investitionsbank, sofern der Entwurf eines Gesetzgebungsakts von ihnen vorgelegt wurde, berücksichtigen die begründeten Stellungnahmen der nationalen Parlamente oder einer der Kammern eines dieser Parlamente. [2]Jedes nationale Parlament hat zwei Stimmen, die entsprechend dem einzelstaatlichen parlamentarischen System verteilt werden. [3]In einem Zweikammersystem hat jede der beiden Kammern eine Stimme.

(2) [1]Erreicht die Anzahl begründeter Stellungnahmen, wonach der Entwurf eines Gesetzgebungsakts nicht mit dem Subsidiaritätsprinzip im Einklang steht, mindestens ein Drittel der Gesamtzahl der den nationalen Parlamenten nach Absatz 1 Unterabsatz 2 zugewiesenen Stimmen, so muss der Entwurf überprüft werden. [2]Die Schwelle beträgt ein Viertel der Stimmen, wenn es sich um den Entwurf eines Gesetzgebungsakts auf der Grundlage des Artikels 76 des Vertrags über die Arbeitsweise der Europäischen Union betreffend den Raum der Freiheit, der Sicherheit und des Rechts handelt. [3]Nach Abschluss der Überprüfung kann die Kommission oder gegebenenfalls die Gruppe von Mitgliedstaaten, das Europäische Parlament, der Gerichtshof, die Europäische Zentralbank oder die Europäische Investitionsbank, sofern der Entwurf eines Gesetzgebungsakts von ihr beziehungsweise ihm vorgelegt wurde, beschließen, an dem Entwurf festzuhalten, ihn zu ändern oder ihn zurückzuziehen. [4]Dieser Beschluss muss begründet werden.

(3) [1]Außerdem gilt im Rahmen des ordentlichen Gesetzgebungsverfahrens Folgendes: Erreicht die Anzahl begründeter Stellungnahmen, wonach der Vorschlag für einen Gesetzgebungsakt nicht mit dem Subsidiaritätsprinzip im Einklang steht, mindestens die einfache Mehrheit der Gesamtzahl der den nationalen Parlamenten nach Absatz 1 Unterabsatz 2 zugewiesenen Stimmen, so muss der Vorschlag überprüft werden. [2]Nach Abschluss dieser Überprüfung kann die Kommission beschließen, an dem Vorschlag festzuhalten, ihn zu ändern oder ihn zurückzuziehen. [3]Beschließt die Kommission, an dem Vorschlag festzuhalten, so hat sie in einer begründeten Stellungnahme darzulegen, weshalb der Vorschlag ihres Erachtens mit dem Subsidiaritätsprinzip im Einklang steht. [4]Die begründete Stellungnahme der Kommission wird zusammen mit den begründeten Stellungnahmen der nationalen Parlamente dem Unionsgesetzgeber vorgelegt, damit dieser sie im Rahmen des Verfahrens berücksichtigt:

a) Vor Abschluss der ersten Lesung prüft der Gesetzgeber (das Europäische Parlament und der Rat), ob der Gesetzgebungsvorschlag mit dem

Subsidiaritätsprinzip im Einklang steht; hierbei berücksichtigt er insbesondere die angeführten Begründungen, die von einer Mehrheit der
nationalen Parlamente unterstützt werden, sowie die begründete Stellungnahme der Kommission.

b) Ist der Gesetzgeber mit der Mehrheit von 55 % der Mitglieder des
Rates oder einer Mehrheit der abgegebenen Stimmen im Europäischen
Parlament der Ansicht, dass der Vorschlag nicht mit dem Subsidiaritätsprinzip im Einklang steht, wird der Gesetzgebungsvorschlag nicht
weiter geprüft.

Artikel 8 [Zuständigkeit des Gerichtshofs]

[1]Der Gerichtshof der Europäischen Union ist für Klagen wegen Verstoßes
eines Gesetzgebungsakts gegen das Subsidiaritätsprinzip zuständig, die
nach Maßgabe des Artikels 263 des Vertrags über die Arbeitsweise der
Europäischen Union von einem Mitgliedstaat erhoben oder entsprechend
der jeweiligen innerstaatlichen Rechtsordnung von einem Mitgliedstaat
im Namen seines nationalen Parlaments oder einer Kammer dieses Parlaments übermittelt werden. [2]Nach Maßgabe des genannten Artikels können entsprechende Klagen in Bezug auf Gesetzgebungsakte, für deren
Erlass die Anhörung des Ausschusses der Regionen nach dem Vertrag
über die Arbeitsweise der Europäischen Union vorgeschrieben ist, auch
vom Ausschuss der Regionen erhoben werden.

Artikel 9 [Jahresbericht]

[1]Die Kommission legt dem Europäischen Rat, dem Europäischen Parlament, dem Rat und den nationalen Parlamenten jährlich einen Bericht über
die Anwendung des Artikels 5 des Vertrags über die Europäische Union
vor. [2]Dieser Jahresbericht wird auch dem Wirtschafts- und Sozialausschuss und dem Ausschuss der Regionen zugeleitet.

Protokoll (Nr. 3)
über die Satzung des Gerichtshofs der Europäischen Union
vom 26. Februar 2001

(ABl. C 80 vom 10. 3. 2001, S. 53), in der Fassung des Vertrags von
Lissabon vom 13. 12. 2007 (ABl. C 306 vom 17. 12. 2007)[1)]

(In dieser Textsammlung abgedruckt unter Nr. 14)

---

1) In der Fassung der Bekanntmachung vom 9. 5. 2008 (ABl. C 115 vom 9. 5. 2008,
S. 210). Nachfolgende konsolidierte Fassungen sind berücksichtigt.

Protokoll (Nr. 4)
über die Satzung des Europäischen Systems der Zentralbanken und der Europäischen Zentralbank
vom 7. Februar 1992

(ABl. C 191 vom 29. 7. 1992, S. 68), in der Fassung des Vertrags von Lissabon vom 13. 12. 2007 (ABl. C 306 vom 17. 12. 2007; ber. ABl. C 111 vom 6. 5. 2008, S. 56)[1]

(In dieser Textsammlung abgedruckt unter Nr. 17)

Protokoll (Nr. 5)
über die Satzung der Europäischen Investitionsbank
vom 25. März 1957

(BGBl. II S. 753, 964), in der Fassung des Vertrags von Lissabon vom 13. 12. 2007 (ABl. C 306 vom 17. 12. 2007)[2]

(Das Protokoll ist hier nicht wiedergegeben)

Protokoll (Nr. 6)
über die Festlegung der Sitze der Organe und bestimmter Einrichtungen, sonstiger Stellen und Dienststellen der Europäischen Union
vom 2. Oktober 1997

(ABl. C 340 vom 10. 11. 1997, S. 112), in der Fassung des Vertrags von Lissabon vom 13. 12. 2007 (ABl. C 306 vom 17. 12. 2007)[3]

(In dieser Textsammlung abgedruckt unter Nr. 9)

---

1) In der Fassung der Bekanntmachung vom 9. 5. 2008 (ABl. C 115 vom 9. 5. 2008, S. 230). Nachfolgende konsolidierte Fassungen sind berücksichtigt.
2) In der Fassung der Bekanntmachung vom 9. 5. 2008 (ABl. C 115 vom 9. 5. 2008, S. 251).
3) In der Fassung der Bekanntmachung vom 9. 5. 2008 (ABl. C 115 vom 9. 5. 2008, S. 265). Nachfolgende konsolidierte Fassungen sind berücksichtigt.

Protokoll (Nr. 7)
über die Vorrechte und Befreiungen der Europäischen Union
vom 8. April 1965

(ABl. 1967 Nr. 152, S. 13), in der Fassung des Vertrags von Lissabon vom
13. 12. 2007 (ABl. C 306 vom 17. 12. 2007; ber. ABl. C 111 vom
6. 5. 2008, S. 56);[1] berichtigt in ABl. C 81 vom 29. 3. 2010, S. 1

(In dieser Textsammlung abgedruckt unter Nr. 8)

Protokoll (Nr. 8)
zu Artikel 6 Absatz 2 des Vertrags über die Europäische Union
über den Beitritt der Union zur Europäischen Konvention zum
Schutz der Menschenrechte und Grundfreiheiten
vom 13. Dezember 2007

(ABl. C 306 vom 17. 12. 2007, S. 155)[2]

DIE HOHEN VERTRAGSPARTEIEN
  SIND über folgende Bestimmungen ÜBEREINGEKOMMEN, die dem
Vertrag über die Europäische Union und dem Vertrag über die Arbeits-
weise der Europäischen Union beigefügt sind:

Artikel 1 [Unberührbarkeit der Union und des Unionsrechts]

In der Übereinkunft über den Beitritt der Union zur Europäischen Konvention zum Schutz der Menschenrechte und Grundfreiheiten (im Folgenden „Europäische Konvention") nach Artikel 6 Absatz 2 des Vertrags
über die Europäische Union wird dafür Sorge getragen, dass die besonderen Merkmale der Union und des Unionsrechts erhalten bleiben, insbesondere in Bezug auf

a) die besondere Regelung für eine etwaige Beteiligung der Union an
    den Kontrollgremien der Europäischen Konvention;
b) die nötigen Mechanismen, um sicherzustellen, dass Beschwerden von
    Nichtmitgliedstaaten und Individualbeschwerden den Mitgliedstaaten
    und/oder gegebenenfalls der Union ordnungsgemäß übermittelt wer-
    den.

---

1) In der Fassung der Bekanntmachung vom 9. 5. 2008 (ABl. C 115 vom 9. 5. 2008,
    S. 266); berichtigt in ABl. C 81 vom 29. 3. 2010, S. 1. Nachfolgende konsolidierte
    Fassungen sind berücksichtigt.
2) Nachfolgende konsolidierte Fassungen sind berücksichtigt.

Artikel 2 [Unberührbarkeit der Zuständigkeiten der Union]

[1]In der Übereinkunft nach Artikel 1 wird sichergestellt, dass der Beitritt der Union die Zuständigkeiten der Union und die Befugnisse ihrer Organe unberührt lässt. [2]Es wird sichergestellt, dass die Bestimmungen der Übereinkunft die besondere Situation der Mitgliedstaaten in Bezug auf die Europäische Konvention unberührt lassen, insbesondere in Bezug auf ihre Protokolle, auf Maßnahmen, die von den Mitgliedstaaten in Abweichung von der Europäischen Konvention nach deren Artikel 15 getroffen werden, und auf Vorbehalte, die die Mitgliedstaaten gegen die Europäische Konvention nach deren Artikel 57 anbringen.

Artikel 3 [Anwendung der Bestimmung über Streitigkeiten]

Keine der Bestimmungen der Übereinkunft nach Artikel 1 berührt Artikel 344 des Vertrags über die Arbeitsweise der Europäischen Union.

Protokoll (Nr. 9)
über den Beschluss des Rates über die Anwendung des Artikels 16 Absatz 4 des Vertrags über die Europäische Union und des Artikels 238 Absatz 2 des Vertrags über die Arbeitsweise der Europäischen Union zwischen dem 1. November 2014 und dem 31. März 2017 einerseits und ab dem 1. April 2017 andererseits vom 13. Dezember 2007

(ABl. C 306 vom 17. 12. 2007, S. 159)[1])

DIE HOHEN VERTRAGSPARTEIEN –

UNTER BERÜCKSICHTIGUNG der Tatsache, dass es zum Zeitpunkt der Billigung des Vertrags von Lissabon von grundlegender Bedeutung war, dass eine Einigung über den Beschluss des Rates über die Anwendung des Artikels 16 Absatz 4 des Vertrags über die Europäische Union und des Artikels 238 Absatz 2 des Vertrags über die Arbeitsweise der Europäischen Union zwischen dem 1. November 2014 und dem 31. März 2017 einerseits und ab dem 1. April 2017 andererseits (im Folgenden „Beschluss") zustande kommt –

SIND über folgende Bestimmung ÜBEREINGEKOMMEN, die dem Vertrag über die Europäische Union und dem Vertrag über die Arbeitsweise der Europäischen Union beigefügt ist:

---

1)   Nachfolgende konsolidierte Fassungen sind berücksichtigt.

Einziger Artikel

Bevor der Rat einen Entwurf prüft, der entweder darauf abzielt, den Beschluss oder eine seiner Bestimmungen zu ändern oder aufzuheben, oder aber darauf abzielt, eine mittelbare Änderung seines Geltungsbereichs oder seiner Bedeutung zu bewirken, indem ein anderer Rechtsakt der Union geändert wird, führt der Europäische Rat eine vorläufige Beratung über diesen Entwurf durch, wobei er gemäß Artikel 15 Absatz 4 des Vertrags über die Europäische Union im Konsens handelt.

Protokoll (Nr. 10)
über die Ständige Strukturierte Zusammenarbeit nach
Artikel 42 des Vertrags über die Europäische Union
vom 13. Dezember 2007

(ABl. C 306 vom 17. 12. 2007, S. 153)[1]

DIE HOHEN VERTRAGSPARTEIEN –

GESTÜTZT AUF Artikel 42 Absatz 6 und Artikel 46 des Vertrags über die Europäische Union,

EINGEDENK DESSEN, dass die Union eine Gemeinsame Außen- und Sicherheitspolitik verfolgt, die auf der Erreichung einer immer stärkeren Konvergenz des Handelns der Mitgliedstaaten beruht,

EINGEDENK DESSEN, dass die Gemeinsame Sicherheits- und Verteidigungspolitik integraler Bestandteil der Gemeinsamen Außen- und Sicherheitspolitik ist, dass sie der Union eine auf zivile und militärische Mittel gestützte Fähigkeit zu Operationen sichert, dass die Union hierauf bei Missionen nach Artikel 43 des Vertrags über die Europäische Union außerhalb der Union zur Friedenssicherung, Konfliktverhütung und Stärkung der internationalen Sicherheit nach den Grundsätzen der Charta der Vereinten Nationen zurückgreifen kann und dass diese Aufgaben dank der von den Mitgliedstaaten nach dem Grundsatz der „nur einmal einsetzbaren Streitkräfte" bereitgestellten militärischen Fähigkeiten erfüllt werden,

EINGEDENK DESSEN, dass die Gemeinsame Sicherheits- und Verteidigungspolitik der Union den besonderen Charakter der Sicherheitsund Verteidigungspolitik bestimmter Mitgliedstaaten unberührt lässt,

EINGEDENK DESSEN, dass die Gemeinsame Sicherheits- und Verteidigungspolitik der Union die aus dem Nordatlantikvertrag erwachsenden Verpflichtungen der Mitgliedstaaten achtet, die ihre gemeinsame Verteidigung als durch die Nordatlantikvertrags-Organisation verwirklicht betrachten, die das Fundament der kollektiven Verteidigung ihrer

---

1)   Nachfolgende konsolidierte Fassungen sind berücksichtigt.

Mitglieder bleibt, und dass sie mit der in jenem Rahmen festgelegten gemeinsamen Sicherheits- und Verteidigungspolitik vereinbar ist,

IN DER ÜBERZEUGUNG, dass eine maßgeblichere Rolle der Union im Bereich von Sicherheit und Verteidigung im Einklang mit den so genannten Berlin-plus-Vereinbarungen zur Vitalität eines erneuerten Atlantischen Bündnisses beitragen wird,

FEST ENTSCHLOSSEN, dass die Union in der Lage sein muss, die ihr im Rahmen der Staatengemeinschaft obliegenden Verantwortungen in vollem Umfang wahrzunehmen,

IN DER ERKENNTNIS, dass die Organisation der Vereinten Nationen die Union für die Durchführung dringender Missionen nach den Kapiteln VI und VII der Charta der Vereinten Nationen um Unterstützung ersuchen kann,

IN DER ERKENNTNIS, dass die Stärkung der Sicherheits- und Verteidigungspolitik von den Mitgliedstaaten Anstrengungen im Bereich der Fähigkeiten erfordern wird,

IN DEM BEWUSSTSEIN, dass der Eintritt in eine neue Phase der Entwicklung der Europäischen Sicherheits- und Verteidigungspolitik von den Mitgliedstaaten, die dazu bereit sind, entschiedene Anstrengungen erfordert,

EINGEDENK der Bedeutung, die der umfassenden Beteiligung des Hohen Vertreters der Union für Außen- und Sicherheitspolitik an den Arbeiten im Rahmen der Ständigen Strukturierten Zusammenarbeit zukommt –

SIND über folgende Bestimmungen ÜBEREINGEKOMMEN, die dem Vertrag über die Europäische Union und dem Vertrag über die Arbeitsweise der Europäischen Union beigefügt sind:

Artikel 1 [Teilnahmevoraussetzungen]

An der Ständigen Strukturierten Zusammenarbeit nach Artikel 42 Absatz 6 des Vertrags über die Europäische Union kann jeder Mitgliedstaat teilnehmen, der sich ab dem Zeitpunkt des Inkrafttretens des Vertrags von Lissabon verpflichtet,

a) seine Verteidigungsfähigkeiten durch Ausbau seiner nationalen Beiträge und gegebenenfalls durch Beteiligung an multinationalen Streitkräften, an den wichtigsten europäischen Ausrüstungsprogrammen und an der Tätigkeit der Agentur für die Bereiche Entwicklung der Verteidigungsfähigkeiten, Forschung, Beschaffung und Rüstung (Europäische Verteidigungsagentur) intensiver zu entwickeln und

b) spätestens 2010 über die Fähigkeit zu verfügen, entweder als nationales Kontingent oder als Teil von multinationalen Truppenverbänden bewaffnete Einheiten bereitzustellen, die auf die in Aussicht genommenen Missionen ausgerichtet sind, taktisch als Gefechtsverband konzipiert sind, über Unterstützung unter anderem für Transport und Logistik verfügen und fähig sind, innerhalb von 5 bis 30 Tagen Missionen nach Artikel 43 des Vertrags über die Europäische Union aufzunehmen, um insbesondere Ersuchen der Organisation der Vereinten Nationen nachzukommen, und diese Missionen für eine Dauer von zunächst 30 Tagen, die bis auf 120 Tage ausgedehnt werden kann, aufrechtzuerhalten.

Artikel 2 [Pflichten der teilnehmenden Mitgliedstaaten]

Die an der Ständigen Strukturierten Zusammenarbeit teilnehmenden Mitgliedstaaten verpflichten sich zwecks Erreichung der in Artikel 1 genannten Ziele zu

a) einer Zusammenarbeit ab dem Inkrafttreten des Vertrags von Lissabon zur Verwirklichung der vereinbarten Ziele für die Höhe der Investitionsausgaben für Verteidigungsgüter und zur regelmäßigen Überprüfung dieser Ziele im Lichte des Sicherheitsumfelds und der internationalen Verantwortung der Union;

b) einer möglichst weit gehenden Angleichung ihres Verteidigungsinstrumentariums, indem sie insbesondere die Ermittlung des militärischen Bedarfs harmonisieren, ihre Verteidigungsmittel und -fähigkeiten gemeinsam nutzen und gegebenenfalls spezialisieren sowie die Zusammenarbeit auf den Gebieten Ausbildung und Logistik stärken;

c) konkreten Maßnahmen zur Stärkung der Verfügbarkeit, der Interoperabilität, der Flexibilität und der Verlegefähigkeit ihrer Truppen insbesondere, indem sie gemeinsame Ziele für die Entsendung von Streitkräften aufstellen und gegebenenfalls ihre nationalen Beschlussfassungsverfahren überprüfen;

d) einer Zusammenarbeit mit dem Ziel, dass sie die erforderlichen Maßnahmen ergreifen, um unter anderem durch multinationale Konzepte und unbeschadet der sie betreffenden Verpflichtungen im Rahmen der Nordatlantikvertrags-Organisation die im Rahmen des „Mechanismus zur Entwicklung der Fähigkeiten" festgestellten Lücken zu schließen;

e) einer eventuellen Mitwirkung an der Entwicklung gemeinsamer oder europäischer Programme für wichtige Güter im Rahmen der Europäischen Verteidigungsagentur.

Artikel 3 [Beurteilung durch die Europäische Verteidigungsagentur]

[1]Die Europäische Verteidigungsagentur trägt zur regelmäßigen Beurteilung der Beiträge der teilnehmenden Mitgliedstaaten zu den Fähigkeiten bei, insbesondere der Beiträge nach den unter anderem auf der Grundlage von Artikel 2 aufgestellten Kriterien, und erstattet hierüber mindestens

einmal jährlich Bericht. [2]Die Beurteilung kann als Grundlage für die Empfehlungen sowie für die Beschlüsse des Rates dienen, die nach Artikel 46 des Vertrags über die Europäische Union erlassen werden.

Protokoll (Nr. 11)
zu Artikel 42 des Vertrags über die Europäische Union vom 2. Oktober 1997

(ABl. C 340 vom 10. 11. 1997, S. 92), in der Fassung des Vertrags von Lissabon vom 13. 12. 2007 (ABl. C 306 vom 17. 12. 2007; ber. ABl. C 111 vom 6. 5. 2008, S. 56)[1)]

DIE HOHEN VERTRAGSPARTEIEN –

IN ANBETRACHT der Notwendigkeit, den Artikel 42 Absatz 2 des Vertrags über die Europäische Union in vollem Umfang umzusetzen,

IN ANBETRACHT der Tatsache, dass die Politik der Union nach Artikel 42 den besonderen Charakter der Sicherheits- und Verteidigungspolitik bestimmter Mitgliedstaaten nicht berührt, die Verpflichtungen einiger Mitgliedstaaten, die ihre gemeinsame Verteidigung in der NATO verwirklicht sehen, aus dem Nordatlantikvertrag achtet und mit der in jenem Rahmen festgelegten gemeinsamen Sicherheits- und Verteidigungspolitik vereinbar ist –

SIND über folgende Bestimmungen ÜBEREINGEKOMMEN, die dem Vertrag über die Europäische Union und dem Vertrag über die Arbeitsweise der Europäischen Union beigefügt sind:

Die Europäische Union erarbeitet zusammen mit der Westeuropäischen Union Regelungen für eine verstärkte Zusammenarbeit zwischen der Europäischen Union und der Westeuropäischen Union.

Protokoll (Nr. 12)
über das Verfahren bei einem übermäßigen Defizit vom 7. Februar 1992

(ABl. C 191 vom 29. 7. 1992, S. 84), in der Fassung des Vertrags von Lissabon vom 13. 12. 2007 (ABl. C 306 vom 17. 12. 2007)[2)]

DIE HOHEN VERTRAGSPARTEIEN –

IN DEM WUNSCH, die Einzelheiten des in Artikel 126 des Vertrags über die Arbeitsweise der Europäischen Union genannten Verfahrens bei einem übermäßigen Defizit festzulegen –

---

1) In der Fassung der Bekanntmachung vom 9. 5. 2008 (ABl. C 115 vom 9. 5. 2008, S. 278). Nachfolgende konsolidierte Fassungen sind berücksichtigt.

2) In der Fassung der Bekanntmachung vom 9. 5. 2008 (ABl. C 115 vom 9. 5. 2008, S. 279). Nachfolgende konsolidierte Fassungen sind berücksichtigt.

SIND über folgende Bestimmungen ÜBEREINGEKOMMEN, die dem Vertrag über die Europäische Union und dem Vertrag über die Arbeitsweise der Europäischen Union beigefügt sind:

Artikel 1 [Referenzwerte des Artikels 126 Absatz 2]

Die in Artikel 126 Absatz 2 des Vertrags über die Arbeitsweise der Europäischen Union genannten Referenzwerte sind:
– 3 % für das Verhältnis zwischen dem geplanten oder tatsächlichen öffentlichen Defizit und dem Bruttoinlandsprodukt zu Marktpreisen,
– 60 % für das Verhältnis zwischen dem öffentlichen Schuldenstand und dem Bruttoinlandsprodukt zu Marktpreisen.

Artikel 2 [Definitionen]

In Artikel 126 des genannten Vertrags und in diesem Protokoll bedeutet
– „öffentlich" zum Staat, d. h. zum Zentralstaat (Zentralregierung), zu regionalen oder lokalen Gebietskörperschaften oder Sozialversicherungseinrichtungen gehörig, mit Ausnahme von kommerziellen Transaktionen, im Sinne des Europäischen Systems volkswirtschaftlicher Gesamtrechnungen;
– „Defizit" das Finanzierungsdefizit im Sinne des Europäischen Systems volkswirtschaftlicher Gesamtrechnungen;
– „Investitionen" die Brutto-Anlageinvestitionen im Sinne des Europäischen Systems volkswirtschaftlicher Gesamtrechnungen;
– „Schuldenstand" den Brutto-Gesamtschuldenstand zum Nominalwert am Jahresende nach Konsolidierung innerhalb und zwischen den einzelnen Bereichen des Staatssektors im Sinne des ersten Gedankenstrichs.

Artikel 3 [Defizite des Staatssektors]

[1]Um die Wirksamkeit des Verfahrens bei einem übermäßigen Defizit zu gewährleisten, sind die Regierungen der Mitgliedstaaten im Rahmen dieses Verfahrens für die Defizite des Staatssektors im Sinne von Artikel 2 erster Gedankenstrich verantwortlich. [2]Die Mitgliedstaaten gewährleisten, dass die innerstaatlichen Verfahren im Haushaltsbereich sie in die Lage versetzen, ihre sich aus den Verträgen ergebenden Verpflichtungen in diesem Bereich zu erfüllen. [3]Die Mitgliedstaaten müssen ihre geplanten und tatsächlichen Defizite und die Höhe ihres Schuldenstands der Kommission unverzüglich und regelmäßig mitteilen.

Artikel 4 [Zurverfügungstellung statistischer Daten]

Die zur Anwendung dieses Protokolls erforderlichen statistischen Daten werden von der Kommission zur Verfügung gestellt.

Protokoll (Nr. 13)
über die Konvergenzkriterien
vom 7. Dezember 1992

(ABl. C 191 vom 29. 7. 1992, S. 85), in der Fassung des Vertrags von Lissabon vom 13. 12. 2007 (ABl. C 306 vom 17. 12. 2007; ber. ABl. C 111 vom 6. 5. 2008, S. 56)[1]

DIE HOHEN VERTRAGSPARTEIEN –

IN DEM WUNSCH, die Konvergenzkriterien, welche die Union bei den Beschlüssen nach Artikel 140 des Vertrags über die Arbeitsweise der Europäischen Union über die Aufhebung der Ausnahmeregelungen für die Mitgliedstaaten, für die eine Ausnahmeregelung gilt, leiten sollen, näher festzulegen –

SIND über folgende Bestimmungen ÜBEREINGEKOMMEN, die dem Vertrag über die Europäische Union und dem Vertrag über die Arbeitsweise der Europäischen Union beigefügt sind:

Artikel 1 [Preisstabilität]

[1]Das in Artikel 140 Absatz 1 erster Gedankenstrich des Vertrags über die Arbeitsweise der Europäischen Union genannte Kriterium der Preisstabilität bedeutet, dass ein Mitgliedstaat eine anhaltende Preisstabilität und eine während des letzten Jahres vor der Prüfung gemessene durchschnittliche Inflationsrate aufweisen muss, die um nicht mehr als 1 1/2 Prozentpunkte über der Inflationsrate jener – höchstens drei – Mitgliedstaaten liegt, die auf dem Gebiet der Preisstabilität das beste Ergebnis erzielt haben. [2]Die Inflation wird anhand des Verbraucherpreisindexes auf vergleichbarer Grundlage unter Berücksichtigung der unterschiedlichen Definitionen in den einzelnen Mitgliedstaaten gemessen.

Artikel 2 [Finanzlage der öffentlichen Hand]

Das in Artikel 140 Absatz 1 zweiter Gedankenstrich des genannten Vertrags genannte Kriterium der Finanzlage der öffentlichen Hand bedeutet, dass zum Zeitpunkt der Prüfung kein Beschluss des Rates nach Artikel

---

1) In der Fassung der Bekanntmachung vom 9. 5. 2008 (ABl. C 115 vom 9. 5. 2008, S. 281). Nachfolgende konsolidierte Fassungen sind berücksichtigt.

126 Absatz 6 des genannten Vertrags vorliegt, wonach in dem betreffenden Mitgliedstaat ein übermäßiges Defizit besteht.

Artikel 3 [Teilnahme am Wechselkursmechanismus des EWS]

[1]Das in Artikel 140 Absatz 1 dritter Gedankenstrich des genannten Vertrags genannte Kriterium der Teilnahme am Wechselkursmechanismus
des Europäischen Währungssystems bedeutet, dass ein Mitgliedstaat die
im Rahmen des Wechselkursmechanismus des Europäischen Währungssystems vorgesehenen normalen Bandbreiten zumindest in den letzten
zwei Jahren vor der Prüfung ohne starke Spannungen eingehalten haben
muss. [2]Insbesondere darf er den bilateralen Leitkurs seiner Währung innerhalb des gleichen Zeitraums gegenüber dem Euro nicht von sich aus
abgewertet haben.

Artikel 4 [Konvergenz der Zinssätze]

[1]Das in Artikel 140 Absatz 1 vierter Gedankenstrich des genannten Vertrags genannte Kriterium der Konvergenz der Zinssätze bedeutet, dass im
Verlauf von einem Jahr vor der Prüfung in einem Mitgliedstaat der durchschnittliche langfristige Nominalzinssatz um nicht mehr als 2 Prozentpunkte über dem entsprechenden Satz in jenen – höchstens drei – Mitgliedstaaten liegt, die auf dem Gebiet der Preisstabilität das beste Ergebnis
erzielt haben. [2]Die Zinssätze werden anhand langfristiger Staatsschuld-
verschreibungen oder vergleichbarer Wertpapiere unter Berücksichtigung
der unterschiedlichen Definitionen in den einzelnen Mitgliedstaaten gemessen.

Artikel 5 [Zurverfügungstellung statistischer Daten]

Die zur Anwendung dieses Protokolls erforderlichen statistischen Daten
werden von der Kommission zur Verfügung gestellt.

Artikel 6 [Erlass geeigneter Vorschriften über die Konvergenzkriterien]

Der Rat erlässt auf Vorschlag der Kommission und nach Anhörung des
Europäischen Parlaments und der EZB sowie des Wirtschafts- und Finanzausschusses einstimmig geeignete Vorschriften zur Festlegung der
Einzelheiten der in Artikel 140 des genannten Vertrags genannten Konvergenzkriterien, die dann an die Stelle dieses Protokolls treten.

Protokoll (Nr. 14)
betreffend die Euro-Gruppe
vom 13. Dezember 2007

(ABl. C 306 vom 17. 12. 2007, S. 153)[1)]

DIE HOHEN VERTRAGSPARTEIEN –

IN DEM WUNSCH, die Voraussetzungen für ein stärkeres Wirtschaftswachstum in der Europäischen Union zu verbessern und zu diesem Zwecke eine immer engere Koordinierung der Wirtschaftspolitik im Euro-Währungsgebiet zu fördern,

IN DEM BEWUSSTSEIN, dass besondere Bestimmungen für einen verstärkten Dialog zwischen den Mitgliedstaaten, deren Währung der Euro ist, vorgesehen werden müssen, bis der Euro zur Währung aller Mitgliedstaaten der Union geworden ist –

SIND über folgende Bestimmungen ÜBEREINGEKOMMEN, die dem Vertrag über die Europäische Union und dem Vertrag über die Arbeitsweise der Europäischen Union beigefügt sind:

Artikel 1 [Informelle Sitzungen]

[1]Die Minister der Mitgliedstaaten, deren Währung der Euro ist, treten zu informellen Sitzungen zusammen. [2]Diese Sitzungen werden bei Bedarf abgehalten, um Fragen im Zusammenhang mit ihrer gemeinsamen spezifischen Verantwortung im Bereich der einheitlichen Währung zu erörtern. [3]Die Kommission nimmt an den Sitzungen teil. [4]Die Europäische Zentralbank wird zu diesen Sitzungen eingeladen, die von den Vertretern der für Finanzen zuständigen Minister der Mitgliedstaaten, deren Währung der Euro ist, und der Kommission vorbereitet werden.

Artikel 2 [Präsident]

Die Minister der Mitgliedstaaten, deren Währung der Euro ist, wählen mit der Mehrheit dieser Mitgliedstaaten einen Präsidenten für zweieinhalb Jahre.

---

1) Nachfolgende konsolidierte Fassungen sind berücksichtigt.

Protokoll (Nr. 15)
über einige Bestimmungen betreffend das Vereinigte Königreich Großbritannien und Nordirland
vom 7. Februar 1992

(ABl. C 191 vom 29. 7. 1992, S. 87), in der Fassung des Vertrags von Lissabon vom 13. 12. 2007 (ABl. C 306 vom 17. 12. 2007)[1)]

DIE HOHEN VERTRAGSPARTEIEN –

IN DER ERKENNTNIS, dass das Vereinigte Königreich nicht gezwungen oder verpflichtet ist, ohne einen gesonderten diesbezüglichen Beschluss seiner Regierung und seines Parlaments den Euro einzuführen,

ANGESICHTS der Tatsache, dass die Regierung des Vereinigten Königreichs dem Rat am 16. Oktober 1996 und am 30. Oktober 1997 notifiziert hat, dass sie nicht beabsichtigt, an der dritten Stufe der Wirtschafts- und Währungsunion teilzunehmen,

IN ANBETRACHT der Gepflogenheit der Regierung des Vereinigten Königreichs, ihren Kreditbedarf durch Verkauf von Schuldtiteln an den Privatsektor zu decken –

SIND über folgende Bestimmungen ÜBEREINGEKOMMEN, die dem Vertrag über die Europäische Union und dem Vertrag über die Arbeitsweise der Europäischen Union beigefügt sind:

1. Sofern das Vereinigte Königreich dem Rat nicht notifiziert, dass es den Euro einzuführen beabsichtigt, ist es dazu nicht verpflichtet.

2. Die Nummern 3 bis 8 und Nummer 10 gelten für das Vereinigte Königreich aufgrund der von der Regierung des Vereinigten Königreichs dem Rat am 16. Oktober 1996 und am 30. Oktober 1997 zugeleiteten Notifizierung.

3. Das Vereinigte Königreich behält seine Befugnisse auf dem Gebiet der Währungspolitik nach seinem innerstaatlichen Recht.

4. [1]Artikel 119 Absatz 2, Artikel 126 Absätze 1, 9 und 11, Artikel 127 Absätze 1 bis 5, Artikel 128, die Artikel 130, 131, 132 und 133, Artikel 138, Artikel 140 Absatz 3, Artikel 219, Artikel 282 Absatz 2 mit Ausnahme des ersten und des letzten Satzes, Artikel 282 Absatz 5 und Artikel 283 des Vertrags über die Arbeitsweise der Europäischen Union gelten nicht für das Vereinigte Königreich. [2]Artikel 121 Absatz 2 des genannten Vertrags gilt hinsichtlich der Annahme der das Euro-Währungsgebiet generell betreffenden Teile der Grundzüge der Wirtschaftspolitik ebenfalls nicht für das Vereinigte Königreich. [3]In diesen Bestimmungen enthaltene Bezugnahmen auf die Union oder die Mitgliedstaaten betreffen nicht das Vereinigte Königreich, und Bezugnahmen auf die nationalen Zentralbanken betreffen nicht die Bank of England.

---

1) In der Fassung der Bekanntmachung vom 9. 5. 2008 (ABl. C 115 vom 9. 5. 2008, S. 284). Nachfolgende konsolidierte Fassungen sind berücksichtigt.

5. Das Vereinigte Königreich bemüht sich, ein übermäßiges öffentliches Defizit zu vermeiden.

[1]Die Artikel 143 und 144 des Vertrags über die Arbeitsweise der Europäischen Union gelten auch weiterhin für das Vereinigte Königreich. [2]Artikel 134 Absatz 4 und Artikel 142 werden so auf das Vereinigte Königreich angewandt, als gelte für dieses eine Ausnahmeregelung.

6. [1]Das Stimmrecht des Vereinigten Königreichs wird in Bezug auf die Rechtsakte des Rates, auf die in den unter Nummer 4 aufgeführten Artikeln Bezug genommen wird, und in den in Artikel 139 Absatz 4 Unterabsatz 1 des Vertrags über die Arbeitsweise der Europäischen Union genannten Fällen ausgesetzt. [2]Zu diesem Zweck findet Artikel 139 Absatz 4 Unterabsatz 2 des genannten Vertrags Anwendung.

Das Vereinigte Königreich ist ferner nicht berechtigt, sich an der Ernennung des Präsidenten, des Vizepräsidenten und der weiteren Mitglieder des Direktoriums der EZB nach Artikel 283 Absatz 2 Unterabsatz 2 des genannten Vertrags zu beteiligen.

7. Die Artikel 3, 4, 6, 7, 9.2, 10.1, 10.3, 11.2, 12.1, 14, 16, 18, 19, 20, 22, 23, 26, 27, 30, 31, 32, 33, 34 und 49 des Protokolls über die Satzung des Europäischen Systems der Zentralbanken und der Europäischen Zentralbank („die Satzung") gelten nicht für das Vereinigte Königreich.

In diesen Artikeln enthaltene Bezugnahmen auf die Union oder die Mitgliedstaaten betreffen nicht das Vereinigte Königreich, und Bezugnahmen auf die nationalen Zentralbanken oder die Anteilseigner betreffen nicht die Bank of England.

In den Artikeln 10.3 und 30.2 der Satzung enthaltene Bezugnahmen auf das „gezeichnete Kapital der EZB" betreffen nicht das von der Bank of England gezeichnete Kapital.

8. Artikel 141 Absatz 1 des Vertrags über die Arbeitsweise der Europäischen Union und die Artikel 43 bis 47 der Satzung gelten unabhängig davon, ob es Mitgliedstaaten gibt, für die eine Ausnahmeregelung gilt, vorbehaltlich folgender Änderungen:

a) Bezugnahmen in Artikel 43 auf die Aufgaben der EZB und des EWI schließen auch die Aufgaben ein, die im Fall einer etwaigen Entscheidung des Vereinigten Königreichs, nicht den Euro einzuführen, nach der Einführung des Euro noch erfüllt werden müssen.

b) Zusätzlich zu den Aufgaben nach Artikel 46 berät die EZB ferner bei der Vorbereitung von Beschlüssen des Rates betreffend das Vereinigte Königreich nach Nummer 9 Buchstaben a und c dieses Protokolls und wirkt an deren Ausarbeitung mit.

c) Die Bank of England zahlt das von ihr gezeichnete Kapital der EZB als Beitrag zu den EZB-Betriebskosten auf derselben Grundlage ein wie die nationalen Zentralbanken der Mitgliedstaaten, für die eine Ausnahmeregelung gilt.

9. ¹Das Vereinigte Königreich kann jederzeit notifizieren, dass es beabsichtigt, den Euro einzuführen. ²In diesem Fall gilt Folgendes:

a) Das Vereinigte Königreich hat das Recht, den Euro einzuführen, sofern es die notwendigen Voraussetzungen erfüllt. Der Rat entscheidet auf Antrag des Vereinigten Königreichs unter den Bedingungen und nach dem Verfahren des Artikels 140 Absätze 1 und 2 des Vertrags über die Arbeitsweise der Europäischen Union, ob das Vereinigte Königreich die notwendigen Voraussetzungen erfüllt.

b) Die Bank of England zahlt das von ihr gezeichnete Kapital ein, überträgt der EZB Währungsreserven und leistet ihren Beitrag zu den Reserven der EZB auf derselben Grundlage wie die nationalen Zentralbanken der Mitgliedstaaten, deren Ausnahmeregelung aufgehoben worden ist.

c) Der Rat fasst unter den Bedingungen und nach dem Verfahren des Artikels 140 Absatz 3 des genannten Vertrags alle weiteren Beschlüsse, die erforderlich sind, um dem Vereinigten Königreich die Einführung des Euro zu ermöglichen.

Führt das Vereinigte Königreich nach den Bestimmungen dieser Nummer den Euro ein, so treten die Nummern 3 bis 9 dieses Protokolls außer Kraft.

10. Unbeschadet des Artikels 123 des Vertrags über die Arbeitsweise der Europäischen Union sowie des Artikels 21.1 der Satzung kann die Regierung des Vereinigten Königreichs ihre „Ways and Means"-Fazilität bei der Bank of England beibehalten, sofern und solange das Vereinigte Königreich nicht den Euro einführt.

Protokoll (Nr. 16)
über einige Bestimmungen betreffend Dänemark
vom 7. Februar 1992

(ABl. C 191 vom 29. 7. 1992, S. 89), in der Fassung des Vertrags von Lissabon vom 13. 12. 2007 (ABl. C 306 vom 17. 12. 2007)[1]

DIE HOHEN VERTRAGSPARTEIEN –

MIT RÜCKSICHT DARAUF, dass die dänische Verfassung Bestimmungen enthält, die vor einem Verzicht Dänemarks auf seine Freistellung in Dänemark eine Volksabstimmung erfordern könnten –

ANGESICHTS DER TATSACHE, dass die dänische Regierung dem Rat am 3. November 1993 notifiziert hat, dass sie nicht beabsichtigt, an der dritten Stufe der Wirtschafts- und Währungsunion teilzunehmen

---

1) In der Fassung der Bekanntmachung vom 9. 5. 2008 (ABl. C 115 vom 9. 5. 2008, S. 287). Nachfolgende konsolidierte Fassungen sind berücksichtigt.

SIND über folgende Bestimmungen ÜBEREINGEKOMMEN, die dem Vertrag über die Europäische Union und dem Vertrag über die Arbeitsweise der Europäischen Union beigefügt sind:

1. [1]Aufgrund der Notifikation der dänischen Regierung an den Rat vom 3. November 1993 gilt für Dänemark eine Freistellung. [2]Die Freistellung hat zur Folge, dass alle eine Ausnahmeregelung betreffenden Artikel und Bestimmungen der Verträge und der Satzung des ESZB und der EZB auf Dänemark Anwendung finden.

2. Zur Aufhebung der Freistellung wird das Verfahren nach Artikel 140 des Vertrags über die Arbeitsweise der Europäischen Union nur dann eingeleitet, wenn Dänemark einen entsprechenden Antrag stellt.

3. Nach Aufhebung der Freistellung ist dieses Protokoll nicht mehr anwendbar.

Protokoll (Nr. 17)
betreffend Dänemark
vom 7. Februar 1992

(ABl. C 191 vom 29. 7. 1992, S. 86), in der Fassung des Vertrags von Lissabon vom 13. 12. 2007 (ABl. C 306 vom 17. 12. 2007)[1)]

DIE HOHEN VERTRAGSPARTEIEN –

IN DEM WUNSCH, gewisse besondere Probleme betreffend Dänemark zu regeln –

SIND über folgende Bestimmungen ÜBEREINGEKOMMEN, die dem Vertrag über die Europäische Union und dem Vertrag über die Arbeitsweise der Europäischen Union beigefügt sind:

Artikel 14 des Protokolls über die Satzung des Europäischen Systems der Zentralbanken und der Europäischen Zentralbank berührt nicht das Recht der Nationalbank Dänemarks, ihre derzeitigen Aufgaben hinsichtlich der nicht der Union angehörenden Teile des Königreichs Dänemark wahrzunehmen.

Protokoll (Nr. 18)
betreffend Frankreich
vom 7. Februar 1992

(ABl. C 191 vom 29. 7. 1992, S. 90), in der Fassung des Vertrags von Lissabon vom 13. 12. 2007 (ABl. C 306 vom 17. 12. 2007)[2)]

---

1) In der Fassung der Bekanntmachung vom 9. 5. 2008 (ABl. C 115 vom 9. 5. 2008, S. 288). Nachfolgende konsolidierte Fassungen sind berücksichtigt.
2) In der Fassung der Bekanntmachung vom 9. 5. 2008 (ABl. C 115 vom 9. 5. 2008, S. 289). Nachfolgende konsolidierte Fassungen sind berücksichtigt.

DIE HOHEN VERTRAGSPARTEIEN –

IN DEM WUNSCH, einen besonderen Punkt im Zusammenhang mit Frankreich zu berücksichtigen –

SIND über folgende Bestimmungen ÜBEREINGEKOMMEN, die dem Vertrag über die Europäische Union und dem Vertrag über die Arbeitsweise der Europäischen Union beigefügt sind:

Frankreich behält das Recht, nach Maßgabe seiner innerstaatlichen Rechtsvorschriften in Neukaledonien, in Französisch-Polynesien und in Wallis und Futuna Geldzeichen auszugeben, und ist allein befugt, die Parität des CFP-Franc festzusetzen.

Protokoll (Nr. 19)
über den in den Rahmen der Europäischen Union einbezogenen Schengen-Besitzstand vom 2. Oktober 1997

(ABl. C 340 vom 10. 11. 1997, S. 93), in der Fassung des Vertrags von Lissabon vom 13. 12. 2007 (ABl. C 306 vom 17. 12. 2007)[1]

DIE HOHEN VERTRAGSPARTEIEN –

ANGESICHTS dessen, dass die von einigen Mitgliedstaaten der Europäischen Union am 14. Juni 1985 und am 19. Juni 1990 in Schengen unterzeichneten Übereinkommen betreffend den schrittweisen Abbau der Kontrollen an den gemeinsamen Grenzen sowie damit zusammenhängende Übereinkommen und die auf deren Grundlage erlassenen Regelungen durch den Vertrag von Amsterdam vom 2. Oktober 1997 in den Rahmen der Europäischen Union einbezogen wurden,

IN DEM WUNSCH, den seit Inkrafttreten des Vertrags von Amsterdam weiterentwickelten Schengen-Besitzstand zu wahren und diesen Besitzstand fortzuentwickeln, um zur Verwirklichung des Ziels beizutragen, den Unionsbürgerinnen und Unionsbürgern einen Raum der Freiheit, der Sicherheit und des Rechts ohne Binnengrenzen zu bieten,

MIT RÜCKSICHT auf die besondere Position Dänemarks,

MIT RÜCKSICHT darauf, dass Irland und das Vereinigte Königreich Großbritannien und Nordirland sich nicht an sämtlichen Bestimmungen des Schengen-Besitzstands beteiligen, dass es diesen Mitgliedstaaten jedoch ermöglicht werden sollte, andere Bestimmungen dieses Besitzstands ganz oder teilweise anzunehmen,

---

1) In der Fassung der Bekanntmachung vom 9. 5. 2008 (ABl. C 115 vom 9. 5. 2008, S. 290); berichtigt in ABl. C 290 vom 30. 11. 2009, S. 1). Nachfolgende konsolidierte Fassungen sind berücksichtigt.

IN DER ERKENNTNIS, dass es infolgedessen erforderlich ist, auf die in den Verträgen enthaltenen Bestimmungen über eine Verstärkte Zusammenarbeit zwischen einigen Mitgliedstaaten zurückzugreifen,

MIT RÜCKSICHT darauf, dass es notwendig ist, ein besonderes Verhältnis zur Republik Island und zum Königreich Norwegen aufrechtzuerhalten, da diese beiden Staaten sowie diejenigen nordischen Staaten, die Mitglieder der Europäischen Union sind, durch die Bestimmungen der Nordischen Passunion gebunden sind –

SIND über folgende Bestimmungen ÜBEREINGEKOMMEN, die dem Vertrag über die Europäische Union und dem Vertrag über die Arbeitsweise der Europäischen Union beigefügt sind:

Artikel 1 [Verstärkte Zusammenarbeit]

[1]Das Königreich Belgien, die Republik Bulgarien, die Tschechische Republik, das Königreich Dänemark, die Bundesrepublik Deutschland, die Republik Estland, die Hellenische Republik, das Königreich Spanien, die Französische Republik, die Italienische Republik, die Republik Zypern, die Republik Lettland, die Republik Litauen, das Großherzogtum Luxemburg, die Republik Ungarn, die Republik Malta, das Königreich der Niederlande, die Republik Österreich, die Republik Polen, die Portugiesische Republik, Rumänien, die Republik Slowenien, die Slowakische Republik, die Republik Finnland und das Königreich Schweden werden ermächtigt, untereinander eine Verstärkte Zusammenarbeit in den Bereichen der vom Rat festgelegten Bestimmungen, die den Schengen-Besitzstand bilden, zu begründen. [2]Diese Zusammenarbeit erfolgt innerhalb des institutionellen und rechtlichen Rahmens der Europäischen Union und unter Beachtung der einschlägigen Bestimmungen der Verträge.

Artikel 2 [Anwendung; Zuständigkeit]

[1]Der Schengen-Besitzstand ist unbeschadet des Artikels 3 der Beitrittsakte vom 16. April 2003 und des Artikels 4 der Beitrittsakte vom 25. April 2005 für die in Artikel 1 aufgeführten Mitgliedstaaten anwendbar. [2]Der Rat tritt an die Stelle des durch die Schengener Übereinkommen eingesetzten Exekutivausschusses.

Artikel 3 [Dänemark]

Die Beteiligung Dänemarks am Erlass der Maßnahmen, die eine Weiterentwicklung des Schengen-Besitzstands darstellen, sowie die Umsetzung und Anwendung dieser Maßnahmen in Dänemark unterliegt den einschlägigen Bestimmungen des Protokolls über die Position Dänemarks.

Artikel 4 [Anwendung auf Irland und Vereinigtess Königreich]

Irland und das Vereinigte Königreich Großbritannien und Nordirland können jederzeit beantragen, dass einzelne oder alle Bestimmungen des Schengen-Besitzstands auch auf sie Anwendung finden sollen.

Der Rat beschließt einstimmig über einen solchen Antrag, wobei die Einstimmigkeit mit den Stimmen seiner in Artikel 1 genannten Mitglieder und der Stimme des Vertreters der Regierung des betreffenden Staates zustande kommt.

Artikel 5 [Beschlussfassung]

(1) Vorschläge und Initiativen auf der Grundlage des Schengen-Besitzstands unterliegen den einschlägigen Bestimmungen der Verträge.

In diesem Zusammenhang gilt, sofern Irland oder das Vereinigte Königreich dem Rat nicht innerhalb eines vertretbaren Zeitraums schriftlich mitgeteilt hat, dass es sich beteiligen möchte, die Ermächtigung nach Artikel 329 des Vertrags über die Arbeitsweise der Europäischen Union gegenüber den in Artikel 1 genannten Mitgliedstaaten sowie gegenüber Irland oder dem Vereinigten Königreich als erteilt, sofern einer dieser beiden Mitgliedstaaten sich in den betreffenden Bereichen der Zusammenarbeit beteiligen möchte.

(2) [1]Gilt eine Mitteilung durch Irland oder das Vereinigte Königreich nach einem Beschluss gemäß Artikel 4 als erfolgt, so kann Irland oder das Vereinigte Königreich dennoch dem Rat innerhalb von drei Monaten schriftlich mitteilen, dass es sich an dem Vorschlag oder der Initiative nicht beteiligen möchte. [2]In diesem Fall beteiligt sich Irland bzw. das Vereinigte Königreich nicht an der Annahme des Vorschlags oder der Initiative. [3]Ab der letzteren Mitteilung wird das Verfahren zur Annahme der Maßnahme auf der Grundlage des Schengen-Besitzstands bis zum Ende des Verfahrens nach Absatz 3 oder Absatz 4 oder bis zu dem Zeitpunkt, zu dem die genannte Mitteilung während des Verfahrens zurückgenommen wird, ausgesetzt.

(3) [1]In Bezug auf den Mitgliedstaat, der eine Mitteilung nach Absatz 2 vorgenommen hat, gilt ein Beschluss des Rates nach Artikel 4 ab dem Inkrafttreten der vorgeschlagenen Maßnahme nicht mehr, und zwar in dem vom Rat für erforderlich gehaltenen Ausmaß und unter den vom Rat mit qualifizierter Mehrheit auf Vorschlag der Kommission in einem Beschluss festzulegenden Bedingungen. [2]Dieser Beschluss wird nach den folgenden Kriterien gefasst: Der Rat bemüht sich, das größtmögliche Maß an Beteiligung des betreffenden Mitgliedstaats aufrechtzuerhalten, ohne dass dabei die praktische Durchführbarkeit der verschiedenen Teile des Schengen-Besitzstands ernsthaft beeinträchtigt wird und unter Wahrung ihrer Kohärenz. [3]Die Kommission unterbreitet ihren Vorschlag so bald

wie möglich nach der Mitteilung nach Absatz 2. [4]Der Rat beschließt innerhalb von vier Monaten nach dem Vorschlag der Kommission erforderlichenfalls nach Einberufung von zwei aufeinander folgenden Tagungen.

(4) [1]Hat der Rat nach Ablauf von vier Monaten keinen Beschluss gefasst, so kann ein Mitgliedstaat unverzüglich beantragen, dass der Europäische Rat befasst wird. [2]In diesem Fall fasst der Europäische Rat auf seiner nächsten Tagung mit qualifizierter Mehrheit auf der Grundlage des Vorschlags der Kommission einen Beschluss nach den in Absatz 3 genannten Kriterien.

(5) [1]Hat der Rat oder gegebenenfalls der Europäische Rat bis zum Ende des Verfahrens nach Absatz 3 oder Absatz 4 keinen Beschluss gefasst, so ist die Aussetzung des Verfahrens für die Annahme der Maßnahme auf der Grundlage des Schengen-Besitzstands beendet. [2]Wird die Maßnahme im Anschluss daran angenommen, so gilt ein Beschluss des Rates nach Artikel 4 für den betreffenden Mitgliedstaat ab dem Inkrafttreten der Maßnahme in dem Ausmaß und unter den Bedingungen, die von der Kommission beschlossen wurden, nicht mehr, es sei denn, der betreffende Mitgliedstaat hat seine Mitteilung nach Absatz 2 vor Annahme der Maßnahme zurückgezogen. [3]Die Kommission beschließt bis zum Tag dieser Annahme. [4]Die Kommission beachtet bei ihrem Beschluss die Kriterien nach Absatz 3.

Artikel 6 [Assoziierung Islands und Norwegens]

[1]Die Republik Island und das Königreich Norwegen werden bei der Durchführung des Schengen-Besitzstands und bei seiner weiteren Entwicklung assoziiert. [2]Die entsprechenden Verfahren hierfür werden in einem Übereinkommen mit diesen Staaten festgelegt, das vom Rat mit einstimmigem Beschluss seiner in Artikel 1 genannten Mitglieder geschlossen wird. [3]Das Übereinkommen enthält auch Bestimmungen über den Beitrag Islands und Norwegens zu etwaigen finanziellen Folgen der Durchführung dieses Protokolls.

Mit Island und Norwegen schließt der Rat mit einstimmigem Beschluss ein gesondertes Übereinkommen zur Festlegung der Rechte und Pflichten zwischen Irland und dem Vereinigten Königreich Großbritannien und Nordirland einerseits und Island und Norwegen andererseits in den für diese Staaten geltenden Bereichen des Schengen-Besitzstands.

Artikel 7 [Beitrittskandidaten]

Bei den Verhandlungen über die Aufnahme neuer Mitgliedstaaten in die Europäische Union gelten der Schengen-Besitzstand und weitere Maßnahmen, welche die Organe im Rahmen seines Anwendungsbereichs getroffen haben, als ein Besitzstand, der von allen Staaten, die Beitrittskandidaten sind, vollständig zu übernehmen ist.

Protokoll (Nr. 20)
über die Anwendung bestimmter Aspekte des Artikels 26 des Vertrags über die Arbeitsweise der Europäischen Union auf das Vereinigte Königreich und auf Irland vom 2. Oktober 1997

(ABl. C 340 vom 10. 11. 1997, S. 97), in der Fassung des Vertrags von Lissabon vom 13. 12. 2007 (ABl. C 306 vom 17. 12. 2007)[1]

DIE HOHEN VERTRAGSPARTEIEN –
    IN DEM WUNSCH, bestimmte das Vereinigte Königreich und Irland betreffende Fragen zu regeln,
    IM HINBLICK darauf, dass seit vielen Jahren zwischen dem Vereinigten Königreich und Irland besondere Reiseregelungen bestehen –
    SIND über folgende Bestimmungen ÜBEREINGEKOMMEN, die dem Vertrag über die Europäische Union und dem Vertrag über die Arbeitsweise der Europäischen Union beigefügt sind:

Artikel 1 [Einreisekontrolle]

Das Vereinigte Königreich darf ungeachtet der Artikel 26 und 77 des Vertrags über die Arbeitsweise der Europäischen Union, anderer Bestimmungen jenes Vertrags oder des Vertrags über die Europäische Union, im Rahmen dieser Verträge beschlossener Maßnahmen oder von der Union oder der Union und ihren Mitgliedstaaten mit einem oder mehreren Drittstaaten geschlossener internationaler Übereinkünfte an seinen Grenzen mit anderen Mitgliedstaaten bei Personen, die in das Vereinigte Königreich einreisen wollen, Kontrollen durchführen, die nach seiner Auffassung erforderlich sind

a)   zur Überprüfung des Rechts auf Einreise in das Vereinigte Königreich bei Staatsangehörigen von Mitgliedstaaten und ihren unterhaltsberechtigten Angehörigen, welche die ihnen nach dem Unionsrecht zustehenden Rechte wahrnehmen, sowie bei Staatsangehörigen anderer Staaten, denen solche Rechte aufgrund einer Übereinkunft zustehen, an die das Vereinigte Königreich gebunden ist, und

b)   zur Entscheidung darüber, ob anderen Personen die Genehmigung zur Einreise in das Vereinigte Königreich erteilt wird.

---

1)   In der Fassung der Bekanntmachung vom 9. 5. 2008 (ABl. C 115 vom 9. 5. 2008, S. 293). Nachfolgende konsolidierte Fassungen sind berücksichtigt.

[1]Die Artikel 26 und 77 des Vertrags über die Arbeitsweise der Europäischen Union oder die anderen Bestimmungen jenes Vertrags oder des Vertrags über die Europäische Union oder die im Rahmen dieser Verträge beschlossenen Maßnahmen berühren in keiner Weise das Recht des Vereinigten Königreichs, solche Kontrollen ein- oder durchzuführen. [2]Wird im vorliegenden Artikel auf das Vereinigte Königreich Bezug genommen, so gilt diese Bezugnahme auch für die Gebiete, für deren Außenbeziehungen das Vereinigte Königreich verantwortlich ist.

Artikel 2 [Regelungen zwischen Großbritannien und Irland]

[1]Das Vereinigte Königreich und Irland können weiterhin untereinander Regelungen über den freien Personenverkehr zwischen ihren Hoheitsgebieten („einheitliches Reisegebiet") treffen, sofern die Rechte der in Artikel 1 Absatz 1 Buchstabe a dieses Protokolls genannten Personen in vollem Umfang gewahrt bleiben. [2]Dementsprechend findet, solange sie solche Regelungen beibehalten, Artikel 1 dieses Protokolls unter denselben Bedingungen und Voraussetzungen wie im Falle des Vereinigten Königreichs auf Irland Anwendung. [3]Die Artikel 26 und 77 des Vertrags über die Arbeitsweise der Europäischen Union oder andere Bestimmungen jenes Vertrags oder des Vertrags über die Europäische Union oder im Rahmen dieser Verträge beschlossene Maßnahmen berühren diese Regelungen in keiner Weise.

Artikel 3 [Regelung der übrigen Mitgliedstaaten]

Die übrigen Mitgliedstaaten dürfen an ihren Grenzen oder an allen Orten, an denen ihr Hoheitsgebiet betreten werden kann, solche Kontrollen bei Personen durchführen, die aus dem Vereinigten Königreich oder aus Gebieten, deren Außenbeziehungen für die in Artikel 1 dieses Protokolls genannten Zwecke in seiner Verantwortung liegen, oder aber, solange Artikel 1 dieses Protokolls für Irland gilt, aus Irland in ihr Hoheitsgebiet einreisen wollen.

Die Artikel 26 und 77 des Vertrags über die Arbeitsweise der Europäischen Union oder andere Bestimmungen jenes Vertrags oder des Vertrags über die Europäische Union oder im Rahmen dieser Verträge beschlossene Maßnahmen berühren in keiner Weise das Recht der übrigen Mitgliedstaaten, solche Kontrollen ein- oder durchzuführen.

Protokoll (Nr. 21)
über die Position des Vereinigten Königreichs und Irlands hinsichtlich des Raums der Freiheit, der Sicherheit und des Rechts
vom 2. Oktober 1997

(ABl. C 340 vom 10. 11. 1997, S. 99), in der Fassung des Vertrags von Lissabon vom 13. 12. 2007 (ABl. C 306 vom 17. 12. 2007)[1])

DIE HOHEN VERTRAGSPARTEIEN –

IN DEM WUNSCH, bestimmte das Vereinigte Königreich und Irland betreffende Fragen zu regeln,

UNTER BERÜCKSICHTIGUNG des Protokolls über die Anwendung bestimmter Aspekte des Artikels 26 des Vertrags über die Arbeitsweise der Europäischen Union auf das Vereinigte Königreich und auf Irland –

SIND über folgende Bestimmungen ÜBEREINGEKOMMEN, die dem Vertrag über die Europäische Union und dem Vertrag über die Arbeitsweise der Europäischen Union beigefügt sind:

Artikel 1 [Maßnahmen nach dem Dritten Teil Titel V AEUV]

[1]Vorbehaltlich des Artikels 3 beteiligen sich das Vereinigte Königreich und Irland nicht an der Annahme von Maßnahmen durch den Rat, die nach dem Dritten Teil Titel V des Vertrags über die Arbeitsweise der Europäischen Union vorgeschlagen werden. [2]Für Beschlüsse des Rates, die einstimmig angenommen werden müssen, ist die Zustimmung der Mitglieder des Rates mit Ausnahme der Vertreter der Regierungen des Vereinigten Königreichs und Irlands erforderlich.

Für die Zwecke dieses Artikels bestimmt sich die qualifizierte Mehrheit nach Artikel 238 Absatz 3 des Vertrags über die Arbeitsweise der Europäischen Union.

Artikel 2 [Anwendbarkeit des Dritten Teil Titel V AEUV]

Entsprechend Artikel 1 und vorbehaltlich der Artikel 3, 4 und 6 sind Vorschriften des Dritten Teils Titel V des Vertrags über die Arbeitsweise der Europäischen Union, nach jenem Titel beschlossene Maßnahmen, Vorschriften internationaler Übereinkünfte, die von der Union nach jenem Titel geschlossen werden, sowie Entscheidungen des Gerichtshofs der Europäischen Union, in denen solche Vorschriften oder Maßnahmen ausgelegt werden, für das Vereinigte Königreich oder Irland nicht bindend oder anwendbar; und diese Vorschriften, Maßnahmen oder Entscheidun-

---

1) In der Fassung der Bekanntmachung vom 9. 5. 2008 (ABl. C 115 vom 9. 5. 2008, S. 295). Nachfolgende konsolidierte Fassungen sind berücksichtigt.

gen berühren in keiner Weise die Zuständigkeiten, Rechte und Pflichten dieser Staaten; ebenso wenig berühren diese Vorschriften, Maßnahmen oder Entscheidungen in irgendeiner Weise den Besitzstand der Gemeinschaft oder der Union oder sind sie Teil des Unionsrechts, soweit sie auf das Vereinigte Königreich und Irland Anwendung finden.

Artikel 3 [Freiwillige Beteiligung]

(1) Das Vereinigte Königreich oder Irland kann dem Präsidenten des Rates innerhalb von drei Monaten nach der Vorlage eines Vorschlags oder einer Initiative nach dem Dritten Teil Titel V des Vertrags über die Arbeitsweise der Europäischen Union beim Rat schriftlich mitteilen, dass es sich an der Annahme und Anwendung der betreffenden Maßnahme beteiligen möchte, was dem betreffenden Staat daraufhin gestattet ist.

[1]Für Beschlüsse des Rates, die einstimmig angenommen werden müssen, ist die Zustimmung aller Mitglieder des Rates mit Ausnahme der Mitglieder, die keine solche Mitteilung gemacht haben, erforderlich. [2]Eine nach diesem Absatz beschlossene Maßnahme ist für alle an der Annahme beteiligten Mitgliedstaaten bindend.

Die Bedingungen für eine Beteiligung des Vereinigten Königreichs und Irlands an den Bewertungen, die die unter den Dritten Teil Titel V des Vertrags über die Arbeitsweise der Europäischen Union fallenden Bereiche betreffen, werden in den nach Artikel 70 des genannten Vertrags erlassenen Maßnahmen geregelt.

Für die Zwecke dieses Artikels bestimmt sich die qualifizierte Mehrheit nach Artikel 238 Absatz 3 des Vertrags über die Arbeitsweise der Europäischen Union.

(2) [1]Kann eine Maßnahme nach Absatz 1 nicht innerhalb eines angemessenen Zeitraums mit Beteiligung des Vereinigten Königreichs oder Irlands angenommen werden, so kann der Rat die betreffende Maßnahme nach Artikel 1 ohne Beteiligung des Vereinigten Königreichs oder Irlands annehmen. [2]In diesem Fall findet Artikel 2 Anwendung.

Artikel 4 [Annahme einer Maßnahme gemäß dem Dritten Teil Titel V AEUV]

[1]Das Vereinigte Königreich oder Irland kann nach der Annahme einer Maßnahme nach dem Dritten Teil Titel V des Vertrags über die Arbeitsweise der Europäischen Union durch den Rat dem Rat und der Kommission jederzeit mitteilen, dass es die Maßnahme anzunehmen wünscht. [2]In diesem Fall findet das in Artikel 331 Absatz 1 des Vertrags über die Arbeitsweise der Europäischen Union vorgesehene Verfahren sinngemäß Anwendung.

Artikel 4 a [Geänderte Maßnahmen]

(1) Die Bestimmungen dieses Protokolls gelten für das Vereinigte Königreich und Irland auch für nach dem Dritten Teil Titel V des Vertrags über die Arbeitsweise der Europäischen Union vorgeschlagene oder erlassene Maßnahmen, mit denen eine bestehende Maßnahme, die für sie bindend ist, geändert wird.

(2) [1]In Fällen, in denen der Rat auf Vorschlag der Kommission feststellt, dass die Nichtbeteiligung des Vereinigten Königreichs oder Irlands an der geänderten Fassung einer bestehenden Maßnahme die Anwendung dieser Maßnahme für andere Mitgliedstaaten oder die Union unpraktikabel macht, kann er das Vereinigte Königreich bzw. Irland nachdrücklich ersuchen, eine Mitteilung nach Artikel 3 oder Artikel 4 vorzunehmen. [2]Für die Zwecke des Artikels 3 beginnt ab dem Tag, an dem der Rat die Feststellung trifft, eine weitere Frist von zwei Monaten.

[1]Hat das Vereinigte Königreich oder Irland bei Ablauf der Frist von zwei Monaten ab der Feststellung des Rates keine Mitteilung nach Artikel 3 oder Artikel 4 vorgenommen, so ist die bestehende Maßnahme für den betreffenden Mitgliedstaat weder bindend noch anwendbar, es sei denn, er nimmt vor dem Inkrafttreten der Änderungsmaßnahme eine Mitteilung nach Artikel 4 vor. [2]Dies gilt mit Wirkung ab dem Tag des Inkrafttretens der Änderungsmaßnahme oder ab dem Tag des Ablaufs der Frist von zwei Monaten, je nachdem, welcher Zeitpunkt später liegt.

[1]Für die Zwecke dieses Absatzes beschließt der Rat nach eingehender Erörterung der Angelegenheit mit der qualifizierten Mehrheit derjenigen Mitglieder des Rates, die Mitgliedstaaten vertreten, die sich an der Annahme der Änderungsmaßnahme beteiligen oder beteiligt haben. [2]Die qualifizierte Mehrheit des Rates bestimmt sich nach Artikel 238 Absatz 3 Buchstabe a des Vertrags über die Arbeitsweise der Europäischen Union.

(3) Der Rat kann mit qualifizierter Mehrheit auf Vorschlag der Kommission festlegen, dass das Vereinigte Königreich oder Irland etwaige unmittelbare finanzielle Folgen zu tragen hat, die sich zwangsläufig und unvermeidbar daraus ergeben, dass sich das Vereinigte Königreich bzw. Irland nicht mehr an der bestehenden Maßnahme beteiligt.

(4) Dieser Artikel lässt Artikel 4 unberührt.

Artikel 5 [Finanzielle Folgen]

Ein Mitgliedstaat, der durch eine nach dem Dritten Teil Titel V des Vertrags über die Arbeitsweise der Europäischen Union beschlossene Maßnahme nicht gebunden ist, hat außer den für die Organe sich ergebenden Verwaltungskosten keine finanziellen Folgen dieser Maßnahme zu tragen, sofern der Rat nicht mit allen seinen Mitgliedern nach Anhörung des Europäischen Parlaments einstimmig etwas anderes beschließt.

Artikel 6 [Bindung]

In Fällen, in denen nach diesem Protokoll das Vereinigte Königreich oder Irland durch eine vom Rat nach dem Dritten Teil Titel V des Vertrags über die Arbeitsweise der Europäischen Union beschlossene Maßnahme gebunden ist, gelten hinsichtlich dieser Maßnahme für den betreffenden Staat die einschlägigen Bestimmungen der Verträge.

Artikel 6 a [Keine Bindung im Hinblick auf Datenschutzvorschriften]

Die auf der Grundlage des Artikels 16 des Vertrags über die Arbeitsweise der Europäischen Union festgelegten Vorschriften über die Verarbeitung personenbezogener Daten durch die Mitgliedstaaten im Rahmen der Ausübung von Tätigkeiten, die in den Anwendungsbereich des Dritten Teils Titel V Kapitel 4 und 5 des genannten Vertrags fallen, werden für das Vereinigte Königreich und Irland nicht bindend sein, wenn das Vereinigte Königreich und Irland nicht durch Unionsvorschriften gebunden sind, die Formen der justiziellen Zusammenarbeit in Strafsachen oder der polizeilichen Zusammenarbeit regeln, in deren Rahmen die auf der Grundlage des Artikels 16 festgelegten Vorschriften eingehalten werden müssen.

Artikel 7 [Schengen-Protokoll]

Die Artikel 3, 4 und 4 a berühren nicht das Protokoll über den in den Rahmen der Europäischen Union einbezogenen Schengen-Besitzstand.

Artikel 8 [Verzichtserklärung Irlands]

[1]Irland kann dem Rat schriftlich mitteilen, dass dieses Protokoll nicht mehr für Irland gelten soll. [2]In diesem Fall gelten für Irland die üblichen Vertragsbestimmungen.

Artikel 9 [Ausschluss Irlands von gemeinsamen Terrorismusbekämpfungsmaßnahmen]

Im Falle Irlands gilt dieses Protokoll nicht für Artikel 75 des Vertrags über die Arbeitsweise der Europäischen Union.

Protokoll (Nr. 22)
über die Position Dänemarks
vom 2. Oktober 1997

(ABl. C 340 vom 10. 11. 1997, S. 101), in der Fassung des Vertrags von Lissabon vom 13. 12. 2007 (ABl. C 306 vom 17. 12. 2007; ber. ABl. C 111 vom 6. 5. 2008, S. 56)[1)]

DIE HOHEN VERTRAGSPARTEIEN –

UNTER BERUFUNG auf den Beschluss der am 12. Dezember 1992 in Edinburgh im Europäischen Rat vereinigten Staats- und Regierungschefs zu bestimmten von Dänemark aufgeworfenen Problemen betreffend den Vertrag über die Europäische Union,

IN KENNTNIS der in dem Beschluss von Edinburgh festgelegten Haltung Dänemarks in Bezug auf die Unionsbürgerschaft, die Wirtschafts- und Währungsunion sowie auf die Verteidigungspolitik und die Bereiche Justiz und Inneres,

IN DEM BEWUSSTSEIN, dass Dänemarks Beteiligung an wichtigen Bereichen der Zusammenarbeit in der Union erheblich eingeschränkt wird, wenn die auf den Beschluss von Edinburgh zurückgehende Rechtsregelung im Rahmen der Verträge fortgesetzt wird, und dass es im Interesse der Union liegt, die uneingeschränkte Anwendung des Besitzstands im Raum der Freiheit, der Sicherheit und des Rechts zu gewährleisten,

IN DEM WUNSCH, aufgrund dessen einen Rechtsrahmen festzulegen, der Dänemark die Option bieten wird, sich am Erlass von Maßnahmen zu beteiligen, die auf der Grundlage des Dritten Teils Titel V des Vertrags über die Arbeitsweise der Europäischen Union vorgeschlagen werden, und die Absicht Dänemarks begrüßend, wenn möglich von dieser Option im Einklang mit seinen verfassungsrechtlichen Vorschriften Gebrauch zu machen,

IN ANBETRACHT DESSEN, dass Dänemark die anderen Mitgliedstaaten nicht daran hindern wird, ihre Zusammenarbeit in Bezug auf Maßnahmen, die für Dänemark nicht bindend sind, weiter auszubauen,

EINGEDENK des Artikels 3 des Protokolls über den in den Rahmen der Europäischen Union einbezogenen Schengen-Besitzstand –

SIND über folgende Bestimmungen ÜBEREINGEKOMMEN, die dem Vertrag über die Europäische Union und dem Vertrag über die Arbeitsweise der Europäischen Union beigefügt sind:

---

1) In der Fassung der Bekanntmachung vom 9. 5. 2008 (ABl. C 115 vom 9. 5. 2008, S. 299). Nachfolgende konsolidierte Fassungen sind berücksichtigt.

Teil I

Artikel 1 [Maßnahmen nach dem Dritten Teil Titel V AEUV]

[1]Dänemark beteiligt sich nicht an der Annahme von Maßnahmen durch den Rat, die nach dem Dritten Teil Titel V des Vertrags über die Arbeitsweise der Europäischen Union vorgeschlagen werden. [2]Für Beschlüsse des Rates, die einstimmig angenommen werden müssen, ist die Zustimmung der Mitglieder des Rates mit Ausnahme des Vertreters der Regierung Dänemarks erforderlich.

Für die Zwecke dieses Artikels bestimmt sich die qualifizierte Mehrheit nach Artikel 238 Absatz 3 des Vertrags über die Arbeitsweise der Europäischen Union.

Artikel 2 [Anwendbarkeit des Dritten Teils Titel V AEUV]

[1]Vorschriften des Dritten Teils Titel V des Vertrags über die Arbeitsweise der Europäischen Union, nach jenem Titel beschlossene Maßnahmen, Vorschriften internationaler Übereinkünfte, die von der Union nach jenem Titel geschlossen werden, sowie Entscheidungen des Gerichtshofs der Europäischen Union, in denen solche Vorschriften oder Maßnahmen oder nach jenem Titel geänderte oder änderbare Maßnahmen ausgelegt werden, sind für Dänemark nicht bindend oder anwendbar. [2]Diese Vorschriften, Maßnahmen oder Entscheidungen berühren in keiner Weise die Zuständigkeiten, Rechte und Pflichten Dänemarks; ebenso wenig berühren diese Vorschriften, Maßnahmen oder Entscheidungen in irgendeiner Weise den Besitzstand der Gemeinschaft oder der Union oder sind sie Teil des Unionsrechts, soweit sie auf Dänemark Anwendung finden. [3]Insbesondere sind Rechtsakte der Union auf dem Gebiet der polizeilichen und justiziellen Zusammenarbeit in Strafsachen, die vor dem Inkrafttreten des Vertrags von Lissabon angenommen wurden und die geändert werden, für Dänemark ohne die Änderungen weiterhin bindend und anwendbar.

Artikel 2 a [Datenschutzvorschriften]

Artikel 2 dieses Protokolls gilt auch für die auf der Grundlage des Artikels 16 des Vertrags über die Arbeitsweise der Europäischen Union festgelegten Vorschriften über die Verarbeitung personenbezogener Daten durch die Mitgliedstaaten im Rahmen der Ausübung von Tätigkeiten, die in den Anwendungsbereich des Dritten Teils Titel V Kapitel 4 und 5 des genannten Vertrags fallen.

Artikel 3 [Finanzielle Folgen]

Dänemark hat außer den für die Organe sich ergebenden Verwaltungskosten keine finanziellen Folgen von Maßnahmen nach Artikel 1 zu tragen.

Artikel 4 [Umsetzung von Beschlüssen]

(1) [1]Dänemark beschließt innerhalb von sechs Monaten, nachdem der Rat
über einen Vorschlag oder eine Initiative zur Ergänzung des Schengen-
Besitzstands nach diesem Teil beschlossen hat, ob es diese Maßnahme in
einzelstaatliches Recht umsetzt. [2]Fasst es einen solchen Beschluss, so begründet diese Maßnahme eine Verpflichtung nach dem Völkerrecht zwischen Dänemark und den übrigen Mitgliedstaaten, für die diese Maßnahme bindend ist.

(2) Beschließt Dänemark, eine Maßnahme des Rates nach Absatz 1
nicht umzusetzen, so werden die Mitgliedstaaten, für die diese Maßnahme
bindend ist, und Dänemark prüfen, welche Maßnahmen zu treffen sind.

Teil II

Artikel 5 [Beschlüsse und Maßnahmen mit
verteidigungspolitischem Bezug]

[1]Hinsichtlich der vom Rat im Bereich des Artikels 26 Absatz 1, des Ar-
tikels 42 und der Artikel 43 bis 46 des Vertrags über die Europäische
Union angenommenen Maßnahmen beteiligt sich Dänemark nicht an der
Ausarbeitung und Durchführung von Beschlüssen und Maßnahmen der
Union, die verteidigungspolitische Bezüge haben. [2]Dänemark nimmt daher nicht an der Annahme dieser Maßnahmen teil. [3]Es wird die anderen
Mitgliedstaaten nicht daran hindern, ihre Zusammenarbeit auf diesem
Gebiet weiter auszubauen. [4]Dänemark ist nicht verpflichtet, zur Finanzierung operativer Ausgaben beizutragen, die als Folge solcher Maßnah-
men anfallen, oder der Union militärische Fähigkeiten zur Verfügung zu
stellen.

Für Rechtsakte des Rates, die einstimmig erlassen werden müssen, ist
die Zustimmung der Mitglieder des Rates mit Ausnahme des Vertreters
der Regierung Dänemarks erforderlich.

Für die Zwecke dieses Artikels bestimmt sich die qualifizierte Mehrheit
nach Artikel 238 Absatz 3 des Vertrags über die Arbeitsweise der Europäischen Union.

Teil III

Artikel 6 [Keine Anwendung auf Visa-Maßnahmen]

Die Artikel 1, 2 und 3 finden keine Anwendung auf Maßnahmen zur Bestimmung derjenigen Drittländer, deren Staatsangehörige beim Überschreiten der Außengrenzen der Mitgliedstaaten im Besitz eines Visums sein müssen, sowie auf Maßnahmen zur einheitlichen Visumgestaltung.

Teil IV

Artikel 7 [Verzichtserklärung Dänemarks]

[1]Dänemark kann den übrigen Mitgliedstaaten im Einklang mit seinen verfassungsrechtlichen Vorschriften jederzeit mitteilen, dass es von diesem Protokoll insgesamt oder zum Teil keinen Gebrauch mehr machen will. [2]In diesem Fall wird Dänemark sämtliche im Rahmen der Europäischen Union getroffenen einschlägigen Maßnahmen, die bis dahin in Kraft getreten sind, in vollem Umfang anwenden.

Artikel 8 [Annahme weiterer Bestimmungen]

(1) [1]Dänemark kann jederzeit unbeschadet des Artikels 7 den anderen Mitgliedstaaten im Einklang mit seinen verfassungsrechtlichen Vorschriften mitteilen, dass ab dem ersten Tag des auf die Mitteilung folgenden Monats Teil I dieses Protokolls aus den Bestimmungen im Anhang zu diesem Protokoll besteht. [2]In diesem Fall werden die Artikel 5 bis 8 entsprechend umnummeriert.

(2) Sechs Monate nach dem Tag, an dem die Mitteilung nach Absatz 1 wirksam wird, sind der gesamte Schengen-Besitzstand und alle zur Ergänzung dieses Besitzstands erlassenen Maßnahmen, die für Dänemark bis dahin als Verpflichtungen im Rahmen des Völkerrechts bindend waren, für Dänemark als Unionsrecht bindend.

Anhang

Artikel 1 [Maßnahmen nach dem Dritten Teil Titel V AEUV]

[1]Vorbehaltlich des Artikels 3 beteiligt sich Dänemark nicht am Erlass von Maßnahmen durch den Rat, die nach dem Dritten Teil Titel V des Vertrags über die Arbeitsweise der Europäischen Union vorgeschlagen werden. [2]Für Rechtsakte des Rates, die einstimmig erlassen werden müssen, ist die Zustimmung der Mitglieder des Rates mit Ausnahme des Vertreters der Regierung Dänemarks erforderlich.

Für die Zwecke dieses Artikels bestimmt sich die qualifizierte Mehrheit nach Artikel 238 Absatz 3 des Vertrags über die Arbeitsweise der Europäischen Union.

Artikel 2 [Anwendbarkeit des Dritten Teils Titel V AEUV]

[1]Entsprechend Artikel 1 und vorbehaltlich der Artikel 3, 4 und 8 sind Vorschriften des Dritten Teils Titel V des Vertrags über die Arbeitsweise der Europäischen Union, nach jenem Titel erlassene Maßnahmen, Vorschriften internationaler Übereinkünfte, die von der Union nach jenem Titel geschlossen werden, sowie Entscheidungen des Gerichtshofs der Europäischen Union, in denen solche Vorschriften oder Maßnahmen ausgelegt werden, für Dänemark nicht bindend oder anwendbar. [2]Diese Vorschriften, Maßnahmen oder Entscheidungen berühren in keiner Weise die Zuständigkeiten, Rechte und Pflichten Dänemarks. [3]Diese Vorschriften, Maßnahmen oder Entscheidungen verändern in keiner Weise den Besitzstand der Gemeinschaft oder der Union und sind nicht Teil des Unionsrechts, soweit sie auf Dänemark Anwendung finden.

Artikel 3 [Beteiligung Dänemarks]

(1) Dänemark kann dem Präsidenten des Rates innerhalb von drei Monaten nach der Vorlage beim Rat eines Vorschlags oder einer Initiative nach dem Dritten Teil Titel V des Vertrags über die Arbeitsweise der Europäischen Union schriftlich mitteilen, dass es sich am Erlass und an der Anwendung der betreffenden Maßnahme beteiligen möchte; dies ist Dänemark daraufhin gestattet.

(2) [1]Kann eine Maßnahme nach Absatz 1 nach Ablauf eines angemessenen Zeitraums nicht mit Beteiligung Dänemarks erlassen werden, so kann der Rat die Maßnahme nach Artikel 1 ohne Beteiligung Dänemarks erlassen. [2]In diesem Fall findet Artikel 2 Anwendung.

Artikel 4 [Annahme einer Maßnahme]

[1]Dänemark kann nach Erlass einer Maßnahme nach dem Dritten Teil Titel V des Vertrags über die Arbeitsweise der Europäischen Union dem Rat und der Kommission jederzeit mitteilen, dass es die Maßnahme anzunehmen wünscht. [2]In diesem Fall findet das in Artikel 331 Absatz 1 des genannten Vertrags vorgesehene Verfahren sinngemäß Anwendung.

Artikel 5 [Geänderte Maßnahmen]

(1) Die Bestimmungen dieses Protokolls gelten für Dänemark auch für nach dem Dritten Teil Titel V des Vertrags über die Arbeitsweise der Europäischen Union vorgeschlagene oder erlassene Maßnahmen, mit denen eine bestehende Maßnahme, die für Dänemark bindend ist, geändert wird.

(2) [1]In Fällen, in denen der Rat auf Vorschlag der Kommission feststellt, dass durch die Nichtbeteiligung Dänemarks an der geänderten Fas-

sung einer bestehenden Maßnahme die Durchführung dieser Maßnahme für andere Mitgliedstaaten oder die Union nicht mehr möglich ist, kann er Dänemark jedoch nachdrücklich ersuchen, eine Mitteilung nach Artikel 3 oder Artikel 4 vorzunehmen. [2]Für die Zwecke des Artikels 3 beginnt ab dem Tag, an dem der Rat die Feststellung trifft, eine weitere Frist von zwei Monaten.

[1]Hat Dänemark bei Ablauf der Frist von zwei Monaten ab dem Zeitpunkt der Feststellung des Rates keine Mitteilung nach Artikel 3 oder Artikel 4 vorgenommen, so ist die bestehende Maßnahme für Dänemark nicht mehr bindend und nicht mehr anwendbar, es sei denn, Dänemark nimmt vor dem Inkrafttreten der Änderungsmaßnahme eine Mitteilung nach Artikel 4 vor. [2]Dies gilt mit Wirkung ab dem Tag des Inkrafttretens der Änderungsmaßnahme oder ab dem Tag des Ablaufs der Frist von zwei Monaten, je nachdem, welcher Zeitpunkt später liegt.

[1]Für die Zwecke dieses Absatzes beschließt der Rat nach eingehender Erörterung der Angelegenheit mit der qualifizierten Mehrheit derjenigen Mitglieder des Rates, die Mitgliedstaaten vertreten, die sich an der Annahme der Änderungsmaßnahme beteiligen oder beteiligt haben. [2]Die qualifizierte Mehrheit des Rates bestimmt sich nach Artikel 238 Absatz 3 Buchstabe a des Vertrags über die Arbeitsweise der Europäischen Union.

(3) Der Rat kann mit qualifizierter Mehrheit auf Vorschlag der Kommission festlegen, dass Dänemark etwaige unmittelbare finanzielle Folgen zu tragen hat, die sich zwangsläufig und unvermeidbar daraus ergeben, dass Dänemark sich nicht mehr an der bestehenden Maßnahme beteiligt.

(4) Dieser Artikel lässt Artikel 4 unberührt.

Artikel 6 [Ergänzungen des Schengen-Besitzstands]

(1) Die Mitteilung nach Artikel 4 hat spätestens sechs Monate nach dem endgültigen Erlass einer Maßnahme zu erfolgen, wenn diese Maßnahme eine Ergänzung des Schengen-Besitzstands darstellt.

Erfolgt von Dänemark keine Mitteilung nach Artikel 3 oder Artikel 4 zu Maßnahmen, die eine Ergänzung des Schengen-Besitzstands darstellen, so werden die Mitgliedstaaten, für die die Maßnahme bindend ist, und Dänemark prüfen, welche Schritte zu unternehmen sind.

(2) Eine Mitteilung nach Artikel 3 zu Maßnahmen, die eine Ergänzung des Schengen-Besitzstands darstellen, gilt unwiderruflich als Mitteilung nach Artikel 3 zu weiteren Vorschlägen oder Initiativen, mit denen diese Maßnahmen ergänzt werden sollen, sofern diese Vorschläge oder Initiativen eine Ergänzung des Schengen-Besitzstands darstellen.

Artikel 7 [Datenschutzvorschriften]

Die auf der Grundlage des Artikels 16 des Vertrags über die Arbeitsweise der Europäischen Union festgelegten Vorschriften über die Verarbeitung personenbezogener Daten durch die Mitgliedstaaten im Rahmen der Ausübung von Tätigkeiten, die in den Anwendungsbereich des Dritten Teils Titel V Kapitel 4 und 5 des genannten Vertrags fallen, werden für Dänemark nicht bindend sein, wenn Dänemark nicht durch Unionsvorschriften gebunden ist, die Formen der justiziellen Zusammenarbeit in Strafsachen oder der polizeilichen Zusammenarbeit regeln, in deren Rahmen die auf der Grundlage des Artikels 16 festgelegten Vorschriften eingehalten werden müssen.

Artikel 8 [Geltung der einschlägigen Vertragsbestimmungen]
In Fällen, in denen nach diesem Teil Dänemark durch eine vom Rat nach dem Dritten Teil Titel V des Vertrags über die Arbeitsweise der Europäischen Union erlassene Maßnahme gebunden ist, gelten hinsichtlich dieser Maßnahme für Dänemark die einschlägigen Bestimmungen der Verträge.

Artikel 9 [Finanzielle Beteiligung]
Ist Dänemark durch eine nach dem Dritten Teil Titel V des Vertrags über die Arbeitsweise der Europäischen Union erlassene Maßnahme nicht gebunden, so hat es außer den sich für die Organe ergebenden Verwaltungskosten keine finanziellen Folgen dieser Maßnahme zu tragen, es sei denn, der Rat beschließt mit Einstimmigkeit aller seiner Mitglieder nach Anhörung des Europäischen Parlaments etwas anderes.

Protokoll (Nr. 23)
über die Außenbeziehungen der Mitgliedstaaten hinsichtlich
des Überschreitens der Außengrenzen
vom 2. Oktober 1997

(ABl. C 340 vom 10. 11. 1997, S. 108), in der Fassung des Vertrags von Lissabon vom 13. 12. 2007 (ABl. C 306 vom 17. 12. 2007)[1]

DIE HOHEN VERTRAGSPARTEIEN –

EINGEDENK der Notwendigkeit, dass die Mitgliedstaaten, gegebenenfalls in Zusammenarbeit mit Drittländern, für wirksame Kontrollen an ihren Außengrenzen sorgen –

SIND über folgende Bestimmungen ÜBEREINGEKOMMEN, die dem Vertrag über die Europäische Union und dem Vertrag über die Arbeitsweise der Europäischen Union beigefügt sind:

Die in Artikel 77 Absatz 2 Buchstabe b des Vertrags über die Arbeitsweise der Europäischen Union aufgenommenen Bestimmungen über Maßnahmen in Bezug auf das Überschreiten der Außengrenzen berühren nicht die Zuständigkeit der Mitgliedstaaten für die Aushandlung und den Abschluss von Übereinkünften mit Drittländern, sofern sie mit den

---

1) In der Fassung der Bekanntmachung vom 9. 5. 2008 (ABl. C 115 vom 9. 5. 2008, S. 304). Nachfolgende konsolidierte Fassungen sind berücksichtigt.

Rechtsvorschriften der Union und anderen in Betracht kommenden internationalen Übereinkünften in Einklang stehen.

Protokoll (Nr. 24)
über die Gewährung von Asyl für Staatsangehörige von Mitgliedstaaten der Europäischen Union vom 2. Oktober 1997

(ABl. C 340 vom 10. 11. 1997, S. 103), in der Fassung des Vertrags von Lissabon vom 13. 12. 2007 (ABl. C 306 vom 17. 12. 2007)[1)]

DIE HOHEN VERTRAGSPARTEIEN –

IN DER ERWÄGUNG, dass die Union nach Artikel 6 Absatz 1 des Vertrags über die Europäische Union die Rechte, Freiheiten und Grundsätze anerkennt, die in der Charta der Grundrechte der Europäischen Union enthalten sind,

IN DER ERWÄGUNG, dass die Grundrechte nach Artikel 6 Absatz 3 des Vertrags über die Europäische Union, wie sie in der Europäischen Konvention zum Schutz der Menschenrechte und Grundfreiheiten gewährleistet sind, als allgemeine Grundsätze zum Unionsrecht gehören,

IN DER ERWÄGUNG, dass der Gerichtshof der Europäischen Union dafür zuständig ist, sicherzustellen, dass die Union bei der Auslegung und Anwendung des Artikels 6 Absätze 1 und 3 des Vertrags über die Europäische Union die Rechtsvorschriften einhält,

IN DER ERWÄGUNG, dass nach Artikel 49 des Vertrags über die Europäische Union jeder europäische Staat, der beantragt, Mitglied der Union zu werden, die in Artikel 2 des Vertrags über die Europäische Union genannten Werte achten muss,

EINGEDENK dessen, dass Artikel 7 des Vertrags über die Europäische Union ein Verfahren für die Aussetzung bestimmter Rechte im Falle einer schwerwiegenden und anhaltenden Verletzung dieser Werte durch einen Mitgliedstaat vorsieht,

UNTER HINWEIS darauf, dass jeder Staatsangehörige eines Mitgliedstaats als Unionsbürger einen besonderen Status und einen besonderen Schutz genießt, welche die Mitgliedstaaten gemäß dem Zweiten Teil des Vertrags über die Arbeitsweise der Europäischen Union gewährleisten,

IN DEM BEWUSSTSEIN, dass die Verträge einen Raum ohne Binnengrenzen schaffen und jedem Unionsbürger das Recht gewähren, sich im Hoheitsgebiet der Mitgliedstaaten frei zu bewegen und aufzuhalten,

IN DEM WUNSCH, zu verhindern, dass Asyl für andere als die vorgesehenen Zwecke in Anspruch genommen wird,

---

1) In der Fassung der Bekanntmachung vom 9. 5. 2008 (ABl. C 115 vom 9. 5. 2008, S. 305). Nachfolgende konsolidierte Fassungen sind berücksichtigt.

IN DER ERWÄGUNG, dass dieses Protokoll den Zweck und die Ziele des Genfer Abkommens vom 28. Juli 1951 über die Rechtsstellung der Flüchtlinge beachtet –

SIND über folgende Bestimmungen ÜBEREINGEKOMMEN, die dem Vertrag über die Europäische Union und dem Vertrag über die Arbeitsweise der Europäischen Union beigefügt sind:

Einziger Artikel

[1]In Anbetracht des Niveaus des Schutzes der Grundrechte und Grundfreiheiten in den Mitgliedstaaten der Europäischen Union gelten die Mitgliedstaaten füreinander für alle rechtlichen und praktischen Zwecke im Zusammenhang mit Asylangelegenheiten als sichere Herkunftsländer. [2]Dementsprechend darf ein Asylantrag eines Staatsangehörigen eines Mitgliedstaats von einem anderen Mitgliedstaat nur berücksichtigt oder zur Bearbeitung zugelassen werden,

a) wenn der Mitgliedstaat, dessen Staatsangehöriger der Antragsteller ist, nach Inkrafttreten des Vertrags von Amsterdam Artikel 15 der Konvention zum Schutze der Menschenrechte und Grundfreiheiten anwendet und Maßnahmen ergreift, die in seinem Hoheitsgebiet die in der Konvention vorgesehenen Verpflichtungen außer Kraft setzen;

b) wenn das Verfahren des Artikels 7 Absatz 1 des Vertrags über die Europäische Union eingeleitet worden ist und bis der Rat oder gegebenenfalls der Europäische Rat diesbezüglich einen Beschluss im Hinblick auf den Mitgliedstaat, dessen Staatsangehöriger der Antragsteller ist, gefasst hat;

c) wenn der Rat einen Beschluss nach Artikel 7 Absatz 1 des Vertrags über die Europäische Union im Hinblick auf den Mitgliedstaat, dessen Staatsangehöriger der Antragsteller ist, erlassen hat, oder wenn der Europäische Rat einen Beschluss nach Artikel 7 Absatz 2 des genannten Vertrags im Hinblick auf den Mitgliedstaat, dessen Staatsangehöriger der Antragsteller ist, erlassen hat;

d) wenn ein Mitgliedstaat in Bezug auf den Antrag eines Staatsangehörigen eines anderen Mitgliedstaats einseitig einen solchen Beschluss fasst; in diesem Fall wird der Rat umgehend unterrichtet; bei der Prüfung des Antrags wird von der Vermutung ausgegangen, dass der Antrag offensichtlich unbegründet ist, ohne dass die Entscheidungsbefugnis des Mitgliedstaats in irgendeiner Weise beeinträchtigt wird.

Protokoll (Nr. 25)
über die Ausübung der geteilten Zuständigkeit
vom 13. Dezember 2007

(ABl. C 306 vom 17. 12. 2007, S. 158)[1]

DIE HOHEN VERTRAGSPARTEIEN –

SIND über folgende Bestimmungen ÜBEREINGEKOMMEN, die dem Vertrag über die Europäische Union und dem Vertrag über die Arbeitsweise der Europäischen Union beigefügt sind:

Einziger Artikel

Ist die Union in einem bestimmten Bereich im Sinne des Artikels 2 Absatz 2 des Vertrags über die Arbeitsweise der Europäischen Union betreffend die geteilte Zuständigkeit tätig geworden, so erstreckt sich die Ausübung der Zuständigkeit nur auf die durch den entsprechenden Rechtsakt der Union geregelten Elemente und nicht auf den gesamten Bereich.

Protokoll (Nr. 26)
über Dienste von allgemeinem Interesse
vom 13. Dezember 2007

(ABl. C 306 vom 17. 12. 2007, S. 158)[1]

DIE HOHEN VERTRAGSPARTEIEN –

IN DEM WUNSCH, die Bedeutung der Dienste von allgemeinem Interesse hervorzuheben –

SIND über folgende auslegende Bestimmungen ÜBEREINGEKOMMEN, die dem Vertrag über die Europäische Union und dem Vertrag über die Arbeitsweise der Europäischen Union beigefügt sind:

Artikel 1 [Dienste von allgemeinem wirtschaftlichem Interesse]

Zu den gemeinsamen Werten der Union in Bezug auf Dienste von allgemeinem wirtschaftlichem Interesse im Sinne des Artikels 14 des Vertrags über die Arbeitsweise der Europäischen Union zählen insbesondere:

– die wichtige Rolle und der weite Ermessensspielraum der nationalen, regionalen und lokalen Behörden in der Frage, wie Dienste von allgemeinem wirtschaftlichem Interesse auf eine den Bedürfnissen der Nutzer so gut wie möglich entsprechende Weise zur Verfügung zu stellen, in Auftrag zu geben und zu organisieren sind;

---

1) Nachfolgende konsolidierte Fassungen sind berücksichtigt.

– die Vielfalt der jeweiligen Dienstleistungen von allgemeinem wirtschaftlichem Interesse und die Unterschiede bei den Bedürfnissen und
   Präferenzen der Nutzer, die aus unterschiedlichen geografischen, sozialen oder kulturellen Gegebenheiten folgen können;
– ein hohes Niveau in Bezug auf Qualität, Sicherheit und Bezahlbarkeit,
   Gleichbehandlung und Förderung des universellen Zugangs und der
   Nutzerrechte.

Artikel 2 [Nichtwirtschaftliche Dienste von allgemeinem Interesse]

Die Bestimmungen der Verträge berühren in keiner Weise die Zuständigkeit der Mitgliedstaaten, nichtwirtschaftliche Dienste von allgemeinem Interesse zur Verfügung zu stellen, in Auftrag zu geben und zu organisieren.

Protokoll (Nr. 27)
über den Binnenmarkt und den Wettbewerb
vom 13. Dezember 2007

(ABl. C 306 vom 17. 12. 2007, S. 156)[1]

DIE HOHEN VERTRAGSPARTEIEN –

UNTER BERÜCKSICHTIGUNG der Tatsache, dass der Binnenmarkt,
wie er in Artikel 3 des Vertrags über die Europäische Union beschrieben
wird, ein System umfasst, das den Wettbewerb vor Verfälschungen
schützt –

SIND ÜBEREINGEKOMMEN, dass für diese Zwecke die Union erforderlichenfalls nach den Bestimmungen der Verträge, einschließlich des
Artikels 352 des Vertrags über die Arbeitsweise der Europäischen Union,
tätig wird.

Dieses Protokoll wird dem Vertrag über die Europäische Union und
dem Vertrag über die Arbeitsweise der Europäischen Union beigefügt.

---

1) Nachfolgende konsolidierte Fassungen sind berücksichtigt.

Protokoll (Nr. 28)
über den wirtschaftlichen, sozialen und territorialen Zusammenhalt
vom 7. Februar 1992

(ABl. C 191 vom 29. 7. 1992, S. 93), in der Fassung des Vertrags von Lissabon vom 13. 12. 2007 (ABl. C 306 vom 17. 12. 2007)[1]

DIE HOHEN VERTRAGSPARTEIEN –

UNTER HINWEIS darauf, dass in Artikel 3 des Vertrags über die Europäische Union unter anderen Zielen die Förderung des wirtschaftlichen, sozialen und territorialen Zusammenhalts und der Solidarität zwischen den Mitgliedstaaten erwähnt ist und dass dieser Zusammenhalt zu den in Artikel 4 Absatz 2 Buchstabe c des Vertrags über die Arbeitsweise der Europäischen Union aufgeführten Bereichen gehört, in denen die Union über geteilte Zuständigkeit verfügt,

UNTER HINWEIS darauf, dass der Dritte Teil Titel XVIII über den wirtschaftlichen, sozialen und territorialen Zusammenhalt insgesamt die Rechtsgrundlage für die Konsolidierung und Weiterentwicklung der Unionstätigkeit im Bereich des wirtschaftlichen, sozialen und territorialen Zusammenhalts, einschließlich der Schaffung eines neuen Fonds, darstellt;

UNTER HINWEIS darauf, dass in Artikel 177 des Vertrags über die Arbeitsweise der Europäischen Union die Einrichtung eines Kohäsionsfonds vorgesehen ist,

IN ANBETRACHT dessen, dass die EIB erhebliche und noch steigende Beträge zugunsten der ärmeren Gebiete ausleiht;

IN ANBETRACHT des Wunsches nach größerer Flexibilität bei den Regelungen für die Zuweisungen aus den Strukturfonds;

IN ANBETRACHT des Wunsches nach einer Differenzierung der Höhe der Unionsbeteiligung an den Programmen und Vorhaben in bestimmten Ländern;

ANGESICHTS des Vorschlags, dem relativen Wohlstand der Mitgliedstaaten im Rahmen des Systems der eigenen Mittel stärker Rechnung zu tragen –

BEKRÄFTIGEN, dass die Förderung des wirtschaftlichen, sozialen und territorialen Zusammenhalts für die umfassende Entwicklung und den dauerhaften Erfolg der Union wesentlich ist;

BEKRÄFTIGEN ihre Überzeugung, dass die Strukturfonds bei der Erreichung der Unionsziele hinsichtlich des Zusammenhalts weiterhin eine gewichtige Rolle zu spielen haben;

---

1) In der Fassung der Bekanntmachung vom 9. 5. 2008 (ABl. C 115 vom 9. 5. 2008, S. 310). Nachfolgende konsolidierte Fassungen sind berücksichtigt.

BEKRÄFTIGEN ihre Überzeugung, dass die EIB weiterhin den Groß-
teil ihrer Mittel für die Förderung des wirtschaftlichen, sozialen und territorialen Zusammenhalts einsetzen sollte, und erklären sich bereit, den
Kapitalbedarf der EIB zu überprüfen, sobald dies für diesen Zweck notwendig ist;

VEREINBAREN, dass der Kohäsionsfonds finanzielle Beiträge der
Union für Vorhaben in den Bereichen Umwelt und transeuropäische Netze
in Mitgliedstaaten mit einem Pro-Kopf-BSP von weniger als 90 v.H. des
Unionsdurchschnitts bereitstellt, die ein Programm zur Erfüllung der in
Artikel 126 des Vertrags über die Arbeitsweise der Europäischen Union
genannten Bedingungen der wirtschaftlichen Konvergenz vorweisen;

BEKUNDEN ihre Absicht, ein größeres Maß an Flexibilität bei der
Zuweisung von Finanzmitteln aus den Strukturfonds für besondere Bedürfnisse vorzusehen, die nicht von den derzeitigen Strukturfonds abgedeckt werden;

BEKUNDEN ihre Bereitschaft, die Höhe der Unionsbeteiligung an
Programmen und Vorhaben im Rahmen der Strukturfonds zu differen-
zieren, um einen übermäßigen Anstieg der Haushaltsausgaben in den weniger wohlhabenden Mitgliedstaaten zu vermeiden;

ERKENNEN AN, dass die Fortschritte im Hinblick auf den wirtschaftlichen, sozialen und territorialen Zusammenhalt laufend überwacht werden müssen, und bekunden ihre Bereitschaft, alle dazu erforderlichen
Maßnahmen zu prüfen;

ERKLÄREN ihre Absicht, der Beitragskapazität der einzelnen Mitgliedstaaten im Rahmen des Systems der Eigenmittel stärker Rechnung
zu tragen und zu prüfen, wie für die weniger wohlhabenden Mitgliedstaaten regressive Elemente im derzeitigen System der Eigenmittel korrigiert werden können;

KOMMEN ÜBEREIN, dieses Protokoll dem Vertrag über die Europäische Union und dem Vertrag über die Arbeitsweise der Europäischen
Union beizufügen.

Protokoll (Nr. 29)
über den öffentlich-rechtlichen Rundfunk in den Mitgliedstaaten vom 2. Oktober 1997

(ABl. C 340 vom 10. 11. 1997, S. 109), in der Fassung des Vertrags von
Lissabon vom 13. 12. 2007 (ABl. C 306 vom 17. 12. 2007)[1)]

DIE HOHEN VERTRAGSPARTEIEN –

---

1) In der Fassung der Bekanntmachung vom 9. 5. 2008 (ABl. C 115 vom 9. 5. 2008,
    S. 312). Nachfolgende konsolidierte Fassungen sind berücksichtigt.

IN DER ERWÄGUNG, dass der öffentlich-rechtliche Rundfunk in den Mitgliedstaaten unmittelbar mit den demokratischen, sozialen und kulturellen Bedürfnissen jeder Gesellschaft sowie mit dem Erfordernis verknüpft ist, den Pluralismus in den Medien zu wahren –

SIND über folgende auslegende Bestimmungen ÜBEREINGEKOMMEN, die dem Vertrag über die Europäische Union und dem Vertrag über die Arbeitsweise der Europäischen Union beigefügt sind:

Die Bestimmungen der Verträge berühren nicht die Befugnis der Mitgliedstaaten, den öffentlich-rechtlichen Rundfunk zu finanzieren, sofern die Finanzierung der Rundfunkanstalten dem öffentlich-rechtlichen Auftrag, wie er von den Mitgliedstaaten den Anstalten übertragen, festgelegt und ausgestaltet wird, dient und die Handels- und Wettbewerbsbedingungen in der Union nicht in einem Ausmaß beeinträchtigt, das dem gemeinsamen Interesse zuwiderläuft, wobei den Erfordernissen der Erfüllung des öffentlich-rechtlichen Auftrags Rechnung zu tragen ist.

Protokoll (Nr. 30)
über die Anwendung der Charta der Grundrechte der Europäischen Union auf Polen und das Vereinigte Königreich vom 13. Dezember 2007

(ABl. C 306 vom 17. 12. 2007, S. 156)[1)]

DIE HOHEN VERTRAGSPARTEIEN –

IN DER ERWÄGUNG, dass die Union in Artikel 6 des Vertrags über die Europäische Union die in der Charta der Grundrechte der Europäischen Union enthaltenen Rechte, Freiheiten und Grundsätze anerkennt;

IN DER ERWÄGUNG, dass die Charta streng im Einklang mit den Bestimmungen des genannten Artikels 6 und mit Titel VII der Charta anzuwenden ist;

IN DER ERWÄGUNG, dass der genannte Artikel 6 vorsieht, dass die Charta von den Gerichten Polens und des Vereinigten Königreichs streng im Einklang mit den in jenem Artikel erwähnten Erläuterungen anzuwenden und auszulegen ist;

IN DER ERWÄGUNG, dass die Charta sowohl Rechte als auch Grundsätze enthält,

IN DER ERWÄGUNG, dass die Charta sowohl Bestimmungen bürgerlicher und politischer Art als auch Bestimmungen wirtschaftlicher und sozialer Art enthält;

IN DER ERWÄGUNG, dass die Charta die in der Union anerkannten Rechte, Freiheiten und Grundsätze bekräftigt und diese Rechte besser sichtbar macht, aber keine neuen Rechte oder Grundsätze schafft;

---

1) Nachfolgende konsolidierte Fassungen sind berücksichtigt.

EINGEDENK DER Verpflichtungen Polens und des Vereinigten Königreichs aufgrund des Vertrags über die Europäische Union, des Vertrags über die Arbeitsweise der Europäischen Union und des Unionsrechts im Allgemeinen;

IN KENNTNIS des Wunsches Polens und des Vereinigten Königreichs, bestimmte Aspekte der Anwendung der Charta zu klären;

demzufolge IN DEM WUNSCH, die Anwendung der Charta in Bezug auf die Gesetze und Verwaltungsmaßnahmen Polens und des Vereinigten Königreichs und die Frage der Einklagbarkeit in Polen und im Vereinigten Königreich zu klären;

IN BEKRÄFTIGUNG DESSEN, dass in diesem Protokoll enthaltene Bezugnahmen auf die Wirkungsweise spezifischer Bestimmungen der Charta auf keinen Fall die Wirkungsweise anderer Bestimmungen der Charta berühren;

IN BEKRÄFTIGUNG DESSEN, dass dieses Protokoll die Anwendung der Charta auf andere Mitgliedstaaten nicht berührt;

IN BEKRÄFTIGUNG DESSEN, dass dieses Protokoll andere Verpflichtungen Polens und des Vereinigten Königreichs aufgrund des Vertrags über die Europäische Union, des Vertrags über die Arbeitsweise der Europäischen Union und des Unionsrechts im Allgemeinen nicht berührt –

SIND über folgende Bestimmungen ÜBEREINGEKOMMEN, die dem Vertrag über die Europäische Union und dem Vertrag über die Arbeitsweise der Europäischen Union beigefügt sind:

Artikel 1 [Keine Ausweitung auf das nationale Recht Polens oder des Vereinigten Königreichs]

(1) Die Charta bewirkt keine Ausweitung der Befugnis des Gerichtshofs der Europäischen Union oder eines Gerichts Polens oder des Vereinigten Königreichs zu der Feststellung, dass die Rechts- und Verwaltungsvorschriften, die Verwaltungspraxis oder -maßnahmen Polens oder des Vereinigten Königreichs nicht mit den durch die Charta bekräftigten Grundrechten, Freiheiten und Grundsätzen im Einklang stehen.

(2) Insbesondere – und um jeden Zweifel auszuräumen – werden mit Titel IV der Charta keine für Polen oder das Vereinigte Königreich geltenden einklagbaren Rechte geschaffen, soweit Polen bzw. das Vereinigte Königreich solche Rechte nicht in seinem nationalen Recht vorgesehen hat.

Artikel 2 [Ausschließliche Anwendung auf anerkanntes Recht]

Wird in einer Bestimmung der Charta auf das innerstaatliche Recht und die innerstaatliche Praxis Bezug genommen, so findet diese Bestimmung auf Polen und das Vereinigte Königreich nur in dem Maße Anwendung, in dem die darin enthaltenen Rechte oder Grundsätze durch das Recht oder die Praxis Polens bzw. des Vereinigten Königreichs anerkannt sind.

Protokoll (Nr. 31)
über die Einfuhr in den Niederländischen Antillen raffinierter Erdölerzeugnisse in die Europäische Union
vom 13. November 1962

(ABl. 1964 Nr. L 150 S. 2416), in der Fassung des Vertrags von Lissabon vom 13. 12. 2007 (ABl. C 306 vom 17. 12. 2007)[1]

(Das Protokoll ist hier nicht wiedergegeben)

Protokoll (Nr. 32)
betreffend den Erwerb von Immobilien in Dänemark
vom 7. Februar 1992

(ABl. C 191 vom 29. 7. 1992, S. 68), in der Fassung des Vertrags von Lissabon vom 13. 12. 2007 (ABl. C 306 vom 17. 12. 2007)[2]

(Das Protokoll ist hier nicht wiedergegeben)

Protokoll (Nr. 33)
zu Artikel 157 des Vertrags über die Arbeitsweise der Europäischen Union
vom 7. Februar 1992

(ABl. C 191 vom 29. 7. 1992, S. 68), in der Fassung des Vertrags von Lissabon vom 13. 12. 2007 (ABl. C 306 vom 17. 12. 2007)[3]

(Das Protokoll ist hier nicht wiedergegeben)

---

1) In der Fassung der Bekanntmachung vom 9. 5. 2008 (ABl. C 115 vom 9. 5. 2008, S. 315). Nachfolgende konsolidierte Fassungen sind berücksichtigt.
2) In der Fassung der Bekanntmachung vom 9. 5. 2008 (ABl. C 115 vom 9. 5. 2008, S. 318).
3) In der Fassung der Bekanntmachung vom 9. 5. 2008 (ABl. C 115 vom 9. 5. 2008, S. 319).

Protokoll (Nr. 34)
über die Sonderregelung für Grönland
vom 13. März 1984

(ABl. L 29 vom 1. 2. 1985, S. 7), in der Fassung des Vertrags von Lissabon vom 13. 12. 2007 (ABl. C 306 vom 17. 12. 2007; ber. ABl. C 111 vom 6. 5. 2008, S. 56)[1]

(Das Protokoll ist hier nicht wiedergegeben.)

Protokoll (Nr. 35)
über Artikel 40.3.3 der Verfassung Irlands
vom 7. Februar 1992

(ABl. C 191 vom 29. 7. 1992, S. 94), in der Fassung des Vertrags von Lissabon vom 13. 12. 2007 (ABl. C 306 vom 17. 12. 2007)[2]

(Das Protokoll ist hier nicht wiedergegeben)

Protokoll (Nr. 36)
über die Übergangsbestimmungen
vom 13. Dezember 2007

(ABl. C 306 vom 17. 12. 2007, S. 159); zuletzt geändert durch Beitrittsakte 2013 vom 9. 12. 2011 (ABl. L 112 vom 24. 4. 2012, S. 21, 26, 27)[3]

DIE HOHEN VERTRAGSPARTEIEN –

IN DER ERWÄGUNG, dass zur Regelung des Übergangs von den institutionellen Bestimmungen der Verträge, die vor dem Inkrafttreten des Vertrags von Lissabon anwendbar sind, zu den Bestimmungen des genannten Vertrags Übergangsbestimmungen vorgesehen werden müssen –

SIND über folgende Bestimmungen ÜBEREINGEKOMMEN, die dem Vertrag über die Europäische Union, dem Vertrag über die Arbeitsweise der Europäischen Union und dem Vertrag zur Gründung der Europäischen Atomgemeinschaft beigefügt sind:

---

1) In der Fassung der Bekanntmachung vom 9. 5. 2008 (ABl. C 115 vom 9. 5. 2008, S. 320).
2) In der Fassung der Bekanntmachung vom 9. 5. 2008 (ABl. C 115 vom 9. 5. 2008, S. 321).
3) Nachfolgende konsolidierte Fassungen sind berücksichtigt.

Artikel 1 [Die Verträge]

In diesem Protokoll bezeichnet der Ausdruck „die Verträge" den Vertrag über die Europäische Union, den Vertrag über die Arbeitsweise der Europäischen Union und den Vertrag zur Gründung der Europäischen Atomgemeinschaft.

Titel I
Bestimmungen über das Europäische Parlament

Artikel 2

(1) Für den ab Inkrafttreten dieses Artikels verbleibenden Zeitraum der Legislaturperiode 2009–2014 werden in Abweichung von Artikel 189 Absatz 2 und Artikel 190 Absatz 2 des Vertrags zur Gründung der Europäischen Gemeinschaft sowie von Artikel 107 Absatz 2 und Artikel 108 Absatz 2 des Vertrags zur Gründung der Europäischen Atomgemeinschaft, die zum Zeitpunkt der Wahlen zum Europäischen Parlament im Juni 2009 in Kraft waren, sowie in Abweichung von der in Artikel 14 Absatz 2 Unterabsatz 1 des Vertrags über die Europäische Union vorgesehenen Anzahl der Sitze den bestehenden 736 Sitzen die folgenden 18 Sitze hinzugefügt, wodurch sich die Gesamtzahl der Mitglieder des Europäischen Parlaments bis zum Ende der Legislaturperiode 2009–2014 vorübergehend auf 754 erhöht:

Bulgarien	1	Niederlande	1
Spanien	4	Österreich	2
Frankreich	2	Polen	1
Italien	1	Slowenien	1
Lettland	1	Schweden	2
Malta	1	Vereinigtes Königreich	1

(2) In Abweichung von Artikel 14 Absatz 3 des Vertrags über die Europäische Union benennen die betroffenen Mitgliedstaaten die Personen, die die zusätzlichen Sitze nach Absatz 1 einnehmen werden, nach ihren innerstaatlichen Rechtsvorschriften und unter der Voraussetzung, dass diese Personen in allgemeinen unmittelbaren Wahlen gewählt wurden, und zwar:

a) in allgemeinen, unmittelbaren Ad-hoc-Wahlen in dem betroffenen Mitgliedstaat gemäß den für die Wahlen zum Europäischen Parlament geltenden Bestimmungen,

b) auf der Grundlage der Ergebnisse der Wahlen zum Europäischen Parlament vom 4. bis 7. Juni 2009 oder

c) indem das nationale Parlament des betroffenen Mitgliedstaats die erforderliche Zahl von Mitgliedern aus seiner Mitte nach dem von dem jeweiligen Mitgliedstaat festgelegten Verfahren benennt.

(3) Rechtzeitig vor den Wahlen zum Europäischen Parlament 2014 erlässt der Europäische Rat nach Artikel 14 Absatz 2 Unterabsatz 2 des Vertrags über die Europäische Union einen Beschluss über die Zusammensetzung des Europäischen Parlaments.

Titel II
Bestimmungen über die qualifizierte Mehrheit

Artikel 3   Bestimmungen über die qualifizierte Mehrheit

(1) Nach Artikel 16 Absatz 4 des Vertrags über die Europäische Union treten die Bestimmungen dieses Absatzes und die Bestimmungen des Artikels 238 Absatz 2 des Vertrags über die Arbeitsweise der Europäischen Union zur Definition der qualifizierten Mehrheit im Europäischen Rat und im Rat am 1. November 2014 in Kraft.

(2) [1]Für den Zeitraum vom 1. November 2014 bis zum 31. März 2017 gilt Folgendes: Ist für eine Beschlussfassung eine qualifizierte Mehrheit erforderlich, kann ein Mitglied des Rates beantragen, dass die Beschlussfassung mit der qualifizierten Mehrheit nach Absatz 3 erfolgt. [2]In diesem Fall finden die Absätze 3 und 4 Anwendung.

(3) Bis zum 31. Oktober 2014 gelten unbeschadet des Artikels 235 Absatz 1 Unterabsatz 2 des Vertrags über die Arbeitsweise der Europäischen Union die nachstehenden Bestimmungen.

Ist für die Beschlussfassung im Europäischen Rat und im Rat eine qualifizierte Mehrheit erforderlich, so werden die Stimmen der Mitglieder wie folgt gewichtet:

Belgien	12
Bulgarien	10
Tschechische Republik	12
Dänemark	7
Deutschland	29
Estland	4
Irland	7
Griechenland	12
Spanien	27
Frankreich	29
Kroatien	7
Italien	29
Zypern	4
Lettland	4
Litauen	7
Luxemburg	4

Ungarn	12
Malta	3
Niederlande	13
Österreich	10
Polen	27
Portugal	12
Rumänien	14
Slowenien	4
Slowakei	7
Finnland	7
Schweden	10
Vereinigtes Königreich	29

[1]In den Fällen, in denen Beschlüsse nach den Verträgen auf Vorschlag der Kommission zu fassen sind, kommen diese Beschlüsse mit einer Mindestzahl von 260 Stimmen zustande, die die Zustimmung der Mehrheit der Mitglieder umfasst. [2]In den anderen Fällen kommen die Beschlüsse mit einer Mindestzahl von 260 Stimmen zustande, die die Zustimmung von mindestens zwei Dritteln der Mitglieder umfasst.

[1]Ein Mitglied des Europäischen Rates oder des Rates kann beantragen, dass beim Erlass eines Rechtsakts des Europäischen Rates oder des Rates mit qualifizierter Mehrheit überprüft wird, ob die Mitgliedstaaten, die diese qualifizierte Mehrheit bilden, mindestens 62 % der Gesamtbevölkerung der Union ausmachen. [2]Falls sich erweist, dass diese Bedingung nicht erfüllt ist, wird der betreffende Rechtsakt nicht erlassen.

(4) Bis zum 31. Oktober 2014 gilt in den Fällen, in denen in Anwendung der Verträge nicht alle Mitglieder des Rates stimmberechtigt sind, das heißt in den Fällen, in denen auf die qualifizierte Mehrheit nach Artikel 238 Absatz 3 des Vertrags über die Arbeitsweise der Europäischen Union Bezug genommen wird, als qualifizierte Mehrheit derselbe Anteil der gewogenen Stimmen und derselbe Anteil der Anzahl der Mitglieder des Rates sowie gegebenenfalls derselbe Prozentsatz der Bevölkerung der betreffenden Mitgliedstaaten wie in Absatz 3 dieses Artikels festgelegt.

Titel III
Bestimmungen über die Zusammensetzungen des Rates

Artikel 4 Bestimmungen über die Zusammensetzungen des Rates

Bis zum Inkrafttreten des Beschlusses nach Artikel 16 Absatz 6 Unterabsatz 1 des Vertrags über die Europäische Union kann der Rat in den in den Unterabsätzen 2 und 3 des genannten Absatzes vorgesehenen Zusammensetzungen sowie in anderen Zusammensetzungen zusammentreten, deren Liste durch einen Beschluss des Rates in seiner Zusammensetzung „Allgemeine Angelegenheiten" festgesetzt wird, der mit einfacher Mehrheit beschließt.

Titel IV

Bestimmungen über die Kommission einschließlich des Hohen Vertreters der Union für Außen- und Sicherheitspolitik

Artikel 5 Bestimmungen über die Kommission einschließlich des Hohen Vertreters der Union für Außen- und Sicherheitspolitik

[1]Die zum Zeitpunkt des Inkrafttretens des Vertrags von Lissabon amtierenden Mitglieder der Kommission bleiben bis zum Ende ihrer Amtszeit im Amt. [2]Am Tag der Ernennung des Hohen Vertreters der Union für Außen- und Sicherheitspolitik endet jedoch die Amtszeit des Mitglieds, das die gleiche Staatsangehörigkeit wie dieser besitzt.

Titel V

Bestimmungen betreffend den Generalsekretär des Rates und Hohen Vertreter für die Gemeinsame Außen- und Sicherheitspolitik und den stellvertretenden Generalsekretär des Rates

Artikel 6 Bestimmungen betreffend den Generalsekretär des Rates und Hohen Vertreter für die Gemeinsame Außen- und Sicherheitspolitik und den stellvertretenden Generalsekretär des Rates

[1]Die Amtszeit des Generalsekretärs des Rates und Hohen Vertreters für die Gemeinsame Außen- und Sicherheitspolitik sowie des Stellvertretenden Generalsekretärs des Rates endet zum Zeitpunkt des Inkrafttretens des Vertrags von Lissabon. [2]Der Rat ernennt seinen Generalsekretär nach Artikel 240 Absatz 2 des Vertrags über die Arbeitsweise der Europäischen Union.

Titel VI

Bestimmungen über die beratenden Einrichtungen

Artikel 7 [Wirtschafts- und Sozialausschuss]

Bis zum Inkrafttreten des Beschlusses nach Artikel 301 des Vertrags über die Arbeitsweise der Europäischen Union verteilen sich die Mitglieder des Wirtschafts- und Sozialausschusses wie folgt:

Belgien	12
Bulgarien	12
Tschechische Republik	12
Dänemark	9
Deutschland	24
Estland	7
Irland	9
Griechenland	12

Spanien	21
Frankreich	24
Kroatien	9
Italien	24
Zypern	6
Lettland	7
Litauen	9
Luxemburg	6
Ungarn	12
Malta	5
Niederlande	12
Österreich	12
Polen	21
Portugal	12
Rumänien	15
Slowenien	7
Slowakei	9
Finnland	9
Schweden	12
Vereinigtes Königreich	24

Artikel 8 [Ausschuss der Regionen]

Bis zum Inkrafttreten des Beschlusses nach Artikel 305 des Vertrags über die Arbeitsweise der Europäischen Union verteilen sich die Mitglieder des Ausschusses der Regionen wie folgt:

Belgien	12
Bulgarien	12
Tschechische Republik	12
Dänemark	9
Deutschland	24
Estland	7
Irland	9
Griechenland	12
Spanien	21
Frankreich	24
Kroatien	9
Italien	24
Zypern	6
Lettland	7
Litauen	9
Luxemburg	6
Ungarn	12
Malta	5

Niederlande	12
Österreich	12
Polen	21
Portugal	12
Rumänien	15
Slowenien	7
Slowakei	9
Finnland	9
Schweden	12
Vereinigtes Königreich	24

Titel VII
Übergangsbestimmungen über die vor dem Inkrafttreten des Vertrags von Lissabon auf der Grundlage der Titel V und VI des Vertrags über die Europäische Union angenommenen Rechtsakte

Artikel 9 [Rechtsakte und Übereinkommen]

[1]Die Rechtsakte der Organe, Einrichtungen und sonstigen Stellen der Union, die vor dem Inkrafttreten des Vertrags von Lissabon auf der Grundlage des Vertrags über die Europäische Union angenommen wurden, behalten so lange Rechtswirkung, bis sie in Anwendung der Verträge aufgehoben, für nichtig erklärt oder geändert werden. [2]Dies gilt auch für Übereinkommen, die auf der Grundlage des Vertrags über die Europäische Union zwischen Mitgliedstaaten geschlossen wurden.

Artikel 10 [Rechtsakte im Bereich der polizeilichen Zusammenarbeit und der justiziellen Zusammenarbeit in Strafsachen]

(1) Als Übergangsmaßnahme gilt bezüglich der Befugnisse der Organe bei Rechtsakten der Union im Bereich der polizeilichen Zusammenarbeit und der justiziellen Zusammenarbeit in Strafsachen, die vor dem Inkrafttreten des Vertrags von Lissabon angenommen wurden, bei Inkrafttreten des genannten Vertrags Folgendes: Die Befugnisse der Kommission nach Artikel 258 des Vertrags über die Arbeitsweise der Europäischen Union gelten nicht, und die Befugnisse des Gerichtshofs der Europäischen Union nach Titel VI des Vertrags über die Europäische Union in der vor dem Inkrafttreten des Vertrags von Lissabon geltenden Fassung bleiben unverändert, einschließlich in den Fällen, in denen sie nach Artikel 35 Absatz 2 des genannten Vertrags über die Europäische Union anerkannt wurden.

(2) Die Änderung eines in Absatz 1 genannten Rechtsakts hat zur Folge, dass hinsichtlich des geänderten Rechtsakts in Bezug auf diejenigen Mitgliedstaaten, für die der geänderte Rechtsakt gilt, die in den Verträgen vorgesehenen Befugnisse der in Absatz 1 genannten Organe gelten.

(3) Die Übergangsmaßnahme nach Absatz 1 tritt auf jeden Fall fünf Jahre nach dem Inkrafttreten des Vertrags von Lissabon außer Kraft.

(4) [1]Das Vereinigte Königreich kann dem Rat spätestens sechs Monate vor dem Ende des Übergangszeitraums nach Absatz 3 mitteilen, dass es hinsichtlich der Rechtsakte nach Absatz 1 die in den Verträgen festgelegten Befugnisse der in Absatz 1 genannten Organe nicht anerkennt. [2]Im Falle einer solchen Mitteilung durch das Vereinigte Königreich gelten alle Rechtsakte nach Absatz 1 für das Vereinigte Königreich nicht mehr ab dem Tag, an dem der Übergangszeitraum nach Absatz 3 endet. [3]Dieser Unterabsatz gilt nicht in Bezug auf die geänderten Rechtsakte nach Absatz 2, die für das Vereinigte Königreich gelten.

[1]Der Rat beschließt mit qualifizierter Mehrheit auf Vorschlag der Kommission die erforderlichen Folge- und Übergangsmaßnahmen. [2]Das Vereinigte Königreich nimmt an der Annahme dieses Beschlusses nicht teil. [3]Die qualifizierte Mehrheit des Rates bestimmt sich nach Artikel 238 Absatz 3 Buchstabe a des Vertrags über die Arbeitsweise der Europäischen Union.

Der Rat kann mit qualifizierter Mehrheit auf Vorschlag der Kommission ferner einen Beschluss annehmen, mit dem bestimmt wird, dass das Vereinigte Königreich etwaige unmittelbare finanzielle Folgen trägt, die sich zwangsläufig und unvermeidbar daraus ergeben, dass es sich nicht mehr an diesen Rechtsakten beteiligt.

(5) [1]Das Vereinigte Königreich kann dem Rat in der Folge jederzeit mitteilen, dass es sich an Rechtsakten beteiligen möchte, die nach Absatz 4 Unterabsatz 1 für das Vereinigte Königreich nicht mehr gelten. [2]In diesem Fall finden die einschlägigen Bestimmungen des Protokolls über den in den Rahmen der Europäischen Union einbezogenen Schengen-Besitzstand bzw. des Protokolls über die Position des Vereinigten Königreichs und Irlands hinsichtlich des Raums der Freiheit, der Sicherheit und des Rechts Anwendung. [3]In Bezug auf diese Rechtsakte gelten die in den Verträgen festgelegten Befugnisse der Organe. [4]Handeln die Organe der Union und das Vereinigte Königreich im Rahmen der betreffenden Protokolle, so bemühen sie sich, das größtmögliche Maß an Beteiligung des Vereinigten Königreichs am Besitzstand der Union bezüglich des Raums der Freiheit, der Sicherheit und des Rechts wiederherzustellen, ohne dass die praktische Funktionsfähigkeit seiner verschiedenen Bestandteile ernsthaft beeinträchtigt wird, und unter Wahrung von deren Kohärenz.

Protokoll (Nr. 37)
über die finanziellen Folgen des Ablaufs des EGKS-Vertrags und
über den Forschungsfonds für Kohle und Stahl
vom 26. Februar 2001

(ABl. C 80 vom 10. 3. 2001, S. 67), in der Fassung des Vertrags von Lissabon vom 13. 12. 2007 (ABl. C 306 vom 17. 12. 2007; ber. ABl. C 111 vom 6. 5. 2008, S. 56)[1)]

DIE HOHEN VERTRAGSPARTEIEN –

UNTER HINWEIS DARAUF, dass das gesamte Vermögen und alle Verbindlichkeiten der Europäischen Gemeinschaft für Kohle und Stahl zum Stand vom 23. Juli 2002 am 24. Juli 2002 auf die Europäische Gemeinschaft übergegangen sind,

EINGEDENK der Tatsache, dass diese Mittel für die Forschung in Sektoren verwendet werden sollten, die mit der Kohle- und Stahlindustrie zusammenhängen, und der sich daraus ergebenden Notwendigkeit, hierfür eine Reihe besonderer Vorschriften vorzusehen –

SIND über folgende Bestimmungen ÜBEREINGEKOMMEN, die dem Vertrag über die Europäische Union und dem Vertrag über die Arbeitsweise der Europäischen Union beigefügt sind:

Artikel 1 [Zweckgebundene Verwendung des Vermögens]
(1) Der Nettowert dieses Vermögens und dieser Verbindlichkeiten gemäß der Bilanz der EGKS vom 23. Juli 2002, vorbehaltlich etwaiger Erhöhungen oder Minderungen infolge der Abwicklungsvorgänge, gilt als Vermögen für Forschung in Sektoren, die die Kohle- und Stahlindustrie betreffen, und erhält die Bezeichnung "EGKS in Abwicklung". Nach Abschluss der Abwicklung wird dieses Vermögen als "Vermögen des Forschungsfonds für Kohle und Stahl" bezeichnet.

(2) Die Erträge aus diesem Vermögen, die als "Forschungsfonds für Kohle und Stahl" bezeichnet werden, werden im Einklang mit diesem Protokoll und den auf dieser Grundlage erlassenen Rechtsakten ausschließlich für die außerhalb des Forschungsrahmenprogramms durchgeführten Forschungsarbeiten in Sektoren, die mit der Kohle- und Stahlindustrie zusammenhängen, verwendet.

Artikel 2 [Erlass der erforderlichen Bestimmungen]
Der Rat erlässt gemäß einem besonderen Gesetzgebungsverfahren und nach Zustimmung des Europäischen Parlaments alle für die Durchführung dieses Protokolls erforderlichen Bestimmungen, einschließlich der wesentlichen Grundsätze.

---

1) In der Fassung der Bekanntmachung vom 9. 5. 2008 (ABl. C 115 vom 9. 5. 2008, S. 327). Nachfolgende konsolidierte Fassungen sind berücksichtigt.

Der Rat erlässt auf Vorschlag der Kommission und nach Anhörung des Europäischen Parlaments die Maßnahmen zur Festlegung der mehrjährigen Finanzleitlinien für die Verwaltung des Vermögens des Forschungsfonds für Kohle und Stahl sowie technischer Leitlinien für das Forschungsprogramm des Fonds.

Artikel 3 [Anwendung der Verträge]
Soweit in diesem Protokoll und in den auf der Grundlage dieses Protokolls erlassenen Rechtsakten nichts anderes vorgesehen ist, finden die Verträge Anwendung.

Protokoll zu den Anliegen der irischen Bevölkerung bezüglich des Vertrags von Lissabon vom 13. Juni 2012

(ABl. L 60 vom 2. 3. 2013, S. 131)
Das Königreich Belgien,
die Republik Bulgarien,
die Tschechische Republik,
das Königreich Dänemark,
die Bundesrepublik Deutschland,
die Republik Estland,
Irland,
die Hellenische Republik,
das Königreich Spanien,
die Französische Republik,
die Italienische Republik,
die Republik Zypern,
die Republik Lettland,
die Republik Litauen,
das Großherzogtum Luxemburg,
Ungarn,
Malta,
das Königreich der Niederlande,
die Republik Österreich,
die Republik Polen,
die Portugiesische Republik,
Rumänien,
die Republik Slowenien,
die Slowakische Republik,
die Republik Finnland,
das Königreich Schweden,
das Vereinigte Königreich Großbritannien und Nordirland
im Folgenden „Die Hohen Vertragsparteien" –

unter Hinweis auf den Beschluss der im Europäischen Rat auf seiner Tagung vom 18. und 19. Juni 2009 vereinigten Staats- und Regierungschefs der 27 Mitgliedstaaten der Europäischen Union zu den Anliegen der irischen Bevölkerung bezüglich des Vertrags von Lissabon,

unter Hinweis auf die Erklärung der im Europäischen Rat auf seiner Tagung vom 18. und 19. Juni 2009 vereinigten Staats- und Regierungschefs, dass sie zum Zeitpunkt des Abschlusses des nächsten Beitrittsvertrags die Bestimmungen des genannten Beschlusses in ein Protokoll aufnehmen würden, das nach Maßgabe ihrer jeweiligen verfassungsrechtlichen Vorschriften dem Vertrag über die Europäische Union und dem Vertrag über die Arbeitsweise der Europäischen Union beigefügt wird,

in Anbetracht der Unterzeichnung des Vertrags zwischen den Hohen Vertragsparteien und der Republik Kroatien über den Beitritt der Republik Kroatien zur Europäischen Union durch die Hohen Vertragsparteien –

sind über folgende Bestimmungen übereingekommen, die dem Vertrag über die Europäische Union und dem Vertrag über die Arbeitsweise der Europäischen Union beigefügt werden:

Titel I
Recht auf Leben, Familie und Bildung

Artikel 1

Weder die Bestimmungen des Vertrags von Lissabon, die der Charta der Grundrechte der Europäischen Union Rechtsstatus verleihen, noch die Bestimmungen dieses Vertrags im Bereich der Freiheit, der Sicherheit und des Rechts berühren in irgendeiner Weise den Geltungsbereich und die Anwendbarkeit des Schutzes des Rechts auf Leben nach den Artikeln 40.3.1, 40.3.2 und 40.3.3, des Schutzes der Familie nach Artikel 41 und des Schutzes der Rechte in Bezug auf Bildung nach den Artikeln 42, 44.2.4 und 44.2.5 der Verfassung Irlands.

Titel II
Steuerwesen

Artikel 2

Durch den Vertrag von Lissabon erfolgt für keinen Mitgliedstaat irgendeine Änderung in Bezug auf den Umfang und die Ausübung der Zuständigkeiten der Europäischen Union im Bereich der Steuerpolitik.

Titel III
Sicherheit und Verteidigung

Artikel 3

Die Union lässt sich bei ihrem Handeln auf internationaler Ebene von den Grundsätzen der Demokratie, der Rechtsstaatlichkeit, der universellen

Gültigkeit und Unteilbarkeit der Menschenrechte und Grundfreiheiten, der Achtung der Menschenwürde, den Grundsätzen der Gleichheit und der Solidarität sowie der Achtung der Grundsätze der Charta der Vereinten Nationen und des Völkerrechts leiten.

Die Gemeinsame Sicherheits- und Verteidigungspolitik ist integraler Bestandteil der Gemeinsamen Außen- und Sicherheitspolitik und sichert der Union eine Operationsfähigkeit, so dass sie Missionen außerhalb der Union zur Friedenssicherung, Konfliktverhütung und Stärkung der internationalen Sicherheit in Übereinstimmung mit den Grundsätzen der Charta der Vereinten Nationen durchführen kann.

Sie berührt weder die Sicherheits- und Verteidigungspolitik der einzelnen Mitgliedstaaten, einschließlich Irlands, noch die Verpflichtungen irgendeines Mitgliedstaats.

Der Vertrag von Lissabon berührt oder beeinträchtigt nicht Irlands traditionelle Politik der militärischen Neutralität.

Es ist Sache der Mitgliedstaaten – einschließlich Irlands, das im Geiste der Solidarität und unbeschadet seiner traditionellen Politik der militärischen Neutralität handelt –, zu bestimmen, welche Art von Hilfe oder Unterstützung sie einem Mitgliedstaat leisten, der von einem Terroranschlag oder einem bewaffneten Angriff auf sein Hoheitsgebiet betroffen ist.

[1]Ein Beschluss über den Übergang zu einer gemeinsamen Verteidigung erfordert einen einstimmigen Beschluss des Europäischen Rates. [2]Es wäre Sache der Mitgliedstaaten, einschließlich Irlands, nach Maßgabe des Vertrags von Lissabon und ihrer jeweiligen verfassungsrechtlichen Vorschriften zu entscheiden, ob der Beschluss zu einer gemeinsamen Verteidigung gefasst wird.

Dieser Titel berührt oder präjudiziert in keiner Weise die Haltung oder Politik anderer Mitgliedstaaten im Bereich der Sicherheit und Verteidigung.

Es ist auch Sache jedes einzelnen Mitgliedstaates, nach Maßgabe des Vertrags von Lissabon und etwaiger innerstaatlicher Rechtsvorschriften zu entscheiden, ob er an der Ständigen Strukturierten Zusammenarbeit teilnimmt oder sich an der Europäischen Verteidigungsagentur beteiligt.

Der Vertrag von Lissabon sieht weder die Schaffung einer europäischen Armee noch die Einberufung zu irgendeinem militärischen Verband vor.

Er berührt nicht das Recht Irlands oder eines anderen Mitgliedstaates, Art und Umfang seiner Verteidigungs- und Sicherheitsausgaben sowie die Art seiner Verteidigungsfähigkeit zu bestimmen.

Es ist Sache Irlands und jedes anderen Mitgliedstaats, nach Maßgabe etwaiger innerstaatlicher Rechtsvorschriften einen Beschluss über eine etwaige Teilnahme an Militäroperationen zu fassen.

Titel IV
Schlussbestimmungen

Artikel 4

Dieses Protokoll liegt bis zum 30. Juni 2012 zur Unterzeichnung durch die Hohen Vertragsparteien auf.

[1]Dieses Protokoll wird durch die Hohen Vertragsparteien sowie von der Republik Kroatien, falls das Protokoll im Zeitpunkt des Beitritts der Republik Kroatien zur Europäischen Union noch nicht in Kraft getreten ist, im Einklang mit ihren verfassungsrechtlichen Vorschriften ratifiziert. [2]Die Ratifikationsurkunden werden bei der Regierung der Italienischen Republik hinterlegt.

Dieses Protokoll tritt wenn möglich am 30. Juni 2013 in Kraft, sofern alle Ratifikationsurkunden hinterlegt worden sind, oder andernfalls am ersten Tag des auf die Hinterlegung der Ratifikationsurkunde durch den letzten Mitgliedstaat folgenden Monats.

Artikel 5

Dieses Protokoll ist in einer Urschrift in bulgarischer, dänischer, deutscher, englischer, estnischer, finnischer, französischer, griechischer, irischer, italienischer, lettischer, litauischer, maltesischer, niederländischer, polnischer, portugiesischer, rumänischer, schwedischer, slowakischer, slowenischer, spanischer, tschechischer und ungarischer Sprache abgefasst, wobei jeder Wortlaut gleichermaßen verbindlich ist; es wird im Archiv der Regierung der Italienischen Republik hinterlegt; diese übermittelt der Regierung jedes anderen Mitgliedstaats eine beglaubigte Abschrift.

Sobald die Republik Kroatien gemäß Artikel 2 der Akte über die Bedingungen des Beitritts der Republik Kroatien durch dieses Protokoll gebunden ist, wird der kroatische Wortlaut dieses Protokolls, der gleichermaßen verbindlich ist wie die in Absatz 1 genannten Wortlaute, im Archiv der Regierung der Italienischen Republik hinterlegt; diese übermittelt der Regierung jedes anderen Mitgliedstaats eine beglaubigte Abschrift.

Zu Urkund dessen haben die unterzeichneten Bevollmächtigten ihre Unterschriften unter dieses Protokoll gesetzt.

Geschehen zu Brüssel am dreizehnten Juni zweitausendzwölf.

Erklärungen
zur Schlussakte der Regierungskonferenz, die den am 13. Dezember 2007 unterzeichneten Vertrag von Lissabon angenommen hat

(ABl. C 306 vom 17. 12. 2007, S. 249)[1]

Inhalt

---

1) Nachfolgende konsolidierte Fassungen (ABl. 2010 C 83 S. 13; ABl. 2012 326 C S. 13; ABl. 2016 C 202 S. 13) sind berücksichtigt.

B. **Erklärungen zu den den Verträgen beigefügten Protokollen**

44. Erklärung zu Artikel 5 des Protokolls über den in den Rahmen der
Europäischen Union einbezogenen Schengen-Besitzstand
45. Erklärung zu Artikel 5 Absatz 2 des Protokolls über den in den Rahmen der
Europäischen Union einbezogenen Schengen-Besitzstand
46. Erklärung zu Artikel 5 Absatz 3 des Protokolls über den in den Rahmen der
Europäischen Union einbezogenen Schengen-Besitzstand
47. Erklärung zu Artikel 5 Absätze 3, 4 und 5 des Protokolls über den in den
Rahmen der Europäischen Union einbezogenen Schengen-
Besitzstand
48. Erklärung zu dem Protokoll über die Position Dänemarks
49. Erklärung betreffend Italien
50. Erklärung zu Artikel 10 des Protokolls über die Übergangsbestimmungen

C. **Erklärungen von Mitgliedstaaten**

51. Erklärung des Königreichs Belgien zu den nationalen Parlamenten
52. Erklärung des Königreichs Belgien, der Republik Bulgarien, der
Bundesrepublik Deutschland, der Hellenischen Republik, des
Königreichs Spanien, der Italienischen Republik, der Republik
Zypern, der Republik Litauen, des Großherzogtums Luxemburg,
der Republik Ungarn, der Republik Malta, der Republik
Österreich, der Portugiesischen Republik, Rumäniens, der
Republik Slowenien und der Slowakischen Republik zu den
Symbolen der Europäischen Union
53. Erklärung der Tschechischen Republik zur Charta der Grundrechte der
Europäischen Union
54. Erklärung der Bundesrepublik Deutschland, Irlands, der Republik Ungarn,
der Republik Österreich und des Königreichs Schweden
55. Erklärung des Königreichs Schweden und des Vereinigten Königreichs
Großbritannien und Nordirland
56. Erklärung Irlands zu Artikel 3 des Protokolls über die Position des
Vereinigten Königreichs und Irlands hinsichtlich des Raums der
Freiheit und der Sicherheit und des Rechts
57. Erklärung der Italienischen Republik zur Zusammensetzung des
Europäischen Parlaments
58. Erklärung der Republik Lettland, der Republik Ungarn und der Republik
Malta zur Schreibweise des Namens der einheitlichen Währung in
den Verträgen
59. Erklärung des Königreichs der Niederlande zu Artikel 312 des Vertrags über
die Arbeitsweise der Europäischen Union
60. Erklärung des Königreichs der Niederlande zu Artikel 355 des Vertrags über
die Arbeitsweise der Europäischen Union
61. Erklärung der Republik Polen zur Charta der Grundrechte der Europäischen
Union
62. Erklärung der Republik Polen zu dem Protokoll über die Anwendung der
Charta der Grundrechte der Europäischen Union auf Polen und das
Vereinigte Königreich

A. ERKLÄRUNGEN ZU BESTIMMUNGEN DER VERTRÄGE

1. Erklärung zur Charta der Grundrechte der Europäischen Union

Die Charta der Grundrechte der Europäischen Union, die rechtsverbindlich ist, bekräftigt die Grundrechte, die durch die Europäische Konvention zum Schutz der Menschenrechte und Grundfreiheiten garantiert werden und die sich aus den gemeinsamen Verfassungsüberlieferungen der Mitgliedstaaten ergeben.

Die Charta dehnt weder den Geltungsbereich des Unionsrechts über die Zuständigkeiten der Union hinaus aus noch begründet sie neue Zuständigkeiten oder neue Aufgaben für die Union, und sie ändert nicht die in den Verträgen festgelegten Zuständigkeiten und Aufgaben.

2. Erklärung zu Artikel 6 Absatz 2 des Vertrags über die Europäische Union

Die Konferenz kommt überein, dass der Beitritt der Union zur Europäischen Konvention zum Schutz der Menschenrechte und Grundfreiheiten unter Bedingungen erfolgen sollte, die es gestatten, die Besonderheiten der Rechtsordnung der Union zu wahren. In diesem Zusammenhang stellt die Konferenz fest, dass der Gerichtshof der Europäischen Union und der Europäische Gerichtshof für Menschenrechte in einem regelmäßigen Dialog stehen; dieser Dialog könnte beim Beitritt der Union zu dieser Konvention intensiviert werden.

3. Erklärung zu Artikel 8 des Vertrags über die Europäische Union

Die Union trägt der besonderen Lage der Länder mit geringer territorialer Ausdehnung Rechnung, die spezifische Nachbarschaftsbeziehungen zur Union unterhalten.

4. Erklärung zur Zusammensetzung des Europäischen Parlaments

Der zusätzliche Sitz im Europäischen Parlament wird Italien zugewiesen.

5. Erklärung zur politischen Einigung des Europäischen Rates über den Entwurf eines Beschlusses über die Zusammensetzung des Europäischen Parlaments

Der Europäische Rat wird seine politische Zustimmung zum überarbeiteten Entwurf eines Beschlusses über die Zusammensetzung des Europäischen Parlaments in der Legislaturperiode 2009–2014 auf der Grundlage des Vorschlags des Europäischen Parlaments erteilen.

6. Erklärung zu Artikel 15 Absätze 5 und 6 und Artikel 17 Absätze 6 und 7 und Artikel 18 des Vertrags über die Europäische Union

Bei der Auswahl der Personen, die das Amt des Präsidenten des Europäischen Rates, des Präsidenten der Kommission und des Hohen Vertreters der Union für Außen- und Sicherheitspolitik ausüben sollen, ist gebührend zu berücksichtigen, dass die geografische und demografische Vielfalt der Union und ihrer Mitgliedstaaten angemessen geachtet werden muss.

7. Erklärung zu Artikel 16 Absatz 4 des Vertrags über die Europäische Union und zu Artikel 238 Absatz 2 des Vertrags über die Arbeitsweise der Europäischen Union

Die Konferenz erklärt, dass der Beschluss über die Anwendung des Artikels 16 Absatz 4 des Vertrags über die Europäische Union und des Artikels 238 Absatz 2 des Vertrags über die Arbeitsweise der Europäischen Union vom Rat am Tag der Unterzeichnung des Vertrags von Lissabon angenommen wird und am Tag des Inkrafttretens jenes Vertrags in Kraft tritt. Der entsprechende Beschlussentwurf ist nachstehend wiedergegeben:

Entwurf eines Beschlusses des Rates über die Anwendung des Artikels 16 Absatz 4 des Vertrags über die Europäische Union und des Artikels 238 Absatz 2 des Vertrags über die Arbeitsweise der Europäischen Union zwischen dem 1. November 2014 und dem 31. März 2017 einerseits und ab dem 1. April 2017 andererseits

DER RAT DER EUROPÄISCHEN UNION –
in Erwägung nachstehender Gründe:

(1) Es sollten Bestimmungen erlassen werden, die einen reibungslosen Übergang von der Regelung für die Beschlussfassung des Rates mit qualifizierter Mehrheit, die in Artikel 3 Absatz 3 des Protokolls über die Übergangsbestimmungen festgelegt ist und die bis zum 31. Oktober 2014 weiterhin gelten wird, zu der in Artikel 16 Absatz 4 des Vertrags über die Europäische Union und Artikel 238 Absatz 2 des Vertrags über die Arbeitsweise der Europäischen Union vorgesehenen Abstimmungsregelung gewährleisten, die ab dem 1. November 2014 gelten wird, einschließlich – während eines Übergangszeitraums bis zum 31. März 2017 – der besonderen Bestimmungen gemäß Artikel 3 Absatz 2 des genannten Protokolls.

(2) Der Rat wird auch in Zukunft alles daran setzen, die demokratische Legitimierung der mit qualifizierter Mehrheit angenommenen Rechtsakte zu erhöhen –

BESCHLIESST:

Abschnitt 1 Für die Zeit vom 1. November 2014 bis zum 31. März 2017 anwendbare Bestimmungen

Artikel 1 [Mehrheitsverhältnis für Ablehnung eines Rechtsakts]

Für die Zeit vom 1. November 2014 bis zum 31. März 2017 gilt Folgendes: Wenn Mitglieder des Rates, die

a) mindestens drei Viertel der Bevölkerung oder

b) mindestens drei Viertel der Anzahl der Mitgliedstaaten

vertreten, die für die Bildung einer Sperrminorität erforderlich sind, wie sie sich aus der Anwendung von Artikel 16 Absatz 4 Unterabsatz 1 des Vertrags über die Europäische Union oder Artikel 238 Absatz 2 des Vertrags über die Arbeitsweise der Europäischen Union ergibt, erklären, dass sie die Annahme eines Rechtsakts durch den Rat mit qualifizierter Mehrheit ablehnen, so wird die Frage vom Rat erörtert.

Artikel 2 [Lösungsfindung in angemessener Zeit]

Der Rat wird im Verlauf dieser Erörterungen alles in seiner Macht Stehende tun, um innerhalb einer angemessenen Zeit und unbeschadet der durch das Unionsrecht vorgeschriebenen zwingenden Fristen eine zufrieden stellende Lösung für die von den Mitgliedern des Rates nach Artikel 1 vorgebrachten Anliegen zu finden.

Artikel 3 [Breitere Einigungsgrundlage]

Zu diesem Zweck unternimmt der Präsident des Rates mit Unterstützung der Kommission unter Einhaltung der Geschäftsordnung des Rates alle erforderlichen Schritte, um im Rat eine breitere Einigungsgrundlage zu ermöglichen. Die Mitglieder des Rates unterstützen ihn hierbei.

Abschnitt 2 Ab dem 1. April 2017 anwendbare Bestimmungen

Artikel 4 [Mehrheitsverhältnis für Ablehnung eines Rechtsakts]

Ab dem 1. April 2017 gilt Folgendes: Wenn Mitglieder des Rates, die

a) mindestens 55 % der Bevölkerung oder
b) mindestens 55 % der Anzahl der Mitgliedstaaten

vertreten, die für die Bildung einer Sperrminorität erforderlich sind, wie sie sich aus der Anwendung von Artikel 16 Absatz 4 Unterabsatz 1 des Vertrags über die Europäische Union oder Artikel 238 Absatz 2 des Vertrags über die Arbeitsweise der Europäischen Union ergibt, erklären, dass sie die Annahme eines Rechtsakts durch den Rat mit qualifizierter Mehrheit ablehnen, so wird die Frage vom Rat erörtert.

Artikel 5 [Lösungsfindung in angemessener Zeit]

Der Rat wird im Verlauf dieser Erörterungen alles in seiner Macht Stehende tun, um innerhalb einer angemessenen Zeit und unbeschadet der durch das Unionsrecht vorgeschriebenen zwingenden Fristen eine zufrieden stellende Lösung für die von den Mitgliedern des Rates nach Artikel 4 vorgebrachten Anliegen zu finden.

Artikel 6 [Breitere Einigungsgrundlage]

Zu diesem Zweck unternimmt der Präsident des Rates mit Unterstützung der Kommission unter Einhaltung der Geschäftsordnung des Rates alle erforderlichen Schritte, um im Rat eine breitere Einigungsgrundlage zu ermöglichen. Die Mitglieder des Rates unterstützen ihn hierbei.

Abschnitt 3 Inkrafttreten des Beschlusses

Artikel 7 [Inkrafttreten]

Dieser Beschluss tritt am Tag des Inkrafttretens des Vertrags von Lissabon in Kraft.

8. Erklärung zu den praktischen Maßnahmen, die zum Zeitpunkt des Inkrafttretens des Vertrags von Lissabon in Bezug auf den Vorsitz im Europäischen Rat und im Rat „Auswärtige Angelegenheiten" zu ergreifen sind

Für den Fall, dass der Vertrag von Lissabon nach dem 1. Januar 2009 in Kraft tritt, ersucht die Konferenz die zuständigen Behörden des Mitgliedstaats, der zu jenem Zeitpunkt den halbjährlich wechselnden Vorsitz im Rat wahrnimmt, einerseits und die Persönlichkeit, die zum Präsidenten des Europäischen Rats gewählt wird, sowie die Persönlichkeit, die zum Hohen Vertreter der Union für Außen- und Sicherheitspolitik ernannt wird, andererseits, in Absprache mit dem nachfolgenden halbjährlichen Vorsitz die konkreten Maßnahmen zu ergreifen, die erforderlich sind, damit der Übergang in Bezug auf die sachbezogenen und die organisatorischen Aspekte der Ausübung des Vorsitzes im Europäischen Rat und im Rat „Auswärtige Angelegenheiten" reibungslos erfolgen kann.

9. Erklärung zu Artikel 16 Absatz 9 des Vertrags über die Europäische Union betreffend den Beschluss des Europäischen Rates über die Ausübung des Vorsitzes im Rat

Die Konferenz erklärt, dass der Rat nach der Unterzeichnung des Vertrags von Lissabon umgehend mit der Ausarbeitung des Beschlusses zur Festlegung der Verfahren für die Anwendung des Beschlusses über die Ausübung des Vorsitzes im Rat beginnen und innerhalb von sechs Monaten zu einer politischen Einigung gelangen sollte. Ein Entwurf für einen Beschluss des Europäischen Rates, der am Tag des Inkrafttretens jenes Vertrags angenommen wird, ist nachstehend wiedergegeben:

Entwurf eines Beschlusses des Europäischen Rates über die Ausübung des Vorsitzes im Rat

Artikel 1 [Zusammensetzung; Amtsdauer]

(1) Der Vorsitz im Rat außer in der Zusammensetzung „Auswärtige Angelegenheiten" wird von zuvor festgelegten Gruppen von drei Mitgliedstaaten für einen Zeitraum von 18 Monaten wahrgenommen. Diese Gruppen werden in gleichberechtigter Rotation der Mitgliedstaaten unter Berücksichtigung ihrer Verschiedenheit und des geografischen Gleichgewichts innerhalb der Union zusammengestellt.

(2) Jedes Mitglied der Gruppe nimmt den Vorsitz in allen Zusammensetzungen des Rates außer in der Zusammensetzung „Auswärtige Angelegenheiten" im Wechsel für einen Zeitraum von sechs Monaten wahr. Die anderen Mitglieder der Gruppe unterstützen den Vorsitz auf der Grundlage eines gemeinsamen Programms bei all seinen Aufgaben. Die Mitglieder der Gruppe können untereinander alternative Regelungen beschließen.

Artikel 2 [Vorsitz]

Der Vorsitz im Ausschuss der Ständigen Vertreter der Regierungen der Mitgliedstaaten wird von einem Vertreter des Mitgliedstaats wahrgenommen, der den Vorsitz im Rat in der Zusammensetzung „Allgemeine Angelegenheiten" innehat.

Der Vorsitz im Politischen und Sicherheitspolitischen Komitee wird von einem Vertreter des Hohen Vertreters der Union für Außen- und Sicherheitspolitik wahrgenommen.

Der Vorsitz in den vorbereitenden Gremien des Rates in seinen verschiedenen Zusammensetzungen außer in der Zusammensetzung „Auswärtige Angelegenheiten" wird von dem Mitglied der Gruppe wahrgenommen, das den Vorsitz in der entsprechenden Zusammensetzung des Rates führt, sofern nach Artikel 4 nichts anderes beschlossen wird.

Artikel 3 [Mehrjahresplanung]

Der Rat in der Zusammensetzung „Allgemeine Angelegenheiten" sorgt im Rahmen einer Mehrjahresplanung in Zusammenarbeit mit der Kommission für die Kohärenz und die Kontinuität der Arbeiten des Rates in seinen verschiedenen

Zusammensetzungen. Die den Vorsitz wahrnehmenden Mitgliedstaaten treffen mit Unterstützung des Generalsekretariats des Rates alle für die Organisation und den reibungslosen Ablauf der Arbeiten des Rates erforderlichen Vorkehrungen.

Artikel 4 [Anwendungsbestimmungen]
Der Rat erlässt einen Beschluss mit Bestimmungen zur Anwendung dieses Beschlusses.

10. Erklärung zu Artikel 17 des Vertrags über die Europäische Union

Die Konferenz ist der Auffassung, dass die Kommission, wenn ihr nicht mehr Staatsangehörige aller Mitgliedstaaten angehören, besonders beachten sollte, dass in den Beziehungen zu allen Mitgliedstaaten vollständige Transparenz gewährleistet sein muss. Dementsprechend sollte die Kommission enge Verbindungen zu allen Mitgliedstaaten unterhalten, unabhängig davon, ob einer ihrer Staatsangehörigen Mitglied der Kommission ist, und in diesem Zusammenhang besonders beachten, dass Informationen mit allen Mitgliedstaaten geteilt und alle Mitgliedstaaten konsultiert werden müssen.

Die Konferenz ist ferner der Auffassung, dass die Kommission alle notwendigen Maßnahmen ergreifen sollte, um sicherzustellen, dass die politischen, sozialen und wirtschaftlichen Gegebenheiten in allen Mitgliedstaaten, auch in Mitgliedstaaten, die kein Kommissionsmitglied stellen, in vollem Umfang berücksichtigt werden. Dabei sollte durch geeignete organisatorische Vorkehrungen auch gewährleistet werden, dass der Standpunkt dieser Mitgliedstaaten berücksichtigt wird.

11. Erklärung zu Artikel 17 Absätze 6 und 7 des Vertrags über die Europäische Union

Die Konferenz ist der Auffassung, dass das Europäische Parlament und der Europäische Rat im Einklang mit den Verträgen gemeinsam für den reibungslosen Ablauf des Prozesses, der zur Wahl des Präsidenten der Europäischen Kommission führt, verantwortlich sind. Vertreter des Europäischen Parlaments und des Europäischen Rates werden daher vor dem Beschluss des Europäischen Rates die erforderlichen Konsultationen in dem Rahmen durchführen, der als am besten geeignet erachtet wird. Nach Artikel 17 Absatz 7 Unterabsatz 1 betreffen diese Konsultationen das Profil der Kandidaten für das Amt des Präsidenten der Kommission unter Berücksichtigung der Wahlen zum Europäischen Parlament. Die Einzelheiten dieser Konsultationen können zu gegebener Zeit einvernehmlich zwischen dem Europäischen Parlament und dem Europäischen Rat festgelegt werden.

12. Erklärung zu Artikel 18 des Vertrags über die Europäische Union

(1) Die Konferenz erklärt, dass bei den Vorbereitungsarbeiten zur Ernennung des Hohen Vertreters der Union für Außen- und Sicherheitspolitik gemäß Artikel 18 des Vertrags über die Europäische Union und Artikel 5 des Protokolls über die Übergangsbestimmungen, die am Tag des Inkrafttretens des Vertrags von Lissabon erfolgen soll, geeignete Kontakte zum Europäischen Parlament erfolgen werden; die Amtszeit des Hohen Vertreters wird am selben Tag beginnen und bis zum Ende der Amtszeit der an diesem Tag amtierenden Kommission dauern.

(2) Des Weiteren erinnert die Konferenz daran, dass die Ernennung desjenigen Hohen Vertreters der Union für Außen- und Sicherheitspolitik, dessen Amtszeit im November 2009 zum gleichen Zeitpunkt wie die Amtszeit der nächsten Kommission beginnen und dieselbe Dauer wie diese haben wird, nach den Artikeln 17 und 18 des Vertrags über die Europäische Union erfolgen wird.

13. Erklärung zur Gemeinsamen Außen- und Sicherheitspolitik

Die Konferenz unterstreicht, dass die Bestimmungen des Vertrags über die Europäische Union betreffend die Gemeinsame Außen- und Sicherheitspolitik, einschließlich der Schaffung des Amts des Hohen Vertreters der Union für Außen- und Sicherheitspolitik und der Errichtung eines Auswärtigen Dienstes, weder die derzeit bestehenden Zuständigkeiten der Mitgliedstaaten für die Formulierung und Durchführung ihrer Außenpolitik noch ihre nationale Vertretung in Drittländern und internationalen Organisationen berühren.

Die Konferenz erinnert außerdem daran, dass die Bestimmungen über die Gemeinsame Sicherheits- und Verteidigungspolitik den besonderen Charakter der Sicherheits- und Verteidigungspolitik der Mitgliedstaaten unberührt lassen.

Sie hebt hervor, dass die Europäische Union und ihre Mitgliedstaaten nach wie vor durch die Bestimmungen der Charta der Vereinten Nationen und insbesondere durch die Hauptverantwortung des Sicherheitsrats und seiner Mitglieder für die Wahrung des Weltfriedens und der internationalen Sicherheit gebunden sind.

14. Erklärung zur Gemeinsamen Außen- und Sicherheitspolitik

Zusätzlich zu den in Artikel 24 Absatz 1 des Vertrags über die Europäische Union genannten besonderen Regeln und Verfahren betont die Konferenz, dass die Bestimmungen zur Gemeinsamen Außen- und Sicherheitspolitik, einschließlich zum Hohen Vertreter der Union für Außen- und Sicherheitspolitik und zum Auswärtigen Dienst, die bestehenden Rechtsgrundlagen, die Zuständigkeiten und Befugnisse der einzelnen Mitgliedstaaten in Bezug auf die Formulierung und die Durchführung ihrer Außenpolitik, ihre nationalen diplomatischen Dienste, ihre Beziehungen zu Drittländern und ihre Beteiligung an internationalen Organisationen, einschließlich der Mitgliedschaft eines Mitgliedstaats im Sicherheitsrat der Vereinten Nationen, nicht berühren.

Die Konferenz stellt ferner fest, dass der Kommission durch die Bestimmungen zur Gemeinsamen Außen- und Sicherheitspolitik keine neuen Befugnisse zur Einleitung von Beschlüssen übertragen werden und dass diese Bestimmungen die Rolle des Europäischen Parlaments nicht erweitern.

Die Konferenz erinnert außerdem daran, dass die Bestimmungen über die Gemeinsame Sicherheits- und Verteidigungspolitik den besonderen Charakter der Sicherheits- und Verteidigungspolitik der Mitgliedstaaten unberührt lassen.

15. Erklärung zu Artikel 27 des Vertrags über die Europäische Union

Die Konferenz erklärt, dass der Generalsekretär des Rates und Hohe Vertreter für die Gemeinsame Außen- und Sicherheitspolitik, die Kommission und die Mitgliedstaaten die Vorarbeiten zur Errichtung des Europäischen Auswärtigen Dienstes einleiten sollten, sobald der Vertrag von Lissabon unterzeichnet worden ist.

16. Erklärung zu Artikel 55 Absatz 2 des Vertrags über die Europäische Union

Die Konferenz ist der Auffassung, dass die Möglichkeit der Erstellung von Übersetzungen der Verträge in den Sprachen nach Artikel 55 Absatz 2 zur Verwirklichung des Ziels beiträgt, den Reichtum der kulturellen und sprachlichen Vielfalt der Union im Sinne von Artikel 3 Absatz 3 Unterabsatz 4 zu wahren. Sie bekräftigt diesbezüglich, dass die Union großen Wert auf die kulturelle Vielfalt Europas legt und diesen und anderen Sprachen weiterhin besondere Bedeutung beimessen wird.

Die Konferenz empfiehlt, dass die Mitgliedstaaten, die von der in Artikel 55 Absatz 2 vorgesehenen Möglichkeit Gebrauch machen möchten, dem Rat innerhalb von sechs Monaten nach der Unterzeichnung des Vertrags von Lissabon die Sprache bzw. Sprachen mitteilen, in die die Verträge übersetzt werden sollen.

17. Erklärung zum Vorrang

Die Konferenz weist darauf hin, dass die Verträge und das von der Union auf der Grundlage der Verträge gesetzte Recht im Einklang mit der ständigen Rechtsprechung des Gerichtshofs der Europäischen Union unter den in dieser Rechtsprechung festgelegten Bedingungen Vorrang vor dem Recht der Mitgliedstaaten haben.

Darüber hinaus hat die Konferenz beschlossen, dass das Gutachten des Juristischen Dienstes des Rates zum Vorrang in der Fassung des Dokuments 11197/07 (JUR 260) dieser Schlussakte beigefügt wird:

„Gutachten des Juristischen Dienstes des Rates
vom 22. Juni 2007

Nach der Rechtsprechung des Gerichtshofs ist der Vorrang des EG-Rechts einer der Grundpfeiler des Gemeinschaftsrechts. Dem Gerichtshof zufolge ergibt sich dieser Grundsatz aus der Besonderheit der Europäischen Gemeinschaft. Zum Zeitpunkt des ersten Urteils im Rahmen dieser ständigen Rechtsprechung (Rechtssache 6/64, Costa gegen ENEL, 15. Juli 1964[1]) war dieser Vorrang im Vertrag nicht erwähnt. Dies ist auch heute noch der Fall. Die Tatsache, dass der Grundsatz dieses Vorrangs nicht in den künftigen Vertrag aufgenommen wird, ändert nichts an seiner Existenz und an der bestehenden Rechtsprechung des Gerichtshofs.

18. Erklärung zur Abgrenzung der Zuständigkeiten

Die Konferenz unterstreicht, dass gemäß dem in dem Vertrag über die Europäische Union und dem Vertrag über die Arbeitsweise der Europäischen Union vorgesehenen System der Aufteilung der Zuständigkeiten zwischen der Union und den Mitgliedstaaten alle der Union nicht in den Verträgen übertragenen Zuständigkeiten bei den Mitgliedstaaten verbleiben.

Übertragen die Verträge der Union für einen bestimmten Bereich eine mit den Mitgliedstaaten geteilte Zuständigkeit, so nehmen die Mitgliedstaaten ihre Zuständigkeit wahr, sofern und soweit die Union ihre Zuständigkeit nicht ausgeübt hat oder entschieden hat, diese nicht mehr auszuüben. Der letztgenannte Fall ist gegeben, wenn die zuständigen Organe der Union beschließen, einen Gesetzgebungsakt aufzuheben, insbesondere um die ständige Einhaltung der Grundsätze der Subsidiarität und der Verhältnismäßigkeit besser sicherzustellen. Der Rat kann die Kommission auf Initiative eines oder mehrerer seiner Mitglieder (Vertreter der Mitgliedstaaten) gemäß Artikel 241 des Vertrags über die Arbeitsweise der

---

[1] *'Aus (...) folgt, dass dem vom Vertrag geschaffenen, somit aus einer autonomen Rechtsquelle fließenden Recht wegen dieser seiner Eigenständigkeit keine wie immer gearteten innerstaatlichen Rechtsvorschriften vorgehen können, wenn ihm nicht sein Charakter als Gemeinschaftsrecht aberkannt und wenn nicht die Rechtsgrundlage der Gemeinschaft selbst in Frage gestellt werden soll.'"*

Europäischen Union auffordern, Vorschläge für die Aufhebung eines Gesetzgebungsakts zu unterbreiten. Die Konferenz begrüßt, dass die Kommission erklärt, sie werde solchen Aufforderungen besondere Beachtung schenken.

Ebenso können die Vertreter der Regierungen der Mitgliedstaaten im Rahmen einer Regierungskonferenz gemäß dem ordentlichen Änderungsverfahren nach Artikel 48 Absätze 2 bis 5 des Vertrags über die Europäische Union eine Änderung der Verträge, auf denen die Union beruht, einschließlich einer Ausweitung oder Verringerung der der Union in diesen Verträgen übertragenen Zuständigkeiten, beschließen.

19. Erklärung zu Artikel 8 des Vertrags über die Arbeitsweise der Europäischen Union

Die Konferenz ist sich darüber einig, dass die Union bei ihren allgemeinen Bemühungen, Ungleichheiten zwischen Frauen und Männern zu beseitigen, in den verschiedenen Politikbereichen darauf hinwirken wird, jede Art der häuslichen Gewalt zu bekämpfen. Die Mitgliedstaaten sollten alle erforderlichen Maßnahmen ergreifen, um solche strafbaren Handlungen zu verhindern und zu ahnden sowie die Opfer zu unterstützen und zu schützen.

20. Erklärung zu Artikel 16 des Vertrags über die Arbeitsweise der Europäischen Union

Die Konferenz erklärt, dass immer dann, wenn Bestimmungen über den Schutz personenbezogener Daten, die auf der Grundlage von Artikel 16 zu erlassen sind, direkte Auswirkungen auf die nationale Sicherheit haben könnten, dieser Umstand gebührend zu berücksichtigen ist. Sie weist darauf hin, dass die derzeit geltenden Rechtsvorschriften (siehe insbesondere Richtlinie 95/46/EG) besondere Ausnahmeregelungen hierzu enthalten.

21. Erklärung zum Schutz personenbezogener Daten im Bereich der justiziellen Zusammenarbeit in Strafsachen und der polizeilichen Zusammenarbeit

Die Konferenz erkennt an, dass es sich aufgrund des spezifischen Charakters der Bereiche justizielle Zusammenarbeit in Strafsachen und polizeiliche Zusammenarbeit als erforderlich erweisen könnte, in diesen Bereichen spezifische, auf Artikel 16 des Vertrags über die Arbeitsweise der Europäischen Union gestützte Vorschriften über den Schutz personenbezogener Daten und den freien Datenverkehr zu erlassen.

22. Erklärung zu den Artikeln 48 und 79 des Vertrags über die Arbeitsweise der Europäischen Union

Die Konferenz geht davon aus, dass den Interessen des betroffenen Mitgliedstaats gebührend Rechnung getragen wird, wenn ein Entwurf eines Gesetzgebungsakts nach Artikel 79 Absatz 2 – wie in Artikel 48 Absatz 2 dargelegt – wichtige Aspekte, wie den Geltungsbereich, die Kosten oder die Finanzstruktur des Systems der sozialen Sicherheit eines Mitgliedstaats verletzen oder das finanzielle Gleichgewicht dieses Systems beeinträchtigen würde.

23. Erklärung zu Artikel 48 Absatz 2 des Vertrags über die Arbeitsweise der Europäischen Union

Die Konferenz verweist darauf, dass der Europäische Rat in diesem Fall nach Artikel 15 Absatz 4 des Vertrags über die Europäische Union im Konsens entscheidet.

24. Erklärung zur Rechtspersönlichkeit der Europäischen Union

Die Konferenz bestätigt, dass der Umstand, dass die Europäische Union Rechtspersönlichkeit hat, die Union keinesfalls ermächtigt, über die ihr von den Mitgliedstaaten in den Verträgen übertragenen Zuständigkeiten hinaus gesetzgeberisch tätig zu sein oder über diese Zuständigkeiten hinaus zu handeln.

25. Erklärung zu den Artikeln 75 und 215 des Vertrags über die Arbeitsweise der Europäischen Union

Die Konferenz weist darauf hin, dass die Achtung der Grundrechte und -freiheiten es insbesondere erforderlich macht, dass der Rechtsschutz der betreffenden Einzelpersonen oder Einheiten gebührend berücksichtigt wird. Zu diesem Zweck und zur Gewährleistung einer gründlichen gerichtlichen Prüfung von Beschlüssen, durch die Einzelpersonen oder Einheiten restriktiven Maßnahmen unterworfen werden, müssen diese Beschlüsse auf klaren und eindeutigen Kriterien beruhen. Diese Kriterien müssen auf die Besonderheiten der jeweiligen restriktiven Maßnahme zugeschnitten sein.

26. Erklärung zur Nichtbeteiligung eines Mitgliedstaats an einer auf den Dritten Teil Titel V des Vertrags über die Arbeitsweise der Europäischen Union gestützten Maßnahme

Die Konferenz erklärt, dass der Rat in dem Fall, dass ein Mitgliedstaat entscheidet, sich nicht an einer auf den Dritten Teil Titel V des Vertrags über die Arbeitsweise der Europäischen Union gestützten Maßnahme zu beteiligen, eine eingehende Erörterung über die möglichen Implikationen und Auswirkungen der Nichtbeteiligung dieses Mitgliedstaats an dieser Maßnahme führen wird.

Außerdem kann jeder Mitgliedstaat die Kommission ersuchen, die Lage auf der Grundlage des Artikels 116 des Vertrags über die Arbeitsweise der Europäischen Union zu prüfen.

Die vorstehenden Absätze berühren nicht die Möglichkeit für einen Mitgliedstaat, den Europäischen Rat mit dieser Frage zu befassen.

27. Erklärung zu Artikel 85 Absatz 1 Unterabsatz 2 des Vertrags über die Arbeitsweise der Europäischen Union

Nach Auffassung der Konferenz sollten die Verordnungen nach Artikel 85 Absatz 1 Unterabsatz 2 des Vertrags über die Arbeitsweise der Europäischen Union den nationalen Vorschriften und Verfahrensweisen im Zusammenhang mit der Einleitung strafrechtlicher Ermittlungsmaßnahmen Rechnung tragen.

28. Erklärung zu Artikel 98 des Vertrags über die Arbeitsweise der Europäischen Union

Die Konferenz stellt fest, dass Artikel 98 nach der gegenwärtigen Praxis anzuwenden ist. Die Formulierung „Maßnahmen (...), soweit sie erforderlich sind, um die wirtschaftlichen Nachteile auszugleichen, die der Wirtschaft bestimmter, von der Teilung Deutschlands betroffener Gebiete der Bundesrepublik aus dieser Teilung entstehen" wird im Einklang mit der geltenden Rechtsprechung des Gerichtshofs der Europäischen Union ausgelegt.

29. Erklärung zu Artikel 107 Absatz 2 Buchstabe c des Vertrags über die Arbeitsweise der Europäischen Union

Die Konferenz stellt fest, dass Artikel 107 Absatz 2 Buchstabe c im Einklang mit der geltenden Rechtsprechung des Gerichtshofs der Europäischen Union zur Anwendbarkeit dieser Bestimmungen auf die Beihilfen für bestimmte, durch die frühere Teilung Deutschlands beeinträchtigte Gebiete der Bundesrepublik Deutschland auszulegen ist.

30. Erklärung zu Artikel 126 des Vertrags über die Arbeitsweise der Europäischen Union

In Bezug auf Artikel 126 bekräftigt die Konferenz, dass die Wirtschafts- und Haushaltspolitik der Union und der Mitgliedstaaten auf die beiden fundamentalen Ziele ausgerichtet ist, das Wachstumspotenzial zu steigern und eine solide Haushaltslage zu gewährleisten. Der Stabilitäts- und Wachstumspakt ist ein wichtiges Instrument für die Verwirklichung dieser Ziele.

Die Konferenz bekennt sich erneut zu den Bestimmungen über den Stabilitäts- und Wachstumspakt als Rahmen für die Koordinierung der Haushaltspolitik in den Mitgliedstaaten.

Die Konferenz bekräftigt, dass sich mit einem auf Regeln beruhenden System am besten gewährleisten lässt, dass die Verpflichtungen tatsächlich eingehalten und alle Mitgliedstaaten gleich behandelt werden.

In diesem Zusammenhang erneuert die Konferenz ferner ihr Bekenntnis zu den Zielen der Lissabonner Strategie: Schaffung von Arbeitsplätzen, Strukturreformen und sozialer Zusammenhalt.

Die Union strebt ein ausgewogenes Wirtschaftswachstum und Preisstabilität an. Deshalb muss die Wirtschafts- und Haushaltspolitik in Zeiten schwachen Wirtschaftswachstums die entsprechenden Prioritäten in Bezug auf Wirtschaftsreformen, Innovation, Wettbewerbsfähigkeit und Steigerung der privaten Investitionen und des privaten Verbrauchs setzen. Dies sollte in der Ausrichtung der Haushaltsbeschlüsse auf Ebene der Mitgliedstaaten und der Union zum Ausdruck kommen, insbesondere dadurch, dass die öffentlichen Einnahmen und Ausgaben umgeschichtet werden, wobei die Haushaltsdisziplin nach den Verträgen und dem Stabilitäts- und Wachstumspakt zu wahren ist.

Die haushalts- und wirtschaftspolitischen Herausforderungen, vor denen die Mitgliedstaaten stehen, unterstreichen die Bedeutung einer soliden Haushaltspolitik während des gesamten Konjunkturzyklus.

Die Konferenz kommt überein, dass die Mitgliedstaaten Phasen der wirtschaftlichen Erholung aktiv nutzen sollten, um die öffentlichen Finanzen zu konsolidieren und ihre Haushaltslage zu verbessern. Das Ziel ist dabei, in Zeiten günstiger Konjunktur schrittweise einen Haushaltsüberschuss zu erreichen, um in Zeiten der konjunkturellen Abschwächung über den nötigen Spielraum zu verfügen und so zur langfristigen Tragfähigkeit der öffentlichen Finanzen beizutragen.

Die Mitgliedstaaten sehen etwaigen Vorschlägen der Kommission und weiteren Beiträgen der Mitgliedstaaten zu der Frage, wie die Umsetzung des Stabilitäts- und Wachstumspakts verstärkt und klarer gestaltet werden kann, mit Interesse entgegen. Die Mitgliedstaaten werden die notwendigen Maßnahmen zur Steigerung des Wachstumspotenzials ihrer Wirtschaft treffen. Hierzu könnte auch eine bessere Abstimmung der Wirtschaftspolitik beitragen. Diese Erklärung greift künftigen Beratungen über den Stabilitäts- und Wachstumspakt nicht vor.

31. Erklärung zu Artikel 156 des Vertrags über die Arbeitsweise der Europäischen Union

Die Konferenz bestätigt, dass die in Artikel 156 aufgeführten Politikbereiche im Wesentlichen in die Zuständigkeit der Mitgliedstaaten fallen. Die auf Unionsebene nach diesem Artikel zu ergreifenden Förder- und Koordinierungsmaßnahmen haben ergänzenden Charakter. Sie dienen der Stärkung der Zusammenarbeit zwischen den Mitgliedstaaten und nicht der Harmonisierung einzelstaatlicher Systeme. Die in den einzelnen Mitgliedstaaten bestehenden Garantien und Gepflogenheiten hinsichtlich der Verantwortung der Sozialpartner bleiben unberührt.

Diese Erklärung berührt nicht die Bestimmungen der Verträge, einschließlich im Sozialbereich, mit denen der Union Zuständigkeiten übertragen werden.

32. Erklärung zu Artikel 168 Absatz 4 Buchstabe c des Vertrags über die Arbeitsweise der Europäischen Union

Die Konferenz erklärt, dass die nach Artikel 168 Absatz 4 Buchstabe c zu erlassenden Maßnahmen den gemeinsamen Sicherheitsanliegen Rechnung tragen und auf die Festlegung hoher Qualitäts- und Sicherheitsstandards gerichtet sein müssen, wenn aufgrund nationaler Standards, die den Binnenmarkt berühren, andernfalls ein hohes Gesundheitsschutzniveau nicht erreicht werden könnte.

33. Erklärung zu Artikel 174 des Vertrags über die Arbeitsweise der Europäischen Union

Die Konferenz vertritt die Auffassung, dass die Bezugnahme auf Inselregionen in Artikel 174 auch für Inselstaaten insgesamt gelten kann, sofern die notwendigen Kriterien erfüllt sind.

34. Erklärung zu Artikel 179 des Vertrags über die Arbeitsweise der Europäischen Union

Die Konferenz ist sich darüber einig, dass die Tätigkeit der Union auf dem Gebiet der Forschung und technologischen Entwicklung den grundsätzlichen Ausrichtungen und Entscheidungen in der Forschungspolitik der Mitgliedstaaten angemessen Rechnung tragen wird.

35. Erklärung zu Artikel 194 des Vertrags über die Arbeitsweise der Europäischen Union

Die Konferenz ist der Auffassung, dass Artikel 194 das Recht der Mitgliedstaaten unberührt lässt, Bestimmungen zu erlassen, die für die Gewährleistung ihrer Energieversorgung unter den Bedingungen des Artikels 347 erforderlich sind.

36. Erklärung zu Artikel 218 des Vertrags über die Arbeitsweise der Europäischen Union über die Aushandlung und den Abschluss internationaler Übereinkünfte betreffend den Raum der Freiheit und der Sicherheit und des Rechts durch die Mitgliedstaaten

Die Konferenz bestätigt, dass die Mitgliedstaaten Übereinkünfte mit Drittländern oder internationalen Organisationen in den Bereichen des Dritten Teils Titel V Kapitel 3, 4 und 5 aushandeln und schließen können, sofern diese Übereinkünfte mit dem Unionsrecht im Einklang stehen.

37. Erklärung zu Artikel 222 des Vertrags über die Arbeitsweise der Europäischen Union

Unbeschadet der Maßnahmen der Union zur Erfüllung ihrer Verpflichtung zur Solidarität gegenüber einem Mitgliedstaat, der von einem Terroranschlag, einer Naturkatastrophe oder einer vom Menschen verursachten Katastrophe betroffen ist, zielt keine der Bestimmungen des Artikels 222 darauf ab, das Recht eines anderen Mitgliedstaats zu beeinträchtigen, die am besten geeigneten Mittel zur Erfüllung seiner Verpflichtung zur Solidarität gegenüber dem betroffenen Mitgliedstaat zu wählen.

38. Erklärung zu Artikel 252 des Vertrags über die Arbeitsweise der Europäischen Union zur Zahl der Generalanwälte des Gerichtshofs

Die Konferenz erklärt, dass der Rat, wenn der Gerichtshof gemäß Artikel 252 Absatz 1 des Vertrags über die Arbeitsweise der Europäischen Union beantragt, die Zahl der Generalanwälte um drei zu erhöhen (elf anstelle von acht), einstimmig eine solche Erhöhung beschließen wird.

Für diesen Fall ist sich die Konferenz darin einig, dass Polen einen ständigen Generalanwalt stellen wird, wie dies bereits für Deutschland, Frankreich, Italien, Spanien und das Vereinigte Königreich der Fall ist, und nicht länger am Rotationssystem teilnehmen wird, wobei das bestehende Rotationssystem dann die Rotation von fünf anstelle von drei Generalanwälten beinhalten wird.

39. Erklärung zu Artikel 290 des Vertrags über die Arbeitsweise der Europäischen Union

Die Konferenz nimmt zur Kenntnis, dass die Kommission beabsichtigt, bei der Ausarbeitung ihrer Entwürfe für delegierte Rechtsakte im Bereich der Finanzdienstleistungen nach ihrer üblichen Vorgehensweise weiterhin von den Mitgliedstaaten benannte Experten zu konsultieren.

40. Erklärung zu Artikel 329 des Vertrags über die Arbeitsweise der Europäischen Union

Die Konferenz erklärt, dass die Mitgliedstaaten, die einen Antrag auf Begründung einer Verstärkten Zusammenarbeit stellen, angeben können, ob sie bereits in diesem Stadium beabsichtigen, Artikel 333 über die Ausdehnung der Beschlussfassung mit qualifizierter Mehrheit anzuwenden oder ob sie das ordentliche Gesetzgebungsverfahren in Anspruch nehmen möchten.

41. Erklärung zu Artikel 352 des Vertrags über die Arbeitsweise der Europäischen Union

Die Konferenz erklärt, dass die in Artikel 352 Absatz 1 des Vertrags über die Arbeitsweise der Europäischen Union enthaltene Bezugnahme auf die Ziele der Union die in Artikel 3 Absätze 2 und 3 des Vertrags über die Europäische Union festgelegten Ziele sowie die Ziele des Artikels 3 Absatz 5 des genannten Vertrags hinsichtlich des auswärtigen Handelns nach dem Fünften Teil des Vertrags über die Arbeitsweise der Europäischen Union betrifft. Es ist daher ausgeschlossen, dass auf Artikel 352 des Vertrags über die Arbeitsweise der Europäischen Union gestützte Maßnahmen ausschließlich Ziele nach Artikel 3 Absatz 1 des Vertrags über die Europäische Union verfolgen. In diesem Zusammenhang stellt die Konferenz fest, dass gemäß Artikel 31 Absatz 1 des Vertrags über die Europäische Union im Bereich der Gemeinsamen Außen- und Sicherheitspolitik keine Gesetzgebungsakte erlassen werden dürfen.

42. Erklärung zu Artikel 352 des Vertrags über die Arbeitsweise der Europäischen Union

Die Konferenz unterstreicht, dass nach der ständigen Rechtsprechung des Gerichtshofs der Europäischen Union Artikel 352 des Vertrags über die Arbeitsweise der Europäischen Union integrierender Bestandteil einer auf dem Grundsatz der begrenzten Einzelermächtigung beruhenden institutionellen Ordnung ist und daher keine Grundlage dafür bieten kann, den Bereich der Unionsbefugnisse über den allgemeinen Rahmen hinaus aus-

zudehnen, der sich aus der Gesamtheit der Bestimmungen der Verträge
und insbesondere der Bestimmungen ergibt, die die Aufgaben und Tätigkeiten der Union festlegen. Dieser Artikel kann jedenfalls nicht als
Rechtsgrundlage für den Erlass von Bestimmungen dienen, die der Sache
nach, gemessen an ihren Folgen, auf eine Änderung der Verträge ohne
Einhaltung des hierzu in den Verträgen vorgesehenen Verfahrens hinaus-
liefen.

43. Erklärung zu Artikel 355 Absatz 6 des Vertrags über die Arbeitsweise der Europäischen Union

Die Hohen Vertragsparteien kommen überein, dass der Europäische Rat
nach Artikel 355 Absatz 6 einen Beschluss im Hinblick auf die Änderung
des Status von Mayotte gegenüber der Union erlassen wird, um dieses
Gebiet zu einem Gebiet in äußerster Randlage im Sinne des Artikels 355
Absatz 1 und des Artikels 349 zu machen, wenn die französischen Behörden dem Europäischen Rat und der Kommission mitteilen, dass die
jüngste Entwicklung des internen Status der Insel dies gestattet.

B. ERKLÄRUNGEN ZU DEN DEN VERTRÄGEN BEIGEFÜGTEN PROTOKOLLEN

44. Erklärung zu Artikel 5 des Protokolls über den in den Rahmen der Europäischen Union einbezogenen Schengen-Besitzstand

Die Konferenz stellt fest, dass ein Mitgliedstaat, der nach Artikel 5 Absatz
2 des Protokolls über den in den Rahmen der Europäischen Union einbezogenen Schengen-Besitzstand mitgeteilt hat, dass er sich nicht an einem
Vorschlag oder einer Initiative beteiligen möchte, die betreffende Mitteilung vor der Annahme der auf dem Schengen-Besitzstand aufbauenden
Maßnahme jederzeit zurückziehen kann.

45. Erklärung zu Artikel 5 Absatz 2 des Protokolls über den in den Rahmen der Europäischen Union einbezogenen Schengen-Besitzstand

Die Konferenz erklärt, dass der Rat, wenn das Vereinigte Königreich bzw.
Irland ihm mitteilt, sich nicht an einer Maßnahme beteiligen zu wollen,
die auf einen Teil des Schengen-Besitzstands aufbaut, an dem sich das
Vereinigte Königreich bzw. Irland beteiligt, eine eingehende Erörterung
der möglichen Auswirkungen der Nichtbeteiligung des betreffenden Mitgliedstaats an der betreffenden Maßnahme führen wird. Die Erörterung

im Rat soll im Lichte der Angaben der Kommission zu dem Verhältnis zwischen dem Vorschlag und dem Schengen-Besitzstand geführt werden.

46. Erklärung zu Artikel 5 Absatz 3 des Protokolls über den in den Rahmen der Europäischen Union einbezogenen Schengen-Besitzstand

Die Konferenz weist darauf hin, dass die Kommission, falls der Rat nach einer ersten vertieften Erörterung der Frage keinen Beschluss fasst, dem Rat einen geänderten Vorschlag im Hinblick auf eine weitere vertiefte Überprüfung durch den Rat, die innerhalb von vier Monaten vorzunehmen ist, vorlegen kann.

47. Erklärung zu Artikel 5 Absätze 3 und 4 und 5 des Protokolls über den in den Rahmen der Europäischen Union einbezogenen Schengen-Besitzstand

Die Konferenz stellt fest, dass in den Bedingungen, die in dem Beschluss nach Artikel 5 Absätze 3, 4 oder 5 des Protokolls über den in den Rahmen der Europäischen Union einbezogenen Schengen-Besitzstand festzulegen sind, vorgesehen werden kann, dass der betreffende Mitgliedstaat etwaige unmittelbare finanzielle Folgen zu tragen hat, die sich zwangsläufig und unvermeidbar daraus ergeben, dass er sich an dem in einem Beschluss des Rates nach Artikel 4 des genannten Protokolls aufgeführten Besitzstand in seiner Gesamtheit oder in Teilen nicht mehr beteiligt.

48. Erklärung zu dem Protokoll über die Position Dänemarks

Die Konferenz nimmt zur Kenntnis, dass Dänemark in Bezug auf Rechtsakte, die vom Rat allein oder gemeinsam mit dem Europäischen Parlament zu erlassen sind und sowohl Bestimmungen enthalten, die auf Dänemark anwendbar sind, als auch Bestimmungen, die auf Dänemark nicht anwendbar sind, da sie sich auf eine Rechtsgrundlage stützen, für die Teil I des Protokolls über die Position Dänemarks gilt, erklärt, dass es nicht von seinem Stimmrecht Gebrauch machen wird, um den Erlass von Bestimmungen zu verhindern, die nicht auf Dänemark anwendbar sind.

Die Konferenz nimmt darüber hinaus zur Kenntnis, dass Dänemark auf der Grundlage seiner Erklärung zu Artikel 222 erklärt, dass Dänemarks Beteiligung an Maßnahmen oder Rechtsakten nach Artikel 222 im Einklang mit Teil I und Teil II des Protokolls über die Position Dänemarks erfolgen wird.

49. Erklärung betreffend Italien

Die Konferenz nimmt zur Kenntnis, dass das Protokoll betreffend Italien, das 1957 dem Vertrag zur Gründung der Europäischen Wirtschaftsgemeinschaft beigefügt war, in der bei der Annahme des Vertrags über die Europäische Union geänderten Fassung Folgendes vorsah:

„DIE HOHEN VERTRAGSPARTEIEN –
VON DEM WUNSCH GELEITET, gewisse besondere Probleme betreffend Italien zu regeln –
SIND über folgende Bestimmungen ÜBEREINGEKOMMEN, die diesem Vertrag als Anhang beigefügt sind:
DIE MITGLIEDSTAATEN DER GEMEINSCHAFT
NEHMEN ZUR KENNTNIS, dass sich die italienische Regierung mit der Durchführung eines Zehnjahresplans zur wirtschaftlichen Ausweitung befasst, durch den die strukturellen Unterschiede der italienischen Volkswirtschaft ausgeglichen werden sollen, und zwar insbesondere durch die Ausrüstung der weniger entwickelten Gebiete Süditaliens und der italienischen Inseln sowie durch die Schaffung neuer Arbeitsplätze zur Beseitigung der Arbeitslosigkeit;
WEISEN DARAUF HIN, dass die Grundsätze und die Ziele dieses Plans der italienischen Regierung von Organisationen für internationale Zusammenarbeit, deren Mitglieder sie sind, berücksichtigt und gebilligt wurden;
ERKENNEN AN, dass die Erreichung der Ziele des italienischen Plans in ihrem gemeinsamen Interesse liegt;
KOMMEN ÜBEREIN, den Organen der Gemeinschaft die Anwendung aller in diesem Vertrag vorgesehenen Mittel und Verfahren zu empfehlen, insbesondere durch eine angemessene Verwendung der Mittel der Europäischen Investitionsbank und des Europäischen Sozialfonds der italienischen Regierung die Erfüllung dieser Aufgabe zu erleichtern;
SIND DER AUFFASSUNG, dass die Organe der Gemeinschaft bei der Anwendung dieses Vertrags berücksichtigen müssen, dass die italienische Volkswirtschaft in den kommenden Jahren erheblichen Belastungen ausgesetzt sein wird, und dass gefährliche Spannungen, namentlich in der Zahlungsbilanz oder im Beschäftigungsstand, durch welche die Anwendung dieses Vertrags in Italien in Frage gestellt werden könnte, zu vermeiden sind;
ERKENNEN insbesondere AN, dass im Falle der Anwendung der Artikel 109 h und 109 i darauf zu achten ist, dass bei den Maßnahmen, um welche die italienische Regierung ersucht wird, die Durchführung ihres Plans zur wirtschaftlichen Ausweitung und zur Hebung des Lebensstandards der Bevölkerung gesichert bleibt.“

50. Erklärung zu Artikel 10 des Protokolls über die Übergangsbestimmungen

Die Konferenz ersucht das Europäische Parlament, den Rat und die Kommission, sich im Rahmen ihrer jeweiligen Befugnisse zu bemühen, in geeigneten Fällen und nach Möglichkeit innerhalb der in Artikel 10 Absatz 3 des Protokolls über die Übergangsbestimmungen genannten Frist von fünf Jahren Rechtsakte zu erlassen, mit denen die in Artikel 10 Absatz 1 jenes Protokolls genannten Rechtsakte geändert oder ersetzt werden.

C. ERKLÄRUNGEN VON MITGLIEDSTAATEN

51. Erklärung des Königreichs Belgien zu den nationalen Parlamenten

Belgien erklärt, dass aufgrund seines Verfassungsrechts sowohl das Abgeordnetenhaus und der Senat des Bundesparlaments als auch die Parlamente der Gemeinschaften und Regionen – je nach den von der Union ausgeübten Befugnissen – als Bestandteil des Systems des nationalen Parlaments oder als Kammern des nationalen Parlaments handeln.

52. Erklärung des Königreichs Belgien, der Republik Bulgarien, der Bundesrepublik Deutschland, der Hellenischen Republik, des Königreichs Spanien, der Italienischen Republik, der Republik Zypern, der Republik Litauen, des Großherzogtums Luxemburg, der Republik Ungarn, der Republik Malta, der Republik Österreich, der Portugiesischen Republik, Rumäniens, der Republik Slowenien und der Slowakischen Republik zu den Symbolen der Europäischen Union

Belgien, Bulgarien, Deutschland, Griechenland, Spanien, Italien, Zypern, Litauen, Luxemburg, Ungarn, Malta, Österreich, Portugal, Rumänien, Slowenien und die Slowakei erklären, dass die Flagge mit einem Kreis von zwölf goldenen Sternen auf blauem Hintergrund, die Hymne aus der „Ode an die Freude" der Neunten Symphonie von Ludwig van Beethoven, der Leitspruch „In Vielfalt geeint", der Euro als Währung der Europäischen Union und der Europatag am 9. Mai für sie auch künftig als Symbole die Zusammengehörigkeit der Menschen in der Europäischen Union und ihre Verbundenheit mit dieser zum Ausdruck bringen.

53. Erklärung der Tschechischen Republik zur Charta der Grundrechte der Europäischen Union

1. Die Tschechische Republik erinnert daran, dass die Bestimmungen der Charta der Grundrechte der Europäischen Union für die Organe und Einrichtungen der Europäischen Union gelten, wobei das Subsidiaritätsprinzip und die Aufteilung der Zuständigkeiten zwischen der Europäischen Union und ihren Mitgliedstaaten, wie sie in der Erklärung (Nr. 18) zur Abgrenzung der Zuständigkeiten bekräftigt wird, gebührend zu beachten

sind. Die Tschechische Republik betont, dass die Bestimmungen der Charta ausschließlich dann für die Mitgliedstaaten gelten, wenn diese Unionsrecht durchführen, nicht aber, wenn sie vom Unionsrecht unabhängige nationale Rechtsvorschriften erlassen und durchführen.

2. Die Tschechische Republik hebt ferner hervor, dass die Charta den Geltungsbereich des Unionsrechts nicht ausdehnt und auch keine neuen Zuständigkeiten für die Union begründet. Weder begrenzt sie den Geltungsbereich der nationalen Rechtsvorschriften noch beschneidet sie die derzeitigen Zuständigkeiten der nationalen Regierungen auf diesem Gebiet.

3. Die Tschechische Republik betont, dass in der Charta Grundrechte und Grundsätze, wie sie sich aus den gemeinsamen Verfassungsüberlieferungen der Mitgliedstaaten ergeben, anerkannt werden und diese Grundrechte und Grundsätze somit im Einklang mit diesen Überlieferungen auszulegen sind.

4. Die Tschechische Republik betont ferner, dass keine Bestimmung dieser Charta als eine Einschränkung oder Verletzung der Menschenrechte und Grundfreiheiten ausgelegt werden darf, die in dem jeweiligen Anwendungsbereich durch das Recht der Union und durch die internationalen Übereinkünfte, bei denen die Union oder alle Mitgliedstaaten Vertragsparteien sind, darunter insbesondere die Europäische Konvention zum Schutz der Menschenrechte und Grundfreiheiten, sowie durch die Verfassungen der Mitgliedstaaten anerkannt werden.

54. Erklärung der Bundesrepublik Deutschland, Irlands, der Republik Ungarn, der Republik Österreich und des Königreichs Schweden

Deutschland, Irland, Ungarn, Österreich und Schweden stellen fest, dass die zentralen Bestimmungen des Vertrags zur Gründung der Europäischen Atomgemeinschaft seit seinem Inkrafttreten in ihrer Substanz nicht geändert worden sind und aktualisiert werden müssen. Daher unterstützen sie den Gedanken einer Konferenz der Vertreter der Regierungen der Mitgliedstaaten, die so rasch wie möglich einberufen werden sollte.

55. Erklärung des Königreichs Spanien und des Vereinigten Königreichs Großbritannien und Nordirland

Die Verträge gelten für Gibraltar als ein europäisches Gebiet, dessen auswärtige Beziehungen ein Mitgliedstaat wahrnimmt. Dies bringt jedoch keine Änderungen der jeweiligen Standpunkte der betreffenden Mitgliedstaaten mit sich.

56. Erklärung Irlands zu Artikel 3 des Protokolls über die Position des Vereinigten Königreichs und Irlands hinsichtlich des Raums der Freiheit und der Sicherheit und des Rechts

Irland bekräftigt sein Bekenntnis zur Union als einem Raum der Freiheit, der Sicherheit und des Rechts, in dem die Grundrechte und die verschiedenen Rechtsordnungen und -traditionen der Mitgliedstaaten geachtet werden und der den Bürgerinnen und Bürgern ein hohes Sicherheitsniveau bietet.

Dementsprechend bekundet Irland seine feste Absicht, sein Recht nach Artikel 3 des Protokolls über die Position des Vereinigten Königreichs und Irlands hinsichtlich des Raums der Freiheit, der Sicherheit und des Rechts, sich an der Annahme von Maßnahmen nach dem Dritten Teil Titel V des Vertrags über die Arbeitsweise der Europäischen Union zu beteiligen, im größten Umfang wahrzunehmen, der ihm möglich erscheint.

Irland wird sich insbesondere im größtmöglichen Umfang an Maßnahmen im Bereich der polizeilichen Zusammenarbeit beteiligen.

Ferner weist Irland erneut darauf hin, dass es gemäß Artikel 8 des Protokolls dem Rat schriftlich mitteilen kann, dass die Bestimmungen des Protokolls nicht mehr für Irland gelten sollen. Irland beabsichtigt, die Funktionsweise dieser Regelungen innerhalb von drei Jahren nach Inkrafttreten des Vertrags von Lissabon zu überprüfen.

57. Erklärung der Italienischen Republik zur Zusammensetzung des Europäischen Parlaments

Italien stellt fest, dass sich nach den Artikeln 10 und 14 des Vertrags über die Europäische Union das Europäische Parlament aus Vertretern der Unionsbürgerinnen und Unionsbürger zusammensetzt, deren Vertretung degressiv proportional gestaltet ist.

Italien stellt ferner fest, dass nach Artikel 9 des Vertrags über die Europäische Union und des Artikels 20 des Vertrags über die Arbeitsweise der Europäischen Union Unionsbürger ist, wer die Staatsangehörigkeit eines Mitgliedstaats besitzt.

Italien ist daher der Auffassung dass, unbeschadet des Beschlusses zur Legislaturperiode 2009–2014, jeder vom Europäischen Rat auf Initiative des Europäischen Parlaments und mit seiner Zustimmung angenommene Beschluss zur Festlegung der Zusammensetzung des Europäischen Parlaments die in Artikel 14 Absatz 2 Unterabsatz 1 niedergelegten Grundsätze beachten muss.

58. Erklärung der Republik Lettland, der Republik Ungarn und der Republik Malta zur Schreibweise des Namens der einheitlichen Währung in den Verträgen

Unbeschadet der in den Verträgen enthaltenen vereinheitlichten Schreibweise des Namens der einheitlichen Währung der Europäischen Union, wie sie auf den Banknoten und Münzen erscheint, erklären Lettland, Ungarn und Malta, dass die Schreibweise des Namens der einheitlichen Währung – einschließlich ihrer abgeleiteten Formen, die in der lettischen, der ungarischen und der maltesischen Sprachfassung der Verträge benutzt werden – keine Auswirkungen auf die geltenden Regeln der lettischen, der ungarischen und der maltesischen Sprache hat.

59. Erklärung des Königreichs der Niederlande zu Artikel 312 des Vertrags über die Arbeitsweise der Europäischen Union

Das Königreich der Niederlande wird einem Beschluss nach Artikel 312 Absatz 2 Unterabsatz 2 des Vertrags über die Arbeitsweise der Europäischen Union zustimmen, sobald im Rahmen der Überprüfung des Beschlusses nach Artikel 311 Absatz 3 jenes Vertrags für die Niederlande eine zufrieden stellende Lösung für ihre in Bezug auf den Haushalt der Union äußerst nachteilige Position als Nettozahler gefunden wurde.

60. Erklärung des Königreichs der Niederlande zu Artikel 355 des Vertrags über die Arbeitsweise der Europäischen Union

Das Königreich der Niederlande erklärt, dass eine Initiative für einen Beschluss nach Artikel 355 Absatz 6, die auf eine Änderung des Status der Niederländischen Antillen und/oder Arubas gegenüber der Union abzielt, nur auf der Grundlage eines Beschlusses vorgelegt wird, der im Einklang mit dem Status des Königreichs der Niederlande gefasst worden ist.

61. Erklärung der Republik Polen zur Charta der Grundrechte der Europäischen Union

Die Charta berührt in keiner Weise das Recht der Mitgliedstaaten, in den Bereichen der öffentlichen Sittlichkeit, des Familienrechts sowie des Schutzes der Menschenwürde und der Achtung der körperlichen und moralischen Unversehrtheit Recht zu setzen.

62. Erklärung der Republik Polen zu dem Protokoll über die Anwendung der Charta der Grundrechte der Europäischen Union auf Polen und das Vereinigte Königreich

Polen erklärt, dass es in Anbetracht der Tradition der sozialen Bewegung der „Solidarność" und ihres bedeutenden Beitrags zur Erkämpfung von Sozial- und Arbeitnehmerrechten die im Recht der Europäischen Union niedergelegten Sozial- und Arbeitnehmerrechte und insbesondere die in Titel IV der Charta der Grundrechte der Europäischen Union bekräftigten Sozial- und Arbeitnehmerrechte uneingeschränkt achtet.

63. Erklärung des Vereinigten Königreichs Großbritannien und Nordirland zur Definition des Begriffs „Staatsangehöriger"

In Bezug auf die Verträge und den Vertrag zur Gründung der Europäischen Atomgemeinschaft sowie alle Rechtsakte, die aus diesen Verträgen abgeleitet werden oder durch diese Verträge weiter in Kraft bleiben, bekräftigt das Vereinigte Königreich seine Erklärung vom 31. Dezember 1982 über die Definition des Begriffs „Staatsangehöriger" mit der Ausnahme, dass die „Bürger der 'British Dependent Territories'" als „Bürger der 'British overseas territories'" zu verstehen sind.

64. Erklärung des Vereinigten Königreichs Großbritannien und Nordirland über das Wahlrecht für die Wahlen zum Europäischen Parlament

Das Vereinigte Königreich stellt fest, dass durch Artikel 14 des Vertrags über die Europäische Union und andere Bestimmungen der Verträge nicht die Grundlagen des Wahlrechts für die Wahlen zum Europäischen Parlament geändert werden sollen.

65. Erklärung des Vereinigten Königreichs Großbritannien und Nordirland zu Artikel 75 des Vertrags über die Arbeitsweise der Europäischen Union

Das Vereinigte Königreich unterstützt voll und ganz entschiedene Maßnahmen im Hinblick auf die Festlegung finanzieller Sanktionen, die der Verhütung und Bekämpfung von Terrorismus und damit verbundener Aktivitäten dienen. Das Vereinigte Königreich erklärt daher, dass es beabsichtigt, sein Recht nach Artikel 3 des Protokolls über die Position des Vereinigten Königreichs und Irlands hinsichtlich des Raums der Freiheit, der Sicherheit und des Rechts wahrzunehmen und sich an der Annahme aller Vorschläge zu beteiligen, die im Rahmen von Artikel 75 des Vertrags über die Arbeitsweise der Europäischen Union vorgelegt werden.

Übereinstimmungstabellen[1]

Vertrag über die Europäische Union

Bisherige Nummerierung des Vertrags über die Europäische Union	Neue Nummerierung des Vertrags über die Europäische Union
Titel I – Gemeinsame Bestimmungen	Titel I – Gemeinsame Bestimmungen
Artikel 1	Artikel 1
	Artikel 2
Artikel 2	Artikel 3
Artikel 3 (aufgehoben)[2]	
	Artikel 4
	Artikel 5[3]
Artikel 4 (aufgehoben)[4]	
Artikel 5 (aufgehoben)[5]	
Artikel 6	Artikel 6
Artikel 7	Artikel 7
	Artikel 8
Titel II – Bestimmungen zur Änderung des Vertrags zur Gründung der Europäischen Wirtschaftsgemeinschaft im Hinblick auf die Gründung der Europäischen Gemeinschaft	Titel II – Bestimmungen über die demokratischen Grundsätze
Artikel 8 (aufgehoben)[6]	Artikel 9
	Artikel 10[7]
	Artikel 11
	Artikel 12

---

1) Diese beiden Tabellen beruhen auf den Tabellen nach Artikel 5 des Vertrags von Lissabon ohne die mittlere Spalte mit der vorläufigen Nummerierung des Vertrags von Lissabon.

2) Im Wesentlichen ersetzt durch Artikel 7 des Vertrags über die Arbeitsweise der Europäischen Union (AEUV) und Artikel 13 Absatz 1 sowie Artikel 21 Absatz 3 Unterabsatz 2 des Vertrags über die Europäische Union (EUV).

3) Ersetzt Artikel 5 des Vertrags über die Gründung der Europäischen Gemeinschaft (EGV).

4) Im Wesentlichen ersetzt durch Artikel 15 EUV.

5) Im Wesentlichen ersetzt durch Artikel 13 Absatz 2 EUV.

6) Artikel 8 EUV in der Fassung vor dem Inkrafttreten des Vertrags von Lissabon (im Folgenden "bisheriger EUV") enthielt Vorschriften zur Änderung des EGV. Die in diesem Artikel enthaltenen Änderungen wurden in den EGV eingefügt und Artikel 8 wird aufgehoben. Unter seiner Nummer wird eine neue Bestimmung eingefügt.

7) Absatz 4 ersetzt im Wesentlichen Artikel 191 Absatz 1 EGV.

Bisherige Nummerierung des Vertrags über die Europäische Union	Neue Nummerierung des Vertrags über die Europäische Union
Titel III – Bestimmungen zur Änderung des Vertrags über die Gründung der Europäischen Gemeinschaft für Kohle und Stahl	Titel III – Bestimmungen über die Organe
Artikel 9 (aufgehoben)[1]	
	Artikel 13
	Artikel 14[2]
	Artikel 15[3]
	Artikel 16[4]
	Artikel 17[5]
	Artikel 18
	Artikel 19[6]
Titel IV – Bestimmungen zur Änderung des Vertrags zur Gründung der Europäischen Atomgemeinschaft	Titel IV – Bestimmungen über eine verstärkte Zusammenarbeit
Artikel 10 (aufgehoben)[7] Artikel 27 a bis 27 e (ersetzt) Artikel 40 bis 40 b (ersetzt) Artikel 43 bis 45 (ersetzt)	Artikel 20[8]

---

1) Artikel 9 des bisherigen EUV enthielt Vorschriften zur Änderung des Vertrags über die Gründung der Europäischen Gemeinschaft für Kohle und Stahl. Der EGKS-Vertrag trat am 23. Juli 2002 außer Kraft. Artikel 9 wird aufgehoben und unter seiner Nummer wird eine andere Bestimmung eingefügt.

2) – Die Absätze 1 und 2 ersetzen im Wesentlichen Artikel 189 EGV.
   – Die Absätze 1 bis 3 ersetzen im Wesentlichen Artikel 190 Absätze 1 bis 3 EGV.
   – Absatz 1 ersetzt im Wesentlichen Artikel 192 Absatz 1 EGV.
   – Absatz 4 ersetzt im Wesentlichen Artikel 197 Absatz 1 EGV.

3) Ersetzt im Wesentlichen Artikel 4 des bisherigen EUV.

4) – Absatz 1 ersetzt im Wesentlichen Artikel 202 erster und zweiter Gedankenstrich EGV.
   – Die Absätze 2 und 9 ersetzen im Wesentlichen Artikel 203 EGV.
   – Die Absätze 4 und 5 ersetzen im Wesentlichen Artikel 205 Absätze 2 und 4 EGV.

5) – Absatz 1 ersetzt im Wesentlichen Artikel 211 EGV.
   – Die Absätze 3 und 7 ersetzen im Wesentlichen Artikel 214 EGV.
   – Absatz 6 ersetzt im Wesentlichen Artikel 217 Absätze 1, 3 und 4 EGV.

6) – Ersetzt im Wesentlichen Artikel 220 EGV.
   – Absatz 2 Unterabsatz 1 ersetzt im Wesentlichen Artikel 221 Absatz 1 EGV.

7) Artikel 10 des bisherigen EUV enthielt Vorschriften zur Änderung des Vertrags zur Gründung der Europäischen Atomgemeinschaft. Die in diesem Artikel enthaltenen Änderungen wurden in den Euratom-Vertrag eingefügt und Artikel 10 wird aufgehoben. Unter seiner Nummer wird eine andere Bestimmung eingefügt.

8) Ersetzt auch die Artikel 11 und 11 a EGV.

Bisherige Nummerierung des Vertrags über die Europäische Union	Neue Nummerierung des Vertrags über die Europäische Union
Titel V – Bestimmungen über die Gemeinsame Außen- und Sicherheitspolitik	Titel V – Allgemeine Bestimmungen über das auswärtige Handeln der Union und besondere Bestimmungen über die Gemeinsame Außen- und Sicherheitspolitik
	Kapitel 1 – Allgemeine Bestimmungen über das auswärtige Handeln der Union
	Artikel 21
	Artikel 22
	Kapitel 2 – Besondere Bestimmungen über die Gemeinsame Außen- und Sicherheitspolitik
	Abschnitt 1 – Gemeinsame Bestimmungen
	Artikel 23
Artikel 11	Artikel 24
Artikel 12	Artikel 25
Artikel 13	Artikel 26
	Artikel 27
Artikel 14	Artikel 28
Artikel 15	Artikel 29
Artikel 22 (umgestellt)	Artikel 30
Artikel 23 (umgestellt)	Artikel 31
Artikel 16	Artikel 32
Artikel 17 (umgestellt)	*Artikel 42*
Artikel 18	Artikel 33
Artikel 19	Artikel 34
Artikel 20	Artikel 35
Artikel 21	Artikel 36
Artikel 22 (umgestellt)	*Artikel 30*
Artikel 23 (umgestellt)	*Artikel 31*
Artikel 24	Artikel 37
Artikel 25	Artikel 38
	Artikel 39
Artikel 47 (umgestellt)	Artikel 40
Artikel 26 (aufgehoben)	
Artikel 27 (aufgehoben)	

Bisherige Nummerierung des Vertrags über die Europäische Union	Neue Nummerierung des Vertrags über die Europäische Union
Artikel 27 a (ersetzt)[1]	*Artikel 20*
Artikel 27 b (ersetzt)[1]	*Artikel 20*
Artikel 27 c (ersetzt)[1]	*Artikel 20*
Artikel 27 d (ersetzt)[1]	*Artikel 20*
Artikel 27 e (ersetzt)[1]	*Artikel 20*
Artikel 28	Artikel 41
	Abschnitt 2 – Bestimmungen über die Gemeinsame Sicherheits- und Verteidigungspolitik
Artikel 17 (umgestellt)	Artikel 42
	Artikel 43
	Artikel 44
	Artikel 45
	Artikel 46
Titel VI – Bestimmungen über die polizeiliche und justizielle Zusammenarbeit in Strafsachen (aufgehoben)[2]	
Artikel 29 (ersetzt)[3]	
Artikel 30 (ersetzt)[4]	
Artikel 31 (ersetzt)[5]	
Artikel 32 (ersetzt)[6]	
Artikel 33 (ersetzt)[7]	
Artikel 34 (aufgehoben)	
Artikel 35 (aufgehoben)	
Artikel 36 (ersetzt)[8]	
Artikel 37 (aufgehoben)	
Artikel 38 (aufgehoben)	
Artikel 39 (aufgehoben)	

---

1) Die Artikel 27 a bis 27 e des bisherigen EUV über die Verstärkte Zusammenarbeit werden auch durch die Artikel 326 bis 334 AEUV ersetzt.
2) Die Bestimmungen des Titels VI des bisherigen EUV über die polizeiliche und justizielle Zusammenarbeit in Strafsachen werden ersetzt durch die Bestimmungen des Dritten Teils, Titel V, Kapitel 1, 4 und 5 AEUV.
3) Ersetzt durch Artikel 67 AEUV.
4) Ersetzt durch die Artikel 87 und 88 AEUV.
5) Ersetzt durch die Artikel 82, 83 und 85 AEUV.
6) Ersetzt durch Artikel 89 AEUV.
7) Ersetzt durch Artikel 72 AEUV.
8) Ersetzt durch Artikel 71 AEUV.

Bisherige Nummerierung des Vertrags über die Europäische Union	Neue Nummerierung des Vertrags über die Europäische Union
Artikel 40 (ersetzt)[1]	*Artikel 20*
Artikel 40 a (ersetzt)[1]	*Artikel 20*
Artikel 40 b (ersetzt)[1]	*Artikel 20*
Artikel 41 (aufgehoben)	
Artikel 42 (aufgehoben)	
Titel VII – Bestimmungen über eine Verstärkte Zusammenarbeit (ersetzt)[2]	
Artikel 43 (ersetzt)[2]	*Artikel 20*
Artikel 43 a (ersetzt)[2]	*Artikel 20*
Artikel 43 b (ersetzt)[2]	*Artikel 20*
Artikel 44 (ersetzt)[2]	*Artikel 20*
Artikel 44 a (ersetzt)[2]	*Artikel 20*
Artikel 45 (ersetzt)[2]	*Artikel 20*
Titel VIII – Schlussbestimmungen	Titel VI – Schlussbestimmungen
Artikel 46 (aufgehoben)	
	Artikel 47
Artikel 47 (ersetzt)	*Artikel 40*
Artikel 48	Artikel 48
Artikel 49	Artikel 49
	Artikel 50
	Artikel 51
	Artikel 52
Artikel 50 (aufgehoben)	
Artikel 51	Artikel 53
Artikel 52	Artikel 54
Artikel 53	Artikel 55

---

1) Die Artikel 40 bis 40 b des bisherigen EUV über die Verstärkte Zusammenarbeit werden auch durch die Artikel 326 bis 334 AEUV ersetzt.

2) Die Artikel 43 bis 45 und Titel VII des bisherigen EUV über die Verstärkte Zusammenarbeit werden auch durch die Artikel 326 bis 334 AEUV ersetzt.

Vertrag über die Arbeitsweise der Europäischen Union

Bisherige Nummerierung des Vertrags zur Gründung der Europäischen Gemeinschaft	Neue Nummerierung des Vertrags über die Arbeitsweise der Europäischen Union
Erster Teil – Grundsätze	Erster Teil – Grundsätze
Artikel 1 (aufgehoben)	
	Artikel 1
Artikel 2 (aufgehoben)[1]	
	Titel I – Arten und Bereiche der Zuständigkeit der Union
	Artikel 2
	Artikel 3
	Artikel 4
	Artikel 5
	Artikel 6
	Titel II – Allgemein geltende Bestimmungen
	Artikel 7
Artikel 3 Absatz 1 (aufgehoben)[2]	
Artikel 3 Absatz 2	Artikel 8
Artikel 4 (umgestellt)	*Artikel 119*
Artikel 5 (ersetzt)[3]	
	Artikel 9
	Artikel 10
Artikel 6	Artikel 11
Artikel 153 Absatz 2 (umgestellt)	Artikel 12
	Artikel 13[4]
Artikel 7 (aufgehoben)[5]	
Artikel 8 (aufgehoben)[6]	
Artikel 9 (aufgehoben)	
Artikel 10 (aufgehoben)[7]	
Artikel 11 (ersetzt)[8]	*Artikel 326 bis 334*
Artikel 11 a (ersetzt)[8]	*Artikel 326 bis 334*
Artikel 12 (umgestellt)	*Artikel 18*
Artikel 13 (umgestellt)	*Artikel 19*

1) Im Wesentlichen ersetzt durch Artikel 3 EUV.
2) Im Wesentlichen ersetzt durch die Artikel 3 bis 6 AEUV.
3) Ersetzt durch Artikel 5 EUV.
4) Übernahme des verfügenden Teils des Protokolls über das Wohlergehen der Tiere.
5) Im Wesentlichen ersetzt durch Artikel 13 EUV.
6) Im Wesentlichen ersetzt durch Artikel 13 EUV und Artikel 282 Absatz 1 AEUV.
7) Im Wesentlichen ersetzt durch Artikel 4 Absatz 3 EUV.
8) Auch ersetzt durch Artikel 20 EUV.

Bisherige Nummerierung des Vertrags zur Gründung der Europäischen Gemeinschaft	Neue Nummerierung des Vertrags über die Arbeitsweise der Europäischen Union
Artikel 14 (umgestellt)	*Artikel 26*
Artikel 15 (umgestellt)	*Artikel 27*
Artikel 16	Artikel 14
Artikel 255 (umgestellt)	Artikel 15
Artikel 286 (ersetzt)	Artikel 16
	Artikel 17
Zweiter Teil – Die Unionsbürgerschaft	Zweiter Teil – Nichtdiskriminierung und Unionsbürgerschaft
Artikel 12 (umgestellt)	Artikel 18
Artikel 13 (umgestellt)	Artikel 19
Artikel 17	Artikel 20
Artikel 18	Artikel 21
Artikel 19	Artikel 22
Artikel 20	Artikel 23
Artikel 21	Artikel 24
Artikel 22	Artikel 25
Dritter Teil – Die Politiken der Gemeinschaft	Dritter Teil – Die internen Politiken und Maßnahmen der Union
	Titel I – Der Binnenmarkt
Artikel 14 (umgestellt)	Artikel 26
Artikel 15 (umgestellt)	Artikel 27
Titel I – Der freie Warenverkehr	Titel II – Der freie Warenverkehr
Artikel 23	Artikel 28
Artikel 24	Artikel 29
Kapitel 1 – Die Zollunion	Kapitel 1 – Die Zollunion
Artikel 25	Artikel 30
Artikel 26	Artikel 31
Artikel 27	Artikel 32
Dritter Teil Titel X, Zusammenarbeit im Zollwesen (umgestellt)	Kapitel 2 – Die Zusammenarbeit im Zollwesen
Artikel 135 (umgestellt)	Artikel 33
Kapitel 2 – Verbot von mengenmäßigen Beschränkungen zwischen den Mitgliedstaaten	Kapitel 3 – Verbot von mengenmäßigen Beschränkungen zwischen den Mitgliedstaaten
Artikel 28	Artikel 34
Artikel 29	Artikel 35
Artikel 30	Artikel 36
Artikel 31	Artikel 37
Titel II – Die Landwirtschaft	Titel III – Die Landwirtschaft und die Fischerei

Bisherige Nummerierung des Vertrags zur Gründung der Europäischen Gemeinschaft	Neue Nummerierung des Vertrags über die Arbeitsweise der Europäischen Union
Artikel 32	Artikel 38
Artikel 33	Artikel 39
Artikel 34	Artikel 40
Artikel 35	Artikel 41
Artikel 36	Artikel 42
Artikel 37	Artikel 43
Artikel 38	Artikel 44
Titel III – Die Freizügigkeit, der freie Dienstleistungs- und Kapitalverkehr	Titel IV – Die Freizügigkeit, der freie Dienstleistungs- und Kapitalverkehr
Kapitel 1 – Die Arbeitskräfte	Kapitel 1 – Die Arbeitskräfte
Artikel 39	Artikel 45
Artikel 40	Artikel 46
Artikel 41	Artikel 47
Artikel 42	Artikel 48
Kapitel 2 – Das Niederlassungsrecht	Kapitel 2 – Das Niederlassungsrecht
Artikel 43	Artikel 49
Artikel 44	Artikel 50
Artikel 45	Artikel 51
Artikel 46	Artikel 52
Artikel 47	Artikel 53
Artikel 48	Artikel 54
Artikel 294 (umgestellt)	Artikel 55
Kapitel 3 – Dienstleistungen	Kapitel 3 – Dienstleistungen
Artikel 49	Artikel 56
Artikel 50	Artikel 57
Artikel 51	Artikel 58
Artikel 52	Artikel 59
Artikel 53	Artikel 60
Artikel 54	Artikel 61
Artikel 55	Artikel 62
Kapitel 4 – Der Kapital- und Zahlungsverkehr	Kapitel 4 – Der Kapital- und Zahlungsverkehr
Artikel 56	Artikel 63
Artikel 57	Artikel 64
Artikel 58	Artikel 65
Artikel 59	Artikel 66
Artikel 60 (umgestellt)	*Artikel 75*

Bisherige Nummerierung des Vertrags zur Gründung der Europäischen Gemeinschaft	Neue Nummerierung des Vertrags über die Arbeitsweise der Europäischen Union
Titel IV – Visa, Asyl, Einwanderung und andere Politiken betreffend den freien Personenverkehr	Titel V – Der Raum der Freiheit, der Sicherheit und des Rechts
	Kapitel 1 – Allgemeine Bestimmungen
Artikel 61	Artikel 67[1]
	Artikel 68
	Artikel 69
	Artikel 70
	Artikel 71[2]
Artikel 64 Absatz 1 (ersetzt)	Artikel 72[3]
	Artikel 73
Artikel 66 (ersetzt)	Artikel 74
Artikel 60 (umgestellt)	Artikel 75
	Artikel 76
	Kapitel 2 – Politik im Bereich Grenzkontrollen, Asyl und Einwanderung
Artikel 62	Artikel 77
Artikel 63 Nummern 1 und 2 und Artikel 64 Absatz 2[4]	Artikel 78
Artikel 63 Nummern 3 und 4	Artikel 79
	Artikel 80
Artikel 64 Absatz 1 (ersetzt)	*Artikel 72*
	Kapitel 3 – Justizielle Zusammenarbeit in Zivilsachen
Artikel 65	Artikel 81
Artikel 66 (ersetzt)	*Artikel 74*
Artikel 67 (aufgehoben)	
Artikel 68 (aufgehoben)	
Artikel 69 (aufgehoben)	
	Kapitel 4 – Justizielle Zusammenarbeit in Strafsachen
	Artikel 82[5]

---

1) Ersetzt auch Artikel 29 des bisherigen EUV.
2) Ersetzt auch Artikel 36 des bisherigen EUV.
3) Ersetzt auch Artikel 33 des bisherigen EUV.
4) Artikel 63 Nummern 1 und 2 EGV wird durch Artikel 78 Absätze 1 und 2 AEUV und Artikel 64 Absatz 2 wird durch Artikel 78 Absatz 3 AEUV ersetzt.
5) Ersetzt auch Artikel 31 des bisherigen EUV.

Bisherige Nummerierung des Vertrags zur Gründung der Europäischen Gemeinschaft	Neue Nummerierung des Vertrags über die Arbeitsweise der Europäischen Union
	Artikel 83[1]
	Artikel 84
	Artikel 85[1]
	Artikel 86
	Kapitel 5 – Polizeiliche Zusammenarbeit
	Artikel 87[2]
	Artikel 88[2]
	Artikel 89[3]
Titel V – Der Verkehr	Titel VI – Der Verkehr
Artikel 70	Artikel 90
Artikel 71	Artikel 91
Artikel 72	Artikel 92
Artikel 73	Artikel 93
Artikel 74	Artikel 94
Artikel 75	Artikel 95
Artikel 76	Artikel 96
Artikel 77	Artikel 97
Artikel 78	Artikel 98
Artikel 79	Artikel 99
Artikel 80	Artikel 100
Titel VI – Gemeinsame Regeln betreffend Wettbewerb, Steuerfragen und Angleichung der Rechtsvorschriften	Titel VII – Gemeinsame Regeln betreffend Wettbewerb, Steuerfragen und Angleichung der Rechtsvorschriften
Kapitel 1 – Wettbewerbsregeln	Kapitel 1 – Wettbewerbsregeln
Abschnitt 1 – Vorschriften für Unternehmen	Abschnitt 1 – Vorschriften für Unternehmen
Artikel 81	Artikel 101
Artikel 82	Artikel 102
Artikel 83	Artikel 103
Artikel 84	Artikel 104
Artikel 85	Artikel 105
Artikel 86	Artikel 106
Abschnitt 2 – Staatliche Beihilfen	Abschnitt 2 – Staatliche Beihilfen
Artikel 87	Artikel 107
Artikel 88	Artikel 108

1) Ersetzt auch Artikel 31 des bisherigen EUV.
2) Ersetzt auch Artikel 30 des bisherigen EUV.
3) Ersetzt auch Artikel 32 des bisherigen EUV.

Bisherige Nummerierung des Vertrags zur Gründung der Europäischen Gemeinschaft	Neue Nummerierung des Vertrags über die Arbeitsweise der Europäischen Union
Artikel 89	Artikel 109
Kapitel 2 – Steuerliche Vorschriften	Kapitel 2 – Steuerliche Vorschriften
Artikel 90	Artikel 110
Artikel 91	Artikel 111
Artikel 92	Artikel 112
Artikel 93	Artikel 113
Kapitel 3 – Angleichung der Rechtsvorschriften	Kapitel 3 – Angleichung der Rechtsvorschriften
Artikel 95 (umgestellt)	Artikel 114
Artikel 94 (umgestellt)	Artikel 115
Artikel 96	Artikel 116
Artikel 97	Artikel 117
	Artikel 118
Titel VII – Die Wirtschafts- und Währungspolitik	Titel VIII – Die Wirtschafts- und Währungspolitik
Artikel 4 (umgestellt)	Artikel 119
Kapitel 1 – Die Wirtschaftpolitik	Kapitel 1 – Die Wirtschaftpolitik
Artikel 98	Artikel 120
Artikel 99	Artikel 121
Artikel 100	Artikel 122
Artikel 101	Artikel 123
Artikel 102	Artikel 124
Artikel 103	Artikel 125
Artikel 104	Artikel 126
Kapitel 2 – Die Währungspolitik	Kapitel 2 – Die Währungspolitik
Artikel 105	Artikel 127
Artikel 106	Artikel 128
Artikel 107	Artikel 129
Artikel 108	Artikel 130
Artikel 109	Artikel 131
Artikel 110	Artikel 132
Artikel 111 Absätze 1 bis 3 und 5 (umgestellt)	*Artikel 219*
Artikel 111 Absatz 4 (umgestellt)	*Artikel 138*
	Artikel 133
Kapitel 3 – Institutionelle Bestimmungen	Kapitel 3 – Institutionelle Bestimmungen
Artikel 112 (umgestellt)	*Artikel 283*
Artikel 113 (umgestellt)	*Artikel 284*

Bisherige Nummerierung des Vertrags zur Gründung der Europäischen Gemeinschaft	Neue Nummerierung des Vertrags über die Arbeitsweise der Europäischen Union
Artikel 114	Artikel 134
Artikel 115	Artikel 135
	Kapitel 4 – Besondere Bestimmungen für die Mitgliedstaaten, deren Währung der Euro ist
	Artikel 136
	Artikel 137
Artikel 111 Absatz 4 (umgestellt)	Artikel 138
Kapitel 4 – Übergangsbestimmungen	Kapitel 5 – Übergangsbestimmungen
Artikel 116 (aufgehoben)	
	Artikel 139
Artikel 117 Absätze 1, 2 sechster Gedankenstrich und 3 bis 9 (aufgehoben)	
Artikel 117 Absatz 2 erste fünf Gedankenstriche (umgestellt)	*Artikel 141 Absatz 2*
Artikel 121 Absatz 1 (umgestellt) Artikel 122 Absatz 2 Satz 2 (umgestellt) Artikel 123 Absatz 5 (umgestellt) Artikel 118 (aufgehoben)	Artikel 140[1]
Artikel 123 Absatz 3 (umgestellt) Artikel 117 Absatz 2 erste fünf Gedankenstriche (umgestellt)	Artikel 141[2]
Artikel 124 Absatz 1 (umgestellt)	Artikel 142
Artikel 119	Artikel 143
Artikel 120	Artikel 144
Artikel 121 Absatz 1 (umgestellt)	*Artikel 140 Absatz 1*
Artikel 121 Absätze 2 bis 4 (aufgehoben)	
Artikel 122 Absätze 1, 2 Satz 1, Absätze 3, 4, 5 und 6 (aufgehoben)	
Artikel 122 Absatz 2 Satz 2 (umgestellt)	*Artikel 140 Absatz 2 Unterabsatz 1*

---

[1] – Artikel 140 Absatz 1 übernimmt den Wortlaut des Artikels 121.
   – Artikel 140 Absatz 2 übernimmt den Wortlaut des Artikels 122 Absatz 2 Satz 2.
   – Artikel 140 Absatz 3 übernimmt den Wortlaut des Artikels 123 Absatz 5.
[2] – Artikel 141 Absatz 1 übernimmt den Wortlaut des Artikels 123 Absatz 3.
   – Artikel 141 Absatz 2 übernimmt den Wortlaut der fünf ersten Gedankenstriche des Artikels 117.

Bisherige Nummerierung des Vertrags zur Gründung der Europäischen Gemeinschaft	Neue Nummerierung des Vertrags über die Arbeitsweise der Europäischen Union
Artikel 123 Absätze 1, 2 und 4 (aufgehoben)	
Artikel 123 Absatz 3 (umgestellt)	*Artikel 141 Absatz 1*
Artikel 123 Absatz 5 (umgestellt)	*Artikel 140 Absatz 3*
Artikel 124 Absatz 1 (umgestellt)	*Artikel 142*
Artikel 124 Absatz 2 (aufgehoben)	
Titel VIII – Beschäftigung	Titel IX – Beschäftigung
Artikel 125	Artikel 145
Artikel 126	Artikel 146
Artikel 127	Artikel 147
Artikel 128	Artikel 148
Artikel 129	Artikel 149
Artikel 130	Artikel 150
Titel IX – Gemeinsame Handelspolitik (umgestellt)	*Fünfter Teil Titel II – Gemeinsame Handelspolitik*
Artikel 131 (umgestellt)	*Artikel 206*
Artikel 132 (aufgehoben)	
Artikel 133 (umgestellt)	*Artikel 207*
Artikel 134 (aufgehoben)	
Titel X – Zusammenarbeit im Zollwesen (umgestellt)	*Dritter Teil Titel II Kapitel 2 – Zusammenarbeit im Zollwesen*
Artikel 135 (umgestellt)	*Artikel 33*
Titel XI – Sozialpolitik, allgemeine und berufliche Bildung und Jugend	Titel X – Sozialpolitik
Kapitel 1 – Sozialvorschriften (aufgehoben)	
Artikel 136	Artikel 151
	Artikel 152
Artikel 137	Artikel 153
Artikel 138	Artikel 154
Artikel 139	Artikel 155
Artikel 140	Artikel 156
Artikel 141	Artikel 157
Artikel 142	Artikel 158
Artikel 143	Artikel 159
Artikel 144	Artikel 160
Artikel 145	Artikel 161
Kapitel 2 – Der Europäische Sozialfonds	Titel XI – Der Europäische Sozialfonds
Artikel 146	Artikel 162

Bisherige Nummerierung des Vertrags zur Gründung der Europäischen Gemeinschaft	Neue Nummerierung des Vertrags über die Arbeitsweise der Europäischen Union
Artikel 147	Artikel 163
Artikel 148	Artikel 164
Kapitel 3 – Allgemeine und berufliche Bildung und Jugend	Titel XII – Allgemeine und berufliche Bildung, Jugend und Sport
Artikel 149	Artikel 165
Artikel 150	Artikel 166
Titel XII – Kultur	Titel XIII – Kultur
Artikel 151	Artikel 167
Titel XIII – Gesundheitswesen	Titel XIV – Gesundheitswesen
Artikel 152	Artikel 168
Titel XIV – Verbraucherschutz	Titel XV – Verbraucherschutz
Artikel 153, Absätze 1, 3, 4 und 5	Artikel 169
Artikel 153, Absatz 2 (umgestellt)	*Artikel 12*
Titel XV – Transeuropäische Netze	Titel XVI – Transeuropäische Netze
Artikel 154	Artikel 170
Artikel 155	Artikel 171
Artikel 156	Artikel 172
Titel XVI – Industrie	Titel XVII – Industrie
Artikel 157	Artikel 173
Titel XVII – Wirtschaftlicher und sozialer Zusammenhalt	Titel XVIII – Wirtschaftlicher, sozialer und territorialer Zusammenhalt
Artikel 158	Artikel 174
Artikel 159	Artikel 175
Artikel 160	Artikel 176
Artikel 161	Artikel 177
Artikel 162	Artikel 178
Titel XVIII – Forschung und technologische Entwicklung	Titel XIX – Forschung, technologische Entwicklung und Raumfahrt
Artikel 163	Artikel 179
Artikel 164	Artikel 180
Artikel 165	Artikel 181
Artikel 166	Artikel 182
Artikel 167	Artikel 183
Artikel 168	Artikel 184
Artikel 169	Artikel 185
Artikel 170	Artikel 186
Artikel 171	Artikel 187

Bisherige Nummerierung des Vertrags zur Gründung der Europäischen Gemeinschaft	Neue Nummerierung des Vertrags über die Arbeitsweise der Europäischen Union
Artikel 172	Artikel 188
	Artikel 189
Artikel 173	Artikel 190
Titel XIX – Umwelt	Titel XX – Umwelt
Artikel 174	Artikel 191
Artikel 175	Artikel 192
Artikel 176	Artikel 193
	Titel XXI – Energie
	Artikel 194
	Titel XXII – Tourismus
	Artikel 195
	Titel XXIII – Katastrophenschutz
	Artikel 196
	Titel XXIV – Verwaltungszusammenarbeit
	Artikel 197
Titel XX – Entwicklungszusammenarbeit (umgestellt)	*Fünfter Teil Titel III Kapitel 1 – Entwicklungszusammenarbeit*
Artikel 177 (umgestellt)	*Artikel 208*
Artikel 178 (aufgehoben)[1]	
Artikel 179 (umgestellt)	*Artikel 209*
Artikel 180 (umgestellt)	*Artikel 210*
Artikel 181 (umgestellt)	*Artikel 211*
Titel XXI – Wirtschaftliche, finanzielle und technische Zusammenarbeit mit Drittländern (umgestellt)	*Fünfter Teil Titel III, Kapitel 2 – Wirtschaftliche, finanzielle und technische Zusammenarbeit mit Drittländern*
Artikel 181 a (umgestellt)	*Artikel 212*
Vierter Teil – Die Assoziierung der überseeischen Länder und Hoheitsgebiete	Vierter Teil – Die Assoziierung der überseeischen Länder und Hoheitsgebiete
Artikel 182	Artikel 198
Artikel 183	Artikel 199
Artikel 184	Artikel 200
Artikel 185	Artikel 201
Artikel 186	Artikel 202
Artikel 187	Artikel 203
Artikel 188	Artikel 204

---

[1] Im Wesentlichen ersetzt durch Artikel 208 Absatz 1 Unterabsatz 2 Satz 2 AEUV.

Bisherige Nummerierung des Vertrags zur Gründung der Europäischen Gemeinschaft	Neue Nummerierung des Vertrags über die Arbeitsweise der Europäischen Union
	Fünfter Teil – Das auswärtige Handeln der Union
	Titel I – Allgemeine Bestimmungen über das auswärtige Handeln der Union
	Artikel 205
Dritter Teil Titel IX – Gemeinsame Handelspolitik (umgestellt)	Titel II – Gemeinsame Handelspolitik
Artikel 131 (umgestellt)	Artikel 206
Artikel 133 (umgestellt)	Artikel 207
	Titel III – Zusammenarbeit mit Drittländern und humanitäre Hilfe
Dritter Teil Titel XX – Entwicklungszusammenarbeit (umgestellt)	Kapitel 1 – Entwicklungszusammenarbeit
Artikel 177 (umgestellt)	Artikel 208[1]
Artikel 179 (umgestellt)	Artikel 209
Artikel 180 (umgestellt)	Artikel 210
Artikel 181 (umgestellt)	Artikel 211
Dritter Teil, Titel XXI – Wirtschaftliche, finanzielle und technische Zusammenarbeit mit Drittländern (umgestellt)	Kapitel 2 – Wirtschaftliche, finanzielle und technische Zusammenarbeit mit Drittländern
Artikel 181 a (umgestellt)	Artikel 212
	Artikel 213
	Kapitel 3 – Humanitäre Hilfe
	Artikel 214
	Titel IV – Restriktive Maßnahmen
Artikel 301 (ersetzt)	Artikel 215
	Titel V – Internationale Übereinkünfte
	Artikel 216
Artikel 310 (umgestellt)	Artikel 217
Artikel 300 (ersetzt)	Artikel 218
Artikel 111 Absätze 1 bis 3 und 5 (umgestellt)	Artikel 219

---

1) Absatz 1 Unterabsatz 2 Satz 2 ersetzt im Wesentlichen Artikel 178 EGV.

Bisherige Nummerierung des Vertrags zur Gründung der Europäischen Gemeinschaft	Neue Nummerierung des Vertrags über die Arbeitsweise der Europäischen Union
	Titel VI – Beziehungen der Union zu internationalen Organisationen und Drittländern sowie Delegationen der Union
Artikel 302 bis 304 (ersetzt)	Artikel 220
	Artikel 221
	Titel VII – Solidaritätsklausel
	Artikel 222
Fünfter Teil – Die Organe der Gemeinschaft	Sechster Teil – Institutionelle Bestimmungen und Finanzvorschriften
Titel I – Vorschriften über die Organe	Titel I – Vorschriften über die Organe
Kapitel 1 – Die Organe	Kapitel 1 – Die Organe
Abschnitt 1 – Das Europäische Parlament	Abschnitt 1 – Das Europäische Parlament
Artikel 189 (aufgehoben)[1]	
Artikel 190 Absätze 1 bis 3 (aufgehoben)[2]	
Artikel 190 Absätze 4 und 5	Artikel 223
Artikel 191 Absatz 1 (aufgehoben)[3]	
Artikel 191 Absatz 2	Artikel 224
Artikel 192 Absatz 1 (aufgehoben)[4]	
Artikel 192 Absatz 2	Artikel 225
Artikel 193	Artikel 226
Artikel 194	Artikel 227
Artikel 195	Artikel 228
Artikel 196	Artikel 229
Artikel 197 Absatz 1 (aufgehoben)[5]	
Artikel 197 Absätze 2, 3 und 4	Artikel 230
Artikel 198	Artikel 231
Artikel 199	Artikel 232
Artikel 200	Artikel 233
Artikel 201	Artikel 234

1)   Im Wesentlichen ersetzt durch Artikel 14 Absätze 1 und 2 EUV.
2)   Im Wesentlichen ersetzt durch Artikel 14 Absätze 1 bis 3 EUV.
3)   Im Wesentlichen ersetzt durch Artikel 11 Absatz 4 EUV.
4)   Im Wesentlichen ersetzt durch Artikel 14 Absatz 1 EUV.
5)   Im Wesentlichen ersetzt durch Artikel 14 Absatz 4 EUV.

Bisherige Nummerierung des Vertrags zur Gründung der Europäischen Gemeinschaft	Neue Nummerierung des Vertrags über die Arbeitsweise der Europäischen Union
	Abschnitt 2 – Der Europäische Rat
	Artikel 235
	Artikel 236
Abschnitt 2 – Der Rat	Abschnitt 3 – Der Rat
Artikel 202 (aufgehoben)[1]	
Artikel 203 (aufgehoben)[2]	
Artikel 204	Artikel 237
Artikel 205 Absätze 2 und 4 (aufgehoben)[3]	
Artikel 205 Absätze 1 und 3	Artikel 238
Artikel 206	Artikel 239
Artikel 207	Artikel 240
Artikel 208	Artikel 241
Artikel 209	Artikel 242
Artikel 210	Artikel 243
Abschnitt 3 – Die Kommission	Abschnitt 4 – Die Kommission
Artikel 211 (aufgehoben)[4]	
	Artikel 244
Artikel 212 (umgestellt)	*Artikel 249 Absatz 2*
Artikel 213	Artikel 245
Artikel 214 (aufgehoben)[5]	
Artikel 215	Artikel 246
Artikel 216	Artikel 247
Artikel 217 Absätze 1, 3 und 4 (aufgehoben)[6]	
Artikel 217 Absatz 2	Artikel 248
Artikel 218 Absatz 1 (aufgehoben)[7]	
Artikel 218 Absatz 2	Artikel 249
Artikel 219	Artikel 250
Abschnitt 4 – Der Gerichtshof	Abschnitt 5 – Der Gerichtshof der Europäischen Union

---

1) Im Wesentlichen ersetzt durch Artikel 16 Absatz 1 EUV und die Artikel 290 und 291 AEUV.
2) Im Wesentlichen ersetzt durch Artikel 16 Absätze 2 und 9 EUV.
3) Im Wesentlichen ersetzt durch Artikel 16 Absätze 4 und 5 EUV.
4) Im Wesentlichen ersetzt durch Artikel 17 Absatz 1 EUV.
5) Im Wesentlichen ersetzt durch Artikel 17 Absätze 3 und 7 EUV.
6) Im Wesentlichen ersetzt durch Artikel 17 Absatz 6 EUV.
7) Im Wesentlichen ersetzt durch Artikel 295 AEUV.

Bisherige Nummerierung des Vertrags zur Gründung der Europäischen Gemeinschaft	Neue Nummerierung des Vertrags über die Arbeitsweise der Europäischen Union
Artikel 220 (aufgehoben)[1]	
Artikel 221 Absatz 1 (aufgehoben)[2]	
Artikel 221 Absätze 2 und 3	Artikel 251
Artikel 222	Artikel 252
Artikel 223	Artikel 253
Artikel 224[3]	Artikel 254
	Artikel 255
Artikel 225	Artikel 256
Artikel 225 a	Artikel 257
Artikel 226	Artikel 258
Artikel 227	Artikel 259
Artikel 228	Artikel 260
Artikel 229	Artikel 261
Artikel 229 a	Artikel 262
Artikel 230	Artikel 263
Artikel 231	Artikel 264
Artikel 232	Artikel 265
Artikel 233	Artikel 266
Artikel 234	Artikel 267
Artikel 235	Artikel 268
	Artikel 269
Artikel 236	Artikel 270
Artikel 237	Artikel 271
Artikel 238	Artikel 272
Artikel 239	Artikel 273
Artikel 240	Artikel 274
	Artikel 275
	Artikel 276
Artikel 241	Artikel 277
Artikel 242	Artikel 278
Artikel 243	Artikel 279
Artikel 244	Artikel 280
Artikel 245	Artikel 281
	Abschnitt 6 – Die Europäische Zentralbank
	Artikel 282

1) Im Wesentlichen ersetzt durch Artikel 19 EUV.
2) Im Wesentlichen ersetzt durch Artikel 19 Absatz 2 Unterabsatz 1 EUV.
3) Absatz 1 Satz 1 wird im Wesentlichen ersetzt durch Artikel 19 Absatz 2 Unterabsatz 2 EUV.

Bisherige Nummerierung des Vertrags zur Gründung der Europäischen Gemeinschaft	Neue Nummerierung des Vertrags über die Arbeitsweise der Europäischen Union
Artikel 112 (umgestellt)	Artikel 283
Artikel 113 (umgestellt)	Artikel 284
Abschnitt 5 – Der Rechnungshof	Abschnitt 7 – Der Rechnungshof
Artikel 246	Artikel 285
Artikel 247	Artikel 286
Artikel 248	Artikel 287
Kapitel 2 – Gemeinsame Vorschriften für mehrere Organe	Kapitel 2 – Rechtsakte der Union, Annahmeverfahren und sonstige Vorschriften
	Abschnitt 1 – Die Rechtsakte der Union
Artikel 249	Artikel 288
	Artikel 289
	Artikel 290[1]
	Artikel 291[1]
	Artikel 292
	Abschnitt 2 – Annahmeverfahren und sonstige Vorschriften
Artikel 250	Artikel 293
Artikel 251	Artikel 294
Artikel 252 (aufgehoben)	
	Artikel 295
Artikel 253	Artikel 296
Artikel 254	Artikel 297
	Artikel 298
Artikel 255 (umgestellt)	*Artikel 15*
Artikel 256	Artikel 299
	Kapitel 3 – Die beratenden Einrichtungen der Union
	Artikel 300
Kapitel 3 – Der Wirtschafts- und Sozialausschuss	Abschnitt 1 – Der Wirtschafts- und Sozialausschuss
Artikel 257 (aufgehoben)[2]	
Artikel 258 Absätze 1, 2 und 4	Artikel 301
Artikel 258 Absatz 3 (aufgehoben)[3]	
Artikel 259	Artikel 302
Artikel 260	Artikel 303

1)   Ersetzt im Wesentlichen den Artikel 202 dritter Gedankenstrich EGV.
2)   Im Wesentlichen ersetzt durch Artikel 300 Absatz 2 AEUV.
3)   Im Wesentlichen ersetzt durch Artikel 300 Absatz 4 AEUV.

Bisherige Nummerierung des Vertrags zur Gründung der Europäischen Gemeinschaft	Neue Nummerierung des Vertrags über die Arbeitsweise der Europäischen Union
Artikel 261 (aufgehoben)	
Artikel 262	Artikel 304
Kapitel 4 – Der Ausschuss der Regionen	Abschnitt 2 – Der Ausschuss der Regionen
Artikel 263, Absätze 1 und 5 (aufgehoben)[1]	
Artikel 263 Absätze 2 bis 4	Artikel 305
Artikel 264	Artikel 306
Artikel 265	Artikel 307
Kapitel 5 – Die Europäische Investitionsbank	Kapitel 4 – Die Europäische Investitionsbank
Artikel 266	Artikel 308
Artikel 267	Artikel 309
Titel II – Finanzvorschriften	Titel II – Finanzvorschriften
Artikel 268	Artikel 310
	Kapitel 1 – Die Eigenmittel der Union
Artikel 269	Artikel 311
Artikel 270 (aufgehoben)[2]	
	Kapitel 2 – Der mehrjährige Finanzrahmen
	Artikel 312
	Kapitel 3 – Der Jahreshaushaltsplan der Union
Artikel 272 Absatz 1 (umgestellt)	Artikel 313
Artikel 271 (umgestellt)	*Artikel 316*
Artikel 272 Absatz 1 (umgestellt)	*Artikel 313*
Artikel 272 Absätze 2 bis 10	Artikel 314
Artikel 273	Artikel 315
Artikel 271 (umgestellt)	Artikel 316
	Kapitel 4 – Ausführung des Haushaltsplans und Entlastung
Artikel 274	Artikel 317
Artikel 275	Artikel 318
Artikel 276	Artikel 319
	Kapitel 5 – Gemeinsame Bestimmungen

---

1) Im Wesentlichen ersetzt durch Artikel 300 Absätze 3 und 4 AEUV.
2) Im Wesentlichen ersetzt durch Artikel 310 Absatz 4 AEUV.

Bisherige Nummerierung des Vertrags zur Gründung der Europäischen Gemeinschaft	Neue Nummerierung des Vertrags über die Arbeitsweise der Europäischen Union
Artikel 277	Artikel 320
Artikel 278	Artikel 321
Artikel 279	Artikel 322
	Artikel 323
	Artikel 324
	Kapitel 6 – Betrugsbekämpfung
Artikel 280	Artikel 325
	Titel III – Verstärkte Zusammenarbeit
Artikel 11 und 11 a (ersetzt)	Artikel 326[1]
Artikel 11 und 11 a (ersetzt)	Artikel 327[1]
Artikel 11 und 11 a (ersetzt)	Artikel 328[1]
Artikel 11 und 11 a (ersetzt)	Artikel 329[1]
Artikel 11 und 11 a (ersetzt)	Artikel 330[1]
Artikel 11 und 11 a (ersetzt)	Artikel 331[1]
Artikel 11 und 11 a (ersetzt)	Artikel 332[1]
Artikel 11 und 11 a (ersetzt)	Artikel 333[1]
Artikel 11 und 11 a (ersetzt)	Artikel 334[1]
Sechster Teil – Allgemeine und Schlussbestimmungen	Siebter Teil – Allgemeine und Schlussbestimmungen
Artikel 281 (aufgehoben)[2]	
Artikel 282	Artikel 335
Artikel 283	Artikel 336
Artikel 284	Artikel 337
Artikel 285	Artikel 338
Artikel 286 (ersetzt)	*Artikel 16*
Artikel 287	Artikel 339
Artikel 288	Artikel 340
Artikel 289	Artikel 341
Artikel 290	Artikel 342
Artikel 291	Artikel 343
Artikel 292	Artikel 344
Artikel 293 (aufgehoben)	
Artikel 294 (umgestellt)	*Artikel 55*
Artikel 295	Artikel 345
Artikel 296	Artikel 346
Artikel 297	Artikel 347

---

1) Ersetzt auch die Artikel 27 a bis 27 e, 40 bis 40 b und 43 bis 45 des bisherigen EUV.
2) Im Wesentlichen ersetzt durch Artikel 47 EUV.

Bisherige Nummerierung des Vertrags zur Gründung der Europäischen Gemeinschaft	Neue Nummerierung des Vertrags über die Arbeitsweise der Europäischen Union
Artikel 298	Artikel 348
Artikel 299 Absatz 1 (aufgehoben)[1]	
Artikel 299 Absatz 2 Unterabsätze 2, 3 und 4	Artikel 349
Artikel 299 Absatz 2 Unterabsatz 1 und Absätze 3 bis 6 (umgestellt)	*Artikel 355*
Artikel 300 (ersetzt)	*Artikel 218*
Artikel 301 (ersetzt)	*Artikel 215*
Artikel 302 (ersetzt)	*Artikel 220*
Artikel 303 (ersetzt)	*Artikel 220*
Artikel 304 (ersetzt)	*Artikel 220*
Artikel 305 (aufgehoben)	
Artikel 306	Artikel 350
Artikel 307	Artikel 351
Artikel 308	Artikel 352
	Artikel 353
Artikel 309	Artikel 354
Artikel 310 (umgestellt)	*Artikel 217*
Artikel 311 (aufgehoben)[2]	
Artikel 299 Absatz 2 Unterabsatz 1 und Absätze 3 bis 6 (umgestellt)	Artikel 355
Artikel 312	Artikel 356
Schlussbestimmungen	
Artikel 313	Artikel 357
	Artikel 358
Artikel 314 (aufgehoben)[3]	

---

1)   Im Wesentlichen ersetzt durch Artikel 52 EUV.
2)   Im Wesentlichen ersetzt durch Artikel 51 EUV.
3)   Im Wesentlichen ersetzt durch Artikel 55 EUV.

Charta der Grundrechte der Europäischen Union

(2007/C 303/01)

(ABl. C 303 vom 14. 12. 2007, S. 1)[1)]

Inhalt

Das Europäische Parlament, der Rat und die Kommission proklamieren feierlich den nachstehenden Text als Charta der Grundrechte der Europäischen Union:

Charta der Grundrechte der Europäischen Union

Präambel

Die Völker Europas sind entschlossen, auf der Grundlage gemeinsamer Werte eine friedliche Zukunft zu teilen, indem sie sich zu einer immer engeren Union verbinden.

In dem Bewusstsein ihres geistig-religiösen und sittlichen Erbes gründet sich die Union auf die unteilbaren und universellen Werte der Würde des Menschen, der Freiheit, der Gleichheit und der Solidarität. Sie beruht auf den Grundsätzen der Demokratie und der Rechtsstaatlichkeit. Sie stellt den Menschen in den Mittelpunkt ihres Handelns, indem sie die Unionsbürgerschaft und einen Raum der Freiheit, der Sicherheit und des Rechts begründet.

Die Union trägt zur Erhaltung und zur Entwicklung dieser gemeinsamen Werte unter Achtung der Vielfalt der Kulturen und Traditionen der Völker Europas sowie der nationalen Identität der Mitgliedstaaten und der Organisation ihrer staatlichen Gewalt auf nationaler, regionaler und lokaler Ebene bei. Sie ist bestrebt, eine ausgewogene und nachhaltige Entwicklung zu fördern und stellt den freien Personen-, Dienstleistungs-, Waren- und Kapitalverkehr sowie die Niederlassungsfreiheit sicher.

---

1) Nachfolgende konsolidierte Fassungen (ABl. 2010 C 83 S. 389; ABl. 2012 C 326 S. 391; ABl. 2016 C 202 S. 389) sind berücksichtigt.

Zu diesem Zweck ist es notwendig, angesichts der Weiterentwicklung der Gesellschaft, des sozialen Fortschritts und der wissenschaftlichen und technologischen Entwicklungen den Schutz der Grundrechte zu stärken, indem sie in einer Charta sichtbarer gemacht werden.

Diese Charta bekräftigt unter Achtung der Zuständigkeiten und Aufgaben der Union und des Subsidiaritätsprinzips die Rechte, die sich vor allem aus den gemeinsamen Verfassungstraditionen und den gemeinsamen internationalen Verpflichtungen der Mitgliedstaaten, aus der Europäischen Konvention zum Schutz der Menschenrechte und Grundfreiheiten, aus den von der Union und dem Europarat beschlossenen Sozialchartas sowie aus der Rechtsprechung des Gerichtshofs der Europäischen Union und des Europäischen Gerichtshofs für Menschenrechte ergeben. In diesem Zusammenhang erfolgt die Auslegung der Charta durch die Gerichte der Union und der Mitgliedstaaten unter gebührender Berücksichtigung der Erläuterungen, die unter der Leitung des Präsidiums des Konvents zur Ausarbeitung der Charta formuliert und unter der Verantwortung des Präsidiums des Europäischen Konvents aktualisiert wurden.

Die Ausübung dieser Rechte ist mit Verantwortung und mit Pflichten sowohl gegenüber den Mitmenschen als auch gegenüber der menschlichen Gemeinschaft und den künftigen Generationen verbunden.

Daher erkennt die Union die nachstehend aufgeführten Rechte, Freiheiten und Grundsätze an.

Titel I
Würde des Menschen

Artikel 1 Würde des Menschen
[1]Die Würde des Menschen ist unantastbar. [2]Sie ist zu achten und zu schützen.

Artikel 2 Recht auf Leben
(1) Jeder Mensch hat das Recht auf Leben.

(2) Niemand darf zur Todesstrafe verurteilt oder hingerichtet werden.

Artikel 3 Recht auf Unversehrtheit
(1) Jeder Mensch hat das Recht auf körperliche und geistige Unversehrtheit.

(2) Im Rahmen der Medizin und der Biologie muss insbesondere Folgendes beachtet werden:
a) die freie Einwilligung des Betroffenen nach vorheriger Aufklärung entsprechend den gesetzlich festgelegten Einzelheiten,
b) das Verbot eugenischer Praktiken, insbesondere derjenigen, welche die Selektion von Menschen zum Ziel haben,
c) das Verbot, den menschlichen Körper und Teile davon als solche zur Erzielung von Gewinnen zu nutzen,
d) das Verbot des reproduktiven Klonens von Menschen.

Artikel 4 Verbot der Folter und unmenschlicher oder erniedrigender Strafe oder Behandlung

Niemand darf der Folter oder unmenschlicher oder erniedrigender Strafe oder Behandlung unterworfen werden.

Artikel 5 Verbot der Sklaverei und der Zwangsarbeit

(1) Niemand darf in Sklaverei oder Leibeigenschaft gehalten werden.

(2) Niemand darf gezwungen werden, Zwangs- oder Pflichtarbeit zu verrichten.

(3) Menschenhandel ist verboten.

Titel II

Freiheiten

Artikel 6 Recht auf Freiheit und Sicherheit

Jeder Mensch hat das Recht auf Freiheit und Sicherheit.

Artikel 7 Achtung des Privat- und Familienlebens

Jede Person hat das Recht auf Achtung ihres Privat- und Familienlebens, ihrer Wohnung sowie ihrer Kommunikation.

Artikel 8 Schutz personenbezogener Daten

(1) Jede Person hat das Recht auf Schutz der sie betreffenden personenbezogenen Daten.

(2) [1]Diese Daten dürfen nur nach Treu und Glauben für festgelegte Zwecke und mit Einwilligung der betroffenen Person oder auf einer sonstigen gesetzlich geregelten legitimen Grundlage verarbeitet werden. [2]Jede Person hat das Recht, Auskunft über die sie betreffenden erhobenen Daten zu erhalten und die Berichtigung der Daten zu erwirken.

(3) Die Einhaltung dieser Vorschriften wird von einer unabhängigen Stelle überwacht.

Artikel 9 Recht, eine Ehe einzugehen und eine Familie zu gründen

Das Recht, eine Ehe einzugehen, und das Recht, eine Familie zu gründen, werden nach den einzelstaatlichen Gesetzen gewährleistet, welche die Ausübung dieser Rechte regeln.

Artikel 10 Gedanken-, Gewissens- und Religionsfreiheit

(1) [1]Jede Person hat das Recht auf Gedanken-, Gewissens- und Religionsfreiheit. [2]Dieses Recht umfasst die Freiheit, die Religion oder Weltanschauung zu wechseln, und die Freiheit, seine Religion oder Weltanschauung einzeln oder gemeinsam mit anderen öffentlich oder privat durch Gottesdienst, Unterricht, Bräuche und Riten zu bekennen.

(2) Das Recht auf Wehrdienstverweigerung aus Gewissensgründen wird nach den einzelstaatlichen Gesetzen anerkannt, welche die Ausübung dieses Rechts regeln.

Artikel 11   Freiheit der Meinungsäußerung und Informationsfreiheit

(1) [1]Jede Person hat das Recht auf freie Meinungsäußerung. [2]Dieses Recht schließt die Meinungsfreiheit und die Freiheit ein, Informationen und Ideen ohne behördliche Eingriffe und ohne Rücksicht auf Staatsgrenzen zu empfangen und weiterzugeben.

(2) Die Freiheit der Medien und ihre Pluralität werden geachtet.

Artikel 12   Versammlungs- und Vereinigungsfreiheit

(1) Jede Person hat das Recht, sich insbesondere im politischen, gewerkschaftlichen und zivilgesellschaftlichen Bereich auf allen Ebenen frei und friedlich mit anderen zu versammeln und frei mit anderen zusammenzuschließen, was das Recht jeder Person umfasst, zum Schutz ihrer Interessen Gewerkschaften zu gründen und Gewerkschaften beizutreten.

(2) Politische Parteien auf der Ebene der Union tragen dazu bei, den politischen Willen der Unionsbürgerinnen und Unionsbürger zum Ausdruck zu bringen.

Artikel 13   Freiheit der Kunst und der Wissenschaft

[1]Kunst und Forschung sind frei. [2]Die akademische Freiheit wird geachtet.

Artikel 14   Recht auf Bildung

(1) Jede Person hat das Recht auf Bildung sowie auf Zugang zur beruflichen Ausbildung und Weiterbildung.

(2) Dieses Recht umfasst die Möglichkeit, unentgeltlich am Pflichtschulunterricht teilzunehmen.

(3) Die Freiheit zur Gründung von Lehranstalten unter Achtung der demokratischen Grundsätze sowie das Recht der Eltern, die Erziehung und den Unterricht ihrer Kinder entsprechend ihren eigenen religiösen, weltanschaulichen und erzieherischen Überzeugungen sicherzustellen, werden nach den einzelstaatlichen Gesetzen geachtet, welche ihre Ausübung regeln.

Artikel 15   Berufsfreiheit und Recht zu arbeiten

(1) Jede Person hat das Recht, zu arbeiten und einen frei gewählten oder angenommenen Beruf auszuüben.

(2) Alle Unionsbürgerinnen und Unionsbürger haben die Freiheit, in jedem Mitgliedstaat Arbeit zu suchen, zu arbeiten, sich niederzulassen oder Dienstleistungen zu erbringen.

(3) Die Staatsangehörigen dritter Länder, die im Hoheitsgebiet der Mitgliedstaaten arbeiten dürfen, haben Anspruch auf Arbeitsbedingungen, die denen der Unionsbürgerinnen und Unionsbürger entsprechen.

Artikel 16   Unternehmerische Freiheit

Die unternehmerische Freiheit wird nach dem Unionsrecht und den einzelstaatlichen Rechtsvorschriften und Gepflogenheiten anerkannt.

Artikel 17 Eigentumsrecht

(1) [1]Jede Person hat das Recht, ihr rechtmäßig erworbenes Eigentum zu besitzen, zu nutzen, darüber zu verfügen und es zu vererben. [2]Niemandem darf sein Eigentum entzogen werden, es sei denn aus Gründen des öffentlichen Interesses in den Fällen und unter den Bedingungen, die in einem Gesetz vorgesehen sind, sowie gegen eine rechtzeitige angemessene Entschädigung für den Verlust des Eigentums. [3]Die Nutzung des Eigentums kann gesetzlich geregelt werden, soweit dies für das Wohl der Allgemeinheit erforderlich ist.

(2) Geistiges Eigentum wird geschützt.

Artikel 18 Asylrecht

Das Recht auf Asyl wird nach Maßgabe des Genfer Abkommens vom 28. Juli 1951 und des Protokolls vom 31. Januar 1967 über die Rechtsstellung der Flüchtlinge sowie nach Maßgabe des Vertrags über die Europäische Union und des Vertrags über die Arbeitsweise der Europäischen Union (im Folgenden „die Verträge") gewährleistet.

Artikel 19 Schutz bei Abschiebung, Ausweisung und Auslieferung

(1) Kollektivausweisungen sind nicht zulässig.

(2) Niemand darf in einen Staat abgeschoben oder ausgewiesen oder an einen Staat ausgeliefert werden, in dem für sie oder ihn das ernsthafte Risiko der Todesstrafe, der Folter oder einer anderen unmenschlichen oder erniedrigenden Strafe oder Behandlung besteht.

Titel III
Gleichheit

Artikel 20 Gleichheit vor dem Gesetz

Alle Personen sind vor dem Gesetz gleich.

Artikel 21 Nichtdiskriminierung

(1) Diskriminierungen insbesondere wegen des Geschlechts, der Rasse, der Hautfarbe, der ethnischen oder sozialen Herkunft, der genetischen Merkmale, der Sprache, der Religion oder der Weltanschauung, der politischen oder sonstigen Anschauung, der Zugehörigkeit zu einer nationalen Minderheit, des Vermögens, der Geburt, einer Behinderung, des Alters oder der sexuellen Ausrichtung sind verboten.

(2) Unbeschadet besonderer Bestimmungen der Verträge ist in ihrem Anwendungsbereich jede Diskriminierung aus Gründen der Staatsangehörigkeit verboten.

Artikel 22 Vielfalt der Kulturen, Religionen und Sprachen

Die Union achtet die Vielfalt der Kulturen, Religionen und Sprachen.

Artikel 23 Gleichheit von Frauen und Männern
Die Gleichheit von Frauen und Männern ist in allen Bereichen, einschließlich der Beschäftigung, der Arbeit und des Arbeitsentgelts, sicherzustellen.

Der Grundsatz der Gleichheit steht der Beibehaltung oder der Einführung spezifischer Vergünstigungen für das unterrepräsentierte Geschlecht
nicht entgegen.

Artikel 24 Rechte des Kindes
(1) [1]Kinder haben Anspruch auf den Schutz und die Fürsorge, die für ihr
Wohlergehen notwendig sind. [2]Sie können ihre Meinung frei äußern. [3]Ihre
Meinung wird in den Angelegenheiten, die sie betreffen, in einer ihrem
Alter und ihrem Reifegrad entsprechenden Weise berücksichtigt.

(2) Bei allen Kinder betreffenden Maßnahmen öffentlicher Stellen oder
privater Einrichtungen muss das Wohl des Kindes eine vorrangige Erwägung sein.

(3) Jedes Kind hat Anspruch auf regelmäßige persönliche Beziehungen
und direkte Kontakte zu beiden Elternteilen, es sei denn, dies steht seinem
Wohl entgegen.

Artikel 25 Rechte älterer Menschen
Die Union anerkennt und achtet das Recht älterer Menschen auf ein wür-
diges und unabhängiges Leben und auf Teilnahme am sozialen und kulturellen Leben.

Artikel 26 Integration von Menschen mit Behinderung
Die Union anerkennt und achtet den Anspruch von Menschen mit Behinderung auf Maßnahmen zur Gewährleistung ihrer Eigenständigkeit, ihrer
sozialen und beruflichen Eingliederung und ihrer Teilnahme am Leben
der Gemeinschaft.

Titel IV
Solidarität

**Artikel 27 Recht auf Unterrichtung und Anhörung der
Arbeitnehmerinnen und Arbeitnehmer im Unternehmen**
Für die Arbeitnehmerinnen und Arbeitnehmer oder ihre Vertreter muss
auf den geeigneten Ebenen eine rechtzeitige Unterrichtung und Anhörung
in den Fällen und unter den Voraussetzungen gewährleistet sein, die nach
dem Unionsrecht und den einzelstaatlichen Rechtsvorschriften und Gepflogenheiten vorgesehen sind.

**Artikel 28 Recht auf Kollektivverhandlungen und
Kollektivmaßnahmen**
Die Arbeitnehmerinnen und Arbeitnehmer sowie die Arbeitgeberinnen
und Arbeitgeber oder ihre jeweiligen Organisationen haben nach dem
Unionsrecht und den einzelstaatlichen Rechtsvorschriften und Gepflo-

genheiten das Recht, Tarifverträge auf den geeigneten Ebenen auszuhandeln und zu schließen sowie bei Interessenkonflikten kollektive Maßnahmen zur Verteidigung ihrer Interessen, einschließlich Streiks, zu ergreifen.

Artikel 29 Recht auf Zugang zu einem Arbeitsvermittlungsdienst
Jeder Mensch hat das Recht auf Zugang zu einem unentgeltlichen Arbeitsvermittlungsdienst.

Artikel 30 Schutz bei ungerechtfertigter Entlassung
Jede Arbeitnehmerin und jeder Arbeitnehmer hat nach dem Unionsrecht und den einzelstaatlichen Rechtsvorschriften und Gepflogenheiten Anspruch auf Schutz vor ungerechtfertigter Entlassung.

Artikel 31 Gerechte und angemessene Arbeitsbedingungen
(1) Jede Arbeitnehmerin und jeder Arbeitnehmer hat das Recht auf gesunde, sichere und würdige Arbeitsbedingungen.

(2) Jede Arbeitnehmerin und jeder Arbeitnehmer hat das Recht auf eine Begrenzung der Höchstarbeitszeit, auf tägliche und wöchentliche Ruhezeiten sowie auf bezahlten Jahresurlaub.

**Artikel 32 Verbot der Kinderarbeit und Schutz der Jugendlichen
am Arbeitsplatz**
[1]Kinderarbeit ist verboten. [2]Unbeschadet günstigerer Vorschriften für Jugendliche und abgesehen von begrenzten Ausnahmen darf das Mindestalter für den Eintritt in das Arbeitsleben das Alter, in dem die Schulpflicht endet, nicht unterschreiten.

Zur Arbeit zugelassene Jugendliche müssen ihrem Alter angepasste Arbeitsbedingungen erhalten und vor wirtschaftlicher Ausbeutung und vor jeder Arbeit geschützt werden, die ihre Sicherheit, ihre Gesundheit, ihre körperliche, geistige, sittliche oder soziale Entwicklung beeinträchtigen oder ihre Erziehung gefährden könnte.

Artikel 33 Familien- und Berufsleben
(1) Der rechtliche, wirtschaftliche und soziale Schutz der Familie wird gewährleistet.

(2) Um Familien- und Berufsleben miteinander in Einklang bringen zu können, hat jeder Mensch das Recht auf Schutz vor Entlassung aus einem mit der Mutterschaft zusammenhängenden Grund sowie den Anspruch auf einen bezahlten Mutterschaftsurlaub und auf einen Elternurlaub nach der Geburt oder Adoption eines Kindes.

Artikel 34 Soziale Sicherheit und soziale Unterstützung
(1) Die Union anerkennt und achtet das Recht auf Zugang zu den Leistungen der sozialen Sicherheit und zu den sozialen Diensten, die in Fällen wie Mutterschaft, Krankheit, Arbeitsunfall, Pflegebedürftigkeit oder im Alter sowie bei Verlust des Arbeitsplatzes Schutz gewährleisten, nach

Maßgabe des Unionsrechts und der einzelstaatlichen Rechtsvorschriften und Gepflogenheiten.

(2) Jeder Mensch, der in der Union seinen rechtmäßigen Wohnsitz hat und seinen Aufenthalt rechtmäßig wechselt, hat Anspruch auf die Leistungen der sozialen Sicherheit und die sozialen Vergünstigungen nach dem Unionsrecht und den einzelstaatlichen Rechtsvorschriften und Gepflogenheiten.

(3) Um die soziale Ausgrenzung und die Armut zu bekämpfen, anerkennt und achtet die Union das Recht auf eine soziale Unterstützung und eine Unterstützung für die Wohnung, die allen, die nicht über ausreichende Mittel verfügen, ein menschenwürdiges Dasein sicherstellen sollen, nach Maßgabe des Unionsrechts und der einzelstaatlichen Rechtsvorschriften und Gepflogenheiten.

Artikel 35 Gesundheitsschutz
[1]Jeder Mensch hat das Recht auf Zugang zur Gesundheitsvorsorge und auf ärztliche Versorgung nach Maßgabe der einzelstaatlichen Rechtsvorschriften und Gepflogenheiten. [2]Bei der Festlegung und Durchführung der Politik und Maßnahmen der Union in allen Bereichen wird ein hohes Gesundheitsschutzniveau sichergestellt.

Artikel 36 Zugang zu Dienstleistungen von allgemeinem wirtschaftlichen Interesse
Die Union anerkennt und achtet den Zugang zu Dienstleistungen von allgemeinem wirtschaftlichen Interesse, wie er durch die einzelstaatlichen Rechtsvorschriften und Gepflogenheiten im Einklang mit den Verträgen geregelt ist, um den sozialen und territorialen Zusammenhalt der Union zu fördern.

Artikel 37 Umweltschutz
Ein hohes Umweltschutzniveau und die Verbesserung der Umweltqualität müssen in die Politik der Union einbezogen und nach dem Grundsatz der nachhaltigen Entwicklung sichergestellt werden.

Artikel 38 Verbraucherschutz
Die Politik der Union stellt ein hohes Verbraucherschutzniveau sicher.

Titel V
Bürgerrechte

Artikel 39 Aktives und passives Wahlrecht bei den Wahlen zum Europäischen Parlament
(1) Die Unionsbürgerinnen und Unionsbürger besitzen in dem Mitgliedstaat, in dem sie ihren Wohnsitz haben, das aktive und passive Wahlrecht bei den Wahlen zum Europäischen Parlament unter denselben Bedingungen wie die Angehörigen des betreffenden Mitgliedstaats.

(2) Die Mitglieder des Europäischen Parlaments werden in allgemeiner, unmittelbarer, freier und geheimer Wahl gewählt.

Artikel 40   Aktives und passives Wahlrecht bei den Kommunalwahlen

Die Unionsbürgerinnen und Unionsbürger besitzen in dem Mitgliedstaat, in dem sie ihren Wohnsitz haben, das aktive und passive Wahlrecht bei Kommunalwahlen unter denselben Bedingungen wie die Angehörigen des betreffenden Mitgliedstaats.

Artikel 41   Recht auf eine gute Verwaltung

(1) Jede Person hat ein Recht darauf, dass ihre Angelegenheiten von den Organen, Einrichtungen und sonstigen Stellen der Union unparteiisch, gerecht und innerhalb einer angemessenen Frist behandelt werden.

(2) Dieses Recht umfasst insbesondere

a) das Recht jeder Person, gehört zu werden, bevor ihr gegenüber eine für sie nachteilige individuelle Maßnahme getroffen wird,

b) das Recht jeder Person auf Zugang zu den sie betreffenden Akten unter Wahrung des berechtigten Interesses der Vertraulichkeit sowie des Berufs- und Geschäftsgeheimnisses,

c) die Verpflichtung der Verwaltung, ihre Entscheidungen zu begründen.

(3) Jede Person hat Anspruch darauf, dass die Union den durch ihre Organe oder Bediensteten in Ausübung ihrer Amtstätigkeit verursachten Schaden nach den allgemeinen Rechtsgrundsätzen ersetzt, die den Rechtsordnungen der Mitgliedstaaten gemeinsam sind.

(4) Jede Person kann sich in einer der Sprachen der Verträge an die Organe der Union wenden und muss eine Antwort in derselben Sprache erhalten.

Artikel 42   Recht auf Zugang zu Dokumenten

Die Unionsbürgerinnen und Unionsbürger sowie jede natürliche oder juristische Person mit Wohnsitz oder satzungsmäßigem Sitz in einem Mitgliedstaat haben das Recht auf Zugang zu den Dokumenten der Organe, Einrichtungen und sonstigen Stellen der Union, unabhängig von der Form der für diese Dokumente verwendeten Träger.

Artikel 43   Der Europäische Bürgerbeauftragte

Die Unionsbürgerinnen und Unionsbürger sowie jede natürliche oder juristische Person mit Wohnsitz oder satzungsmäßigem Sitz in einem Mitgliedstaat haben das Recht, den Europäischen Bürgerbeauftragten im Falle von Missständen bei der Tätigkeit der Organe, Einrichtungen und sonstigen Stellen der Union, mit Ausnahme des Gerichtshofs der Europäischen Union in Ausübung seiner Rechtsprechungsbefugnisse, zu befassen.

Artikel 44   Petitionsrecht

Die Unionsbürgerinnen und Unionsbürger sowie jede natürliche oder juristische Person mit Wohnsitz oder satzungsmäßigem Sitz in einem Mitgliedstaat haben das Recht, eine Petition an das Europäische Parlament zu richten.

Artikel 45 Freizügigkeit und Aufenthaltsfreiheit

(1) Die Unionsbürgerinnen und Unionsbürger haben das Recht, sich im Hoheitsgebiet der Mitgliedstaaten frei zu bewegen und aufzuhalten.

(2) Staatsangehörigen von Drittländern, die sich rechtmäßig im Hoheitsgebiet eines Mitgliedstaats aufhalten, kann nach Maßgabe der Verträge Freizügigkeit und Aufenthaltsfreiheit gewährt werden.

Artikel 46 Diplomatischer und konsularischer Schutz

Die Unionsbürgerinnen und Unionsbürger genießen im Hoheitsgebiet eines Drittlands, in dem der Mitgliedstaat, dessen Staatsangehörigkeit sie besitzen, nicht vertreten ist, den Schutz durch die diplomatischen und konsularischen Behörden eines jeden Mitgliedstaats unter denselben Bedingungen wie Staatsangehörige dieses Staates.

Titel VI
Justizielle Rechte

Artikel 47 Recht auf einen wirksamen Rechtsbehelf und ein unparteiisches Gericht

Jede Person, deren durch das Recht der Union garantierte Rechte oder Freiheiten verletzt worden sind, hat das Recht, nach Maßgabe der in diesem Artikel vorgesehenen Bedingungen bei einem Gericht einen wirksamen Rechtsbehelf einzulegen.

[1]Jede Person hat ein Recht darauf, dass ihre Sache von einem unabhängigen, unparteiischen und zuvor durch Gesetz errichteten Gericht in einem fairen Verfahren, öffentlich und innerhalb angemessener Frist verhandelt wird. [2]Jede Person kann sich beraten, verteidigen und vertreten lassen.

Personen, die nicht über ausreichende Mittel verfügen, wird Prozesskostenhilfe bewilligt, soweit diese Hilfe erforderlich ist, um den Zugang zu den Gerichten wirksam zu gewährleisten.

Artikel 48 Unschuldsvermutung und Verteidigungsrechte

(1) Jeder Angeklagte gilt bis zum rechtsförmlich erbrachten Beweis seiner Schuld als unschuldig.

(2) Jedem Angeklagten wird die Achtung der Verteidigungsrechte gewährleistet.

Artikel 49 Grundsätze der Gesetzmäßigkeit und der Verhältnismäßigkeit im Zusammenhang mit Straftaten und Strafen

(1) [1]Niemand darf wegen einer Handlung oder Unterlassung verurteilt werden, die zur Zeit ihrer Begehung nach innerstaatlichem oder internationalem Recht nicht strafbar war. [2]Es darf auch keine schwerere Strafe

als die zur Zeit der Begehung angedrohte Strafe verhängt werden. [3]Wird nach Begehung einer Straftat durch Gesetz eine mildere Strafe eingeführt, so ist diese zu verhängen.

(2) Dieser Artikel schließt nicht aus, dass eine Person wegen einer Handlung oder Unterlassung verurteilt oder bestraft wird, die zur Zeit ihrer Begehung nach den allgemeinen, von der Gesamtheit der Nationen anerkannten Grundsätzen strafbar war.

(3) Das Strafmaß darf zur Straftat nicht unverhältnismäßig sein.

Artikel 50 Recht, wegen derselben Straftat nicht zweimal strafrechtlich verfolgt oder bestraft zu werden

Niemand darf wegen einer Straftat, derentwegen er bereits in der Union nach dem Gesetz rechtskräftig verurteilt oder freigesprochen worden ist, in einem Strafverfahren erneut verfolgt oder bestraft werden.

Titel VII

Allgemeine Bestimmungen über die Auslegung und Anwendung der Charta

Artikel 51 Anwendungsbereich

(1) [1]Diese Charta gilt für die Organe, Einrichtungen und sonstigen Stellen der Union unter Wahrung des Subsidiaritätsprinzips und für die Mitgliedstaaten ausschließlich bei der Durchführung des Rechts der Union. [2]Dementsprechend achten sie die Rechte, halten sie sich an die Grundsätze und fördern sie deren Anwendung entsprechend ihren jeweiligen Zuständigkeiten und unter Achtung der Grenzen der Zuständigkeiten, die der Union in den Verträgen übertragen werden.

(2) Diese Charta dehnt den Geltungsbereich des Unionsrechts nicht über die Zuständigkeiten der Union hinaus aus und begründet weder neue Zuständigkeiten noch neue Aufgaben für die Union, noch ändert sie die in den Verträgen festgelegten Zuständigkeiten und Aufgaben.

Artikel 52 Tragweite und Auslegung der Rechte und Grundsätze

(1) [1]Jede Einschränkung der Ausübung der in dieser Charta anerkannten Rechte und Freiheiten muss gesetzlich vorgesehen sein und den Wesensgehalt dieser Rechte und Freiheiten achten. [2]Unter Wahrung des Grundsatzes der Verhältnismäßigkeit dürfen Einschränkungen nur vorgenommen werden, wenn sie erforderlich sind und den von der Union anerkannten dem Gemeinwohl dienenden Zielsetzungen oder den Erfordernissen des Schutzes der Rechte und Freiheiten anderer tatsächlich entsprechen.

(2) Die Ausübung der durch diese Charta anerkannten Rechte, die in den Verträgen geregelt sind, erfolgt im Rahmen der in den Verträgen festgelegten Bedingungen und Grenzen.

(3) [1]Soweit diese Charta Rechte enthält, die den durch die Europäische Konvention zum Schutz der Menschenrechte und Grundfreiheiten garantierten Rechten entsprechen, haben sie die gleiche Bedeutung und Trag-

weite, wie sie ihnen in der genannten Konvention verliehen wird. [2]Diese Bestimmung steht dem nicht entgegen, dass das Recht der Union einen weiter gehenden Schutz gewährt.

(4) Soweit in dieser Charta Grundrechte anerkannt werden, wie sie sich aus den gemeinsamen Verfassungsüberlieferungen der Mitgliedstaaten ergeben, werden sie im Einklang mit diesen Überlieferungen ausgelegt.

(5) [1]Die Bestimmungen dieser Charta, in denen Grundsätze festgelegt sind, können durch Akte der Gesetzgebung und der Ausführung der Organe, Einrichtungen und sonstigen Stellen der Union sowie durch Akte der Mitgliedstaaten zur Durchführung des Rechts der Union in Ausübung ihrer jeweiligen Zuständigkeiten umgesetzt werden. [2]Sie können vor Gericht nur bei der Auslegung dieser Akte und bei Entscheidungen über deren Rechtmäßigkeit herangezogen werden.

(6) Den einzelstaatlichen Rechtsvorschriften und Gepflogenheiten ist, wie es in dieser Charta bestimmt ist, in vollem Umfang Rechnung zu tragen.

(7) Die Erläuterungen,[1)] die als Anleitung für die Auslegung dieser Charta verfasst wurden, sind von den Gerichten der Union und der Mitgliedstaaten gebührend zu berücksichtigen.

Artikel 53   Schutzniveau

Keine Bestimmung dieser Charta ist als eine Einschränkung oder Verletzung der Menschenrechte und Grundfreiheiten auszulegen, die in dem jeweiligen Anwendungsbereich durch das Recht der Union und das Völkerrecht sowie durch die internationalen Übereinkünfte, bei denen die Union oder alle Mitgliedstaaten Vertragsparteien sind, darunter insbesondere die Europäische Konvention zum Schutz der Menschenrechte und Grundfreiheiten, sowie durch die Verfassungen der Mitgliedstaaten anerkannt werden.

Artikel 54   Verbot des Missbrauchs der Rechte

Keine Bestimmung dieser Charta ist so auszulegen, als begründe sie das Recht, eine Tätigkeit auszuüben oder eine Handlung vorzunehmen, die darauf abzielt, die in der Charta anerkannten Rechte und Freiheiten abzuschaffen oder sie stärker einzuschränken, als dies in der Charta vorgesehen ist.

Der vorstehende Wortlaut übernimmt mit Anpassungen die am 7. Dezember 2000 proklamierte Charta und ersetzt sie ab dem Zeitpunkt des Inkrafttretens des Vertrags von Lissabon.

Geschehen zu Straßburg am zwölften Dezember zweitausendsieben.

---

1)   Anm. d. Red.: Siehe ABl. C 303 vom 14. 12. 2007, S. 17.

Verordnung (EU) Nr. 211/2011 des Europäischen Parlaments und des Rates vom 16. Februar 2011 über die Bürgerinitiative

(ABl. L 65 vom 11. 3. 2011, S. 1, ber. ABl. L 94 vom 30. 3. 2012, S. 49)
zuletzt geändert durch VO (EU) 2015/1070 der Kommission vom
31. März 2015 (ABl. L 178 vom 8. 7. 2015, S. 1)

Inhalt

DAS EUROPÄISCHE PARLAMENT UND DER RAT DER EURO-
PÄISCHEN UNION –

gestützt auf den Vertrag über die Arbeitsweise der Europäischen Union,
insbesondere auf Artikel 24 Absatz 1,

auf Vorschlag der Europäischen Kommission,

nach Zuleitung des Entwurfs des Gesetzgebungsakts an die nationalen
Parlamente,

nach Stellungnahme des Europäischen Wirtschafts- und Sozialausschusses[1],

---

[1]   Stellungnahme vom 14. Juli 2010 (ABl. C 44 vom 11. 2. 2011, S. 182).

nach Stellungnahme des Ausschusses der Regionen[1],

gemäß dem ordentlichen Gesetzgebungsverfahren[2],

in Erwägung nachstehender Gründe:

(1)   Der Vertrag über die Europäische Union (EUV) stärkt die Unions-
      bürgerschaft und führt zu einer weiteren Verbesserung der demo-
      kratischen Funktionsweise der Union, indem unter anderem fest-
      gelegt wird, dass jeder Bürger das Recht hat, sich über eine euro-
      päische Bürgerinitiative am demokratischen Leben der Union zu
      beteiligen. Ähnlich wie das Recht, das dem Europäischen Parla-
      ment gemäß Artikel 225 des Vertrags über die Arbeitsweise der
      Europäischen Union (AEUV) und dem Rat gemäß Artikel 241
      AEUV eingeräumt wird, bietet dieses Verfahren den Bürgern die
      Möglichkeit, sich direkt mit der Aufforderung an die Europäische
      Kommission zu wenden, einen Vorschlag für einen Rechtsakt der
      Union zur Umsetzung der Verträge zu unterbreiten.

(2)   Die für die Bürgerinitiative erforderlichen Verfahren und Bedin-
      gungen sollten klar, einfach, benutzerfreundlich und dem Wesen
      der Bürgerinitiative angemessen sein, um die Bürger zur Teilnahme
      zu ermutigen und die Union zugänglicher zu machen. Sie sollten
      einen vernünftigen Ausgleich zwischen Rechten und Pflichten
      schaffen.

(3)   Sie sollten ferner gewährleisten, dass für alle Unionsbürger unab-
      hängig von dem Mitgliedstaat, aus dem sie stammen, die gleichen
      Bedingungen für die Unterstützung einer Bürgerinitiative gelten.

(4)   Die Kommission sollte den Bürgern auf Antrag Informationen und
      informelle Beratung zu Bürgerinitiativen bereitstellen, insbesonde-
      re was die Kriterien der Registrierung betrifft.

(5)   Es ist notwendig, die Mindestzahl der Mitgliedstaaten festzulegen,
      aus denen die Bürger kommen müssen. Um sicherzustellen, dass
      eine Bürgerinitiative eine Sache von unionsweitem Interesse be-
      trifft, und gleichzeitig dafür zu sorgen, dass das Instrument weiter-
      hin einfach zu handhaben ist, sollte diese Zahl auf ein Viertel der
      Mitgliedstaaten festgelegt werden.

(6)   Zu diesem Zweck ist es ebenfalls angemessen, die Mindestzahl der
      aus jedem dieser Mitgliedstaaten kommenden Unterzeichner fest-
      zulegen. Um für alle Bürger ähnliche Bedingungen für die Unter-
      stützung einer Bürgerinitiative zu gewährleisten, sollten diese Min-
      destzahlen degressiv proportional sein. Zum Zwecke der Klarheit
      sollten diese Mindestzahlen für jeden Mitgliedstaat in einem An-
      hang zu dieser Verordnung festgelegt werden. Die in den einzelnen
      Mitgliedstaaten erforderliche Mindestzahl an Unterzeichnern sollte

---

1)   ABl. C 267 vom 1. 10. 2010, S. 57.

2)   Standpunkt des Europäischen Parlaments vom 15. Dezember 2010 (noch nicht im
     Amtsblatt veröffentlicht) und Beschluss des Rates vom 14. Februar 2011.

der Anzahl der im jeweiligen Mitgliedstaat gewählten Mitglieder des Europäischen Parlaments, multipliziert mit 750, entsprechen. Die Kommission sollte die Befugnis erhalten, den genannten Anhang zu ändern, um etwaigen Änderungen der Zusammensetzung des Europäischen Parlaments Rechnung zu tragen.

(7)   Es ist angebracht, ein Mindestalter für die Unterstützung einer Bürgerinitiative festzusetzen. Dieses Alter sollte das Alter sein, das zum aktiven Wahlrecht bei den Wahlen zum Europäischen Parlament berechtigt.

(8)   Für die erfolgreiche Durchführung einer Bürgerinitiative ist eine minimale Organisationsstruktur erforderlich. Diese Struktur sollte die Form eines Bürgerausschusses haben, dem natürliche Personen (Organisatoren) angehören, die aus mindestens sieben verschiedenen Mitgliedstaaten kommen, um die Thematisierung europaweiter Fragen anzuregen und das Nachdenken über diese Fragen zu fördern. Im Interesse der Transparenz und einer reibungslosen und effizienten Kommunikation sollte der Bürgerausschuss Vertreter benennen, die während der gesamten Dauer des Verfahrens als Bindeglieder zwischen dem Bürgerausschuss und den Organen der Union dienen.

(9)   Rechtspersonen, insbesondere Organisationen, die gemäß den Verträgen zur Herausbildung eines europäischen politischen Bewusstseins und zum Ausdruck des Willens der Unionsbürger beitragen, sollten eine Bürgerinitiative unterstützen können, sofern dies vollkommen transparent erfolgt.

(10) Um bei geplanten Bürgerinitiativen Kohärenz und Transparenz zu gewährleisten und eine Situation zu vermeiden, in der Unterschriften für eine geplante Bürgerinitiative gesammelt werden, die nicht den in dieser Verordnung festgelegten Bedingungen entspricht, sollte es verpflichtend sein, diese Initiativen auf einer von der Kommission zur Verfügung gestellten Website vor Sammlung der notwendigen Unterstützungsbekundungen von Bürgern zu registrieren. Alle geplanten Bürgerinitiativen, die den in dieser Verordnung festgelegten Bedingungen entsprechen, sollten von der Kommission registriert werden. Die Kommission sollte die Registrierung gemäß den allgemeinen Grundsätzen guter Verwaltungspraxis vornehmen.

(11) Sobald eine geplante Bürgerinitiative registriert ist, können die Organisatoren Unterstützungsbekundungen von Bürgern sammeln.

(12) Es empfiehlt sich, das Formular für eine Unterstützungsbekundung mit den Angaben, die für die Überprüfung durch die Mitgliedstaaten erforderlich sind, in einem Anhang zu dieser Verordnung festzulegen. Der Kommission sollte die Befugnis übertragen werden, den genannten Anhang gemäß Artikel 290 AEUV unter Berücksichti-

gung der Informationen, die ihr von den Mitgliedstaaten übermittelt
werden, zu ändern.

(13)   Unter gebührender Wahrung des Grundsatzes, dass personenbezogene Daten dem Zweck entsprechen müssen, für den sie erhoben
werden, dafür erheblich sein müssen und nicht darüber hinausgehen
dürfen, werden die Unterzeichner einer geplanten Bürgerinitiative
zur Angabe personenbezogener Daten, gegebenenfalls auch einer
persönlichen Identifikationsnummer oder der Nummer eines persönlichen Ausweispapiers, aufgefordert, sofern dies notwendig ist,
um eine Überprüfung der Unterstützungsbekundungen durch die
Mitgliedstaaten gemäß den einzelstaatlichen Bestimmungen und
Verfahren zu ermöglichen.

(14)   Um die moderne Technologie als Instrument der partizipatorischen
Demokratie sinnvoll einzusetzen, ist es angemessen, dass Unterstützungsbekundungen sowohl in Papierform als auch online gesammelt werden können. Systeme zur Online-Sammlung sollten
angemessene Sicherheitsmerkmale aufweisen, um unter anderem
zu gewährleisten, dass die Daten sicher gesammelt und gespeichert
werden. Zu diesem Zweck sollte die Kommission detaillierte technische Spezifikationen für Online-Sammelsysteme festlegen.

(15)   Die Mitgliedstaaten sollten vor der Sammlung von Unterstützungsbekundungen die Konformität der Online-Sammelsysteme mit den
Vorschriften dieser Verordnung überprüfen.

(16)   Die Kommission sollte eine Open-Source-Software bereitstellen,
die mit den einschlägigen technischen und sicherheitsspezifischen
Funktionen ausgestattet ist, die zur Einhaltung der Vorschriften
dieser Verordnung in Bezug auf Online-Sammelsysteme notwendig
sind.

(17)   Es sollte gewährleistet werden, dass Unterstützungsbekundungen
für eine Bürgerinitiative innerhalb eines bestimmten Zeitraums gesammelt werden. Um zu gewährleisten, dass geplante Bürgerinitiativen ihre Relevanz behalten, und gleichzeitig der Schwierigkeit
Rechnung zu tragen, unionsweit Unterstützungsbekundungen zu
sammeln, sollte dieser Zeitraum zwölf Monate ab der Registrierung
der geplanten Bürgerinitiative nicht überschreiten.

(18)   Wenn eine Bürgerinitiative die notwendigen Unterstützungsbekundungen von Unterzeichnern erhalten hat, sollte jeder Mitgliedstaat
für die Prüfung und Bescheinigung der Unterstützungsbekundungen, die bei Unterzeichnern aus diesem Mitgliedstaat gesammelt
wurden, verantwortlich sein. Angesichts der Notwendigkeit, den
Verwaltungsaufwand für die Mitgliedstaaten zu begrenzen, sollten
diese die entsprechenden Prüfungen innerhalb von drei Monaten
nach Erhalt eines Antrags auf Bescheinigung auf der Grundlage
angemessener Überprüfungen, etwa anhand von Stichproben,

durchführen und ein Dokument ausstellen, in dem die Zahl der erhaltenen gültigen Unterstützungsbekundungen bescheinigt wird.

(19) Die Organisatoren sollten gewährleisten, dass alle in dieser Verordnung niedergelegten einschlägigen Bedingungen vor Einreichung einer Bürgerinitiative bei der Kommission erfüllt sind.

(20) Die Kommission sollte eine Bürgerinitiative prüfen und ihre rechtlichen und politischen Schlussfolgerungen getrennt darlegen. Ferner sollte sie auch ihr beabsichtigtes Vorgehen im Hinblick auf die Bürgerinitiative innerhalb von drei Monaten darlegen. Um den Nachweis zu erbringen, dass eine Bürgerinitiative von mindestens einer Million Unionsbürger unterstützt wird und ihre mögliche Weiterbehandlung sorgfältig geprüft wird, sollte die Kommission auf klare, verständliche und detaillierte Weise die Gründe für ihr beabsichtigtes Vorgehen erläutern und ebenfalls die Gründe angeben, falls sie nicht beabsichtigt, Maßnahmen zu ergreifen. Wenn der Kommission eine Bürgerinitiative vorgelegt wird, die von der erforderlichen Anzahl von Unterzeichnern unterstützt wird und den anderen Anforderungen der vorliegenden Verordnung entspricht, sollten die Organisatoren berechtigt sein, diese Initiative auf einer öffentlichen Anhörung auf der Ebene der Union vorzustellen.

(21) Die Richtlinie 95/46/EG des Europäischen Parlaments und des Rates vom 24. Oktober 1995 zum Schutz natürlicher Personen bei der Verarbeitung personenbezogener Daten und zum freien Datenverkehr[1] gilt uneingeschränkt für die Verarbeitung personenbezogener Daten in Anwendung dieser Verordnung. In diesem Zusammenhang ist es zum Zwecke der Rechtssicherheit angebracht klarzustellen, dass die Organisatoren einer Bürgerinitiative und die zuständigen Behörden der Mitgliedstaaten im Sinne der Richtlinie 95/46/EG die für die Verarbeitung der Daten Verantwortlichen sind; ferner sollte die Höchstdauer für die Aufbewahrung personenbezogener Daten, die zum Zwecke einer Bürgerinitiative gesammelt werden, spezifiziert werden. In ihrer Eigenschaft als für die Verarbeitung der Daten Verantwortliche haben die Organisatoren alle geeigneten Maßnahmen zu ergreifen, um den Vorschriften der Richtlinie 95/46/EG zu entsprechen, insbesondere diejenigen im Hinblick auf die Rechtmäßigkeit und Sicherheit der Verarbeitung, die Unterrichtung und die Rechte der betroffenen Personen auf Zugang zu ihren persönlichen Daten sowie auf Durchsetzung der Berichtigung und Löschung dieser Daten.

(22) Die Bestimmungen von Kapitel III der Richtlinie 95/46/EG über Rechtsbehelfe, Haftung und Sanktionen gelten uneingeschränkt für die Datenverarbeitung in Anwendung dieser Verordnung. Die Organisatoren einer Bürgerinitiative sollten entsprechend den an-

---

1) ABl. L 281 vom 23. 11. 1995, S. 31.

wendbaren einzelstaatlichen Rechtsvorschriften für jegliche von ihnen verursachte Schäden haften. Ferner gewährleisten die Mitgliedstaaten, dass gegen Organisatoren geeignete Sanktionen für Verstöße gegen diese Verordnung verhängt werden.

(23) Die Verordnung (EG) Nr. 45/2001 des Europäischen Parlaments und des Rates vom 18. Dezember 2000 zum Schutz natürlicher Personen bei der Verarbeitung personenbezogener Daten durch die Organe und Einrichtungen der Gemeinschaft und zum freien Datenverkehr[1] gilt uneingeschränkt für die Verarbeitung personenbezogener Daten durch die Kommission in Anwendung der vorliegenden Verordnung.

(24) Der Kommission sollte die Befugnis übertragen werden, gemäß Artikel 290 AEUV delegierte Rechtsakte zur Änderung der Anhänge dieser Verordnung zu erlassen, damit diese bei zukünftigem Änderungsbedarf angepasst werden können. Es ist von besonderer Wichtigkeit, dass die Kommission bei ihren vorbereitenden Arbeiten angemessene Konsultationen – auch auf der Ebene von Sachverständigen – durchführt.

(25) Die zur Durchführung dieser Verordnung erforderlichen Maßnahmen sollten gemäß dem Beschluss 1999/468/EG des Rates vom 28. Juni 1999 zur Festlegung der Modalitäten für die Ausübung der der Kommission übertragenen Durchführungsbefugnisse[2] beschlossen werden.

(26) Diese Verordnung wahrt die Grundrechte und beachtet die Grundsätze, die in der Charta der Grundrechte der Europäischen Union verankert sind, insbesondere Artikel 8, wonach jede Person das Recht auf Schutz der sie betreffenden personenbezogenen Daten hat.

(27) Der Europäische Datenschutzbeauftragte wurde angehört und hat eine Stellungnahme abgegeben[3] –

HABEN FOLGENDE VERORDNUNG ERLASSEN:

Artikel 1 Gegenstand
Diese Verordnung legt die Verfahren und Bedingungen für eine Bürgerinitiative gemäß Artikel 11 EUV und Artikel 24 AEUV fest.

Artikel 2 Begriffsbestimmungen
Im Sinne dieser Verordnung bezeichnet der Ausdruck
1. „Bürgerinitiative" eine Initiative, die der Kommission gemäß dieser Verordnung vorgelegt wird und in der die Kommission aufgefordert wird, im Rahmen ihrer Befugnisse geeignete Vorschläge zu Themen zu unterbreiten, zu denen es nach Ansicht von Bürgern eines Rechts-

---

1) ABl. L 8 vom 12. 1. 2001, S. 1.
2) ABl. L 184 vom 17. 7. 1999, S. 23.
3) ABl. C 323 vom 30. 11. 2010, S. 1.

akts der Union bedarf, um die Verträge umzusetzen, und die die Unterstützung von mindestens einer Million teilnahmeberechtigten Unterzeichnern aus mindestens einem Viertel aller Mitgliedstaaten erhalten hat;

2. „Unterzeichner" Bürger der Union, die eine Bürgerinitiative unterstützt haben, indem sie für diese Initiative ein Formular für die Unterstützungsbekundung abgegeben haben;

3. „Organisatoren" natürliche Personen, die einen Bürgerausschuss bilden, der für die Vorbereitung einer Bürgerinitiative sowie ihre Einreichung bei der Kommission verantwortlich ist.

Artikel 3   Anforderungen an Organisatoren und Unterzeichner

(1) Die Organisatoren müssen Unionsbürger sein und das erforderliche Alter haben, das zum aktiven Wahlrecht bei den Wahlen zum Europäischen Parlament berechtigt.

(2) Die Organisatoren bilden einen Bürgerausschuss, dem mindestens sieben Personen angehören, die Einwohner von mindestens sieben verschiedenen Mitgliedstaaten sind.

Die Organisatoren benennen einen Vertreter und einen Stellvertreter (nachstehend „Kontaktpersonen" genannt), die während der gesamten Dauer des Verfahrens als Bindeglied zwischen dem Bürgerausschuss und den Organen der Union dienen und beauftragt werden, im Namen des Bürgerausschusses zu sprechen und zu handeln.

Organisatoren, die Mitglieder des Europäischen Parlaments sind, werden im Hinblick auf die Erreichung der Mindestzahl, die für die Bildung eines Bürgerausschusses erforderlich ist, nicht mitgerechnet.

Für die Zwecke der Registrierung einer geplanten Bürgerinitiative gemäß Artikel 4 werden von der Kommission nur die Angaben berücksichtigt, die die sieben zur Einhaltung der in Absatz 1 dieses Artikels und in diesem Absatz genannten Anforderungen erforderlichen Mitglieder des Bürgerausschusses betreffen.

(3) Die Kommission kann von den Organisatoren geeignete Nachweise dafür verlangen, dass die in den Absätzen 1 und 2 niedergelegten Anforderungen erfüllt sind.

(4) Um berechtigt zu sein, eine geplante Bürgerinitiative zu unterstützen, müssen Unterzeichner Unionsbürger sein und das erforderliche Alter haben, das zum aktiven Wahlrecht bei den Wahlen zum Europäischen Parlament berechtigt.

Artikel 4   Registrierung einer geplanten Bürgerinitiative

(1) Bevor sie mit der Sammlung von Unterstützungsbekundungen bei Unterzeichnern für eine geplante Bürgerinitiative beginnen, sind die Organisatoren verpflichtet, sie bei der Kommission anzumelden, wobei sie die in Anhang II genannten Informationen, insbesondere zum Gegenstand und zu den Zielen der geplanten Bürgerinitiative, bereitstellen.

Diese Informationen sind in einer der Amtssprachen der Union in einem zu diesem Zweck von der Kommission zur Verfügung gestellten Online-Register (nachstehend „Register" genannt) bereitzustellen.

Die Organisatoren stellen für das Register und – soweit zweckmäßig – auf ihrer Website regelmäßig aktualisierte Informationen über die Quellen der Unterstützung und Finanzierung für die geplante Bürgerinitiative bereit.

[1]Nach Bestätigung der Registrierung gemäß Absatz 2 können die Organisatoren die geplante Bürgerinitiative zur Aufnahme in das Register in anderen Amtssprachen der Union bereitstellen. [2]Die Übersetzung der geplanten Bürgerinitiative in andere Amtssprachen der Union fällt in die Verantwortung der Organisatoren.

Die Kommission richtet eine Kontaktstelle ein, die Informationen und Hilfe anbietet.

(2) Binnen zwei Monaten nach Eingang der in genannten Informationen registriert die Kommission eine geplante Bürgerinitiative unter einer eindeutigen Identifikationsnummer und sendet eine entsprechende Bestätigung an die Organisatoren, sofern die folgenden Bedingungen erfüllt sind:

a) Gemäß Artikel 3 Absatz 2 ist der Bürgerausschuss eingesetzt und sind die Kontaktpersonen benannt worden;

b) die geplante Bürgerinitiative liegt nicht offenkundig außerhalb des Rahmens, in dem die Kommission befugt ist, einen Vorschlag für einen Rechtsakt der Union vorzulegen, um die Verträge umzusetzen;

c) die geplante Bürgerinitiative ist nicht offenkundig missbräuchlich, unseriös oder schikanös;

d) die geplante Bürgerinitiative verstößt nicht offenkundig gegen die Werte der Union, wie sie in Artikel 2 EUV festgeschrieben sind.

(3) Die Kommission verweigert die Registrierung, wenn die in Absatz 2 festgelegten Bedingungen nicht erfüllt sind.

Wenn die Kommission es ablehnt, eine geplante Bürgerinitiative zu registrieren, unterrichtet sie die Organisatoren über die Gründe der Ablehnung und alle möglichen gerichtlichen und außergerichtlichen Rechtsbehelfe, die ihnen zur Verfügung stehen.

(4) [1]Eine geplante Bürgerinitiative, die registriert worden ist, wird im Register veröffentlicht. [2]Unbeschadet ihrer Rechte gemäß der Verordnung (EG) Nr. 45/2001 haben die betroffenen Personen das Recht, nach Ablauf von zwei Jahren ab dem Zeitpunkt der Registrierung einer geplanten Bürgerinitiative die Entfernung ihrer persönlichen Daten aus dem Register zu verlangen.

(5) [1]Vor der Vorlage der Unterstützungsbekundungen gemäß Artikel 8 können die Organisatoren eine geplante Bürgerinitiative, die registriert worden ist, jederzeit zurückziehen. [2]In diesem Fall wird dies im Register entsprechend vermerkt.

Artikel 5 Verfahren und Bedingungen für die Sammlung von Unterstützungsbekundungen

(1) Die Organisatoren sind verantwortlich für die Sammlung der Unterstützungsbekundungen von Unterzeichnern einer geplanten Bürgerinitiative, die gemäß Artikel 4 registriert wurde.

[1]Für die Sammlung von Unterstützungsbekundungen dürfen nur Formulare verwendet werden, die den in Anhang III dargestellten Mustern entsprechen und in einer der Sprachfassungen vorliegen, die im Register für die betreffende geplante Bürgerinitiative angegeben sind. [2]Die Organisatoren füllen die Formulare wie in Anhang III angegeben aus, bevor sie mit der Sammlung von Unterstützungsbekundungen von Unterzeichnern beginnen. [3]Die in den Formularen angegebenen Informationen haben den im Register enthaltenen Informationen zu entsprechen.

(2) [1]Die Organisatoren können Unterstützungsbekundungen in Papierform oder elektronisch sammeln. [2]Für die Online-Sammlung von Unterstützungsbekundungen gilt Artikel 6.

Für die Zwecke dieser Verordnung werden Unterstützungsbekundungen, die mittels einer fortgeschrittenen elektronischen Signatur im Sinne der Richtlinie 1999/93/EG des Europäischen Parlaments und des Rates vom 13. Dezember 1999 über gemeinschaftliche Rahmenbedingungen für elektronische Signaturen[1] elektronisch unterzeichnet werden, auf dieselbe Weise behandelt wie Unterstützungsbekundungen in Papierform.

(3) [1]Die Unterzeichner haben die von den Organisatoren zur Verfügung gestellten Formulare für Unterstützungsbekundungen auszufüllen. [2]Sie geben nur die personenbezogenen Daten an, die für die Prüfung durch die Mitgliedstaaten gemäß Anhang III erforderlich sind.

Unterzeichner dürfen eine bestimmte geplante Bürgerinitiative nur einmal unterstützen.

(4) [1]Die Mitgliedstaaten übermitteln der Kommission jede Änderung der in Anhang III genannten Informationen. [2]Unter Berücksichtigung dieser Änderungen kann die Kommission durch delegierte Rechtsakte gemäß Artikel 17 und unter den in den Artikeln 18 und 19 genannten Bedingungen Änderungen des Anhangs III erlassen.

(5) Sämtliche Unterstützungsbekundungen werden nach der Registrierung der geplanten Bürgerinitiative und innerhalb eines Zeitraums von höchstens zwölf Monaten gesammelt.

Nach Ablauf dieses Zeitraums wird im Register vermerkt, dass der Zeitraum abgelaufen ist, und gegebenenfalls, dass nicht die erforderliche Anzahl an Unterstützungsbekundungen eingegangen ist.

---

1) ABl. L 13 vom 19. 1. 2000, S. 12.

Artikel 6 Online-Sammelsysteme

(1) Werden Unterstützungsbekundungen online gesammelt, sind die über das Online-Sammelsystem eingegangenen Daten auf dem Hoheitsgebiet eines Mitgliedstaats zu speichern.

[1]Dem Online-Sammelsystem wird in dem Mitgliedstaat, in dem die mit Hilfe des Online-Sammelsystems gesammelten Daten gespeichert werden, die Bescheinigung gemäß Absatz 3 ausgestellt. [2]Die Organisatoren können ein Online-Sammelsystem zur Sammlung von Unterstützungsbekundungen in mehreren oder allen Mitgliedstaaten verwenden.

Die Muster der Formulare für Unterstützungsbekundungen können zum Zweck der Online-Sammlung angepasst werden.

(2) Die Organisatoren stellen sicher, dass das für die Sammlung von Unterstützungsbekundungen verwendete Online-Sammelsystem Absatz 4 entspricht.

Bevor sie mit der Sammlung von Unterstützungsbekundungen beginnen, beantragen die Organisatoren bei der zuständigen Behörde des betreffenden Mitgliedstaats die Bescheinigung, dass das zu diesem Zweck genutzte Online-Sammelsystem Absatz 4 entspricht.

[1]Die Organisatoren können mit der Sammlung von Unterstützungsbekundungen mit Hilfe des Online-Sammelsystems erst nach Erhalt der Bescheinigung gemäß Absatz 3 beginnen. [2]Die Organisatoren veröffentlichen eine Kopie dieser Bescheinigung auf der für das Online-Sammelsystem verwendeten Website.

[1]Bis zum 1. Januar 2012 richtet die Kommission eine Open-Source-Software ein, die mit den relevanten technischen und sicherheitsspezifischen Funktionen ausgestattet ist, die zur Einhaltung der Vorschriften dieser Verordnung in Bezug auf Online-Sammelsysteme notwendig sind; die Kommission wartet diese anschließend. [2]Die Software wird kostenfrei zur Verfügung gestellt.

(3) Entspricht das Online-Sammelsystem Absatz 4, stellt die zuständige Behörde innerhalb eines Monats eine entsprechende Bescheinigung nach dem in Anhang IV dargestellten Muster aus.

Die Mitgliedstaaten erkennen die von den zuständigen Behörden anderer Mitgliedstaaten ausgestellten Bescheinigungen an.

(4) Die Online-Sammelsysteme verfügen über angemessene Sicherheitsmerkmale und technische Merkmale, um zu gewährleisten, dass

a) nur natürliche Personen ein Formular für eine Unterstützungsbekundung online einreichen können;

b) die online bereitgestellten Daten auf sichere Weise gesammelt und gespeichert werden, um unter anderem zu gewährleisten, dass sie nicht verändert werden oder für einen anderen Zweck als die angegebene Unterstützung einer bestimmten Bürgerinitiative verwendet werden können und dass personenbezogene Daten gegen die zufällige oder unrechtmäßige Zerstörung, den zufälligen Verlust, die unberechtigte

Änderung, die unberechtigte Weitergabe oder den unberechtigten Zugang geschützt werden;

c) das System Unterstützungsbekundungen in einer Form erzeugen kann, die den in Anhang III dargelegten Mustern entspricht, um die Überprüfung durch die Mitgliedstaaten gemäß Artikel 8 Absatz 2 zu ermöglichen.

(5) Bis zum 1. Januar 2012 verabschiedet die Kommission entsprechend dem in Artikel 20 Absatz 2 genannten Regelungsverfahren technische Spezifikationen für die Umsetzung von Absatz 4.

Artikel 7 Mindestzahl der Unterzeichner pro Mitgliedstaat

(1) Die Unterzeichner einer Bürgerinitiative müssen aus mindestens einem Viertel der Mitgliedstaaten stammen.

(2) [1]In mindestens einem Viertel der Mitgliedstaaten müssen die Unterzeichner zumindest die zum Zeitpunkt der Registrierung der geplanten Bürgerinitiative in Anhang I genannte Mindestzahl an Bürgern umfassen. [2]Diese Mindestzahlen entsprechen der Anzahl der im jeweiligen Mitgliedstaat gewählten Mitglieder des Europäischen Parlaments, multipliziert mit 750.

(3) Die Kommission erlässt durch delegierte Rechtsakte gemäß Artikel 17 und unter den Bedingungen der Artikel 18 und 19 geeignete Anpassungen des Anhangs I, um Änderungen der Zusammensetzung des Europäischen Parlaments Rechnung zu tragen.

(4) Unterzeichner gelten als aus dem Mitgliedstaat kommend, der gemäß Artikel 8 Absatz 1 Unterabsatz 2 für die Überprüfung ihrer Unterstützungsbekundungen zuständig ist.

Artikel 8 Überprüfung und Bescheinigung von Unterstützungsbekundungen durch die Mitgliedstaaten

(1) [1]Nach Sammlung der erforderlichen Unterstützungsbekundungen der Unterzeichner gemäß Artikel 5 und 7 legen die Organisatoren die Unterstützungsbekundungen den in Artikel 15 genannten entsprechenden zuständigen Behörden in Papierform oder in elektronischer Form zur Überprüfung und Bescheinigung vor. [2]Zu diesem Zweck verwenden die Organisatoren das Formular gemäß Anhang V und führen die in Papierform gesammelten, die mit einer fortgeschrittenen elektronischen Signatur unterzeichneten und die über ein Online-Sammelsystem gesammelten Unterstützungsbekundungen getrennt voneinander auf.

Die Organisatoren legen die Unterstützungsbekundungen dem betreffenden Mitgliedstaat wie folgt vor:

a) dem Mitgliedstaat, in dem der Unterzeichner seinen Wohnsitz hat oder dessen Staatsangehörigkeit der Unterzeichner hat, wie in Anhang III Teil C Nummer 1 angegeben, oder

b) dem Mitgliedstaat, der die in der Unterstützungsbekundung angegebene persönliche Identifikationsnummer oder das in der Unterstützungsbekundung angegebene persönliche Ausweispapier ausgestellt hat, wie in Anhang III Teil C Nummer 2 angegeben.

(2) [1]Die zuständigen Behörden überprüfen innerhalb von höchstens drei Monaten nach Erhalt des Antrags die vorgelegten Unterstützungsbekundungen auf der Grundlage angemessener Überprüfungen, wobei sie im Einklang mit den nationalen Rechtsvorschriften und Gepflogenheiten verfahren, je nachdem, was angebracht ist. [2]Auf dieser Grundlage stellen sie den Organisatoren eine Bescheinigung entsprechend dem Muster in Anhang VI über die Zahl der gültigen Unterstützungsbekundungen für den betreffenden Mitgliedstaat aus.

Eine Authentifizierung der Unterschriften ist für die Zwecke der Überprüfung der Unterstützungsbekundungen nicht erforderlich.

(3) Die in Absatz 2 genannte Bescheinigung wird unentgeltlich ausgestellt.

Artikel 9 Vorlage einer Bürgerinitiative bei der Kommission

[1]Nach Erhalt der in Artikel 8 Absatz 2 genannten Bescheinigungen können die Organisatoren, sofern alle in dieser Verordnung genannten einschlägigen Verfahren und Bedingungen eingehalten wurden, die Bürgerinitiative zusammen mit Informationen über jedwede Unterstützung und Finanzierung der genannten Initiative der Kommission vorlegen. [2]Die genannten Informationen werden von der Kommission im Register veröffentlicht.

Der Umfang der aus einer Quelle stammenden Unterstützung und Finanzierung, ab dessen Überschreiten Informationen übermittelt werden müssen, entspricht dem in der Verordnung (EG) Nr. 2004/2003 des Europäischen Parlaments und des Rates vom 4. November 2003 über die Regelungen für die politischen Parteien auf europäischer Ebene und ihre Finanzierung[1)] festgelegten Umfang.

Für die Zwecke dieses Artikels verwenden die Organisatoren das Formular gemäß Anhang VII und reichen das ausgefüllte Formular zusammen mit Kopien der Bescheinigungen gemäß Artikel 8 Absatz 2 in Papierform oder elektronischer Form ein.

Artikel 10 Verfahren zur Überprüfung einer Bürgerinitiative durch die Kommission

(1) Geht bei der Kommission eine Bürgerinitiative gemäß Artikel 9 ein, so

a) veröffentlicht sie die Bürgerinitiative unverzüglich im Register;

b) empfängt sie die Organisatoren auf geeigneter Ebene, damit sie im Detail die mit der Bürgerinitiative angesprochenen Aspekte erläutern können;

c) legt sie innerhalb von drei Monaten in einer Mitteilung ihre rechtlichen und politischen Schlussfolgerungen zu der Bürgerinitiative sowie ihr

---

1) ABl. L 297 vom 15. 11. 2003, S. 1.

weiteres Vorgehen bzw. den Verzicht auf ein weiteres Vorgehen und die Gründe hierfür dar.

(2) Die in Absatz 1 Buchstabe c genannte Mitteilung wird den Organisatoren sowie dem Europäischen Parlament und dem Rat übermittelt und veröffentlicht.

Artikel 11   Öffentliche Anhörung

[1]Sind die Bedingungen gemäß Artikel 10 Absatz 1 Buchstaben a und b erfüllt, wird den Organisatoren innerhalb der in Artikel 10 Absatz 1 Buchstabe c genannten Frist die Möglichkeit gegeben, die Bürgerinitiative im Rahmen einer öffentlichen Anhörung vorzustellen. [2]Die Kommission und das Europäische Parlament stellen sicher, dass diese Anhörung im Europäischen Parlament stattfindet, dass gegebenenfalls andere Organe und Einrichtungen der Union, die unter Umständen die Teilnahme wünschen, an der Anhörung teilnehmen, und dass die Kommission auf geeigneter Ebene vertreten ist.

Artikel 12   Schutz personenbezogener Daten

(1) Bei der Verarbeitung personenbezogener Daten in Anwendung dieser Verordnung haben die Organisatoren einer Bürgerinitiative und die zuständigen Behörden des Mitgliedstaats die Richtlinie 95/46/EG und die auf ihrer Grundlage erlassenen einzelstaatlichen Vorschriften einzuhalten.

(2) Für die Zwecke der Verarbeitung personenbezogener Daten gelten die Organisatoren einer Bürgerinitiative und die gemäß Artikel 15 Absatz 2 benannten zuständigen Behörden als für die Verarbeitung personenbezogener Daten Verantwortliche gemäß Artikel 2 Buchstabe d der Richtlinie 95/46/EG.

(3) Die Organisatoren stellen sicher, dass die für eine bestimmte Bürgerinitiative gesammelten personenbezogenen Daten für keinen anderen Zweck als die angegebene Unterstützung für diese Initiative verwendet werden, und vernichten alle im Zusammenhang mit dieser Initiative erhaltenen Unterstützungsbekundungen sowie etwaige Kopien davon spätestens einen Monat nach Einreichung dieser Initiative bei der Kommission gemäß Artikel 9 bzw. 18 Monate nach Registrierung einer geplanten Bürgerinitiative; hierbei gilt das jeweils frühere Datum.

(4) Die zuständige Behörde verwendet die für eine bestimmte Bürgerinitiative erhaltenen personenbezogenen Daten ausschließlich zum Zweck der Überprüfung der Unterstützungsbekundungen gemäß Artikel 8 Absatz 2 und vernichtet alle Unterstützungsbekundungen sowie etwaige Kopien davon spätestens einen Monat nach Ausstellung der im genannten Artikel genannten Bescheinigung.

(5) [1]Unterstützungsbekundungen für eine bestimmte Bürgerinitiative und Kopien derselben dürfen über die in den Absätzen 3 und 4 genannten Fristen hinaus aufbewahrt werden, wenn dies für die Zwecke der rechtli-

chen oder verwaltungstechnischen Vorgänge im Zusammenhang mit der geplanten Bürgerinitiative notwendig ist. [2]Die Organisatoren und die zuständige Behörde vernichten alle Unterstützungsbekundungen sowie etwaige Kopien derselben spätestens eine Woche nach Abschluss der genannten Verfahren durch eine endgültige Beschlussfassung.

(6) Die Organisatoren ergreifen angemessene technische und organisatorische Maßnahmen, um personenbezogene Daten vor zufälliger oder unrechtmäßiger Zerstörung, zufälligem Verlust, unberechtigter Änderung, unberechtigter Weitergabe oder unberechtigtem Zugang zu schützen, insbesondere wenn im Rahmen der Verarbeitung Daten in einem Netz übertragen werden, und vor jeder anderen Form der unrechtmäßigen Verarbeitung zu schützen.

Artikel 13 Haftung
Die Organisatoren haften entsprechend dem geltenden einzelstaatlichen Recht für alle Schäden, die sie bei der Organisation einer Bürgerinitiative verursachen.

Artikel 14 Sanktionen
(1) Die Mitgliedstaaten stellen sicher, dass gegen Organisatoren geeignete Sanktionen für Verstöße gegen diese Verordnung verhängt werden, insbesondere für:
a) falsche Erklärungen der Organisatoren,
b) Datenmissbrauch.
(2) Die in Absatz 1 genannten Sanktionen müssen wirksam, verhältnismäßig und abschreckend sein.

Artikel 15 Zuständige Behörden in den Mitgliedstaaten
(1) Für die Zwecke der Umsetzung von Artikel 6 Absatz 3 benennen die Mitgliedstaaten die für die Ausstellung der dort genannten Bescheinigung zuständigen Behörden.

(2) Für die Zwecke der Umsetzung von Artikel 8 Absatz 2 benennt jeder Mitgliedstaat eine zuständige Behörde, die für die Koordinierung der Überprüfung der Unterstützungsbekundungen sowie für die Ausstellung der dort genannten Bescheinigungen zuständig ist.

(3) Spätestens am 1. März 2012 übermitteln die Mitgliedstaaten der Kommission die Bezeichnungen und Anschriften der zuständigen Behörden.

(4) Die Kommission veröffentlicht das Verzeichnis der zuständigen Behörden.

Artikel 16 Änderung der Anhänge
Die Kommission kann im Rahmen der einschlägigen Bestimmungen dieser Verordnung durch delegierte Rechtsakte gemäß Artikel 17 und unter den Bedingungen der Artikel 18 und 19 Änderungen der Anhänge dieser Verordnung beschließen.

Artikel 17 Ausübung der Befugnisübertragung

(1) Die Befugnis zum Erlass der in Artikel 16 genannten delegierten Rechtsakte wird der Kommission auf unbestimmte Zeit übertragen.

(2) Sobald die Kommission einen delegierten Rechtsakt erlässt, übermittelt sie ihn dem gleichzeitig dem Europäischen Parlament und dem Rat.

(3) Die der Kommission übertragene Befugnis zum Erlass delegierter Rechtakte unterliegt den in den Artikeln 18 und Artikel 19 genannten Bedingungen.

Artikel 18 Widerruf der Befugnisübertragung

(1) Die in Artikel 16 genannte Befugnisübertragung kann vom Europäischen Parlament oder vom Rat jederzeit widerrufen werden.

(2) Das Organ, das ein internes Verfahren eingeleitet hat, um zu beschließen, ob die Befugnisübertragung widerrufen werden soll, bemüht sich, das andere Organ und die Kommission innerhalb einer angemessenen Frist vor der endgültigen Beschlussfassung zu unterrichten, unter Nennung der übertragenen Befugnisse, die widerrufen werden könnten, sowie der etwaigen Gründe für einen Widerruf.

(3) [1]Der Beschluss über den Widerruf beendet die Übertragung der in diesem Beschluss angegebenen Befugnisse. [2]Er wird sofort oder zu einem darin angegebenen späteren Zeitpunkt wirksam. [3]Die Gültigkeit von Rechtsakten, die bereits in Kraft sind, wird davon nicht berührt. [4]Der Beschluss wird im *Amtsblatt der Europäischen Union* veröffentlicht.

Artikel 19 Einwände gegen delegierte Rechtsakte

(1) [1]Das Europäische Parlament oder der Rat können gegen einen delegierten Rechtsakt innerhalb einer Frist von zwei Monaten ab dem Datum der Übermittlung Einwände erheben. [2]Auf Initiative des Europäischen Parlaments oder des Rates wird diese Frist um zwei Monate verlängert.

(2) Haben bei Ablauf der in Absatz 1 genannten Frist weder das Europäische Parlament noch der Rat Einwände gegen den delegierten Rechtsakt erhoben, so wird der delegierte Rechtsakt im *Amtsblatt der Europäischen Union* veröffentlicht und tritt zu dem darin genannten Zeitpunkt in Kraft.

Der delegierte Rechtsakt kann vor Ablauf dieser Frist im *Amtsblatt der Europäischen Union* veröffentlicht werden und in Kraft treten, wenn das Europäische Parlament und der Rat beide der Kommission mitgeteilt haben, dass sie nicht die Absicht haben, Einwände zu erheben.

(3) [1]Erheben das Europäische Parlament oder der Rat innerhalb der in Absatz 1 genannten Frist Einwände gegen einen delegierten Rechtsakt, so tritt dieser nicht in Kraft. [2]Das Organ, das Einwände erhebt, gibt die Gründe für seine Einwände gegen den delegierten Rechtsakt an.

Artikel 20 Ausschuss
(1) Für die Zwecke der Umsetzung von Artikel 6 Absatz 5 wird die Kommission von einem Ausschuss unterstützt.

(2) Wird auf diesen Absatz Bezug genommen, so gelten die Artikel 5 und 7 des Beschlusses 1999/468/EG unter Beachtung von dessen Artikel 8.

Der Zeitraum nach Artikel 5 Absatz 6 des Beschlusses 1999/468/EG wird auf drei Monate festgesetzt.

Artikel 21 Mitteilung der innerstaatlichen Vorschriften
Jeder Mitgliedstaat teilt der Kommission die besonderen Bestimmungen mit, die er zur Umsetzung dieser Verordnung erlässt.

Die Kommission setzt die übrigen Mitgliedstaaten davon in Kenntnis.

Artikel 22 Überprüfung
Bis zum 1. April 2015 und anschließend alle drei Jahre legt die Kommission dem Europäischen Parlament und dem Rat einen Bericht über die Anwendung dieser Verordnung vor.

Artikel 23 Inkrafttreten und Gültigkeit
Diese Verordnung tritt am zwanzigsten Tag nach ihrer Veröffentlichung im *Amtsblatt der Europäischen Union* in Kraft.

Sie gilt ab 1. April 2012.

Diese Verordnung ist in allen ihren Teilen verbindlich und gilt unmittelbar in jedem Mitgliedstaat.

Geschehen zu Straßburg am 16. Februar 2011.

Anhang I

Mindestzahl der Unterzeichner je Mitgliedstaat
(hier nicht wiedergegeben)

Anhang II

Erforderliche Informationen zur Registrierung einer geplanten Bürgerinitiative
(hier nicht wiedergegeben)

Anhang III

Formular für die Unterstützungsbekundung
(hier nicht wiedergegeben)

Anhang IV

Bescheinigung über die Übereinstimmung eines Online-Sammelsystems mit der Verordnung (EU) Nr. 211/2011 des Europäischen Parlaments und des Rates vom 16. Februar 2011 über die Bürgerinitiative
(hier nicht wiedergegeben)

Anhang V

Formular für die Einreichung von Unterstützungsbekundungen an die zuständigen Behörden der Mitgliedstaaten
(hier nicht wiedergegeben)

Anhang VI

Bescheinigung der Zahl der in … (Bezeichnung des Mitgliedstaats) gesammelten gültigen Unterstützungsbekundungen
(hier nicht wiedergegeben)

Anhang VII

Formular zur Einreichung einer Bürgerinitiative bei der Europäischen Kommission
(hier nicht wiedergegeben)

Protokoll (Nr. 7)
über die Vorrechte und Befreiungen der Europäischen Union
vom 8. April 1965

(ABl. 1967 Nr. 152, S. 13), in der Fassung des Vertrags von Lissabon vom 13. 12. 2007 (ABl. C 306 vom 17. 12. 2007);[1] berichtigt in ABl. C 81 vom 29. 3. 2010, S. 1[2]

DIE HOHEN VERTRAGSPARTEIEN,

IN DER ERWÄGUNG, dass die Europäische Union und die Europäische Atomgemeinschaft nach Artikel 343 des Vertrags über die Arbeitsweise der Europäischen Union und Artikel 191 des Vertrags zur Gründung der Europäischen Atomgemeinschaft im Hoheitsgebiet der Mitgliedstaaten die zur Erfüllung ihrer Aufgabe erforderlichen Vorrechte und Befreiungen genießen,

SIND über folgende Bestimmungen ÜBEREINGEKOMMEN, die dem Vertrag über die Europäische Union, dem Vertrag über die Arbeitsweise der Europäischen Union und dem Vertrag zur Gründung der Europäischen Atomgemeinschaft beigefügt sind:

Kapitel I
Vermögensgegenstände, Liegenschaften, Guthaben und Geschäfte der Europäischen Union

Artikel 1 [Schutz der Räumlichkeiten und Vermögensgegenstände]
[1]Die Räumlichkeiten und Gebäude der Union sind unverletzlich. [2]Sie dürfen nicht durchsucht, beschlagnahmt, eingezogen oder enteignet werden. [3]Die Vermögensgegenstände und Guthaben der Union dürfen ohne Ermächtigung des Gerichtshofs nicht Gegenstand von Zwangsmaßnahmen der Verwaltungsbehörden oder Gerichte sein.

Artikel 2 [Unverletzlichkeit der Archive]
Die Archive der Union sind unverletzlich.

Artikel 3 [Steuerbefreiung]
Die Union, ihre Guthaben, Einkünfte und sonstigen Vermögensgegenstände sind von jeder direkten Steuer befreit.

[1]Die Regierungen der Mitgliedstaaten treffen in allen Fällen, in denen es ihnen möglich ist, geeignete Maßnahmen für den Erlass oder die Erstattung des Betrages der indirekten Steuern und Verkaufsabgaben, die in den Preisen für bewegliche oder unbewegliche Güter inbegriffen sind, wenn die Union für ihren Dienstbedarf größere Einkäufe tätigt, bei denen

---

1) In der Fassung der Bekanntmachung vom 9. 5. 2008 (ABl. 2008 C 115 S. 266); berichtigt in ABl. 2010 C 81 S. 1.
2) Nachfolgende konsolidierte Fassungen (ABl. 2010 C 83 S. 266; ABl. 2012 C 326 S. 266; ABl. 2016 C 202 S. 266) sind berücksichtigt.

derartige Steuern und Abgaben im Preis enthalten sind. [2]Die Durchführung dieser Maßnahmen darf jedoch den Wettbewerb innerhalb der Union nicht verfälschen.

Von den Abgaben, die lediglich die Vergütung für Leistungen gemeinnütziger Versorgungsbetriebe darstellen, wird keine Befreiung gewährt.

Artikel 4 [Zollbefreiung]
Die Union ist von allen Zöllen sowie Ein- und Ausfuhrverboten und -beschränkungen bezüglich der zu ihrem Dienstgebrauch bestimmten Gegenstände befreit; die in dieser Weise eingeführten Gegenstände dürfen im Hoheitsgebiet des Staates, in das sie eingeführt worden sind, weder entgeltlich noch unentgeltlich veräußert werden, es sei denn zu Bedingungen, welche die Regierung dieses Staates genehmigt.

Der Union steht ferner für ihre Veröffentlichungen Befreiung von Zöllen sowie Ein- und Ausfuhrverboten und -beschränkungen zu.

Kapitel II
Nachrichtenübermittlung und Ausweise

Artikel 5 (ex-Artikel 6) [Nachrichtenübermittlung]
Den Organen der Union steht für ihre amtliche Nachrichtenübermittlung und die Übermittlung aller ihrer Schriftstücke im Hoheitsgebiet jedes Mitgliedstaats die gleiche Behandlung wie den diplomatischen Vertretungen zu.

Der amtliche Schriftverkehr und die sonstige amtliche Nachrichtenübermittlung der Organe der Union unterliegen nicht der Zensur.

Artikel 6 (ex-Artikel 7) [Ausweise]
[1]Die Präsidenten der Organe der Union können den Mitgliedern und Bediensteten dieser Organe Ausweise ausstellen, deren Form vom Rat mit einfacher Mehrheit bestimmt wird und die von den Behörden der Mitgliedstaaten als gültige Reiseausweise anerkannt werden. [2]Diese Ausweise werden den Beamten und sonstigen Bediensteten nach Maßgabe des Statuts der Beamten und der Beschäftigungsbedingungen für die sonstigen Bediensteten der Union ausgestellt.

Die Kommission kann Abkommen zur Anerkennung dieser Ausweise als im Hoheitsgebiet dritter Länder gültige Reiseausweise schließen.

Kapitel III
Mitglieder des Europäischen Parlaments

Artikel 7 (ex-Artikel 8) [Reise; Zollabfertigung; Devisenkontrolle]
Die Reise der Mitglieder des Europäischen Parlaments zum und vom Tagungsort des Europäischen Parlaments unterliegt keinen verwaltungsmäßigen oder sonstigen Beschränkungen.

Die Mitglieder des Europäischen Parlaments erhalten bei der Zollabfertigung und Devisenkontrolle

a) seitens ihrer eigenen Regierung dieselben Erleichterungen wie hohe Beamte, die sich in offiziellem Auftrag vorübergehend ins Ausland begeben;

b) seitens der Regierungen der anderen Mitgliedstaaten dieselben Erleichterungen wie ausländische Regierungsvertreter mit vorübergehendem offiziellem Auftrag.

Artikel 8 (ex-Artikel 9) [Immunität bzgl. amtlicher Äußerung oder Abstimmung]

Wegen einer in Ausübung ihres Amtes erfolgten Äußerung oder Abstimmung dürfen Mitglieder des Europäischen Parlaments weder in ein Ermittlungsverfahren verwickelt noch festgenommen oder verfolgt werden.

Artikel 9 (ex-Artikel 10) [Gleichstellung mit Parlamentsmitgliedern; gerichtliche Immunität]

Während der Dauer der Sitzungsperiode des Europäischen Parlaments

a) steht seinen Mitgliedern im Hoheitsgebiet ihres eigenen Staates die den Parlamentsmitgliedern zuerkannte Unverletzlichkeit zu,

b) können seine Mitglieder im Hoheitsgebiet jedes anderen Mitgliedstaats weder festgehalten noch gerichtlich verfolgt werden.

Die Unverletzlichkeit besteht auch während der Reise zum und vom Tagungsort des Europäischen Parlaments.

Bei Ergreifung auf frischer Tat kann die Unverletzlichkeit nicht geltend gemacht werden; sie steht auch nicht der Befugnis des Europäischen Parlaments entgegen, die Unverletzlichkeit eines seiner Mitglieder aufzuheben.

Kapitel IV

Vertreter der Mitgliedstaaten, die an den Arbeiten der Organe der Europäischen Union teilnehmen

Artikel 10 (ex-Artikel 11) [Ausübung ihrer Tätigkeit; Reisen]

Den Vertretern der Mitgliedstaaten, die an den Arbeiten der Organe der Union teilnehmen, sowie ihren Beratern und Sachverständigen stehen während der Ausübung ihrer Tätigkeit und auf der Reise zum und vom Tagungsort die üblichen Vorrechte, Befreiungen und Erleichterungen zu.

Dies gilt auch für die Mitglieder der beratenden Organe der Union.

Kapitel V
Beamte und sonstige Bedienstete der Europäischen Union

Artikel 11 (ex-Artikel 12) [Vorrechte und Befreiungen]
Den Beamten und sonstigen Bediensteten der Union stehen im Hoheitsgebiet jedes Mitgliedstaats ohne Rücksicht auf ihre Staatsangehörigkeit folgende Vorrechte und Befreiungen zu:
a) Befreiung von der Gerichtsbarkeit bezüglich der von ihnen in amtlicher Eigenschaft vorgenommenen Handlungen, einschließlich ihrer mündlichen und schriftlichen Äußerungen, jedoch vorbehaltlich der Anwendung der Bestimmungen der Verträge über die Vorschriften betreffend die Haftung der Beamten und sonstigen Bediensteten gegenüber der Union und über die Zuständigkeit des Gerichtshofs der Europäischen Union für Streitsachen zwischen der Union und ihren Beamten sowie sonstigen Bediensteten. Diese Befreiung gilt auch nach Beendigung ihrer Amtstätigkeit;
b) Befreiung von Einwanderungsbeschränkungen und von der Meldepflicht für Ausländer; das Gleiche gilt für ihre Ehegatten und die von ihnen unterhaltenen Familienmitglieder;
c) die den Beamten der internationalen Organisationen üblicherweise gewährten Erleichterungen auf dem Gebiet der Vorschriften des Währungs- und Devisenrechts;
d) das Recht, ihre Wohnungseinrichtung und ihre persönlichen Gebrauchsgegenstände bei Antritt ihres Dienstes in das in Frage stehende Land zollfrei einzuführen und bei Beendigung ihrer Amtstätigkeit in diesem Land ihre Wohnungseinrichtung und ihre persönlichen Gebrauchsgegenstände zollfrei wieder auszuführen, vorbehaltlich der Bedingungen, welche die Regierung des Landes, in dem dieses Recht ausgeübt wird, in dem einen und anderen Fall für erforderlich erachtet;
e) das Recht, das zu ihrem eigenen Gebrauch bestimmte Kraftfahrzeug, sofern es im Land ihres letzten ständigen Aufenthalts oder in dem Land, dem sie angehören, zu den auf dem Binnenmarkt dieses Landes geltenden Bedingungen erworben worden ist, zollfrei einzuführen und es zollfrei wieder auszuführen, vorbehaltlich der Bedingungen, welche die Regierung des in Frage stehenden Landes in dem einen und anderen Fall für erforderlich erachtet.

Artikel 12 (ex-Artikel 13) [Gehälter; Löhne; andere Bezüge]
Von den Gehältern, Löhnen und anderen Bezügen, welche die Union ihren Beamten und sonstigen Bediensteten zahlt, wird zugunsten der Union eine Steuer gemäß den Bestimmungen und dem Verfahren erhoben, die vom Europäischen Parlament und vom Rat durch Verordnungen gemäß dem ordentlichen Gesetzgebungsverfahren und nach Anhörung der betroffenen Organe festgelegt werden.

Die Beamten und sonstigen Bediensteten sind von innerstaatlichen Steuern auf die von der Union gezahlten Gehälter, Löhne und Bezüge befreit.

Artikel 13 (ex-Artikel 14) [Vermeidung der Doppelbesteuerung]

[1]Die Beamten und sonstigen Bediensteten der Union, die sich lediglich zur Ausübung einer Amtstätigkeit im Dienst der Union im Hoheitsgebiet eines anderen Mitgliedstaats als des Staates niederlassen, in dem sie zur Zeit des Dienstantritts bei der Union ihren steuerlichen Wohnsitz haben, werden in den beiden genannten Staaten für die Erhebung der Einkommen-, Vermögen- und Erbschaftsteuer sowie für die Anwendung der zur Vermeidung der Doppelbesteuerung zwischen den Mitgliedstaaten der Union geschlossenen Abkommen so behandelt, als hätten sie ihren früheren Wohnsitz beibehalten, sofern sich dieser in einem Mitgliedstaat der Union befindet. [2]Dies gilt auch für den Ehegatten, soweit dieser keine eigene Berufstätigkeit ausübt, sowie für die Kinder, die unter der Aufsicht der in diesem Artikel bezeichneten Personen stehen und von ihnen unterhalten werden.

Das im Hoheitsgebiet des Aufenthaltsstaats befindliche bewegliche Vermögen der in Absatz 1 bezeichneten Personen ist in diesem Staat von der Erbschaftsteuer befreit; für die Veranlagung dieser Steuer wird es vorbehaltlich der Rechte dritter Länder und der etwaigen Anwendung internationaler Abkommen über die Doppelbesteuerung als in dem Staat des steuerlichen Wohnsitzes befindlich betrachtet.

Ein lediglich zur Ausübung einer Amtstätigkeit im Dienste anderer internationaler Organisationen begründeter Wohnsitz bleibt bei der Anwendung dieses Artikels unberücksichtigt.

Artikel 14 (ex-Artikel 15) [System der Sozialleistungen]

Das Europäische Parlament und der Rat legen durch Verordnungen gemäß dem ordentlichen Gesetzgebungsverfahren nach Anhörung der betroffenen Organe das System der Sozialleistungen für die Beamten und sonstigen Bediensteten der Union fest.

Artikel 15 (ex-Artikel 16) [Bestimmung begünstigter Beamter und Bediensteter]

Das Europäische Parlament und der Rat bestimmen durch Verordnungen gemäß dem ordentlichen Gesetzgebungsverfahren nach Anhörung der anderen betroffenen Organe die Gruppen von Beamten und sonstigen Bediensteten der Union, auf welche Artikel 11, Artikel 12 Absatz 2 und Artikel 13 ganz oder teilweise Anwendung finden.

Namen, Dienstrang und -stellung sowie Anschrift der Beamten und sonstigen Bediensteten dieser Gruppen werden den Regierungen der Mitgliedstaaten in regelmäßigen Zeitabständen mitgeteilt.

Kapitel VI
Vorrechte und Befreiungen der Vertretungen dritter Länder, die bei der Europäischen Union beglaubigt sind

Artikel 16 (ex-Artikel 17) [Zuständiger Mitgliedstaat]
Der Mitgliedstaat, in dessen Hoheitsgebiet sich der Sitz der Union befindet, gewährt den bei der Union beglaubigten Vertretungen dritter Länder die üblichen diplomatischen Vorrechte und Befreiungen.

Kapitel VII
Allgemeine Bestimmungen

Artikel 17 (ex-Artikel 18) [Interessen der Union]
Die Vorrechte, Befreiungen und Erleichterungen werden den Beamten und sonstigen Bediensteten der Union ausschließlich im Interesse der Union gewährt.

Jedes Organ der Union hat die Befreiung eines Beamten oder sonstigen Bediensteten in allen Fällen aufzuheben, in denen dies nach seiner Auffassung den Interessen der Union nicht zuwiderläuft.

Artikel 18 (ex-Artikel 19) [Gegenseitiges Einvernehmen]
Bei der Anwendung dieses Protokolls handeln die Organe der Union und die verantwortlichen Behörden der beteiligten Mitgliedstaaten im gegenseitigen Einvernehmen.

Artikel 19 (ex-Artikel 20) [Europäischer Rat und Kommission]
Die Artikel 11 bis 14 und Artikel 17 finden auf den Präsidenten des Europäischen Rates Anwendung.

Sie finden auch auf die Mitglieder der Kommission Anwendung.

Artikel 20 (ex-Artikel 21) [Richter; Generalanwälte; Kanzler; Hilfsberichterstatter]
Die Artikel 11 bis 14 und Artikel 17 finden auf die Richter, die Generalanwälte, die Kanzler und die Hilfsberichterstatter des Gerichtshofs der Europäischen Union Anwendung; die Bestimmungen des Artikels 3 des Protokolls über die Satzung des Gerichtshofs der Europäischen Union betreffend die Befreiung der Richter und Generalanwälte von der Gerichtsbarkeit bleiben hiervon unberührt.

Artikel 21 (ex-Artikel 22) [Europäische Investitionsbank]
Dieses Protokoll gilt auch für die Europäische Investitionsbank, die Mitglieder ihrer Organe, ihr Personal und die Vertreter der Mitgliedstaaten, die an ihren Arbeiten teilnehmen; die Bestimmungen des Protokolls über die Satzung der Bank bleiben hiervon unberührt.

[1]Die Europäische Investitionsbank ist außerdem von allen Steuern und sonstigen Abgaben anlässlich der Erhöhungen ihres Kapitals sowie von den verschiedenen Förmlichkeiten befreit, die hiermit in dem Staat, in dem

sie ihren Sitz hat, verbunden sind. [2]Desgleichen werden bei ihrer etwaigen Auflösung und Liquidation keine Abgaben erhoben. [3]Ferner unterliegt die Tätigkeit der Bank und ihrer Organe, soweit sie nach Maßgabe der Satzung ausgeübt wird, nicht der Umsatzsteuer.

Artikel 22 (ex-Artikel 23) [Europäische Zentralbank]
Dieses Protokoll gilt auch für die Europäische Zentralbank, die Mitglieder ihrer Beschlussorgane und ihre Bediensteten; die Bestimmungen des Protokolls über die Satzung des Europäischen Systems der Zentralbanken und der Europäischen Zentralbank bleiben hiervon unberührt.

[1]Die Europäische Zentralbank ist außerdem von allen Steuern und sonstigen Abgaben anlässlich der Erhöhungen ihres Kapitals sowie von den verschiedenen Förmlichkeiten befreit, die hiermit in dem Staat, in dem sie ihren Sitz hat, verbunden sind. [2]Ferner unterliegt die Tätigkeit der Bank und ihrer Beschlussorgane, soweit sie nach Maßgabe der Satzung des Europäischen Systems der Zentralbanken und der Europäischen Zentralbank ausgeübt wird, nicht der Umsatzsteuer.

Protokoll (Nr. 6)
über die Festlegung der Sitze der Organe und bestimmter
Einrichtungen, sonstiger Stellen und Dienststellen der
Europäischen Union
vom 2. Oktober 1997

(ABl. C 340 vom 10. 11. 1997, S. 11), in der Fassung des Vertrags von
Lissabon vom 13. 12. 2007 (ABl. C 306 vom 17. 12. 2007)[1)]

DIE VERTRETER DER REGIERUNGEN DER MITGLIEDSTAATEN
–

GESTÜTZT auf Artikel 341 des Vertrags über die Arbeitsweise der
Europäischen Union, und Artikel 189 des Vertrags zur Gründung der Europäischen Atomgemeinschaft,

EINGEDENK UND IN BESTÄTIGUNG des Beschlusses vom
8. April 1965, jedoch unbeschadet der Beschlüsse über den Sitz künftiger
Organe, Einrichtungen, sonstiger Stellen und Dienststellen –

SIND über folgende Bestimmungen ÜBEREINGEKOMMEN, die dem
Vertrag über die Europäische Union, dem Vertrag über die Arbeitsweise
der Europäischen Union und dem Vertrag zur Gründung der Europäischen
Atomgemeinschaft beigefügt sind:

Einziger Artikel

a) [1]Das Europäische Parlament hat seinen Sitz in Straßburg; dort finden
die 12 monatlichen Plenartagungen einschließlich der Haushaltstagung statt. [2]Zusätzliche Plenartagungen finden in Brüssel statt. [3]Die
Ausschüsse des Europäischen Parlaments treten in Brüssel zusammen. [4]Das Generalsekretariat des Europäischen Parlaments und dessen Dienststellen verbleiben in Luxemburg.

b) [1]Der Rat hat seinen Sitz in Brüssel. [2]In den Monaten April, Juni und
Oktober hält der Rat seine Tagungen in Luxemburg ab.

c) [1]Die Kommission hat ihren Sitz in Brüssel. [2]Die in den Artikeln 7, 8
und 9 des Beschlusses vom 8. April 1965 aufgeführten Dienststellen
sind in Luxemburg untergebracht.

d) Der Gerichtshof der Europäischen Union hat seinen Sitz in Luxemburg.

e) Der Rechnungshof hat seinen Sitz in Luxemburg.

f) Der Wirtschafts- und Sozialausschuss hat seinen Sitz in Brüssel.

g) Der Ausschuss der Regionen hat seinen Sitz in Brüssel.

h) Die Europäische Investitionsbank hat ihren Sitz in Luxemburg.

---

1) In der Fassung der Bekanntmachung vom 9. 5. 2008 (ABl. 2008 C 115 S. 265). Nachfolgende konsolidierte Fassungen des Protokolls (ABl. 2010 C 83 S. 265; ABl. 2012 C
326 S. 265; ABl. 2016 C 202 S. 265) sind berücksichtigt.

i) Die Europäische Zentralbank hat ihren Sitz in Frankfurt.

j) Das Europäische Polizeiamt (Europol) hat seinen Sitz in Den Haag.

Beschluß der Vertreter der Regierungen der Mitgliedstaaten über die Festlegung des Sitzes bestimmter Einrichtungen und Dienststellen der Europäischen Gemeinschaften sowie des Sitzes von Europol

(93/C 323/01)

(ABl. C 323 vom 30. 11. 1993, S. 1)

DIE AUF EBENE DER STAATS- UND REGIERUNGSCHEFS VEREINIGTEN VERTRETER DER REGIERUNGEN DER MITGLIEDSTAATEN –

gestützt auf Artikel 216 des Vertrages zur Gründung der Europäischen Wirtschaftsgemeinschaft, Artikel 77 des Vertrages über die Gründung der Europäischen Gemeinschaft für Kohle und Stahl und Artikel 189 des Vertrages zur Gründung der Europäischen Atomgemeinschaft,

gestützt auf die Verordnung (EWG) Nr. 1210/90 des Rates vom 7. Mai 1990 zur Errichtung einer Europäischen Umweltagentur und eines Europäischen Umweltinformations- und Umweltbeobachtungsnetzes[1], insbesondere auf Artikel 21,

gestützt auf die Verordnung (EWG) Nr. 1360/90 des Rates vom 7. Mai 1990 zur Errichtung einer Europäischen Stiftung für Berufsbildung[2], insbesondere auf Artikel 19,

gestützt auf den Beschluss vom 18. Dezember 1991, mit dem die Kommission die Schaffung des Inspektionsbüros für Veterinär- und Pflanzenschutzkontrollen gebilligt hat,

gestützt auf die Verordnung (EWG) Nr. 302/93 des Rates vom 8. Februar 1993 zur Schaffung einer Europäischen Beobachtungsstelle für Drogen und Drogensucht[3], insbesondere auf Artikel 19,

gestützt auf die Verordnung (EWG) Nr. 2309/93 des Rates vom 22. Juli 1993 zur Festlegung von Gemeinschaftsverfahren für die Genehmigung und Überwachung von Human- und Tierarzneimitteln und zur Schaffung einer Europäischen Agentur für die Beurteilung von Arzneimitteln[4], insbesondere auf Artikel 74,

in der Erwägung, dass der Europäische Rat entsprechend dem Aktionsprogramm der Kommission vom 20. November 1989 über die Einführung der Gemeinschaftscharta der sozialen Grundrechte der Arbeitnehmer die Einrichtung der Agentur für Gesundheitsschutz und Sicherheit am Arbeitsplatz vorgesehen hat,

in der Erwägung, dass im Vertrag über die Europäische Union, der am 7. Februar 1992 unterzeichnet wurde und am 1. November 1993 in

---

1) ABl. Nr. L 120 vom 11. 5. 1990, S. 1.
2) ABl. Nr. L 131 vom 23. 5. 1990, S. 1.
3) ABl. Nr. L 36 vom 12. 2. 1993, S. 1.
4) ABl. Nr. L 214 vom 24. 8. 1993, S. 1.

Kraft tritt, die Schaffung des Europäischen Währungsinstituts und der Europäischen Zentralbank vorgesehen ist,

in der Erwägung, dass die Organe der Europäischen Gemeinschaften beabsichtigen, ein Harmonisierungsamt für den Binnenmarkt (Marken, Muster und Modelle) einzurichten,

in der Erwägung, dass gemäß den Schlussfolgerungen des Europäischen Rates von Maastricht die Mitgliedstaaten beabsichtigen, ein Übereinkommen über Europol (Europäisches Polizeiamt) zu schließen, mit dem Europol geschaffen wird und das ferner an die Stelle des Ministerübereinkommens vom 2. Juni 1993 über die Einrichtung der Europol-Drogenstelle treten wird,

in der Erwägung, dass für diese verschiedenen Einrichtungen und Dienststellen die Sitze festzulegen sind,

unter Verweis auf die Beschlüsse vom 8. April 1965 und 12. Dezember 1992 –

BESCHLIESSEN:

Artikel 1 [Sitze von Dienststellen und Einrichtungen]

a) Die Europäische Umweltagentur hat ihren Sitz im Gebiet von Kopenhagen.

b) Die Europäische Stiftung für Berufsbildung hat ihren Sitz in Turin.

c) Das Inspektionsbüro für Veterinär- und Pflanzenschutzkontrollen wird seinen Sitz in einer irischen Stadt haben, die von der irischen Regierung noch zu benennen ist.

d) Die Europäische Drogenbeobachtungsstelle hat ihren Sitz in Lissabon.

e) Die Europäische Agentur für die Beurteilung von Arzneimitteln hat ihren Sitz in London.

f) Die Agentur für Gesundheitsschutz und Sicherheit am Arbeitsplatz wird ihren Sitz in einer spanischen Stadt haben, die von der spanischen Regierung noch zu benennen ist.

g) Das Europäische Währungsinstitut und die künftige Europäische Zentralbank werden ihren Sitz in Frankfurt haben.

h) Das Harmonisierungsamt für den Binnenmarkt (Marken, Muster und Modelle), einschließlich seiner Beschwerdekammer, wird seinen Sitz in einer spanischen Stadt haben, die von der spanischen Regierung noch zu benennen ist.

i) Europol sowie die Europol-Drogenstelle werden ihren Sitz in Den Haag haben.

Artikel 2 [Inkrafttreten]

Dieser Beschluss, der im *Amtsblatt der Europäischen Gemeinschaften* veröffentlicht wird, tritt am heutigen Tage in Kraft.

GESCHEHEN zu Brüssel am neunundzwanzigsten Oktober neunzehnhundertdreiundneunzig

Erklärungen

Bei der Verabschiedung des vorstehenden Beschlusses am 29. Oktober 1993 haben die Vertreter der Regierungen der Mitgliedstaaten einvernehmlich folgende Erklärungen angenommen:

– Als Sitz des Europäischen Zentrums für die Förderung der Berufsbildung wurde durch die Verordnung (EWG) Nr. 337/75 des Rates vom 10. Februar 1975, die auf Vorschlag der Kommission und nach Anhörung des Europäischen Parlaments vom Rat einstimmig angenommen wurde, Berlin festgelegt. Die Vertreter der Regierungen der Mitgliedstaaten ersuchen die Organe der Europäischen Gemeinschaft vorzusehen, dass Thessaloniki so bald wie möglich als künftiger Sitz festgelegt wird.

Die Kommission hat sich bereit erklärt, bald einen Vorschlag in diesem Sinne vorzulegen.

– Bei den Übersetzungsdiensten der Kommission in Luxemburg wird eine Übersetzungszentrale für die Einrichtungen der Union geschaffen, welche die Übersetzungsdienste leistet, die für die Arbeit der Einrichtungen und Dienststellen erforderlich sind, deren Sitz mit dem vorstehenden Beschluss vom 29. Oktober 1993 festgelegt worden ist; dies betrifft nicht die Übersetzer des Europäischen Währungsinstituts.

– Die Mitgliedstaaten verpflichten sich, die Kandidatur Luxemburgs für den Sitz des Gemeinsamen Berufungsgerichts für Gemeinschaftspatente zu unterstützen, das im Protokoll über die Regelung von Streitigkeiten über die Verletzung und die Rechtsgültigkeit von Gemeinschaftspatenten im Anhang zur Vereinbarung über Gemeinschaftspatente vom 15. Dezember 1989 vorgesehen ist.

Anlässlich der Konferenz der Vertreter der Regierungen der Mitgliedstaaten hat die Kommission bestätigt, dass sie ihre Dienststellen mit Standort in Luxemburg auf Dauer dort unterbringen will.

Schließlich stellten die Mitgliedstaaten fest, dass Haushaltsmittel zur Verfügung stehen, die es der Europäischen Stiftung zur Verbesserung der Lebens- und Arbeitsbedingungen mit Sitz in Dublin ermöglichen, einige neue Aufgaben zu erfüllen.

**Verordnung Nr. 1 des Rates
vom 15. April 1958
zur Regelung der Sprachenfrage für die Europäische
Wirtschaftsgemeinschaft**

(ABl. 17 vom 6. 10. 1958, S. 385; zuletzt geändert durch Verordnung
(EU) Nr. 517/2013 vom 13. 5. 2013
(ABl. L 158 vom 10. 6. 2013, S. 1, 71)

DER RAT DER EUROPÄISCHEN WIRTSCHAFTSGEMEINSCHAFT,

gestützt auf Artikel 217 des Vertrages, nach dem die Regelung der Sprachenfrage für die Organe der Gemeinschaft unbeschadet der Verfahrensordnung des Gerichtshofes vom Rat einstimmig getroffen wird,

in der Erwägung, dass jede der vier Sprachen, in denen der Vertrag abgefasst ist, in einem oder in mehreren Mitgliedstaaten der Gemeinschaft Amtssprache ist,

HAT FOLGENDE VERORDNUNG ERLASSEN:

Artikel 1 [Amtssprache und Arbeitssprache der Organe]
Die Amtssprachen und die Arbeitssprachen der Organe der Union sind Bulgarisch, Dänisch, Deutsch, Englisch, Estnisch, Finnisch, Französisch, Griechisch, Irisch, Italienisch, Kroatisch, Lettisch, Litauisch, Maltesisch, Niederländisch, Polnisch, Portugiesisch, Rumänisch, Schwedisch, Slowakisch, Slowenisch, Spanisch, Tschechisch und Ungarisch.

Artikel 2 [Schriftstücke an Organe]
[1]Schriftstücke, die ein Mitgliedstaat oder eine der Hoheitsgewalt eines Mitgliedstaates unterstehende Person an Organe der Gemeinschaft richtet, können nach Wahl des Absenders in einer der Amtssprachen abgefasst werden. [2]Die Antwort ist in derselben Sprache zu erteilen.

Artikel 3 [Schriftstücke der Organe]
Schriftstücke, die ein Organ der Gemeinschaft an einen Mitgliedstaat oder an eine der Hoheitsgewalt eines Mitgliedstaats unterstehende Person richtet, sind in der Sprache dieses Staates abzufassen.

Artikel 4 [Verordnungen und andere Schriftstücke]
Verordnungen und andere Schriftstücke von allgemeiner Geltung werden in den Amtssprachen abgefasst.

Artikel 5 [Amtsblatt der EU]
Das *Amtsblatt der Europäischen Union* erscheint in den Amtssprachen.

Artikel 6 [Anwendung durch die Organe]
Die Organe der Gemeinschaft können in ihren Geschäftsordnungen festlegen, wie diese Regelung der Sprachenfrage im Einzelnen anzuwenden ist.

Artikel 7 [Verfahren des Gerichtshofes]
Die Sprachenfrage für das Verfahren des Gerichtshofes wird in dessen Verfahrensordnung geregelt.

Artikel 8 [Mehrere Amtssprachen eines Mitgliedstaats]
Hat ein Mitgliedstaat mehrere Amtssprachen, so bestimmt sich der Gebrauch der Sprache auf Antrag dieses Staates nach den auf seinem Recht beruhenden allgemeinen Regeln.

Diese Verordnung ist in allen ihren Teilen verbindlich und gilt unmittelbar in jedem Mitgliedstaat.

Geschehen zu Brüssel am 15. April 1958.

Beschluß des Rates vom 20. September 1976
(76/787/EGKS, EWG, Euratom)

(ABl. L 278 vom 8. 10. 1976, S. 1)

DER RAT –

in der Zusammensetzung der Vertreter der Mitgliedstaaten und mit Einstimmigkeit,

gestützt auf Artikel 21 Absatz 3 des Vertrages über die Gründung der Europäischen Gemeinschaft für Kohle und Stahl,

gestützt auf Artikel 138 Absatz 3 des Vertrages zur Gründung der Europäischen Wirtschaftsgemeinschaft,

gestützt auf Artikel 108 Absatz 3 des Vertrages zur Gründung der Europäischen Atomgemeinschaft,

nach Kenntnisnahme des Entwurfs des Europäischen Parlaments,

in der Absicht, die Schlussfolgerungen des Europäischen Rates vom 1. und 2. Dezember 1975 in Rom in die Tat umzusetzen, damit die Wahl zum Europäischen Parlament einem einheitlichen Zeitpunkt in den Monaten Mai–Juni 1978 abgehalten wird –

hat die diesem Beschluss beigefügten Bestimmungen erlassen, deren Annahme nach ihren jeweiligen verfassungsrechtlichen Vorschriften er den Mitgliedstaaten empfiehlt.

Dieser Beschluss und die ihm beigefügten Bestimmungen werden im *Amtsblatt der Europäischen Gemeinschaften* veröffentlicht.

Die Mitgliedstaaten teilen dem Generalsekretär des Rates der Europäischen Gemeinschaften unverzüglich den Abschluss der Verfahren mit, die nach ihren jeweiligen verfassungsrechtlichen Vorschriften für die Annahme der diesem Beschluss beigefügten Bestimmungen erforderlich sind.

Dieser Beschluss tritt am Tage der Veröffentlichung im *Amtsblatt der Europäischen Gemeinschaften*[1] in Kraft.

GESCHEHEN zu Brüssel am zwanzigsten September neunzehnhundertsechsundsiebzig.

---

1) Am 8. 10. 1976.

**Akt zur Einführung allgemeiner unmittelbarer Wahlen der
Abgeordneten des Europäischen Parlaments**

(ABl. L 278 vom 8. 10. 1976, S. 5; zuletzt geändert durch Beschluss
2002/772/EG, Euratom des Rates vom 25.6. und 23. 9. 2002, ABl. L 283
vom 21. 10. 2002, S. 1)

Inhalt

Artikel 1 [Grundsatz]
(1) In jedem Mitgliedstaat werden die Mitglieder des Europäischen Parlaments nach dem Verhältniswahlsystem auf der Grundlage von Listen oder von übertragbaren Einzelstimmen gewählt.

(2) Die Mitgliedstaaten können Vorzugsstimmen auf der Grundlage von Listen nach den von ihnen festgelegten Modalitäten zulassen.

(3) Die Wahl erfolgt allgemein, unmittelbar, frei und geheim.

Artikel 2 [Wahlkreise, -gebiete]
Entsprechend ihren nationalen Besonderheiten können die Mitgliedstaaten für die Wahl des Europäischen Parlaments Wahlkreise einrichten oder ihre Wahlgebiete auf andere Weise unterteilen, ohne das Verhältniswahlsystem insgesamt in Frage zu stellen.

Artikel 3 [Mindestschwelle]
[1]Für die Sitzvergabe können die Mitgliedstaaten eine Mindestschwelle festlegen. [2]Diese Schwelle darf jedoch landesweit nicht mehr als 5 % der abgegebenen Stimmen betragen.

Artikel 4 [Wahlkampfkosten]
Jeder Mitgliedstaat kann eine Obergrenze für die Wahlkampfkosten der
Wahlbewerber festlegen.

Artikel 5 [Wahlperiode]
(1) Der Fünfjahreszeitraum, für den die Mitglieder des Europäischen Parlaments gewählt werden, beginnt mit der Eröffnung der ersten Sitzung
nach jeder Wahl.

Er wird nach Maßgabe von Artikel 11 Absatz 2 Unterabsatz 2 verlängert
oder verkürzt.

(2) Das Mandat eines Mitglieds des Europäischen Parlaments beginnt
und endet zu gleicher Zeit wie der in Absatz 1 genannte Zeitraum.

Artikel 6 [Freie Wahl]
(1) [1]Die Mitglieder des Europäischen Parlaments geben ihre Stimmen
einzeln und persönlich ab. [2]Sie sind weder an Aufträge noch an Weisungen gebunden.

(2) Die Mitglieder des Europäischen Parlaments genießen die Vorrechte und Befreiungen, die nach dem Protokoll vom 8. April 1965 über die
Vorrechte und Befreiungen der Europäischen Gemeinschaften für sie gelten.

Artikel 7 [Unvereinbarkeit der Mitgliedschaft im EP]
(1) Die Mitgliedschaft im Europäischen Parlament ist unvereinbar mit der
Eigenschaft als
– Mitglied der Regierung eines Mitgliedstaats;
– Mitglied der Kommission der Europäischen Gemeinschaften;
– Richter, Generalanwalt oder Kanzler des Gerichtshofs der Europäischen Gemeinschaften oder des Gerichts erster Instanz;
– Mitglied des Direktoriums der Europäischen Zentralbank;
  Mitglied des Rechnungshofs der Europäischen Gemeinschaften;
– Bürgerbeauftragter der Europäischen Gemeinschaften;
– Mitglied des Wirtschafts- und Sozialausschusses der Europäischen
  Wirtschaftsgemeinschaft und der Europäischen Atomgemeinschaft;
– Mitglied des Ausschusses der Regionen;
– Mitglied von Ausschüssen und Gremien, die auf Grund der Verträge
  zur Gründung der Europäischen Wirtschaftsgemeinschaft und der Europäischen Atomgemeinschaft Mittel der Gemeinschaften verwalten
  oder eine dauernde unmittelbare Verwaltungsaufgabe wahrnehmen;
– Mitglied des Verwaltungsrats oder des Direktoriums oder Bediensteter der Europäischen Investitionsbank;
– im aktiven Dienst stehender Beamter oder Bediensteter der Organe
  der Europäischen Gemeinschaften oder der ihnen angegliederten Einrichtungen, Ämter, Agenturen und Gremien oder der Europäischen
  Zentralbank.

(2) Ab der Wahl zum Europäischen Parlament im Jahre 2004 ist die Mitgliedschaft im Europäischen Parlament unvereinbar mit der Eigenschaft als Abgeordneter eines nationalen Parlaments.

Abweichend von dieser Regel und unbeschadet des Absatzes 3

– können die Abgeordneten des nationalen irischen Parlaments, die in einer folgenden Wahl in das Europäische Parlament gewählt werden, bis zur nächsten Wahl zum nationalen irischen Parlament ein Doppelmandat ausüben; ab diesem Zeitpunkt ist Unterabsatz 1 anwendbar;

– können die Abgeordneten des nationalen Parlaments des Vereinigten Königreichs, die während des Fünfjahreszeitraums vor der Wahl zum Europäischen Parlament im Jahr 2004 auch Abgeordnete des Europäischen Parlaments sind, bis zu den Wahlen zum Europäischen Parlament im Jahre 2009 ein Doppelmandat ausüben; ab diesem Zeitpunkt ist Unterabsatz 1 anwendbar.

(3) Ferner kann jeder Mitgliedstaat nach Artikel 7 innerstaatlich geltende Unvereinbarkeiten ausweiten.

(4) Die Mitglieder des Europäischen Parlaments, auf die im Laufe der in Artikel 5 festgelegten fünfjährige Wahlperiode die Absätze 1, 2 und 3 Anwendung finden, werden nach Artikel 13 ersetzt.

Artikel 8 [Wahlverfahren]
Vorbehaltlich der Vorschriften dieses Akts bestimmt sich das Wahlverfahren in jedem Mitgliedstaat nach den innerstaatlichen Vorschriften.

Diese innerstaatlichen Vorschriften, die gegebenenfalls den Besonderheiten in den Mitgliedstaaten Rechnung tragen können, dürfen das Verhältniswahlsystem insgesamt nicht in Frage stellen.

Artikel 9 [Stimmabgabe]
Bei der Wahl der Mitglieder des Europäischen Parlaments kann jeder Wähler nur einmal wählen.

Artikel 10 [Wahltermin; Ermittlung des Wahlergebnisses]
(1) Die Wahl zum Europäischen Parlament findet zu dem von jedem Mitgliedstaat festgelegten Termin und zu den von ihm festgelegten Uhrzeiten statt, wobei der Termin in einen für alle Mitgliedstaaten gleichen Zeitraum von Donnerstag morgen bis zu dem unmittelbar nachfolgenden Sonntag fällt.

(2) Ein Mitgliedstaat darf das ihn betreffende Wahlergebnis erst dann amtlich bekannt geben, wenn die Wahl in dem Mitgliedstaat, dessen Wähler innerhalb des in Absatz 1 genannten Zeitraums als letzte wählen, abgeschlossen ist.

(3) (aufgehoben)

Artikel 11 [Bestimmung des Wahlzeitraums; Zusammentreten des EP]

(1) Der Zeitraum, in dem die Wahlen stattfinden, wird für die erste Wahl vom Rat nach Anhörung des Europäischen Parlaments einstimmig näher bestimmt.

(2) Die folgenden Wahlen finden in dem entsprechenden Zeitraum des letzten Jahres der in Artikel 5 genannten fünfjährigen Wahlperiode statt.

Erweist es sich als unmöglich, die Wahlen während dieses Zeitraums in der Gemeinschaft abzuhalten, so setzt der Rat mindestens ein Jahr vor Ablauf des in Artikel 5 genannten Fünfjahreszeitraums nach Anhörung des Europäischen Parlaments einstimmig einen anderen Zeitraum fest, der frühestens zwei Monate vor und spätestens einen Monat nach dem sich aus vorstehendem Unterabsatz ergebenden Zeitraum liegen darf.

(3) Unbeschadet des Artikels 139 des Vertrages zur Gründung der Europäischen Gemeinschaft[1]) und des Artikels 109 des Vertrages zur Gründung der Europäischen Atomgemeinschaft tritt das Europäische Parlament, ohne daß es einer Einberufung bedarf, am ersten Dienstag nach Ablauf eines Monats ab dem Ende des Zeitraums, in dem die Wahlen stattgefunden haben, zusammen.

(4) Die Befugnisse des scheidenden Europäischen Parlaments enden mit der ersten Sitzung des neuen Europäischen Parlaments.

Artikel 12 [Wahlprüfung]

[1]Das Europäische Parlament prüft die Mandate seiner Mitglieder. [2]Zu diesem Zweck nimmt das Europäische Parlament die von den Mitgliedstaaten amtlich bekanntgegebenen Wahlergebnisse zur Kenntnis und befindet über die Anfechtungen, die gegebenenfalls aufgrund der Vorschriften dieses Akts – mit Ausnahme der innerstaatlichen Vorschriften, auf die darin verwiesen wird – vorgebracht werden könnten.

Artikel 13 [Freiwerden eines Sitzes]

(1) Ein Sitz wird frei, wenn das Mandat eines Mitglieds des Europäischen Parlaments im Falle seines Rücktritts oder seines Todes erlischt.

(2) Vorbehaltlich der sonstigen Vorschriften dieses Akts legt jeder Mitgliedstaat für den Fall des Freiwerdens eines Sitzes die geeigneten Verfahren fest, um diesen Sitz für den Rest des in Artikel 5 genannten Fünfjahreszeitraums zu besetzen.

(3) [1]Ist in den Rechtsvorschriften eines Mitgliedstaats ausdrücklich der Entzug des Mandats eines Mitglieds des Europäischen Parlaments vorgesehen, so erlischt sein Mandat entsprechend diesen Rechtsvorschriften. [2]Die zuständigen einzelstaatlichen Behörden setzen das Europäische Parlament davon in Kenntnis.

---

1)   Anm. d. Red.: Jetzt Artikel 229 AEUV.

(4) Wird ein Sitz durch Rücktritt oder Tod frei, so setzt der Präsident des Europäischen Parlaments die zuständigen Behörden des betreffenden Mitgliedstaates unverzüglich davon in Kenntnis.

Artikel 14 [Maßnahmen zur Durchführung]
Sollte es sich als erforderlich erweisen, Maßnahmen zur Durchführung dieses Akts zu treffen, so trifft der Rat diese Maßnahmen einstimmig auf Vorschlag des Europäischen Parlaments und nach Anhörung der Kommission, nachdem er sich in einem Konzertierungsausschuss, dem der Rat sowie Vertreter des Europäischen Parlaments angehören, um ein Einvernehmen mit dem Europäischen Parlament bemüht hat.

Artikel 15 [Verbindlicher Wortlaut; Anhänge]
Dieser Akt ist in dänischer, deutscher, englischer, finnischer, französischer, griechischer, irischer, italienischer, niederländischer, portugiesischer, schwedischer und spanischer Sprache abgefasst, wobei jeder Wortlaut gleichermaßen verbindlich ist.
Die Anhänge I und II sind Bestandteile dieses Akts.

Artikel 16 [Inkrafttreten]
Die Bestimmungen dieses Akts treten an dem ersten Tag des Monats in Kraft, der auf den Erhalt der letzten in dem Beschluss genannten Mitteilung folgt.[1]

GESCHEHEN zu Brüssel am zwanzigsten September neunzehnhundertsechsundsiebzig.

Anhang I

Das Vereinigte Königreich wird die Vorschriften dieses Akts nur auf das Vereinigte Königreich anwenden.

Anhang II

Erklärung zu Artikel 14

In Bezug auf das Verfahren, das im Konzertierungsausschuss anzuwenden ist, wird vereinbart, die Nummern 5, 6 und 7 des Verfahrens heranzuziehen, das durch die gemeinsame Erklärung des Europäischen Parlaments, des Rates und der Kommission vom 4. März 1975[2] festgelegt worden ist.

---

1) Anm. d. Red.: Dieser Akt ist gemäß Artikel 16 am 1. Juli 1978 in Kraft getreten. (ABl. Nr. L 173 vom 29. 6. 1978, S. 30).
2) ABl. Nr. C 89 vom 22. 4. 1975, S. 1.

Anhang

[1]**Erklärungen zum Protokoll der Ratssitzung vom 20. 9. 1976 a) Erklärung zu Dänemark b) Erklärung zur Zuständigkeit des EuGH**

Anlage I Erklärung für das Ratsprotokoll

Der Rat ist der Auffassung, dass die Vorschriften des Vertrages über die Gründung der Europäischen Gemeinschaft für Kohle und Stahl, des Vertrages zur Gründung der Europäischen Wirtschaftsgemeinschaft und des Vertrages zur Gründung der Europäischen Atomgemeinschaft über die Kompetenz des Gerichtshofs der Europäischen Gemeinschaften und die Ausübung dieser Kompetenz auf die Vorschriften des am 20. September 1976 erlassenen Akts unter den gleichen Voraussetzungen anwendbar sind wie in Bezug auf die Vorschriften der genannten Verträge.

Anlage II Erklärung des Rates betreffend Dänemark

(gegenstandslos)

Anlage III Erklärung für das Ratsprotokoll

(gegenstandslos)

---

1)   Anm. d. Red.: Amtlich nicht veröffentlicht.

**Beschluss des Europäischen Rates vom 28. Juni 2013 über die
Zusammensetzung des Europäischen Parlaments
(2013/312/EU)**

(ABl. L 181 vom 29. 6. 2013, S. 57)

DER EUROPÄISCHE RAT –

gestützt auf den Vertrag über die Europäische Union, insbesondere auf
Artikel 14 Absatz 2,

gestützt auf Artikel 2 Absatz 3 Protokoll Nr. 36 über die Übergangsbestimmungen,

auf Initiative des Europäischen Parlaments[1],

nach Zustimmung des Europäischen Parlaments[2],

in Erwägung nachstehender Gründe:

(1) Artikel 2 Absätze 1 und 2 des Protokolls Nr. 36 über die Übergangsbestimmungen treten am Ende der Wahlperiode 2009-2014 außer
Kraft.

(2) Artikel 19 Absatz 1 der Akte über die Bedingungen des Beitritts der
Republik Kroatien und die Anpassungen des Vertrags über die Europäische Union, des Vertrags über die Arbeitsweise der Europäischen Union und des Vertrags zur Gründung der Europäischen Atomgemeinschaft wird zum Ende der Wahlperiode 2009-2014 außer
Kraft treten.

(3) Es ist erforderlich, unverzüglich den Bestimmungen des Artikels 2
Absatz 3 des Protokolls Nr. 36 zu entsprechen und deshalb den in
Artikel 14 Absatz 2 Unterabsatz 2 des Vertrags über die Europäische
Union vorgesehenen Beschluss zu erlassen, damit die Mitgliedstaa-
ten rechtzeitig die erforderlichen innerstaatlichen Vorschriften für die
Organisation der Wahlen zum Europäischen Parlament für die Wahl-
periode 2014-2019 erlassen können.

(4) Artikel 14 Absatz 2 Unterabsatz 1 des Vertrags über die Europäische
Union legt die Kriterien für die Zusammensetzung des Europäischen
Parlaments fest, nämlich dass die Anzahl der Vertreter der Unionsbürgerinnen und Unionsbürger 750 zuzüglich des Präsidenten nicht
überschreiten darf, dass die Bürgerinnen und Bürger degressiv proportional, mindestens jedoch mit sechs Mitgliedern je Mitgliedstaat
vertreten werden und dass kein Mitgliedstaat mehr als 96 Sitze erhält.

(5) Artikel 10 des Vertrags über die Europäische Union sieht unter anderem vor, dass die Arbeitsweise der Union auf der repräsentativen
Demokratie beruht, wobei die Bürgerinnen und Bürger auf Unionsebene unmittelbar im Europäischen Parlament vertreten werden und
die Mitgliedstaaten im Rat von ihrer jeweiligen Regierung vertreten

---

1) Am 13. März 2013 angenommene Initiative (noch nicht im Amtsblatt veröffentlicht).
2) Zustimmung vom 12. Juni 2013 (noch nicht im Amtsblatt veröffentlicht).

werden, welche ihrerseits in demokratischer Weise gegenüber ihrem nationalen Parlament oder gegenüber ihren Bürgerinnen und Bürgern Rechenschaft ablegen müssen. Artikel 14 Absatz 2 des Vertrags über die Europäische Union über die Zusammensetzung des Europäischen Parlaments findet daher im Zusammenhang der im Vertrag festgelegten weiteren institutionellen Regelungen, die auch die Bestimmungen über die Beschlussfassung im Rat umfassen, Anwendung –
HAT FOLGENDEN BESCHLUSS ERLASSEN:

Artikel 1 [Grundsätze]

In Anwendung des Grundsatzes der degressiven Proportionalität gemäß Artikel 14 Absatz 2 Unterabsatz 1 des Vertrags über die Europäische Union finden die folgenden Grundsätze Anwendung:

–   Bei der Zuweisung von Sitzen im Europäischen Parlament sind die im Vertrag über die Europäische Union festgesetzten Mindest- und Höchstzahlen uneingeschränkt auszuschöpfen, damit die Zuweisung der Sitze im Europäischen Parlament die Größe der jeweiligen Bevölkerung der Mitgliedstaaten so genau wie möglich widerspiegelt;

–   Das Verhältnis zwischen der Bevölkerung und der Zahl von Sitzen jedes Mitgliedstaats muss vor Auf- oder Abrunden auf ganze Zahlen in Abhängigkeit von seiner jeweiligen Bevölkerung variieren, so dass jedes Mitglied des Europäischen Parlaments aus einem bevölkerungsreicheren Mitgliedstaat mehr Bürgerinnen und Bürger vertritt als jedes Mitglied aus einem bevölkerungsärmeren Mitgliedstaat, und umgekehrt, dass je bevölkerungsreicher ein Mitgliedstaat ist, desto höher sein Anspruch auf eine große Zahl von Sitzen.

Artikel 2 [Berechnung der Gesamteinwohnerzahl]

Die Gesamtzahl der Einwohner der Mitgliedstaaten wird von der Kommission (Eurostat) auf der Grundlage von den Mitgliedstaaten zur Verfügung gestellten Daten entsprechend einer Methode berechnet, die mittels einer Verordnung des Europäischen Parlaments und des Rates festgelegt wird.

Artikel 3 [Zahl der Vertreter]

In Anwendung von Artikel 1 wird die Zahl der in jedem Mitgliedstaat gewählten Vertreter im Europäischen Parlament für die Wahlperiode 2014-2019 wie folgt festgesetzt:

Belgien	21
Bulgarien	17
Tschechische Republik	21
Dänemark	13
Deutschland	96
Estland	6
Irland	11
Griechenland	21

Spanien	54
Frankreich	74
Kroatien	11
Italien	73
Zypern	6
Lettland	8
Litauen	11
Luxemburg	6
Ungarn	21
Malta	6
Niederlande	26
Österreich	18
Polen	51
Portugal	21
Rumänien	32
Slowenien	8
Slowakei	13
Finnland	13
Schweden	20
Vereinigtes Königreich	73

Artikel 4 [Überprüfung]
Dieser Beschluss wird zu einem Zeitpunkt, der hinreichend lange vor dem Beginn der Wahlperiode 2019-2024 liegt, auf der Grundlage einer vor Ende 2016 vorgelegten Initiative des Europäischen Parlaments mit dem Ziel überprüft, ein System einzurichten, durch das es in Zukunft vor jeder Neuwahl zum Europäischen Parlament möglich sein wird, die Sitze unter den Mitgliedstaaten in objektiver, fairer, dauerhafter und transparenter Weise unter Umsetzung des in Artikel 1 vorgesehenen Grundsatzes der degressiven Proportionalität zuzuteilen, wobei jede ordnungsgemäß festgestellte Veränderung ihrer Einwohnerzahl und jede demographische Entwicklung in ihrer Bevölkerung zu berücksichtigen sind und somit das allgemeine Gleichgewicht des in den Verträgen vorgesehenen institutionellen Systems gewahrt wird.

Artikel 5 [Inkrafttreten]
Dieser Beschluss tritt am Tag nach seiner Veröffentlichung im *Amtsblatt der Europäischen Union* in Kraft.

Geschehen zu Brüssel am 28. Juni 2013.

Protokoll (Nr. 3)
über die Satzung des Gerichtshofs der Europäischen Union vom 26. Februar 2001

(ABl. C 80 vom 10. 3. 2001, S. 53), in der Fassung des Vertrags von Lissabon vom 13. 12. 2007 (ABl. C 306 vom 17. 12. 2007)[1)]

zuletzt geändert durch Art. 2 VO (EU, Euratom) 2016/1192 vom 6. Juli 2016 (ABl. L 200 vom 26. 7. 2016, S. 137)

Nichtamtliche Inhaltsübersicht

DIE HOHEN VERTRAGSPARTEIEN –

IN DEM WUNSCH, die in Artikel 281 des Vertrags über die Arbeitsweise der Europäischen Union vorgesehene Satzung des Gerichtshofs der Europäischen Union festzulegen –

SIND über folgende Bestimmungen ÜBEREINGEKOMMEN, die dem Vertrag über die Europäische Union und dem Vertrag über die Arbeitsweise der Europäischen Union beigefügt sind

Artikel 1 [Vertragliche Grundlagen]

Für die Errichtung und die Tätigkeit des Gerichtshofs der Europäischen Union gelten die Bestimmungen der Verträge, des Vertrags zur Gründung der Europäischen Atomgemeinschaft (EAG-Vertrag) und dieser Satzung.

Titel I
Die Richter und die Generalanwälte

Artikel 2 [Eidesleistung]

Jeder Richter leistet vor Aufnahme seiner Amtstätigkeit vor dem in öffentlicher Sitzung tagenden Gerichtshof den Eid, sein Amt unparteiisch und gewissenhaft auszuüben und das Beratungsgeheimnis zu wahren.

Artikel 3 [Immunität]

[1]Die Richter sind keiner Gerichtsbarkeit unterworfen. [2]Hinsichtlich ihrer in amtlicher Eigenschaft vorgenommenen Handlungen, einschließlich

---

1) In der Fassung der Bekanntmachung vom 9. 5. 2008 (ABl. C 115 vom 9. 5. 2008, S. 210). Nachfolgende konsolidierte Fassungen des Protokolls (ABl. 2010 C 83 S. 210; ABl. 2012 C 326 S. 210; ABl. 2016 C 202 S. 210) sind berücksichtigt.

ihrer mündlichen und schriftlichen Äußerungen, steht ihnen diese Befreiung auch nach Abschluss ihrer Amtstätigkeit zu.

[1]Der Gerichtshof kann die Befreiung durch Plenarentscheidung aufheben. [2]Betrifft die Entscheidung ein Mitglied des Gerichts oder eines Fachgerichts, so entscheidet der Gerichtshof nach Anhörung des betreffenden Gerichts.

Wird nach Aufhebung der Befreiung ein Strafverfahren gegen einen Richter eingeleitet, so darf dieser in jedem Mitgliedstaat nur vor ein Gericht gestellt werden, das für Verfahren gegen Richter der höchsten Gerichte dieses Mitgliedstaats zuständig ist.

Die Artikel 11 bis 14 und Artikel 17 des Protokolls über die Vorrechte und Befreiungen der Europäischen Union finden auf die Richter, die Generalanwälte, den Kanzler und die Hilfsberichterstatter des Gerichtshofs der Europäischen Union Anwendung; die Bestimmungen der Absätze 1 bis 3 betreffend die Befreiung der Richter von der Gerichtsbarkeit bleiben hiervon unberührt.

Artikel 4 [Verbot der Nebentätigkeit]
Die Richter dürfen weder ein politisches Amt noch ein Amt in der Verwaltung ausüben.

Sie dürfen keine entgeltliche oder unentgeltliche Berufstätigkeit ausüben, es sei denn, dass der Rat mit einfacher Mehrheit ausnahmsweise von dieser Vorschrift Befreiung erteilt.

Bei der Aufnahme ihrer Tätigkeit übernehmen sie die feierliche Verpflichtung, während der Ausübung und nach Ablauf ihrer Amtstätigkeit die sich aus ihrem Amt ergebenden Pflichten zu erfüllen, insbesondere die Pflicht, bei der Annahme bestimmter Tätigkeiten oder Vorteile nach Ablauf dieser Tätigkeit ehrenhaft und zurückhaltend zu sein.

[1]Im Zweifelsfalle entscheidet der Gerichtshof. [2]Betrifft die Entscheidung ein Mitglied des Gerichts oder eines Fachgerichts, so entscheidet der Gerichtshof nach Anhörung des betreffenden Gerichts.

Artikel 5 [Beendigung des Richteramtes]
Abgesehen von den regelmäßigen Neubesetzungen und von Todesfällen endet das Amt eines Richters durch Rücktritt.

[1]Bei Rücktritt eines Richters ist das Rücktrittsschreiben an den Präsidenten des Gerichtshofs zur Weiterleitung an den Präsidenten des Rates zu richten. [2]Mit der Benachrichtigung des Letzteren wird der Sitz frei.

Mit Ausnahme der Fälle, in denen Artikel 6 Anwendung findet, bleibt jeder Richter bis zum Amtsantritt seines Nachfolgers im Amt.

Artikel 6 [Amtsenthebung]
[1]Ein Richter kann nur dann seines Amtes enthoben oder seiner Ruhegehaltsansprüche oder anderer an ihrer Stelle gewährter Vergünstigungen für verlustig erklärt werden, wenn er nach einstimmigem Urteil der Richter und Generalanwälte des Gerichtshofs nicht mehr die erforderlichen

Voraussetzungen erfüllt oder den sich aus seinem Amt ergebenden Verpflichtungen nicht mehr nachkommt. [2]Der Betroffene wirkt bei der Beschlussfassung nicht mit. [3]Ist der Betroffene ein Mitglied des Gerichts oder eines Fachgerichts, so entscheidet der Gerichtshof nach Anhörung des betreffenden Gerichts.

Der Kanzler bringt den Präsidenten des Europäischen Parlaments und der Kommission die Entscheidung des Gerichtshofs zur Kenntnis und übermittelt sie dem Präsidenten des Rates.

Wird durch eine solche Entscheidung ein Richter seines Amtes enthoben, so wird sein Sitz mit der Benachrichtigung des Präsidenten des Rates frei.

Artikel 7 [Füllung außerplanmäßiger Vakanzen]
Endet das Amt eines Richters vor Ablauf seiner Amtszeit, so wird es für die verbleibende Amtszeit neu besetzt.

Artikel 8 [Entsprechende Anwendung für Generalanwälte]
Die Artikel 2 bis 7 finden auf die Generalanwälte Anwendung.

Titel II
Organisation des Gerichtshofs

Artikel 9 [Neubesetzung der Richterstellen]
[1]Bei der alle drei Jahre stattfindenden teilweisen Neubesetzung der Richterstellen wird die Hälfte der Richterstellen neu besetzt. [2]Ist die Zahl der Richterstellen ungerade, so ist die Zahl der neu zu besetzenden Richterstellen abwechselnd die Zahl, die direkt über bzw. direkt unter der Hälfte der Anzahl der Richterstellen liegt.

Absatz 1 gilt auch für die alle drei Jahre stattfindende teilweise Neubesetzung der Stellen der Generalanwälte.

Artikel 9 a [Wahl der Präsidenten]
[1]Die Richter wählen aus ihrer Mitte den Präsidenten und den Vizepräsidenten des Gerichtshofs für die Dauer von drei Jahren. [2]Die Wiederwahl ist zulässig.

[1]Der Vizepräsident unterstützt den Präsidenten nach Maßgabe der Verfahrensordnung. [2]Er vertritt den Präsidenten, wenn dieser verhindert oder sein Amt unbesetzt ist.

Artikel 10 [Vereidigung des Kanzlers]
Der Kanzler leistet vor dem Gerichtshof den Eid, sein Amt unparteiisch und gewissenhaft auszuüben und das Beratungsgeheimnis zu wahren.

Artikel 11 [Vertretung des Kanzlers]
Der Gerichtshof regelt die Vertretung des Kanzlers für den Fall seiner Verhinderung.

Artikel 12 [Personal des Gerichtshofs]
[1]Dem Gerichtshof werden Beamte und sonstige Bedienstete beigegeben, um ihm die Erfüllung seiner Aufgaben zu ermöglichen. Sie unterstehen dem Kanzler unter Aufsicht des Präsidenten.

Artikel 13 [Hilfsberichterstatter]
[1]Das Europäische Parlament und der Rat können gemäß dem ordentlichen Gesetzgebungsverfahren auf Antrag des Gerichtshofs die Ernennung von Hilfsberichterstattern vorsehen und ihre Stellung bestimmen. [2]Die Hilfsberichterstatter können nach Maßgabe der Verfahrensordnung berufen werden, an der Bearbeitung der beim Gerichtshof anhängigen Sachen teilzunehmen und mit dem Berichterstatter zusammenzuarbeiten.

[1]Zu Hilfsberichterstattern sind Persönlichkeiten auszuwählen, die jede Gewähr für Unabhängigkeit bieten und die erforderlichen juristischen Befähigungsnachweise erbringen; sie werden vom Rat mit einfacher Mehrheit ernannt. [2]Sie leisten vor dem Gerichtshof den Eid, ihr Amt unparteiisch und gewissenhaft auszuüben und das Beratungsgeheimnis zu wahren.

Artikel 14 [Residenzpflicht]
Die Richter, die Generalanwälte und der Kanzler sind verpflichtet, am Sitz des Gerichtshofs zu wohnen.

Artikel 15 [Gerichtsferien]
[1]Der Gerichtshof übt seine Tätigkeit ständig aus. [2]Die Dauer der Gerichtsferien wird vom Gerichtshof unter Berücksichtigung der dienstlichen Erfordernisse festgesetzt.

Artikel 16 [Plenum und Kammern]
[1]Der Gerichtshof bildet aus seiner Mitte Kammern mit drei und mit fünf Richtern. [2]Die Richter wählen aus ihrer Mitte die Präsidenten der Kammern. [3]Die Präsidenten der Kammern mit fünf Richtern werden für drei Jahre gewählt. [4]Einmalige Wiederwahl ist zulässig.

[1]Die Große Kammer ist mit fünfzehn Richtern besetzt. [2]Den Vorsitz führt der Präsident des Gerichtshofs. [3]Der Großen Kammer gehören außerdem der Vizepräsident des Gerichtshofs sowie nach Maßgabe der Verfahrensordnung drei der Präsidenten der Kammern mit fünf Richtern und weitere Richter an.

Der Gerichtshof tagt als Große Kammer, wenn ein am Verfahren beteiligter Mitgliedstaat oder ein am Verfahren beteiligtes Unionsorgan dies beantragt.

Der Gerichtshof tagt als Plenum, wenn er gemäß Artikel 228 Absatz 2, Artikel 245 Absatz 2, Artikel 247 oder Artikel 286 Absatz 6 AEUV befasst wird.

Außerdem kann der Gerichtshof, wenn er zu der Auffassung gelangt, dass eine Rechtssache, mit der er befasst ist, von außergewöhnlicher Be-

deutung ist, nach Anhörung des Generalanwalts entscheiden, diese
Rechtssache an das Plenum zu verweisen.

Artikel 17 [Quorum, Mehrheiten]

Der Gerichtshof kann nur in der Besetzung mit einer ungeraden Zahl von
Richtern rechtswirksam entscheiden.

Die Entscheidungen der Kammern mit drei oder fünf Richtern sind nur
dann gültig, wenn sie von drei Richtern getroffen werden.

Die Entscheidungen der Großen Kammer sind nur dann gültig, wenn
elf Richter anwesend sind.

Die vom Plenum getroffenen Entscheidungen des Gerichtshofs sind nur
dann gültig, wenn siebzehn Richter anwesend sind.

Bei Verhinderung eines Richters einer Kammer kann nach Maßgabe
der Verfahrensordnung ein Richter einer anderen Kammer herangezogen
werden.

Artikel 18 [Befangenheit und Ablehnung von Richtern]

Die Richter und Generalanwälte dürfen nicht an der Erledigung einer Sache teilnehmen, in der sie vorher als Bevollmächtigte, Beistände oder
Anwälte einer der Parteien tätig gewesen sind oder über die zu befinden
sie als Mitglied eines Gerichts, eines Untersuchungsausschusses oder in
anderer Eigenschaft berufen waren.

[1]Glaubt ein Richter oder Generalanwalt, bei der Entscheidung oder
Untersuchung einer bestimmten Sache aus einem besonderen Grund nicht
mitwirken zu können, so macht er davon dem Präsidenten Mitteilung.
[2]Hält der Präsident die Teilnahme eines Richters oder Generalanwalts an
der Verhandlung oder Entscheidung einer bestimmten Sache aus einem
besonderen Grund für unangebracht, so setzt er diesen hiervon in Kenntnis.

Ergibt sich bei der Anwendung dieses Artikels eine Schwierigkeit, so
entscheidet der Gerichtshof.

Eine Partei kann den Antrag auf Änderung der Zusammensetzung des
Gerichtshofs oder einer seiner Kammern weder mit der Staatsangehörigkeit eines Richters noch damit begründen, dass dem Gerichtshof oder
einer seiner Kammern kein Richter ihrer Staatsangehörigkeit angehört.

Titel III
Verfahren vor dem Gerichtshof

Artikel 19 [Postulationsfähigkeit]

Die Mitgliedstaaten sowie die Unionsorgane werden vor dem Gerichtshof
durch einen Bevollmächtigten vertreten, der für jede Sache bestellt wird;
der Bevollmächtigte kann sich der Hilfe eines Beistands oder eines Anwalts bedienen.

Die Vertragsstaaten des Abkommens über den Europäischen Wirtschaftsraum, die nicht Mitgliedstaaten sind, und die in jenem Abkommen genannte EFTA-Überwachungsbehörde werden in der gleichen Weise vertreten.

Die anderen Parteien müssen durch einen Anwalt vertreten sein.

Nur ein Anwalt, der berechtigt ist, vor einem Gericht eines Mitgliedstaats oder eines anderen Vertragsstaats des Abkommens über den Europäischen Wirtschaftsraum aufzutreten, kann vor dem Gerichtshof als Vertreter oder Beistand einer Partei auftreten.

Die vor dem Gerichtshof auftretenden Bevollmächtigten, Beistände und Anwälte genießen nach Maßgabe der Verfahrensordnung die zur unabhängigen Ausübung ihrer Aufgaben erforderlichen Rechte und Sicherheiten.

Der Gerichtshof hat nach Maßgabe der Verfahrensordnung gegenüber den vor ihm auftretenden Beiständen und Anwälten die den Gerichten üblicherweise zuerkannten Befugnisse.

Hochschullehrer, die Angehörige von Mitgliedstaaten sind, deren Rechtsordnung ihnen gestattet, vor Gericht als Vertreter einer Partei aufzutreten, haben vor dem Gerichtshof die durch diesen Artikel den Anwälten eingeräumte Rechtsstellung.

Artikel 20 [Schriftliches und mündliches Verfahren]

Das Verfahren vor dem Gerichtshof gliedert sich in ein schriftliches und ein mündliches Verfahren.

Das schriftliche Verfahren umfasst die Übermittlung der Klageschriften, Schriftsätze, Klagebeantwortungen und Erklärungen und gegebenenfalls der Repliken sowie aller zur Unterstützung vorgelegten Belegstücke und Urkunden oder ihrer beglaubigten Abschriften an die Parteien sowie an diejenigen Unionsorgane, deren Entscheidungen Gegenstand des Verfahrens sind.

Die Übermittlung obliegt dem Kanzler in der Reihenfolge und innerhalb der Fristen, die die Verfahrensordnung bestimmt.

Das mündliche Verfahren umfasst die Anhörung der Bevollmächtigten, Beistände und Anwälte und der Schlussanträge des Generalanwalts durch den Gerichtshof sowie gegebenenfalls die Vernehmung von Zeugen und Sachverständigen.

Ist der Gerichtshof der Auffassung, dass eine Rechtssache keine neue Rechtsfrage aufwirft, so kann er nach Anhörung des Generalanwalts beschließen, dass ohne Schlussanträge des Generalanwalts über die Sache entschieden wird.

Artikel 21 [Klageerhebung]

[1]Die Klageerhebung bei dem Gerichtshof erfolgt durch Einreichung einer an den Kanzler zu richtenden Klageschrift. [2]Die Klageschrift muss Namen und Wohnsitz des Klägers, die Stellung des Unterzeichnenden, die Partei

oder die Parteien, gegen die die Klage erhoben wird, und den Streitgegenstand angeben sowie die Anträge und eine kurze Darstellung der Klagegründe enthalten.

[1]Ihr ist gegebenenfalls der Rechtsakt beizufügen, dessen Nichtigerklärung beantragt wird, oder in dem in Artikel 265 AEUV geregelten Fall eine Unterlage, aus der sich der Zeitpunkt der in den genannten Artikeln vorgesehenen Aufforderung ergibt. [2]Sind der Klageschrift diese Unterlagen nicht beigefügt, so fordert der Kanzler den Kläger auf, sie innerhalb einer angemessenen Frist beizubringen; die Klage kann nicht deshalb zurückgewiesen werden, weil die Beibringung erst nach Ablauf der für die Klageerhebung vorgeschriebenen Frist erfolgt.

Artikel 22 [Rechtsmitteleinlegung nach Art. 18 EAG-Vertrag]

[1]In den Fällen nach Artikel 18 des EAG-Vertrags erfolgt die Klageerhebung bei dem Gerichtshof durch Einreichung einer an den Kanzler zu richtenden Klageschrift. [2]Die Klageschrift muss Namen und Wohnsitz des Klägers, die Stellung des Unterzeichnenden, die Entscheidung, gegen die Klage erhoben wird, die Gegenparteien und den Streitgegenstand angeben sowie die Anträge und eine kurze Darstellung der Klagegründe enthalten.

Eine beglaubigte Abschrift der angefochtenen Entscheidung des Schiedsausschusses ist beizufügen.

Weist der Gerichtshof die Klage ab, so wird die Entscheidung des Schiedsausschusses rechtskräftig.

[1]Hebt der Gerichtshof die Entscheidung des Schiedsausschusses auf, so kann das Verfahren gegebenenfalls auf Betreiben einer Prozesspartei vor dem Schiedsausschuss wieder aufgenommen werden. [2]Dieser ist an die vom Gerichtshof gegebene rechtliche Beurteilung gebunden.

Artikel 23 [Vorabentscheidungsverfahren]

[1]In den Fällen nach Artikel 267 AEUV obliegt es dem Gericht des Mitgliedstaats, das ein Verfahren aussetzt und den Gerichtshof anruft, diese Entscheidung dem Gerichtshof zu übermitteln. [2]Der Kanzler des Gerichtshofs stellt diese Entscheidung den beteiligten Parteien, den Mitgliedstaaten und der Kommission zu und außerdem den Organen, Einrichtungen und sonstigen Stellen der Union, von denen die Handlung, deren Gültigkeit oder Auslegung streitig ist, ausgegangen ist.

Binnen zwei Monaten nach dieser Zustellung können die Parteien, die Mitgliedstaaten, die Kommission und gegebenenfalls die Organe, Einrichtungen oder sonstigen Stellen der Union, von denen die Handlung, deren Gültigkeit oder Auslegung streitig ist, ausgegangen ist, beim Gerichtshof Schriftsätze einreichen oder schriftliche Erklärungen abgeben.

In den Fällen nach Artikel 267 AEUV stellt der Kanzler des Gerichtshofs die Entscheidung des Gerichts des Mitgliedstaats darüber hinaus den Vertragsstaaten des Abkommens über den Europäischen Wirtschaftsraum, die nicht Mitgliedstaaten sind, und der in jenem Abkommen genannten EFTA-Überwachungsbehörde zu, die binnen zwei Monaten nach der Zustellung beim Gerichtshof Schriftsätze einreichen oder schriftliche Erklärungen abgeben können, wenn einer der Anwendungsbereiche des Abkommens betroffen ist.

Sieht ein vom Rat mit einem oder mehreren Drittstaaten über einen bestimmten Bereich geschlossenes Abkommen vor, dass diese Staaten Schriftsätze einreichen oder schriftliche Erklärungen abgeben können, wenn ein Gericht eines Mitgliedstaats dem Gerichtshof eine in den Anwendungsbereich des Abkommens fallende Frage zur Vorabentscheidung vorgelegt hat, so wird die Entscheidung des Gerichts des Mitgliedstaats, die eine solche Frage enthält, auch den betreffenden Drittstaaten zugestellt, die binnen zwei Monaten nach der Zustellung beim Gerichtshof Schriftsätze einreichen oder schriftliche Erklärungen abgeben können.

Artikel 23 a [Beschleunigtes Verfahren]
In der Verfahrensordnung können ein beschleunigtes Verfahren und für Vorabentscheidungsersuchen zum Raum der Freiheit, der Sicherheit und des Rechts ein Eilverfahren vorgesehen werden.

Diese Verfahren können vorsehen, dass für die Einreichung von Schriftsätzen oder schriftlichen Erklärungen eine kürzere Frist als die des Artikels 23 gilt und dass abweichend von Artikel 20 Absatz 4 keine Schlussanträge des Generalanwalts gestellt werden.

Das Eilverfahren kann außerdem eine Beschränkung der in Artikel 23 bezeichneten Parteien und sonstigen Beteiligten, die Schriftsätze einreichen oder schriftliche Erklärungen abgeben können, und in Fällen äußerster Dringlichkeit das Entfallen des schriftlichen Verfahrens vorsehen.

Artikel 24 [Urkundenvorlage- und Auskunftserteilungsverlangen]
[1]Der Gerichtshof kann von den Parteien die Vorlage aller Urkunden und die Erteilung aller Auskünfte verlangen, die er für wünschenswert hält. [2]Im Falle einer Weigerung stellt der Gerichtshof diese ausdrücklich fest.

Der Gerichtshof kann ferner von den Mitgliedstaaten und den Organen, Einrichtungen und sonstigen Stellen, die nicht Parteien in einem Rechtsstreit sind, alle Auskünfte verlangen, die er zur Regelung dieses Rechtsstreits für erforderlich erachtet.

Artikel 25 [Einholung von Gutachten]
Der Gerichtshof kann jederzeit Personen, Personengemeinschaften, Dienststellen, Ausschüsse oder Einrichtungen seiner Wahl mit der Abgabe von Gutachten betrauen.

Artikel 26 [Zeugenvernehmung]
Zeugen können nach Maßgabe der Verfahrensordnung vernommen werden.

Artikel 27 [Zwangsmittel gegen ausbleibende Zeugen]
Nach Maßgabe der Verfahrensordnung kann der Gerichtshof gegenüber ausbleibenden Zeugen die den Gerichten allgemein zuerkannten Befugnisse ausüben und Geldbußen verhängen.

Artikel 28 [Verteidigung von Zeugen und Sachverständigen]
Zeugen und Sachverständige können unter Benutzung der in der Verfahrensordnung vorgeschriebenen Eidesformel oder in der in der Rechtsordnung ihres Landes vorgesehenen Weise eidlich vernommen werden.

Artikel 29 [Vernehmung durch Wohnsitzgericht]
Der Gerichtshof kann anordnen, dass ein Zeuge oder Sachverständiger von dem Gericht seines Wohnsitzes vernommen wird.

[1]Diese Anordnung ist gemäß den Bestimmungen der Verfahrensordnung zur Ausführung an das zuständige Gericht zu richten. [2]Die in Ausführung des Rechtshilfeersuchens abgefassten Schriftstücke werden dem Gerichtshof nach denselben Bestimmungen übermittelt.

Der Gerichtshof übernimmt die anfallenden Auslagen; er erlegt sie gegebenenfalls den Parteien auf.

Artikel 30 [Strafrechtliche Ahndung von Eidesverletzungen]
[1]Jeder Mitgliedstaat behandelt die Eidesverletzung eines Zeugen oder Sachverständigen wie eine vor seinen eigenen in Zivilsachen zuständigen Gerichten begangene Straftat. [2]Auf Anzeige des Gerichtshofs verfolgt er den Täter vor seinen zuständigen Gerichten.

Artikel 31 [Öffentlichkeit der Verhandlung]
Die Verhandlung ist öffentlich, es sei denn, dass der Gerichtshof von Amts wegen oder auf Antrag der Parteien aus wichtigen Gründen anders beschließt.

Artikel 32 [Vernehmung während der mündlichen Verhandlung]
[1]Der Gerichtshof kann während der Verhandlung Sachverständige, Zeugen sowie die Parteien selbst vernehmen. [2]Für die Letzteren können jedoch nur ihre bevollmächtigten Vertreter mündlich verhandeln.

Artikel 33 [Protokoll]
Über jede mündliche Verhandlung ist ein vom Präsidenten und vom Kanzler zu unterschreibendes Protokoll aufzunehmen.

Artikel 34 [Terminliste]
Die Terminliste wird vom Präsidenten festgelegt.

Artikel 35 [Beratungsgeheimnis]
Die Beratungen des Gerichtshofs sind und bleiben geheim.

Artikel 36 [Begründung der Urteile]
[1]Die Urteile sind mit Gründen zu versehen. [2]Sie enthalten die Namen der Richter, die bei der Entscheidung mitgewirkt haben.

Artikel 37 [Unterzeichnung und Verlesung]
[1]Die Urteile sind vom Präsidenten und vom Kanzler zu unterschreiben.
[2]Sie werden in öffentlicher Sitzung verlesen.

Artikel 38 [Kostenentscheid]
Der Gerichtshof entscheidet über die Kosten.

Artikel 39 [Abgekürztes Verfahren]
Der Präsident des Gerichtshofs kann in einem abgekürzten Verfahren, das erforderlichenfalls von einzelnen Bestimmungen dieser Satzung abweichen kann und in der Verfahrensordnung geregelt ist, über Anträge auf Aussetzung gemäß Artikel 278 AEUV und Artikel 157 EAG-Vertrag, auf Erlass einstweiliger Anordnungen gemäß Artikel 279 AEUV oder auf Aussetzung der Zwangsvollstreckung gemäß Artikel 299 Absatz 4 AEUV oder Artikel 164 Absatz 3 EAG-Vertrag entscheiden.

Die in Absatz 1 genannten Befugnisse können nach Maßgabe der Verfahrensordnung vom Vizepräsidenten des Gerichtshofs ausgeübt werden.

Bei Verhinderung des Präsidenten und des Vizepräsidenten werden diese durch einen anderen Richter nach Maßgabe der Verfahrensordnung vertreten.

Die von dem Präsidenten oder seinem Vertreter getroffene Anordnung stellt eine einstweilige Regelung dar und greift der Entscheidung des Gerichtshofs in der Hauptsache nicht vor.

Artikel 40 [Beitritt zum Verfahren]
Die Mitgliedstaaten und die Unionsorgane können einem bei dem Gerichtshof anhängigen Rechtsstreit beitreten.

[1]Dasselbe gilt für die Einrichtungen und sonstigen Stellen der Union sowie alle anderen Personen, sofern sie ein berechtigtes Interesse am Ausgang eines bei dem Gerichtshof anhängigen Rechtsstreits glaubhaft machen können. [2]Natürliche oder juristische Personen können Rechtssachen zwischen Mitgliedstaaten, zwischen Organen der Union oder zwischen Mitgliedstaaten und Organen der Union nicht beitreten.

Unbeschadet des Absatzes 2 können die Vertragsstaaten des Abkommens über den Europäischen Wirtschaftsraum, die nicht Mitgliedstaaten sind, und die in jenem Abkommen genannte EFTA-Überwachungsbehörde einem bei dem Gerichtshof anhängigen Rechtsstreit beitreten, wenn dieser einen der Anwendungsbereiche jenes Abkommens betrifft.

Mit den aufgrund des Beitritts gestellten Anträgen können nur die Anträge einer Partei unterstützt werden.

Artikel 41 [Versäumnisurteil]
[1]Stellt der ordnungsmäßig geladene Beklagte keine schriftlichen Anträge, so ergeht gegen ihn Versäumnisurteil. [2]Gegen dieses Urteil kann binnen einem Monat nach Zustellung Einspruch eingelegt werden. [3]Der Ein-

spruch hat keine Aussetzung der Vollstreckung aus dem Versäumnisurteil zur Folge, es sei denn, dass der Gerichtshof anders beschließt.

Artikel 42 [Drittwiderspruch]

Mitgliedstaaten, Organe, Einrichtungen oder sonstige Stellen der Union und alle sonstigen natürlichen und juristischen Personen können nach Maßgabe der Verfahrensordnung in den dort genannten Fällen Drittwiderspruch gegen ein Urteil erheben, wenn dieses Urteil ihre Rechte beeinträchtigt und in einem Rechtsstreit erlassen worden ist, an dem sie nicht teilgenommen haben.

Artikel 43 [Auslegungsurteil]

Bestehen Zweifel über Sinn und Tragweite eines Urteils, so ist der Gerichtshof zuständig, dieses Urteil auf Antrag einer Partei oder eines Unionsorgans auszulegen, wenn diese ein berechtigtes Interesse hieran glaubhaft machen.

Artikel 44 [Wiederaufnahme]

Die Wiederaufnahme des Verfahrens kann beim Gerichtshof nur dann beantragt werden, wenn eine Tatsache von entscheidender Bedeutung bekannt wird, die vor Verkündung des Urteils dem Gerichtshof und der die Wiederaufnahme beantragenden Partei unbekannt war.

Das Wiederaufnahmeverfahren wird durch eine Entscheidung des Gerichtshofs eröffnet, die das Vorliegen der neuen Tatsache ausdrücklich feststellt, ihr die für die Eröffnung des Wiederaufnahmeverfahrens erforderlichen Merkmale zuerkennt und deshalb den Antrag für zulässig erklärt.

Nach Ablauf von zehn Jahren nach Erlass des Urteils kann kein Wiederaufnahmeantrag mehr gestellt werden.

Artikel 45 [Festlegung von Fristen]

In der Verfahrensordnung sind besondere, den Entfernungen Rechnung tragende Fristen festzulegen.

Der Ablauf von Fristen hat keinen Rechtsnachteil zur Folge, wenn der Betroffene nachweist, dass ein Zufall oder ein Fall höherer Gewalt vorliegt.

Artikel 46 [Verjährung der Ansprüche aus außervertraglicher Haftung]

[1]Die aus außervertraglicher Haftung der Union hergeleiteten Ansprüche verjähren in fünf Jahren nach Eintritt des Ereignisses, das ihnen zugrunde liegt. [2]Die Verjährung wird durch Einreichung der Klageschrift beim Gerichtshof oder dadurch unterbrochen, dass der Geschädigte seinen Anspruch vorher gegenüber dem zuständigen Unionsorgan geltend macht. [3]In letzterem Fall muss die Klage innerhalb der in Artikel 263 AEUV vorgesehenen Frist von zwei Monaten erhoben werden; gegebenenfalls findet Artikel 265 Absatz 2 AEUV Anwendung.

Dieser Artikel gilt auch für Ansprüche, die aus außervertraglicher Haftung der Europäischen Zentralbank hergeleitet werden.

Titel IV
Das Gericht

Artikel 47 [Entsprechende Anwendung von Vorschriften der Titel I und II]

Artikel 9 Absatz 1, Artikel 9 a, Artikel 14 und 15, Artikel 17 Absätze 1, 2, 4 und 5 sowie Artikel 18 finden auf das Gericht und dessen Mitglieder Anwendung.

Artikel 3 Absatz 4 sowie die Artikel 10, 11 und 14 finden auf den Kanzler des Gerichts entsprechende Anwendung.

Artikel 48 [Anzahl der Richter]

Das Gericht besteht

a) ab dem 25. Dezember 2015 aus 40 Mitgliedern,
b) ab dem 1. September 2016 aus 47 Mitgliedern,
c) ab dem 1. September 2019 aus zwei Mitgliedern je Mitgliedstaat.

Artikel 49 [Bestellung zum Generalanwalt]

Die Mitglieder des Gerichts können dazu bestellt werden, die Tätigkeit eines Generalanwalts auszuüben.

Der Generalanwalt hat in völliger Unparteilichkeit und Unabhängigkeit begründete Schlussanträge zu bestimmten dem Gericht unterbreiteten Rechtssachen öffentlich zu stellen, um das Gericht bei der Erfüllung seiner Aufgaben zu unterstützen.

Die Kriterien für die Bestimmung solcher Rechtssachen sowie die Einzelheiten für die Bestellung der Generalanwälte werden in der Verfahrensordnung des Gerichts festgelegt.

Ein in einer Rechtssache zum Generalanwalt bestelltes Mitglied darf bei der Entscheidung dieser Rechtssache nicht mitwirken.

Artikel 50 [Zusammensetzung der Spruchkörper]

[1]Das Gericht tagt in Kammern mit drei oder mit fünf Richtern. [2]Die Richter wählen aus ihrer Mitte die Präsidenten der Kammern. [3]Die Präsidenten der Kammern mit fünf Richtern werden für drei Jahre gewählt. [4]Einmalige Wiederwahl ist zulässig.

[1]Die Besetzung der Kammern und die Zuweisung der Rechtssachen an sie richten sich nach der Verfahrensordnung. [2]In bestimmten in der Verfahrensordnung festgelegten Fällen kann das Gericht als Plenum oder als Einzelrichter tagen.

Die Verfahrensordnung kann auch vorsehen, dass das Gericht in den Fällen und unter den Bedingungen, die in der Verfahrensordnung festgelegt sind, als Große Kammer tagt.

Artikel 50 a [Zuständigkeit]

(1) Das Gericht ist für die Entscheidung im ersten Rechtszug über Rechtsstreitigkeiten zwischen der Union und deren Bediensteten gemäß Artikel 270 des Vertrags über die Arbeitsweise der Europäischen Union zuständig, einschließlich der Rechtsstreitigkeiten zwischen den Organen, Einrichtungen und sonstigen Stellen einerseits und deren Bediensteten andererseits, für die der Gerichtshof der Europäischen Union zuständig ist.

(2) Das Gericht kann in jedem Verfahrensstadium, auch bereits ab der Einreichung der Klageschrift, die Möglichkeiten für eine gütliche Beilegung des Rechtsstreits prüfen und versuchen, eine solche Beilegung zu erleichtern.

Artikel 51 [Abweichung von Art. 256 Abs. 1 AEUV und Art. 140 a Abs. 1 EAGV]

Abweichend von der in Art. 256 Absatz 1 AEUV vorgesehenen Regelung sind dem Gerichtshof die Klagen gemäß den Artikeln 263 und 265 AEUV vorbehalten,

a) die von einem Mitgliedstaat gegen eine Handlung oder wegen unterlassener Beschlussfassung des Europäischen Parlaments oder des Rates oder dieser beiden Organe in den Fällen, in denen sie gemeinsam beschließen, erhoben werden, mit Ausnahme

– der Beschlüsse des Rates gemäß Artikel 108 Absatz 2 Unterabsatz 3 AEUV;

– der Rechtsakte, die der Rat aufgrund einer Verordnung des Rates über handelspolitische Schutzmaßnahmen im Sinne von Artikel 207 AEUV erlässt;

– der Handlungen des Rates, mit denen dieser gemäß Artikel 291 Absatz 2 AEUV Durchführungsbefugnisse ausübt;

b) die von einem Mitgliedstaat gegen eine Handlung oder wegen unterlassener Beschlussfassung der Kommission gemäß Artikel 331 Absatz 1 AEUV erhoben werden.

Dem Gerichtshof sind ebenfalls die Klagen gemäß denselben Artikeln vorbehalten, die von einem Unionsorgan gegen eine Handlung oder wegen unterlassener Beschlussfassung des Europäischen Parlaments, des Rates, dieser beiden Organe in den Fällen, in denen sie gemeinsam beschließen, oder der Kommission erhoben werden, sowie die Klagen, die von einem Unionsorgan gegen eine Handlung oder wegen unterlassener Beschlussfassung der Europäischen Zentralbank erhoben werden.

Artikel 52 [Personalressourcen]

[1]Der Präsident des Gerichtshofs und der Präsident des Gerichts legen einvernehmlich fest, in welcher Weise Beamte und sonstige Bedienstete, die dem Gerichtshof beigegeben sind, dem Gericht Dienste leisten, um ihm die Erfüllung seiner Aufgaben zu ermöglichen. [2]Einzelne Beamte oder

sonstige Bedienstete unterstehen dem Kanzler des Gerichts unter Aufsicht des Präsidenten des Gerichts.

Artikel 53 [Verfahrensregeln]
Das Verfahren vor dem Gericht bestimmt sich nach Titel III.

[1]Das Verfahren vor dem Gericht wird, soweit dies erforderlich ist, durch seine Verfahrensordnung im Einzelnen geregelt und ergänzt. [2]Die Verfahrensordnung kann von Artikel 40 Absatz 4 und Artikel 41 abweichen, um den Besonderheiten der Rechtsstreitigkeiten auf dem Gebiet des geistigen Eigentums Rechnung zu tragen.

Abweichend von Artikel 20 Absatz 4 kann der Generalanwalt seine begründeten Schlussanträge schriftlich stellen.

Artikel 54 [Verweisung, Aussetzung des Verfahrens]
Wird eine Klageschrift oder ein anderer Schriftsatz, die an das Gericht gerichtet sind, irrtümlich beim Kanzler des Gerichtshofs eingereicht, so übermittelt dieser sie unverzüglich an den Kanzler des Gerichts; wird eine Klageschrift oder ein anderer Schriftsatz, die an den Gerichtshof gerichtet sind, irrtümlich beim Kanzler des Gerichts eingereicht, so übermittelt dieser sie unverzüglich an den Kanzler des Gerichtshofs.

Stellt das Gericht fest, dass es für eine Klage nicht zuständig ist, die in die Zuständigkeit des Gerichtshofs fällt, so verweist es den Rechtsstreit an den Gerichtshof; stellt der Gerichtshof fest, dass eine Klage in die Zuständigkeit des Gerichts fällt, so verweist er den Rechtsstreit an das Gericht, das sich dann nicht für unzuständig erklären kann.

[1]Sind bei dem Gerichtshof und dem Gericht Rechtssachen anhängig, die den gleichen Gegenstand haben, die gleiche Auslegungsfrage aufwerfen oder die Gültigkeit desselben Rechtsaktes betreffen, so kann das Gericht nach Anhörung der Parteien das Verfahren bis zum Erlass des Urteils des Gerichtshofs aussetzen, oder, wenn es sich um Klagen gemäß Artikel 263 AEUV handelt, sich für nicht zuständig erklären, damit der Gerichtshof über diese Klagen entscheidet. [2]Unter den gleichen Voraussetzungen kann auch der Gerichtshof die Aussetzung des bei ihm anhängigen Verfahrens beschließen; in diesem Fall wird das Verfahren vor dem Gericht fortgeführt.

Fechten ein Mitgliedstaat und ein Unionsorgan denselben Rechtsakt an, so erklärt sich das Gericht für nicht zuständig, damit der Gerichtshof über diese Klagen entscheidet.

Artikel 55 [Entscheidungsübermittlung]
Der Kanzler des Gerichts übermittelt jeder Partei sowie allen Mitgliedstaaten und den Unionsorganen, auch wenn diese vor dem Gericht der Rechtssache nicht als Streithelfer beigetreten sind, die Endentscheidungen des Gerichts und die Entscheidungen, die über einen Teil des Streitgegenstands ergangen sind oder die einen Zwischenstreit beenden, der eine Einrede wegen Unzuständigkeit oder Unzulässigkeit zum Gegenstand hat.

Artikel 56 [Rechtsmittel]
Gegen die Endentscheidungen des Gerichts und gegen die Entscheidungen, die über einen Teil des Streitgegenstands ergangen sind oder die einen Zwischenstreit beenden, der eine Einrede der Unzuständigkeit oder Unzulässigkeit zum Gegenstand hat, kann ein Rechtsmittel beim Gerichtshof eingelegt werden; die Rechtsmittelfrist beträgt zwei Monate und beginnt mit der Zustellung der angefochtenen Entscheidung.

[1]Dieses Rechtsmittel kann von einer Partei eingelegt werden, die mit ihren Anträgen ganz oder teilweise unterlegen ist. [2]Andere Streithelfer als Mitgliedstaaten oder Unionsorgane können dieses Rechtsmittel jedoch nur dann einlegen, wenn die Entscheidung des Gerichts sie unmittelbar berührt.

[1]Mit Ausnahme von Fällen, die sich auf Streitsachen zwischen der Union und ihren Bediensteten beziehen, kann dieses Rechtsmittel auch von den Mitgliedstaaten und den Gemeinschaftsorganen eingelegt werden, die dem Rechtsstreit vor dem Gericht nicht beigetreten sind. [2]In diesem Fall befinden sie sich in derselben Stellung wie Mitgliedstaaten und Organe, die dem Rechtsstreit im ersten Rechtszug beigetreten sind.

Artikel 57 [Rechtsmittel bei Ablehnung als Streithelfer]
Wird ein Antrag auf Zulassung als Streithelfer von dem Gericht abgelehnt, so kann der Antragsteller binnen zwei Wochen nach Zustellung der ablehnenden Entscheidung ein Rechtsmittel beim Gerichtshof einlegen.

Gegen die aufgrund des Artikels 278, des Artikels 279 oder des Artikels 299 Absatz 4 AEUV oder aufgrund des Artikels 157 oder des Artikels 164 Absatz 3 EAG-Vertrags ergangenen Entscheidungen des Gerichts können die Parteien des Verfahrens binnen zwei Monaten nach Zustellung ein Rechtsmittel beim Gerichtshof einlegen.

Die Entscheidung über gemäß den Absätzen 1 und 2 eingelegte Rechtsmittel ergeht nach Maßgabe des Artikels 39.

Artikel 58 [Rechtsmittelgründe]
[1]Das beim Gerichtshof eingelegte Rechtsmittel ist auf Rechtsfragen beschränkt. [2]Es kann nur auf die Unzuständigkeit des Gerichts, auf einen Verfahrensfehler, durch den die Interessen des Rechtsmittelführers beeinträchtigt werden, sowie auf eine Verletzung des Unionsrechts durch das Gericht gestützt werden.

Ein Rechtsmittel nur gegen die Kostenentscheidung oder gegen die Kostenfestsetzung ist unzulässig.

Artikel 59 [Verfahren vor Gericht]
[1]Wird gegen eine Entscheidung des Gerichts ein Rechtsmittel eingelegt, so besteht das Verfahren vor dem Gerichtshof aus einem schriftlichen und einem mündlichen Verfahren. [2]Unter den in der Verfahrensordnung festgelegten Voraussetzungen kann der Gerichtshof nach Anhörung des Generalanwalts und der Parteien ohne mündliches Verfahren entscheiden.

Artikel 60 [Aufschiebende Wirkung]
Unbeschadet der Artikel 278 und 279 AEUV oder des Artikels 157 EAG-
Vertrag haben Rechtsmittel keine aufschiebende Wirkung.

Abweichend von Artikel 280 AEUV werden die Entscheidungen des
Gerichts, in denen eine Verordnung für nichtig erklärt wird, erst nach
Ablauf der in Artikel 56 Absatz 1 dieser Satzung vorgesehenen Frist oder,
wenn innerhalb dieser Frist ein Rechtsmittel eingelegt worden ist, nach
dessen Zurückweisung wirksam; ein Beteiligter kann jedoch gemäß den
Artikeln 278 und 279 AEUV oder des Artikels 157 EAG-Vertrag beim
Gerichtshof die Aussetzung der Wirkungen der für nichtig erklärten Ver-
ordnung oder sonstige einstweilige Anordnungen beantragen.

Artikel 61 [Rechtsmittelentscheidung]
[1]Ist das Rechtsmittel begründet, so hebt der Gerichtshof die Entscheidung
des Gerichts auf. [2]Er kann sodann den Rechtsstreit selbst endgültig entscheiden, wenn dieser zur Entscheidung reif ist, oder die Sache zur Entscheidung an das Gericht zurückverweisen.

Im Falle der Zurückverweisung ist das Gericht an die rechtliche Beurteilung in der Entscheidung des Gerichtshofs gebunden.

Ist das von einem Mitgliedstaat oder einem Unionsorgan, die dem
Rechtsstreit vor dem Gericht nicht beigetreten sind, eingelegte Rechtsmittel begründet, so kann der Gerichtshof, falls er dies für notwendig hält,
diejenigen Wirkungen der aufgehobenen Entscheidung des Gerichts bezeichnen, die für die Parteien des Rechtsstreits als fortgeltend zu betrachten sind.

**Artikel 62 [Vorschlag auf Urteilsüberprüfung durch
                     Generalanwalt]**
Wenn in Fällen nach Artikel 256 Absätze 2 und 3 AEUV der Erste Generalanwalt der Auffassung ist, dass die ernste Gefahr einer Beeinträchtigung der Einheit oder der Kohärenz des Unionsrechts besteht, so kann
er dem Gerichtshof vorschlagen, die Entscheidung des Gerichts zu überprüfen.

[1]Der Vorschlag muss innerhalb eines Monats nach Verkündung der
Entscheidung des Gerichts erfolgen. [2]Der Gerichtshof entscheidet innerhalb eines Monats nach Vorlage des Vorschlags durch den Ersten Generalanwalt, ob die Entscheidung zu überprüfen ist oder nicht.

Artikel 62 a [Entscheidungsgrundlagen]
Der Gerichtshof entscheidet über die Fragen, die Gegenstand der Überprüfung sind, im Wege eines Eilverfahrens auf der Grundlage der ihm
vom Gericht übermittelten Akten.

Die in Artikel 23 dieses Statuts bezeichneten Beteiligten sowie – in den
Fällen des Artikels 256 Absatz 2 AEUV – die Parteien des Verfahrens vor
dem Gericht können zu den Fragen, die Gegenstand der Überprüfung sind,

beim Gerichtshof innerhalb einer hierfür bestimmten Frist Schriftsätze einreichen oder schriftliche Erklärungen abgeben.

Der Gerichtshof kann beschließen, vor einer Entscheidung das mündliche Verfahren zu eröffnen.

Artikel 62 b [Überprüfung; Verweisung; Fristen]

[1]In den Fällen des Artikels 256 Absatz 2 AEUV haben unbeschadet der Artikel 278 und 279 AEUV der Vorschlag einer Überprüfung und die Entscheidung, das Überprüfungsverfahren zu eröffnen, keine aufschiebende Wirkung. [2]Stellt der Gerichtshof fest, dass die Entscheidung des Gerichts die Einheit oder die Kohärenz des Unionsrechts beeinträchtigt, verweist er die Sache an das Gericht zurück, das an die rechtliche Beurteilung durch den Gerichtshof gebunden ist; der Gerichtshof kann die Wirkungen der Entscheidung des Gerichts bezeichnen, die für die Parteien des Rechtsstreits als endgültig zu betrachten sind. [3]Ergibt sich jedoch der Ausgang des Rechtsstreits unter Berücksichtigung des Ergebnisses der Überprüfung aus den Tatsachenfeststellungen, auf denen die Entscheidung des Gerichts beruht, so entscheidet der Gerichtshof endgültig.

[1]In den Fällen des Artikels 256 Absatz 3 AEUV werden, sofern ein Überprüfungsvorschlag oder eine Entscheidung zur Eröffnung des Überprüfungsverfahrens nicht vorliegt, die Antwort oder die Antworten des Gerichts auf die ihm unterbreiteten Fragen nach Ablauf der hierzu in Artikel 62 Absatz 2 vorgesehenen Fristen wirksam. [2]Im Fall der Eröffnung eines Überprüfungsverfahrens werden die Antwort oder die Antworten, die Gegenstand der Überprüfung sind, am Ende dieses Verfahrens wirksam, es sei denn, dass der Gerichtshof anders beschließt. [3]Stellt der Gerichtshof fest, dass die Entscheidung des Gerichts die Einheit oder die Kohärenz des Unionsrechts beeinträchtigt, so ersetzt die Antwort des Gerichtshofs auf die Fragen, die Gegenstand der Überprüfung waren, die Antwort des Gerichts.

Titel IVa
Die Fachgerichte

Artikel 62 c [Zuschnitt der Fachgerichte]

Die Bestimmungen über die Zuständigkeiten, die Zusammensetzung, die Organisation und das Verfahren von gemäß Artikel 257 des Vertrags über die Arbeitsweise der Europäischen Union errichteten Fachgerichten werden in einem Anhang dieser Satzung aufgeführt.

Titel V
Schlussbestimmungen

Artikel 63 [Ergänzung und Konkretisierung durch Verfahrensordnungen]

Die Verfahrensordnungen des Gerichtshofs und des Gerichts enthalten alle Bestimmungen, die für die Anwendung dieser Satzung und erforderlichenfalls für ihre Ergänzung notwendig sind.

Artikel 64 [Sprachenfrage]

[1]Die Vorschriften über die Regelung der Sprachenfrage für den Gerichtshof der Europäischen Union werden in einer vom Rat einstimmig erlassenen Verordnung festgelegt. [2]Diese Verordnung wird entweder auf Antrag des Gerichtshofs nach Anhörung der Kommission und des Europäischen Parlaments oder auf Vorschlag der Kommission nach Anhörung des Gerichtshofs und des Europäischen Parlaments erlassen.

[1]Bis zum Erlass dieser Vorschriften gelten die Bestimmungen der Verfahrensordnung des Gerichtshofs und der Verfahrensordnung des Gerichts, die die Regelung der Sprachenfrage betreffen, fort. [2]Abweichend von den Artikeln 253 und 254 AEUV bedürfen Änderungen der genannten Bestimmungen oder deren Aufhebung der einstimmigen Genehmigung durch den Rat.

Verfahrensordnung des Gerichtshofs

(ABl. L 265 vom 29. 9. 2012, S. 1)
geändert durch Beschluss des Gerichtshofs vom 18. Juni 2013
(ABl. L 173 vom 26. 6. 2013, S. 65)

Inhalt

DER GERICHTSHOF –

aufgrund des Vertrags über die Europäische Union, insbesondere seines Artikels 19,

aufgrund des Vertrags über die Arbeitsweise der Europäischen Union, insbesondere seines Artikels 253 Absatz 6,

aufgrund des Vertrags zur Gründung der Europäischen Atomgemeinschaft, insbesondere seines Artikels 106 a Absatz 1,

aufgrund des Protokolls über die Satzung des Gerichtshofs der Europäischen Union, insbesondere seiner Artikel 63 und 64 Absatz 2,

in Erwägung nachstehender Gründe:

(1) Obwohl die Verfahrensordnung des Gerichtshofs im Lauf der Jahre mehrfach geändert wurde, hat sich ihre Struktur seit ihrem ursprünglichen Erlass am 4. März 1953 nicht grundlegend verändert. Die derzeit geltende Verfahrensordnung vom 19. Juni 1991 spiegelt immer noch das anfängliche Überwiegen der Klageverfahren wider, wäh-

rend in Wirklichkeit heute das Gericht für die meisten Klageverfahren zuständig ist und die Vorabentscheidungsersuchen der Gerichte der Mitgliedstaaten quantitativ die Hauptkategorie der Rechtssachen beim Gerichtshof ausmachen. Dieser Wirklichkeit ist Rechnung zu tragen, so dass Struktur und Inhalt der Verfahrensordnung des Gerichtshofs der Entwicklung der von ihr geregelten Streitsachen anzupassen sind.

(2) Außer dass den Vorlagen zur Vorabentscheidung in der Verfahrensordnung der ihnen zukommende Platz eingeräumt wird, ist in dieser auch klarer zwischen den für alle Verfahrensarten geltenden Vorschriften und den spezifischen Bestimmungen für jede einzelne Verfahrensart zu unterscheiden, indem diese Bereiche in separaten Titeln geregelt werden. Der Klarheit halber sind deshalb in einem vorangestellten Titel die allgemeinen Verfahrensbestimmungen für alle Verfahren beim Gerichtshof zusammenzuziehen.

(3) Im Licht der Erfahrungen mit der Durchführung der verschiedenen Verfahren erscheint es zudem geboten, die jeweils für sie geltenden Vorschriften zu vervollständigen oder für den Einzelnen wie für die nationalen Gerichte klarer zu gestalten. Diese Vorschriften betreffen insbesondere die Begriffe der Partei des Ausgangsrechtsstreits, der Streithilfepartei und der Partei des Verfahrens vor dem Gericht oder, in Vorlagesachen, die Vorschriften über die Befassung des Gerichtshofs und über den Inhalt der Vorlageentscheidung. Hinsichtlich der Rechtsmittel gegen die Entscheidungen des Gerichts ist zudem klarer zwischen Rechtsmitteln und nach deren Zustellung eingelegten Anschlussrechtsmitteln zu unterscheiden.

(4) Umgekehrt hat die Durchführung mancher Verfahren wie des Überprüfungsverfahrens gezeigt, dass diese zu komplex sind. Sie sind deshalb zu vereinfachen, indem u.a. vorgesehen wird, dass für die Dauer eines Jahres eine Kammer mit fünf Richtern für die Entscheidung sowohl über den Überprüfungsvorschlag des Ersten Generalanwalts als auch über die Fragen, die Gegenstand der Überprüfung sind, bestimmt wird.

(5) In der gleichen Perspektive sind die Verfahrensmodalitäten für die Behandlung der Gutachten zu entschlacken, indem sie den für die übrigen Sachen geltenden Verfahrensmodalitäten angepasst werden und folglich vorgesehen wird, dass nur ein Generalanwalt an der Behandlung des Antrags auf Gutachten beteiligt ist. Der besseren Lesbarkeit halber sind ferner alle besonderen Verfahrensarten, die zurzeit über mehrere verschiedene Titel und Kapitel der Verfahrensordnung verstreut sind, in einem einzigen Titel zusammenzuführen.

(6) Zur Wahrung der Fähigkeit des mit immer mehr Rechtssachen konfrontierten Gerichtshofs, die Sachen, mit denen er befasst wird, in einem angemessenen Zeitraum zu erledigen, müssen außerdem die

Bemühungen um eine Verkürzung der Dauer der vor ihm geführten Verfahren fortgesetzt werden, insbesondere durch die Ausweitung der Möglichkeiten für den Gerichtshof, durch mit Gründen versehenen Beschluss zu entscheiden, durch die Vereinfachung der Vorschriften über den Streitbeitritt der in Artikel 40 Absätze 1 und 3 der Satzung bezeichneten Staaten und Organe und dadurch, dass für den Gerichtshof die Möglichkeit vorgesehen wird, ohne mündliche Verhandlung zu entscheiden, wenn er sich durch den gesamten in einer Rechtssache eingegangenen Schriftverkehr für ausreichend unterrichtet hält.

(7) Zur besseren Lesbarkeit der vom Gerichtshof angewandten Regeln ist es schließlich erforderlich, bestimmte obsolete oder nicht angewandte Vorschriften abzuschaffen, alle Absätze der Artikel dieser Verfahrensordnung zu nummerieren, alle Artikel mit einem eigenen Titel, der summarisch ihren Inhalt beschreibt, zu versehen und eine sprachliche Harmonisierung vorzunehmen;

mit Genehmigung des Rates, die am 24. September 2012 erteilt worden ist,

– ERLÄSST FOLGENDE VERFAHRENSORDNUNG:

Eingangsbestimmungen

Artikel 1 Definitionen

(1) In dieser Verfahrensordnung werden bezeichnet:

a) die Bestimmungen des Vertrags über die Europäische Union (EU-Vertrag) mit der Nummer des betreffenden Artikels dieses Vertrags, gefolgt von dem Kürzel „EUV";

b) die Bestimmungen des Vertrags über die Arbeitsweise der Europäischen Union (AEU-Vertrag) mit der Nummer des betreffenden Artikels dieses Vertrags, gefolgt von dem Kürzel „AEUV";

c) die Bestimmungen des Vertrags zur Gründung der Europäischen Atomgemeinschaft (EAG-Vertrag) mit der Nummer des betreffenden Artikels dieses Vertrags, gefolgt von dem Kürzel „EAGV";

d) das Protokoll über die Satzung des Gerichtshofs der Europäischen Union als „Satzung";

e) das Abkommen über den Europäischen Wirtschaftsraum[1] als „EWR-Abkommen";

f) die Verordnung Nr. 1 des Rates vom 15. April 1958 zur Regelung der Sprachenfrage für die Europäische Wirtschaftsgemeinschaft[2] als „Verordnung Nr. 1 des Rates".

(2) In dieser Verfahrensordnung bezeichnet:

---

1) ABl. L 1 vom 3. 1. 1994, S. 27.
2) ABl. 17 vom 6. 10. 1958, S. 385.

a) der Ausdruck „Organe" die in Artikel 13 Absatz 1 EUV genannten
   Organe der Union und die Einrichtungen oder sonstigen Stellen, die
   durch die Verträge oder einen zu deren Durchführung erlassenen
   Rechtsakt geschaffen worden sind und die in Verfahren vor dem Gerichtshof Partei sein können;

b) der Ausdruck „EFTA-Überwachungsbehörde" die im EWR-Abkommen genannte Überwachungsbehörde;

c) die Wendung „in Artikel 23 der Satzung bezeichnete Beteiligte" alle
   Parteien, Staaten, Organe, Einrichtungen und Stellen, die nach jenem
   Artikel berechtigt sind, im Rahmen eines Vorlageverfahrens Schrift-
   sätze einzureichen oder Erklärungen abzugeben.

Artikel 2 Regelungszweck der Verfahrensordnung

Mit den Bestimmungen dieser Verfahrensordnung werden die einschlägigen Bestimmungen des EU-Vertrags, des AEU-Vertrags und des EAG-
Vertrags sowie der Satzung umgesetzt und, soweit erforderlich, ergänzt.

Erster Titel
Organisation des Gerichtshofs

Erstes Kapitel
Richter und Generalanwälte

Artikel 3 Beginn der Amtszeit der Richter und der Generalanwälte

[1]Die Amtszeit eines Richters oder eines Generalanwalts beginnt mit dem
im Ernennungsakt dafür bestimmten Tag. [2]Wird in diesem Akt der Tag
des Beginns der Amtszeit nicht bestimmt, so beginnt die Amtszeit mit dem
Tag der Veröffentlichung des Ernennungsakts im *Amtsblatt der Europäischen Union.*

Artikel 4 Eidesleistung

Die Richter und die Generalanwälte leisten vor Aufnahme ihrer Amtstätigkeit in der ersten öffentlichen Sitzung des Gerichtshofs, an der sie nach
ihrer Ernennung teilnehmen, folgenden Eid gemäß Artikel 2 der Sat-
zung:Ich schwöre, dass ich mein Amt unparteiisch und gewissenhaft ausüben und das Beratungsgeheimnis wahren werde.

Artikel 5 Feierliche Verpflichtung

Unmittelbar nach der Eidesleistung unterzeichnen die Richter und die
Generalanwälte eine Erklärung, in der sie die in Artikel 4 Absatz 3 der
Satzung vorgesehene feierliche Verpflichtung übernehmen.

Artikel 6 Amtsenthebung eines Richters oder Generalanwalts

(1) Hat der Gerichtshof nach Artikel 6 der Satzung darüber zu entscheiden,
ob ein Richter oder Generalanwalt die erforderlichen Voraussetzungen
nicht mehr erfüllt oder den sich aus seinem Amt ergebenden Verpflich-

tungen nicht mehr nachkommt, so fordert der Präsident den Betroffenen auf, sich hierzu zu äußern.

(2) Bei der Entscheidung des Gerichtshofs ist der Kanzler nicht zugegen.

Artikel 7 Dienstaltersrang

(1) Das Dienstalter der Richter und der Generalanwälte wird ohne Unterschied beginnend mit der Aufnahme ihrer Amtstätigkeit berechnet.

(2) Bei gleichem Dienstalter bestimmt sich der Dienstaltersrang nach dem Lebensalter.

(3) Richter und Generalanwälte, die wiederernannt werden, behalten ihren bisherigen Rang.

Zweites Kapitel
Präsidentschaft des Gerichtshofs, Bildung der Kammern und Bestimmung des Ersten Generalanwalts

Artikel 8 Wahl des Präsidenten und des Vizepräsidenten des Gerichtshofs

(1) Die Richter wählen sogleich nach der teilweisen Neubesetzung von Richterstellen gemäß Artikel 253 Absatz 2 AEUV aus ihrer Mitte den Präsidenten des Gerichtshofs für die Dauer von drei Jahren.

(2) Endet die Amtszeit des Präsidenten des Gerichtshofs vor ihrem regelmäßigen Ablauf, so wird das Amt für die verbleibende Zeit neu besetzt.

(3) [1]Die in diesem Artikel vorgesehenen Wahlen sind geheim. [2]Gewählt ist der Richter, der die Stimmen von mehr als der Hälfte der Richter des Gerichtshofs erhält. [3]Erreicht keiner der Richter diese Mehrheit, so finden weitere Wahlgänge statt, bis sie erreicht wird.

(4) [1]Die Richter wählen sodann gemäß dem Verfahren des Absatzes 3 aus ihrer Mitte den Vizepräsidenten des Gerichtshofs für die Dauer von drei Jahren. [2]Endet dessen Amtszeit vor ihrem regelmäßigen Ablauf, so findet Absatz 2 Anwendung.

(5) Die Namen des Präsidenten und des Vizepräsidenten, die gemäß diesem Artikel gewählt worden sind, werden im *Amtsblatt der Europäischen Union* veröffentlicht.

Artikel 9 Zuständigkeit des Präsidenten des Gerichtshofs

(1) Der Präsident vertritt den Gerichtshof.

(2) [1]Der Präsident leitet die Tätigkeit des Gerichtshofs. [2]Er führt den Vorsitz in den Sitzungen der Generalversammlung der Mitglieder des Gerichtshofs sowie in den mündlichen Verhandlungen und bei den Beratungen des Plenums und der Großen Kammer.

(3) Der Präsident sorgt für einen ordnungsgemäßen Arbeitsgang der Dienststellen des Organs.

Artikel 10 Zuständigkeit des Vizepräsidenten des Gerichtshofs

(1) Der Vizepräsident steht dem Präsidenten des Gerichtshofs bei der Erfüllung seiner Aufgaben zur Seite und vertritt ihn, wenn dieser verhindert ist.

(2) Er vertritt ihn auf dessen Aufforderung bei der Erfüllung der Aufgaben gemäß Artikel 9 Absätze 1 und 3.

(3) ¹Der Gerichtshof legt durch Beschluss die Voraussetzungen fest, unter denen der Vizepräsident den Präsidenten des Gerichtshofs bei der Erfüllung seiner richterlichen Aufgaben vertritt. ²Der Beschluss wird im *Amtsblatt der Europäischen Union* veröffentlicht.

Artikel 11 Bildung der Kammern

(1) Der Gerichtshof bildet aus seiner Mitte gemäß Artikel 16 der Satzung Kammern mit fünf und mit drei Richtern und teilt ihnen die Richter zu.

(2) Der Gerichtshof bestimmt die Kammern mit fünf Richtern, die für die Dauer eines Jahres mit den in Artikel 107 sowie in den Artikeln 193 und 194 genannten Rechtssachen betraut sind.

(3) Für die Rechtssachen, die gemäß Artikel 60 an einen Spruchkörper verwiesen worden sind, bezeichnet der Ausdruck „Gerichtshof" in dieser Verfahrensordnung diesen Spruchkörper.

(4) In den Rechtssachen, die an eine Kammer mit fünf oder mit drei Richtern verwiesen worden sind, übt der Kammerpräsident die Befugnisse des Präsidenten des Gerichtshofs aus.

(5) Die Zuteilung der Richter zu den Kammern und die Bestimmung der Kammern, die mit den in Artikel 107 sowie in den Artikeln 193 und 194 genannten Rechtssachen betraut sind, werden im *Amtsblatt der Europäischen Union* veröffentlicht.

Artikel 12 Wahl der Kammerpräsidenten

(1) Die Richter wählen sogleich nach der Wahl des Präsidenten und des Vizepräsidenten des Gerichtshofs die Präsidenten der Kammern mit fünf Richtern für die Dauer von drei Jahren.

(2) Die Richter wählen sodann für die Dauer eines Jahres die Präsidenten der Kammern mit drei Richtern.

(3) Artikel 8 Absätze 2 und 3 findet Anwendung.

(4) Die Namen der Kammerpräsidenten, die gemäß diesem Artikel gewählt worden sind, werden im *Amtsblatt der Europäischen Union* veröffentlicht.

**Artikel 13 Verhinderung des Präsidenten und des Vizepräsidenten
                    des Gerichtshofs**

Sind der Präsident und der Vizepräsident des Gerichtshofs verhindert, so wird das Amt des Präsidenten gemäß der in Artikel 7 festgelegten Rangordnung von einem der Präsidenten der Kammern mit fünf Richtern oder in Ermangelung dessen von einem der Präsidenten der Kammern mit drei

Richtern oder in Ermangelung dessen von einem der übrigen Richter wahrgenommen.

Artikel 14 Bestimmung des Ersten Generalanwalts
(1) Der Gerichtshof bestimmt nach Anhörung der Generalanwälte einen Ersten Generalanwalt für die Dauer eines Jahres.

(2) Endet die Amtszeit des Ersten Generalanwalts vor ihrem regelmäßigen Ablauf, so wird das Amt für die verbleibende Zeit neu besetzt.

(3) Der Name des gemäß diesem Artikel bestimmten Ersten Generalanwalts wird im *Amtsblatt der Europäischen Union* veröffentlicht.

Drittes Kapitel
Zuweisung der Rechtssachen an die Berichterstatter und die Generalanwälte

Artikel 15 Bestimmung des Berichterstatters
(1) Der Präsident des Gerichtshofs bestimmt nach Eingang des verfahrenseinleitenden Schriftstücks so bald wie möglich den Berichterstatter für die Rechtssache.

(2) [1]Der Berichterstatter für die in Artikel 107 sowie in den Artikeln 193 und 194 genannten Rechtssachen wird unter den Richtern der nach Artikel 11 Absatz 2 bestimmten Kammer auf Vorschlag des Präsidenten dieser Kammer ausgewählt. [2]Entscheidet die Kammer gemäß Artikel 109, die Vorlage nicht dem Eilverfahren zu unterwerfen, kann der Präsident des Gerichtshofs die Rechtssache einem einer anderen Kammer zugeteilten Berichterstatter neu zuweisen.

(3) Der Präsident des Gerichtshofs trifft bei Verhinderung eines Berichterstatters die erforderlichen Maßnahmen.

Artikel 16 Bestimmung des Generalanwalts
(1) Der Erste Generalanwalt entscheidet über die Zuweisung der Rechtssachen an die Generalanwälte.

(2) Der Erste Generalanwalt trifft bei Verhinderung eines Generalanwalts die erforderlichen Maßnahmen.

Viertes Kapitel
Hilfsberichterstatter

Artikel 17 Hilfsberichterstatter
(1) Der Gerichtshof schlägt gemäß Artikel 13 der Satzung die Ernennung von Hilfsberichterstattern vor, wenn er dies für die Bearbeitung und Untersuchung der bei ihm anhängigen Rechtssachen für erforderlich hält.

(2) Die Hilfsberichterstatter werden insbesondere damit beauftragt,

a) den Präsidenten des Gerichtshofs im Verfahren des vorläufigen Rechtsschutzes zu unterstützen,

b) die Berichterstatter bei der Erfüllung ihrer Aufgaben zu unterstützen.

(3) Die Hilfsberichterstatter unterstehen bei der Ausübung ihres Amtes dem Präsidenten des Gerichtshofs, dem Präsidenten einer Kammer oder einem Berichterstatter.

(4) Vor Aufnahme ihrer Amtstätigkeit leisten die Hilfsberichterstatter vor dem Gerichtshof den in Artikel 4 vorgesehenen Eid.

Fünftes Kapitel
Kanzlei

Artikel 18 Ernennung des Kanzlers

(1) Der Gerichtshof ernennt den Kanzler.

(2) [1]Ist die Stelle des Kanzlers unbesetzt, wird eine Anzeige im *Amtsblatt der Europäischen Union* veröffentlicht. [2]Interessenten werden aufgefordert, innerhalb einer Frist von mindestens drei Wochen ihre Bewerbung einzureichen, die genaue Angaben über ihre Staatsangehörigkeit, akademischen Grade, Sprachkenntnisse, gegenwärtige und frühere Tätigkeit und etwaigen gerichtlichen und internationalen Erfahrungen enthalten muss.

(3) Die Abstimmung, an der die Richter und die Generalanwälte teilnehmen, erfolgt nach dem Verfahren des Artikels 8 Absatz 3.

(4) [1]Der Kanzler wird für die Dauer von sechs Jahren ernannt. [2]Wiederernennung ist zulässig. [3]Der Gerichtshof kann entscheiden, die Amtszeit des amtierenden Kanzlers zu verlängern, ohne von dem in Absatz 2 vorgesehenen Verfahren Gebrauch zu machen.

(5) Der Kanzler leistet den in Artikel 4 vorgesehenen Eid und unterzeichnet die in Artikel 5 vorgesehene Erklärung.

(6) [1]Der Kanzler kann seines Amtes nur enthoben werden, wenn er die erforderlichen Voraussetzungen nicht mehr erfüllt oder den sich aus seinem Amt ergebenden Verpflichtungen nicht mehr nachkommt. [2]Der Gerichtshof entscheidet, nachdem er dem Kanzler Gelegenheit zur Äußerung gegeben hat.

(7) Endet die Amtszeit des Kanzlers vor ihrem regelmäßigen Ablauf, so ernennt der Gerichtshof einen neuen Kanzler für die Dauer von sechs Jahren.

(8) Der Name des gemäß diesem Artikel gewählten Kanzlers wird im *Amtsblatt der Europäischen Union* veröffentlicht.

Artikel 19 Beigeordneter Kanzler

Der Gerichtshof kann nach dem für die Ernennung des Kanzlers geltenden Verfahren einen Beigeordneten Kanzler ernennen, der den Kanzler unterstützt und ihn bei Verhinderung vertritt.

Artikel 20 Zuständigkeit des Kanzlers

(1) Der Kanzler ist unter der Aufsicht des Präsidenten des Gerichtshofs mit der Entgegennahme, Übermittlung und Aufbewahrung aller Schriftstücke sowie mit den Zustellungen, die mit der Anwendung dieser Verfahrensordnung verbunden sind, beauftragt.

(2) Der Kanzler steht den Mitgliedern des Gerichtshofs bei allen Amtshandlungen zur Seite.

(3) [1]Der Kanzler verwahrt die Siegel und ist für das Archiv verantwortlich. [2]Er sorgt für die Veröffentlichungen des Gerichtshofs, insbesondere der Sammlung der Rechtsprechung.

(4) [1]Der Kanzler leitet unter der Aufsicht des Präsidenten des Gerichtshofs die Dienststellen des Organs. [2]Er ist für die Leitung des Personals und der Verwaltung sowie für die Vorbereitung und Ausführung des Haushaltsplans verantwortlich.

Artikel 21 Registerführung

(1) Die Kanzlei führt unter der Verantwortung des Kanzlers ein Register, in das fortlaufend und in der Reihenfolge ihres Eingangs alle Verfahrensschriftstücke sowie die zur Unterstützung eingereichten Belegstücke und Unterlagen einzutragen sind.

(2) Der Kanzler vermerkt die Eintragung in das Register auf dem Original und, auf Antrag der Parteien, auf den von ihnen zu diesem Zweck vorgelegten Kopien.

(3) Die Eintragung in das Register und die im vorstehenden Absatz vorgesehenen Vermerke stellen öffentliche Urkunden dar.

(4) Im *Amtsblatt der Europäischen Union* wird eine Mitteilung veröffentlicht, die den Tag der Eintragung des verfahrenseinleitenden Schriftsatzes, die Namen der Parteien, die Anträge und die Angabe der geltend gemachten Gründe und wesentlichen Argumente oder je nach Lage des Falles den Tag des Eingangs des Vorabentscheidungsersuchens sowie die Angabe des vorlegenden Gerichts, der Parteien des Ausgangsrechtsstreits und der dem Gerichtshof unterbreiteten Vorlagefragen enthält.

Artikel 22 Konsultation des Registers, der Urteile und der Beschlüsse

(1) Jeder kann das Register bei der Kanzlei einsehen und nach Maßgabe der vom Gerichtshof auf Vorschlag des Kanzlers erlassenen Gebührenordnung der Kanzlei Kopien oder Auszüge daraus erhalten.

(2) Jede Partei kann nach Maßgabe der Gebührenordnung der Kanzlei Ausfertigungen der Verfahrensschriftstücke erhalten.

(3) Außerdem kann jeder nach Maßgabe der Gebührenordnung der Kanzlei Ausfertigungen der Urteile und der Beschlüsse erhalten.

Sechstes Kapitel
Geschäftsgang des Gerichtshofs

Artikel 23   Ort der Sitzungen des Gerichtshofs
Der Gerichtshof kann einzelne Sitzungen an einem anderen Ort als seinem Sitz abhalten.

Artikel 24   Arbeitskalender des Gerichtshofs
(1) Das Gerichtsjahr beginnt am 7. Oktober des Kalenderjahrs und endet am 6. Oktober des darauffolgenden Jahres.

(2) Die Gerichtsferien werden vom Gerichtshof festgesetzt.

(3) Während der Gerichtsferien kann der Präsident die Richter und die Generalanwälte in dringenden Fällen einberufen.

(4) Der Gerichtshof hält die am Ort seines Sitzes geltenden gesetzlichen Feiertage ein.

(5) Der Gerichtshof kann den Richtern und den Generalanwälten in begründeten Fällen Urlaub gewähren.

(6) Die Daten der Gerichtsferien und das Verzeichnis der gesetzlichen Feiertage werden jährlich im *Amtsblatt der Europäischen Union* veröffentlicht.

Artikel 25   Generalversammlung
[1]Die Entscheidungen über Verwaltungsfragen oder über die Vorschläge, die in dem Vorbericht gemäß Artikel 59 enthalten sind, werden vom Gerichtshof in der Generalversammlung getroffen, an der alle Richter und Generalanwälte mit beschließender Stimme teilnehmen. [2]Der Kanzler ist zugegen, sofern der Gerichtshof nichts anderes bestimmt.

Artikel 26   Protokollaufnahme
Tagt der Gerichtshof in Abwesenheit des Kanzlers, so beauftragt er den im Sinne des Artikels 7 dienstjüngsten Richter mit der Aufnahme eines etwa erforderlichen Protokolls, das vom Präsidenten und von dem genannten Richter unterzeichnet wird.

Siebtes Kapitel
Spruchkörper

Erster Abschnitt
Besetzung der Spruchkörper

Artikel 27   Besetzung der Großen Kammer
(1) [1]Die Große Kammer ist für jede Rechtssache mit dem Präsidenten und dem Vizepräsidenten des Gerichtshofs, drei Präsidenten einer Kammer mit fünf Richtern, dem Berichterstatter und der für die Erreichung der Zahl fünfzehn erforderlichen Zahl von Richtern besetzt. [2]Letztere und die drei Präsidenten einer Kammer mit fünf Richtern werden anhand der in den

Absätzen 3 und 4 genannten Listen in der dort festgelegten Reihenfolge bestimmt. [3]Ausgangspunkt auf jeder dieser Listen ist für jede an die Große Kammer verwiesene Rechtssache der Name des Richters, der unmittelbar auf den Richter folgt, der für die zuvor an diesen Spruchkörper verwiesene Rechtssache als Letzter anhand der betreffenden Liste bestimmt worden ist.

(2) Nach der Wahl des Präsidenten und des Vizepräsidenten des Gerichtshofs sowie danach der Präsidenten der Kammern mit fünf Richtern werden im Hinblick auf die Besetzung der Großen Kammer eine Liste der Präsidenten der Kammern mit fünf Richtern und eine Liste der übrigen Richter erstellt.

(3) Die Liste der Präsidenten der Kammern mit fünf Richtern wird gemäß der in Artikel 7 festgelegten Rangordnung erstellt.

(4) Die Liste der übrigen Richter wird erstellt, indem abwechselnd der in Artikel 7 festgelegten Rangordnung und deren Umkehrung gefolgt wird: Der erste Richter in dieser Liste ist der erste nach der in Artikel 7 festgelegten Rangordnung, der zweite Richter in der Liste ist der letzte nach dieser Rangordnung, der dritte Richter ist der zweite nach dieser Rangordnung, der vierte Richter ist der vorletzte nach dieser Rangordnung und so fort.

(5) Die in den Absätzen 3 und 4 genannten Listen werden im *Amtsblatt der Europäischen Union* veröffentlicht.

(6) [1]In Rechtssachen, die vom Beginn eines Kalenderjahrs, in dem eine teilweise Neubesetzung der Richterstellen stattfindet, bis zur tatsächlichen Neubesetzung an die Große Kammer verwiesen werden, können zwei Ergänzungsrichter bestimmt werden, um den Spruchkörper zu ergänzen, solange Ungewissheit über das Erreichen der gemäß Artikel 17 Absatz 3 der Satzung für die Beschlussfähigkeit erforderlichen Zahl von Richtern besteht. [2]Als Ergänzungsrichter fungieren die beiden Richter, die auf der in Absatz 4 genannten Liste unmittelbar nach dem Richter geführt werden, der als Letzter für die Besetzung der Großen Kammer in der Rechtssache bestimmt worden ist.

(7) Die Ergänzungsrichter ersetzen in der Reihenfolge der in Absatz 4 genannten Liste die Richter, die gegebenenfalls nicht an der Entscheidung der Rechtssache mitwirken können.

Artikel 28 Besetzung der Kammern mit fünf und mit drei Richtern

(1) [1]Die Kammern mit fünf und mit drei Richtern sind für jede Rechtssache mit dem Kammerpräsidenten, dem Berichterstatter und der für die Erreichung der Zahl von fünf oder drei Richtern erforderlichen Zahl von Richtern besetzt. [2]Letztere werden anhand der in den Absätzen 2 und 3 genannten Listen in der dort festgelegten Reihenfolge bestimmt. [3]Ausgangspunkt auf diesen Listen ist für jede an eine Kammer verwiesene Rechtssache der Name des Richters, der unmittelbar auf den Richter folgt,

der für die zuvor an diese Kammer verwiesene Rechtssache als Letzter anhand der Liste bestimmt worden ist.

(2) [1]Für die Besetzung der Kammern mit fünf Richtern werden nach der Wahl der Präsidenten dieser Kammern Listen erstellt, in denen sämtliche Richter, die der jeweiligen Kammer zugeteilt sind, mit Ausnahme des Kammerpräsidenten aufgeführt sind. [2]Die Listen werden in derselben Weise erstellt wie die in Artikel 27 Absatz 4 genannte Liste.

(3) [1]Für die Besetzung der Kammern mit drei Richtern werden nach der Wahl der Präsidenten dieser Kammern Listen erstellt, in denen sämtliche Richter, die der jeweiligen Kammer zugeteilt sind, mit Ausnahme des Kammerpräsidenten aufgeführt sind. [2]Die Listen werden gemäß der in Artikel 7 festgelegten Rangordnung erstellt.

(4) Die in den Absätzen 2 und 3 genannten Listen werden im *Amtsblatt der Europäischen Union* veröffentlicht.

Artikel 29 Besetzung der Kammern bei Zusammenhang oder Abgabe

(1) Ist der Gerichtshof der Auffassung, dass mehrere Rechtssachen zusammen von demselben Spruchkörper zu entscheiden sind, so entspricht dessen Besetzung derjenigen, die für die Rechtssache festgelegt wurde, deren Vorbericht zuerst geprüft wurde.

(2) Regt eine Kammer, an die eine Rechtssache verwiesen worden ist, beim Gerichtshof an, die Rechtssache nach Artikel 60 Absatz 3 an einen größeren Spruchkörper zu verweisen, so umfasst dieser Spruchkörper die Mitglieder der abgebenden Kammer.

Artikel 30 Verhinderung eines Kammerpräsidenten

(1) Ist der Präsident einer Kammer mit fünf Richtern verhindert, so werden die Aufgaben des Kammerpräsidenten von einem Präsidenten einer Kammer mit drei Richtern wahrgenommen, gegebenenfalls gemäß der in Artikel 7 festgelegten Rangordnung, oder, wenn kein Präsident einer Kammer mit drei Richtern dem Spruchkörper angehört, von einem der übrigen Richter gemäß der in Artikel 7 festgelegten Rangordnung.

(2) Ist der Präsident einer Kammer mit drei Richtern verhindert, so werden die Aufgaben des Kammerpräsidenten von einem Richter des Spruchkörpers gemäß der in Artikel 7 festgelegten Rangordnung wahrgenommen.

Artikel 31 Verhinderung eines Mitglieds des Spruchkörpers

(1) Ist ein Mitglied der Großen Kammer verhindert, so wird es durch einen anderen Richter in der Reihenfolge ersetzt, die in der Liste nach Artikel 27 Absatz 4 festgelegt ist.

(2) [1]Ist ein Mitglied einer Kammer mit fünf Richtern verhindert, so wird es durch einen anderen Richter derselben Kammer in der Reihenfolge ersetzt, die in der Liste nach Artikel 28 Absatz 2 festgelegt ist. [2]Ist eine Ersetzung des verhinderten Richters durch einen Richter derselben Kam-

mer nicht möglich, so benachrichtigt der Kammerpräsident den Präsidenten des Gerichtshofs, der einen anderen Richter bestimmen kann, durch den die Kammer ergänzt wird.

(3) [1]Ist ein Mitglied einer Kammer mit drei Richtern verhindert, so wird es durch einen anderen Richter derselben Kammer in der Reihenfolge ersetzt, die in der Liste nach Artikel 28 Absatz 3 festgelegt ist. [2]Ist eine Ersetzung des verhinderten Richters durch einen Richter derselben Kammer nicht möglich, so benachrichtigt der Kammerpräsident den Präsidenten des Gerichtshofs, der einen anderen Richter bestimmen kann, durch den die Kammer ergänzt wird.

Zweiter Abschnitt
Beratungen

Artikel 32   Beratungsmodalitäten

(1) Die Beratungen des Gerichtshofs sind und bleiben geheim.

(2) Hat eine mündliche Verhandlung stattgefunden, nehmen an der Beratung nur die an der Verhandlung beteiligten Richter und gegebenenfalls der Hilfsberichterstatter für die Rechtssache teil.

(3) Jeder Richter, der an der Beratung teilnimmt, trägt seine Auffassung vor und begründet sie.

(4) Das Ergebnis, auf das sich die Mehrheit der Richter nach der abschließenden Erörterung geeinigt hat, ist für die Entscheidung des Gerichtshofs maßgebend.

Artikel 33   Zahl der an der Beratung teilnehmenden Richter

[1]Ergibt sich infolge Verhinderung eine gerade Zahl von Richtern, so nimmt der im Sinne des Artikels 7 dienstjüngste Richter an der Beratung nicht teil, es sei denn, er ist Berichterstatter. [2]Im letzten Fall nimmt der Richter mit dem nächstniedrigen Dienstaltersrang an der Beratung nicht teil.

Artikel 34   Beschlussfähigkeit der Großen Kammer

(1) Kann für eine an die Große Kammer verwiesene Rechtssache die gemäß Artikel 17 Absatz 3 der Satzung für die Beschlussfähigkeit erforderliche Zahl von Richtern nicht erreicht werden, so bestimmt der Präsident des Gerichtshofs einen oder mehrere andere Richter in der Reihenfolge, die in der Liste nach Artikel 27 Absatz 4 festgelegt ist.

(2) Hat eine mündliche Verhandlung stattgefunden, bevor der oder die anderen Richter bestimmt werden, so werden die Parteien mit ihren mündlichen Ausführungen und der Generalanwalt mit seinen Schlussanträgen erneut gehört.

Artikel 35 Beschlussfähigkeit der Kammern mit fünf und mit drei Richtern

(1) [1]Ist für eine an eine Kammer mit fünf oder mit drei Richtern verwiesene Rechtssache ein Erreichen der gemäß Artikel 17 Absatz 2 der Satzung für die Beschlussfähigkeit erforderlichen Zahl von Richtern nicht möglich, bestimmt der Präsident des Gerichtshofs einen oder mehrere andere Richter in der Reihenfolge, die in den Listen nach Artikel 28 Absätze 2 und 3 festgelegt ist. [2]Ist eine Ersetzung des verhinderten Richters durch einen Richter derselben Kammer nicht möglich, so benachrichtigt der Kammerpräsident sogleich den Präsidenten des Gerichtshofs, der einen anderen Richter bestimmt, durch den die Kammer ergänzt wird.

(2) Artikel 34 Absatz 2 findet auf die Kammern mit fünf und mit drei Richtern entsprechende Anwendung.

Achtes Kapitel
Sprachenregelung

Artikel 36 [Verfahrenssprachen]

Die Verfahrenssprachen sind Bulgarisch, Dänisch, Deutsch, Englisch, Estnisch, Finnisch, Französisch, Griechisch, Irisch, Italienisch, Kroatisch, Lettisch, Litauisch, Maltesisch, Niederländisch, Polnisch, Portugiesisch, Rumänisch, Schwedisch, Slowakisch, Slowenisch, Spanisch, Tschechisch und Ungarisch.

Artikel 37 Bestimmung der Verfahrenssprache

(1) In Klageverfahren wählt der Kläger vorbehaltlich der nachstehenden Bestimmungen die Verfahrenssprache:

a) Ist die Klage gegen einen Mitgliedstaat gerichtet, so ist die Amtssprache dieses Staates Verfahrenssprache; gibt es mehrere Amtssprachen, so ist der Kläger berechtigt, eine von ihnen zu wählen.

b) Auf gemeinsamen Antrag der Parteien kann eine andere der in Artikel 36 genannten Sprachen ganz oder teilweise zugelassen werden.

c) Auf Antrag einer Partei kann nach Anhörung der Gegenpartei und des Generalanwalts abweichend von den Buchstaben a und b eine andere der in Artikel 36 genannten Sprachen ganz oder teilweise als Verfahrenssprache zugelassen werden; dieser Antrag kann nicht von einem der Organe der Europäischen Union gestellt werden.

(2) Unbeschadet des vorstehenden Absatzes Buchstaben b und c sowie des Artikels 38 Absätze 4 und 5

a) ist bei Rechtsmitteln gegen die Entscheidungen des Gerichts nach den Artikeln 56 und 57 der Satzung Verfahrenssprache diejenige Sprache, die für die mit dem Rechtsmittel angefochtene Entscheidung des Gerichts Verfahrenssprache war;

b) ist bei Entscheidungen des Gerichtshofs gemäß Artikel 62 Absatz 2 der Satzung, eine Entscheidung des Gerichts zu überprüfen, Verfahrenssprache diejenige Sprache, die für die Entscheidung des Gerichts, die Gegenstand der Überprüfung ist, Verfahrenssprache war;

c) ist bei Streitigkeiten über die erstattungsfähigen Kosten, Einsprüchen gegen Versäumnisurteile, Drittwidersprüchen und Anträgen auf Auslegung, auf Wiederaufnahme oder auf Abhilfe gegen Unterlassen einer Entscheidung Verfahrenssprache diejenige Sprache, die für die Entscheidung, auf die sich diese Anträge oder Streitigkeiten beziehen, Verfahrenssprache war.

(3) [1]In Vorabentscheidungsverfahren ist die Sprache des vorlegenden Gerichts Verfahrenssprache. [2]Auf gebührend begründeten Antrag einer Partei des Ausgangsrechtsstreits kann nach Anhörung der Gegenpartei des Ausgangsrechtsstreits und des Generalanwalts eine andere der in Artikel 36 genannten Sprachen für das mündliche Verfahren zugelassen werden. [3]Wird sie zugelassen, so gilt diese Zulassung für alle in Artikel 23 der Satzung bezeichneten Beteiligten.

(4) Die Entscheidung über die vorgenannten Anträge kann vom Präsidenten gefasst werden; dieser kann die Entscheidung dem Gerichtshof übertragen; will er den Anträgen ohne Einverständnis aller Parteien stattgeben, so muss er sie dem Gerichtshof übertragen.

Artikel 38 Verwendung der Verfahrenssprache

(1) Die Verfahrenssprache ist insbesondere in den Schriftsätzen und bei den mündlichen Ausführungen der Parteien, einschließlich der vorgelegten oder beigefügten Belegstücke und Unterlagen, sowie in den Protokollen und Entscheidungen des Gerichtshofs zu verwenden.

(2) Vorgelegten oder beigefügten Belegstücken und Unterlagen, die in einer anderen Sprache abgefasst sind, ist eine Übersetzung in der Verfahrenssprache beizufügen.

(3) [1]Bei umfangreichen Belegstücken und Unterlagen können jedoch auszugsweise Übersetzungen vorgelegt werden. [2]Der Gerichtshof kann jederzeit von Amts wegen oder auf Antrag einer Partei eine ausführlichere oder vollständige Übersetzung verlangen.

(4) [1]Abweichend von den vorstehenden Bestimmungen können sich die Mitgliedstaaten ihrer eigenen Amtssprache bedienen, wenn sie sich an einem Vorabentscheidungsverfahren beteiligen, einem beim Gerichtshof anhängigen Rechtsstreit als Streithelfer beitreten oder den Gerichtshof nach Artikel 259 AEUV anrufen. [2]Dies gilt sowohl für Schriftstücke als auch für mündliche Erklärungen. [3]Der Kanzler veranlasst in jedem Fall die Übersetzung in die Verfahrenssprache.

(5) [1]Den Vertragsstaaten des EWR-Abkommens, die nicht Mitgliedstaaten sind, und der EFTA-Überwachungsbehörde kann gestattet werden, sich statt der Verfahrenssprache einer anderen der in Artikel 36 ge-

nannten Sprachen zu bedienen, wenn sie sich an einem Vorabentscheidungsverfahren beteiligen oder einem beim Gerichtshof anhängigen
Rechtsstreit als Streithelfer beitreten. [2]Dies gilt sowohl für Schriftstücke
als auch für mündliche Erklärungen. [3]Der Kanzler veranlasst in jedem Fall
die Übersetzung in die Verfahrenssprache.

(6) [1]Den Drittstaaten, die sich gemäß Artikel 23 Absatz 4 der Satzung
an einem Vorabentscheidungsverfahren beteiligen, kann gestattet werden,
sich statt der Verfahrenssprache einer anderen der in Artikel 36 genannten
Sprachen zu bedienen. [2]Dies gilt sowohl für Schriftstücke als auch für
mündliche Erklärungen. [3]Der Kanzler veranlasst in jedem Fall die Übersetzung in die Verfahrenssprache.

(7) [1]Erklären Zeugen oder Sachverständige, dass sie sich nicht hin-
länglich in einer der in Artikel 36 genannten Sprachen ausdrücken können,
so kann ihnen der Gerichtshof gestatten, ihre Erklärungen in einer anderen
Sprache abzugeben. [2]Der Kanzler veranlasst die Übersetzung in die Verfahrenssprache.

(8) [1]Der Präsident und der Vizepräsident des Gerichtshofs sowie die
Kammerpräsidenten können sich bei der Leitung der Verhandlung statt
der Verfahrenssprache einer anderen der in Artikel 36 genannten Sprachen
bedienen; die gleiche Befugnis haben die Richter und die Generalanwälte
für ihre Fragen und die Generalanwälte für ihre Schlussanträge. [2]Der
Kanzler veranlasst die Übersetzung in die Verfahrenssprache.

Artikel 39   Verantwortlichkeit des Kanzlers in sprachlichen Angelegenheiten

Auf Ersuchen eines Richters oder des Generalanwalts oder auf Antrag
einer Partei veranlasst der Kanzler die Übersetzung der mündlichen oder
schriftlichen Äußerungen im Verfahren vor dem Gerichtshof in die in Artikel 36 genannten Sprachen, die gewünscht werden.

Artikel 40   Sprachenregelung für die Veröffentlichungen des Gerichtshofs

Die Veröffentlichungen des Gerichtshofs erscheinen in den in Artikel 1
der Verordnung Nr. 1 des Rates genannten Sprachen.

Artikel 41   Verbindliche Fassungen

Verbindlich ist die Fassung in der Verfahrenssprache oder, falls der Gerichtshof gemäß den Artikeln 37 oder 38 eine andere Sprache zugelassen
hat, die Fassung in dieser Sprache.

Artikel 42   Sprachendienst des Gerichtshofs

Der Gerichtshof richtet einen Sprachendienst ein, dessen Angehörige eine
angemessene juristische Ausbildung und gründliche Kenntnisse in mehreren Amtssprachen der Union aufweisen müssen.

Artikel 43 Vorrechte, Befreiungen und Erleichterungen

(1) Die Bevollmächtigten, Beistände und Anwälte, die vor dem Gerichtshof oder vor einem von diesem um Rechtshilfe ersuchten Gericht erscheinen, können wegen mündlicher und schriftlicher Äußerungen, die sich auf die Sache oder auf die Parteien beziehen, nicht gerichtlich verfolgt werden.

(2) Die Bevollmächtigten, Beistände und Anwälte genießen ferner folgende Vorrechte und Erleichterungen:

a) Schriftstücke und Urkunden, die sich auf das Verfahren beziehen, dürfen weder durchsucht noch beschlagnahmt werden. Im Streitfall können die Zoll- oder Polizeibeamten die betreffenden Schriftstücke und Urkunden versiegeln, die dann dem Gerichtshof zum Zwecke der Untersuchung im Beisein des Kanzlers und des Beteiligten umgehend übermittelt werden.

b) Die Bevollmächtigten, Beistände und Anwälte genießen die zur Erfüllung ihrer Aufgaben erforderliche Reisefreiheit.

Artikel 44 Vertretereigenschaft

(1) Um die im vorstehenden Artikel genannten Vorrechte, Befreiungen und Erleichterungen in Anspruch nehmen zu können, weisen zuvor ihre Eigenschaft nach

a) die Bevollmächtigten durch eine von ihrem Vollmachtgeber ausgestellte amtliche Urkunde, die Letzterer dem Kanzler umgehend in Kopie übermittelt;

b) die Anwälte durch einen Ausweis, mit dem ihre Berechtigung, vor einem Gericht eines Mitgliedstaats oder eines anderen Vertragsstaats des EWR-Abkommens aufzutreten, bescheinigt wird, und, wenn die von ihnen vertretene Partei eine juristische Person des Privatrechts ist, durch eine Vollmacht dieser Partei;

c) die Beistände durch eine Vollmacht der Partei, der sie beistehen.

(2) [1]Der Kanzler des Gerichtshofs stellt ihnen erforderlichenfalls ein Berechtigungspapier aus. [2]Dessen Gültigkeit ist auf eine bestimmte Zeit begrenzt; sie kann je nach der Dauer des Verfahrens verlängert oder verkürzt werden.

Artikel 45 Aufhebung der Befreiung von gerichtlicher Verfolgung

(1) Die in Artikel 43 genannten Vorrechte, Befreiungen und Erleichterungen werden ausschließlich im Interesse des Verfahrens gewährt.

(2) Der Gerichtshof kann die Befreiung von gerichtlicher Verfolgung aufheben, wenn dies nach seiner Auffassung dem Interesse des Verfahrens nicht zuwiderläuft.

Artikel 46   Ausschluss vom Verfahren

(1) [1]Ist der Gerichtshof der Auffassung, dass das Verhalten eines Bevollmächtigten, Beistands oder Anwalts gegenüber dem Gerichtshof mit der Würde des Gerichtshofs oder mit den Erfordernissen einer geordneten Rechtspflege unvereinbar ist oder dass ein Bevollmächtigter, Beistand oder Anwalt seine Befugnisse missbraucht, so unterrichtet er den Betroffenen davon. [2]Unterrichtet der Gerichtshof die zuständigen Stellen, denen der Betroffene untersteht, davon, so wird Letzterem eine Kopie des an diese Stellen gerichteten Schreibens übermittelt.

(2) [1]Aus denselben Gründen kann der Gerichtshof nach Anhörung des Betroffenen und des Generalanwalts jederzeit durch mit Gründen versehenen Beschluss entscheiden, einen Bevollmächtigten, Beistand oder Anwalt vom Verfahren auszuschließen. [2]Der Beschluss ist sofort vollziehbar.

(3) Wird ein Bevollmächtigter, Beistand oder Anwalt vom Verfahren ausgeschlossen, so wird das Verfahren bis zum Ablauf einer Frist ausgesetzt, die der Präsident der betroffenen Partei zur Bestimmung eines anderen Bevollmächtigten, Beistands oder Anwalts setzt.

(4) Die gemäß diesem Artikel getroffenen Entscheidungen können wieder aufgehoben werden.

Artikel 47   Hochschullehrer und Parteien des Ausgangsrechtsstreits

(1) Die Bestimmungen dieses Kapitels finden Anwendung auf Hochschullehrer, die gemäß Artikel 19 der Satzung das Recht haben, vor dem Gerichtshof aufzutreten.

(2) In Vorlageverfahren finden sie auch Anwendung auf die Parteien des Ausgangsrechtsstreits, wenn diese nach den anwendbaren nationalen Verfahrensvorschriften berechtigt sind, ohne den Beistand eines Anwalts vor Gericht aufzutreten, sowie auf die Personen, die nach diesen Vorschriften zu ihrer Vertretung berechtigt sind.

Zweites Kapitel
Zustellungen

Artikel 48   Zustellungsarten

(1) [1]Der Kanzler veranlasst die in dieser Verfahrensordnung vorgesehenen Zustellungen an die Zustellungsanschrift des Adressaten durch Übersendung einer Kopie des zuzustellenden Schriftstücks per Einschreiben mit Rückschein oder durch Übergabe der Kopie gegen Empfangsbestätigung. [2]Die Kopien des zuzustellenden Originals werden vom Kanzler ausgefertigt und beglaubigt, es sei denn, dass sie gemäß Artikel 57 Absatz 2 von den Parteien eingereicht werden.

(2) Hat sich der Adressat damit einverstanden erklärt, dass Zustellungen an ihn mittels Telefax oder sonstiger technischer Kommunikationsmittel erfolgen, so kann jedes Verfahrensschriftstück einschließlich der Urteile und Beschlüsse des Gerichtshofs durch Übermittlung einer Kopie auf diesem Wege zugestellt werden.

(3) [1]Ist eine solche Übermittlung aus technischen Gründen oder wegen der Art oder des Umfangs des Schriftstücks nicht möglich, so wird dieses dem Adressaten, wenn er keine Zustellungsanschrift angegeben hat, gemäß dem Verfahren des Absatzes 1 an seine Anschrift zugestellt. [2]Der Adressat wird davon mittels Telefax oder sonstiger technischer Kommunikationsmittel benachrichtigt. [3]Ein Einschreiben gilt dann am zehnten Tag nach der Aufgabe zur Post am Ort des Sitzes des Gerichtshofs als dem Adressaten übergeben, sofern nicht durch den Rückschein nachgewiesen wird, dass der Zugang zu einem anderen Zeitpunkt erfolgt ist, oder der Adressat den Kanzler innerhalb von drei Wochen nach der Benachrichtigung mittels Telefax oder sonstiger technischer Kommunikationsmittel davon unterrichtet, dass ihm das zuzustellende Schriftstück nicht zugegangen ist.

(4) [1]Der Gerichtshof kann durch Beschluss die Voraussetzungen festlegen, unter denen ein Verfahrensschriftstück elektronisch zugestellt werden kann. [2]Der Beschluss wird im *Amtsblatt der Europäischen Union* veröffentlicht.

Drittes Kapitel
Fristen

Artikel 49 Fristberechnung

(1) Die in den Verträgen, in der Satzung und in dieser Verfahrensordnung vorgesehenen Verfahrensfristen werden wie folgt berechnet:

a) Ist eine nach Tagen, Wochen, Monaten oder Jahren bemessene Frist von dem Zeitpunkt an zu berechnen, zu dem ein Ereignis eintritt oder eine Handlung vorgenommen wird, so wird der Tag, an dem das Ereignis eintritt oder die Handlung vorgenommen wird, nicht mitgerechnet.

b) Eine nach Wochen, Monaten oder Jahren bemessene Frist endet mit Ablauf des Tages, der in der letzten Woche, im letzten Monat oder im letzten Jahr dieselbe Bezeichnung oder dieselbe Zahl wie der Tag trägt, an dem das Ereignis eingetreten oder die Handlung vorgenommen worden ist, von denen an die Frist zu berechnen ist. Fehlt bei einer nach Monaten oder Jahren bemessenen Frist im letzten Monat der für ihren Ablauf maßgebende Tag, so endet die Frist mit Ablauf des letzten Tages dieses Monats.

c) Ist eine Frist nach Monaten und nach Tagen bemessen, so werden zunächst die vollen Monate und dann die Tage berücksichtigt.

d) Die Fristen umfassen die Samstage, die Sonntage und die gesetzlichen Feiertage im Sinne des Artikels 24 Absatz 6.

e) Der Fristlauf wird durch die Gerichtsferien nicht gehemmt.

(2) Fällt das Fristende auf einen Samstag, Sonntag oder gesetzlichen Feiertag, so endet die Frist mit dem Ablauf des nächstfolgenden Werktags.

Artikel 50 Klage gegen eine Handlung eines Organs

Beginnt eine Frist für die Erhebung einer Klage gegen eine Handlung eines Organs mit der Veröffentlichung der Handlung, so ist diese Frist im Sinne von Artikel 49 Absatz 1 Buchstabe a vom Ablauf des vierzehnten Tages nach der Veröffentlichung der Handlung im *Amtsblatt der Europäischen Union* an zu berechnen.

Artikel 51 Entfernungsfrist

Die Verfahrensfristen werden um eine pauschale Entfernungsfrist von zehn Tagen verlängert.

Artikel 52 Fristsetzung und Fristverlängerung

(1) Die vom Gerichtshof gemäß dieser Verfahrensordnung gesetzten Fristen können verlängert werden.

(2) Der Präsident und die Kammerpräsidenten können dem Kanzler die Zeichnungsbefugnis übertragen, bestimmte Fristen, die sie aufgrund dieser Verfahrensordnung anzuordnen haben, festzusetzen oder deren Verlängerung zu gewähren.

Viertes Kapitel
Die verschiedenen Arten der Behandlung der Rechtssachen

Artikel 53 Arten der Behandlung der Rechtssachen

(1) Unbeschadet besonderer Bestimmungen der Satzung oder dieser Verfahrensordnung umfasst das Verfahren vor dem Gerichtshof ein schriftliches und ein mündliches Verfahren.

(2) Ist der Gerichtshof für die Entscheidung über eine Rechtssache offensichtlich unzuständig oder ist ein Ersuchen oder eine Klage offensichtlich unzulässig, so kann er nach Anhörung des Generalanwalts jederzeit die Entscheidung treffen, durch mit Gründen versehenen Beschluss zu entscheiden, ohne das Verfahren fortzusetzen.

(3) Der Präsident kann in Anbetracht besonderer Umstände entscheiden, dass eine Rechtssache mit Vorrang entschieden wird.

(4) Eine Rechtssache kann unter den in dieser Verfahrensordnung vorgesehenen Voraussetzungen einem beschleunigten Verfahren unterworfen werden.

(5) Eine Vorlage zur Vorabentscheidung kann unter den in dieser Verfahrensordnung vorgesehenen Voraussetzungen einem Eilverfahren unterworfen werden.

Artikel 54 Verbindung

(1) Mehrere gleichartige Rechtssachen, die den gleichen Gegenstand haben, können jederzeit wegen Zusammenhangs zu gemeinsamem schriftlichen oder mündlichen Verfahren oder zu gemeinsamem Endurteil verbunden werden.

(2) [1]Die Verbindung wird vom Präsidenten nach Anhörung des Berichterstatters und des Generalanwalts, falls die betreffende Rechtssache bereits zugewiesen worden ist, und – außer in Vorlageverfahren – nach Anhörung auch der Parteien beschlossen. [2]Der Präsident kann die Entscheidung hierüber dem Gerichtshof übertragen.

(3) Die Verbindung von Rechtssachen kann nach Maßgabe des Absatzes 2 wieder aufgehoben werden.

Artikel 55 Aussetzung des Verfahrens

(1) Das Verfahren kann ausgesetzt werden:

a) in den in Artikel 54 Absatz 3 der Satzung vorgesehenen Fällen durch Beschluss des Gerichtshofs nach Anhörung des Generalanwalts;

b) in allen übrigen Fällen durch Entscheidung des Präsidenten nach Anhörung des Berichterstatters und des Generalanwalts sowie – außer in Vorlageverfahren – der Parteien.

(2) Die Fortsetzung des Verfahrens kann nach demselben Verfahren beschlossen oder entschieden werden.

(3) Die in den vorstehenden Absätzen vorgesehenen Beschlüsse oder Entscheidungen werden den Parteien oder in Artikel 23 der Satzung bezeichneten Beteiligten zugestellt.

(4) Die Aussetzung des Verfahrens wird zu dem in dem Aussetzungsbeschluss oder der Aussetzungsentscheidung angegebenen Zeitpunkt oder, wenn ein solcher nicht angegeben ist, zu dem Zeitpunkt dieses Beschlusses oder dieser Entscheidung wirksam.

(5) Während der Aussetzung läuft keine Verfahrensfrist gegenüber den Parteien oder in Artikel 23 der Satzung bezeichneten Beteiligten ab.

(6) Ist in dem Aussetzungsbeschluss oder der Aussetzungsentscheidung das Ende der Aussetzung nicht festgelegt, so endet die Aussetzung zu dem in dem Beschluss oder der Entscheidung über die Fortsetzung des Verfahrens angegebenen Zeitpunkt oder, wenn ein solcher nicht angegeben ist, zu dem Zeitpunkt des Beschlusses oder der Entscheidung über die Fortsetzung.

(7) An die Stelle der unterbrochenen Verfahrensfristen treten ab dem Zeitpunkt der Fortsetzung des Verfahrens nach einer Aussetzung neue Fristen, die zu dem Zeitpunkt der Fortsetzung zu laufen beginnen.

Artikel 56 Zurückstellung der Entscheidung einer Rechtssache

Der Präsident kann nach Anhörung des Berichterstatters, des Generalanwalts und der Parteien in Anbetracht besonderer Umstände von Amts wegen oder auf Antrag einer Partei entscheiden, dass eine Rechtssache zu späterer Entscheidung zurückgestellt wird.

Fünftes Kapitel
Schriftliches Verfahren

Artikel 57 Einreichung der Verfahrensschriftstücke

(1) Das Original jedes Verfahrensschriftstücks muss von dem Bevollmächtigten oder Anwalt der Partei oder, wenn es sich um im Rahmen eines Vorabentscheidungsverfahrens eingereichte Erklärungen handelt und die für den Ausgangsrechtsstreit geltenden nationalen Verfahrensvorschriften es zulassen, von der Partei des Ausgangsrechtsstreits oder ihrem Vertreter handschriftlich unterzeichnet sein.

(2) [1]Mit diesem Schriftstück und allen darin erwähnten Anlagen sind fünf Kopien für den Gerichtshof und, wenn es sich um andere Verfahren als Vorabentscheidungsverfahren handelt, je eine Kopie für jede andere am Rechtsstreit beteiligte Partei einzureichen. [2]Die Kopien sind von der Partei, die sie einreicht, zu beglaubigen.

(3) [1]Die Organe haben außerdem innerhalb der vom Gerichtshof festgesetzten Fristen von jedem Verfahrensschriftstück Übersetzungen in den anderen in Artikel 1 der Verordnung Nr. 1 des Rates genannten Sprachen vorzulegen. [2]Der vorstehende Absatz findet Anwendung.

(4) Den Verfahrensschriftstücken ist ein Aktenstück beizufügen, das die zur Unterstützung herangezogenen Belegstücke und Unterlagen zusammen mit einem Verzeichnis dieser Belegstücke und Unterlagen enthält.

(5) Werden dem Schriftstück von einem Belegstück oder einer Unterlage mit Rücksicht auf deren Umfang nur Auszüge beigefügt, so ist das gesamte Belegstück, die gesamte Unterlage oder eine vollständige Kopie bei der Kanzlei einzureichen.

(6) [1]Jedes Verfahrensschriftstück ist mit Datum zu versehen. [2]Für die Berechnung der Verfahrensfristen sind allein der Tag und die Uhrzeit des Eingangs des Originals bei der Kanzlei maßgebend.

(7) Unbeschadet der Absätze 1 bis 6 sind für die Wahrung der Verfahrensfristen der Tag und die Uhrzeit des Eingangs einer Kopie des unterzeichneten Originals eines Verfahrensschriftstücks einschließlich des in Absatz 4 genannten Verzeichnisses der Belegstücke und Unterlagen mittels Telefax oder sonstiger beim Gerichtshof vorhandener technischer Kommunikationsmittel bei der Kanzlei maßgebend, sofern das unterzeichnete Original des Schriftstücks zusammen mit den in Absatz 2 genannten Anlagen und Kopien spätestens zehn Tage danach bei der Kanzlei eingereicht wird.

(8) [1]Unbeschadet der Absätze 3 bis 6 kann der Gerichtshof durch Beschluss die Voraussetzungen festlegen, unter denen ein der Kanzlei elek-

tronisch übermitteltes Verfahrensschriftstück als Original dieses Schriftstücks gilt. [2]Der Beschluss wird im *Amtsblatt der Europäischen Union* veröffentlicht.

Artikel 58 Länge der Verfahrensschriftstücke

[1]Unbeschadet besonderer Bestimmungen dieser Verfahrensordnung kann der Gerichtshof durch Beschluss die maximale Länge der Schriftsätze oder Erklärungen festlegen, die bei ihm eingereicht werden. [2]Der Beschluss wird im *Amtsblatt der Europäischen Union* veröffentlicht.

Sechstes Kapitel
Vorbericht und Verweisung an die Spruchkörper

Artikel 59 Vorbericht

(1) Wenn das schriftliche Verfahren abgeschlossen ist, bestimmt der Präsident den Zeitpunkt, zu dem der Berichterstatter der Generalversammlung des Gerichtshofs einen Vorbericht vorzulegen hat.

(2) [1]Der Vorbericht enthält Vorschläge zu der Frage, ob besondere prozessleitende Maßnahmen, eine Beweisaufnahme oder gegebenenfalls ein Klarstellungsersuchen an das vorlegende Gericht erforderlich sind, sowie dazu, an welchen Spruchkörper die Rechtssache verwiesen werden sollte. [2]Der Vorbericht enthält ferner den Vorschlag des Berichterstatters zu einem etwaigen Absehen von der mündlichen Verhandlung und zu einem etwaigen Absehen von Schlussanträgen des Generalanwalts gemäß Artikel 20 Absatz 5 der Satzung.

(3) Der Gerichtshof entscheidet nach Anhörung des Generalanwalts über die Vorschläge des Berichterstatters.

Artikel 60 Verweisung an die Spruchkörper

(1) Der Gerichtshof verweist alle bei ihm anhängigen Rechtssachen an die Kammern mit fünf oder mit drei Richtern, sofern nicht die Schwierigkeit oder die Bedeutung der Rechtssache oder besondere Umstände eine Verweisung an die Große Kammer erfordern, es sei denn, eine solche Verweisung ist gemäß Artikel 16 Absatz 3 der Satzung von einem am Verfahren beteiligten Mitgliedstaat oder Unionsorgan beantragt worden.

(2) [1]Der Gerichtshof tagt als Plenum, wenn er gemäß Artikel 16 Absatz 4 der Satzung befasst wird. [2]Er kann eine Rechtssache an das Plenum verweisen, wenn er gemäß Artikel 16 Absatz 5 der Satzung zu der Auffassung gelangt, dass die Rechtssache von außergewöhnlicher Bedeutung ist.

(3) Der Spruchkörper, an den eine Rechtssache verwiesen worden ist, kann in jedem Verfahrensstadium beim Gerichtshof anregen, die Rechtssache an einen größeren Spruchkörper zu verweisen.

(4) Wird das mündliche Verfahren ohne Beweisaufnahme eröffnet, so bestimmt der Präsident des Spruchkörpers den Termin dafür.

Siebtes Kapitel
Prozessleitende Maßnahmen und Beweisaufnahme

Erster Abschnitt
Prozessleitende Maßnahmen

Artikel 61 Vom Gerichtshof beschlossene prozessleitende Maßnahmen

(1) [1]Außer den Maßnahmen, die gemäß Artikel 24 der Satzung beschlossen werden können, kann der Gerichtshof die Parteien oder die in Artikel 23 der Satzung bezeichneten Beteiligten zur schriftlichen Beantwortung bestimmter Fragen innerhalb der von ihm gesetzten Frist oder zu deren Beantwortung in der mündlichen Verhandlung auffordern. [2]Die schriftlichen Antworten werden den anderen Parteien oder den in Artikel 23 der Satzung bezeichneten Beteiligten übermittelt.

(2) Wenn eine mündliche Verhandlung durchgeführt wird, fordert der Gerichtshof, wann immer möglich, die Teilnehmer an dieser Verhandlung auf, ihre mündlichen Ausführungen auf eine oder mehrere festgelegte Fragen zu konzentrieren.

Artikel 62 Vom Berichterstatter oder vom Generalanwalt beschlossene prozessleitende Maßnahmen

(1) [1]Der Berichterstatter oder der Generalanwalt können die Parteien oder die in Artikel 23 der Satzung bezeichneten Beteiligten auffordern, innerhalb einer bestimmten Frist von ihnen für relevant erachtete Auskünfte zum Sachverhalt, Schriftstücke oder sonstige Angaben zu übermitteln. [2]Die erhaltenen Antworten und Schriftstücke werden den anderen Parteien oder den in Artikel 23 der Satzung bezeichneten Beteiligten übermittelt.

(2) Der Berichterstatter oder der Generalanwalt können den Parteien oder den in Artikel 23 der Satzung bezeichneten Beteiligten ferner Fragen zur Beantwortung in der mündlichen Verhandlung übermitteln lassen.

Zweiter Abschnitt
Beweisaufnahme

Artikel 63 Entscheidung über die Beweisaufnahme

(1) Der Gerichtshof entscheidet in Generalversammlung, ob eine Beweisaufnahme durchzuführen ist.

(2) Ist die Rechtssache bereits an einen Spruchkörper verwiesen worden, so entscheidet dieser.

Artikel 64 Festlegung der Beweisaufnahme

(1) Der Gerichtshof bestimmt nach Anhörung des Generalanwalts die Beweismittel durch Beschluss, der die zu beweisenden Tatsachen bezeichnet.

(2) Unbeschadet der Artikel 24 und 25 der Satzung sind folgende Beweismittel zulässig:

a) persönliches Erscheinen der Parteien;
b) Einholung von Auskünften und Aufforderung zur Vorlage von Urkunden;
c) Zeugenbeweis;
d) Sachverständigengutachten;
e) Einnahme des Augenscheins.

(3) Gegenbeweis und Erweiterung der Beweisangebote bleiben vorbehalten.

Artikel 65 Teilnahme an der Beweisaufnahme

(1) Führt der Spruchkörper die Beweisaufnahme nicht selbst durch, so beauftragt er den Berichterstatter damit.

(2) Der Generalanwalt nimmt an der Beweisaufnahme teil.

(3) Die Parteien können der Beweisaufnahme beiwohnen.

Artikel 66 Zeugenbeweis

(1) Der Gerichtshof beschließt die Vernehmung von Zeugen über bestimmte Tatsachen nach Anhörung des Generalanwalts von Amts wegen oder auf Antrag einer Partei.

(2) In dem Antrag einer Partei auf Vernehmung eines Zeugen sind die Tatsachen, über die der Zeuge vernommen werden soll, und die Gründe, die dessen Vernehmung rechtfertigen, genau zu bezeichnen.

(3) [1]Über einen Antrag im Sinne des vorstehenden Absatzes entscheidet der Gerichtshof durch mit Gründen versehenen Beschluss. [2]Wird dem Antrag stattgegeben, sind in dem Beschluss die Tatsachen zu bezeichnen, über die Beweis zu erheben ist, und die Zeugen zu benennen, die zu den einzelnen Tatsachen vernommen werden sollen.

(4) Die Zeugen werden vom Gerichtshof geladen, gegebenenfalls nach Hinterlegung des Vorschusses gemäß Artikel 73 Absatz 1.

Artikel 67 Zeugenvernehmung

(1) Der Präsident weist die Zeugen nach Feststellung ihrer Identität darauf hin, dass sie die Richtigkeit ihrer Aussagen nach den Bestimmungen dieser Verfahrensordnung zu versichern haben.

(2) [1]Die Zeugen werden vom Gerichtshof vernommen; die Parteien werden hierzu geladen. [2]Der Präsident kann nach Beendigung der Aussage auf Antrag einer Partei oder von Amts wegen Fragen an die Zeugen richten.

(3) Die gleiche Befugnis steht den einzelnen Richtern und dem Generalanwalt zu.

(4) Die Vertreter der Parteien können unter der Aufsicht des Präsidenten Fragen an die Zeugen richten.

Artikel 68 Beeidigung der Zeugen

(1) Der Zeuge leistet nach Beendigung seiner Aussage folgenden Eid:Ich schwöre, dass ich die Wahrheit, die ganze Wahrheit und nichts als die Wahrheit gesagt habe.

(2) Der Gerichtshof kann nach Anhörung der Parteien auf die Beeidigung des Zeugen verzichten.

Artikel 69 Geldbußen

(1) Zeugen, die ordnungsgemäß geladen sind, haben der Ladung Folge zu leisten und in der mündlichen Verhandlung zu erscheinen.

(2) Erscheint ein ordnungsgemäß geladener Zeuge ohne berechtigten Grund nicht vor dem Gerichtshof, so kann dieser eine Geldbuße von bis zu 5 000 Euro gegen ihn verhängen und die erneute Ladung des Zeugen auf dessen Kosten beschließen.

(3) Die gleiche Sanktion kann gegen einen Zeugen verhängt werden, der ohne berechtigten Grund die Aussage oder die Eidesleistung verweigert.

Artikel 70 Sachverständigengutachten

(1) ^{1}Der Gerichtshof kann die Einholung eines Sachverständigengutachtens beschließen. ^{2}In dem Beschluss, der den Sachverständigen ernennt, ist dessen Auftrag genau zu umschreiben und eine Frist für die Abgabe des Gutachtens zu bestimmen.

(2) ^{1}Nach Abgabe des Gutachtens und seiner Zustellung an die Parteien kann der Gerichtshof die Anhörung des Sachverständigen beschließen; die Parteien werden hierzu geladen. ^{2}Der Präsident kann auf Antrag einer Partei oder von Amts wegen Fragen an den Sachverständigen richten.

(3) Die gleiche Befugnis steht den einzelnen Richtern und dem Generalanwalt zu.

(4) Die Vertreter der Parteien können unter der Aufsicht des Präsidenten Fragen an den Sachverständigen richten.

Artikel 71 Beeidigung des Sachverständigen

(1) Der Sachverständige leistet nach Abgabe des Gutachtens folgenden Eid:Ich schwöre, dass ich meinen Auftrag nach bestem Wissen und Gewissen und unparteiisch erfüllt habe.

(2) Der Gerichtshof kann nach Anhörung der Parteien auf die Beeidigung des Sachverständigen verzichten.

Artikel 72 Ablehnung von Zeugen oder Sachverständigen

(1) Lehnt eine Partei einen Zeugen oder Sachverständigen wegen Unfähigkeit, Unwürdigkeit oder aus sonstigen Gründen ab oder verweigert ein Zeuge oder Sachverständiger die Aussage, die Erstattung des Gutachtens oder die Eidesleistung, so entscheidet der Gerichtshof.

(2) Die Ablehnung eines Zeugen oder Sachverständigen ist innerhalb von zwei Wochen nach Zustellung des Beschlusses, durch den der Zeuge

geladen oder der Sachverständige ernannt worden ist, mit Schriftsatz zu erklären, der die Ablehnungsgründe und die Beweisangebote enthalten muss.

Artikel 73 Kosten der Zeugen und der Sachverständigen

(1) Beschließt der Gerichtshof die Vernehmung von Zeugen oder die Einholung eines Sachverständigengutachtens, so kann er von den Parteien oder von einer Partei die Hinterlegung eines Vorschusses zur Deckung der Kosten der Zeugen und der Sachverständigen verlangen.

(2) [1]Zeugen und Sachverständige haben Anspruch auf Erstattung ihrer Reise- und Aufenthaltskosten. [2]Die Kasse des Gerichtshofs kann ihnen einen Vorschuss auf diese Kosten gewähren.

(3) [1]Zeugen haben Anspruch auf Entschädigung für Verdienstausfall, Sachverständige auf Vergütung ihrer Tätigkeit. [2]Diese Leistungen werden den Zeugen und Sachverständigen von der Kasse des Gerichtshofs nach Erfüllung ihrer Pflicht oder ihres Auftrags gezahlt.

Artikel 74 Protokoll der Beweistermine

(1) [1]Der Kanzler nimmt über jeden Beweistermin ein Protokoll auf. [2]Das Protokoll wird vom Präsidenten und vom Kanzler unterzeichnet. [3]Es stellt eine öffentliche Urkunde dar.

(2) [1]Handelt es sich um einen Termin zur Vernehmung von Zeugen oder Anhörung von Sachverständigen, wird das Protokoll vom Präsidenten oder von dem mit der Vernehmung oder Anhörung beauftragten Berichterstatter sowie vom Kanzler unterzeichnet. [2]Vor dieser Unterzeichnung ist dem Zeugen oder Sachverständigen Gelegenheit zu geben, den Inhalt des Protokolls zu überprüfen und es zu unterzeichnen.

(3) Das Protokoll wird den Parteien zugestellt.

**Artikel 75 Eröffnung des mündlichen Verfahrens nach
           Beweisaufnahme**

(1) Nach Abschluss der Beweisaufnahme bestimmt der Präsident den Termin für die Eröffnung des mündlichen Verfahrens, es sei denn, der Gerichtshof entscheidet, den Parteien eine Frist zur schriftlichen Stellungnahme zu setzen.

(2) Ist eine Frist zur schriftlichen Stellungnahme gesetzt, so bestimmt der Präsident den Termin für die Eröffnung des mündlichen Verfahrens nach Ablauf dieser Frist.

Achtes Kapitel
Mündliches Verfahren

Artikel 76 Mündliche Verhandlung

(1) [1]Etwaige mit Gründen versehene Anträge auf mündliche Verhandlung sind innerhalb von drei Wochen, nachdem die Bekanntgabe des Abschlusses des schriftlichen Verfahrens an die Parteien oder die in Artikel

23 der Satzung bezeichneten Beteiligten erfolgt ist, zu stellen. [2]Diese Frist kann vom Präsidenten verlängert werden.

(2) Der Gerichtshof kann auf Vorschlag des Berichterstatters und nach Anhörung des Generalanwalts entscheiden, keine mündliche Verhandlung abzuhalten, wenn er sich durch die im schriftlichen Verfahren eingereichten Schriftsätze oder Erklärungen für ausreichend unterrichtet hält, um eine Entscheidung zu erlassen.

(3) Der vorstehende Absatz findet keine Anwendung, wenn ein mit Gründen versehener Antrag auf mündliche Verhandlung von einem in Artikel 23 der Satzung bezeichneten Beteiligten, der nicht am schriftlichen Verfahren teilgenommen hat, gestellt worden ist.

Artikel 77 Gemeinsame mündliche Verhandlung
Wenn die zwischen mehreren gleichartigen Rechtssachen bestehenden Gemeinsamkeiten es zulassen, kann der Gerichtshof entscheiden, eine gemeinsame mündliche Verhandlung für diese Rechtssachen durchzuführen.

Artikel 78 Leitung der Verhandlung
Der Präsident eröffnet und leitet die Verhandlung; ihm obliegt die Aufrechterhaltung der Ordnung in der Sitzung.

Artikel 79 Ausschluss der Öffentlichkeit
(1) Der Gerichtshof kann aus wichtigen Gründen, insbesondere solchen der Sicherheit der Mitgliedstaaten oder des Schutzes Minderjähriger, die Öffentlichkeit ausschließen.

(2) Mit der Entscheidung über den Ausschluss der Öffentlichkeit geht das Verbot einer Veröffentlichung der Verhandlung einher.

Artikel 80 Fragen
Die Mitglieder des Spruchkörpers und der Generalanwalt können in der mündlichen Verhandlung Fragen an die Bevollmächtigten, Beistände oder Anwälte der Parteien und unter den Umständen des Artikels 47 Absatz 2 an die Parteien des Ausgangsrechtsstreits oder deren Vertreter richten.

Artikel 81 Schließung der mündlichen Verhandlung
Der Präsident erklärt nach Anhörung der mündlichen Ausführungen der Parteien oder der in Artikel 23 der Satzung bezeichneten Beteiligten die mündliche Verhandlung für geschlossen.

Artikel 82 Stellung der Schlussanträge des Generalanwalts
(1) Findet eine mündliche Verhandlung statt, so werden die Schlussanträge des Generalanwalts nach deren Schließung gestellt.

(2) Der Präsident erklärt nach der Stellung der Schlussanträge des Generalanwalts das mündliche Verfahren für abgeschlossen.

Artikel 83 Eröffnung oder Wiedereröffnung des mündlichen Verfahrens

Der Gerichtshof kann jederzeit nach Anhörung des Generalanwalts die Eröffnung oder Wiedereröffnung des mündlichen Verfahrens beschließen, insbesondere wenn er sich für unzureichend unterrichtet hält, wenn eine Partei nach Abschluss des mündlichen Verfahrens eine neue Tatsache unterbreitet hat, die von entscheidender Bedeutung für die Entscheidung des Gerichtshofs ist, oder wenn ein zwischen den Parteien oder den in Artikel 23 der Satzung bezeichneten Beteiligten nicht erörtertes Vorbringen entscheidungserheblich ist.

Artikel 84 Protokoll der mündlichen Verhandlungen

(1) [1]Der Kanzler nimmt über jede mündliche Verhandlung ein Protokoll auf. [2]Das Protokoll wird vom Präsidenten und vom Kanzler unterzeichnet. [3]Es stellt eine öffentliche Urkunde dar.

(2) Die Parteien und die in Artikel 23 der Satzung bezeichneten Beteiligten können die Protokolle bei der Kanzlei einsehen und Kopien davon erhalten.

Artikel 85 Aufzeichnung der mündlichen Verhandlung

Der Präsident kann den Parteien oder den in Artikel 23 der Satzung bezeichneten Beteiligten, die am schriftlichen oder mündlichen Verfahren teilgenommen haben, auf gebührend begründeten Antrag gestatten, die Tonaufzeichnung der mündlichen Verhandlung in der vom Vortragenden in der Verhandlung verwendeten Sprache in den Räumen des Gerichtshofs anzuhören.

Neuntes Kapitel
Urteile und Beschlüsse

Artikel 86 Termin der Urteilsverkündung

Die Parteien oder die in Artikel 23 der Satzung bezeichneten Beteiligten werden vom Termin der Urteilsverkündung benachrichtigt.

Artikel 87 Inhalt der Urteile

Das Urteil enthält:

a) die Angabe, dass es vom Gerichtshof erlassen ist;
b) die Bezeichnung des Spruchkörpers;
c) das Datum der Verkündung;
d) die Namen des Präsidenten und der Richter, die bei der Beratung mitgewirkt haben, unter Bezeichnung des Berichterstatters;
e) den Namen des Generalanwalts;
f) den Namen des Kanzlers;
g) die Bezeichnung der Parteien oder der in Artikel 23 der Satzung bezeichneten Beteiligten, die am Verfahren teilgenommen haben;
h) die Namen ihrer Vertreter;

i)   in Klage- und in Rechtsmittelverfahren die Anträge der Parteien;

j)   gegebenenfalls das Datum der mündlichen Verhandlung;

k)   den Hinweis, dass der Generalanwalt gehört worden ist, und gegebenenfalls das Datum seiner Schlussanträge;

l)   eine kurze Darstellung des Sachverhalts;

m)   die Entscheidungsgründe;

n)   die Urteilsformel, gegebenenfalls einschließlich der Entscheidung über die Kosten.

Artikel 88   Verkündung und Zustellung der Urteile

(1) Das Urteil wird in öffentlicher Sitzung verkündet.

(2) Der Präsident, die Richter, die an der Beratung mitgewirkt haben, und der Kanzler unterzeichnen die Urschrift des Urteils, die sodann mit einem Siegel versehen und in der Kanzlei hinterlegt wird; den Parteien und gegebenenfalls dem vorlegenden Gericht, den in Artikel 23 der Satzung bezeichneten Beteiligten und dem Gericht wird eine Ausfertigung der Urschrift zugestellt.

Artikel 89   Inhalt der Beschlüsse

(1) Der Beschluss enthält:

a)   die Angabe, dass er vom Gerichtshof erlassen ist;

b)   die Bezeichnung des Spruchkörpers;

c)   das Datum des Erlasses;

d)   die Angabe der Rechtsgrundlage, auf der er beruht;

e)   den Namen des Präsidenten und gegebenenfalls die Namen der Richter, die bei der Beratung mitgewirkt haben, unter Bezeichnung des Berichterstatters;

f)   den Namen des Generalanwalts;

g)   den Namen des Kanzlers;

h)   die Bezeichnung der Parteien oder der Parteien des Ausgangsrechtsstreits;

i)   die Namen ihrer Vertreter;

j)   den Hinweis, dass der Generalanwalt gehört worden ist;

k)   die Beschlussformel, gegebenenfalls einschließlich der Entscheidung über die Kosten.

(2) Ist ein Beschluss nach dieser Verfahrensordnung mit Gründen zu versehen, so enthält er ferner:

a)   in Klage- und in Rechtsmittelverfahren die Anträge der Parteien;

b)   eine kurze Darstellung des Sachverhalts;

c)   die Entscheidungsgründe.

Artikel 90   Unterzeichnung und Zustellung der Beschlüsse

Der Präsident und der Kanzler unterzeichnen die Urschrift des Beschlusses, die sodann mit einem Siegel versehen und in der Kanzlei hinterlegt wird; den Parteien und gegebenenfalls dem vorlegenden Gericht, den in

Artikel 23 der Satzung bezeichneten Beteiligten und dem Gericht wird eine Ausfertigung der Urschrift zugestellt.

Artikel 91 Rechtskraft der Urteile und der Beschlüsse
(1) Das Urteil wird mit dem Tag seiner Verkündung rechtskräftig.
(2) Der Beschluss wird mit dem Tag seiner Zustellung rechtskräftig.

Artikel 92 Veröffentlichung im Amtsblatt der Europäischen Union
Eine Mitteilung, die das Datum und die Urteils- oder Beschlussformel der Endurteile und der das Verfahren beendenden Beschlüsse des Gerichtshofs enthält, wird im *Amtsblatt der Europäischen Union* veröffentlicht.

Dritter Titel
Vorlagen zur Vorabentscheidung

Erstes Kapitel
Allgemeine Bestimmungen

Artikel 93 Anwendungsbereich
Die Bestimmungen dieses Titels gelten für das Verfahren
a) in den in Artikel 23 der Satzung genannten Fällen;
b) im Fall von Vorlagen, die in Abkommen vorgesehen werden können, bei denen die Union oder Mitgliedstaaten Vertragsparteien sind.

Artikel 94 Inhalt des Vorabentscheidungsersuchens
Das Vorabentscheidungsersuchen muss außer den dem Gerichtshof zur Vorabentscheidung vorgelegten Fragen enthalten:
a) eine kurze Darstellung des Streitgegenstands und des maßgeblichen Sachverhalts, wie er vom vorlegenden Gericht festgestellt worden ist, oder zumindest eine Darstellung der tatsächlichen Umstände, auf denen die Fragen beruhen;
b) den Wortlaut der möglicherweise auf den Fall anwendbaren nationalen Vorschriften und gegebenenfalls die einschlägige nationale Rechtsprechung;
c) eine Darstellung der Gründe, aus denen das vorlegende Gericht Zweifel bezüglich der Auslegung oder der Gültigkeit bestimmter Vorschriften des Unionsrechts hat, und den Zusammenhang, den es zwischen diesen Vorschriften und dem auf den Ausgangsrechtsstreit anwendbaren nationalen Recht herstellt.

Artikel 95 Anonymität
(1) Ist vom vorlegenden Gericht Anonymität gewährt worden, so wahrt der Gerichtshof diese Anonymität in dem bei ihm anhängigen Verfahren.
(2) Der Gerichtshof kann außerdem auf Ersuchen des vorlegenden Gerichts, auf gebührend begründeten Antrag einer Partei des Ausgangsrechtsstreits oder von Amts wegen eine oder mehrere Personen oder Ein-

richtungen, die von dem Rechtsstreit betroffen sind, anonymisieren, wenn er es für erforderlich hält.

Artikel 96 Beteiligung am Vorabentscheidungsverfahren

(1) Gemäß Artikel 23 der Satzung können vor dem Gerichtshof Erklärungen abgeben

a) die Parteien des Ausgangsrechtsstreits;

b) die Mitgliedstaaten;

c) die Europäische Kommission;

d) das Organ, von dem die Handlung, deren Gültigkeit oder Auslegung streitig ist, ausgegangen ist;

e) die Vertragsstaaten des EWR-Abkommens, die nicht Mitgliedstaaten sind, und die EFTA-Überwachungsbehörde, wenn dem Gerichtshof eine Frage zur Vorabentscheidung vorgelegt wird, die einen der Anwendungsbereiche des genannten Abkommens betrifft;

f) Drittstaaten, die Vertragsstaaten eines vom Rat über einen bestimmten Bereich geschlossenen Abkommens sind, wenn dieses Abkommen die Möglichkeit der Abgabe von Erklärungen vorsieht und wenn ein Gericht eines Mitgliedstaats dem Gerichtshof eine Frage zur Vorabentscheidung vorlegt, die in den Anwendungsbereich des betreffenden Abkommens fällt.

(2) Die Nichtteilnahme am schriftlichen Verfahren hindert nicht an der Teilnahme am mündlichen Verfahren.

Artikel 97 Parteien des Ausgangsrechtsstreits

(1) Parteien des Ausgangsrechtsstreits sind diejenigen, die vom vorlegenden Gericht gemäß den nationalen Verfahrensvorschriften als solche bezeichnet werden.

(2) [1]Unterrichtet das vorlegende Gericht den Gerichtshof von der Zulassung einer neuen Partei im Ausgangsrechtsstreit, während das Verfahren vor dem Gerichtshof bereits anhängig ist, so muss diese Partei das Verfahren in der Lage annehmen, in der es sich zum Zeitpunkt der Unterrichtung befindet. [2]Der Partei werden alle den in Artikel 23 der Satzung bezeichneten Beteiligten bereits zugestellten Verfahrensschriftstücke übermittelt.

(3) [1]Hinsichtlich der Vertretung und des persönlichen Erscheinens der Parteien des Ausgangsrechtsstreits trägt der Gerichtshof den vor dem vorlegenden Gericht geltenden Verfahrensvorschriften Rechnung. [2]Bestehen Zweifel, ob eine Person eine Partei des Ausgangsrechtsstreits nach dem nationalen Recht vertreten kann, so kann sich der Gerichtshof beim vorlegenden Gericht über die anwendbaren Verfahrensvorschriften kundig machen.

Artikel 98 Übersetzung und Zustellung des Vorabentscheidungsersuchens

(1) [1]Die Vorabentscheidungsersuchen im Sinne dieses Titels werden den Mitgliedstaaten in der Originalfassung zusammen mit einer Übersetzung in der Amtssprache des Empfängerstaats zugestellt. [2]Sofern dies aufgrund der Länge des Ersuchens angebracht ist, wird diese Übersetzung durch die Übersetzung einer Zusammenfassung des Ersuchens in der Amtssprache des Empfängerstaats ersetzt, die dann als Grundlage für die Stellungnahme dieses Staates dient. [3]Die Zusammenfassung enthält den vollständigen Wortlaut der zur Vorabentscheidung vorgelegten Frage(n). [4]Sie umfasst insbesondere, soweit das Vorabentscheidungsersuchen diese Angaben enthält, den Gegenstand des Ausgangsrechtsstreits, die wesentlichen Argumente der Parteien des Ausgangsrechtsstreits, eine kurze Darstellung der Begründung der Vorlage sowie die angeführte Rechtsprechung und die angeführten Vorschriften des nationalen Rechts und des Unionsrechts.

(2) In den in Artikel 23 Absatz 3 der Satzung bezeichneten Fällen werden die Vorabentscheidungsersuchen den Vertragsstaaten des EWR-Abkommens, die nicht Mitgliedstaaten sind, und der EFTA-Überwachungsbehörde in der Originalfassung zusammen mit einer Übersetzung des Ersuchens, gegebenenfalls einer Zusammenfassung, in einer der in Artikel 36 genannten Sprachen zugestellt, die vom Empfänger zu wählen ist.

(3) Kann sich ein Drittstaat gemäß Artikel 23 Absatz 4 der Satzung an einem Vorabentscheidungsverfahren beteiligen, so wird ihm das Vorabentscheidungsersuchen in der Originalfassung zusammen mit einer Übersetzung des Ersuchens, gegebenenfalls einer Zusammenfassung, in einer der in Artikel 36 genannten Sprachen zugestellt, die von dem betreffenden Drittstaat zu wählen ist.

Artikel 99 Antwort durch mit Gründen versehenen Beschluss

Wenn eine zur Vorabentscheidung vorgelegte Frage mit einer Frage übereinstimmt, über die der Gerichtshof bereits entschieden hat, wenn die Antwort auf eine solche Frage klar aus der Rechtsprechung abgeleitet werden kann oder wenn die Beantwortung der zur Vorabentscheidung vorgelegten Frage keinen Raum für vernünftige Zweifel lässt, kann der Gerichtshof auf Vorschlag des Berichterstatters und nach Anhörung des Generalanwalts jederzeit die Entscheidung treffen, durch mit Gründen versehenen Beschluss zu entscheiden.

Artikel 100 Befassung des Gerichtshofs

(1) [1]Der Gerichtshof bleibt mit einem Vorabentscheidungsersuchen befasst, solange das vorlegende Gericht es nicht zurückgenommen hat. [2]Die Rücknahme eines Ersuchens kann bis zur Bekanntgabe des Termins der Urteilsverkündung an die in Artikel 23 der Satzung bezeichneten Beteiligten berücksichtigt werden.

(2) Der Gerichtshof kann jedoch jederzeit feststellen, dass die Voraussetzungen für seine Zuständigkeit nicht mehr erfüllt sind.

Artikel 101 Ersuchen um Klarstellung

(1) Unbeschadet der in dieser Verfahrensordnung vorgesehenen prozessleitenden Maßnahmen und Beweisaufnahme kann der Gerichtshof nach Anhörung des Generalanwalts das vorlegende Gericht um Klarstellungen innerhalb einer von ihm festgesetzten Frist ersuchen.

(2) Die Antwort des vorlegenden Gerichts auf ein solches Ersuchen wird den in Artikel 23 der Satzung bezeichneten Beteiligten zugestellt.

Artikel 102 Kosten des Vorabentscheidungsverfahrens

Die Entscheidung über die Kosten des Vorabentscheidungsverfahrens ist Sache des vorlegenden Gerichts.

Artikel 103 Berichtigung von Urteilen und Beschlüssen

(1) Schreib- oder Rechenfehler und offenbare Unrichtigkeiten in Urteilen und Beschlüssen können vom Gerichtshof von Amts wegen oder auf Antrag eines in Artikel 23 der Satzung bezeichneten Beteiligten, vorausgesetzt, ein solcher wird innerhalb von zwei Wochen nach Verkündung des Urteils oder Zustellung des Beschlusses gestellt, berichtigt werden.

(2) Der Gerichtshof entscheidet nach Anhörung des Generalanwalts.

(3) [1]Die Urschrift des Beschlusses, der die Berichtigung ausspricht, wird mit der Urschrift der berichtigten Entscheidung verbunden. [2]Ein Hinweis auf den Beschluss ist am Rande der Urschrift der berichtigten Entscheidung anzubringen.

Artikel 104 Auslegung von Vorabentscheidungen

(1) Artikel 158 über die Auslegung von Urteilen und Beschlüssen findet keine Anwendung auf Entscheidungen, die in Beantwortung eines Vorabentscheidungsersuchens ergehen.

(2) Es ist Sache der nationalen Gerichte, zu beurteilen, ob sie sich durch eine Vorabentscheidung für hinreichend unterrichtet halten oder ob es ihnen erforderlich erscheint, den Gerichtshof erneut anzurufen.

Zweites Kapitel
Beschleunigtes Vorabentscheidungsverfahren

Artikel 105 Beschleunigtes Verfahren

(1) Der Präsident des Gerichtshofs kann auf Antrag des vorlegenden Gerichts oder ausnahmsweise von Amts wegen, nach Anhörung des Berichterstatters und des Generalanwalts, entscheiden, eine Vorlage zur Vorabentscheidung einem beschleunigten Verfahren unter Abweichung von den Bestimmungen dieser Verfahrensordnung zu unterwerfen, wenn die Art der Rechtssache ihre rasche Erledigung erfordert.

(2) In diesem Fall bestimmt der Präsident umgehend den Termin für die mündliche Verhandlung, der den in Artikel 23 der Satzung bezeichneten Beteiligten mit der Zustellung des Vorabentscheidungsersuchens mitgeteilt wird.

(3) [1]Die im vorstehenden Absatz genannten Beteiligten können innerhalb einer vom Präsidenten gesetzten Frist von mindestens 15 Tagen Schriftsätze oder schriftliche Erklärungen einreichen. [2]Der Präsident kann diese Beteiligten auffordern, ihre Schriftsätze oder schriftlichen Erklärungen auf die wesentlichen mit dem Vorabentscheidungsersuchen aufgeworfenen Rechtsfragen zu beschränken.

(4) Die etwaigen Schriftsätze oder schriftlichen Erklärungen werden allen in Artikel 23 der Satzung bezeichneten Beteiligten vor der mündlichen Verhandlung übermittelt.

(5) Der Gerichtshof entscheidet nach Anhörung des Generalanwalts.

Artikel 106 Übermittlung der Verfahrensschriftstücke

(1) [1]Die im vorstehenden Artikel vorgesehenen Verfahrensschriftstücke gelten mit der Übermittlung einer Kopie des unterzeichneten Originals sowie der zur Unterstützung herangezogenen Belegstücke und Unterlagen mit dem in Artikel 57 Absatz 4 genannten Verzeichnis mittels Telefax oder sonstiger beim Gerichtshof vorhandener technischer Kommunikationsmittel an die Kanzlei als eingereicht. [2]Das Original des Schriftstücks und die vorstehend genannten Anlagen sind der Kanzlei umgehend zu übermitteln.

(2) Die im vorstehenden Artikel vorgesehenen Zustellungen und Übermittlungen können durch Übersendung einer Kopie des Schriftstücks mittels Telefax oder sonstiger beim Gerichtshof und beim Empfänger vorhandener technischer Kommunikationsmittel bewirkt werden.

Drittes Kapitel
Eilvorabentscheidungsverfahren

Artikel 107 Anwendungsbereich des
Eilvorabentscheidungsverfahrens

(1) Eine Vorlage zur Vorabentscheidung, die eine oder mehrere Fragen zu den von Titel V des Dritten Teils des AEU-Vertrags erfassten Bereichen aufwirft, kann auf Antrag des vorlegenden Gerichts oder ausnahmsweise von Amts wegen einem Eilverfahren unter Abweichung von den Bestimmungen dieser Verfahrensordnung unterworfen werden.

(2) Das vorlegende Gericht stellt die rechtlichen und tatsächlichen Umstände dar, aus denen sich die Dringlichkeit ergibt und die die Anwendung dieses abweichenden Verfahrens rechtfertigen, und gibt, soweit möglich, an, welche Antwort es auf die zur Vorabentscheidung vorgelegten Fragen vorschlägt.

(3) Hat das vorlegende Gericht keinen Antrag auf Durchführung des Eilverfahrens gestellt, so kann der Präsident des Gerichtshofs, wenn die Anwendung dieses Verfahrens dem ersten Anschein nach geboten ist, die in Artikel 108 bezeichnete Kammer zur Prüfung der Frage auffordern, ob es erforderlich ist, die Vorlage dem Eilverfahren zu unterwerfen.

Artikel 108 Entscheidung über die Dringlichkeit

(1) [1]Die Entscheidung, eine Vorlage dem Eilverfahren zu unterwerfen, wird von der für Eilverfahren bestimmten Kammer auf Vorschlag des Berichterstatters und nach Anhörung des Generalanwalts getroffen. [2]Die Besetzung der Kammer wird, wenn die Anwendung des Eilverfahrens vom vorlegenden Gericht beantragt wird, am Tag der Zuweisung der Rechtssache an den Berichterstatter oder, wenn die Anwendung dieses Verfahrens auf Aufforderung durch den Präsidenten des Gerichtshofs geprüft wird, am Tag des Ergehens dieser Aufforderung gemäß Artikel 28 Absatz 2 bestimmt.

(2) [1]Weist die Rechtssache einen Zusammenhang mit einer anhängigen Rechtssache auf, die einem Berichterstatter zugewiesen ist, der nicht der für Eilverfahren bestimmten Kammer angehört, so kann diese Kammer dem Präsidenten des Gerichtshofs vorschlagen, die Rechtssache jenem Berichterstatter zuzuweisen. [2]Im Fall einer Neuzuweisung der Rechtssache an diesen Berichterstatter nimmt die Kammer mit fünf Richtern, der er angehört, für diese Rechtssache die Aufgaben der für Eilverfahren bestimmten Kammer wahr. [3]Artikel 29 Absatz 1 findet Anwendung.

Artikel 109 Schriftlicher Abschnitt des Eilverfahrens

(1) Wenn das vorlegende Gericht die Anwendung des Eilverfahrens beantragt hat oder der Präsident die für Eilverfahren bestimmte Kammer zur Prüfung der Frage aufgefordert hat, ob es erforderlich ist, die Vorlage dem Eilverfahren zu unterwerfen, so veranlasst der Kanzler sogleich die Zustellung des Vorabentscheidungsersuchens an die Parteien des Ausgangsrechtsstreits, den Mitgliedstaat des vorlegenden Gerichts, die Europäische Kommission und das Organ, von dem die Handlung, deren Gültigkeit oder Auslegung streitig ist, ausgegangen ist.

(2) [1]Die Entscheidung, die Vorlage zur Vorabentscheidung dem Eilverfahren zu unterwerfen oder nicht zu unterwerfen, wird dem vorlegenden Gericht sowie den im vorstehenden Absatz bezeichneten Parteien, dem dort genannten Mitgliedstaat und den dort angeführten Organen umgehend zugestellt. [2]In der Entscheidung, die Vorlage dem Eilverfahren zu unterwerfen, wird die Frist festgesetzt, innerhalb deren sie Schriftsätze oder schriftliche Erklärungen einreichen können. [3]In der Entscheidung kann festgelegt werden, auf welche Rechtsfragen sich die Schriftsätze und schriftlichen Erklärungen beziehen sollen und welche Länge sie höchstens haben dürfen.

(3) Nimmt ein Vorabentscheidungsersuchen Bezug auf ein in einem anderen Mitgliedstaat als dem des vorlegenden Gerichts geführtes Verwaltungs- oder Gerichtsverfahren, so kann der Gerichtshof diesen Mitgliedstaat auffordern, schriftlich oder in der mündlichen Verhandlung alle sachdienlichen Angaben zu machen.

(4) Sogleich nach der in Absatz 1 genannten Zustellung wird das Vorabentscheidungsersuchen außerdem den in Artikel 23 der Satzung bezeichneten Beteiligten, die nicht Adressaten dieser Zustellung sind, übermittelt, und die Entscheidung, die Vorlage dem Eilverfahren zu unterwerfen oder nicht zu unterwerfen, wird diesen Beteiligten sogleich nach der in Absatz 2 genannten Zustellung übermittelt.

(5) Die in Artikel 23 der Satzung bezeichneten Beteiligten werden so bald wie möglich vom voraussichtlichen Termin der mündlichen Verhandlung benachrichtigt.

(6) Wird die Vorlage nicht dem Eilverfahren unterworfen, bestimmt sich das Verfahren nach Artikel 23 der Satzung und den anwendbaren Vorschriften dieser Verfahrensordnung.

Artikel 110   Zustellungen und Mitteilungen nach Abschluss des schriftlichen Verfahrens

(1) ¹Wird eine Vorlage zur Vorabentscheidung dem Eilverfahren unterworfen, so werden das Vorabentscheidungsersuchen und die eingereichten Schriftsätze oder schriftlichen Erklärungen den in Artikel 23 der Satzung bezeichneten Beteiligten, die nicht zu den in Artikel 109 Absatz 1 genannten Parteien und Beteiligten zählen, zugestellt. ²Dem Vorabentscheidungsersuchen wird eine Übersetzung, gegebenenfalls nach Maßgabe des Artikels 98 eine Zusammenfassung, beigefügt.

(2) Die eingereichten Schriftsätze oder schriftlichen Erklärungen werden außerdem den in Artikel 109 Absatz 1 genannten Parteien und sonstigen Beteiligten zugestellt.

(3) Der Termin für die mündliche Verhandlung wird den in Artikel 23 der Satzung bezeichneten Beteiligten mit den Zustellungen nach den vorstehenden Absätzen mitgeteilt.

Artikel 111   Absehen vom schriftlichen Verfahren

Die für Eilverfahren bestimmte Kammer kann in Fällen äußerster Dringlichkeit entscheiden, von dem in Artikel 109 Absatz 2 vorgesehenen schriftlichen Verfahren abzusehen.

Artikel 112   Entscheidung in der Sache

Die für Eilverfahren bestimmte Kammer entscheidet nach Anhörung des Generalanwalts.

Artikel 113   Spruchkörper

(1) ¹Die für Eilverfahren bestimmte Kammer kann entscheiden, mit drei Richtern zu tagen. ²Sie ist in diesem Fall mit dem Kammerpräsidenten,

dem Berichterstatter und dem ersten oder gegebenenfalls den ersten beiden Richtern besetzt, die bei der Besetzung dieser Kammer nach Artikel 108 Absatz 1 anhand der in Artikel 28 Absatz 2 genannten Liste bestimmt werden.

(2) [1]Die für Eilverfahren bestimmte Kammer kann auch beim Gerichtshof anregen, die Rechtssache an einen größeren Spruchkörper zu verweisen. [2]Das Eilverfahren wird vor dem neuen Spruchkörper fortgeführt, gegebenenfalls nach Wiedereröffnung des mündlichen Verfahrens.

Artikel 114   Übermittlung der Verfahrensschriftstücke
Die Übermittlung der Verfahrensschriftstücke erfolgt entsprechend Artikel 106.

Viertes Kapitel
Prozesskostenhilfe

Artikel 115   Antrag auf Bewilligung von Prozesskostenhilfe
(1) Ist eine Partei des Ausgangsrechtsstreits außerstande, die Kosten des Verfahrens ganz oder teilweise zu bestreiten, so kann sie jederzeit die Bewilligung von Prozesskostenhilfe beantragen.

(2) Dem Antrag sind alle Auskünfte und Belege beizufügen, die eine Beurteilung der wirtschaftlichen Lage des Antragstellers ermöglichen, wie etwa eine Bescheinigung einer zuständigen nationalen Stelle über die wirtschaftliche Lage.

(3) Hat der Antragsteller bereits Prozesskostenhilfe vor dem vorlegenden Gericht bezogen, so hat er den Beschluss dieses Gerichts vorzulegen und genau anzugeben, was von den bereits bewilligten Beträgen gedeckt ist.

Artikel 116   Entscheidung über die Bewilligung von Prozesskostenhilfe
(1) Der Präsident weist den Antrag auf Bewilligung von Prozesskostenhilfe sogleich nach dessen Einreichung dem Berichterstatter für die Rechtssache zu, in der der Antrag gestellt worden ist.

(2) [1]Die Kammer mit drei Richtern, der der Berichterstatter zugeteilt ist, entscheidet auf dessen Vorschlag und nach Anhörung des Generalanwalts, ob die Prozesskostenhilfe ganz oder teilweise bewilligt oder ob sie versagt wird. [2]Der Spruchkörper ist in diesem Fall mit dem Kammerpräsidenten, dem Berichterstatter und dem ersten oder gegebenenfalls den ersten beiden Richtern besetzt, die anhand der in Artikel 28 Absatz 3 genannten Liste zu dem Zeitpunkt bestimmt werden, zu dem die Kammer vom Berichterstatter mit dem Antrag auf Bewilligung von Prozesskostenhilfe befasst wird.

(3) [1]Gehört der Berichterstatter keiner Kammer mit drei Richtern an, so entscheidet die Kammer mit fünf Richtern, der er zugeteilt ist, unter

denselben Voraussetzungen. [2]Der Spruchkörper ist neben dem Bericht-erstatter mit vier Richtern besetzt, die anhand der in Artikel 28 Absatz 2 genannten Liste zu dem Zeitpunkt bestimmt werden, zu dem die Kammer vom Berichterstatter mit dem Antrag auf Bewilligung von Prozesskos-tenhilfe befasst wird.

(4) [1]Der Spruchkörper entscheidet durch Beschluss. [2]Wird die Bewil-ligung von Prozesskostenhilfe ganz oder teilweise versagt, so ist die Ver-sagung in dem Beschluss zu begründen.

Artikel 117 Im Rahmen der Prozesskostenhilfe zu zahlende Beträge
[1]Wird die Prozesskostenhilfe bewilligt, so trägt die Kasse des Gerichts-hofs – gegebenenfalls in den vom Spruchkörper festgesetzten Grenzen – die Kosten der Unterstützung und der Vertretung des Antragstellers vor dem Gerichtshof. [2]Auf Antrag des Antragstellers oder seines Vertreters kann ein Vorschuss auf diese Kosten ausbezahlt werden.

Artikel 118 Entziehung der Prozesskostenhilfe
Der Spruchkörper, der über den Antrag auf Bewilligung von Prozesskos-tenhilfe entschieden hat, kann diese jederzeit von Amts wegen oder auf Antrag entziehen, wenn sich die Voraussetzungen, unter denen sie bewil-ligt wurde, im Laufe des Verfahrens ändern.

Vierter Titel
Klageverfahren

Erstes Kapitel
Vertretung der Parteien

Artikel 119 Vertretungszwang
(1) Die Parteien können nur durch ihren Bevollmächtigten oder Anwalt vertreten werden.

(2) Die Bevollmächtigten und Anwälte haben bei der Kanzlei eine amt-liche Urkunde oder eine Vollmacht der Partei, die sie vertreten, zu hin-terlegen.

(3) Anwälte, die als Beistand oder Vertreter einer Partei auftreten, ha-ben bei der Kanzlei außerdem einen Ausweis zu hinterlegen, mit dem ihre Berechtigung, vor einem Gericht eines Mitgliedstaats oder eines anderen Vertragsstaats des EWR-Abkommens aufzutreten, bescheinigt wird.

(4) [1]Werden diese Papiere nicht hinterlegt, so setzt der Kanzler der be-troffenen Partei eine angemessene Frist zur Beibringung der Papiere. [2]In Ermangelung einer fristgemäßen Beibringung entscheidet der Gerichtshof nach Anhörung des Berichterstatters und des Generalanwalts, ob die Nichtbeachtung dieser Förmlichkeit die formale Unzulässigkeit der Kla-geschrift oder des Schriftsatzes zur Folge hat.

Zweites Kapitel
Schriftliches Verfahren

Artikel 120 Inhalt der Klageschrift

Die Klageschrift im Sinne von Artikel 21 der Satzung muss enthalten:

a) Namen und Wohnsitz des Klägers;

b) die Bezeichnung des Beklagten;

c) den Streitgegenstand, die geltend gemachten Klagegründe und Argumente sowie eine kurze Darstellung der Klagegründe;

d) die Anträge des Klägers;

e) gegebenenfalls die Beweise und Beweisangebote.

Artikel 121 Angaben für Zustellungen

(1) [1]Die Klageschrift muss für die Zwecke des Verfahrens eine Zustellungsanschrift enthalten. [2]Dazu ist der Name einer Person anzugeben, die ermächtigt ist und sich bereit erklärt hat, die Zustellungen entgegenzunehmen.

(2) Zusätzlich zu oder statt der in Absatz 1 genannten Zustellungsanschrift kann in der Klageschrift angegeben werden, dass sich der Anwalt oder Bevollmächtigte damit einverstanden erklärt, dass Zustellungen an ihn mittels Telefax oder sonstiger technischer Kommunikationsmittel bewirkt werden.

(3) [1]Entspricht die Klageschrift nicht den Voraussetzungen des Absatzes 1 oder 2, so erfolgen bis zur Behebung dieses Mangels alle Zustellungen an die betreffende Partei für die Zwecke des Verfahrens durch Einschreiben an den Bevollmächtigten oder Anwalt der Partei. [2]Abweichend von Artikel 48 gilt dann die ordnungsgemäße Zustellung mit der Aufgabe des Einschreibens zur Post am Ort des Sitzes des Gerichtshofs als bewirkt.

Artikel 122 Anlagen zur Klageschrift

(1) Der Klageschrift sind gegebenenfalls die in Artikel 21 Absatz 2 der Satzung bezeichneten Unterlagen beizufügen.

(2) Bei Klagen gemäß Artikel 273 AEUV ist der Klageschrift eine Ausfertigung des zwischen den beteiligten Mitgliedstaaten abgeschlossenen Schiedsvertrags beizufügen.

(3) [1]Entspricht die Klageschrift nicht den in Absatz 1 oder 2 genannten Voraussetzungen, so setzt der Kanzler dem Kläger eine angemessene Frist zur Beibringung der vorstehend genannten Unterlagen. [2]Bei Ausbleiben dieser Mängelbehebung entscheidet der Gerichtshof nach Anhörung des Berichterstatters und des Generalanwalts, ob die Nichtbeachtung dieser Voraussetzungen die formale Unzulässigkeit der Klageschrift zur Folge hat.

Artikel 123 Zustellung der Klageschrift

[1]Die Klageschrift wird dem Beklagten zugestellt. [2]In den Fällen der Artikel 119 Absatz 4 und 122 Absatz 3 erfolgt die Zustellung sogleich nach der Mängelbehebung oder nachdem der Gerichtshof in Anbetracht der in diesen beiden Artikeln aufgeführten Voraussetzungen die Zulässigkeit bejaht hat.

Artikel 124 Inhalt der Klagebeantwortung

(1) [1]Innerhalb von zwei Monaten nach Zustellung der Klageschrift hat der Beklagte eine Klagebeantwortung einzureichen. [2]Diese muss enthalten:

a) Namen und Wohnsitz des Beklagten;

b) die geltend gemachten Verteidigungsgründe und -argumente;

c) die Anträge des Beklagten;

d) gegebenenfalls die Beweise und Beweisangebote.

(2) Artikel 121 findet auf die Klagebeantwortung Anwendung.

(3) Der Präsident kann die in Absatz 1 vorgesehene Frist auf gebührend begründeten Antrag des Beklagten ausnahmsweise verlängern.

Artikel 125 Übermittlung von Schriftsätzen

Sind das Europäische Parlament, der Rat oder die Europäische Kommission nicht Partei einer Rechtssache, so übermittelt ihnen der Gerichtshof eine Kopie der Klageschrift und der Klagebeantwortung mit Ausnahme der diesen Schriftsätzen beigefügten Anlagen, damit sie feststellen können, ob im Sinne des Artikels 277 AEUV die Unanwendbarkeit eines ihrer Rechtsakte geltend gemacht wird.

Artikel 126 Erwiderung und Gegenerwiderung

(1) Die Klageschrift und die Klagebeantwortung können durch eine Erwiderung des Klägers und eine Gegenerwiderung des Beklagten ergänzt werden.

(2) [1]Der Präsident bestimmt die Fristen für die Einreichung dieser Verfahrensschriftstücke. [2]Er kann festlegen, auf welche Punkte sich die Erwiderung und die Gegenerwiderung beziehen sollten.

Drittes Kapitel
Klage- und Verteidigungsgründe, Beweise

Artikel 127 Neue Klage- und Verteidigungsgründe

(1) Das Vorbringen neuer Klage- und Verteidigungsgründe im Laufe des Verfahrens ist unzulässig, es sei denn, dass sie auf rechtliche oder tatsächliche Gesichtspunkte gestützt werden, die erst während des Verfahrens zutage getreten sind.

(2) Unbeschadet der späteren Entscheidung über die Zulässigkeit des Klage- oder Verteidigungsgrundes kann der Präsident der Gegenpartei auf Vorschlag des Berichterstatters und nach Anhörung des Generalanwalts

eine Frist zur Erwiderung auf diesen Klage- oder Verteidigungsgrund setzen.

Artikel 128   Beweise und Beweisangebote

(1) [1]Die Parteien können für ihr Vorbringen noch in der Erwiderung oder in der Gegenerwiderung Beweise oder Beweisangebote vorlegen. [2]Sie haben die Verspätung der Vorlage zu begründen.

(2) [1]Ausnahmsweise können die Parteien noch nach Abschluss des schriftlichen Verfahrens Beweise oder Beweisangebote vorlegen. [2]Sie haben die Verspätung der Vorlage zu begründen. [3]Der Präsident kann der Gegenpartei auf Vorschlag des Berichterstatters und nach Anhörung des Generalanwalts eine Frist zur Stellungnahme zu diesen Beweisen oder Beweisangeboten setzen.

Viertes Kapitel
Streithilfe

Artikel 129   Gegenstand und Wirkungen der Streithilfe

(1) [1]Die Streithilfe kann nur die völlige oder teilweise Unterstützung der Anträge einer Partei zum Gegenstand haben. [2]Sie verleiht nicht die gleichen Verfahrensrechte, wie sie den Parteien zustehen, und insbesondere nicht das Recht, eine mündliche Verhandlung zu beantragen.

(2) [1]Die Streithilfe ist akzessorisch zum Rechtsstreit zwischen den Hauptparteien. [2]Sie wird gegenstandslos, wenn die Rechtssache im Register des Gerichtshofs nach Klagerücknahme oder nach einer Vereinbarung zwischen diesen Parteien gestrichen wird oder wenn die Klage für unzulässig erklärt wird.

(3) Der Streithelfer muss den Rechtsstreit in der Lage annehmen, in der dieser sich zum Zeitpunkt des Streitbeitritts befindet.

(4) [1]Ein Antrag auf Zulassung zur Streithilfe, der nach Ablauf der in Artikel 130 bezeichneten Frist, aber vor der in Artikel 60 Absatz 4 vorgesehenen Entscheidung über die Eröffnung des mündlichen Verfahrens gestellt wird, kann berücksichtigt werden. [2]In diesem Fall kann der Streithelfer, wenn der Präsident die Streithilfe zulässt, in der mündlichen Verhandlung Stellung nehmen, wenn eine solche stattfindet.

Artikel 130   Antrag auf Zulassung zur Streithilfe

(1) Anträge auf Zulassung zur Streithilfe müssen innerhalb von sechs Wochen nach der Veröffentlichung im Sinne des Artikels 21 Absatz 4 gestellt werden.

(2) Der Antrag auf Zulassung zur Streithilfe muss enthalten:
a)   die Bezeichnung der Rechtssache;
b)   die Bezeichnung der Hauptparteien;
c)   Namen und Wohnsitz des Antragstellers;

d) die Anträge, zu deren Unterstützung der Antragsteller beitreten möchte;
e) die Darstellung der Umstände, aus denen sich das Recht zum Streitbeitritt ergibt, wenn der Antrag gemäß Artikel 40 Absatz 2 oder 3 der Satzung gestellt wird.

(3) Der Streithelfer muss gemäß Artikel 19 der Satzung vertreten werden.

(4) Die Artikel 119, 121 und 122 finden Anwendung.

Artikel 131 Entscheidung über den Antrag auf Zulassung zur Streithilfe

(1) Der Antrag auf Zulassung zur Streithilfe wird den Parteien zugestellt, um ihre etwaige schriftliche oder mündliche Stellungnahme zu diesem Antrag einzuholen.

(2) Wird der Antrag gemäß Artikel 40 Absatz 1 oder 3 der Satzung gestellt, so wird die Streithilfe durch Entscheidung des Präsidenten zugelassen und dem Streithelfer sind alle den Parteien zugestellten Verfahrensschriftstücke zu übermitteln, wenn die Parteien nicht innerhalb von zehn Tagen nach der Zustellung im Sinne von Absatz 1 zu dem Antrag auf Zulassung zur Streithilfe Stellung genommen oder innerhalb derselben Frist geheime oder vertrauliche Belegstücke oder Unterlagen, deren Übermittlung an den Streithelfer ihnen zum Nachteil gereichen kann, bezeichnet haben.

(3) In den übrigen Fällen entscheidet der Präsident über den Antrag auf Zulassung zur Streithilfe durch Beschluss oder überträgt die Entscheidung dem Gerichtshof.

(4) Wird dem Antrag auf Zulassung zur Streithilfe stattgegeben, so sind dem Streithelfer alle den Parteien zugestellten Verfahrensschriftstücke zu übermitteln, mit Ausnahme gegebenenfalls der geheimen oder vertraulichen Belegstücke oder Dokumente, die nach Absatz 3 von der Übermittlung ausgenommen sind.

Artikel 132 Einreichung der Schriftsätze

(1) [1]Der Streithelfer kann innerhalb eines Monats nach Übermittlung der im vorstehenden Artikel bezeichneten Verfahrensschriftstücke einen Streithilfeschriftsatz einreichen. [2]Diese Frist kann vom Präsidenten auf gebührend begründeten Antrag des Streithelfers verlängert werden.

(2) Der Streithilfeschriftsatz muss enthalten:
a) die Anträge des Streithelfers, die der vollständigen oder teilweisen Unterstützung der Anträge einer Partei zu dienen bestimmt sind;
b) die vom Streithelfer geltend gemachten Gründe und Argumente;
c) gegebenenfalls die Beweise und Beweisangebote.

(3) Nach Einreichung des Streithilfeschriftsatzes setzt der Präsident den Parteien gegebenenfalls eine Frist, innerhalb deren sie sich zu diesem Schriftsatz äußern können.

Fünftes Kapitel
Beschleunigtes Verfahren

Artikel 133 Entscheidung über das beschleunigte Verfahren

(1) Der Präsident des Gerichtshofs kann auf Antrag des Klägers oder des Beklagten und nach Anhörung der Gegenpartei, des Berichterstatters und des Generalanwalts entscheiden, eine Rechtssache einem beschleunigten Verfahren unter Abweichung von den Bestimmungen dieser Verfahrensordnung zu unterwerfen, wenn die Art der Rechtssache ihre rasche Erledigung erfordert.

(2) Der Antrag, eine Rechtssache dem beschleunigten Verfahren zu unterwerfen, ist mit gesondertem Schriftsatz gleichzeitig mit der Klageschrift oder der Klagebeantwortung einzureichen.

(3) Der Präsident kann eine solche Entscheidung ausnahmsweise auch von Amts wegen nach Anhörung der Parteien, des Berichterstatters und des Generalanwalts treffen.

Artikel 134 Schriftliches Verfahren

(1) Wird ein beschleunigtes Verfahren durchgeführt, so können die Klageschrift und die Klagebeantwortung nur dann durch eine Erwiderung und eine Gegenerwiderung ergänzt werden, wenn der Präsident dies nach Anhörung des Berichterstatters und des Generalanwalts für erforderlich hält.

(2) Streithelfer können einen Streithilfeschriftsatz nur dann einreichen, wenn der Präsident dies nach Anhörung des Berichterstatters und des Generalanwalts für erforderlich hält.

Artikel 135 Mündliches Verfahren

(1) [1]Der Präsident bestimmt sogleich nach Eingang der Klagebeantwortung oder, wenn die Entscheidung, die Rechtssache einem beschleunigten Verfahren zu unterwerfen, erst nach Eingang dieses Schriftsatzes ergeht, sogleich nach dieser Entscheidung den Termin für die mündliche Verhandlung, der umgehend den Parteien mitgeteilt wird. [2]Er kann den Termin für die mündliche Verhandlung verschieben, wenn eine Beweisaufnahme durchzuführen ist oder prozessleitende Maßnahmen es gebieten.

(2) [1]Unbeschadet der Artikel 127 und 128 können die Parteien im mündlichen Verfahren ihr Vorbringen ergänzen und Beweise oder Beweisangebote vorlegen. [2]Sie haben die Verspätung des Vorbringens oder der Vorlage zu begründen.

Artikel 136 Entscheidung in der Sache

Der Gerichtshof entscheidet nach Anhörung des Generalanwalts.

Sechstes Kapitel
Kosten

Artikel 137 Entscheidung über die Kosten
Über die Kosten wird im Endurteil oder in dem das Verfahren beendenden Beschluss entschieden.

Artikel 138 Allgemeine Kostentragungsregeln
(1) Die unterliegende Partei ist auf Antrag zur Tragung der Kosten zu verurteilen.

(2) Unterliegen mehrere Parteien, so entscheidet der Gerichtshof über die Verteilung der Kosten.

(3) [1]Wenn jede Partei teils obsiegt, teils unterliegt, trägt jede Partei ihre eigenen Kosten. [2]Der Gerichtshof kann jedoch entscheiden, dass eine Partei außer ihren eigenen Kosten einen Teil der Kosten der Gegenpartei trägt, wenn dies in Anbetracht der Umstände des Einzelfalls gerechtfertigt erscheint.

Artikel 139 Ohne angemessenen Grund oder böswillig verursachte Kosten
Der Gerichtshof kann auch der obsiegenden Partei die Kosten auferlegen, die sie der Gegenpartei ohne angemessenen Grund oder böswillig verursacht hat.

Artikel 140 Kosten der Streithelfer
(1) Die Mitgliedstaaten und die Organe, die dem Rechtsstreit als Streithelfer beigetreten sind, tragen ihre eigenen Kosten.

(2) Die Vertragsstaaten des EWR-Abkommens, die nicht Mitgliedstaaten sind, und die EFTA-Überwachungsbehörde tragen ebenfalls ihre eigenen Kosten, wenn sie dem Rechtsstreit als Streithelfer beigetreten sind.

(3) Der Gerichtshof kann entscheiden, dass ein anderer Streithelfer als die in den vorstehenden Absätzen genannten seine eigenen Kosten trägt.

Artikel 141 Kosten bei Klage- oder Antragsrücknahme
(1) Nimmt eine Partei die Klage oder einen Antrag zurück, so wird sie zur Tragung der Kosten verurteilt, wenn die Gegenpartei dies in ihrer Stellungnahme zu der Rücknahme beantragt.

(2) Die Kosten werden jedoch auf Antrag der Partei, die die Rücknahme erklärt, der Gegenpartei auferlegt, wenn dies wegen des Verhaltens dieser Partei gerechtfertigt erscheint.

(3) Einigen sich die Parteien über die Kosten, so wird gemäß der Vereinbarung entschieden.

(4) Werden keine Kostenanträge gestellt, so trägt jede Partei ihre eigenen Kosten.

Artikel 142   Kosten bei Erledigung der Hauptsache

Erklärt der Gerichtshof die Hauptsache für erledigt, so entscheidet er über die Kosten nach freiem Ermessen.

Artikel 143   Verfahrenskosten

Das Verfahren vor dem Gerichtshof ist vorbehaltlich der nachstehenden Bestimmungen kostenfrei:

a) Der Gerichtshof kann nach Anhörung des Generalanwalts Kosten, die vermeidbar gewesen wären, der Partei auferlegen, die sie veranlasst hat.

b) Kosten für Schreib- und Übersetzungsarbeiten, die nach Ansicht des Kanzlers das gewöhnliche Maß überschreiten, hat die Partei, die diese Arbeiten beantragt hat, nach Maßgabe der in Artikel 22 bezeichneten Gebührenordnung der Kanzlei zu erstatten.

Artikel 144   Erstattungsfähige Kosten

Unbeschadet des vorstehenden Artikels gelten als erstattungsfähige Kosten:

a) Leistungen an Zeugen und Sachverständige gemäß Artikel 73;

b) Aufwendungen der Parteien, die für das Verfahren notwendig waren, insbesondere Reise- und Aufenthaltskosten sowie die Vergütung der Bevollmächtigten, Beistände oder Anwälte.

Artikel 145   Streitigkeiten über die erstattungsfähigen Kosten

(1) [1]Bei Streitigkeiten über die erstattungsfähigen Kosten entscheidet die Kammer mit drei Richtern, der der für die Rechtssache zuständige Berichterstatter zugeteilt ist, auf Antrag einer Partei und nach Anhörung der Gegenpartei sowie des Generalanwalts durch Beschluss. [2]Der Spruchkörper ist in diesem Fall mit dem Kammerpräsidenten, dem Berichterstatter und dem ersten oder gegebenenfalls den ersten beiden Richtern besetzt, die anhand der in Artikel 28 Absatz 3 genannten Liste zu dem Zeitpunkt bestimmt werden, zu dem die Kammer vom Berichterstatter mit der Streitigkeit befasst wird.

(2) [1]Gehört der Berichterstatter keiner Kammer mit drei Richtern an, so entscheidet die Kammer mit fünf Richtern, der er zugeteilt ist, unter denselben Voraussetzungen. [2]Der Spruchkörper ist neben dem Berichterstatter mit vier Richtern besetzt, die anhand der in Artikel 28 Absatz 2 genannten Liste zu dem Zeitpunkt bestimmt werden, zu dem die Kammer vom Berichterstatter mit der Streitigkeit befasst wird.

(3) Die Parteien können eine Ausfertigung des Beschlusses zum Zweck der Vollstreckung beantragen.

Artikel 146   Zahlungsmodalitäten

(1) Die Kasse des Gerichtshofs und dessen Schuldner leisten ihre Zahlungen in Euro.

(2) Sind die zu erstattenden Auslagen in einer anderen Währung als dem Euro entstanden oder sind die Handlungen, deretwegen die Zahlung geschuldet wird, in einem Land vorgenommen worden, dessen Währung nicht der Euro ist, so ist der Umrechnung der am Zahlungstag geltende Referenzwechselkurs der Europäischen Zentralbank zugrunde zu legen.

Siebtes Kapitel
Gütliche Einigung, Klagerücknahme, Erledigung der Hauptsache und Zwischenstreit

Artikel 147 Gütliche Einigung
(1) Einigen sich die Parteien auf eine Lösung zur Beilegung des Rechtsstreits, bevor der Gerichtshof entschieden hat, und erklären sie gegenüber dem Gerichtshof, dass sie auf die Geltendmachung ihrer Ansprüche verzichten, so beschließt der Präsident durch Beschluss die Streichung der Rechtssache im Register und entscheidet gemäß Artikel 141 über die Kosten, gegebenenfalls unter Berücksichtigung der insoweit von den Parteien gemachten Vorschläge.

(2) Absatz 1 findet keine Anwendung auf Klagen im Sinne der Artikel 263 AEUV und 265 AEUV.

Artikel 148 Klagerücknahme
Erklärt der Kläger gegenüber dem Gerichtshof schriftlich oder in der mündlichen Verhandlung die Rücknahme der Klage, so beschließt der Präsident die Streichung der Rechtssache im Register und entscheidet gemäß Artikel 141 über die Kosten.

Artikel 149 Erledigung der Hauptsache
[1]Stellt der Gerichtshof fest, dass die Klage gegenstandslos geworden und die Hauptsache erledigt ist, so kann er auf Vorschlag des Berichterstatters und nach Anhörung der Parteien und des Generalanwalts jederzeit von Amts wegen die Entscheidung treffen, durch mit Gründen versehenen Beschluss zu entscheiden. [2]Er entscheidet über die Kosten.

Artikel 150 Unverzichtbare Prozessvoraussetzungen
Der Gerichtshof kann auf Vorschlag des Berichterstatters und nach Anhörung der Parteien und des Generalanwalts jederzeit von Amts wegen die Entscheidung treffen, durch mit Gründen versehenen Beschluss darüber zu entscheiden, ob unverzichtbare Prozessvoraussetzungen fehlen.

Artikel 151 Prozesshindernde Einreden und Zwischenstreit
(1) Will eine Partei vorab eine Entscheidung des Gerichtshofs über eine prozesshindernde Einrede oder einen Zwischenstreit herbeiführen, so hat sie dies mit gesondertem Schriftsatz zu beantragen.

(2) Die Antragsschrift muss eine Darstellung der sie tragenden Gründe und Argumente, die Anträge und als Anlage die zur Unterstützung herangezogenen Belegstücke und Unterlagen enthalten.

(3) Sogleich nach Eingang der Antragsschrift setzt der Präsident der Gegenpartei eine Schriftsatzfrist zur Einreichung ihrer Gründe und Anträge.

(4) Über den Antrag wird mündlich verhandelt, sofern der Gerichtshof nichts anderes bestimmt.

(5) Nach Anhörung des Generalanwalts entscheidet der Gerichtshof so bald wie möglich über den Antrag oder behält die Entscheidung dem Endurteil vor, wenn besondere Umstände dies rechtfertigen.

(6) Weist der Gerichtshof den Antrag zurück oder behält er die Entscheidung dem Endurteil vor, so bestimmt der Präsident neue Fristen für die Fortsetzung des Verfahrens.

Achtes Kapitel
Versäumnisurteil

Artikel 152 Versäumnisurteil

(1) Reicht der Beklagte, gegen den ordnungsgemäß Klage erhoben ist, seine Klagebeantwortung nicht form- und fristgerecht ein, so kann der Kläger beim Gerichtshof Versäumnisurteil beantragen.

(2) [1]Der Antrag wird dem Beklagten zugestellt. [2]Der Gerichtshof kann entscheiden, das mündliche Verfahren über den Antrag zu eröffnen.

(3) [1]Vor Erlass eines Versäumnisurteils prüft der Gerichtshof nach Anhörung des Generalanwalts, ob die Klage zulässig ist, ob die Formerfordernisse ordnungsgemäß erfüllt worden sind und ob die Anträge des Klägers begründet erscheinen. [2]Er kann prozessleitende Maßnahmen ergreifen oder eine Beweisaufnahme beschließen.

(4) [1]Das Versäumnisurteil ist vollstreckbar. [2]Der Gerichtshof kann jedoch die Vollstreckung aussetzen, bis er über einen gemäß Artikel 156 eingelegten Einspruch entschieden hat, oder sie von der Leistung einer Sicherheit abhängig machen, deren Höhe und Art nach Maßgabe der Umstände festzusetzen sind; wird kein Einspruch eingelegt oder wird der Einspruch zurückgewiesen, so ist die Sicherheit freizugeben.

Neuntes Kapitel
Anträge und Rechtsbehelfe in Bezug auf Urteile und Beschlüsse

Artikel 153 Zuständiger Spruchkörper

(1) Anträge und Rechtsbehelfe im Sinne dieses Kapitels mit Ausnahme der Anträge gemäß Artikel 159 werden dem Berichterstatter für die Rechtssache, auf die sich der Antrag oder Rechtsbehelf bezieht, zugewie-

sen und an den Spruchkörper verwiesen, der in dieser Rechtssache entschieden hat.

(2) Bei Verhinderung des Berichterstatters weist der Präsident des Gerichtshofs den Antrag oder Rechtsbehelf im Sinne dieses Kapitels einem Richter zu, der dem Spruchkörper angehörte, der in der von dem Antrag oder Rechtsbehelf betroffenen Rechtssache entschieden hat.

(3) Ist ein Erreichen der gemäß Artikel 17 der Satzung für die Beschlussfähigkeit erforderlichen Zahl von Richtern nicht mehr möglich, so wird der Antrag oder Rechtsbehelf vom Gerichtshof auf Vorschlag des Berichterstatters und nach Anhörung des Generalanwalts an einen neuen Spruchkörper verwiesen.

Artikel 154 Berichtigung

(1) Unbeschadet der Bestimmungen über die Auslegung von Urteilen und Beschlüssen können Schreib- oder Rechenfehler und offenbare Unrichtigkeiten vom Gerichtshof von Amts wegen oder auf Antrag einer Partei, vorausgesetzt, ein solcher wird innerhalb von zwei Wochen nach Verkündung des Urteils oder Zustellung des Beschlusses gestellt, berichtigt werden.

(2) Bezieht sich ein Berichtigungsantrag auf die Entscheidungsformel oder einen sie tragenden Entscheidungsgrund, so können die Parteien, die vom Kanzler ordnungsgemäß benachrichtigt werden, innerhalb einer vom Präsidenten gesetzten Frist schriftlich Stellung nehmen.

(3) Der Gerichtshof entscheidet nach Anhörung des Generalanwalts.

(4) [1]Die Urschrift des Beschlusses, der die Berichtigung ausspricht, wird mit der Urschrift der berichtigten Entscheidung verbunden. [2]Ein Hinweis auf den Beschluss ist am Rande der Urschrift der berichtigten Entscheidung anzubringen.

Artikel 155 Unterlassen einer Entscheidung

(1) Hat der Gerichtshof eine Entscheidung über einen einzelnen Punkt der Anträge oder die Kostenentscheidung unterlassen, so hat die Partei, die dies geltend machen möchte, ihn innerhalb eines Monats nach Zustellung der Entscheidung durch Antragsschrift anzurufen.

(2) Die Antragsschrift wird der Gegenpartei zugestellt, der vom Präsidenten eine Frist zur schriftlichen Stellungnahme gesetzt wird.

(3) Nach Eingang dieser Stellungnahme entscheidet der Gerichtshof nach Anhörung des Generalanwalts zugleich über die Zulässigkeit und die Begründetheit des Antrags.

Artikel 156 Einspruch

(1) Gegen das Versäumnisurteil kann gemäß Artikel 41 der Satzung Einspruch eingelegt werden.

(2) Der Einspruch ist innerhalb eines Monats nach Zustellung des Urteils einzulegen; für ihn gelten die Formvorschriften der Artikel 120 bis 122.

(3) Nach der Zustellung des Einspruchs setzt der Präsident der Gegenpartei eine Frist zur schriftlichen Stellungnahme.

(4) Auf das weitere Verfahren finden die Artikel 59 bis 92 Anwendung.

(5) Der Gerichtshof entscheidet durch Urteil, gegen das weiterer Einspruch nicht zulässig ist.

(6) [1]Die Urschrift dieses Urteils wird mit der Urschrift des Versäumnisurteils verbunden. [2]Ein Hinweis auf das Urteil über den Einspruch ist am Rande der Urschrift des Versäumnisurteils anzubringen.

Artikel 157 Drittwiderspruch

(1) Auf den Drittwiderspruch nach Artikel 42 der Satzung finden die Artikel 120 bis 122 Anwendung; er muss ferner enthalten:

a) die Bezeichnung des angefochtenen Urteils oder Beschlusses;

b) die Angabe, in welchen Punkten die angefochtene Entscheidung die Rechte des Dritten beeinträchtigt;

c) die Gründe, aus denen der Dritte nicht in der Lage war, sich an dem Rechtsstreit zu beteiligen.

(2) Der Drittwiderspruch ist gegen sämtliche Parteien des Rechtsstreits zu richten.

(3) Der Drittwiderspruch muss innerhalb von zwei Monaten nach der Veröffentlichung der Entscheidung im *Amtsblatt der Europäischen Union* eingelegt werden.

(4) [1]Auf Antrag des Dritten kann die Aussetzung der Vollstreckung der angefochtenen Entscheidung beschlossen werden. [2]Die Bestimmungen des Zehnten Kapitels dieses Titels finden Anwendung.

(5) Die angefochtene Entscheidung wird insoweit geändert, als dem Drittwiderspruch stattgegeben wird.

(6) [1]Die Urschrift des Urteils über den Drittwiderspruch wird mit der Urschrift der angefochtenen Entscheidung verbunden. [2]Ein Hinweis auf das Urteil über den Drittwiderspruch ist am Rande der Urschrift der angefochtenen Entscheidung anzubringen.

Artikel 158 Auslegung

(1) Der Gerichtshof ist nach Artikel 43 der Satzung bei Zweifeln über Sinn und Tragweite eines Urteils oder Beschlusses zuständig, das Urteil oder den Beschluss auf Antrag einer Partei oder eines Organs der Union auszulegen, wenn die Partei oder das Organ ein Interesse hieran glaubhaft macht.

(2) Der Auslegungsantrag ist innerhalb von zwei Jahren nach dem Tag der Verkündung des Urteils oder der Zustellung des Beschlusses zu stellen.

(3) [1]Auf den Auslegungsantrag finden die Artikel 120 bis 122 Anwendung. [2]Er muss ferner bezeichnen:

a) die auszulegende Entscheidung;

b) die Stellen, deren Auslegung beantragt wird.

(4) Er ist gegen sämtliche Parteien des Rechtsstreits zu richten, in dem die Entscheidung, deren Auslegung beantragt wird, ergangen ist.

(5) Der Gerichtshof entscheidet, nachdem er den Parteien Gelegenheit zur Stellungnahme gegeben hat, nach Anhörung des Generalanwalts.

(6) [1]Die Urschrift der auslegenden Entscheidung wird mit der Urschrift der ausgelegten Entscheidung verbunden. [2]Ein Hinweis auf die auslegende Entscheidung ist am Rande der Urschrift der ausgelegten Entscheidung anzubringen.

Artikel 159 Wiederaufnahme

(1) Die Wiederaufnahme des Verfahrens kann nach Artikel 44 der Satzung beim Gerichtshof nur beantragt werden, wenn eine Tatsache von entscheidender Bedeutung bekannt wird, die vor Verkündung des Urteils oder Zustellung des Beschlusses dem Gerichtshof und der die Wiederaufnahme beantragenden Partei unbekannt war.

(2) Unbeschadet der in Artikel 44 Absatz 3 der Satzung vorgesehenen Frist von zehn Jahren ist die Wiederaufnahme innerhalb von drei Monaten nach dem Tag zu beantragen, an dem der Antragsteller Kenntnis von der Tatsache erhalten hat, auf die er seinen Wiederaufnahmeantrag stützt.

(3) [1]Auf den Wiederaufnahmeantrag finden die Artikel 120 bis 122 Anwendung. [2]Er muss ferner enthalten:

a) die Bezeichnung des angefochtenen Urteils oder Beschlusses;
b) die Angabe der Punkte, in denen die Entscheidung angefochten wird;
c) die Bezeichnung der Tatsachen, auf die der Antrag gestützt wird;
d) die Benennung der Beweismittel für das Vorliegen der Tatsachen, die die Wiederaufnahme rechtfertigen, und für die Wahrung der in Absatz 2 genannten Fristen.

(4) Der Wiederaufnahmeantrag ist gegen sämtliche Parteien des Verfahrens zu richten, dessen Wiederaufnahme beantragt wird.

(5) Der Gerichtshof entscheidet nach Anhörung des Generalanwalts in Ansehung der schriftlichen Stellungnahmen der Parteien durch Beschluss über die Zulässigkeit des Antrags, ohne der Entscheidung in der Sache vorzugreifen.

(6) Erklärt der Gerichtshof den Antrag für zulässig, so fährt er mit der Prüfung in der Sache fort und entscheidet durch Urteil gemäß den Bestimmungen dieser Verfahrensordnung.

(7) [1]Die Urschrift des abändernden Urteils wird mit der Urschrift der abgeänderten Entscheidung verbunden. [2]Ein Hinweis auf das abändernde Urteil ist am Rande der Urschrift der abgeänderten Entscheidung anzubringen.

Zehntes Kapitel
Vorläufiger Rechtsschutz: Aussetzung und sonstige einstweilige Anordnungen

Artikel 160 Anträge auf Aussetzung oder einstweilige Anordnungen

(1) Anträge auf Aussetzung der Vollziehung von Handlungen eines Organs im Sinne der Artikel 278 AEUV und Artikel 157 EAGV sind nur zulässig, wenn der Antragsteller die betreffende Handlung durch Klage beim Gerichtshof angefochten hat.

(2) Anträge auf sonstige einstweilige Anordnungen im Sinne des Artikels 279 AEUV sind nur zulässig, wenn sie von einer Partei eines beim Gerichtshof anhängigen Rechtsstreits gestellt werden und sich auf diesen beziehen.

(3) Die in den vorstehenden Absätzen genannten Anträge müssen den Streitgegenstand bezeichnen und die Umstände, aus denen sich die Dringlichkeit ergibt, sowie die den Erlass der beantragten einstweiligen Anordnung dem ersten Anschein nach rechtfertigenden Sach- und Rechtsgründe anführen.

(4) Der Antrag ist mit gesondertem Schriftsatz und nach Maßgabe der Artikel 120 bis 122 einzureichen.

(5) Die Antragsschrift wird der Gegenpartei zugestellt, der vom Präsidenten eine kurze Frist zur schriftlichen oder mündlichen Stellungnahme gesetzt wird.

(6) Der Präsident beurteilt, ob es angebracht ist, eine Beweisaufnahme zu beschließen.

(7) [1]Der Präsident kann dem Antrag stattgeben, bevor die Stellungnahme der Gegenpartei eingeht. [2]Die betreffende Anordnung kann später, auch von Amts wegen, abgeändert oder wieder aufgehoben werden.

Artikel 161 Entscheidung über den Antrag

(1) Der Präsident entscheidet selbst oder überträgt die Entscheidung umgehend dem Gerichtshof.

(2) Bei Verhinderung des Präsidenten finden die Artikel 10 und 13 Anwendung.

(3) Wird die Entscheidung dem Gerichtshof übertragen, so entscheidet dieser, nach Anhörung des Generalanwalts, umgehend.

Artikel 162 Beschluss über die Aussetzung der Vollziehung oder über einstweilige Anordnungen

(1) [1]Die Entscheidung über den Antrag ergeht durch mit Gründen versehenen und unanfechtbaren Beschluss. [2]Der Beschluss wird den Parteien umgehend zugestellt.

(2) Die Vollstreckung des Beschlusses kann von der Leistung einer Sicherheit durch den Antragsteller abhängig gemacht werden, deren Höhe und Art nach Maßgabe der Umstände festzusetzen sind.

(3) [1]In dem Beschluss kann ein Zeitpunkt festgesetzt werden, zu dem die Anordnung außer Kraft tritt. [2]Geschieht dies nicht, tritt die Anordnung mit der Verkündung des Endurteils außer Kraft.

(4) Der Beschluss ist nur einstweiliger Natur und greift der Entscheidung des Gerichtshofs zur Hauptsache nicht vor.

Artikel 163 Änderung der Umstände
Auf Antrag einer Partei kann der Beschluss jederzeit infolge einer Änderung der Umstände abgeändert oder wieder aufgehoben werden.

Artikel 164 Neuer Antrag
Die Zurückweisung eines Antrags auf einstweilige Anordnung hindert den Antragsteller nicht, einen weiteren, auf neue Tatsachen gestützten Antrag zu stellen.

Artikel 165 Anträge gemäß den Artikeln 280 AEUV und 299 AEUV sowie 164 EAGV
(1) Für Anträge gemäß den Artikeln 280 AEUV und 299 AEUV sowie 164 EAGV auf Aussetzung der Zwangsvollstreckung von Entscheidungen des Gerichtshofs oder von Rechtsakten des Rates, der Kommission oder der Europäischen Zentralbank gelten die Bestimmungen dieses Kapitels.

(2) In dem Beschluss, mit dem dem Antrag stattgegeben wird, wird gegebenenfalls der Zeitpunkt festgesetzt, zu dem die einstweilige Anordnung außer Kraft tritt.

Artikel 166 Anträge gemäß Artikel 81 EAGV
(1) Der Antrag im Sinne des Artikels 81 Absätze 3 und 4 EAGV muss enthalten:
a) Namen und Wohnsitz bzw. Sitz der Personen oder Unternehmen, die der Überwachungsmaßnahme unterworfen werden sollen;
b) die Angabe von Gegenstand und Zweck der Überwachungsmaßnahme.

(2) [1]Der Präsident entscheidet durch Beschluss. [2]Artikel 162 findet Anwendung.

(3) Bei Verhinderung des Präsidenten finden die Artikel 10 und 13 Anwendung.

Fünfter Titel
Rechtsmittel gegen Entscheidungen des Gerichts

Erstes Kapitel
Form des Rechtsmittels, Inhalt und Anträge der Rechtsmittelschrift

Artikel 167 Einreichung der Rechtsmittelschrift
(1) Das Rechtsmittel wird durch Einreichung einer Rechtsmittelschrift bei der Kanzlei des Gerichtshofs oder des Gerichts eingelegt.

(2) Die Kanzlei des Gerichts übermittelt die erstinstanzlichen Akten und gegebenenfalls die Rechtsmittelschrift sogleich der Kanzlei des Gerichtshofs.

Artikel 168 Inhalt der Rechtsmittelschrift

(1) Die Rechtsmittelschrift muss enthalten:

a) Namen und Wohnsitz des Rechtsmittelführers;

b) die Bezeichnung der angefochtenen Entscheidung des Gerichts;

c) die Bezeichnung der anderen Parteien der betreffenden Rechtssache vor dem Gericht;

d) die geltend gemachten Rechtsgründe und -argumente sowie eine kurze Darstellung dieser Gründe;

e) die Anträge des Rechtsmittelführers.

(2) Die Artikel 119, 121 und 122 Absatz 1 finden auf die Rechtsmittelschrift Anwendung.

(3) Es ist zu vermerken, an welchem Tag die angefochtene Entscheidung dem Rechtsmittelführer zugestellt worden ist.

(4) [1]Entspricht die Rechtsmittelschrift nicht den Absätzen 1 bis 3, so setzt der Kanzler dem Rechtsmittelführer eine angemessene Frist zur Mängelbehebung. [2]In Ermangelung einer fristgemäßen Mängelbehebung entscheidet der Gerichtshof nach Anhörung des Berichterstatters und des Generalanwalts, ob die Nichtbeachtung dieser Förmlichkeit die formale Unzulässigkeit der Rechtsmittelschrift zur Folge hat.

Artikel 169 Rechtsmittelanträge, -gründe und -argumente

(1) Die Rechtsmittelanträge müssen auf die vollständige oder teilweise Aufhebung der Entscheidung des Gerichts in der Gestalt der Entscheidungsformel gerichtet sein.

(2) Die geltend gemachten Rechtsgründe und -argumente müssen die beanstandeten Punkte der Begründung der Entscheidung des Gerichts genau bezeichnen.

Artikel 170 Anträge für den Fall der Stattgabe des Rechtsmittels

(1) [1]Die Rechtsmittelanträge müssen für den Fall, dass das Rechtsmittel für begründet erklärt werden sollte, darauf gerichtet sein, dass den erstinstanzlichen Anträgen vollständig oder teilweise stattgegeben wird; neue Anträge sind nicht zulässig. [2]Das Rechtsmittel kann den vor dem Gericht verhandelten Streitgegenstand nicht verändern.

(2) Beantragt der Rechtsmittelführer für den Fall der Aufhebung der angefochtenen Entscheidung, dass die Rechtssache an das Gericht zurückverwiesen wird, so hat er die Gründe darzulegen, aus denen der Rechtsstreit nicht zur Entscheidung durch den Gerichtshof reif ist.

Zweites Kapitel
Rechtsmittelbeantwortung, Erwiderung und Gegenerwiderung

Artikel 171 Zustellung der Rechtsmittelschrift

(1) Die Rechtsmittelschrift wird den anderen Parteien der betreffenden Rechtssache vor dem Gericht zugestellt.

(2) Im Fall des Artikels 168 Absatz 4 erfolgt die Zustellung sogleich nach der Mängelbehebung oder nachdem der Gerichtshof in Anbetracht der in dem genannten Artikel bezeichneten formalen Voraussetzungen die Zulässigkeit bejaht hat.

Artikel 172 Parteien, die eine Rechtsmittelbeantwortung einreichen können

[1]Jede Partei der betreffenden Rechtssache vor dem Gericht, die ein Interesse an der Stattgabe oder der Zurückweisung des Rechtsmittels hat, kann innerhalb von zwei Monaten nach Zustellung der Rechtsmittelschrift eine Rechtsmittelbeantwortung einreichen. [2]Eine Verlängerung der Beantwortungsfrist ist nicht möglich.

Artikel 173 Inhalt der Rechtsmittelbeantwortung

(1) Die Rechtsmittelbeantwortung muss enthalten:

a) Namen und Wohnsitz der Partei, die sie einreicht;
b) das Datum, an dem dieser die Rechtsmittelschrift zugestellt worden ist;
c) die geltend gemachten Rechtsgründe und -argumente;
d) die Anträge.

(2) Die Artikel 119 und 121 finden auf die Rechtsmittelbeantwortung Anwendung.

Artikel 174 Anträge der Rechtsmittelbeantwortung

Die Anträge der Rechtsmittelbeantwortung müssen auf die vollständige oder teilweise Stattgabe oder Zurückweisung des Rechtsmittels gerichtet sein.

Artikel 175 Erwiderung und Gegenerwiderung

(1) Die Rechtsmittelschrift und die Rechtsmittelbeantwortung können nur dann durch eine Erwiderung und eine Gegenerwiderung ergänzt werden, wenn der Präsident dies auf einen entsprechenden, innerhalb von sieben Tagen nach Zustellung der Rechtsmittelbeantwortung gestellten und gebührend begründeten Antrag des Rechtsmittelführers nach Anhörung des Berichterstatters und des Generalanwalts für erforderlich hält, insbesondere damit der Rechtsmittelführer zu einer Unzulässigkeitseinrede oder zu in der Rechtsmittelbeantwortung geltend gemachten neuen Gesichtspunkten Stellung nehmen kann.

(2) [1]Der Präsident bestimmt die Frist für die Einreichung der Erwiderung und anlässlich der Zustellung dieses Schriftsatzes die Frist für die

Einreichung der Gegenerwiderung. [2]Er kann die Seitenzahl und den Gegenstand der Schriftsätze begrenzen.

Drittes Kapitel
Form des Anschlussrechtsmittels, Inhalt und Anträge der Anschlussrechtsmittelschrift

Artikel 176 Anschlussrechtsmittel
(1) Die in Artikel 172 bezeichneten Parteien können innerhalb der gleichen Frist, wie sie für die Einreichung der Rechtsmittelbeantwortung gilt, Anschlussrechtsmittel einlegen.

(2) Das Anschlussrechtsmittel ist mit gesondertem, von der Rechtsmittelbeantwortung getrenntem Schriftsatz einzulegen.

Artikel 177 Inhalt der Anschlussrechtsmittelschrift
(1) Die Anschlussrechtsmittelschrift muss enthalten:
a) Namen und Wohnsitz der Partei, die das Anschlussrechtsmittel einlegt;
b) das Datum, an dem dieser die Rechtsmittelschrift zugestellt worden ist;
c) die geltend gemachten Rechtsgründe und -argumente;
d) die Anträge.
(2) Die Artikel 119, 121 und 122 Absätze 1 und 3 finden auf die Anschlussrechtsmittelschrift Anwendung.

Artikel 178 Anschlussrechtsmittelanträge, -gründe und -argumente
(1) Die Anschlussrechtsmittelanträge müssen auf die vollständige oder teilweise Aufhebung der Entscheidung des Gerichts gerichtet sein.

(2) Sie können auch auf die Aufhebung einer ausdrücklichen oder stillschweigenden Entscheidung über die Zulässigkeit der Klage vor dem Gericht gerichtet sein.

(3) [1]Die geltend gemachten Rechtsgründe und -argumente müssen die beanstandeten Punkte der Begründung der Entscheidung des Gerichts genau bezeichnen. [2]Sie müssen sich von den in der Rechtsmittelbeantwortung geltend gemachten Gründen und Argumenten unterscheiden.

Viertes Kapitel
Auf das Anschlussrechtsmittel folgende Schriftsätze

Artikel 179 Anschlussrechtsmittelbeantwortung
[1]Wird Anschlussrechtsmittel eingelegt, so kann der Rechtsmittelführer oder jede andere Partei der betreffenden Rechtssache vor dem Gericht, die ein Interesse an der Stattgabe oder der Zurückweisung des Anschlussrechtsmittels hat, innerhalb von zwei Monaten nach Zustellung der Anschlussrechtsmittelschrift eine Beantwortung einreichen, deren Gegen-

stand auf die mit dem Anschlussrechtsmittel geltend gemachten Gründe zu begrenzen ist. [2]Eine Verlängerung der Frist ist nicht möglich.

Artikel 180 Erwiderung und Gegenerwiderung nach Anschlussrechtsmittel

(1) Die Anschlussrechtsmittelschrift und ihre Beantwortung können nur dann durch eine Erwiderung und eine Gegenerwiderung ergänzt werden, wenn der Präsident dies auf einen entsprechenden, innerhalb von sieben Tagen nach Zustellung der Anschlussrechtsmittelbeantwortung gestellten und gebührend begründeten Antrag des Anschlussrechtsmittelführers nach Anhörung des Berichterstatters und des Generalanwalts für erforderlich hält, insbesondere damit der Anschlussrechtsmittelführer zu einer Unzulässigkeitseinrede oder zu in der Anschlussrechtsmittelbeantwortung geltend gemachten neuen Gesichtspunkten Stellung nehmen kann.

(2) [1]Der Präsident bestimmt die Frist für die Einreichung der Erwiderung und anlässlich der Zustellung dieses Schriftsatzes die Frist für die Einreichung der Gegenerwiderung. [2]Er kann die Seitenzahl und den Gegenstand der Schriftsätze begrenzen.

Fünftes Kapitel
Durch Beschluss erledigte Rechtsmittel

Artikel 181 Offensichtlich unzulässiges oder offensichtlich unbegründetes Rechtsmittel oder Anschlussrechtsmittel

Ist das Rechtsmittel oder Anschlussrechtsmittel ganz oder teilweise offensichtlich unzulässig oder offensichtlich unbegründet, so kann der Gerichtshof es jederzeit auf Vorschlag des Berichterstatters und nach Anhörung des Generalanwalts ganz oder teilweise durch mit Gründen versehenen Beschluss zurückweisen.

Artikel 182 Offensichtlich begründetes Rechtsmittel oder Anschlussrechtsmittel

Hat der Gerichtshof bereits über eine oder mehrere Rechtsfragen entschieden, die mit den durch die Rechtsmittel- oder Anschlussrechtsmittelgründe aufgeworfenen übereinstimmen, und hält er das Rechtsmittel oder Anschlussrechtsmittel für offensichtlich begründet, so kann er es auf Vorschlag des Berichterstatters und nach Anhörung der Parteien und des Generalanwalts durch mit Gründen versehenen Beschluss, der einen Verweis auf die einschlägige Rechtsprechung enthält, für offensichtlich begründet erklären.

Sechstes Kapitel
Folgen der Streichung des Rechtsmittels für das Anschlussrechtsmittel

Artikel 183 Folgen einer Rücknahme oder offensichtlichen Unzulässigkeit des Rechtsmittels für das Anschlussrechtsmittel

Das Anschlussrechtsmittel gilt als gegenstandslos,

a) wenn der Rechtsmittelführer sein Rechtsmittel zurücknimmt;

b) wenn das Rechtsmittel wegen Nichteinhaltung der Rechtsmittelfrist für offensichtlich unzulässig erklärt wird;

c) wenn das Rechtsmittel allein deshalb für offensichtlich unzulässig erklärt wird, weil es nicht gegen eine Endentscheidung des Gerichts oder gegen eine Entscheidung im Sinne des Artikels 56 Absatz 1 der Satzung gerichtet ist, die über einen Teil des Streitgegenstands ergangen ist oder die einen Zwischenstreit über eine Einrede der Unzuständigkeit oder Unzulässigkeit beendet.

Siebtes Kapitel
Kosten und Prozesskostenhilfe in Rechtsmittelverfahren

Artikel 184 Kostenentscheidung in Rechtsmittelverfahren

(1) Vorbehaltlich der nachstehenden Bestimmungen finden die Artikel 137 bis 146 auf das Verfahren vor dem Gerichtshof, das ein Rechtsmittel gegen eine Entscheidung des Gerichts zum Gegenstand hat, entsprechende Anwendung.

(2) Wenn das Rechtsmittel unbegründet ist oder wenn das Rechtsmittel begründet ist und der Gerichtshof den Rechtsstreit selbst endgültig entscheidet, so entscheidet er über die Kosten.

(3) Ist ein Rechtsmittel eines dem Rechtsstreit vor dem Gericht nicht beigetretenen Mitgliedstaats oder Organs der Union begründet, so kann der Gerichtshof die Kosten zwischen den Parteien teilen oder dem obsiegenden Rechtsmittelführer die Kosten auferlegen, die das Rechtsmittel einer unterliegenden Partei verursacht hat.

(4) [1]Hat eine erstinstanzliche Streithilfepartei das Rechtsmittel nicht selbst eingelegt, so können ihr im Rechtsmittelverfahren Kosten nur dann auferlegt werden, wenn sie am schriftlichen oder mündlichen Verfahren vor dem Gerichtshof teilgenommen hat. [2]Nimmt eine solche Partei am Verfahren teil, so kann der Gerichtshof ihr ihre eigenen Kosten auferlegen.

Artikel 185 Prozesskostenhilfe in Rechtsmittelverfahren

(1) Ist eine Partei außerstande, die Kosten des Verfahrens ganz oder teilweise zu bestreiten, so kann sie jederzeit die Bewilligung von Prozesskostenhilfe beantragen.

(2) Dem Antrag sind alle Auskünfte und Belege beizufügen, die eine Beurteilung der wirtschaftlichen Lage des Antragstellers ermöglichen, wie eine Bescheinigung einer zuständigen nationalen Stelle über die wirtschaftliche Lage.

Artikel 186 Vorabantrag auf Bewilligung von Prozesskostenhilfe

(1) Wird der Antrag vor dem vom Antragsteller beabsichtigten Rechtsmittel eingereicht, so ist darin der Gegenstand des Rechtsmittels kurz darzustellen.

(2) Der Antrag unterliegt nicht dem Anwaltszwang.

(3) Die Einreichung eines Antrags auf Bewilligung von Prozesskostenhilfe hemmt für den Antragsteller den Lauf der Rechtsmittelfrist bis zum Zeitpunkt der Zustellung des Beschlusses, mit dem über diesen Antrag entschieden wird.

(4) Der Präsident weist den Antrag sogleich nach Eingang einem Berichterstatter zu, der rasch einen Vorschlag für eine Entscheidung über den Antrag vorlegt.

Artikel 187 Entscheidung über die Bewilligung von Prozesskostenhilfe

(1) [1]Die Kammer mit drei Richtern, der der Berichterstatter zugeteilt ist, entscheidet auf dessen Vorschlag und nach Anhörung des Generalanwalts, ob die Prozesskostenhilfe ganz oder teilweise bewilligt oder ob sie versagt wird. [2]Der Spruchkörper ist in diesem Fall mit dem Kammerpräsidenten, dem Berichterstatter und dem ersten oder gegebenenfalls den ersten beiden Richtern besetzt, die anhand der in Artikel 28 Absatz 3 genannten Liste zu dem Zeitpunkt bestimmt werden, zu dem die Kammer vom Berichterstatter mit dem Antrag auf Bewilligung von Prozesskostenhilfe befasst wird. [3]Gegebenenfalls prüft sie, ob das Rechtsmittel nicht offensichtlich unbegründet erscheint.

(2) [1]Gehört der Berichterstatter keiner Kammer mit drei Richtern an, so entscheidet die Kammer mit fünf Richtern, der er zugeteilt ist, unter denselben Voraussetzungen. [2]Der Spruchkörper ist neben dem Berichterstatter mit vier Richtern besetzt, die anhand der in Artikel 28 Absatz 2 genannten Liste zu dem Zeitpunkt bestimmt werden, zu dem die Kammer vom Berichterstatter mit dem Antrag auf Bewilligung von Prozesskostenhilfe befasst wird.

(3) [1]Der Spruchkörper entscheidet durch Beschluss. [2]Wird die Bewilligung von Prozesskostenhilfe ganz oder teilweise versagt, so ist die Versagung in dem Beschluss zu begründen.

Artikel 188 Im Rahmen der Prozesskostenhilfe zu zahlende Beträge

(1) [1]Wird die Prozesskostenhilfe bewilligt, so trägt die Kasse des Gerichtshofs – gegebenenfalls in den vom Spruchkörper festgesetzten Grenzen – die Kosten der Unterstützung und der Vertretung des Antragstellers

vor dem Gerichtshof. [2]Auf Antrag des Antragstellers oder seines Vertreters kann ein Vorschuss auf diese Kosten ausbezahlt werden.

(2) In der Kostenentscheidung kann die Einziehung der als Prozesskostenhilfe gezahlten Beträge zugunsten der Kasse des Gerichtshofs ausgesprochen werden.

(3) Der Kanzler veranlasst die Einziehung dieser Beträge von der Partei, die zu ihrer Erstattung verurteilt worden ist.

Artikel 189 Entziehung der Prozesskostenhilfe

Der Spruchkörper, der über den Antrag auf Bewilligung von Prozesskostenhilfe entschieden hat, kann diese jederzeit von Amts wegen oder auf Antrag entziehen, wenn sich die Voraussetzungen, unter denen sie bewilligt wurde, im Laufe des Verfahrens ändern.

Achtes Kapitel
Sonstige in Rechtsmittelverfahren anwendbare Vorschriften

Artikel 190 Sonstige in Rechtsmittelverfahren anwendbare Vorschriften

(1) Die Artikel 127, 129 bis 136, 147 bis 150, 153 bis 155 und 157 bis 166 finden auf das Verfahren vor dem Gerichtshof, das ein Rechtsmittel gegen eine Entscheidung des Gerichts zum Gegenstand hat, Anwendung.

(2) Abweichend von Artikel 130 Absatz 1 müssen Anträge auf Zulassung zur Streithilfe jedoch innerhalb eines Monats nach der Veröffentlichung im Sinne des Artikels 21 Absatz 4 gestellt werden.

(3) Artikel 95 findet auf das Verfahren vor dem Gerichtshof, das ein Rechtsmittel gegen eine Entscheidung des Gerichts zum Gegenstand hat, entsprechende Anwendung.

Sechster Titel
Überprüfung von Entscheidungen des Gerichts

Artikel 191 Überprüfungskammer

Für die Entscheidung nach Maßgabe der Artikel 193 und 194, ob eine Entscheidung des Gerichts gemäß Artikel 62 der Satzung zu überprüfen ist, wird eine Kammer mit fünf Richtern für die Dauer eines Jahres bestimmt.

Artikel 192 Anzeige und Übermittlung der Entscheidungen, die Gegenstand einer Überprüfung sein können

(1) Sobald der Termin für die Verkündung oder Unterzeichnung einer Entscheidung im Sinne des Artikels 256 Absatz 2 oder 3 AEUV bestimmt ist, zeigt die Kanzlei des Gerichts dies der Kanzlei des Gerichtshofs an.

(2) Sie übermittelt ihr die Entscheidung sogleich nach deren Verkündung oder Unterzeichnung sowie die Verfahrensakten, die sogleich dem Ersten Generalanwalt zur Verfügung gestellt werden.

Artikel 193 Überprüfung von Rechtsmittelentscheidungen

(1) [1]Der Vorschlag des Ersten Generalanwalts, eine Entscheidung des Gerichts im Sinne des Artikels 256 Absatz 2 AEUV zu überprüfen, wird dem Präsidenten des Gerichtshofs und dem Präsidenten der Überprüfungskammer übermittelt. [2]Gleichzeitig wird der Kanzler von der Übermittlung unterrichtet.

(2) Sogleich nach seiner Unterrichtung vom Vorliegen eines Vorschlags übermittelt der Kanzler den Mitgliedern der Überprüfungskammer die Akten des Verfahrens vor dem Gericht.

(3) [1]Der Präsident des Gerichtshofs bestimmt unter den Richtern der Überprüfungskammer auf Vorschlag des Präsidenten dieser Kammer sogleich nach Erhalt des Überprüfungsvorschlags den Berichterstatter. [2]Die Besetzung des Spruchkörpers wird am Tag der Zuweisung der Rechtssache an den Berichterstatter gemäß Artikel 28 Absatz 2 bestimmt.

(4) [1]Diese Kammer entscheidet auf Vorschlag des Berichterstatters, ob die Entscheidung des Gerichts zu überprüfen ist. [2]In der Entscheidung, die Entscheidung des Gerichts zu überprüfen, sind nur die Fragen anzugeben, die Gegenstand der Überprüfung sind.

(5) Der Kanzler benachrichtigt sogleich das Gericht, die Parteien des Verfahrens vor dem Gericht und die sonstigen in Artikel 62 a Absatz 2 der Satzung bezeichneten Beteiligten von der Entscheidung des Gerichtshofs, die Entscheidung des Gerichts zu überprüfen.

(6) Eine Mitteilung, die das Datum der Entscheidung, die Entscheidung des Gerichts zu überprüfen, und die Fragen, die Gegenstand der Überprüfung sind, enthält, wird im *Amtsblatt der Europäischen Union* veröffentlicht.

Artikel 194 Überprüfung von Vorabentscheidungen

(1) [1]Der Vorschlag des Ersten Generalanwalts, eine Entscheidung des Gerichts im Sinne des Artikels 256 Absatz 3 AEUV zu überprüfen, wird dem Präsidenten des Gerichtshofs und dem Präsidenten der Überprüfungskammer übermittelt. [2]Gleichzeitig wird der Kanzler von der Übermittlung unterrichtet.

(2) Sogleich nach seiner Unterrichtung vom Vorliegen eines Vorschlags übermittelt der Kanzler den Mitgliedern der Überprüfungskammer die Akten des Verfahrens vor dem Gericht.

(3) Der Kanzler benachrichtigt auch das Gericht, das vorlegende Gericht, die Parteien des Ausgangsrechtsstreits und die sonstigen in Artikel 62 a Absatz 2 der Satzung bezeichneten Beteiligten vom Vorliegen eines Überprüfungsvorschlags.

(4) [1]Der Präsident des Gerichtshofs bestimmt unter den Richtern der Überprüfungskammer auf Vorschlag des Präsidenten dieser Kammer sogleich nach Erhalt des Überprüfungsvorschlags den Berichterstatter. [2]Die Besetzung des Spruchkörpers wird am Tag der Zuweisung der Rechtssache an den Berichterstatter gemäß Artikel 28 Absatz 2 bestimmt.

(5) [1]Diese Kammer entscheidet auf Vorschlag des Berichterstatters, ob die Entscheidung des Gerichts zu überprüfen ist. [2]In der Entscheidung, die Entscheidung des Gerichts zu überprüfen, sind nur die Fragen anzugeben, die Gegenstand der Überprüfung sind.

(6) Der Kanzler benachrichtigt sogleich das Gericht und das vorlegende Gericht, die Parteien des Ausgangsrechtsstreits und die sonstigen in Artikel 62 a Absatz 2 der Satzung bezeichneten Beteiligten von der Entscheidung des Gerichtshofs, die Entscheidung des Gerichts zu überprüfen oder nicht zu überprüfen.

(7) Eine Mitteilung, die das Datum der Entscheidung, die Entscheidung des Gerichts zu überprüfen, und die Fragen, die Gegenstand der Überprüfung sind, enthält, wird im *Amtsblatt der Europäischen Union* veröffentlicht.

Artikel 195 Urteil in der Sache nach Überprüfungsentscheidung
(1) [1]Die Entscheidung, eine Entscheidung des Gerichts zu überprüfen, wird den Parteien und den sonstigen in Artikel 62 a Absatz 2 der Satzung bezeichneten Beteiligten zugestellt. [2]Die Zustellung an die Mitgliedstaaten, an die Vertragsstaaten des EWR-Abkommens, die nicht Mitgliedstaaten sind, und an die EFTA-Überwachungsbehörde erfolgt unter Beifügung einer Übersetzung der Entscheidung des Gerichtshofs nach Maßgabe des Artikels 98. [3]Die Entscheidung des Gerichtshofs wird außerdem dem Gericht und gegebenenfalls dem vorlegenden Gericht übermittelt.

(2) Innerhalb eines Monats nach der Zustellung im Sinne von Absatz 1 können die Parteien und die sonstigen Beteiligten, denen die Entscheidung des Gerichtshofs zugestellt worden ist, Schriftsätze oder schriftliche Erklärungen zu den Fragen einreichen, die Gegenstand der Überprüfung sind.

(3) Sogleich nach der Entscheidung, eine Entscheidung des Gerichts zu überprüfen, weist der Erste Generalanwalt die Überprüfung einem Generalanwalt zu.

(4) Nach Anhörung des Generalanwalts entscheidet die Überprüfungskammer in der Sache.

(5) Sie kann jedoch beim Gerichtshof anregen, die Rechtssache an einen größeren Spruchkörper zu verweisen.

(6) Ist die Entscheidung des Gerichts, die Gegenstand der Überprüfung ist, nach Artikel 256 Absatz 2 AEUV ergangen, entscheidet der Gerichtshof über die Kosten.

Siebter Titel
Gutachten

Artikel 196 Schriftliches Verfahren

(1) Ein Antrag auf Gutachten kann gemäß Artikel 218 Absatz 11 AEUV von einem Mitgliedstaat, dem Europäischen Parlament, dem Rat oder der Europäischen Kommission gestellt werden.

(2) Der Antrag auf Gutachten kann sich sowohl auf die Vereinbarkeit der beabsichtigten Übereinkunft mit den Verträgen als auch auf die Zuständigkeit der Union oder eines ihrer Organe für den Abschluss der Übereinkunft beziehen.

(3) Er wird den Mitgliedstaaten und den in Absatz 1 bezeichneten Organen zugestellt, denen vom Präsidenten eine Frist zur schriftlichen Stellungnahme gesetzt wird.

Artikel 197 Bestimmung des Berichterstatters und des Generalanwalts

Sogleich nach Eingang des Antrags auf Gutachten bestimmt der Präsident den Berichterstatter und weist der Erste Generalanwalt die Sache einem Generalanwalt zu.

Artikel 198 Mündliche Verhandlung

Der Gerichtshof kann entscheiden, dass das Verfahren vor ihm auch eine mündliche Verhandlung umfasst.

Artikel 199 Zeitraum, innerhalb dessen das Gutachten erstattet wird

Der Gerichtshof erstattet sein Gutachten, nach Anhörung des Generalanwalts, so rasch wie möglich.

Artikel 200 Bekanntgabe des Gutachtens

[1]Das Gutachten wird vom Präsidenten, den Richtern, die an der Beratung mitgewirkt haben, und dem Kanzler unterzeichnet und in öffentlicher Sitzung erstattet. [2]Es wird allen Mitgliedstaaten und den in Artikel 196 Absatz 1 bezeichneten Organen zugestellt.

Achter Titel
Besondere Verfahrensarten

Artikel 201 Rechtsmittel gegen Entscheidungen des Schiedsausschusses

(1) Der Schriftsatz, mit dem das in Artikel 18 Absatz 2 EAGV bezeichnete Rechtsmittel eingelegt wird, muss enthalten:

a) Namen und Wohnsitz des Rechtsmittelführers;

b) die Stellung des Unterzeichneten;

c) die Bezeichnung der angefochtenen Entscheidung des Schiedsausschusses;

d) die Bezeichnung der Gegenparteien;

e) eine kurze Darstellung des Sachverhalts;

f) die geltend gemachten Gründe und Argumente sowie eine kurze Darstellung der Gründe;

g) die Anträge des Rechtsmittelführers.

(2) Die Artikel 119 und 121 finden auf dieses Rechtsmittel Anwendung.

(3) Der Rechtsmittelschrift ist außerdem eine beglaubigte Kopie der angefochtenen Entscheidung beizufügen.

(4) Der Kanzler des Gerichtshofs ersucht sogleich nach Eingang der Rechtsmittelschrift die Kanzlei des Schiedsausschusses um Übermittlung der Akten der Sache an den Gerichtshof.

(5) [1]Auf das weitere Verfahren finden die Artikel 123 und 124 Anwendung. [2]Der Gerichtshof kann entscheiden, dass das Verfahren vor ihm auch eine mündliche Verhandlung umfasst.

(6) [1]Der Gerichtshof entscheidet durch Urteil. [2]Hebt er die Entscheidung des Ausschusses auf, so verweist er die Sache gegebenenfalls an den Ausschuss zurück.

Artikel 202   Verfahren im Sinne des Artikels 103 EAGV

(1) [1]In dem in Artikel 103 Absatz 3 EAGV bezeichneten Fall ist die Antragsschrift in vier Ausfertigungen einzureichen. [2]Ihr sind der Entwurf des betreffenden Abkommens oder der in Rede stehenden Vereinbarung, die Einwendungen der Europäischen Kommission gegenüber dem betroffenen Staat und alle sonstigen Belegunterlagen beizufügen.

(2) [1]Die Antragsschrift und ihre Anlagen werden der Europäischen Kommission zugestellt, die nach Zustellung über eine Frist von zehn Tagen zur schriftlichen Stellungnahme verfügt. [2]Die Frist kann vom Präsidenten nach Anhörung des betroffenen Staates verlängert werden.

(3) Nach Eingang dieser Stellungnahme, die dem betroffenen Staat zugestellt wird, entscheidet der Gerichtshof rasch nach Anhörung des Generalanwalts und, falls beantragt, des betroffenen Staates und der Europäischen Kommission.

Artikel 203   Verfahren im Sinne der Artikel 104 EAGV und 105 EAGV

[1]Für Anträge im Sinne von Artikel 104 Absatz 3 EAGV und Artikel 105 Absatz 2 EAGV gelten die Bestimmungen der Titel II und IV. [2]Sie werden auch dem Staat zugestellt, dem die Personen oder Unternehmen, gegen die der Antrag gerichtet ist, angehören.

Artikel 204   Verfahren gemäß Artikel 111 Absatz 3 EWR-Abkommen

(1) [1]In dem in Artikel 111 Absatz 3 EWR-Abkommen bezeichneten Fall wird der Gerichtshof durch ein Ersuchen der an dem Streit beteiligten Vertragsparteien angerufen. [2]Das Ersuchen wird den anderen Vertragsparteien, der Europäischen Kommission, der EFTA-Überwachungsbe-

hörde und gegebenenfalls den anderen Beteiligten zugestellt, denen ein Vorabentscheidungsersuchen, das die gleiche Frage nach der Auslegung des Unionsrechts aufwirft, zugestellt würde.

(2) Der Präsident setzt den Vertragsparteien und den anderen Beteiligten, denen das Ersuchen zugestellt wird, eine Frist zur schriftlichen Stellungnahme.

(3) [1]Das Ersuchen ist in einer der in Artikel 36 genannten Sprachen einzureichen. [2]Artikel 38 findet Anwendung. [3]Artikel 98 findet entsprechende Anwendung.

(4) [1]Sogleich nach Eingang des Ersuchens im Sinne von Absatz 1 bestimmt der Präsident den Berichterstatter. [2]Der Erste Generalanwalt weist das Ersuchen sogleich danach einem Generalanwalt zu.

(5) Der Gerichtshof erlässt nach Anhörung des Generalanwalts eine mit Gründen versehene Entscheidung über das Ersuchen.

(6) Die Entscheidung des Gerichtshofs wird vom Präsidenten, den Richtern, die an der Beratung mitgewirkt haben, und dem Kanzler unterzeichnet und den Vertragsparteien sowie den sonstigen in den Absätzen 1 und 2 bezeichneten Beteiligten zugestellt.

Artikel 205 Entscheidungen über Streitigkeiten im Sinne von Artikel 35 EUV in seiner vor Inkrafttreten des Vertrags von Lissabon geltenden Fassung

(1) [1]Im Fall von Streitigkeiten zwischen Mitgliedstaaten nach Artikel 35 Absatz 7 EUV in seiner vor Inkrafttreten des Vertrags von Lissabon geltenden und gemäß dem den Verträgen beigefügten Protokoll Nr. 36 fortgeltenden Fassung wird der Gerichtshof durch Antrag einer Streitpartei befasst. [2]Der Antrag wird den anderen Mitgliedstaaten und der Europäischen Kommission zugestellt.

(2) [1]Im Fall von Streitigkeiten zwischen Mitgliedstaaten und der Europäischen Kommission nach Artikel 35 Absatz 7 EUV in seiner vor Inkrafttreten des Vertrags von Lissabon geltenden und gemäß dem den Verträgen beigefügten Protokoll Nr. 36 fortgeltenden Fassung wird der Gerichtshof durch Antrag einer Streitpartei befasst. [2]Der Antrag wird den anderen Mitgliedstaaten, dem Rat und der Europäischen Kommission zugestellt, wenn er von einem Mitgliedstaat gestellt wird. [3]Der Antrag wird den Mitgliedstaaten und dem Rat zugestellt, wenn er von der Europäischen Kommission gestellt wird.

(3) Der Präsident setzt den Organen und den Mitgliedstaaten, denen der Antrag zugestellt wird, eine Frist zur schriftlichen Stellungnahme.

(4) [1]Sogleich nach Eingang des Antrags im Sinne der Absätze 1 und 2 bestimmt der Präsident den Berichterstatter. [2]Der Erste Generalanwalt weist den Antrag sogleich danach einem Generalanwalt zu.

(5) Der Gerichtshof kann entscheiden, dass das Verfahren vor ihm auch eine mündliche Verhandlung umfasst.

(6) Der Gerichtshof entscheidet über die Streitigkeit durch Urteil nach Stellung der Schlussanträge des Generalanwalts.

(7) Das Verfahren nach den vorstehenden Absätzen findet Anwendung, wenn ein zwischen den Mitgliedstaaten geschlossenes Übereinkommen dem Gerichtshof die Zuständigkeit für die Entscheidung über eine Streitigkeit zwischen Mitgliedstaaten oder zwischen Mitgliedstaaten und einem Organ verleiht.

Artikel 206 Anträge im Sinne von Artikel 269 AEUV

(1) ¹In dem in Artikel 269 AEUV bezeichneten Fall ist die Antragsschrift in vier Ausfertigungen einzureichen. ²Ihr sind alle einschlägigen Unterlagen und insbesondere gegebenenfalls die gemäß Artikel 7 EUV abgegebenen Stellungnahmen und Empfehlungen beizufügen.

(2) ¹Die Antragsschrift und ihre Anlagen werden je nach Lage des Falles dem Europäischen Rat oder dem Rat zugestellt, der nach Zustellung über eine Frist von zehn Tagen zur schriftlichen Stellungnahme verfügt. ²Eine Verlängerung der Frist ist nicht möglich.

(3) Die Antragsschrift und ihre Anlagen werden auch den anderen Mitgliedstaaten als dem betroffenen Staat sowie dem Europäischen Parlament und der Europäischen Kommission übermittelt.

(4) ¹Nach Eingang der in Absatz 2 bezeichneten Stellungnahme, die dem betroffenen Mitgliedstaat sowie den in Absatz 3 bezeichneten Staaten und Organen zugestellt wird, entscheidet der Gerichtshof nach Anhörung des Generalanwalts innerhalb eines Monats nach Eingang der Antragsschrift. ²Der Gerichtshof kann auf Antrag des betroffenen Mitgliedstaats, des Europäischen Rates oder des Rates oder von Amts wegen entscheiden, dass das Verfahren vor ihm auch eine mündliche Verhandlung umfasst, zu der alle in diesem Artikel bezeichneten Staaten und Organe geladen werden.

Schlussbestimmungen

Artikel 207 Zusätzliche Verfahrensordnung

Vorbehaltlich des Artikels 253 AEUV erlässt der Gerichtshof im Benehmen mit den beteiligten Regierungen für sich eine zusätzliche Verfahrensordnung mit Vorschriften über
a) Rechtshilfeersuchen;
b) Prozesskostenhilfe;
c) Anzeigen des Gerichtshofs wegen Eidesverletzungen von Zeugen und Sachverständigen gemäß Artikel 30 der Satzung.

Artikel 208 Durchführungsbestimmungen

Der Gerichtshof kann durch gesonderten Rechtsakt praktische Durchführungsbestimmungen zu dieser Verfahrensordnung erlassen.

Artikel 209 Aufhebung

Diese Verfahrensordnung tritt an die Stelle der Verfahrensordnung des Gerichtshofs der Europäischen Gemeinschaften vom 19. Juni 1991 in ihrer zuletzt am 24. Mai 2011 geänderten Fassung (*Amtsblatt der Europäischen Union*, L 162 vom 22. Juni 2011, Seite 17).

Artikel 210 Veröffentlichung und Inkrafttreten der vorliegenden Verfahrensordnung

Diese in den in Artikel 36 genannten Sprachen verbindliche Verfahrensordnung wird im *Amtsblatt der Europäischen Union* veröffentlicht und tritt am ersten Tag des zweiten Monats nach ihrer Veröffentlichung in Kraft.

Zusätzliche Verfahrensordnung des Gerichtshofs
vom 14. Januar 2014

(ABl. L 32 vom 1. 2. 2014, S. 37)

Inhaltsverzeichnis

DER GERICHTSHOF –

aufgrund des Artikels 207 der Verfahrensordnung[1],

aufgrund des Artikels 46 Absatz 3 der Akte über die Bedingungen des Beitritts der Republik Bulgarien und Rumäniens und die Anpassungen der Verträge, auf denen die Europäische Union beruht[2],

aufgrund des Artikels 45 der Akte über die Bedingungen des Beitritts der Republik Kroatien und die Anpassungen des Vertrags über die Europäische Union, des Vertrags über die Arbeitsweise der Europäischen Union und des Vertrags zur Gründung der Europäischen Atomgemeinschaft[3],

in Erwägung nachstehender Gründe:

(1) Der Gerichtshof hat am 25. September 2012 eine neue Verfahrensordnung erlassen, die mehrere inhaltliche und redaktionelle Änderungen gegenüber der von ihr aufgehobenen vorherigen Verfahrensordnung enthält. Diese Änderungen betreffen u.a. die in der neuen Verfahrensordnung verwendete Terminologie und das Verfahren zur Bewilligung von Prozesskostenhilfe. Sie sollten daher in den Text der Zusätzlichen Verfahrensordnung übernommen werden.

(2) Nach der Benennung neuer für die Behandlung der in den Artikeln 2, 4 und 6 der Zusätzlichen Verfahrensordnung geregelten Angelegenheiten zuständiger Stellen durch mehrere Mitgliedstaaten und dem Beitritt zur Europäischen Union der Republik Bulgarien und Rumäniens am 1. Januar 2007 sowie der Republik Kroatien am 1. Juli 2013 ist außerdem eine Aktualisierung der in den drei Anlagen zur Zusätzlichen Verfahrensordnung enthaltenen Listen erforderlich;

---

1) ABl. L 265 vom 29. 9. 2012, S. 1, in der Fassung vom 18. Juni 2013 (ABl. L 173 vom 26. 6. 2013, S. 65).

2) ABl. L 157 vom 21. 6. 2005, S. 203.

3) ABl. L 112 vom 24. 4. 2012, S. 21.

mit Genehmigung des Rates, die am 17. Dezember 2013 erteilt worden ist –

ERLÄSST FOLGENDE ZUSÄTZLICHE VERFAHRENSORDNUNG:

Kapitel I
Rechtshilfeersuchen

Artikel 1 [Inhalt des Rechtshilfeersuchens]

(1) Das Rechtshilfeersuchen ergeht durch Beschluss; dieser Beschluss muss enthalten: Namen, Vornamen, Stellung und Anschrift der Zeugen oder Sachverständigen, die Bezeichnung der Tatsachen, über die die Zeugen oder Sachverständigen zu vernehmen sind, die Bezeichnung der Parteien, ihrer Bevollmächtigten, Anwälte oder Beistände und ihrer Zustellungsanschrift sowie eine kurze Darstellung des Streitgegenstands.

(2) Der Kanzler stellt den Beschluss den Parteien zu.

Artikel 2 [Beschlussübermittlung]

(1) [1]Der Kanzler übermittelt den Beschluss der in Anlage I genannten zuständigen Stelle desjenigen Mitgliedstaats, in dessen Gebiet die Vernehmung der Zeugen oder Sachverständigen stattfinden soll. [2]Er fügt dem Rechtshilfeersuchen gegebenenfalls eine Übersetzung in die Sprache oder die Sprachen dieses Mitgliedstaats bei.

(2) Die in Absatz 1 bezeichnete Stelle leitet den Beschluss an das nach innerstaatlichem Recht zuständige Gericht weiter.

(3) [1]Das Gericht erledigt das Rechtshilfeersuchen nach den Vorschriften seines innerstaatlichen Rechts. [2]Nach Erledigung des Rechtshilfeersuchens gibt das ersuchte Gericht das Rechtshilfeersuchen und die im Zuge der Erledigung angefallenen Vorgänge mit einer Aufstellung der entstandenen Kosten an die in Absatz 1 bezeichnete Stelle zurück. [3]Diese Unterlagen werden dem Kanzler des Gerichtshofs übermittelt.

(4) Der Kanzler veranlasst die Übersetzung der betreffenden Schriftstücke in die Verfahrenssprache.

Artikel 3 [Rechtshilfekosten]

Der Gerichtshof übernimmt die durch die Rechtshilfe anfallenden Kosten; er kann sie gegebenenfalls den Parteien auferlegen.

Kapitel II
Prozesskostenhilfe

Artikel 4 [Zuweisung eines Anwalts]

(1) Der Gerichtshof bestimmt in dem Beschluss, mit dem er die Prozesskostenhilfe bewilligt, dass dem Antragsteller ein Anwalt beizuordnen ist.

(2) Schlägt der Antragsteller nicht selbst einen Anwalt vor oder hält es der Gerichtshof für untunlich, dem Vorschlag des Antragstellers zu folgen, so übermittelt der Kanzler eine Ausfertigung des Beschlusses und eine Kopie des Antrags auf Bewilligung von Prozesskostenhilfe der zuständigen Stelle des betroffenen Staates, die in Anlage II genannt ist.

(3) Unter Berücksichtigung der von dieser Stelle übermittelten Vorschläge bestimmt der Gerichtshof von Amts wegen den Anwalt, der dem Antragsteller beizuordnen ist.

Artikel 5 [Kosten und Vergütung]
Der Gerichtshof setzt die Kosten und Vergütung des Anwalts fest; auf Antrag kann ein Vorschuss auf diese Kosten und Vergütung ausbezahlt werden.

Kapitel III
Anzeigen wegen Eidesverletzungen von Zeugen und Sachverständigen

Artikel 6 [Falschaussage]
Hat ein Zeuge oder Sachverständiger vor dem Gerichtshof unter Eid falsch ausgesagt, so kann der Gerichtshof nach Anhörung des Generalanwalts beschließen, dies der in Anlage III genannten zuständigen Stelle des Mitgliedstaats anzuzeigen, dessen Gerichte für eine Strafverfolgung zuständig sind.

Artikel 7 [Inhalt und Zustellung des Beschlusses]
[1]Der Kanzler veranlasst die Zustellung des Beschlusses des Gerichtshofs. [2]In diesem Beschluss sind die Tatsachen und Umstände anzugeben, auf denen die Anzeige beruht.

Schlussbestimmungen

Artikel 8 [Aufhebung]
Diese Zusätzliche Verfahrensordnung tritt an die Stelle der Zusätzlichen Verfahrensordnung vom 4. Dezember 1974 (ABl. L 350 vom 28. 12. 1974, S. 29) in ihrer zuletzt am 21. Februar 2006 geänderten Fassung (ABl. L 72 vom 11. 3. 2006, S. 1).

Artikel 9 [Sprachen, Veröffentlichung; Inkrafttreten]
(1) [1]Diese Zusätzliche Verfahrensordnung ist in den in Artikel 36 der Verfahrensordnung genannten Sprachen verbindlich. [2]Sie wird im **Amtsblatt der Europäischen Union** veröffentlicht.

(2) Sie tritt mit dem Tag ihrer Veröffentlichung in Kraft.

Geschehen zu Luxemburg am 14. Januar 2014.

Anlage I

Liste gemäß Artikel 2 Absatz 1

Belgien
Service public fédéral Justice – Federale Overheidsdienst Justitie
Bulgarien
Министър на правосъдието
Tschechische Republik
Ministr spravedlnosti
Dänemark
Justitsministeriet
Deutschland
Bundesministerium der Justiz
Estland
Justiitsministeerium
Irland
Minister for Justice and Equality
Griechenland
Υπουργείο Δικαιοσύνης, Διαφάνειας και Ανθρωπίνων Δικαιωμάτων
Spanien
Ministerio de Justicia
Frankreich
Ministère de la justice
Kroatien
Ministarstvo pravosuđa
Italien
Ministero della Giustizia
Zypern
Υπουργός Δικαιοσύνης και Δημόσιας Τάξεως
Lettland
Latvijas Republikas Tieslietu ministrija
Litauen
Lietuvos Respublikos teisingumo ministerija
Luxemburg
Parquet général
Ungarn
Közigazgatási és Igazságügyi Minisztérium
Malta
Avukat Ġenerali
Niederlande
Minister van Veiligheid en Justitie

Österreich
Bundesministerium für Justiz
   Polen
Ministerstwo Sprawiedliwości
   Portugal
Ministro da Justiça
   Rumänien
Ministerul Justiţiei
   Slowenien
Ministrstvo za pravosodje
   Slowakei
Minister spravodlivosti
   Finnland
Oikeusministeriö
   Schweden
Regeringskansliet Justitiedepartementet
   Vereinigtes Königreich
Secretary of State for the Home Department

Anlage II

Liste gemäß Artikel 4 Absatz 2

Belgien
Service public fédéral Justice – Federale Overheidsdienst Justitie
   Bulgarien
Министър на правосъдието
   Tschechische Republik
Česká advokátní komora
   Dänemark
Justitsministeriet
   Deutschland
Bundesrechtsanwaltskammer
   Estland
Justiitsministeerium
   Irland
Minister for Justice and Equality
   Griechenland
Υπουργείο Δικαιοσύνης, Διαφάνειας και Ανθρωπίνων Δικαιωμάτων
   Spanien
Consejo General de la Abogacía Española

Frankreich
Ministère de la justice
   Kroatien
Ministarstvo pravosuđa
   Italien
Ministero della Giustizia
   Zypern
Υπουργός Δικαιοσύνης και Δημόσιας Τάξεως
   Lettland
Latvijas Republikas Tieslietu ministrija
   Litauen
Lietuvos Respublikos teisingumo ministerija
   Luxemburg
Ministère de la justice
   Ungarn
Közigazgatási és Igazságügyi Minisztérium
   Malta
Segretarju Parlamentari għall-Gustizzja
   Niederlande
Algemene Raad van de Nederlandse Orde van Advocaten
   Österreich
Bundesministerium für Justiz
   Polen
Ministerstwo Sprawiedliwości
   Portugal
Ministro da Justiça
   Rumänien
Uniunea Naţională a Barourilor din România
   Slowenien
Ministrstvo za pravosodje
   Slowakei
Slovenská advokátska komora
   Finnland
Oikeusministeriö
   Schweden
Sveriges advokatsamfund
   Vereinigtes Königreich
The Law Society, London (for applicants residing in England or Wales)
   The Law Society of Scotland, Edinburgh (for applicants residing in Scotland)

The Law Society of Northern Ireland, Belfast (for applicants residing in Northern Ireland)

Anlage III

Liste gemäß Artikel 6

Belgien
Service public fédéral Justice – Federale Overheidsdienst Justitie
    Bulgarien
Върховна касационна прокуратура на Република България
    Tschechische Republik
Nejvyšší státní zastupitelství
    Dänemark
Justitsministeriet
    Deutschland
Bundesministerium der Justiz
    Estland
Riigiprokuratuur
    Irland
The Office of the Attorney General
    Griechenland
Υπουργείο Δικαιοσύνης, Διαφάνειας και Ανθρωπίνων Δικαιωμάτων
    Spanien
Consejo General del Poder Judicial
    Frankreich
Ministère de la justice
    Kroatien
Zamjenik Glavnog državnog odvjetnika
    Italien
Ministero della Giustizia
    Zypern
Γενικός Εισαγγελέας της Δημοκρατίας
    Lettland
Latvijas Republikas Ģenerālprokuratūra
    Litauen
Lietuvos Respublikos generalinė prokuratūra
    Luxemburg
Parquet général
    Ungarn
Közigazgatási és Igazságügyi Minisztérium

Malta

Avukat Ġenerali

Niederlande

Minister van Veiligheid en Justitie

Österreich

Bundesministerium für Justiz

Polen

Ministerstwo Sprawiedliwości

Portugal

Ministro da Justiça

Rumänien

Parchetul de pe lângă Înalta Curte de Casație și Justiție

Slowenien

Ministrstvo za pravosodje

Slowakei

Minister spravodlivosti

Finnland

Keskusrikospoliisi

Schweden

Åklagarmyndigheten

Vereinigtes Königreich

Her Majesty's Attorney General (for witnesses or experts residing in England or Wales)

Her Majesty's Advocate General (for witnesses or experts residing in Scotland)

Her Majesty's Attorney General (for witnesses or experts residing in Northern Ireland)

Protokoll (Nr. 4)
über die Satzung des Europäischen Systems der Zentralbanken und
der Europäischen Zentralbank
vom 7. Februar 1992

(ABl. C 191 vom 29. 7. 1992, S. 68)

in der Fassung des Vertrags von Lissabon vom 13. 12. 2007 (ABl. C 306
vom 17. 12. 2007; ber. ABl. C 111 vom 6. 5. 2008, S. 56)[1]

Inhalt

DIE HOHEN VERTRAGSPARTEIEN –

IN DEM WUNSCH, die in Artikel 129 Absatz 2 des Vertrags über die
Arbeitsweise der Europäischen Union vorgesehene Satzung des Europäischen Systems der Zentralbanken und der Europäischen Zentralbank festzulegen –

SIND über folgende Bestimmungen ÜBEREINGEKOMMEN, die dem
Vertrag über die Europäische Union und dem Vertrag über die Arbeitsweise der Europäischen Union beigefügt sind:

Kapitel I
Das Europäische System der Zentralbanken

Artikel 1 Das Europäische System der Zentralbanken
[1]Die Europäische Zentralbank (EZB) und die nationalen Zentralbanken
bilden nach Artikel 282 Absatz 1 des Vertrags über die Arbeitsweise der
Europäischen Union das Europäische System der Zentralbanken (ESZB).
[2]Die EZB und die nationalen Zentralbanken der Mitgliedstaaten, deren
Währung der Euro ist, bilden das Eurosystem.

---

1) In der Fassung der Bekanntmachung vom 9. 5. 2008 (ABl. C 115 vom 9. 5. 2008,
   S. 230). Nachfolgende konsolidierte Fassungen des Protokolls (ABl. 2010 C 83 S. 230;
   ABl. 2012 C 326 S. 230; ABl. 2016 C 202 S. 230) sind berücksichtigt.

Das ESZB und die EZB nehmen ihre Aufgaben und ihre Tätigkeit nach Maßgabe der Verträge und dieser Satzung wahr.

Kapitel II
Ziele und Aufgaben des ESZB

Artikel 2 Ziele
[1]Nach Artikel 127 Absatz 1 und Artikel 282 Absatz 2 des Vertrags über die Arbeitsweise der Europäischen Union ist es das vorrangige Ziel des ESZB, die Preisstabilität zu gewährleisten. [2]Soweit dies ohne Beeinträchtigung des Zieles der Preisstabilität möglich ist, unterstützt das ESZB die allgemeine Wirtschaftspolitik in der Union, um zur Verwirklichung der in Artikel 3 des Vertrags über die Europäische Union festgelegten Ziele der Union beizutragen. [3]Das ESZB handelt im Einklang mit dem Grundsatz einer offenen Marktwirtschaft mit freiem Wettbewerb, wodurch ein effizienter Einsatz der Ressourcen gefördert wird, und hält sich dabei an die in Artikel 119 des Vertrags über die Arbeitsweise der Europäischen Union genannten Grundsätze.

Artikel 3 Aufgaben
3.1. Nach Artikel 127 Absatz 2 des Vertrags über die Arbeitsweise der Europäischen Union bestehen die grundlegenden Aufgaben des ESZB darin,
– die Geldpolitik der Union festzulegen und auszuführen,
– Devisengeschäfte im Einklang mit Artikel 219 des genannten Vertrags durchzuführen,
– die offiziellen Währungsreserven der Mitgliedstaaten zu halten und zu verwalten,
– das reibungslose Funktionieren der Zahlungssysteme zu fördern.
3.2. Nach Artikel 127 Absatz 3 des genannten Vertrags berührt Artikel 3.1 dritter Gedankenstrich nicht die Haltung und Verwaltung von Arbeitsguthaben in Fremdwährungen durch die Regierungen der Mitgliedstaaten.
3.3. Das ESZB trägt nach Artikel 127 Absatz 5 des genannten Vertrags zur reibungslosen Durchführung der von den zuständigen Behörden auf dem Gebiet der Aufsicht über die Kreditinstitute und der Stabilität des Finanzsystems ergriffenen Maßnahmen bei.

Artikel 4 Beratende Funktionen
Nach Artikel 127 Absatz 4 des Vertrags über die Arbeitsweise der Europäischen Union

a) wird die EZB gehört
  – zu allen Vorschlägen für Rechtsakte der Union im Zuständigkeits-
    bereich der EZB;
  – von den nationalen Behörden zu allen Entwürfen für Rechtsvor-
    schriften im Zuständigkeitsbereich der EZB, und zwar innerhalb
    der Grenzen und unter den Bedingungen, die der Rat nach dem
    Verfahren des Artikels 41 festlegt;
b) kann die EZB gegenüber den Organen, Einrichtungen oder sonstigen
  Stellen der Union und gegenüber den nationalen Behörden Stellungnahmen zu in ihren Zuständigkeitsbereich fallenden Fragen abgeben.

Artikel 5 Erhebung von statistischen Daten

5.1. [1]Zur Wahrnehmung der Aufgaben des ESZB holt die EZB mit Unterstützung der nationalen Zentralbanken die erforderlichen statistischen
Daten entweder von den zuständigen nationalen Behörden oder unmittelbar von den Wirtschaftssubjekten ein. [2]Zu diesem Zweck arbeitet sie mit
den Organen, Einrichtungen oder sonstigen Stellen der Union und den
zuständigen Behörden der Mitgliedstaaten oder dritter Länder sowie mit
internationalen Organisationen zusammen.

5.2. Die in Artikel 5.1 bezeichneten Aufgaben werden so weit wie
möglich von den nationalen Zentralbanken ausgeführt.

5.3. Soweit erforderlich, fördert die EZB die Harmonisierung der Bestimmungen und Gepflogenheiten auf dem Gebiet der Erhebung, Zusam-
menstellung und Weitergabe von statistischen Daten in den in ihre Zuständigkeit fallenden Bereichen.

5.4. Der Kreis der berichtspflichtigen natürlichen und juristischen Personen, die Bestimmungen über die Vertraulichkeit sowie die geeigneten
Vorkehrungen zu ihrer Durchsetzung werden vom Rat nach dem Verfahren des Artikels 41 festgelegt.

Artikel 6 Internationale Zusammenarbeit

6.1. Im Bereich der internationalen Zusammenarbeit, die die dem ESZB
übertragenen Aufgaben betrifft, beschließt die EZB, wie das ESZB vertreten wird.

6.2. Die EZB und, soweit diese zustimmt, die nationalen Zentralbanken
sind befugt, sich an internationalen Währungseinrichtungen zu beteiligen.

6.3. Die Artikel 6.1 und 6.2 finden unbeschadet des Artikels 138 des
Vertrags über die Arbeitsweise der Europäischen Union Anwendung.

Kapitel III
Organisation des ESZB

Artikel 7 Unabhängigkeit

[1]Nach Artikel 130 des Vertrags über die Arbeitsweise der Europäischen
Union darf bei der Wahrnehmung der ihnen durch die Verträge und diese

Satzung übertragenen Befugnisse, Aufgaben und Pflichten weder die EZB noch eine nationale Zentralbank noch ein Mitglied ihrer Beschlussorgane Weisungen von Organen, Einrichtungen oder sonstigen Stellen der Union, Regierungen der Mitgliedstaaten oder anderen Stellen einholen oder entgegennehmen. [2]Die Organe, Einrichtungen oder sonstigen Stellen der Union sowie die Regierungen der Mitgliedstaaten verpflichten sich, diesen Grundsatz zu beachten und nicht zu versuchen, die Mitglieder der Beschlussorgane der EZB oder der nationalen Zentralbanken bei der Wahrnehmung ihrer Aufgaben zu beeinflussen.

Artikel 8 Allgemeiner Grundsatz
Das ESZB wird von den Beschlussorganen der EZB geleitet.

Artikel 9 Die Europäische Zentralbank
9.1. Die EZB, die nach Artikel 282 Absatz 3 des Vertrags über die Arbeitsweise der Europäischen Union mit Rechtspersönlichkeit ausgestattet ist, besitzt in jedem Mitgliedstaat die weitestgehende Rechts- und Geschäftsfähigkeit, die juristischen Personen nach dessen Rechtsvorschriften zuerkannt ist; sie kann insbesondere bewegliches und unbewegliches Vermögen erwerben und veräußern sowie vor Gericht stehen.

9.2. Die EZB stellt sicher, dass die dem ESZB nach Artikel 127 Absätze 2, 3 und 5 des genannten Vertrags übertragenen Aufgaben entweder durch ihre eigene Tätigkeit nach Maßgabe dieser Satzung oder durch die nationalen Zentralbanken nach den Artikeln 12.1 und 14 erfüllt werden.

9.3. Die Beschlussorgane der EZB sind nach Artikel 129 Absatz 3 des genannten Vertrags der EZB-Rat und das Direktorium.

Artikel 10 Der EZB-Rat
10.1. Nach Artikel 283 Absatz 1 des Vertrags über die Arbeitsweise der Europäischen Union besteht der EZB-Rat aus den Mitgliedern des Direktoriums der EZB und den Präsidenten der nationalen Zentralbanken der Mitgliedstaaten, deren Währung der Euro ist.

10.2. [1]Jedes Mitglied des EZB-Rates hat eine Stimme. [2]Ab dem Zeitpunkt, zu dem die Anzahl der Mitglieder des EZB-Rates 21 übersteigt, hat jedes Mitglied des Direktoriums eine Stimme und beträgt die Anzahl der stimmberechtigten Präsidenten der nationalen Zentralbanken 15. [3]Die Verteilung und Rotation dieser Stimmrechte erfolgt wie im Folgenden dargelegt:

– Ab dem Zeitpunkt, zu dem die Anzahl der Präsidenten der nationalen Zentralbanken 15 übersteigt, und bis zu dem Zeitpunkt, zu dem diese 22 beträgt, werden die Präsidenten der nationalen Zentralbanken aufgrund der Position des Mitgliedstaats ihrer jeweiligen nationalen Zentralbank, die sich aus der Größe des Anteils des Mitgliedstaats ihrer jeweiligen nationalen Zentralbank am aggregierten Bruttoinlandsprodukt zu Marktpreisen und an der gesamten aggregierten Bilanz der monetären Finanzinstitute der Mitgliedstaaten, deren Währung der

Euro ist, ergibt, in zwei Gruppen eingeteilt. Die Gewichtung der Anteile am aggregierten Bruttoinlandsprodukt zu Marktpreisen und an der gesamten aggregierten Bilanz der monetären Finanzinstitute beträgt 5/6 bzw. 1/6. Die erste Gruppe besteht aus fünf Präsidenten der nationalen Zentralbanken und die zweite Gruppe aus den übrigen Präsidenten der nationalen Zentralbanken. [4]Die Präsidenten der nationalen Zentralbanken, die in die erste Gruppe eingeteilt werden, sind nicht weniger häufig stimmberechtigt als die Präsidenten der nationalen Zentralbanken der zweiten Gruppe. [5]Vorbehaltlich des vorstehenden Satzes werden der ersten Gruppe vier Stimmrechte und der zweiten Gruppe elf Stimmrechte zugeteilt.

—   Ab dem Zeitpunkt, zu dem die Anzahl der Präsidenten der nationalen Zentralbanken 22 beträgt, werden die Präsidenten der nationalen Zentralbanken nach Maßgabe der sich aufgrund der oben genannten Kriterien ergebenden Position in drei Gruppen eingeteilt. Die erste Gruppe, der vier Stimmrechte zugeteilt werden, besteht aus fünf Präsidenten der nationalen Zentralbanken. Die zweite Gruppe, der acht Stimmrechte zugeteilt werden, besteht aus der Hälfte aller Präsidenten der nationalen Zentralbanken, wobei jeder Bruchteil auf die nächste ganze Zahl aufgerundet wird. Die dritte Gruppe, der drei Stimmrechte zugeteilt werden, besteht aus den übrigen Präsidenten der nationalen Zentralbanken.

—   Innerhalb jeder Gruppe sind die Präsidenten der nationalen Zentralbanken für gleich lange Zeiträume stimmberechtigt.

—   Artikel 29.2 gilt für die Berechnung der Anteile am aggregierten Bruttoinlandsprodukt zu Marktpreisen. Die gesamte aggregierte Bilanz der monetären Finanzinstitute wird gemäß dem zum Zeitpunkt der Berechnung in der Union geltenden statistischen Berichtsrahmen berechnet.

—   Bei jeder Anpassung des aggregierten Bruttoinlandsprodukts zu Marktpreisen gemäß Artikel 29.3 oder bei jeder Erhöhung der Anzahl der Präsidenten der nationalen Zentralbanken wird die Größe und/oder die Zusammensetzung der Gruppen nach den oben genannten Grundsätzen angepasst.

—   Der EZB-Rat trifft mit einer Mehrheit von zwei Dritteln seiner stimmberechtigten und nicht stimmberechtigten Mitglieder alle zur Durchführung der oben genannten Grundsätze erforderlichen Maßnahmen und kann beschließen, den Beginn des Rotationssystems bis zu dem Zeitpunkt zu verschieben, zu dem die Anzahl der Präsidenten der nationalen Zentralbanken 18 übersteigt.

[1]Das Stimmrecht wird persönlich ausgeübt. [2]Abweichend von dieser Bestimmung kann in der in Artikel 12.3 genannten Geschäftsordnung vorgesehen werden, dass Mitglieder des EZB-Rates im Wege einer Telekonferenz an der Abstimmung teilnehmen können. [3]In der Geschäftsordnung

wird ferner vorgesehen, dass ein für längere Zeit an der Teilnahme an Sitzungen des EZB-Rates verhindertes Mitglied einen Stellvertreter als Mitglied des EZB-Rates benennen kann.

Die Stimmrechte aller stimmberechtigten und nicht stimmberechtigten Mitglieder des EZB-Rates gemäß den Artikeln 10.3, 40.2 und 40.3 bleiben von den Bestimmungen der vorstehenden Absätze unberührt.

[1]Soweit in dieser Satzung nichts anderes bestimmt ist, beschließt der EZB-Rat mit einfacher Mehrheit seiner stimmberechtigten Mitglieder. [2]Bei Stimmengleichheit gibt die Stimme des Präsidenten den Ausschlag.

[1]Der EZB-Rat ist beschlussfähig, wenn mindestens zwei Drittel seiner stimmberechtigten Mitglieder an der Abstimmung teilnehmen. [2]Ist der EZB-Rat nicht beschlussfähig, so kann der Präsident eine außerordentliche Sitzung einberufen, bei der für die Beschlussfähigkeit die Mindestteilnahmequote nicht erforderlich ist.

10.3. [1]Für alle Beschlüsse im Rahmen der Artikel 28, 29, 30, 32 und 33 werden die Stimmen im EZB-Rat nach den Anteilen der nationalen Zentralbanken am gezeichneten Kapital der EZB gewogen. [2]Die Stimmen der Mitglieder des Direktoriums werden mit Null gewogen. [3]Ein Beschluss, der die qualifizierte Mehrheit der Stimmen erfordert, gilt als angenommen, wenn die abgegebenen Ja-Stimmen mindestens zwei Drittel des gezeichneten Kapitals der EZB und mindestens die Hälfte der Anteilseigner vertreten. [4]Bei Verhinderung eines Präsidenten einer nationalen Zentralbank kann dieser einen Stellvertreter zur Abgabe seiner gewogenen Stimme benennen.

10.4. [1]Die Aussprachen in den Ratssitzungen sind vertraulich. [2]Der EZB-Rat kann beschließen, das Ergebnis seiner Beratungen zu veröffentlichen.

10.5. Der EZB-Rat tritt mindestens zehnmal im Jahr zusammen.

Artikel 11 Das Direktorium

11.1. Nach Artikel 283 Absatz 2 Buchstabe a des Vertrags über die Arbeitsweise der Europäischen Union besteht das Direktorium aus dem Präsidenten, dem Vizepräsidenten und vier weiteren Mitgliedern.

[1]Die Mitglieder erfüllen ihre Pflichten hauptamtlich. [2]Ein Mitglied darf weder entgeltlich noch unentgeltlich einer anderen Beschäftigung nachgehen, es sei denn, der EZB-Rat erteilt hierzu ausnahmsweise seine Zustimmung.

11.2. Nach Artikel 283 Absatz 2 Unterabsatz 2 des genannten Vertrags werden der Präsident, der Vizepräsident und die weiteren Mitglieder des Direktoriums vom Europäischen Rat auf Empfehlung des Rates, der hierzu das Europäische Parlament und den EZB-Rat anhört, aus dem Kreis der in Währungs- oder Bankfragen anerkannten und erfahrenen Persönlichkeiten mit qualifizierter Mehrheit ernannt.

Ihre Amtszeit beträgt acht Jahre; Wiederernennung ist nicht zulässig.

Nur Staatsangehörige der Mitgliedstaaten können Mitglieder des Direktoriums sein.

11.3. [1]Die Beschäftigungsbedingungen für die Mitglieder des Direktoriums, insbesondere ihre Gehälter und Ruhegehälter sowie andere Leistungen der sozialen Sicherheit, sind Gegenstand von Verträgen mit der EZB und werden vom EZB-Rat auf Vorschlag eines Ausschusses festgelegt, der aus drei vom EZB-Rat und drei vom Rat ernannten Mitgliedern besteht. [2]Die Mitglieder des Direktoriums haben in den in diesem Absatz bezeichneten Angelegenheiten kein Stimmrecht.

11.4. Ein Mitglied des Direktoriums, das die Voraussetzungen für die Ausübung seines Amtes nicht mehr erfüllt oder eine schwere Verfehlung begangen hat, kann auf Antrag des EZB-Rates oder des Direktoriums durch den Gerichtshof seines Amtes enthoben werden.

11.5. [1]Jedes persönlich anwesende Mitglied des Direktoriums ist berechtigt, an Abstimmungen teilzunehmen, und hat zu diesem Zweck eine Stimme. [2]Soweit nichts anderes bestimmt ist, beschließt das Direktorium mit der einfachen Mehrheit der abgegebenen Stimmen. [3]Bei Stimmengleichheit gibt die Stimme des Präsidenten den Ausschlag. [4]Die Abstimmungsmodalitäten werden in der in Artikel 12.3 bezeichneten Geschäftsordnung geregelt.

11.6. Das Direktorium führt die laufenden Geschäfte der EZB.

11.7. Frei werdende Sitze im Direktorium sind durch Ernennung eines neuen Mitglieds nach Artikel 11.2 zu besetzen.

Artikel 12   Aufgaben der Beschlussorgane

12.1. [1]Der EZB-Rat erlässt die Leitlinien und Beschlüsse, die notwendig sind, um die Erfüllung der dem ESZB nach den Verträgen und dieser Satzung übertragenen Aufgaben zu gewährleisten. [2]Der EZB-Rat legt die Geldpolitik der Union fest, gegebenenfalls einschließlich von Beschlüssen in Bezug auf geldpolitische Zwischenziele, Leitzinssätze und die Bereitstellung von Zentralbankgeld im ESZB, und erlässt die für ihre Ausführung notwendigen Leitlinien.

[1]Das Direktorium führt die Geldpolitik gemäß den Leitlinien und Beschlüssen des EZB-Rates aus. [2]Es erteilt hierzu den nationalen Zentralbanken die erforderlichen Weisungen. [3]Ferner können dem Direktorium durch Beschluss des EZB-Rates bestimmte Befugnisse übertragen werden.

Unbeschadet dieses Artikels nimmt die EZB die nationalen Zentralbanken zur Durchführung von Geschäften, die zu den Aufgaben des ESZB gehören, in Anspruch, soweit dies möglich und sachgerecht erscheint.

12.2. Die Vorbereitung der Sitzungen des EZB-Rates obliegt dem Direktorium.

12.3. Der EZB-Rat beschließt eine Geschäftsordnung, die die interne Organisation der EZB und ihrer Beschlussorgane regelt.

12.4. Der EZB-Rat nimmt die in Artikel 4 genannten beratenden Funktionen wahr.

12.5. Der EZB-Rat trifft die Beschlüsse nach Artikel 6.

Artikel 13 Der Präsident

13.1. Den Vorsitz im EZB-Rat und im Direktorium der EZB führt der Präsident oder, bei seiner Verhinderung, der Vizepräsident.

13.2. Unbeschadet des Artikels 38 vertritt der Präsident oder eine von ihm benannte Person die EZB nach außen.

Artikel 14 Nationale Zentralbanken

14.1. Nach Artikel 131 des Vertrags über die Arbeitsweise der Europäischen Union stellt jeder Mitgliedstaat sicher, dass seine innerstaatlichen Rechtsvorschriften einschließlich der Satzung seiner Zentralbank mit den Verträgen und dieser Satzung im Einklang stehen.

14.2. In den Satzungen der nationalen Zentralbanken ist insbesondere vorzusehen, dass die Amtszeit des Präsidenten der jeweiligen nationalen Zentralbank mindestens fünf Jahre beträgt.

[1]Der Präsident einer nationalen Zentralbank kann aus seinem Amt nur entlassen werden, wenn er die Voraussetzungen für die Ausübung seines Amtes nicht mehr erfüllt oder eine schwere Verfehlung begangen hat. [2]Gegen einen entsprechenden Beschluss kann der betreffende Präsident einer nationalen Zentralbank oder der EZB-Rat wegen Verletzung der Verträge oder einer bei ihrer Durchführung anzuwendenden Rechtsnorm den Gerichtshof anrufen. [3]Solche Klagen sind binnen zwei Monaten zu erheben; diese Frist läuft je nach Lage des Falles von der Bekanntgabe des betreffenden Beschlusses, ihrer Mitteilung an den Kläger oder in Ermangelung dessen von dem Zeitpunkt an, zu dem der Kläger von diesem Beschluss Kenntnis erlangt hat.

14.3. [1]Die nationalen Zentralbanken sind integraler Bestandteil des ESZB und handeln gemäß den Leitlinien und Weisungen der EZB. [2]Der EZB-Rat trifft die notwendigen Maßnahmen, um die Einhaltung der Leitlinien und Weisungen der EZB sicherzustellen, und kann verlangen, dass ihm hierzu alle erforderlichen Informationen zur Verfügung gestellt werden.

14.4. [1]Die nationalen Zentralbanken können andere als die in dieser Satzung bezeichneten Aufgaben wahrnehmen, es sei denn, der EZB-Rat stellt mit Zweidrittelmehrheit der abgegebenen Stimmen fest, dass diese Aufgaben nicht mit den Zielen und Aufgaben des ESZB vereinbar sind. [2]Derartige Aufgaben werden von den nationalen Zentralbanken in eigener Verantwortung und auf eigene Rechnung wahrgenommen und gelten nicht als Aufgaben des ESZB.

Artikel 15 Berichtspflichten

15.1. Die EZB erstellt und veröffentlicht mindestens vierteljährlich Berichte über die Tätigkeit des ESZB.

15.2. Ein konsolidierter Ausweis des ESZB wird wöchentlich veröffentlicht.

15.3. Nach Artikel 284 Absatz 3 des Vertrags über die Arbeitsweise der Europäischen Union unterbreitet die EZB dem Europäischen Parlament, dem Rat und der Kommission sowie auch dem Europäischen Rat einen Jahresbericht über die Tätigkeit des ESZB und die Geld- und Währungspolitik im vergangenen und im laufenden Jahr.

15.4. Die in diesem Artikel bezeichneten Berichte und Ausweise werden Interessenten kostenlos zur Verfügung gestellt.

Artikel 16 Banknoten

[1]Nach Artikel 128 Absatz 1 des Vertrags über die Arbeitsweise der Europäischen Union hat der EZB-Rat das ausschließliche Recht, die Ausgabe von Euro-Banknoten innerhalb der Union zu genehmigen. [2]Die EZB und die nationalen Zentralbanken sind zur Ausgabe dieser Banknoten berechtigt. [3]Die von der EZB und den nationalen Zentralbanken ausgegebenen Banknoten sind die einzigen Banknoten, die in der Union als gesetzliches Zahlungsmittel gelten.

Die EZB berücksichtigt so weit wie möglich die Gepflogenheiten bei der Ausgabe und der Gestaltung von Banknoten.

Kapitel IV
Währungspolitische Aufgaben und Operationen des ESZB

Artikel 17 Konten bei der EZB und den nationalen Zentralbanken
Zur Durchführung ihrer Geschäfte können die EZB und die nationalen Zentralbanken für Kreditinstitute, öffentliche Stellen und andere Marktteilnehmer Konten eröffnen und Vermögenswerte, einschließlich Schuldbuchforderungen, als Sicherheit hereinnehmen.

Artikel 18 Offenmarkt- und Kreditgeschäfte
18.1. Zur Erreichung der Ziele des ESZB und zur Erfüllung seiner Aufgaben können die EZB und die nationalen Zentralbanken

– auf den Finanzmärkten tätig werden, indem sie auf Euro oder sonstige Währungen lautende Forderungen und börsengängige Wertpapiere sowie Edelmetalle endgültig (per Kasse oder Termin) oder im Rahmen von Rückkaufsvereinbarungen kaufen und verkaufen oder entsprechende Darlehensgeschäfte tätigen;

– Kreditgeschäfte mit Kreditinstituten und anderen Marktteilnehmern abschließen, wobei für die Darlehen ausreichende Sicherheiten zu stellen sind.

18.2. Die EZB stellt allgemeine Grundsätze für ihre eigenen Offenmarkt- und Kreditgeschäfte und die der nationalen Zentralbanken auf; hierzu gehören auch die Grundsätze für die Bekanntmachung der Bedingungen, zu denen sie bereit sind, derartige Geschäfte abzuschließen.

Artikel 19   Mindestreserven

19.1. [1]Vorbehaltlich des Artikels 2 kann die EZB zur Verwirklichung der geldpolitischen Ziele verlangen, dass die in den Mitgliedstaaten niedergelassenen Kreditinstitute Mindestreserven auf Konten bei der EZB und den nationalen Zentralbanken unterhalten. [2]Verordnungen über die Berechnung und Bestimmung des Mindestreservesolls können vom EZB-Rat erlassen werden. [3]Bei Nichteinhaltung kann die EZB Strafzinsen erheben und sonstige Sanktionen mit vergleichbarer Wirkung verhängen.

19.2. Zum Zwecke der Anwendung dieses Artikels legt der Rat nach dem Verfahren des Artikels 41 die Basis für die Mindestreserven und die höchstzulässigen Relationen zwischen diesen Mindestreserven und ihrer Basis sowie die angemessenen Sanktionen fest, die bei Nichteinhaltung anzuwenden sind.

Artikel 20   Sonstige geldpolitische Instrumente

Der EZB-Rat kann mit der Mehrheit von zwei Dritteln der abgegebenen Stimmen über die Anwendung anderer Instrumente der Geldpolitik entscheiden, die er bei Beachtung des Artikels 2 für zweckmäßig hält.

Der Rat legt nach dem Verfahren des Artikels 41 den Anwendungsbereich solcher Instrumente fest, wenn sie Verpflichtungen für Dritte mit sich bringen.

Artikel 21   Geschäfte mit öffentlichen Stellen

21.1. Nach Artikel 123 des Vertrags über die Arbeitsweise der Europäischen Union sind Überziehungs- oder andere Kreditfazilitäten bei der EZB oder den nationalen Zentralbanken für Organe, Einrichtungen oder sonstige Stellen der Union, Zentralregierungen, regionale oder lokale Gebietskörperschaften oder andere öffentlich-rechtliche Körperschaften, sonstige Einrichtungen des öffentlichen Rechts oder öffentliche Unternehmen der Mitgliedstaaten ebenso verboten wie der unmittelbare Erwerb von Schuldtiteln von diesen durch die EZB oder die nationalen Zentralbanken.

21.2. Die EZB und die nationalen Zentralbanken können als Fiskalagent für die in Artikel 21.1 bezeichneten Stellen tätig werden.

21.3. Die Bestimmungen dieses Artikels gelten nicht für Kreditinstitute in öffentlichem Eigentum; diese werden von der jeweiligen nationalen Zentralbank und der EZB, was die Bereitstellung von Zentralbankgeld betrifft, wie private Kreditinstitute behandelt.

Artikel 22   Verrechnungs- und Zahlungssysteme

Die EZB und die nationalen Zentralbanken können Einrichtungen zur Verfügung stellen und die EZB kann Verordnungen erlassen, um effiziente und zuverlässige Verrechnungs- und Zahlungssysteme innerhalb der Union und im Verkehr mit dritten Ländern zu gewährleisten.

Artikel 23 Geschäfte mit dritten Ländern und internationalen
           Organisationen

Die EZB und die nationalen Zentralbanken sind befugt,

— mit Zentralbanken und Finanzinstituten in dritten Ländern und, soweit zweckdienlich, mit internationalen Organisationen Beziehungen aufzunehmen;

— alle Arten von Devisen und Edelmetalle per Kasse und per Termin zu kaufen und zu verkaufen; der Begriff „Devisen" schließt Wertpapiere und alle sonstigen Vermögenswerte, die auf beliebige Währungen oder Rechnungseinheiten lauten, unabhängig von deren Ausgestaltung ein;

— die in diesem Artikel bezeichneten Vermögenswerte zu halten und zu verwalten;

— alle Arten von Bankgeschäften, einschließlich der Aufnahme und Gewährung von Krediten, im Verkehr mit dritten Ländern sowie internationalen Organisationen zu tätigen.

Artikel 24 Sonstige Geschäfte

Die EZB und die nationalen Zentralbanken sind befugt, außer den mit ihren Aufgaben verbundenen Geschäften auch Geschäfte für ihren eigenen Betrieb und für ihre Bediensteten zu tätigen.

Kapitel V
Aufsicht

Artikel 25 Aufsicht

25.1. Die EZB kann den Rat, die Kommission und die zuständigen Behörden der Mitgliedstaaten in Fragen des Geltungsbereichs und der Anwendung der Rechtsvorschriften der Union hinsichtlich der Aufsicht über die Kreditinstitute sowie die Stabilität des Finanzsystems beraten und von diesen konsultiert werden.

25.2. Aufgrund von Verordnungen des Rates nach Artikel 127 Absatz 6 des Vertrags über die Arbeitsweise der Europäischen Union kann die EZB besondere Aufgaben im Zusammenhang mit der Aufsicht über die Kreditinstitute und sonstige Finanzinstitute mit Ausnahme von Versicherungsunternehmen wahrnehmen.

Kapitel VI
Finanzvorschriften des ESZB

Artikel 26 Jahresabschlüsse

26.1. Das Geschäftsjahr der EZB und der nationalen Zentralbanken beginnt am 1. Januar und endet am 31. Dezember.

26.2. [1]Der Jahresabschluss der EZB wird vom Direktorium nach den vom EZB-Rat aufgestellten Grundsätzen erstellt. [2]Der Jahresabschluss wird vom EZB-Rat festgestellt und sodann veröffentlicht.

26.3. Für Analyse- und Geschäftsführungszwecke erstellt das Direktorium eine konsolidierte Bilanz des ESZB, in der die zum ESZB gehörenden Aktiva und Passiva der nationalen Zentralbanken ausgewiesen werden.

26.4. Zur Anwendung dieses Artikels erlässt der EZB-Rat die notwendigen Vorschriften für die Standardisierung der buchmäßigen Erfassung und der Meldung der Geschäfte der nationalen Zentralbanken.

Artikel 27 Rechnungsprüfung

27.1. [1]Die Jahresabschlüsse der EZB und der nationalen Zentralbanken werden von unabhängigen externen Rechnungsprüfern, die vom EZB-Rat empfohlen und vom Rat anerkannt wurden, geprüft. [2]Die Rechnungsprüfer sind befugt, alle Bücher und Konten der EZB und der nationalen Zentralbanken zu prüfen und alle Auskünfte über deren Geschäfte zu verlangen.

27.2. Artikel 287 des Vertrags über die Arbeitsweise der Europäischen Union ist nur auf eine Prüfung der Effizienz der Verwaltung der EZB anwendbar.

Artikel 28 Kapital der EZB

28.1. [1]Das Kapital der EZB beträgt 5 Milliarden Euro. [2]Das Kapital kann durch einen Beschluss des EZB-Rates mit der in Artikel 10.3 vorgesehenen qualifizierten Mehrheit innerhalb der Grenzen und unter den Bedingungen, die der Rat nach dem Verfahren des Artikels 41 festlegt, erhöht werden.

28.2. [1]Die nationalen Zentralbanken sind alleinige Zeichner und Inhaber des Kapitals der EZB. [2]Die Zeichnung des Kapitals erfolgt nach dem gemäß Artikel 29 festgelegten Schlüssel.

28.3. Der EZB-Rat bestimmt mit der in Artikel 10.3 vorgesehenen qualifizierten Mehrheit, in welcher Höhe und welcher Form das Kapital einzuzahlen ist.

28.4. Vorbehaltlich des Artikels 28.5 können die Anteile der nationalen Zentralbanken am gezeichneten Kapital der EZB nicht übertragen, verpfändet oder gepfändet werden.

28.5. [1]Im Falle einer Anpassung des in Artikel 29 bezeichneten Schlüssels sorgen die nationalen Zentralbanken durch Übertragungen von Kapitalanteilen untereinander dafür, dass die Verteilung der Kapitalanteile dem angepassten Schlüssel entspricht. [2]Die Bedingungen für derartige Übertragungen werden vom EZB-Rat festgelegt.

Artikel 29 Schlüssel für die Kapitalzeichnung

29.1. Der Schlüssel für die Zeichnung des Kapitals der EZB, der 1998 bei der Errichtung des ESZB erstmals festgelegt wurde, wird festgelegt, indem jede nationale Zentralbank in diesem Schlüssel einen Gewichtsanteil, der der Summe folgender Prozentsätze entspricht, erhält:

- 50 % des Anteils des jeweiligen Mitgliedstaats an der Bevölkerung der Union im vorletzten Jahr vor der Errichtung des ESZB;
- 50 % des Anteils des jeweiligen Mitgliedstaats am Bruttoinlandsprodukt der Union zu Marktpreisen in den fünf Jahren vor dem vorletzten Jahr vor der Errichtung des ESZB.

Die Prozentsätze werden zum nächsten Vielfachen von 0,0001 Prozentpunkten ab- oder aufgerundet.

29.2. Die zur Anwendung dieses Artikels zu verwendenden statistischen Daten werden von der Kommission nach den Regeln bereitgestellt, die der Rat nach dem Verfahren des Artikels 41 festlegt.

29.3. [1]Die den nationalen Zentralbanken zugeteilten Gewichtsanteile werden nach Errichtung des ESZB alle fünf Jahre unter sinngemäßer Anwendung der Bestimmungen des Artikels 29.1 angepasst. [2]Der neue Schlüssel gilt jeweils vom ersten Tag des folgenden Jahres an.

29.4. Der EZB-Rat trifft alle weiteren Maßnahmen, die zur Anwendung dieses Artikels erforderlich sind.

Artikel 30 Übertragung von Währungsreserven auf die EZB

30.1. [1]Unbeschadet des Artikels 28 wird die EZB von den nationalen Zentralbanken mit Währungsreserven, die jedoch nicht aus Währungen der Mitgliedstaaten, Euro, IWF-Reservepositionen und SZR gebildet werden dürfen, bis zu einem Gegenwert von 50 Milliarden Euro ausgestattet. [2]Der EZB-Rat entscheidet über den von der EZB nach ihrer Errichtung einzufordernden Teil sowie die zu späteren Zeitpunkten einzufordernden Beträge. [3]Die EZB hat das uneingeschränkte Recht, die ihr übertragenen Währungsreserven zu halten und zu verwalten sowie für die in dieser Satzung genannten Zwecke zu verwenden.

30.2. Die Beiträge der einzelnen nationalen Zentralbanken werden entsprechend ihrem jeweiligen Anteil am gezeichneten Kapital der EZB bestimmt.

30.3. [1]Die EZB schreibt jeder nationalen Zentralbank eine ihrem Beitrag entsprechende Forderung gut. [2]Der EZB-Rat entscheidet über die Denominierung und Verzinsung dieser Forderungen.

30.4. Die EZB kann nach Artikel 30.2 über den in Artikel 30.1 festgelegten Betrag hinaus innerhalb der Grenzen und unter den Bedingungen, die der Rat nach dem Verfahren des Artikels 41 festlegt, die Einzahlung weiterer Währungsreserven fordern.

30.5. Die EZB kann IWF-Reservepositionen und SZR halten und verwalten sowie die Zusammenlegung solcher Aktiva vorsehen.

30.6. Der EZB-Rat trifft alle weiteren Maßnahmen, die zur Anwendung dieses Artikels erforderlich sind.

Artikel 31 Währungsreserven der nationalen Zentralbanken

31.1. Die nationalen Zentralbanken sind befugt, zur Erfüllung ihrer Verpflichtungen gegenüber internationalen Organisationen nach Artikel 23 Geschäfte abzuschließen.

31.2. Alle sonstigen Geschäfte mit den Währungsreserven, die den nationalen Zentralbanken nach den in Artikel 30 genannten Übertragungen verbleiben, sowie von Mitgliedstaaten ausgeführte Transaktionen mit ihren Arbeitsguthaben in Fremdwährungen bedürfen oberhalb eines bestimmten im Rahmen des Artikels 31.3 festzulegenden Betrags der Zustimmung der EZB, damit Übereinstimmung mit der Wechselkurs- und der Währungspolitik der Union gewährleistet ist.

31.3. Der EZB-Rat erlässt Richtlinien mit dem Ziel, derartige Geschäfte zu erleichtern.

Artikel 32 Verteilung der monetären Einkünfte der nationalen Zentralbanken

32.1. Die Einkünfte, die den nationalen Zentralbanken aus der Erfüllung der währungspolitischen Aufgaben des ESZB zufließen (im Folgenden als „monetäre Einkünfte" bezeichnet), werden am Ende eines jeden Geschäftsjahres nach diesem Artikel verteilt.

32.2. [1]Der Betrag der monetären Einkünfte einer jeden nationalen Zentralbank entspricht ihren jährlichen Einkünften aus Vermögenswerten, die sie als Gegenposten zum Bargeldumlauf und zu ihren Verbindlichkeiten aus Einlagen der Kreditinstitute hält. [2]Diese Vermögenswerte werden von den nationalen Zentralbanken gemäß den vom EZB-Rat zu erlassenden Richtlinien gesondert erfasst.

32.3. Wenn nach der Einführung des Euro die Bilanzstrukturen der nationalen Zentralbanken nach Auffassung des EZB-Rates die Anwendung des Artikels 32.2 nicht gestatten, kann der EZB-Rat beschließen, dass die monetären Einkünfte für einen Zeitraum von höchstens fünf Jahren abweichend von Artikel 32.2 nach einem anderen Verfahren bemessen werden.

32.4. Der Betrag der monetären Einkünfte einer jeden nationalen Zentralbank vermindert sich um den Betrag etwaiger Zinsen, die von dieser Zentralbank auf ihre Verbindlichkeiten aus Einlagen der Kreditinstitute nach Artikel 19 gezahlt werden.

[1]Der EZB-Rat kann beschließen, dass die nationalen Zentralbanken für Kosten in Verbindung mit der Ausgabe von Banknoten oder unter außergewöhnlichen Umständen für spezifische Verluste aus für das ESZB unternommenen währungspolitischen Operationen entschädigt werden. [2]Die Entschädigung erfolgt in einer Form, die der EZB-Rat für angemessen hält; diese Beträge können mit den monetären Einkünften der nationalen Zentralbanken verrechnet werden.

32.5. Die Summe der monetären Einkünfte der nationalen Zentralbanken wird vorbehaltlich etwaiger Beschlüsse des EZB-Rates nach Artikel 33.2 unter den nationalen Zentralbanken entsprechend ihren eingezahlten Anteilen am Kapital der EZB verteilt.

32.6. Die Verrechnung und den Ausgleich der Salden aus der Verteilung der monetären Einkünfte nimmt die EZB gemäß den Richtlinien des EZB-Rates vor.

32.7. Der EZB-Rat trifft alle weiteren Maßnahmen, die zur Anwendung dieses Artikels erforderlich sind.

Artikel 33 Verteilung der Nettogewinne und Verluste der EZB

33.1. Der Nettogewinn der EZB wird in der folgenden Reihenfolge verteilt:

a) Ein vom EZB-Rat zu bestimmender Betrag, der 20 % des Nettogewinns nicht übersteigen darf, wird dem allgemeinen Reservefonds bis zu einer Obergrenze von 100 % des Kapitals zugeführt;

b) der verbleibende Nettogewinn wird an die Anteilseigner der EZB entsprechend ihren eingezahlten Anteilen ausgeschüttet.

33.2. Falls die EZB einen Verlust erwirtschaftet, kann der Fehlbetrag aus dem allgemeinen Reservefonds der EZB und erforderlichenfalls nach einem entsprechenden Beschluss des EZB-Rates aus den monetären Einkünften des betreffenden Geschäftsjahres im Verhältnis und bis in Höhe der Beträge gezahlt werden, die nach Artikel 32.5 an die nationalen Zentralbanken verteilt werden.

Kapitel VII
Allgemeine Bestimmungen

Artikel 34 Rechtsakte

34.1. Nach Artikel 132 des Vertrags über die Arbeitsweise der Europäischen Union werden von der EZB

– Verordnungen erlassen, insoweit dies für die Erfüllung der in Artikel 3.1 erster Gedankenstrich, Artikel 19.1, Artikel 22 oder Artikel 25.2 festgelegten Aufgaben erforderlich ist; sie erlässt Verordnungen ferner in den Fällen, die in den Rechtsakten des Rates nach Artikel 41 vorgesehen werden;

– die Beschlüsse erlassen, die zur Erfüllung der dem ESZB nach den Verträgen und dieser Satzung übertragenen Aufgaben erforderlich sind;

– Empfehlungen und Stellungnahmen abgegeben.

34.2. Die EZB kann die Veröffentlichung ihrer Beschlüsse, Empfehlungen und Stellungnahmen beschließen.

34.3. Innerhalb der Grenzen und unter den Bedingungen, die der Rat nach dem Verfahren des Artikels 41 festlegt, ist die EZB befugt, Unternehmen bei Nichteinhaltung der Verpflichtungen, die sich aus ihren Verordnungen und Beschlüsse ergeben, mit Geldbußen oder in regelmäßigen Abständen zu zahlenden Strafgeldern zu belegen.

Artikel 35 Gerichtliche Kontrolle und damit verbundene Angelegenheiten

35.1. [1]Die Handlungen und Unterlassungen der EZB unterliegen in den Fällen und unter den Bedingungen, die in den Verträgen vorgesehen sind, der Überprüfung und Auslegung durch den Gerichtshof der Europäischen Union. [2]Die EZB ist in den Fällen und unter den Bedingungen, die in den Verträgen vorgesehen sind, klageberechtigt.

35.2. Über Rechtsstreitigkeiten zwischen der EZB einerseits und ihren Gläubigern, Schuldnern oder dritten Personen andererseits entscheiden die zuständigen Gerichte der einzelnen Staaten vorbehaltlich der Zuständigkeiten, die dem Gerichtshof der Europäischen Union zuerkannt sind.

35.3. [1]Die EZB unterliegt der Haftungsregelung des Artikels 340 des Vertrags über die Arbeitsweise der Europäischen Union. [2]Die Haftung der nationalen Zentralbanken richtet sich nach dem jeweiligen innerstaatlichen Recht.

35.4. Der Gerichtshof der Europäischen Union ist für Entscheidungen aufgrund einer Schiedsklausel zuständig, die in einem von der EZB oder für ihre Rechnung abgeschlossenen öffentlich-rechtlichen oder privatrechtlichen Vertrag enthalten ist.

35.5. Für einen Beschluss der EZB, den Gerichtshof der Europäischen Union anzurufen, ist der EZB-Rat zuständig.

35.6. [1]Der Gerichtshof der Europäischen Union ist für Streitsachen zuständig, die die Erfüllung der Verpflichtungen aus den Verträgen und dieser Satzung durch eine nationale Zentralbank betreffen. [2]Ist die EZB der Auffassung, dass eine nationale Zentralbank einer Verpflichtung aus den Verträgen und dieser Satzung nicht nachgekommen ist, so legt sie in der betreffenden Sache eine mit Gründen versehene Stellungnahme vor, nachdem sie der nationalen Zentralbank Gelegenheit zur Vorlage von Bemerkungen gegeben hat. [3]Entspricht die nationale Zentralbank nicht innerhalb der von der EZB gesetzten Frist deren Stellungnahme, so kann die EZB den Gerichtshof der Europäischen Union anrufen.

Artikel 36 Personal

36.1. Der EZB-Rat legt auf Vorschlag des Direktoriums die Beschäftigungsbedingungen für das Personal der EZB fest.

36.2. Der Gerichtshof der Europäischen Union ist für alle Streitsachen zwischen der EZB und deren Bediensteten innerhalb der Grenzen und unter den Bedingungen zuständig, die sich aus den Beschäftigungsbedingungen ergeben.

Artikel 37 (ex-Artikel 38) Geheimhaltung
37.1. Die Mitglieder der Leitungsgremien und des Personals der EZB und
der nationalen Zentralbanken dürfen auch nach Beendigung ihres Dienstverhältnisses keine der Geheimhaltungspflicht unterliegenden Informationen weitergeben.

37.2. Auf Personen mit Zugang zu Daten, die unter Unionsvorschriften
fallen, die eine Verpflichtung zur Geheimhaltung vorsehen, finden diese
Unionsvorschriften Anwendung.

Artikel 38 (ex-Artikel 39) Unterschriftsberechtigte
Die EZB wird Dritten gegenüber durch den Präsidenten oder zwei Direk-
toriumsmitglieder oder durch die Unterschriften zweier vom Präsidenten
zur Zeichnung im Namen der EZB gehörig ermächtigter Bediensteter der
EZB rechtswirksam verpflichtet.

Artikel 39 (ex-Artikel 40) Vorrechte und Befreiungen
Die EZB genießt im Hoheitsgebiet der Mitgliedstaaten die zur Erfüllung
ihrer Aufgabe erforderlichen Vorrechte und Befreiungen nach Maßgabe
des Protokolls über die Vorrechte und Befreiungen der Europäischen
Union.

Kapitel VIII
Änderung der Satzung und ergänzende Rechtsvorschriften

Artikel 40 (ex-Artikel 41) Vereinfachtes Änderungsverfahren
40.1. Nach Artikel 129 Absatz 3 des Vertrags über die Arbeitsweise der
Europäischen Union können das Europäische Parlament und der Rat gemäß dem ordentlichen Gesetzgebungsverfahren die Artikel 5.1, 5.2, 5.3,
17, 18, 19.1, 22, 23, 24, 26, 32.2, 32.3, 32.4, 32.6, 33.1.a und 36 dieser
Satzung entweder auf Empfehlung der EZB nach Anhörung der Kommission oder auf Vorschlag der Kommission nach Anhörung der EZB
ändern.

40.2. [1]Artikel 10.2 kann durch einen Beschluss des Europäischen Rates
entweder auf Empfehlung der Europäischen Zentralbank nach Anhörung
des Europäischen Parlaments und der Kommission oder auf Empfehlung
der Kommission nach Anhörung des Europäischen Parlaments und der
Europäischen Zentralbank einstimmig geändert werden. [2]Diese Änderungen treten erst nach Zustimmung der Mitgliedstaaten im Einklang mit
ihren jeweiligen verfassungsrechtlichen Vorschriften in Kraft.

40.3. Eine Empfehlung der EZB nach diesem Artikel erfordert einen
einstimmigen Beschluss des EZB-Rates.

Artikel 41 (ex-Artikel 42) Ergänzende Rechtsvorschriften
Nach Artikel 129 Absatz 4 des Vertrags über die Arbeitsweise der Europäischen Union erlässt der Rat entweder auf Vorschlag der Kommission
nach Anhörung des Europäischen Parlaments und der EZB oder auf Emp-

fehlung der EZB nach Anhörung des Europäischen Parlaments und der Kommission die in den Artikeln 4, 5.4, 19.2, 20, 28.1, 29.2, 30.4 und 34.3 dieser Satzung genannten Bestimmungen.

Kapitel IX
Übergangsbestimmungen und sonstige Bestimmungen für das ESZB

Artikel 42 (ex-Artikel 43) Allgemeine Bestimmungen

42.1. Eine Ausnahmeregelung nach Artikel 139 des Vertrags über die Arbeitsweise der Europäischen Union bewirkt, dass folgende Artikel dieser Satzung für den betreffenden Mitgliedstaat keinerlei Rechte oder Verpflichtungen entstehen lassen: Artikel 3, 6, 9.2, 12.1, 14.3, 16, 18, 19, 20, 22, 23, 26.2, 27, 30, 31, 32, 33, 34 und 49.

42.2. Die Zentralbanken der Mitgliedstaaten, für die eine Ausnahmeregelung nach Artikel 139 des genannten Vertrags gilt, behalten ihre währungspolitischen Befugnisse nach innerstaatlichem Recht.

42.3. In den Artikeln 3, 11.2 und 19 bezeichnet der Ausdruck „Mitgliedstaaten" gemäß Artikel 139 des genannten Vertrags die „Mitgliedstaaten, deren Währung der Euro ist".

42.4. In den Artikeln 9.2, 10.2, 10.3, 12.1, 16, 17, 18, 22, 23, 27, 30, 31, 32, 33.2 und 49 dieser Satzung ist der Ausdruck „nationale Zentralbanken" im Sinne von „Zentralbanken der Mitgliedstaaten, deren Währung der Euro ist" zu verstehen.

42.5. In den Artikeln 10.3 und 33.1 bezeichnet der Ausdruck „Anteilseigner" die „Zentralbanken der Mitgliedstaaten, deren Währung der Euro ist".

42.6. In den Artikeln 10.3 und 30.2 ist der Ausdruck „gezeichnetes Kapital der EZB" im Sinne von „Kapital der EZB, das von den Zentralbanken der Mitgliedstaaten gezeichnet wurde, deren Währung der Euro ist" zu verstehen.

Artikel 43 (ex-Artikel 44) Vorübergehende Aufgaben der EZB

Die EZB übernimmt die in Artikel 141 Absatz 1 des Vertrags über die Arbeitsweise der Europäischen Union genannten früheren Aufgaben des EWI, die infolge der für einen oder mehrere Mitgliedstaaten geltenden Ausnahmeregelungen nach der Einführung des Euro noch erfüllt werden müssen.

Bei der Vorbereitung der Aufhebung der Ausnahmeregelungen nach Artikel 140 des genannten Vertrags nimmt die EZB eine beratende Funktion wahr.

Artikel 44 (ex-Artikel 45) Der Erweiterte Rat der EZB

44.1. Unbeschadet des Artikels 129 Absatz 3 des Vertrags über die Arbeitsweise der Europäischen Union wird der Erweiterte Rat als drittes Beschlussorgan der EZB eingesetzt.

44.2. [1]Der Erweiterte Rat besteht aus dem Präsidenten und dem Vizepräsidenten der EZB sowie den Präsidenten der nationalen Zentralbanken. [2]Die weiteren Mitglieder des Direktoriums können an den Sitzungen des Erweiterten Rates teilnehmen, besitzen aber kein Stimmrecht.

44.3. Die Verantwortlichkeiten des Erweiterten Rates sind in Artikel 46 dieser Satzung vollständig aufgeführt.

Artikel 45 (ex-Artikel 46) Geschäftsordnung des Erweiterten Rates
45.1. Der Präsident oder bei seiner Verhinderung der Vizepräsident der EZB führt den Vorsitz im Erweiterten Rat der EZB.

45.2. Der Präsident des Rates und ein Mitglied der Kommission können an den Sitzungen des Erweiterten Rates teilnehmen, besitzen aber kein Stimmrecht.

45.3. Der Präsident bereitet die Sitzungen des Erweiterten Rates vor.

45.4. Abweichend von Artikel 12.3 gibt sich der Erweiterte Rat eine Geschäftsordnung.

45.5. Das Sekretariat des Erweiterten Rates wird von der EZB gestellt.

Artikel 46 (ex-Artikel 47) Verantwortlichkeiten des Erweiterten Rates
46.1. Der Erweiterte Rat
– nimmt die in Artikel 43 aufgeführten Aufgaben wahr,
– wirkt bei der Erfüllung der Beratungsfunktionen nach den Artikeln 4 und 25.1 mit.

46.2. Der Erweiterte Rat wirkt auch mit bei
– der Erhebung der statistischen Daten im Sinne von Artikel 5;
– den Berichtstätigkeiten der EZB im Sinne von Artikel 15;
– der Festlegung der erforderlichen Regeln für die Anwendung von Artikel 26 gemäß Artikel 26.4;
– allen sonstigen erforderlichen Maßnahmen zur Anwendung von Artikel 29 gemäß Artikel 29.4;
– der Festlegung der Beschäftigungsbedingungen für das Personal der EZB gemäß Artikel 36.

46.3. Der Erweiterte Rat trägt zu den Vorarbeiten bei, die erforderlich sind, um für die Währungen der Mitgliedstaaten, für die eine Ausnahmeregelung gilt, die Wechselkurse gegenüber dem Euro gemäß Artikel 140 Absatz 3 des Vertrags über die Arbeitsweise der Europäischen Union unwiderruflich festzulegen.

46.4. Der Erweiterte Rat wird vom Präsidenten der EZB über die Beschlüsse des EZB-Rates unterrichtet.

Artikel 47 (ex-Artikel 48) Übergangsbestimmungen für das Kapital der EZB
[1]Nach Artikel 29.1 wird jeder nationalen Zentralbank ein Gewichtsanteil in dem Schlüssel für die Zeichnung des Kapitals der EZB zugeteilt. [2]Abweichend von Artikel 28.3 zahlen Zentralbanken von Mitgliedstaaten, für

die eine Ausnahmeregelung gilt, das von ihnen gezeichnete Kapital nicht ein, es sei denn, dass der Erweiterte Rat mit der Mehrheit von mindestens zwei Dritteln des gezeichneten Kapitals der EZB und zumindest der Hälfte der Anteilseigner beschließt, dass als Beitrag zu den Betriebskosten der EZB ein Mindestprozentsatz eingezahlt werden muss.

Artikel 48 (ex-Artikel 49) Zurückgestellte Einzahlung von Kapital, Reserven und Rückstellungen der EZB

48.1. [1]Die Zentralbank eines Mitgliedstaats, dessen Ausnahmeregelung aufgehoben wurde, zahlt den von ihr gezeichneten Anteil am Kapital der EZB im selben Verhältnis wie die Zentralbanken von anderen Mitgliedstaaten ein, deren Währung der Euro ist, und überträgt der EZB Währungsreserven gemäß Artikel 30.1. [2]Die Höhe der Übertragungen bestimmt sich durch Multiplikation des in Euro zum jeweiligen Wechselkurs ausgedrückten Wertes der Währungsreserven, die der EZB schon gemäß Artikel 30.1 übertragen wurden, mit dem Faktor, der das Verhältnis zwischen der Anzahl der von der betreffenden nationalen Zentralbank gezeichneten Anteile und der Anzahl der von den anderen nationalen Zentralbanken bereits eingezahlten Anteile ausdrückt.

48.2. [1]Zusätzlich zu der Einzahlung nach Artikel 48.1 leistet die betreffende Zentralbank einen Beitrag zu den Reserven der EZB und zu den diesen Reserven gleichwertigen Rückstellungen sowie zu dem Betrag, der gemäß dem Saldo der Gewinn-und-Verlust-Rechnung zum 31. Dezember des Jahres vor der Aufhebung der Ausnahmeregelung noch für die Reserven und Rückstellungen bereitzustellen ist. [2]Die Höhe des zu leistenden Beitrags bestimmt sich durch Multiplikation des in der genehmigten Bilanz der EZB ausgewiesenen Betrags der Reserven im Sinne der obigen Definition mit dem Faktor, der das Verhältnis zwischen der Anzahl der von der betreffenden Zentralbank gezeichneten Anteile und der Anzahl der von den anderen Zentralbanken bereits eingezahlten Anteile ausdrückt.

48.3. [1]Wenn ein Land oder mehrere Länder Mitgliedstaaten werden und ihre jeweiligen nationalen Zentralbanken sich dem ESZB anschließen, erhöht sich automatisch das gezeichnete Kapital der EZB und der Höchstbetrag der Währungsreserven, die der EZB übertragen werden können. [2]Die Erhöhung bestimmt sich durch Multiplikation der dann jeweils geltenden Beträge mit dem Faktor, der das Verhältnis zwischen dem Gewichtsanteil der betreffenden beitretenden nationalen Zentralbanken und dem Gewichtsanteil der nationalen Zentralbanken, die bereits Mitglied des ESZB sind, im Rahmen des erweiterten Schlüssels für die Zeichnung des Kapitals ausdrückt. [3]Der Gewichtsanteil jeder nationalen Zentralbank am Schlüssel für die Zeichnung des Kapitals wird analog zu Artikel 29.1 und nach Maßgabe des Artikels 29.2 berechnet. [4]Die Bezugszeiträume für die statistischen Daten entsprechen denjenigen, die für die letzte der alle fünf Jahre vorzunehmenden Anpassungen der Gewichtsanteile nach Artikel 29.3 herangezogen wurden.

Artikel 49 (ex-Artikel 52) Umtausch von auf Währungen der Mitgliedstaaten lautenden Banknoten

Im Anschluss an die unwiderrufliche Festlegung der Wechselkurse nach Artikel 140 Absatz 3 des Vertrags über die Arbeitsweise der Europäischen Union ergreift der EZB-Rat die erforderlichen Maßnahmen, um sicherzustellen, dass Banknoten, die auf Währungen mit unwiderruflich festgelegten Wechselkursen lauten, von den nationalen Zentralbanken zu ihrer jeweiligen Parität umgetauscht werden.

Artikel 50 (ex-Artikel 53) Anwendbarkeit der Übergangsbestimmungen

Sofern und solange es Mitgliedstaaten gibt, für die eine Ausnahmeregelung gilt, sind die Artikel 42 bis 47 anwendbar.

Verordnung (EU) 2016/794 des Europäischen Parlaments und des Rates vom 11. Mai 2016 über die Agentur der Europäischen Union für die Zusammenarbeit auf dem Gebiet der Strafverfolgung (Europol) und zur Ersetzung und Aufhebung der Beschlüsse 2009/371/JI, 2009/934/JI, 2009/935/JI, 2009/936/JI und 2009/968/JI des Rates

(ABl. L 135 vom 24. 5. 2016, S. 53)

Inhalt

DAS EUROPÄISCHE PARLAMENT UND DER RAT DER EURO-PÄISCHEN UNION –

gestützt auf den Vertrag über die Arbeitsweise der Europäischen Union, insbesondere auf Artikel 88,

auf Vorschlag der Europäischen Kommission,

nach Zuleitung des Entwurfs des Gesetzgebungsakts an die nationalen Parlamente,

gemäß dem ordentlichen Gesetzgebungsverfahren[1],

in Erwägung nachstehender Gründe:

(1)   Europol wurde durch den Beschluss 2009/371/JI des Rates[2] als eine aus dem Gesamthaushaltsplan der Union finanzierte Stelle der Union errichtet, die die Aufgabe hat, die Tätigkeit der zuständigen Behörden der Mitgliedstaaten sowie deren Zusammenarbeit bei der Prävention und Bekämpfung von organisierter Kriminalität, Terrorismus und anderen Formen schwerer Kriminalität zu unterstützen

---

1) Standpunkt des Europäischen Parlaments vom 25. Februar 2014 (noch nicht im Amtsblatt veröffentlicht) und Standpunkt des Rates in erster Lesung vom 10. März 2016 (noch nicht im Amtsblatt veröffentlicht). Standpunkt des Europäischen Parlaments vom 11. Mai 2016 (noch nicht im Amtsblatt veröffentlicht).

2) Beschluss 2009/371/JI des Rates vom 6. April 2009 zur Errichtung des Europäischen Polizeiamts (Europol) (ABl. L 121 vom 15. 5. 2009, S. 37).

und zu verstärken, wenn zwei oder mehr Mitgliedstaaten betroffen sind. Der Beschluss 2009/371/JI ersetzte das Übereinkommen aufgrund von Artikel K.3 des Vertrags über die Europäische Union über die Errichtung eines Europäischen Polizeiamts (Europol-Übereinkommen)[1].

(2)   Nach Artikel 88 des Vertrags über die Arbeitsweise der Europäischen Union (AEUV) werden die Tätigkeiten und die Funktionsweise von Europol durch eine gemäß dem ordentlichen Gesetzgebungsverfahren angenommene Verordnung geregelt. In dem genannten Artikel ist ferner vorgesehen, dass Verfahren für die Kontrolle der Tätigkeiten von Europol durch das Europäische Parlament festgelegt werden und dass an dieser Kontrolle die nationalen Parlamente – im Einklang mit Artikel 12 Buchstabe c des Vertrags über die Europäische Union (EUV) und Artikel 9 des dem EUV und dem AEUV beigefügten Protokolls Nr. 1 über die Rolle der nationalen Parlamente in der Europäischen Union (im Folgenden „Protokoll Nr. 1") – beteiligt werden, um die demokratische Legitimität und Rechenschaftspflicht von Europol gegenüber den Unionsbürgern zu stärken. Daher sollte der Beschluss 2009/371/JI durch eine Verordnung ersetzt werden, die unter anderem Regeln für die parlamentarische Kontrolle festlegt.

(3)   Gemäß dem „Stockholmer Programm – Ein offenes und sicheres Europa im Dienste und zum Schutz der Bürger"[2] soll Europol zu „einem Knotenpunkt des Informationsaustauschs zwischen den Strafverfolgungsbehörden der Mitgliedstaaten, einem Diensteanbieter und einer Plattform für Strafverfolgungsdienste" weiterentwickelt werden. Die Bewertung der Arbeitsweise von Europol hat ergeben, dass ihre operative Effizienz verbessert werden muss, wenn dieses Ziel erreicht werden soll.

(4)   Große kriminelle oder terroristische Netze stellen eine erhebliche Bedrohung für die innere Sicherheit in der Union und für die Sicherheit und die Lebensbedingungen der Unionsbürger dar. Aktuelle Bedrohungsanalysen haben ergeben, dass kriminelle Gruppen immer häufiger in mehreren verschiedenen Kriminalitätsbereichen und über Landesgrenzen hinweg aktiv sind. Es ist daher notwendig, dass die nationalen Strafverfolgungsbehörden der Mitgliedstaaten mehr und enger untereinander zusammenarbeiten. In diesem Zusammenhang ist es erforderlich, Europol für eine bessere Unterstützung der Mitgliedstaaten bei der unionsweiten Verhütung, Analyse und Untersuchung von Straftaten auszurüsten. Dies wurde auch bei der Evaluierung des Beschlusses 2009/371/JI deutlich.

---

1) ABl. C 316 vom 27. 11. 1995, S. 1.
2) ABl. C 115 vom 4. 5. 2010, S. 1.

(5)   Diese Verordnung zielt darauf ab, die Regelungen des Beschlusses 2009/371/JI sowie der Beschlüsse 2009/934/JI[1], 2009/935/JI[2], 2009/936/JI[3] und 2009/968/JI[4] des Rates zur Umsetzung des Beschlusses 2009/371/JI zu ändern und zu erweitern. Da die vorzunehmenden Änderungen, sowohl was ihre Anzahl als auch was ihre Art betrifft, wesentlich sind, sollten diese Beschlüsse im Interesse der Klarheit in Bezug auf die durch diese Verordnung gebundenen Mitgliedstaaten vollständig ersetzt werden. Die durch diese Verordnung errichtete Agentur Europol sollte die Aufgaben des durch den Beschluss 2009/371/JI errichteten Europäischen Polizeiamts (Europol) übernehmen und wahrnehmen; der Beschluss 2009/371/ JI sollte daher aufgehoben werden.

(6)   Da schwere Kriminalität häufig nicht an Landesgrenzen Halt macht, sollte Europol Tätigkeiten der Mitgliedstaaten sowie deren Zusammenarbeit bei der Verhütung und Bekämpfung der zwei oder mehr Mitgliedstaaten betreffenden schweren Kriminalität unterstützen und verstärken. Da der Terrorismus eine der größten Bedrohungen für die Sicherheit in der Union darstellt, sollte Europol die Mitgliedstaaten bei der Bewältigung gemeinsamer Herausforderungen auf diesem Gebiet unterstützen. Als Strafverfolgungsagentur der Union sollte Europol zudem Maßnahmen und Kooperationen zur Bekämpfung von gegen die Interessen der Union gerichteten Straftaten unterstützen und verstärken. Unter den Kriminalitätsformen, deren Bekämpfung in die Zuständigkeit von Europol fällt, wird die Bekämpfung der organisierten Kriminalität auch weiterhin zu den Hauptzielen von Europol gehören, da diese aufgrund ihres Umfangs, ihrer Bedeutung und ihrer Folgen ein gemeinsames Vorgehen der Mitgliedstaaten erforderlich macht. Europol sollte ferner Hilfe bei der Verhütung und Bekämpfung damit in Zusammenhang stehender Straftaten anbieten, die begangen werden, um die Mittel zur Begehung von in den Zuständigkeitsbereich von Europol fallenden Handlungen zu beschaffen, um solche Handlungen zu erleichtern oder durchzuführen oder um dafür zu sorgen, dass sie straflos bleiben.

---

1) Beschluss 2009/934/JI des Rates vom 30. November 2009 zur Festlegung der Durchführungsbestimmungen zur Regelung der Beziehungen von Europol zu anderen Stellen einschließlich des Austauschs von personenbezogenen Daten und Verschlusssachen (ABl. L 325 vom 11. 12. 2009, S. 6).

2) Beschluss 2009/935/JI des Rates vom 30. November 2009 zur Festlegung der Liste der Drittstaaten und dritten Organisationen, mit denen Europol Abkommen schließt (ABl. L 325 vom 11. 12. 2009, S. 12).

3) Beschluss 2009/936/JI des Rates vom 30. November 2009 zur Annahme der Durchführungsbestimmungen für die von Europol geführten Arbeitsdateien zu Analysezwecken (ABl. L 325 vom 11. 12. 2009, S. 14).

4) Beschluss 2009/968/JI des Rates vom 30. November 2009 zur Annahme der Vertraulichkeitsregeln für Europol-Informationen (ABl. L 332 vom 17. 12. 2009, S. 17).

(7)   Europol sollte strategische Analysen und Bedrohungsanalysen erstellen, um den Rat und die Kommission bei der Festlegung der
vorrangigen strategischen und operativen Ziele der Union im Bereich der Kriminalitätsbekämpfung und bei der operativen Umsetzung dieser Ziele zu unterstützen. Auf Ersuchen der Kommission
gemäß Artikel 8 der Verordnung (EU) Nr. 1053/2013 des Rates[1]
sollte Europol auch Risikoanalysen, einschließlich Risikoanalysen
betreffend organisierte Kriminalität, durchführen, soweit die betroffenen Risiken die Anwendung des Schengen-Besitzstands
durch die Mitgliedstaaten beeinträchtigen können. Darüber hinaus
sollte Europol gegebenenfalls auf Ersuchen des Rates oder der
Kommission strategische Analysen und Bedrohungsanalysen erstellen, um zur Evaluierung von Staaten, die sich um den Beitritt
zur Union bewerben, beizutragen.

(8)   Angriffe auf Informationssysteme, die Unionseinrichtungen oder
zwei oder mehr Mitgliedstaaten betreffen, stellen eine zunehmende
Bedrohung in der Union dar, insbesondere angesichts ihrer Ge-
schwindigkeit und Auswirkungen sowie der Schwierigkeiten, deren
Quellen zu ermitteln. Bei der Prüfung von Ersuchen seitens Europols, Ermittlungen in Bezug auf einen schweren, vermutlich kri-
minell motivierten Angriff auf Informationssysteme, der Unionseinrichtungen oder zwei oder mehr Mitgliedstaaten betrifft, einzuleiten, sollten die Mitgliedstaaten Europol vor dem Hintergrund
dessen, dass eine rasche Reaktion für die erfolgreiche Bekämpfung
der Computerkriminalität von entscheidender Bedeutung ist, unverzüglich antworten.

(9)   Angesichts der Bedeutung der agenturenübergreifenden Zusammenarbeit sollten Europol und Eurojust dafür sorgen, dass die erforderlichen Vorkehrungen getroffen werden, um ihre operative
Zusammenarbeit möglichst optimal zu gestalten, wobei ihren jeweiligen Aufgaben und Mandaten sowie den Interessen der Mitgliedstaaten Rechnung zu tragen ist. Europol und Eurojust sollten
insbesondere einander über alle Tätigkeiten unterrichten, die die
Finanzierung gemeinsamer Ermittlungsgruppen erfordern.

(10) Wird eine gemeinsame Ermittlungsgruppe eingerichtet, sollten die
Bedingungen für die Teilnahme von Europol-Personal an der Gruppe in der entsprechenden Vereinbarung festgelegt werden. Europol
sollte ihre Teilnahme an solchen gemeinsamen Ermittlungsgrup-

---

1)   Verordnung (EU) Nr. 1053/2013 des Rates vom 7. Oktober 2013 zur Einführung eines
Evaluierungs- und Überwachungsmechanismus für die Überprüfung der Anwendung
des Schengen-Besitzstands und zur Aufhebung des Beschlusses des Exekutivausschusses vom 16. September 1998 bezüglich der Errichtung des Ständigen Ausschusses
Schengener Durchführungsübereinkommen (ABl. L 295 vom 6. 11. 2013, S. 27).

pen, die mit der Bekämpfung von unter die Ziele von Europol fallenden kriminellen Tätigkeiten befasst sind, protokollieren.

(11) Europol sollte die Mitgliedstaaten ersuchen können, in bestimmten Fällen, in denen eine grenzübergreifende Zusammenarbeit einen Zusatznutzen erbringen würde, strafrechtliche Ermittlungen einzuleiten, durchzuführen oder zu koordinieren. Europol sollte Eurojust von derartigen Ersuchen in Kenntnis setzen.

(12) Europol sollte als Knotenpunkt für den Informationsaustausch in der Union fungieren. Die von Europol erhobenen, gespeicherten, verarbeiteten, analysierten und ausgetauschten Informationen umfassen auch strafrechtlich relevante Erkenntnisse zu unter die Ziele von Europol fallenden Straftaten oder kriminellen Tätigkeiten, die gewonnen wurden, um festzustellen, ob konkrete kriminelle Handlungen begangen wurden oder möglicherweise in der Zukunft begangen werden.

(13) Um die Wirksamkeit von Europol als Knotenpunkt für den Informationsaustausch zu gewährleisten, sollten die Pflichten der Mitgliedstaaten bezüglich der Übermittlung von Daten, die Europol benötigt, damit es die von ihr verfolgten Ziele erreichen kann, eindeutig festgelegt werden. Die Mitgliedstaaten sollten bei der Erfüllung dieser Pflichten besonders darauf achten, dass sich die übermittelten Daten auf die Bekämpfung von Kriminalitätsformen beziehen, denen in den einschlägigen politischen Instrumenten der Union vorrangige strategische und operative Bedeutung beigemessen wird; insbesondere sollten sie auf die Prioritäten abstellen, die der Rat im Rahmen des EU-Politikzyklus zur Bekämpfung der organisierten und schweren internationalen Kriminalität festgelegt hat. Die Mitgliedstaaten sollten sich zudem darum bemühen, Informationen, die sie auf bilateraler oder multilateraler Ebene mit anderen Mitgliedstaaten über unter die Ziele von Europol fallende Straftaten austauschen, jeweils in Kopie an Europol zu übermitteln. Wenn die Mitgliedstaaten Europol die erforderlichen Informationen zur Verfügung stellen, sollten sie auch Informationen zu mutmaßlichen Cyber-Angriffen, die Unionseinrichtungen mit Sitz in ihrem Hoheitsgebiet betreffen, übermitteln. Die gegenseitige Zusammenarbeit und der Informationsaustausch sollten zugleich durch eine stärkere Unterstützung der Mitgliedstaaten durch Europol intensiviert werden. Europol sollte dem Europäischen Parlament, dem Rat, der Kommission und den nationalen Parlamenten einen jährlichen Bericht über die von den einzelnen Mitgliedstaaten übermittelten Informationen vorlegen.

(14) Um eine effiziente Zusammenarbeit zwischen Europol und den Mitgliedstaaten sicherzustellen, sollte in jedem Mitgliedstaat eine nationale Stelle (im Folgenden „nationale Stelle") eingerichtet wer-

den. Die nationale Stelle sollte die Verbindungsstelle zwischen den zuständigen nationalen Behörden und Europol sein und somit eine koordinierende Rolle hinsichtlich der Zusammenarbeit der Mitgliedstaaten mit Europol wahrnehmen und auf diese Weise dazu beitragen, sicherzustellen, dass die Mitgliedstaaten einheitlich auf die Ersuchen von Europol reagieren. Jede nationale Stelle sollte mindestens einen Verbindungsbeamten zu Europol entsenden, um einen kontinuierlichen und wirksamen Informationsaustausch zwischen Europol und den nationalen Stellen sicherzustellen und die gegenseitige Zusammenarbeit zu erleichtern.

(15) Aufgrund der dezentralen Struktur mancher Mitgliedstaaten sollte Europol, wenn ein rascher Informationsaustausch vonnöten ist, vorbehaltlich der von den Mitgliedstaaten festgelegten Bedingungen unmittelbar mit zuständigen Behörden in den Mitgliedstaaten zusammenarbeiten dürfen, darüber aber die nationalen Stellen auf deren Ersuchen hin auf dem Laufenden halten müssen.

(16) Die Einrichtung gemeinsamer Ermittlungsgruppen sollte gefördert werden, und Europol-Bedienstete sollten daran teilnehmen können. Um sicherzustellen, dass eine derartige Teilnahme in jedem Mitgliedstaat möglich ist, sieht die Verordnung (Euratom, EGKS, EWG) Nr. 549/69 des Rates[1] vor, dass für Europol-Bedienstete während ihrer Teilnahme an gemeinsamen Ermittlungsgruppen keine Befreiungen gelten.

(17) Außerdem muss Europol durch Erzielung von Effizienzgewinnen und Verschlankung ihrer Arbeitsverfahren besser aufgestellt werden.

(18) Die Kommission und die Mitgliedstaaten sollten im Verwaltungsrat von Europol (im Folgenden „Verwaltungsrat") vertreten sein, um dessen Arbeit wirksam beaufsichtigen zu können. Die Mitglieder und die stellvertretenden Mitglieder des Verwaltungsrats sollten unter Berücksichtigung ihrer relevanten Qualifikationen auf dem Gebiet des Managements, der Verwaltung und des Haushalts sowie ihrer Kenntnisse im Bereich der Strafverfolgungszusammenarbeit ernannt werden. In Abwesenheit des Mitglieds sollte das stellvertretende Mitglied als Mitglied fungieren.

(19) Alle im Verwaltungsrat vertretenen Parteien sollten sich um eine Begrenzung der Fluktuation ihrer Vertreter bemühen, um die Kontinuität der Arbeiten des Verwaltungsrats zu gewährleisten. Alle

---

1) Verordnung (Euratom, EGKS, EWG) Nr. 549/69 des Rates vom 25. März 1969 zur Bestimmung der Gruppen von Beamten und sonstigen Bediensteten der Europäischen Gemeinschaften, auf welche die Artikel 12, Artikel 13 Absatz 2 und Artikel 14 des Protokolls über die Vorrechte und Befreiungen der Gemeinschaften Anwendung finden (ABl. L 74 vom 27. 3. 1969, S. 1).

Parteien sollten eine ausgewogene Vertretung von Männern und Frauen im Verwaltungsrat anstreben.

(20) Der Verwaltungsrat sollte nichtstimmberechtigte Beobachter, deren Stellungnahme von Belang für die Beratungen sein kann, einschließlich eines vom Gemeinsamen parlamentarischen Kontrollausschuss benannten Vertreters, einladen können.

(21) Der Verwaltungsrat sollte mit den nötigen Befugnissen ausgestattet werden, um insbesondere den Haushaltsplan aufzustellen, seinen Vollzug zu überprüfen und entsprechende Finanzbestimmungen und Planungsdokumente zu erlassen, Regeln für die Vermeidung und Beilegung von Interessenkonflikten in Bezug auf seine Mitglieder anzunehmen, transparente Arbeitsverfahren für die Beschlussfassung durch den Exekutivdirektor von Europol festzulegen und den jährlichen Tätigkeitsbericht anzunehmen. Der Verwaltungsrat sollte gegenüber den Bediensteten der Agentur einschließlich des Exekutivdirektors die Befugnisse der Anstellungsbehörde ausüben.

(22) Um einen effizienten laufenden Betrieb von Europol sicherzustellen, sollte der Exekutivdirektor der rechtliche Vertreter und Leiter von Europol sein, seinen Aufgaben unabhängig nachkommen können und sicherstellen, dass Europol die in dieser Verordnung vorgesehenen Aufgaben erfüllt. Insbesondere sollte er für die Ausarbeitung der dem Verwaltungsrat zur Beschlussfassung vorzulegenden Haushalts- und Planungsdokumente sowie für die Umsetzung der mehrjährigen Programmplanung, der jährlichen Arbeitsprogramme und sonstiger Planungsdokumente Europols zuständig sein.

(23) Um die unter die Ziele von Europol fallenden Straftaten verhüten und bekämpfen zu können, benötigt Europol möglichst umfassende und aktuelle Informationen. Daher sollte Europol in der Lage sein, ihr von Mitgliedstaaten, Unionseinrichtungen, Drittstaaten, internationalen Organisationen und – unter in dieser Verordnung festgelegten strengen Bedingungen – von privaten Parteien übermittelte oder aus öffentlichen Quellen stammende Daten zu verarbeiten, um kriminelle Erscheinungsformen und Entwicklungstrends erkennen, Informationen über kriminelle Netze zusammentragen und Zusammenhänge zwischen Straftaten unterschiedlicher Art aufdecken zu können.

(24) Damit Europol den zuständigen Behörden der Mitgliedstaaten genauere Kriminalitätsanalysen zur Verfügung stellen kann, sollte sie bei der Datenverarbeitung auf neue Technologien zurückgreifen. Europol sollte imstande sein, Zusammenhänge zwischen Ermittlungen und typischen Vorgehensweisen unterschiedlicher krimineller Gruppen rasch zu erkennen, bei Datenabgleichen ermittelte

Übereinstimmungen zu überprüfen und sich einen klaren Überblick über Entwicklungstrends zu verschaffen, gleichzeitig aber auch hohe Standards in Bezug auf den Schutz personenbezogener Daten zu gewährleisten. Daher sollten die Datenbanken Europols so strukturiert sein, dass es Europol ermöglicht wird, die effizienteste IT-Struktur selbst auszuwählen. Europol sollte ferner imstande sein, als Diensteanbieter zu fungieren, insbesondere indem sie ein sicheres Netz für den Datenaustausch, wie z.B. die Netzanwendung für sicheren Datenaustausch (SIENA), mit dem Ziel zur Verfügung stellt, den Informationsaustausch zwischen den Mitgliedstaaten, Europol, anderen Unionseinrichtungen, Drittstaaten und internationalen Organisationen zu erleichtern. Um die Einhaltung hoher Datenschutzstandards zu gewährleisten, sollte geregelt werden, zu welchen Zwecken Daten verarbeitet werden dürfen, welche Datenzugriffsrechte bestehen und welche zusätzlichen Garantien im Einzelnen sichergestellt sein müssen. Insbesondere sollten die Grundsätze der Notwendigkeit und der Verhältnismäßigkeit bei der Verarbeitung von personenbezogenen Daten beachtet werden.

(25) Europol sollte gewährleisten, dass alle personenbezogenen Daten, die für operative Analysen verarbeitet werden, einem bestimmten Zweck zugeordnet werden. Damit Europol ihren Auftrag erfüllen kann, sollte sie jedoch alle erhaltenen personenbezogenen Daten zu dem Zweck verarbeiten können, Bezüge zwischen verschiedenen Kriminalitätsbereichen und Ermittlungen festzustellen, und sollte nicht darauf beschränkt sein, allein Verbindungen innerhalb eines einzigen Kriminalitätsbereichs ermitteln zu dürfen.

(26) Um Eigentumsrechte an Daten und den Schutz von personenbezogenen Daten zu wahren, sollten die Mitgliedstaaten, Unionseinrichtungen, Drittstaaten und internationale Organisationen den Zweck oder die Zwecke, zu dem/denen Europol von ihnen übermittelte Daten verarbeiten darf, festlegen und die Zugriffsrechte einschränken können. Zweckbegrenzung ist ein Grundprinzip der Verarbeitung personenbezogener Daten; insbesondere trägt sie zu Transparenz, rechtlicher Sicherheit und Berechenbarkeit bei und ist insbesondere bei der Zusammenarbeit im Bereich der Strafverfolgung von großer Bedeutung, in dem sich betroffene Personen für gewöhnlich nicht darüber bewusst sind, dass ihre personenbezogenen Daten erhoben und verarbeitet werden, und in dem die Nutzung von personenbezogenen Daten sehr bedeutende Auswirkungen auf das Leben und die Freiheiten des Einzelnen haben kann.

(27) Damit nur Personen auf die Daten zugreifen können, die den Zugang benötigen, um ihren Aufgaben nachkommen zu können, sollten in dieser Verordnung ausführliche Bestimmungen über Zugriffsrechte unterschiedlichen Umfangs für die von Europol verar-

beiteten Daten niedergelegt werden. Diese Bestimmungen sollten unbeschadet etwaiger Einschränkungen des Zugangs vonseiten der Datenlieferanten anwendbar sein, damit die Eigentumsrechte an den Daten gewahrt bleiben. Um die unter die Ziele von Europol fallenden Straftaten besser verhüten und bekämpfen zu können, sollte Europol die einzelnen Mitgliedstaaten über die sie betreffenden Informationen in Kenntnis setzen.

(28) Um die operative Zusammenarbeit unter den Agenturen zu verstärken und insbesondere Verbindungen zwischen den in den einzelnen Agenturen bereits vorhandenen Daten feststellen zu können, sollte Europol Eurojust und dem Europäischen Amt für Betrugsbekämpfung (OLAF) die Möglichkeit geben, mittels eines Treffer-/Kein-Treffer-Verfahrens auf die bei Europol vorliegenden Daten zuzugreifen. Europol und Eurojust sollten eine Arbeitsvereinbarung schließen können, mit der sie innerhalb ihrer jeweiligen Befugnisse einen gegenseitigen Zugang zu allen übermittelten Informationen und die Möglichkeit, diese Informationen zu durchsuchen, zum Zwecke eines Abgleichs im Einklang mit spezifischen Garantien und Datenschutzgarantien gemäß dieser Verordnung sicherstellen. Jeder Zugang zu den bei Europol vorliegenden Daten sollte durch technische Mittel auf die Informationen beschränkt werden, die in die jeweilige Zuständigkeit dieser Unionseinrichtungen fallen.

(29) Soweit es für die Erfüllung ihrer Aufgaben erforderlich ist, sollte Europol kooperative Beziehungen zu anderen Unionseinrichtungen, Behörden von Drittstaaten, internationalen Organisationen und privaten Parteien pflegen.

(30) Zur Sicherstellung der operativen Wirksamkeit sollte Europol, soweit es für die Erfüllung ihrer Aufgaben erforderlich ist, mit anderen Unionseinrichtungen, mit Behörden von Drittstaaten und mit internationalen Organisationen alle relevanten Informationen, mit Ausnahme personenbezogener Daten, austauschen können. Da Unternehmen, Wirtschaftsverbände, Nichtregierungsorganisationen und andere private Parteien Fachkenntnisse und Informationen von unmittelbarem Belang für die Verhütung und Bekämpfung von schwerer Kriminalität und Terrorismus besitzen, sollte Europol derartige Informationen auch mit privaten Parteien austauschen können. Um Störungen der Netz- und Informationssicherheit verursachende Cyberstraftaten zu verhüten und zu bekämpfen, sollte Europol entsprechend dem anwendbaren Gesetzgebungsakt der Union, mit dem Maßnahmen zur Gewährleistung einer hohen gemeinsamen Netz- und Informationssicherheit in der Union festgelegt werden, mit den für die Sicherheit von Netzen und Informationssystemen zuständigen nationalen Behörden zusammenarbeiten

und mit ihnen Informationen, mit Ausnahme personenbezogener Daten, austauschen.

(31) Soweit es für die Erfüllung ihrer jeweiligen Aufgaben erforderlich ist, sollte Europol relevante personenbezogene Daten mit anderen Unionseinrichtungen austauschen können.

(32) Die Hintergründe von schweren Straftaten und Terrorismus erstrecken sich oftmals über das Gebiet der Union hinaus. Soweit es für die Erfüllung ihrer Aufgaben erforderlich ist, sollte Europol daher personenbezogene Daten mit Behörden von Drittstaaten und mit internationalen Organisationen wie der Internationalen Kriminalpolizeilichen Organisation – Interpol austauschen können.

(33) Alle Mitgliedstaaten sind Mitglieder von Interpol. Interpol erhält, speichert und übermittelt für die Erfüllung ihres Auftrags Daten, um die zuständigen Strafverfolgungsbehörden dabei zu unterstützen, internationale Kriminalität zu verhüten und zu bekämpfen. Daher sollte die Zusammenarbeit zwischen Europol und Interpol gestärkt werden, indem ein effizienter Austausch personenbezogener Daten gefördert und zugleich die Achtung der Grundrechte und Grundfreiheiten hinsichtlich der automatischen Verarbeitung personenbezogener Daten gewährleistet wird. Wenn personenbezogene Daten von Europol an Interpol übermittelt werden, sollte diese Verordnung, insbesondere die Bestimmungen über grenzüberschreitende Datenübermittlungen, zur Anwendung kommen.

(34) Zur Gewährleistung der Zweckbegrenzung muss sichergestellt werden, dass personenbezogene Daten nur dann von Europol an Unionseinrichtungen, Drittländer und internationale Organisationen übermittelt werden dürfen, wenn dies zur Verhütung oder Bekämpfung von Straftaten, die unter die Ziele von Europol fallen, erforderlich ist. Hierzu ist es notwendig, sicherzustellen, dass bei der Übermittlung personenbezogener Daten der Empfänger zusagt, dass die Daten von dem Empfänger ausschließlich für den Zweck, für den sie ursprünglich übermittelt wurden, verwendet oder an eine zuständige Behörde eines Drittlandes weitergeleitet werden. Eine Weitergabe der Daten sollte im Einklang mit dieser Verordnung erfolgen.

(35) Europol sollte personenbezogene Daten an Behörden in Drittstaaten oder an internationale Organisationen nur übermitteln können, wenn dies auf der Grundlage eines Kommissionsbeschlusses geschieht, in dem festgestellt wird, dass der betreffende Staat beziehungsweise die betreffende Organisation ein angemessenes Datenschutzniveau (im Folgenden „Angemessenheitsbeschluss") gewährleistet, oder, wenn kein Angemessenheitsbeschluss vorliegt, auf der Grundlage einer von der Union gemäß Artikel 218 AEUV geschlossenen internationalen Übereinkunft oder auf der Grundlage

eines vor dem Inkrafttreten dieser Verordnung zwischen Europol und dem betreffenden Drittstaat geschlossenen Abkommens, das den Austausch personenbezogener Daten erlaubt. Diese Übereinkünfte behalten gemäß Artikel 9 des dem EUV und dem AEUV beigefügten Protokolls Nr. 36 über die Übergangsbestimmungen so lange Rechtswirkung, bis sie in Anwendung der Verträge aufgehoben, für nichtig erklärt oder geändert werden. Die Kommission sollte, sofern dies angebracht ist, nach Maßgabe der Verordnung (EG) Nr. 45/2001 des Europäischen Parlaments und des Rates[1] vor den Verhandlungen und während der Verhandlungen über eine internationale Übereinkunft den Europäischen Datenschutzbeauftragten (EDSB) konsultieren können. Stellt der Verwaltungsrat fest, dass die Zusammenarbeit mit einem Drittstaat oder einer internationalen Organisation operativ notwendig ist, so sollte er dem Rat vorschlagen können, die Kommission darauf hinzuweisen, dass ein Angemessenheitsbeschluss oder eine Empfehlung zur Aufnahme von Verhandlungen über eine internationale Übereinkunft im oben genannten Sinne erforderlich ist.

(36) In Fällen, in denen für eine Übermittlung personenbezogener Daten kein Angemessenheitsbeschluss, keine von der Union geschlossene internationale Übereinkunft und kein geltendes Kooperationsabkommen als Grundlage herangezogen werden kann, sollte der Verwaltungsrat im Einvernehmen mit dem EDSB eine Kategorie von Übermittlungen veranlassen dürfen, sofern spezifische Bedingungen dies erfordern und ausreichende Sicherheitsgarantien bestehen. Der Exekutivdirektor sollte die Datenübermittlung von Fall zu Fall ausnahmsweise veranlassen dürfen, sofern eine solche Übermittlung – unter Beachtung spezifischer strikter Bedingungen – erforderlich ist.

(37) Europol sollte personenbezogene Daten, die von privaten Parteien oder von Privatpersonen stammen, nur verarbeiten dürfen, wenn ihr diese Daten von einer der folgenden Stellen übermittelt werden: von einer nationalen Stelle nach deren nationalem Recht; von einer Kontaktstelle – in einem Drittstaat oder bei einer internationalen Organisation –, mit der eine geregelte Zusammenarbeit aufgrund eines vor Inkrafttreten dieser Verordnung gemäß Artikel 23 des Beschlusses 2009/371/JI geschlossenen Kooperationsabkommens, das den Austausch personenbezogener Daten erlaubt, besteht; von einer Behörde eines Drittstaats oder einer internationalen Organisation, die Gegenstand eines Angemessenheitsbeschlusses ist oder

---

1) Verordnung (EG) Nr. 45/2001 des Europäischen Parlaments und des Rates vom 18. Dezember 2000 zum Schutz natürlicher Personen bei der Verarbeitung personenbezogener Daten durch die Organe und Einrichtungen der Gemeinschaft und zum freien Datenverkehr (ABl. L 8 vom 12. 1. 2001, S. 1).

mit der die Union eine internationale Übereinkunft nach Artikel 218
AEUV geschlossen hat. In Fällen, in denen Europol personenbezogene Daten unmittelbar von privaten Parteien erhält und die nationale Stelle, die Kontaktstelle oder die betreffende Behörde nicht
ermittelt werden kann, sollte Europol diese personenbezogenen
Daten jedoch nur zu dem Zweck verarbeiten können, diese Stelle
oder Behörde zu ermitteln, und derartige Daten sollten gelöscht
werden, sofern diese Stelle oder Behörde diese personenbezogenen
Daten binnen vier Monaten nach der Übermittlung nicht erneut
vorlegt. Europol sollte mit technischen Mitteln sicherstellen, dass
solche Daten während dieses Zeitraums nicht für eine Verarbeitung
zu anderen Zwecken zugänglich sind.

(38) Vor dem Hintergrund der außergewöhnlichen und spezifischen Bedrohung, die von Terrorismus und anderen Formen schwerer Kriminalität für die innere Sicherheit der Union ausgeht, insbesondere
wenn das Internet zu ihrer Erleichterung, Förderung oder Begehung
verwendet wird, sollten die Tätigkeiten, die Europol auf der Grundlage dieser Verordnung ausüben sollte und die sich aus der Umsetzung der Schlussfolgerungen des Rates vom 12. März 2015 und
dem auf der Tagung des Europäischen Rates vom 23. April 2015
im Zusammenhang mit insbesondere diesen vorrangigen Bereichen
ergangenen Aufruf ergeben, insbesondere die entsprechende Praxis
des direkten Austauschs personenbezogener Daten mit privaten
Parteien, von der Kommission bis zum 1. Mai 2019 bewertet werden.

(39) Informationen, die eindeutig unter offenkundiger Verletzung der
Menschenrechte erlangt wurden, sollten nicht verarbeitet werden.

(40) Die Europol-spezifischen Datenschutzbestimmungen sollten gestärkt werden und sich auf die der Verordnung (EG) Nr. 45/2001
zugrunde liegenden Prinzipien stützen, um einen hohen Schutz des
Einzelnen in Bezug auf die Verarbeitung personenbezogener Daten
sicherzustellen. Da in der dem EUV und dem AEUV beigefügten
Erklärung Nr. 21 zum Schutz personenbezogener Daten im Bereich
der justiziellen Zusammenarbeit in Strafsachen und der polizeilichen Zusammenarbeit der spezifische Charakter der Verarbeitung
personenbezogener Daten im Strafverfolgungsbereich anerkannt
wird, sollten die Datenschutzbestimmungen von Europol autonom
sein, gleichzeitig jedoch mit anderen einschlägigen Datenschutzvorschriften, die im Bereich der polizeilichen Zusammenarbeit in
der Union Anwendung finden, vereinbar sein. Diese Vorschriften
umfassen insbesondere die Richtlinie (EU) 2016/680 des Europäi-

schen Parlaments und des Rates[1]) sowie das Übereinkommen zum Schutz des Menschen bei der automatischen Verarbeitung personenbezogener Daten des Europarates und dessen Empfehlung Nr. R(87) 15[2]).

(41) Jede Verarbeitung personenbezogener Daten durch Europol sollte gegenüber den betroffenen Personen nach Treu und Glauben sowie nach Recht und Gesetz erfolgen. Der Grundsatz der Verarbeitung nach Treu und Glauben erfordert Transparenz bei der Verarbeitung, die es den betroffenen Personen ermöglicht, ihre Rechte gemäß dieser Verordnung auszuüben. Es sollte jedoch möglich sein, den Zugang zu ihren personenbezogenen Daten zu verweigern oder einzuschränken, falls die Verweigerung oder Einschränkung unter gebührender Berücksichtigung der Interessen der betroffenen Personen erforderlich ist, um es Europol zu ermöglichen, ihre Aufgaben ordnungsgemäß wahrzunehmen, die Sicherheit und öffentliche Ordnung zu schützen oder Straftaten zu verhindern, sicherzustellen, dass nationale Ermittlungen nicht gefährdet werden, oder die Rechte und Freiheiten Dritter zu schützen. Im Interesse einer größeren Transparenz sollte Europol der Öffentlichkeit ein Dokument zugänglich machen, in dem die geltenden Bestimmungen für die Verarbeitung personenbezogener Daten und die Möglichkeiten der betroffenen Personen zur Ausübung ihrer Rechte in verständlicher Form dargelegt sind. Ferner sollte Europol ein Verzeichnis der Angemessenheitsbeschlüsse, Abkommen und Verwaltungsvereinbarungen in Bezug auf die Übermittlung personenbezogener Daten an Drittländer und internationale Organisationen auf ihrer Website veröffentlichen. Darüber hinaus sollte Europol zur Stärkung der Transparenz gegenüber den Unionsbürgern und der Rechenschaftspflicht von Europol auf ihrer Website eine Liste der Mitglieder ihres Verwaltungsrats und gegebenenfalls die Zusammenfassungen der Ergebnisse der Sitzungen des Verwaltungsrats veröffentlichen; dabei sind die Datenschutzvorschriften einzuhalten.

(42) Personenbezogene Daten sollten so weit wie möglich nach dem Grad ihrer Richtigkeit und ihrer Zuverlässigkeit unterschieden werden. Fakten sollten von persönlichen Einschätzungen unterschieden werden, um den Schutz der Einzelnen und die Qualität und Zuverlässigkeit der von Europol verarbeiteten Informationen sicherzu-

---

1) Richtlinie (EU) 2016/680 des Europäischen Parlaments und des Rates vom 27. April 2016 zum Schutz natürlicher Personen bei der Verarbeitung personenbezogener Daten durch die zuständigen Behörden zum Zwecke der Verhütung, Ermittlung, Aufdeckung oder Verfolgung von Straftaten oder der Strafvollstreckung sowie zum freien Datenverkehr und zur Aufhebung des Rahmenbeschlusses 2008/977/JI des Rates (ABl. L 119 vom 4. 5. 2016, S. 89).

2) Empfehlung R(87) 15 des Ministerkomitees des Europarates vom 17. September 1987 für die Mitgliedstaaten über die Nutzung personenbezogener Daten im Polizeibereich.

stellen. Bei Informationen aus öffentlich zugänglichen Quellen, insbesondere Internet-Quellen, sollte Europol so weit wie möglich die Richtigkeit dieser Informationen und die Zuverlässigkeit der Quelle einer sorgfältigen Beurteilung unterziehen, um den mit dem Internet verbundenen Risiken bezüglich des Schutzes personenbezogener Daten und der Privatsphäre zu begegnen.

(43) Im Rahmen der Strafverfolgungszusammenarbeit werden personenbezogene Daten verarbeitet, die sich auf unterschiedliche Kategorien von betroffenen Personen beziehen. Daher sollte Europol eine möglichst klare Unterscheidung zwischen personenbezogenen Daten in Bezug auf unterschiedliche Kategorien von betroffenen Personen vornehmen. Personenbezogene Daten von Opfern, Zeugen und Personen, die im Besitz sachdienlicher Informationen sind, sowie personenbezogene Daten von Minderjährigen sollten besonders geschützt werden. Europol sollte sensible Daten nur verarbeiten, wenn diese Daten andere, bereits von Europol verarbeitete personenbezogene Daten ergänzen.

(44) Angesichts des Grundrechts auf Schutz personenbezogener Daten sollte Europol personenbezogene Daten nicht länger speichern als für die Erfüllung ihrer Aufgaben erforderlich. Spätestens drei Jahre nach der ersten Verarbeitung der Daten sollte geprüft werden, ob eine weitere Speicherung dieser Daten erforderlich ist.

(45) Europol und die Mitgliedstaaten sollten die erforderlichen technischen und organisatorischen Maßnahmen ergreifen, um die Sicherheit personenbezogener Daten zu garantieren.

(46) Jede betroffene Person sollte das Recht haben, die sie betreffenden personenbezogenen Daten einzusehen, diese Daten gegebenenfalls berichtigen zu lassen, falls sie unzutreffend sind, und diese Daten löschen oder ihre Verarbeitung einschränken zu lassen, wenn sie nicht mehr benötigt werden. Die Kosten im Zusammenhang mit der Ausübung des Rechts auf Zugang zu den eigenen personenbezogenen Daten sollten kein Hindernis für die tatsächliche Wahrnehmung dieses Rechts darstellen. Die Rechte der betroffenen Person und die Ausübung dieser Rechte sollten die Europol auferlegten Pflichten unberührt lassen und den in dieser Verordnung niedergelegten Einschränkungen unterliegen.

(47) Zum Schutz der Rechte und der Grundfreiheiten der betroffenen Personen ist es erforderlich, in dieser Verordnung eine klare Verteilung der Verantwortlichkeiten festzulegen. Die Mitgliedstaaten sollten vor allem für die Richtigkeit von Daten sowie dafür verantwortlich sein, die von ihnen an Europol übermittelten Daten stets auf dem neuesten Stand zu halten und die Rechtmäßigkeit der Datenübermittlung sicherzustellen. Europol sollte für die Richtigkeit von Daten sowie dafür verantwortlich sein, die ihr von anderen Da-

tenlieferanten übermittelten oder aus den eigenen Analysen von
Europol hervorgegangenen Daten stets auf dem neuesten Stand zu
halten. Europol sollte sicherstellen, dass alle Daten nach Treu und
Glauben und auf rechtmäßige Weise verarbeitet und nur für einen
bestimmten Zweck erhoben und verarbeitet werden. Europol sollte
auch dafür sorgen, dass die Daten angemessen, relevant und in Bezug auf den Zweck der Verarbeitung verhältnismäßig sind, dass sie
nicht länger als für den Zweck der Verarbeitung erforderlich gespeichert werden und dass sie auf eine Weise verarbeitet werden,
die eine angemessene Sicherheit der personenbezogenen Daten und
die Vertraulichkeit der Datenverarbeitung gewährleistet.

(48) Zum Zwecke der Überprüfung der Rechtmäßigkeit der Datenverarbeitung, der Eigenkontrolle und der Sicherstellung der Unverfälschtheit und Sicherheit der Daten sollte Europol jedwede Erhebung, Änderung, Offenlegung, Verknüpfung oder Löschung personenbezogener Daten sowie jedweden Zugriff auf diese Daten
schriftlich festhalten. Europol sollte verpflichtet sein, mit dem
EDSB zusammenzuarbeiten und diesem auf Verlangen ihre Protokolle oder Unterlagen vorzulegen, damit die betreffenden Verarbeitungsvorgänge anhand dieser Unterlagen kontrolliert werden
können.

(49) Europol sollte einen Datenschutzbeauftragten benennen, der Europol bei der Überwachung der Einhaltung dieser Verordnung unterstützt. Der Datenschutzbeauftragte sollte eine Position bekleiden,
die es ihm ermöglicht, seinen Pflichten und Aufgaben unabhängig
und wirksam nachzugehen, und er sollte mit den dazu erforderlichen Mitteln ausgestattet werden.

(50) Unabhängige, transparente, rechenschaftspflichtige und effektive
Aufsichtsstrukturen sind für den Schutz des Einzelnen im Hinblick
auf die Verarbeitung personenbezogener Daten, wie in Artikel 8
Absatz 3 der Charta der Grundrechte der Europäischen Union festgelegt, von wesentlicher Bedeutung. Die Rechtmäßigkeit der von
den Mitgliedstaaten an Europol übermittelten personenbezogenen
Daten sollte von den für die Überwachung der Verarbeitung personenbezogener Daten zuständigen nationalen Behörden überwacht werden. Der EDSB sollte die Rechtmäßigkeit der Datenverarbeitung durch Europol in völliger Unabhängigkeit überwachen.
In dieser Hinsicht ist der Mechanismus der vorherigen Konsultation
eine wichtige Garantie in Bezug auf neue Arten von Verarbeitungsvorgängen. Dies sollte nicht für spezifische individuelle Verar-
beitungstätigkeiten wie Projekte der operativen Analysen gelten, sondern für die Nutzung neuer IT-Systeme zur Verarbeitung personenbezogener Daten und für wesentliche Änderungen dieser Systeme.

(51) Es ist wichtig, eine verstärkte und wirksame Überwachung von Europol sicherzustellen und zu gewährleisten, dass sich der EDSB auf geeignete Fachkompetenz im Bereich des Datenschutzes bei der Strafverfolgung stützen kann, wenn er die Verantwortung für die datenschutzrechtliche Überwachung von Europol übernimmt. In Einzelfragen, die eine Mitwirkung von nationaler Seite erfordern, sollten der EDSB und die nationalen Kontrollbehörden eng zusammenarbeiten und sie sollten die einheitliche Anwendung dieser Verordnung in der gesamten Union sicherstellen.

(52) Zwecks Erleichterung der Zusammenarbeit zwischen dem EDSB und den nationalen Kontrollbehörden, jedoch unbeschadet der Unabhängigkeit des EDSB und seiner Verantwortung für die datenschutzrechtliche Überwachung von Europol, sollten diese regelmäßig im Rahmen des Beirats für die Zusammenarbeit zusammenkommen; dieser sollte als Beratungsgremium Stellungnahmen, Leitlinien, Empfehlungen und bewährte Verfahren zu verschiedenen Themen mit nationalem Bezug formulieren.

(53) Da Europol ferner nicht operative personenbezogene Daten verarbeitet, die in keinem Zusammenhang mit strafrechtlichen Ermittlungen stehen, etwa personenbezogene Daten von Europol-Personal, Dienstleistern oder Besuchern, sollten derartige Daten nach Maßgabe der Verordnung (EG) Nr. 45/2001 verarbeitet werden.

(54) Der EDSB sollte Beschwerden von betroffenen Personen entgegennehmen und ihnen nachgehen. Die auf eine Beschwerde folgende Untersuchung sollte vorbehaltlich einer gerichtlichen Überprüfung so weit gehen, wie dies im Einzelfall angemessen ist. Die nationale Kontrollbehörde sollte die betroffene Person innerhalb einer angemessenen Frist über den Stand und die Ergebnisse der Beschwerde unterrichten.

(55) Einzelpersonen sollten Rechtsmittel gegen sie betreffende Entscheidungen des EDSB einlegen können.

(56) Europol sollte abgesehen von der Haftung im Falle unrechtmäßiger Datenverarbeitung den für die Organe, Einrichtungen, Ämter und Agenturen der Union geltenden allgemeinen Bestimmungen über die vertragliche und außervertragliche Haftung unterliegen.

(57) Für eine betroffene Einzelperson kann es unklar sein, ob der infolge einer unrechtmäßigen Datenverarbeitung erlittene Schaden aus einer Maßnahme Europols oder aber eines Mitgliedstaats resultiert. Daher sollten Europol und der Mitgliedstaat, in dem die Maßnahme, die den Schaden ausgelöst hat, erfolgt ist, gesamtschuldnerisch für den Schaden haften.

(58) Die Rolle des Europäischen Parlaments bei der Kontrolle der Tätigkeiten von Europol, an der auch die nationalen Parlamente beteiligt sind, ist zu beachten, wobei es jedoch erforderlich ist, dass

Europol eine transparente und voll rechenschaftspflichtige interne Organisation ist. Zu diesem Zweck sollten im Lichte von Artikel 88 AEUV Verfahren für die Kontrolle der Tätigkeiten von Europol durch das Europäische Parlament und die nationalen Parlamente festgelegt werden. Diese Verfahren sollten Artikel 12 Buchstabe c EUV und Artikel 9 des Protokolls Nr. 1 unterliegen, in dem vorgesehen ist, dass das Europäische Parlament und die nationalen Parlamente gemeinsam festlegen, wie eine effiziente und regelmäßige Zusammenarbeit zwischen den Parlamenten innerhalb der Union gestaltet und gefördert werden kann. Die festzulegenden Verfahren für die Kontrolle der Tätigkeiten von Europol sollten dem Erfordernis gebührend Rechnung tragen, sicherzustellen, dass das Europäische Parlament und die nationalen Parlamente gleichberechtigt sind und dass operative Informationen vertraulich zu behandeln sind. Jedoch ist die Art der Kontrolle der Regierungen durch die nationalen Parlamente hinsichtlich der Tätigkeiten der Union Sache der besonderen verfassungsrechtlichen Gestaltung und Praxis jedes Mitgliedstaats.

(59) Für die Europol-Bediensteten sollten das Statut der Beamten der Europäischen Union (im Folgenden „Beamtenstatut") und die Beschäftigungsbedingungen für die sonstigen Bediensteten der Europäischen Union (im Folgenden „Beschäftigungsbedingungen für die sonstigen Bediensteten") gemäß Verordnung (EWG, Euratom, EGKS) Nr. 259/68[1]) gelten. Europol sollte Personal aus den zuständigen Behörden der Mitgliedstaaten als Zeitbedienstete einstellen können, deren Arbeitsverhältnis befristet werden sollte, um das Rotationsprinzip beizubehalten, denn durch die anschließende Wiedereingliederung dieser Bediensteten in ihre zuständigen Behörden vereinfacht sich die Zusammenarbeit zwischen Europol und den zuständigen Behörden der Mitgliedstaaten. Die Mitgliedstaaten sollten alle erforderlichen Maßnahmen ergreifen, um sicherzustellen, dass die als Zeitbedienstete bei Europol eingestellten Personen nach Ende ihrer Dienstzeit bei Europol zu den nationalen Behörden, denen sie angehören, zurückkehren können.

(60) Angesichts der Art der Aufgaben Europols und der Rolle ihres Exekutivdirektors sollte der zuständige Ausschuss des Europäischen Parlaments den Exekutivdirektor vor seiner Ernennung sowie vor einer etwaigen Verlängerung seiner Amtszeit auffordern können, vor ihm zu erscheinen. Der Exekutivdirektor sollte dem Europäischen Parlament und dem Rat auch den Jahresbericht vorlegen. Darüber hinaus sollten das Europäische Parlament und der Rat den Exekutivdirektor auffordern können, über die Durchführung seiner Aufgaben Bericht zu erstatten.

---

1) ABl. L 56 vom 4. 3. 1968, S. 1.

(61) Um die vollständige Selbstständigkeit und Unabhängigkeit von Europol zu gewährleisten, sollte Europol mit einem eigenständigen Haushalt ausgestattet werden, dessen Einnahmen im Wesentlichen aus einem Beitrag aus dem Gesamthaushaltsplan der Union bestehen. Der Beitrag der Union und etwaige andere Zuschüsse aus dem Gesamthaushaltsplan der Union sollten dem Haushaltsverfahren der Union unterliegen. Die Rechnungsprüfung sollte durch den Rechnungshof erfolgen.

(62) Die Delegierte Verordnung (EU) Nr. 1271/2013 der Kommission[1] sollte auf Europol Anwendung finden.

(63) Da die zuständigen Behörden der Mitgliedstaaten über spezifische gesetzliche und verwaltungsrechtliche Befugnisse und technische Kompetenzen verfügen, um einen grenzüberschreitenden Informationsaustausch sowie grenzüberschreitende Einsätze und Ermittlungen, auch im Rahmen von gemeinsamen Ermittlungsgruppen, durchzuführen und Aus- und Fortbildungseinrichtungen zur Verfügung zu stellen, sollten diese Behörden gemäß Artikel 190 Absatz 1 Buchstabe d der Delegierten Verordnung (EU) Nr. 1268/2012[2] der Kommission Finanzhilfen von Europol erhalten können, ohne dass es einer Aufforderung zur Einreichung von Vorschlägen bedarf.

(64) Die Verordnung (EU, Euratom) Nr. 883/2013 des Europäischen Parlaments und des Rates[3] sollte auf Europol Anwendung finden.

(65) Europol verarbeitet Daten, die besonders geschützt werden müssen, da sie nicht als Verschlusssache eingestufte sensible Informationen und EU-Verschlusssachen umfassen. Europol sollte daher Bestimmungen über die Vertraulichkeit und die Verarbeitung derartiger Informationen festlegen. Die Bestimmungen über den Schutz von EU-Verschlusssachen sollten mit dem Beschluss 2013/488/EU des Rates[4] im Einklang stehen.

---

1) Delegierte Verordnung (EU) Nr. 1271/2013 der Kommission vom 30. September 2013 über die Rahmenfinanzregelung für Einrichtungen gemäß Artikel 208 der Verordnung (EU, Euratom) Nr. 966/2012 des Europäischen Parlaments und des Rates (ABl. L 328 vom 7. 12. 2013, S. 42).

2) Delegierte Verordnung (EU) Nr. 1268/2012 der Kommission vom 29. Oktober 2012 über die Anwendungsbestimmungen für die Verordnung (EU, Euratom) Nr. 966/2012 des Europäischen Parlaments und des Rates über die Haushaltsordnung für den Gesamthaushaltsplan der Union (ABl. L 362 vom 31. 12. 2012, S. 1).

3) Verordnung (EU, Euratom) Nr. 883/2013 des Europäischen Parlaments und des Rates vom 11. September 2013 über die Untersuchungen des Europäischen Amtes für Betrugsbekämpfung (OLAF) und zur Aufhebung der Verordnung (EG) Nr. 1073/1999 des Europäischen Parlaments und des Rates und der Verordnung (Euratom) Nr. 1074/1999 des Rates (ABl. L 248 vom 18. 9. 2013, S. 1).

4) Beschluss 2013/488/EU des Rates vom 23. September 2013 über die Sicherheitsvorschriften für den Schutz von EU-Verschlusssachen (ABl. L 274 vom 15. 10. 2013, S. 1).

(66) Es ist angebracht, die Anwendung dieser Verordnung regelmäßig zu evaluieren.

(67) Die notwendigen Bestimmungen über die Unterbringung von Europol in Den Haag, wo Europol ihren Sitz hat, und die speziellen Vorschriften für das Personal von Europol und seine Familienangehörigen sollten in einem Sitzabkommen festgelegt werden. Außerdem sollte der Sitzmitgliedstaat die notwendigen Voraussetzungen für eine reibungslose Arbeitsweise von Europol, einschließlich mehrsprachiger, europäisch ausgerichteter Schulen und geeigneter Verkehrsverbindungen, gewährleisten, damit Europol hoch qualifizierte Mitarbeiter auf möglichst breiter geografischer Grundlage einstellen kann.

(68) Die durch diese Verordnung errichtete Agentur Europol tritt an die Stelle des auf der Grundlage des Beschlusses 2009/371/JI errichteten Europäischen Polizeiamts (Europol) und wird dessen Nachfolgerin. Sie sollte daher auch dessen Rechtsnachfolgerin in Bezug auf die von ihm geschlossenen Verträge, einschließlich Arbeitsverträge, sowie sein Vermögen und seine Verbindlichkeiten sein. Die internationalen Übereinkommen, die Europol als das durch den Beschluss 2009/371/JI errichtete Europäische Polizeiamt geschlossen hat, sowie die Abkommen, die Europol als das durch das Europol-Übereinkommen errichtete Europäische Polizeiamt vor dem 1. Januar 2010 geschlossen hat, sollten in Kraft bleiben.

(69) Um zu gewährleisten, dass Europol weiterhin die Aufgaben des durch den Beschluss 2009/371/JI errichteten Europäischen Polizeiamts nach bestem Vermögen erfüllen kann, sollten Übergangsregelungen getroffen werden, vor allem in Bezug auf den Verwaltungsrat, den Exekutivdirektor und die Mitarbeiter, die im Rahmen von unbefristeten Verträgen, die Europol als das durch das Europol-Übereinkommen errichtete Europäische Polizeiamt geschlossen hat, als örtliche Bedienstete beschäftigt sind und denen die Möglichkeit geboten werden sollte, als Bedienstete auf Zeit oder als Vertragsbedienstete gemäß den Beschäftigungsbedingungen für die sonstigen Bediensteten beschäftigt zu werden.

(70) Der Rechtsakt des Rates vom 3. Dezember 1998[1] über das Statut der Bediensteten von Europol wurde durch Artikel 63 des Beschlusses 2009/371/JI aufgehoben. Er sollte jedoch weiterhin für das Personal von Europol gelten, das vor dem Inkrafttreten des Beschlusses 2009/371/JI eingestellt wurde. Übergangsbestimmungen sollten daher vorsehen, dass die Verträge, die gemäß dem genannten Statut abgeschlossen wurden, diesem auch weiterhin unterliegen.

---

1) Rechtsakt des Rates vom 3. Dezember 1998 zur Festlegung des Statuts der Bediensteten von Europol (ABl. C 26 vom 30. 1. 1999, S. 23).

(71) Da das Ziel dieser Verordnung, nämlich die Errichtung einer für die Zusammenarbeit im Bereich der Strafverfolgung auf Unionsebene zuständigen Agentur, von den Mitgliedstaaten nicht ausreichend verwirklicht werden kann, sondern vielmehr wegen des Umfangs und der Wirkungen dieses Vorhabens auf Unionsebene besser zu verwirklichen ist, kann die Union im Einklang mit dem in Artikel 5 EUV verankerten Subsidiaritätsprinzip tätig werden. Entsprechend dem in demselben Artikel genannten Grundsatz der Verhältnismäßigkeit geht diese Verordnung nicht über das für die Verwirklichung dieses Ziels erforderliche Maß hinaus.

(72) Gemäß Artikel 3 und Artikel 4 a Absatz 1 des dem EUV und dem AEUV beigefügten Protokolls Nr. 21 über die Position des Vereinigten Königreichs und Irlands hinsichtlich des Raums der Freiheit, der Sicherheit und des Rechts hat Irland mitgeteilt, dass es sich an der Annahme und Anwendung dieser Verordnung beteiligen möchte.

(73) Gemäß den Artikeln 1 und 2 und Artikel 4 a Absatz 1des dem EUV und dem AEUV beigefügten Protokolls Nr. 21 über die Position des Vereinigten Königreichs und Irlands hinsichtlich des Raums der Freiheit, der Sicherheit und des Rechts und unbeschadet des Artikels 4 dieses Protokolls beteiligt sich das Vereinigte Königreich nicht an der Annahme dieser Verordnung und ist weder durch diese Verordnung gebunden noch zu ihrer Anwendung verpflichtet.

(74) Nach den Artikeln 1 und 2 des dem EUV und dem AEUV beigefügten Protokolls Nr. 22 über die Position Dänemarks beteiligt sich Dänemark nicht an der Annahme dieser Verordnung und ist weder durch diese Verordnung gebunden noch zu ihrer Anwendung verpflichtet.

(75) Der EDSB wurde angehört und hat seine Stellungnahme am 31. Mai 2013 abgegeben.

(76) Diese Verordnung steht im Einklang mit den Grundrechten und Grundsätzen, die insbesondere mit der Charta der Grundrechte der Europäischen Union anerkannt wurden, insbesondere mit dem Recht auf Schutz personenbezogener Daten und dem Recht auf Achtung des Privat- und Familienlebens gemäß den Artikeln 8 und 7 der Charta und Artikel 16 AEUV –

HABEN FOLGENDE VERORDNUNG ERLASSEN:

Kapitel I
Allgemeine Bestimmungen sowie Ziele und Aufgaben von Europol

Artikel 1 Errichtung der Agentur der Europäischen Union für die Zusammenarbeit auf dem Gebiet der Strafverfolgung

(1) Es wird eine Agentur der Europäischen Union für die Zusammenarbeit auf dem Gebiet der Strafverfolgung (Europol) errichtet, um die Zusammenarbeit zwischen den Strafverfolgungsbehörden in der Union zu unterstützen.

(2) Europol in der durch diese Verordnung errichteten Form tritt an die Stelle von Europol in der durch den Beschluss 2009/371/JI errichteten Form und wird dessen Nachfolgerin.

Artikel 2 Begriffsbestimmungen

Im Sinne dieser Verordnung bezeichnet der Ausdruck

a) „zuständige Behörden der Mitgliedstaaten" alle in den Mitgliedstaaten bestehenden Polizeibehörden und anderen Strafverfolgungsbehörden, die nach nationalem Recht für die Verhütung und Bekämpfung von Straftaten zuständig sind. Zu den zuständigen Behörden zählen auch andere in den Mitgliedstaaten bestehende staatliche Behörden, die nach nationalem Recht für die Verhütung und Bekämpfung von in den Zuständigkeitsbereich von Europol fallenden Straftaten zuständig sind;

b) „strategische Analyse" alle Methoden und Techniken, mit deren Hilfe Informationen erhoben, gespeichert, verarbeitet und bewertet werden mit dem Ziel, eine Kriminalpolitik zu fördern und zu entwickeln, die zu einer effizienten und wirksamen Verhütung und Bekämpfung von Straftaten beiträgt;

c) „operative Analyse" alle Methoden und Techniken, mit deren Hilfe Informationen erhoben, gespeichert, verarbeitet und bewertet werden mit dem Ziel, strafrechtliche Ermittlungen zu unterstützen;

d) „Unionseinrichtungen" Organe, Einrichtungen, Missionen, Ämter und Agenturen, die durch den EUV und den AEUV oder auf der Grundlage dieser Verträge geschaffen wurden;

e) „internationale Organisation" eine auf der Grundlage des Völkerrechts errichtete Organisation und die ihr zugeordneten Einrichtungen oder eine sonstige Einrichtung, die durch ein zwischen zwei oder mehr Ländern geschlossenes Abkommen oder auf der Grundlage eines solchen Abkommens geschaffen wurde;

f) „private Parteien" Stellen und Einrichtungen, die nach dem Recht eines Mitgliedstaats oder eines Drittstaats errichtet wurden, insbesondere Gesellschaften und sonstige Unternehmen, Wirtschaftsverbände, Organisationen ohne Erwerbszweck und sonstige juristische Personen, die nicht von Buchstabe e erfasst sind;

g) „Privatpersonen" alle natürlichen Personen;

h) „personenbezogene Daten" alle Informationen, die sich auf eine betroffene Person beziehen;

i) „betroffene Person" eine bestimmte oder bestimmbare natürliche Person; eine bestimmbare Person ist eine Person, die direkt oder indirekt, insbesondere mittels Zuordnung zu einer Kennung wie einem Namen, einer Kennnummer, Standortdaten, einer Online-Kennung oder einem oder mehreren besonderen Merkmalen bestimmt werden kann, die Ausdruck ihrer physischen, physiologischen, genetischen, psychischen, wirtschaftlichen, kulturellen oder sozialen Identität sind;

j) „genetische Daten" personenbezogene Daten jedweder Art zu den ererbten oder erworbenen genetischen Merkmalen eines Menschen, die eindeutige Informationen über die Physiologie oder die Gesundheit dieses Menschen liefern und insbesondere aus der Analyse einer biologischen Probe des betreffenden Menschen gewonnen wurden;

k) „Verarbeitung" jeden mit oder ohne Hilfe automatisierter Verfahren ausgeführten Vorgang oder jede Vorgangsreihe im Zusammenhang mit personenbezogenen Daten wie das Erheben, das Erfassen, die Organisation, das Ordnen, die Speicherung, die Anpassung oder Veränderung, das Auslesen, das Abfragen, die Verwendung, die Weitergabe durch Übermittlung, Verbreitung oder eine andere Form der Bereitstellung, der Abgleich oder die Verknüpfung, die Einschränkung, das Löschen oder die Vernichtung;

l) „Empfänger" eine natürliche oder juristische Person, Behörde, Einrichtung oder jede andere Stelle – unabhängig davon, ob es sich bei ihr um einen Dritten handelt oder nicht –, an die Daten weitergegeben werden;

m) „Übermittlung personenbezogener Daten" das Übermitteln von personenbezogenen Daten, die einer begrenzten Anzahl von bestimmten Parteien mit dem Wissen des Absenders oder entsprechend seiner Absicht, dem Empfänger Zugang zu den personenbezogenen Daten zu verschaffen, aktiv zugänglich gemacht werden;

n) „Verletzung des Schutzes personenbezogener Daten" eine Verletzung der Sicherheit, die zur Vernichtung, zum Verlust oder zur Veränderung, ob unbeabsichtigt oder widerrechtlich, oder zur unbefugten Weitergabe von beziehungsweise zum unbefugten Zugang zu personenbezogenen Daten führt, die übermittelt, gespeichert oder auf sonstige Weise verarbeitet wurden;

o) „Einwilligung der betroffenen Person" jede ohne Zwang, für den konkreten Fall und in Kenntnis der Sachlage erfolgte explizite Willensbekundung, mit der die betroffene Person in Form einer Erklärung oder einer sonstigen eindeutigen Handlung zu verstehen gibt, dass sie mit der Verarbeitung der sie betreffenden personenbezogenen Daten einverstanden ist;

p) „verwaltungstechnische personenbezogene Daten" alle von Europol verarbeiteten personenbezogenen Daten mit Ausnahme der zu den Zwecken des Artikels 3 verarbeiteten personenbezogenen Daten.

Artikel 3   Ziele

(1) Europol unterstützt und verstärkt die Tätigkeit der zuständigen Behörden der Mitgliedstaaten sowie deren gegenseitige Zusammenarbeit bei der Verhütung und Bekämpfung der zwei oder mehr Mitgliedstaaten betreffenden schweren Kriminalität, des Terrorismus und der Kriminalitätsformen, die ein gemeinsames Interesse verletzen, das Gegenstand einer Politik der Union ist, wie in Anhang I aufgeführt.

(2) [1]Zusätzlich zu Absatz 1 erstrecken sich die Ziele von Europol auch auf im Zusammenhang mit diesen Straftaten stehende Straftaten. [2]Als im Zusammenhang stehende Straftaten gelten:

a) Straftaten, die begangen werden, um die Mittel zur Begehung von in den Zuständigkeitsbereich von Europol fallenden Handlungen zu beschaffen;

b) Straftaten, die begangen werden, um in den Zuständigkeitsbereich von Europol fallende Handlungen zu erleichtern oder durchzuführen;

c) Straftaten, die begangen werden, um dafür zu sorgen, dass in den Zuständigkeitsbereich von Europol fallende Handlungen straflos bleiben.

Artikel 4   Aufgaben

(1) Europol kommt folgenden Aufgaben nach, um die in Artikel 3 genannten Ziele zu erreichen:

a) Erhebung, Speicherung, Verarbeitung, Analyse und Austausch von Informationen, einschließlich strafrechtlich relevanter Erkenntnisse;

b) unverzügliche Unterrichtung der Mitgliedstaaten – über die gemäß Artikel 7 Absatz 2 errichteten oder benannten nationalen Stellen – über alle sie betreffenden Informationen und etwaige Zusammenhänge zwischen Straftaten;

c) Koordinierung, Organisation und Durchführung von Ermittlungs- und operativen Maßnahmen, um die Tätigkeit der zuständigen Behörden der Mitgliedstaaten zu unterstützen und zu stärken, wobei die Maßnahmen

   i) gemeinsam mit den zuständigen Behörden der Mitgliedstaaten durchgeführt werden oder

   ii) im Zusammenhang mit gemeinsamen Ermittlungsgruppen nach Maßgabe des Artikels 5 sowie gegebenenfalls in Verbindung mit Eurojust durchgeführt werden;

d) Mitwirkung in gemeinsamen Ermittlungsgruppen und Anregung, dass solche gemeinsamen Ermittlungsgruppen nach Maßgabe des Artikels 5 eingesetzt werden;

e) Unterstützung der Mitgliedstaaten bei internationalen Großereignissen durch Informationen und Analysen;

f) Erstellung von Bedrohungs-, strategischen und operativen Analysen sowie von allgemeinen Lageberichten;

g) Entwicklung, Weitergabe und Förderung von Fachwissen über Methoden der Kriminalitätsverhütung, Ermittlungsverfahren und (kriminal-)technische Methoden sowie Beratung der Mitgliedstaaten;

h) Unterstützung von grenzüberschreitenden Informationsaustauschtätigkeiten, Operationen und Ermittlungen der Mitgliedstaaten sowie von gemeinsamen Ermittlungsgruppen, auch in operativer, technischer und finanzieller Hinsicht;

i) Erbringung von spezialisierten Schulungsleistungen und Unterstützung der Mitgliedstaaten – auch in finanzieller Hinsicht – bei der Durchführung von Maßnahmen zur Schulung im Rahmen ihrer Ziele und nach Maßgabe der ihr zur Verfügung stehenden personellen und finanziellen Ressourcen in Abstimmung mit der Agentur der Europäischen Union für die Aus- und Fortbildung auf dem Gebiet der Strafverfolgung (EPA);

j) Zusammenarbeit mit den auf der Grundlage von Titel V AEUV errichteten Unionseinrichtungen und mit OLAF, insbesondere durch den Austausch von Informationen und durch ihre Unterstützung mit Analysen zu den in ihre Zuständigkeit fallenden Bereichen;

k) Bereitstellung von Informationen und Unterstützung für die auf dem EUV basierenden Krisenbewältigungsstrukturen und -missionen der EU im Rahmen der Ziele von Europol gemäß Artikel 3;

l) Weiterentwicklung von Zentren der Union, die auf die Bekämpfung bestimmter unter die Ziele von Europol fallender Kriminalitätsformen spezialisiert sind, insbesondere des Europäischen Zentrums zur Bekämpfung der Cyberkriminalität;

m) Unterstützung der Maßnahmen der Mitgliedstaaten bei der Verhütung und Bekämpfung der in Anhang I aufgeführten Kriminalitätsformen, die mithilfe des Internets erleichtert, gefördert oder begangen werden, einschließlich – in Zusammenarbeit mit den Mitgliedstaaten – der Verweisung von Internet-Inhalten, über die diese Kriminalitätsformen erleichtert, gefördert oder begangen werden, an die betroffenen Anbieter von Online-Diensten, damit diese auf freiwilliger Basis die Vereinbarkeit der verwiesenen Internet-Inhalte mit ihren eigenen Geschäftsbedingungen überprüfen.

(2) ¹Europol erstellt strategische Analysen und Bedrohungsanalysen, um den Rat und die Kommission bei der Festlegung der vorrangigen strategischen und operativen Ziele der Union im Bereich der Kriminalitätsbekämpfung zu unterstützen. ²Europol leistet zudem Unterstützung bei der operativen Umsetzung dieser Ziele.

(3) Europol erstellt strategische Analysen und Bedrohungsanalysen, um den effizienten und effektiven Einsatz der auf nationaler Ebene und auf Unionsebene für operative Tätigkeiten verfügbaren Ressourcen zu erleichtern und derartige Tätigkeiten zu unterstützen.

(4) [1]Europol fungiert als Zentralstelle zur Bekämpfung der Euro-Fälschung gemäß dem Beschluss 2005/511/JI des Rates[1]. [2]Europol fördert zudem die Koordinierung der von den zuständigen Behörden der Mitgliedstaaten oder im Rahmen gemeinsamer Ermittlungsgruppen zur Bekämpfung der Euro-Fälschung durchgeführten Maßnahmen, gegebenenfalls in Verbindung mit Unionseinrichtungen und Drittstaatsbehörden.

(5) Bei der Durchführung ihrer Aufgaben wendet Europol keine Zwangsmaßnahmen an.

Kapitel II
Zusammenarbeit zwischen den Mitgliedstaaten und Europol

Artikel 5 Teilnahme an gemeinsamen Ermittlungsgruppen
(1) [1]Europol-Personal kann an den Tätigkeiten von gemeinsamen Ermittlungsgruppen, die mit der Bekämpfung von unter die Ziele von Europol fallenden Straftaten befasst sind, mitwirken. [2]In der Vereinbarung zur Einsetzung einer gemeinsamen Ermittlungsgruppe werden die Bedingungen für die Mitwirkung des Europol-Personals in der Gruppe festgelegt; sie enthält Informationen über die Haftungsvorschriften.

(2) Europol-Personal kann innerhalb der Grenzen der Rechtsvorschriften der Mitgliedstaaten, in denen der Einsatz einer gemeinsamen Ermittlungsgruppe erfolgt, an allen Tätigkeiten der gemeinsamen Ermittlungsgruppe mitwirken und Informationen mit allen Mitgliedern der gemeinsamen Ermittlungsgruppe austauschen.

(3) [1]Europol-Personal, das in einer gemeinsamen Ermittlungsgruppe mitwirkt, kann im Einklang mit dieser Verordnung allen Mitgliedern der Gruppe die erforderlichen Informationen weitergeben, die von Europol für die in Artikel 18 Absatz 2 genannten Zwecke verarbeitet werden. [2]Europol unterrichtet gleichzeitig die nationalen Stellen der in der Gruppe vertretenen Mitgliedstaaten sowie die nationalen Stellen der Mitgliedstaaten, von denen die Informationen stammen.

(4) Informationen, die das Europol-Personal im Rahmen seiner Mitwirkung in einer gemeinsamen Ermittlungsgruppe erlangt, dürfen mit Zustimmung und unter Verantwortung des Mitgliedstaats, der die betreffende Information zur Verfügung gestellt hat, von Europol nach Maßgabe dieser Verordnung für die in Artikel 18 Absatz 2 genannten Zwecke verarbeitet werden.

---

1) Beschluss 2005/511/JI des Rates vom 12. Juli 2005 über den Schutz des Euro gegen Fälschung durch Benennung von Europol als Zentralstelle zur Bekämpfung der Euro-Fälschung (ABl. L 185 vom 16. 7. 2005, S. 35).

(5) Wenn Europol Grund zu der Annahme hat, dass die Einsetzung einer gemeinsamen Ermittlungsgruppe einen zusätzlichen Nutzen für eine gegebene Untersuchung bewirken würde, kann sie dies den betroffenen Mitgliedstaaten vorschlagen und Letztere bei der Einsetzung der Ermittlungsgruppe unterstützen.

Artikel 6 Ersuchen von Europol um Einleitung strafrechtlicher Ermittlungen

(1) Europol ersucht in bestimmten Fällen, in denen sie der Auffassung ist, dass strafrechtliche Ermittlungen über eine unter ihre Ziele fallende Straftat eingeleitet werden sollten, die zuständigen Behörden der betreffenden Mitgliedstaaten über die nationalen Stellen um Einleitung, Durchführung oder Koordinierung strafrechtlicher Ermittlungen.

(2) Die nationalen Stellen setzen Europol unverzüglich von der Entscheidung der zuständigen Behörden der Mitgliedstaaten über jedes Ersuchen nach Absatz 1 in Kenntnis.

(3) [1]Entscheiden die zuständigen Behörden eines Mitgliedstaats, einem Ersuchen von Europol nach Absatz 1 nicht stattzugeben, so teilen sie Europol unverzüglich, vorzugsweise binnen eines Monats nach Erhalt des Ersuchens, die Gründe für ihre Entscheidung mit. [2]Von dieser Begründung kann jedoch abgesehen werden, wenn

a) dies den grundlegenden Interessen der Sicherheit des betreffenden Mitgliedstaats zuwiderlaufen würde oder

b) hierdurch der Erfolg laufender Ermittlungen oder die Sicherheit von Personen gefährdet würde.

(4) Europol setzt Eurojust unverzüglich von jedem Ersuchen nach Absatz 1 und von jeder Entscheidung einer zuständigen Behörde eines Mitgliedstaats nach Absatz 2 in Kenntnis.

Artikel 7 Nationale Europol-Stellen

(1) Die Mitgliedstaaten und Europol arbeiten bei der Erfüllung der ihnen gemäß dieser Verordnung jeweils obliegenden Aufgaben zusammen.

(2) [1]Jeder Mitgliedstaat errichtet oder benennt eine nationale Stelle, die als Verbindungsstelle zwischen Europol und den zuständigen Behörden dieses Mitgliedstaats dient. [2]Jeder Mitgliedstaat ernennt einen Beamten zum Leiter seiner nationalen Stelle.

(3) Jeder Mitgliedstaat stellt sicher, dass seine nationale Stelle nach nationalem Recht für die Erfüllung der in dieser Verordnung den nationalen Stellen zugewiesenen Aufgaben zuständig ist und insbesondere Zugriff auf nationale Daten für die Strafverfolgung und andere einschlägige Daten hat, die für die Zusammenarbeit mit Europol erforderlich sind.

(4) Jeder Mitgliedstaat legt die Organisation und die Personalausstattung seiner nationalen Stelle nach Maßgabe seines nationalen Rechts fest.

(5) [1]In Einklang mit Absatz 2 ist die nationale Stelle die Verbindungsstelle zwischen Europol und den zuständigen Behörden des Mitglied-

staats. [2]Vorbehaltlich der von den Mitgliedstaaten festgelegten Voraussetzungen einschließlich einer vorherigen Einbeziehung der nationalen Stelle können die Mitgliedstaaten jedoch direkte Kontakte zwischen ihren zuständigen Behörden und Europol gestatten. [3]Die nationale Stelle erhält zeitgleich von Europol alle im Verlauf direkter Kontakte zwischen Europol und den zuständigen Behörden ausgetauschten Informationen, es sei denn, die nationale Stelle erklärt, dass sie diese Informationen nicht benötigt.

(6) Jeder Mitgliedstaat stellt über seine nationale Stelle oder – vorbehaltlich des Absatzes 5 – über eine zuständige Behörde insbesondere Folgendes sicher:

a) Übermittlung der für die Verwirklichung der Ziele von Europol notwendigen Informationen – einschließlich der Informationen über Kriminalitätsformen, deren Verhütung oder Bekämpfung von der Union als vorrangig angesehen wird – an Europol;

b) wirksame Kommunikation und Zusammenarbeit aller zuständigen Behörden mit Europol;

c) Verbesserung des Informationsstands über die Tätigkeiten von Europol;

d) Einhaltung der nationalen Rechtsvorschriften bei der Übermittlung von Informationen an Europol gemäß Artikel 38 Absatz 5 Buchstabe a.

(7) Die Mitgliedstaaten sind unbeschadet der Ausübung der ihnen im Hinblick auf die Aufrechterhaltung der öffentlichen Ordnung und den Schutz der inneren Sicherheit obliegenden Verantwortung im Einzelfall nicht verpflichtet, Informationen oder Erkenntnisse gemäß Artikel 6 Buchstabe a zu übermitteln, wenn

a) dies den grundlegenden Interessen der Sicherheit des betreffenden Mitgliedstaats zuwiderlaufen würde,

b) hierdurch der Erfolg laufender Ermittlungen oder die Sicherheit einer Person gefährdet würde oder

c) hierdurch Informationen preisgegeben würden, die sich auf Nachrichtendienste oder spezifische nachrichtendienstliche Tätigkeiten im Bereich der nationalen Sicherheit beziehen.

Die Mitgliedstaaten stellen jedoch Informationen bereit, sobald diese nicht länger unter Unterabsatz 1 Buchstaben a, b oder c fallen.

(8) Die Mitgliedstaaten stellen sicher, dass ihren gemäß der Richtlinie 2005/60/EG des Europäischen Parlaments und des Rates[1]) errichteten zentralen Meldestellen (FIU) gestattet wird, im Rahmen ihres Mandats und Zuständigkeitsbereichs in Bezug auf Analysen über ihre nationale Stelle mit Europol zusammenzuarbeiten.

---

1) Richtlinie 2005/60/EG des Europäischen Parlaments und des Rates vom 26. Oktober 2005 zur Verhinderung der Nutzung des Finanzsystems zum Zwecke der Geldwäsche und der Terrorismusfinanzierung (ABl. L 309 vom 25. 11. 2005, S. 15).

(9) Die Leiter der nationalen Stellen treten regelmäßig zusammen, um insbesondere etwaige bei ihrer operativen Zusammenarbeit mit Europol auftretende Probleme zu erörtern und einer Lösung zuzuführen.

(10) Die Kosten, die den nationalen Stellen für die Kommunikation mit Europol entstehen, werden von den Mitgliedstaaten getragen und – mit Ausnahme der Kosten für die Verbindung – Europol nicht in Rechnung gestellt.

(11) [1]Europol erstellt auf der Grundlage der vom Verwaltungsrat festgelegten quantitativen und qualitativen Evaluierungskriterien einen Jahresbericht über die gemäß Absatz 6 Buchstabe a von den einzelnen Mitgliedstaaten an Europol übermittelten Informationen. [2]Der Jahresbericht wird dem Europäischen Parlament, dem Rat, der Kommission und den nationalen Parlamenten zugeleitet.

Artikel 8 Verbindungsbeamte

(1) [1]Jede nationale Stelle entsendet mindestens einen Verbindungsbeamten zu Europol. [2]Vorbehaltlich anderslautender Bestimmungen dieser Verordnung unterliegen die Verbindungsbeamten dem nationalen Recht des entsendenden Mitgliedstaats.

(2) Die Verbindungsbeamten bilden die nationalen Verbindungsbüros bei Europol und sind von ihrer nationalen Stelle beauftragt, deren Interessen innerhalb von Europol im Einklang mit dem nationalen Recht des entsendenden Mitgliedstaats und den für den Betrieb von Europol geltenden Bestimmungen zu vertreten.

(3) Die Verbindungsbeamten unterstützen den Austausch von Informationen zwischen Europol und dem entsendenden Mitgliedstaat.

(4) [1]Die Verbindungsbeamten unterstützen nach Maßgabe ihres nationalen Rechts den Austausch von Informationen zwischen dem entsendenden Mitgliedstaat und den Verbindungsbeamten anderer Mitgliedstaaten, von Drittstaaten und internationaler Organisationen. [2]Für einen derartigen bilateralen Informationsaustausch kann nach Maßgabe des nationalen Rechts auch bei nicht den Zielen von Europol unterfallenden Straftaten auf die Infrastruktur von Europol zurückgegriffen werden. [3]Dieser Informationsaustausch erfolgt im Einklang mit dem geltenden Unionsrecht und dem geltenden nationalen Recht.

(5) [1]Die Rechte und Pflichten der Verbindungsbeamten gegenüber Europol werden vom Verwaltungsrat festgelegt. [2]Den Verbindungsbeamten stehen die zur Erfüllung ihrer Aufgaben erforderlichen Vorrechte und Immunitäten gemäß Artikel 63 Absatz 2 zu.

(6) Europol gewährleistet, dass die Verbindungsbeamten, soweit es für die Erfüllung ihrer Aufgaben erforderlich ist, umfassend informiert und in alle ihre Tätigkeiten einbezogen werden.

(7) [1]Europol stellt den Mitgliedstaaten für die Ausübung der Tätigkeit ihrer Verbindungsbeamten die notwendigen Räume im Europol-Gebäude

und eine angemessene Unterstützung kostenlos zur Verfügung. [2]Alle sonstigen Kosten, die im Zusammenhang mit der Entsendung der Verbindungsbeamten entstehen, werden von den entsendenden Mitgliedstaaten getragen; dies gilt auch für die den Verbindungsbeamten zur Verfügung gestellte Ausstattung, sofern nicht das Europäische Parlament und der Rat auf Empfehlung des Verwaltungsrats anders entscheiden.

Kapitel III
Organisation von Europol

Artikel 9 Verwaltungs- und Leitungsstruktur von Europol
Die Verwaltungs- und Leitungsstruktur von Europol umfasst
a) einen Verwaltungsrat;
b) einen Exekutivdirektor;
c) gegebenenfalls sonstige vom Verwaltungsrat gemäß Artikel 11 Absatz 1 Buchstabe s eingesetzte beratende Gremien.

Abschnitt 1
Verwaltungsrat

Artikel 10 Zusammensetzung des Verwaltungsrats
(1) [1]Der Verwaltungsrat setzt sich aus je einem Vertreter pro Mitgliedstaat und einem Vertreter der Kommission zusammen. [2]Alle Vertreter sind stimmberechtigt.

(2) Die Mitglieder des Verwaltungsrats werden unter Berücksichtigung ihrer Kenntnisse auf dem Gebiet der Strafverfolgungszusammenarbeit ernannt.

(3) [1]Jedes Mitglied des Verwaltungsrats hat einen Stellvertreter, der unter Berücksichtigung des Kriteriums nach Absatz 2 ernannt wird. [2]Das Mitglied wird bei Abwesenheit durch das stellvertretende Mitglied vertreten.

Der Grundsatz einer ausgewogenen Vertretung beider Geschlechter im Verwaltungsrat ist ebenfalls zu berücksichtigen.

(4) [1]Unbeschadet des Rechts der Mitgliedstaaten und der Kommission, die Amtszeit der Mitglieder und der stellvertretenden Mitglieder zu beenden, beträgt die Mitgliedschaft im Verwaltungsrat vier Jahre. [2]Sie kann verlängert werden.

Artikel 11 Aufgaben des Verwaltungsrats
(1) Der Verwaltungsrat
a) beschließt jedes Jahr mit Zweidrittelmehrheit seiner Mitglieder nach Maßgabe von Artikel 12 ein Dokument, das die mehrjährige Programmplanung von Europol und ihr jährliches Arbeitsprogramm für das Folgejahr enthält;

b) beschließt mit Zweidrittelmehrheit seiner Mitglieder den jährlichen Haushaltsplan von Europol und nimmt andere Aufgaben in Bezug auf den Haushaltsplan von Europol gemäß Kapitel X wahr;

c) nimmt einen konsolidierten Jahresbericht über die Tätigkeiten von Europol an und übermittelt ihn bis spätestens 1. Juli des darauf folgenden Jahres dem Europäischen Parlament, dem Rat, der Kommission, dem Rechnungshof und den nationalen Parlamenten. Der konsolidierte jährliche Tätigkeitsbericht wird veröffentlicht;

d) erlässt die für Europol geltende Finanzregelung nach Artikel 61;

e) beschließt eine interne Betrugsbekämpfungsstrategie, die in einem angemessenen Verhältnis zu den Betrugsrisiken steht und das Kosten-Nutzen-Verhältnis der durchzuführenden Maßnahmen berücksichtigt;

f) erlässt Bestimmungen zur Vermeidung und Beilegung von Interessenkonflikten in Bezug auf seine Mitglieder, auch im Zusammenhang mit ihrer Interessenerklärung;

g) übt im Einklang mit Absatz 2 in Bezug auf das Europol-Personal die Befugnisse aus, die der Anstellungsbehörde im Beamtenstatut und der zum Abschluss von Dienstverträgen mit sonstigen Bediensteten ermächtigten Behörde in den Beschäftigungsbedingungen für die sonstigen Bediensteten übertragen werden (im Folgenden „Befugnisse der Anstellungsbehörde");

h) erlässt im Einklang mit Artikel 110 des Beamtenstatuts geeignete Durchführungsbestimmungen zum Beamtenstatut und zu den Beschäftigungsbedingungen für die sonstigen Bediensteten;

i) erlässt interne Regeln über das Verfahren zur Auswahl des Exekutivdirektors, einschließlich von Bestimmungen über die Zusammensetzung des Auswahlausschusses, die dessen Unabhängigkeit und Unparteilichkeit sicherstellen;

j) schlägt dem Rat gemäß den Artikeln 54 und 55 eine Auswahlliste von Bewerbern für die Posten des Exekutivdirektors und der stellvertretenden Exekutivdirektoren vor und schlägt dem Rat gegebenenfalls vor, deren Amtszeiten zu verlängern oder sie ihres Amtes zu entheben;

k) legt Leistungsindikatoren fest und überwacht die Amtsführung des Exekutivdirektors einschließlich der Durchführung der Beschlüsse des Verwaltungsrats;

l) ernennt einen Datenschutzbeauftragten, der seinen Aufgaben funktional unabhängig nachkommt;

m) ernennt einen Rechnungsführer, der den Bestimmungen des Statuts und den Beschäftigungsbedingungen für die sonstigen Bediensteten unterliegt und seine Tätigkeit funktionell unabhängig ausübt;

n) errichtet gegebenenfalls eine interne Auditstelle;

o) ergreift angemessene Folgemaßnahmen zu den Feststellungen und Empfehlungen der internen oder externen Auditberichte und -bewertungen sowie der Untersuchungsberichte von OLAF und des EDSB;

p) legt die Bewertungskriterien für den Jahresbericht gemäß Artikel 7 Absatz 11 fest;

q) verabschiedet nach Konsultation des EDSB Leitlinien zur genaueren Festlegung der Verfahren für die Verarbeitung von Informationen durch Europol gemäß Artikel 18;

r) genehmigt den Abschluss von Arbeits- und Verwaltungsvereinbarungen gemäß Artikel 23 Absatz 4 bzw. Artikel 25 Absatz 1;

s) entscheidet unter Berücksichtigung sowohl der Geschäfts- als auch der Finanzerfordernisse über die Errichtung der internen Strukturen von Europol einschließlich der in Artikel 4 Absatz 1 Buchstabe l genannten spezialisierten Zentren der Union auf Vorschlag des Exekutivdirektors;

t) gibt sich eine Geschäftsordnung einschließlich der Bestimmungen über die Aufgaben und die Arbeitsweise seines Sekretariats;

u) erlässt gegebenenfalls andere interne Bestimmungen.

(2) Falls der Verwaltungsrat es für die Erfüllung der Aufgaben von Europol für erforderlich erachtet, kann er dem Rat vorschlagen, die Kommission darauf aufmerksam zu machen, dass ein Angemessenheitsbeschluss gemäß Artikel 25 Absatz 1 Buchstabe a oder eine Empfehlung für einen Beschluss über die Ermächtigung zur Aufnahme von Verhandlungen im Hinblick auf den Abschluss eines internationalen Abkommens gemäß Artikel 25 Absatz 1 Buchstabe b erforderlich ist.

(3) [1]Der Verwaltungsrat erlässt im Einklang mit Artikel 110 des Beamtenstatuts einen Beschluss auf der Grundlage von Artikel 2 Absatz 1 des Beamtenstatuts und Artikel 6 der Beschäftigungsbedingungen für die sonstigen Bediensteten, mit dem dem Exekutivdirektor die entsprechenden Befugnisse der Anstellungsbehörde übertragen und die Bedingungen festgelegt werden, unter denen eine solche Befugnisübertragung ausgesetzt werden kann. [2]Der Exekutivdirektor wird ermächtigt, diese Befugnisse zu delegieren.

Bei Vorliegen außergewöhnlicher Umstände kann der Verwaltungsrat die Übertragung von Befugnissen der Anstellungsbehörde auf den Exekutivdirektor sowie die weitere Delegation dieser Befugnisse durch einen Beschluss vorübergehend aussetzen und die Befugnisse selbst ausüben oder sie einem seiner Mitglieder oder einem anderen Bediensteten als dem Exekutivdirektor übertragen.

Artikel 12 Mehrjährige Programmplanung und jährliche Arbeitsprogramme

(1) [1]Der Verwaltungsrat beschließt bis zum 30. November jeden Jahres ein Dokument mit der mehrjährigen Programmplanung und dem jährlichen Arbeitsprogramm von Europol auf der Grundlage eines vom Exekutivdirektor vorgelegten Entwurfs und unter Berücksichtigung der Stellungnahme der Kommission sowie – was die mehrjährige Programmplanung betrifft – nach Anhörung des Gemeinsamen parlamentarischen Kon-

trollausschusses. [2]Der Verwaltungsrat übermittelt dieses Dokument dem Rat, der Kommission und dem Gemeinsamen parlamentarischen Kontrollausschuss.

(2) [1]In der mehrjährigen Programmplanung wird die strategische Gesamtplanung einschließlich Zielvorgaben, erwarteten Ergebnisse und Leistungsindikatoren festgelegt. [2]Sie enthält ferner die Ressourcenplanung, einschließlich des mehrjährigen Finanz- und Personalplans. [3]Ferner enthält sie die Strategie für die Beziehungen zu Drittstaaten und internationalen Organisationen.

[1]Die mehrjährige Programmplanung wird im Wege jährlicher Arbeitsprogramme umgesetzt und gemäß den Ergebnissen externer und interner Bewertungen gegebenenfalls aktualisiert. [2]Den Schlussfolgerungen dieser Bewertungen wird, falls angebracht, im jährlichen Arbeitsprogramm des folgenden Jahres Rechnung getragen.

(3) [1]Das jährliche Arbeitsprogramm enthält detaillierte Zielvorgaben, erwartete Ergebnisse und Leistungsindikatoren. [2]Ferner enthält es eine Beschreibung der zu finanzierenden Maßnahmen sowie eine Aufstellung der den einzelnen Maßnahmen zugewiesenen finanziellen und personellen Ressourcen gemäß den Grundsätzen der tätigkeitsbezogenen Aufstellung des Haushaltsplans und des maßnahmenbezogenen Managements. [3]Das jährliche Arbeitsprogramm steht mit der mehrjährigen Programmplanung im Einklang. [4]Im jährlichen Arbeitsprogramm wird klar dargelegt, welche Aufgaben gegenüber dem vorherigen Haushaltsjahr hinzugefügt, geändert oder gestrichen wurden.

(4) Wenn Europol nach der Annahme eines jährlichen Arbeitsprograms eine neue Aufgabe übertragen wird, ändert der Verwaltungsrat das jährliche Arbeitsprogramm.

(5) [1]Substanzielle Änderungen des jährlichen Arbeitsprogramms werden nach dem gleichen Verfahren angenommen, das für die Annahme des ursprünglichen jährlichen Arbeitsprogramms gilt. [2]Der Verwaltungsrat kann dem Exekutivdirektor die Befugnis zur Vornahme nicht substanzieller Änderungen am jährlichen Arbeitsprogramm übertragen.

Artikel 13 Vorsitzender und stellvertretender Vorsitzender des Verwaltungsrats

(1) [1]Der Verwaltungsrat wählt aus der Gruppe der drei Mitgliedstaaten, die gemeinsam das 18-Monats-Programm des Rates erstellt haben, einen Vorsitzenden und einen stellvertretenden Vorsitzenden. [2]Ihre Amtszeit entspricht den 18 Monaten, die vom Programm des Rates abgedeckt werden. [3]Falls die Mitgliedschaft des Vorsitzenden oder des stellvertretenden Vorsitzenden im Verwaltungsrat während ihrer Amtszeit endet, endet zugleich auch automatisch ihre Amtszeit.

(2) Der Vorsitzende und der stellvertretende Vorsitzende werden mit Zweidrittelmehrheit der Mitglieder des Verwaltungsrats gewählt.

(3) Ist der Vorsitzende nicht in der Lage, seine Aufgaben zu erfüllen, tritt der stellvertretende Vorsitzende automatisch an dessen Stelle.

Artikel 14 Sitzungen des Verwaltungsrats

(1) Der Vorsitzende beruft die Sitzungen des Verwaltungsrats ein.

(2) Der Exekutivdirektor nimmt an den Beratungen des Verwaltungsrats teil.

(3) [1]Der Verwaltungsrat hält jährlich mindestens zwei ordentliche Sitzungen ab. [2]Darüber hinaus tritt er auf Veranlassung seines Vorsitzenden oder auf Antrag der Kommission oder von mindestens einem Drittel seiner Mitglieder zusammen.

(4) Der Verwaltungsrat kann alle Personen, deren Stellungnahmen von Interesse für die Beratungen sein können, einschließlich gegebenenfalls eines Vertreters des Gemeinsamen parlamentarischen Kontrollausschusses, als nicht stimmberechtigte Beobachter zu seinen Sitzungen einladen.

(5) Die Mitglieder oder die stellvertretenden Mitglieder des Verwaltungsrats dürfen nach Maßgabe seiner Geschäftsordnung bei den Sitzungen Berater oder Sachverständige hinzuziehen.

(6) Die Sekretariatsgeschäfte des Verwaltungsrats werden von Europol geführt.

Artikel 15 Abstimmungsregeln des Verwaltungsrats

(1) Unbeschadet der Artikels 11 Absatz 1 Buchstaben a und b, Artikel 13 Absatz 2, Artikel 50 Absatz 2, Artikel 54 Absatz 8 und Artikel 64 fasst der Verwaltungsrat seine Beschlüsse mit der Mehrheit seiner Mitglieder.

(2) [1]Jedes Mitglied verfügt über eine Stimme. [2]Bei Abwesenheit eines stimmberechtigten Mitglieds ist sein Stellvertreter berechtigt, das Stimmrecht dieses Mitglieds auszuüben.

(3) Der Exekutivdirektor nimmt nicht an der Abstimmung teil.

(4) In der Geschäftsordnung des Verwaltungsrats werden detaillierte Vorschriften für Abstimmungen festgelegt, insbesondere die Bedingungen, unter denen ein Mitglied im Namen eines anderen handeln kann, sowie gegebenenfalls Bestimmungen über die Beschlussfähigkeit.

Abschnitt 2
Exekutivdirektor

Artikel 16 Aufgaben des Exekutivdirektors

(1) [1]Der Exekutivdirektor leitet Europol. [2]Er ist gegenüber dem Verwaltungsrat rechenschaftspflichtig.

(2) Unbeschadet der Zuständigkeiten der Kommission oder des Verwaltungsrats übt der Exekutivdirektor sein Amt unabhängig aus; er fordert keine Weisungen von Regierungen oder sonstigen Stellen an und nimmt auch keine Weisungen von diesen entgegen.

(3) Der Rat kann den Exekutivdirektor auffordern, über die Durchführung seiner Aufgaben Bericht zu erstatten.

(4) Der Exekutivdirektor ist der gesetzliche Vertreter von Europol.

(5) Der Exekutivdirektor ist für die Durchführung der Europol durch diese Verordnung zugewiesenen Aufgaben verantwortlich, insbesondere dafür,

a) die laufenden Geschäfte von Europol zu führen,

b) dem Verwaltungsrat Vorschläge für die Errichtung der internen Strukturen von Europol zu unterbreiten,

c) die vom Verwaltungsrat gefassten Beschlüsse durchzuführen,

d) den Entwurf die mehrjährige Programmplanung und der jährlichen Arbeitsprogramme auszuarbeiten und dem Verwaltungsrat nach Anhörung der Kommission zu unterbreiten,

e) die mehrjährige Programmplanung und das jährliche Arbeitsprogramm durchzuführen und dem Verwaltungsrat über die Durchführung Bericht zu erstatten,

f) einen geeigneten Entwurf der Durchführungsbestimmungen zum Beamtenstatut und zu den Beschäftigungsbedingungen für die sonstigen Bediensteten nach dem Verfahren des Artikels 110 des Statuts auszuarbeiten,

g) den Entwurf des konsolidierten Jahresberichts über die Tätigkeiten von Europol zu erstellen und dem Verwaltungsrat zur Annahme vorzulegen,

h) einen Aktionsplan auf der Grundlage der Schlussfolgerungen interner oder externer Auditberichte und Bewertungen sowie etwaiger Untersuchungsberichte und Empfehlungen des OLAF und des EDSB zu erstellen und der Kommission zweimal jährlich und dem Verwaltungsrat regelmäßig über die erzielten Fortschritte Bericht zu erstatten,

i) die finanziellen Interessen der Union durch Maßnahmen zur Verhinderung von Betrug, Korruption und sonstigen rechtswidrigen Handlungen, unbeschadet der Untersuchungsbefugnisse des OLAF, durch wirksame Kontrollen sowie, falls Unregelmäßigkeiten festgestellt werden, durch die Einziehung zu Unrecht gezahlter Beträge und gegebenenfalls durch wirksame, verhältnismäßige und abschreckende verwaltungsrechtliche und finanzielle Sanktionen zu schützen,

j) einen Entwurf einer internen Betrugsbekämpfungsstrategie für Europol auszuarbeiten und sie dem Verwaltungsrat zur Annahme vorzulegen,

k) einen Entwurf interner Bestimmungen zur Vermeidung und Beilegung von Interessenkonflikten in Bezug auf die Mitglieder des Verwaltungsrats auszuarbeiten und den Entwurf dieser Bestimmungen dem Verwaltungsrat zur Annahme vorzulegen,

l) den Entwurf der für Europol geltenden Finanzregelung auszuarbeiten,

m) einen Entwurf des Voranschlags der Einnahmen und Ausgaben von Europol auszuarbeiten und den Haushaltsplan von Europol auszuführen,

n) den Vorsitzenden des Verwaltungsrats bei der Vorbereitung der Verwaltungsratssitzungen zu unterstützen,

o) den Verwaltungsrat regelmäßig über die Umsetzung der vorrangigen strategischen und operativen Ziele der Union auf dem Gebiet der Kriminalitätsbekämpfung zu informieren,

p) andere sich aus dieser Verordnung ergebende Aufgaben zu erfüllen.

Kapitel IV
Informationsverarbeitung

Artikel 17 Informationsquellen

(1) Europol verarbeitet ausschließlich Informationen, die ihr übermittelt werden

a) von Mitgliedstaaten nach Maßgabe ihres nationalen Rechts und gemäß Artikel 7,

b) von Unionseinrichtungen, Drittstaaten oder internationalen Organisationen gemäß Kapitel V,

c) von privaten Parteien und Privatpersonen gemäß Kapitel V.

(2) Europol kann Informationen einschließlich personenbezogener Daten aus öffentlich zugänglichen Quellen wie dem Internet sowie öffentliche Daten direkt einholen und verarbeiten.

(3) [1]Soweit Europol in Rechtsakten der Union oder in nationalen oder internationalen Rechtsakten das Recht auf elektronischen Zugang zu Daten in nationalen oder internationalen Informationssystemen oder Informationssystemen der Union eingeräumt wird, kann sie auf diesem Wege Informationen, einschließlich personenbezogener Daten, abrufen und verarbeiten, wenn dies zur Erfüllung ihrer Aufgaben erforderlich ist. [2]Für den Zugang von Europol zu diesen Daten und für deren Verwendung durch Europol sind die geltenden Bestimmungen dieser Rechtsakte der Union bzw. nationaler oder internationaler Rechtsakte maßgebend, soweit sie strengere Zugangs- und Verwendungsvorschriften enthalten, als in dieser Verordnung vorgeschrieben. [3]Zugang zu derartigen Informationssystemen wird nur ordnungsgemäß ermächtigtem Europol-Personal und nur insoweit gewährt, wie dies der Erfüllung ihrer Aufgaben dient und dafür verhältnismäßig ist.

Artikel 18 Zwecke der Informationsverarbeitung

(1) Sofern es für die Verwirklichung ihrer Ziele nach Artikel 3 erforderlich ist, kann Europol Informationen einschließlich personenbezogener Daten verarbeiten.

(2) Personenbezogene Daten dürfen ausschließlich zu folgenden Zwecken verarbeitet werden:

a) Abgleich zur Ermittlung etwaiger Zusammenhänge oder anderer relevanter Verbindungen zwischen Informationen in Bezug auf

  i) Personen, die einer Straftat oder der Beteiligung an einer Straftat, für die Europol zuständig ist, verdächtigt werden oder die wegen einer solchen Straftat verurteilt worden sind,

  ii) Personen, in deren Fall faktische Anhaltspunkte oder triftige Gründe dafür vorliegen, dass sie Straftaten begehen werden, für die Europol zuständig ist;

b) strategische oder themenbezogene Analyse,

c) operative Analyse;

d) Erleichterung des Informationsaustauschs zwischen Mitgliedstaaten, Europol, anderen Unionseinrichtungen, Drittstaaten und internationalen Organisationen.

(3) Die Verarbeitung für die Zwecke operativer Analysen gemäß Absatz 2 Buchstabe c erfolgt im Wege von Projekten der operativen Analyse, für die die folgenden besonderen Garantien gelten:

a) Für jedes Projekt der operativen Analyse legt der Exekutivdirektor den spezifischen Zweck, die Kategorien der personenbezogenen Daten und die Kategorien der betroffenen Personen, die Beteiligten, die Dauer der Speicherung und die Bedingungen für Zugriff auf bzw. Übermittlung und Verwendung der betreffenden Daten fest und unterrichtet den Verwaltungsrat und den EDSB darüber;

b) personenbezogene Daten dürfen nur für die Zwecke des spezifischen Projekts der operativen Analyse erhoben und verarbeitet werden. Stellt sich heraus, dass personenbezogene Daten für ein weiteres Projekt der operativen Analyse relevant sein können, ist die Weiterverarbeitung dieser personenbezogenen Daten nur insoweit zulässig, als diese Weiterverarbeitung notwendig und verhältnismäßig ist und die personenbezogenen Daten mit den unter Buchstabe a festgelegten Bestimmungen, die für das andere Analyseprojekt gelten, vereinbar sind;

c) nur ordnungsgemäß ermächtigtes Personal darf auf die Daten des jeweiligen Projekts zugreifen und diese verarbeiten.

(4) [1]Die Verarbeitung gemäß den Absätzen 2 und 3 erfolgt unter Einhaltung der in dieser Verordnung festgelegten Datenschutzgarantien. [2]Diese Verarbeitungsvorgänge werden von Europol ordnungsgemäß dokumentiert. [3]Die Dokumentation wird dem Datenschutzbeauftragten und dem EDSB auf Verlangen zur Verfügung gestellt, damit diese die Rechtmäßigkeit der Verarbeitungsvorgänge überprüfen können.

(5) Kategorien personenbezogener Daten und Kategorien von betroffenen Personen, deren Daten zu den in Absatz 2 genannten Zwecken erhoben und verarbeitet werden dürfen, sind in Anhang II aufgeführt.

(6) ¹Europol kann Daten vorübergehend verarbeiten, um zu bestimmen, ob die betreffenden Daten für ihre Aufgaben relevant sind und, falls dies der Fall ist, für welche der in Absatz 2 genannten Zwecke sie relevant sind. ²Der Verwaltungsrat legt auf Vorschlag des Exekutivdirektors und nach Anhörung des EDSB die Bedingungen für die Verarbeitung dieser Daten genauer fest, insbesondere hinsichtlich des Zugangs zu den Daten und ihrer Verwendung sowie der Fristen für die Speicherung und Löschung der Daten, die unter gebührender Berücksichtigung der in Artikel 28 genannten Grundsätze sechs Monate nicht überschreiten dürfen.

(7) Der Verwaltungsrat erlässt nach Konsultation des EDSB gegebenenfalls Leitlinien zur genaueren Festlegung der Verfahren für die Verarbeitung von Informationen für die in Absatz 2 aufgeführten Zwecke im Einklang mit Artikel 11 Absatz 1 Buchstabe q.

Artikel 19   Bestimmung des Zwecks der Informationsverarbeitung durch Europol und entsprechende Einschränkungen

(1) ¹Die Mitgliedstaaten, Unionseinrichtungen, Drittstaaten oder internationale Organisationen, die Informationen an Europol übermitteln, bestimmen, zu welchem Zweck oder welchen Zwecken gemäß Artikel 18 diese Informationen verarbeitet werden dürfen. ²Andernfalls verarbeitet Europol im Einvernehmen mit dem Informationslieferanten die Informationen, um zu bestimmen, wie sachdienlich die Informationen sind und zu welchem Zweck oder welchen Zwecken sie weiterverarbeitet werden dürfen. ³Europol darf Informationen nur dann zu einem anderen Zweck als dem Zweck, zu dem sie übermittelt wurden, verarbeiten, wenn der Informationslieferant dem zustimmt.

(2) ¹Mitgliedstaaten, Unionseinrichtungen, Drittstaaten und internationale Organisationen können bei der Übermittlung von Informationen an Europol etwaige für den Datenzugriff oder die Datenverwendung geltende Einschränkungen allgemeiner oder besonderer Art vorsehen, insbesondere bezüglich der Weitergabe, Löschung oder Vernichtung der Informationen. ²Sollten sich derartige Einschränkungen erst nach der Übermittlung der Informationen als notwendig erweisen, so setzen sie Europol hiervon in Kenntnis. ³Europol leistet den Einschränkungen Folge.

(3) In hinreichend begründeten Fällen kann Europol für den Zugang zu oder die Verwendung von aus öffentlich zugänglichen Quellen eingeholten Informationen seitens der Mitgliedstaaten, Unionseinrichtungen, Drittstaaten und internationalen Organisationen Einschränkungen vorsehen.

Artikel 20   Zugang der Mitgliedstaaten und des Europol-Personals zu von Europol gespeicherten Informationen

(1) ¹Die Mitgliedstaaten haben nach Maßgabe ihres nationalen Rechts und gemäß Artikel 7 Absatz 5 Zugang zu allen Informationen, die zu den in Artikel 18 Absatz 2 Buchstaben a und b genannten Zwecken übermittelt

wurden, und können diese Informationen durchsuchen. [2]Das Recht von Mitgliedstaaten, Unionseinrichtungen, Drittstaaten und internationalen Organisationen, Einschränkungen gemäß Artikel 19 Absatz 2 vorzusehen, bleibt davon unberührt.

(2) [1]Die Mitgliedstaaten haben nach Maßgabe ihres nationalen Rechts und gemäß Artikel 7 Absatz 5 indirekten Zugriff auf die zu den Zwecken von Artikel 18 Absatz 2 Buchstabe c übermittelten Informationen nach dem Treffer/Kein-Treffer-Verfahren. [2]Dies gilt unbeschadet etwaiger Einschränkungen gemäß Artikel 19 Absatz 2 seitens der die Informationen übermittelnden Mitgliedstaaten, Unionseinrichtungen, Drittstaaten oder internationalen Organisationen.

Im Fall eines Treffers leitet Europol das Verfahren ein, durch das die Information, die den Treffer ausgelöst hat, nach Zustimmung der Stelle, die die Information an Europol übermittelt hat, weitergegeben werden darf.

(3) Nach Maßgabe des nationalen Rechts dürfen der Zugriff auf die und die Weiterverarbeitung der in den Absätzen 1 und 2 genannten Informationen durch die Mitgliedstaaten nur für die Zwecke der Verhütung und Bekämpfung folgender Formen von Straftaten erfolgen:

a) Formen der Kriminalität, für die Europol zuständig ist, und
b) anderer Formen schwerer Kriminalität, wie sie im Rahmenbeschluss 2002/584/JI des Rates[1] aufgeführt sind.

(4) Vom Exekutivdirektor ordnungsgemäß ermächtigte Europol-Bedienstete haben zu den von Europol verarbeiteten Informationen unbeschadet des Artikels 67 und in dem Maße Zugang, wie es die Ausübung ihrer Pflichten erfordert.

Artikel 21 Zugang von Eurojust und OLAF zu von Europol gespeicherten Informationen

(1) Europol ergreift alle geeigneten Maßnahmen, um sicherzustellen, dass Eurojust und OLAF im Rahmen ihrer Befugnisse indirekten Zugriff auf die zu den Zwecken von Artikel 18 Absatz 2 Buchstaben a, b und c übermittelten Informationen nach dem Treffer/Kein-Treffer-Verfahren haben; etwaige Einschränkungen gemäß Artikel 19 Absatz 2 des Mitgliedstaats, der Unionseinrichtung, des Drittstaats oder der internationalen Organisation, der bzw. die die Informationen übermittelt, bleiben davon unberührt.

Im Fall eines Treffers leitet Europol das Verfahren ein, durch das die Information, die den Treffer ausgelöst hat, nach Zustimmung der Stelle, die die Information an Europol übermittelt hat, weitergegeben werden darf, und zwar nur so weit, als die Daten, die den Treffer ausgelöst haben,

---

1) Rahmenbeschluss 2002/584/JI des Rates vom 13. Juni 2002 über den Europäischen Haftbefehl und die Übergabeverfahren zwischen den Mitgliedstaaten (ABl. L 190, 18. 7. 2002, S. 1).

für die rechtmäßige Erfüllung der Aufgaben von Eurojust bzw. OLAF erforderlich sind.

(2) [1]Europol und Eurojust können eine Arbeitsvereinbarung schließen, mit der sie innerhalb ihrer jeweiligen Aufgabenbereiche den gegenseitigen Zugang zu allen für die Zwecke gemäß Artikel 18 Absatz 2 Buchstabe a übermittelten Informationen und die Möglichkeit von Suchabfragen bezüglich dieser Informationen sicherstellen. [2]Dies gilt unbeschadet des Rechts der Mitgliedstaaten, Unionseinrichtungen, Drittstaaten und internationaler Organisationen, den Zugang zu diesen Daten und deren Verwendung einzuschränken, und im Einklang mit den Datenschutzgarantien dieser Verordnung.

(3) Die in den Absätzen 1 und 2 genannten Suchabfragen dürfen nur vorgenommen werden, um zu ermitteln, ob zwischen bei Eurojust bzw. bei OLAF vorliegenden Informationen Übereinstimmungen mit bei Europol verarbeiteten Informationen bestehen.

(4) Europol gestattet die in den Absätzen 1 und 2 genannten Suchabfragen erst, wenn ihr von Eurojust mitgeteilt wurde, welche nationalen Mitglieder, stellvertretenden Mitglieder, Assistenten und Eurojust-Bediensteten bzw. von OLAF mitgeteilt wurde, welche OLAF-Bediensteten zur Vornahme derartiger Suchabfragen ermächtigt sind.

(5) [1]Falls im Laufe von Europol-Datenverarbeitungstätigkeiten zu einzelnen Ermittlungen von Seiten Europols oder eines Mitgliedstaats festgestellt wird, dass Koordinierungs-, Kooperations- oder Unterstützungsmaßnahmen im Einklang mit dem Mandat von Eurojust oder OLAF erforderlich sind, setzt Europol Letztere davon in Kenntnis und leitet das Verfahren zur Weitergabe der betreffenden Informationen entsprechend der Entscheidung des die Informationen übermittelnden Mitgliedstaats ein. [2]In einem solchen Fall spricht sich Eurojust beziehungsweise OLAF mit Europol ab.

(6) Eurojust, d.h. das Kollegium, die nationalen Mitglieder, die stellvertretenden Mitglieder, die Assistenten und die Eurojust-Bediensteten, sowie OLAF leisten etwaigen allgemeinen oder besonderen Einschränkungen, die von Mitgliedstaaten, Unionseinrichtungen, Drittstaaten oder internationalen Organisationen gemäß Artikel 19 Absatz 2 in Bezug auf den Zugang zu den von ihnen übermittelten Daten oder deren Verwendung vorgesehen wurden, Folge.

(7) Europol, Eurojust und OLAF benachrichtigen einander, wenn nach der gegenseitigen Abfrage von Daten gemäß Absatz 2 oder infolge eines Treffers gemäß Absatz 1 Anzeichen dafür vorliegen, dass Daten fehlerhaft sein oder im Widerspruch zu anderen Daten stehen können.

Artikel 22 Pflicht zur Unterrichtung der Mitgliedstaaten

(1) [1]Europol unterrichtet einen Mitgliedstaat gemäß Artikel 4 Absatz 1 Buchstabe b unverzüglich über Informationen, die diesen betreffen. [2]Falls

diese Informationen jedoch Einschränkungen nach Artikel 19 Absatz 2 unterliegen, die ihre Weitergabe verbieten, hält Europol Rücksprache mit dem Informationslieferanten, der die Einschränkung des Zugangs festgelegt hat, und bittet diesen um Zustimmung zur Datenweitergabe.

In diesem Fall dürfen die Daten nicht ohne ausdrückliche Einwilligung seitens des Informationslieferanten weitergegeben werden.

(2) Europol unterrichtet einen Mitgliedstaat ungeachtet etwaiger Einschränkungen des Zugangs über Informationen, die ihn betreffen, wenn dies unbedingt erforderlich ist, um eine unmittelbar drohende Gefahr für Leib und Leben abzuwenden.

In einem solchen Fall unterrichtet Europol zugleich den Informationslieferanten von der Weitergabe der Informationen und teilt ihm mit, welche Gründe bei der Situationsanalyse zu dieser Entscheidung geführt haben.

Kapitel V
Beziehungen zu Partnern

Abschnitt 1
Gemeinsame Bestimmungen

Artikel 23 Gemeinsame Bestimmungen

(1) Soweit dies zur Erfüllung ihrer Aufgaben erforderlich ist, kann Europol Kooperationsbeziehungen zu Unionseinrichtungen entsprechend den Zielen dieser Einrichtungen, den Behörden von Drittstaaten, internationalen Organisationen und privaten Parteien herstellen und unterhalten.

(2) Europol kann vorbehaltlich der in Artikel 19 Absatz 2 genannten Einschränkungen und unbeschadet des Artikels 67 mit den in Absatz 1 des vorliegenden Artikels genannten Einrichtungen direkt sämtliche Informationen mit Ausnahme personenbezogener Daten austauschen, soweit dies für die Erfüllung ihrer Aufgaben erforderlich ist.

(3) Der Exekutivdirektor unterrichtet den Verwaltungsrat über regelmäßige Kooperationsbeziehungen, die Europol gemäß den Absätzen 1 und 2 herstellen und unterhalten will, und über die Entwicklung solcher Beziehungen, sobald sie hergestellt sind.

(4) [1]Europol kann für die Zwecke gemäß den Absätzen 1 und 2 Arbeitsvereinbarungen mit Stellen gemäß Absatz 1 schließen. [2]Diese Arbeitsvereinbarungen dürfen nicht den Austausch personenbezogener Daten zulassen und sind für die Union oder ihre Mitgliedstaaten nicht bindend.

(5) Soweit dies für die rechtmäßige Erfüllung ihrer Aufgaben erforderlich und verhältnismäßig ist, kann Europol vorbehaltlich der Bestimmungen dieses Kapitels von den in Absatz 1 genannten Stellen personenbezogene Daten entgegennehmen und verarbeiten.

(6) ¹Unbeschadet des Artikels 30 Absatz 5 übermittelt Europol personenbezogene Daten nur dann an Unionseinrichtungen, Drittstaaten und internationale Organisationen, wenn dies für die Verhütung und Bekämpfung von Straftaten, die unter die Ziele von Europol fallen, erforderlich ist, und nur im Einklang mit dieser Verordnung und wenn der Empfänger zusagt, dass die Daten nur für den Zweck verarbeitet werden, für den sie übermittelt wurden. ²Wurden die zu übermittelnden Daten von einem Mitgliedstaat geliefert, so holt Europol die Zustimmung dieses Mitgliedstaates ein, es sei denn, der Mitgliedstaat hat für eine solche Weiterübermittlung seine vorherige allgemeine oder unter bestimmten Bedingungen stehende Zustimmung erteilt. ³Diese Zustimmung kann jederzeit widerrufen werden.

(7) Eine Weiterübermittlung von bei Europol gespeicherten personenbezogenen Daten durch Mitgliedstaaten, Unionseinrichtungen, Drittstaaten und internationale Organisationen ist nur mit vorheriger ausdrücklicher Genehmigung von Europol zulässig.

(8) Europol stellt sicher, dass alle Übermittlungen von personenbezogenen Daten und die Gründe für solche Übermittlungen im Einklang mit dieser Verordnung ausführlich aufgezeichnet werden.

(9) Informationen, die eindeutig unter offenkundiger Verletzung der Menschenrechte erlangt wurden, dürfen nicht verarbeitet werden.

Abschnitt 2
Übermittlung und Austausch personenbezogener Daten

Artikel 24 Übermittlung personenbezogener Daten an Unionseinrichtungen

Vorbehaltlich etwaiger Einschränkungen nach Artikel 19 Absatz 2 oder 3 und unbeschadet des Artikels 67 kann Europol personenbezogene Daten direkt an eine Unionseinrichtung übermitteln, soweit dies für die Erfüllung der Aufgaben von Europol oder der betreffenden Unionseinrichtung erforderlich ist.

Artikel 25 Übermittlung personenbezogener Daten an Drittstaaten und internationale Organisationen

(1) Vorbehaltlich etwaiger Einschränkungen nach Artikel 19 Absatz 2 oder 3 und unbeschadet des Artikels 67 kann Europol, soweit dies für die Erfüllung der Aufgaben von Europol erforderlich ist, personenbezogene Daten an eine Behörde eines Drittstaates oder an eine internationale Organisation auf der Grundlage eines der folgenden Instrumente übermitteln:

a) eines Beschlusses der Kommission gemäß Artikel 36 der Richtlinie (EU) 2016/680, dem zufolge der Drittstaat oder ein Gebiet oder ein verarbeitender Sektor in diesem Drittstaat oder die betreffende internationale Organisation einen ausreichenden Datenschutz gewährleistet (Angemessenheitsbeschluss);

b) eines internationalen Abkommens zwischen der Union und dem betreffenden Drittstaat oder der betreffenden internationalen Organisation gemäß Artikel 218 AEUV, das angemessene Garantien hinsichtlich des Schutzes der Privatsphäre, der Grundrechte und der Grundfreiheiten von Personen bietet, oder

c) eines vor dem 1. Mai 2017 geschlossenen Kooperationsabkommens zwischen Europol und dem betreffenden Drittstaat oder der betreffenden internationalen Organisation nach Artikel 23 des Beschlusses 2009/371/JI, das den Austausch personenbezogener Daten zulässt.

Europol kann zur Umsetzung solcher Abkommen oder Angemessenheitsbeschlüsse Verwaltungsvereinbarungen schließen.

(2) Der Exekutivdirektor unterrichtet den Verwaltungsrat über den Austausch personenbezogener Daten auf der Grundlage von Angemessenheitsbeschlüssen nach Absatz 1 Buchstabe a.

(3) Europol veröffentlicht auf ihrer Website ein Verzeichnis der Angemessenheitsbeschlüsse, Abkommen, Verwaltungsvereinbarungen oder sonstiger Rechtsinstrumente in Bezug auf die Übermittlung personenbezogener Daten gemäß Absatz 1 und hält dieses Verzeichnis auf dem neuesten Stand.

(4) [1]Bis zum 14. Juni 2021 nimmt die Kommission eine insbesondere den Datenschutz betreffende Bewertung der Bestimmungen vor, die in den in Absatz 1 Buchstabe c genannten Kooperationsabkommen enthalten sind. [2]Die Kommission unterrichtet das Europäische Parlament und den Rat über das Ergebnis dieser Bewertung und kann gegebenenfalls dem Rat eine Empfehlung für einen Beschluss zur Genehmigung der Eröffnung von Verhandlungen im Hinblick auf den Abschluss von in Absatz 1 Buchstabe b genannten internationalen Abkommen unterbreiten.

(5) Abweichend von Absatz 1 kann der Exekutivdirektor in Einzelfällen die Übermittlung personenbezogener Daten an Drittstaaten oder internationale Organisationen genehmigen, wenn die Übermittlung

a) zur Wahrung lebenswichtiger Interessen der betroffenen Person oder einer anderen Person erforderlich ist,

b) nach dem Recht des Mitgliedstaats, aus dem die personenbezogenen Daten übermittelt werden, zur Wahrung berechtigter Interessen der betroffenen Person notwendig ist,

c) zur Abwehr einer unmittelbaren und ernsthaften Gefahr für die öffentliche Sicherheit eines Mitgliedstaats oder eines Drittlands unerlässlich ist,

d) zur Verhütung, Aufdeckung, Untersuchung oder Verfolgung von Straftaten oder zur Vollstreckung strafrechtlicher Sanktionen erforderlich ist oder

e) in Einzelfällen zur Begründung, Geltendmachung oder Abwehr von Rechtsansprüchen im Zusammenhang mit der Verhütung, Aufdeckung, Untersuchung oder Verfolgung einer bestimmten Straftat oder der Vollstreckung einer bestimmten strafrechtlichen Sanktion notwendig ist.

Personenbezogene Daten dürfen nicht übermittelt werden, wenn der Exekutivdirektor feststellt, dass Grundrechte und -freiheiten der betroffenen Person das öffentliche Interesse an der Übermittlung im Sinne der Buchstaben d und e überwiegen.

Ausnahmeregelungen nach diesem Absatz gelten nicht für systematische, massive oder strukturelle Übermittlungen.

(6) [1]Abweichend von Absatz 1 kann der Verwaltungsrat im Einvernehmen mit dem EDSB bei entsprechenden angemessenen Garantien hinsichtlich des Schutzes der Privatsphäre, der Grundrechte und der Grundfreiheiten von Personen eine Kategorie von Übermittlungen gemäß Absatz 5 Buchstaben a bis e für einen Zeitraum von höchstens einem Jahr, der verlängerbar ist, genehmigen. [2]Eine solche Genehmigung muss hinreichend begründet und dokumentiert sein.

(7) Der Exekutivdirektor teilt dem Verwaltungsrat und dem EDSB so rasch wie möglich die Fälle mit, in denen Absatz 5 angewandt wurde.

(8) Europol hält alle Übermittlungen gemäß diesem Artikel ausführlich schriftlich fest.

Artikel 26 Austausch personenbezogener Daten mit privaten Parteien

(1) Soweit dies für die Erfüllung ihrer Aufgaben erforderlich ist, kann Europol von privaten Parteien erhaltene personenbezogene Daten verarbeiten, wenn ihr diese auf einem der folgenden Wege zugehen:

a) über eine nationale Stelle gemäß dem nationalen Recht,

b) über die Kontaktstelle eines Drittstaates oder einer internationalen Organisation, mit dem beziehungsweise der Europol vor dem 1. Mai 2017 ein Kooperationsabkommen nach Artikel 23 des Beschlusses 2009/371/JI geschlossen hat, das den Austausch personenbezogener Daten zulässt, oder

c) über eine Behörde eines Drittstaates oder eine internationale Organisation, die einem Angemessenheitsbeschluss gemäß Artikel 25 Absatz 1 Buchstabe a dieser Verordnung unterliegt oder mit der die Union eine internationale Übereinkunft nach Artikel 218 AEUV geschlossen hat.

(2) [1]Erhält Europol dennoch personenbezogene Daten unmittelbar von privaten Parteien und kann die betreffende nationale Stelle, Kontaktstelle oder Behörde nach Absatz 1 nicht ermittelt werden, so darf Europol diese personenbezogenen Daten ausschließlich zum Zweck eben dieser Ermittlung verarbeiten. [2]Die personenbezogenen Daten werden anschließend

unverzüglich an die betreffende nationale Stelle, Kontaktstelle oder Behörde weitergeleitet und gelöscht, es sei denn, die betreffende nationale Stelle, Kontaktstelle oder Behörde legt diese personenbezogenen Daten gemäß Artikel 19 Absatz 1 innerhalb von vier Monaten ab der Übertragung erneut vor. [3]Europol stellt mit technischen Mitteln sicher, dass die betreffenden Daten während dieses Zeitraums nicht für eine Verarbeitung zu anderen Zwecken zugänglich sind.

(3) Im Anschluss an die Übermittlung personenbezogener Daten gemäß Absatz 5 Buchstabe c kann Europol diesbezüglich personenbezogene Daten unmittelbar von einer privaten Partei entgegennehmen, wenn diese erklärt, dass sie gemäß geltendem Recht befugt ist, diese Daten zu übermitteln, um sie zur Erfüllung der in Artikel 4 Absatz 1 Buchstabe m aufgeführten Aufgabe zu verarbeiten.

(4) Erhält Europol personenbezogene Daten von einer privaten Partei in einem Drittstaat, mit dem keine Übereinkunft besteht, die entweder auf der Grundlage des Artikels 23 des Beschlusses 2009/371/JI oder auf der Grundlage des Artikels 218 AEUV geschlossen wurde, oder der keinem Angemessenheitsbeschluss gemäß Artikel 25 Absatz 1 Buchstabe a dieser Verordnung unterliegt, so kann Europol diese Daten nur einem betroffenen Mitgliedstaat oder Drittstaat übermitteln, mit dem eine solche Übereinkunft geschlossen wurde.

(5) Europol darf personenbezogene Daten nur dann im Einzelfall an private Parteien übermitteln, soweit dies unbedingt erforderlich ist, vorbehaltlich etwaiger Einschränkungen gemäß Artikel 19 Absatz 2 oder 3 und unbeschadet des Artikels 67, wenn:

a) die Übermittlung zweifelsfrei im Interesse der betroffenen Person liegt und die Einwilligung der betroffenen Person erteilt wurde oder die Umstände eine Einwilligung eindeutig vermuten lassen,

b) die Übermittlung der Daten zur Verhinderung einer unmittelbar bevorstehenden Begehung einer Straftat – einschließlich einer terroristischen Straftat –, für die Europol zuständig ist, absolut erforderlich ist, oder

c) die Übermittlung personenbezogener Daten, die öffentlich zugänglich sind, zur Erfüllung der in Artikel 4 Absatz 1 Buchstabe m aufgeführten Aufgabe unbedingt erforderlich ist und die folgenden Voraussetzungen erfüllt sind:

   i)   Die Übermittlung betrifft einen bestimmten Einzelfall und

   ii) im konkreten Fall überwiegen keine Grundrechte und -freiheiten der betroffenen Person gegenüber dem öffentlichen Interesse an einer Übermittlung.

(6) Wenn die betreffende private Partei nicht in der Union oder in einem Staat niedergelassen ist, mit dem Europol ein Kooperationsabkommen geschlossen hat, das den Austausch personenbezogener Daten zulässt, oder mit dem die Union eine internationale Übereinkunft nach Artikel 218

AEUV geschlossen hat oder der Gegenstand eines Angemessenheitsbeschlusses gemäß Artikel 25 Absatz 1 Buchstabe a der vorliegenden Verordnung ist, wird die Übermittlung im Sinne von Absatz 5 Buchstaben a und b dieses Artikels nur genehmigt, falls die Übermittlung

a) zum Schutz lebenswichtiger Interessen der betroffenen Person oder einer anderen Person erforderlich ist, oder

b) für die Wahrung berechtigter Interessen der betroffenen Person erforderlich ist, oder

c) zur Abwehr einer unmittelbaren und ernsthaften Gefahr für die öffentliche Sicherheit eines Mitgliedstaats oder eines Drittlands unerlässlich ist, oder

d) in Einzelfällen zum Zwecke der Verhütung, Aufdeckung, Untersuchung oder Verfolgung von Straftaten, für die Europol zuständig ist, erforderlich ist, oder

e) in Einzelfällen zur Begründung, Geltendmachung oder Abwehr von Rechtsansprüchen im Zusammenhang mit der Verhütung, Aufdeckung, Untersuchung oder Verfolgung einer bestimmten Straftat, für die Europol zuständig ist, notwendig ist.

(7) Europol stellt sicher, dass alle Übermittlungen von personenbezogenen Daten und die Gründe für diese Übermittlungen im Einklang mit dieser Verordnung ausführlich aufgezeichnet und dem EDSB gemäß Artikel 40 auf Verlangen mitgeteilt werden.

(8) Berühren die erhaltenen oder zu übermittelnden personenbezogenen Daten die Interessen eines Mitgliedstaats, so unterrichtet Europol unverzüglich die nationale Stelle des betreffenden Mitgliedstaats.

(9) Europol nimmt nicht mit privaten Parteien Kontakt auf, um personenbezogene Daten einzuholen.

(10) Die Kommission bewertet bis zum 1. Mai 2019 die Praxis des direkten Austauschs personenbezogener Daten mit privaten Parteien.

Artikel 27 Informationen von Privatpersonen

(1) ¹Soweit dies für die Erfüllung ihrer Aufgaben erforderlich ist, kann Europol Informationen von Privatpersonen entgegennehmen und verarbeiten. ²Personenbezogene Daten, die von Privatpersonen stammen, dürfen von Europol nur dann verarbeitet werden, wenn ihr diese Daten auf einem der folgenden Wege zugehen:

a) über eine nationale Stelle gemäß den nationalen Rechtsvorschriften,

b) über die Kontaktstelle eines Drittstaats oder einer internationalen Organisation, mit dem beziehungsweise der Europol vor dem 1. Mai 2017 ein Kooperationsabkommen nach Artikel 23 des Beschlusses 2009/371/JI geschlossen hat, das den Austausch personenbezogener Daten zulässt, oder

c) über eine Behörde eines Drittstaats oder eine internationale Organisation, die einem Angemessenheitsbeschluss gemäß Artikel 25 Absatz

1 Buchstabe a unterliegt oder mit der die Union eine internationale Übereinkunft nach Artikel 218 AEUV geschlossen hat.

(2) Erhält Europol Informationen einschließlich personenbezogener Daten von einer Privatperson mit Wohnsitz in einem Drittstaat, mit dem keine internationale Übereinkunft besteht, die entweder auf der Grundlage von Artikel 23 des Beschlusses 2009/371/JI oder auf der Grundlage von Artikel 218 AEUV geschlossen wurde oder der keinem Angemessenheitsbeschluss gemäß Artikel 25 Absatz 1 Buchstabe a der vorliegenden Verordnung unterliegt, so darf Europol diese Informationen nur einem betroffenen Mitgliedstaat oder Drittstaat übermitteln, mit dem eine solche Übereinkunft geschlossen wurde.

(3) Berühren die erhaltenen personenbezogenen Daten die Interessen eines Mitgliedstaats, so unterrichtet Europol unverzüglich die nationale Stelle des betreffenden Mitgliedstaats.

(4) Europol nimmt nicht mit Privatpersonen Kontakt auf, um Informationen einzuholen.

(5) Unbeschadet der Artikel 36 und 37 darf Europol keine personenbezogenen Daten an Privatpersonen übermitteln.

Kapitel VI
Datenschutzgarantien

Artikel 28 Grundsätze des Datenschutzes

(1) Personenbezogene Daten müssen

a) nach Treu und Glauben und auf rechtmäßige Weise verarbeitet werden;

b) für genau festgelegte, eindeutige und rechtmäßige Zwecke erhoben werden und dürfen nicht in einer mit diesen Zwecken nicht zu vereinbarenden Weise weiterverarbeitet werden. Die Weiterverarbeitung personenbezogener Daten zu historischen oder statistischen Zwecken oder für wissenschaftliche Forschungszwecke ist nicht als unvereinbar anzusehen, wenn Europol geeignete Garantien vorsieht, um insbesondere sicherzustellen, dass die Daten nicht für andere Zwecke verarbeitet werden;

c) dem Zweck angemessen und sachlich relevant sowie auf das für die Zwecke der Datenverarbeitung notwendige Maß beschränkt sein;

d) sachlich richtig sein und auf dem neuesten Stand gehalten werden; dabei sind alle angemessenen Maßnahmen zu treffen, damit personenbezogene Daten, die im Hinblick auf die Zwecke ihrer Verarbeitung unzutreffend sind, unverzüglich gelöscht oder berichtigt werden;

e) in einer Form gespeichert werden, die die Identifizierung der betroffenen Personen ermöglicht, und zwar nicht länger, als es für die Realisierung der Zwecke, für die sie verarbeitet werden, erforderlich ist; und

f) auf eine Weise verarbeitet werden, die eine angemessene Sicherheit der personenbezogenen Daten sicherstellt.

(2) Europol macht der Öffentlichkeit ein Dokument zugänglich, in dem die Bestimmungen für die Verarbeitung personenbezogener Daten und die Möglichkeiten der betroffenen Personen zur Ausübung ihrer Rechte in verständlicher Form dargelegt sind.

Artikel 29 Bewertung der Zuverlässigkeit der Quelle und Richtigkeit der Informationen

(1) Die Zuverlässigkeit der Quelle der von einem Mitgliedstaat stammenden Informationen wird nach Möglichkeit von dem Mitgliedstaat, der die Informationen liefert, anhand folgender Quellenbewertungskodes bewertet:

(A): Es bestehen keine Zweifel an der Authentizität, Verlässlichkeit und Eignung der Quelle oder die Informationen stammen von einer Quelle, die sich in allen Fällen als verlässlich erwiesen hat;

(B): es handelt sich um eine Quelle, deren Informationen sich in den meisten Fällen als verlässlich erwiesen haben;

(C): es handelt sich um eine Quelle, deren Informationen sich in den meisten Fällen als nicht verlässlich erwiesen haben;

(X): die Verlässlichkeit der Quelle kann nicht beurteilt werden.

(2) Die Richtigkeit der von einem Mitgliedstaat stammenden Informationen wird nach Möglichkeit von dem Mitgliedstaat, der die Informationen liefert, anhand folgender Informationsbewertungskodes bewertet:

(1): Informationen, an deren Wahrheitsgehalt kein Zweifel besteht;

(2): Informationen, die der Quelle, nicht aber dem Beamten, der sie weitergibt, persönlich bekannt sind;

(3): Informationen, die der Quelle nicht persönlich bekannt sind, die aber durch andere bereits erfasste Informationen erhärtet werden;

(4): Informationen, die der Quelle nicht persönlich bekannt sind und die sich auf keine andere Weise erhärten lassen.

(3) [1]Gelangt Europol anhand der bereits in ihrem Besitz befindlichen Informationen zu dem Schluss, dass die Bewertung nach Absatz 1 oder 2 korrigiert werden muss, unterrichtet sie den betreffenden Mitgliedstaat und versucht, Einvernehmen über eine Änderung der Bewertung zu erzielen. [2]Ohne dieses Einvernehmen ändert Europol die Bewertung nicht.

(4) [1]Erhält Europol von einem Mitgliedstaat Informationen ohne Bewertung nach Absatz 1 oder 2, so versucht Europol, die Verlässlichkeit der Quelle oder die Richtigkeit der Informationen anhand der bereits im Besitz von Europol befindlichen Informationen zu bewerten. [2]Die Bewertung spezifischer Daten und Informationen erfolgt im Einvernehmen mit dem Mitgliedstaat, der die Daten oder Informationen liefert. [3]Ein Mit-

gliedstaat und Europol können außerdem allgemeine Vereinbarungen über die Bewertung bestimmter Arten von Daten und bestimmter Quellen treffen. [4]Wird im Einzelfall kein Einvernehmen erzielt oder gibt es keine allgemeine Vereinbarung, bewertet Europol die Informationen oder Daten und weist solchen Informationen oder Daten die in Absatz 1 bzw. Absatz 2 genannten Bewertungskodes (X) und (4) zu.

(5) Dieser Artikel gilt entsprechend, wenn Europol Daten oder Informationen von einer Unionseinrichtung, einem Drittstaat, einer internationalen Organisation oder einer privaten Partei erhält.

(6) Informationen aus öffentlich zugänglichen Quellen werden von Europol anhand der in den Absätzen 1 und 2 genannten Bewertungskodes bewertet.

(7) Sind die Informationen das Ergebnis einer von Europol in Erfüllung ihrer Aufgaben vorgenommenen Analyse, so bewertet Europol diese Informationen nach Maßgabe dieses Artikels und im Einvernehmen mit den an der Analyse teilnehmenden Mitgliedstaaten.

Artikel 30   Verarbeitung besonderer Kategorien personenbezogener Daten und verschiedener Kategorien von betroffenen Personen

(1) Die Verarbeitung personenbezogener Daten in Bezug auf Opfer von Straftaten, Zeugen oder andere Personen, die Informationen über Straftaten liefern können, oder in Bezug auf Personen unter 18 Jahren ist erlaubt, wenn sie für die Verhütung oder Bekämpfung von Straftaten, die unter die Ziele von Europol fallen, unbedingt notwendig und verhältnismäßig ist.

(2) [1]Unabhängig davon, ob die Verarbeitung automatisiert oder nicht automatisiert erfolgt, ist die Verarbeitung personenbezogener Daten, aus denen die rassische oder ethnische Herkunft, politische Meinungen, religiöse oder philosophische Überzeugungen oder eine Gewerkschaftszugehörigkeit einer Person hervorgehen, sowie die Verarbeitung genetischer Daten und Daten, welche die Gesundheit oder das Sexualleben betreffen, verboten, es sei denn, dass sie für die Verhütung oder Bekämpfung von Straftaten, die unter die Ziele von Europol fallen, unbedingt notwendig und verhältnismäßig ist und dass diese Daten andere von Europol verarbeitete personenbezogene Daten ergänzen. [2]Die Auswahl einer bestimmten Gruppe von Personen allein anhand solcher personenbezogenen Daten ist verboten.

(3) Allein Europol hat unmittelbaren Zugriff auf die personenbezogenen Daten der in den Absätzen 1 und 2 genannten Art. Der Exekutivdirektor erteilt einer begrenzten Anzahl von Europol-Beamten in der vorgeschriebenen Form ein Zugriffsrecht, falls dies für die Erfüllung ihrer Aufgaben erforderlich ist.

(4) Eine Entscheidung einer zuständigen Behörde, die nachteilige rechtliche Folgen für eine betroffene Person nach sich zieht, darf sich auf keinen Fall ausschließlich auf eine automatisierte Datenverarbeitung der in Absatz 2 genannten Art stützen, es sei denn, die Entscheidung ist nach nationalem oder Unionsrecht ausdrücklich zulässig.

(5) Personenbezogene Daten der in den Absätzen 1 und 2 genannten Art dürfen nicht an Mitgliedstaaten, Unionseinrichtungen, Drittstaaten oder internationale Organisationen übermittelt werden, es sei denn, diese Übermittlung ist in Einzelfällen im Zusammenhang mit Straftaten, die unter die Ziele von Europol fallen, unbedingt notwendig und verhältnismäßig und erfolgt im Einklang mit Kapitel V.

(6) Jedes Jahr übermittelt Europol dem EDSB eine statistische Übersicht über alle von ihm verarbeiteten personenbezogenen Daten der in Absatz 2 genannten Art.

Artikel 31 Speicher- und Löschfristen für personenbezogene Daten

(1) Von Europol verarbeitete personenbezogene Daten dürfen nur so lange von Europol gespeichert werden, wie dies für die Zwecke, zu denen die Daten verarbeitet werden, erforderlich und verhältnismäßig ist.

(2) [1]Spätestens drei Jahre nach Beginn der Verarbeitung personenbezogener Daten prüft Europol in allen Fällen, ob eine weitere Speicherung dieser Daten erforderlich ist. [2]Europol kann beschließen, dass personenbezogene Daten bis zur nächsten Prüfung, die nach weiteren drei Jahren stattfindet, gespeichert bleiben, wenn dies für die Erfüllung der Aufgaben von Europol weiterhin erforderlich ist. [3]Die Gründe für die weitere Speicherung werden angegeben und schriftlich festgehalten. [4]Wird keine Fortsetzung der Speicherung beschlossen, werden die personenbezogenen Daten nach drei Jahren automatisch gelöscht.

(3) Werden personenbezogene Daten der in Artikel 30 Absätze 1 und 2 genannten Art für einen Zeitraum von mehr als fünf Jahren gespeichert, so wird dies dem EDSB mitgeteilt.

(4) [1]Hat ein Mitgliedstaat, eine Unionseinrichtung, ein Drittstaat oder eine internationale Organisation zum Zeitpunkt der Übermittlung nach Artikel 19 Absatz 2 Einschränkungen im Hinblick auf eine vorzeitige Löschung oder Vernichtung der personenbezogenen Daten vorgesehen, so löscht Europol die personenbezogenen Daten gemäß diesen Vorgaben. [2]Wird eine weitere Speicherung der Daten auf der Grundlage von Informationen, die über diejenigen des Datenlieferanten hinausgehen, für erforderlich gehalten, damit Europol ihre Aufgaben erfüllen kann, so ersucht Europol den Datenlieferanten um die Genehmigung, die Daten weiter speichern zu dürfen, und nennt ihm die Gründe für dieses Ersuchen.

(5) [1]Löscht ein Mitgliedstaat, eine Unionseinrichtung, ein Drittstaat oder eine internationale Organisation in seinen beziehungsweise ihren eigenen Dateien an Europol übermittelte personenbezogene Daten, so teilt

er beziehungsweise sie dies Europol mit. [2]Europol löscht daraufhin die Daten, es sei denn, Europol hält aufgrund von Informationen, die über diejenigen des Datenlieferanten hinausgehen, eine weitere Speicherung der Daten zur Erfüllung ihrer Aufgaben für erforderlich. [3]Europol unterrichtet den Datenlieferanten von der weiteren Speicherung der Daten und begründet die Fortsetzung der Speicherung.

(6) Personenbezogene Daten werden nicht gelöscht, wenn

a) die Interessen einer betroffenen Person beeinträchtigt würden, die schutzbedürftig ist. In diesem Fall dürfen die Daten nur mit ausdrücklicher schriftlicher Einwilligung der betroffenen Person verwendet werden;

b) ihre Richtigkeit von der betroffenen Person bestritten wird, solange bis der Mitgliedstaat oder Europol gegebenenfalls Gelegenheit haben, die Richtigkeit der Daten zu überprüfen;

c) sie für Beweiszwecke oder zur Feststellung, Ausübung oder Verteidigung von Rechtsansprüchen weiter aufbewahrt werden müssen; oder

d) die betroffene Person Einspruch gegen ihre Löschung erhebt und stattdessen eine Einschränkung der Nutzung der Daten fordert.

Artikel 32 Sicherheit der Verarbeitung

(1) Europol ergreift geeignete technische und organisatorische Maßnahmen, um der zufälligen oder widerrechtlichen Vernichtung, dem zufälligen Verlust, der unbefugten Weitergabe oder Veränderung der Daten und dem unbefugten Zugang zu ihnen sowie jeder anderen Form ihrer unrechtmäßigen Verarbeitung vorzubeugen.

(2) Europol und jeder Mitgliedstaat trifft im Hinblick auf die automatisierte Datenverarbeitung Maßnahmen, die geeignet sind,

a) Unbefugten den Zugang zu Datenverarbeitungsanlagen, mit denen personenbezogene Daten verarbeitet werden, zu verwehren (Zugangskontrolle);

b) zu verhindern, dass Datenträger unbefugt gelesen, kopiert, verändert oder entfernt werden können (Datenträgerkontrolle);

c) die unbefugte Dateneingabe sowie die unbefugte Kenntnisnahme, Änderung oder Löschung gespeicherter personenbezogener Daten zu verhindern (Speicherkontrolle);

d) zu verhindern, dass automatisierte Datenverarbeitungssysteme mithilfe von Einrichtungen zur Datenübertragung von Unbefugten genutzt werden können (Benutzerkontrolle);

e) zu gewährleisten, dass die zur Benutzung eines automatisierten Datenverarbeitungssystems Berechtigten nur auf die ihrer Zugangsberechtigung unterliegenden Daten zugreifen können (Zugriffskontrolle);

f) zu gewährleisten, dass überprüft und festgestellt werden kann, an welche Stellen personenbezogene Daten durch Einrichtungen zur Datenübertragung übermittelt werden können oder übermittelt worden sind (Übermittlungskontrolle);

g) zu gewährleisten, dass überprüft und festgestellt werden kann, welche personenbezogenen Daten wann und von wem in automatisierte Datenverarbeitungssysteme eingegeben worden sind (Eingabekontrolle);

h) zu gewährleisten, dass überprüft und festgestellt werden kann, auf welche Daten von welchem Mitarbeiter zu welcher Zeit zugegriffen wurde (Zugriffsprotokoll);

i) zu verhindern, dass bei der Übertragung personenbezogener Daten oder beim Transport von Datenträgern die Daten unbefugt gelesen, kopiert, geändert oder gelöscht werden können (Transportkontrolle);

j) zu gewährleisten, dass eingesetzte Systeme im Störungsfall unverzüglich wiederhergestellt werden können (Wiederherstellung); und

k) zu gewährleisten, dass die Funktionen des Systems fehlerfrei ablaufen, auftretende Fehlfunktionen unverzüglich gemeldet werden (Verlässlichkeit) und gespeicherte Daten nicht durch Fehlfunktionen des Systems verfälscht werden (Unverfälschtheit).

(3) Europol und die Mitgliedstaaten treffen Vorkehrungen, damit auch bei Beteiligung verschiedener Informationssysteme den Sicherheitserfordernissen Rechnung getragen wird.

Artikel 33   Datenschutz durch Technik

Europol führt geeignete technische und organisatorische Maßnahmen und Verfahren durch, durch die sichergestellt wird, dass die Datenverarbeitung den Anforderungen dieser Verordnung genügt und die Rechte der betroffenen Person gewahrt werden.

Artikel 34   Meldung von Verletzungen des Schutzes personenbezogener Daten an die betreffenden Behörden

(1) Im Falle einer Verletzung des Schutzes personenbezogener Daten unterrichtet Europol unverzüglich den EDSB und die betreffenden zuständigen Behörden der Mitgliedstaaten, im Einklang mit den in Artikel 7 Absatz 5 festgelegten Bedingungen, sowie den betreffenden Datenlieferanten von dieser Verletzung.

(2) Die Meldung gemäß Absatz 1 muss mindestens Folgendes enthalten:

a) eine Beschreibung der Art der Verletzung des Schutzes personenbezogener Daten, soweit möglich und angezeigt mit Angabe der Kategorien und der Zahl der betroffenen Personen, der betroffenen Datenkategorien und der Zahl der betroffenen Datensätze;

b) eine Beschreibung der wahrscheinlichen Folgen der Verletzung des Schutzes personenbezogener Daten;

c) eine Beschreibung der von Europol vorgeschlagenen oder ergriffenen Maßnahmen zur Behandlung der Verletzung des Schutzes personenbezogener Daten; und

d) gegebenenfalls eine Angabe empfohlener Maßnahmen zur Eindämmung etwaiger nachteiliger Auswirkungen der Verletzung des Schutzes personenbezogener Daten.

(3) Europol dokumentiert etwaige Verletzungen des Schutzes personenbezogener Daten, einschließlich der die Verletzung betreffenden Tatsachen, der Auswirkungen der Verletzung und der getroffenen Abhilfemaßnahmen und ermöglicht damit dem EDSB die Überprüfung der Einhaltung dieses Artikels.

Artikel 35 Benachrichtigung der betroffenen Person von einer Verletzung des Schutzes ihrer personenbezogenen Daten

(1) Vorbehaltlich des Absatzes 4 dieses Artikels gilt für den Fall, dass eine Verletzung des Schutzes personenbezogener Daten im Sinne des Artikels 34 wahrscheinlich eine schwere Beeinträchtigung der Rechte und Freiheiten der betroffenen Person zur Folge hat, dass Europol unverzüglich die betroffene Person von der Verletzung des Schutzes personenbezogener Daten benachrichtigt.

(2) Die in Absatz 1 genannte Benachrichtigung der betroffenen Person umfasst soweit möglich eine Beschreibung der Art der Verletzung des Schutzes personenbezogener Daten, eine Angabe empfohlener Maßnahmen zur Eindämmung etwaiger nachteiliger Auswirkungen der Verletzung des Schutzes personenbezogener Daten sowie den Namen und die Kontaktdaten des Datenschutzbeauftragten.

(3) [1]Verfügt Europol nicht über die Kontaktdaten der betroffenen Person, so ersucht sie den Datenlieferanten, die betroffene Person von der Verletzung des Schutzes personenbezogener Daten zu benachrichtigen und Europol über die getroffenen Entscheidungen zu unterrichten. [2]Die die Daten liefernden Mitgliedstaaten benachrichtigen die betroffene Person nach den in ihrem nationalen Recht vorgesehenen Verfahren von der Verletzung des Schutzes personenbezogener Daten.

(4) Die Benachrichtigung der betroffenen Person von der Verletzung des Schutzes personenbezogener Daten ist nicht erforderlich, wenn

a) Europol geeignete technische Schutzmaßnahmen auf die von der Verletzung betroffenen personenbezogenen Daten angewandt hat, die die betreffenden Daten für alle Personen verschlüsseln, die nicht zum Zugriff auf die Daten befugt sind,

b) Europol durch nachfolgende Maßnahmen sichergestellt hat, dass die Rechte und Freiheiten der betroffenen Personen aller Wahrscheinlichkeit nach nicht mehr erheblich beeinträchtigt werden, oder

c) die Benachrichtigung insbesondere angesichts der Zahl der betroffenen Fälle mit einem unverhältnismäßigen Aufwand verbunden wäre.

In diesen Fällen hat stattdessen eine öffentliche Bekanntmachung oder eine ähnliche Maßnahme zu erfolgen, durch die die betroffenen Personen vergleichbar wirksam unterrichtet werden.

(5) Die Benachrichtigung der betroffenen Person kann aufgeschoben, eingeschränkt oder unterlassen werden, sofern eine derartige Maßnahme – unter gebührender Berücksichtigung der legitimen Interessen der betroffenen Person – notwendig ist, um

a) zu vermeiden, dass behördliche oder gerichtliche Ermittlungen, Untersuchungen oder Verfahren behindert werden;

b) zu vermeiden, dass die Verhütung, Aufdeckung, Untersuchung oder Verfolgung von Straftaten beeinträchtigt wird, oder um Strafen zu vollstrecken;

c) die öffentliche und nationale Sicherheit zu schützen;

d) die Rechte und Freiheiten Dritter zu schützen.

Artikel 36 Auskunftsrecht der betroffenen Person

(1) Jede betroffene Person hat das Recht, in angemessenen Abständen zu erfahren, ob sie betreffende personenbezogene Daten von Europol verarbeitet werden.

(2) Unbeschadet des Absatzes 5 übermittelt Europol der betroffenen Person

a) eine Bestätigung, ob sie betreffende Daten verarbeitet werden oder nicht,

b) zumindest Angaben zu den Zwecken der Verarbeitung, den Datenkategorien, die verarbeitet werden, den Empfängern oder Kategorien von Empfängern, an die die Daten übermittelt werden,

c) eine Mitteilung in verständlicher Form über die Daten, die Gegenstand der Verarbeitung sind, sowie über alle verfügbaren Informationen zur Herkunft der Daten,

d) eine Angabe der Rechtsgrundlage für die Datenverarbeitung,

e) die geplante Speicherfrist,

f) eine Belehrung über das Recht auf Berichtigung, auf Löschung der sie betreffenden personenbezogenen Daten bzw. auf Einschränkung der Verarbeitung dieser Daten durch Europol.

(3) [1]Jede betroffene Person, die ihr Recht auf Zugang zu sie betreffenden personenbezogenen Daten wahrnehmen will, kann dies bei der zu diesem Zweck benannten Behörde eines Mitgliedstaats seiner Wahl beantragen, ohne dass ihr dadurch übermäßige Kosten entstehen. [2]Die Behörde leitet den Antrag unverzüglich, in jedem Fall aber innerhalb eines Monats nach Eingang des Antrags, an Europol weiter.

(4) [1]Europol bestätigt den Eingang des Antrags nach Absatz 3. [2]Europol beantwortet ihn unverzüglich, spätestens aber innerhalb von drei Monaten nach Eingang des Antrags der nationalen Behörde bei Europol.

(5) [1]Europol konsultiert die zuständigen Behörden der Mitgliedstaaten unter den in Artikel 7 Absatz 5 festgelegten Bedingungen sowie den betreffenden Datenlieferanten, bevor sie über einen Antrag entscheidet. [2]Eine Entscheidung über den Zugang zu personenbezogenen Daten setzt eine enge Zusammenarbeit zwischen Europol und den Mitgliedstaaten sowie dem Datenlieferanten, der vom Zugang der betroffenen Person zu solchen Daten unmittelbar betroffen ist, voraus. [3]Lehnt ein Mitgliedstaat oder der Datenlieferant die von Europol vorgeschlagene Antwort ab, so setzt er Europol unter Angabe von Gründen im Einklang mit Absatz 6 dieses Artikels davon in Kenntnis. [4]Europol trägt jeder derartigen Ablehnung umfassend Rechnung. [5]Europol unterrichtet anschließend die betreffenden zuständigen Behörden, im Einklang mit den in Artikel 7 Absatz 5 festgelegten Bedingungen, sowie den Datenlieferanten über ihre Entscheidung.

(6) Die Bereitstellung von Informationen infolge eines Antrags nach Absatz 1 kann verweigert oder eingeschränkt werden, falls eine derartige Verweigerung oder Einschränkung erforderlich ist

a) für die ordnungsgemäße Erfüllung der Aufgaben von Europol,

b) zum Schutz der Sicherheit und der öffentlichen Ordnung oder zur Bekämpfung von Straftaten,

c) zur Gewährleistung, dass keine nationalen Ermittlungen gestört werden, oder

d) zum Schutz der Rechte und Freiheiten Dritter.

Bei der Prüfung, ob eine Ausnahme in Frage kommt, werden die Grundrechte und Interessen der betroffenen Person berücksichtigt.

(7) [1]Europol unterrichtet die betroffene Person schriftlich über die Zugangsverweigerung oder -einschränkung, über die Gründe einer solchen Entscheidung und ihr Recht, beim EDSB Beschwerde einzulegen. [2]Würde Absatz 6 durch die Bereitstellung dieser Informationen wirkungslos, so teilt Europol der betroffenen Person lediglich mit, dass es eine Überprüfung vorgenommen hat, ohne dabei Hinweise zu geben, denen die Person entnehmen konnte, dass bei Europol sie betreffende Daten verarbeitet werden.

Artikel 37 Recht auf Berichtigung, Löschung und Einschränkung

(1) [1]Jede betroffene Person, die gemäß Artikel 36 auf sie betreffende personenbezogene Daten, die von Europol verarbeitet wurden, zugegriffen hat, hat das Recht, von Europol über die zu diesem Zweck benannte Behörde in dem Mitgliedstaat ihrer Wahl die Berichtigung von sie betreffenden fehlerhaften personenbezogenen Daten, die bei Europol gespeichert sind, sowie deren Vervollständigung oder Aktualisierung zu verlangen. [2]Die Behörde leitet den Antrag unverzüglich, in jedem Fall aber innerhalb eines Monats nach Eingang des Antrags, an Europol weiter.

(2) [1]Jede betroffene Person, die gemäß Artikel 36 auf sie betreffende personenbezogene Daten, die von Europol verarbeitet wurden, zugegriffen hat, hat das Recht, von Europol über die zu diesem Zweck benannte Behörde in dem Mitgliedstaat ihrer Wahl die Löschung von sie betreffenden personenbezogenen Daten, die bei Europol gespeichert sind, zu verlangen, wenn diese für die Zwecke, für die sie erhoben oder weiterverarbeitet wurden, nicht mehr benötigt werden. [2]Die Behörde leitet den Antrag unverzüglich, in jedem Fall aber innerhalb eines Monats nach Eingang des Antrags, an Europol weiter.

(3) [1]Besteht berechtigter Grund zu der Annahme, dass eine Löschung die schutzwürdigen Interessen der betroffenen Person beeinträchtigen würde, so werden die personenbezogenen Daten nach Absatz 2 von Europol nicht gelöscht, sondern lediglich ihre Verarbeitung eingeschränkt. [2]In ihrer Verarbeitung eingeschränkte Daten dürfen nur zu dem Zweck verarbeitet werden, der ihrer Löschung entgegenstand.

(4) Wurden bei Europol gespeicherte personenbezogene Daten der in den Absätzen 1, 2 und 3 genannten Art Europol von Drittstaaten, internationalen Organisationen oder Unionseinrichtungen übermittelt oder wurden sie unmittelbar durch private Parteien übermittelt oder von Europol aus öffentlich zugänglichen Quellen beschafft oder stammen sie aus eigenen Analysen von Europol, so nimmt Europol die Berichtigung, Löschung oder Einschränkung der Verarbeitung dieser Daten vor und unterrichtet gegebenenfalls die betreffenden Datenlieferanten.

(5) Wurden bei Europol gespeicherte personenbezogene Daten der in den Absätzen 1, 2 und 3 genannten Art Europol von Mitgliedstaaten übermittelt, so berichtigen oder löschen die betreffenden Mitgliedstaaten diese Daten im Rahmen ihrer jeweiligen Zuständigkeiten in Abstimmung mit Europol bzw. schränken ihre Verarbeitung ein.

(6) Wurden Europol auf sonstige geeignete Weise unrichtige personenbezogene Daten übermittelt oder sind die Fehler in den von den Mitgliedstaaten gelieferten Daten auf eine fehlerhafte oder unter Verstoß gegen diese Verordnung stehende Übermittlung zurückzuführen oder beruht die Fehlerhaftigkeit darauf, dass Europol Daten in nicht ordnungsgemäßer Weise oder unter Verstoß gegen diese Verordnung eingegeben, übernommen oder gespeichert hat, so berichtigt oder löscht Europol solche Daten in Abstimmung mit dem betreffenden Datenlieferanten.

(7) [1]In den in den Absätzen 4, 5 und 6 genannten Fällen werden alle Empfänger der betreffenden Daten unverzüglich unterrichtet. [2]Diese Empfänger müssen dann gemäß den für sie geltenden Regeln in ihrem eigenen System ebenfalls die entsprechende Berichtigung, Löschung oder Einschränkung der Verarbeitung vornehmen.

(8) Europol teilt der betroffenen Person binnen kürzester Frist, spätestens aber innerhalb von drei Monaten nach Eingang eines Antrags nach

Absatz 1 oder 2, schriftlich mit, dass die betreffenden Daten berichtigt oder gelöscht wurden bzw. ihre Verarbeitung eingeschränkt wurde.

(9) Europol unterrichtet die betroffene Person innerhalb von drei Monaten nach Eingang eines Antrags nach Absatz 1 oder 2 schriftlich über jede Verweigerung einer Berichtigung, Löschung oder Einschränkung der Verarbeitung, über die Gründe für eine solche Verweigerung sowie über die Möglichkeit, Beschwerde beim EDSB einzulegen oder den Rechtsweg zu beschreiten.

Artikel 38 Datenschutzrechtliche Verantwortung

(1) Europol speichert personenbezogene Daten so, dass gewährleistet ist, dass ihre Quelle nach Maßgabe von Artikel 17 feststellbar ist.

(2) Die Verantwortung für die Qualität personenbezogener Daten gemäß Artikel 28 Absatz 1 Buchstabe d liegt bei:

a) dem Mitgliedstaat oder der Unionseinrichtung, der/die die personenbezogenen Daten an Europol übermittelt hat,

b) Europol, für personenbezogene Daten, die von Drittstaaten oder internationalen Organisationen oder unmittelbar von privaten Parteien übermittelt wurden; für von Europol aus öffentlich zugänglichen Quellen abgerufene oder aus eigenen Analysen von Europol stammende personenbezogene Daten oder für von Europol gemäß Artikel 31 Absatz 5 gespeicherte personenbezogene Daten.

(3) Stellt Europol fest, dass gemäß Artikel 17 Absatz 1 Buchstaben a und b übermittelte personenbezogene Daten sachlich unrichtig sind oder unrechtmäßig gespeichert wurden, so unterrichtet sie den Lieferanten dieser Daten davon.

(4) Europol ist für die Einhaltung der Grundsätze nach Artikel 28 Absatz 1 Buchstaben a, b, c, e und f verantwortlich.

(5) Die Verantwortung für die Rechtmäßigkeit einer Datenübermittlung liegt bei:

a) dem Mitgliedstaat, der personenbezogene Daten an Europol übermittelt hat,

b) Europol, wenn Europol personenbezogene Daten an Mitgliedstaaten, Drittstaaten oder internationale Organisationen übermittelt hat.

(6) Bei Übermittlungen zwischen Europol und Unionseinrichtungen liegt die Verantwortung für die Rechtmäßigkeit der Übermittlung bei Europol.

Unbeschadet des ersten Unterabsatzes sind sowohl Europol als auch der Empfänger für die Rechtmäßigkeit dieser Übermittlung verantwortlich, wenn Europol die Daten auf Ersuchen des Empfängers übermittelt.

(7) [1]Europol trägt die Verantwortung für alle von ihr durchgeführten Datenverarbeitungsvorgänge mit Ausnahme des unter Nutzung der Infrastruktur von Europol zwischen Mitgliedstaaten, Unionseinrichtungen, Drittstaaten und internationalen Organisationen erfolgenden bilateralen Austauschs von Daten, auf die Europol keinen Zugriff hat. [2]Ein derartiger

bilateraler Austausch erfolgt unter der Verantwortung der betreffenden Stellen nach Maßgabe ihres Rechts. [3]Die Sicherheit dieses Austauschs wird im Einklang mit Artikel 32 gewährleistet.

Artikel 39 Vorherige Konsultation

(1) Jede neue Art von Verarbeitungsvorgang, den es durchzuführen gilt, ist Gegenstand einer vorherigen Konsultation, wenn

a) in Artikel 30 Absatz 2 genannte besondere Kategorien von Daten verarbeitet werden,

b) von der Art der Verarbeitung, insbesondere der Verarbeitung mit neuen Technologien, Mechanismen oder Verfahren, besondere Gefahren für die Grundrechte und Grundfreiheiten der betroffenen Personen und insbesondere den Schutz ihrer personenbezogenen Daten ausgehen.

(2) Die vorherige Konsultation wird vom EDSB nach Erhalt der Meldung des Datenschutzbeauftragten vorgenommen, die zumindest eine allgemeine Beschreibung der geplanten Verarbeitungsvorgänge und eine Bewertung der in Bezug auf die Rechte und Freiheiten der betroffenen Personen bestehenden Risiken sowie der geplanten Abhilfemaßnahmen, Garantien, Sicherheitsvorkehrungen und Mechanismen enthält, durch die der Schutz personenbezogener Daten sichergestellt und der Nachweis dafür erbracht wird, dass diese Verordnung eingehalten wird, wobei den Rechten und den berechtigten Interessen der von der Datenverarbeitung betroffenen Personen und sonstiger Betroffener Rechnung zu tragen ist.

(3) [1]Der EDSB legt seine Stellungnahme dem Verwaltungsrat innerhalb von zwei Monaten nach Empfang der Meldung vor. [2]Diese Frist kann ausgesetzt werden, bis dem EDSB weitere von ihm erbetene Auskünfte vorliegen.

Ist nach Ablauf von vier Monaten keine Stellungnahme erfolgt, so gilt sie als befürwortend.

[1]Ist der EDSB der Ansicht, dass bei der gemeldeten Verarbeitung ein Verstoß gegen eine der Bestimmungen dieser Verordnung vorliegen könnte, schlägt er gegebenenfalls Abhilfemaßnahmen vor. [2]Ändert Europol die Verarbeitung nicht entsprechend, kann der EDSB seine Befugnisse nach Artikel 43 Absatz 3 ausüben.

(4) [1]Der EDSB führt ein Register aller ihm aufgrund von Absatz 1 gemeldeten Verarbeitungen. [2]Das Register ist nicht öffentlich einsehbar.

Artikel 40 Protokollierung und Dokumentierung

(1) [1]Zum Zwecke der Überprüfung der Rechtmäßigkeit der Datenverarbeitung, der Eigenkontrolle und der Sicherstellung der Unverfälschtheit und Sicherheit der Daten hält Europol die Erhebung, Änderung, Offenlegung, Verknüpfung oder Löschung personenbezogener Daten sowie den Zugriff auf diese Daten schriftlich fest. [2]Die dazugehörigen Protokolle oder Dokumentierungen werden nach drei Jahren gelöscht, sofern die Da-

ten, die sie enthalten, nicht für eine gerade laufende Kontrolle noch weiter benötigt werden. [3]Eine Änderung der Protokolle darf nicht möglich sein.

(2) [1]Die nach Absatz 1 erstellten Protokolle oder Dokumentierungen werden dem EDSB, dem Datenschutzbeauftragten und, falls sie für bestimmte Ermittlungen benötigt werden, der betreffenden nationalen Stelle auf Verlangen übermittelt. [2]Die so übermittelten Informationen werden ausschließlich zu Zwecken der Datenschutzkontrolle und zur Sicherstellung einer ordnungsgemäßen Verarbeitung sowie der Integrität und Sicherheit der Daten verwendet.

Artikel 41 Datenschutzbeauftragter

(1) [1]Der Verwaltungsrat ernennt einen Datenschutzbeauftragten, der dem Personal von Europol angehört. [2]In Erfüllung seiner Pflichten handelt er unabhängig.

(2) Der Datenschutzbeauftragte wird aufgrund seiner persönlichen und beruflichen Befähigung und insbesondere seines Fachwissens auf dem Gebiet des Datenschutzes ausgewählt.

Bei der Wahl des Datenschutzbeauftragten wird gewährleistet, dass kein Interessenkonflikt zwischen seinem Amt als Datenschutzbeauftragtem und seinen sonstigen dienstlichen Aufgaben, insbesondere Aufgaben in Verbindung mit der Anwendung dieser Verordnung, führen kann.

(3) [1]Der Datenschutzbeauftragte wird für einen Zeitraum von vier Jahren ernannt. [2]Eine Wiederernennung für einen Gesamtzeitraum von höchstens acht Jahren ist möglich. [3]Der Datenschutzbeauftragte kann vom Verwaltungsrat nur mit Zustimmung des EDSB seines Amtes als Datenschutzbeauftragter enthoben werden, wenn er die für die Erfüllung seiner Aufgaben erforderlichen Voraussetzungen nicht mehr erfüllt.

(4) Nach seiner Ernennung ist der Datenschutzbeauftragte durch den Verwaltungsrat beim EDSB einzutragen.

(5) Bei der Wahrnehmung seiner Aufgaben ist der Datenschutzbeauftragte keinen Weisungen unterworfen.

(6) In Bezug auf personenbezogene Daten mit Ausnahme verwaltungstechnischer personenbezogener Daten nimmt der Datenschutzbeauftragte insbesondere folgende Aufgaben wahr:

a) Er stellt in unabhängiger Weise sicher, dass diese Verordnung betreffend die Verarbeitung personenbezogener Daten intern Anwendung findet;

b) er stellt sicher, dass die Übermittlung und der Erhalt personenbezogener Daten nach Maßgabe dieser Verordnung erfasst werden;

c) er stellt sicher, dass die betroffenen Personen auf Anfrage über die ihnen nach dieser Verordnung zustehenden Rechte informiert werden;

d) er arbeitet mit dem für Verfahren, Schulung und Beratung im Bereich der Datenverarbeitung zuständigen Personal von Europol zusammen;

e) er arbeitet mit dem EDSB zusammen;

f) er erstellt einen Jahresbericht und übermittelt diesen dem Verwaltungsrat und dem EDSB;

g) er führt ein Register der Verletzungen des Schutzes personenbezogener Daten.

(7) Der Datenschutzbeauftragte nimmt in Bezug auf verwaltungstechnische personenbezogene Daten die in der Verordnung (EG) Nr. 45/2001 vorgesehenen Aufgaben wahr.

(8) Zur Erfüllung seiner Aufgaben hat der Datenschutzbeauftragte Zugang zu allen von Europol verarbeiteten Daten und zu allen Räumlichkeiten von Europol.

(9) Ist der Datenschutzbeauftragte der Auffassung, dass die Bestimmungen dieser Verordnung über die Verarbeitung personenbezogener Daten nicht eingehalten wurden, so unterrichtet er den Exekutivdirektor und fordert diesen auf, innerhalb einer bestimmten Frist Abhilfe zu schaffen. [1]Sorgt der Exekutivdirektor nicht innerhalb der bestimmten Frist für Abhilfe, so unterrichtet der Datenschutzbeauftragte den Verwaltungsrat. [2]Der Datenschutzbeauftragte und der Verwaltungsrat setzen gemeinsam eine Frist für eine Reaktion des Verwaltungsrats. [3]Sorgt der Verwaltungsrat nicht innerhalb der bestimmten Frist für Abhilfe, so befasst der Datenschutzbeauftragte den EDSB.

(10) [1]Der Verwaltungsrat erlässt den Datenschutzbeauftragten betreffende Durchführungsbestimmungen. [2]Diese Durchführungsbestimmungen betreffen insbesondere das Auswahlverfahren für die Stelle des Datenschutzbeauftragten, seine Entlassung sowie seine Aufgaben, Pflichten und Befugnisse und die Garantien zur Gewährleistung seiner Unabhängigkeit.

(11) [1]Europol stellt dem Datenschutzbeauftragten das für die Erfüllung seiner Aufgaben erforderliche Personal und die entsprechenden Ressourcen zur Verfügung. [2]Der Zugang dieser Mitglieder des Personals zu allen bei Europol verarbeiteten personenbezogenen Daten und den Räumlichkeiten von Europol ist auf das für die Erfüllung ihrer Aufgaben erforderliche Maß beschränkt.

(12) Der Datenschutzbeauftragte und sein Personal sind nach Artikel 67 Absatz 1 zur Verschwiegenheit verpflichtet.

Artikel 42 Überwachung durch die nationale Kontrollbehörde

(1) [1]Jeder Mitgliedstaat benennt eine nationale Kontrollbehörde. [2]Die Aufgabe der nationalen Kontrollbehörde besteht darin, nach Maßgabe des jeweiligen nationalen Rechts in unabhängiger Weise die Zulässigkeit der Übermittlung und des Abrufs personenbezogener Daten sowie jedweder Übermittlung dieser Daten an Europol durch diesen Mitgliedstaat zu überwachen und zu prüfen, ob hierdurch die Rechte der betreffenden betroffenen Personen verletzt werden. [3]Zu diesem Zweck hat die nationale

Kontrollbehörde entweder bei der nationalen Stelle oder in den Räumlichkeiten der Verbindungsbeamten Zugang zu den Daten, die ihr Mitgliedstaat nach den einschlägigen nationalen Verfahren an Europol übermittelt, sowie zu den Protokollen und Dokumentierungen nach Artikel 40.

(2) Zur Durchführung ihrer Kontrollen haben die nationalen Kontrollbehörden Zugang zu den Diensträumen und zu den Akten der jeweiligen zu Europol entsandten Verbindungsbeamten.

(3) [1]Die nationalen Kontrollbehörden kontrollieren nach den einschlägigen nationalen Verfahren die Tätigkeit der nationalen Stellen sowie die Tätigkeit der Verbindungsbeamten, soweit diese Tätigkeit für den Schutz personenbezogener Daten von Belang ist. [2]Sie halten den EDSB über die von ihnen in Bezug auf Europol getroffenen Maßnahmen auf dem Laufenden.

(4) [1]Jede Person hat das Recht, die nationale Kontrollbehörde zu ersuchen, die Rechtmäßigkeit jeglicher Übermittlung oder Kommunikation von sie betreffenden Daten an Europol sowie des Abrufs dieser Daten durch den betreffenden Mitgliedstaat zu prüfen. [2]Dieses Recht wird nach Maßgabe des nationalen Rechts des Mitgliedstaats, an dessen nationale Kontrollinstanz das Ersuchen gerichtet wird, ausgeübt.

Artikel 43   Kontrolle durch den EDSB
(1) [1]Der EDSB ist zuständig für die Kontrolle und Sicherstellung der Anwendung dieser Verordnung zum Schutz der Grundrechte und Grundfreiheiten natürlicher Personen bei der Verarbeitung personenbezogener Daten durch Europol sowie für die Beratung von Europol und der betroffenen Personen in allen die Verarbeitung personenbezogener Daten betreffenden Angelegenheiten. [2]Zu diesem Zweck erfüllt er die in Absatz 2 genannten Aufgaben und übt die in Absatz 3 festgelegten Befugnisse in enger Zusammenarbeit mit den nationalen Kontrollbehörden gemäß Artikel 44 aus.

(2) Der EDSB hat folgende Aufgaben:
a) Er hört und prüft Beschwerden und unterrichtet die betroffenen Personen innerhalb einer angemessenen Frist über die Ergebnisse;
b) er führt von sich aus oder aufgrund einer Beschwerde Untersuchungen durch und unterrichtet die betroffenen Personen innerhalb einer angemessenen Frist über die Ergebnisse;
c) er kontrolliert und stellt die Anwendung dieser Verordnung und anderer Rechtsvorschriften der Union, die den Schutz natürlicher Personen bei der Verarbeitung personenbezogener Daten durch Europol betreffen, sicher;
d) er berät Europol von sich aus oder auf Anfrage in allen Fragen, die die Verarbeitung personenbezogener Daten betreffen, insbesondere bevor Europol interne Vorschriften zum Schutz der Grundrechte und Grund-

freiheiten von Personen bei der Verarbeitung personenbezogener Daten ausarbeitet;

e) er führt ein Register der ihm aufgrund von Artikel 39 Absatz 1 gemeldeten und gemäß Artikel 39 Absatz 4 registrierten neuen Arten von Verarbeitungsvorgängen;

f) er nimmt eine vorherige Konsultation betreffend die ihm gemeldeten Verarbeitungen vor.

(3) Der EDSB kann im Rahmen dieser Verordnung:

a) betroffene Personen bei der Ausübung ihrer Rechte beraten,

b) bei einem behaupteten Verstoß gegen die Vorschriften über die Verarbeitung personenbezogener Daten Europol mit der Angelegenheit befassen und gegebenenfalls Vorschläge zur Behebung dieses Verstoßes und zur Verbesserung des Schutzes der betroffenen Personen machen,

c) anordnen, dass Anträgen auf Ausübung bestimmter Rechte in Bezug auf Daten stattgegeben wird, wenn diese Anträge unter Verstoß gegen die Artikel 36 und 37 abgelehnt wurden;

d) Europol ermahnen oder verwarnen;

e) Europol anweisen, die Berichtigung, Einschränkung der Verarbeitung, Löschung oder Vernichtung von personenbezogenen Daten, die unter Verletzung der Vorschriften über die Verarbeitung personenbezogener Daten verarbeitet wurden, durchzuführen und solche Maßnahmen Dritten, denen diese Daten mitgeteilt wurden, zu melden;

f) diejenigen Verarbeitungsvorgänge Europols, die einen Verstoß gegen die Vorschriften über die Verarbeitung personenbezogener Daten darstellen, vorübergehend oder endgültig verbieten;

g) Europol und, falls erforderlich, das Europäische Parlament, den Rat und die Kommission mit einer Angelegenheit befassen;

h) unter den im AEUV vorgesehenen Bedingungen in einer Angelegenheit den Gerichtshof der Europäischen Union anrufen;

i) beim Gerichtshof der Europäischen Union anhängigen Verfahren beitreten.

(4) Der EDSB ist befugt,

a) von Europol Zugang zu allen personenbezogenen Daten und allen für seine Untersuchungen erforderlichen Informationen zu erhalten,

b) Zugang zu allen Räumlichkeiten zu erhalten, in denen Europol ihre Tätigkeiten ausübt, sofern die begründete Annahme besteht, dass dort eine von dieser Verordnung betroffene Tätigkeit ausgeübt wird.

(5) [1]Der EDSB erstellt einen jährlichen Bericht über seine Europol betreffenden Kontrolltätigkeiten, nachdem er die nationalen Kontrollbehörden konsultiert hat. [2]Dieser Bericht ist Teil des in Artikel 48 der Verordnung (EG) Nr. 45/2001 genannten jährlichen Berichts des EDSB.

Dieser Bericht enthält statistische Informationen in Bezug auf Beschwerden, Ermittlungen und Untersuchungen, die gemäß Absatz 2 durchgeführt wurden, sowie in Bezug auf die Weitergabe personenbezogener Daten an Drittstaaten und internationale Organisationen, Fälle vorheriger Konsultation und die Ausübung der Befugnisse gemäß Absatz 3.

(6) Der EDSB sowie die Beamten und sonstigen Bediensteten der Geschäftsstelle des EDSB sind nach Artikel 67 Absatz 1 zur Verschwiegenheit verpflichtet.

**Artikel 44   Zusammenarbeit zwischen dem EDSB und den
              nationalen Kontrollbehörden**

(1) Bei Fragen, die eine Einbeziehung der Mitgliedstaaten erfordern, arbeitet der EDSB eng mit den nationalen Kontrollbehörden zusammen, vor allem, wenn der EDSB oder eine nationale Kontrollbehörde größere Diskrepanzen zwischen den Verfahrensweisen der Mitgliedstaaten oder möglicherweise unrechtmäßige Übermittlungen über die Informationskanäle von Europol feststellt, oder bei Fragen einer oder mehrerer nationaler Kontrollbehörden zur Umsetzung und Auslegung dieser Verordnung.

(2) [1]Der EDSB nutzt bei der Wahrnehmung seiner Pflichten gemäß Artikel 43 Absatz 2 die Fachkenntnisse und Erfahrungen nationaler Kontrollbehörden. [2]Bei der Wahrnehmung gemeinsamer Inspektionen mit dem EDSB haben die Mitglieder und Bediensteten der nationalen Kontrollbehörden unter gebührender Berücksichtigung der Grundsätze der Subsidiarität und der Verhältnismäßigkeit die Befugnisse, die den Befugnissen nach Artikel 43 Absatz 4 entsprechen, und sind entsprechend der Verpflichtung nach Artikel 43 Absatz 6 verpflichtet. [3]Im Rahmen ihrer jeweiligen Zuständigkeiten tauschen der EDSB und die nationalen Kontrollbehörden einschlägige Informationen aus und unterstützen sich gegenseitig bei Überprüfungen und Inspektionen.

(3) [1]Der EDSB unterrichtet die nationalen Kontrollbehörden regelmäßig über alle Fragen, die sie unmittelbar betreffen oder in sonstiger Hinsicht für sie relevant sind. [2]Auf Antrag einer oder mehrerer nationaler Kontrollbehörden unterrichtet der EDSB sie über spezielle Fragen.

(4) [1]In Fällen, die Daten aus einem oder mehreren Mitgliedstaaten betreffen – einschließlich der in Artikel 47 Absatz 2 aufgeführten Fälle –, konsultiert der EDSB die betroffenen nationalen Kontrollbehörden. [2]Der EDSB trifft keinen Beschluss zur Einleitung weiterer Maßnahmen, bevor nicht diese nationalen Kontrollbehörden den EDSB von ihrem Standpunkt in Kenntnis gesetzt haben, wozu vom EDSB eine Frist von mindestens einem Monat und höchstens drei Monaten gesetzt wird. [3]Der EDSB trägt den jeweiligen Standpunkten der nationalen Kontrollbehörden umfassend Rechnung. [4]Beabsichtigt der EDSB, den Standpunkt einer nationalen Kontrollbehörde nicht zu berücksichtigen, so teilt er dieser Behörde dies unter Angabe der Gründe mit und befasst den durch Artikel 45 Absatz 1 eingesetzten Beirat für die Zusammenarbeit mit der Erörterung dieser Angelegenheit.

[1]Liegt nach Auffassung des EDSB eine besondere Dringlichkeit vor, so kann er umgehend tätig werden. [2]In solchen Fällen informiert der EDSB unverzüglich die betroffenen nationalen Kontrollbehörden und begründet die von ihm festgestellte Dringlichkeit und seine in diesem Zusammenhang eingeleiteten Maßnahmen.

Artikel 45 Beirat für die Zusammenarbeit

(1) [1]Es wird ein Beirat für die Zusammenarbeit eingesetzt, dem eine Beratungsfunktion zukommt. [2]Er besteht aus je einem Vertreter einer nationalen Kontrollbehörde jedes Mitgliedstaats und dem EDSB.

(2) Der Beirat für die Zusammenarbeit handelt bei der Ausführung seiner Aufgaben gemäß Absatz 3 unabhängig, fordert von niemandem Weisungen an und nimmt auch keine Weisungen entgegen.

(3) Der Beirat für die Zusammenarbeit hat folgende Aufgaben:

a) Erörterung der allgemeinen Politik und Strategie Europols im Bereich der Überwachung des Datenschutzes und der Zulässigkeit der Übermittlung und des Abrufs personenbezogener Daten sowie der Mitteilung von personenbezogenen Daten an Europol durch die Mitgliedstaaten;

b) Prüfung von Schwierigkeiten bei der Auslegung oder Anwendung dieser Verordnung;

c) Untersuchung allgemeiner Probleme im Zusammenhang mit der Ausübung der unabhängigen Überwachung oder der Ausübung der Rechte der betroffen Personen;

d) Erörterung und Ausarbeitung harmonisierter Vorschläge für gemeinsame Lösungen in den in Artikel 44 Absatz 1 genannten Fragen;

e) Erörterung der vom EDSB gemäß Artikel 44 Absatz 4 vorgelegten Fälle;

f) Erörterung der von den nationalen Kontrollbehörden vorgelegten Fälle und

g) Förderung der Sensibilisierung für Datenschutzrechte.

(4) [1]Der Beirat für die Zusammenarbeit kann Stellungnahmen, Leitlinien und Empfehlungen formulieren und bewährte Verfahren festlegen. [2]Der EDSB und die nationalen Kontrollbehörden tragen ihnen im Rahmen ihrer jeweiligen Zuständigkeiten und unter Wahrung ihrer Unabhängigkeit umfassend Rechnung.

(5) [1]Der Beirat für die Zusammenarbeit tritt nach Bedarf, mindestens jedoch zweimal jährlich zusammen. [2]Die Kosten und die Ausrichtung seiner Sitzungen übernimmt der EDSB.

(6) [1]Der Beirat für die Zusammenarbeit nimmt in seiner ersten Sitzung mit einfacher Mehrheit seiner Mitglieder seine Geschäftsordnung an. [2]Weitere Arbeitsverfahren werden je nach Bedarf gemeinsam festgelegt.

Artikel 46 Verwaltungstechnische personenbezogene Daten

Die Verordnung (EG) Nr. 45/2001 gilt für alle verwaltungstechnischen personenbezogenen Daten im Besitz von Europol.

Kapitel VII
Rechtsbehelfe und Haftung

Artikel 47 Recht auf Beschwerde beim EDSB

(1) Jede betroffene Person kann beim EDSB eine Beschwerde einreichen, wenn sie der Ansicht ist, dass die Verarbeitung sie betreffender personenbezogener Daten durch Europol gegen diese Verordnung verstößt.

(2) ¹Betrifft eine Beschwerde eine Entscheidung gemäß den Artikeln 36 oder 37, so konsultiert der EDSB die nationalen Kontrollbehörden des Mitgliedstaats, von dem die Daten stammen, oder des unmittelbar betroffenen Mitgliedstaats. ²Bei der Annahme seiner Entscheidung, die bis zu der Verweigerung jeglicher Übermittlung von Informationen reichen kann, berücksichtigt der EDSB die Stellungnahme der nationalen Kontrollbehörde.

(3) Betrifft eine Beschwerde die Verarbeitung von Daten, die ein Mitgliedstaat an Europol übermittelt hat, so vergewissern sich der EDSB und die nationale Kontrollbehörde des übermittelnden Mitgliedstaats im Rahmen ihrer jeweiligen Zuständigkeiten, dass die erforderliche Überprüfung der Rechtmäßigkeit der Datenverarbeitung ordnungsgemäß durchgeführt worden ist.

(4) Betrifft eine Beschwerde die Verarbeitung von Daten, die Europol von Unionseinrichtungen, Drittstaaten oder internationalen Organisationen übermittelt wurden, oder von Daten, die Europol aus öffentlich zugänglichen Quellen eingeholt hat oder die Ergebnisse eigener Analysen von Europol sind, so vergewissert sich der EDSB, dass Europol die erforderliche Überprüfung der Rechtmäßigkeit der Datenverarbeitung ordnungsgemäß durchgeführt hat.

Artikel 48 Rechtsbehelf gegen den EDSB

Etwaige Klagen gegen Entscheidungen des EDSB werden beim Gerichtshof der Europäischen Union erhoben.

Artikel 49 Allgemeine Bestimmungen zur Haftung und zum Recht auf Schadensersatz

(1) Die vertragliche Haftung von Europol bestimmt sich nach dem Recht, das auf den betreffenden Vertrag anzuwenden ist.

(2) Für Entscheidungen aufgrund einer Schiedsklausel in einem von Europol geschlossenen Vertrag ist der Gerichtshof der Europäischen Union zuständig.

(3) Unbeschadet des Artikels 49 ersetzt Europol im Bereich der außervertraglichen Haftung die von ihren Dienststellen oder ihren Bediensteten

in Ausübung ihrer Amtstätigkeit verursachten Schäden nach den allgemeinen Rechtsgrundsätzen, die den Rechtsordnungen der Mitgliedstaaten gemeinsam sind.

(4) Für Streitfälle im Zusammenhang mit dem Schadensersatz nach Absatz 3 ist der Gerichtshof der Europäischen Union zuständig.

(5) Die persönliche Haftung der Europol-Bediensteten gegenüber Europol bestimmt sich nach den Vorschriften des Beamtenstatuts beziehungsweise der für sie geltenden Beschäftigungsbedingungen für die sonstigen Bediensteten.

Artikel 50 Haftung für die fehlerhafte Verarbeitung personenbezogener Daten und Recht auf Schadensersatz

(1) [1]Jede Person, der wegen einer widerrechtlichen Datenverarbeitung ein Schaden entsteht, hat das Recht, entweder von Europol nach Artikel 340 AEUV oder von dem Mitgliedstaat, in dem der Schadensfall eingetreten ist, nach den nationalen Rechtsvorschriften des betreffenden Mitgliedstaats Schadensersatz zu fordern. [2]Die Person erhebt Klage gegen Europol beim Gerichtshof der Europäischen Union oder gegen den Mitgliedstaat bei dem zuständigen nationalen Gericht des betreffenden Mitgliedstaats.

(2) Bei Meinungsverschiedenheiten zwischen Europol und Mitgliedstaaten über die Frage, wer letztlich für den einer Person nach Absatz 1 gewährten Schadensersatz zuständig ist, wird der Verwaltungsrat befasst, der mit Zweidrittelmehrheit seiner Mitglieder entscheidet, unbeschadet des Rechts, diese Entscheidung nach Artikel 263 AEUV anzufechten.

Kapitel VIII
Gemeinsame Parlamentarische Kontrolle

Artikel 51 Gemeinsame Parlamentarische Kontrolle

(1) [1]Gemäß Artikel 88 AEUV wird die Kontrolle der Tätigkeiten von Europol durch das Europäische Parlament zusammen mit den nationalen Parlamenten ausgeübt. [2]Dafür wird ein spezieller Gemeinsamer parlamentarischer Kontrollausschuss gebildet, den die nationalen Parlamente und der zuständige Ausschuss des Europäischen Parlaments gemeinsam einsetzen. [3]Die Arbeitsweise und die Geschäftsordnung des Gemeinsamen parlamentarischen Kontrollausschusses werden vom Europäischen Parlament und den nationalen Parlamenten gemäß Artikel 9 des Protokolls Nr. 1 gemeinsam festgelegt.

(2) Der Gemeinsame parlamentarische Kontrollausschuss führt die politische Kontrolle der Tätigkeiten Europols bei der Erfüllung ihres Auftrags durch, einschließlich hinsichtlich der Auswirkungen dieser Tätigkeiten auf die Grundrechte und Grundfreiheiten natürlicher Personen.

Für die Zwecke von Unterabsatz 1 gilt Folgendes:

a) Der Vorsitzende des Verwaltungsrats, der Exekutivdirektor oder ihre Stellvertreter erscheinen vor dem Gemeinsamen parlamentarischen Kontrollausschuss auf dessen Verlangen zur Erörterung von Angelegenheiten in Bezug auf die in Unterabsatz 1 genannten Tätigkeiten, einschließlich der Haushaltsaspekte dieser Tätigkeiten, der Organisationsstruktur Europols und der möglichen Einrichtung neuer Einheiten oder Fachzentren; dabei berücksichtigen sie die Verpflichtung zur Zurückhaltung und Verschwiegenheit. Der Ausschuss kann gegebenenfalls beschließen, weitere maßgebliche Personen zu seinen Sitzungen hinzuzuziehen;

b) der EDSB erscheint vor dem Gemeinsamen parlamentarischen Kontrollausschuss auf dessen Verlangen und mindestens einmal jährlich, um mit diesem allgemeine Fragen der Grundrechte und Grundfreiheiten natürlicher Personen zu erörtern, insbesondere den Schutz personenbezogener Daten im Zusammenhang mit den Tätigkeiten von Europol, wobei der Verpflichtung zu Verschwiegenheit und Geheimhaltung Rechnung getragen wird.

c) Der Gemeinsame parlamentarische Kontrollausschuss wird zur mehrjährigen Programmplanung von Europol gemäß Artikel 12 Absatz 1 gehört.

(3) Europol übermittelt unter Berücksichtigung der Verpflichtung zur Zurückhaltung und Verschwiegenheit dem Gemeinsamen parlamentarischen Kontrollausschuss informationshalber die folgenden Dokumente:

a) im Zusammenhang mit den Zielen von Europol stehende Risikobewertungen, strategische Analysen und allgemeine Lageberichte sowie die Ergebnisse von Europol in Auftrag gegebener Studien und Evaluierungen;

b) die gemäß Artikel 25 Absatz 1 geschlossenen Verwaltungsvereinbarungen;

c) das Dokument gemäß Artikel 12 Absatz 1, das die mehrjährige Programmplanung und das jährliche Arbeitsprogramm von Europol enthält;

d) den konsolidierten jährlichen Tätigkeitsbericht über die Tätigkeiten von Europol gemäß Artikel 11 Absatz 1 Buchstabe c;

e) den von der Kommission erstellten Bewertungsbericht gemäß Artikel 68 Absatz 1.

(4) Der Gemeinsame parlamentarische Kontrollausschuss kann andere zur Wahrnehmung seiner Aufgaben erforderliche relevante Unterlagen hinsichtlich der politischen Überwachung der Tätigkeiten von Europol gemäß der Verordnung (EG) Nr. 1049/2001 des Europäischen Parlaments

und des Rates[1] und unbeschadet der Artikel 52 und 67 der vorliegenden Verordnung anfordern.

(5) [1]Der Gemeinsame parlamentarische Kontrollausschuss kann zusammenfassende Schlussfolgerungen über die politische Kontrolle der Tätigkeiten von Europol erstellen und diese Schlussfolgerungen dem Europäischen Parlament und den nationalen Parlamenten übermitteln. [2]Das Europäische Parlament übermittelt die zusammenfassenden Schlussfolgerungen informationshalber an den Rat, die Kommission und Europol.

Artikel 52 Zugang des Europäischen Parlaments zu von oder über Europol verarbeiteten Informationen

(1) Um die Ausübung der parlamentarischen Kontrolle der Tätigkeiten von Europol nach Artikel 51 zu ermöglichen, erhält das Europäische Parlament auf dessen Antrag Zugang zu von oder über Europol verarbeiteten, nicht als Verschlusssache eingestuften sensiblen Informationen, wobei die in Artikel 67 Absatz 1 genannten Vorschriften einzuhalten sind.

(2) Der Zugang des Europäischen Parlaments zu von oder über Europol verarbeiteten EU-Verschlusssachen muss mit der Interinstitutionellen Vereinbarung vom 12. März 2014 zwischen dem Europäischen Parlament und dem Rat über die Übermittlung an und die Bearbeitung durch das Europäische Parlament von im Besitz des Rates befindlichen Verschlusssachen in Bezug auf Angelegenheiten, die nicht unter die Gemeinsame Außen- und Sicherheitspolitik fallen[2], und den in Artikel 67 Absatz 2 dieser Verordnung aufgeführten Vorschriften im Einklang stehen.

(3) Die erforderlichen Einzelheiten des Zugangs des Europäischen Parlaments zu den in den Absätzen 1 und 2 genannten Informationen werden in zwischen Europol und dem Europäischen Parlament geschlossenen Arbeitsvereinbarungen festgelegt.

Kapitel IX
Personal

Artikel 53 Allgemeine Bestimmungen

(1) [1]Das Beamtenstatut und die Beschäftigungsbedingungen für die sonstigen Bediensteten sowie die von den Organen der Union im gegenseitigen Einvernehmen erlassenen Regelungen zur Anwendung des Statuts und der Beschäftigungsbedingungen für die sonstigen Bediensteten gelten unbeschadet des Artikels 73 Absatz 4 dieser Verordnung für das Personal von Europol mit Ausnahme der Mitarbeiter, die am 1. Mai 2017 auf der Grundlage von Verträgen beschäftigt sind, die Europol nach dem Europol-

---

1) Verordnung (EG) Nr. 1049/2001 des Europäischen Parlaments und des Rates vom 30. Mai 2001 über den Zugang der Öffentlichkeit zu Dokumenten des Europäischen Parlaments, des Rates und der Kommission (ABl. L 145 vom 31. 5. 2001, S. 43).
2) ABl. C 95 vom 1. 4. 2014, S. 1.

Übereinkommen geschlossen hat. [2]Derartige Verträge unterliegen weiterhin dem Rechtsakt des Rates vom 3. Dezember 1998.

(2) [1]Das Personal von Europol besteht aus Bediensteten auf Zeit und/oder aus Vertragsbediensteten. [2]Der Verwaltungsrat wird einmal jährlich über vom Exekutivdirektor geschlossene unbefristete Verträge unterrichtet. [3]Der Verwaltungsrat entscheidet darüber, welche im Stellenplan vorgesehenen Zeitplanstellen ausschließlich mit Bediensteten aus den zuständigen Behörden der Mitgliedstaaten besetzt werden dürfen. [4]Bedienstete, die für die Besetzung dieser Planstellen eingestellt werden, haben den Status von Bediensteten auf Zeit und dürfen nur einen befristeten Anstellungsvertrag erhalten, der einmalig um einen befristeten Zeitraum verlängert werden kann.

Artikel 54 Exekutivdirektor

(1) Der Exekutivdirektor wird als Zeitbediensteter von Europol gemäß Artikel 2 Buchstabe a der Beschäftigungsbedingungen für die sonstigen Bediensteten eingestellt.

(2) Der Exekutivdirektor wird vom Rat aus einer Auswahlliste von Bewerbern, die der Verwaltungsrat im Anschluss an ein offenes und transparentes Auswahlverfahren vorgeschlagen hat, ernannt.

Die Auswahlliste wird von einem vom Verwaltungsrat eingesetzten Auswahlausschuss erstellt, der sich aus von den Mitgliedstaaten designierten Mitgliedern und einem Vertreter der Kommission zusammensetzt.

Für den Abschluss des Vertrags mit dem Exekutivdirektor wird Europol durch den Vorsitzenden des Verwaltungsrats vertreten.

Vor der Ernennung kann der vom Rat ausgewählte Kandidat aufgefordert werden, vor dem zuständigen Ausschuss des Europäischen Parlaments zu erscheinen; dieses gibt anschließend seine unverbindliche Stellungnahme ab.

(3) [1]Die Amtszeit des Exekutivdirektors beträgt vier Jahre. [2]Bis zum Ablauf dieses Zeitraums nimmt die Kommission in Zusammenarbeit mit dem Verwaltungsrat eine Bewertung vor, bei der Folgendes berücksichtigt wird:

a) die Leistung des Exekutivdirektors und

b) die künftigen Aufgaben und Herausforderungen von Europol.

(4) Der Rat kann auf Vorschlag des Verwaltungsrats unter Berücksichtigung der Bewertung nach Absatz 3 die Amtszeit des Exekutivdirektors einmal und um höchstens vier Jahre verlängern.

(5) [1]Der Verwaltungsrat unterrichtet das Europäische Parlament, wenn er beabsichtigt, dem Rat vorzuschlagen, die Amtszeit des Exekutivdirektors zu verlängern. [2]Innerhalb eines Monats vor der Verlängerung der Amtszeit kann der Exekutivdirektor aufgefordert werden, vor dem zuständigen Ausschuss des Europäischen Parlaments zu erscheinen.

(6) Ein Exekutivdirektor, dessen Amtszeit verlängert wurde, nimmt nach Ende des Gesamtzeitraums nicht an einem anderen Auswahlverfahren für dieselbe Stelle teil.

(7) [1]Der Exekutivdirektor kann seines Amtes nur aufgrund eines Beschlusses des Rates auf Vorschlag des Verwaltungsrats enthoben werden. [2]Das Europäische Parlament ist über diesem Beschluss zu unterrichten.

(8) Der Verwaltungsrat entscheidet über die dem Rat zu unterbreitenden Vorschläge für die Ernennung, die Verlängerung der Amtszeit und die Amtsenthebung des Exekutivdirektors mit einer Mehrheit von zwei Dritteln seiner stimmberechtigten Mitglieder.

Artikel 55 Stellvertretende Exekutivdirektoren

(1) [1]Der Exekutivdirektor wird von drei stellvertretenden Exekutivdirektoren unterstützt. [2]Der Exekutivdirektor legt ihre Aufgaben fest.

(2) [1]Artikel 54 gilt für die stellvertretenden Exekutivdirektoren. [2]Der Exekutivdirektor wird vor ihrer Ernennung, der Verlängerung ihrer Amtszeit oder ihrer Amtsenthebung konsultiert.

Artikel 56 Abgeordnete nationale Sachverständige

(1) Europol kann auf abgeordnete nationale Sachverständige zurückgreifen.

(2) Der Verwaltungsrat beschließt eine Regelung für die zu Europol abgeordneten nationalen Sachverständigen.

Kapitel X
Finanzbestimmungen

Artikel 57 Haushalt

(1) Über alle Einnahmen und Ausgaben von Europol sind Vorausschätzungen für jedes Haushaltsjahr vorzubereiten und im Haushaltsplan von Europol auszuweisen; das Haushaltsjahr entspricht dem Kalenderjahr.

(2) Der Haushalt von Europol muss in Bezug auf Einnahmen und Ausgaben ausgeglichen sein.

(3) Die Einnahmen von Europol umfassen unbeschadet anderer Finanzmittel einen Beitrag der Union aus dem Gesamthaushaltsplan der Union.

(4) Europol kann Mittel der Union in Form von Übertragungsvereinbarungen oder Ad-hoc-Finanzhilfen im Einklang mit ihrer Finanzregelung gemäß Artikel 61 und den Bestimmungen der betreffenden Instrumente zur Unterstützung der Strategien der Union erhalten.

(5) Die Ausgaben von Europol umfassen die Bezüge des Personals, die Verwaltungs- und Infrastrukturausgaben und die Betriebskosten.

(6) Mittelbindungen für Maßnahmen in Bezug auf Großprojekte, deren Durchführung sich über mehr als ein Haushaltsjahr erstreckt, können über mehrere Jahre in jährlichen Tranchen erfolgen.

Artikel 58 Aufstellung des Haushaltsplans

(1) Der Exekutivdirektor erstellt jährlich einen Entwurf des Voranschlags der Einnahmen und Ausgaben von Europol für das folgende Haushaltsjahr, einschließlich eines Stellenplans, und übermittelt ihn dem Verwaltungsrat.

(2) Auf der Grundlage dieses Entwurfs des Voranschlags nimmt der Verwaltungsrat einen vorläufigen Entwurf des Voranschlags der Einnahmen und Ausgaben von Europol für das folgende Haushaltsjahr an und übermittelt ihn jedes Jahr bis zum 31. Januar der Kommission.

(3) Der endgültige Entwurf des Voranschlags der Einnahmen und Ausgaben von Europol, der auch einen Entwurf des Stellenplans umfasst, wird dem Europäischen Parlament, dem Rat und der Kommission jedes Jahr bis zum 31. März vom Verwaltungsrat übermittelt.

(4) Die Kommission übermittelt den Voranschlag zusammen mit dem Entwurf des Gesamthaushaltsplans der Union dem Europäischen Parlament und dem Rat.

(5) Auf der Grundlage des Voranschlags setzt die Kommission die von ihr für erforderlich erachteten Mittelansätze für den Stellenplan und den Betrag des Beitrags aus dem Gesamthaushaltsplan in den Entwurf des Gesamthaushaltsplans der Europäischen Union ein, den sie gemäß den Artikeln 313 und 314 AEUV dem Europäischen Parlament und dem Rat vorlegt.

(6) Das Europäische Parlament und der Rat bewilligen die Mittel für den Beitrag der Union zu Europol.

(7) Das Europäische Parlament und der Rat genehmigen den Stellenplan von Europol.

(8) [1]Der Haushaltsplan von Europol wird vom Verwaltungsrat erlassen. [2]Er wird endgültig, wenn der Gesamthaushaltsplan der Union endgültig erlassen ist. [3]Erforderlichenfalls wird er entsprechend angepasst.

(9) Bei Immobilienprojekten, die voraussichtlich erhebliche Auswirkungen auf den Haushalt von Europol haben, gelten die Bestimmungen der Delegierten Verordnung (EU) Nr. 1271/2013.

Artikel 59 Ausführung des Haushaltsplans

(1) Der Exekutivdirektor führt den Haushaltsplan von Europol aus.

(2) Der Exekutivdirektor übermittelt dem Europäischen Parlament und dem Rat jährlich alle einschlägigen Informationen zu den Ergebnissen aller Bewertungsverfahren.

Artikel 60 Rechnungslegung und Entlastung

(1) Der Rechnungsführer von Europol übermittelt dem Rechnungsführer der Kommission und dem Rechnungshof die vorläufigen Jahresabschlüsse für das Haushaltsjahr (im Folgenden „Jahr N") bis zum 1. März des folgenden Haushaltsjahrs (im Folgenden „Jahr N + 1").

(2) Europol übermittelt dem Europäischen Parlament, dem Rat und dem Rechnungshof den Bericht über die Haushaltsführung und das Finanzmanagement für das Jahr N bis zum 31. März des Jahres N + 1.

(3) Der Rechnungsführer der Kommission übermittelt dem Rechnungshof die mit den Jahresabschlüssen der Kommission konsolidierten vorläufigen Jahresabschlüsse von Europol für das Jahr N bis zum 31. März des Jahres N + 1.

(4) [1]Nach Eingang der Bemerkungen des Rechnungshofs zu den vorläufigen Jahresabschlüssen von Europol für das Jahr N gemäß Artikel 148 der Verordnung (EU, Euratom) Nr. 966/2012 des Europäischen Parlaments und des Rates[1] stellt der Rechnungsführer von Europol die endgültigen Jahresabschlüsse von Europol für dieses Jahr auf. [2]Der Exekutivdirektor legt sie dem Verwaltungsrat zur Stellungnahme vor.

(5) Der Verwaltungsrat gibt eine Stellungnahme zu den endgültigen Jahresabschlüssen von Europol für das Jahr N ab.

(6) Der Rechnungsführer von Europol übermittelt die endgültigen Jahresabschlüsse für das Jahr N zusammen mit der Stellungnahme des Verwaltungsrats nach Absatz 5 bis zum 1. Juli des Jahres N + 1 dem Europäischen Parlament, dem Rat, der Kommission, dem Rechnungshof und den nationalen Parlamenten.

(7) Die endgültigen Jahresabschlüsse für das Jahr N werden bis zum 15. November des Jahres N + 1 im *Amtsblatt der Europäischen Union* veröffentlicht.

(8) [1]Der Exekutivdirektor übermittelt dem Rechnungshof bis zum 30. September des Jahres N + 1 eine Antwort auf die Bemerkungen im Jahresbericht. [2]Er übermittelt diese Antwort auch dem Verwaltungsrat.

(9) Der Exekutivdirektor unterbreitet dem Europäischen Parlament auf dessen Anfrage gemäß Artikel 109 Absatz 3 der Delegierten Verordnung (EU) Nr. 1271/2013 alle Informationen, die für eine ordnungsgemäße Abwicklung des Entlastungsverfahrens für das Jahr N erforderlich sind.

(10) Auf Empfehlung des Rates, der mit qualifizierter Mehrheit beschließt, erteilt das Europäische Parlament dem Exekutivdirektor vor dem 15. Mai des Jahres N + 2 Entlastung für die Ausführung des Haushaltsplans für das Jahr N.

Artikel 61 Finanzregelung

(1) [1]Der Verwaltungsrat erlässt nach Konsultationen mit der Kommission die für Europol geltende Finanzregelung. [2]Diese darf von der Delegierten Verordnung (EU) Nr. 1271/2013 nur abweichen, wenn dies für den Be-

---

1) Verordnung (EU, Euratom) Nr. 966/2012 des Europäischen Parlaments und des Rates vom 25. Oktober 2012 über die Haushaltsordnung für den Gesamthaushaltsplan der Union und zur Aufhebung der Verordnung (EG, Euratom) Nr. 1605/2002 des Rates (ABl. L 298 vom 26. 10. 2012, S. 1).

trieb von Europol eigens erforderlich ist und die Kommission vorher ihre Zustimmung erteilt hat.

(2) Europol darf für die Erfüllung der in Artikel 4 aufgeführten Aufgaben Finanzhilfen gewähren.

(3) Für die Durchführung von grenzübergreifenden Operationen und Ermittlungen sowie zur Erteilung von Schulungen in Bezug auf die in Artikel 4 Absatz 1 Buchstaben h und i aufgeführten Aufgaben darf Europol Mitgliedstaaten Finanzhilfen gewähren, ohne dass es einer Aufforderung zur Einreichung von Vorschlägen bedarf.

(4) Hinsichtlich der finanziellen Unterstützung für die Tätigkeit gemeinsamer Ermittlungsgruppen legen Europol und Eurojust gemeinsam die Regeln und Voraussetzungen fest, nach denen Anträge auf derartige Unterstützung zu bearbeiten sind.

Kapitel XI
Sonstige Bestimmungen

Artikel 62   Rechtsstellung

(1) [1]Europol ist eine Agentur der Union. [2]Sie besitzt Rechtspersönlichkeit.

(2) [1]Europol besitzt in jedem Mitgliedstaat die weitestgehende Rechts- und Geschäftsfähigkeit, die juristischen Personen nach nationalem Recht zuerkannt ist. [2]Europol kann insbesondere bewegliches und unbewegliches Vermögen erwerben und veräußern und ist vor Gericht parteifähig.

(3) Gemäß dem dem EUV und dem AEUV beigefügten Protokoll Nr. 6 über die Festlegung der Sitze der Organe und bestimmter Einrichtungen, sonstiger Stellen und Dienststellen der Europäischen Union (im Folgenden „Protokoll Nr. 6") hat Europol ihren Sitz in Den Haag.

Artikel 63   Vorrechte und Befreiungen

(1) Das dem EUV und dem AEUV beigefügte Protokoll Nr. 7 über die Vorrechte und Befreiungen der Europäischen Union findet auf Europol und ihr Personal Anwendung.

(2) [1]Die Vorrechte und Befreiungen von Verbindungsbeamten und ihren Familienangehörigen sind Gegenstand einer Vereinbarung zwischen dem Königreich der Niederlande und den anderen Mitgliedstaaten. [2]In dieser Vereinbarung sind die Vorrechte und Befreiungen, die für eine ordnungsgemäße Erfüllung der Aufgaben der Verbindungsbeamten erforderlich sind, geregelt.

Artikel 64   Sprachenregelung

(1) Für Europol gelten die Bestimmungen der Verordnung Nr. 1[1]).

(2) Der Verwaltungsrat entscheidet mit einer Mehrheit von zwei Dritteln seiner Mitglieder über die interne Sprachenregelung von Europol.

---

1)   Verordnung Nr. 1 zur Regelung der Sprachenfrage für die Europäische Wirtschaftsgemeinschaft (ABl. 17 vom 6. 10. 1958, S. 385/58).

(3) Die für die Arbeit von Europol erforderlichen Übersetzungsdienste werden vom Übersetzungszentrum für die Einrichtungen der Europäischen Union erbracht.

Artikel 65   Transparenz

(1) Für die Dokumente Europols gilt die Verordnung (EG) Nr. 1049/2001.

(2) Der Verwaltungsrat legt bis zum 14. Dezember 2016 die Modalitäten für die Anwendung der Verordnung (EG) Nr. 1049/2001 in Bezug auf Europol-Dokumente fest.

(3) Gegen Entscheidungen von Europol nach Artikel 8 der Verordnung (EG) Nr. 1049/2001 kann nach Maßgabe der Artikel 228 und 263 AEUV Beschwerde beim Europäischen Bürgerbeauftragten oder Klage beim Gerichtshof der Europäischen Union erhoben werden.

(4) [1]Europol veröffentlicht auf ihrer Website eine Liste der Mitglieder des Verwaltungsrats sowie Zusammenfassungen der Ergebnisse der Sitzungen des Verwaltungsrats. [2]Die Veröffentlichung dieser Zusammenfassungen wird unter Berücksichtigung der Verpflichtung Europols zu Verschwiegenheit und Geheimhaltung und der operativen Ausrichtung der Agentur vorübergehend oder dauerhaft ausgesetzt oder eingeschränkt, falls die Erfüllung der Aufgaben Europols durch eine derartige Veröffentlichung gefährdet werden könnte.

Artikel 66   Betrugsbekämpfung

(1) Zur Erleichterung der Bekämpfung von Betrug, Korruption und sonstigen rechtswidrigen Handlungen nach der Verordnung (EU, Euratom) Nr. 883/2013 tritt Europol bis zum 30. Oktober 2017 der Interinstitutionellen Vereinbarung vom 25. Mai 1999 zwischen dem Europäischen Parlament, dem Rat der Europäischen Union und der Kommission der Europäischen Gemeinschaften über die internen Untersuchungen des Europäischen Amtes für Betrugsbekämpfung (OLAF)[1] bei und verabschiedet die für sämtliche Mitarbeiter von Europol geltenden entsprechenden Bestimmungen nach dem Muster in der Anlage zu jener Vereinbarung.

(2) Der Rechnungshof ist befugt, bei allen Empfängern, Auftragnehmern und Unterauftragnehmern, die Unionsgelder von Europol erhalten haben, Rechnungsprüfungen anhand von Unterlagen und Kontrollen vor Ort durchzuführen.

(3) [1]OLAF kann Untersuchungen einschließlich Kontrollen und Überprüfungen vor Ort durchführen, um festzustellen, ob im Zusammenhang mit von Europol gewährten Finanzhilfen oder vergebenen Verträgen ein Betrugs- oder Korruptionsdelikt oder eine sonstige rechtswidrige Handlung zum Nachteil der finanziellen Interessen der Union vorliegt. [2]Diese Untersuchungen werden auf der Grundlage der Bestimmungen und Ver-

---

1) ABl. L 136 vom 31. 5. 1999, S. 15.

fahren der Verordnung (EU, Euratom) Nr. 883/2013 und der Verordnung (Euratom, EG) Nr. 2185/96 des Rates[1]) durchgeführt.

(4) Unbeschadet der Absätze 1 bis 3 enthalten Arbeitsvereinbarungen mit Unionseinrichtungen, Behörden von Drittstaaten, internationalen Organisationen und privaten Parteien, Verträge, Finanzhilfevereinbarungen und Finanzhilfeentscheidungen Europols Bestimmungen, die den Europäischen Rechnungshof und OLAF ausdrücklich ermächtigen, die Auditprüfungen und Untersuchungen nach den Absätzen 2 und 3 im Rahmen ihrer jeweiligen Zuständigkeiten durchzuführen.

Artikel 67 Vorschriften für den Schutz von nicht als Verschlusssache eingestuften sensiblen Informationen und von Verschlusssachen

(1) Europol legt Vorschriften bezüglich der Verpflichtung zur Zurückhaltung und Verschwiegenheit und des Schutzes von nicht als Verschlusssache eingestuften sensiblen Informationen fest.

(2) Europol legt Vorschriften für den Schutz von EU-Verschlusssachen fest, die mit dem Beschluss 2013/488/EU im Einklang stehen müssen, um ein gleichwertiges Niveau des Schutzes dieser Informationen zu gewährleisten.

Artikel 68 Bewertung und Überarbeitung

(1) [1]Die Kommission stellt sicher, dass bis zum 1. Mai 2022 und anschließend alle fünf Jahre eine Bewertung vorgenommen wird, in deren Rahmen insbesondere die Wirkung, Wirksamkeit und Effizienz Europols und ihrer Arbeitsverfahren beurteilt werden. [2]Gegenstand der Bewertung können insbesondere das etwaige Erfordernis, den Aufbau, die Arbeitsweise, den Tätigkeitsbereich und die Aufgaben Europols zu ändern, und die finanziellen Auswirkungen solcher Änderungen sein.

(2) [1]Die Kommission leitet den Bewertungsbericht an den Verwaltungsrat weiter. [2]Der Verwaltungsrat nimmt innerhalb von drei Monaten nach Eingang des Bewertungsberichts Stellung dazu. [3]Die Kommission leitet den endgültigen Bewertungsbericht anschließend zusammen mit den Schlussfolgerungen der Kommission und in der Anlage dazu der Stellungnahme des Verwaltungsrats an das Europäische Parlament, den Rat, die nationalen Parlamente und den Verwaltungsrat weiter. [4]Die wichtigsten Ergebnisse des Bewertungsberichts werden gegebenenfalls veröffentlicht.

Artikel 69 Verwaltungsuntersuchungen

Die Tätigkeit von Europol ist Gegenstand von Untersuchungen durch den Europäischen Bürgerbeauftragten gemäß Artikel 228 AEUV.

---

1) Verordnung (Euratom, EG) Nr. 2185/96 des Rates vom 11. November 1996 betreffend die Kontrollen und Überprüfungen vor Ort durch die Kommission zum Schutz der finanziellen Interessen der Europäischen Gemeinschaften vor Betrug und anderen Unregelmäßigkeiten (ABl. L 292 vom 15. 11. 1996, S. 2).

Artikel 70 Sitz

Die notwendigen Vorkehrungen betreffend die Unterbringung von Europol im Königreich der Niederlande und die Leistungen, die vom Königreich der Niederlande zu erbringen sind, sowie die besonderen Vorschriften, die dort für den Exekutivdirektor, die Mitglieder des Verwaltungsrats, die Bediensteten von Europol und deren Familienangehörige gelten, werden in einem Sitzabkommen zwischen Europol und dem Königreich der Niederlande im Einklang mit dem Protokoll Nr. 6 festgelegt.

Kapitel XII
Übergangsbestimmungen

Artikel 71 Rechtsnachfolge

(1) Europol in der durch diese Verordnung errichteten Form ist die Rechtsnachfolgerin für alle Verträge, Verbindlichkeiten und Vermögensgegenstände von Europol in der durch den Beschluss 2009/371/JI errichteten Form.

(2) Diese Verordnung lässt die von Europol auf der Grundlage des Beschlusses 2009/371/JI vor dem 13. Juni 2016 geschlossenen Vereinbarungen oder die von Europol auf der Grundlage des Europol-Übereinkommens vor dem 1. Januar 2010 geschlossenen Vereinbarungen unberührt.

Artikel 72 Übergangsregelungen für den Verwaltungsrat

(1) Die Amtszeit der Mitglieder des auf der Grundlage von Artikel 37 des Beschlusses 2009/371/JI eingesetzten Verwaltungsrats endet am 1. Mai 2017.

(2) Der auf der Grundlage von Artikel 37 des Beschlusses 2009/371/JI eingesetzte Verwaltungsrat erfüllt im Zeitraum vom 13. Juni 2016 bis zum 1. Mai 2017 folgende Aufgaben:

a) er nimmt die Aufgaben des Verwaltungsrats gemäß Artikel 11 dieser Verordnung wahr;

b) er bereitet den Erlass der Vorschriften zur Anwendung der Verordnung (EG) Nr. 1049/2001 in Bezug auf die in Artikel 65 Absatz 2 der vorliegenden Verordnung genannten Europol-Dokumente sowie der in Artikel 67 der vorliegenden Verordnung genannten Vorschriften vor;

c) er arbeitet alle für die Anwendung dieser Verordnung erforderlichen Instrumente, insbesondere alle Maßnahmen betreffend Kapitel IV, aus und

d) er überprüft die internen Vorschriften und Maßnahmen, die er auf der Grundlage des Beschlusses 2009/371/JI erlassen hat, damit der nach Artikel 10 dieser Verordnung eingesetzte Verwaltungsrat einen Beschluss nach Artikel 76 der vorliegenden Verordnung fassen kann.

(3) Die Kommission ergreift nach dem 13. Juni 2016 unverzüglich die erforderlichen Maßnahmen, um sicherzustellen, dass der nach Artikel 10 eingesetzte Verwaltungsrat seine Arbeit am 1. Mai 2017 aufnimmt.

(4) Die Mitgliedstaaten teilen der Kommission bis zum 14. Dezember 2016 die Namen der Personen mit, die sie gemäß Artikel 10 als Mitglieder und stellvertretende Mitglieder des Verwaltungsrats benannt haben.

(5) [1]Die erste Sitzung des nach Artikel 10 dieser Verordnung eingesetzten Verwaltungsrats findet am 1. Mai 2017 statt. [2]Bei dieser Gelegenheit fasst der Verwaltungsrat gegebenenfalls Beschlüsse nach Artikel 76.

Artikel 73 Übergangsregelungen für den Exekutivdirektor, die stellvertretenden Direktoren und das Personal

(1) [1]Dem auf der Grundlage von Artikel 38 des Beschlusses 2009/371/JI ernannten Direktor von Europol werden für seine noch verbleibende Amtszeit die Zuständigkeiten des Exekutivdirektors gemäß Artikel 16 dieser Verordnung übertragen. [2]Die sonstigen Bedingungen seines Vertrags bleiben unverändert. [3]Endet seine Amtszeit zwischen dem 13. Juni 2016 und dem 1. Mai 2017, so wird sie automatisch bis zum 1. Mai 2018 verlängert.

(2) Ist der auf der Grundlage von Artikel 38 des Beschlusses 2009/371/JI ernannte Direktor nicht bereit oder nicht im Stande, sein Amt gemäß Absatz 1 dieses Artikels weiterzuführen, so benennt der Verwaltungsrat einen Interims-Exekutivdirektor, der für eine Amtszeit von höchstens 18 Monaten, bis die Ernennung nach Artikel 54 Absatz 2 dieser Verordnung erfolgt ist, die Aufgaben des Exekutivdirektors wahrnimmt.

(3) Die Absätze 1 und 2 dieses Artikels gelten für die auf der Grundlage von Artikel 38 des Beschlusses 2009/371/JI ernannten stellvertretenden Direktoren.

(4) [1]Gemäß den Beschäftigungsbedingungen für die sonstigen Bediensteten bietet die in Artikel 6 Absatz 1 der Beschäftigungsbedingungen genannten Behörde jeder Person, die am 1. Mai 2017 aufgrund eines unbefristeten Vertrags, der von Europol in der durch das Europol-Übereinkommen errichteten Form geschlossen worden ist, als örtlicher Bediensteter beschäftigt ist, eine unbefristete Beschäftigung als Bediensteter auf Zeit oder als Vertragsbediensteter an. [2]Dieses Angebot erfolgt auf der Grundlage der Aufgaben, die der Bedienstete als Bediensteter auf Zeit oder als Vertragsbediensteter ausführen soll. [3]Der betreffende Vertrag wird spätestens am 1. Mai 2018 wirksam. [4]Nimmt ein Bediensteter das in diesem Absatz genannte Angebot nicht an, so kann er sein Vertragsverhältnis mit Europol gemäß Artikel 53 Absatz 1 aufrechterhalten.

Artikel 74 Übergangshaushaltsbestimmungen

Das Haushaltsentlastungsverfahren für die auf der Grundlage von Artikel 42 des Beschlusses 2009/371/JI festgestellten Haushalte erfolgt gemäß Artikel 43 jenes Beschlusses.

Kapitel XIII
Schlussbestimmungen

Artikel 75 Ersetzung und Aufhebung

(1) Die Beschlüsse 2009/371/JI, 2009/934/JI, 2009/935/JI, 2009/936/JI und 2009/968/JI werden für die Mitgliedstaaten, die durch diese Verordnung gebunden sind, mit Wirkung vom 1. Mai 2017 ersetzt.

Die Beschlüsse 2009/371/JI, 2009/934/JI, 2009/935/JI, 2009/936/JI und 2009/968/JI werden daher mit Wirkung vom 1. Mai 2017 aufgehoben.

(2) Für die durch diese Verordnung gebundenen Mitgliedstaaten gelten Verweise auf die in Absatz 1 genannten Beschlüsse als Verweise auf diese Verordnung.

Artikel 76 Aufrechterhaltung der vom Verwaltungsrat erlassenen
internen Vorschriften und Maßnahmen

Die vom Verwaltungsrat auf der Grundlage des Beschlusses 2009/371/JI erlassenen internen Vorschriften und Maßnahmen bleiben auch nach dem 1. Mai 2017 in Kraft, sofern der Verwaltungsrat im Zuge der Anwendung dieser Verordnung nichts anderes beschließt.

Artikel 77 Inkrafttreten und Geltung

(1) Diese Verordnung tritt am zwanzigsten Tag nach ihrer Veröffentlichung im *Amtsblatt der Europäischen Union* in Kraft.

(2) Sie gilt ab dem 1. Mai 2017.

Die Artikel 71, 72 und 73 gelten jedoch bereits ab dem 13. Juni 2016.

Diese Verordnung ist in allen ihren Teilen verbindlich und gilt gemäß den Verträgen unmittelbar in den Mitgliedstaaten.

Geschehen zu Straßburg am 11. Mai 2016.

Anhang I

Liste der Kriminalitätsformen nach Artikel 3 Absatz 1

– Terrorismus,
– organisierte Kriminalität,
– Drogenhandel,
– Geldwäschehandlungen,
– Kriminalität im Zusammenhang mit nuklearen und radioaktiven Substanzen,

- Schleuserkriminalität,
- Menschenhandel,
- Kraftfahrzeugkriminalität,
- vorsätzliche Tötung und schwere Körperverletzung,
- illegaler Handel mit Organen und menschlichem Gewebe,
- Entführung, Freiheitsberaubung und Geiselnahme,
- Rassismus und Fremdenfeindlichkeit,
- Raub und schwerer Diebstahl,
- illegaler Handel mit Kulturgütern, einschließlich Antiquitäten und Kunstgegenständen,
- Betrugsdelikte,
- gegen die finanziellen Interessen der Union gerichtete Straftaten,
- Insidergeschäfte und Finanzmarktmanipulation,
- Erpressung und Schutzgelderpressung,
- Nachahmung und Produktpiraterie,
- Fälschung von amtlichen Dokumenten und Handel damit,
- Geldfälschung, Fälschung von Zahlungsmitteln,
- Computerkriminalität,
- Korruption,
- illegaler Handel mit Waffen, Munition und Sprengstoffen,
- illegaler Handel mit bedrohten Tierarten,
- illegaler Handel mit bedrohten Pflanzen- und Baumarten,
- Umweltkriminalität, einschließlich der Meeresverschmutzung durch Schiffe,
- illegaler Handel mit Hormonen und Wachstumsförderern,
- sexueller Missbrauch und sexuelle Ausbeutung, einschließlich Darstellungen von Kindesmissbrauch und Kontaktaufnahme zu Kindern für sexuelle Zwecke,
- Völkermord, Verbrechen gegen die Menschlichkeit und Kriegsverbrechen.

Anhang II

A. Kategorien personenbezogener Daten und Kategorien von betroffenen Personen, deren Daten gemäß Artikel 18 Absatz 2 Buchstabe a zu Zwecken des Abgleichs erhoben und verarbeitet werden dürfen

(1) Personenbezogene Daten, die zu Zwecken des Abgleichs erhoben und verarbeitet wurden, beziehen sich auf

    a) Personen, die nach Maßgabe des nationalen Rechts des betreffenden Mitgliedstaats einer Straftat oder der Beteiligung an einer Straftat, für die Europol zuständig ist, verdächtigt werden oder die wegen einer solchen Straftat verurteilt worden sind;

b) Personen, in deren Fall nach Maßgabe des nationalen Rechts des betreffenden Mitgliedstaats faktische Anhaltspunkte oder triftige Gründe dafür vorliegen, dass sie Straftaten begehen werden, für die Europol zuständig ist.

(2) Die Daten zu den in Absatz 1 genannten Personen dürfen nur folgende Kategorien personenbezogener Daten umfassen:

a) Name, Geburtsname, Vornamen, gegebenenfalls Aliasnamen oder Decknamen;

b) Geburtsdatum und Geburtsort;

c) Staatsangehörigkeit;

d) Geschlecht;

e) Wohnort, Beruf und Aufenthaltsort der betreffenden Person;

f) Sozialversicherungsnummern, Fahrerlaubnisse, Ausweispapiere und Passdaten und

g) soweit erforderlich, andere zur Identitätsfeststellung geeignete Merkmale, insbesondere objektive und unveränderliche körperliche Merkmale wie daktyloskopische Daten und (dem nicht codierenden Teil der DNA entnommene) DNA-Profile.

(3) Zusätzlich zu den in Absatz 2 genannten Daten dürfen folgende Kategorien personenbezogener Daten, die die in Absatz 1 genannten Personen betreffen, erhoben und verarbeitet werden:

a) Straftaten, Tatvorwürfe sowie (mutmaßliche) Tatzeiten, Tatorte und Vorgehensweisen;

b) Tatmittel, die zur Begehung solcher Straftaten verwendet wurden oder vielleicht verwendet wurden, einschließlich Informationen zu juristischen Personen;

c) die aktenführenden Dienststellen und deren Aktenzeichen;

d) Verdacht der Zugehörigkeit zu einer kriminellen Organisation;

e) Verurteilungen, soweit sie Straftaten betreffen, für die Europol zuständig ist;

f) Eingabestelle.

Diese Daten dürfen auch an Europol übermittelt werden, wenn sie noch keinen Personenbezug aufweisen.

(4) Zusätzliche Informationen über die in Absatz 1 genannten Personengruppen, über die Europol und die nationalen Stellen verfügen, können jeder nationalen Stelle oder Europol auf deren jeweiligen Antrag übermittelt werden. Die nationalen Stellen übermitteln diese Informationen nach Maßgabe ihres nationalen Rechts.

(5) Wird das Verfahren gegen den Betroffenen endgültig eingestellt oder dieser rechtskräftig freigesprochen, so sind die Daten, die von dieser Entscheidung betroffen sind, zu löschen.

B. Kategorien personenbezogener Daten und Kategorien von betroffenen Personen, deren Daten zu Zwecken der strategischen oder themenbezogenen Analyse, der operativen Analyse oder zur Erleichterung des Informationsaustauschs gemäß Artikel 18 Absatz 2 Buchstaben b, c und d erhoben und verarbeitet werden dürfen

(1) Personenbezogene Daten, die zu Zwecken der strategischen oder themenbezogenen Analyse, der operativen Analyse oder zur Erleichterung des Informationsaustauschs zwischen Mitgliedstaaten, Europol, anderen Unionsstellen, Drittstaaten und internationalen Organisationen erhoben und verarbeitet werden, beziehen sich auf

    a) Personen, die nach Maßgabe des nationalen Rechts des betreffenden Mitgliedstaats einer Straftat oder der Beteiligung an einer Straftat, für die Europol zuständig ist, verdächtigt werden oder die wegen einer solchen Straftat verurteilt worden sind;

    b) Personen, in deren Fall nach Maßgabe des nationalen Rechts des betreffenden Mitgliedstaats faktische Anhaltspunkte oder triftige Gründe dafür vorliegen, dass sie Straftaten begehen werden, für die Europol zuständig ist;

    c) Personen, die bei Ermittlungen in Verbindung mit den betreffenden Straftaten oder bei anschließenden Strafverfahren als Zeugen in Betracht kommen;

    d) Personen, die Opfer einer der betreffenden Straftaten waren oder bei denen bestimmte Tatsachen die Annahme rechtfertigen, dass sie Opfer einer solchen Straftat sein könnten;

    e) Kontakt- und Begleitpersonen und

    f) Personen, die Informationen über die betreffende Straftat liefern können.

(2) In Bezug auf die in Absatz 1 Buchstaben a und b genannten Personengruppen dürfen folgende Kategorien personenbezogener Daten, einschließlich damit in Zusammenhang stehender Verwaltungsdaten, verarbeitet werden:

    a) Angaben zur Person:

        i)   derzeitige und frühere Familiennamen;

        ii)   derzeitige und frühere Vornamen;

        iii)   Mädchenname;

        iv)   Name des Vaters (sofern für die Identitätsfeststellung erforderlich);

        v)   Name der Mutter (sofern für die Identitätsfeststellung erforderlich);

        vi)   Geschlecht;

        vii) Geburtsdatum;

        viii) Geburtsort;

        ix)   Staatsangehörigkeit;

        x)   Personenstand;

xi)   Aliasname;

xii)   Spitzname;

xiii)   Deck- oder Falschname;

xiv)   derzeitiger und früherer Wohnsitz und/oder Aufenthaltsort;

b) Personenbeschreibung:

i)   Personenbeschreibung;

ii)   besondere Merkmale (Male/Narben/Tätowierungen usw.);

c) Identifizierungsmittel:

i)   Identitätsdokumente/Fahrerlaubnis;

ii)   Nummern des nationalen Personalausweises/Reisepasses;

iii)   nationale   Identifizierungsnummer/Sozialversicherungs-
nummer, soweit vorhanden;

iv)   Bildmaterial und sonstige Informationen zum äußeren Er-
scheinungsbild;

v)   Informationen für die forensische Identifizierung wie Fingerabdrücke, (dem nicht codierenden Teil der DNA entnommene) DNA-Profile, Stimmprofil, Blutgruppe, Ge-
biss;

d) Beruf und Fähigkeiten:

i)   derzeitige Erwerbs- und Berufstätigkeit;

ii)   frühere Erwerbs- und Berufstätigkeit;

iii)   Bildung (Schule/Hochschule/berufliche Bildung);

iv)   berufliche Qualifikationen;

v)   Fähigkeiten und sonstige Kenntnisse (Sprachen/Sonsti-
ges);

e) Informationen über die wirtschaftlichen und finanziellen Verhältnisse:

i)   Angaben finanzieller Art (Bankkonten und Bankleitzahlen,
Kreditkarten usw.);

ii)   Barvermögen;

iii)   Aktien/sonstige Vermögenswerte;

iv)   Immobilienbesitz;

v)   Verbindungen zu Gesellschaften und Unternehmen;

vi)   Kontakte zu Banken und Kreditinstituten;

vii)   steuerlicher Status;

viii)   sonstige Angaben zum Finanzgebaren einer Person;

f) Informationen zum Verhalten:

i)   Lebensweise (etwa über seine Verhältnisse leben) und Ge-
wohnheiten;

ii)   Ortswechsel;

iii)   regelmäßig aufgesuchte Orte;

iv)   Mitführen von Waffen und von anderen gefährlichen Instrumenten;

v)   Gefährlichkeit;

vi) spezifische Gefahren wie Fluchtrisiko, Einsatz von Doppelagenten, Verbindungen zu Mitarbeitern von Strafverfolgungsbehörden;

vii) kriminalitätsbezogene Eigenschaften und Profile;

viii) Drogenmissbrauch;

g) Kontakte und Begleitpersonen einschließlich Art und Beschaffenheit der Kontakte oder Verbindungen;

h) verwendete Kommunikationsmittel wie Telefon (Festverbindung/Mobiltelefon), Fax, Funkrufdienst, E-Mail, Postadressen, Internetanschluss/-anschlüsse;

i) verwendete Verkehrsmittel wie Kraftfahrzeuge, Wasserfahrzeuge, Luftfahrzeuge, einschließlich Angaben zur Identifizierung dieser Verkehrsmittel (Registriernummern);

j) Informationen über kriminelles Verhalten:

i)   Vorstrafen;

ii)   vermutete Beteiligung an kriminellen Tätigkeiten;

iii) Modi operandi;

iv)   Mittel, die zur Vorbereitung und/oder Begehung von Straftaten benutzt werden oder werden könnten;

v)   Zugehörigkeit zu einer Tätergruppe/kriminellen Organisation und Stellung innerhalb der Gruppe/Organisation;

vi)   Rolle in der kriminellen Organisation;

vii) geografische Reichweite der kriminellen Tätigkeiten;

viii) bei Ermittlungen zusammengetragenes Material wie Videos und Fotos;

k) Angabe anderer Informationssysteme, in denen Informationen über die betreffende Person gespeichert sind:

i)   Europol;

ii)   Polizei-/Zollbehörden;

iii) sonstige Strafverfolgungsbehörden;

iv)   internationale Organisationen;

v)   öffentliche Einrichtungen;

vi)   private Einrichtungen;

l) Informationen über juristische Personen, die mit den unter Buchstaben e und j erwähnten Angaben in Zusammenhang stehen:

i)   Name der juristischen Person;

ii)   Anschrift;

iii) Zeitpunkt und Ort der Gründung;

iv)   verwaltungstechnische Registriernummer;

v)   Rechtsform;

vi)   Kapital;

vii) Tätigkeitsbereich;

viii) Tochtergesellschaften im In- und Ausland;

  ix) Direktoren;

  x) Verbindungen zu Banken.

(3) „Kontakt- und Begleitpersonen" im Sinne von Absatz 1 Buchstabe e sind Personen, bei denen ausreichende Gründe für die Annahme bestehen, dass über sie hinsichtlich der in Absatz 1 Buchstaben a und b genannten Personen Informationen beschafft werden können, die für die Analyse relevant sind, wobei sie nicht zu einer der in den Absatz 1 Buchstaben a, b, c, d, und f genannten Personengruppen gehören dürfen. „Kontaktpersonen" sind Personen, die sporadisch mit den in Absatz 1 Buchstaben a und b genannten Personen in Kontakt stehen. „Begleitpersonen" sind Personen, die regelmäßig mit den in Absatz 1 Buchstaben a und b genannten Personen in Kontakt stehen.

In Bezug auf Kontakt- und Begleitpersonen können die Daten nach Absatz 2 erforderlichenfalls gespeichert werden, sofern Grund zu der Annahme besteht, dass solche Daten für die Analyse der Beziehungen der Betreffenden mit Personen nach Absatz 1 Buchstaben a und b erforderlich sind. In diesem Zusammenhang ist Folgendes zu beachten:

a) Diese Beziehungen sind so rasch wie möglich zu klären.

b) Die in Absatz 2 aufgeführten Daten werden unverzüglich gelöscht, wenn sich die Annahme, dass eine solche Beziehung besteht, als unbegründet erweist.

c) Alle in Absatz 2 aufgeführten Daten dürfen gespeichert werden, wenn Kontaktpersonen oder Begleitpersonen einer Straftat verdächtigt werden, die unter die Ziele von Europol fällt, oder sie für die Begehung einer solchen Straftat verurteilt wurden oder es nach nationalem Recht des betreffenden Mitgliedstaats faktische Anhaltspunkte oder triftige Gründe für die Annahme gibt, dass sie eine solche Straftat begehen werden.

d) In Absatz 2 aufgeführte Daten über Kontakt- und Begleitpersonen von Kontaktpersonen sowie Daten über Kontakt- und Begleitpersonen von Begleitpersonen werden nicht gespeichert; davon ausgenommen sind Daten über Art und Beschaffenheit ihres Kontakts oder der Verbindung zu den in Absatz 1 Buchstaben a und b bezeichneten Personen.

e) Ist eine Klärung gemäß den vorstehenden Buchstaben nicht möglich, wird dies bei der Entscheidung über Notwendigkeit und Umfang der Datenspeicherung für die Zwecke der weiteren Analyse berücksichtigt.

(4) In Bezug auf eine Person, die nach Absatz 1 Buchstabe d Opfer einer der betreffenden Straftaten war oder bei der bestimmte Tatsachen die Annahme rechtfertigen, dass sie Opfer einer solchen Straftat sein könnte, dürfen die in Absatz 2 Buchstabe a bis Buchstabe c Nummer

iii aufgeführten Daten sowie folgende weitere Kategorien von Daten gespeichert werden:

a) Daten zur Identifizierung des Opfers;
b) Gründe der Viktimisierung;
c) Schaden   (körperlicher/finanzieller/psychologischer/anderer Art);
d) Erfordernis, die Anonymität zu wahren;
e) Möglichkeit der Teilnahme an einer Gerichtsverhandlung;
f) von den oder über die in Absatz 1 Buchstabe d genannten Personen gelieferte straftatbezogene Informationen, einschließlich, soweit erforderlich, Informationen über ihre Beziehungen zu anderen Personen zum Zwecke der Identifizierung der in Absatz 1 Buchstaben a und b bezeichneten Personen.

Andere in Absatz 2 aufgeführte Daten können erforderlichenfalls gespeichert werden, sofern es Grund zu der Annahme gibt, dass sie für die Analyse der Rolle des Betreffenden als Opfer oder mögliches Opfer notwendig sind.

Daten, die für weitere Analysen nicht erforderlich sind, werden gelöscht.

(5) In Bezug auf Personen, die nach Absatz 1 Buchstabe c bei Ermittlungen im Zusammenhang mit den betreffenden Straftaten oder bei einer künftigen Strafverfolgung als Zeugen in Betracht kommen, dürfen Daten gemäß Absatz 2 Buchstabe a bis Buchstabe c Nummer iii sowie folgende weitere Kategorien von Daten gespeichert werden:

a) von den genannten Personen gelieferte straftatbezogene Informationen, einschließlich Informationen über ihre Beziehungen zu anderen in der Arbeitsdatei zu Analysezwecken geführten Personen;
b) Erfordernis, die Anonymität zu wahren;
c) Gewährung von Schutz und schutzgewährende Stelle;
d) neue Identität;
e) Möglichkeit der Teilnahme an einer Gerichtsverhandlung.

Andere in Absatz 2 aufgeführte Daten können erforderlichenfalls gespeichert werden, sofern es Grund zu der Annahme gibt, dass sie für die Analyse der Rolle der betreffenden Personen als Zeugen notwendig sind.

Daten, die für weitere Analysen nicht erforderlich sind, werden gelöscht.

(6) In Bezug auf Personen, die nach Absatz 1 Buchstabe f Informationen über die betreffende Straftat liefern können, dürfen Daten gemäß Absatz 2 Buchstabe a bis Buchstabe c Nummer iii sowie folgende weitere Datenkategorien gespeichert werden:

a) verschlüsselte Angaben zur Person;
b) Art der gelieferten Information;

c) Erfordernis, die Anonymität zu wahren;

d) Gewährung von Schutz und schutzgewährende Stelle;

e) neue Identität;

f) Möglichkeit der Teilnahme an einer Gerichtsverhandlung;

g) negative Erfahrungen;

h) Entlohnung (finanziell/Vergünstigungen).

Andere in Absatz 2 aufgeführte Daten können erforderlichenfalls gespeichert werden, sofern Grund zu der Annahme besteht, dass sie für die Analyse der Rolle der Betreffenden als Informanten notwendig sind.

Daten, die für weitere Analysen nicht erforderlich sind, werden gelöscht.

(7) Stellt sich im Verlauf einer Analyse anhand ernst zu nehmender und stichhaltiger Hinweise heraus, dass eine Person einer anderen in diesem Anhang bezeichneten Personengruppe als der Personengruppe, unter der sie ursprünglich geführt wurde, zugeordnet werden sollte, darf Europol nur die nach dieser neuen Kategorie zulässigen Daten über diese Person verarbeiten; alle anderen Daten werden gelöscht.

Stellt sich anhand dieser Hinweise heraus, dass eine Person unter zwei oder mehr Kategorien nach diesem Anhang geführt werden sollte, dürfen alle nach diesen Kategorien zulässigen Daten von Europol verarbeitet werden.

Rahmenbeschluss des Rates
vom 13. Juni 2002
über den Europäischen Haftbefehl und die Übergabeverfahren zwischen den Mitgliedstaaten

(2002/584/JI)

(ABl. L 190 vom 18. 7. 2002, S. 1)

geändert durch Rahmenbeschluss 2009/299/JI des Rates vom 26. 2. 2009,
ABl. L 81 vom 27. 3. 2009, S. 24)

Inhalt

DER RAT DER EUROPÄISCHEN UNION –

gestützt auf den Vertrag über die Europäische Union, insbesondere auf Artikel 31 Buchstaben a) und b) und Artikel 34 Absatz 2 Buchstabe b),

auf Vorschlag der Kommission[1],

nach Stellungnahme des Europäischen Parlaments[2],

in Erwägung nachstehender Gründe:

(1)   Nach den Schlussfolgerungen des Europäischen Rates von Tampere vom 15. und 16. Oktober 1999, insbesondere in Nummer 35 dieser Schlussfolgerungen, sollten im Verhältnis der Mitgliedstaaten untereinander die förmlichen Verfahren zur Auslieferung von Personen, die sich nach einer rechtskräftigen Verurteilung der Justiz zu entziehen suchen, abgeschafft und die Verfahren zur Auslieferung von Personen, die der Begehung einer Straftat verdächtig sind, beschleunigt werden.

(2)   Im Maßnahmenprogramm zur Umsetzung des Grundsatzes der gegenseitigen Anerkennung gerichtlicher Entscheidungen in Strafsachen, das in Nummer 37 der Schlussfolgerungen des Europäischen Rates von Tampere vorgesehen war und das der Rat am 30. November 2000 angenommen hat[3], wird die Frage der gegenseitigen Vollstreckung von Haftbefehlen behandelt.

(3)   Die Gesamtheit der Mitgliedstaaten oder einige von ihnen sind Vertragsparteien verschiedener Übereinkünfte im Bereich der Aus-

---

1)   ABl. C 332 E vom 27. 11. 2001, S. 305.
2)   Stellungnahme vom 9. Januar 2002 (noch nicht im Amtsblatt veröffentlicht).
3)   ABl. C E 12 vom 15. 1. 2001, S. 10.

lieferung, unter anderem des Europäischen Auslieferungsübereinkommens vom 13. Dezember 1957 und des Europäischen Übereinkommens vom 27. Januar 1977 zur Bekämpfung des Terrorismus. Die nordischen Staaten verfügen über Auslieferungsgesetze gleichen Inhalts.

(4) Darüber hinaus sind die folgenden drei Übereinkünfte, die ganz oder teilweise Auslieferungsfragen betreffen, von den Mitgliedstaaten gebilligt worden und sind Teil des Besitzstandes der Union, nämlich: das Übereinkommen vom 19. Juni 1990 zur Durchführung des Übereinkommens von Schengen vom 14. Juni 1985 betreffend den schrittweisen Abbau der Kontrollen an den gemeinsamen Grenzen[1]) (mit Geltung für die Mitgliedstaaten, die Vertragsparteien des genannten Übereinkommens sind), das Übereinkommen vom 10. März 1995 über das vereinfachte Auslieferungsverfahren zwischen den Mitgliedstaaten der Europäischen Union[2]) und das Übereinkommen vom 27. September 1996 über die Auslieferung zwischen den Mitgliedstaaten der Europäischen Union[3]).

(5) Aus dem der Union gesetzten Ziel, sich zu einem Raum der Freiheit, der Sicherheit und des Rechts zu entwickeln, ergibt sich die Abschaffung der Auslieferung zwischen Mitgliedstaaten und deren Ersetzung durch ein System der Übergabe zwischen Justizbehörden. Die Einführung eines neuen, vereinfachten Systems der Übergabe von Personen, die einer Straftat verdächtigt werden oder wegen einer Straftat verurteilt worden sind, für die Zwecke der strafrechtlichen Verfolgung oder der Vollstreckung strafrechtlicher Urteile ermöglicht zudem die Beseitigung der Komplexität und der Verzögerungsrisiken, die den derzeitigen Auslieferungsverfahren innewohnen. Die bislang von klassischer Kooperation geprägten Beziehungen zwischen den Mitgliedstaaten sind durch ein System des freien Verkehrs strafrechtlicher justizieller Entscheidungen – und zwar sowohl in der Phase vor der Urteilsverkündung als auch in der Phase danach – innerhalb des Raums der Freiheit, der Sicherheit und des Rechts zu ersetzen.

(6) Der Europäische Haftbefehl im Sinne des vorliegenden Rahmenbeschlusses stellt im strafrechtlichen Bereich die erste konkrete Verwirklichung des vom Europäischen Rat als "Eckstein" der justiziellen Zusammenarbeit qualifizierten Prinzips der gegenseitigen Anerkennung dar.

(7) Da das Ziel der Ersetzung des auf dem Europäischen Auslieferungsübereinkommen vom 13. Dezember 1957 beruhenden multilateralen Auslieferungssystems von den Mitgliedstaaten durch ein-

---

1) ABl. L 239 vom 22. 9. 2000, S. 19.
2) ABl. C 78 vom 30. 3. 1995, S. 2.
3) ABl. C 313 vom 13. 10. 1996, S. 12.

seitiges Vorgehen nicht ausreichend erreicht werden kann und daher wegen seines Umfangs und seiner Wirkungen besser auf Unionsebene zu erreichen ist, kann der Rat gemäß dem Subsidiaritätsprinzip nach Artikel 2 des Vertrags über die Europäische Union und Artikel 5 des Vertrags zur Gründung der Europäischen Gemeinschaft Maßnahmen erlassen. Entsprechend dem Verhältnismäßigkeitsprinzip nach dem letztgenannten Artikel geht der vorliegende Rahmenbeschluss nicht über das für die Erreichung des genannten Ziels erforderliche Maß hinaus.

(8) Entscheidungen zur Vollstreckung des Europäischen Haftbefehls müssen ausreichender Kontrolle unterliegen; dies bedeutet, dass eine Justizbehörde des Mitgliedstaats, in dem die gesuchte Person festgenommen wurde, die Entscheidung zur Übergabe dieser Person treffen muss.

(9) Die Rolle der Zentralbehörden bei der Vollstreckung eines Europäischen Haftbefehls muss sich auf praktische und administrative Unterstützung beschränken.

(10) Grundlage für den Mechanismus des Europäischen Haftbefehls ist ein hohes Maß an Vertrauen zwischen den Mitgliedstaaten. Die Anwendung dieses Mechanismus darf nur ausgesetzt werden, wenn eine schwere und anhaltende Verletzung der in Artikel 6 Absatz 1 des Vertrags über die Europäische Union enthaltenen Grundsätze durch einen Mitgliedstaat vorliegt und diese vom Rat gemäß Artikel 7 Absatz 1 des genannten Vertrags mit den Folgen von Artikel 7 Absatz 2 festgestellt wird.

(11) Der Europäische Haftbefehl soll in den Beziehungen zwischen Mitgliedstaaten alle früheren Instrumente bezüglich der Auslieferung ersetzen, einschließlich der Bestimmungen von Titel III des Übereinkommens zur Durchführung des Übereinkommens von Schengen, die die Auslieferung betreffen.

(12) Der vorliegende Rahmenbeschluss achtet die Grundrechte und wahrt die in Artikel 6 des Vertrags über die Europäische Union anerkannten Grundsätze, die auch in der Charta der Grundrechte der Europäischen Union[1], insbesondere in deren Kapitel VI, zum Ausdruck kommen. Keine Bestimmung des vorliegenden Rahmenbeschlusses darf in dem Sinne ausgelegt werden, dass sie es untersagt, die Übergabe einer Person, gegen die ein Europäischer Haftbefehl besteht, abzulehnen, wenn objektive Anhaltspunkte dafür vorliegen, dass der genannte Haftbefehl zum Zwecke der Verfolgung oder Bestrafung einer Person aus Gründen ihres Geschlechts, ihrer Rasse, Religion, ethnischen Herkunft, Staatsangehörigkeit, Sprache oder politischen Überzeugung oder sexuellen Ausrichtung

---

1)   ABl. C 364 vom 18. 12. 2000, S. 1.

erlassen wurde oder dass die Stellung dieser Person aus einem dieser Gründe beeinträchtigt werden kann.

Der vorliegende Rahmenbeschluss belässt jedem Mitgliedstaat die Freiheit zur Anwendung seiner verfassungsmäßigen Regelung des Anspruchs auf ein ordnungsgemäßes Gerichtsverfahren, der Vereinigungsfreiheit, der Pressefreiheit und der Freiheit der Meinungsäußerung in anderen Medien.

(13) Niemand sollte in einen Staat abgeschoben oder ausgewiesen oder an einen Staat ausgeliefert werden, in dem für sie oder ihn das ernsthafte Risiko der Todesstrafe, der Folter oder einer anderen unmenschlichen oder erniedrigenden Strafe oder Behandlung besteht.

(14) Da alle Mitgliedstaaten das Übereinkommen des Europarates vom 28. Januar 1981 zum Schutz des Menschen bei der automatischen Verarbeitung personenbezogener Daten ratifiziert haben, sind die bei der Durchführung des vorliegenden Rahmenbeschlusses zu verarbeitenden personenbezogenen Daten gemäß den Grundsätzen dieses Übereinkommens zu schützen –

HAT FOLGENDEN RAHMENBESCHLUSS ERLASSEN:

Kapitel 1
Allgemeine Grundsätze

Artikel 1   Definition des Europäischen Haftbefehls und
          Verpflichtung zu seiner Vollstreckung

(1) Bei dem Europäischen Haftbefehl handelt es sich um eine justizielle Entscheidung, die in einem Mitgliedstaat ergangen ist und die Festnahme und Übergabe einer gesuchten Person durch einen anderen Mitgliedstaat zur Strafverfolgung oder zur Vollstreckung einer Freiheitsstrafe oder einer freiheitsentziehenden Maßregel der Sicherung bezweckt.

(2) Die Mitgliedstaaten vollstrecken jeden Europäischen Haftbefehl nach dem Grundsatz der gegenseitigen Anerkennung und gemäß den Bestimmungen dieses Rahmenbeschlusses.

(3) Dieser Rahmenbeschluss berührt nicht die Pflicht, die Grundrechte und die allgemeinen Rechtsgrundsätze, wie sie in Artikel 6 des Vertrags über die Europäische Union niedergelegt sind, zu achten.

Artikel 2   Anwendungsbereich des Europäischen Haftbefehls

(1) Ein Europäischer Haftbefehl kann bei Handlungen erlassen werden, die nach den Rechtsvorschriften des Ausstellungsmitgliedstaats mit einer Freiheitsstrafe oder einer freiheitsentziehenden Maßregel der Sicherung im Höchstmaß von mindestens zwölf Monaten bedroht sind, oder im Falle einer Verurteilung zu einer Strafe oder der Anordnung einer Maßregel der Sicherung, deren Maß mindestens vier Monate beträgt.

(2) Bei den nachstehenden Straftaten erfolgt, wenn sie im Ausstellungsmitgliedstaat nach der Ausgestaltung in dessen Recht mit einer Freiheitsstrafe oder einer freiheitsentziehenden Maßregel der Sicherung im Höchstmaß von mindestens drei Jahren bedroht sind, eine Übergabe aufgrund eines Europäischen Haftbefehls nach Maßgabe dieses Rahmenbeschlusses und ohne Überprüfung des Vorliegens der beiderseitigen Strafbarkeit:

– Beteiligung an einer kriminellen Vereinigung,
– Terrorismus,
– Menschenhandel,
– sexuelle Ausbeutung von Kindern und Kinderpornografie,
– illegaler Handel mit Drogen und psychotropen Stoffen,
– illegaler Handel mit Waffen, Munition und Sprengstoffen,
– Korruption,
– Betrugsdelikte, einschließlich Betrug zum Nachteil der finanziellen Interessen der Europäischen Gemeinschaften im Sinne des Übereinkommens vom 26. Juli 1995 über den Schutz der finanziellen Interessen der Europäischen Gemeinschaften,
– Wäsche von Erträgen aus Straftaten,
– Geldfälschung, einschließlich der Euro-Fälschung,
– Cyberkriminalität,
– Umweltkriminalität, einschließlich des illegalen Handels mit bedrohten Tierarten oder mit bedrohten Pflanzen- und Baumarten,
– Beihilfe zur illegalen Einreise und zum illegalen Aufenthalt,
– vorsätzliche Tötung, schwere Körperverletzung,
– illegaler Handel mit Organen und menschlichem Gewebe,
– Entführung, Freiheitsberaubung und Geiselnahme,
– Rassismus und Fremdenfeindlichkeit,
– Diebstahl in organisierter Form oder mit Waffen,
– illegaler Handel mit Kulturgütern, einschließlich Antiquitäten und Kunstgegenstände,
– Betrug,
– Erpressung und Schutzgelderpressung,
– Nachahmung und Produktpiraterie,
– Fälschung von amtlichen Dokumenten und Handel damit,
– Fälschung von Zahlungsmitteln,
– illegaler Handel mit Hormonen und anderen Wachstumsförderern,
– illegaler Handel mit nuklearen und radioaktiven Substanzen,
– Handel mit gestohlenen Kraftfahrzeugen,
– Vergewaltigung,
– Brandstiftung,
– Verbrechen, die in die Zuständigkeit des Internationalen Strafgerichtshofs fallen,

– Flugzeug- und Schiffsentführung,
– Sabotage.

(3) [1]Der Rat kann einstimmig und nach Anhörung des Europäischen Parlaments nach Maßgabe von Artikel 39 Absatz 1 des Vertrags über die Europäische Union (EUV) jederzeit beschließen, weitere Arten von Straftaten in die in Absatz 2 enthaltene Liste aufzunehmen. [2]Der Rat prüft im Licht des Berichts, den die Kommission ihm nach Artikel 34 Absatz 3 unterbreitet, ob es sich empfiehlt, diese Liste auszuweiten oder zu ändern.

(4) Bei anderen Straftaten als denen des Absatzes 2 kann die Übergabe davon abhängig gemacht werden, dass die Handlungen, derentwegen der Europäische Haftbefehl ausgestellt wurde, eine Straftat nach dem Recht des Vollstreckungsmitgliedstaats darstellen, unabhängig von den Tatbestandsmerkmalen oder der Bezeichnung der Straftat.

Artikel 3 Gründe, aus denen die Vollstreckung des Europäischen Haftbefehls abzulehnen ist

Die Justizbehörde des Vollstreckungsstaats (nachstehend "vollstreckende Justizbehörde" genannt) lehnt die Vollstreckung des Europäischen Haftbefehls ab,

1. wenn die Straftat, aufgrund deren der Europäische Haftbefehl ergangen ist, im Vollstreckungsstaat unter eine Amnestie fällt und dieser Staat nach seinem eigenen Strafrecht für die Verfolgung der Straftat zuständig war;

2. wenn sich aus den der vollstreckenden Justizbehörde vorliegenden Informationen ergibt, dass die gesuchte Person wegen derselben Handlung von einem Mitgliedstaat rechtskräftig verurteilt worden ist, vorausgesetzt, dass im Fall einer Verurteilung die Sanktion bereits vollstreckt worden ist, gerade vollstreckt wird oder nach dem Recht des Urteilsmitgliedstaats nicht mehr vollstreckt werden kann;

3. wenn die Person, gegen die der Europäische Haftbefehl ergangen ist, nach dem Recht des Vollstreckungsmitgliedstaats aufgrund ihres Alters für die Handlung, die diesem Haftbefehl zugrunde liegt, nicht strafrechtlich zur Verantwortung gezogen werden kann.

Artikel 4 Gründe, aus denen die Vollstreckung des Europäischen Haftbefehls abgelehnt werden kann

Die vollstreckende Justizbehörde kann die Vollstreckung des Europäischen Haftbefehls verweigern,

1. wenn in einem der in Artikel 2 Absatz 4 genannten Fälle die Handlung, aufgrund deren der Europäische Haftbefehl ergangen ist, nach dem Recht des Vollstreckungsmitgliedstaats keine Straftat darstellt; in Steuer-, Zoll- und Währungsangelegenheiten kann die Vollstreckung des Europäischen Haftbefehls jedoch nicht aus dem Grund abgelehnt werden, dass das Recht des Vollstreckungsmitgliedstaats keine gleichartigen Steuern vorschreibt oder keine gleichartigen Steuer-,

Zoll- und Währungsbestimmungen enthält wie das Recht des Ausstellungsmitgliedstaats;

2. wenn die Person, gegen die der Europäische Haftbefehl ergangen ist, im Vollstreckungsmitgliedstaat wegen derselben Handlung, aufgrund deren der Europäische Haftbefehl ausgestellt worden ist, strafrechtlich verfolgt wird;

3. wenn die Justizbehörden des Vollstreckungsmitgliedstaats beschlossen haben, wegen der Straftat, aufgrund deren der Europäische Haftbefehl ausgestellt worden ist, kein Verfahren einzuleiten bzw. das Verfahren einzustellen, oder wenn gegen die gesuchte Person in einem Mitgliedstaat aufgrund derselben Handlung eine rechtskräftige Entscheidung ergangen ist, die einer weiteren Strafverfolgung entgegensteht;

4. wenn die Strafverfolgung oder die Strafvollstreckung nach den Rechtsvorschriften des Vollstreckungsmitgliedstaats verjährt ist und hinsichtlich der Handlungen nach seinem eigenen Strafrecht Gerichtsbarkeit bestand;

5. wenn sich aus den der vollstreckenden Justizbehörde vorliegenden Informationen ergibt, dass die gesuchte Person wegen derselben Handlung von einem Drittstaat rechtskräftig verurteilt worden ist, vorausgesetzt, dass im Fall einer Verurteilung die Sanktion bereits vollstreckt worden ist, gerade vollstreckt wird oder nach dem Recht des Urteilsstaats nicht mehr vollstreckt werden kann;

6. wenn der Europäische Haftbefehl zur Vollstreckung einer Freiheitsstrafe oder einer freiheitsentziehenden Maßregel der Sicherung ausgestellt worden ist, sich die gesuchte Person im Vollstreckungsmitgliedstaat aufhält, dessen Staatsangehöriger ist oder dort ihren Wohnsitz hat und dieser Staat sich verpflichtet, die Strafe oder die Maßregel der Sicherung nach seinem innerstaatlichen Recht zu vollstrecken;

7. wenn der Europäische Haftbefehl sich auf Straftaten erstreckt, die

    a) nach den Rechtsvorschriften des Vollstreckungsmitgliedstaats ganz oder zum Teil in dessen Hoheitsgebiet oder an einem diesem gleichgestellten Ort begangen worden sind;

    oder

    b) außerhalb des Hoheitsgebiets des Ausstellungsmitgliedstaats begangen wurden, und die Rechtsvorschriften des Vollstreckungsmitgliedstaats die Verfolgung von außerhalb seines Hoheitsgebiets begangenen Straftaten gleicher Art nicht zulassen.

Artikel 4 a   Entscheidungen, die im Anschluss an eine Verhandlung ergangen sind, zu der die Person nicht persönlich erschienen ist

(1) Die vollstreckende Justizbehörde kann die Vollstreckung eines zur Vollstreckung einer Freiheitsstrafe oder freiheitsentziehenden Maßregel der Sicherung ausgestellten Europäischen Haftbefehls auch verweigern,

wenn die Person nicht persönlich zu der Verhandlung erschienen ist, die zu der Entscheidung geführt hat, es sei denn, aus dem Europäischen Haftbefehl geht hervor, dass die Person im Einklang mit den weiteren verfahrensrechtlichen Vorschriften des einzelstaatlichen Rechts des Ausstellungsmitgliedstaats

a) rechtzeitig

    i)   entweder persönlich vorgeladen wurde und dabei von dem vorgesehenen Termin und Ort der Verhandlung in Kenntnis gesetzt wurde, die zu der Entscheidung geführt hat, oder auf andere Weise tatsächlich offiziell von dem vorgesehenen Termin und Ort dieser Verhandlung in Kenntnis gesetzt wurde, und zwar auf eine Weise, dass zweifelsfrei nachgewiesen wurde, dass sie von der anberaumten Verhandlung Kenntnis hatte,
    und

    ii)   davon in Kenntnis gesetzt wurde, dass eine Entscheidung auch dann ergehen kann, wenn sie zu der Verhandlung nicht erscheint;
    oder

b) in Kenntnis der anberaumten Verhandlung ein Mandat an einen Rechtsbeistand, der entweder von der betroffenen Person oder vom Staat bestellt wurde, erteilt hat, sie bei der Verhandlung zu verteidigen, und bei der Verhandlung von diesem Rechtsbeistand tatsächlich verteidigt worden ist;
    oder

c) nachdem ihr die Entscheidung zugestellt und sie ausdrücklich von ihrem Recht auf Wiederaufnahme des Verfahrens oder auf ein Berufungsverfahren in Kenntnis gesetzt worden ist, an dem die Person teilnehmen kann und bei dem der Sachverhalt, einschließlich neuer Beweismittel, erneut geprüft werden und die ursprünglich ergangene Entscheidung aufgehoben werden kann:

    i)   ausdrücklich erklärt hat, dass sie die Entscheidung nicht anficht;
    oder

    ii)   innerhalb der geltenden Frist keine Wiederaufnahme des Verfahrens bzw. kein Berufungsverfahren beantragt hat;
    oder

d) die Entscheidung nicht persönlich zugestellt erhalten hat, aber

    i)   sie unverzüglich nach der Übergabe persönlich zugestellt erhalten wird und ausdrücklich von ihrem Recht auf Wiederaufnahme des Verfahrens oder auf ein Berufungsverfahren in Kenntnis gesetzt werden wird, an dem die Person teilnehmen kann und bei dem der Sachverhalt, einschließlich neuer Beweismittel, erneut geprüft werden und die ursprünglich ergangene Entscheidung aufgehoben werden kann:
    und

ii) von der Frist in Kenntnis gesetzt werden wird, über die sie gemäß dem einschlägigen Europäischen Haftbefehl verfügt, um eine Wiederaufnahme des Verfahrens bzw. ein Berufungsverfahren zu beantragen.

(2) [1]Wird der Europäische Haftbefehl zur Vollstreckung einer Freiheitsstrafe oder einer freiheitsentziehenden Maßregel der Sicherung nach Maßgabe des Absatzes 1 Buchstabe d ausgestellt und ist die betroffene Person zuvor nicht offiziell davon in Kenntnis gesetzt worden, dass gegen sie ein Strafverfahren eingeleitet wurde, so kann die Person, wenn sie von dem Inhalt des Europäischen Haftbefehls in Kenntnis gesetzt wird, beantragen, dass sie vor ihrer Übergabe eine Abschrift des Urteils erhält. [2]Die Ausstellungsbehörde leitet der gesuchten Person die Abschrift des Urteils unverzüglich über die Vollstreckungsbehörde zu, sobald sie Kenntnis von dem Antrag erhalten hat. [3]Der Antrag der gesuchten Person darf weder das Übergabeverfahren noch die Entscheidung über die Vollstreckung des Europäischen Haftbefehls verzögern. [4]Das Urteil wird der betroffenen Person ausschließlich informationshalber zur Verfügung gestellt; die Zurverfügungstellung gilt weder als förmliche Zustellung des Urteils noch wirkt sie sich auf Fristen aus, die für einen Antrag auf Wiederaufnahme des Verfahrens oder für ein Berufungsverfahren gelten.

(3) [1]Wird eine Person nach Maßgabe des Absatzes 1 Buchstabe d übergeben und hat diese Person eine Wiederaufnahme des Verfahrens oder ein Berufungsverfahren beantragt, so wird die Haft der auf das entsprechende Verfahren wartenden Person bis zu dessen rechtskräftigem Abschluss im Einklang mit dem Recht des Ausstellungsmitgliedstaates entweder regelmäßig oder auf Antrag der betroffenen Person einer Überprüfung unterzogen. [2]Eine solche Überprüfung umfasst insbesondere die Prüfung der Frage, ob die Haft aufgehoben oder ausgesetzt werden kann. [3]Das Wiederaufnahmeverfahren oder Berufungsverfahren beginnt ohne unnötige Verzögerung nach der Übergabe.

Artikel 5 Vom Ausstellungsmitgliedstaat in bestimmten Fällen zu gewährende Garantien

Die Vollstreckung des Europäischen Haftbefehls durch die vollstreckende Justizbehörde kann nach dem Recht dieses Staates an eine der folgenden Bedingungen geknüpft werden:

1. (aufgehoben)
2. Ist die Straftat, die dem Europäischen Haftbefehl zugrunde liegt, mit lebenslanger Freiheitsstrafe oder einer lebenslangen freiheitsentziehenden Maßregel der Sicherung bedroht, so kann die Vollstreckung des Europäischen Haftbefehls an die Bedingung geknüpft werden, dass die Rechtsordnung des Ausstellungsmitgliedstaats eine Überprüfung der verhängten Strafe – auf Antrag oder spätestens nach 20 Jahren – oder Gnadenakte zulässt, die zur Aussetzung der Vollstreckung der Strafe oder der Maßregel führen können und auf die die betreffende

Person nach dem innerstaatlichen Recht oder der Rechtspraxis des Ausstellungsmitgliedstaats Anspruch hat.

3. Ist die Person, gegen die ein Europäischer Haftbefehl zum Zwecke der Strafverfolgung ergangen ist, Staatsangehöriger des Vollstreckungsmitgliedstaats oder in diesem wohnhaft, so kann die Übergabe davon abhängig gemacht werden, dass die betreffende Person nach Gewährung rechtlichen Gehörs zur Verbüßung der Freiheitsstrafe oder der freiheitsentziehenden Maßregel der Sicherung, die im Ausstellungsmitgliedstaat gegen sie verhängt wird, in den Vollstreckungsmitgliedstaat rücküberstellt wird.

Artikel 6   Bestimmung der zuständigen Behörden
(1) Ausstellende Justizbehörde ist die Justizbehörde des Ausstellungsmitgliedstaats, die nach dem Recht dieses Staats für die Ausstellung eines Europäischen Haftbefehls zuständig ist.

(2) Vollstreckende Justizbehörde ist die Justizbehörde des Vollstreckungsmitgliedstaats, die nach dem Recht dieses Staats zuständig für die Vollstreckung des Europäischen Haftbefehls ist.

(3) Jeder Mitgliedstaat unterrichtet das Generalsekretariat des Rates über die nach seinem Recht zuständige Justizbehörde.

Artikel 7   Beteiligung der zentralen Behörde
(1) Jeder Mitgliedstaat kann eine oder, sofern es seine Rechtsordnung vorsieht, mehrere zentrale Behörden zur Unterstützung der zuständigen Justizbehörden benennen.

(2) Ein Mitgliedstaat kann, wenn sich dies aufgrund des Aufbaus seines Justizsystems als erforderlich erweist, seine zentrale(n) Behörde(n) mit der administrativen Übermittlung und Entgegennahme der Europäischen Haftbefehle sowie des gesamten übrigen sie betreffenden amtlichen Schriftverkehrs betrauen.

Ein Mitgliedstaat, der von den in diesem Artikel vorgesehenen Möglichkeiten Gebrauch machen möchte, übermittelt dem Generalsekretariat des Rates die Angaben über die von ihm benannte(n) zentrale(n) Behörde(n). Diese Angaben sind für alle Behörden des Ausstellungsmitgliedstaats verbindlich.

Artikel 8   Inhalt und Form des Europäischen Haftbefehls
(1) Der Europäische Haftbefehl enthält entsprechend dem im Anhang beigefügten Formblatt folgende Informationen:
a) die Identität und die Staatsangehörigkeit der gesuchten Person;
b) Name, Adresse, Telefon- und Telefaxnummer sowie Email-Adresse der ausstellenden Justizbehörde;
c) die Angabe, ob ein vollstreckbares Urteil, ein Haftbefehl oder eine andere vollstreckbare justizielle Entscheidung mit gleicher Rechtswirkung nach den Artikeln 1 und 2 vorliegt;

d) die Art und rechtliche Würdigung der Straftat, insbesondere in Bezug auf Artikel 2;

e) die Beschreibung der Umstände, unter denen die Straftat begangen wurde, einschließlich der Tatzeit, des Tatortes und der Art der Tatbeteiligung der gesuchten Person;

f) im Fall eines rechtskräftigen Urteils die verhängte Strafe oder der für die betreffende Straftat im Ausstellungsmitgliedstaat gesetzlich vorgeschriebene Strafrahmen;

g) soweit möglich, die anderen Folgen der Straftat.

(2) [1]Der Europäische Haftbefehl ist in die Amtssprache oder eine der Amtssprachen des Vollstreckungsstaats zu übersetzen. [2]Jeder Mitgliedstaat kann zum Zeitpunkt der Annahme dieses Rahmenbeschlusses oder später in einer beim Generalsekretariat des Rates hinterlegten Erklärung angeben, dass er eine Übersetzung in eine oder mehrere weitere Amtssprachen der Organe der Europäischen Gemeinschaften akzeptiert.

Kapitel 2
Übergabeverfahren

Artikel 9　Übermittlung eines Europäischen Haftbefehls

(1) Ist der Aufenthaltsort der gesuchten Person bekannt, so kann die ausstellende Justizbehörde den Europäischen Haftbefehl direkt der vollstreckenden Justizbehörde übermitteln.

(2) Die ausstellende Justizbehörde kann in allen Fällen beschließen, die gesuchte Person im Schengener Informationssystem (SIS) ausschreiben zu lassen.

(3) [1]Eine derartige Ausschreibung erfolgt gemäß Artikel 95 des Übereinkommens vom 19. Juni 1990 zur Durchführung des Übereinkommens von Schengen vom 14. Juni 1985 betreffend den schrittweisen Abbau der Kontrollen an den gemeinsamen Grenzen. [2]Eine Ausschreibung im SIS steht einem Europäischen Haftbefehl, dem die in Artikel 8 Absatz 1 angegebenen Informationen beigefügt sind, gleich.

Während eines Übergangszeitraums, der so lange währt, bis das SIS in der Lage ist, alle in Artikel 8 genannten Informationen zu übermitteln, steht die Ausschreibung dem Europäischen Haftbefehl gleich, bis das Original bei der vollstreckenden Justizbehörde in der gebührenden Form eingegangen ist.

Artikel 10　Modalitäten der Übermittlung eines Europäischen Haftbefehls

(1) Ist der ausstellenden Justizbehörde die zuständige vollstreckende Justizbehörde nicht bekannt, so stellt sie insbesondere mit Hilfe der Kon-

taktstellen des Europäischen Justiziellen Netzes[1] die erforderlichen Nachforschungen an, um diese Information vom Vollstreckungsmitgliedstaat zu erlangen.

(2) Wenn die ausstellende Justizbehörde dies wünscht, kann die Übermittlung über das gesicherte Telekommunikationssystem des Europäischen Justiziellen Netzes erfolgen.

(3) Kann nicht auf das SIS zurückgegriffen werden, so kann die ausstellende Justizbehörde für die Übermittlung des Europäischen Haftbefehls die Dienste von Interpol in Anspruch nehmen.

(4) Die ausstellende Justizbehörde kann den Europäischen Haftbefehl durch jedes sichere Mittel, das die Erstellung einer schriftlichen Fassung unter Bedingungen ermöglicht, die dem Vollstreckungsmitgliedsstaat die Feststellung der Echtheit gestatten, übermitteln.

(5) Alle Schwierigkeiten in Verbindung mit der Übermittlung oder der Echtheit der zur Vollstreckung des Europäischen Haftbefehls erforderlichen Unterlagen werden direkt zwischen den betreffenden Justizbehörden oder gegebenenfalls unter Einschaltung der Zentralbehörden der Mitgliedstaaten behoben.

(6) Ist die Behörde, bei der ein Europäischer Haftbefehl eingeht, für dessen Bearbeitung nicht zuständig, so übermittelt sie den Europäischen Haftbefehl von Amtes wegen der zuständigen Behörde in ihrem Mitgliedstaat und setzt die ausstellende Justizbehörde von diesem Umstand in Kenntnis.

Artikel 11 Rechte der gesuchten Person

(1) Wird eine gesuchte Person festgenommen, so unterrichtet die zuständige Justizbehörde des Vollstreckungsmitgliedstaats entsprechend dessen innerstaatlichem Recht die betreffende Person von dem Europäischen Haftbefehl, von dessen Inhalt sowie davon, dass sie ihrer Übergabe an die ausstellende Justizbehörde zustimmen kann.

(2) Eine gesuchte Person, die zum Zwecke der Vollstreckung eines Europäischen Haftbefehls festgenommen wird, hat nach Maßgabe des innerstaatlichen Rechts des Vollstreckungsmitgliedstaats Anspruch darauf, einen Rechtsbeistand und einen Dolmetscher hinzuzuziehen.

Artikel 12 Inhafthaltung der gesuchten Person

[1]Im Fall der Festnahme einer Person aufgrund eines Europäischen Haftbefehls entscheidet die vollstreckende Justizbehörde, ob die gesuchte Person nach Maßgabe des Rechts des Vollstreckungsmitgliedstaats in Haft zu halten ist. [2]Eine vorläufige Haftentlassung nach Maßgabe der innerstaatlichen Rechtsvorschriften des Vollstreckungsmitgliedstaats ist jederzeit möglich, sofern die zuständige Behörde dieses Mitgliedstaates die

---

1) Gemeinsame Maßnahme vom 29. Juni 1998 zur Einrichtung eines Europäischen Justiziellen Netzes (ABl. L 191 vom 7. 7. 1998, S. 4).

ihres Erachtens erforderlichen Maßnahmen zur Verhinderung einer Flucht der gesuchten Person trifft.

Artikel 13   Zustimmung zur Übergabe

(1) Gibt die festgenommene Person an, dass sie ihrer Übergabe zustimmt, so werden diese Zustimmung und gegebenenfalls der ausdrückliche Verzicht auf den Schutz des Grundsatzes der Spezialität nach Artikel 27 Absatz 2 vor der vollstreckenden Justizbehörde nach dem innerstaatlichen Recht des Vollstreckungsmitgliedstaats erklärt.

(2) [1]Jeder Mitgliedstaat trifft die erforderlichen Maßnahmen, damit die Zustimmung und gegebenenfalls der Verzicht nach Absatz 1 unter Bedingungen entgegengenommen werden, die erkennen lassen, dass die Person sie freiwillig und in vollem Bewusstsein der sich daraus ergebenden Folgen bekundet hat. [2]Zu diesem Zweck hat die gesuchte Person das Recht, einen Rechtsbeistand beizuziehen.

(3) Die Zustimmung und gegebenenfalls der Verzicht nach Absatz 1 werden nach dem im innerstaatlichen Recht des Vollstreckungsmitgliedstaats vorgesehenen Verfahren zu Protokoll genommen.

(4) [1]Die Zustimmung ist grundsätzlich unwiderruflich. [2]Jeder Mitgliedstaat kann vorsehen, dass die Zustimmung und gegebenenfalls der Verzicht nach den anwendbaren Vorschriften des innerstaatlichen Rechts widerruflich sein können. [3]In diesem Fall wird der Zeitraum zwischen dem Zeitpunkt, zu dem die Zustimmung erklärt wurde, und dem Zeitpunkt, zu dem sie widerrufen wurde, bei der Berechnung der in Artikel 17 vorgesehenen Fristen nicht berücksichtigt. [4]Ein Mitgliedstaat, der von dieser Möglichkeit Gebrauch machen will, teilt dies dem Generalsekretariat des Rates bei der Annahme dieses Rahmenbeschlusses mit und gibt die Modalitäten, nach denen die Zustimmung widerrufen werden kann, sowie jede Änderung dieser Modalitäten an.

Artikel 14   Vernehmung der gesuchten Person

Stimmt die festgenommene Person ihrer Übergabe nach Maßgabe des Artikels 13 nicht zu, hat sie das Recht, von der vollstreckenden Justizbehörde nach den innerstaatlichen Rechtsvorschriften des Vollstreckungsmitgliedstaats vernommen zu werden.

Artikel 15   Entscheidung über die Übergabe

(1) Die vollstreckende Justizbehörde entscheidet über die Übergabe der betreffenden Person nach Maßgabe dieses Rahmenbeschlusses und innerhalb der darin vorgesehenen Fristen.

(2) Ist die vollstreckende Justizbehörde der Ansicht, dass die vom Ausstellungsmitgliedstaat übermittelten Informationen nicht ausreichen, um über die Übergabe entscheiden zu können, so bittet sie um die unverzügliche Übermittlung der notwendigen zusätzlichen Informationen, insbesondere hinsichtlich der Artikel 3 bis 5 und Artikel 8; sie kann eine Frist

für den Erhalt dieser zusätzlichen Informationen festsetzen, wobei die Frist nach Artikel 17 zu beachten ist.

(3) Die ausstellende Justizbehörde kann der vollstreckenden Justizbehörde jederzeit alle zusätzlichen sachdienlichen Informationen übermitteln.

Artikel 16 Entscheidung bei Mehrfachersuchen

(1) Haben zwei oder mehr Mitgliedstaaten einen Europäischen Haftbefehl gegen dieselbe Person erlassen, so entscheidet die vollstreckende Justizbehörde unter gebührender Berücksichtigung aller Umstände, welcher dieser Europäischen Haftbefehle vollstreckt wird; zu diesen Umständen gehören insbesondere die Schwere und der Ort der Straftat, der Zeitpunkt, zu dem die Europäischen Haftbefehle erlassen wurden, sowie die Tatsache, dass der Haftbefehl zur Strafverfolgung oder zur Vollstreckung einer Freiheitsstrafe oder einer freiheitsentziehenden Maßregel der Sicherung ausgestellt wurde.

(2) Um die Entscheidung nach Absatz 1 zu treffen, kann die vollstreckende Justizbehörde Eurojust[1] um Stellungnahme ersuchen.

(3) Bei Zusammentreffen eines Europäischen Haftbefehls mit einem Auslieferungsersuchen eines Drittstaats entscheidet die zuständige Behörde des Vollstreckungsmitgliedstaats unter gebührender Berücksichtigung aller Umstände, insbesondere der in Absatz 1 genannten Umstände sowie der in dem anwendbaren Übereinkommen oder Abkommen beschriebenen Umstände, ob der Europäische Haftbefehl oder das Auslieferungsersuchen Vorrang hat.

(4) Diesen Artikel lässt die Verpflichtungen der Mitgliedstaaten aufgrund des Statuts des Internationalen Strafgerichtshofs unberührt.

Artikel 17 Fristen und Modalitäten der Vollstreckung eines Europäischen Haftbefehls

(1) Ein Europäischer Haftbefehl wird als Eilsache erledigt und vollstreckt.

(2) In den Fällen, in denen die gesuchte Person ihrer Übergabe zustimmt, sollte die endgültige Entscheidung über die Vollstreckung des Europäischen Haftbefehls innerhalb von zehn Tagen nach Erteilung der Zustimmung erfolgen.

(3) In den anderen Fällen sollte die endgültige Entscheidung über die Vollstreckung des Europäischen Haftbefehls innerhalb von 60 Tagen nach der Festnahme der gesuchten Person erfolgen.

(4) [1]Kann in Sonderfällen der Europäische Haftbefehl nicht innerhalb der in den Absätzen 2 bzw. 3 vorgesehenen Fristen vollstreckt werden, so setzt die vollstreckende Justizbehörde die ausstellende Justizbehörde von diesem Umstand und von den jeweiligen Gründen unverzüglich in Kennt-

---

1) Beschluss 2002/187/JI des Rates vom 28. Februar 2002 über die Errichtung von Eurojust zur Verstärkung der Bekämpfung der schweren Kriminalität (ABl. L 63 vom 6. 3. 2002, S. 1).

nis. [2]In diesem Fall können die Fristen um weitere 30 Tage verlängert werden.

(5) Solange noch keine endgültige Entscheidung über die Vollstreckung des Europäischen Haftbefehls durch die vollstreckende Justizbehörde ergangen ist, stellt diese sicher, dass die materiellen Voraussetzungen für eine tatsächliche Übergabe der Person weiterhin gegeben sind.

(6) Eine Ablehnung der Vollstreckung eines Europäischen Haftbefehls ist zu begründen.

(7) [1]Kann ein Mitgliedstaat bei Vorliegen außergewöhnlicher Umstände die in diesem Artikel vorgesehenen Fristen nicht einhalten, so setzt er Eurojust von diesem Umstand und von den Gründen der Verzögerung in Kenntnis. [2]Außerdem teilt ein Mitgliedstaat, der wiederholt Verzögerungen bei der Vollstreckung von Europäischen Haftbefehlen durch einen anderen Mitgliedstaat ausgesetzt gewesen ist, diesen Umstand dem Rat mit, damit eine Beurteilung der Umsetzung dieses Rahmenbeschlusses auf Ebene der Mitgliedstaaten erfolgen kann.

Artikel 18   Lage in Erwartung der Entscheidung

(1) Wurde der Europäische Haftbefehl zum Zwecke der Strafverfolgung erlassen, so muss die vollstreckende Justizbehörde

a)   entweder akzeptieren, dass die gesuchte Person nach Artikel 19 vernommen wird;

b)   oder akzeptieren, dass die gesuchte Person vorübergehend überstellt wird.

(2) Die Bedingungen und die Dauer der vorübergehenden Überstellung werden in gegenseitigem Einvernehmen zwischen der ausstellenden und der vollstreckenden Justizbehörde festgelegt.

(3) Im Falle der vorübergehenden Überstellung muss die betreffende Person Gelegenheit haben, in den Vollstreckungsmitgliedstaat zurückzukehren, um dort den sie betreffenden Gerichtsverhandlungen, die im Rahmen des Übergabeverfahrens stattfinden, beizuwohnen

Artikel 19   Vernehmung der Person in Erwartung der Entscheidung

(1) Die Vernehmung der gesuchten Person erfolgt durch eine Justizbehörde mit Unterstützung einer Person, die nach dem Recht des Mitgliedstaats der ersuchenden Justizbehörde bestimmt wird.

(2) Die Vernehmung der gesuchten Person erfolgt nach dem Recht des Vollstreckungsmitgliedstaats und nach den im gegenseitigen Einvernehmen zwischen der ausstellenden und der vollstreckenden Justizbehörde festgelegten Bedingungen.

(3) Die zuständige vollstreckende Justizbehörde kann eine andere Justizbehörde ihres Mitgliedstaats anweisen, an der Vernehmung der gesuchten Person teilzunehmen, um die ordnungsgemäße Anwendung dieses Artikels und der festgelegten Bedingungen zu gewährleisten.

Artikel 20 Vorrechte und Immunitäten

(1) Genießt die gesuchte Person im Vollstreckungsmitgliedstaat ein Vorrecht oder eine Strafverfolgungs- oder -vollstreckungsimmunität, so beginnen die Fristen nach Artikel 17 nur zu laufen, wenn die vollstreckende Justizbehörde davon unterrichtet worden ist, dass das Vorrecht oder die Immunität aufgehoben wurde; in diesem Fall beginnt die Frist am Tag der Unterrichtung.

Der Vollstreckungsmitgliedstaat trägt dafür Sorge, dass die materiellen Voraussetzungen für eine tatsächliche Übergabe weiterhin gegeben sind, wenn die Person kein solches Vorrecht oder keine solche Immunität mehr genießt.

(2) [1]Ist eine Behörde des Vollstreckungsmitgliedstaats für die Aufhebung des Vorrechts oder der Immunität zuständig, befasst die vollstreckende Justizbehörde sie unverzüglich mit einem entsprechenden Ersuchen. [2]Ist eine Behörde eines anderen Staates oder eine internationale Organisation für die Aufhebung des Vorrechts oder der Immunität zuständig, ist sie von der ausstellenden Justizbehörde mit einem entsprechenden Ersuchen zu befassen.

Artikel 21 Konkurrierende internationale Verpflichtungen

[1]Von diesem Rahmenbeschluss unberührt bleiben die Verpflichtungen des Vollstreckungsmitgliedstaats in den Fällen, in denen die gesuchte Person an diesen Mitgliedstaat durch einen Drittstaat ausgeliefert worden ist, und wenn auf diese Person aufgrund der ihrer Auslieferung zugrunde liegenden Vereinbarung der Grundsatz der Spezialität anzuwenden ist. [2]Der Vollstreckungsmitgliedstaat trifft die erforderlichen Maßnahmen, um unverzüglich die Zustimmung des Drittstaates einzuholen, der die gesuchte Person ausgeliefert hat, damit sie dem Ausstellungsstaat übergeben werden kann. [3]Die Fristen nach Artikel 17 beginnen erst an dem Tage zu laufen, an dem der Grundsatz der Spezialität nicht mehr anzuwenden ist. [4]Bis die Entscheidung des Staates vorliegt, aus dem die gesuchte Person ausgeliefert wurde, überzeugt sich der Vollstreckungsmitgliedstaat davon, dass die materiellen Voraussetzungen für eine tatsächliche Übergabe weiterhin gegeben sind.

Artikel 22 Mitteilung der Entscheidung

Die vollstreckende Justizbehörde teilt der ausstellenden Justizbehörde unverzüglich ihre Entscheidung über die Vollstreckung oder Nichtvollstreckung des Europäischen Haftbefehls mit.

Artikel 23 Frist für die Übergabe der Person

(1) Die Übergabe der gesuchten Person erfolgt so bald wie möglich zu einem zwischen den betreffenden Behörden vereinbarten Zeitpunkt.

(2) Die Übergabe erfolgt spätestens zehn Tage nach der endgültigen Entscheidung über die Vollstreckung des Europäischen Haftbefehls.

(3) [1]Ist die Übergabe der gesuchten Person innerhalb der in Absatz 2 genannten Frist aufgrund von Umständen, die sich dem Einfluss der Mitgliedstaaten entziehen, unmöglich, setzen sich die vollstreckende und die ausstellende Justizbehörde unverzüglich miteinander in Verbindung und vereinbaren ein neues Übergabedatum. [2]In diesem Fall erfolgt die Übergabe binnen zehn Tagen nach dem vereinbarten neuen Termin.

(4) [1]Die Übergabe kann aus schwerwiegenden humanitären Gründen, z. B. wenn ernsthafte Gründe für die Annahme bestehen, dass die Vollstreckung offensichtlich eine Gefährdung für Leib oder Leben der gesuchten Person darstellt, ausnahmsweise ausgesetzt werden. [2]Die Vollstreckung des Europäischen Haftbefehls erfolgt, sobald diese Gründe nicht mehr gegeben sind. [3]Die vollstreckende Justizbehörde setzt die ausstellende Justizbehörde unverzüglich davon in Kenntnis und vereinbart ein neues Übergabedatum. [4]In diesem Fall erfolgt die Übergabe binnen zehn Tagen nach dem vereinbarten neuen Termin.

(5) Befindet sich die betreffende Person nach Ablauf der in den Absätzen 2 bis 4 genannten Fristen noch immer in Haft, wird sie freigelassen.

Artikel 24 Aufgeschobene oder bedingte Übergabe

(1) Die vollstreckende Justizbehörde kann nach der Entscheidung zur Vollstreckung des Europäischen Haftbefehls die Übergabe der gesuchten Person aufschieben, damit diese im Vollstreckungsstaat gerichtlich verfolgt werden oder, falls sie bereits verurteilt worden ist, im Hoheitsgebiet des Vollstreckungsstaats eine Strafe verbüßen kann, die wegen einer anderen als der im Europäischen Haftbefehl genannten Handlung gegen sie verhängt wurde.

(2) [1]Statt die Übergabe aufzuschieben, kann die vollstreckende Justizbehörde die gesuchte Person dem Ausstellungsstaat vorübergehend unter Bedingungen übergeben, die von der vollstreckenden und der ausstellenden Justizbehörde vereinbart werden. [2]Die Vereinbarung muss in Schriftform erfolgen, und die Bedingungen sind für alle Behörden des Ausstellungsmitgliedstaats verbindlich.

Artikel 25 Durchlieferung

(1) Jeder Mitgliedstaat bewilligt die Durchlieferung einer gesuchten Person zu Zwecken der Übergabe durch sein Hoheitsgebiet, es sei denn, er macht von der Möglichkeit der Ablehnung Gebrauch, wenn die Durchlieferung eines seiner Staats- oder Gebietsangehörigen zum Zwecke der Vollstreckung einer Freiheitsstrafe oder einer freiheitsentziehenden Maßregel der Sicherung beantragt wird; die Genehmigung hängt von der Übermittlung folgender Angaben ab:

a) die Identität und die Staatsangehörigkeit der Person, gegen die ein Europäischer Haftbefehl erlassen wurde,

b) das Vorliegen eines Europäischen Haftbefehls,

c) die Art und die rechtliche Würdigung der Straftat,
d) die Beschreibung der Umstände, unter denen die Straftat begangen
    wurde, einschließlich der Tatzeit und des Tatortes.

Ist die Person, gegen die ein Europäischer Haftbefehl zum Zwecke der
Strafverfolgung ergangen ist, Staatsangehöriger des Durchlieferungs-
staats oder in diesem wohnhaft, so kann die Durchlieferung davon abhängig gemacht werden, dass die Person nach Gewährung rechtlichen
Gehörs zur Verbüßung der Freiheitsstrafe oder der freiheitsentziehenden
Maßregel der Sicherung, die im Ausstellungsmitgliedstaat gegen sie verhängt wird, in den Durchlieferungsmitgliedstaat rücküberstellt wird.

(2) [1]Jeder Mitgliedstaat bezeichnet eine zuständige Behörde für die
Entgegennahme der Durchlieferungsersuchen und der erforderlichen Unterlagen sowie des sonstigen amtlichen Schriftverkehrs im Zusammenhang mit Durchlieferungsersuchen. [2]Die Mitgliedstaaten teilen die bezeichneten Behörden dem Generalsekretariat des Rates mit.

(3) [1]Das Durchlieferungsersuchen und die Informationen nach Absatz
1 können der nach Absatz 2 bezeichneten Behörde in jeder Form, die einen
schriftlichen Nachweis ermöglicht, übermittelt werden. [2]Der Durchlieferungsmitgliedstaat teilt seine Entscheidung auf dem gleichen Wege mit.

(4) [1]Dieser Rahmenbeschluss findet keine Anwendung auf die Durchlieferung auf dem Luftweg ohne eingeplante Zwischenlandung. [2]Wenn es
jedoch zu einer außerplanmäßigen Landung kommt, übermittelt der Ausstellungsmitgliedstaat der nach Absatz 2 bezeichneten Behörde die Informationen nach Absatz 1.

(5) [1]Betrifft die Durchlieferung eine Person, die aus einem Drittstaat an
einen Mitgliedstaat ausgeliefert werden soll, so findet dieser Artikel entsprechende Anwendung. [2]Insbesondere gilt in diesem Fall der Ausdruck
"Europäischer Haftbefehl" als ersetzt durch "Auslieferungsersuchen".

Kapitel 3
Wirkung der Übergabe

Artikel 26 Anrechnung der im Vollstreckungsstaat verbüßten Haft
(1) Der Ausstellungsmitgliedstaat rechnet die Dauer der Haft aus der
Vollstreckung eines Europäischen Haftbefehls auf die Gesamtdauer des
Freiheitsentzugs an, die im Ausstellungsmitgliedstaat aufgrund der Verurteilung zu einer Freiheitsstrafe oder einer freiheitsentziehenden Maßregel der Sicherung zu verbüßen wäre.

(2) Dazu sind der ausstellenden Justizbehörde zum Zeitpunkt der Übergabe von der vollstreckenden Justizbehörde oder der nach Artikel 7 bezeichneten Zentralbehörde alle Angaben zur Dauer der Haft der aufgrund
des Europäischen Haftbefehls gesuchten Person zu übermitteln.

Artikel 27 Etwaige Strafverfolgung wegen anderer Straftaten

(1) Jeder Mitgliedstaat kann dem Generalsekretariat des Rates mitteilen, dass in seinen Beziehungen zu anderen Mitgliedstaaten, die die gleiche Mitteilung gemacht haben, die Zustimmung dazu, dass eine Person wegen einer anderen vor der Übergabe begangenen Handlung als derjenigen, die der Übergabe zugrunde liegt, verfolgt, verurteilt oder zur Vollstreckung einer Freiheitsstrafe oder einer freiheitsentziehenden Maßregel der Sicherung in Haft gehalten wird, als erteilt gilt, sofern die vollstreckende Justizbehörde im Einzelfall in ihrer Übergabeentscheidung keine anders lautende Erklärung abgibt.

(2) Außer in den in den Absätzen 1 und 3 vorgesehenen Fällen dürfen Personen, die übergeben wurden, wegen einer vor der Übergabe begangenen anderen Handlung als derjenigen, die der Übergabe zugrunde liegt, weder verfolgt noch verurteilt noch einer freiheitsentziehenden Maßnahme unterworfen werden.

(3) Absatz 2 findet in folgenden Fällen keine Anwendung:

a) wenn die Person das Hoheitsgebiet des Mitgliedstaates, dem sie übergeben worden ist, innerhalb von 45 Tagen nach ihrer endgültigen Freilassung nicht verlassen hat, obwohl sie dazu die Möglichkeit hatte, oder wenn sie nach Verlassen dieses Gebiets dorthin zurückgekehrt ist;

b) wenn die Straftat nicht mit einer Freiheitsstrafe oder freiheitsentziehenden Maßregel der Sicherung bedroht ist;

c) wenn die Strafverfolgung nicht zur Anwendung einer die persönliche Freiheit beschränkenden Maßnahme führt;

d) wenn die Person der Vollstreckung einer Strafe oder Maßregel der Sicherung ohne Freiheitsentzug, insbesondere einer Geldstrafe bzw. einer vermögensrechtlichen Maßnahme oder der an deren Stelle tretenden Maßnahme unterzogen wird, selbst wenn diese Strafe oder Maßnahme die persönliche Freiheit einschränken kann;

e) wenn die Person ihre Zustimmung zur Übergabe und gegebenenfalls den Verzicht auf die Anwendung des Grundsatzes der Spezialität gemäß Artikel 13 erklärt hat;

f) wenn die Person nach ihrer Übergabe ausdrücklich auf die Anwendung des Grundsatzes der Spezialität in Bezug auf bestimmte vor der Übergabe begangene Handlungen verzichtet hat. Die Verzichterklärung wird vor den zuständigen Justizbehörden des Ausstellungsmitgliedstaats abgegeben und nach dessen innerstaatlichem Recht zu Protokoll genommen. Die Verzichterklärung ist so abzufassen, dass aus ihr hervorgeht, dass die betreffende Person sie freiwillig und in voller Kenntnis der sich daraus ergebenden Folgen abgegeben hat. Zu

diesem Zweck hat die Person das Recht, einen Rechtsbeistand hinzuzuziehen;

g) wenn die vollstreckende Justizbehörde, die die Person übergeben hat,
ihre Zustimmung nach Absatz 4 gibt.

(4) [1]Das Ersuchen um Zustimmung ist unter Beifügung der in Artikel
8 Absatz 1 erwähnten Angaben und einer Übersetzung gemäß Artikel 8
Absatz 2 an die vollstreckende Justizbehörde zu richten. [2]Die Zustimmung
wird erteilt, wenn die Straftat, derentwegen um Zustimmung ersucht wird,
nach diesem Rahmenbeschluss der Verpflichtung zur Übergabe unterliegt. [3]Die Zustimmung wird verweigert, wenn die in Artikel 3 genannten
Gründe vorliegen; ansonsten kann sie nur aus den in Artikel 4 genannten
Gründen verweigert werden. [4]Die Entscheidung ist spätestens 30 Tage
nach Eingang des Ersuchens zu treffen.

In den Fällen des Artikels 5 sind die dort vorgesehenen Garantien vom
Ausstellungsmitgliedstaat zu geben.

Artikel 28 Weitere Übergabe oder Auslieferung

(1) Jeder Mitgliedstaat kann dem Generalsekretariat des Rates mitteilen,
dass in seinen Beziehungen zu anderen Mitgliedstaaten, die die gleiche
Mitteilung gemacht haben, die Zustimmung dazu, dass eine Person einem
anderen Mitgliedstaat als dem Vollstreckungsmitgliedstaat aufgrund eines Europäischen Haftbefehls, dem eine vor ihrer Übergabe begangene
Handlung zugrunde liegt, übergeben wird, als erteilt gilt, sofern die vollstreckende Justizbehörde im Einzelfall in ihrer Übergabeentscheidung
keine anders lautende Erklärung abgibt.

(2) In jedem Fall können Personen, die dem Ausstellungsmitgliedstaat
aufgrund eines Europäischen Haftbefehls übergeben wurden, ohne die
Zustimmung des Vollstreckungsmitgliedstaats einem anderen Mitgliedstaat als dem Vollstreckungsmitgliedstaat aufgrund eines Europäischen
Haftbefehls, dem eine vor der Übergabe begangene Handlung zugrunde
liegt, in den folgenden Fällen übergeben werden:

a) wenn die gesuchte Person das Hoheitsgebiet des Mitgliedstaats, dem
sie übergeben worden ist, innerhalb von 45 Tagen nach ihrer endgültigen Freilassung nicht verlassen hat, obwohl sie dazu die Möglichkeit
hatte, oder wenn sie nach Verlassen dieses Gebiets dorthin zurückgekehrt ist;

b) wenn die gesuchte Person ihrer Übergabe an einen anderen Mitgliedstaat als den Vollstreckungsmitgliedstaat aufgrund eines Europäischen Haftbefehls zustimmt. [2]Die Zustimmung wird vor den zuständigen Justizbehörden des Ausstellungsmitgliedstaats erklärt und nach
dessen innerstaatlichem Recht zu Protokoll genommen. [3]Die Zustim-
mungserklärung ist so abzufassen, dass aus ihr hervorgeht, dass die
betreffende Person sie freiwillig und in voller Kenntnis der sich daraus

ergebenden Folgen gegeben hat. [4]Zu diesem Zweck hat die gesuchte Person das Recht, einen Rechtsbeistand hinzuzuziehen;

c) wenn der Grundsatz der Spezialität auf die gesuchte Person gemäß Artikel 22 Absatz 3 Buchstaben a), e), f) und g) nicht anzuwenden ist.

(3) Die vollstreckende Justizbehörde stimmt der Übergabe an einen anderen Mitgliedstaat gemäß den folgenden Bestimmungen zu:

a) Das Ersuchen um Zustimmung ist gemäß Artikel 9 unter Beifügung der in Artikel 8 Absatz 1 erwähnten Informationen und der in Artikel 8 Absatz 2 vorgesehenen Übersetzung zu stellen.

b) Die Zustimmung wird erteilt, wenn die Straftat, derentwegen um Zustimmung ersucht wird, nach diesem Rahmenbeschluss der Verpflichtung zur Übergabe unterliegt.

c) Die Entscheidung ist spätestens 30 Tage nach Eingang des Ersuchens zu treffen.

d) Die Zustimmung wird verweigert, wenn die in Artikel 3 genannten Gründe vorliegen; ansonsten kann sie nur aus den in Artikel 4 genannten Gründen verweigert werden.

In den in Artikel 5 genannten Fällen sind die dort vorgesehenen Garantien vom Ausstellungsstaat zu geben.

(4) [1]Ungeachtet des Absatzes 1 darf eine Person, die aufgrund eines Europäischen Haftbefehls übergeben wurde, nicht ohne die Zustimmung der zuständigen Behörden des Mitgliedstaats, der die Person übergeben hat, an einen Drittstaat ausgeliefert werden. [2]Die Zustimmung ist gemäß den Übereinkommen, die diesen Mitgliedstaat binden, sowie gemäß seinen innerstaatlichen Rechtsvorschriften zu geben.

Artikel 29 Übergabe von Gegenständen

(1) Auf Verlangen der ausstellenden Justizbehörde oder von Amts wegen beschlagnahmt und übergibt die vollstreckende Justizbehörde nach Maßgabe ihres innerstaatlichen Rechts die Gegenstände,

a) die als Beweisstücke dienen können oder

b) die die gesuchte Person aus der Straftat erlangt hat.

(2) Die in Absatz 1 erwähnten Gegenstände sind selbst dann zu übergeben, wenn der Europäische Haftbefehl infolge des Todes oder der Flucht der gesuchten Person nicht vollstreckt werden kann.

(3) Unterliegen die in Absatz 1 genannten Gegenstände im Hoheitsgebiet des Vollstreckungsmitgliedstaats der Beschlagnahme oder Einziehung, so kann er sie, wenn sie für ein anhängiges Strafverfahren benötigt werden, vorübergehend zurückbehalten oder unter der Bedingung der Rückgabe an den Ausstellungsmitgliedstaat herausgeben.

(4) [1]Rechte des Vollstreckungsmitgliedstaats oder Dritter an den in Absatz 1 genannten Gegenständen bleiben vorbehalten. [2]Bestehen solche Rechte, so sind die Gegenstände vom Ausstellungsmitgliedstaat nach Ab-

schluss des Strafverfahrens unverzüglich und kostenlos dem Vollstreckungsmitgliedstaat zurückzugeben.

Artikel 30 Kosten
(1) Kosten, die durch die Vollstreckung des Europäischen Haftbefehls im Hoheitsgebiet des Vollstreckungsmitgliedstaats entstehen, gehen zu dessen Lasten.
(2) Alle sonstigen Kosten gehen zulasten des Ausstellungsmitgliedstaats.

Kapitel 4
Allgemeine Schlussbestimmungen

Artikel 31 Verhältnis zu anderen Übereinkommen
(1) Dieser Rahmenbeschluss ersetzt am 1. Januar 2004 die entsprechenden Bestimmungen der folgenden in den Beziehungen zwischen den Mitgliedstaaten im Bereich der Auslieferung geltenden Übereinkommen, unbeschadet von deren Anwendbarkeit in den Beziehungen zwischen den Mitgliedstaaten und Drittstaaten:

a) das Europäische Auslieferungsübereinkommen vom 13. Dezember 1957, das dazugehörige Zusatzprotokoll vom 15. Oktober 1975, das dazugehörige Zweite Zusatzprotokoll vom 17. März 1978 und das Europäische Übereinkommen zur Bekämpfung des Terrorismus vom 27. Januar 1977, soweit es sich auf die Auslieferung bezieht;

b) das Übereinkommen zwischen den Mitgliedstaaten der Europäischen Gemeinschaften über die Vereinfachung und Modernisierung der Verfahren zur Übermittlung von Auslieferungsersuchen vom 26. Mai 1989;

c) das Übereinkommen vom 10. März 1995 über das vereinfachte Auslieferungsverfahren zwischen den Mitgliedstaaten der Europäischen Union und

d) das Übereinkommen vom 27. September 1996 über die Auslieferung zwischen den Mitgliedstaaten der Europäischen Union;

e) den Titel III Kapitel 4 des Übereinkommens vom 19. Juni 1990 zur Durchführung des Übereinkommens von Schengen vom 14. Juni 1985 betreffend den schrittweisen Abbau der Kontrollen an den gemeinsamen Grenzen.

(2) Es steht den Mitgliedstaaten frei, auch weiterhin die zum Zeitpunkt der Annahme dieses Rahmenbeschlusses geltenden bilateralen oder multilateralen Abkommen oder Übereinkünfte anzuwenden, sofern diese die Möglichkeit bieten, über die Ziele dieses Beschlusses hinauszugehen, und zu einer weiteren Vereinfachung oder Erleichterung der Verfahren zur Übergabe von Personen beitragen, gegen die ein Europäischer Haftbefehl vorliegt.

Es steht den Mitgliedstaaten frei, nach Inkrafttreten dieses Rahmenbeschlusses bilaterale oder multilaterale Abkommen oder Übereinkünfte zu schließen, sofern diese die Möglichkeit bieten, über die Vorschriften dieses Beschlusses hinauszugehen, und zu einer Vereinfachung oder Erleichterung der Verfahren zur Übergabe von Personen beitragen, gegen die ein Europäischer Haftbefehl vorliegt, insbesondere indem kürzere Fristen als nach Artikel 17 festgelegt werden, die Liste der in Artikel 2 Absatz 2 angeführten Straftaten ausgeweitet wird, die Ablehnungsgründe nach den Artikeln 3 und 4 zusätzlich eingeschränkt werden oder der Schwellenwert nach Artikel 2 Absatz 1 oder Absatz 2 gesenkt wird.

Die Abkommen und Übereinkünfte nach Unterabsatz 2 dürfen auf keinen Fall die Beziehungen zu den Mitgliedstaaten beeinträchtigen, die nicht Vertragspartei dieser Übereinkünfte sind.

Die Mitgliedstaaten unterrichten den Rat und die Kommission binnen drei Monaten nach Inkrafttreten dieses Rahmenbeschlusses von den bestehenden Abkommen oder Übereinkünften nach Unterabsatz 1, die sie auch weiterhin anwenden wollen.

Die Mitgliedstaaten unterrichten den Rat und die Kommission ferner über alle neuen Abkommen oder Übereinkünfte im Sinne von Unterabsatz 2 binnen drei Monaten nach deren Unterzeichnung.

(3) Soweit die in Absatz 1 genannten Abkommen oder Übereinkünfte für Hoheitsgebiete der Mitgliedstaaten oder für Hoheitsgebiete, deren auswärtige Beziehungen ein Mitgliedstaat wahrnimmt, gelten, auf die dieser Rahmenbeschluss keine Anwendung findet, sind diese Instrumente weiterhin für die Beziehungen zwischen diesen Hoheitsgebieten und den übrigen Mitgliedstaaten maßgebend.

Artikel 32 Übergangsbestimmung

(1) [1]Für die vor dem 1. Januar 2004 eingegangenen Auslieferungsersuchen gelten weiterhin die im Bereich der Auslieferung bestehenden Instrumente. [2]Für die nach diesem Zeitpunkt eingegangenen Ersuchen gelten die von den Mitgliedstaaten gemäß diesem Rahmenbeschluss erlassenen Bestimmungen. [3]Jeder Mitgliedstaat kann jedoch zum Zeitpunkt der Annahme dieses Rahmenbeschlusses eine Erklärung abgegeben, dass er als Vollstreckungsmitgliedstaat auch weiterhin Ersuchen im Zusammenhang mit Handlungen, die vor einem von ihm festzulegenden Zeitpunkt begangen wurden, nach der vor dem 1. Januar 2004 geltenden Auslieferungsregelung behandeln wird. [4]Der betreffende Zeitpunkt darf nicht nach dem 7. August 2002 liegen. [5]Diese Erklärung wird im Amtsblatt veröffentlicht. [6]Sie kann jederzeit zurückgezogen werden.

Artikel 33 Bestimmung betreffend Österreich und Gibraltar

(1) Solange Österreich Artikel 12 Absatz 1 seines Auslieferungs- und Rechtshilfegesetzes nicht geändert hat, spätestens jedoch bis zum 31. Dezember 2008, darf Österreich seinen vollstreckenden Justizbehör-

den gestatten, die Vollstreckung eines Europäischen Haftbefehls abzulehnen, wenn es sich bei der gesuchten Person um einen österreichischen Staatsbürger handelt und wenn die Handlung, derentwegen der Europäische Haftbefehl erlassen worden ist, nach österreichischem Recht nicht strafbar ist.

(2) Dieser Rahmenbeschluss findet auch auf Gibraltar Anwendung.

Artikel 34 Durchführung

(1) Die Mitgliedstaaten treffen die erforderlichen Maßnahmen, um diesem Rahmenbeschluss bis zum 31. Dezember 2003 nachzukommen.

(2) [1]Die Mitgliedstaaten teilen dem Generalsekretariat des Rates und der Kommission den Wortlaut der Bestimmungen mit, die sie zur Umsetzung der sich aus diesem Rahmenbeschluss ergebenden Verpflichtungen in ihr innerstaatliches Recht erlassen haben. [2]Dabei kann jeder Mitgliedstaat angeben, dass er diesen Rahmenbeschluss in seinen Beziehungen zu den Mitgliedstaaten, die die gleiche Mitteilung gemacht haben, unverzüglich anwendet.

[1]Das Generalsekretariat des Rates übermittelt den Mitgliedstaaten und der Kommission die nach Artikel 7 Absatz 2, Artikel 8 Absatz 2, Artikel 13 Absatz 4 und Artikel 25 Absatz 2 eingegangenen Informationen. [2]Es trägt auch für die Veröffentlichung im Amtsblatt Sorge.

(3) Auf der Grundlage von Informationen, die das Generalsekretariat des Rates vorlegt, übermittelt die Kommission dem Europäischen Parlament und dem Rat bis zum 31. Dezember 2004 einen Bericht über die Anwendung dieses Rahmenbeschlusses, dem sie gegebenenfalls Gesetzgebungsvorschläge beifügt.

(4) Der Rat überprüft in der zweiten Hälfte des Jahres 2003 insbesondere die praktische Umsetzung der Bestimmungen des vorliegenden Rahmenbeschlusses in den Mitgliedstaaten sowie die Funktionsweise des SIS.

Artikel 35 Inkrafttreten

Dieser Rahmenbeschluss tritt am zwanzigsten Tag nach seiner Veröffentlichung im Amtsblatt in Kraft.

Geschehen zu Luxemburg am 13. Juni 2002.

Anhang

Europäischer Haftbefehl[1]

Dieser Haftbefehl ist von einer zuständigen Justizbehörde ausgestellt worden. Ich beantrage, dass die unten genannte Person zum Zwecke der

---

1) Dieser Haftbefehl ist in einer der Amtssprachen des Vollstreckungsstaats oder in einer von diesem Staat akzeptierten Sprache auszufertigen bzw. in eine solche Sprache zu übersetzen, wenn dieser Staat bekannt ist.

Strafverfolgung oder der Vollstreckung einer Freiheitsstrafe oder eine freiheitsentziehenden Maßregel der Sicherung festgenommen und übergeben wird.

a) Angaben zur Identität der gesuchten Person: . . . .

Familienname: . . . .

Vorname(n): . . . .

ggf. Geburtsname: . . . .

ggf. Aliasname: . . . .

Geschlecht: . . . .

Staatsangehörigkeit: . . . .

Geburtdatum: . . . .

Geburtsort: . . . .

Wohnort und/oder bekannte Anschrift: . . . .

Falls bekannt: Sprache oder Sprachen, die die gesuchte Person versteht: . . . .

. . . .

Besondere Kennzeichen/Beschreibung der gesuchten Person: . . . .

. . . .

Foto und Fingerabdrücke der gesuchten Person, sofern diese vorhanden sind und übermittelt werden können, oder Kontaktadresse der Person, die diese oder ein DNS-Profil übermitteln kann (sofern diese Daten zur Übermittlung verfügbar sind und nicht beigefügt waren).

b) Entscheidung, die dem Haftbefehl zugrunde liegt

1. Haftbefehl oder justizielle Entscheidung mit gleicher Wirkung: . . . .

Art: . . . .

2. Vollstreckbares Urteil: . . . .

. . . .

Aktenzeichen: . . . .

c) Angaben zur Dauer der Strafe

1. Höchstdauer der Freiheitsstrafe oder der freiheitsentziehenden Maßregel der Sicherung, die für die Straftat(en) verhängt werden kann:

....

....

2. Dauer der verhängten Freiheitsstrafe oder der freiheitsentziehenden Maßregel der Sicherung:

....

Noch zu verbüßende Strafe: ....

....

....

d) Geben Sie an, ob die Person zu der Verhandlung, die zu der Entscheidung geführt hat, persönlich erschienen ist:

1. ☐ Ja, die Person ist zu der Verhandlung, die zu der Entscheidung geführt hat, persönlich erschienen.

2. ☐ Nein, die Person ist zu der Verhandlung, die zu der Entscheidung geführt hat, nicht persönlich erschienen.

3. Bitte geben Sie zu der unter Nummer 2 angekreuzten Möglichkeit an, dass eine der folgenden Möglichkeiten zutrifft:

☐ 3.1a. Die Person wurde am … (Tag/Monat/Jahr) persönlich vorgeladen und dabei von dem vorgesehenen Termin und Ort der Verhandlung in Kenntnis gesetzt, die zu der Entscheidung geführt hat, sowie davon in Kenntnis gesetzt, dass eine Entscheidung auch dann ergehen kann, wenn sie zu der Verhandlung nicht erscheint;

ODER

☐ 3.1b. die Person wurde nicht persönlich vorgeladen, aber auf andere Weise tatsächlich offiziell von dem vorgesehenen Termin und Ort der Verhandlung, die zu der Entscheidung geführt hat, in Kenntnis gesetzt, und zwar auf eine Weise, dass zweifelsfrei nachgewiesen wurde, dass sie von der anberaumten Verhandlung Kenntnis hatte, sowie davon in Kenntnis gesetzt wurde, dass eine Entscheidung auch dann ergehen kann, wenn sie zu der Verhandlung nicht erscheint;

ODER

☐ 3.2. die Person hat in Kenntnis der anberaumten Verhandlung ein Mandat an einen Rechtsbeistand, der entweder von der betroffenen Person oder vom Staat bestellt wurde, erteilt, sie bei der Verhandlung zu verteidigen, und ist bei der Verhandlung von diesem Rechtsbeistand tatsächlich verteidigt worden;

ODER

☐ 3.3. der Person wurde die Entscheidung am … (Tag/Monat/Jahr) zugestellt, und sie wurde ausdrücklich von ihrem Recht auf Wiederaufnahme des Verfahrens oder auf ein Berufungsverfahren in Kenntnis gesetzt, an dem die Person teilnehmen kann und bei dem der Sachverhalt, einschließlich neuer Beweismittel, erneut geprüft werden und die ursprünglich ergangene Entscheidung aufgehoben werden kann, und

☐ die Person hat ausdrücklich erklärt, dass sie diese Entscheidung nicht anficht;

ODER

☐ die Person hat innerhalb der geltenden Frist keine Wiederaufnahme des Verfahrens bzw. kein Berufungsverfahren beantragt;

ODER

☐ 3.4   der Person wurde die Entscheidung nicht persönlich zugestellt, aber

— sie wird die Entscheidung unverzüglich nach der Übergabe persönlich zugestellt erhalten, und

— sie wird bei Zustellung der Entscheidung ausdrücklich von ihrem Recht auf Wiederaufnahme des Verfahrens oder auf ein Berufungsverfahren in Kenntnis gesetzt werden, an dem die Person teilnehmen kann und bei dem der Sachverhalt, einschließlich neuer Beweismittel, erneut geprüft werden und die ursprünglich ergangene Entscheidung aufgehoben werden kann, und

— sie wird von der Frist in Kenntnis gesetzt werden, über die sie verfügt, um eine Wiederaufnahme des Verfahrens bzw. ein Berufungsverfahren zu beantragen, die … Tage beträgt.

4. Bitte geben Sie zu der unter Nummer 3.1b, 3.2 oder 3.3 angekreuzten Möglichkeit an, wie die entsprechende Voraussetzung erfüllt wurde:

....

....

e) Straftat(en)

Dieser Haftbefehl bezieht sich auf insgesamt .... Straftaten.

Beschreibung der Umstände, unter denen die Straftat(en) begangen wurde(n), einschließlich Tatzeit (Datum und Uhrzeit), Tatort und Art der Beteiligung der gesuchten Person an der(n) Straftat(en)

....

....

....

Art und rechtliche Würdigung der Straftat(en) und anwendbare gesetzliche Bestimmungen:

....

....

....

....

....

I. Bitte kreuzen Sie gegebenenfalls an, ob es sich um eine oder mehrere der folgenden — nach dem Recht des Ausstellungsstaats definierten — Straftaten handelt, die im Ausstellungsmitgliedstaat mit einer Freiheitsstrafe oder einer freiheitsentziehenden Maßnahme der Sicherung im Höchstmaß von mindestens drei Jahren bedroht sind:

☐ Beteiligung an einer kriminellen Vereinigung
☐ Terrorismus
☐ Menschenhandel
☐ sexuelle Ausbeutung von Kindern und Kinderpornografie
☐ illegaler Handel mit Drogen und psychotropen Stoffen
☐ illegaler Handel mit Waffen, Munition und Sprengstoffen
☐ Korruption
☐ Betrugsdelikte, einschließlich Betrug zum Nachteil der finanziellen Interessen der Europäischen Gemeinschaften im Sinne des Übereinkommens vom 26. Juli 1995 über den Schutz der finanziellen Interessen der Europäischen Gemeinschaften
☐ Wäsche von Erträgen aus Straftaten
☐ Geldfälschung, einschließlich Euro-Fälschung
☐ Cyberkriminalität
☐ Umweltkriminalität, einschließlich illegalen Handels mit bedrohten Tierarten oder mit bedrohten Pflanzenund Baumarten
☐ Beihilfe zur illegalen Einreise und zum illegalen Aufenthalt
☐ vorsätzliche Tötung, schwere Körperverletzung
☐ illegaler Handel mit Organen und menschlichem Gewebe
☐ Entführung, Freiheitsberaubung und Geiselnahme
☐ Rassismus und Fremdenfeindlichkeit
☐ Diebstahl in organisierter Form oder schwerer Raub
☐ illegaler Handel mit Kulturgütern, einschließlich Antiquitäten und Kunstgegenstände
☐ Betrug
☐ Erpressung und Schutzgelderpressung
☐ Nachahmung und Produktpiraterie
☐ Fälschung von amtlichen Dokumenten und Handel damit
☐ Fälschung von Zahlungsmitteln
☐ illegaler Handel mit Hormonen und anderen Wachstumsförderern
☐ illegaler Handel mit nuklearen und radioaktiven Substanzen
☐ Handel mit gestohlenen Kraftfahrzeugen
☐ Vergewaltigung
☐ Brandstiftung
☐ Verbrechen, die in die Zuständigkeit des Internationalen Strafgerichtshofs fallen
☐ Flugzeug-/Schiffsentführung
☐ Sabotage

II. Vollständige Beschreibung der Straftat oder der Straftaten, die nicht unter die Fälle nach Abschnitt I fallen

....

....

f)   Sonstige für den Fall relevante Umstände (fakultative Angaben):

(NB. Hierunter könnten Bemerkungen zur Extraterritorialität, zur Unterbrechung der Verjährungsfristen und zu sonstigen Folgen der Straftat fallen)

....

....

---

g)   Dieser Haftbefehl betrifft auch die Beschlagnahme und Übergabe von Gegenständen, die als Beweisstücke dienen können.

Dieser Haftbefehl betrifft auch die Beschlagnahme und Übergabe von Gegenständen, die die gesuchte Person aus der Straftat erlangt hat.

Beschreibung (und Lokalisierung) der Gegenstände (falls bekannt):

....

....

....

---

h)   Die Straftat/Straftaten, aufgrund deren dieser Haftbefehl ausgestellt wurde, ist/sind mit einer lebenslangen Freiheitsstrafe oder einer lebenslangen Maßregel der Sicherung bedroht oder hat/haben zur Verhängung einer solchen Strafe bzw. Maßregel geführt.

— Nach der Rechtsordnung des Ausstellungsmitgliedstaats kann die verhängte Strafe — auf Antrag oder nach mindestens 20 Jahren — daraufhin überprüft werden, ob die Vollstreckung dieser Strafe oder Maßregel auszusetzen ist,

und/oder

— nach der Rechtsordnung des Ausstellungsmitgliedstaats können Gnadenakte, auf die die Person nach dem innerstaatlichen Recht oder der Rechtspraxis des Ausstellungsmitgliedstaats Anspruch hat, mit dem Ziel der Nichtvollstreckung dieser Strafe oder Maßregel angewandt werden.

---

i)   Justizbehörde, die den Haftbefehl ausgestellt hat:

Offizielle Bezeichnung: ....

....

Name ihres Vertreters ([1]): ....

....

Funktion (Titel/Dienstrang): ....

Aktenzeichen: ....

Anschrift: ....

....

Telefonnummer: (Ländervorwahl) (Ortsnetzkennzahl) (...) ....

Fax-Nummer: (Ländervorwahl) (Ortsnetzkennzahl) (...) ....

E-Mail: ....

Kontaktadresse der Person, die erforderlichen praktischen Vorkehrungen für die Übergabe treffen kann:

....

([1]) In die einzelnen Sprachfassungen ist eine Bezugnahme auf den „Träger" der Justizbehörde aufzunehmen.

Im Fall der Benennung einer zentralen Behörde für die Übermittlung und administrative Entgegennahme von Europäischen Haftbefehlen:

    Bezeichnung der zentralen Behörde:

    . . . .

    ggf. zu kontaktierende Person (Titel/Dienstrang und Name):

    . . . .

    Anschrift: . . . .

    . . . .

    Telefonnummer: (Ländervorwahl) (Ortsnetzkennzahl) (...) . . . .

    Fax-Nr.: (Ländervorwahl) (Ortsnetzkennzahl) (...)

    E-Mail: . . . .

Unterschrift der ausstellenden Justizbehörde und/oder ihres Vertreters:

. . . .

Name: . . . .

Funktion (Titel/Dienstrang): . . . .

Datum: . . . .

(ggf.) amtlicher Stempel

Stellungnahmen bestimmter Mitgliedstaaten zur Annahme des Rahmenbeschlusses

Erklärungen nach Artikel 32

Erklärung Frankreichs:

    Frankreich erklärt gemäß Artikel 32 des Rahmenbeschlusses über den Europäischen Haftbefehl und die Übergabeverfahren zwischen den Mitgliedstaaten, dass es als Vollstreckungsmitgliedstaat Ersuchen in Zusammenhang mit Handlungen, die vor dem 1. November 1993, dem Zeitpunkt des Inkrafttretens des am 7. Februar 1992 in Maastricht unterzeichneten Vertrags über die Europäische Union, begangen wurden, weiterhin nach der vor dem 1. Januar 2004 geltenden Auslieferungsregelung behandeln wird.

Erklärung Italiens:

Italien wird alle Anträge betreffend Handlungen, die vor dem Zeitpunkt des Inkrafttretens des Rahmenbeschlusses über den Europäischen Haftbefehl begangen wurden, weiterhin gemäß den geltenden Auslieferungsbestimmungen behandeln, wie dies in Artikel 32 des Rahmenbeschlusses vorgesehen ist.

Erklärung Österreichs:

Österreich erklärt gemäß Artikel 32 des Rahmenbeschlusses über den Europäischen Haftbefehl und die Übergabeverfahren zwischen den Mitgliedsstaaten, dass es als Vollstreckungsstaat Ersuchen betreffend strafbare Handlungen, die vor dem Zeitpunkt des Inkrafttretens des Rahmenbeschlusses begangen worden sind, weiterhin nach den vor diesem Zeitpunkt geltenden Auslieferungsregelungen behandeln wird.

Erklärungen nach Artikel 13 Absatz 4

Erklärung Belgiens:

Die Zustimmung der betreffenden Person zu ihrer Übergabe ist bis zum Zeitpunkt der Übergabe widerruflich.

Erklärung Dänemarks:

Die Zustimmung zur Übergabe und der ausdrückliche Verzicht auf die Anwendung des Grundsatzes der Spezialität können gemäß den jeweils geltenden einschlägigen Bestimmungen des dänischen Rechts widerrufen werden.

Erklärung Irlands:

In Irland kann die Zustimmung zur Übergabe und gegebenenfalls der ausdrückliche Verzicht auf den Schutz des Grundsatzes der Spezialität nach Artikel 27 Absatz 2 widerrufen werden. Bis zum Zeitpunkt der Vollstreckung der Übergabe kann die Zustimmung nach den Vorschriften des innerstaatlichen Rechts widerrufen werden.

Erklärung Finnlands:

In Finnland kann die Zustimmung zur Übergabe und gegebenenfalls der ausdrückliche Verzicht auf den Schutz des Grundsatzes der Spezialität nach Artikel 27 Absatz 2 widerrufen werden. Bis zum Zeitpunkt der Vollstreckung der Übergabe kann die Zustimmung nach den Vorschriften des innerstaatlichen Rechts widerrufen werden.

Erklärung Schwedens:

Die Partei, um deren Übergabe ersucht wurde, kann die Zustimmung oder den Verzicht im Sinne von Artikel 13 Absatz 1 widerrufen. Der Widerruf muss vor der Vollstreckung der Übergabeentscheidung erfolgen.

Verordnung (EU) Nr. 1215/2012 des Europäischen Parlaments und des Rates vom 12. Dezember 2012 über die gerichtliche Zuständigkeit und die Anerkennung und Vollstreckung von Entscheidungen in Zivil- und Handelssachen (Neufassung)

(ABl. L 351 vom 20. 12. 2012, S. 1)

zuletzt geändert durch VO (EU) 2015/281 der Kommission vom 26. November 2014 (ABl. 2015 L 54 S. 1)

Nichtamtliche Inhaltsübersicht

DAS EUROPÄISCHE PARLAMENT UND DER RAT DER EURO-
PÄISCHEN UNION –

gestützt auf den Vertrag über die Arbeitsweise der Europäischen Union,
insbesondere auf Artikel 67 Absatz 4 und Artikel 81 Absatz 2 Buchstaben
a, c und e,

auf Vorschlag der Europäischen Kommission,

nach Zuleitung des Entwurfs des Gesetzgebungsakts an die nationalen
Parlamente,

nach Stellungnahme des Europäischen Wirtschafts- und Sozialausschusses[1],

gemäß dem ordentlichen Gesetzgebungsverfahren[2],

in Erwägung nachstehender Gründe:

(1)   Am 21. April 2009 hat die Kommission einen Bericht über die An-
       wendung der Verordnung (EG) Nr. 44/2001 des Rates vom
       22. Dezember 2000 über die gerichtliche Zuständigkeit und die
       Anerkennung und Vollstreckung von Entscheidungen in Zivil- und
       Handelssachen[3] angenommen. Dem Bericht zufolge herrscht all-
       gemein Zufriedenheit mit der Funktionsweise der genannten Ver-
       ordnung, doch könnten die Anwendung bestimmter Vorschriften,
       der freie Verkehr gerichtlicher Entscheidungen sowie der Zugang
       zum Recht noch weiter verbessert werden. Da einige weitere Än-
       derungen erfolgen sollen, sollte die genannte Verordnung aus Grün-
       den der Klarheit neu gefasst werden.

(2)   Der Europäische Rat hat auf seiner Tagung vom 10./11. Dezember
       2009 in Brüssel ein neues mehrjähriges Programm mit dem Titel
       „Das Stockholmer Programm – Ein offenes und sicheres Europa im
       Dienste und zum Schutz der Bürger"[4] angenommen. Im Stockhol-
       mer Programm vertritt der Europäische Rat die Auffassung, dass
       der Prozess der Abschaffung aller zwischengeschalteten Maßnah-
       men (Exequaturverfahren) während des von dem Programm abge-
       deckten Zeitraums fortgeführt werden sollte. Gleichzeitig sollte die
       Abschaffung der Exequaturverfahren von einer Reihe von Schutz-
       vorkehrungen begleitet werden.

(3)   Die Union hat sich zum Ziel gesetzt, einen Raum der Freiheit, der
       Sicherheit und des Rechts zu erhalten und weiterzuentwickeln, in-
       dem unter anderem der Zugang zum Recht, insbesondere durch den
       Grundsatz der gegenseitigen Anerkennung gerichtlicher und au-
       ßergerichtlicher Entscheidungen in Zivilsachen, erleichtert wird.
       Zum schrittweisen Aufbau eines solchen Raums hat die Union im

---

1)   ABl. C 218 vom 23. 7. 2011, S. 78.
2)   Standpunkt des Europäischen Parlaments vom 20. November 2012 (noch nicht im
     Amtsblatt veröffentlicht) und Beschluss des Rates vom 6. Dezember 2012.
3)   ABl. L 12 vom 16. 1. 2001, S. 1.
4)   ABl. C 115 vom 4. 5. 2010, S. 1.

Bereich der justiziellen Zusammenarbeit in Zivilsachen, die einen grenzüberschreitenden Bezug aufweisen, Maßnahmen zu erlassen, insbesondere wenn dies für das reibungslose Funktionieren des Binnenmarkts erforderlich ist.

(4) Die Unterschiede zwischen bestimmten einzelstaatlichen Vorschriften über die gerichtliche Zuständigkeit und die Anerkennung von Entscheidungen erschweren das reibungslose Funktionieren des Binnenmarkts. Es ist daher unerlässlich, Bestimmungen zu erlassen, um die Vorschriften über die internationale Zuständigkeit in Zivil- und Handelssachen zu vereinheitlichen und eine rasche und unkomplizierte Anerkennung und Vollstreckung von Entscheidungen zu gewährleisten, die in einem Mitgliedstaat ergangen sind.

(5) Diese Bestimmungen fallen in den Bereich der justiziellen Zusammenarbeit in Zivilsachen im Sinne von Artikel 81 des Vertrags über die Arbeitsweise der Europäischen Union (AEUV).

(6) Um den angestrebten freien Verkehr der Entscheidungen in Zivil- und Handelssachen zu verwirklichen, ist es erforderlich und angemessen, dass die Vorschriften über die gerichtliche Zuständigkeit und die Anerkennung und Vollstreckung von Entscheidungen im Wege eines Unionsrechtsakts festgelegt werden, der verbindlich und unmittelbar anwendbar ist.

(7) Am 27. September 1968 schlossen die seinerzeitigen Mitgliedstaaten der Europäischen Gemeinschaften auf der Grundlage von Artikel 220 vierter Gedankenstrich des Vertrags zur Gründung der Europäischen Wirtschaftsgemeinschaft das Übereinkommen von Brüssel über die gerichtliche Zuständigkeit und die Vollstreckung gerichtlicher Entscheidungen in Zivil- und Handelssachen, dessen Fassung danach durch die Übereinkommen über den Beitritt neuer Mitgliedstaaten zu diesem Übereinkommen[1] geändert wurde („Brüsseler Übereinkommen von 1968"). Am 16. September 1988 schlossen die seinerzeitigen Mitgliedstaaten der Europäischen Gemeinschaften und bestimmte EFTA-Staaten das Übereinkommen von Lugano über die gerichtliche Zuständigkeit und die Vollstreckung gerichtlicher Entscheidungen in Zivil- und Handelssachen[2] („Übereinkommen von Lugano von 1988"), das ein Parallelübereinkommen zu dem Brüsseler Übereinkommen von 1968 darstellt. Am 1. Februar 2000 wurde das Übereinkommen von Lugano von 1988 auf Polen anwendbar.

(8) Am 22. Dezember 2000 nahm der Rat die Verordnung (EG) Nr. 44/2001 an, die das Brüsseler Übereinkommen von 1968 im

---

1) ABl. L 299 vom 31. 12. 1972, S. 32; ABl. L 304 vom 30. 10. 1978, S. 1; ABl. L 388 vom 31. 12. 1982, S. 1; ABl. L 285 vom 3. 10. 1989, S. 1; ABl. C 15 vom 15. 1. 1997, S. 1. Siehe konsolidierte Fassung in ABl. C 27 vom 26. 1. 1998, S. 1.

2) ABl. L 319 vom 25. 11. 1988, S. 9.

Verhältnis der Mitgliedstaaten zueinander mit Ausnahme Dänemarks hinsichtlich der Hoheitsgebiete der Mitgliedstaaten ersetzt, die in den Anwendungsbereich des AEUV fallen. Mit dem Beschluss 2006/325/EG des Rates[1] schloss die Gemeinschaft mit Dänemark ein Abkommen über die Anwendung der Bestimmungen der Verordnung (EG) Nr. 44/2001 in Dänemark. Das Übereinkommen von Lugano von 1988 wurde durch das am 30. Oktober 2007 von der Gemeinschaft, Dänemark, Island, Norwegen und der Schweiz in Lugano unterzeichnete Übereinkommen über die gerichtliche Zuständigkeit und die Anerkennung und Vollstreckung von Entscheidungen in Zivil- und Handelssachen[2] („Übereinkommen von Lugano von 2007") geändert.

(9)   Das Brüsseler Übereinkommen von 1968 gilt weiter hinsichtlich der Hoheitsgebiete der Mitgliedstaaten, die in seinen territorialen Anwendungsbereich fallen und die aufgrund der Anwendung von Artikel 355 AEUV von der vorliegenden Verordnung ausgeschlossen sind.

(10) Der sachliche Anwendungsbereich dieser Verordnung sollte sich, von einigen genau festgelegten Rechtsgebieten abgesehen, auf den wesentlichen Teil des Zivil- und Handelsrechts erstrecken; aufgrund der Annahme der Verordnung (EG) Nr. 4/2009 des Rates vom 18. Dezember 2008 über die Zuständigkeit, das anwendbare Recht, die Anerkennung und Vollstreckung von Entscheidungen und die Zusammenarbeit in Unterhaltssachen[3] sollten insbesondere die Unterhaltspflichten vom Anwendungsbereich dieser Verordnung ausgenommen werden.

(11) Für die Zwecke dieser Verordnung sollten zu den Gerichten der Mitgliedstaaten auch gemeinsame Gerichte mehrerer Mitgliedstaaten gehören, wie der Benelux-Gerichtshof, wenn er seine Zuständigkeit in Angelegenheiten ausübt, die in den Anwendungsbereich dieser Verordnung fallen. Daher sollten Entscheidungen dieser Gerichte gemäß dieser Verordnung anerkannt und vollstreckt werden.

(12) Diese Verordnung sollte nicht für die Schiedsgerichtsbarkeit gelten. Sie sollte die Gerichte eines Mitgliedstaats nicht daran hindern, die Parteien gemäß dem einzelstaatlichen Recht an die Schiedsgerichtsbarkeit zu verweisen, das Verfahren auszusetzen oder einzustellen oder zu prüfen, ob die Schiedsvereinbarung hinfällig, unwirksam oder nicht erfüllbar ist, wenn sie wegen eines Streitgegenstands angerufen werden, hinsichtlich dessen die Parteien eine Schiedsvereinbarung getroffen haben.

---

1)   ABl. L 120 vom 5. 5. 2006, S. 22.
2)   ABl. L 147 vom 10. 6. 2009, S. 5.
3)   ABl. L 7 vom 10. 1. 2009, S. 1.

Entscheidet ein Gericht eines Mitgliedstaats, ob eine Schiedsvereinbarung hinfällig, unwirksam oder nicht erfüllbar ist, so sollte diese Entscheidung ungeachtet dessen, ob das Gericht darüber in der Hauptsache oder als Vorfrage entschieden hat, nicht den Vorschriften dieser Verordnung über die Anerkennung und Vollstreckung unterliegen.

Hat hingegen ein nach dieser Verordnung oder nach einzelstaatlichem Recht zuständiges Gericht eines Mitgliedstaats festgestellt, dass eine Schiedsvereinbarung hinfällig, unwirksam oder nicht erfüllbar ist, so sollte die Entscheidung des Gerichts in der Hauptsache dennoch gemäß dieser Verordnung anerkannt oder vollstreckt werden können. Hiervon unberührt bleiben sollte die Zuständigkeit der Gerichte der Mitgliedstaaten, über die Anerkennung und Vollstreckung von Schiedssprüchen im Einklang mit dem am 10. Juni 1958 in New York unterzeichneten Übereinkommen über die Anerkennung und Vollstreckung ausländischer Schiedssprüche („Übereinkommen von New York von 1958") zu entscheiden, das Vorrang vor dieser Verordnung hat.

Diese Verordnung sollte nicht für Klagen oder Nebenverfahren insbesondere im Zusammenhang mit der Bildung eines Schiedsgerichts, den Befugnissen von Schiedsrichtern, der Durchführung eines Schiedsverfahrens oder sonstigen Aspekten eines solchen Verfahrens oder für eine Klage oder eine Entscheidung in Bezug auf die Aufhebung, die Überprüfung, die Anfechtung, die Anerkennung oder die Vollstreckung eines Schiedsspruchs gelten.

(13) Zwischen den Verfahren, die unter diese Verordnung fallen, und dem Hoheitsgebiet der Mitgliedstaaten muss ein Anknüpfungspunkt bestehen. Gemeinsame Zuständigkeitsvorschriften sollten demnach grundsätzlich dann Anwendung finden, wenn der Beklagte seinen Wohnsitz in einem Mitgliedstaat hat.

(14) Beklagte ohne Wohnsitz in einem Mitgliedstaat sollten im Allgemeinen den einzelstaatlichen Zuständigkeitsvorschriften unterliegen, die im Hoheitsgebiet des Mitgliedstaats gelten, in dem sich das angerufene Gericht befindet. Allerdings sollten einige Zuständigkeitsvorschriften in dieser Verordnung unabhängig vom Wohnsitz des Beklagten gelten, um den Schutz der Verbraucher und der Arbeitnehmer zu gewährleisten, um die Zuständigkeit der Gerichte der Mitgliedstaaten in Fällen zu schützen, in denen sie ausschließlich zuständig sind, und um die Parteiautonomie zu achten.

(15) Die Zuständigkeitsvorschriften sollten in hohem Maße vorhersehbar sein und sich grundsätzlich nach dem Wohnsitz des Beklagten richten. Diese Zuständigkeit sollte stets gegeben sein außer in einigen genau festgelegten Fällen, in denen aufgrund des Streitgegenstands oder der Vertragsfreiheit der Parteien ein anderes An-

knüpfungskriterium gerechtfertigt ist. Der Sitz juristischer Personen muss in der Verordnung selbst definiert sein, um die Transparenz der gemeinsamen Vorschriften zu stärken und Kompetenzkonflikte zu vermeiden.

(16) Der Gerichtsstand des Wohnsitzes des Beklagten sollte durch alternative Gerichtsstände ergänzt werden, die entweder aufgrund der engen Verbindung zwischen Gericht und Rechtsstreit oder im Interesse einer geordneten Rechtspflege zuzulassen sind. Das Erfordernis der engen Verbindung soll Rechtssicherheit schaffen und verhindern, dass die Gegenpartei vor einem Gericht eines Mitgliedstaats verklagt werden kann, mit dem sie vernünftigerweise nicht rechnen konnte. Dies ist besonders wichtig bei Rechtsstreitigkeiten, die außervertragliche Schuldverhältnisse infolge der Verletzung der Privatsphäre oder der Persönlichkeitsrechte einschließlich Verleumdung betreffen.

(17) Der Eigentümer eines Kulturguts im Sinne des Artikels 1 Nummer 1 der Richtlinie 93/7/EWG des Rates vom 15. März 1993 über die Rückgabe von unrechtmäßig aus dem Hoheitsgebiet eines Mitgliedstaats verbrachten Kulturgütern[1]) sollte eine auf Eigentum gestützte Zivilklage gemäß dieser Verordnung zur Wiedererlangung dieses Gutes vor dem Gericht des Ortes, an dem sich das Kulturgut zum Zeitpunkt der Anrufung des Gerichts befindet, erheben können. Solche Klagen sollten nach der Richtlinie 93/7/EWG eingeleitete Verfahren unberührt lassen.

(18) Bei Versicherungs-, Verbraucher- und Arbeitsverträgen sollte die schwächere Partei durch Zuständigkeitsvorschriften geschützt werden, die für sie günstiger sind als die allgemeine Regelung.

(19) Vorbehaltlich der in dieser Verordnung festgelegten ausschließlichen Zuständigkeiten sollte die Vertragsfreiheit der Parteien hinsichtlich der Wahl des Gerichtsstands, außer bei Versicherungs-, Verbraucher- und Arbeitsverträgen, wo nur eine begrenztere Vertragsfreiheit zulässig ist, gewahrt werden.

(20) Stellt sich die Frage, ob eine Gerichtsstandsvereinbarung zugunsten eines Gerichts oder der Gerichte eines Mitgliedstaats materiell nichtig ist, so sollte sie nach dem Recht einschließlich des Kollisionsrechts des Mitgliedstaats des Gerichts oder der Gerichte entschieden werden, die in der Vereinbarung bezeichnet sind.

(21) Im Interesse einer abgestimmten Rechtspflege müssen Parallelverfahren so weit wie möglich vermieden werden, damit nicht in verschiedenen Mitgliedstaaten miteinander unvereinbare Entscheidungen ergehen. Es sollte eine klare und wirksame Regelung zur Klärung von Fragen der Rechtshängigkeit und der im Zusammenhang stehenden Verfahren sowie zur Verhinderung von Problemen

---

1) ABl. L 74 vom 27. 3. 1993, S. 74.

vorgesehen werden, die sich aus der einzelstaatlich unterschiedlichen Festlegung des Zeitpunkts ergeben, von dem an ein Verfahren als rechtshängig gilt. Für die Zwecke dieser Verordnung sollte dieser Zeitpunkt autonom festgelegt werden.

(22) Um allerdings die Wirksamkeit von ausschließlichen Gerichtsstandsvereinbarungen zu verbessern und missbräuchliche Prozesstaktiken zu vermeiden, ist es erforderlich, eine Ausnahme von der allgemeinen Rechtshängigkeitsregel vorzusehen, um eine befriedigende Regelung in einem Sonderfall zu erreichen, in dem es zu Parallelverfahren kommen kann. Dabei handelt es sich um den Fall, dass ein Verfahren bei einem Gericht, das nicht in einer ausschließlichen Gerichtsstandsvereinbarung vereinbart wurde, anhängig gemacht wird und später das vereinbarte Gericht wegen desselben Anspruchs zwischen denselben Parteien angerufen wird. In einem solchen Fall muss das zuerst angerufene Gericht das Verfahren aussetzen, sobald das vereinbarte Gericht angerufen wurde, und zwar so lange, bis das letztere Gericht erklärt, dass es gemäß der ausschließlichen Gerichtsstandsvereinbarung nicht zuständig ist. Hierdurch soll in einem solchen Fall sichergestellt werden, dass das vereinbarte Gericht vorrangig über die Gültigkeit der Vereinbarung und darüber entscheidet, inwieweit die Vereinbarung auf den bei ihm anhängigen Rechtsstreit Anwendung findet. Das vereinbarte Gericht sollte das Verfahren unabhängig davon fortsetzen können, ob das nicht vereinbarte Gericht bereits entschieden hat, das Verfahren auszusetzen.

Diese Ausnahmeregelung sollte nicht für Fälle gelten, in denen die Parteien widersprüchliche ausschließliche Gerichtsstandsvereinbarungen geschlossen haben oder in denen ein in einer ausschließlichen Gerichtsstandsvereinbarung vereinbartes Gericht zuerst angerufen wurde. In solchen Fällen sollte die allgemeine Rechtshängigkeitsregel dieser Verordnung Anwendung finden.

(23) Diese Verordnung sollte eine flexible Regelung enthalten, die es den Gerichten der Mitgliedstaaten ermöglicht, vor den Gerichten von Drittstaaten anhängige Verfahren zu berücksichtigen, wobei insbesondere die Frage, ob eine in einem Drittstaat ergangene Entscheidung in dem betreffenden Mitgliedstaat nach dem Recht dieses Mitgliedstaats anerkannt und vollstreckt werden kann, sowie die geordnete Rechtspflege zu berücksichtigen sind.

(24) Bei der Berücksichtigung der geordneten Rechtspflege sollte das Gericht des betreffenden Mitgliedstaats alle Umstände des bei ihm anhängigen Falles prüfen. Hierzu können Verbindungen des Streitgegenstands und der Parteien zu dem betreffenden Drittstaat zählen wie auch die Frage, wie weit das Verfahren im Drittstaat zu dem Zeitpunkt, an dem ein Verfahren vor dem Gericht des Mitgliedstaats

eingeleitet wird, bereits fortgeschritten ist, sowie die Frage, ob zu erwarten ist, dass das Gericht des Drittstaats innerhalb einer angemessenen Frist eine Entscheidung erlassen wird.

Dabei kann auch die Frage geprüft werden, ob das Gericht des Drittstaats unter Umständen, unter denen ein Gericht eines Mitgliedstaats ausschließlich zuständig wäre, im betreffenden Fall ausschließlich zuständig ist.

(25) Unter den Begriff einstweilige Maßnahmen einschließlich Sicherungsmaßnahmen sollten zum Beispiel Anordnungen zur Beweiserhebung oder Beweissicherung im Sinne der Artikel 6 und 7 der Richtlinie 2004/48/EG des Europäischen Parlaments und des Rates vom 29. April 2004 zur Durchsetzung der Rechte des geistigen Eigentums[1] fallen. Nicht mit eingeschlossen sein sollten Maßnahmen, die nicht auf Sicherung gerichtet sind, wie Anordnungen zur Zeugenvernehmung. Die Anwendung der Verordnung (EG) Nr. 1206/2001 des Rates vom 28. Mai 2001 über die Zusammenarbeit zwischen den Gerichten der Mitgliedstaaten auf dem Gebiet der Beweisaufnahme in Zivil- oder Handelssachen[2] sollte hiervon unberührt bleiben.

(26) Das gegenseitige Vertrauen in die Rechtspflege innerhalb der Union rechtfertigt den Grundsatz, dass eine in einem Mitgliedstaat ergangene Entscheidung in allen Mitgliedstaaten anerkannt wird, ohne dass es hierfür eines besonderen Verfahrens bedarf. Außerdem rechtfertigt die angestrebte Reduzierung des Zeit- und Kostenaufwands bei grenzüberschreitenden Rechtsstreitigkeiten die Abschaffung der Vollstreckbarerklärung, die der Vollstreckung im ersuchten Mitgliedstaat bisher vorausgehen musste. Eine von den Gerichten eines Mitgliedstaats erlassene Entscheidung sollte daher so behandelt werden, als sei sie im ersuchten Mitgliedstaat ergangen.

(27) Für die Zwecke des freien Verkehrs von gerichtlichen Entscheidungen sollte eine in einem Mitgliedstaat ergangene Entscheidung in einem anderen Mitgliedstaat selbst dann anerkannt und vollstreckt werden, wenn sie gegen eine Person ohne Wohnsitz in einem Mitgliedstaat ergangen ist.

(28) Enthält eine Entscheidung eine Maßnahme oder Anordnung, die im Recht des ersuchten Mitgliedstaats nicht bekannt ist, so wird diese Maßnahme oder Anordnung, einschließlich des in ihr bezeichneten Rechts, soweit möglich an eine Maßnahme oder Anordnung angepasst, mit der nach dem Recht dieses Mitgliedstaats vergleichbare Wirkungen verbunden sind und die ähnliche Ziele verfolgt. Wie und durch wen diese Anpassung zu erfolgen hat, sollte durch die einzelnen Mitgliedstaaten bestimmt werden.

---

1) ABl. L 157 vom 30. 4. 2004, S. 45.
2) ABl. L 174 vom 27. 6. 2001, S. 1.

(29) Die unmittelbare Vollstreckung ohne Vollstreckbarerklärung einer in einem anderen Mitgliedstaat ergangenen Entscheidung im ersuchten Mitgliedstaat sollte nicht die Achtung der Verteidigungsrechte beeinträchtigen. Deshalb sollte der Schuldner die Versagung der Anerkennung oder der Vollstreckung einer Entscheidung beantragen können, wenn er der Auffassung ist, dass einer der Gründe für die Versagung der Anerkennung vorliegt. Hierzu sollte der Grund gehören, dass ihm nicht die Gelegenheit gegeben wurde, seine Verteidigung vorzubereiten, wenn die Entscheidung in einer Zivilklage innerhalb eines Strafverfahrens in Abwesenheit ergangen ist. Auch sollten hierzu die Gründe gehören, die auf der Grundlage eines Abkommens zwischen dem ersuchten Mitgliedstaat und einem Drittstaat geltend gemacht werden könnten, das nach Artikel 59 des Brüsseler Übereinkommens von 1968 geschlossen wurde.

(30) Eine Partei, die die Vollstreckung einer in einem anderen Mitgliedstaat ergangenen Entscheidung anficht, sollte so weit wie möglich im Einklang mit dem Rechtssystem des ersuchten Mitgliedstaats in der Lage sein, im selben Verfahren außer den in dieser Verordnung genannten Versagungsgründen auch die im einzelstaatlichen Recht vorgesehenen Versagungsgründe innerhalb der nach diesem Recht vorgeschriebenen Fristen geltend zu machen. Allerdings sollte die Anerkennung einer Entscheidung nur versagt werden, wenn mindestens einer der in dieser Verordnung genannten Versagungsgründe gegeben ist.

(31) Solange ein Verfahren zur Anfechtung der Vollstreckung einer Entscheidung anhängig ist, sollten die Gerichte des ersuchten Mitgliedstaats während des gesamten Verfahrens aufgrund einer solchen Anfechtung, einschließlich dagegen gerichteter Rechtsbehelfe, den Fortgang der Vollstreckung unter der Voraussetzung zulassen können, dass die Vollstreckung einer Beschränkung unterliegt oder eine Sicherheit geleistet wird.

(32) Um den Schuldner über die Vollstreckung einer in einem anderen Mitgliedstaat ergangenen Entscheidung zu unterrichten, sollte die gemäß dieser Verordnung ausgestellte Bescheinigung – erforderlichenfalls zusammen mit der Entscheidung – dem Schuldner innerhalb einer angemessenen Frist vor der ersten Vollstreckungsmaßnahme zugestellt werden. In diesem Zusammenhang sollte als erste Vollstreckungsmaßnahme die erste Vollstreckungsmaßnahme nach einer solchen Zustellung gelten.

(33) Werden einstweilige Maßnahmen, einschließlich Sicherungsmaßnahmen, von einem Gericht angeordnet, das in der Hauptsache zuständig ist, so sollte ihr freier Verkehr nach dieser Verordnung gewährleistet sein. Allerdings sollten einstweilige Maßnahmen, einschließlich Sicherungsmaßnahmen, die angeordnet wurden, ohne

dass der Beklagte vorgeladen wurde, nicht gemäß dieser Verordnung anerkannt und vollstreckt werden, es sei denn, die die Maßnahme enthaltende Entscheidung ist dem Beklagten vor der Vollstreckung zugestellt worden. Dies sollte die Anerkennung und Vollstreckung solcher Maßnahmen gemäß einzelstaatlichem Recht nicht ausschließen. Werden einstweilige Maßnahmen, einschließlich Sicherungsmaßnahmen, von einem Gericht eines Mitgliedstaats angeordnet, das für die Entscheidung in der Hauptsache nicht zuständig ist, sollte die Wirkung dieser Maßnahmen auf das Hoheitsgebiet des betreffenden Mitgliedstaats gemäß dieser Verordnung beschränkt werden.

(34) Um die Kontinuität zwischen dem Brüsseler Übereinkommen von 1968, der Verordnung (EG) Nr. 44/2001 und dieser Verordnung zu wahren, sollten Übergangsvorschriften vorgesehen werden. Dies gilt auch für die Auslegung des Brüsseler Übereinkommens von 1968 und der es ersetzenden Verordnungen durch den Gerichtshof der Europäischen Union.

(35) Um die internationalen Verpflichtungen, die die Mitgliedstaaten eingegangen sind, zu wahren, darf sich diese Verordnung nicht auf von den Mitgliedstaaten geschlossene Übereinkommen in besonderen Rechtsgebieten auswirken.

(36) Unbeschadet der Pflichten der Mitgliedstaaten nach den Verträgen sollte diese Verordnung nicht die Anwendung der bilateralen Übereinkünfte und Vereinbarungen berühren, die vor dem Inkrafttreten der Verordnung (EG) Nr. 44/2001 zwischen einem Drittstaat und einem Mitgliedstaat geschlossen wurden und in dieser Verordnung geregelte Angelegenheiten betreffen.

(37) Um sicherzustellen, dass die im Zusammenhang mit der Anerkennung oder Vollstreckung von Entscheidungen, öffentlichen Urkunden und gerichtlichen Vergleichen nach dieser Verordnung zu verwendenden Bescheinigungen stets auf dem neuesten Stand sind, sollte der Kommission die Befugnis übertragen werden, gemäß Artikel 290 AEUV Rechtsakte hinsichtlich Änderungen der Anhänge I und II dieser Verordnung zu erlassen. Es ist besonders wichtig, dass die Kommission bei ihren vorbereitenden Arbeiten angemessene Konsultationen auch auf Expertenebene durchführt. Bei der Vorbereitung und Ausarbeitung delegierter Rechtsakte sollte die Kommission dafür sorgen, dass die einschlägigen Dokumente dem Europäischen Parlament und dem Rat gleichzeitig, rechtzeitig und auf angemessene Weise übermittelt werden.

(38) Diese Verordnung steht im Einklang mit den Grundrechten und Grundsätzen, die mit der Charta der Grundrechte der Europäischen Union anerkannt wurden, insbesondere mit dem in Artikel 47 der

Charta verbürgten Recht auf einen wirksamen Rechtsbehelf und ein unparteiisches Gericht.

(39) Da das Ziel dieser Verordnung auf der Ebene der Mitgliedstaaten nicht hinreichend verwirklicht werden kann und besser auf Unionsebene zu erreichen ist, kann die Union im Einklang mit dem Subsidiaritätsprinzip nach Artikel 5 des Vertrags über die Europäische Union (EUV) tätig werden. In Übereinstimmung mit dem in demselben Artikel genannten Grundsatz der Verhältnismäßigkeit geht diese Verordnung nicht über das zur Erreichung dieses Ziels erforderliche Maß hinaus.

(40) Das Vereinigte Königreich und Irland haben sich gemäß Artikel 3 des dem EUV und dem seinerzeitigen Vertrag zur Gründung der Europäischen Gemeinschaft beigefügten Protokolls über die Position des Vereinigten Königreichs und Irlands an der Annahme und Anwendung der Verordnung (EG) Nr. 44/2001 beteiligt. Gemäß Artikel 3 des dem EUV und dem AEUV beigefügten Protokolls Nr. 21 über die Position des Vereinigten Königreichs und Irlands hinsichtlich des Raums der Freiheit, der Sicherheit und des Rechts haben das Vereinigte Königreich und Irland mitgeteilt, dass sie sich an der Annahme und Anwendung dieser Verordnung beteiligen möchten.

(41) Gemäß den Artikeln 1 und 2 des dem EUV und dem AEUV beigefügten Protokolls Nr. 22 über die Position Dänemarks beteiligt sich Dänemark nicht an der Annahme dieser Verordnung und ist weder durch diese Verordnung gebunden noch zu ihrer Anwendung verpflichtet; dabei steht es Dänemark jedoch gemäß Artikel 3 des Abkommens vom 19. Oktober 2005 zwischen der Europäischen Gemeinschaft und dem Königreich Dänemark über die gerichtliche Zuständigkeit und die Anerkennung und Vollstreckung von Entscheidungen in Zivil- und Handelssachen[1] frei, die Änderungen der Verordnung (EG) Nr. 44/2001 anzuwenden –

HABEN FOLGENDE VERORDNUNG ERLASSEN:

Kapitel I
Anwendungsbereich und Begriffsbestimmungen

Artikel 1 [Anwendungsbereich]

(1) [1]Diese Verordnung ist in Zivil- und Handelssachen anzuwenden, ohne dass es auf die Art der Gerichtsbarkeit ankommt. [2]Sie gilt insbesondere nicht für Steuer- und Zollsachen sowie verwaltungsrechtliche Angelegenheiten oder die Haftung des Staates für Handlungen oder Unterlas-

---

1) ABl. L 299 vom 16. 11. 2005, S. 62.

sungen im Rahmen der Ausübung hoheitlicher Rechte **(acta iure imperii)**.

(2) Sie ist nicht anzuwenden auf:

a) den Personenstand, die Rechts- und Handlungsfähigkeit sowie die gesetzliche Vertretung von natürlichen Personen, die ehelichen Güterstände oder Güterstände aufgrund von Verhältnissen, die nach dem auf diese Verhältnisse anzuwendenden Recht mit der Ehe vergleichbare Wirkungen entfalten,

b) Konkurse, Vergleiche und ähnliche Verfahren,

c) die soziale Sicherheit,

d) die Schiedsgerichtsbarkeit,

e) Unterhaltspflichten, die auf einem Familien-, Verwandtschafts- oder eherechtlichen Verhältnis oder auf Schwägerschaft beruhen,

f) das Gebiet des Testaments- und Erbrechts, einschließlich Unterhaltspflichten, die mit dem Tod entstehen.

Artikel 2 [Begriffsbestimmungen]

Für die Zwecke dieser Verordnung bezeichnet der Ausdruck

a) „Entscheidung" jede von einem Gericht eines Mitgliedstaats erlassene Entscheidung ohne Rücksicht auf ihre Bezeichnung wie Urteil, Beschluss, Zahlungsbefehl oder Vollstreckungsbescheid, einschließlich des Kostenfestsetzungsbeschlusses eines Gerichtsbediensteten.

Für die Zwecke von Kapitel III umfasst der Ausdruck „Entscheidung" auch einstweilige Maßnahmen einschließlich Sicherungsmaßnahmen, die von einem nach dieser Verordnung in der Hauptsache zuständigen Gericht angeordnet wurden. Hierzu gehören keine einstweiligen Maßnahmen einschließlich Sicherungsmaßnahmen, die von einem solchen Gericht angeordnet wurden, ohne dass der Beklagte vorgeladen wurde, es sei denn, die Entscheidung, welche die Maßnahme enthält, wird ihm vor der Vollstreckung zugestellt;

b) „gerichtlicher Vergleich" einen Vergleich, der von einem Gericht eines Mitgliedstaats gebilligt oder vor einem Gericht eines Mitgliedstaats im Laufe eines Verfahrens geschlossen worden ist;

c) „öffentliche Urkunde" ein Schriftstück, das als öffentliche Urkunde im Ursprungsmitgliedstaat förmlich errichtet oder eingetragen worden ist und dessen Beweiskraft

   i)   sich auf die Unterschrift und den Inhalt der öffentlichen Urkunde bezieht und

   ii) durch eine Behörde oder eine andere hierzu ermächtigte Stelle festgestellt worden ist;

d) „Ursprungsmitgliedstaat" den Mitgliedstaat, in dem die Entscheidung ergangen, der gerichtliche Vergleich gebilligt oder geschlossen oder die öffentliche Urkunde förmlich errichtet oder eingetragen worden ist;

e) „ersuchter Mitgliedstaat" den Mitgliedstaat, in dem die Anerkennung der Entscheidung geltend gemacht oder die Vollstreckung der Entscheidung, des gerichtlichen Vergleichs oder der öffentlichen Urkunde beantragt wird;

f) „Ursprungsgericht" das Gericht, das die Entscheidung erlassen hat, deren Anerkennung geltend gemacht oder deren Vollstreckung beantragt wird.

Artikel 3 [Begriff „Gericht"]
Für die Zwecke dieser Verordnung umfasst der Begriff „Gericht" die folgenden Behörden, soweit und sofern sie für eine in den Anwendungsbereich dieser Verordnung fallende Angelegenheit zuständig sind:

a) in Ungarn, bei summarischen Mahnverfahren (fizetési meghagyásos eljárás), den Notar (közjegyző),

b) in Schweden, bei summarischen Mahnverfahren (betalningsföreläggande) und Beistandsverfahren (handräckning), das Amt für Beitreibung (Kronofogdemyndigheten).

Kapitel II
Zuständigkeit

Abschnitt 1
Allgemeine Bestimmungen

Artikel 4 [Allgemeiner internationaler Gerichtsstand]
(1) Vorbehaltlich der Vorschriften dieser Verordnung sind Personen, die ihren Wohnsitz im Hoheitsgebiet eines Mitgliedstaats haben, ohne Rücksicht auf ihre Staatsangehörigkeit vor den Gerichten dieses Mitgliedstaats zu verklagen.

(2) Auf Personen, die nicht dem Mitgliedstaat, in dem sie ihren Wohnsitz haben, angehören, sind die für Staatsangehörige dieses Mitgliedstaats maßgebenden Zuständigkeitsvorschriften anzuwenden.

Artikel 5 [Keine exorbitanten Gerichtsstände]
(1) Personen, die ihren Wohnsitz im Hoheitsgebiet eines Mitgliedstaats haben, können vor den Gerichten eines anderen Mitgliedstaats nur gemäß den Vorschriften der Abschnitte 2 bis 7 dieses Kapitels verklagt werden.

(2) Gegen die in Absatz 1 genannten Personen können insbesondere nicht die innerstaatlichen Zuständigkeitsvorschriften, welche die Mitgliedstaaten der Kommission gemäß Artikel 76 Absatz 1 Buchstabe a notifizieren, geltend gemacht werden.

Artikel 6 [Beklagte ohne Wohnsitz im Hoheitsgebiet eines
         Mitgliedstaates]
(1) Hat der Beklagte keinen Wohnsitz im Hoheitsgebiet eines Mitgliedstaats, so bestimmt sich vorbehaltlich des Artikels 18 Absatz 1, des Arti-

kels 21 Absatz 2 und der Artikel 24 und 25 die Zuständigkeit der Gerichte eines jeden Mitgliedstaats nach dessen eigenem Recht.

(2) Gegenüber einem Beklagten, der keinen Wohnsitz im Hoheitsgebiet eines Mitgliedstaats hat, kann sich unabhängig von ihrer Staatsangehörigkeit jede Person, die ihren Wohnsitz im Hoheitsgebiet eines Mitgliedstaats hat, in diesem Mitgliedstaat auf die dort geltenden Zuständigkeitsvorschriften, insbesondere auf diejenigen, welche die Mitgliedstaaten der Kommission gemäß Artikel 76 Absatz 1 Buchstabe a notifizieren, wie ein Staatsangehöriger dieses Mitgliedstaats berufen.

Abschnitt 2
Besondere Zuständigkeiten

Artikel 7 [Besondere Gerichtsstände]
Eine Person, die ihren Wohnsitz im Hoheitsgebiet eines Mitgliedstaats hat, kann in einem anderen Mitgliedstaat verklagt werden:

1. a) wenn ein Vertrag oder Ansprüche aus einem Vertrag den Gegenstand des Verfahrens bilden, vor dem Gericht des Ortes, an dem die Verpflichtung erfüllt worden ist oder zu erfüllen wäre;

    b) im Sinne dieser Vorschrift – und sofern nichts anderes vereinbart worden ist – ist der Erfüllungsort der Verpflichtung
        – für den Verkauf beweglicher Sachen der Ort in einem Mitgliedstaat, an dem sie nach dem Vertrag geliefert worden sind oder hätten geliefert werden müssen;
        – für die Erbringung von Dienstleistungen der Ort in einem Mitgliedstaat, an dem sie nach dem Vertrag erbracht worden sind oder hätten erbracht werden müssen;

    c) ist Buchstabe b nicht anwendbar, so gilt Buchstabe a;

2. wenn eine unerlaubte Handlung oder eine Handlung, die einer unerlaubten Handlung gleichgestellt ist, oder wenn Ansprüche aus einer solchen Handlung den Gegenstand des Verfahrens bilden, vor dem Gericht des Ortes, an dem das schädigende Ereignis eingetreten ist oder einzutreten droht;

3. wenn es sich um eine Klage auf Schadenersatz oder auf Wiederherstellung des früheren Zustands handelt, die auf eine mit Strafe bedrohte Handlung gestützt wird, vor dem Strafgericht, bei dem die öffentliche Klage erhoben ist, soweit dieses Gericht nach seinem Recht über zivilrechtliche Ansprüche erkennen kann;

4. wenn es sich um einen auf Eigentum gestützten zivilrechtlichen Anspruch zur Wiedererlangung eines Kulturguts im Sinne des Artikels 1 Nummer 1 der Richtlinie 93/7/EWG handelt, der von der Person geltend gemacht wurde, die das Recht auf Wiedererlangung eines solchen Gutes für sich in Anspruch nimmt, vor dem Gericht des Ortes, an dem sich das Kulturgut zum Zeitpunkt der Anrufung des Gerichts befindet;

5. wenn es sich um Streitigkeiten aus dem Betrieb einer Zweigniederlassung, einer Agentur oder einer sonstigen Niederlassung handelt, vor dem Gericht des Ortes, an dem sich diese befindet;
6. wenn es sich um eine Klage gegen einen Begründer, Trustee oder Begünstigten eines Trust handelt, der aufgrund eines Gesetzes oder durch schriftlich vorgenommenes oder schriftlich bestätigtes Rechtsgeschäft errichtet worden ist, vor den Gerichten des Mitgliedstaats, in dessen Hoheitsgebiet der Trust seinen Sitz hat;
7. wenn es sich um eine Streitigkeit wegen der Zahlung von Berge- und Hilfslohn handelt, der für Bergungs- oder Hilfeleistungsarbeiten gefordert wird, die zugunsten einer Ladung oder einer Frachtforderung erbracht worden sind, vor dem Gericht, in dessen Zuständigkeitsbereich diese Ladung oder die entsprechende Frachtforderung
   a) mit Arrest belegt worden ist, um die Zahlung zu gewährleisten, oder
   b) mit Arrest hätte belegt werden können, jedoch dafür eine Bürgschaft oder eine andere Sicherheit geleistet worden ist;
   diese Vorschrift ist nur anzuwenden, wenn behauptet wird, dass der Beklagte Rechte an der Ladung oder an der Frachtforderung hat oder zur Zeit der Bergungs- oder Hilfeleistungsarbeiten hatte.

Artikel 8 [Gerichtsstand des Sachzusammenhangs]

Eine Person, die ihren Wohnsitz im Hoheitsgebiet eines Mitgliedstaats hat, kann auch verklagt werden:
1. wenn mehrere Personen zusammen verklagt werden, vor dem Gericht des Ortes, an dem einer der Beklagten seinen Wohnsitz hat, sofern zwischen den Klagen eine so enge Beziehung gegeben ist, dass eine gemeinsame Verhandlung und Entscheidung geboten erscheint, um zu vermeiden, dass in getrennten Verfahren widersprechende Entscheidungen ergehen könnten;
2. wenn es sich um eine Klage auf Gewährleistung oder um eine Interventionsklage handelt, vor dem Gericht des Hauptprozesses, es sei denn, dass die Klage nur erhoben worden ist, um diese Person dem für sie zuständigen Gericht zu entziehen;
3. wenn es sich um eine Widerklage handelt, die auf denselben Vertrag oder Sachverhalt wie die Klage selbst gestützt wird, vor dem Gericht, bei dem die Klage selbst anhängig ist;
4. wenn ein Vertrag oder Ansprüche aus einem Vertrag den Gegenstand des Verfahrens bilden und die Klage mit einer Klage wegen dinglicher Rechte an unbeweglichen Sachen gegen denselben Beklagten verbunden werden kann, vor dem Gericht des Mitgliedstaats, in dessen Hoheitsgebiet die unbewegliche Sache belegen ist.

Artikel 9 [Besonderer Gerichtsstand in Seehaftungssachen]
Ist ein Gericht eines Mitgliedstaats nach dieser Verordnung zur Entscheidung in Verfahren wegen einer Haftpflicht aufgrund der Verwendung oder des Betriebs eines Schiffes zuständig, so entscheidet dieses oder ein anderes an seiner Stelle durch das Recht dieses Mitgliedstaats bestimmtes Gericht auch über Klagen auf Beschränkung dieser Haftung.

Abschnitt 3
Zuständigkeit für Versicherungssachen

Artikel 10 [Zuständigkeit]
Für Klagen in Versicherungssachen bestimmt sich die Zuständigkeit unbeschadet des Artikels 6 und des Artikels 7 Nummer 5 nach diesem Abschnitt.

Artikel 11 [Gerichtsstände für Klagen gegen den Versicherer]
(1) Ein Versicherer, der seinen Wohnsitz im Hoheitsgebiet eines Mitgliedstaats hat, kann verklagt werden:
a) vor den Gerichten des Mitgliedstaats, in dem er seinen Wohnsitz hat,
b) in einem anderen Mitgliedstaat bei Klagen des Versicherungsnehmers, des Versicherten oder des Begünstigten vor dem Gericht des Ortes, an dem der Kläger seinen Wohnsitz hat, oder
c) falls es sich um einen Mitversicherer handelt, vor dem Gericht eines Mitgliedstaats, bei dem der federführende Versicherer verklagt wird.
(2) Hat der Versicherer im Hoheitsgebiet eines Mitgliedstaats keinen Wohnsitz, besitzt er aber in einem Mitgliedstaat eine Zweigniederlassung, Agentur oder sonstige Niederlassung, so wird er für Streitigkeiten aus ihrem Betrieb so behandelt, wie wenn er seinen Wohnsitz im Hoheitsgebiet dieses Mitgliedstaats hätte.

Artikel 12 [Gerichtsstand am Ort des schädigenden Ereignisses]
¹Bei der Haftpflichtversicherung oder bei der Versicherung von unbeweglichen Sachen kann der Versicherer außerdem vor dem Gericht des Ortes, an dem das schädigende Ereignis eingetreten ist, verklagt werden. ²Das Gleiche gilt, wenn sowohl bewegliche als auch unbewegliche Sachen in ein und demselben Versicherungsvertrag versichert und von demselben Schadensfall betroffen sind.

Artikel 13 [Gerichtsstand bei Haftpflichtklagen]
(1) Bei der Haftpflichtversicherung kann der Versicherer auch vor das Gericht, bei dem die Klage des Geschädigten gegen den Versicherten anhängig ist, geladen werden, sofern dies nach dem Recht des angerufenen Gerichts zulässig ist.

(2) Auf eine Klage, die der Geschädigte unmittelbar gegen den Versicherer erhebt, sind die Artikel 10, 11 und 12 anzuwenden, sofern eine solche unmittelbare Klage zulässig ist.

(3) Sieht das für die unmittelbare Klage maßgebliche Recht die Streitverkündung gegen den Versicherungsnehmer oder den Versicherten vor, so ist dasselbe Gericht auch für diese Personen zuständig.

Artikel 14 [Gerichtsstand für Klage des Versicherers; Widerklage]
(1) Vorbehaltlich der Bestimmungen des Artikels 13 Absatz 3 kann der Versicherer nur vor den Gerichten des Mitgliedstaats klagen, in dessen Hoheitsgebiet der Beklagte seinen Wohnsitz hat, ohne Rücksicht darauf, ob dieser Versicherungsnehmer, Versicherter oder Begünstigter ist.

(2) Die Vorschriften dieses Abschnitts lassen das Recht unberührt, eine Widerklage vor dem Gericht zu erheben, bei dem die Klage selbst gemäß den Bestimmungen dieses Abschnitts anhängig ist.

Artikel 15 [Zulässige Gerichtsstandsvereinbarung]
Von den Vorschriften dieses Abschnitts kann im Wege der Vereinbarung nur abgewichen werden,
1. wenn die Vereinbarung nach der Entstehung der Streitigkeit getroffen wird,
2. wenn sie dem Versicherungsnehmer, Versicherten oder Begünstigten die Befugnis einräumt, andere als die in diesem Abschnitt angeführten Gerichte anzurufen,
3. wenn sie zwischen einem Versicherungsnehmer und einem Versicherer, die zum Zeitpunkt des Vertragsabschlusses ihren Wohnsitz oder gewöhnlichen Aufenthalt in demselben Mitgliedstaat haben, getroffen ist, um die Zuständigkeit der Gerichte dieses Mitgliedstaats auch für den Fall zu begründen, dass das schädigende Ereignis im Ausland eintritt, es sei denn, dass eine solche Vereinbarung nach dem Recht dieses Mitgliedstaats nicht zulässig ist,
4. wenn sie von einem Versicherungsnehmer geschlossen ist, der seinen Wohnsitz nicht in einem Mitgliedstaat hat, ausgenommen soweit sie eine Versicherung, zu deren Abschluss eine gesetzliche Verpflichtung besteht, oder die Versicherung von unbeweglichen Sachen in einem Mitgliedstaat betrifft, oder
5. wenn sie einen Versicherungsvertrag betrifft, soweit dieser eines oder mehrere der in Artikel 16 aufgeführten Risiken deckt.

Artikel 16 [Risiken gemäß Art. 15 Nr. 5]
Die in Artikel 15 Nummer 5 erwähnten Risiken sind die folgenden:
1. sämtliche Schäden
   a) an Seeschiffen, Anlagen vor der Küste und auf hoher See oder Luftfahrzeugen aus Gefahren, die mit ihrer Verwendung zu gewerblichen Zwecken verbunden sind,
   b) an Transportgütern, ausgenommen Reisegepäck der Passagiere, wenn diese Güter ausschließlich oder zum Teil mit diesen Schiffen oder Luftfahrzeugen befördert werden;

2. Haftpflicht aller Art mit Ausnahme der Haftung für Personenschäden an Passagieren oder Schäden an deren Reisegepäck,
   a) aus der Verwendung oder dem Betrieb von Seeschiffen, Anlagen oder Luftfahrzeugen gemäß Nummer 1 Buchstabe a, es sei denn, dass – was die letztgenannten betrifft – nach den Rechtsvorschriften des Mitgliedstaats, in dem das Luftfahrzeug eingetragen ist, Gerichtsstandsvereinbarungen für die Versicherung solcher Risiken untersagt sind,
   b) für Schäden, die durch Transportgüter während einer Beförderung im Sinne von Nummer 1 Buchstabe b verursacht werden;
3. finanzielle Verluste im Zusammenhang mit der Verwendung oder dem Betrieb von Seeschiffen, Anlagen oder Luftfahrzeugen gemäß Nummer 1 Buchstabe a, insbesondere Fracht- oder Charterverlust;
4. irgendein zusätzliches Risiko, das mit einem der unter den Nummern 1 bis 3 genannten Risiken in Zusammenhang steht;
5. unbeschadet der Nummern 1 bis 4 alle „Großrisiken" entsprechend der Begriffsbestimmung in der Richtlinie 2009/138/EG des Europäischen Parlaments und des Rates vom 25. November 2009 betreffend die Aufnahme und Ausübung der Versicherungs- und der Rückversicherungstätigkeit (Solvabilität II)[1].

Abschnitt 4
Zuständigkeit bei Verbrauchersachen

Artikel 17 [Begriff der Verbrauchersache]
(1) Bilden ein Vertrag oder Ansprüche aus einem Vertrag, den eine Person, der Verbraucher, zu einem Zweck geschlossen hat, der nicht der beruflichen oder gewerblichen Tätigkeit dieser Person zugerechnet werden kann, den Gegenstand des Verfahrens, so bestimmt sich die Zuständigkeit unbeschadet des Artikels 6 und des Artikels 7 Nummer 5 nach diesem Abschnitt,
   a) wenn es sich um den Kauf beweglicher Sachen auf Teilzahlung handelt,
   b) wenn es sich um ein in Raten zurückzuzahlendes Darlehen oder ein anderes Kreditgeschäft handelt, das zur Finanzierung eines Kaufs derartiger Sachen bestimmt ist, oder
   c) in allen anderen Fällen, wenn der andere Vertragspartner in dem Mitgliedstaat, in dessen Hoheitsgebiet der Verbraucher seinen Wohnsitz hat, eine berufliche oder gewerbliche Tätigkeit ausübt oder eine solche auf irgendeinem Wege auf diesen Mitgliedstaat oder auf mehrere Staaten, einschließlich dieses Mitgliedstaats, ausrichtet und der Vertrag in den Bereich dieser Tätigkeit fällt.

---

1) ABl. L 335 vom 17. 12. 2009, S. 1.

(2) Hat der Vertragspartner des Verbrauchers im Hoheitsgebiet eines Mitgliedstaats keinen Wohnsitz, besitzt er aber in einem Mitgliedstaat eine Zweigniederlassung, Agentur oder sonstige Niederlassung, so wird er für Streitigkeiten aus ihrem Betrieb so behandelt, wie wenn er seinen Wohnsitz im Hoheitsgebiet dieses Mitgliedstaats hätte.

(3) Dieser Abschnitt ist nicht auf Beförderungsverträge mit Ausnahme von Reiseverträgen, die für einen Pauschalpreis kombinierte Beförderungs- und Unterbringungsleistungen vorsehen, anzuwenden.

Artikel 18 [Gerichtsstände für Klagen des Verbrauchers und seines Vertragspartners]

(1) Die Klage eines Verbrauchers gegen den anderen Vertragspartner kann entweder vor den Gerichten des Mitgliedstaats erhoben werden, in dessen Hoheitsgebiet dieser Vertragspartner seinen Wohnsitz hat, oder ohne Rücksicht auf den Wohnsitz des anderen Vertragspartners vor dem Gericht des Ortes, an dem der Verbraucher seinen Wohnsitz hat.

(2) Die Klage des anderen Vertragspartners gegen den Verbraucher kann nur vor den Gerichten des Mitgliedstaats erhoben werden, in dessen Hoheitsgebiet der Verbraucher seinen Wohnsitz hat.

(3) Die Vorschriften dieses Artikels lassen das Recht unberührt, eine Widerklage vor dem Gericht zu erheben, bei dem die Klage selbst gemäß den Bestimmungen dieses Abschnitts anhängig ist.

Artikel 19 [Zulässige Gerichtsstandsvereinbarungen]

Von den Vorschriften dieses Abschnitts kann im Wege der Vereinbarung nur abgewichen werden,

1. wenn die Vereinbarung nach der Entstehung der Streitigkeit getroffen wird,
2. wenn sie dem Verbraucher die Befugnis einräumt, andere als die in diesem Abschnitt angeführten Gerichte anzurufen, oder
3. wenn sie zwischen einem Verbraucher und seinem Vertragspartner, die zum Zeitpunkt des Vertragsabschlusses ihren Wohnsitz oder gewöhnlichen Aufenthalt in demselben Mitgliedstaat haben, getroffen ist und die Zuständigkeit der Gerichte dieses Mitgliedstaats begründet, es sei denn, dass eine solche Vereinbarung nach dem Recht dieses Mitgliedstaats nicht zulässig ist.

Abschnitt 5
Zuständigkeit für individuelle Arbeitsverträge

Artikel 20 [Anwendungsbereich]

(1) Bilden ein individueller Arbeitsvertrag oder Ansprüche aus einem individuellen Arbeitsvertrag den Gegenstand des Verfahrens, so bestimmt sich die Zuständigkeit unbeschadet des Artikels 6, des Artikels 7 Nummer 5 und, wenn die Klage gegen den Arbeitgeber erhoben wurde, des Artikels 8 Nummer 1 nach diesem Abschnitt.

(2) Hat der Arbeitgeber, mit dem der Arbeitnehmer einen individuellen Arbeitsvertrag geschlossen hat, im Hoheitsgebiet eines Mitgliedstaats keinen Wohnsitz, besitzt er aber in einem Mitgliedstaat eine Zweigniederlassung, Agentur oder sonstige Niederlassung, so wird er für Streitigkeiten aus ihrem Betrieb so behandelt, wie wenn er seinen Wohnsitz im Hoheitsgebiet dieses Mitgliedstaats hätte.

Artikel 21 [Gerichtsstände für Klagen gegen Arbeitgeber]

(1) Ein Arbeitgeber, der seinen Wohnsitz im Hoheitsgebiet eines Mitgliedstaats hat, kann verklagt werden:

a) vor den Gerichten des Mitgliedstaats, in dem er seinen Wohnsitz hat, oder

b) in einem anderen Mitgliedstaat

    i)   vor dem Gericht des Ortes, an dem oder von dem aus der Arbeitnehmer gewöhnlich seine Arbeit verrichtet oder zuletzt gewöhnlich verrichtet hat, oder

    ii) wenn der Arbeitnehmer seine Arbeit gewöhnlich nicht in ein und demselben Staat verrichtet oder verrichtet hat, vor dem Gericht des Ortes, an dem sich die Niederlassung, die den Arbeitnehmer eingestellt hat, befindet oder befand.

(2) Ein Arbeitgeber, der seinen Wohnsitz nicht im Hoheitsgebiet eines Mitgliedstaats hat, kann vor dem Gericht eines Mitgliedstaats gemäß Absatz 1 Buchstabe b verklagt werden.

Artikel 22 [Gerichtsstände für Klagen gegen Arbeitnehmer;
                 Widerklage]

(1) Die Klage des Arbeitgebers kann nur vor den Gerichten des Mitgliedstaats erhoben werden, in dessen Hoheitsgebiet der Arbeitnehmer seinen Wohnsitz hat.

(2) Die Vorschriften dieses Abschnitts lassen das Recht unberührt, eine Widerklage vor dem Gericht zu erheben, bei dem die Klage selbst gemäß den Bestimmungen dieses Abschnitts anhängig ist.

Artikel 23 [Zulässige Gerichtsstandsvereinbarungen]

Von den Vorschriften dieses Abschnitts kann im Wege der Vereinbarung nur abgewichen werden,

1. wenn die Vereinbarung nach der Entstehung der Streitigkeit getroffen wird oder

2. wenn sie dem Arbeitnehmer die Befugnis einräumt, andere als die in diesem Abschnitt angeführten Gerichte anzurufen.

Abschnitt 6
Ausschließliche Zuständigkeiten

Artikel 24

Ohne Rücksicht auf den Wohnsitz der Parteien sind folgende Gerichte eines Mitgliedstaats ausschließlich zuständig:

1. für Verfahren, welche dingliche Rechte an unbeweglichen Sachen sowie die Miete oder Pacht von unbeweglichen Sachen zum Gegenstand haben, die Gerichte des Mitgliedstaats, in dem die unbewegliche Sache belegen ist.

   Jedoch sind für Verfahren betreffend die Miete oder Pacht unbeweglicher Sachen zum vorübergehenden privaten Gebrauch für höchstens sechs aufeinander folgende Monate auch die Gerichte des Mitgliedstaats zuständig, in dem der Beklagte seinen Wohnsitz hat, sofern es sich bei dem Mieter oder Pächter um eine natürliche Person handelt und der Eigentümer sowie der Mieter oder Pächter ihren Wohnsitz in demselben Mitgliedstaat haben;

2. für Verfahren, welche die Gültigkeit, die Nichtigkeit oder die Auflösung einer Gesellschaft oder juristischen Person oder die Gültigkeit der Beschlüsse ihrer Organe zum Gegenstand haben, die Gerichte des Mitgliedstaats, in dessen Hoheitsgebiet die Gesellschaft oder juristische Person ihren Sitz hat. Bei der Entscheidung darüber, wo der Sitz sich befindet, wendet das Gericht die Vorschriften seines Internationalen Privatrechts an;

3. für Verfahren, welche die Gültigkeit von Eintragungen in öffentliche Register zum Gegenstand haben, die Gerichte des Mitgliedstaats, in dessen Hoheitsgebiet die Register geführt werden;

4. für Verfahren, welche die Eintragung oder die Gültigkeit von Patenten, Marken, Mustern und Modellen sowie ähnlicher Rechte, die einer Hinterlegung oder Registrierung bedürfen, zum Gegenstand haben, unabhängig davon, ob die Frage im Wege der Klage oder der Einrede aufgeworfen wird, die Gerichte des Mitgliedstaats, in dessen Hoheitsgebiet die Hinterlegung oder Registrierung beantragt oder vorgenommen worden ist oder aufgrund eines Unionsrechtsakts oder eines zwischenstaatlichen Übereinkommens als vorgenommen gilt.

   Unbeschadet der Zuständigkeit des Europäischen Patentamts nach dem am 5. Oktober 1973 in München unterzeichneten Übereinkommen über die Erteilung europäischer Patente sind die Gerichte eines jeden Mitgliedstaats für alle Verfahren ausschließlich zuständig, welche die Erteilung oder die Gültigkeit eines europäischen Patents zum Gegenstand haben, das für diesen Mitgliedstaat erteilt wurde;

5. für Verfahren, welche die Zwangsvollstreckung aus Entscheidungen zum Gegenstand haben, die Gerichte des Mitgliedstaats, in dessen

Hoheitsgebiet die Zwangsvollstreckung durchgeführt werden soll
oder durchgeführt worden ist.

Abschnitt 7
Vereinbarung über die Zuständigkeit

**Artikel 25 [Zulässigkeit und Form von
                  Gerichtsstandsvereinbarungen]**

(1) [1]Haben die Parteien unabhängig von ihrem Wohnsitz vereinbart, dass
ein Gericht oder die Gerichte eines Mitgliedstaats über eine bereits ent-
standene Rechtsstreitigkeit oder über eine künftige aus einem bestimmten
Rechtsverhältnis entspringende Rechtsstreitigkeit entscheiden sollen, so
sind dieses Gericht oder die Gerichte dieses Mitgliedstaats zuständig, es
sei denn, die Vereinbarung ist nach dem Recht dieses Mitgliedstaats materiell nichtig. [2]Dieses Gericht oder die Gerichte dieses Mitgliedstaats sind
ausschließlich zuständig, sofern die Parteien nichts anderes vereinbart
haben. [3]Die Gerichtsstandsvereinbarung muss geschlossen werden:

a) schriftlich oder mündlich mit schriftlicher Bestätigung,

b) in einer Form, welche den Gepflogenheiten entspricht, die zwischen den
    Parteien entstanden sind, oder

c) im internationalen Handel in einer Form, die einem Handelsbrauch
    entspricht, den die Parteien kannten oder kennen mussten und den
    Parteien von Verträgen dieser Art in dem betreffenden Geschäfts-
    zweig allgemein kennen und regelmäßig beachten.

(2) Elektronische Übermittlungen, die eine dauerhafte Aufzeichnung der
Vereinbarung ermöglichen, sind der Schriftform gleichgestellt.

(3) Ist in schriftlich niedergelegten Trust-Bedingungen bestimmt, dass
über Klagen gegen einen Begründer, Trustee oder Begünstigten eines
Trust ein Gericht oder die Gerichte eines Mitgliedstaats entscheiden sollen, so ist dieses Gericht oder sind diese Gerichte ausschließlich zuständig,
wenn es sich um Beziehungen zwischen diesen Personen oder ihre Rechte
oder Pflichten im Rahmen des Trust handelt.

(4) Gerichtsstandsvereinbarungen und entsprechende Bestimmungen
in Trust-Bedingungen haben keine rechtliche Wirkung, wenn sie den
Vorschriften der Artikel 15, 19 oder 23 zuwiderlaufen oder wenn die Gerichte, deren Zuständigkeit abbedungen wird, aufgrund des Artikels 24
ausschließlich zuständig sind.

(5) Eine Gerichtsstandsvereinbarung, die Teil eines Vertrags ist, ist als
eine von den übrigen Vertragsbestimmungen unabhängige Vereinbarung
zu behandeln.

Die Gültigkeit der Gerichtsstandsvereinbarung kann nicht allein mit der
Begründung in Frage gestellt werden, dass der Vertrag nicht gültig ist.

Artikel 26 [Zuständigkeit infolge rügeloser Einlassung]
(1) [1]Sofern das Gericht eines Mitgliedstaats nicht bereits nach anderen Vorschriften dieser Verordnung zuständig ist, wird es zuständig, wenn sich der Beklagte vor ihm auf das Verfahren einlässt. [2]Dies gilt nicht, wenn der Beklagte sich einlässt, um den Mangel der Zuständigkeit geltend zu machen oder wenn ein anderes Gericht aufgrund des Artikels 24 ausschließlich zuständig ist.

(2) In Streitigkeiten nach den Abschnitten 3, 4 oder 5, in denen der Beklagte Versicherungsnehmer, Versicherter, Begünstigter eines Versicherungsvertrags, Geschädigter, Verbraucher oder Arbeitnehmer ist, stellt das Gericht, bevor es sich nach Absatz 1 für zuständig erklärt, sicher, dass der Beklagte über sein Recht, die Unzuständigkeit des Gerichts geltend zu machen, und über die Folgen der Einlassung oder Nichteinlassung auf das Verfahren belehrt wird.

Abschnitt 8
Prüfung der Zuständigkeit und der Zulässigkeit des Verfahrens

Artikel 27 [Erklärung der Unzuständigkeit in Fällen des Art. 24]
Das Gericht eines Mitgliedstaats hat sich von Amts wegen für unzuständig zu erklären, wenn es wegen einer Streitigkeit angerufen wird, für die das Gericht eines anderen Mitgliedstaats aufgrund des Artikels 24 ausschließlich zuständig ist.

Artikel 28 [Erklärung der Unzuständigkeit von Amts wegen in sonstigen Fällen]
(1) Lässt sich der Beklagte, der seinen Wohnsitz im Hoheitsgebiet eines Mitgliedstaats hat und der vor dem Gericht eines anderen Mitgliedstaats verklagt wird, auf das Verfahren nicht ein, so hat sich das Gericht von Amts wegen für unzuständig zu erklären, wenn seine Zuständigkeit nicht nach dieser Verordnung begründet ist.

(2) Das Gericht hat das Verfahren so lange auszusetzen, bis festgestellt ist, dass es dem Beklagten möglich war, das verfahrenseinleitende Schriftstück oder ein gleichwertiges Schriftstück so rechtzeitig zu empfangen, dass er sich verteidigen konnte oder dass alle hierzu erforderlichen Maßnahmen getroffen worden sind.

(3) An die Stelle von Absatz 2 tritt Artikel 19 der Verordnung (EG) Nr. 1393/2007 des Europäischen Parlaments und des Rates vom 13. November 2007 über die Zustellung gerichtlicher und außergerichtlicher Schriftstücke in Zivil- oder Handelssachen in den Mitgliedstaaten (Zustellung von Schriftstücken)[1], wenn das verfahrenseinleitende Schriftstück oder ein gleichwertiges Schriftstück nach der genannten Verordnung von einem Mitgliedstaat in einen anderen zu übermitteln war.

---

1) ABl. L 324 vom 10. 12. 2007, S. 79.

(4) Ist die Verordnung (EG) Nr. 1393/2007 nicht anwendbar, so gilt Artikel 15 des Haager Übereinkommens vom 15. November 1965 über die Zustellung gerichtlicher und außergerichtlicher Schriftstücke im Ausland in Zivil- und Handelssachen, wenn das verfahrenseinleitende Schriftstück oder ein gleichwertiges Schriftstück nach dem genannten Übereinkommen im Ausland zu übermitteln war.

Abschnitt 9
Anhängigkeit und im Zusammenhang stehende Verfahren

Artikel 29 [Konkurrierende Rechtshändigkeit]
(1) Werden bei Gerichten verschiedener Mitgliedstaaten Klagen wegen desselben Anspruchs zwischen denselben Parteien anhängig gemacht, so setzt das später angerufene Gericht unbeschadet des Artikels 31 Absatz 2 das Verfahren von Amts wegen aus, bis die Zuständigkeit des zuerst angerufenen Gerichts feststeht.

(2) In den in Absatz 1 genannten Fällen teilt das angerufene Gericht auf Antrag eines anderen angerufenen Gerichts diesem unverzüglich mit, wann es gemäß Artikel 32 angerufen wurde.

(3) Sobald die Zuständigkeit des zuerst angerufenen Gerichts feststeht, erklärt sich das später angerufene Gericht zugunsten dieses Gerichts für unzuständig.

Artikel 30 [Im Zusammenhang stehende Verfahren]
(1) Sind bei Gerichten verschiedener Mitgliedstaaten Verfahren, die im Zusammenhang stehen, anhängig, so kann jedes später angerufene Gericht das Verfahren aussetzen.

(2) Ist das beim zuerst angerufenen Gericht anhängige Verfahren in erster Instanz anhängig, so kann sich jedes später angerufene Gericht auf Antrag einer Partei auch für unzuständig erklären, wenn das zuerst angerufene Gericht für die betreffenden Verfahren zuständig ist und die Verbindung der Verfahren nach seinem Recht zulässig ist.

(3) Verfahren stehen im Sinne dieses Artikels im Zusammenhang, wenn zwischen ihnen eine so enge Beziehung gegeben ist, dass eine gemeinsame Verhandlung und Entscheidung geboten erscheint, um zu vermeiden, dass in getrennten Verfahren widersprechende Entscheidungen ergehen könnten.

Artikel 31 [Priorität bei ausschließlicher Zuständigkeit]
(1) Ist für die Verfahren die ausschließliche Zuständigkeit mehrerer Gerichte gegeben, so hat sich das zuletzt angerufene Gericht zugunsten des zuerst angerufenen Gerichts für unzuständig zu erklären.

(2) Wird ein Gericht eines Mitgliedstaats angerufen, das gemäß einer Vereinbarung nach Artikel 25 ausschließlich zuständig ist, so setzt das Gericht des anderen Mitgliedstaats unbeschadet des Artikels 26 das Verfahren so lange aus, bis das auf der Grundlage der Vereinbarung angeru-

fene Gericht erklärt hat, dass es gemäß der Vereinbarung nicht zuständig ist.

(3) Sobald das in der Vereinbarung bezeichnete Gericht die Zuständigkeit gemäß der Vereinbarung festgestellt hat, erklären sich die Gerichte des anderen Mitgliedstaats zugunsten dieses Gerichts für unzuständig.

(4) Die Absätze 2 und 3 gelten nicht für Streitigkeiten, die in den Abschnitten 3, 4 oder 5 genannt werden, wenn der Kläger Versicherungsnehmer, Versicherter, Begünstigter des Versicherungsvertrags, Geschädigter, Verbraucher oder Arbeitnehmer ist und die Vereinbarung nach einer in den genannten Abschnitten enthaltenen Bestimmung nicht gültig ist.

Artikel 32 [Anrufung eines Gerichts]
(1) Für die Zwecke dieses Abschnitts gilt ein Gericht als angerufen:
a) zu dem Zeitpunkt, zu dem das verfahrenseinleitende Schriftstück oder ein gleichwertiges Schriftstück bei Gericht eingereicht worden ist, vorausgesetzt, dass der Kläger es in der Folge nicht versäumt hat, die ihm obliegenden Maßnahmen zu treffen, um die Zustellung des Schriftstücks an den Beklagten zu bewirken, oder
b) falls die Zustellung an den Beklagten vor Einreichung des Schriftstücks bei Gericht zu bewirken ist, zu dem Zeitpunkt, zu dem die für die Zustellung verantwortliche Stelle das Schriftstück erhalten hat, vorausgesetzt, dass der Kläger es in der Folge nicht versäumt hat, die ihm obliegenden Maßnahmen zu treffen, um das Schriftstück bei Gericht einzureichen.
Die für die Zustellung verantwortliche Stelle im Sinne von Buchstabe b ist die Stelle, die die zuzustellenden Schriftstücke zuerst erhält.

(2) Das Gericht oder die für die Zustellung verantwortliche Stelle gemäß Absatz 1 vermerkt das Datum der Einreichung des verfahrenseinleitenden Schriftstücks oder gleichwertigen Schriftstücks beziehungsweise das Datum des Eingangs der zuzustellenden Schriftstücke.

Artikel 33 [Aussetzung/Einstellung eines Verfahrens wegen desselben Anspruchs]
(1) Beruht die Zuständigkeit auf Artikel 4 oder auf den Artikeln 7, 8 oder 9 und ist bei Anrufung eines Gerichts eines Mitgliedstaats wegen desselben Anspruchs zwischen denselben Parteien ein Verfahren vor dem Gericht eines Drittstaats anhängig, so kann das Gericht des Mitgliedstaats das Verfahren aussetzen, wenn
a) zu erwarten ist, dass das Gericht des Drittstaats eine Entscheidung erlassen wird, die in dem betreffenden Mitgliedstaat anerkannt und gegebenenfalls vollstreckt werden kann, und
b) das Gericht des Mitgliedstaats davon überzeugt ist, dass eine Aussetzung des Verfahrens im Interesse einer geordneten Rechtspflege erforderlich ist.

(2) Das Gericht des Mitgliedstaats kann das Verfahren jederzeit fortsetzen, wenn

a) das Verfahren vor dem Gericht des Drittstaats ebenfalls ausgesetzt oder eingestellt wurde,

b) das Gericht des Mitgliedstaats es für unwahrscheinlich hält, dass das vor dem Gericht des Drittstaats anhängige Verfahren innerhalb einer angemessenen Frist abgeschlossen wird, oder

c) die Fortsetzung des Verfahrens im Interesse einer geordneten Rechtspflege erforderlich ist.

(3) Das Gericht des Mitgliedstaats stellt das Verfahren ein, wenn das vor dem Gericht des Drittstaats anhängige Verfahren abgeschlossen ist und eine Entscheidung ergangen ist, die in diesem Mitgliedstaat anerkannt und gegebenenfalls vollstreckt werden kann.

(4) Das Gericht des Mitgliedstaats wendet diesen Artikel auf Antrag einer der Parteien oder, wenn dies nach einzelstaatlichem Recht möglich ist, von Amts wegen an.

Artikel 34 [Aussetzung/Einstellung bei in Zusammenhang stehenden Verfahren]

(1) Beruht die Zuständigkeit auf Artikel 4 oder auf den Artikeln 7, 8 oder 9 und ist bei Anrufung eines Gerichts eines Mitgliedstaats vor einem Gericht eines Drittstaats ein Verfahren anhängig, das mit dem Verfahren vor dem Gericht des Mitgliedstaats in Zusammenhang steht, so kann das Gericht des Mitgliedstaats das Verfahren aussetzen, wenn

a) eine gemeinsame Verhandlung und Entscheidung der in Zusammenhang stehenden Verfahren geboten erscheint, um zu vermeiden, dass in getrennten Verfahren widersprechende Entscheidungen ergehen könnten,

b) zu erwarten ist, dass das Gericht des Drittstaats eine Entscheidung erlassen wird, die in dem betreffenden Mitgliedstaat anerkannt und gegebenenfalls vollstreckt werden kann, und

c) das Gericht des Mitgliedstaats davon überzeugt ist, dass die Aussetzung im Interesse einer geordneten Rechtspflege erforderlich ist.

(2) Das Gericht des Mitgliedstaats kann das Verfahren jederzeit fortsetzen, wenn

a) das Gericht des Mitgliedstaats es für wahrscheinlich hält, dass die Gefahr widersprechender Entscheidungen nicht mehr besteht,

b) das Verfahren vor dem Gericht des Drittstaats ebenfalls ausgesetzt oder eingestellt wurde,

c) das Gericht des Mitgliedstaats es für unwahrscheinlich hält, dass das vor dem Gericht des Drittstaats anhängige Verfahren innerhalb einer angemessenen Frist abgeschlossen wird, oder

d) die Fortsetzung des Verfahrens im Interesse einer geordneten Rechtspflege erforderlich ist.

(3) Das Gericht des Mitgliedstaats kann das Verfahren einstellen, wenn das vor dem Gericht des Drittstaats anhängige Verfahren abgeschlossen ist und eine Entscheidung ergangen ist, die in diesem Mitgliedstaat anerkannt und gegebenenfalls vollstreckt werden kann.

(4) Das Gericht des Mitgliedstaats wendet diesen Artikel auf Antrag einer der Parteien oder, wenn dies nach einzelstaatlichem Recht möglich ist, von Amts wegen an.

Abschnitt 10
Einstweilige Maßnahmen einschließlich Sicherungsmaßnahmen

Artikel 35
Die im Recht eines Mitgliedstaats vorgesehenen einstweiligen Maßnahmen einschließlich Sicherungsmaßnahmen können bei den Gerichten dieses Mitgliedstaats auch dann beantragt werden, wenn für die Entscheidung in der Hauptsache das Gericht eines anderen Mitgliedstaats zuständig ist.

Kapitel III
Anerkennung und Vollstreckung

Abschnitt 1
Anerkennung

Artikel 36 [Anerkennung einer Entscheidung]
(1) Die in einem Mitgliedstaat ergangenen Entscheidungen werden in den anderen Mitgliedstaaten anerkannt, ohne dass es hierfür eines besonderen Verfahrens bedarf.

(2) Jeder Berechtigte kann gemäß dem Verfahren nach Abschnitt 3 Unterabschnitt 2 die Feststellung beantragen, dass keiner der in Artikel 45 genannten Gründe für eine Versagung der Anerkennung gegeben ist.

(3) Wird die Anerkennung in einem Rechtsstreit vor dem Gericht eines Mitgliedstaats, dessen Entscheidung von der Versagung der Anerkennung abhängt, verlangt, so kann dieses Gericht über die Anerkennung entscheiden.

Artikel 37 [Vorlegung der Entscheidung und der Bescheinigung]
(1) Eine Partei, die in einem Mitgliedstaat eine in einem anderen Mitgliedstaat ergangene Entscheidung geltend machen will, hat Folgendes vorzulegen:
a) eine Ausfertigung der Entscheidung, die die für ihre Beweiskraft erforderlichen Voraussetzungen erfüllt, und
b) die nach Artikel 53 ausgestellte Bescheinigung.

(2) [1]Das Gericht oder die Behörde, bei dem oder der eine in einem anderen Mitgliedstaat ergangene Entscheidung geltend gemacht wird, kann die Partei, die sie geltend macht, gegebenenfalls auffordern, eine Übersetzung

oder eine Transliteration des Inhalts der in Absatz 1 Buchstabe b genannten Bescheinigung nach Artikel 57 zur Verfügung zu stellen. ²Kann das Gericht oder die Behörde das Verfahren ohne eine Übersetzung der eigentlichen Entscheidung nicht fortsetzen, so kann es oder sie die Partei auffordern, eine Übersetzung der Entscheidung statt der Übersetzung des Inhalts der Bescheinigung zur Verfügung zu stellen.

Artikel 38 [Aussetzung des Verfahrens]
Das Gericht oder die Behörde, bei dem bzw. der eine in einem anderen Mitgliedstaat ergangene Entscheidung geltend gemacht wird, kann das Verfahren ganz oder teilweise aussetzen, wenn
a) die Entscheidung im Ursprungsmitgliedstaat angefochten wird oder
b) die Feststellung, dass keiner der in Artikel 45 genannten Gründe für eine Versagung der Anerkennung gegeben ist, oder die Feststellung, dass die Anerkennung aus einem dieser Gründe zu versagen ist, beantragt worden ist.

Abschnitt 2
Vollstreckung

Artikel 39 [Vollstreckbarkeit]
Eine in einem Mitgliedstaat ergangene Entscheidung, die in diesem Mitgliedstaat vollstreckbar ist, ist in den anderen Mitgliedstaaten vollstreckbar, ohne dass es einer Vollstreckbarerklärung bedarf.

Artikel 40 [Sicherungsmaßnahmen]
Eine vollstreckbare Entscheidung umfasst von Rechts wegen die Befugnis, jede Sicherungsmaßnahme zu veranlassen, die im Recht des ersuchten Mitgliedstaats vorgesehen ist.

Artikel 41 [Recht des ersuchten Mitgliedstaats]
(1) ¹Vorbehaltlich der Bestimmungen dieses Abschnitts gilt für das Verfahren zur Vollstreckung der in einem anderen Mitgliedstaat ergangenen Entscheidungen das Recht des ersuchten Mitgliedstaats. ²Eine in einem Mitgliedstaat ergangene Entscheidung, die im ersuchten Mitgliedstaat vollstreckbar ist, wird dort unter den gleichen Bedingungen vollstreckt wie eine im ersuchten Mitgliedstaat ergangene Entscheidung.

(2) Ungeachtet des Absatzes 1 gelten die im Recht des ersuchten Mitgliedstaats für die Verweigerung oder Aussetzung der Vollstreckung vorgesehenen Gründe, soweit sie nicht mit den in Artikel 45 aufgeführten Gründen unvereinbar sind.

(3) ¹Von der Partei, die die Vollstreckung einer in einem anderen Mitgliedstaat ergangenen Entscheidung beantragt, kann nicht verlangt werden, dass sie im ersuchten Mitgliedstaat über eine Postanschrift verfügt. ²Es kann von ihr auch nicht verlangt werden, dass sie im ersuchten Mitgliedstaat über einen bevollmächtigten Vertreter verfügt, es sei denn, ein

solcher Vertreter ist ungeachtet der Staatsangehörigkeit oder des Wohnsitzes der Parteien vorgeschrieben.

Artikel 42 [Vorlegung der Entscheidung und der Bescheinigung]
(1) Soll in einem Mitgliedstaat eine in einem anderen Mitgliedstaat ergangene Entscheidung vollstreckt werden, hat der Antragsteller der zuständigen Vollstreckungsbehörde Folgendes vorzulegen:

a) eine Ausfertigung der Entscheidung, die die für ihre Beweiskraft erforderlichen Voraussetzungen erfüllt, und

b) die nach Artikel 53 ausgestellte Bescheinigung, mit der bestätigt wird, dass die Entscheidung vollstreckbar ist, und die einen Auszug aus der Entscheidung sowie gegebenenfalls relevante Angaben zu den erstattungsfähigen Kosten des Verfahrens und der Berechnung der Zinsen enthält.

(2) Soll in einem Mitgliedstaat eine in einem anderen Mitgliedstaat ergangene Entscheidung vollstreckt werden, mit der eine einstweilige Maßnahme einschließlich einer Sicherungsmaßnahme angeordnet wird, hat der Antragsteller der zuständigen Vollstreckungsbehörde Folgendes vorzulegen:

a) eine Ausfertigung der Entscheidung, die die für ihre Beweiskraft erforderlichen Voraussetzungen erfüllt,

b) die nach Artikel 53 ausgestellte Bescheinigung, die eine Beschreibung der Maßnahme enthält und mit der bestätigt wird, dass

   i) das Gericht in der Hauptsache zuständig ist,

   ii) die Entscheidung im Ursprungsmitgliedstaat vollstreckbar ist, und

c) wenn die Maßnahme ohne Vorladung des Beklagten angeordnet wurde, den Nachweis der Zustellung der Entscheidung.

(3) Die zuständige Vollstreckungsbehörde kann gegebenenfalls vom Antragsteller gemäß Artikel 57 eine Übersetzung oder Transliteration des Inhalts der Bescheinigung verlangen.

(4) Die zuständige Vollstreckungsbehörde darf vom Antragsteller eine Übersetzung der Entscheidung nur verlangen, wenn sie das Verfahren ohne eine solche Übersetzung nicht fortsetzen kann.

Artikel 43 [Zustellung der Bescheinigung; Übersetzung]
(1) [1]Soll eine in einem anderen Mitgliedstaat ergangene Entscheidung vollstreckt werden, so wird die gemäß Artikel 53 ausgestellte Bescheinigung dem Schuldner vor der ersten Vollstreckungsmaßnahme zugestellt. [2]Der Bescheinigung wird die Entscheidung beigefügt, sofern sie dem Schuldner noch nicht zugestellt wurde.

(2) Hat der Schuldner seinen Wohnsitz in einem anderen Mitgliedstaat als dem Ursprungsmitgliedstaat, so kann er eine Übersetzung der Entscheidung verlangen, um ihre Vollstreckung anfechten zu können, wenn

die Entscheidung nicht in einer der folgenden Sprachen abgefasst ist oder
ihr keine Übersetzung in einer der folgenden Sprachen beigefügt ist:

a) einer Sprache, die er versteht, oder

b) der Amtssprache des Mitgliedstaats, in dem er seinen Wohnsitz hat,
    oder, wenn es in diesem Mitgliedstaat mehrere Amtssprachen gibt, in
    der Amtssprache oder einer der Amtssprachen des Ortes, an dem er
    seinen Wohnsitz hat.

Wird die Übersetzung der Entscheidung gemäß Unterabsatz 1 verlangt,
so darf die Zwangsvollstreckung nicht über Sicherungsmaßnahmen hinausgehen, solange der Schuldner die Übersetzung nicht erhalten hat.

Dieser Absatz gilt nicht, wenn die Entscheidung dem Schuldner bereits
in einer der in Unterabsatz 1 genannten Sprachen oder zusammen mit einer
Übersetzung in eine dieser Sprachen zugestellt worden ist.

(3) Dieser Artikel gilt nicht für die Vollstreckung einer in einer Entscheidung enthaltenen Sicherungsmaßnahme oder wenn der Antragsteller
Sicherungsmaßnahmen gemäß Artikel 40 erwirkt.

Artikel 44 [Antrag auf Versagung der Vollstreckung]

(1) Wurde eine Versagung der Vollstreckung einer Entscheidung gemäß
Abschnitt 3 Unterabschnitt 2 beantragt, so kann das Gericht im ersuchten
Mitgliedstaat auf Antrag des Schuldners

a) das Vollstreckungsverfahren auf Sicherungsmaßnahmen beschrän-
    ken,

b) die Vollstreckung von der Leistung einer vom Gericht zu bestimmen-
    den Sicherheit abhängig machen oder

c) das Vollstreckungsverfahren insgesamt oder teilweise aussetzen.

(2) Die zuständige Behörde des ersuchten Mitgliedstaats setzt das Vollstreckungsverfahren auf Antrag des Schuldners aus, wenn die Vollstreckbarkeit der Entscheidung im Ursprungsmitgliedstaat ausgesetzt ist.

Abschnitt 3
Versagung der Anerkennung und Vollstreckung

Unterabschnitt 1
Versagung der Anerkennung

Artikel 45

(1) Die Anerkennung einer Entscheidung wird auf Antrag eines Berechtigten versagt, wenn

a) die Anerkennung der öffentlichen Ordnung (ordre public) des ersuch-
    ten Mitgliedstaats offensichtlich widersprechen würde;

b) dem Beklagten, der sich auf das Verfahren nicht eingelassen hat, das
    verfahrenseinleitende Schriftstück oder ein gleichwertiges Schrift-
    stück nicht so rechtzeitig und in einer Weise zugestellt worden ist, dass
    er sich verteidigen konnte, es sei denn, der Beklagte hat gegen die

Entscheidung keinen Rechtsbehelf eingelegt, obwohl er die Möglichkeit dazu hatte;

c) die Entscheidung mit einer Entscheidung unvereinbar ist, die zwischen denselben Parteien im ersuchten Mitgliedstaat ergangen ist;

d) die Entscheidung mit einer früheren Entscheidung unvereinbar ist, die in einem anderen Mitgliedstaat oder in einem Drittstaat in einem Rechtsstreit wegen desselben Anspruchs zwischen denselben Parteien ergangen ist, sofern die frühere Entscheidung die notwendigen Voraussetzungen für ihre Anerkennung im ersuchten Mitgliedstaat erfüllt, oder

e) die Entscheidung unvereinbar ist

   i)   mit Kapitel II Abschnitte 3, 4 oder 5, sofern der Beklagte Versicherungsnehmer, Versicherter, Begünstigter des Versicherungsvertrags, Geschädigter, Verbraucher oder Arbeitnehmer ist, oder

   ii) mit Kapitel II Abschnitt 6.

(2) Das mit dem Antrag befasste Gericht ist bei der Prüfung, ob eine der in Absatz 1 Buchstabe e angeführten Zuständigkeiten gegeben ist, an die tatsächlichen Feststellungen gebunden, aufgrund deren das Ursprungsgericht seine Zuständigkeit angenommen hat.

(3) [1]Die Zuständigkeit des Ursprungsgerichts darf, unbeschadet des Absatzes 1 Buchstabe e, nicht nachgeprüft werden. [2]Die Vorschriften über die Zuständigkeit gehören nicht zur öffentlichen Ordnung (ordre public) im Sinne des Absatzes 1 Buchstabe a.

(4) Der Antrag auf Versagung der Anerkennung ist gemäß den Verfahren des Unterabschnitts 2 und gegebenenfalls des Abschnitts 4 zu stellen.

Unterabschnitt 2
Versagung der Vollstreckung

Artikel 46 [Versagung]
Die Vollstreckung einer Entscheidung wird auf Antrag des Schuldners versagt, wenn festgestellt wird, dass einer der in Artikel 45 genannten Gründe gegeben ist.

Artikel 47 [Gerichtliche Zuständigkeit; angewendetes Recht]
(1) Der Antrag auf Versagung der Vollstreckung ist an das Gericht zu richten, das der Kommission von dem betreffenden Mitgliedstaat gemäß Artikel 75 Buchstabe a mitgeteilt wurde.

(2) Für das Verfahren zur Versagung der Vollstreckung ist, soweit es nicht durch diese Verordnung geregelt ist, das Recht des ersuchten Mitgliedstaats maßgebend.

(3) Der Antragsteller legt dem Gericht eine Ausfertigung der Entscheidung und gegebenenfalls eine Übersetzung oder Transliteration der Entscheidung vor.

¹Das Gericht kann auf die Vorlage der in Unterabsatz 1 genannten Schriftstücke verzichten, wenn ihm die Schriftstücke bereits vorliegen oder wenn es das Gericht für unzumutbar hält, vom Antragsteller die Vorlage der Schriftstücke zu verlangen. ²Im letztgenannten Fall kann das Gericht von der anderen Partei verlangen, diese Schriftstücke vorzulegen.

(4) ¹Von der Partei, die die Versagung der Vollstreckung einer in einem anderen Mitgliedstaat ergangenen Entscheidung beantragt, kann nicht verlangt werden, dass sie im ersuchten Mitgliedstaat über eine Postanschrift verfügt. ²Es kann von ihr auch nicht verlangt werden, dass sie im ersuchten Mitgliedstaat über einen bevollmächtigten Vertreter verfügt, es sei denn, ein solcher Vertreter ist ungeachtet der Staatsangehörigkeit oder des Wohnsitzes der Parteien vorgeschrieben.

Artikel 48 [Unverzügliche Entscheidung]

Das Gericht entscheidet unverzüglich über den Antrag auf Versagung der Vollstreckung.

Artikel 49 [Rechtsbehelf]

(1) Gegen die Entscheidung über den Antrag auf Versagung der Vollstreckung kann jede Partei einen Rechtsbehelf einlegen.

(2) Der Rechtsbehelf ist bei dem Gericht einzulegen, das der Kommission von dem betreffenden Mitgliedstaat gemäß Artikel 75 Buchstabe b mitgeteilt wurde.

Artikel 50 [Weiterer Rechtsbehelf]

Gegen die Entscheidung, die über den Rechtsbehelf ergangen ist, kann nur ein Rechtsbehelf eingelegt werden, wenn der betreffende Mitgliedstaat der Kommission gemäß Artikel 75 Buchstabe c mitgeteilt hat, bei welchen Gerichten ein weiterer Rechtsbehelf einzulegen ist.

Artikel 51 [Aussetzung des Verfahrens]

(1) ¹Das mit einem Antrag auf Verweigerung der Vollstreckung befasste Gericht oder das nach Artikel 49 oder Artikel 50 mit einem Rechtsbehelf befasste Gericht kann das Verfahren aussetzen, wenn gegen die Entscheidung im Ursprungsmitgliedstaat ein ordentlicher Rechtsbehelf eingelegt wurde oder die Frist für einen solchen Rechtsbehelf noch nicht verstrichen ist. ²Im letztgenannten Fall kann das Gericht eine Frist bestimmen, innerhalb derer der Rechtsbehelf einzulegen ist.

(2) Ist die Entscheidung in Irland, Zypern oder im Vereinigten Königreich ergangen, so gilt jeder im Ursprungsmitgliedstaat statthafte Rechtsbehelf als ordentlicher Rechtsbehelf im Sinne des Absatzes 1.

Abschnitt 4
Gemeinsame Vorschriften

Artikel 52 [Keine Nachprüfung in der Sache selbst]
Eine in einem Mitgliedstaat ergangene Entscheidung darf im ersuchten Mitgliedstaat keinesfalls in der Sache selbst nachgeprüft werden.

Artikel 53 [Ausstellung der Bescheinigung]
Das Ursprungsgericht stellt auf Antrag eines Berechtigten die Bescheinigung unter Verwendung des Formblatts in Anhang I aus.

Artikel 54 [Anpassung; Übersetzung]
(1) Enthält eine Entscheidung eine Maßnahme oder Anordnung, die im Recht des ersuchten Mitgliedstaats nicht bekannt ist, so ist diese Maßnahme oder Anordnung soweit möglich an eine im Recht dieses Mitgliedstaats bekannte Maßnahme oder Anordnung anzupassen, mit der vergleichbare Wirkungen verbunden sind und die ähnliche Ziele und Interessen verfolgt.

Eine solche Anpassung darf nicht dazu führen, dass Wirkungen entstehen, die über die im Recht des Ursprungsmitgliedstaats vorgesehenen Wirkungen hinausgehen.

(2) Jede Partei kann die Anpassung der Maßnahme oder Anordnung vor einem Gericht anfechten.

(3) Die Partei, die die Entscheidung geltend macht oder deren Vollstreckung beantragt, kann erforderlichenfalls aufgefordert werden, eine Übersetzung oder Transliteration der Entscheidung zur Verfügung zu stellen.

Artikel 55 [Zwangsgeld]
In einem Mitgliedstaat ergangene Entscheidungen, die auf Zahlung eines Zwangsgelds lauten, sind im ersuchten Mitgliedstaat nur vollstreckbar, wenn die Höhe des Zwangsgelds durch das Ursprungsgericht endgültig festgesetzt ist.

Artikel 56 [Keine Sicherheitsleistung wegen Ausländereigenschaft]
Der Partei, die in einem Mitgliedstaat eine in einem anderen Mitgliedstaat ergangene Entscheidung vollstrecken will, darf wegen ihrer Eigenschaft als Ausländer oder wegen Fehlens eines Wohnsitzes oder Aufenthalts im ersuchten Mitgliedstaat eine Sicherheitsleistung oder Hinterlegung, unter welcher Bezeichnung es auch sei, nicht auferlegt werden.

Artikel 57 [Übersetzung/Transliteration]
(1) Ist nach dieser Verordnung eine Übersetzung oder Transliteration erforderlich, so erfolgt die Übersetzung oder Transliteration in die Amtssprache des betreffenden Mitgliedstaats oder, wenn es in diesem Mitgliedstaat mehrere Amtssprachen gibt, nach Maßgabe des Rechts dieses Mitgliedstaats in die oder in eine der Verfahrenssprachen des Ortes, an

dem eine in einem anderen Mitgliedstaat ergangene Entscheidung geltend gemacht oder ein Antrag gestellt wird.

(2) Bei den in den Artikeln 53 und 60 genannten Formblättern kann eine Übersetzung oder Transliteration auch in eine oder mehrere andere Amtssprachen der Organe der Union erfolgen, die der betreffende Mitgliedstaat für diese Formblätter zugelassen hat.

(3) Eine Übersetzung aufgrund dieser Verordnung ist von einer Person zu erstellen, die zur Anfertigung von Übersetzungen in einem der Mitgliedstaaten befugt ist.

Kapitel IV
Öffentliche Urkunden und gerichtliche Vergleiche

Artikel 58 [Öffentliche Urkunden]
(1) [1]Öffentliche Urkunden, die im Ursprungsmitgliedstaat vollstreckbar sind, sind in den anderen Mitgliedstaaten vollstreckbar, ohne dass es einer Vollstreckbarerklärung bedarf. [2]Die Zwangsvollstreckung aus der öffentlichen Urkunde kann nur versagt werden, wenn sie der öffentlichen Ordnung (ordre public) des ersuchten Mitgliedstaats offensichtlich widersprechen würde.

Die Vorschriften des Kapitels III Abschnitt 2, des Abschnitts 3 Unterabschnitt 2 und des Abschnitts 4 sind auf öffentlichen Urkunden sinngemäß anzuwenden.

(2) Die vorgelegte öffentliche Urkunde muss die Voraussetzungen für ihre Beweiskraft erfüllen, die im Ursprungsmitgliedstaat erforderlich sind.

Artikel 59 [Gerichtliche Vergleiche]
Gerichtliche Vergleiche, die im Ursprungsmitgliedstaat vollstreckbar sind, werden in den anderen Mitgliedstaaten unter denselben Bedingungen wie öffentliche Urkunden vollstreckt.

Artikel 60 [Bescheinigung über eine öffentliche Urkunde]
Die zuständige Behörde oder das Gericht des Ursprungsmitgliedstaats stellt auf Antrag eines Berechtigten die Bescheinigung mit einer Zusammenfassung der in der öffentlichen Urkunde beurkundeten vollstreckbaren Verpflichtung oder der in dem gerichtlichen Vergleich beurkundeten Parteivereinbarung unter Verwendung des Formblatts in Anhang II aus.

Kapitel V
Allgemeine Vorschriften

Artikel 61 [Anerkennung von Urkunden]
Im Rahmen dieser Verordnung bedarf es hinsichtlich Urkunden, die in einem Mitgliedstaat ausgestellt werden, weder der Legalisation noch einer ähnlichen Förmlichkeit.

Artikel 62 [Bestimmung des Wohnsitzes]
(1) Ist zu entscheiden, ob eine Partei im Hoheitsgebiet des Mitgliedstaats, dessen Gerichte angerufen sind, einen Wohnsitz hat, so wendet das Gericht sein Recht an.

(2) Hat eine Partei keinen Wohnsitz in dem Mitgliedstaat, dessen Gerichte angerufen sind, so wendet das Gericht, wenn es zu entscheiden hat, ob die Partei einen Wohnsitz in einem anderen Mitgliedstaat hat, das Recht dieses Mitgliedstaats an.

Artikel 63 [Bestimmung des Gesellschaftssitzes]
(1) Gesellschaften und juristische Personen haben für die Anwendung dieser Verordnung ihren Wohnsitz an dem Ort, an dem sich

a) ihr satzungsmäßiger Sitz,
b) ihre Hauptverwaltung oder
c) ihre Hauptniederlassung befindet.

(2) Im Falle Irlands, Zyperns und des Vereinigten Königreichs ist unter dem Ausdruck „satzungsmäßiger Sitz" das **registered office** oder, wenn ein solches nirgendwo besteht, der **place of incorporation** (Ort der Erlangung der Rechtsfähigkeit) oder, wenn ein solcher nirgendwo besteht, der Ort, nach dessen Recht die **formation** (Gründung) erfolgt ist, zu verstehen.

(3) Um zu bestimmen, ob ein Trust seinen Sitz in dem Mitgliedstaat hat, bei dessen Gerichten die Klage anhängig ist, wendet das Gericht sein Internationales Privatrecht an.

Artikel 64 [Besonderheiten von Adhäsionsverfahren]
[1]Unbeschadet günstigerer innerstaatlicher Vorschriften können Personen, die ihren Wohnsitz im Hoheitsgebiet eines Mitgliedstaats haben und die vor den Strafgerichten eines anderen Mitgliedstaats, dessen Staatsangehörigkeit sie nicht besitzen, wegen einer fahrlässig begangenen Straftat verfolgt werden, sich von hierzu befugten Personen vertreten lassen, selbst wenn sie persönlich nicht erscheinen. [2]Das Gericht kann jedoch das persönliche Erscheinen anordnen; wird diese Anordnung nicht befolgt, so braucht die Entscheidung, die über den Anspruch aus einem Rechtsverhältnis des Zivilrechts ergangen ist, ohne dass sich der Angeklagte verteidigen konnte, in den anderen Mitgliedstaaten weder anerkannt noch vollstreckt zu werden.

Artikel 65 [Streitverkündung statt Regressklage]

(1) ¹Die in Artikel 8 Nummer 2 und Artikel 13 für eine Gewährleistungs-
oder Interventionsklage vorgesehene Zuständigkeit kann in den Mitgliedstaaten, die in der von der Kommission nach Artikel 76 Absatz 1 Buchstabe b und Artikel 76 Absatz 2 festgelegten Liste aufgeführt sind, nur
geltend gemacht werden, soweit das einzelstaatliche Recht dies zulässt.
²Eine Person, die ihren Wohnsitz in einem anderen Mitgliedstaat hat, kann
aufgefordert werden, nach den Vorschriften über die Streitverkündung
gemäß der genannten Liste einem Verfahren vor einem Gericht dieser
Mitgliedstaaten beizutreten.

(2) ¹Entscheidungen, die in einem Mitgliedstaat aufgrund des Artikels
8 Nummer 2 oder des Artikels 13 ergangen sind, werden nach Kapitel III
in allen anderen Mitgliedstaaten anerkannt und vollstreckt. ²Die Wirkungen, welche die Entscheidungen, die in den in der Liste nach Absatz 1
aufgeführten Mitgliedstaaten ergangen sind, gemäß dem Recht dieser
Mitgliedstaaten infolge der Anwendung von Absatz 1 gegenüber Dritten
haben, werden in den allen Mitgliedstaaten anerkannt.

(3) Die in der Liste nach Absatz 1 aufgeführten Mitgliedstaaten übermitteln im Rahmen des durch die Entscheidung 2001/470/EG des Rates[1] errichteten Europäischen Justiziellen Netzes für Zivil- und Handelssachen („Europäisches Justizielles Netz") Informationen darüber, wie
nach Maßgabe ihres innerstaatlichen Rechts die in Absatz 2 Satz 2 genannten Wirkungen der Entscheidungen bestimmt werden können.

Kapitel VI
Übergangsvorschriften

Artikel 66

(1) Diese Verordnung ist nur auf Verfahren, öffentliche Urkunden oder
gerichtliche Vergleiche anzuwenden, die am 10. Januar 2015 oder danach
eingeleitet, förmlich errichtet oder eingetragen bzw. gebilligt oder geschlossen worden sind.

(2) Ungeachtet des Artikels 80 gilt die Verordnung (EG) Nr. 44/2001
weiterhin für Entscheidungen, die in vor dem 10. Januar 2015 eingeleiteten gerichtlichen Verfahren ergangen sind, für vor diesem Zeitpunkt
förmlich errichtete oder eingetragene öffentliche Urkunden sowie für vor
diesem Zeitpunkt gebilligte oder geschlossene gerichtliche Vergleiche,
sofern sie in den Anwendungsbereich der genannten Verordnung fallen.

---

1)   ABl. L 174 vom 27. 6. 2001, S. 25.

Kapitel VII
Verhältnis zu anderen Rechtsinstrumenten

Artikel 67 [Rechtsakte für besondere Rechtsgebiete]

Diese Verordnung berührt nicht die Anwendung der Bestimmungen, die für besondere Rechtsgebiete die gerichtliche Zuständigkeit oder die Anerkennung und Vollstreckung von Entscheidungen regeln und in Unionsrechtsakten oder in dem in Ausführung dieser Rechtsakte harmonisierten einzelstaatlichen Recht enthalten sind.

Artikel 68 [Verhältnis zu EuGVÜ]

(1) Diese Verordnung tritt im Verhältnis zwischen den Mitgliedstaaten an die Stelle des Brüsseler Übereinkommens von 1968, außer hinsichtlich der Hoheitsgebiete der Mitgliedstaaten, die in den territorialen Anwendungsbereich des genannten Übereinkommens fallen und aufgrund der Anwendung von Artikel 355 AEUV von dieser Verordnung ausgeschlossen sind.

(2) Soweit diese Verordnung die Bestimmungen des Brüsseler Übereinkommens von 1968 zwischen den Mitgliedstaaten ersetzt, gelten Verweise auf dieses Übereinkommen als Verweise auf die vorliegende Verordnung.

Artikel 69 [Ersetzung von Übereinkünften]

¹Diese Verordnung ersetzt unbeschadet der Artikel 70 und 71 im Verhältnis zwischen den Mitgliedstaaten die Übereinkünfte, die sich auf dieselben Rechtsgebiete erstrecken wie diese Verordnung. ²Ersetzt werden insbesondere die Übereinkünfte, die in der von der Kommission nach Artikel 76 Absatz 1 Buchstabe c und Artikel 76 Absatz 2 festgelegten Liste aufgeführt sind.

Artikel 70 [Fortgeltung außerhalb des Anwendungsbereichs der EuGVVO]

(1) Die in Artikel 69 genannten Übereinkünfte behalten ihre Wirksamkeit für die Rechtsgebiete, auf die diese Verordnung nicht anzuwenden ist.

(2) Sie bleiben auch weiterhin für die Entscheidungen, öffentlichen Urkunden und gerichtlichen Vergleiche wirksam, die vor dem Inkrafttreten der Verordnung (EG) Nr. 44/2001 ergangen, förmlich errichtet oder eingetragen bzw. gebilligt oder geschlossen worden sind.

Artikel 71 [Fortgeltung von Übereinkünften für besondere Rechtsgebiete]

(1) Diese Verordnung lässt Übereinkünfte unberührt, denen die Mitgliedstaaten angehören und die für besondere Rechtsgebiete die gerichtliche Zuständigkeit, die Anerkennung oder die Vollstreckung von Entscheidungen regeln.

(2) Um eine einheitliche Auslegung des Absatzes 1 zu sichern, wird er in folgender Weise angewandt:

a) Diese Verordnung schließt nicht aus, dass ein Gericht eines Mitgliedstaats, der Vertragspartei einer Übereinkunft über ein besonderes
Rechtsgebiet ist, seine Zuständigkeit auf eine solche Übereinkunft
stützt, und zwar auch dann, wenn der Beklagte seinen Wohnsitz im
Hoheitsgebiet eines Mitgliedstaats hat, der nicht Vertragspartei einer
solchen Übereinkunft ist. In jedem Fall wendet dieses Gericht Artikel
28 dieser Verordnung an.

b) Entscheidungen, die in einem Mitgliedstaat von einem Gericht erlassen worden sind, das seine Zuständigkeit auf eine Übereinkunft über
ein besonderes Rechtsgebiet gestützt hat, werden in den anderen Mitgliedstaaten nach dieser Verordnung anerkannt und vollstreckt.

[1]Sind der Ursprungsmitgliedstaat und der ersuchte Mitgliedstaat Vertragsparteien einer Übereinkunft über ein besonderes Rechtsgebiet, welche die Voraussetzungen für die Anerkennung und Vollstreckung von
Entscheidungen regelt, so gelten diese Voraussetzungen. [2]In jedem Fall
können die Bestimmungen dieser Verordnung über die Anerkennung und
Vollstreckung von Entscheidungen angewandt werden.

Artikel 71 a [Gemeinsames Gericht]

(1) Für die Zwecke dieser Verordnung gilt ein gemeinsames Gericht mehrerer Mitgliedstaaten gemäß Absatz 2 („gemeinsames Gericht") als ein
Gericht eines Mitgliedstaats, wenn das gemeinsame Gericht gemäß der zu
seiner Errichtung geschlossenen Übereinkunft eine gerichtliche Zuständigkeit in Angelegenheiten ausübt, die in den Anwendungsbereich dieser
Verordnung fallen.

(2) Jedes der folgenden Gerichte ist für die Zwecke dieser Verordnung
ein gemeinsames Gericht:

a) das mit dem am 19. Februar 2013 unterzeichneten Übereinkommen
zur Schaffung eines Einheitlichen Patentgerichts („EPG-Überein-
kommen") errichtete Einheitliche Patentgericht und

b) der mit dem Vertrag vom 31. März 1965 über die Gründung und die
Satzung des Benelux-Gerichtshofs (im Folgenden „Benelux-Ge-
richtshof-Vertrag") errichtete Benelux-Gerichtshof.

Artikel 71 b [Zuständigkeit eines gemeinsamen Gerichts]

Die Zuständigkeit eines gemeinsamen Gerichts wird wie folgt bestimmt:

1. Ein gemeinsames Gericht ist zuständig, wenn die Gerichte eines Mitgliedstaats, der Partei der Übereinkunft zur Errichtung des gemeinsamen Gerichts ist, nach Maßgabe dieser Verordnung in einem unter die
betreffende Übereinkunft fallenden Rechtsgebiet zuständig wären.

2. In Fällen, in denen der Beklagte seinen Wohnsitz nicht in einem Mitgliedstaat hat und diese Verordnung die ihn betreffende gerichtliche
Zuständigkeit nicht anderweitig begründet, findet Kapitel II, soweit
einschlägig, ungeachtet des Wohnsitzes des Beklagten Anwendung.

Einstweilige Maßnahmen einschließlich Sicherungsmaßnahmen können bei einem gemeinsamen Gericht auch dann beantragt werden,
wenn für die Entscheidung in der Hauptsache die Gerichte eines Drittstaats zuständig sind.

3. Ist ein gemeinsames Gericht hinsichtlich eines Beklagten nach Nummer 2 in einem Rechtsstreit über eine Verletzung eines Europäischen
Patents, die zu einem Schaden innerhalb der Union geführt hat, zuständig, kann dieses Gericht seine Zuständigkeit auch hinsichtlich eines aufgrund einer solchen Verletzung außerhalb der Union entstandenen Schadens ausüben.

Diese Zuständigkeit kann nur begründet werden, wenn dem Beklagten
gehörendes Vermögen in einem Mitgliedstaat belegen ist, der Vertragspartei der Übereinkunft zur Errichtung des gemeinsamen Gerichts ist und
der Rechtsstreit einen hinreichenden Bezug zu einem solchen Mitgliedstaat aufweist.

Artikel 71 c [Konkurrierende Rechtshängigkeit]

(1) Die Artikel 29 bis 32 finden Anwendung, wenn ein gemeinsames Gericht und ein Gericht eines Mitgliedstaats, der nicht Vertragspartei der
Übereinkunft zur Errichtung des gemeinsamen Gerichts ist, angerufen
werden.

(2) Die Artikel 29 bis 32 finden Anwendung, wenn während des Übergangszeitraums gemäß Artikel 83 des EPG-Übereinkommens das Einheitliche Patentgericht und ein Gericht eines Mitgliedstaats angerufen
werden, der Vertragspartei des EPG-Übereinkommens ist.

Artikel 71 d [Anerkennung und Vollstreckung]

Diese Verordnung findet Anwendung auf die Anerkennung und Vollstreckung von

a) Entscheidungen eines gemeinsamen Gerichts, die in einem Mitgliedstaat, der nicht Vertragspartei der Übereinkunft zur Errichtung des
gemeinsamen Gerichts ist, anerkannt und vollstreckt werden müssen,
und

b) Entscheidungen der Gerichte eines Mitgliedstaats, der nicht Vertragspartei der Übereinkunft zur Errichtung des gemeinsamen Gerichts ist,
die in einem Mitgliedstaat, der Vertragspartei dieser Übereinkunft ist,
anerkannt und vollstreckt werden müssen.

Wird die Anerkennung und Vollstreckung einer Entscheidung eines gemeinsamen Gerichts jedoch in einem Mitgliedstaat beantragt, der Vertragspartei der Übereinkunft zur Errichtung des gemeinsamen Gerichts
ist, gelten anstelle dieser Verordnung alle die Anerkennung und Vollstreckung betreffenden Bestimmungen der Übereinkunft.

Artikel 72 **[Fortgelten von Vereinbarungen nach Art. 59 des**
                Brüsseler Übereinkommens]

Diese Verordnung lässt Vereinbarungen unberührt, durch die sich die
Mitgliedstaaten vor Inkrafttreten der Verordnung (EG) Nr. 44/2001 nach
Artikel 59 des Brüsseler Übereinkommens von 1968 verpflichtet haben,
Entscheidungen der Gerichte eines anderen Vertragsstaats des genannten
Übereinkommens gegen Beklagte, die ihren Wohnsitz oder gewöhnlichen
Aufenthalt im Hoheitsgebiet eines Drittstaats haben, nicht anzuerkennen,
wenn die Entscheidungen in den Fällen des Artikels 4 des genannten
Übereinkommens nur in einem der in Artikel 3 Absatz 2 des genannten
Übereinkommens angeführten Gerichtsstände ergehen können.

Artikel 73 **[Unberührte Übereinkommen]**

(1) Diese Verordnung lässt die Anwendung des Übereinkommens von
Lugano von 2007 unberührt.

(2) Diese Verordnung lässt die Anwendung des Übereinkommens von
New York von 1958 unberührt.

(3) Diese Verordnung lässt die Anwendung der bilateralen Übereinkünfte und Vereinbarungen zwischen einem Drittstaat und einem Mitgliedstaat unberührt, die vor dem Inkrafttreten der Verordnung (EG)
Nr. 44/2001 geschlossen wurden und in dieser Verordnung geregelte Angelegenheiten betreffen.

Kapitel VIII
Schlussvorschriften

Artikel 74 **[Übermittlung einzelstaatlicher**
                Vollstreckungsvorschriften und -verfahren]

Die Mitgliedstaaten übermitteln im Rahmen des Europäischen Justiziellen
Netzes für Zivil- und Handelssachen eine Beschreibung der einzelstaatlichen Vollstreckungsvorschriften und -verfahren, einschließlich Angaben über die Vollstreckungsbehörden, sowie Informationen über alle
Vollstreckungsbeschränkungen, insbesondere über Schuldnerschutzvor-
schriften und Verjährungsfristen, im Hinblick auf die Bereitstellung dieser
Informationen für die Öffentlichkeit.

Die Mitgliedstaaten halten diese Informationen stets auf dem neuesten
Stand.

Artikel 75 **[Mitteilung der zuständigen Gerichte]**

Die Mitgliedstaaten teilen der Kommission bis zum 10. Januar 2014 mit,
a) an welches Gericht der Antrag auf Versagung der Vollstreckung gemäß Artikel 47 Absatz 1 zu richten ist;
b) bei welchen Gerichten der Rechtsbehelf gegen die Entscheidung über
   den Antrag auf Versagung der Vollstreckung gemäß Artikel 49 Absatz
   2 einzulegen ist;

c) bei welchen Gerichten ein weiterer Rechtsbehelf gemäß Artikel 50 einzulegen ist und

d) welche Sprachen für die Übersetzung der Formblätter nach Artikel 57 Absatz 2 zugelassen sind.

Die Angaben werden von der Kommission in geeigneter Weise, insbesondere über das Europäische Justizielle Netz für Zivil- und Handelssachen, der Öffentlichkeit zur Verfügung gestellt.

Artikel 76 [Notifizierung]

(1) Die Mitgliedstaaten notifizieren der Kommission

a) die Zuständigkeitsvorschriften nach Artikel 5 Absatz 2 und Artikel 6 Absatz 2,

b) die Regeln für die Streitverkündung nach Artikel 65 und

c) die Übereinkünfte nach Artikel 69.

(2) Die Kommission legt anhand der in Absatz 1 genannten Notifizierungen der Mitgliedstaaten die jeweiligen Listen fest.

(3) [1]Die Mitgliedstaaten notifizieren der Kommission alle späteren Änderungen, die an diesen Listen vorgenommen werden müssen. [2]Die Kommission passt diese Listen entsprechend an.

(4) Die Kommission veröffentlicht die Listen und alle späteren Änderungen dieser Listen im **Amtsblatt der Europäischen Union**.

(5) Die Kommission stellt der Öffentlichkeit alle nach den Absätzen 1 und 3 notifizierten Informationen auf andere geeignete Weise, insbesondere über das Europäische Justizielle Netz, zur Verfügung.

Artikel 77 [Änderungen]

Der Kommission wird die Befugnis übertragen, gemäß Artikel 78 in Bezug auf die Änderung der Anhänge I und II delegierte Rechtsakte zu erlassen.

Artikel 78 [Erlass delegierter Rechtsakte]

(1) Die der Kommission übertragene Befugnis zum Erlass delegierter Rechtsakte unterliegt den Bedingungen dieses Artikels.

(2) Die Befugnis zum Erlass delegierter Rechtsakte gemäß Artikel 77 wird der Kommission auf unbestimmte Zeit ab dem 9. Januar 2013 übertragen.

(3) [1]Die Befugnisübertragung gemäß Artikel 77 kann vom Europäischen Parlament oder vom Rat jederzeit widerrufen werden. [2]Der Beschluss über den Widerruf beendet die Übertragung der darin genannten Befugnisse. [3]Der Beschluss tritt am Tag nach Veröffentlichung des Beschlusses im *Amtsblatt der Europäischen Union* oder zu einem späteren, in dem Beschluss festgelegten Zeitpunkt in Kraft. [4]Er berührt nicht die Gültigkeit bereits in Kraft getretener delegierter Rechtsakte.

(4) Sobald die Kommission einen delegierten Rechtsakt erlässt, übermittelt sie ihn gleichzeitig dem Europäischen Parlament und dem Rat.

(5) [1]Ein gemäß Artikel 77 erlassener delegierter Rechtsakt tritt nur in Kraft, wenn weder das Europäische Parlament noch der Rat innerhalb einer Frist von zwei Monaten nach Übermittlung dieses Rechtsakts an das Europäische Parlament und den Rat Einwände erhoben hat oder wenn vor Ablauf dieser Frist sowohl das Europäische Parlament als auch der Rat der Kommission mitgeteilt haben, dass sie keine Einwände zu erheben beabsichtigen. [2]Diese Frist wird auf Initiative des Europäischen Parlaments oder des Rates um zwei Monate verlängert.

Artikel 79 [Bericht]
[1]Die Kommission legt dem Europäischen Parlament, dem Rat und dem Europäischen Wirtschafts- und Sozialausschuss bis zum 11. Januar 2022 einen Bericht über die Anwendung dieser Verordnung vor. [2]Dieser Bericht enthält auch eine Bewertung der Frage, ob die Zuständigkeitsvorschriften weiter ausgedehnt werden sollten auf Beklagte, die ihren Wohnsitz nicht in einem Mitgliedstaat haben, wobei der Funktionsweise dieser Verordnung und möglichen Entwicklungen auf internationaler Ebene Rechnung zu tragen ist. [3]Dem Bericht wird gegebenenfalls ein Vorschlag zur Änderung dieser Verordnung beigefügt.

Artikel 80 [Aufhebung]
[1]Die Verordnung (EG) Nr. 44/2001 wird durch diese Verordnung aufgehoben. [2]Bezugnahmen auf die aufgehobene Verordnung gelten als Bezugnahmen auf die vorliegende Verordnung und sind nach Maßgabe der Entsprechungstabelle in Anhang III zu lesen.

Artikel 81 [Inkrafttreten]
Diese Verordnung tritt am zwanzigsten Tag nach ihrer Veröffentlichung im **Amtsblatt der Europäischen Union** in Kraft.

Sie gilt ab dem 10. Januar 2015, mit Ausnahme der Artikel 75 und 76, die ab dem 10. Januar 2014 gelten.

Diese Verordnung ist in allen ihren Teilen verbindlich und gilt gemäß den Verträgen unmittelbar in den Mitgliedstaaten.

Geschehen zu Straßburg am 12. Dezember 2012.

Anhang I

Bescheinigung über eine Entscheidung in Zivil- und Handelssachen

Artikel 53 der Verordnung (EU) Nr. 1215/2012 des Europäischen Parlaments und des Rates über die gerichtliche Zuständigkeit und die Anerkennung und Vollstreckung von Entscheidungen in Zivil- und Handelssachen

1. Ursprungsgericht

1.1.   Bezeichnung:

1.2.   Anschrift:

1.2.1. Straße und Hausnummer/Postfach:

1.2.2. PLZ und Ort:

1.2.3. Mitgliedstaat:
AT □ BE □ BG □ CY □ CZ □ DK □ DE □ EE □ EL □ ES □ FI □ FR □ HR □ HU □ IE □ IT □ LT □ LU □ LV □ MT □ NL □ PL □ PT □ RO □ SE □ SI □ SK □ UK □

1.3.   Telefon:

1.4.   Fax:

1.5.   E-Mail (falls verfügbar):

2. Kläger[1]

2.1.   Name, Vorname/Name der Firma oder Organisation:

2.2.   Identifizierungsnummer (falls vorhanden und falls verfügbar):

2.3.   Geburtsdatum (TT/MM/JJJJ) und Geburtsort oder, bei juristischen Personen, Datum der Gründung/Erlangung der Rechtsfähigkeit/ Registrierung (falls relevant und falls verfügbar):

2.4.   Anschrift:

2.4.1. Straße und Hausnummer/Postfach:

2.4.2. PLZ und Ort:

2.4.3. Land:
AT □ BE □ BG □ CY □ CZ □ DK □ DE □ EE □ EL □ ES □ FI □ FR □ HR □ HU □ IE □ IT □ LT □ LU □ LV □ MT □ NL □ PL □ PT □ RO □ SE □ SI □ SK □ UK □ Sonstige (bitte angeben (ISO-Code)) □

2.5.   E-Mail (falls verfügbar):

3. Beklagte(r)[2]

3.1.   Name, Vorname/Name der Firma oder Organisation:

3.2.   Identifizierungsnummer (falls vorhanden und falls verfügbar):

---

1) Betrifft die Entscheidung mehr als einen Kläger, sind die betreffenden Angaben für sämtliche Kläger einzutragen.

2) Betrifft die Entscheidung mehr als einen Beklagten, sind die betreffenden Angaben für sämtliche Beklagten einzutragen.

3.3. Geburtsdatum (TT/MM/JJJJ) und Geburtsort oder, bei juristischen Personen, Datum der Gründung/Erlangung der Rechtsfähigkeit/Registrierung (falls relevant und falls verfügbar):

3.4. Anschrift:

3.4.1. Straße und Hausnummer/Postfach:

3.4.2. PLZ und Ort:

3.4.3. Land:
AT □ BE □ BG □ CY □ CZ □ DK □ DE □ EE □ EL □ ES □ FI □ FR □ HR □ HU □ IE □ IT □ LT □ LU □ LV □ MT □ NL □ PL □ PT □ RO □ SE □ SI □ SK □ UK □ Sonstige (bitte angeben (ISO-Code)) □

3.5. E-Mail (falls verfügbar):

4. Entscheidung

4.1.   Datum (TT/MM/JJJJ) der Entscheidung:

4.2.   Aktenzeichen der Entscheidung:

4.3.   Ist die Entscheidung ergangen, ohne dass sich der Beklagte auf das Verfahren eingelassen hat?

4.3.1.   □ Nein

4.3.2.   □ Ja (bitte das Datum (TT/MM/JJJJ) angeben, zu dem das verfahrenseinleitende Schriftstück oder ein gleichwertiges Schriftstück dem Beklagten zugestellt wurde):

4.4.   Die Entscheidung ist im Ursprungsmitgliedstaat vollstreckbar, ohne dass weitere Bedingungen erfüllt sein müssen:

4.4.1.   □ Ja (bitte gegebenenfalls das Datum (TT/MM/JJJJ) angeben, zu dem die Entscheidung für vollstreckbar erklärt wurde):

4.4.2.   □ Ja, aber nur gegenüber folgender/folgenden Person(en) (bitte angeben):

4.4.3.   □ Ja, aber nur für einen Teil/Teile der Entscheidung (bitte angeben):

4.4.4.   □ Die Entscheidung enthält keine vollstreckbare Verpflichtung.

4.5.   War die Entscheidung dem/den Beklagten zum Zeitpunkt der Ausstellung der Bescheinigung bereits zugestellt worden?

4.5.1.   □ Ja (bitte das Datum der Zustellung (TT/MM/JJJJ) angeben, falls bekannt):

4.5.1.1.   Die Entscheidung wurde in der/den folgenden Sprache(n) zugestellt:
BG □ ES □ CS □ DK □ DE □ ET □ EL □ EN □ FR □ HR □ GA □ IT □ LV □ LT □ HU □ MT □ NL □ PL □ PT □ RO

□ SK □ SL □ FI □ SV □ Sonstige (bitte angeben (ISO-Code)) □

4.5.2.   □ Dem Gericht nicht bekannt.
4.6.   Tenor der Entscheidung und zugesprochene Zinszahlung
4.6.1.   Entscheidung über eine Geldforderung[1]
4.6.1.1.   Kurzdarstellung des Streitgegenstands:
4.6.1.2.   Das Gericht hat …
(Name, Vorname(n)/Name der Firma oder Organisation)[2]
angewiesen, eine Zahlung zu leisten an: …
(Name, Vorname(n)/Name der Firma oder Organisation)
4.6.1.2.1.   Wurde mehr als eine Person bezeichnet, die für den Anspruch haftet, kann jede der bezeichneten Personen für den gesamten Betrag In Anspruch genommen werden:
4.6.1.2.1.1.   □ Ja
4.6.1.2.1.2.   □ Nein
4.6.1.3.   Währung:
□ Euro (EUR) □ bulgarischer Lew □ tschechische Krone (CZK) □ dänische Krone (DKK) □ kroatische Kuna (HRK) □ ungarischer Forint (HUF) □ polnischer Zloty (PLN) □ Pfund Sterling (GBP) □ rumänischer Leu (RON) □ schwedische Krone (SEK) □ Sonstige (bitte angeben (ISO-Code)):
4.6.1.4.   Hauptforderung:
4.6.1.4.1.   □ Einmalzahlung
4.6.1.4.2.   □ Ratenzahlung[3]

Fälligkeit (TT/MM/JJJJ)	Betrag

4.6.1.4.3.   □ Regelmäßige Zahlung
4.6.1.4.3.1.   □ Täglich
4.6.1.4.3.2.   □ Wöchentlich
4.6.1.4.3.3.   □ Sonstige (bitte Häufigkeit angeben):
4.6.1.4.3.4.   Ab Datum (TT/MM/JJJJ) oder Ereignis:
4.6.1.4.3.5.   Falls zutreffend, bis (Datum (TT/MM/JJJJ) oder Ereignis):
4.6.1.5.   Zinsen (falls zutreffend):

---

1) Betrifft die Entscheidung allein eine Kostenfeststellung im Zusammenhang mit einem Anspruch, der Gegenstand einer vorherigen Entscheidung war, ist Ziffer 4.6.1 nicht auszufüllen und zu Ziffer 4.7 überzugehen.
2) Wurde mehr als eine Person angewiesen, eine Zahlung zu leisten, sind die betreffenden Angaben für sämtliche Personen einzutragen.
3) Es sind die betreffenden Angaben zu den einzelnen Ratenzahlungen einzutragen.

4.6.1.5.1.	Zinsen:
4.6.1.5.1.1.	□ Nicht in der Entscheidung angegeben
4.6.1.5.1.2.	□ Ja, In der Entscheidung folgendermaßen angegeben:
4.6.1.5.1.2.1.	Betrag:
	oder
4.6.1.5.1.2.2.	Zinssatz … %
4.6.1.5.1.2.3.	Zinsen sind fällig ab … (Datum (TT/MM/JJJJ) oder Ereignis) bis … (Datum (TT/MM/JJJJ) oder Ereignis)[1]
4.6.1.5.2.	□ Gesetzliche Zinsen (falls zutreffend), zu berechnen gemäß (bitte entsprechendes Gesetz angeben):
4.6.1.5.2.1.	Zinsen sind fällig ab … (Datum (TT/MM/JJJJ) oder Ereignis) bis … (Datum (TT/MM/JJJJ) oder Ereignis)[1]
4.6.1.5.3.	□ Kapitalisierung der Zinsen (falls zutreffend, bitte angeben):
4.6.2.	Entscheidung über die Anordnung einer einstweiligen Maßnahme, einschließlich Sicherungsmaßnahme:
4.6.2.1.	Kurzdarstellung des Streitgegenstands und der angeordneten Maßnahme:
4.6.2.2.	Die Maßnahme wurde von einem Gericht angeordnet, das in der Hauptsache zuständig ist
4.6.2.2.1.	□ Ja
4.6.3.	Sonstige Entscheidungsarten:
4.6.3.1.	Kurzdarstellung des Streitgegenstands und der Entscheidung des Gerichts::
4.7.	Kosten[2]:
4.7.1.	Währung:
	□ Euro (EUR) □ bulgarischer Lew □ tschechische Krone (CZK) □ dänische Krone (DKK) □ kroatische Kuna (HRK) □ ungarischer Forint (HUF) □ polnischer Zloty (PLN) □ Pfund Sterling (GBP) □ rumänischer Leu (RON) □ schwedische Krone (SEK) □ Sonstige (bitte angeben (ISO-Code)):
4.7.2.	Dem/den folgenden Schuldner(n) wurden die Kosten aufgegeben:
4.7.2.1.	Name, Vorname(n)/Name der Firma oder Organisation:[3]
4.7.2.2.	Wurden mehr als einer Person die Kosten aufgegeben, kann jede der bezeichneten Personen für den gesamten Betrag In Anspruch genommen werden:
4.7.2.2.1.	□ Ja

---

1) Bei mehr als einem Zinszeitraum sind die betreffenden Angaben zu sämtlichen Zinszeiträumen einzutragen.

2) Dieser Punkt betrifft auch Fälle, in denen die Kosten in einer gesonderten Entscheidung zugesprochen werden.

3) Bei mehr als einer Person sind die betreffenden Angaben für sämtliche Personen einzutragen.

4.7.2.2.2.	□ Nein
4.7.3.	Folgende Kosten werden geltend gemacht[1]:
4.7.3.1.	□ Die Kosten wurden in der Entscheidung in Form eines Gesamtbetrags festgesetzt (bitte Betrag angeben)
4.7.3.2.	□ Die Kosten wurden in der Entscheidung in Form eines Prozentsatzes der Gesamtkosten festgesetzt (bitte Prozentsatz der Gesamtkosten angeben):
4.7.3.3.	□ Die Haftung für die Kosten wurde in der Entscheidung festgelegt, und es handelt sich um folgende Beträge:
4.7.3.3.1.	□ Gerichtsgebühren:
4.7.3.3.2.	□ Rechtsanwaltsgebühren:
4.7.3.3.3.	□ Zustellungskosten:
4.7.3.3.4.	□ Sonstige Kosten:
4.7.3.4.	□ Sonstige (bitte angeben):
4.7.4.	Zinsen auf Kosten:
4.7.4.1.	□ Nicht zutreffend
4.7.4.2.	□ In der Entscheidung angegebene Zinsen
4.7.4.2.1.	□ Betrag:
	oder
4.7.4.2.2.	□ Zinssatz … %
4.7.4.2.2.1.	Zinsen sind fällig ab … (Datum (TT/MM/JJJJ) oder Ereignis) bis … (Datum (TT/MM/JJJJ) oder Ereignis)[2]
4.7.4.3.	□ Gesetzliche Zinsen (falls zutreffend), zu berechnen gemäß (bitte entsprechendes Gesetz angeben):
4.7.4.3.1.	Zinsen sind fällig ab … (Datum (TT/MM/JJJJ) oder Ereignis) bis … (Datum (TT/MM/JJJJ) oder Ereignis)[2]
4.7.4.4.	□ Kapitalisierung der Zinsen (falls zutreffend, bitte angeben):

Geschehen zu:

Unterschrift und/oder Dienstsiegel des Ursprungsgerichts:

Anhang II

Bescheinigung über eine öffentliche Urkunde/einen gerichtlichen Vergleich[3] in einer Zivil- oder Handelssache

Artikel 60 der Verordnung (EU) Nr. 1215/2012 des Europäischen Parlaments und des Rates über die gerichtliche Zuständigkeit und die

---

1) Falls mehrere Personen für die Kosten in Anspruch genommen werden können, ist die notwendige Aufschlüsselung für jede Person gesondert einzutragen.

2) Bei mehr als einem Zinszeitraum sind die betreffenden Angaben zu sämtlichen Zinszeiträumen einzutragen.

3) Unzutreffendes in der gesamten Bescheinigung jeweils streichen.

Anerkennung und Vollstreckung von Entscheidungen in Zivil- und Handelssachen

1. Gericht oder sonst befugte Stelle, das/die die Bescheinigung ausstellt

1.1. Bezeichnung:
1.2. Anschrift:
1.2.1. Straße und Hausnummer/Postfach:
1.2.2. PLZ und Ort:
1.2.3. Mitgliedstaat:

AT □ BE □ BG □ CY □ CZ □ DK □ DE □ EE □ EL □ ES □ FI □ FR □ HR □ HU □ IE □ IT □ LT □ LU □ LV □ MT □ NL □ PL □ PT □ RO □ SE □ SI □ SK □ UK □

1.3. Telefon:
1.4. Fax:
1.5. E-Mail (falls verfügbar):

2. Öffentliche Urkunde

2.1. Stelle, die die öffentliche Urkunde errichtet hat (wenn dies eine andere Stelle als diejenige ist, die die Bescheinigung ausstellt)
2.1.1. Name und Bezeichnung dieser Stelle:
2.1.2. Anschrift:
2.2. Datum (TT/MM/JJJJ), zu dem die öffentliche Urkunde durch die unter Ziffer 2.1 genannte Stelle errichtet wurde:
2.3. Nummer der öffentlichen Urkunde (falls zutreffend):
2.4. Datum (TT/MM/JJJJ), zu dem die öffentliche Urkunde in dem Ursprungsmitgliedstaat eingetragen wurde (nur auszufüllen, wenn das Datum der Eintragung für die Rechtswirkung der Urkunde maßgeblich ist und dieses Datum ein anderes als das unter Ziffer 2.2 angegebene Datum ist):
2.4.1. Nummer der Eintragung (falls zutreffend):

3. Gerichtlicher Vergleich

3.1. Gericht, das den gerichtlichen Vergleich gebilligt hat oder vor dem der gerichtliche Vergleich geschlossen wurde (wenn dies ein anderes Gericht als dasjenige ist, das die Bescheinigung ausstellt)
3.1.1. Bezeichnung des Gerichts:
3.1.2. Anschrift:
3.2. Datum (TT/MM/JJJJ) des gerichtlichen Vergleichs:
3.3. Aktenzeichen des gerichtlichen Vergleichs:

4. Parteien der öffentlichen Urkunde/des gerichtlichen Vergleichs

4.1.   Name(n) des/der Gläubiger(s) (Name, Vorname(n)/Name der Firma oder Organisation)[1]:

4.1.1. Identifizierungsnummer (falls vorhanden und falls verfügbar):

4.1.2. Geburtsdatum (TT/MM/JJJJ) und Geburtsort oder, bei juristischen Personen, Datum der Gründung/Erlangung der Rechtsfähigkeit/ Registrierung (falls relevant und falls verfügbar):

4.2.   Name(n) des/der Schuldner(s) (Name, Vorname(n)/Name der Firma oder Organisation)[2]:

4.2.1. Identifizierungsnummer (falls vorhanden und falls verfügbar):

4.2.2. Geburtsdatum (TT/MM/JJJJ) und Geburtsort oder, bei juristischen Personen, Datum der Gründung/Erlangung der Rechtsfähigkeit/ Registrierung (falls relevant und falls verfügbar):

4.3.   Ggf. Name der anderen Parteien (Name, Vorname(n)/Name der Firma oder Organisation)[3]

4.3.1. Identifizierungsnummer (falls vorhanden und falls verfügbar):

4.3.2. Geburtsdatum (TT/MM/JJJJ) und Geburtsort oder, bei juristischen Personen, Datum der Gründung/Erlangung der Rechtsfähigkeit/ Registrierung (falls relevant und falls verfügbar):

5. Vollstreckbarkeit der öffentlichen Urkunde/des gerichtlichen Vergleichs im Ursprungsmitgliedstaat

5.1.   Die öffentliche Urkunde/der gerichtliche Vergleich ist im Ursprungsmitgliedstaat vollstreckbar

5.1.1.   □ Ja

5.2.   Inhalt der öffentlichen Urkunde/des gerichtlichen Vergleichs und Zinsen

5.2.1   Öffentliche Urkunde/gerichtlicher Vergleich über eine Geldforderung

5.2.1.1. Kurzdarstellung des Gegenstands:

5.2.1.2. Gemäß der öffentlichen Urkunde/dem gerichtlichen Vergleich muss …

          (Name, Vorname(n)/Name der Firma oder Organisation)[4]

          eine Zahlung leisten an: …

          (Name, Vorname(n)/Name der Firma oder Organisation)

---

1) Bei mehreren Gläubigern sind die betreffenden Angaben für sämtliche Gläubiger einzutragen.

2) Bei mehreren Schuldnern sind die betreffenden Angaben für sämtliche Schuldner einzutragen.

3) Ggf. sind die betreffenden Angaben für sämtliche anderen Parteien einzutragen.

4) Wurde mehr als eine Person angewiesen, eine Zahlung zu leisten, sind die betreffenden Angaben für sämtliche Personen einzutragen.

5.2.1.2.1.	Wurde mehr als eine Person bezeichnet, die für den Anspruch haftet, kann jede der bezeichneten Personen für den gesamten Betrag In Anspruch genommen werden:
5.2.1.2.1.1.	□ Ja
5.2.1.2.1.2.	□ Nein
5.2.1.3.	Währung:
	□ Euro (EUR) □ bulgarischer Lew (BGN) □ tschechische Krone (CZK) □ dänische Krone (DKK) □ kroatische Kuna (HRK) □ ungarischer Forint (HUF) □ polnischer Zloty (PLN) □ Pfund Sterling (GBP) □ rumänischer Leu (RON) □ schwedische Krone (SEK) □ Sonstige (bitte angeben (ISO-Code)):
5.2.1.4.	Hauptforderung:
5.2.1.4.1.	□ Einmalzahlung
5.2.1.4.2.	□ Ratenzahlung[1]

Fälligkeit (TT/MM/JJJJ)	Betrag

5.2.1.4.3.	□ Regelmäßige Zahlung
5.2.1.4.3.1.	□ Täglich
5.2.1.4.3.2.	□ Wöchentlich
5.2.1.4.3.3.	□ Sonstige (bitte Häufigkeit angeben):
5.2.1.4.3.4.	Ab (Datum (TT/MM/JJJJ) oder Ereignis):
5.2.1.4.3.5.	Gegebenenfalls bis … (Datum (TT/MM/JJJJ) oder Ereignis)
5.2.1.5.	Zinsen (falls zutreffend)
5.2.1.5.1.	Zinsen:
5.2.1.5.1.1.	□ Nicht in der öffentlichen Urkunde/dem gerichtlichen Vergleich angegeben
5.2.1.5 1.2.	□ Ja, in der öffentlichen Urkunde/dem gerichtlichen Vergleich folgendermaßen angegeben:
5.2.1.5.1.2.1.	Betrag:
	oder
5.2.1.5.1.2.2.	Zinssatz … %
5.2.1.5.1.2.3.	Zinsen sind fällig ab … (Datum (TT/MM/JJJJ) oder Ereignis) bis … (Datum (TT/MM/JJJJ) oder Ereignis)[2]
5.2.1.5.2.	□ Gesetzliche Zinsen (falls zutreffend), zu berechnen gemäß (bitte entsprechendes Gesetz angeben):

---

1) Es sind die betreffenden Angaben für die einzelnen Ratenzahlungen einzutragen.
2) Bei mehr als einem Zinszeitraum sind die betreffenden Angaben für sämtliche Zinszeiträume einzutragen.

5.2.1.5.2.1.   Zinsen sind fällig ab … (Datum (TT/MM/JJJJ) oder Ereignis) bis … (Datum (TT/MM/JJJJ) oder Ereignis)[1]

5.2.1.5.3.   □ Kapitalisierung der Zinsen (falls zutreffend, bitte angeben):

5.2.2.   Öffentliche Urkunde/gerichtlicher Vergleich über eine nichtmonetäre vollstreckbare Verpflichtung:

5.2.2.1.   Kurzdarstellung der vollstreckbaren Verpflichtung:

5.2.2.2.   Die unter Ziffer 5.2.2.1 genannte Verpflichtung ist vollstreckbar gegen die folgende(n) Person(en)[2] (Name, Vorname (n)/Name der Firma oder Organisation):

Geschehen zu:

Stempel und/oder Unterschrift des Gerichts oder zuständigen Behörde, welche die Bescheinigung ausstellt:

Anhang III

Entsprechungstabelle

Verordnung (EG) Nr. 44/2001	Diese Verordnung
Artikel 1 Absatz 1	Artikel 1 Absatz 1
Artikel 1 Absatz 2 Einleitung	Artikel 1 Absatz 2 Einleitung
Artikel 1 Absatz 2 Buchstabe a	Artikel 1 Absatz 2 Buchstaben a und f
Artikel 1 Absatz 2 Buchstaben b bis d	Artikel 1 Absatz 2 Buchstaben b bis d
–	Artikel 1 Absatz 2 Buchstabe e
Artikel 1 Absatz 3	–
–	Artikel 2
Artikel 2	Artikel 4
Artikel 3	Artikel 5
Artikel 4	Artikel 6
Artikel 5, einleitende Worte	Artikel 7, einleitende Worte
Artikel 5 Nummer 1	Artikel 7 Nummer 1
Artikel 5 Nummer 2	–
Artikel 5 Nummern 3 und 4	Artikel 7 Nummern 2 und 3

---

1)   Bei mehr als einem Zinszeitraum sind die betreffenden Angaben für sämtliche Zinszeiträume einzutragen.

2)   Bei mehr als einer Person sind die betreffenden Angaben für sämtliche Personen einzutragen.

Verordnung (EG) Nr. 44/2001	Diese Verordnung
–	Artikel 7 Nummer 4
Artikel 5 Nummern 5 bis 7	Artikel 7 Nummern 5 bis 7
Artikel 6	Artikel 8
Artikel 7	Artikel 9
Artikel 8	Artikel 10
Artikel 9	Artikel 11
Artikel 10	Artikel 12
Artikel 11	Artikel 13
Artikel 12	Artikel 14
Artikel 13	Artikel 15
Artikel 14	Artikel 16
Artikel 15	Artikel 17
Artikel 16	Artikel 18
Artikel 17	Artikel 19
Artikel 18	Artikel 20
Artikel 19 Nummern 1 und 2	Artikel 21 Absatz 1
–	Artikel 21 Absatz 2
Artikel 20	Artikel 22
Artikel 21	Artikel 23
Artikel 22	Artikel 24
Artikel 23 Absätze 1 und 2	Artikel 25 Absätze 1 und 2
Artikel 23 Absatz 3	–
Artikel 23 Absätze 4 und 5	Artikel 25 Absätze 3 und 4
–	Artikel 25 Absatz 5
Artikel 24	Artikel 26 Absatz 1
–	Artikel 26 Absatz 2
Artikel 25	Artikel 27
Artikel 26	Artikel 28
Artikel 27 Absatz 1	Artikel 29 Absatz 1
–	Artikel 29 Absatz 2
Artikel 27 Absatz 2	Artikel 29 Absatz 3

Verordnung (EG) Nr. 44/2001	Diese Verordnung
Artikel 28	Artikel 30
Artikel 29	Artikel 31 Absatz 1
–	Artikel 31 Absatz 2
–	Artikel 31 Absatz 3
–	Artikel 31 Absatz 4
Artikel 30	Artikel 32 Absatz 1 Buchstaben a und b
–	Artikel 32 Absatz 1 Unterabsatz 2
–	Artikel 32 Absatz 2
–	Artikel 33
–	Artikel 34
Artikel 31	Artikel 35
Artikel 32	Artikel 2 Buchstabe a
Artikel 33	Artikel 36
–	Artikel 37
–	Artikel 39
–	Artikel 40
–	Artikel 41
–	Artikel 42
–	Artikel 43
–	Artikel 44
Artikel 34	Artikel 45 Absatz 1 Buchstaben a bis d
Artikel 35 Absatz 1	Artikel 45 Absatz 1 Buchstabe e
Artikel 35 Absatz 2	Artikel 45 Absatz 2
Artikel 35 Absatz 3	Artikel 45 Absatz 3
	Artikel 45 Absatz 4
Artikel 36	Artikel 52
Artikel 37 Absatz 1	Artikel 38 Buchstabe a
Artikel 38	–
Artikel 39	–
Artikel 40	–

Verordnung (EG) Nr. 44/2001	Diese Verordnung
Artikel 41	–
Artikel 42	–
Artikel 43	–
Artikel 44	–
Artikel 45	–
Artikel 46	–
Artikel 47	–
Artikel 48	–
–	Artikel 46
–	Artikel 47
–	Artikel 48
–	Artikel 49
–	Artikel 50
–	Artikel 51
–	Artikel 54
Artikel 49	Artikel 55
Artikel 50	–
Artikel 51	Artikel 56
Artikel 52	–
Artikel 53	–
Artikel 54	Artikel 53
Artikel 55 Absatz 1	–
Artikel 55 Absatz 2	Artikel 37 Absatz 2, Artikel 47 Absatz 3 und Artikel 57
Artikel 56	Artikel 61
Artikel 57 Absatz 1	Artikel 58 Absatz 1
Artikel 57 Absatz 2	–
Artikel 57 Absatz 3	Artikel 58 Absatz 2
Artikel 57 Absatz 4	Artikel 60
Artikel 58	Artikel 59 und Artikel 60
Artikel 59	Artikel 62

Verordnung (EG) Nr. 44/2001	Diese Verordnung
Artikel 60	Artikel 63
Artikel 61	Artikel 64
Artikel 62	Artikel 3
Artikel 63	–
Artikel 64	–
Artikel 65	Artikel 65 Absätze 1 und 2
–	Artikel 65 Absatz 3
Artikel 66	Artikel 66
Artikel 67	Artikel 67
Artikel 68	Artikel 68
Artikel 69	Artikel 69
Artikel 70	Artikel 70
Artikel 71	Artikel 71
Artikel 72	Artikel 72
–	Artikel 73
Artikel 73	Artikel 79
Artikel 74 Absatz 1	Artikel 75 Absatz 1 Buchstaben a, b und c und Artikel 76 Absatz 1 Buchstabe a
Artikel 74 Absatz 2	Artikel 77
–	Artikel 78
–	Artikel 80
Artikel 75	–
Artikel 76	Artikel 81
Anhang I	Artikel 76 Absatz 1 Buchstabe a
Anhang II	Artikel 75 Buchstabe a
Anhang III	Artikel 75 Buchstabe b
Anhang IV	Artikel 75 Buchstabe c
Anhang V	Anhang I und Anhang II
Anhang VI	Anhang II
–	Anhang III

Beschluss des Rates
vom 26. Mai 2014
über das Eigenmittelsystem der Europäischen Union
(2014/335/EU, Euratom)

(ABl. L 168 vom 7. 6. 2014, S. 105)

DER RAT DER EUROPÄISCHEN UNION –

gestützt auf den Vertrag über die Arbeitsweise der Europäischen Union, insbesondere auf Artikel 311 Absatz 3,

gestützt auf den Vertrag zur Gründung der Europäischen Atomgemeinschaft, insbesondere auf Artikel 106 a,

auf Vorschlag der Europäischen Kommission,

nach Zuleitung des Entwurfs des Gesetzgebungsakts an die nationalen Parlamente,

nach Stellungnahme des Europäischen Parlaments,

gemäß einem besonderen Gesetzgebungsverfahren,

in Erwägung nachstehender Gründe:

(1) Das Eigenmittelsystem der Union muss gewährleisten, dass die Union über angemessene Einnahmen für eine geordnete Finanzierung der Politikbereiche der Union verfügt; dabei ist eine strikte Haushaltsdisziplin zu wahren. Die Entwicklung des Eigenmittelsystems kann und soll auch zu den Bemühungen der Mitgliedstaaten um eine Konsolidierung ihrer Haushalte insgesamt beitragen und in größtmöglichem Umfang in die Entwicklung der Politikbereiche der Union einbezogen werden.

(2) Dieser Beschluss kann erst in Kraft treten, wenn ihm alle Mitgliedstaaten in Einklang mit ihren jeweiligen verfassungsrechtlichen Vorschriften zugestimmt haben und somit die Souveränität der Mitgliedstaaten in vollem Umfang gewahrt ist.

(3) Der Europäische Rat hat auf seiner Tagung vom 7./8. Februar 2013 unter anderem festgestellt, dass die allgemeinen Ziele der Einfachheit, Transparenz und Gerechtigkeit Richtschnur für die Eigenmittelvereinbarungen sein sollten. Folglich sollten diese Vereinbarungen im Einklang mit den einschlägigen Schlussfolgerungen des Europäischen Rates von 1984 in Fontainebleau sicherstellen, dass keinem Mitgliedstaat eine – gemessen an seinem relativen Wohlstand – überhöhte Haushaltsbelastung auferlegt wird. Es ist daher angebracht, Bestimmungen für bestimmte Mitgliedstaaten vorzusehen.

(4) Der Europäische Rat hat auf seiner Tagung vom 7./8. Februar 2013 festgestellt, dass für Deutschland, die Niederlande und Schweden nur im Zeitraum 2014-2020 geringere Abrufsätze für die Eigenmittel auf der Grundlage der Mehrwertsteuer gelten sollen. Er hat

ferner festgestellt, dass Dänemark, die Niederlande und Schweden in den Genuss einer Bruttoverminderung ihres jährlichen BNE-Beitrags kommen sollen, die nur für den Zeitraum 2014-2020 gilt, und dass Österreich in den Genuss einer Bruttoverminderung seines jährlichen BNE-Beitrags kommen soll, die nur für den Zeitraum 2014-2016 gilt. Der Europäische Rat hat auf seiner Tagung vom 7./8. Februar 2013 festgestellt, dass der bestehende Korrekturmechanismus für das Vereinigte Königreich weiterhin Anwendung finden soll.

(5) Der Europäische Rat hat auf seiner Tagung vom 7./8. Februar 2013 festgestellt, dass das System für die Erhebung der traditionellen Eigenmittel nicht geändert werden soll. Ab 1. Januar 2014 sollen die Mitgliedstaaten jedoch 20 % der von ihnen erhobenen Beträge als Erhebungskosten einbehalten.

(6) Zur Wahrung einer strikten Haushaltsdisziplin und unter Berücksichtigung der Mitteilung der Kommission vom 16. April 2010 über die Anpassung der Eigenmittelobergrenze und der Obergrenze für Mittel für Verpflichtungen nach Inkrafttreten des Beschlusses zur Berücksichtigung der FISIM für die Zwecke der Eigenmittel sollte die Eigenmittelobergrenze der Mittel für Zahlungen auf 1,23 % des Gesamtbetrags des BNE der Mitgliedstaaten zu Marktpreisen und die Obergrenze der Mittel für Verpflichtungen auf 1,29 % des Gesamtbetrags des BNE der Mitgliedstaaten festgesetzt werden. Diese Obergrenzen beruhen auf dem ESVG 95 einschließlich der unterstellten Bankgebühr (FISIM), da die Daten, die auf dem mit der Verordnung (EU) Nr. 549/2013 des Europäischen Parlaments und des Rates[1] (ESVG 2010) eingeführten überarbeiteten europäischen System volkswirtschaftlicher Gesamtrechnungen beruhen, zum Zeitpunkt der Annahme des vorliegenden Beschlusses nicht verfügbar waren. Damit sich der Betrag der der Union zur Verfügung gestellten Finanzmittel nicht ändert, ist es angebracht, diese in Prozent des BNE ausgedrückten Obergrenzen anzupassen. Diese Obergrenzen sollten angepasst werden, sobald alle Mitgliedstaaten ihre Daten auf der Grundlage des ESVG 2010 übermittelt haben. Sollte das ESVG 2010 in einer Weise geändert werden, die zu erheblichen Änderungen der Höhe des BNE führt, so sollten die Obergrenzen für Eigenmittel und für Mittel für Verpflichtungen erneut angepasst werden.

(7) Der Europäische Rat hat den Rat auf seiner Tagung vom 7./8. Februar 2013 aufgefordert, die Arbeit an dem Vorschlag der Kom-

---

1) Verordnung (EU) Nr. 549/2013 des Europäischen Parlaments und des Rates vom 21. Mai 2013 zum Europäischen System Volkswirtschaftlicher Gesamtrechnungen auf nationaler und regionaler Ebene in der Europäischen Union (ABl. L 174 vom 26. 6. 2013, S. 1).

mission für eine neue Eigenmittelkategorie auf der Grundlage der
Mehrwertsteuer mit dem Ziel fortzusetzen, größtmögliche Einfachheit und Transparenz zu gewährleisten, die Verknüpfung mit der
Mehrwertsteuerpolitik der EU und der tatsächlich erhobenen Mehrwertsteuer zu verstärken und für eine Gleichbehandlung der Steu-
erzahler in allen Mitgliedstaaten zu sorgen. Der Europäische Rat
hat festgestellt, dass die neue Mehrwertsteuer-Eigenmittelkategorie
das System für die Bereitstellung der Eigenmittel auf der Grundlage
der Mehrwertsteuer in seiner jetzigen Form ablösen könnte. Der
Europäische Rat hat ferner zur Kenntnis genommen, dass der Rat
am 22. Januar 2013 den Beschluss des Rates über die Ermächtigung
zu einer Verstärkten Zusammenarbeit im Bereich der Finanztrans-
aktionssteuer[1] erlassen hat. Er hat die teilnehmenden Mitgliedstaaten ersucht zu prüfen, ob dies die Grundlage für eine neue Eigenmittelkategorie für den EU-Haushalt werden könnte. Er hat festgestellt, dass dies weder Auswirkungen auf die nicht teilnehmenden
Mitgliedstaaten noch auf die Berechnung der Korrektur zugunsten
des Vereinigten Königreichs hätte.

(8)   Der Europäische Rat hat auf seiner Tagung vom 7./8. Februar 2013
festgestellt, dass nach Maßgabe des Artikels 311 Absatz 4 des Vertrags über die Arbeitsweise der Europäischen Union (AEUV) eine
Verordnung des Rates zur Festlegung von Durchführungsbestimmungen für das Eigenmittelsystem der Union ausgearbeitet wird.
Dementsprechend sollten Bestimmungen allgemeiner Art, die für
alle Arten von Eigenmitteln gelten und bei denen entsprechend den
Verträgen eine angemessene parlamentarische Kontrolle erforderlich ist, in die genannte Verordnung aufgenommen werden, wie
insbesondere das Verfahren für die Berechnung und Budgetierung
des jährlichen Haushaltssaldos sowie Aspekte der Kontrolle und
Überwachung der Einnahmen.

(9)   Aus Gründen der Kohärenz, der Kontinuität und der Rechtssicherheit sollten Vorschriften für den Übergang von dem mit dem Beschluss 2007/436/EG, Euratom des Rates[2] eingeführten System auf
das mit dem vorliegenden Beschluss eingeführte System erlassen
werden.

(10)   Der Beschluss 2007/436/EG, Euratom sollte aufgehoben werden.

(11)   Für die Zwecke dieses Beschlusses sollten alle Geldbeträge in Euro
ausgedrückt werden.

---

1)   ABl. L 22 vom 25. 1. 2013, S. 11.
2)   Beschluss 2007/436/EG, Euratom des Rates vom 7. Juni 2007 über das System der
     Eigenmittel der Europäischen Gemeinschaften (ABl. L 163 vom 23. 6. 2007, S. 17).

(12) Der Europäische Rechnungshof und der Europäische Wirtschafts- und Sozialausschuss wurden angehört und haben Stellungnahmen[1] abgegeben.

(13) Damit der Übergang auf das überarbeitete Eigenmittelsystem mit dem Haushaltsjahr zusammenfällt, sollte dieser Beschluss vom 1. Januar 2014 an gelten –

HAT FOLGENDEN BESCHLUSS ERLASSEN:

Artikel 1 Gegenstand

Dieser Beschluss enthält die Vorschriften für die Bereitstellung der Eigenmittel der Union, damit in Einklang mit Artikel 311 des Vertrags über die Arbeitsweise der Europäischen Union (AEUV) die Finanzierung des Jahreshaushalts der Union gewährleistet ist.

Artikel 2 Eigenmittelkategorien und konkrete Methoden für ihre Berechnung

(1) Folgende Einnahmen stellen in den Haushaltsplan der Union einzusetzende Eigenmittel dar:

a) traditionelle Eigenmittel in Form von Abschöpfungen, Prämien, Zusatz- oder Ausgleichsbeträgen, zusätzlichen Teilbeträgen und anderen Abgaben, Zöllen des Gemeinsamen Zolltarifs und anderen Zöllen auf den Warenverkehr mit Drittländern, die von den Organen der Union eingeführt worden sind oder noch eingeführt werden, Zöllen auf die unter den ausgelaufenen Vertrag über die Gründung der Europäischen Gemeinschaft für Kohle und Stahl fallenden Erzeugnisse sowie Abgaben, die im Rahmen der gemeinsamen Marktorganisation für Zucker vorgesehen sind;

b) unbeschadet des Absatzes 4 Unterabsatz 2 Einnahmen, die sich aus der Anwendung eines für alle Mitgliedstaaten einheitlichen Satzes auf die nach Unionsvorschriften bestimmten harmonisierten MwSt.-Eigenmittelbemessungsgrundlagen ergeben. Die für diese Zwecke heranzuziehende Bemessungsgrundlage darf 50 % des in Absatz 7 definierten Bruttonationaleinkommens (BNE) eines jeden Mitgliedstaats nicht überschreiten;

c) unbeschadet des Absatzes 5 Unterabsatz 2 Einnahmen, die sich aus der Anwendung eines im Rahmen des Haushaltsverfahrens unter Berücksichtigung aller übrigen Einnahmen festzulegenden einheitlichen Satzes auf den Gesamtbetrag der BNE aller Mitgliedstaaten ergeben.

(2) In den Haushaltsplan der Union einzusetzende Eigenmittel sind ferner Einnahmen aus sonstigen, gemäß dem Verfahren des Artikels 311 AEUV im Rahmen einer gemeinsamen Politik eingeführten Abgaben.

---

1) Stellungnahme Nr. 2/2012 des Europäischen Rechnungshofs vom 20. März 2012 (ABl. C 112 vom 18. 4. 2012, S. 1) und Stellungnahme des Europäischen Wirtschafts- und Sozialausschusses vom 29. März 2012 (ABl. C 181 vom 21. 6. 2012, S. 45).

(3) Die Mitgliedstaaten behalten von den in Absatz 1 Buchstabe a genannten Einnahmen 20 % für die Erhebung ein.

(4) Der in Absatz 1 Buchstabe b genannte einheitliche Satz wird auf 0,30 % festgesetzt.

Ausschließlich für den Zeitraum 2014-2020 wird der Abrufsatz der MwSt.-Eigenmittel für Deutschland, die Niederlande und Schweden auf 0,15 % festgesetzt.

(5) Der in Absatz 1 Buchstabe c genannte einheitliche Satz wird auf das BNE eines jeden Mitgliedstaats angewandt.

[1]Ausschließlich für den Zeitraum 2014-2020 werden die jährlichen BNE-Beiträge Dänemarks, der Niederlande und Schwedens brutto um 130 Mio. EUR, 695 Mio. EUR bzw. 185 Mio. EUR gesenkt. [2]Der jährliche BNE-Beitrag Österreichs wird brutto im Jahr 2014 um 30 Mio. EUR gesenkt, im Jahr 2015 um 20 Mio. EUR und im Jahr 2016 um 10 Mio. EUR. [3]Alle diese Beträge werden in Preisen von 2011 ausgedrückt und in jeweilige Preise umgerechnet, indem der jeweils jüngste von der Kommission errechnete BIP-Deflator für die EU in Euro herangezogen wird, der zum Zeitpunkt der Aufstellung des Haushaltsplanentwurfs vorliegt. [4]Diese Bruttokürzungen erfolgen nach der Berechnung der Korrektur zugunsten des Vereinigten Königreichs und der Finanzierung des betreffenden Korrekturbetrags gemäß den Artikeln 4 und 5 und beeinflussen diese nicht. [5]Diese Bruttokürzungen werden von allen Mitgliedstaaten finanziert.

(6) Ist der Haushaltsplan zu Beginn des Haushaltsjahres noch nicht angenommen, bleiben die geltenden MwSt.- und BNE-Abrufsätze bis zum Inkrafttreten der neuen Sätze gültig.

(7) BNE im Sinne des Absatzes 1 Buchstabe c bezeichnet das BNE eines Jahres zu Marktpreisen, wie es von der Kommission in Anwendung der Verordnung (EU) Nr. 549/2013 des Europäischen Parlaments und des Rates (ESVG 2010) errechnet wird.

Sollten Änderungen des ESVG 2010 zu wesentlichen Änderungen des in Absatz 1 Buchstabe c genannten BNE führen, beschließt der Rat einstimmig auf Vorschlag der Kommission und nach Anhörung des Europäischen Parlaments, ob diese Änderungen für die Zwecke dieses Beschlusses zu berücksichtigen sind.

Artikel 3 Eigenmittelobergrenze

(1) Der Gesamtbetrag der Eigenmittel, der der Union für die jährlichen Mittel für Zahlungen zur Verfügung steht, darf 1,23 % der Summe der BNE der Mitgliedstaaten nicht übersteigen.

(2) Der Gesamtbetrag der jährlichen Mittel für Verpflichtungen, die in den Haushaltsplan der Union eingesetzt werden, darf 1,29 % der Summe der BNE der Mitgliedstaaten nicht übersteigen.

Es ist für ein angemessenes Verhältnis zwischen Mitteln für Verpflichtungen und Mitteln für Zahlungen zu sorgen, um zu gewährleisten, dass sie miteinander vereinbar sind und dass die in Absatz 1 genannten Obergrenzen in den folgenden Jahren eingehalten werden können.

(3) Sobald alle Mitgliedstaaten ihre Daten auf der Grundlage des ESVG 2010 übermittelt haben, nimmt die Kommission für die Zwecke dieses Beschlusses anhand nachstehender Formel eine Neuberechnung der in den Absätzen 1 und 2 genannten Obergrenzen vor:

$$1{,}23\%(1{,}29\%) \times \frac{\text{BNEt - 2} + \text{BNEt - 1} + \text{BNEt ESA 95}}{\text{BNEt - 2} + \text{BNEt - 1} + \text{BNEt ESA 2010}}$$

Dabei ist „t" das letzte volle Jahr, für das Daten zur Berechnung des BNE vorliegen.

(4) Führen Änderungen des ESVG 2010 zu wesentlichen Änderungen bei der Höhe des BNE, so nimmt die Kommission anhand nachstehender Formel eine Neuberechnung der in den Absätzen 1 und 2 genannten und gemäß Absatz 3 neuberechneten Obergrenzen vor:

$$x\%(y\%) \times \frac{\text{BNEt - 2} + \text{BNEt - 1} + \text{BNEt ESA aktuell}}{\text{BNEt - 2} + \text{BNEt - 1} + \text{BNEt ESA geändert}}$$

Dabei ist „t" das letzte volle Jahr, für das Daten zur Berechnung des BNE vorliegen.

„x" und „y" sind dabei jeweils die gemäß Absatz 3 neuberechneten Obergrenzen.

Artikel 4 Korrekturmechanismus zugunsten des Vereinigten Königreichs

Es wird eine Korrektur der Haushaltsungleichgewichte zugunsten des Vereinigten Königreichs vorgenommen.

Diese Korrektur wird wie folgt berechnet:

a) Es wird die sich im vorhergehenden Haushaltsjahr ergebende Differenz berechnet zwischen
   - dem prozentualen Anteil des Vereinigten Königreichs an der Summe der nichtbegrenzten MwSt.-Bemessungsgrundlagen und
   - dem prozentualen Anteil des Vereinigten Königreichs an den aufteilbaren Gesamtausgaben.

b) Der Differenzbetrag wird mit den aufteilbaren Gesamtausgaben multipliziert.

c) Das Ergebnis nach Buchstabe b wird mit 0,66 multipliziert.

d) Von dem gemäß Buchstabe c ermittelten Betrag wird der Betrag abgezogen, der sich für das Vereinigte Königreich aus der Begrenzung der MwSt.-Eigenmittelbemessungsgrundlage und den Zahlungen gemäß Artikel 2 Absatz 1 Buchstabe c ergibt, d.h. die Differenz zwischen
   - den Zahlungen, die durch die Einnahmen gemäß Artikel 2 Absatz 1 Buchstaben b und c finanziert werden und die das Vereinigte

Königreich hätte leisten müssen, wenn der einheitliche Satz auf die nichtbegrenzten Bemessungsgrundlagen angewandt worden wäre, und

– den Zahlungen des Vereinigten Königreichs gemäß Artikel 2 Absatz 1 Buchstaben b und c.

e) Von dem gemäß Buchstabe d ermittelten Betrag wird der Nettogewinn abgezogen, der sich für das Vereinigte Königreich aufgrund des höheren Anteils an den Eigenmitteleinnahmen gemäß Artikel 2 Absatz 1 Buchstabe a ergibt, den die Mitgliedstaaten für die Erhebung und damit verbundene Kosten einbehalten.

f) Die Berechnung wird angepasst, indem von den aufteilbaren Gesamtausgaben die Ausgaben für Mitgliedstaaten, die der Union nach dem 30. April 2004 beigetreten sind, abgezogen werden; davon ausgenommen sind Direktzahlungen und marktbezogene Ausgaben sowie die Ausgaben für die Entwicklung des ländlichen Raums, die aus dem EAGFL – Abteilung Garantie – finanziert werden.

Artikel 5   Finanzierung des Korrekturmechanismus zugunsten des Vereinigten Königreichs

(1) Der Korrekturbetrag nach Artikel 4 wird von den anderen Mitgliedstaaten als dem Vereinigten Königreich nach folgenden Modalitäten finanziert:

a) Die Aufteilung des zu finanzierenden Betrags wird zunächst nach dem jeweiligen Anteil der Mitgliedstaaten an den Zahlungen gemäß Artikel 2 Absatz 1 Buchstabe c unter Ausschluss des Vereinigten Königreichs und ohne Berücksichtigung der Bruttokürzungen der BNE-Beiträge Dänemarks, der Niederlande, Österreichs und Schwedens gemäß Artikel 2 Absatz 5 berechnet.

b) Dieser Betrag wird dann in der Weise angepasst, dass der Finanzierungsanteil Deutschlands, der Niederlande, Österreichs und Schwedens auf ein Viertel der sich normalerweise aus dieser Berechnung ergebenden Anteile begrenzt wird.

(2) [1]Die Ausgleichszahlung an das Vereinigte Königreich wird mit seinen Zahlungen gemäß Artikel 2 Absatz 1 Buchstabe c verrechnet. [2]Die von den übrigen Mitgliedstaaten zu tragende Finanzlast kommt zu deren jeweiligen Zahlungen gemäß Artikel 2 Absatz 1 Buchstabe c hinzu.

(3) Die Kommission nimmt die zur Anwendung von Artikel 2 Absatz 5, Artikel 4 und des vorliegenden Artikels erforderlichen Berechnungen vor.

(4) Ist der Haushaltsplan zu Beginn des Haushaltsjahres noch nicht verabschiedet, so bleiben die im letzten endgültig festgestellten Haushaltsplan eingesetzten Ausgleichszahlungen an das Vereinigte Königreich und der dafür von den übrigen Mitgliedstaaten aufzubringende Betrag anwendbar.

Artikel 6 Universalitätsprinzip

Die in Artikel 2 genannten Einnahmen dienen unterschiedslos der Finanzierung aller im Jahreshaushaltsplan der Union ausgewiesenen Ausgaben.

Artikel 7 Übertragung von Überschüssen

Ein etwaiger Mehrbetrag der Einnahmen der Union gegenüber den tatsächlichen Gesamtausgaben im Verlauf eines Haushaltsjahres wird auf das folgende Haushaltsjahr übertragen.

Artikel 8 Erhebung der Eigenmittel und deren Bereitstellung für die Kommission

(1) Die in Artikel 2 Absatz 1 Buchstabe a genannten Eigenmittel der Union werden von den Mitgliedstaaten nach ihren innerstaatlichen Rechts- und Verwaltungsvorschriften erhoben, die gegebenenfalls den Erfordernissen der Unionsvorschriften anzupassen sind.

Die Kommission prüft die einschlägigen innerstaatlichen Bestimmungen, die ihr von den Mitgliedstaaten mitgeteilt werden, teilt den Mitgliedstaaten die Anpassungen mit, die sie im Hinblick auf die Übereinstimmung mit den Unionsvorschriften für notwendig hält, und erstattet erforderlichenfalls der Haushaltsbehörde Bericht.

(2) Die Mitgliedstaaten stellen die in Artikel 2 Absatz 1 Buchstaben a, b und c genannten Eigenmittel der Kommission gemäß der Verordnung nach Artikel 322 Absatz 2 AEUV zur Verfügung.

Artikel 9 Durchführungsbestimmungen

Der Rat erlässt gemäß dem Verfahren des Artikels 311 Absatz 4 AEUV Durchführungsbestimmungen in Bezug auf folgende Elemente des Eigenmittelsystems:

a) das Verfahren für die Berechnung und Budgetierung des jährlichen Haushaltssaldos gemäß Artikel 7;

b) die Bestimmungen und Regelungen zur Kontrolle und Überwachung der in Artikel 2 genannten Einnahmen sowie etwaige einschlägige Mitteilungspflichten.

Artikel 10 Schluss- und Übergangsbestimmungen

(1) [1]Der Beschluss 2007/436/EG, Euratom wird vorbehaltlich des Absatzes 2 aufgehoben. [2]Verweise auf den Beschluss 70/243/EGKS, EWG, Euratom des Rates[1], den Beschluss 85/257/EWG, Euratom des Rates[2], den Beschluss 88/376/EWG, Euratom des Rates[3], den Beschluss 94/728/

---

1) Beschluss 70/243/EGKS, EWG, Euratom des Rates vom 21. April 1970 über die Ersetzung der Finanzbeiträge der Mitgliedstaaten durch eigene Mittel der Gemeinschaften (ABl. L 94 vom 28. 4. 1970, S. 19).

2) Beschluss 85/257/EWG, Euratom des Rates vom 7. Mai 1985 über das System der eigenen Mittel der Gemeinschaften (ABl. L 128 vom 14. 5. 1985, S. 15).

3) Beschluss 88/376/EWG, Euratom des Rates vom 24. Juni 1988 über das System der Eigenmittel der Gemeinschaften (ABl. L 185 vom 15. 7. 1988, S. 24).

EG, Euratom des Rates[1], den Beschluss 2000/597/EG, Euratom des Rates[2] oder auf den Beschluss 2007/436/EG, Euratom gelten als Verweise auf den vorliegenden Beschluss nach der Entsprechungstabelle im Anhang zu diesem Beschluss.

(2) Die Artikel 2, 4 und 5 der Beschlüsse 94/728/EG, Euratom, 2000/597/EG, Euratom und 2007/436/EG, Euratom finden für die betreffenden Jahre weiterhin Anwendung bei der Berechnung und der Anpassung der Einnahmen, die sich aus der Anwendung eines Abrufsatzes auf die für alle Mitgliedstaaten einheitlich festgelegte, auf 50 % bis 55 % des BSP oder des BNE eines jeden Mitgliedstaats begrenzte MwSt.-Bemessungsgrundlage ergeben, sowie bei der Berechnung der Korrektur der Haushaltsungleichgewichte zugunsten des Vereinigten Königreichs für die Haushaltsjahre 1995 bis 2013.

(3) Die Mitgliedstaaten behalten als Erhebungskosten weiterhin 10 % der Beträge gemäß Artikel 2 Absatz 1 Buchstabe a ein, die nach dem geltenden Unionsrecht bis zum 28. Februar 2001 von den Mitgliedstaaten hätten zur Verfügung gestellt werden müssen.

Die Mitgliedstaaten behalten als Erhebungskosten weiterhin 25 % der Beträge gemäß Artikel 2 Absatz 1 Buchstabe a ein, die nach dem geltenden Unionsrecht zwischen dem 1. März 2001 und dem 28. Februar 2014 von den Mitgliedstaaten hätten zur Verfügung gestellt werden müssen.

(4) Für die Zwecke dieses Beschlusses werden alle Geldbeträge in Euro ausgedrückt.

Artikel 11 Inkrafttreten
Dieser Beschluss wird den Mitgliedstaaten vom Generalsekretär des Rates bekannt gegeben.

Die Mitgliedstaaten teilen dem Generalsekretär des Rates unverzüglich den Abschluss der Verfahren mit, die nach ihren verfassungsrechtlichen Vorschriften zur Annahme dieses Beschlusses erforderlich sind.

Dieser Beschluss tritt am ersten Tag des Monats in Kraft, der auf den Monat des Eingangs der letzten Mitteilung gemäß Absatz 2 folgt.

Er gilt ab dem 1. Januar 2014.

Artikel 12 Veröffentlichung
Dieser Beschluss wird im *Amtsblatt der Europäischen Union* veröffentlicht.

Geschehen zu Brüssel am 26. Mai 2014.

---

1) Beschluss 94/728/EG, Euratom des Rates vom 31. Oktober 1994 über das System der Eigenmittel der Europäischen Gemeinschaften (ABl. L 293 vom 12. 11. 1994, S. 9).
2) Beschluss 2000/597/EG, Euratom des Rates vom 29. September 2000 über das System der Eigenmittel der Gemeinschaften (ABl. L 253 vom 7. 10. 2000, S. 42).

Anhang

Entsprechungstabelle

Beschluss 2007/436/EG, Euratom	vorliegender Beschluss
Artikel 1	Artikel 1
Artikel 2	Artikel 2
Artikel 3 Absatz 1	Artikel 3 Absatz 1
Artikel 3 Absatz 2	Artikel 3 Absatz 2
–	Artikel 3 Absatz 3
Artikel 3 Absatz 3	Artikel 3 Absatz 4
Artikel 4 Absatz 1 Unterabsatz 1	Artikel 4 Absatz 1
Artikel 4 Absatz 1 Unterabsatz 2, Buchstaben a bis e	Artikel 4, Absatz 2 Buchstaben a bis e
Artikel 4 Absatz 1 Unterabsatz 2 Buchstabe f	–
Artikel 4 Absatz 1 Unterabsatz 2 Buchstabe g	Artikel 4 Absatz 2 Buchstabe f
Artikel 4 Absatz 2	–
Artikel 5	Artikel 5
Artikel 6	Artikel 6
Artikel 7	Artikel 7
Artikel 8 Absatz 1 Unterabsätze 1 und 2	Artikel 8 Absatz 1
Artikel 8 Absatz 1 Unterabsatz 3	Artikel 8 Absatz 2
Artikel 8 Absatz 2	–
–	Artikel 9
Artikel 9	–
Artikel 10	–
–	Artikel 10
Artikel 11	–
–	Artikel 11
Artikel 12	Artikel 12

Verordnung (EU) Nr. 407/2010 des Rates
vom 11. Mai 2010
zur Einführung eines europäischen
Finanzstabilisierungsmechanismus

(ABl. L 118 vom 12. 5. 2010, S. 1; berichtigt in ABl. L 188 vom 18. 7. 2012, S. 19)

geändert durch VO (EU) 2015/1360 vom 4. August 2015
(ABl. L 210 vom 7. 8. 2015, S. 1)

DER RAT DER EUROPÄISCHEN UNION –

gestützt auf den Vertrag über die Arbeitsweise der Europäischen Union (AEUV), insbesondere auf Artikel 122 Absatz 2,

auf Vorschlag der Europäischen Kommission,

in Erwägung nachstehender Gründe:

(1) Nach Artikel 122 Absatz 2 des Vertrags kann einem Mitgliedstaat, der aufgrund außergewöhnlicher Ereignisse, die sich seiner Kontrolle entziehen, von Schwierigkeiten betroffen oder von gravierenden Schwierigkeiten ernstlich bedroht ist, ein finanzieller Beistand der Union gewährt werden.

(2) Solche Schwierigkeiten können durch eine ernsthafte Verschlechterung der internationalen Wirtschafts- und Finanzlage verursacht werden.

(3) Die beispiellose Weltfinanzkrise und der globale Konjunkturrückgang, die die Welt in den beiden letzten Jahren erschütterten, haben das Wirtschaftswachstum und die Finanzstabilität schwer beeinträchtigt und die Defizit- und Schuldenposition der Mitgliedstaaten stark verschlechtert.

(4) Die Verschärfung der Finanzkrise hat für mehrere Mitgliedstaaten zu einer gravierenden Verschlechterung der Kreditkonditionen geführt, die darüber hinausgeht, was sich durch wirtschaftliche Fundamentaldaten erklären ließe. Wird in dieser Situation nicht umgehend gehandelt, könnte die Finanzstabilität der Europäischen Union insgesamt ernsthaft bedroht sein.

(5) Angesichts dieser außergewöhnlichen Situation, die sich der Kontrolle der Mitgliedstaaten entzieht, erscheint es notwendig, unverzüglich einen Unionsmechanismus zur Wahrung der Finanzstabilität in der Europäischen Union einzuführen. Ein solcher Mechanismus sollte die Union in die Lage versetzen, auf akute Schwierigkeiten in einem Mitgliedstaat koordiniert, rasch und wirksam zu reagieren. Seine Aktivierung wird im Kontext einer gemeinsamen EU/Internationaler Währungsfonds (IWF)-Unterstützung erfolgen.

(6) Aufgrund der besonderen finanziellen Auswirkungen erfordern die Beschlüsse über die Gewährung eines finanziellen Beistands der

Union auf der Grundlage dieser Verordnung die Ausübung von Durchführungsbefugnissen, die dem Rat übertragen werden sollten.

(7) Bei Aktivierung dieses Mechanismus sollten mit Blick auf die Wahrung der langfristigen Tragfähigkeit der öffentlichen Finanzen des betreffenden Mitgliedstaats und der Wiederherstellung seiner Fähigkeit, sich selbst auf den Finanzmärkten zu finanzieren, strenge wirtschaftspolitische Bedingungen festgelegt werden.

(8) Die Kommission sollte regelmäßig überprüfen, ob die außergewöhnlichen Umstände, die die Finanzstabilität der Europäischen Union insgesamt bedrohen, weiterhin bestehen.

(9) Die bestehende mit der Verordnung (EG) Nr. 332/2002 des Rates[1] geschaffene Fazilität für die Gewährung eines mittelfristigen finanziellen Beistands für Mitgliedstaaten außerhalb des Eurogebiets sollte beibehalten werden –

HAT FOLGENDE VERORDNUNG ERLASSEN:

Artikel 1 Ziel und Geltungsbereich

Um die Stabilität, Einheit und Integrität der Europäischen Union zu wahren, werden in dieser Verordnung die Bedingungen und Verfahren festgelegt, nach denen einem Mitgliedstaat, der aufgrund außergewöhnlicher Ereignisse, die sich seiner Kontrolle entziehen, von gravierenden wirtschaftlichen oder finanziellen Störungen betroffen oder von diesen ernstlich bedroht ist, ein finanzieller Beistand der Union gewährt werden kann; dabei ist die mögliche Anwendung der bestehenden mit der Verordnung (EG) Nr. 332/2002 geschaffenen Fazilität für die Gewährung eines mittelfristigen finanziellen Beistands zur Stützung der Zahlungsbilanzen der Mitgliedstaaten außerhalb des Eurogebiets zu berücksichtigen.

Artikel 2 Form des finanziellen Beistands der Union

(1) Für die Zwecke dieser Verordnung wird ein finanzieller Beistand der Union dem betreffenden Mitgliedstaat in Form eines Darlehens oder einer Kreditlinie gewährt.

Hierzu wird die Kommission nach einem Ratsbeschluss gemäß Artikel 3 ermächtigt, auf den Kapitalmärkten oder bei Finanzinstituten im Namen der Europäischen Union Anleihen aufzunehmen.

(2) Die Höhe der ausstehenden Darlehen oder Kreditlinien, die Mitgliedstaaten im Rahmen dieser Verordnung gewährt werden, ist auf den bei den Mitteln für Zahlungen bis zur Eigenmittel-Obergrenze vorhandenen Spielraum begrenzt.

Artikel 3 Verfahren

(1) Der Mitgliedstaat, der einen finanziellen Beistand der Union in Anspruch nehmen möchte, erörtert mit der Kommission in Verbindung mit

---

1) Verordnung (EG) Nr. 332/2002 des Rates vom 18. Februar 2002 zur Einführung einer Fazilität des mittelfristigen finanziellen Beistands zur Stützung der Zahlungsbilanzen der Mitgliedstaaten (ABl. L 53 vom 23. 2. 2002, S. 1).

der Europäischen Zentralbank (EZB) die Bewertung seines Finanzbedarfs und unterbreitet der Kommission und dem Wirtschafts- und Finanzausschuss einen Entwurf seines wirtschaftlichen und finanziellen Sanierungsprogramms.

(2) Der finanzielle Beistand der Union wird durch einen Beschluss gewährt, den der Rat auf Vorschlag der Kommission mit qualifizierter Mehrheit fasst.

(2 a) Handelt es sich bei dem begünstigten Mitgliedstaat um einen Mitgliedstaat, dessen Währung der Euro ist, ist die Gewährung des finanziellen Beistands der Union an die Bedingung geknüpft, dass im Wege des Erlasses rechtsverbindlicher Vorschriften mit einer besonderen Vorschrift zu diesem Zwecke, die vor der Auszahlung bestehen muss, gewährleistet wird, dass Mitgliedstaaten, deren Währung nicht der Euro ist, bei Eintritt eines Haftungsfalls infolge einer vereinbarungswidrigen Nichtrückzahlung des finanziellen Beistands durch den begünstigten Mitgliedstaat unverzüglich einen vollen finanziellen Ausgleich erhalten.

Es werden zudem angemessene Maßnahmen getroffen, um zu gewährleisten, dass bezüglich der Mitgliedstaaten, deren Währung nicht der Euro ist, keine Überkompensation stattfindet, wenn Instrumente zum Schutz des Gesamthaushalts der Union, auch durch Einziehung geschuldeter Beträge, nötigenfalls durch eine im Laufe der Zeit stattfindende Aufrechnung der Forderungen mit den Zahlungen, aktiviert werden.

(3) Der Beschluss über die Gewährung eines Darlehens enthält:

a)   den Betrag des Darlehens, die durchschnittliche Laufzeit, die Konditionen, die maximale Anzahl der Raten, den Bereitstellungszeitraum des finanziellen Beistands der Union und die sonstigen detaillierten Vorschriften, die für die Durchführung des finanziellen Beistands notwendig sind;

b)   die allgemeinen wirtschaftspolitischen Bedingungen, die mit der Finanzhilfe der Union verknüpft sind, um eine solide wirtschaftliche oder finanzielle Situation in dem begünstigten Mitgliedstaat und dessen eigene Finanzierungsfähigkeit auf den Finanzmärkten wiederherzustellen; diese Bedingungen werden von der Kommission in Abstimmung mit der EZB festgelegt, und

c)   eine Billigung des Sanierungsprogramms, das der begünstige Mitgliedstaat aufgestellt hat, um die mit dem finanziellen Beistand der Union verknüpften wirtschaftlichen Bedingungen zu erfüllen.

(4) Der Beschluss über die Gewährung einer Kreditlinie enthält:

a)   den Betrag des Darlehens, die Gebühr für die Bereitstellung der Kreditlinie, die Konditionen für die Freigabe der Mittel sowie den Bereitstellungszeitraum des finanziellen Beistands der Union und die sonstigen detaillierten Vorschriften, die für die Durchführung des Beistands notwendig sind;

b) die allgemeinen wirtschaftspolitischen Bedingungen, die mit dem finanziellen Beistand der Union verknüpft sind, um eine solide wirtschaftliche oder finanzielle Situation in dem begünstigten Mitgliedstaat wiederherzustellen; diese Bedingungen werden von der Kommission in Abstimmung mit der EZB festgelegt, und

c) eine Billigung des Sanierungsprogramms, das der begünstige Mitgliedstaat aufgestellt hat, um die mit dem finanziellen Beistand der
Union verknüpften wirtschaftlichen Bedingungen zu erfüllen.

(5) [1]Die Kommission und der begünstigte Mitgliedstaat legen in einer
Vereinbarung die vom Rat festgelegten allgemeinen wirtschaftspolitischen Bedingungen fest. [2]Die Kommission übermittelt diese Vereinbarung dem Europäischen Parlament und dem Rat.

(6) Die Kommission überprüft in Abstimmung mit der EZB die in Absatz 3 Buchstabe b und Absatz 4 Buchstabe b genannten allgemeinen
wirtschaftspolitischen Bedingungen mindestens alle sechs Monate und
erörtert mit dem begünstigten Mitgliedstaat die gegebenenfalls notwendigen Änderungen an dessen Sanierungsprogramm.

(7) Der Rat beschließt mit qualifizierter Mehrheit auf Vorschlag der
Kommission über etwaige Änderungen an den ursprünglichen allgemei-
nen wirtschaftspolitischen Bedingungen und billigt das vom begünstigten
Mitgliedstaat vorgelegte überarbeitete Sanierungsprogramm.

(8) [1]Wird eine Finanzierung, die mit wirtschaftspolitischen Bedingungen verknüpft ist, außerhalb der Union – insbesondere seitens des IWF –
angestrebt, muss der betreffende Mitgliedstaat zuerst die Kommission
konsultieren. [2]Die Kommission prüft die im Rahmen der Beistandsfazilität der Union vorhandenen Möglichkeiten und die Vereinbarkeit der
vorgesehenen wirtschaftspolitischen Bedingungen mit den Verpflichtungen, die der betreffende Mitgliedstaat für die Durchführung der Empfehlungen und Beschlüsse des Rates gemäß den Artikeln 121, 126 und 136
des AEUV eingegangen ist. [3]Die Kommission unterrichtet den Wirt-
schafts- und Finanzausschuss.

Artikel 4   Auszahlung des Darlehens

(1) Das Darlehen wird in der Regel in Raten ausgezahlt.

(2) [1]Die Kommission überprüft in regelmäßigen Abständen, ob die
Wirtschaftspolitik des begünstigten Mitgliedstaats mit dessen Sanierungsprogramm und mit den vom Rat gemäß Artikel 3 Absatz 3 Buchstabe b
festgelegten Bedingungen übereinstimmt. [2]Zu diesem Zweck übermittelt
dieser Mitgliedstaat der Kommission alle notwendigen Informationen und
arbeitet uneingeschränkt mit ihr zusammen.

(3) Aufgrund der Ergebnisse dieser Überprüfung entscheidet die Kommission über die Freigabe weiterer Raten.

Artikel 5 Freigabe von Mitteln

(1) [1]Der begünstigte Mitgliedstaat teilt der Kommission seine Absicht, Mittel aus seiner Kreditlinie abzurufen, im Voraus mit. [2]Detaillierte Regeln hierfür werden in dem Beschluss nach Artikel 3 Absatz 4 festgelegt.

(2) [1]Die Kommission überprüft in regelmäßigen Abständen, ob die Wirtschaftspolitik des begünstigten Mitgliedstaats mit dessen Sanierungsprogramm und mit den vom Rat gemäß Artikel 3 Absatz 4 Buchstabe b festgelegten Bedingungen übereinstimmt. [2]Zu diesem Zweck übermittelt der betreffende Mitgliedstaat der Kommission alle notwendigen Informationen und arbeitet uneingeschränkt mit ihr zusammen.

(3) Aufgrund der Ergebnisse dieser Überprüfung entscheidet die Kommission über die Freigabe der Mittel.

Artikel 6 Anleihe- und Darlehenstransaktionen

(1) Die in Artikel 2 genannten Anleihe- und Darlehenstransaktionen werden in Euro durchgeführt.

(2) Die Merkmale der aufeinander folgenden Raten, die die Union im Rahmen der Beistandsfazilität freigibt, werden zwischen dem begünstigten Mitgliedstaat und der Kommission ausgehandelt.

(3) [1]Nach dem Beschluss des Rates über die Gewährung eines Darlehens kann die Kommission zum geeignetsten Zeitpunkt zwischen den geplanten Auszahlungen Anleihen auf den Kapitalmärkten auflegen oder Darlehen bei Kreditinstituten aufnehmen, um die Finanzierungskosten zu optimieren und ihr Ansehen als Emittent der Union auf den Märkten zu wahren. [2]Die aufgenommenen Mittel, die noch nicht ausgezahlt wurden, werden auf besondere, entsprechend den für Maßnahmen außerhalb des Haushaltsplans geltenden Regeln geführte Bar- oder Wertpapierkonten überwiesen und dürfen nicht für andere Zwecke als die Bereitstellung einer finanziellen Unterstützung der Mitgliedstaaten im Rahmen dieses Mechanismus verwendet werden.

(4) Erhält ein Mitgliedstaat ein Darlehen mit vorzeitiger Rückzahlungsmöglichkeit und beschließt, von dieser Möglichkeit Gebrauch zu machen, so trifft die Kommission die notwendigen Vorkehrungen.

(5) Auf Antrag des begünstigten Mitgliedstaats kann die Kommission, wenn die Umstände eine Verbesserung des Zinssatzes der Darlehen gestatten, eine Refinanzierung oder Neuregelung der Finanzierungsbedingungen ihrer gesamten ursprünglichen Anleihen oder eines Teils derselben vornehmen.

(6) Der Wirtschafts- und Finanzausschuss wird über die Abwicklung der in Absatz 5 genannten Transaktionen unterrichtet.

Artikel 7 Kosten

Die Kosten, die der Union beim Abschluss und bei der Durchführung jeder Transaktion entstehen, werden von dem begünstigten Mitgliedstaat getragen.

Artikel 8 Verwaltung der Darlehen

(1) Die Kommission trifft die für die Verwaltung der Darlehen notwendigen Maßnahmen mit der EZB.

(2) [1]Der begünstigte Mitgliedstaat eröffnet für die Verwaltung des von der Europäischen Union erhaltenen mittelfristigen finanziellen Beistands ein Sonderkonto bei seiner nationalen Zentralbank. [2]Die Tilgungssumme samt der im Rahmen des Darlehens fälligen Zinsen überweist er vierzehn TARGET2-Geschäftstage vor Fälligkeit auf ein Konto bei der EZB.

(3) [1]Unbeschadet des Artikels 27 der Satzung des Europäischen Systems der Zentralbanken und der Europäischen Zentralbank ist der Europäische Rechnungshof befugt, im begünstigten Mitgliedstaat alle Finanzkontrollen und -prüfungen vorzunehmen, die er im Hinblick auf die Verwaltung dieses Beistands für notwendig hält. [2]Die Kommission, einschließlich des Europäischen Amts für Betrugsbekämpfung, ist insbesondere befugt, ihre Beamten oder ordnungsgemäß befugte Vertreter in den begünstigten Mitgliedstaat zu entsenden, damit diese dort alle technischen oder finanziellen Kontrollen oder Prüfungen vornehmen, die sie im Hinblick auf diesen Beistand für erforderlich hält.

Artikel 9 Überprüfung und Anpassung

(1) Die Kommission übermittelt dem Wirtschafts- und Finanzausschuss und dem Rat binnen sechs Monaten nach Inkrafttreten dieser Verordnung und gegebenenfalls in weiteren sechsmonatigen Abständen einen Bericht über die Umsetzung dieser Verordnung und über den Fortbestand der außergewöhnlichen Umstände, die den Erlass der Verordnung rechtfertigen.

(2) Diesem Bericht wird gegebenenfalls ein Vorschlag zur Änderung dieser Verordnung beigefügt, mit der die Möglichkeit der Gewährung eines finanziellen Beistands angepasst werden soll, ohne die Gültigkeit bereits gefasster Beschlüsse zu beeinträchtigen.

Artikel 10 Inkrafttreten

Diese Verordnung tritt am Tag nach ihrer Veröffentlichung im *Amtsblatt der Europäischen Union* in Kraft.

Diese Verordnung ist in allen ihren Teilen verbindlich und gilt unmittelbar in jedem Mitgliedstaat.

Geschehen zu Brüssel am 11. Mai 2010.

Vertrag zur Errichtung des Europäischen Stabilitätsmechanismus[1)]

(BGBl. II S. 983)

zuletzt geändert durch Nr. II, Nr. III ÄndBek. vom 20. Februar 2015

(BGBl. II S. 327)

Inhalt

DIE VERTRAGSPARTEIEN, das Königreich Belgien, die Bundesrepublik Deutschland, die Republik Estland, Irland, die Hellenische Republik, das Königreich Spanien, die Französische Republik, die Italienische Republik, die Republik Zypern, das Großherzogtum Luxemburg, Malta, das Königreich der Niederlande, die Republik Österreich, die Portugiesische Republik, die Republik Slowenien, die Slowakische Republik und die Republik Finnland („Mitgliedstaaten des Euro-Währungsgebiets" oder „ESM-Mitglieder") –

IN IHRER VERPFLICHTUNG zur Wahrung der Finanzstabilität des Euro-Währungsgebiets,

EINGEDENK der Schlussfolgerungen des Europäischen Rates vom 25. März 2011 zur Einrichtung eines Europäischen Stabilitätsmechanismus,

IN ERWÄGUNG NACHSTEHENDER GRÜNDE:

(1) Der Europäische Rat erzielte am 17. Dezember 2010 Einvernehmen darüber, dass die Mitgliedstaaten des Euro-Währungsgebiets einen ständigen Stabilitätsmechanismus einrichten müssen. Dieser Europäische Stabilitätsmechanismus („ESM") wird die gegenwärtigen Aufgaben der Europäischen Finanzstabilisierungsfazilität („EFSF") und des europäischen Finanzstabilisierungsmechanismus („EFSM") übernehmen, die darin bestehen, den Mitgliedstaaten des Euro-Währungsgebiets bei Bedarf Finanzhilfe bereitzustellen.

(2) Am 25. März 2011 nahm der Europäische Rat den Beschluss 2011/199/EU zur Änderung des Artikels 136 des Vertrags über die Ar-

---

1)   Anm. d. Red.: Die Bundesrepublik Deutschland hat dem Vertrag durch Gesetz vom 13. 9. 2012 (BGBl. II S. 981) zugestimmt

beitsweise der Europäischen Union hinsichtlich eines Stabilitätsmechanismus für die Mitgliedstaaten, deren Währung der Euro ist[1] an, womit Artikel 136 folgender Absatz angefügt wird: „Die Mitgliedstaaten, deren Währung der Euro ist, können einen Stabilitätsmechanismus einrichten, der aktiviert wird, wenn dies unabdingbar ist, um die Stabilität des Euro-Währungsgebiets insgesamt zu wahren. Die Gewährung aller erforderlichen Finanzhilfen im Rahmen des Mechanismus wird strengen Auflagen unterliegen."

(3) Zur Verbesserung der Wirksamkeit der Finanzhilfe und zur Bekämpfung der Ansteckungsgefahr kamen die Staats- und Regierungschefs der Mitgliedstaaten, deren Währung der Euro ist, am 21. Juli 2011 überein, „die Flexibilität [des ESM] unter Bindung an angemessene Auflagen zu erhöhen".

(4) Die strikte Einhaltung des Rahmens der Europäischen Union, der integrierten makroökonomischen Überwachung, insbesondere des Stabilitäts- und Wachstumspakts, des Rahmens für makroökonomische Ungleichgewichte und der Vorschriften für die wirtschaftspolitische Steuerung der Europäischen Union sollte die erste Verteidigungslinie gegen Vertrauenskrisen bleiben, die die Stabilität des Euro-Währungsgebiets beeinträchtigen.

(5) Am 9. Dezember 2011 haben die Staats- und Regierungschefs der Mitgliedstaaten, deren Währung der Euro ist, vereinbart, Schritte in Richtung auf eine stärkere Wirtschaftsunion zu unternehmen, einschließlich eines neuen fiskalpolitischen Pakts und einer verstärkten wirtschaftspolitischen Koordinierung, die durch einen Vertrag über Stabilität, Koordinierung und Steuerung in der Wirtschafts- und Währungsunion („VSKS") umzusetzen ist. Der VSKS wird dazu beitragen, eine engere Koordinierung der Wirtschaftspolitik im Euro-Währungsgebiet zu entwickeln, um eine dauerhafte, gesunde und stabile Verwaltung der öffentlichen Finanzen zu gewährleisten und so eine der Hauptursachen der finanziellen Instabilität anzugehen. Der vorliegende Vertrag und der VSKS ergänzen sich gegenseitig bei der Verstärkung der haushaltspolitischen Verantwortlichkeit und der Solidarität innerhalb der Wirtschafts- und Währungsunion. Es ist anerkannt und vereinbart, dass die Gewährung von Finanzhilfe im Rahmen neuer Programme durch den ESM ab dem 1. März 2013 von der Ratifizierung des VSKS durch das betreffende ESM-Mitglied abhängt, und nach Ablauf der in Artikel 3 Absatz 2 VSKS genannten Frist von der Erfüllung der in diesem Artikel genannten Pflichten.

(6) Angesichts der starken Interdependenzen innerhalb des Euro-Währungsgebiets können ernsthafte Risiken für die Finanzstabilität der Mitgliedstaaten, deren Währung der Euro ist, die Finanzstabilität des gesamten Euro-Währungsgebiets gefährden. Daher kann der ESM auf der

---

1) ABl. L 91 vom 6. 4. 2011, S. 1

Grundlage strenger Auflagen, die dem gewählten Finanzinstrument angemessen sind, Stabilitätshilfe gewähren, wenn dies zur Wahrung der Finanzstabilität des Euro-Währungsgebiets insgesamt und seiner Mitgliedstaaten unabdingbar ist. Das anfängliche maximale Darlehensvolumen des ESM wird auf 500 Milliarden EUR einschließlich der ausstehenden EFSF-Stabilitätshilfe festgesetzt. Die Angemessenheit des konsolidierten maximalen Darlehensvolumens des ESM und der EFSF wird jedoch vor dem Inkrafttreten des vorliegenden Vertrags neu bewertet werden. Falls dies angebracht ist, wird es ab Inkrafttreten des vorliegenden Vertrags gemäß Artikel 10 durch den Gouverneursrat des ESM angepasst.

(7) Alle Mitgliedstaaten des Euro-Währungsgebiets werden ESM-Mitglieder werden. Mit dem Beitritt zum Euro-Währungsgebiet sollte ein Mitgliedstaat der Europäischen Union zu einem ESM-Mitglied mit denselben Rechten und Pflichten werden wie die Vertragsparteien.

(8) Der ESM wird bei der Bereitstellung von Stabilitätshilfe sehr eng mit dem Internationalen Währungsfonds („IWF") zusammenarbeiten. Eine aktive Beteiligung des IWF, sowohl auf fachlicher als auch auf finanzieller Ebene, wird angestrebt. Von einem Mitgliedstaat des Euro-Währungsgebiets, der um eine Finanzhilfe durch den ESM ersucht, wird erwartet, dass er, wann immer dies möglich ist, ein ähnliches Ersuchen an den IWF richtet.

(9) Mitgliedstaaten der Europäischen Union, deren Währung nicht der Euro ist („Nichtmitgliedstaaten des Euro-Währungsgebiets") und die sich im Einzelfall neben dem ESM an einer Stabilitätshilfemaßnahme für Mitgliedstaaten des Euro-Währungsgebiets beteiligen, werden als Beobachter zu den Sitzungen des ESM eingeladen, auf denen diese Stabilitätshilfemaßnahme und ihre Überwachung erörtert werden. Sie erhalten zeitnahen Zugang zu sämtlichen Informationen und werden ordnungsgemäß konsultiert.

(10) Am 20. Juni 2011 ermächtigten die Vertreter der Regierungen der Mitgliedstaaten der Europäischen Union die Vertragsparteien des vorliegenden Vertrags, die Europäische Kommission und die Europäische Zentralbank („EZB") dazu aufzufordern, die in dem vorliegenden Vertrag vorgesehenen Aufgaben zu erfüllen.

(11) In ihrer Erklärung vom 28. November 2010 stellte die Euro-Gruppe fest, dass standardisierte und identische Umschuldungsklauseln („Collective Action Clauses" – „CAC") in einer die Marktliquidität wahrenden Form in die Vertragsbedingungen aller neuen Staatsanleihen des Euro-Währungsgebiets aufgenommen werden. Wie vom Europäischen Rat am 25. März 2011 gefordert, sind die Einzelheiten der rechtlichen Regelungen für die Aufnahme von Umschuldungsklauseln in Staatsschuldtitel des Euro-Währungsgebiets vom Wirtschafts- und Finanzausschuss festgelegt worden.

(12) Entsprechend der Praxis des IMF ist in Ausnahmefällen eine Beteiligung des Privatsektors in angemessener und verhältnismäßiger Form in Fällen in Betracht zu ziehen, in denen die Stabilitätshilfe in Verbindung mit Auflagen in Form eines makroökonomischen Anpassungsprogramms gewährt wird.

(13) Der ESM wird, wie der IWF, einem ESM-Mitglied Stabilitätshilfe gewähren, wenn dessen regulärer Zugang zur Finanzierung über den Markt beeinträchtigt ist oder beeinträchtigt zu werden droht. Eingedenk dessen haben die Staats- und Regierungschefs festgelegt, dass ESM-Darlehen – vergleichbar denen des IWF – den Status eines bevorrechtigten Gläubigers haben werden, wobei akzeptiert wird, dass der IWF gegenüber dem ESM als Gläubiger vorrangig ist. Dieser Status wird ab dem Tag des Inkrafttretens dieses Vertrags gelten. In dem Fall, dass sich die ESM-Finanzhilfe in Form von ESM-Darlehen an ein Finanzhilfeprogramm anschließt, das im Zeitpunkt der Unterzeichnung dieses Vertrags bereits besteht, wird der ESM den gleichen Rang haben, wie alle anderen Darlehen und Verpflichtungen des die Finanzhilfe empfangenden ESM-Mitglieds, ausgenommen die Darlehen des IWF.

(14) Die dem Euro-Währungsgebiet angehörenden Mitgliedstaaten werden es unterstützen, dass dem ESM und anderen Staaten, die bilateral in Abstimmung mit dem ESM als Darlehensgeber auftreten, ein gleichwertiger Gläubigerstatus zuerkannt wird.

(15) Die Preisgestaltung des ESM für Mitgliedstaaten, die einem makroökonomischen Anpassungsprogramm, einschließlich der in Artikel 40 dieses Vertrags genannten, unterliegen, muss die Finanzierungs- und Betriebskosten des ESM decken und sollte mit den Bedingungen der zwischen dem EFSF, Irland und der Central Bank of Ireland einerseits und zwischen dem EFSF, der Portugiesischen Republik und der Banco de Portugal andererseits geschlossenen Vereinbarungen über eine Finanzhilfefazilität in Einklang stehen.

(16) Streitigkeiten über die Auslegung oder Anwendung dieses Vertrags zwischen den Vertragsparteien oder zwischen den Vertragsparteien und dem ESM sollten gemäß Artikel 273 des Vertrags über die Arbeitsweise der Europäischen Union („AEUV") beim Gerichtshof der Europäischen Union anhängig gemacht werden.

(17) Die Überwachung nach Abschluss des Programms wird von der Europäischen Kommission und vom Rat der Europäischen Union im Rahmen der Artikel 121 und 136 AEUV durchgeführt –

SIND WIE FOLGT ÜBEREINGEKOMMEN:

Kapitel 1
Mitgliedschaft und Zweck

Artikel 1 Einrichtung und Mitglieder
(1) Durch diesen Vertrag richten die Vertragsparteien untereinander eine internationale Finanzinstitution ein, die den Namen „Europäischer Stabilitätsmechanismus" („ESM") trägt.

(2) Die Vertragsparteien sind die ESM-Mitglieder.

Artikel 2 Neue Mitglieder
(1) Die Mitgliedschaft im ESM steht den anderen Mitgliedstaaten der Europäischen Union von dem Zeitpunkt an offen, zu dem der gemäß Artikel 140 Absatz 2 AEUV angenommene Beschluss des Rates der Europäischen Union zur Aufhebung der für sie geltenden Ausnahmeregelung bezüglich der Einführung des Euro in Kraft tritt.

(2) Neue ESM-Mitglieder werden nach Maßgabe des Artikels 44 zu den selben Bedingungen aufgenommen wie die bestehenden ESM-Mitglieder.

(3) Ein neuer Mitgliedstaat, der dem ESM nach dessen Einrichtung beitritt, erhält für seinen Kapitalbeitrag, der gemäß dem Beitragsschlüssel nach Artikel 11 berechnet wird, Anteile am ESM.

Artikel 3 Zweck
Zweck des ESM ist es, Finanzmittel zu mobilisieren und ESM-Mitgliedern, die schwerwiegende Finanzierungsprobleme haben oder denen solche Probleme drohen, unter strikten, dem gewählten Finanzhilfeinstrument angemessenen Auflagen eine Stabilitätshilfe bereitzustellen, wenn dies zur Wahrung der Finanzstabilität des Euro-Währungsgebiets insgesamt und seiner Mitgliedstaaten unabdingbar ist. Zu diesem Zweck ist der ESM berechtigt, Mittel aufzunehmen, indem er Finanzinstrumente begibt oder mit ESM-Mitgliedern, Finanzinstituten oder sonstigen Dritten finanzielle oder sonstige Vereinbarungen oder Übereinkünfte schließt.

Kapitel 2
Geschäftsführung

Artikel 4 Aufbau und Abstimmungsregeln
(1) Der ESM hat einen Gouverneursrat und ein Direktorium sowie einen Geschäftsführenden Direktor und andere für erforderlich erachtete eigene Bedienstete.

(2) Der Gouverneursrat und das Direktorium beschließen nach Maßgabe dieses Vertrags in gegenseitigem Einvernehmen, mit qualifizierter Mehrheit oder mit einfacher Mehrheit. Bei allen Beschlüssen ist die Beschlussfähigkeit erreicht, wenn 2/3 der stimmberechtigten Mitglieder, auf die insgesamt mindestens 2/3 der Stimmrechte entfallen, anwesend sind.

(3) Die Annahme eines Beschlusses in gegenseitigem Einvernehmen erfordert die Einstimmigkeit der an der Abstimmung teilnehmenden Mitglieder. Die Annahme eines Beschlusses in gegenseitigem Einvernehmen wird durch Enthaltungen nicht verhindert.

(4) Abweichend von Absatz 3 wird in Fällen, in denen die Europäische Kommission und die EZB beide zu dem Schluss gelangen, dass die Unterlassung der dringlichen Annahme eines Beschlusses zur Gewährung oder Durchführung von Finanzhilfe in aller Eile gemäß der Regelung in den Artikeln 13 bis 18 die wirtschaftliche und finanzielle Stabilität des Euro-Währungsgebiets bedrohen würde, ein Dringlichkeitsabstimmungsverfahren angewandt. Die Annahme eines Beschlusses in gegenseitigem Einvernehmen durch den Gouverneursrat gemäß Artikel 5 Absatz 6 Buchstaben f und g und durch das Direktorium nach diesem Dringlichkeitsverfahren erfordert eine qualifizierte Mehrheit von 85 % der abgegebenen Stimmen.

Wird das in Unterabsatz 1 genannte Dringlichkeitsverfahren angewandt, so wird eine Übertragung vom Reservefonds und/oder vom eingezahlten Kapital in einen Notfallreservefonds vorgenommen, um einen zweckbestimmten Puffer zur Abdeckung der Risiken zu bilden, die sich aus der im Dringlichkeitsverfahren gewährten Finanzhilfe ergeben. Der Gouverneursrat kann beschließen, den Notfallreservefonds aufzulösen und seinen Inhalt auf den Reservefonds und/oder das eingezahlte Kapital rückzuübertragen.

(5) Für die Annahme eines Beschlusses mit qualifizierter Mehrheit sind 80 % der abgegebenen Stimmen erforderlich.

(6) Für die Annahme eines Beschlusses mit einfacher Mehrheit ist die Mehrheit der abgegebenen Stimmen erforderlich.

(7) Die Stimmrechte eines jeden ESM-Mitglieds, die von dessen Beauftragten oder dem Vertreter des Letztgenannten im Gouverneursrat oder im Direktorium ausgeübt werden, entsprechen der Zahl der Anteile, die dem betreffenden Mitglied gemäß Anhang II am genehmigten Stammkapital des ESM zugeteilt wurden.

(8) Versäumt es ein ESM-Mitglied, den Betrag, der aufgrund seiner Verpflichtungen im Zusammenhang mit eingezahlten Anteilen oder Kapitalabrufen nach Maßgabe der Artikel 8, 9 und 10 oder im Zusammenhang mit der Rückzahlung der Finanzhilfe nach Maßgabe der Artikel 16 oder 17 fällig werden, in voller Höhe zu begleichen, so werden sämtliche Stimmrechte dieses ESM-Mitglieds so lange ausgesetzt, bis die Zahlung erfolgt ist. Die Stimmrechtsschwellen werden entsprechend neu berechnet.

Artikel 5 Gouverneursrat

(1) Jedes ESM-Mitglied ernennt ein Mitglied des Gouverneursrats und ein stellvertretendes Mitglied des Gouverneursrats. Die Ernennungen können

jederzeit widerrufen werden. Das Mitglied des Gouverneursrats ist ein
Regierungsmitglied des jeweiligen ESM-Mitglieds mit Zuständigkeit für
die Finanzen. Das stellvertretende Mitglied des Gouverneursrats ist bevollmächtigt, bei Abwesenheit des Gouverneursratsmitglieds in dessen
Namen zu handeln.

(2) Der Gouverneursrat beschließt entweder, seinen Vorsitz dem in dem
dem Vertrag über die Europäische Union und dem Vertrag über die Arbeitsweise der Europäischen Union beigefügten Protokoll (Nr. 14) betreffend die Euro-Gruppe genannten Präsidenten der Euro-Gruppe zu
übertragen, oder er wählt aus dem Kreis seiner Mitglieder einen Vorsitzenden und einen stellvertretenden Vorsitzenden für eine Amtszeit von
zwei Jahren. Der Vorsitzende und der stellvertretende Vorsitzende können
wiedergewählt werden. Hat der amtierende Vorsitzende die für das Amt
des Gouverneursratsmitglieds erforderliche Funktion nicht länger inne, so
wird unverzüglich eine Neuwahl durchgeführt.

(3) Das für Wirtschaft und Währung zuständige Mitglied der Europäischen Kommission und der Präsident der EZB sowie der Präsident der
Euro-Gruppe (sofern er nicht der Vorsitzende oder ein Mitglied des Gouverneursrats ist) können als Beobachter an den Sitzungen des Gouverneursrats teilnehmen.

(4) Vertreter der Mitgliedstaaten, die dem Euro-Währungsgebiet nicht
angehören und sich auf Ad-hoc-Basis neben dem ESM an einer Stabilitätshilfemaßnahme für Mitgliedstaaten des Euro-Währungsgebiets beteiligen, werden ebenfalls als Beobachter zu den Sitzungen des Gouverneursrats eingeladen, auf denen diese Stabilitätshilfe und ihre Überwachung erörtert werden.

(5) Der Gouverneursrat kann im Einzelfall auch andere Personen als
Beobachter zu Sitzungen einladen, darunter auch Vertreter von Institutionen oder Organisationen wie dem IWF.

(6) Der Gouverneursrat fasst die folgenden Beschlüsse im gegenseitigen Einvernehmen:

a) Auflösung des Notfallreservefonds und Rückübertragung seines Inhalts auf den Reservefonds und/oder in das eingezahlte Kapital nach
   Maßgabe des Artikels 4 Absatz 4.

b) Auflage neuer Anteile zu anderen Konditionen als zum Nennwert nach
   Maßgabe des Artikels 8 Absatz 2;

c) Kapitalabrufe nach Maßgabe des Artikels 9 Absatz 1;

d) Veränderungen des genehmigten Stammkapitals und Anpassung des
   maximalen Darlehensvolumens des ESM nach Maßgabe des Artikels
   10 Absatz 1;

e) Berücksichtigung einer etwaigen Aktualisierung des Schlüssels für
   die Zeichnung des EZB-Kapitals nach Maßgabe des Artikels 11 Absatz 3 und die erforderlichen Änderungen an Anhang I gemäß Artikel
   11 Absatz 6;

f) Gewährung von Stabilitätshilfe durch den ESM einschließlich der in dem Memorandum of Understanding nach Artikel 13 Absatz 3 festgelegten wirtschaftspolitischen Auflagen sowie Wahl der Instrumente und Festlegung der Finanzierungsbedingungen nach Maßgabe der Artikel 12 bis 18;

g) Erteilung des Mandats an die Europäische Kommission, im Benehmen mit der EZB die an jede Finanzhilfe gebundenen wirtschaftspolitischen Auflagen auszuhandeln, nach Maßgabe des Artikels 13 Absatz 3;

h) Änderungen der Methodik der Preisgestaltung und der Preisgestaltungsleitlinie für Finanzhilfe nach Maßgabe des Artikels 20;

i) Änderungen an der Liste der Finanzhilfeinstrumente, die der ESM nutzen kann, nach Maßgabe des Artikels 19;

j) Festlegung der Modalitäten für die Übertragung von EFSF-Hilfen auf den ESM nach Maßgabe des Artikels 40;

k) Genehmigung des Antrags neuer Mitglieder auf Beitritt zum ESM nach Maßgabe des Artikels 44;

l) Anpassungen dieses Vertrags, die unmittelbar infolge des Beitritts neuer Mitglieder erforderlich werden, einschließlich Änderungen an der Kapitalverteilung zwischen den ESM-Mitgliedern und an der Berechnung dieser Verteilung als unmittelbare Folge des Beitritts eines neuen Mitglieds zum ESM nach Maßgabe des Artikels 44 und

m) Übertragung der in diesem Artikel genannten Aufgaben auf das Direktorium.

(7) Der Gouverneursrat fasst die folgenden Beschlüsse mit qualifizierter Mehrheit:

a) Festlegung ausführlicher technischer Regelungen für den Beitritt eines neuen Mitglieds zum ESM nach Maßgabe des Artikels 44;

b) ob der Vorsitz dem Präsidenten der Euro-Gruppe übertragen wird oder ob – mit qualifizierter Mehrheit – eine Wahl eines Vorsitzenden und eines stellvertretenden Vorsitzenden des Gouverneursrats nach Maßgabe des Absatzes 2 stattfindet;

c) Festlegung der Satzung des ESM und der Geschäftsordnung des Gouverneursrats und des Direktoriums (einschließlich des Rechts zur Einsetzung von Ausschüssen und nachgeordneten Gremien) nach Maßgabe des Absatzes 9;

d) Aufstellung der Liste der mit den Pflichten eines Direktoriumsmitglieds oder eines stellvertretenden Direktoriumsmitglieds unvereinbaren Tätigkeiten nach Maßgabe des Artikels 6 Absatz 8;

e) Ernennung und Beendigung der Amtszeit des Geschäftsführenden Direktors nach Maßgabe des Artikels 7;

f) Einrichtung anderer Fonds nach Maßgabe des Artikels 24;

g) Maßnahmen, die zur Beitreibung einer Schuld eines ESM-Mitglieds nach Maßgabe des Artikels 25 Absätze 2 und 3 zu treffen sind;

h) Feststellung des Jahresabschlusses des ESM nach Maßgabe des Artikels 27 Absatz 1;

i) Ernennung der Mitglieder des Prüfungsausschusses nach Maßgabe des Artikels 30 Absatz 1;

j) Billigung externer Abschlussprüfer nach Maßgabe des Artikels 29;

k) Aufhebung der Immunität des Vorsitzenden des Gouverneursrats, eines Mitglieds des Gouverneursrats, eines stellvertretenden Mitglieds des Gouverneursrats, eines Mitglieds des Direktoriums, eines stellvertretenden Mitglieds des Direktoriums oder des Geschäftsführenden Direktors nach Maßgabe des Artikels 35 Absatz 2;

l) Festlegung der für Bedienstete des ESM geltenden Steuerregelung nach Maßgabe des Artikels 36 Absatz 5;

m) Entscheidung über Streitigkeiten nach Maßgabe des Artikels 37 Absatz 2 und

n) sonstige erforderliche Beschlüsse, die in diesem Vertrag nicht ausdrücklich genannt sind.

(8) Der Vorsitzende beruft die Sitzungen des Gouverneursrats ein und führt in ihnen den Vorsitz. Ist der Vorsitzende an der Teilnahme verhindert, so führt der stellvertretende Vorsitzende in den Sitzungen den Vorsitz.

(9) Der Gouverneursrat nimmt seine Geschäftsordnung und die Satzung des ESM an.

Artikel 6 Direktorium

(1) Jedes Mitglied des Gouverneursrats ernennt aus einem Personenkreis mit großem Sachverstand im Bereich der Wirtschaft und der Finanzen ein Mitglied und ein stellvertretendes Mitglied des Direktoriums. Diese Ernennungen können jederzeit widerrufen werden. Das stellvertretende Mitglied des Direktoriums ist bevollmächtigt, bei Abwesenheit des Mitglieds des Direktoriums in dessen Namen zu handeln.

(2) Das für Wirtschaft und Finanzen zuständige Mitglied der Europäischen Kommission und der Präsident der EZB können jeweils einen Beobachter ernennen.

(3) Vertreter der Mitgliedstaaten, die dem Euro-Währungsgebiet nicht angehören und sich im Einzelfall neben dem ESM an einer Finanzhilfemaßnahme für einen Mitgliedstaat des Euro-Währungsgebiets beteiligen, werden ebenfalls als Beobachter zu den Sitzungen des Direktoriums eingeladen, auf denen diese Finanzhilfemaßnahme und ihre Überwachung erörtert werden.

(4) Der Gouverneursrat kann im Einzelfall auch andere Personen als Beobachter zu den Sitzungen einladen, darunter auch Vertreter von Institutionen oder Organisationen.

(5) Soweit in diesem Vertrag nicht anders vorgesehen, beschließt das Direktorium mit qualifizierter Mehrheit. Beschlüsse, die auf Grundlage

von Befugnissen, die der Gouverneursrat delegiert hat, zu fassen sind, werden gemäß den einschlägigen Abstimmungsregeln in Artikel 5 Absätze 6 und 7 angenommen.

(6) Unbeschadet der Befugnisse des Gouverneursrats nach Maßgabe des Artikels 5 gewährleistet das Direktorium, dass der ESM gemäß diesem Vertrag und gemäß der vom Gouverneursrat beschlossenen Satzung des ESM geführt wird. Es fasst die Beschlüsse, die ihm nach Maßgabe dieses Vertrags obliegen oder die ihm vom Gouverneursrat übertragen werden.

(7) Nicht besetzte Positionen im Direktorium werden nach Maßgabe des Absatzes 1 unverzüglich besetzt.

(8) Der Gouverneursrat beschließt, welche Tätigkeiten mit den Pflichten eines Mitglieds des Direktoriums oder eines stellvertretenden Mitglieds des Direktoriums unvereinbar sind, die Satzung des ESM und die Geschäftsordnung des Direktoriums.

Artikel 7 Geschäftsführender Direktor

(1) Der Geschäftsführende Direktor wird vom Gouverneursrat aus einem Kreis von Kandidaten ernannt, die die Staatsangehörigkeit eines ESM-Mitglieds, einschlägige internationale Erfahrung und großen Sachverstand im Bereich der Wirtschaft und der Finanzen besitzen. Der Geschäftsführende Direktor darf während seiner Amtszeit weder Mitglied noch stellvertretendes Mitglied des Gouverneursrats oder des Direktoriums sein.

(2) Die Amtszeit des Geschäftsführenden Direktors beträgt fünf Jahre. Eine einmalige Wiederernennung ist möglich. Durch Beschluss des Gouverneursrats kann die Amtszeit des Geschäftsführenden Direktors jedoch vorzeitig beendet werden.

(3) Der Geschäftsführende Direktor führt in den Sitzungen des Direktoriums den Vorsitz und nimmt an den Sitzungen des Gouverneursrats teil.

(4) Der Geschäftsführende Direktor steht den Bediensteten des ESM vor. Er ist für die Organisation, Ernennung und Entlassung der Bediensteten nach Maßgabe der vom Direktorium zu beschließenden Beschäftigungsbedingungen zuständig.

(5) Der Geschäftsführende Direktor ist der gesetzliche Vertreter des ESM und führt nach den Weisungen des Direktoriums die laufenden Geschäfte des ESM.

Kapitel 3
Kapital

Artikel 8 Genehmigtes Stammkapital

(1) Das genehmigte Stammkapital beträgt 700 Milliarden EUR. Es ist aufgeteilt in sieben Millionen Anteile mit einem Nennwert von je

100 000 EUR, die gemäß dem in Artikel 11 vorgesehenen und in Anhang I berechneten Erstbeitragsschlüssel zur Zeichnung zur Verfügung stehen.

(2) Das genehmigte Stammkapital wird in eingezahlte Anteile und abrufbare Anteile unterteilt. Der anfängliche Gesamtnennwert der eingezahlten Anteile beläuft sich auf 80 Milliarden EUR. Die Anteile des genehmigten Stammkapitals am anfänglich gezeichneten Stammkapital werden zum Nennwert ausgegeben. Andere Anteile werden zum Nennwert ausgegeben, sofern der Gouverneursrat nicht unter besonderen Umständen eine anderweitige Ausgabe beschließt.

(3) Die Anteile am genehmigten Stammkapital werden in keiner Weise belastet oder verpfändet und sind nicht übertragbar, außer im Falle einer Übertragung zur Durchführung von Anpassungen des in Artikel 11 vorgesehenen Beitragsschlüssels in dem Umfang, der erforderlich ist, um zu gewährleisten, dass die Verteilung der Anteile dem angepassten Schlüssel entspricht.

(4) Die ESM-Mitglieder verpflichten sich unwiderruflich und uneingeschränkt, ihren Beitrag zum genehmigten Stammkapital gemäß ihrem Beitragsschlüssel in Anhang I zu leisten. Sie kommen sämtlichen Kapitalabrufen gemäß den Bedingungen dieses Vertrages fristgerecht nach.

(5) Die Haftung eines jeden ESM-Mitglieds bleibt unter allen Umständen auf seinen Anteil am genehmigten Stammkapital zum Ausgabekurs begrenzt. Kein ESM-Mitglied haftet aufgrund seiner Mitgliedschaft für die Verpflichtungen des ESM. Die Verpflichtung der ESM-Mitglieder zur Leistung von Kapitalbeiträgen zum genehmigten Stammkapital gemäß diesem Vertrag bleibt unberührt, falls ein ESM-Mitglied Finanzhilfe vom ESM erhält oder die Voraussetzungen dafür erfüllt.

Artikel 9 Kapitalabrufe

(1) Der Gouverneursrat kann genehmigtes nicht eingezahltes Kapital jederzeit abrufen und den ESM-Mitgliedern eine angemessene Frist für dessen Einzahlung setzen.

(2) Das Direktorium kann genehmigtes nicht eingezahltes Kapital durch Beschluss mit einfacher Mehrheit abrufen, um die Höhe des eingezahlten Kapitals wiederherzustellen, wenn diese durch das Auffangen von Verlusten unter den in Artikel 8 Absatz 2 festgelegten Betrag – der vom Gouverneursrat gemäß dem Verfahren nach Artikel 10 geändert werden kann – abgesunken ist, und den ESM-Mitgliedern eine angemessene Frist für dessen Einzahlung setzen.

(3) Der Geschäftsführende Direktor ruft genehmigtes nicht eingezahltes Kapital rechtzeitig ab, falls dies notwendig ist, damit der ESM bei planmäßigen oder sonstigen fälligen Zahlungsverpflichtungen gegenüber Gläubigern des ESM nicht in Verzug gerät. Der Geschäftsführende Direktor setzt das Direktorium und den Gouverneursrat über jeden derartigen Abruf in Kenntnis. Wird ein potenzieller Fehlbetrag in den Mitteln des

ESM entdeckt, so führt der Geschäftsführende Direktor (einen) entsprechende(n) Abruf(e) baldmöglichst durch, um sicherzustellen, dass der ESM über ausreichende Mittel verfügt, um fällige Zahlungen an Gläubiger fristgerecht und in voller Höhe leisten zu können. Die ESM-Mitglieder verpflichten sich unwiderruflich und uneingeschränkt, Kapital, das der Geschäftsführende Direktor gemäß diesem Absatz von ihnen abruft, innerhalb von sieben Tagen ab Erhalt der Aufforderung einzuzahlen.

(4) Das Direktorium beschließt die ausführlichen Regelungen und Bedingungen, die für Kapitalabrufe nach Maßgabe dieses Artikels gelten.

Artikel 10 Veränderungen des genehmigten Stammkapitals
(1) Der Gouverneursrat überprüft das maximale Darlehensvolumen und die Angemessenheit des genehmigten Stammkapitals des ESM regelmäßig, mindestens jedoch alle fünf Jahre. Er kann beschließen, das genehmigte Stammkapital zu verändern und Artikel 8 und Anhang II entsprechend zu ändern. Dieser Beschluss tritt in Kraft, nachdem die ESM-Mitglieder dem Verwahrer den Abschluss ihrer jeweiligen nationalen Verfahren notifiziert haben. Die neuen Anteile werden den ESM-Mitgliedern nach dem in Artikel 11 und Anhang I vorgesehenen Beitragsschlüssel zugeteilt.

(2) Das Direktorium beschließt die ausführlichen Regelungen und Bedingungen, die für sämtliche oder etwaige gemäß Absatz 1 vorgenommene Kapitalveränderungen gelten.

(3) Wird ein Mitgliedstaat der Europäischen Union neues ESM-Mitglied, so wird das genehmigte Stammkapital des ESM automatisch erhöht, indem die zum betreffenden Zeitpunkt geltenden Beträge mit der Verhältniszahl aus dem Gewichtsanteil des neuen ESM-Mitglieds und dem Gewichtsanteil der bestehenden ESM-Mitglieder im Rahmen des in Artikel 11 vorgesehenen angepassten Beitragsschlüssels multipliziert werden.

Artikel 11 Beitragsschlüssel
(1) Der Beitragsschlüssel für die Zeichnung des genehmigten Stammkapitals des ESM stützt sich vorbehaltlich der Absätze 2 und 3 auf den Schlüssel für die Zeichnung des EZB-Kapitals durch die nationalen Zentralbanken der ESM-Mitglieder gemäß Artikel 29 des dem Vertrag über die Europäische Union und dem Vertrag über die Arbeitsweise der Europäischen Union beigefügten Protokolls (Nr. 4) über die Satzung des Europäischen Systems der Zentralbanken und der Europäischen Zentralbank („ESZB-Satzung").

(2) Der Beitragsschlüssel für die Zeichnung des genehmigten Stammkapitals des ESM ist in Anhang I niedergelegt.

(3) Der Beitragsschlüssel für die Zeichnung des genehmigten Stammkapitals des ESM wird angepasst, wenn

a) ein Mitgliedstaat der Europäischen Union neues ESM-Mitglied wird
    und sich das genehmigte Stammkapital des ESM nach Maßgabe des
    Artikels 10 Absatz 3 automatisch erhöht oder
b) die gemäß Artikel 42 ermittelte zwölfjährige zeitweilige Korrektur,
    die für ein ESM-Mitglied gilt, endet.

(4) Der Gouverneursrat kann beschließen, etwaige Aktualisierungen des
in Absatz 1 genannten Schlüssels für die Zeichnung des EZB-Kapitals zu
berücksichtigen, wenn der Beitragsschlüssel gemäß Absatz 3 angepasst
wird oder wenn sich das genehmigte Stammkapital nach Maßgabe des
Artikels 10 Absatz 1 verändert.

(5) Wird der Beitragsschlüssel für die Zeichnung des genehmigten
Stammkapitals des ESM angepasst, übertragen die ESM-Mitglieder einander genehmigtes Stammkapital in dem Umfang, der erforderlich ist,
damit die Verteilung des genehmigten Stammkapitals dem angepassten
Schlüssel entspricht.

(6) Bei jeder Anpassung im Sinne dieses Artikels wird Anhang I durch
Beschluss des Gouverneursrats geändert.

(7) Das Direktorium trifft alle weiteren Maßnahmen, die zur Anwendung dieses Artikels erforderlich sind.

Kapitel 4
Tätigkeit

Artikel 12 Grundsätze
(1) Ist dies zur Wahrung der Finanzstabilität des Euro-Währungsgebiets
insgesamt und seiner Mitgliedstaaten unabdingbar, so kann der ESM
einem ESM-Mitglied unter strengen, dem gewählten Finanzhilfeinstrument angemessenen Auflagen Stabilitätshilfe gewähren. Diese Auflagen
können von einem makroökonomischen Anpassungsprogramm bis zur
kontinuierlichen Erfüllung zuvor festgelegter Anspruchsvoraussetzungen
reichen.

(2) Unbeschadet des Artikels 19 kann die ESM-Stabilitätshilfe mittels
der in den Artikeln 14 bis 18 vorgesehenen Instrumente gewährt werden.

(3) Ab 1. Januar 2013 enthalten alle neuen Staatsschuldtitel des Euro-
Währungsgebiets mit einer Laufzeit von mehr als einem Jahr Umschuldungsklauseln, die so ausgestaltet sind, dass gewährleistet wird, dass ihre
rechtliche Wirkung in allen Rechtsordnungen des Euro-Währungsgebiets
gleich ist.

Artikel 13 Verfahren für die Gewährung von Stabilitätshilfe
(1) Ein ESM-Mitglied kann an den Vorsitzenden des Gouverneursrats ein
Stabilitätshilfeersuchen richten. In diesem Ersuchen wird angegeben,
welche(s) Finanzhilfeinstrument(e) zu erwägen ist/sind. Bei Erhalt eines
solchen Ersuchens überträgt der Vorsitzende des Gouverneursrats der Eu-

ropäischen Kommission, im Benehmen mit der EZB, die folgenden Aufgaben:

a) das Bestehen einer Gefahr für die Finanzstabilität des Euro-Währungsgebiets insgesamt oder seiner Mitgliedstaaten zu bewerten, es sei denn, die EZB hat bereits eine Analyse nach Artikel 18 Absatz 2 vorgelegt;

b) zu bewerten, ob die Staatsverschuldung tragfähig ist. Es wird erwartet, dass diese Bewertung, wann immer dies angemessen und möglich ist, zusammen mit dem IWF durchgeführt wird;

c) den tatsächlichen oder potenziellen Finanzierungsbedarf des betreffenden ESM-Mitglieds zu bewerten.

(2) Auf der Grundlage des Ersuchens des ESM-Mitglieds und der in Absatz 1 genannten Bewertung kann der Gouverneursrat beschließen, dem betroffenen ESM-Mitglied grundsätzlich Stabilitätshilfe in Form einer Finanzhilfefazilität zu gewähren.

(3) Wird ein Beschluss nach Absatz 2 angenommen, so überträgt der Gouverneursrat der Europäischen Kommission die Aufgabe, – im Benehmen mit der EZB und nach Möglichkeit zusammen mit dem IWF – mit dem betreffenden ESM-Mitglied ein Memorandum of Understanding („MoU") auszuhandeln, in dem die mit der Finanzhilfefazilität verbundenen Auflagen im Einzelnen ausgeführt werden. Der Inhalt des MoU spiegelt den Schweregrad der zu behebenden Schwachpunkte und das gewählte Finanzhilfeinstrument wider. Gleichzeitig arbeitet der Geschäftsführende Direktor des ESM einen Vorschlag für eine Vereinbarung über eine Finanzhilfefazilität aus, der unter anderem die Finanzierungsbedingungen sowie die gewählten Instrumente enthält und vom Gouverneursrat anzunehmen ist.

Das MoU steht in voller Übereinstimmung mit den im AEUV vorgesehenen Maßnahmen der wirtschaftspolitischen Koordinierung, insbesondere etwaiger Rechtsakte der Europäischen Union, einschließlich etwaiger an das betreffende ESM-Mitglied gerichteter Stellungnahmen, Verwarnungen, Empfehlungen oder Beschlüsse.

(4) Die Europäische Kommission unterzeichnet das MoU im Namen des ESM, vorbehaltlich der vorherigen Erfüllung der in Absatz 3 ausgeführten Bedingungen und der Zustimmung des Gouverneursrats.

(5) Das Direktorium billigt die Vereinbarung über eine Finanzhilfefazilität, die die finanziellen Aspekte der zu gewährenden Stabilitätshilfe im Einzelnen regelt und – soweit anwendbar – die Auszahlung der ersten Tranche der Hilfe.

(6) Der ESM richtet einen angemessenen Warnmechanismus ein, um sicherzustellen, dass er jedwede im Rahmen der Stabilitätshilfe fällige Rückzahlungen des ESM-Mitglieds fristgerecht erhält.

(7) Die Europäische Kommission wird – im Benehmen mit der EZB und nach Möglichkeit zusammen mit dem IWF – damit betraut, die Ein-

haltung der mit der Finanzhilfefazilität verbundenen wirtschaftspolitischen Auflagen zu überwachen.

Artikel 14 Vorsorgliche ESM-Finanzhilfe

(1) Der Gouverneursrat kann beschließen, nach Maßgabe des Artikels 12
Absatz 1 eine vorsorgliche Finanzhilfe in Form einer vorsorglichen bedingten Kreditlinie oder in Form einer Kreditlinie mit erweiterten Bedingungen zu gewähren.

(2) Die mit der vorsorglichen ESM-Finanzhilfe verbundenen Auflagen
werden gemäß Artikel 13 Absatz 3 im MoU im Einzelnen ausgeführt.

(3) Die Finanzierungsbedingungen der vorsorglichen Finanzhilfe werden in einer Vereinbarung über eine vorsorgliche ESM-Finanzhilfefazi-
lität niedergelegt, die vom Geschäftsführenden Direktor zu unterzeichnen
ist.

(4) Das Direktorium beschließt ausführliche Leitlinien für die Durchführungsmodalitäten der vorsorglichen ESM-Finanzhilfe.

(5) Das Direktorium entscheidet in gegenseitigem Einvernehmen auf
Vorschlag des Geschäftsführenden Direktors und nach Erhalt eines Be-
richts der Europäischen Kommission gemäß Artikel 13 Absatz 7, ob die
Kreditlinie beibehalten werden sollte.

(6) Nachdem das ESM-Mitglied erstmals Mittel (über ein Darlehen
oder einen Primärmarktankauf) gezogen hat, entscheidet das Direktorium
in gegenseitigem Einvernehmen auf Vorschlag des Geschäftsführenden
Direktors und auf der Grundlage einer von der Europäischen Kommission
im Benehmen mit der EZB durchgeführten Untersuchung, ob die Kreditlinie noch angemessen ist oder ob eine andere Form der Finanzhilfe benötigt wird.

Artikel 15 Finanzhilfe zur Rekapitalisierung von Finanzinstituten eines ESM-Mitglieds

(1) Der Gouverneursrat kann beschließen, Finanzhilfe mittels Darlehen
an ein ESM-Mitglied speziell zum Zwecke der Rekapitalisierung von Finanzinstituten dieses ESM-Mitglieds zu gewähren.

(2) Die mit der Finanzhilfe zur Rekapitalisierung von Finanzinstituten
eines ESM-Mitglieds verbundenen Auflagen werden gemäß Artikel 13
Absatz 3 im MoU im Einzelnen ausgeführt.

(3) Unbeschadet der Artikel 107 und 108 AEUV werden die Finanzierungsbedingungen der Finanzhilfe zur Rekapitalisierung von Finanzinstituten eines ESM-Mitglieds in einer Vereinbarung über eine Finanzhilfefazilität ausgeführt, die vom Geschäftsführenden Direktor zu unterzeichnen ist.

(4) Das Direktorium beschließt detaillierte Leitlinien für die Durchführungsmodalitäten der Finanzhilfe zur Rekapitalisierung von Finanzinstituten eines ESM-Mitglieds.

(5) Sofern anwendbar, beschließt das Direktorium in gegenseitigem Einvernehmen auf Vorschlag des Geschäftsführenden Direktors und nach Erhalt eines Berichts der Europäischen Kommission nach Artikel 13 Absatz 7 die Auszahlung der auf die erste Tranche folgenden Tranchen der Finanzhilfe.

Artikel 16 ESM-Darlehen

(1) Der Gouverneursrat kann beschließen, einem ESM-Mitglied nach Maßgabe des Artikels 12 Finanzhilfe in Form eines Darlehens zu gewähren.

(2) Die mit den ESM-Darlehen verbundenen Auflagen sind in einem makroökonomischen Anpassungsprogramm enthalten, das gemäß Artikel 13 Absatz 3 im MoU im Einzelnen ausgeführt wird.

(3) Die Finanzierungsbedingungen eines jeden ESM-Darlehens werden in einer Vereinbarung über eine Finanzhilfefazilität niedergelegt, die vom Geschäftsführenden Direktor zu unterzeichnen ist.

(4) Das Direktorium beschließt ausführliche Leitlinien für die Durchführungsmodalitäten der ESM-Darlehen.

(5) Das Direktorium beschließt in gegenseitigem Einvernehmen auf Vorschlag des Geschäftsführenden Direktors und nach Erhalt eines Berichts der Europäischen Kommission nach Artikel 13 Absatz 7 die Auszahlung der auf die erste Tranche folgenden Tranchen der Finanzhilfe.

Artikel 17 Primärmarkt-Unterstützungsfazilität

(1) Nach Maßgabe des Artikels 12 und mit dem Ziel, die Kosteneffizienz der Finanzhilfe zu maximieren, kann der Gouverneursrat beschließen, Vorkehrungen für den Ankauf von Anleihen eines ESM-Mitglieds am Primärmarkt zu treffen.

(2) Die mit der Primärmarkt-Unterstützungsfazilität verbundenen Auflagen werden gemäß Artikel 13 Absatz 3 im MoU im Einzelnen ausgeführt.

(3) Die Finanzierungsbedingungen, unter denen der Ankauf der Anleihen durchgeführt wird, werden in einer Vereinbarung über eine Finanzhilfefazilität festgelegt, die vom Geschäftsführenden Direktor zu unterzeichnen ist.

(4) Das Direktorium beschließt ausführliche Leitlinien für die Durchführungsmodalitäten der Primärmarkt-Unterstützungsfazilität.

(5) Das Direktorium beschließt in gegenseitigem Einvernehmen auf Vorschlag des Geschäftsführenden Direktors und nach Erhalt eines Berichts der Europäischen Kommission nach Artikel 13 Absatz 7, die Auszahlung der Finanzhilfe an einen Empfängermitgliedstaat mittels Primärmarktoperationen.

Artikel 18   Sekundärmarkt-Unterstützungsfazilität

(1) Der Gouverneursrat kann beschließen, nach Maßgabe des Artikels 12 Absatz 1 Vorkehrungen für Sekundärmarktoperationen in Bezug auf die Anleihen eines ESM-Mitglieds zu treffen.

(2) Beschlüsse über Sekundärmarktinterventionen zur Verhinderung einer Ansteckung werden auf der Grundlage einer Analyse der EZB gefasst, in der das Vorliegen außergewöhnlicher Umstände auf dem Finanzmarkt und Gefahren für die Finanzstabilität festgestellt werden.

(3) Die mit der Sekundärmarkt-Unterstützungsfazilität verbundenen Auflagen werden gemäß Artikel 13 Absatz 3 im MoU im Einzelnen ausgeführt.

(4) Die Finanzierungsbedingungen, unter denen die Sekundärmarktoperationen durchzuführen sind, werden in einer Vereinbarung über eine Finanzhilfefazilität festgelegt, die vom Geschäftsführenden Direktor zu unterzeichnen ist.

(5) Das Direktorium beschließt ausführliche Leitlinien für die Durchführungsmodalitäten der Sekundärmarkt-Unterstützungsfazilität.

(6) Das Direktorium beschließt die Einleitung von Sekundärmarktoperationen in gegenseitigem Einvernehmen auf Vorschlag des Geschäftsführenden Direktors.

Artikel 19   Überprüfung der Liste der Finanzhilfeinstrumente

Der Gouverneursrat kann die in den Artikeln 14 bis 18 vorgesehene Liste der Finanzhilfeinstrumente überprüfen und beschließen, sie zu ändern.

Artikel 20   Preisgestaltung

(1) Bei der Gewährung von Stabilitätshilfe strebt der ESM die volle Deckung seiner Finanzierungs- und Betriebskosten an und kalkuliert eine angemessene Marge ein.

(2) Für alle Finanzhilfeinstrumente wird die Preisgestaltung in einer Preisgestaltungsleitlinie, die vom Gouverneursrat beschlossen wird, im Einzelnen geregelt.

(3) Die Preisgestaltungspolitik kann vom Gouverneursrat überprüft werden.

Artikel 21   Anleiheoperationen

(1) Der ESM ist befugt, zur Erfüllung seiner Aufgaben an den Kapitalmärkten bei Banken, Finanzinstituten oder sonstigen Personen und Institutionen Kapital aufzunehmen.

(2) Die Modalitäten der Anleiheoperationen werden vom Geschäftsführenden Direktor in Einklang mit den vom Direktorium zu beschließenden detaillierten Leitlinien festgelegt.

(3) Der ESM setzt geeignete Mittel für das Risikomanagement ein, die regelmäßig vom Direktorium überprüft werden.

Kapitel 5
Finanzmanagement

Artikel 22 Anlagepolitik

(1) In Einklang mit den Leitlinien, die vom Direktorium zu beschließen und regelmäßig zu überprüfen sind, führt der Geschäftsführende Direktor für den ESM eine umsichtige Anlagepolitik durch, um diesem die höchste Bonität zu sichern. Der ESM hat das Recht, einen Teil des Ertrags aus seinem Anlageportfolio zur Deckung seiner Betriebs- und Verwaltungskosten zu verwenden.

(2) Die Operationen des ESM entsprechen den Grundsätzen eines soliden Finanz- und Risikomanagements.

Artikel 23 Dividendenpolitik

(1) Das Direktorium kann mit einfacher Mehrheit beschließen, eine Dividende an die ESM-Mitglieder auszuschütten, falls die Summe aus eingezahltem Kapital und Reservefonds die für die Aufrechterhaltung der Darlehenskapazität des ESM erforderliche Höhe übersteigt und wenn die Anlageerträge nicht benötigt werden, um einen Zahlungsausfall gegenüber den Gläubigern zu verhindern. Die Dividenden werden im Verhältnis der Beiträge zum eingezahlten Kapital ausgeschüttet, wobei der in Artikel 41 Absatz 3 genannten möglichen Beschleunigung Rechnung getragen wird.

(2) Solange der ESM keinem seiner Mitglieder Finanzhilfe gewährt hat, fließen die Erträge aus den Anlagen des eingezahlten Kapitals des ESM nach Abzug der Betriebskosten und unter der Voraussetzung, dass die angestrebte effektive Darlehenskapazität in voller Höhe zur Verfügung steht, an die ESM-Mitglieder entsprechend ihren jeweiligen Beiträgen zum eingezahlten Kapital zurück.

(3) Der Geschäftsführende Direktor führt die Dividendenpolitik für den ESM im Einklang mit den vom Direktorium zu beschließenden Leitlinien durch.

Artikel 24 Reserve- und weitere Fonds

(1) Der Gouverneursrat richtet einen Reservefonds und gegebenenfalls weitere Fonds ein.

(2) Unbeschadet des Artikels 23 werden der Reingewinn aus den Operationen des ESM und die Einnahmen aus finanziellen Sanktionen gegen ESM-Mitglieder im Rahmen des Verfahrens der multilateralen Überwachung, des Verfahrens bei einem übermäßigen Defizit und des Verfahrens bei einem übermäßigen makroökonomischen Ungleichgewicht im Rahmen des AEUV in einen Reservefonds eingestellt.

(3) Die Mittel des Reservefonds werden in Einklang mit den vom Direktorium zu beschließenden Leitlinien angelegt.

(4) Das Direktorium beschließt erforderlichenfalls Vorschriften für die Einrichtung, Verwaltung und Verwendung weiterer Fonds.

Artikel 25 Deckung von Verlusten

(1) Verluste aus den Operationen des ESM werden beglichen

a) zunächst aus dem Reservefonds,

b) sodann aus dem eingezahlten Kapital und

c) an letzter Stelle mit einem angemessenen Betrag des genehmigten nicht eingezahlten Kapitals, der nach Maßgabe des Artikels 9 Absatz 3 abgerufen wird.

(2) Nimmt ein ESM-Mitglied die aufgrund eines Kapitalabrufs gemäß Artikel 9 Absätze 2 oder 3 erforderliche Einzahlung nicht vor, so ergeht an alle ESM-Mitglieder ein revidierter erhöhter Kapitalabruf, um sicherzustellen, dass der ESM die Kapitaleinzahlung in voller Höhe erhält. Der Gouverneursrat beschließt geeignete Schritte, um sicherzustellen, dass das betreffende ESM-Mitglied seine Schuld gegenüber dem ESM innerhalb vertretbarer Zeit begleicht. Der Gouverneursrat hat das Recht, auf den überfälligen Betrag Verzugszinsen zu erheben.

(3) Begleicht ein ESM-Mitglied eine in Absatz 2 genannte Schuld gegenüber dem ESM, so wird das überschüssige Kapital gemäß den vom Gouverneursrat zu beschließenden Vorschriften an die anderen ESM-Mitglieder zurückgezahlt.

Artikel 26 Haushalt

Das Direktorium billigt den Haushalt des ESM jährlich.

Artikel 27 Jahresabschluss

(1) Der Gouverneursrat billigt den Jahresabschluss des ESM.

(2) Der ESM veröffentlicht einen Jahresbericht mit einem geprüften Jahresabschluss und übermittelt den ESM-Mitgliedern einen zusammengefassten Quartalsabschluss und eine Gewinn- und Verlustrechnung, die das Ergebnis seiner Operationen ausweist.

Artikel 28 Interne Revision

In Einklang mit internationalen Standards wird eine Funktion der Internen Revision eingerichtet.

Artikel 29 Externe Prüfung

Der Abschluss des ESM wird von unabhängigen externen Abschlussprüfern geprüft, die mit Zustimmung des Gouverneursrats bestellt werden und für die Bestätigung des Jahresabschlusses verantwortlich sind. Die externen Abschlussprüfer sind befugt, sämtliche Bücher und Konten des ESM zu prüfen und alle Auskünfte über dessen Geschäfte zu verlangen.

Artikel 30 Prüfungsausschuss

(1) Der Prüfungsausschuss setzt sich aus fünf Mitgliedern zusammen, die vom Gouverneursrat aufgrund ihres Sachverstands im Bereich der Rechnungsprüfung und der Finanzen ernannt werden, und weist zwei – auf

Rotationsbasis einander abwechselnde – Mitglieder der obersten Rechnungskontrollbehörden der ESM-Mitglieder und ein Mitglied vom Europäischen Rechnungshof auf.

(2) Die Mitglieder des Prüfungsausschusses sind unabhängig. Sie holen weder Weisungen der ESM-Leitungsgremien, der ESM-Mitglieder oder anderer öffentlicher oder privater Gremien ein, noch nehmen sie solche Weisungen entgegen.

(3) Der Prüfungsausschuss erstellt unabhängige Prüfberichte. Er prüft die Konten des ESM und überzeugt sich von der Ordnungsmäßigkeit seiner Gewinn- und Verlustrechnung und seiner Bilanz. Er erhält uneingeschränkten Zugang zu allen Unterlagen des ESM, die er zur Erfüllung seiner Aufgaben benötigt.

(4) Der Prüfungsausschuss kann das Direktorium jederzeit über seine Feststellungen unterrichten. Er erstellt jährlich einen Bericht, der dem Gouverneursrat vorzulegen ist.

(5) Der Gouverneursrat macht den jährlichen Bericht den nationalen Parlamenten und obersten Rechnungskontrollbehörden der ESM-Mitglieder sowie dem Europäischen Rechnungshof zugänglich.

(6) Alle Angelegenheiten in Zusammenhang mit diesem Artikel werden in der Satzung des ESM im Einzelnen geregelt.

Kapitel 6
Allgemeine Bestimmungen

Artikel 31 Sitz
(1) Der ESM hat seinen Sitz und seine Hauptverwaltung in Luxemburg.

(2) Der ESM kann ein Verbindungsbüro in Brüssel einrichten.

Artikel 32 Rechtsstatus, Vorrechte und Befreiungen
(1) Um dem ESM die Erfüllung seines Zwecks zu ermöglichen, werden ihm im Hoheitsgebiet eines jeden ESM-Mitglieds der Rechtsstatus und die Vorrechte und Befreiungen gewährt, die in diesem Artikel dargelegt sind. Der ESM bemüht sich um die Anerkennung seines Rechtsstatus und seiner Vorrechte und Befreiungen in anderen Hoheitsgebieten, in denen er Aufgaben wahrnimmt oder Vermögenswerte hält.

(2) Der ESM besitzt volle Rechtspersönlichkeit; er besitzt die uneingeschränkte Rechts- und Geschäftsfähigkeit,
a) bewegliches und unbewegliches Vermögen zu erwerben und zu veräußern,
b) Verträge abzuschließen,
c) Partei in Gerichtsverfahren zu sein und
d) ein Sitzabkommen und/oder Protokolle zu unterzeichnen, soweit dies notwendig ist, um sicherzustellen, dass sein Rechtsstatus und seine Vorrechte und Befreiungen anerkannt und durchgesetzt werden.

(3) Der ESM, sein Eigentum, seine Mittelausstattung und seine Vermögenswerte genießen unabhängig davon, wo und in wessen Besitz sie sich befinden, Immunität von gerichtlichen Verfahren jeder Art, es sei denn, der ESM verzichtet für ein Gerichtsverfahren oder in den Klauseln eines Vertrags, etwa in der Dokumentation der Finanzierungsinstrumente, ausdrücklich auf seine Immunität.

(4) Das Eigentum, die Mittelausstattung und die Vermögenswerte des ESM genießen unabhängig davon, wo und in wessen Besitz sie sich befinden, Immunität von Durchsuchung, Beschlagnahme, Einziehung, Enteignung und jeder sonstigen Form des Zugriffs durch vollziehende, gerichtliche, administrative oder gesetzgeberische Maßnahmen.

(5) Die Archive des ESM und sämtliche Unterlagen, die sich im Eigentum oder im Besitz des ESM befinden, sind unverletzlich.

(6) Die Geschäftsräume des ESM sind unverletzlich.

(7) Jedes ESM-Mitglied und jeder Staat, der den Rechtsstatus und die Vorrechte und Befreiungen des ESM anerkannt hat, gewährt dem amtlichen Nachrichtenverkehr des ESM dieselbe Behandlung, die er dem amtlichen Nachrichtenverkehr eines ESM-Mitglieds gewährt.

(8) Soweit dies zur Durchführung der in diesem Vertrag vorgesehenen Tätigkeiten notwendig ist, sind das gesamte Eigentum, die gesamte Mittelausstattung und alle Vermögenswerte des ESM von Beschränkungen, Verwaltungsvorschriften, Kontrollen und Moratorien jeder Art befreit.

(9) Der ESM ist von jeglicher Zulassungs- oder Lizenzierungspflicht, die nach dem Recht eines ESM-Mitglieds für Kreditinstitute, Finanzdienstleistungsunternehmen oder sonstige der Zulassungs- oder Lizenzierungspflicht sowie der Regulierung unterliegende Unternehmen gilt, befreit.

Artikel 33 Bedienstete des ESM

Das Direktorium legt die Beschäftigungsbedingungen für den Geschäftsführenden Direktor und die anderen Bediensteten des ESM fest.

Artikel 34 Berufliche Schweigepflicht

Die Mitglieder und früheren Mitglieder des Gouverneursrats und des Direktoriums sowie alle anderen Personen, die für den ESM oder in Zusammenhang damit tätig sind oder tätig waren, geben keine der beruflichen Schweigepflicht unterliegenden Informationen weiter. Auch nach Beendigung ihrer Tätigkeit dürfen sie keine der beruflichen Schweigepflicht unterliegenden Informationen weitergeben.

Artikel 35 Persönliche Immunitäten

(1) Im Interesse des ESM genießen der Vorsitzende des Gouverneursrats, die Mitglieder des Gouverneursrats, die stellvertretenden Mitglieder des Gouverneursrats, die Mitglieder des Direktoriums, die stellvertretenden Mitglieder des Direktoriums sowie der Geschäftsführende Direktor und die anderen Bediensteten des ESM Immunität von der Gerichtsbarkeit

hinsichtlich ihrer in amtlicher Eigenschaft vorgenommenen Handlungen und Unverletzlichkeit hinsichtlich ihrer amtlichen Schriftstücke und Unterlagen.

(2) Der Gouverneursrat kann die durch diesen Artikel gewährten Immunitäten des Vorsitzenden des Gouverneursrats, der Mitglieder des Gouverneursrats, der stellvertretenden Mitglieder des Gouverneursrats, der Mitglieder des Direktoriums, der stellvertretenden Mitglieder des Direktoriums sowie des Geschäftsführenden Direktors in dem Maße und zu den Bedingungen, die er bestimmt, aufheben.

(3) Der Geschäftsführende Direktor kann diese Immunität hinsichtlich eines jeden Bediensteten des ESM außer seiner selbst aufheben.

(4) Jedes ESM-Mitglied trifft unverzüglich alle Maßnahmen, die erforderlich sind, um diesen Artikel in seinem eigenen Recht in Kraft zu setzen, und unterrichtet den ESM entsprechend.

Artikel 36 Steuerbefreiung

(1) Im Rahmen seiner amtlichen Tätigkeiten sind der ESM, seine Vermögenswerte, sein Gewinn, sein Eigentum sowie seine im Rahmen dieses Vertrags zulässigen Operationen und Geschäfte von allen direkten Steuern befreit.

(2) Die ESM-Mitglieder treffen in allen Fällen, in denen es ihnen möglich ist, geeignete Maßnahmen für den Erlass oder die Erstattung des Betrages der indirekten Steuern und Verkaufsabgaben, die in den Preisen für bewegliche oder unbewegliche Güter inbegriffen sind, wenn der ESM für seinen Dienstbedarf größere Einkäufe tätigt, bei denen derartige Steuern und Abgaben im Preis enthalten sind.

(3) Von den Abgaben, die lediglich die Vergütung für Leistungen gemeinnütziger Versorgungsbetriebe darstellen, wird keine Befreiung gewährt.

(4) Vom ESM eingeführte und für die Ausübung seiner amtlichen Tätigkeiten benötigte Waren sind von allen Einfuhrzöllen und -steuern sowie von allen Einfuhrverboten und -beschränkungen befreit.

(5) Die Bediensteten des ESM unterliegen für die vom ESM gezahlten Gehälter und sonstigen Bezüge nach Maßgabe der vom Gouverneursrat zu beschließenden Vorschriften einer internen Steuer zugunsten des ESM. Vom Tag der Erhebung dieser Steuer an sind diese Gehälter und Bezüge von der nationalen Einkommensteuer befreit.

(6) Die vom ESM aufgelegten Schuldverschreibungen oder Wertpapiere, einschließlich dafür anfallender Zinsen oder Dividenden, unterliegen unabhängig davon, in wessen Besitz sie sich befinden, keiner Art von Besteuerung,

a) die eine solche Schuldverschreibung oder ein solches Wertpapier nur
   aufgrund ihrer Herkunft benachteiligt oder
b) deren einzige rechtliche Grundlage der Ort oder die Währung sind, an
   dem bzw. in der sie ausgegeben werden, zahlbar sind oder bezahlt
   werden, oder deren einzige rechtliche Grundlage der Sitz eines Büros
   oder einer Geschäftsstelle des ESM ist.

Artikel 37 Auslegung und Streitbeilegung

(1) Alle Fragen der Auslegung oder Anwendung der Bestimmungen dieses Vertrages und der Satzung des ESM, die zwischen einem ESM-Mitglied und dem ESM oder zwischen ESM-Mitgliedern auftreten, werden
dem Direktorium zur Entscheidung vorgelegt.

(2) Der Gouverneursrat entscheidet über alle Streitigkeiten zwischen
einem ESM-Mitglied und dem ESM oder zwischen ESM-Mitgliedern
über die Auslegung und Anwendung dieses Vertrags, einschließlich etwaiger Streitigkeiten über die Vereinbarkeit der vom ESM gefassten Beschlüsse mit diesem Vertrag. Das Stimmrecht des Mitglieds (der Mitglieder) des Gouverneursrats, das das/die betroffene(n) ESM-Mitglied(er)
vertritt, wird bei der Abstimmung des Gouverneursrats über eine solche
Entscheidung ausgesetzt und die zur Abstimmung des Gouverneursrats
über diese Entscheidung notwendige Stimmrechtsschwelle wird entsprechend neu berechnet.

(3) Ficht ein ESM-Mitglied die in Absatz 2 genannte Entscheidung an,
so wird die Streitigkeit beim Gerichtshof der Europäischen Union anhängig gemacht. Das Urteil des Gerichtshofs der Europäischen Union ist für
die Parteien dieses Rechtsstreits verbindlich; diese treffen innerhalb der
vom Gerichtshof festgelegten Frist die erforderlichen Maßnahmen, um
dem Urteil nachzukommen.

Artikel 38 Internationale Zusammenarbeit

Der ESM hat das Recht, zur Beförderung seiner Zwecke nach Maßgabe
der Bestimmungen dieses Vertrages mit dem IWF, mit jedem Staat, der
einem ESM-Mitglied auf Ad-hoc-Basis Finanzhilfe bereitstellt, und mit
jeder internationalen Organisation oder Einrichtung mit besonderen Zuständigkeiten in damit zusammenhängenden Bereichen zusammenzuarbeiten.

Kapitel 7
Übergangsregelungen

Artikel 39 Darlehensvergabe des EFSF

In der Übergangsphase vom Inkrafttreten dieses Vertrags bis zur vollständigen Abwicklung der EFSF beläuft sich die konsolidierte Darlehensvergabe von ESM und EFSF unbeschadet der regelmäßigen Überprüfung der Angemessenheit des maximalen Darlehensvolumens nach

Maßgabe des Artikels 10 auf höchstens 500 Milliarden EUR. Das Direktorium beschließt ausführliche Leitlinien für die Berechnung der künftigen Kreditzusagekapazität, um sicherzustellen, dass die Obergrenze für die konsolidierte Darlehensvergabe nicht überschritten wird.

Artikel 40   Übertragung der EFSF-Hilfen

(1) Abweichend von Artikel 13 kann der Gouverneursrat beschließen, dass die Finanzhilfezusagen der EFSF an ein ESM-Mitglied, die die EFSF in einer Vereinbarung mit diesem Mitglied eingegangen ist, vom ESM übernommen werden, soweit diese Finanzhilfezusagen sich auf noch nicht ausgezahlte und noch nicht finanzierte Teile von Darlehensfazilitäten beziehen.

(2) Der ESM kann mit Zustimmung des Gouverneursrats die Rechte und Verpflichtungen der EFSF übernehmen, insbesondere in Bezug auf die Gesamtheit oder einen Teil ihrer im Rahmen ihrer bestehenden Darlehensfazilitäten oder in Zusammenhang damit ausstehenden Rechte und Verpflichtungen.

(3) Der Gouverneursrat nimmt die ausführlichen Modalitäten an, die erforderlich sind, um die in Absatz 1 vorgesehene Übertragung der Verpflichtungen der EFSF auf den ESM sowie etwaige Übertragungen von Rechten und Verpflichtungen im Sinne des Absatzes 2 in Kraft zu setzen.

Artikel 41   Einzahlung des Anfangskapitals

(1) Unbeschadet des Absatzes 2 erfolgt die Einzahlung des von jedem ESM-Mitglied anfänglich gezeichneten Betrags der eingezahlten Anteile in fünf jährlichen Raten von jeweils 20 % des Gesamtbetrags. Die erste Rate wird von jedem ESM-Mitglied innerhalb von fünfzehn Tagen nach dem Tag des Inkrafttretens dieses Vertrags eingezahlt. Die vier übrigen Raten werden jeweils an dem Tag eingezahlt, an dem sich die Einzahlung der ersten Rate zum ersten, zweiten, dritten und vierten Mal jährt.

(2) Während des Fünfjahreszeitraums, in dem das Kapital in Raten eingezahlt wird, beschleunigen die ESM-Mitglieder die Zahlung der eingezahlten Anteile rechtzeitig vor dem Ausgabetermin, um das Verhältnis zwischen eingezahltem Kapital und ausstehendem Betrag an ESM-Anleiheemissionen stets bei mindestens 15 % zu halten und eine gemeinsame Mindestdarlehenskapazität des ESM und der EFSF von 500 Milliarden EUR sicherzustellen.

(3) Ein ESM-Mitglied kann beschließen, die Zahlung seines Anteils am eingezahlten Kapital zu beschleunigen.

Artikel 42   Zeitweilige Korrektur des Beitragsschlüssels

(1) Zu Anfang zeichnen die ESM-Mitglieder das genehmigte Stammkapital auf der Grundlage des in Anhang I festgelegten Erstbeitragsschlüssels. Die in diesem Erstbeitragsschlüssel enthaltene zeitweilige Korrektur gilt für einen Zeitraum von zwölf Jahren ab dem Tag, an dem das betreffende ESM-Mitglied den Euro einführt.

(2) Beträgt das Pro-Kopf-Bruttoinlandsprodukt (BIP) eines ESM-Mitglieds zu Marktpreisen in Euro in dem Jahr, das seinem Beitritt zum ESM unmittelbar vorausgeht, weniger als 75 % des durchschnittlichen Pro-Kopf-BIP der Europäischen Union zu Marktpreisen, so wird sein gemäß Artikel 10 bestimmter Beitragsschlüssel für die Zeichnung des genehmigten Stammkapitals des ESM zeitweilig korrigiert und entspricht der Summe aus:

a) 25 % des gemäß Artikel 29 der ESZB-Satzung bestimmten prozentualen Anteils der nationalen Zentralbank dieses ESM-Mitglieds am Kapital der EZB und

b) 75 % des prozentualen Anteils dieses ESM-Mitglieds am Bruttonationaleinkommen (BNE) des Euro-Währungsgebiets zu Marktpreisen in Euro in dem Jahr, das seinem Beitritt zum ESM unmittelbar vorausgeht.

Die unter den Buchstaben a und b genannten Prozentsätze werden zum nächsten Vielfachen von 0,0001 Prozentpunkten ab- oder aufgerundet. Es gelten die von Eurostat veröffentlichten statistischen Begriffe.

(3) Die zeitweilige Korrektur gemäß Absatz 2 gilt für einen Zeitraum von zwölf Jahren ab dem Tag, an dem das betreffende ESM-Mitglied den Euro einführt.

(4) Infolge der zeitweiligen Korrektur des Schlüssels wird das einem ESM-Mitglied gemäß Absatz 2 zugeteilte Verhältnis der Anteile unter den ESM-Mitgliedern, denen auf der Grundlage ihrer gemäß Artikel 29 der ESZB-Satzung bestimmten, unmittelbar vor der Ausgabe von Anteilen an das beitretende ESM-Mitglied bestehenden Beteiligung an der EZB keine zeitweilige Korrektur gewährt wurde, umverteilt.

Artikel 43 Ersternennungen
(1) Jedes ESM-Mitglied ernennt sein Mitglied und sein stellvertretendes Mitglied des Gouverneursrats innerhalb von zwei Wochen nach Inkrafttreten dieses Vertrags.

(2) Der Gouverneursrat ernennt den Geschäftsführenden Direktor und jedes Mitglied des Gouverneursrats ernennt innerhalb von zwei Monaten nach Inkrafttreten dieses Vertrags ein Mitglied des Direktoriums und ein stellvertretendes Mitglied des Direktoriums.

Kapitel 8
Schlussbestimmungen

Artikel 44 Beitritt
Anderen Mitgliedstaaten der Europäischen Union steht der Beitritt zu diesem Vertrag nach Maßgabe des Artikels 2 auf Antrag hin offen; dieser Antrag wird von dem betreffenden Mitgliedstaat der Europäischen Union an den ESM gerichtet, nachdem der Rat der Europäischen Union gemäß

Artikel 140 Absatz 2 AEUV beschlossen hat, die für diesen Mitgliedstaat geltende Ausnahmeregelung betreffend die Teilnahme am Euro aufzuheben. Der Gouverneursrat genehmigt den Beitrittsantrag des neuen ESM-Mitglieds und die damit zusammenhängenden ausführlichen technischen Regelungen sowie die Anpassungen, die als unmittelbare Folge des Beitritts an diesem Vertrag vorzunehmen sind. Nach Genehmigung des Antrags auf Beitritt durch den Gouverneursrat treten neue ESM-Mitglieder nach Hinterlegung der Beitrittsurkunde beim Verwahrer bei, der die anderen ESM-Mitglieder davon in Kenntnis setzt.

Artikel 45 Anhänge
Die folgenden Anhänge dieses Vertrags sind Bestandteil des Vertrags:
1) Anhang I: Erstbeitragsschlüssel des ESM und
2) Anhang II: Zeichnungen des genehmigten Stammkapitals

Artikel 46 Hinterlegung
Dieser Vertrag wird beim Generalsekretariat des Rates der Europäischen Union („Verwahrer") hinterlegt; der Verwahrer übermittelt allen Unterzeichnern beglaubigte Abschriften.

Artikel 47 Ratifikation, Genehmigung oder Annahme
(1) Dieser Vertrag bedarf der Ratifikation, Genehmigung oder Annahme durch die Unterzeichner. Die Ratifikations-, Genehmigungs- oder Annahmeurkunden werden beim Verwahrer hinterlegt.

(2) Der Verwahrer setzt die anderen Unterzeichner von jeder Hinterlegung und deren Zeitpunkt in Kenntnis.

Artikel 48 Inkrafttreten
(1) Dieser Vertrag tritt an dem Tag in Kraft, an dem die Ratifikations-, Genehmigungs- oder Annahmeurkunden von Unterzeichnern hinterlegt wurden, deren Erstzeichnungen mindestens 90 % der gesamten in Anhang II vorgesehenen Zeichnungen ausmachen. Die Liste der ESM-Mitglieder wird gegebenenfalls angepasst. Der Schlüssel in Anhang I wird sodann neu berechnet und das gesamte genehmigte Stammkapital gemäß Artikel 8 Absatz 1 und Anhang II sowie der anfängliche Gesamtnennwert der eingezahlten Anteile gemäß Artikel 8 Absatz 2 werden entsprechend verringert.

(2) Dieser Vertrag tritt für jeden Unterzeichner, der die Ratifikations-, Genehmigungs- oder Annahmeurkunde danach hinterlegt, am Tag nach dem Tag der Hinterlegung in Kraft.

(3) Für jeden Staat, der diesem Vertrag nach Maßgabe von dessen Artikel 44 beitritt, tritt dieser Vertrag am zwanzigsten Tag nach dem Tag der Hinterlegung der Beitrittsurkunde in Kraft.

Geschehen zu Brüssel am zweiten Februar zweitausendzwölf in deutscher, englischer, estnischer, finnischer, französischer, griechischer, irischer, italienischer, maltesischer, niederländischer, portugiesischer, schwedischer, slowakischer, slowenischer und spanischer Sprache, wobei jeder Wortlaut gleichermaßen verbindlich ist, in einer Urschrift, die in den Archiven des Verwahrers hinterlegt wird; dieser übermittelt den Vertragsparteien je eine beglaubigte Abschrift.

Anhang I

ESM-Mitglied	ESM-Schlüssel (%)
Königreich Belgien	3,4534
Bundesrepublik Deutschland	26,9616
Republik Estland	0,1847
Irland	1,5814
Hellenische Republik	2,7975
Königreich Spanien	11,8227
Französische Republik	20,2471
Italienische Republik	17,7917
Republik Zypern	0,1949
Republik Lettland	0,2746
Republik Litauen	0,4063
Großherzogtum Luxemburg	0,2487
Malta	0,0726
Königreich der Niederlande	5,6781
Republik Österreich	2,7644
Portugiesische Republik	2,4921
Republik Slowenien	0,4247
Slowakische Republik	0,8184
Republik Finnland	1,7852
Insgesamt	**100,0**

Anhang II

ESM-Mitglied	Anzahl der Anteile	Kapitalzeichnung (EUR)
Königreich Belgien	243 397	24 339 700 000
Bundesrepublik Deutschland	1 900 248	190 024 800 000
Republik Estland	13 020	1 302 000 000
Irland	111 454	11 145 400 000
Hellenische Republik	197 169	19 716 900 000

ESM-Mitglied	Anzahl der Anteile	Kapitalzeichnung (EUR)
Königreich Spanien	833 259	83 325 900 000
Französische Republik	1 427 013	142 701 300 000
Italienische Republik	1 253 959	125 395 900 000
Republik Zypern	13 734	1 373 400 000
Republik Lettland	19 353	1 935 300 000
Republik Litauen	28 634	2 863 400 000
Großherzogtum Luxemburg	17 528	1 752 800 000
Malta	5 117	511 700 000
Königreich der Niederlande	400 190	40 019 000 000
Republik Österreich	194 838	19 483 800 000
Portugiesische Republik	175 644	17 564 400 000
Republik Slowenien	29 932	2 993 200 000
Slowakische Republik	57 680	5 768 000 000
Republik Finnland	125 818	12 581 800 000
Insgesamt	**7 047 987**	**704 798 700 000**

**Vertrag über Stabilität, Koordinierung und Steuerung in der
Wirtschafts- und Währungsunion
vom 2. März 2012[1)]**

(BGBl. II S. 1008)

Nichtamtliche Inhaltsübersicht

Das Königreich Belgien, die Republik Bulgarien, das Königreich Dänemark, die Bundesrepublik Deutschland, die Republik Estland, Irland, die
Hellenische Republik, das Königreich Spanien, die Französische Republik, die Italienische Republik, die Republik Zypern, die Republik Lettland, die Republik Litauen, das Großherzogtum Luxemburg, Ungarn,
Malta, das Königreich der Niederlande, die Republik Österreich, die Republik Polen, die Portugiesische Republik, Rumänien, die Republik Slowenien, die Slowakische Republik, die Republik Finnland und das Königreich Schweden,

im Folgenden „Vertragsparteien" –

in dem Bewusstsein ihrer Verpflichtung, als Mitgliedstaaten der Europäischen Union ihre Wirtschaftspolitik als eine Angelegenheit von gemeinsamem Interesse zu betrachten,

in dem Wunsch, die Voraussetzungen für ein stärkeres Wirtschaftswachstum in der Europäischen Union zu verbessern und zu diesem Zweck
eine immer engere Koordinierung der Wirtschaftspolitik im Euro-Währungsgebiet zu erreichen,

eingedenk dessen, dass die Regierungen für gesunde und auf Dauer
tragfähige öffentliche Finanzen sorgen und das Entstehen eines übermäßigen öffentlichen Defizits verhindern müssen, da dies für die Erhaltung
der Stabilität des Euro-Währungsgebiets insgesamt von zentraler Bedeutung ist, und zu diesem Zweck spezifische Vorschriften eingeführt werden
müssen, einschließlich einer Regel des ausgeglichenen Haushalts und eines automatischen Mechanismus zur Einleitung von Korrekturmaßnahmen,

---

1) Anm. d. Red.: Die Bundesrepublik Deutschland hat dem Vertrag durch Gesetz vom
   13. 9. 2012 (BGBl. II S. 1006) zugestimmt.

in dem Bewusstsein, dass sichergestellt werden muss, dass ihr gesamtstaatliches Haushaltsdefizit 3 % ihres Bruttoinlandsprodukts zu Marktpreisen nicht überschreitet und dass der öffentliche Schuldenstand 60 % ihres Bruttoinlandsprodukts zu Marktpreisen nicht überschreitet oder sich in ausreichendem Maße auf diesen Wert hin verringert,

unter Hinweis darauf, dass die Vertragsparteien als Mitgliedstaaten der Europäischen Union alle Maßnahmen zu unterlassen haben, die die Verwirklichung der Ziele der Union im Rahmen der Wirtschaftsunion gefährden könnten, insbesondere die Praxis, Schulden nicht im gesamtstaatlichen Haushalt auszuweisen,

eingedenk dessen, dass sich die Staats- und Regierungschefs der Mitgliedstaaten des Euro-Währungsgebiets am 9. Dezember 2011 auf eine verstärkte Architektur für die Wirtschafts- und Währungsunion verständigt haben, die auf den Verträgen aufbaut, auf denen die Europäische Union beruht, und die Durchführung von Maßnahmen erleichtert, die auf der Grundlage der Artikel 121, 126 und 136 des Vertrags über die Arbeitsweise der Europäischen Union ergriffen werden,

eingedenk dessen, dass es das Ziel der Staats- und Regierungschefs der Mitgliedstaaten des Euro-Währungsgebiets und anderer Mitgliedstaaten der Europäischen Union ist, die Bestimmungen dieses Vertrags so bald wie möglich in die Verträge, auf denen die Europäische Union beruht, zu überführen,

unter Begrüßung der Gesetzgebungsvorschläge über den Ausbau der wirtschafts- und haushaltspolitischen Überwachung von Mitgliedstaaten, die von gravierenden Schwierigkeiten in Bezug auf ihre finanzielle Stabilität betroffen oder bedroht sind, und über gemeinsame Bestimmungen für die Überwachung und Bewertung der Übersichten über die gesamtstaatliche Haushaltsplanung und für die Gewährleistung der Korrektur übermäßiger Defizite der Mitgliedstaaten, die die Europäische Kommission am 23. November 2011 im Rahmen der Verträge, auf denen die Europäische Union beruht, für das Euro-Währungsgebiet vorgelegt hat, und in Kenntnisnahme der Absicht der Europäischen Kommission, weitere Gesetzgebungsvorschläge für das Euro-Währungsgebiet vorzulegen, die insbesondere Folgendes betreffen: die Vorabberichterstattung über die Begebung von Staatsschuldtiteln, Wirtschaftspartnerschaftsprogramme mit genauer Beschreibung der Strukturreformen für die Mitgliedstaaten, die Gegenstand eines Defizitverfahrens sind, und die Koordinierung größerer Pläne von Mitgliedstaaten für wirtschaftspolitische Reformen,

unter Bekundung ihrer Bereitschaft zur Unterstützung von Vorschlägen, die die Europäische Kommission zur weiteren Stärkung des Stabilitäts- und Wachstumspakts vorlegen könnte und die darin bestehen, in Übereinstimmung mit den in diesem Vertrag gesetzten Grenzen eine neue Spanne für mittelfristige Ziele für Mitgliedstaaten, deren Währung der Euro ist, einzuführen, in der Feststellung, dass die Europäische Kommission bei der Überprüfung und Überwachung der durch diesen Vertrag begründeten haushaltspolitischen Verpflichtungen im Rahmen der Befugnisse handeln wird, die ihr durch den Vertrag über die Arbeitsweise der Europäischen Union, insbesondere die Artikel 121, 126 und 136, übertragen wurden,

insbesondere in der Feststellung, dass diese Überwachung, was die Anwendung der in Artikel 3 dieses Vertrags beschriebenen Regel des ausgeglichenen Haushalts anbelangt, für die einzelnen Vertragsparteien angemessen durch Festlegung von länderspezifischen mittelfristigen Zielen und von Konvergenzzeitplänen durchgeführt werden wird,

unter Hinweis darauf, dass die mittelfristigen Ziele regelmäßig nach einer gemeinsam vereinbarten Methode aktualisiert werden sollten, deren Hauptparameter ebenfalls regelmäßig zu überprüfen sind, wobei die Risiken expliziter und impliziter Verbindlichkeiten für die öffentlichen Finanzen den im Stabilitäts- und Wachstumspakt formulierten Zielen entsprechend zu berücksichtigen sind,

unter Hinweis darauf, dass in Übereinstimmung mit den Bestimmungen des Rechts der Europäischen Union, insbesondere der Verordnung (EG) Nr. 1466/97 des Rates vom 7. Juli 1997 über den Ausbau der haushaltspolitischen Überwachung und der Überwachung und Koordinierung der Wirtschaftspolitiken, geändert durch die Verordnung (EU) Nr. 1175/2011 des Europäischen Parlaments und des Rates vom 16. November 2011 (im Folgenden „geänderter Stabilitäts- und Wachstumspakt") das Ausreichen der Fortschritte in Richtung auf die mittelfristigen Ziele auf der Grundlage einer Gesamtbewertung evaluiert werden sollte, bei der der strukturelle Haushaltssaldo als Referenz dient und die eine Analyse der Ausgaben ohne Anrechnung diskretionärer einnahmenseitiger Maßnahmen einschließt,

unter Hinweis darauf, dass der von den Vertragsparteien einzuführende Korrekturmechanismus darauf abzielen sollte, Abweichungen vom mittelfristigen Ziel oder vom Anpassungspfad samt ihrer kumulierten Auswirkungen auf die Dynamik der Staatsverschuldung zu korrigieren,

unter Hinweis darauf, dass für die Einhaltung der Verpflichtung der Vertragsparteien, die Regel des ausgeglichenen Haushalts durch verbindliche und dauerhafte Bestimmungen, die vorzugsweise Verfassungsrang besitzen, in ihren einzelstaatlichen Rechtsordnungen zu verankern, gemäß Artikel 273 des Vertrags über die Arbeitsweise der Europäischen Union der Gerichtshof der Europäischen Union zuständig sein sollte,

unter Hinweis darauf, dass Artikel 260 des Vertrags über die Arbeitsweise der Europäischen Union den Gerichtshof der Europäischen Union dazu ermächtigt, die Zahlung eines Pauschalbetrags oder Zwangsgelds gegen einen Mitgliedstaat der Europäischen Union zu verhängen, der einem seiner Urteile nicht nachgekommen ist, und unter Hinweis darauf, dass die Europäische Kommission Kriterien für die Festsetzung des im

Rahmen dieses Artikels zu verhängenden Pauschalbetrags oder Zwangsgelds festgelegt hat,

unter Hinweis darauf, dass für die Mitgliedstaaten, deren Währung der
Euro ist und deren geplantes oder tatsächliches Verhältnis zwischen öffentlichem Haushaltsdefizit und Bruttoinlandsprodukt 3 % des Bruttoinlandsprodukts überschreitet, die Festlegung von Maßnahmen im Rahmen
des Defizitverfahrens der Europäischen Union erleichtert werden muss,
während gleichzeitig dem Ziel dieses Verfahrens, nämlich einen Mitgliedstaat zu veranlassen und wenn nötig zu zwingen, ein etwa festge-
stelltes Defizit abzubauen, deutlich mehr Gewicht verliehen werden muss,

unter Hinweis auf die Verpflichtung der Vertragsparteien, deren öffentlicher Schuldenstand über dem Referenzwert von 60 % liegt, diesen
als Richtwert um durchschnittlich ein Zwanzigstel pro Jahr zu verringern,

eingedenk der Notwendigkeit, bei der Umsetzung dieses Vertrags die
im Recht und den nationalen Systemen der einzelnen Vertragsparteien
anerkannte besondere Rolle der Sozialpartner zu achten,

unter Betonung der Tatsache, dass keine Bestimmung dieses Vertrags
so auszulegen ist, dass dadurch die wirtschaftspolitischen Auflagen, unter
denen einer Vertragspartei im Rahmen eines Stabilisierungsprogramms
der Europäischen Union, ihrer Mitgliedstaaten oder des Internationalen
Währungsfonds finanzieller Beistand gewährt wurde, in irgendeiner Weise geändert werden,

unter Hinweis darauf, dass die Vertragsparteien für das reibungslose
Funktionieren der Wirtschafts- und Währungsunion gemeinsam auf eine
Wirtschaftspolitik hinarbeiten müssen, bei der sie gestützt auf die in den
Verträgen, auf denen die Europäische Union beruht, festgelegten Mechanismen der wirtschaftspolitischen Koordinierung in allen für das reibungslose Funktionieren des Euro-Währungsgebiets wesentlichen Bereichen die notwendigen Schritte und Maßnahmen einleiten,

insbesondere unter Hinweis auf den Wunsch der Vertragsparteien, kon-
sequenter auf die in Artikel 20 des Vertrags über die Europäische Union
und in den Artikeln 326 bis 334 des Vertrags über die Arbeitsweise der
Europäischen Union vorgesehene Verstärkte Zusammenarbeit zurückzugreifen, ohne den Binnenmarkt zu beeinträchtigen, und in vollem Umfang
auf die in Artikel 136 des Vertrags über die Arbeitsweise der Europäischen
Union genannten Maßnahmen für die Mitgliedstaaten, deren Währung der
Euro ist, sowie auf ein Verfahren zurückzugreifen, das es den Vertragsparteien, deren Währung der Euro ist, ermöglicht, alle größeren von ihnen
geplanten wirtschaftspolitischen Reformen vorab zu erörtern und zu koordinieren, um Benchmarks für vorbildliche Vorgehensweisen festzulegen,

unter Hinweis auf die Vereinbarung der Staats- und Regierungschefs
der Mitgliedstaaten des Euro-Währungsgebiets vom 26. Oktober 2011,
die Steuerungsstrukturen des Euro-Währungsgebiets zu verbessern und

zu diesem Zweck unter anderem alljährlich mindestens zwei Euro-Gipfel abzuhalten, die, außer wenn anderes durch außergewöhnliche Umstände gerechtfertigt ist, unmittelbar nach den Tagungen des Europäischen Rates oder unmittelbar nach Tagungen, an denen alle Vertragsparteien teilnehmen, die diesen Vertrag ratifiziert haben, anberaumt werden,

unter Hinweis auf die Billigung des Euro-Plus-Pakts durch die Staats- und Regierungschefs der Mitgliedstaaten des Euro-Währungsgebiets und andere Mitgliedstaaten der Europäischen Union am 25. März 2011, in dem die für die Förderung der Wettbewerbsfähigkeit im Euro-Währungsgebiet wesentlichen Punkte ermittelt werden,

unter Betonung der Bedeutung, die dem Vertrag zur Einrichtung des Europäischen Stabilitätsmechanismus als Element der globalen Strategie zur Stärkung der Wirtschafts- und Währungsunion zukommt, und unter Hinweis darauf, dass bei neuen Programmen im Rahmen des Europäischen Stabilitätsmechanismus die Gewährung von Finanzhilfe ab dem 1. März 2013 von der Ratifizierung des vorliegenden Vertrags durch die betreffende Vertragspartei und nach Ablauf der in Artikel 3 Absatz 2 dieses Vertrags genannten Umsetzungsfrist von der Erfüllung der in dem genannten Artikel festgelegten Pflichten abhängen wird,

unter Hinweis darauf, dass das Königreich Belgien, die Bundesrepublik Deutschland, die Republik Estland, Irland, die Hellenische Republik, das Königreich Spanien, die Französische Republik, die Italienische Republik, die Republik Zypern, das Großherzogtum Luxemburg, Malta, das Königreich der Niederlande, die Republik Österreich, die Portugiesische Republik, die Republik Slowenien, die Slowakische Republik und die Republik Finnland Vertragsparteien sind, deren Währung der Euro ist, und diese als solche ab dem ersten Tag des Monats nach Hinterlegung ihrer Ratifikationsurkunde an diesen Vertrag gebunden sind, sofern er zu diesem Zeitpunkt in Kraft ist,

sowie unter Hinweis darauf, dass die Republik Bulgarien, das Königreich Dänemark, die Republik Lettland, die Republik Litauen, Ungarn, die Republik Polen, Rumänien und das Königreich Schweden Vertragsparteien sind, für die als Mitgliedstaaten der Europäischen Union zum Zeitpunkt der Unterzeichnung dieses Vertrags eine Ausnahmeregelung gilt oder sie von der Teilnahme an der gemeinsamen Währung freigestellt sind, und dass sie – solange diese Ausnahmeregelung oder Freistellung nicht aufgehoben ist – ausschließlich an die Bestimmungen der Titel III und IV dieses Vertrags gebunden sind, an die sie sich bei Hinterlegung ihrer Ratifikationsurkunde oder zu einem späteren Zeitpunkt gebunden zu sein erklären –

sind über folgende Bestimmungen übereingekommen:

Titel I
Zweck und Anwendungsbereich

Artikel 1 [Anwendung]

(1) Mit diesem Vertrag kommen die Vertragsparteien als Mitgliedstaaten der Europäischen Union überein, die wirtschaftliche Säule der Wirtschafts- und Währungsunion durch Verabschiedung einer Reihe von Vorschriften zu stärken, die die Haushaltsdisziplin durch einen fiskalpolitischen Pakt fördern, die Koordinierung ihrer Wirtschaftspolitiken verstärken und die Steuerung des Euro-Währungsgebiets verbessern sollen und dadurch zur Erreichung der Ziele der Europäischen Union für nachhaltiges Wachstum, Beschäftigung, Wettbewerbsfähigkeit und sozialen Zusammenhalt beitragen.

(2) [1]Auf die Vertragsparteien, deren Währung der Euro ist, findet dieser Vertrag in vollem Umfang Anwendung. [2]Für die anderen Vertragsparteien gilt er in dem in Artikel 14 festgelegten Umfang und unter den dort genannten Voraussetzungen.

Titel II
Kohärenz mit dem Unionsrecht und Verhältnis zum Unionsrecht

Artikel 2 [Auslegung]

(1) Dieser Vertrag wird von den Vertragsparteien in Übereinstimmung mit den Verträgen, auf denen die Europäische Union beruht, insbesondere mit Artikel 4 Absatz 3 des Vertrags über die Europäische Union, und mit dem Recht der Europäischen Union, einschließlich dem Verfahrensrecht, wann immer der Erlass von Sekundärgesetzgebung erforderlich ist, angewandt und ausgelegt.

(2) [1]Dieser Vertrag gilt insoweit, wie er mit den Verträgen, auf denen die Europäische Union beruht, und mit dem Recht der Europäischen Union vereinbar ist. [2]Er lässt die Handlungsbefugnisse der Union auf dem Gebiet der Wirtschaftsunion unberührt.

Titel III
Fiskalpolitischer Pakt

Artikel 3 [Anwendung]

(1) Die Vertragsparteien wenden zusätzlich zu ihren sich aus dem Recht der Europäischen Union ergebenden Verpflichtungen und unbeschadet dieser Verpflichtungen die in diesem Absatz festgelegten Vorschriften an:

a) Der gesamtstaatliche Haushalt einer Vertragspartei ist ausgeglichen oder weist einen Überschuss auf.

b) Die Regel unter Buchstabe a gilt als eingehalten, wenn der jährliche strukturelle Saldo des Gesamtstaats dem länderspezifischen mittelfristigen Ziel im Sinne des geänderten Stabilitäts- und Wachstumspakts, mit einer Untergrenze von einem strukturellen Defizit von 0,5 % des Bruttoinlandsprodukts zu Marktpreisen, entspricht. Die Vertragsparteien stellen eine rasche Annäherung an ihr jeweiliges mittelfristiges Ziel sicher. Der zeitliche Rahmen für diese Annäherung wird von der Europäischen Kommission unter Berücksichtigung der länderspezifischen Risiken für die langfristige Tragfähigkeit vorgeschlagen werden. Die Fortschritte in Richtung auf das mittelfristige Ziel und dessen Einhaltung werden dem geänderten Stabilitäts- und Wachstumspakt entsprechend auf der Grundlage einer Gesamtbewertung evaluiert, bei der der strukturelle Haushaltssaldo als Referenz dient und die eine Analyse der Ausgaben ohne Anrechnung diskretionärer einnahmenseitiger Maßnahmen einschließt.

c) Die Vertragsparteien dürfen nur unter den in Absatz 3 Buchstabe b festgelegten außergewöhnlichen Umständen vorübergehend von ihrem jeweiligen mittelfristigen Ziel oder dem dorthin führenden Anpassungspfad abweichen.

d) Liegt das Verhältnis zwischen öffentlichem Schuldenstand und Bruttoinlandsprodukt zu Marktpreisen erheblich unter 60 % und sind die Risiken für die langfristige Tragfähigkeit der öffentlichen Finanzen gering, so kann die Untergrenze des in Buchstabe b angegebenen mittelfristigen Ziels ein strukturelles Defizit von maximal 1,0 % des Bruttoinlandsprodukts zu Marktpreisen erreichen.

e) Erhebliche Abweichungen vom mittelfristigen Ziel oder dem dorthin führenden Anpassungspfad lösen automatisch einen Korrekturmechanismus aus. Dieser Mechanismus schließt die Verpflichtung der betreffenden Vertragspartei ein, zur Korrektur der Abweichungen innerhalb eines festgelegten Zeitraums Maßnahmen zu treffen.

(2) ¹Die Regelungen nach Absatz 1 werden im einzelstaatlichen Recht der Vertragsparteien in Form von Bestimmungen, die verbindlicher und dauerhafter Art sind, vorzugsweise mit Verfassungsrang, oder deren vollständige Einhaltung und Befolgung im gesamten nationalen Haushaltsverfahren auf andere Weise garantiert ist, spätestens ein Jahr nach Inkrafttreten dieses Vertrags wirksam. ²Die Vertragsparteien richten auf nationaler Ebene den in Absatz 1 Buchstabe e genannten Korrekturmechanismus ein und stützen sich dabei auf gemeinsame, von der Europäischen Kommission vorzuschlagende Grundsätze, die insbesondere die Art, den Umfang und den zeitlichen Rahmen der – auch unter außergewöhnlichen Umständen – zu treffenden Korrekturmaßnahmen sowie die Rolle und Unabhängigkeit der auf nationaler Ebene für die Überwachung der Einhaltung der in Absatz 1 genannten Regelungen zuständigen Institutionen betreffen. ³Dieser Korrekturmechanismus wahrt uneingeschränkt die Vorrechte der nationalen Parlamente.

(3) Für die Zwecke dieses Artikels gelten die Begriffsbestimmungen, die in Artikel 2 des den Verträgen zur Europäischen Union beigefügten

Protokolls (Nr. 12) über das Verfahren bei einem übermäßigen Defizit festgelegt sind.

Zusätzlich dazu gelten für die Zwecke dieses Artikels die folgenden Begriffsbestimmungen:

a) „Jährlicher struktureller Saldo des Gesamtstaats" ist der konjunktur-bereinigte jährliche Saldo ohne Anrechnung einmaliger und befriste-ter Maßnahmen.

b) „Außergewöhnliche Umstände" sind ein außergewöhnliches Ereignis, das sich der Kontrolle der betreffenden Vertragspartei entzieht und erhebliche Auswirkungen auf die Lage der öffentlichen Finanzen hat, oder ein schwerer Konjunkturabschwung im Sinne des geänderten Stabilitäts- und Wachstumspakts, vorausgesetzt, die vorübergehende Abweichung der betreffenden Vertragspartei gefährdet nicht die mit-telfristige Tragfähigkeit der öffentlichen Finanzen.

Artikel 4 [Verringerung bei übermäßigem Defizit]

[1]Geht das Verhältnis zwischen dem gesamtstaatlichen Schuldenstand einer Vertragspartei und dem Bruttoinlandsprodukt über den in Artikel 1 des den Verträgen zur Europäischen Union beigefügten Protokolls (Nr. 12) über das Verfahren bei einem übermäßigen Defizit genannten Referenzwert von 60 % hinaus, so verringert diese Vertragspartei es ge-mäß Artikel 2 der Verordnung (EG) Nr. 1467/97 des Rates vom 7. Juli 1997 über die Beschleunigung und Klärung des Verfahrens bei einem übermäßigen Defizit in der durch die Verordnung (EU) Nr. 1177/2011 des Rates vom 8. November 2011 geänderten Fassung als Richtwert um durchschnittlich ein Zwanzigstel jährlich. [2]Das Bestehen eines übermä-ßigen Defizits durch die Verletzung des Schuldenkriteriums wird vom Rat nach dem Verfahren des Artikels 126 des Vertrags über die Arbeitsweise der Europäischen Union festgestellt werden.

Artikel 5 [Defizitverfahren]

(1) [1]Eine Vertragspartei, die gemäß den Verträgen, auf denen die Euro-päische Union beruht, Gegenstand eines Defizitverfahrens ist, legt ein Haushalts- und Wirtschaftspartnerschaftsprogramm auf, das eine detail-lierte Beschreibung der Strukturreformen enthält, die zur Gewährleistung einer wirksamen und dauerhaften Korrektur ihres übermäßigen Defizits zu beschließen und umzusetzen sind. [2]Inhalt und Form dieser Programme werden im Recht der Europäischen Union festgelegt. [3]Sie werden dem Rat der Europäischen Union und der Europäischen Kommission im Rah-men der bestehenden Überwachungsverfahren des Stabilitäts- und Wachstumspakts zur Genehmigung vorgelegt werden und auch innerhalb dieses Rahmens überwacht werden.

(2) Die Umsetzung des Haushalts- und Wirtschaftspartnerschaftspro-gramms und die mit diesem Programm in Einklang stehenden jährlichen

Haushaltspläne werden vom Rat der Europäischen Union und der Europäischen Kommission überwacht werden.

Artikel 6 [Begebung von Staatsschuldtiteln]
Zur besseren Koordinierung der Planung für die Begebung von Staatsschuldtiteln erstatten die Vertragsparteien dem Rat der Europäischen Union und der Europäischen Kommission im Voraus über ihre entsprechenden Planungen Bericht.

Artikel 7 [Verpflichtung bei Verstoß gegen das Defizit-Kriterium]
[1]Die Vertragsparteien, deren Währung der Euro ist, verpflichten sich unter uneingeschränkter Einhaltung der Verfahrensvorschriften der Verträge, auf denen die Europäische Union beruht, zur Unterstützung der Vorschläge oder Empfehlungen der Europäischen Kommission, in denen diese die Auffassung vertritt, dass ein Mitgliedstaat der Europäischen Union, dessen Währung der Euro ist, im Rahmen eines Verfahrens bei einem übermäßigen Defizit gegen das Defizit-Kriterium verstößt. [2]Diese Verpflichtung entfällt, wenn zwischen den Vertragsparteien, deren Währung der Euro ist, feststeht, dass eine analog zu den einschlägigen Bestimmungen der Verträge, auf denen die Europäische Union beruht, unter Auslassung des Standpunkts der betroffenen Vertragspartei ermittelte qualifizierte Mehrheit von ihnen gegen den vorgeschlagenen oder empfohlenen Beschluss ist.

Artikel 8 [Schiedsvertrag zwischen den Vertragsparteien]
(1) [1]Die Europäische Kommission wird aufgefordert, den Vertragsparteien zu gegebener Zeit einen Bericht über die Bestimmungen vorzulegen, die jede von ihnen gemäß Artikel 3 Absatz 2 erlassen hat. [2]Gelangt die Europäische Kommission, nachdem sie der betreffenden Vertragspartei Gelegenheit zur Stellungnahme gegeben hat, in ihrem Bericht zu dem Schluss, dass diese Vertragspartei Artikel 3 Absatz 2 nicht nachgekommen ist, wird der Gerichtshof der Europäischen Union von einer oder mehreren Vertragsparteien mit der Angelegenheit befasst werden [3]Ist eine Vertragspartei unabhängig vom Bericht der Kommission der Auffassung, dass eine andere Vertragspartei Artikel 3 Absatz 2 nicht nachgekommen ist, so kann sie den Gerichtshof mit der Angelegenheit befassen. [4]In beiden Fällen ist das Urteil des Gerichtshofs für die Verfahrensbeteiligten verbindlich, und diese müssen innerhalb einer vom Gerichtshof festgelegten Frist die erforderlichen Maßnahmen treffen, um dem Urteil nachzukommen.

(2) [1]Ist eine Vertragspartei nach eigener Einschätzung oder aufgrund der Bewertung der Europäischen Kommission der Auffassung, dass eine andere Vertragspartei nicht die in Absatz 1 genannten erforderlichen Maßnahmen getroffen hat, um dem Urteil des Gerichtshofs nachzukommen, so kann sie den Gerichtshof mit der Sache befassen und die Verhängung finanzieller Sanktionen gemäß den von der Europäischen Kom-

mission im Rahmen von Artikel 260 des Vertrags über die Arbeitsweise
der Europäischen Union festgelegten Kriterien verlangen. [2]Stellt der Gerichtshof fest, dass die betreffende Vertragspartei seinem Urteil nicht
nachgekommen ist, so kann er gegen diese Vertragspartei einen Pauschal-
betrag oder ein Zwangsgeld verhängen, der/das den Umständen angemessen ist und nicht über 0,1 % ihres Bruttoinlandsprodukts hinausgeht.
[3]Die gegen eine Vertragspartei, deren Währung der Euro ist, verhängten
Beträge sind an den Europäischen Stabilitätsmechanismus zu entrichten.
[4]Anderenfalls werden die Zahlungen an den Gesamthaushaltsplan der
Europäischen Union entrichtet.

(3) Dieser Artikel stellt einen Schiedsvertrag zwischen den Vertragsparteien im Sinne des Artikels 273 des Vertrags über die Arbeitsweise der
Europäischen Union dar.

Titel IV
Wirtschaftspolitische Koordinierung und Konvergenz

Artikel 9 [Wirtschaftspolitische Koordinierung]
[1]Gestützt auf die wirtschaftspolitische Koordinierung im Sinne des Vertrags über die Arbeitsweise der Europäischen Union verpflichten sich die
Vertragsparteien, gemeinsam auf eine Wirtschaftspolitik hinzuarbeiten,
die durch erhöhte Konvergenz und Wettbewerbsfähigkeit das reibungslose Funktionieren der Wirtschafts- und Währungsunion sowie das Wirtschaftswachstum fördert. [2]Zu diesem Zweck leiten die Vertragsparteien
in Verfolgung des Ziels, Wettbewerbsfähigkeit und Beschäftigung zu fördern, weiter zur langfristigen Tragfähigkeit der öffentlichen Finanzen
beizutragen und die Finanzstabilität zu stärken, in allen für das reibungslose Funktionieren des Euro-Währungsgebiets wesentlichen Bereichen
die notwendigen Schritte und Maßnahmen ein.

**Artikel 10 [Verstärkte Zusammenarbeit für das reibungslose
          Funktionieren des Euro-Währungsgebiets]**
Den Anforderungen der Verträge, auf denen die Europäische Union beruht, entsprechend sind die Vertragsparteien bereit, in Angelegenheiten,
die für das reibungslose Funktionieren des Euro-Währungsgebiets wesentlich sind, wann immer dies angemessen und notwendig ist, von den
in Artikel 136 des Vertrags über die Arbeitsweise der Europäischen Union
vorgesehenen Maßnahmen für die Mitgliedstaaten, deren Währung der
Euro ist, und – ohne dabei den Binnenmarkt zu beeinträchtigen – von der
in Artikel 20 des Vertrags über die Europäische Union und in den Artikeln
326 bis 334 des Vertrags über die Arbeitsweise der Europäischen Union
vorgesehenen Verstärkten Zusammenarbeit aktiven Gebrauch zu machen.

Artikel 11 [Koordinierung von größeren geplanten wirtschaftspolitischen Reformen]

[1]Um Benchmarks für vorbildliche Vorgehensweisen festzulegen und auf eine enger koordinierte Wirtschaftspolitik hinzuarbeiten, stellen die Vertragsparteien sicher, dass alle von ihnen geplanten größeren wirtschaftspolitischen Reformen vorab zwischen ihnen erörtert und gegebenenfalls koordiniert werden. [2]In diese Koordinierung werden die Organe der Europäischen Union gemäß den Erfordernissen des Rechts der Europäischen Union einbezogen.

Titel V
Steuerung des Euro-Währungsgebiets

Artikel 12 [Tagungen der Euro-Gipfel]

(1) [1]Die Staats- und Regierungschefs der Vertragsparteien, deren Währung der Euro ist, und der Präsident der Europäischen Kommission treten informell zu Tagungen des Euro-Gipfels zusammen. [2]Der Präsident der Europäischen Zentralbank wird zur Teilnahme an diesen Tagungen eingeladen.

Der Präsident des Euro-Gipfels wird von den Staats- und Regierungschefs der Vertragsparteien, deren Währung der Euro ist, mit einfacher Mehrheit zu dem gleichen Zeitpunkt ernannt, zu dem der Europäische Rat seinen Präsidenten wählt; die Amtszeit entspricht der des Präsidenten des Europäischen Rates.

(2) Euro-Gipfel werden bei Bedarf – mindestens jedoch zweimal jährlich – einberufen, damit die Vertragsparteien, deren Währung der Euro ist, Fragen im Zusammenhang mit ihrer spezifischen gemeinsamen Verantwortung für die einheitliche Währung, weitere die Steuerung des Euro-Währungsgebiets betreffende Fragen und die dafür geltenden Vorschriften sowie strategische Orientierungen für die Steuerung der Wirtschaftspolitik und größere Konvergenz im Euro-Währungsgebiet erörtern.

(3) Die Staats- und Regierungschefs der Vertragsparteien, deren Währung nicht der Euro ist und die diesen Vertrag ratifiziert haben, nehmen an den Beratungen der Tagungen der Euro-Gipfel teil, die für die Vertragsparteien die Wettbewerbsfähigkeit, die Änderung der allgemeinen Architektur des Euroraums und der grundlegenden Regelungen, die für diesen in Zukunft gelten werden, betreffen, sowie, wenn dies sachgerecht ist und mindestens einmal im Jahr, an Beratungen zu bestimmten Fragen der Durchführung dieses Vertrags über Stabilität, Koordinierung und Steuerung in der Wirtschafts- und Währungsunion.

(4) [1]Der Präsident des Euro-Gipfels gewährleistet in enger Zusammenarbeit mit dem Präsidenten der Europäischen Kommission die Vorbereitung und Kontinuität der Tagungen des Euro-Gipfels. [2]Das mit der Vorbereitung und Nachbereitung der Tagungen des Euro-Gipfels betraute

Gremium ist die Euro-Gruppe, deren Präsident zu diesem Zweck zur Teilnahme an diesen Tagungen eingeladen werden kann.

(5) [1]Der Präsident des Europäischen Parlaments kann eingeladen werden, um gehört zu werden. [2]Der Präsident des Euro-Gipfels legt dem Europäischen Parlament nach jeder Tagung des Euro-Gipfels einen Bericht vor.

(6) Der Präsident des Euro-Gipfels unterrichtet die anderen Vertragsparteien als die, deren Währung der Euro ist, und die anderen Mitgliedstaaten der Europäischen Union laufend und eingehend über die Vorbereitungen und die Ergebnisse der Tagungen des Euro-Gipfels.

Artikel 13 [Haushaltspolitik]

Wie in Titel II des den Verträgen zur Europäischen Union beigefügten Protokolls (Nr. 1) über die Rolle der nationalen Parlamente in der Europäischen Union vorgesehen, bestimmen das Europäische Parlament und die nationalen Parlamente der Vertragsparteien gemeinsam über die Organisation und Förderung einer Konferenz von Vertretern der zuständigen Ausschüsse des Europäischen Parlaments und von Vertretern der zuständigen Ausschüsse der nationalen Parlamente, um die Haushaltspolitik und andere von diesem Vertrag erfasste Angelegenheiten zu diskutieren.

Titel VI
Allgemeine Bestimmungen und Schlussbestimmungen

Artikel 14 [Inkrafttreten]

(1) [1]Dieser Vertrag bedarf der Ratifikation durch die Vertragsparteien gemäß ihren jeweiligen verfassungsrechtlichen Vorschriften. [2]Die Ratifikationsurkunden werden beim Generalsekretariat des Rates der Europäischen Union (im Folgenden „Verwahrer") hinterlegt.

(2) Dieser Vertrag tritt am 1. Januar 2013 in Kraft, sofern zwölf Vertragsparteien, deren Währung der Euro ist, ihre Ratifikationsurkunde hinterlegt haben, oder am ersten Tag des Monats, der auf die Hinterlegung der zwölften Ratifikationsurkunde durch eine Vertragspartei, deren Währung der Euro ist, folgt, je nachdem, welcher Zeitpunkt früher liegt.

(3) [1]Dieser Vertrag gilt ab dem Tag des Inkrafttretens zwischen den Vertragsparteien, deren Währung der Euro ist, die ihn ratifiziert haben. [2]Er gilt für die anderen Vertragsparteien, deren Währung der Euro ist, ab dem ersten Tag des auf die Hinterlegung ihrer jeweiligen Ratifikationsurkunde folgenden Monats.

(4) Abweichend von den Absätzen 3 und 5 gilt Titel V für alle betroffenen Vertragsparteien ab dem Tag des Inkrafttretens dieses Vertrags.

(5) Auf die Vertragsparteien, für die eine Ausnahmeregelung im Sinne von Artikel 139 Absatz 1 des Vertrags über die Arbeitsweise der Europäischen Union oder eine Freistellung gemäß dem den Verträgen zur Europäischen Union beigefügten Protokolls (Nr. 16) über einige Bestim-

mungen betreffend Dänemark gilt und die den vorliegenden Vertrag ratifiziert haben, findet dieser Vertrag ab dem Tag Anwendung, an dem der
Beschluss zur Aufhebung der Ausnahmeregelung bzw. Freistellung wirksam wird, es sei denn, die betreffende Vertragspartei erklärt, dass sie zu
einem früheren Zeitpunkt an alle oder einige Bestimmungen der Titel III
und IV dieses Vertrags gebunden sein will.

**Artikel 15 [Beitritt von Mitgliedstaaten, die keine Vertragspartei
sind]**

[1]Dieser Vertrag steht den Mitgliedstaaten der Europäischen Union, die
keine Vertragspartei sind, zum Beitritt offen. [2]Der Beitritt wird mit der
Hinterlegung der Beitrittsurkunde beim Verwahrer wirksam, der die anderen Vertragsparteien davon in Kenntnis setzt. [3]Nach Authentifizierung
durch die Vertragsparteien wird der Wortlaut dieses Vertrags in der Amtssprache des beitretenden Mitgliedstaats, die auch eine Amtssprache und
eine Arbeitssprache der Organe der Union ist, im Archiv des Verwahrers
als verbindlicher Wortlaut dieses Vertrags hinterlegt.

**Artikel 16 [Überführung in den Rechtsrahmen der Europäischen
Union]**

Binnen höchstens fünf Jahren ab dem Inkrafttreten dieses Vertrags werden
auf der Grundlage einer Bewertung der Erfahrungen mit der Umsetzung
des Vertrags gemäß dem Vertrag über die Europäische Union und dem
Vertrag über die Arbeitsweise der Europäischen Union die notwendigen
Schritte mit dem Ziel unternommen, den Inhalt dieses Vertrags in den
Rechtsrahmen der Europäischen Union zu überführen.

Geschehen zu Brüssel am zweiten März zweitausendzwölf.

Dieses Abkommen ist in bulgarischer, tschechischer, dänischer, niederländischer, englischer, estnischer, finnischer, französischer, deutscher,
griechischer, ungarischer, irischer, italienischer, lettischer, litauischer,
maltesischer, polnischer, portugiesischer, rumänischer, slowakischer, slowenischer, spanischer und schwedischer Sprache abgefasst, wobei jeder
Wortlaut gleichermaßen verbindlich ist, in einer Urschrift, die im Archiv
des Verwahrers hinterlegt wird; dieser übermittelt den Vertrags parteien
je eine beglaubigte Abschrift.

**Protokoll über die Unterzeichnung des Vertrags über Stabilität,
Koordinierung und Steuerung in der Wirtschafts- und
Währungsunion**

Die Bevollmächtigten des Königreichs Belgien, der Republik Bulgarien,
des Königreichs Dänemark, der Bundesrepublik Deutschland, der Republik Estland, Irlands, der Hellenischen Republik, des Königreichs Spanien, der Französischen Republik, der Italienischen Republik, der Repu-

blik Zypern, der Republik Lettland, der Republik Litauen, des Großherzogtums Luxemburg, Ungarns, Maltas, des Königreichs der Niederlande,
der Republik Österreich, der Republik Polen, der Portugiesischen Republik, Rumäniens, der Republik Slowenien, der Slowakischen Republik,
der Republik Finnland und des Königreichs Schweden haben heute den
Vertrag über Stabilität, Koordinierung und Steuerung in der Wirtschafts-
und Währungsunion unterzeichnet.

Die Unterzeichner kamen dabei überein, dem Protokoll die folgenden
Vereinbarungen beizufügen.

Geschehen zu Brüssel am 2. März 2012.

Anhang

**Vertrag über Stabilität, Koordinierung und Steuerung in der
Wirtschafts- und Währungsunion**

**Von den Vertragsparteien bei der Unterzeichnung getroffene Rege-
lung betreffend Artikel 8 des Vertrags**
Die folgende Regelung gilt, um eine Angelegenheit gemäß Artikel 8 Absatz 1 Satz 2 des Vertrags über Stabilität, Koordinierung und Steuerung
in der Wirtschafts- und Währungsunion (im Folgenden „Vertrag") auf
Grundlage von Artikel 273 des Vertrags über die Arbeitsweise der Europäischen Union beim Gerichtshof der Europäischen Union anhängig zu
machen, wenn die Kommission in einem Bericht an die Vertragsparteien
zu dem Schluss gelangt ist, dass eine Vertragspartei Artikel 3 Absatz 2
des Vertrags nicht nachgekommen ist:

(1) Die Klageschrift, mit der der Gerichtshof ersucht wird festzustellen,
dass eine Vertragspartei – wie im Kommissionsbericht festgestellt – Artikel 3 Absatz 2 des Vertrags nicht nachgekommen ist, wird von den in
Absatz 2 genannten Klägern bei der Kanzlei des Gerichtshofs innerhalb
von drei Monaten eingereicht werden, nachdem der Kommissionsbericht,
in dem festgestellt wird, dass eine Vertragspartei Artikel 3 Absatz 2 des
Vertrags nicht nachgekommen ist, bei den Vertragsparteien eingegangen
ist. Die Kläger werden im Interesse aller durch die Artikel 3 und 8 des
Vertrags gebundenen Vertragsparteien und in enger Zusammenarbeit mit
diesen handeln, mit Ausnahme der Vertragspartei, gegen die sich die Klage richtet, und im Einklang mit der Satzung und der Verfahrensordnung
des Gerichtshofs.

(2) Kläger werden die durch die Artikel 3 und 8 des Vertrags gebundenen Vertragsparteien sein, welche die Mitgliedstaaten sind, die zum
Zeitpunkt der Veröffentlichung des Kommissionsberichts die zuvor festgelegte Gruppe derjenigen drei Mitgliedstaaten bilden, die nach Artikel 1
Absatz 4 der Geschäftsordnung des Rates den Vorsitz im Rat der Euro-

päischen Union führen (Dreiervorsitz[1]), soweit zu diesem Zeitpunkt i)
nicht aus einem Kommissionsbericht hervorgeht, dass sie ihren Verpflichtungen im Rahmen des Artikels 3 Absatz 2 des Vertrags nicht nachgekommen sind, ii) nicht anderweitig gemäß Artikel 8 Absatz 1 oder 2
vor dem Gerichtshof gegen sie Klage erhoben worden ist und iii) sie nicht
im Einklang mit den allgemeinen Grundsätzen des Völkerrechts aus anderen nachweisbaren Gründen übergeordneter Natur daran gehindert sind,
zu handeln. Erfüllt keiner der drei betreffenden Mitgliedstaaten diese Kriterien, so obliegt es den Mitgliedern des vorausgehenden Dreiervorsitzes,
den Gerichtshof unter denselben Bedingungen mit der Sache zu befassen.

(3) Auf Antrag der Kläger wird diesen während des Verfahrens vor dem
Gerichtshof von den Vertragsparteien, in deren Interesse Klage erhoben
wurde, die erforderliche technische oder logistische Unterstützung gewährt.

(4) Entstehen den Klägern infolge des Urteils des Gerichtshofs Kosten,
so werden diese von allen Vertragsparteien, in deren Interesse der Rechtsstreit anhängig gemacht wurde, gemeinsam getragen werden.

(5) Gelangt ein neuer Bericht der Kommission zu dem Schluss, dass
die betreffende Vertragspartei es nicht länger unterlässt, Artikel 3 Absatz
2 des Vertrags nachzukommen, so werden die Kläger dem Gerichtshof
unverzüglich schriftlich mitteilen, dass sie im Einklang mit den einschlägigen Bestimmungen der Verfahrensordnung des Gerichtshofs die Klage
zurücknehmen.

(6) Auf Grundlage einer Bewertung der Europäischen Kommission,
dass eine Vertragspartei nicht die erforderlichen Maßnahmen getroffen
hat, um dem in Artikel 8 Absatz 1 des Vertrags genannten Urteil des Gerichtshofs nachzukommen, erklären die durch die Artikel 3 und 8 des
Vertrags gebundenen Vertragsparteien, dass sie beabsichtigen, von dem
Verfahren gemäß Artikel 8 Absatz 2 in vollem Umfang Gebrauch zu machen, um den Gerichtshof unter Zugrundelegung der für die Umsetzung
von Artikel 8 Absatz 1 des Vertrags getroffenen Regelung mit dem Fall
zu befassen.

---

1) Die Reihenfolge der Dreiervorsitze ist in Anhang I des Beschlusses 2009/908/EU des
   Rates vom 1. Dezember 2009 zur Festlegung von Maßnahmen für die Durchführung
   des Beschlusses des Europäischen Rates über die Ausübung des Vorsitzes im Rat und
   über den Vorsitz in den Vorbereitungsgremien des Rates (ABl. L 322 vom 9. 12. 2009,
   S. 28, Berichtigung in ABl. L 344 vom 23. 12. 2009, S. 56) festgelegt.

Grundgesetz für die Bundesrepublik Deutschland

Vom 23. 5. 1949 (BGBl. I S. 1)

FNA 100-1

zuletzt geändert durch ÄndG vom 23. Dezember 2014 (BGBl. I S. 2438)

(Auszug)

...

Artikel 23 [Europäische Union]

(1) ¹Zur Verwirklichung eines vereinten Europas wirkt die Bundesrepublik Deutschland bei der Entwicklung der Europäischen Union mit, die demokratischen, rechtsstaatlichen, sozialen und föderativen Grundsätzen und dem Grundsatz der Subsidiarität verpflichtet ist und einen diesem Grundgesetz im wesentlichen vergleichbaren Grundrechtsschutz gewährleistet. ²Der Bund kann hierzu durch Gesetz mit Zustimmung des Bundesrates Hoheitsrechte übertragen. ³Für die Begründung der Europäischen Union sowie für Änderungen ihrer vertraglichen Grundlagen und vergleichbare Regelungen, durch die dieses Grundgesetz seinem Inhalt nach geändert oder ergänzt wird oder solche Änderungen oder Ergänzungen ermöglicht werden, gilt Artikel 79 Abs. 2 und 3.

(1 a) ¹Der Bundestag und der Bundesrat haben das Recht, wegen Verstoßes eines Gesetzgebungsakts der Europäischen Union gegen das Subsidiaritätsprinzip vor dem Gerichtshof der Europäischen Union Klage zu erheben. ²Der Bundestag ist hierzu auf Antrag eines Viertels seiner Mitglieder verpflichtet. ³Durch Gesetz, das der Zustimmung des Bundesrates bedarf, können für die Wahrnehmung der Rechte, die dem Bundestag und dem Bundesrat in den vertraglichen Grundlagen der Europäischen Union eingeräumt sind, Ausnahmen von Artikel 42 Abs. 2 Satz 1 und Artikel 52 Abs. 3 Satz 1 zugelassen werden.

(2) ¹In Angelegenheiten der Europäischen Union wirken der Bundestag und durch den Bundesrat die Länder mit. ²Die Bundesregierung hat den Bundestag und den Bundesrat umfassend und zum frühestmöglichen Zeitpunkt zu unterrichten.

(3) ¹Die Bundesregierung gibt dem Bundestag Gelegenheit zur Stellungnahme vor ihrer Mitwirkung an Rechtsetzungsakten der Europäischen Union. ²Die Bundesregierung berücksichtigt die Stellungnahmen des Bundestages bei den Verhandlungen. ³Das Nähere regelt ein Gesetz.

(4) Der Bundesrat ist an der Willensbildung des Bundes zu beteiligen, soweit er an einer entsprechenden innerstaatlichen Maßnahme mitzuwirken hätte oder soweit die Länder innerstaatlich zuständig wären.

(5) ¹Soweit in einem Bereich ausschließlicher Zuständigkeiten des Bundes Interessen der Länder berührt sind oder soweit im übrigen der Bund das Recht zur Gesetzgebung hat, berücksichtigt die Bundesregie-

rung die Stellungnahme des Bundesrates. ²Wenn im Schwerpunkt Gesetzgebungsbefugnisse der Länder, die Einrichtung ihrer Behörden oder ihre Verwaltungsverfahren betroffen sind, ist bei der Willensbildung des Bundes insoweit die Auffassung des Bundesrates maßgeblich zu berücksichtigen; dabei ist die gesamtstaatliche Verantwortung des Bundes zu wahren. ³In Angelegenheiten, die zu Ausgabenerhöhungen oder Einnahmeminderungen für den Bund führen können, ist die Zustimmung der Bundesregierung erforderlich.

(6) ¹Wenn im Schwerpunkt ausschließliche Gesetzgebungsbefugnisse der Länder auf den Gebieten der schulischen Bildung, der Kultur oder des Rundfunks betroffen sind, wird die Wahrnehmung der Rechte, die der Bundesrepublik Deutschland als Mitgliedstaat der Europäischen Union zustehen, vom Bund auf einen vom Bundesrat benannten Vertreter der Länder übertragen. ²Die Wahrnehmung der Rechte erfolgt unter Beteiligung und in Abstimmung mit der Bundesregierung; dabei ist die gesamtstaatliche Verantwortung des Bundes zu wahren.

(7) Das Nähere zu den Absätzen 4 bis 6 regelt ein Gesetz, das der Zustimmung des Bundesrates bedarf.

...

Gesetz
über die Zusammenarbeit von Bundesregierung und Deutschem
Bundestag in Angelegenheiten der Europäischen Union
(EUZBBG)

Vom 4. Juli 2013 (BGBl. I S. 2170)
(FNA 170-10)

Inhalt

Der Bundestag hat das folgende Gesetz beschlossen:

§ 1 Mitwirkung des Bundestages

(1) [1]In Angelegenheiten der Europäischen Union wirkt der Bundestag an der Willensbildung des Bundes mit und hat das Recht zur Stellungnahme. [2]Die Bundesregierung hat ihn umfassend und zum frühestmöglichen Zeitpunkt zu unterrichten.

(2) [1]Angelegenheiten der Europäischen Union im Sinne von Artikel 23 des Grundgesetzes sind insbesondere Vertragsänderungen und entsprechende Änderungen auf der Ebene des Primärrechts sowie Rechtsetzungsakte der Europäischen Union. [2]Um eine Angelegenheit der Europäischen Union handelt es sich auch bei völkerrechtlichen Verträgen und intergouvernementalen Vereinbarungen, wenn sie in einem Ergänzungs- oder sonstigen besonderen Näheverhältnis zum Recht der Europäischen Union stehen.

§ 2 Ausschuss für die Angelegenheiten der Europäischen Union

[1]Der Bundestag bestellt einen Ausschuss für die Angelegenheiten der Europäischen Union. [2]Der Bundestag kann den Ausschuss ermächtigen, für ihn Stellungnahmen abzugeben. [3]Er kann ihn ermächtigen, die Rechte des Bundestages gemäß Artikel 23 des Grundgesetzes gegenüber der Bun-

desregierung wahrzunehmen. [4]Er kann ihn auch ermächtigen, die Rechte wahrzunehmen, die dem Bundestag in den vertraglichen Grundlagen der Europäischen Union eingeräumt sind.

§ 3 Grundsätze der Unterrichtung

(1) [1]Die Bundesregierung unterrichtet den Bundestag in Angelegenheiten der Europäischen Union umfassend, zum frühestmöglichen Zeitpunkt und fortlaufend. [2]Diese Unterrichtung erfolgt grundsätzlich schriftlich durch die Weiterleitung von Dokumenten oder die Abgabe von eigenen Berichten der Bundesregierung, darüber hinaus mündlich. [3]Der mündlichen Unterrichtung kommt lediglich eine ergänzende und erläuternde Funktion zu. [4]Die Bundesregierung stellt sicher, dass diese Unterrichtung die Befassung des Bundestages ermöglicht.

(2) [1]Die Unterrichtung erstreckt sich insbesondere auf die Willensbildung der Bundesregierung, die Vorbereitung und den Verlauf der Beratungen innerhalb der Organe der Europäischen Union, die Stellungnahmen des Europäischen Parlaments, der Europäischen Kommission und der anderen Mitgliedstaaten der Europäischen Union sowie die getroffenen Entscheidungen. [2]Dies gilt auch für alle vorbereitenden Gremien und Arbeitsgruppen.

(3) [1]Die Pflicht zur Unterrichtung umfasst auch die Vorbereitung und den Verlauf der Beratungen der informellen Ministertreffen, des Eurogipfels, der Eurogruppe sowie vergleichbarer Institutionen, die auf Grund völkerrechtlicher Verträge und sonstiger Vereinbarungen, die in einem Ergänzungs- oder sonstigen besonderen Näheverhältnis zum Recht der Europäischen Union stehen, zusammentreten. [2]Dies gilt auch für alle vorbereitenden Gremien und Arbeitsgruppen.

(4) Der Kernbereich exekutiver Eigenverantwortung der Bundesregierung bleibt von den Unterrichtungspflichten unberührt.

(5) Der Bundestag kann auf einzelne Unterrichtungen verzichten, es sei denn, dass eine Fraktion oder fünf Prozent der Mitglieder des Bundestages widersprechen.

§ 4 Übersendung von Dokumenten und Berichtspflichten

(1) [1]Die Unterrichtung des Bundestages nach § 3 erfolgt insbesondere durch Übersendung von allen bei der Bundesregierung eingehenden

1. Dokumenten
   a) der Organe der Europäischen Union, der informellen Ministertreffen, des Ausschusses der Ständigen Vertreter und sonstiger Ausschüsse und Arbeitsgruppen des Rates,
   b) des Eurogipfels, der Eurogruppe und vergleichbarer Institutionen, die auf der Grundlage von völkerrechtlichen Verträgen und sonstigen Vereinbarungen, die in einem Ergänzungs- oder sonstigen

besonderen Näheverhältnis zum Recht der Europäischen Union
stehen, zusammentreten,

c) aller die Institutionen nach den Buchstaben a und b vorbereitenden
Gremien und Arbeitsgruppen;

2. Berichten der Ständigen Vertretung der Bundesrepublik Deutschland
bei der Europäischen Union beziehungsweise der Bundesregierung zu

a) Sitzungen der in Nummer 1 genannten Institutionen,

b) Sitzungen des Europäischen Parlaments und seiner Ausschüsse,

c) Einberufungen, Verhandlungen und Ergebnissen von Trilogen,

d) Beschlüssen der Europäischen Kommission.

[2]Der Bundestag muss bereits im Voraus und so rechtzeitig informiert
werden, dass er sich über den Gegenstand der Sitzungen sowie die Position
der Bundesregierung eine Meinung bilden und auf die Verhandlungslinie
und das Abstimmungsverhalten der Bundesregierung Einfluss nehmen
kann. [3]Berichte über Sitzungen müssen zumindest die von der Bundesregierung und von anderen Staaten vertretenen Positionen, den Verlauf der
Verhandlungen und Zwischen- und Endergebnisse darstellen sowie über
eingelegte Parlamentsvorbehalte unterrichten.

(2) [1]Die Bundesregierung übersendet dem Bundestag zudem

1. Dokumente und Informationen über Initiativen, Stellungnahmen,
Konsultationsbeiträge, Programmentwürfe und Erläuterungen der
Bundesregierung für Organe der Europäischen Union, informelle Ministertreffen sowie den Eurogipfel, die Eurogruppe und vergleichbare
Institutionen auf der Grundlage von völkerrechtlichen Verträgen und
sonstigen Vereinbarungen, die in einem Ergänzungs- oder sonstigen
besonderen Näheverhältnis zum Recht der Europäischen Union stehen,

2. entsprechende Initiativen, Stellungnahmen, Konsultationsbeiträge
und Erläuterungen der Regierungen von Mitgliedstaaten der Europäischen Union,

3. entsprechende Initiativen, Stellungnahmen, Konsultationsbeiträge
und Erläuterungen des Bundesrates und der Länder sowie

4. Sammelweisungen für den deutschen Vertreter im Ausschuss der
Ständigen Vertreter.

[2]Dies gilt auch für alle vorbereitenden Gremien und Arbeitsgruppen.

(3) Die Bundesregierung gibt Auskunft über ihr vorliegende inoffizielle
Dokumente zu Angelegenheiten der Europäischen Union und stellt diese
auf Anforderung frühestmöglich zur Verfügung.

(4) [1]Vor Tagungen des Europäischen Rates, des Rates, der informellen
Ministertreffen, des Eurogipfels, der Eurogruppe und vergleichbarer Institutionen auf der Grundlage von völkerrechtlichen Verträgen und sonstigen Vereinbarungen, die in einem Ergänzungs- oder sonstigen besonderen Näheverhältnis zum Recht der Europäischen Union stehen, unterrichtet die Bundesregierung den Bundestag schriftlich und mündlich zu

jedem Beratungsgegenstand. ²Diese Unterrichtung umfasst die Grundzüge des Sach- und Verhandlungsstandes sowie die Verhandlungslinie der
Bundesregierung sowie deren Initiativen. ³Nach den Tagungen unterrichtet die Bundesregierung schriftlich und mündlich über die Ergebnisse.

(5) Die Bundesregierung übersendet dem Bundestag regelmäßig, mindestens vierteljährlich, Frühwarnberichte über aktuelle politische Entwicklungen in Angelegenheiten der Europäischen Union.

(6) Die Bundesregierung unterrichtet den Bundestag ferner

1. über die Einleitung von Vertragsverletzungsverfahren nach den Artikeln 258 und 260 des Vertrags über die Arbeitsweise der Europäischen
Union durch Übermittlung von Mahnschreiben und mit Gründen versehenen Stellungnahmen sowie erläuternden Informationen und Dokumenten, insbesondere der Antwortschreiben der Bundesregierung,
soweit diese Verfahren die ausgebliebene, unvollständige oder fehlerhafte Umsetzung von Richtlinien durch den Bund betreffen,

2. über Verfahren vor dem Gerichtshof der Europäischen Union, bei denen die Bundesrepublik Deutschland Verfahrensbeteiligte ist. Zu Verfahren, an denen sich die Bundesregierung beteiligt, übermittelt sie
die entsprechenden Dokumente, und

3. auf Anforderung über weitere Verfahren vor dem Gerichtshof der Europäischen Union und übermittelt die entsprechenden Dokumente,
soweit sie ihr vorliegen.

§ 5 Vorhaben der Europäischen Union

(1) Vorhaben der Europäischen Union (Vorhaben) im Sinne dieses Gesetzes sind insbesondere

1. Vorschläge und Initiativen für Beschlüsse zur Aufnahme von Verhandlungen zu Änderungen der vertraglichen Grundlagen der Europäischen Union,

2. Vorschläge und Initiativen für Beschlüsse zur Aufnahme von Verhandlungen zur Vorbereitung von Beitritten zur Europäischen Union,

3. Vorschläge und Initiativen für Beschlüsse gemäß Artikel 140 Absatz
2 des Vertrages über die Arbeitsweise der Europäischen Union zur
Einführung des Euro,

4. Vorschläge für Gesetzgebungsakte der Europäischen Union,

5. Verhandlungsmandate für die Europäische Kommission zu Verhandlungen über völkerrechtliche Verträge der Europäischen Union,

6. Beratungsgegenstände, Initiativen sowie Verhandlungsmandate und
Verhandlungsrichtlinien für die Europäische Kommission im Rahmen der gemeinsamen Handelspolitik und der Welthandelsrunden,

7. Mitteilungen, Stellungnahmen, Grün- und Weißbücher sowie Empfehlungen der Europäischen Kommission,

8. Berichte, Aktionspläne und Politische Programme der Organe der
Europäischen Union,

9. Interinstitutionelle Vereinbarungen der Organe der Europäischen Union,
10. Haushalts- und Finanzplanung der Europäischen Union,
11. Entwürfe zu völkerrechtlichen Verträgen und sonstigen Vereinbarungen, wenn sie in einem Ergänzungs- oder sonstigen besonderen Näheverhältnis zum Recht der Europäischen Union stehen,
12. Beratungsgegenstände, Vorschläge und Initiativen, die im Rahmen von völkerrechtlichen Verträgen und Vereinbarungen im Sinne von Nummer 11 behandelt werden.

(2) Vorhaben im Sinne dieses Gesetzes sind auch Vorschläge und Initiativen der Europäischen Union, bei denen eine Mitwirkung des Bundestages nach dem Integrationsverantwortungsgesetz vom 22. September 2009 (BGBl. I S. 3022) in der jeweils geltenden Fassung erforderlich ist.

(3) Für Angelegenheiten

1. des Europäischen Stabilitätsmechanismus gelten unbeschadet der §§ 1 bis 4 die Bestimmungen des ESM-Finanzierungsgesetzes vom 13. September 2012 (BGBl. I S. 1918) in der jeweils geltenden Fassung,
2. der Europäischen Finanzstabilisierungsfazilität gelten unbeschadet der §§ 1 bis 4 die Bestimmungen des Stabilisierungsmechanismusgesetzes vom 22. Mai 2010 (BGBl. I S. 627) in der jeweils geltenden Fassung,
3. der Gemeinsamen Außen- und Sicherheitspolitik und der Gemeinsamen Sicherheits- und Verteidigungspolitik gilt § 7.

§ 6 Förmliche Zuleitung, Berichtsbogen und Umfassende Bewertung, Abschluss von EU-Gesetzgebungsverfahren

(1) [1]Die Bundesregierung übersendet dem Bundestag alle Vorhaben mit einem Zuleitungsschreiben (förmliche Zuleitung). [2]Das Zuleitungsschreiben enthält auf der Grundlage des zuzuleitenden Dokuments die folgenden Hinweise:

1. den wesentlichen Inhalt und die Zielsetzung des Vorhabens,
2. das Datum des Erscheinens des betreffenden Dokuments in deutscher Sprache,
3. die Rechtsgrundlage,
4. das anzuwendende Verfahren und
5. die Benennung des federführenden Bundesministeriums.

(2) [1]Die Bundesregierung übermittelt binnen zwei Wochen nach förmlicher Zuleitung eines Vorhabens einen Bericht gemäß der Anlage (Berichtsbogen). [2]Dieser enthält insbesondere die Bewertung des Vorhabens hinsichtlich seiner Vereinbarkeit mit den Grundsätzen der Subsidiarität und der Verhältnismäßigkeit.

(3) [1]Zu Vorschlägen für Gesetzgebungsakte der Europäischen Union übermittelt die Bundesregierung zudem binnen zwei Wochen nach Über-

weisung an die Ausschüsse des Bundestages, spätestens jedoch zu Beginn der Beratungen in den Ratsgremien, eine Umfassende Bewertung. [2]Neben Angaben zur Zuständigkeit der Europäischen Union zum Erlass des vorgeschlagenen Gesetzgebungsaktes und zu dessen Vereinbarkeit mit den Grundsätzen der Subsidiarität und Verhältnismäßigkeit enthält diese Bewertung im Rahmen einer umfassenden Abschätzung der Folgen für die Bundesrepublik Deutschland Aussagen insbesondere in rechtlicher, wirtschaftlicher, finanzieller, sozialer und ökologischer Hinsicht zu Regelungsinhalt, Alternativen, Kosten, Verwaltungsaufwand und Umsetzungsbedarf. [3]Zu anderen Vorhaben im Sinne von § 5 Absatz 1 erfolgt die Erstellung einer entsprechenden Umfassenden Bewertung nur auf Anforderung.

(4) [1]Bei eilbedürftigen Vorhaben verkürzen sich die Fristen der Absätze 2 und 3 so, dass eine rechtzeitige Unterrichtung und die Gelegenheit zur Stellungnahme nach § 8 Absatz 1 Satz 1 für den Bundestag gewährleistet sind. [2]Ist eine besonders umfangreiche Bewertung erforderlich, kann die Frist verlängert werden.

(5) Darüber hinaus erstellt die Bundesregierung zu besonders komplexen oder bedeutsamen Vorhaben auf Anforderung vertiefende Berichte.

(6) Die Bundesregierung unterrichtet den Bundestag über den Abschluss eines Gesetzgebungsverfahrens der Europäischen Union; diese Unterrichtung enthält auch eine Bewertung, ob die Bundesregierung den Gesetzgebungsakt mit den Grundsätzen der Subsidiarität und Verhältnismäßigkeit für vereinbar hält; bei Richtlinien informiert die Bundesregierung über die zu berücksichtigenden Fristen für die innerstaatliche Umsetzung und den Umsetzungsbedarf.

§ 7 Gemeinsame Außen- und Sicherheitspolitik und Gemeinsame Sicherheits- und Verteidigungspolitik

(1) [1]Im Bereich der Gemeinsamen Außen- und Sicherheitspolitik und der Gemeinsamen Sicherheits- und Verteidigungspolitik unterrichtet die Bundesregierung umfassend, fortlaufend und zum frühestmöglichen Zeitpunkt. [2]Die Unterrichtung erfolgt in der Regel schriftlich. [3]Sie umfasst die Zuleitung einer Übersicht der absehbar zur Beratung anstehenden Rechtsakte, deren Bewertung und eine Einschätzung über den weiteren Beratungsverlauf. [4]Über Tagungen des Europäischen Rates und des Rates, die Beschlüsse und Schlussfolgerungen im Bereich der Gemeinsamen Außen- und Sicherheitspolitik und der Gemeinsamen Sicherheits- und Verteidigungspolitik zum Gegenstand haben, gilt § 4 Absatz 4 entsprechend.

(2) [1]Ergänzend leitet die Bundesregierung dem Bundestag auf Anforderung Dokumente von grundsätzlicher Bedeutung nach Maßgabe des § 6 Absatz 1 zu. [2]§ 6 Absatz 2 gilt entsprechend.

(3) Zudem unterrichtet die Bundesregierung fortlaufend und zeitnah mündlich über alle relevanten Entwicklungen im Bereich der Gemeinsa-

men Außen- und Sicherheitspolitik und der Gemeinsamen Sicherheits-
und Verteidigungspolitik.

(4) Über die Sitzungen des Politischen und Sicherheitspolitischen Komitees unterrichtet die Bundesregierung die zuständigen Ausschüsse des
Bundestages mündlich.

§ 8 Stellungnahmen des Bundestages

(1) [1]Vor ihrer Mitwirkung an Vorhaben gibt die Bundesregierung dem
Bundestag Gelegenheit zur Stellungnahme. [2]Hierzu übermittelt die Bundesregierung dem Bundestag fortlaufend aktualisierte Informationen über
den Beratungsablauf, die es ermöglichen, den für eine Stellungnahme geeigneten Zeitpunkt zu bestimmen, und teilt mit, bis zu welchem Zeitpunkt
auf Grund des Beratungsverlaufs eine Stellungnahme angemessen erscheint.

(2) [1]Gibt der Bundestag eine Stellungnahme ab, legt die Bundesregierung diese ihren Verhandlungen zugrunde. [2]Die Bundesregierung unterrichtet fortlaufend über die Berücksichtigung der Stellungnahme in den
Verhandlungen.

(3) [1]Der Bundestag kann seine Stellungnahme im Verlauf der Beratung
des Vorhabens anpassen und ergänzen. [2]Absatz 2 Satz 1 gilt entsprechend.

(4) [1]Macht der Bundestag von der Gelegenheit zur Stellungnahme gemäß Artikel 23 Absatz 3 Satz 1 des Grundgesetzes Gebrauch, legt die
Bundesregierung in den Verhandlungen einen Parlamentsvorbehalt ein,
wenn der Beschluss des Bundestages in einem seiner wesentlichen Belange nicht durchsetzbar ist. [2]Die Bundesregierung unterrichtet den Bundestag in einem gesonderten Bericht unverzüglich darüber. [3]Dieser Bericht muss der Form und dem Inhalt nach angemessen sein, um eine Beratung in den Gremien des Bundestages zu ermöglichen. [4]Vor der abschließenden Entscheidung bemüht sich die Bundesregierung, Einvernehmen mit dem Bundestag herzustellen. [5]Dies gilt auch dann, wenn der
Bundestag bei Vorhaben der Europäischen Union zu Fragen der kommunalen Daseinsvorsorge Stellung nimmt. [6]Das Recht der Bundesregierung,
in Kenntnis der Stellungnahme des Bundestages aus wichtigen außen-
oder integrationspolitischen Gründen abweichende Entscheidungen zu
treffen, bleibt unberührt.

(5) [1]Nach der abschließenden Beschlussfassung unterrichtet die Bundesregierung den Bundestag unverzüglich schriftlich, insbesondere über
die Durchsetzung seiner Stellungnahme. [2]Sollten nicht alle Belange der
Stellungnahme berücksichtigt worden sein, benennt die Bundesregierung
auch die Gründe hierfür. [3]Auf Verlangen eines Viertels der Mitglieder des
Bundestages erläutert die Bundesregierung diese Gründe im Rahmen
einer Plenardebatte.

§ 9 Aufnahme von Verhandlungen über Beitritte und Vertragsänderungen

(1) Mit der Unterrichtung über Vorschläge und Initiativen für Beschlüsse zur Aufnahme von Verhandlungen

1. zur Vorbereitung eines Beitritts zur Europäischen Union oder
2. zu Änderungen der vertraglichen Grundlagen der Europäischen Union

weist die Bundesregierung den Bundestag auf sein Recht zur Stellungnahme nach § 8 hin.

(2) ¹Vor der abschließenden Entscheidung im Rat oder im Europäischen Rat soll die Bundesregierung Einvernehmen mit dem Bundestag herstellen. ²Das Recht der Bundesregierung, in Kenntnis der Stellungnahme des Bundestages aus wichtigen außen- oder integrationspolitischen Gründen abweichende Entscheidungen zu treffen, bleibt unberührt.

§ 9 a Einführung des Euro in einem Mitgliedstaat

(1) Mit der Unterrichtung über Vorschläge und Initiativen für Beschlüsse des Rates gemäß Artikel 140 Absatz 2 des Vertrages über die Arbeitsweise der Europäischen Union zur Einführung des Euro in einem weiteren Mitgliedstaat weist die Bundesregierung den Bundestag auf sein Recht zur Stellungnahme nach § 8 hin.

(2) ¹Vor der abschließenden Entscheidung im Rat soll die Bundesregierung mit dem Bundestag Einvernehmen herstellen. ²Das Recht der Bundesregierung, in Kenntnis der Stellungnahme des Bundestages aus wichtigen außen- oder integrationspolitischen Gründen abweichende Entscheidungen zu treffen, bleibt unberührt.

§ 10 Zugang zu Datenbanken, vertrauliche Behandlung von Dokumenten

(1) Die Bundesregierung eröffnet dem Bundestag im Rahmen der Datenschutzvorschriften Zugang zu Dokumentendatenbanken der Europäischen Union, die ihr zugänglich sind.

(2) ¹Die Dokumente der Europäischen Union werden grundsätzlich offen weitergegeben. ²Die Sicherheitseinstufung der Organe der Europäischen Union über eine besondere Vertraulichkeit wird vom Bundestag beachtet. ³Eine für diese Dokumente oder für andere im Rahmen dieses Gesetzes an den Bundestag zu übermittelnden Informationen, Berichte und Mitteilungen eventuell erforderliche nationale Einstufung als vertraulich wird vor Versendung von der Bundesregierung vorgenommen und vom Bundestag beachtet. ⁴Die Gründe für die Einstufung sind auf Anforderung zu erläutern.

(3) Dem besonderen Schutzbedürfnis laufender vertraulicher Verhandlungen trägt der Bundestag durch eine vertrauliche Behandlung Rechnung.

§ 11 Verbindungsbüro des Bundestages

(1) [1]Der Bundestag kann über ein Verbindungsbüro unmittelbare Kontakte zu Einrichtungen der Europäischen Union pflegen, soweit dies der Wahrnehmung seiner Mitwirkungsrechte in Angelegenheiten der Europäischen Union dient. [2]Die Fraktionen des Bundestages entsenden Vertreter in das Verbindungsbüro.

(2) Die Bundesregierung unterstützt über die Ständige Vertretung der Bundesrepublik Deutschland bei der Europäischen Union und die bilaterale Botschaft der Bundesrepublik Deutschland beim Königreich Belgien das Verbindungsbüro des Bundestages im Hinblick auf seine fachlichen Aufgaben.

§ 12 Inkrafttreten, Außerkrafttreten

[1]Dieses Gesetz tritt am Tag nach der Verkündung[1]) in Kraft. [2]Gleichzeitig tritt das Gesetz über die Zusammenarbeit von Bundesregierung und Deutschem Bundestag in Angelegenheiten der Europäischen Union vom 12. März 1993 (BGBl. I S. 311, 1780), das zuletzt durch Artikel 2 des Gesetzes vom 13. September 2012 (BGBl. 2012 II S. 1006) geändert worden ist, außer Kraft.

Anlage
(zu § 6 Absatz 2)

Berichtsbogen
Thema:
Sachgebiet:
Rats-Dok.-Nr.:
KOM.-Nr.:
Nr. des interinstitutionellen Dossiers:
Nr. der Bundesratsdrucksache:
Nachweis der Zulässigkeit für europäische Regelungen:
(Prüfung der Rechtsgrundlage)
Subsidiaritätsprüfung:
Verhältnismäßigkeitsprüfung:
Zielsetzung:
Inhaltliche Schwerpunkte:
Politische Bedeutung:
Was ist das besondere deutsche Interesse?
Bisherige Position des Bundestages:
Position des Bundesrates:
Position des Europäischen Parlaments:
Bisherige Position der Bundesregierung:
Meinungsstand im Rat:

---

1) Anm. d. Red.: Verkündet am 12. 7. 2013.

Verfahrensstand (Stand der Befassung) und Zeitplan:

Finanzielle Auswirkungen:

Zeitplan für die Behandlung im

a) Bundesrat:

b) Europäischen Parlament:

c) Rat:

Gesetz
über die Zusammenarbeit von Bund und Ländern in Angelegenheiten
der Europäischen Union

Vom 12. März 1993 (BGBl. I S. 313)
(FNA 170-3)

zuletzt geändert durch Art. 1 ÄndG vom 22. September 2009
(BGBl. I S. 3031)

Inhalt

Der Bundestag hat mit Zustimmung des Bundesrates das folgende Gesetz beschlossen:

§ 1 [Mitwirkung durch Bundesrat]

In Angelegenheiten der Europäischen Union wirken die Länder durch den Bundesrat mit.

§ 2 [Umfassende und frühzeitige Unterrichtung des Bundesrates]

Die Bundesregierung unterrichtet den Bundesrat unbeschadet des Artikels 2 des Gesetzes zu den Verträgen vom 25. März 1957 zur Gründung der Europäischen Wirtschaftsgemeinschaft und der Europäischen Atomgemeinschaft vom 27. Juli 1957 (BGBl. II S. 753) umfassend und zum frühestmöglichen Zeitpunkt über alle Vorhaben im Rahmen der Europäischen Union, die für die Länder von Interesse sein könnten.

§ 3 [Gelegenheit zur Stellungnahme]

Vor der Festlegung der Verhandlungsposition zu einem Vorhaben der Europäischen Union gibt die Bundesregierung dem Bundesrat rechtzeitig

Gelegenheit zur Stellungnahme binnen angemessener Frist, soweit Interessen der Länder berührt sind.

§ 4 [Beteiligung von Ländervertretern an Beratungen der Bundesregierung]

(1) Soweit der Bundesrat an einer entsprechenden innerstaatlichen Maßnahme mitzuwirken hätte oder soweit die Länder innerstaatlich zuständig wären, beteiligt die Bundesregierung vom Bundesrat benannte Vertreter der Länder an Beratungen zur Festlegung der Verhandlungsposition zu dem Vorhaben.

(2) [1]Gegenstand der Beratungen nach Absatz 1 ist auch die Anwendung der §§ 5 und 6 auf das Vorhaben. [2]Dabei ist zwischen Bund und Ländern ein Einvernehmen anzustreben.

§ 5 [Berücksichtigung der Stellungnahme des Bundesrates]

(1) Soweit in einem Bereich ausschließlicher Zuständigkeiten des Bundes Interessen der Länder berührt sind oder soweit im übrigen der Bund das Recht zur Gesetzgebung hat, berücksichtigt die Bundesregierung die Stellungnahme des Bundesrates bei der Festlegung der Verhandlungsposition zu dem Vorhaben.

(2) [1]Wenn bei einem Vorhaben im Schwerpunkt Gesetzgebungsbefugnisse der Länder betroffen sind und der Bund kein Recht zur Gesetzgebung hat oder ein Vorhaben im Schwerpunkt die Einrichtung der Behörden der Länder oder ihre Verwaltungsverfahren betrifft, ist insoweit bei Festlegung der Verhandlungsposition durch die Bundesregierung die Stellungnahme des Bundesrates maßgeblich zu berücksichtigen; im übrigen gilt Absatz 1. [2]Die gesamtstaatliche Verantwortung des Bundes, einschließlich außen-, verteidigungs- und integrationspolitisch zu bewertender Fragen, ist zu wahren. [3]Stimmt die Auffassung der Bundesregierung nicht mit der Stellungnahme des Bundesrates überein, ist ein Einvernehmen anzustreben. [4]Zur Herbeiführung dieses Einvernehmens erfolgt erneute Beratung der Bundesregierung mit Vertretern der Länder. [5]Kommt ein Einvernehmen nicht zustande und bestätigt der Bundesrat daraufhin seine Auffassung mit einem mit zwei Dritteln seiner Stimmen gefaßten Beschluß, so ist die Auffassung des Bundesrates maßgebend. [6]Die Zustimmung der Bundesregierung ist erforderlich, wenn Entscheidungen zu Ausgabenerhöhungen oder Einnahmeminderungen für den Bund führen können.

§ 6 [Beteiligung von Ländervertretern an Verhandlungen in Beratungsgremien der Kommission und des Rates]

(1) [1]Bei einem Vorhaben, bei dem der Bundesrat an einer entsprechenden innerstaatlichen Maßnahme mitzuwirken hätte oder bei dem die Länder innerstaatlich zuständig wären oder das sonst wesentliche Interessen der Länder berührt, zieht die Bundesregierung auf Verlangen Vertreter der Länder zu den Verhandlungen in den Beratungsgremien der Kommission

und des Rates hinzu, soweit ihr dies möglich ist. [2]Die Verhandlungsführung liegt bei der Bundesregierung; Vertreter der Länder können mit Zustimmung der Verhandlungsführung Erklärungen abgeben.

(2) [1]Wenn im Schwerpunkt ausschließliche Gesetzgebungsbefugnisse der Länder auf den Gebieten der schulischen Bildung, der Kultur oder des Rundfunks betroffen sind, überträgt die Bundesregierung die Verhandlungsführung in den Beratungsgremien der Kommission und des Rates und bei Ratstagungen in der Zusammensetzung der Minister auf einen Vertreter der Länder. [2]Für diese Ratstagungen kann vom Bundesrat nur ein Mitglied einer Landesregierung im Ministerrang benannt werden. [3]Die Ausübung der Rechte durch den Vertreter der Länder erfolgt unter Teilnahme von und in Abstimmung mit dem Vertreter der Bundesregierung. [4]Die Abstimmung der Verhandlungsposition mit dem Vertreter der Bundesregierung im Hinblick auf eine sich ändernde Verhandlungslage erfolgt entsprechend den für die interne Willensbildung geltenden Regeln und Kriterien. [5]Der Bundesrat kann für Ratstagungen in der Zusammensetzung der Minister, bei denen Vorhaben behandelt werden, die nicht im Schwerpunkt ausschließliche Gesetzgebungsbefugnisse der Länder in den Bereichen schulische Bildung, Kultur oder Rundfunk, jedoch sonstige ausschließliche Gesetzgebungsbefugnisse der Länder betreffen, als Vertreter der Länder Mitglieder von Landesregierungen im Ministerrang benennen, die berechtigt sind, in Abstimmung mit dem Vertreter der Bundesregierung Erklärungen abzugeben. [6]Betrifft ein Vorhaben ausschließliche Gesetzgebungsbefugnisse der Länder, jedoch nicht im Schwerpunkt die Bereiche schulische Bildung, Kultur oder Rundfunk, so übt die Bundesregierung die Verhandlungsführung in den Beratungsgremien der Kommission und des Rates und bei Ratstagungen in der Zusammensetzung der Minister in Abstimmung mit dem Vertreter der Länder aus.

(3) [1]Absatz 2 gilt nicht für Rechte, die der Bundesrepublik Deutschland als Vorsitz im Rat zustehen. [2]Bei der Ausübung dieser Rechte setzt sich die Bundesregierung, soweit Vorhaben im Sinne des Absatzes 2 Satz 1 betroffen sind, mit dem Vertreter der Länder ins Benehmen.

(4) Auf Tagesordnungspunkte der Ratstagungen, die der Rat ohne Aussprache genehmigt, findet Absatz 2 keine Anwendung, wenn diese Behandlung mit dem Vertreter der Länder abgestimmt worden ist.

§ 7 [Klageerhebung im Interesse der Länder]

(1) [1]Die Bundesregierung macht auf Verlangen des Bundesrates unbeschadet eigener Klagerechte der Länder von dem im Vertrag über die Europäische Union vorgesehenen Klagemöglichkeiten Gebrauch, soweit die Länder durch ein Handeln oder Unterlassen von Organen der Union in Bereichen ihrer Gesetzgebungsbefugnisse betroffen sind und der Bund kein Recht zur Gesetzgebung hat. [2]Dabei ist die gesamtstaatliche Verantwortung des Bundes, einschließlich außen-, verteidigungs- und integrationspolitisch zu bewertender Fragen, zu wahren.

(2) Absatz 1 gilt entsprechend, wenn die Bundesregierung im Verfahren vor dem Europäischen Gerichtshof Gelegenheit zur Stellungnahme hat.

(3) Hinsichtlich der Prozeßführung vor dem Europäischen Gerichtshof stellt die Bundesregierung in den in den Absätzen 1 und 2 genannten Fällen sowie für Vertragsverletzungsverfahren, in denen die Bundesrepublik Deutschland Partei ist, mit dem Bundesrat Einvernehmen her, soweit Gesetzgebungsbefugnisse der Länder betroffen sind und der Bund kein Recht zur Gesetzgebung hat.

(4) [1]Über die Einlegung des zulässigen Rechtsmittels beim Europäischen Gerichtshof gegen eine länderübergreifende Finanzkorrektur der Europäischen Gemeinschaften stellt die Bundesregierung mit den betroffenen Ländern Einvernehmen her. [2]Wird das Einvernehmen nicht erzielt, ist die Bundesregierung auf ausdrückliches Verlangen betroffener Länder zur Einlegung des Rechtsmittels verpflichtet. [3]In diesem Fall werden die Kosten des Rechtsmittelverfahrens von den Ländern getragen, welche die Einlegung des Rechtsmittels verlangt haben.

§ 8 [Befugnisse und Status der Länderbüros]

[1]Die Länder können unmittelbar zu Einrichtungen der Europäischen Union ständige Verbindungen unterhalten, soweit dies zur Erfüllung ihrer staatlichen Befugnisse und Aufgaben nach dem Grundgesetz dient. [2]Die Länderbüros erhalten keinen diplomatischen Status. [3]Stellung und Aufgaben der Ständigen Vertretung in Brüssel als Vertretung der Bundesrepublik Deutschland bei den Europäischen Gemeinschaften gelten uneingeschränkt auch in den Fällen, in denen die Wahrnehmung der Rechte, die der Bundesrepublik Deutschland als Mitgliedstaat der Europäischen Union zustehen, auf einen Vertreter der Länder übertragen wird.

§ 9 [Vereinbarung zwischen Bund und Ländern]

[1]Einzelheiten der Unterrichtung und Beteiligung der Länder nach diesem Gesetz sowie nach dem Integrationsverantwortungsgesetz vom 22. September 2009 (BGBl. I S. 3022) sind in der Anlage geregelt. [2]Weitere Einzelheiten bleiben einer Vereinbarung zwischen Bund und Ländern vorbehalten.

§ 10 [Wahrung der Rechte von Gemeinden und Gemeindeverbänden]

(1) Bei Vorhaben der Europäischen Union ist das Recht der Gemeinden und Gemeindeverbände zur Regelung der Angelegenheiten der örtlichen Gemeinschaft zu wahren und sind ihre Belange zu schützen.

(2) [1]Nimmt der Bundesrat bei Vorhaben der Europäischen Union zu Fragen der kommunalen Daseinsvorsorge Stellung, ist die Stellungnahme von der Bundesregierung unter den Voraussetzungen des § 5 zu berücksichtigen. [2]Die Beteiligungsrechte des Bundesrates gemäß § 5 Absatz 2 bleiben unberührt.

§ 11 [Geltungsbereich]
Dieses Gesetz gilt nicht für der Bereich der Gemeinsamen Außen- und Sicherheitspolitik der Europäischen Union.

§ 12 [Geltungsbereich]
Dieses Gesetz gilt auch für Vorhaben, die auf Beschlüsse des Rates und der im Rat vereinigten Vertreter der Regierungen der Mitgliedstaaten gerichtet sind.

§ 13 [Erweiterte Mitwirkungsbefugnisse]
Die in § 9 genannte Vereinbarung kann weitere Fälle vorsehen, in denen die Länder entsprechend diesem Gesetz mitwirken.

§ 14 [Ländervertreter, Gemeindevertreter]
(1) [1]Vor der Zustimmung zu einem Beschluss über die Zusammensetzung des Ausschusses der Regionen nach Artikel 305 Absatz 2 des Vertrags über die Arbeitsweise der Europäischen Union stellt die Bundesregierung das Einvernehmen mit dem Bundesrat her. [2]Die gesamtstaatliche Verantwortung des Bundes ist zu wahren.

(2) [1]Die Bundesregierung schlägt dem Rat als Mitglieder des Ausschusses der Regionen und deren Stellvertreter die von den Ländern benannten Vertreter vor. [2]Die Länder regeln ein Beteiligungsverfahren für die Gemeinden und Gemeindeverbände, das sichert, daß diese auf Vorschlag der kommunalen Spitzenverbände mit drei gewählten Vertretern im Regionalausschuß vertreten sind.

§ 15 [Außerkrafttreten]
Artikel 2 des Gesetzes vom 19. Dezember 1986 zur Einheitlichen Europäischen Akte vom 28. Februar 1986 (BGBl. II S. 1102) tritt mit Inkrafttreten dieses Gesetzes außer Kraft.

§ 16 [Inkrafttreten]
[1]Dieses Gesetz tritt mit dem Tage der Gründung der Europäischen Union in Kraft.[1]) [2]Dieser Tag ist im Bundesgesetzblatt bekanntzugeben. [3]Abweichend von Satz 1 tritt § 5 Abs. 3 am 1. Januar 1993 in Kraft.

Anlage

(zu § 9)
Einzelheiten der Unterrichtung und Beteiligung der Länder

I. Allgemeine Bestimmungen
1. Die Regierungen von Bund und Ländern stellen durch geeignete institutionelle und organisatorische Vorkehrungen sicher, dass die Handlungsfähigkeit der Bundesrepublik Deutschland und eine flexible Verhandlungsführung in Angelegenheiten der Europäischen Uni-

---

1) Inkrafttreten gemäß Bek. v. 25. 10. 1993 (BGBl. I S. 1780) am 1. 11. 1993.

on gewährleistet sind. Bund und Länder setzen sich bei Gesprächen auf Ebene der Europäischen Union nicht in Widerspruch zu abgestimmten Positionen. Im Sinne einer Frühwarnung unterrichten Bund und Länder einander über Entwicklungen in Angelegenheiten der Europäischen Union, die in beidseitigem Interesse liegen.

2. Die Informations- und Mitwirkungsrechte der Länder im Hinblick auf Vorhaben der Europäischen Union beschränken sich nicht auf rechtsverbindliche Handlungsinstrumente der Europäischen Union, sondern erstrecken sich auch auf Grünbücher, Weißbücher, Aktionsprogramme, Mitteilungen und Empfehlungen. Vorhaben sind auch so genannte Gemischte Beschlüsse und die Vorbereitung und der Abschluss völkerrechtlicher Abkommen.

3. Unterrichtet die Bundesregierung den Bundestag oder die deutschen Mitglieder des Europäischen Parlaments schriftlich über Vorhaben der Europäischen Union in Bereichen, in denen die Länder die Verhandlungsführung haben, erfolgt diese Unterrichtung in Absprache mit den vom Bundesrat benannten Vertretern der Länder.

II. Unterrichtung des Bundesrates

1. Die Bundesregierung unterrichtet den Bundesrat nach Maßgabe dieses Gesetzes umfassend, zum frühestmöglichen Zeitpunkt, fortlaufend und in der Regel schriftlich über alle Vorhaben, die für die Länder von Interesse sein könnten. Dies geschieht insbesondere durch Übersendung von der Bundesregierung vorliegenden

   a) Dokumenten

      aa) der Europäischen Kommission, soweit sie an den Rat gerichtet oder der Bundesregierung auf sonstige Weise offiziell zugänglich gemacht worden sind. Die Bundesregierung trägt dafür Sorge, dass bei Vorhaben, die ausschließliche Gesetzgebungsmaterien der Länder betreffen oder deren wesentliche Interessen berühren, dem Bundesrat auch der Bundesregierung vorliegende vorbereitende Papiere der Kommission zur Verfügung gestellt werden, die für die Meinungsbildung des Bundesrates von Bedeutung sein können. Dies gilt auch für inoffizielle Dokumente (so genannte „non papers");

      bb) des Europäischen Rates, des Rates, der informellen Ministertreffen und der Ratsgremien.

   b) Berichten und Mitteilungen von Organen der Europäischen Union über Sitzungen

      aa) des Europäischen Rates, des Rates und der informellen Ministertreffen;

      bb) des Ausschusses der Ständigen Vertreter und sonstiger Ausschüsse oder Arbeitsgruppen des Rates;

      cc) der Beratungsgremien bei der Europäischen Kommission.

c) Berichten der Ständigen Vertretung der Bundesrepublik Deutschland bei der Europäischen Union über

   aa) Sitzungen des Rates und der Ratsgruppen (einschließlich der Berichte über Sitzungen der Freunde der Präsidentschaft sowie der Antici-Gruppe), der informellen Ministertreffen und des Ausschusses der Ständigen Vertreter;

   bb) Sitzungen des Europäischen Parlaments und seiner Ausschüsse;

   cc) Entscheidungen der Europäischen Kommission;

   dd) geplante Rechtsakte.

Die Empfänger haben dafür Sorge zu tragen, dass diese Berichte nur an einen begrenzten Personenkreis in den jeweils zuständigen obersten Landesbehörden weitergeleitet werden.

d) Dokumenten und Informationen über Initiativen, Stellungnahmen und Erläuterungen der Bundesregierung für Organe der Europäischen Union, einschließlich der Sammelweisung für den deutschen Vertreter im Ausschuss der Ständigen Vertreter sowie Initiativen der Regierungen von Mitgliedstaaten der Europäischen Union gegenüber Rat und Europäischer Kommission, die der Bundesregierung offiziell zugänglich gemacht werden und die für die Meinungsbildung der Länder von Bedeutung sind.

Die Unterrichtung umfasst auch Vorhaben, die auf Beschlüsse der im Rat vereinigten Vertreter der Regierungen der Mitgliedstaaten gerichtet sind.

Im Übrigen erfolgt die Unterrichtung mündlich.

2. Mit der Unterrichtung nach § 2 und nach dieser Anlage übermittelt die Bundesregierung dem Bundesrat die Angaben der Europäischen Kommission und die ihr vorliegenden Angaben der Mitgliedstaaten im Rahmen der Gesetzesfolgenabschätzung zu den Folgen des Vorhabens insbesondere in rechtlicher, wirtschaftlicher, finanzieller, sozialer und ökologischer Hinsicht.

3. Die Berichtsbögen zu Vorhaben der Europäischen Union und die Umfassenden Bewertungen zu Gesetzgebungsakten, die dem Bundestag nach § 7 des Gesetzes über die Zusammenarbeit von Bundesregierung und Deutschem Bundestag in Angelegenheiten der Europäischen Union übermittelt werden, lässt die Bundesregierung dem Bundesrat gleichzeitig zukommen.

4. Die Ministerien des Bundes und der Länder eröffnen sich untereinander und dem Bundesrat im Rahmen der geltenden Datenschutzvorschriften Zugang zu ressortübergreifenden Dokumentendatenbanken zu Vorhaben im Rahmen der Europäischen Union. Die Bundesregierung wird sich bemühen, dass Dokumentendatenbanken der Europäischen Union, die den Regierungen der Mitgliedstaaten zugänglich

sind, auch dem Bundesrat und den Regierungen der Länder zugänglich gemacht werden. Einzelheiten müssen gesondert geregelt werden.

5. Die Dokumente der Europäischen Union werden grundsätzlich offen weitergegeben. Die Sicherheitseinstufung der Organe der Europäischen Union über eine besondere Vertraulichkeit wird vom Bundesrat beachtet. Eine für diese Dokumente oder für andere im Rahmen dieses Gesetzes an den Bundesrat zu übermittelnde Informationen, Berichte und Mitteilungen eventuell erforderliche nationale Einstufung als vertraulich wird vor Versendung von der Bundesregierung vorgenommen und vom Bundesrat beachtet. Die Gründe für die Einstufung sind auf Anforderung zu erläutern.

III. Vorbereitende Beratungen

1. Die Bundesregierung lädt die Ländervertreter zu Beratungen zur Festlegung der Verhandlungsposition zu Vorhaben ein, soweit der Bundesrat an einer entsprechenden innerstaatlichen Maßnahme mitzuwirken hätte oder soweit die Länder innerstaatlich zuständig wären. Dabei soll auch Einvernehmen über die Anwendung von den §§ 5 und 6 auf ein Vorhaben angestrebt werden.

2. Bei der Einordnung eines Vorhabens unter die Regelungen dieses Gesetzes ist auf den konkreten Inhalt der Vorlage der Europäischen Union abzustellen. Die Zuordnung der Zuständigkeit des Bundes oder der Länder folgt aus der innerstaatlichen Kompetenzordnung.

   Bei Beurteilung der Frage, ob bei einem Vorhaben der Bund im nationalen Bereich das Recht zur Gesetzgebung hat, ist in den in Artikel 72 Absatz 2 des Grundgesetzes genannten Gebieten der konkurrierenden Gesetzgebung auch darauf abzustellen, ob eine Erforderlichkeit bundesgesetzlicher Regelung im Sinne von Artikel 72 Absatz 2 des Grundgesetzes bestehen würde.

   In den Bereichen, in denen die Länder das Recht der Abweichungsgesetzgebung nach Artikel 72 Absatz 3 des Grundgesetzes haben, berücksichtigt die Bundesregierung die Stellungnahme des Bundesrates bei der Festlegung der Verhandlungsposition. Stimmt die Auffassung der Bundesregierung nicht mit der Stellungnahme des Bundesrates überein, unterrichtet die Bundesregierung den Bundesrat und lädt die vom Bundesrat benannten Ländervertreter zur Beratung ein, um eine übereinstimmende Haltung anzustreben.

   Hinsichtlich des Regelungsschwerpunkts des Vorhabens ist darauf abzustellen, ob eine Materie im Mittelpunkt des Vorhabens steht oder ganz überwiegend Regelungsgegenstand ist. Das ist nicht nur quantitativ bestimmbar, sondern auch das Ergebnis einer qualitativen Beurteilung.

   Stimmt die Auffassung der Bundesregierung darüber, ob bei einem Vorhaben der Europäischen Union im Schwerpunkt Gesetzgebungsbefugnisse der Länder, die Einrichtung ihrer Behörden oder ihre Verwaltungsverfahren betroffen sind, nicht mit der Haltung des Bundesrates überein, unterrichtet die Bundesregierung den Bundesrat und lädt unverzüglich die vom Bundesrat benannten Ländervertreter zur Beratung ein, um eine übereinstimmende Haltung zu erzielen.

3. In den Fällen, in denen innerstaatlich eine Zusammenarbeit von Bund und Ländern vorgesehen ist, ist bei der Festlegung der Verhandlungsposition – auch auf Ebene der Europäischen Union – ein gemeinsames Vorgehen anzustreben; Bund und Länder streben im Bereich der Forschungspolitik entsprechend der Regelung des Artikels 91 b des Grundgesetzes auch im Rahmen der Europäischen Union ein gemeinsames Vorgehen an. Entsprechend wird bei Festlegung der Verhandlungsposition verfahren, wenn der Regelungsschwerpunkt des Vorhabens nur schwer feststellbar ist.

4. Bund und Länder nutzen regelmäßige Sitzungen des Ausschusses für Fragen der Europäischen Union des Bundesrates – bei Bedarf beziehungsweise Verlangen einer Seite auch in politischer Besetzung – zu einem frühzeitigen Austausch über aktuelle Entwicklungen auf Ebene der Europäischen Union. Die Willensbildung der Länder bleibt dem Bundesratsverfahren vorbehalten. Ein neuer Sachstand auf Ebene der Europäischen Union kann eine erneute Befassung erforderlich machen.

IV. Stellungnahme des Bundesrates

1. Um die rechtzeitige Abgabe einer Stellungnahme zu ermöglichen, informiert die Bundesregierung den Bundesrat bei allen Vorhaben, die Interessen der Länder berühren, über den zeitlichen Rahmen der Behandlung in den Ratsgremien.

   Je nach Verhandlungslage teilt die Bundesregierung dem Bundesrat auch mit, bis zu welchem Zeitpunkt eine Stellungnahme wegen der sich aus dem Verfahrensablauf der Europäischen Union ergebenden zeitlichen Vorgaben noch berücksichtigt werden kann.

   Ist aus Sicht der Bundesregierung bereits im Vorfeld von Vorhaben der Europäischen Union die Einbringung einer deutschen Position angezeigt, fordert die Bundesregierung den Bundesrat auf, Stellung zu nehmen.

2. Der Bundesrat kann seine Stellungnahme im Verlauf der Beratung des Vorhabens in den Gremien der Europäischen Union anpassen und ergänzen. Zu diesem Zweck unterrichtet die Bundesregierung den Bundesrat durch ständige Kontakte – in einer der Sache jeweils angemessenen Form – und weist darauf hin, wenn sich die Beschlussgrundlage wesentlich geändert hat und deshalb eine aktualisierte Stellungnahme des Bundesrates erforderlich ist.

3. Stimmt in den Fällen von § 5 Absatz 2 die Auffassung der Bundesregierung nicht mit der Stellungnahme des Bundesrates überein, unterrichtet sie den Bundesrat und lädt unverzüglich die vom Bundesrat benannten Ländervertreter zur erneuten Beratung ein, um möglichst Einvernehmen zu erzielen. Die Länder weisen darauf hin, dass das Einvernehmen gegebenenfalls unter den Vorbehalt einer Beschlussfassung des Bundesrates zu stellen ist. Kommt dieses Einvernehmen nicht zustande, beschließt der Bundesrat unverzüglich darüber, ob seine Stellungnahme aufrechterhalten wird.

4. Weicht die Bundesregierung von einer Stellungnahme des Bundesrates ab, so teilt sie auf Verlangen des Bundesrates nach Abschluss eines Vorhabens die maßgeblichen Gründe mit.

V. Umsetzung von Recht der Europäischen Union

1. Die Bundesregierung nimmt im Interesse einer rechtzeitigen Ergreifung der erforderlichen Verfahrensschritte für Rechtsakte der Europäischen Union, für deren Umsetzung ausschließlich die Länder zuständig sind, sowie für Rechtsakte der Europäischen Union, die von Bund und Ländern durch jeweils eigene Umsetzungsmaßnahmen gemeinsam umzusetzen sind, frühzeitig Kontakt mit den Ländern auf. Die Bundesregierung lässt die Listen mit dem aktuellen Stand der umzusetzenden Rechtsakte, die sie dem Bundestag übermittelt, dem Bundesrat gleichzeitig zukommen.

2. Die Bundesregierung unterrichtet den Bundesrat über die Einleitung von Vertragsverletzungsverfahren nach den Artikeln 258, 260 des Vertrags über die Arbeitsweise der Europäischen Union durch Übermittlung von Mahnschreiben und mit Gründen versehenen Stellungnahmen, soweit diese Verfahren die Nichtumsetzung von Richtlinien durch ein Land oder mehrere Länder betreffen. In diesen Fällen fertigt die Bundesregierung ihre Stellungnahmen in Abstimmung mit den betroffenen Ländern.

VI. Verfahren vor den Europäischen Gerichten

1. Im Hinblick auf die hier zu wahrenden Verfahrensfristen unterrichtet die Bundesregierung den Bundesrat unverzüglich von allen Dokumenten und Informationen über Verfahren vor dem Europäischen Gerichtshof und dem Gericht erster Instanz, an denen die Bundesregierung beteiligt ist. Dies gilt auch für Urteile zu Verfahren, an denen sich die Bundesregierung beteiligt.

2. Macht die Bundesregierung bei Vorliegen der Voraussetzungen von § 7 Absatz 1 auf Beschluss des Bundesrates von den im Vertrag über die Europäische Union und im Vertrag über die Arbeitsweise der Europäischen Union vorgesehenen Klagemöglichkeiten Gebrauch, so fertigt sie die Klageschrift in Abstimmung mit den Ländern. Von den Ländern wird hierfür rechtzeitig eine ausführliche Stellungnahme zur

Sache zur Verfügung gestellt. Die Prozessführung erfolgt in Abstimmung mit den Ländern.

Entsprechendes gilt, wenn die Bundesregierung das zulässige Rechtsmittel beim Europäischen Gerichtshof gegen eine länderübergreifende Finanzkorrektur der Europäischen Union im Einvernehmen mit den betroffenen Ländern oder auf ausdrückliches Verlangen betroffener Länder nach § 7 Absatz 4 einlegt. Bei Vertragsverletzungsverfahren gegen die Bundesrepublik Deutschland, bei denen eine Haftung eines oder mehrerer Länder gegenüber dem Bund nach Artikel 104 a Absatz 6 Satz 1 des Grundgesetzes in Betracht kommt, erfolgt die Prozessführung insoweit ebenfalls in Abstimmung mit den Ländern.

3. Nummer 2 gilt entsprechend, wenn die Bundesregierung in Verfahren vor dem Europäischen Gerichtshof Gelegenheit zur Stellungnahme hat.

VII. Vertragsrevision, Beitritt und Assoziierungsverhandlungen der Europäischen Union

1. Hinsichtlich des Artikels 48 des Vertrags über die Europäische Union gilt: Beabsichtigt der Rat, einen Beschluss zur Aufnahme von Verhandlungen zu Änderungen der vertraglichen Grundlagen der Europäischen Union zu fassen, informiert die Bundesregierung den Bundesrat und unterrichtet über ihre Willensbildung.

   Der Bundesrat wird über die Verhandlungen unterrichtet, soweit Länderinteressen betroffen sein könnten. Das gilt auch für den Fall, dass die Verhandlungen wiederum von Persönlichen Beauftragten geführt werden sollten.

   Die Bundesregierung berücksichtigt die Stellungnahme des Bundesrates bei den Verhandlungen in entsprechender Anwendung von § 5.

   Die Länder können mit einem Beobachter – maximal zwei Beobachtern, falls ausschließliche Länderkompetenzen betroffen sind – an Ressortgesprächen zur Vorbereitung der Regierungskonferenzen sowie – soweit möglich von Fall zu Fall – an den Regierungskonferenzen selbst teilnehmen.

2. Hinsichtlich des Artikels 49 des Vertrags über die Europäische Union gilt: Beabsichtigt der Rat, einen Beschluss zur Aufnahme von Verhandlungen zur Vorbereitung von Beitritten zur Europäischen Union zu fassen, informiert die Bundesregierung den Bundesrat und unterrichtet über ihre Willensbildung.

   Der Bundesrat wird über die Verhandlungen unterrichtet, soweit Länderinteressen betroffen sein könnten. Die Bundesregierung informiert auf Wunsch den Ausschuss für Fragen der Europäischen Union des Bundesrates über die Entwicklung von Beitrittsverhandlungen.

   Die Bundesregierung berücksichtigt die Stellungnahme des Bundesrates bei den Verhandlungen in entsprechender Anwendung von § 5.

Die Länder können mit einem Ländervertreter an Ressortabstimmungen der Verhandlungsposition sowie – soweit möglich – an der Ratsarbeitsgruppe „Erweiterung" teilnehmen, wenn der konkret zu behandelnde Fragenbereich die ausschließliche Gesetzgebungskompetenz der Länder oder deren wesentliche Interessen berührt.

3. Hinsichtlich des Artikels 217 des Vertrags über die Arbeitsweise der Europäischen Union sowie für die Abkommen nach Artikel 207 Absatz 3 des Vertrags über die Arbeitsweise der Europäischen Union gelten die Regelungen dieses Gesetzes mit der Ausnahme, dass sich die Teilnahme des Ländervertreters auf die Verhandlungen in der Ratsgruppe zur Aushandlung des Mandats für die Kommission beschränkt.

**Vereinbarung zwischen der Bundesregierung und den Regierungen
der Länder zur Regelung weiterer Einzelheiten der Zusammenarbeit
von Bund und Ländern in Angelegenheiten der Europäischen Union
(§ 9 Satz 2 EUZBLG)
(Bund-Länder-Vereinbarung)**

(BAnz. Nr. 115 vom 4. 8. 2010, S. 2685)

Inhalt

Allgemeine Bestimmungen

Bundesregierung und Regierungen der Länder bekennen sich zur Verwirklichung eines vereinten Europas und der Entwicklung der Europäischen Union auf der Grundlage des Vertrages über die Europäische Union (EUV) und des Vertrages über die Arbeitsweise der Europäischen Union (AEUV) sowie zu den sich daraus ergebenden Informations- und Handlungspflichten im wechselseitigen bundesstaatlichen Treueverhältnis. Sie arbeiten auf der Grundlage von Artikel 23 des Grundgesetzes, des dazu ergangenen Integrationsverantwortungsgesetzes sowie des Gesetzes über die Zusammenarbeit von Bund und Ländern in Angelegenheiten der Europäischen Union (EUZBLG) eng und vertrauensvoll zusammen.

Zur Festlegung weiterer Einzelheiten der diese Zusammenarbeit regelnden Bestimmungen vereinbaren sie gemäß § 9 Satz 2 EUZBLG Folgendes:

I. Hinzuziehung von Ländervertretern zu Verhandlungen in Gremien der Europäischen Union

1. Werden in Gremien des Rates oder der Kommission Vorhaben behandelt, zu denen dem Bundesrat vor Festlegung der Verhandlungsposition Gelegenheit zur Stellungnahme zu geben ist, so unterrichtet die Bundesregierung den Bundesrat unverzüglich über den Ort, den Zeitpunkt und die Beratungsgegenstände der Sitzungen dieser Gremien.

Dasselbe gilt, soweit möglich, für vorbereitende Aktivitäten der Kommission wie formelle Anhörungen, Konsultationen und Expertengespräche.

2. Unbeschadet der gesetzlichen Regelungen des § 6 Absatz 1 EUZBLG führen die Bundesregierung und die Regierungen der Länder gemeinsam eine Liste der Beratungsgremien bei Kommission und Rat, in denen Vorhaben behandelt werden, bei denen der Bundesrat an einer entsprechenden innerstaatlichen Maßnahme mitzuwirken hätte, bei denen die Länder innerstaatlich zuständig wären oder bei denen wesentliche Interessen der Länder betroffen sind. Darunter fallen auch die Gremien nach dem Beschluss 1999/468/EG des Rates vom 28. Juni 1999, zuletzt geändert mit Beschluss des Rates 2006/512/ EG vom 17. Juli 2006, sowie die Gremien, die in Ausführung der Verordnung nach Artikel 291 Absatz 3 AEUV zur Festlegung der Modalitäten für die Ausübung der der Kommission übertragenen Durchführungsbefugnisse eingesetzt werden, ferner der ständige Ausschuss nach Artikel 71 AEUV.

    Beim Ausschuss der Ständigen Vertreter sowie beim Sonderausschuss Landwirtschaft werden die Länder durch Teilnahme von Ländervertretern an den Sitzungen zur Vorbereitung der Weisungen beteiligt. Die Liste kann einvernehmlich geändert werden, ohne dass es einer förmlichen Änderung dieser Vereinbarung bedarf.

3. Der Bundesrat benennt der Bundesregierung die Ländervertreter beziehungsweise das die Vertreter entsendende Ressort einer Landesregierung. Für die in der Liste erfassten Gremien kann dies ebenfalls listenmäßig für einen bestimmten Zeitraum erfolgen. Werden Ländervertreter im Einzelfall außerhalb oder in Änderung der listenmäßig benannten Vertreter bestellt, teilt dies der Bundesrat vor den Verhandlungen mit.

    Die Bundesregierung wird dem Verlangen auf Hinzuziehung mindestens eines Ländervertreters, bei Vorliegen der Voraussetzungen von § 5 Absatz 2 EUZBLG von zwei Ländervertretern, entsprechen, soweit ihr das möglich ist.

    Die Bundesregierung wird sich im Einzelfall jeweils bemühen, die Hinzuziehung eines Ländervertreters zu ermöglichen. Nimmt in den Fällen des § 6 Absatz 1 EUZBLG kein benannter Ländervertreter teil oder ist noch kein Ländervertreter vom Bundesrat benannt, kann im Einzelfall die Sitzung von einem Vertreter wahrgenommen werden.

4. Über die Hinzuziehung von Ländervertretern zu informellen Treffen, soweit im Schwerpunkt ausschließliche Gesetzgebungsbefugnisse der Länder betroffen sind, verständigen sich Bundesregierung und Länder im Einzelfall.

5. Für Ratstagungen in der Zusammensetzung der Minister, bei denen Vorhaben behandelt werden, die im Schwerpunkt ausschließliche

Gesetzgebungsbefugnisse der Länder auf den Gebieten der schulischen Bildung, der Kultur oder des Rundfunks betreffen, benennt der Bundesrat nach § 6 Absatz 2 Satz 1 und 2 EUZBLG Mitglieder von Landesregierungen im Ministerrang, auf die die Bundesregierung für diese Vorhaben die Verhandlungsführung überträgt. Die Länder stellen eine den Anforderungen von Artikel 16 Absatz 2 EUV entsprechende Vertretung gemäß der bestehenden Praxis bei diesen Ratstagungen sicher. Die Bundesregierung bemüht sich, die Teilnahme eines Ländermitarbeiters zur Unterstützung des vom Bundesrat benannten Ländervertreters zu ermöglichen. Bei Verhinderung der Ländervertreter nimmt ein Vertreter der Bundesregierung oder der Ständige Vertreter die Verhandlungsführung wahr.

6. Die Übertragung der Verhandlungsführung im Rat an einen Landesminister umfasst auch die Mitwirkung im Vermittlungsverfahren zwischen dem Rat und dem Europäischen Parlament, soweit nicht Rechte betroffen sind, die der Bundesrepublik Deutschland als Vorsitz im Rat zustehen. Die Länder stellen die Verhandlungsführung gemäß Nummer 5 durch den benannten Landesminister oder durch einen Vertreter der politischen Ebene seines oder eines anderen Landes sicher.

7. Für Ratstagungen in der Zusammensetzung der Minister, bei denen Vorhaben behandelt werden, die nicht im Schwerpunkt ausschließliche Gesetzgebungsbefugnisse der Länder in den Bereichen schulische Bildung, Kultur und Rundfunk, jedoch sonstige ausschließliche Gesetzgebungsbefugnisse der Länder betreffen, benennt der Bundesrat nach § 6 Absatz 2 Satz 5 EUZBLG Mitglieder von Landesregierungen im Ministerrang, die berechtigt sind, in Abstimmung mit dem Vertreter der Bundesregierung Erklärungen abzugeben.

8. Vertreter der Länder sind Mitglieder der deutschen Delegation. Sie nehmen an Delegationsbesprechungen vor Ort teil, die zur Vorbereitung während der Sitzungen durchgeführt werden. Vorausgehende gemeinsame Vorbereitungen, die auch von den Ländervertretern angeregt werden können, bleiben unberührt.

9. Die Delegationsleitung liegt bei der Bundesregierung. Sie wird – unbeschadet der Verhandlungsführung zu einzelnen Vorhaben – vom Vertreter der Bundesregierung im Benehmen mit dem Vertreter der Länder wahrgenommen. Soweit die Verhandlungsführung nicht auf einen Ländervertreter übertragen ist, kann dieser in Arbeitsausschüssen und -gruppen mit Zustimmung des Delegationsleiters Erklärungen abgeben.

10. Hinsichtlich Ziffer III.1 der Anlage zu § 9 EUZBLG weisen die Länder darauf hin, dass es sich hier nur um vorläufige Festlegungen handeln kann, die gegebenenfalls unter den Vorbehalt einer Beschlussfassung des Bundesrates zu stellen sind.

II. Zusammenarbeit zwischen der Ständigen Vertretung der Bundesrepublik Deutschland bei der Europäischen Union und den Ländern, Beobachter der Länder

1. Die Bundesregierung unterstützt über die Ständige Vertretung und gegebenenfalls die bilaterale Botschaft in Belgien im Rahmen der gegebenen Möglichkeiten und soweit erforderlich die Länderbüros in Brüssel in Einzelfragen im Hinblick auf ihre Aufgaben.
2. Die bewährte Praxis der Abordnung von Landesbediensteten an die Ständige Vertretung wird fortgeführt. Die abgeordneten Landesbediensteten sollen nach Möglichkeit in ländernahen Bereichen eingesetzt werden.
3. Der Beobachter der Länder hat die Aufgabe, die Länder bei der Wahrnehmung ihrer Rechte nach dem EUZBLG zu unterstützen. Seine Informations- und Beteiligungsmöglichkeiten gegenüber den Institutionen und Gremien der Europäischen Union sowie der Bundesregierung bleiben bestehen.

III. Schlussbestimmungen

1. In der Frage, ob und inwieweit gegebenenfalls innerstaatlich eine Zustimmung der Länder nach der Lindauer Absprache erforderlich ist, bestehen bei Bund und Ländern unterschiedliche Rechtsauffassungen. Das Verfahren in diesen Fällen bleibt einer besonderen Absprache überlassen.
2. Ergänzende Formen der fachlichen Zusammenarbeit und Fachkontakte zwischen Bund und Ländern – z. B. auch im Bildungs- und Kulturbereich – werden nach Maßgabe von Artikel 23 des Grundgesetzes und des EUZBLG fortgeführt. Auf der Grundlage der Regelungen dieser Vereinbarung bleibt die bestehende Praxis der Zusammenarbeit zwischen Bund und Ländern im Bereich der Kultusministerkonferenz unberührt.
3. Länderinterne Verfahren über die Beteiligung der Landtage in EU-Angelegenheiten bleiben im Rahmen der getroffenen Regelungen durch diese Vereinbarung unberührt.
4. Diese Vereinbarung gilt nach § 11 EUZBLG nicht für den Bereich der Gemeinsamen Außen- und Sicherheitspolitik der Europäischen Union.
5. Diese Vereinbarung tritt am Tag nach der Unterzeichnung in Kraft. Sie ersetzt die Vereinbarung zwischen der Bundesregierung und den Regierungen der Länder über die Zusammenarbeit in Angelegenheiten der Europäischen Union in Ausführung von § 9 des Gesetzes über die Zusammenarbeit von Bund und Ländern in Angelegenheiten der Europäischen Union vom 12. Juni 2008.

Protokollerklärung der Länder zu der Vereinbarung

Hinsichtlich des Verfahrens der Einordnung eines EU-Vorhabens unter die Voraussetzungen für eine maßgebliche Berücksichtigung der Stellungnahme des Bundesrates beziehungsweise für die Übertragung der Verhandlungsführung für ein EU-Vorhaben auf einen Vertreter der Länder verweisen die Länder ergänzend auf den Briefwechsel zwischen dem damaligen Chef des Bundeskanzleramtes, Bundesminister Friedrich Bohl, und dem Chef der Staatskanzlei des damaligen MPK-Vorsitzlandes Thüringen, Staatssekretär Dr. Michael Krapp, datiert auf den 7. April 1997 sowie den 26. Mai 1997.

Gesetz
über die Wahrnehmung der Integrationsverantwortung des
Bundestages und des Bundesrates in Angelegenheiten der
Europäischen Union
(Integrationsverantwortungsgesetz – IntVG)[1]

Vom 22. September 2009 (BGBl. I S. 3022)
FNA 170-9

geändert durch Art. 1 G zur Umsetzung der GrundGÄnderungen für die
Ratifizierung des Vertrags von Lissabon vom 1. Dezember 2009
(BGBl. I S. 3822)

Inhalt

§ 1 Integrationsverantwortung

(1) Der Bundestag und der Bundesrat nehmen in Angelegenheiten der Europäischen Union ihre Integrationsverantwortung insbesondere nach Maßgabe der folgenden Bestimmungen wahr.

(2) Der Bundestag und der Bundesrat sollen über Vorlagen nach diesem Gesetz in angemessener Frist beraten und Beschluss fassen und dabei die für die Beschlussfassung auf der Ebene der Europäischen Union maßgeblichen Fristvorgaben berücksichtigen.

§ 2 Vereinfachtes Vertragsänderungsverfahren

Eine Zustimmung der Bundesrepublik Deutschland zu einem Beschluss des Europäischen Rates gemäß Artikel 48 Absatz 6 Unterabsatz 2 und 3 des Vertrags über die Europäische Union erfolgt durch ein Gesetz gemäß Artikel 23 Absatz 1 des Grundgesetzes.

1) Anm. d. Red.: Verkündet als Art. 1 des G v. 22. 9. 2009 (BGBl. I S. 3022); Inkrafttreten gem. Art. 4 dieses G am 25. 9. 2009.

§ 3 Besondere Vertragsänderungsverfahren

(1) Eine Zustimmung der Bundesrepublik Deutschland zu einem Beschluss des Rates gemäß Artikel 218 Absatz 8 Unterabsatz 2 Satz 2 oder gemäß Artikel 311 Absatz 3 des Vertrags über die Arbeitsweise der Europäischen Union erfolgt durch ein Gesetz gemäß Artikel 23 Absatz 1 des Grundgesetzes.

(2) Absatz 1 gilt auch für Bestimmungen, die der Rat gemäß Artikel 25 Absatz 2, Artikel 223 Absatz 1 Unterabsatz 2 oder Artikel 262 des Vertrags über die Arbeitsweise der Europäischen Union erlässt.

(3) [1]Der deutsche Vertreter im Europäischen Rat darf einem Beschlussvorschlag gemäß Artikel 42 Absatz 2 Unterabsatz 1 Satz 2 des Vertrags über die Europäische Union nur zustimmen oder sich bei einer Beschlussfassung enthalten, nachdem der Bundestag hierzu einen Beschluss gefasst hat. [2]Einen entsprechenden Antrag im Bundestag kann auch die Bundesregierung stellen. [3]Ohne einen solchen Beschluss des Bundestages muss der deutsche Vertreter im Europäischen Rat den Beschlussvorschlag ablehnen. [4]Nachdem ein Beschluss des Europäischen Rates gemäß Artikel 42 Absatz 2 Unterabsatz 1 Satz 2 des Vertrags über die Europäische Union gefasst worden ist, erfolgt eine Zustimmung der Bundesrepublik Deutschland durch ein Gesetz gemäß Artikel 23 Absatz 1 des Grundgesetzes.

§ 4 Brückenklauseln

(1) [1]Der deutsche Vertreter im Europäischen Rat darf einem Beschlussvorschlag gemäß Artikel 48 Absatz 7 Unterabsatz 1 Satz 1 oder Unterabsatz 2 des Vertrags über die Europäische Union nur zustimmen oder sich bei einer Beschlussfassung enthalten, nachdem hierzu ein Gesetz gemäß Artikel 23 Absatz 1 des Grundgesetzes in Kraft getreten ist. [2]Ohne ein solches Gesetz muss der deutsche Vertreter im Europäischen Rat den Beschlussvorschlag ablehnen.

(2) [1]Der deutsche Vertreter im Rat darf einem Beschlussvorschlag gemäß Artikel 81 Absatz 3 Unterabsatz 2 des Vertrags über die Arbeitsweise der Europäischen Union nur zustimmen oder sich bei einer Beschlussfassung enthalten, nachdem hierzu ein Gesetz gemäß Artikel 23 Absatz 1 des Grundgesetzes in Kraft getreten ist. [2]Ohne ein solches Gesetz muss der deutsche Vertreter im Rat den Beschlussvorschlag ablehnen.

§ 5 Zustimmung im Europäischen Rat bei besonderen Brückenklauseln

(1) [1]Der deutsche Vertreter im Europäischen Rat darf einem Beschlussvorschlag gemäß Artikel 31 Absatz 3 des Vertrags über die Europäische Union oder gemäß Artikel 312 Absatz 2 Unterabsatz 2 des Vertrags über die Arbeitsweise der Europäischen Union nur zustimmen oder sich bei einer Beschlussfassung enthalten, nachdem der Bundestag hierzu einen Beschluss gefasst hat. [2]Einen entsprechenden Antrag im Bundestag kann auch die Bundesregierung stellen. [3]Ohne einen solchen Beschluss des

Bundestages muss der deutsche Vertreter im Europäischen Rat den Beschlussvorschlag ablehnen.

(2) Zusätzlich zu dem Beschluss des Bundestages muss der Bundesrat einen entsprechenden Beschluss gefasst haben, wenn Gebiete betroffen sind,

1. für welche eine Gesetzgebungszuständigkeit des Bundes nicht besteht,
2. für welche die Länder gemäß Artikel 72 Absatz 2 des Grundgesetzes das Recht zur Gesetzgebung haben,
3. für welche die Länder gemäß Artikel 72 Absatz 3 oder Artikel 84 Absatz 1 des Grundgesetzes abweichende Regelungen treffen können oder
4. deren Regelung durch ein Bundesgesetz der Zustimmung des Bundesrates bedarf.

§ 6 Zustimmung im Rat bei besonderen Brückenklauseln

(1) [1]Der deutsche Vertreter im Rat darf einem Beschlussvorschlag gemäß Artikel 153 Absatz 2 Unterabsatz 4, Artikel 192 Absatz 2 Unterabsatz 2 oder Artikel 333 Absatz 1 oder Absatz 2 des Vertrags über die Arbeitsweise der Europäischen Union nur zustimmen oder sich bei einer Beschlussfassung enthalten, nachdem der Bundestag hierzu einen Beschluss gefasst hat. [2]§ 5 Absatz 1 Satz 2 und 3 gilt entsprechend.

(2) § 5 Absatz 2 gilt entsprechend.

§ 7 Kompetenzerweiterungsklauseln

(1) [1]Der deutsche Vertreter im Rat darf einem Beschlussvorschlag gemäß Artikel 83 Absatz 1 Unterabsatz 3 oder Artikel 86 Absatz 4 des Vertrags über die Arbeitsweise der Europäischen Union nur zustimmen oder sich bei einer Beschlussfassung enthalten, nachdem hierzu ein Gesetz gemäß Artikel 23 Absatz 1 des Grundgesetzes in Kraft getreten ist. [2]Ohne ein solches Gesetz muss der deutsche Vertreter im Rat den Beschlussvorschlag ablehnen.

(2) Absatz 1 gilt entsprechend für Satzungsänderungen gemäß Artikel 308 Absatz 3 des Vertrags über die Arbeitsweise der Europäischen Union.

§ 8 Flexibilitätsklausel

[1]Der deutsche Vertreter im Rat darf einem Vorschlag zum Erlass von Vorschriften gemäß Artikel 352 des Vertrags über die Arbeitsweise der Europäischen Union nur zustimmen oder sich bei einer Beschlussfassung enthalten, nachdem hierzu ein Gesetz gemäß Artikel 23 Absatz 1 des Grundgesetzes in Kraft getreten ist. [2]Ohne ein solches Gesetz muss der deutsche Vertreter im Rat den Vorschlag zum Erlass von Vorschriften ablehnen.

§ 9 Notbremsemechanismus
(1) Der deutsche Vertreter im Rat muss in den Fällen des Artikels 48 Absatz 2 Satz 1, des Artikels 82 Absatz 3 Unterabsatz 1 Satz 1 und des Artikels 83 Absatz 3 Unterabsatz 1 Satz 1 des Vertrags über die Arbeitsweise der Europäischen Union beantragen, den Europäischen Rat zu befassen, wenn der Bundestag ihn hierzu durch einen Beschluss angewiesen hat.

(2) Wenn im Schwerpunkt Gebiete im Sinne des § 5 Absatz 2 betroffen sind, muss der deutsche Vertreter im Rat einen Antrag nach Absatz 1 auch dann stellen, wenn ein entsprechender Beschluss des Bundesrates vorliegt.

§ 10 Ablehnungsrecht bei Brückenklauseln
(1) Für die Ablehnung einer Initiative des Europäischen Rates gemäß Artikel 48 Absatz 7 Unterabsatz 3 des Vertrags über die Europäische Union gilt:
1. Wenn bei einer Initiative im Schwerpunkt ausschließliche Gesetzgebungszuständigkeiten des Bundes betroffen sind, kann der Bundestag die Ablehnung der Initiative beschließen.
2. In allen anderen Fällen kann der Bundestag oder der Bundesrat die Ablehnung der Initiative beschließen.

(2) Der Präsident des Bundestages oder der Präsident des Bundesrates unterrichtet die Präsidenten der zuständigen Organe der Europäischen Union über die Ablehnung der Initiative und setzt die Bundesregierung darüber in Kenntnis.

(3) Die Absätze 1 und 2 gelten entsprechend für einen Vorschlag der Europäischen Kommission für einen Beschluss des Rates gemäß Artikel 81 Absatz 3 Unterabsatz 3 des Vertrags über die Arbeitsweise der Europäischen Union.

§ 11 Subsidiaritätsrüge
(1) Der Bundestag und der Bundesrat können in ihren Geschäftsordnungen regeln, wie eine Entscheidung über die Abgabe einer begründeten Stellungnahme gemäß Artikel 6 des Protokolls über die Anwendung der Grundsätze der Subsidiarität und der Verhältnismäßigkeit herbeizuführen ist.

(2) Der Präsident des Bundestages oder der Präsident des Bundesrates übermittelt die begründete Stellungnahme an die Präsidenten der zuständigen Organe der Europäischen Union und setzt die Bundesregierung darüber in Kenntnis.

§ 12 Subsidiaritätsklage
(1) [1]Auf Antrag eines Viertels seiner Mitglieder ist der Bundestag verpflichtet, eine Klage gemäß Artikel 8 des Protokolls über die Anwendung der Grundsätze der Subsidiarität und der Verhältnismäßigkeit zu erheben.

²Auf Antrag eines Viertels seiner Mitglieder, die die Erhebung der Klage nicht stützen, ist deren Auffassung in der Klageschrift deutlich zu machen.

(2) Der Bundesrat kann in seiner Geschäftsordnung regeln, wie ein Beschluss über die Erhebung einer Klage gemäß Absatz 1 herbeizuführen ist.

(3) Die Bundesregierung übermittelt die Klage im Namen des Organs, das über ihre Erhebung gemäß Absatz 1 oder gemäß Absatz 2 beschlossen hat, unverzüglich an den Gerichtshof der Europäischen Union.

(4) Das Organ, das die Erhebung der Klage gemäß Absatz 1 oder gemäß Absatz 2 beschlossen hat, übernimmt die Prozessführung vor dem Gerichtshof der Europäischen Union.

(5) Wird im Bundestag oder im Bundesrat ein Antrag zur Erhebung einer Klage gemäß Absatz 1 oder gemäß Absatz 2 gestellt, so kann das andere Organ eine Stellungnahme abgeben.

§ 13 Unterrichtung

(1) ¹Die Bundesregierung hat den Bundestag und den Bundesrat in Angelegenheiten dieses Gesetzes umfassend, zum frühestmöglichen Zeitpunkt, fortlaufend und in der Regel schriftlich zu unterrichten. ²Einzelheiten der Unterrichtungspflichten aufgrund des Gesetzes über die Zusammenarbeit von Bundesregierung und Deutschem Bundestag in Angelegenheiten der Europäischen Union vom 12. März 1993 (BGBl. I S. 311), das durch Artikel 2 Absatz 1 des Gesetzes vom 17. November 2005 (BGBl. I S. 3178) geändert worden ist, des Gesetzes über die Zusammenarbeit von Bund und Ländern in Angelegenheiten der Europäischen Union vom 12. März 1993 (BGBl. I S. 313, 1780), das zuletzt durch Artikel 2 des Gesetzes vom 5. September 2006 (BGBl. I S. 2098) geändert worden ist, und anderer Regelungen bleiben unberührt.

(2) ¹Die Bundesregierung unterrichtet den Bundestag und den Bundesrat, wenn der Rat in Vorbereitung einer Initiative des Europäischen Rates nach Artikel 48 Absatz 7 des Vertrags über die Europäische Union befasst wird. ²Das Gleiche gilt, wenn der Europäische Rat eine derartige Initiative ergriffen hat. ³Die Bundesregierung unterrichtet den Bundestag und den Bundesrat über einen Vorschlag der Europäischen Kommission nach Artikel 81 Absatz 3 Unterabsatz 2 des Vertrags über die Arbeitsweise der Europäischen Union.

(3) ¹Die Bundesregierung übermittelt dem Bundestag und dem Bundesrat binnen zwei Wochen nach Zuleitung von Initiativen, Vorschlägen oder Beschlüssen, auf die sich die vorstehenden Bestimmungen beziehen, eine ausführliche Erläuterung der Folgen für die vertraglichen Grundlagen der Europäischen Union sowie eine Bewertung der integrationspolitischen Notwendigkeit und Auswirkungen. ²Ferner erläutert die Bundesregierung,

1. ob es zur Mitwirkung des Bundestages und des Bundesrates eines Gesetzes gemäß Artikel 23 Absatz 1 Satz 2 oder 3 des Grundgesetzes bedarf;
2. wenn das Verfahren nach § 9 in Betracht kommt, ob Entwürfe zu Gesetzgebungsakten gemäß
   a) Artikel 48 Absatz 1 des Vertrags über die Arbeitsweise der Europäischen Union wichtige Aspekte des deutschen Systems der sozialen Sicherheit, insbesondere dessen Geltungsbereich, Kosten oder Finanzstruktur, verletzen oder dessen finanzielles Gleichgewicht beeinträchtigen würden,
   b) Artikel 82 Absatz 2 oder Artikel 83 Absatz 1 oder 2 des Vertrags über die Arbeitsweise der Europäischen Union grundlegende Aspekte der deutschen Strafrechtsordnung berühren würden.

(4) [1]Bei eilbedürftigen Vorlagen verkürzt sich die Frist des Absatzes 3 so, dass eine der Integrationsverantwortung angemessene Behandlung in Bundestag und Bundesrat gewährleistet ist. [2]Ist eine besonders umfangreiche Bewertung erforderlich, kann die Frist verlängert werden.

(5) [1]Über einen Antrag eines anderen Mitgliedstaates im Rat gemäß Artikel 48 Absatz 2 Satz 1, Artikel 82 Absatz 3 Unterabsatz 1 Satz 1 oder Artikel 83 Absatz 3 Unterabsatz 1 Satz 1 des Vertrags über die Arbeitsweise der Europäischen Union unterrichtet die Bundesregierung den Bundestag und den Bundesrat unverzüglich schriftlich. [2]Diese Unterrichtung umfasst die Gründe des Antragstellers.

(6) [1]Zu Vorschlägen für Gesetzgebungsakte der Europäischen Union übermittelt die Bundesregierung binnen zwei Wochen nach Überweisung an die Ausschüsse des Bundestages, spätestens jedoch zu Beginn der Beratungen in den Ratsgremien, eine umfassende Bewertung. [2]Sie enthält Angaben zur Zuständigkeit der Europäischen Union zum Erlass des vorgeschlagenen Gesetzgebungsaktes und zu dessen Vereinbarkeit mit den Grundsätzen der Subsidiarität und Verhältnismäßigkeit.

(7) [1]Die Bundesregierung unterrichtet Bundestag und Bundesrat zum frühestmöglichen Zeitpunkt über den Abschluss eines Gesetzgebungsverfahrens der Europäischen Union. [2]Diese Unterrichtung enthält auch eine Bewertung, ob die Bundesregierung den Gesetzgebungsakt mit den Grundsätzen der Subsidiarität und der Verhältnismäßigkeit für vereinbar hält.

Satzung des Europarates[1)]
Vom 5. Mai 1949

(BGBl. 1954 II S. 1128)

zuletzt geändert durch Bekanntmachung vom 17. Februar 2016
(BGBl. II S. 292)

Inhalt

Die Regierungen des Königreichs Belgien, des Königreichs Dänemark, der Französischen Republik, der Republik Irland, der Italienischen Republik, des Großherzogtums Luxemburg, des Königreichs der Niederlande, des Königreichs Norwegen, des Königreichs Schweden und des Vereinigten Königreichs von Großbritannien und Nordirland haben,

in der Überzeugung, dass die Festigung des Friedens auf den Grundlagen der Gerechtigkeit und internationalen Zusammenarbeit für die Erhaltung der menschlichen Gesellschaft und der Zivilisation von lebenswichtigem Interesse ist;

in unerschütterlicher Verbundenheit mit den geistigen und sittlichen Werten, die das gemeinsame Erbe ihrer Völker sind und der persönlichen Freiheit, der politischen Freiheit und der Herrschaft des Rechtes zugrunde liegen, auf denen jede wahre Demokratie beruht;

in der Überzeugung, dass zum Schutze und zur fortschreitenden Verwirklichung dieses Ideals und zur Förderung des sozialen und wirtschaftlichen Fortschritts zwischen den europäischen Ländern, die von demselben Geiste beseelt sind, eine engere Verbindung hergestellt werden muss;

in der Erwägung, dass, um diesem Bedürfnis und den offenkundigen Bestrebungen ihrer Völker Rechnung zu tragen, schon jetzt eine Organisation errichtet werden muss, in der die europäischen Staaten enger zusammengeschlossen werden,

---

1) Anm. d. Red.: In Kraft getreten am 3. August 1949; für die Bundesrepublik Deutschland am 13. Juli 1950 assoziierte Mitgliedschaft, am 2. Mai 1951 Vollmitgliedschaft.

beschlossen, einen Europarat zu gründen, der aus einem Komitee von Vertretern der Regierungen und einer Beratenden Versammlung besteht, und zu diesem Zweck diese Satzung angenommen.

Kapitel I
Aufgabe des Europarates

Artikel 1

(a) Der Europarat hat zur Aufgabe, eine engere Verbindung zwischen seinen Mitgliedern zum Schutze und zur Förderung der Ideale und Grundsätze, die ihr gemeinsames Erbe bilden, herzustellen und ihren wirtschaftlichen und sozialen Fortschritt zu fördern.

(b) Diese Aufgabe wird von den Organen des Rates erfüllt durch Beratung von Fragen von gemeinsamem Interesse, durch den Abschluss von Abkommen und durch gemeinschaftliches Vorgehen auf wirtschaftlichem, sozialem, kulturellem und wissenschaftlichem Gebiet und auf den Gebieten des Rechts und der Verwaltung sowie durch den Schutz und die Fortentwicklung der Menschenrechte und Grundfreiheiten.

(c) Die Beteiligung der Mitglieder an den Arbeiten des Europarates darf ihre Mitwirkung am Werk der Vereinten Nationen und der anderen internationalen Organisationen oder Vereinigungen, denen sie angehören, nicht beeinträchtigen.

(d) Fragen der nationalen Verteidigung gehören nicht zur Zuständigkeit des Europarates.

Kapitel II
Zusammensetzung

Artikel 2 [Vertragspartner]

Mitglieder des Europarates sind die Vertragspartner dieser Satzung.

Artikel 3 [Pflichten der Mitglieder]

[1]Jedes Mitglied des Europarates erkennt den Grundsatz der Vorherrschaft des Rechts und den Grundsatz an, dass jeder, der seiner Hoheitsgewalt unterliegt, der Menschenrechte und Grundfreiheiten teilhaftig werden soll. [2]Es verpflichtet sich, bei der Erfüllung der in Kapitel I bestimmten Aufgaben aufrichtig und tatkräftig mitzuarbeiten.

Artikel 4 [Beitritt]

[1]Jeder europäische Staat, der für fähig und gewillt befunden wird, die Bestimmungen des Artikels 3 zu erfüllen, kann vom Ministerkomitee eingeladen werden, Mitglied des Europarates zu werden. [2]Jeder auf diese Weise eingeladene Staat erwirbt die Mitgliedschaft mit der in seinem Namen erfolgenden Hinterlegung einer Urkunde über den Beitritt zu dieser Satzung beim Generalsekretär.

Artikel 5 [Assoziierte Mitgliedschaft]

(a) [1]Unter besonderen Umständen kann ein europäisches Land, das für fähig und gewillt befunden wird, die Bestimmungen des Artikels 3 zu erfüllen, vom Ministerkomitee eingeladen werden, assoziiertes Mitglied des Europarates zu werden. [2]Jedes auf diese Weise eingeladene Land erwirbt die Eigenschaft eines assoziierten Mitgliedes mit der in seinem Namen erfolgenden Hinterlegung einer Urkunde über die Annahme dieser Satzung beim Generalsekretär. [3]Die assoziierten Mitglieder können nur in der Beratenden Versammlung vertreten sein.

(b) In dieser Satzung umfasst der Ausdruck "Mitglied" auch die assoziierten Mitglieder, soweit es sich nicht um die Vertretung im Ministerkomitee handelt.

Artikel 6 [Sitzfestsetzung; finanzieller Beitrag]

Vor der Absendung einer der in den Artikeln 4 oder 5 vorgesehenen Einladung setzt das Ministerkomitee die Zahl der dem zukünftigen Mitglied in der Beratenden Versammlung zustehenden Sitze und seinen Beitrag zu den finanziellen Aufwendungen fest.

Artikel 7 [Austritt]

[1]Jedes Mitglied des Europarates kann aus diesem ausscheiden, indem es dem Generalsekretär gegenüber eine förmliche Erklärung hierüber abgibt. [2]Die Austrittserklärung wird mit dem Ende des laufenden Rechnungsjahres wirksam, wenn sie innerhalb der ersten neun Monate dieses Jahres, und mit dem Ende des folgenden Rechnungsjahres, wenn sie in den letzten drei Monaten dieses Jahres abgegeben worden ist.

Artikel 8 [Suspendierung wegen Grundsatzverletzung]

[1]Jedem Mitglied des Europarates, das sich einer schweren Verletzung der Bestimmungen des Artikels 3 schuldig macht, kann sein Recht auf Vertretung vorläufig entzogen und es kann vom Ministerkomitee aufgefordert werden, gemäß den in Artikel 7 vorgesehenen Bestimmungen seinen Austritt zu erklären. [2]Kommt es dieser Aufforderung nicht nach, so kann das Komitee beschließen, dass das Mitglied von einem vom Komitee bestimmten Zeitpunkt an dem Rat nicht mehr angehört.

Artikel 9 [Suspendierung wegen Zahlungsverzugs]

Erfüllt ein Mitglied seine finanziellen Verpflichtungen nicht, so kann ihm das Ministerkomitee das Recht auf Vertretung im Komitee und in der Beratenden Versammlung entziehen, und zwar für so lange, als es seinen Verpflichtungen nicht nachkommt.

Kapitel III
Allgemeine Bestimmungen

Artikel 10 [Organe]
Die Organe des Europarates sind
(i)   das Ministerkomitee;
(ii)   die Beratende Versammlung.[1]
   Diesen beiden Organen steht das Sekretariat des Europarates zur Seite.

Artikel 11 [Sitz]
Der Europarat hat seinen Sitz in Straßburg.

Artikel 12 [Amtssprachen]
[1]Die Amtssprachen des Europarates sind Französisch und Englisch. [2]Die Geschäftsordnungen des Ministerkomitees und der Beratenden Versammlung bestimmen die Umstände und Voraussetzungen, unter denen andere Sprachen verwendet werden können.

Kapitel IV
Das Ministerkomitee

Artikel 13 [Handlungsorgan]
Das Ministerkomitee ist das Organ, das dafür zuständig ist, im Namen des Europarates gemäß Artikeln 15 und 16 zu handeln.

Artikel 14 [Vertreter]
[1]Jedes Mitglied hat im Ministerkomitee einen Vertreter, jeder Vertreter hat eine Stimme. [2]Vertreter im Komitee sind die Außenminister. [3]Kann ein Außenminister an den Sitzungen nicht teilnehmen, oder lassen andere Umstände es wünschenswert erscheinen, so kann ein Beauftragter bestellt werden, der für ihn tätig wird. [4]Der Beauftragte soll, wenn irgend möglich, ein Mitglied der Regierung seines Landes sein.

Artikel 15 [Prüfung der Maßnahmen]
(a) [1]Das Ministerkomitee prüft auf Empfehlung der Beratenden Versammlung oder von Amts wegen die Maßnahmen, die zur Erfüllung der Aufgaben des Europarates geeignet sind, einschließlich des Abschlusses von Abkommen und Vereinbarungen und der Annahme einer gemeinsamen Politik durch die Regierungen in bestimmten Fragen. [2]Seine Beschlüsse werden vom Generalsekretär den Mitgliedern mitgeteilt.

(b) [1]Die Beschlüsse des Ministerkomitees können gegebenenfalls die Form von Empfehlungen an die Regierungen annehmen. [2]Das Komitee kann die Regierungen auffordern, ihm über die auf Grund der Empfehlungen getroffenen Maßnahmen zu berichten.

---

1)   Das Ministerkomitee hat im Februar 1994 beschlossen, zukünftig die Bezeichnung „Parlamentarische Versammlung" in allen Dokumenten des Europarates zu verwenden.

Artikel 16 [Organisation und innerer Dienst]

[1]Vorbehaltlich der Bestimmungen der Artikel 24, 28, 30, 32, 33 und 35 über die Befugnisse der Beratenden Versammlung regelt das Ministerkomitee mit bindender Wirkung alle Fragen der Organisation und des inneren Dienstes des Europarates. [2]Es erlässt zu diesem Zweck die erforderlichen Haushalts- und Verwaltungsordnungen.

Artikel 17 [Komitees und Ausschüsse]

Das Ministerkomitee kann zu den von ihm für wünschenswert erachteten Zwecken Komitees oder Ausschüsse beratenden oder technischen Charakters bilden.

Artikel 18 [Geschäftsordnung]

Das Ministerkomitee gibt sich eine Geschäftsordnung; diese regelt insbesondere

(i)   die zur Beschlussfähigkeit notwendige Mitgliederzahl;

(ii)   den Modus für die Bestellung des Vorsitzenden und die Dauer seines Mandats;

(iii) das Verfahren für die Aufstellung der Tagesordnung und für die Einreichung der Entschließungsanträge;

(iv)   die Art und Weise der Mitteilung der Bestellung von Beauftragten gemäß Artikel 14.

Artikel 19 [Tätigkeitsbericht]

In jeder Sitzungsperiode der Beratenden Versammlung unterbreitet ihr das Ministerkomitee Berichte über seine Tätigkeit unter Beifügung der einschlägigen Unterlagen.

Artikel 20 [Mehrheitsverhältnisse]

(a) Einstimmigkeit der abgegebenen Stimmen und die Stimmen der Mehrheit der Vertreter, die Anspruch auf einen Sitz im Ministerkomitee haben, sind für Entschließungen des Komitees über folgende wichtige Fragen erforderlich:

(i)   Empfehlungen nach Artikel 15 (b);

(ii)   Fragen nach Artikel 19;

(iii) Fragen nach Artikel 21 (a) (i) und (b);

(iv)   Fragen nach Artikel 33;

(v)   Empfehlungen für die Abänderung der Artikel 1 (d), 7, 15, 20 und 22; und

(vi)   alle sonstigen Fragen, für die das Komitee wegen ihrer Bedeutung durch eine unter den Voraussetzungen des nachstehenden Absatzes (d) angenommene Entschließung gegebenenfalls die Einstimmigkeit vorschreibt.

(b) Fragen aus dem Bereich der Geschäftsordnung oder der Haushalts- oder Verwaltungsordnungen können den Gegenstand einer Entscheidung bilden, die mit einfacher Mehrheit der Stimmen aller Vertreter, die Anspruch auf einen Sitz im Ministerkomitee haben, gefasst wird.

(c) Die in Anwendung der Artikel 4 und 5 gefassten Entschließungen des Komitees bedürfen der Annahme durch eine Zweidrittelmehrheit aller Vertreter, die Anspruch auf einen Sitz im Ministerkomitee haben.

(d) [1]Alle sonstigen Entschließungen des Komitees werden mit Zweidrittelmehrheit der abgegebenen Stimmen und der einfachen Mehrheit der Stimmen aller Vertreter, die Anspruch auf einen Sitz im Ministerkomitee haben, gefasst. [2]Zu diesen Entschließungen gehören insbesondere diejenigen über die Annahme des Haushaltsplans, der Geschäftsordnung, der Haushalts- und Verwaltungsordnungen, die Empfehlungen über die Änderung der vorstehend unter (a) (v) nicht erwähnten Artikel dieser Satzung sowie darüber, welcher Absatz dieses Artikels im Zweifelsfalle anzuwenden ist.

Artikel 21 [Nichtöffentliche Beratungen; Zusammentreten]
(a) Die Sitzungen des Ministerkomitees finden, wenn dieses keine andere Entscheidung trifft, statt
(i)   unter Ausschluss der Öffentlichkeit und
(ii)   am Sitze des Rates.

(b) Das Komitee bestimmt selbst, welche Mitteilungen über die nichtöffentlichen Beratungen und über ihre Beschlüsse zu veröffentlichen sind.

(c) Das Komitee muss vor der Eröffnung der Sitzungsperioden der Beratenden Versammlung und zu Beginn dieser Sitzungsperioden zusammentreten; es tritt außerdem zusammen, wenn es von ihm für zweckmäßig erachtet wird.

Kapitel V
Beratende Versammlung

Artikel 22 [Beratendes Organ]
[1]Die Beratende Versammlung ist das beratende Organ des Europarates. [2]Sie erörtert Fragen, die in ihr Aufgabengebiet fallen, wie es in dieser Satzung umschrieben ist, und übermittelt ihre Beschlüsse dem Ministerkomitee in der Form von Empfehlungen.

Artikel 23 [Aufgaben]
(a) Die Beratende Versammlung kann über alle Fragen, die nach den Begriffsbestimmungen des Kapitels 1 der Aufgabe des Europarates entsprechen und in dessen Zuständigkeit fallen, beraten und Empfehlungen ausarbeiten; sie berät ferner über jede Frage, die ihr vom Ministerkomitee zur Stellungnahme unterbreitet wird, und kann dazu Empfehlungen ausarbeiten.

(b) Die Versammlung setzt ihre Tagesordnung im Einklang mit den Bestimmungen des vorstehenden Absatzes (a) und unter Berücksichtigung der Tätigkeit der anderen europäischen zwischenstaatlichen Organisationen, denen einige oder alle Mitglieder des Rates angehören, fest.

(c) Der Präsident der Versammlung entscheidet im Zweifelsfalle, ob eine im Laufe einer Sitzungsperiode aufgeworfene Frage auf die Tagesordnung der Versammlung gehört.

Artikel 24 [Komitees und Ausschüsse]

Die Beratende Versammlung kann unter Berücksichtigung der Bestimmungen des Artikels 38 (d) Komitees oder Ausschüsse bilden, die beauftragt sind, alle Fragen im Rahmen ihrer Zuständigkeit im Sinne der Begriffsbestimmung des Artikels 23 zu prüfen, ihr Bericht zu erstatten und zu den auf ihre Tagesordnung gesetzten Angelegenheiten sowie zu allen Verfahrensfragen Stellung zu nehmen.

Artikel 25 [Zusammensetzung; Mitglieder]

(a) Die Beratende Versammlung besteht aus Vertretern jedes Mitglieds, die von dessen Parlament aus seiner Mitte gewählt oder nach einem vom Parlament bestimmten Verfahren aus seiner Mitte ernannt werden; jedoch kann die Regierung eines jeden Mitglieds ergänzende Ernennungen vornehmen, wenn das Parlament nicht tagt und das in diesem Fall anzuwendende Verfahren nicht bestimmt hat.

Jeder Vertreter muss Staatsangehöriger des von ihm vertretenen Mitglieds sein.

Er darf nicht gleichzeitig dem Ministerkomitee angehören.

Die Amtszeit der auf diese Weise ernannten Vertreter beginnt mit der Eröffnung der auf ihre Ernennung folgenden ordentlichen Sitzungsperiode; sie endet mit der Eröffnung der darauf folgenden oder einer späteren ordentlichen Sitzungsperiode; jedoch können Mitglieder nach Parlamentswahlen neue Ernennung vornehmen.

Nimmt ein Mitglied, weil ein Sitz durch Tod oder Rücktritt verwaist ist, oder infolge von Parlamentswahlen Neuernennungen vor, so beginnt die Amtszeit der neuen Vertreter mit der ersten auf die Ernennung folgenden Sitzung der Versammlung.

(b) Kein Vertreter kann im Laufe einer Sitzungsperiode der Versammlung ohne deren Zustimmung seines Mandates enthoben werden.

(c) [1]Jeder Vertreter kann einen Ersatzmann haben, der im Falle der Abwesenheit des Vertreters berechtigt ist, an seiner Stelle an den Sitzungen teilzunehmen, das Wort zu ergreifen und abzustimmen. [2]Die Bestimmungen des vorstehenden Absatzes (a) finden auch auf die Bezeichnung der Ersatzleute Anwendung.

Artikel 26 [Sitzverteilung]

Die Mitglieder haben Anspruch auf die nachstehend angegebene Zahl von Sitzen:

Albanien	4
Andorra	2

Armenien	4
Österreich	6
Aserbaidschan	6
Belgien	7
Bosnien und Herzegowina	5
Bulgarien	6
Kroatien	5
Zypern	3
Tschechische Republik	7
Dänemark	5
Estland	3
Finnland	5
Frankreich	18
Georgien	5
Deutschland	18
Griechenland	7
Ungarn	7
Island	3
Irland	4
Italien	18
Lettland	3
Liechtenstein	2
Litauen	4
Luxemburg	3
Malta	3
Moldau, Republik	5
Monaco	2
Montenegro	3
Niederlande	7
Norwegen	5
Polen	12
Portugal	7
Rumänien	10
Russische Föderation	18
San Marino	2
Serbien und Montenegro	7
Slowakei	5
Slowenien	3
Spanien	12
Schweden	6
Schweiz	6
„die ehemalige jugoslawische Republik Mazedonien"	3
Türkei	18
Ukraine	12

Vereinigtes Königreich   18
Großbritannien und Nordirland

Artikel 27 [Teilnahme- und Rederecht]

Die Bedingungen, unter denen das Ministerkomitee insgesamt bei den
Aussprachen der Beratenden Versammlung vertreten sein kann, und diejenigen, unter denen die Vertreter im Komitee und ihre Beauftragten einzeln das Wort vor der Versammlung ergreifen können, unterliegen den
einschlägigen Bestimmungen der Geschäftsordnung, die nach Anhörung
der Versammlung vom Komitee beschlossen werden können.

Artikel 28 [Geschäftsordnung]

(a) [1]Die Beratende Versammlung gibt sich ihre Geschäftsordnung. [2]Sie
wählt aus ihrer Mitte ihren Präsidenten, der bis zur folgenden ordentlichen
Sitzungsperiode im Amt bleibt.

(b) [1]Der Präsident leitet die Arbeiten, nimmt aber weder an den Aussprachen noch an der Abstimmung teil. [2]Der Ersatzmann des Präsidenten
ist befugt, an seiner Stelle an den Sitzungen teilzunehmen, das Wort zu
ergreifen und abzustimmen.

(c) Die Geschäftsordnung regelt insbesondere

(i)   die Frage der Beschlussfähigkeit;
(ii)   das Verfahren für die Wahl und die Dauer des Amts des Präsidenten
       und der anderen Mitglieder des Büros;
(iii) Das Verfahren für die Aufstellung der Tagesordnung und für deren
       Bekanntgabe an die Vertreter;
(iv)   Zeitpunkt und Verfahren der Bekanntgabe der Namen der Vertreter
       und ihrer Ersatzleute.

Artikel 29 [Zweidrittelmehrheit]

Vorbehaltlich der Bestimmungen des Artikels 30 bedürfen alle Entschließungen der Beratenden Versammlung der Zweidrittelmehrheit der abgegebenen Stimmen, einschließlich der Entschließungen, die zum Gegenstand haben:

(i)   Empfehlungen an das Ministerkomitee;
(ii)   Vorschläge an das Komitee über die auf die Tagesordnung der Ver-
       sammlung zu setzenden Fragen;
(iii) die Bildung der Komitees oder Ausschüsse;
(iv)   die Festsetzung des Eröffnungstages der Sitzungsperioden;
(v)   die Bestimmung der erforderlichen Mehrheit für die Annahme der
       Entschließungen, die nicht unter die vorstehenden Ziffern (i) bis
       (iv) fallen oder in Zweifelsfällen die Bestimmung der angemesse-
       nen Mehrheitsregel.

Artikel 30 [Innerer Geschäftsgang]

Die Entschließungen der Beratenden Versammlung über Fragen des inneren Geschäftsganges, insbesondere über die Wahl der Mitglieder des

Büros, die Ernennung der Mitglieder für die Komitees und Ausschüsse und die Annahme der Geschäftsordnung, bedürfen der von der Versammlung gemäß Artikel 29 (v) zu bestimmenden Mehrheit.

Artikel 31 [Tagesordnung]
Die Beratungen über die dem Ministerkomitee zu unterbreitenden Vorschläge über die Aufnahme einer Frage auf die Tagesordnung der Beratenden Versammlung dürfen sich nach Abgrenzung des Gegenstandes der Frage nur auf die Gründe beziehen, die für oder gegen diese Aufnahme sprechen.

Artikel 32 [Ordentliche Sitzungsperioden]
[1]Die Beratende Versammlung tritt alljährlich zu einer ordentlichen Sitzungsperiode zusammen, deren Zeitpunkt und Dauer von der Versammlung so festgesetzt werden, dass jedes Zusammentreffen mit den Sitzungsperioden der Parlamente der Mitglieder und der Generalversammlung der Vereinten Nationen nach Möglichkeit vermieden wird. [2]Die Dauer der ordentlichen Sitzungsperioden darf einen Monat nicht überschreiten, es sei denn, dass die Versammlung und das Ministerkomitee in beiderseitigem Einvernehmen etwas anderes beschließen.

Artikel 33 [Ort der ordentlichen Sitzungsperioden]
Die ordentlichen Sitzungsperioden der Beratenden Versammlung finden am Sitze des Rates statt, es sei denn, dass die Versammlung und das Ministerkomitee in beiderseitigem Einvernehmen anders entscheiden.

Artikel 34 [Außerordentliche Sitzungsperioden]
Die Beratende Versammlung kann auf Vorschlag des Ministerkomitees oder des Präsidenten der Versammlung nach einem zwischen ihnen erzielten diesbezüglichen Einvernehmen, das sich auch auf den Zeitpunkt und den Ort bezieht, zu einer außerordentlichen Sitzungsperiode einberufen werden.

Artikel 35 [Öffentlichkeit]
Die Sitzungen der Beratenden Versammlung sind öffentlich, es sei denn, dass die Versammlung anders entscheidet.

Kapitel VI
Sekretariat

Artikel 36 [Zusammensetzung; Generalsekretär]
(a) Das Sekretariat besteht aus dem Generalsekretär, einem stellvertretenden Generalsekretär und dem erforderlichen Personal.
(b) Der Generalsekretär und der stellvertretende Generalsekretär werden von der Beratenden Versammlung auf Empfehlung des Ministerkomitees ernannt.

(c) Die übrigen Mitglieder des Sekretariats werden vom Generalsekretär nach Maßgabe der Verwaltungsordnung ernannt.

(d) Kein Mitglied des Sekretariats kann eine entgeltliche Stellung bei einer Regierung innehaben, Mitglied der Beratenden Versammlung oder eines nationalen Parlaments sein oder eine Tätigkeit ausüben, die mit seinen Pflichten unvereinbar ist.

(e) [1]Jeder Angehöriger des Personals des Sekretariats hat in einer feierlichen Erklärung seine Treuepflicht gegenüber dem Europarat zu bekräftigen und zu geloben, dass er die Pflichten seiner Stellung gewissenhaft erfüllen wird, ohne sich dabei durch Erwägungen nationaler Art beeinflussen zu lassen, und dass er Weisungen im Zusammenhang mit der Erfüllung seiner Aufgaben von keiner Regierung und keiner anderen Behörde als dem Rat anfordern oder entgegennehmen und sich jeder Handlung enthalten wird, die mit seiner Stellung als eines internationalen ausschließlich dem Rat verantwortlichen Beamten unvereinbar ist. [2]Der Generalsekretär und der stellvertretende Generalsekretär geben diese Erklärung vor dem Komitee ab; die übrigen Mitglieder des Personals geben die Erklärung vor dem Generalsekretär ab.

(f) Jedes Mitglied hat den ausschließlich internationalen Charakter der Aufgaben des Generalsekretärs und des Personals des Sekretariats zu achten und davon Abstand zu nehmen, diese Personen bei der Erfüllung ihrer Aufgaben zu beeinflussen.

Artikel 37 [Sitz, Verantwortlichkeit]

(a) Das Sekretariat wird am Sitze des Rates eingerichtet.

(b) [1]Der Generalsekretär ist für die Tätigkeit des Sekretariats dem Ministerkomitee gegenüber verantwortlich. [2]Er hat insbesondere, vorbehaltlich der Bestimmungen des Artikels 38 (d), der Beratenden Versammlung die von ihr etwa benötigten Verwaltungsdienste und sonstigen Dienste zur Verfügung zu stellen.

Kapitel VII
Finanzen

Artikel 38 [Finanzierung]

(a) Jedes Mitglied trägt die Kosten seiner eigenen Vertretung im Ministerkomitee und in der Beratenden Versammlung.

(b) Die Aufwendungen des Sekretariats und alle sonstigen gemeinsamen Aufwendungen werden in dem vom Komitee unter Zugrundelegung der Bevölkerungszahl jedes Mitglieds bestimmten Verhältnis auf alle Mitglieder umgelegt.

Der Beitrag eines jeden assoziierten Mitglieds wird vom Komitee festgesetzt.

(c) Der Haushalt des Rates wird alljährlich vom Generalsekretär unter Beachtung der Haushaltsordnung dem Komitee zur Genehmigung unterbreitet.

(d) Der Generalsekretär unterbreitet dem Ministerkomitee die Anforderungen der Versammlung, die geeignet sind, Ausgaben zu verursachen, welche den Betrag der im Haushalt für die Versammlung und ihre Arbeiten bereits bewilligten Ansätze überschreiten.

(e) [1]Der Generalsekretär unterbreitet dem Ministerkomitee ferner einen Voranschlag der Ausgaben, die mit der Durchführung jeder der dem Komitee vorgelegten Empfehlungen verbunden sind. [2]Ein Beschluss, dessen Durchführung zusätzliche Ausgaben verursacht, gilt erst dann als vom Ministerkomitee angenommen, wenn dieses die darauf bezüglichen zusätzlichen Kostenvoranschläge genehmigt hat.

Artikel 39 [Beiträge]
[1]Der Generalsekretär gibt alljährlich den Regierungen der Mitglieder die Höhe ihres Beitrages bekannt. [2]Die Beiträge gelten als am Tage dieser Bekanntgabe fällig; sie sind dem Generalsekretär spätestens innerhalb von sechs Monaten zu überweisen.

Kapitel VIII
Vorrechte und Immunitäten

Artikel 40
(a) [1]Dem Europarat, den Vertretern der Mitglieder und dem Sekretariat stehen im Gebiete der Mitglieder die Immunitäten und Vorrechte zu, die für die Erfüllung ihrer Aufgaben erforderlich sind. [2]Auf Grund dieser Immunitäten dürfen insbesondere die Vertreter der Beratenden Versammlung im Gebiete der Mitglieder wegen der im Laufe der Beratungen der Versammlung, ihrer Komitees und Ausschüsse zum Ausdruck gebrachten Auffassungen oder wegen ihrer Stimmabgabe weder festgenommen noch verfolgt werden.

(b) [1]Die Mitglieder verpflichten sich, so bald wie möglich ein Abkommen abzuschließen, um die Anwendung des vorstehenden Absatzes (a) in vollem Maße sicherzustellen. [2]Zu diesem Zweck wird das Ministerkomitee den Regierungen der Mitglieder den Abschluss eines Abkommens empfehlen, das die in ihren Gebieten gewährten Vorrechte und Immunitäten näher bezeichnet. [3]Außerdem wird mit der Regierung der Französischen Republik ein besonderes Abkommen getroffen, das die Vorrechte und Immunitäten bezeichnet, die dem Rat an seinem Sitze zustehen.

Kapitel IX
Satzungsänderungen

Artikel 41

(a) Vorschläge auf Änderung dieser Satzung können dem Ministerkomitee oder, unter den in Artikel 23 vorgesehenen Bedingungen, der Beratenden Versammlung unterbreitet werden.

(b) Das Komitee empfiehlt die von ihm für wünschenswert erachteten Änderungen der Satzung und sorgt für ihre Aufnahme in ein Protokoll.

(c) Jedes Änderungsprotokoll tritt in Kraft, sobald es von zwei Dritteln der Mitglieder ratifiziert ist.

(d) [1]Unbeschadet der Bestimmungen der vorstehenden Absätze dieses Artikels treten die Änderungen der Artikel 23 bis 35, 38 und 39 nach ihrer jeweiligen Billigung durch das Komitee und die Versammlung mit dem Datum der vom Generalsekretär ausgestellten Bescheinigung, die den Regierungen der Mitglieder zu übersenden ist und die Billigung der genannten Änderungen beglaubigt, in Kraft. [2]Die Bestimmungen dieses Absatzes können erst vom Schluss der zweiten ordentlichen Sitzungsperiode der Versammlung an Anwendung finden.

Kapitel X
Schlussbestimmungen

Artikel 42

(a) [1]Diese Satzung bedarf der Ratifizierung. [2]Die Ratifikationsurkunden werden bei der Regierung des Vereinigten Königreichs von Großbritannien und Nordirland hinterlegt.

(b) [1]Diese Satzung tritt nach der Hinterlegung von sieben Ratifikationsurkunden in Kraft. [2]Die Regierung des Vereinigten Königreichs gibt allen Unterzeichnerregierungen das In-Kraft-Treten der Satzung und die Namen der derzeitigen Mitglieder des Europarates bekannt.

(c) In der Folge wird jeder weitere Unterzeichner mit dem Tage der Hinterlegung seiner Ratifikationsurkunde Vertragspartner dieser Satzung.

Zu Urkund dessen haben die unterzeichneten, zu diesem Zweck ordnungsgemäß beglaubigten Vertreter diese Satzung unterschrieben.

Geschehen zu London am 5. Mai 1949 in französischer und englischer Sprache, wobei beide Fassungen gleichermaßen authentisch sind, in einem einzigen Exemplar, das in den Archiven der Regierung des Vereinigten Königreichs hinterlegt wird; diese übersendet beglaubigte Abschriften den anderen Regierungen der Unterzeichnerstaaten.

Konvention zum Schutz der Menschenrechte und Grundfreiheiten[1]

In der Fassung der Bekanntmachung vom 22. Oktober 2010[2][3]
(BGBl. II S. 1198)
geändert durch EMRK-Protokoll Nr. 15 vom 4. Juni 2013 (BGBl. 2014
II S. 1034)[4]

Nichtamtliche Inhaltsübersicht

---

1) Anm. d. Red.: Der Geltungsbereich der Konvention ist in der nichtamtlichen Anlage wiedergegeben (Stand: 31. 12. 2012).
2) Anm. d. Red.: Neubekanntmachung der Europäischen Menschenrechtskonvention v. 4. 11. 1950 (BGBl. 1952 II S. 685, ber. S. 953) in einer sprachlich überarbeiteten deutschen Übersetzung in der ab 1. 6. 2010 geltenden Fassung.
3) Anm. d. Red.: Internationale Quelle: UNTS Bd. 213 S. 221.
4) Die Änderung tritt am ersten Tag des Monats in Kraft, der auf einen Zeitabschnitt von drei Monaten nach dem Tag folgt, an dem alle Hohen Vertragsparteien der Konvention nach Artikel 6 ihre Zustimmung ausgedrückt haben, durch das Protokoll gebunden zu sein.
Die Bundesrepublik Deutschland hat dem Protokoll Nr. 15 zur Konvention zum Schutz der Menschenrechte und Grundfreiheiten zugestimmt, vgl. Gesetz vom 2. 12. 2014 (BGBl. II S. 1034). Der Tag des Inkrafttretens ist noch im Bundesgesetzblatt bekannt zu geben.

Abschnitt III
Verschiedene Bestimmungen

(Übersetzung)

Die Unterzeichnerregierungen, Mitglieder des Europarats –
in Anbetracht der Allgemeinen Erklärung der Menschenrechte, die am
10. Dezember 1948 von der Generalversammlung der Vereinten Nationen
verkündet worden ist;

in der Erwägung, dass diese Erklärung bezweckt, die universelle und wirksame Anerkennung und Einhaltung der in ihr aufgeführten Rechte zu gewährleisten;

in der Erwägung, dass es das Ziel des Europarats ist, eine engere Verbindung zwischen seinen Mitgliedern herzustellen, und dass eines der Mittel zur Erreichung dieses Zieles die Wahrung und Fortentwicklung der Menschenrechte und Grundfreiheiten ist;

in Bekräftigung ihres tiefen Glaubens an diese Grundfreiheiten, welche die Grundlage von Gerechtigkeit und Frieden in der Welt bilden und die am besten durch eine wahrhaft demokratische politische Ordnung sowie durch ein gemeinsames Verständnis und ein gemeinsame Achtung der diesen Grundfreiheiten zugrunde liegenden Menschenrechte gesichert werden;

entschlossen, als Regierungen europäischer Staaten, die vom gleichen Geist beseelt sind und ein gemeinsames Erbe an politischen Überlieferungen, Idealen, Achtung der Freiheit und Rechtsstaatlichkeit besitzen, die ersten Schritte auf dem Weg zu einer kollektiven Garantie bestimmter in der Allgemeinen Erklärung aufgeführter Rechte zu unternehmen –

haben Folgendes vereinbart:

Artikel 1 Verpflichtung zur Achtung der Menschenrechte
Die Hohen Vertragsparteien sichern allen ihrer Hoheitsgewalt unterstehenden Personen die in Abschnitt I bestimmten Rechte und Freiheiten zu.

Abschnitt I
Rechte und Freiheiten

Artikel 2 Recht auf Leben
(1) [1]Das Recht jedes Menschen auf Leben wird gesetzlich geschützt. [2]Niemand darf absichtlich getötet werden, außer durch Vollstreckung eines Todesurteils, das ein Gericht wegen eines Verbrechens verhängt hat, für das die Todesstrafe gesetzlich vorgesehen ist.

(2) Eine Tötung wird nicht als Verletzung dieses Artikels betrachtet, wenn sie durch eine Gewaltanwendung verursacht wird, die unbedingt erforderlich ist, um

a) jemanden gegen rechtswidrige Gewalt zu verteidigen;

b) jemanden rechtmäßig festzunehmen oder jemanden, dem die Freiheit rechtmäßig entzogen ist, an der Flucht zu hindern;

c) einen Aufruhr oder Aufstand rechtmäßig niederzuschlagen.

Artikel 3 Verbot der Folter
Niemand darf der Folter oder unmenschlicher oder erniedrigender Behandlung oder Strafe unterworfen werden.

Artikel 4 Verbot der Sklaverei und der Zwangsarbeit
(1) Niemand darf in Sklaverei oder Leibeigenschaft gehalten werden.

(2) Niemand darf gezwungen werden, Zwangs- oder Pflichtarbeit zu verrichten.

(3) Nicht als Zwangs- oder Pflichtarbeit im Sinne dieses Artikels gilt:

a) eine Arbeit, die üblicherweise von einer Person verlangt wird, der unter den Voraussetzungen des Artikels 5 die Freiheit entzogen oder die bedingt entlassen worden ist;

b) eine Dienstleistung militärischer Art oder eine Dienstleistung, die an die Stelle des im Rahmen der Wehrpflicht zu leistenden Dienstes tritt, in Ländern, wo die Dienstverweigerung aus Gewissensgründen anerkannt ist;

c) eine Dienstleistung, die verlangt wird, wenn Notstände oder Katastrophen das Leben oder das Wohl der Gemeinschaft bedrohen;

d) eine Arbeit oder Dienstleistung, die zu den üblichen Bürgerpflichten gehört.

Artikel 5 Recht auf Freiheit und Sicherheit

(1) [1]Jede Person hat das Recht auf Freiheit und Sicherheit. [2]Die Freiheit darf nur in den folgenden Fällen und nur auf die gesetzlich vorgeschriebene Weise entzogen werden:

a) rechtmäßige Freiheitsentziehung nach Verurteilung durch ein zuständiges Gericht;

b) rechtmäßige Festnahme oder Freiheitsentziehung wegen Nichtbefolgung einer rechtmäßigen gerichtlichen Anordnung oder zur Erzwingung der Erfüllung einer gesetzlichen Verpflichtung;

c) rechtmäßige Festnahme oder Freiheitsentziehung zur Vorführung vor die zuständige Gerichtsbehörde, wenn hinreichender Verdacht besteht, dass die betreffende Person eine Straftat begangen hat, oder wenn begründeter Anlass zu der Annahme besteht, dass es notwendig ist, sie an der Begehung einer Straftat oder an der Flucht nach Begehung einer solchen zu hindern;

d) rechtmäßige Freiheitsentziehung bei Minderjährigen zum Zweck überwachter Erziehung oder zur Vorführung vor die zuständige Behörde;

e) rechtmäßige Freiheitsentziehung mit dem Ziel, eine Verbreitung ansteckender Krankheiten zu verhindern, sowie bei psychisch Kranken, Alkohol- oder Rauschgiftsüchtigen und Landstreichern;

f) rechtmäßige Festnahme oder Freiheitsentziehung zur Verhinderung der unerlaubten Einreise sowie bei Personen, gegen die ein Ausweisungs- oder Auslieferungsverfahren im Gange ist.

(2) Jeder festgenommenen Person muss innerhalb möglichst kurzer Frist in einer ihr verständlichen Sprache mitgeteilt werden, welches die Gründe für ihre Festnahme sind und welche Beschuldigungen gegen sie erhoben werden.

(3) ¹Jede Person, die nach Absatz 1 Buchstabe c von Festnahme oder Freiheitsentziehung betroffen ist, muss unverzüglich einem Richter oder einer anderen gesetzlich zur Wahrnehmung richterlicher Aufgaben ermächtigten Person vorgeführt werden; sie hat Anspruch auf ein Urteil innerhalb angemessener Frist oder auf Entlassung während des Verfahrens. ²Die Entlassung kann von der Leistung einer Sicherheit für das Erscheinen vor Gericht abhängig gemacht werden.

(4) Jede Person, die festgenommen oder der die Freiheit entzogen ist, hat das Recht zu beantragen, dass ein Gericht innerhalb kurzer Frist über die Rechtmäßigkeit der Freiheitsentziehung entscheidet und ihre Entlassung anordnet, wenn die Freiheitsentziehung nicht rechtmäßig ist.

(5) Jede Person, die unter Verletzung dieses Artikels von Festnahme oder Freiheitsentziehung betroffen ist, hat Anspruch auf Schadensersatz.

Artikel 6 Recht auf ein faires Verfahren

(1) ¹Jede Person hat ein Recht darauf, dass über Streitigkeiten in Bezug auf ihre zivilrechtlichen Ansprüche und Verpflichtungen oder über eine gegen sie erhobene strafrechtliche Anklage von einem unabhängigen und unparteiischen, auf Gesetz beruhenden Gericht in einem fairen Verfahren, öffentlich und innerhalb angemessener Frist verhandelt wird. ²Das Urteil muss öffentlich verkündet werden; Presse und Öffentlichkeit können jedoch während des ganzen oder eines Teiles des Verfahrens ausgeschlossen werden, wenn dies im Interesse der Moral, der öffentlichen Ordnung oder der nationalen Sicherheit in einer demokratischen Gesellschaft liegt, wenn die Interessen von Jugendlichen oder der Schutz des Privatlebens der Prozessparteien es verlangen oder – soweit das Gericht es für unbedingt erforderlich hält – wenn unter besonderen Umständen eine öffentliche Verhandlung die Interessen der Rechtspflege beeinträchtigen würde.

(2) Jede Person, die einer Straftat angeklagt ist, gilt bis zum gesetzlichen Beweis ihrer Schuld als unschuldig.

(3) Jede angeklagte Person hat mindestens folgende Rechte:

a) innerhalb möglichst kurzer Frist in einer ihr verständlichen Sprache in allen Einzelheiten über Art und Grund der gegen sie erhobenen Beschuldigung unterrichtet zu werden;

b) ausreichende Zeit und Gelegenheit zur Vorbereitung ihrer Verteidigung zu haben;

c) sich selbst zu verteidigen, sich durch einen Verteidiger ihrer Wahl verteidigen zu lassen oder, falls ihr die Mittel zur Bezahlung fehlen, unentgeltlich den Beistand eines Verteidigers zu erhalten, wenn dies im Interesse der Rechtspflege erforderlich ist;

d) Fragen an Belastungszeugen zu stellen oder stellen zu lassen und die Ladung und Vernehmung von Entlastungszeugen unter denselben Bedingungen zu erwirken, wie sie für Belastungszeugen gelten;

e) unentgeltliche Unterstützung durch einen Dolmetscher zu erhalten, wenn sie die Verhandlungssprache des Gerichts nicht versteht oder spricht.

Artikel 7   Keine Strafe ohne Gesetz

(1) [1]Niemand darf wegen einer Handlung oder Unterlassung verurteilt werden, die zur Zeit ihrer Begehung nach innerstaatlichem oder internationalem Recht nicht strafbar war. [2]Es darf auch keine schwerere als die zur Zeit der Begehung angedrohte Strafe verhängt werden.

(2) [1)]Dieser Artikel schließt nicht aus, dass jemand wegen einer Handlung oder Unterlassung verurteilt oder bestraft wird, die zur Zeit ihrer Begehung nach den von den zivilisierten Völkern anerkannten allgemeinen Rechtsgrundsätzen strafbar war.

Artikel 8   Recht auf Achtung des Privat- und Familienlebens

(1) Jede Person hat das Recht auf Achtung ihres Privat- und Familienlebens, ihrer Wohnung und ihrer Korrespondenz.

(2) Eine Behörde darf in die Ausübung dieses Rechts nur eingreifen, soweit der Eingriff gesetzlich vorgesehen und in einer demokratischen Gesellschaft notwendig ist für die nationale oder öffentliche Sicherheit, für das wirtschaftliche Wohl des Landes, zur Aufrechterhaltung der Ordnung, zur Verhütung von Straftaten, zum Schutz der Gesundheit oder der Moral oder zum Schutz der Rechte und Freiheiten anderer.

Artikel 9   Gedanken-, Gewissens- und Religionsfreiheit

(1) Jede Person hat das Recht auf Gedanken-, Gewissens- und Religionsfreiheit; dieses Recht umfasst die Freiheit, seine Religion oder Weltanschauung zu wechseln, und die Freiheit, seine Religion oder Weltanschauung einzeln oder gemeinsam mit anderen öffentlich oder privat durch Gottesdienst, Unterricht oder Praktizieren von Bräuchen und Riten zu bekennen.

(2) Die Freiheit, seine Religion oder Weltanschauung zu bekennen, darf nur Einschränkungen unterworfen werden, die gesetzlich vorgesehen und in einer demokratischen Gesellschaft notwendig sind für die öffentliche Sicherheit, zum Schutz der öffentlichen Ordnung, Gesundheit oder Moral oder zum Schutz der Rechte und Freiheiten anderer.

Artikel 10   Freiheit der Meinungsäußerung

(1) [1]Jede Person hat das Recht auf freie Meinungsäußerung. [2]Dieses Recht schließt die Meinungsfreiheit und die Freiheit ein, Informationen und Ideen ohne behördliche Eingriffe und ohne Rücksicht auf Staatsgrenzen zu empfangen und weiterzugeben. [3]Dieser Artikel hindert die Staaten

---

1)   Anm. d. Red.: Bezüglich Art. 7 Abs. 2 hat die Bundesregierung mit Zustimmung des Bundestages und des Bundesrates den nach Art. 57 der Konvention zulässigen Vorbehalt gemacht, dass auf jeden Fall die Grenzen von Art. 103 Abs. 2 GG gewahrt werden, siehe hierzu die Bek. v. 15. 12. 1953 (BGBl. 1954 II S. 14).

nicht, für Hörfunk-, Fernseh- oder Kinounternehmen eine Genehmigung vorzuschreiben.

(2) Die Ausübung dieser Freiheiten ist mit Pflichten und Verantwortung verbunden; sie kann daher Formvorschriften, Bedingungen, Einschränkungen oder Strafdrohungen unterworfen werden, die gesetzlich vorgesehen und in einer demokratischen Gesellschaft notwendig sind für die nationale Sicherheit, die territoriale Unversehrtheit oder die öffentliche Sicherheit, zur Aufrechterhaltung der Ordnung oder zur Verhütung von Straftaten, zum Schutz der Gesundheit oder der Moral, zum Schutz des guten Rufes oder der Rechte anderer, zur Verhinderung der Verbreitung vertraulicher Informationen oder zur Wahrung der Autorität und der Unparteilichkeit der Rechtsprechung.

Artikel 11 Versammlungs- und Vereinigungsfreiheit
(1) Jede Person hat das Recht, sich frei und friedlich mit anderen zu versammeln und sich frei mit anderen zusammenzuschließen; dazu gehört auch das Recht, zum Schutz seiner Interessen Gewerkschaften zu gründen und Gewerkschaften beizutreten.

(2) [1]Die Ausübung dieser Rechte darf nur Einschränkungen unterworfen werden, die gesetzlich vorgesehen und in einer demokratischen Gesellschaft notwendig sind für die nationale oder öffentliche Sicherheit, zur Aufrechterhaltung der Ordnung oder zur Verhütung von Straftaten, zum Schutz der Gesundheit oder der Moral oder zum Schutz der Rechte und Freiheiten anderer. [2]Dieser Artikel steht rechtmäßigen Einschränkungen der Ausübung dieser Rechte für Angehörige der Streitkräfte, der Polizei oder der Staatsverwaltung nicht entgegen.

Artikel 12 Recht auf Eheschließung
Männer und Frauen im heiratsfähigen Alter haben das Recht, nach den innerstaatlichen Gesetzen, welche die Ausübung dieses Rechts regeln, eine Ehe einzugehen und eine Familie zu gründen.

Artikel 13 Recht auf wirksame Beschwerde
Jede Person, die in ihren in dieser Konvention anerkannten Rechten oder Freiheiten verletzt worden ist, hat das Recht, bei einer innerstaatlichen Instanz eine wirksame Beschwerde zu erheben, auch wenn die Verletzung von Personen begangen worden ist, die in amtlicher Eigenschaft gehandelt haben.

Artikel 14 Diskriminierungsverbot
Der Genuss der in dieser Konvention anerkannten Rechte und Freiheiten ist ohne Diskriminierung insbesondere wegen des Geschlechts, der Rasse, der Hautfarbe, der Sprache, der Religion, der politischen oder sonstigen Anschauung, der nationalen oder sozialen Herkunft, der Zugehörigkeit zu einer nationalen Minderheit, des Vermögens, der Geburt oder eines sonstigen Status zu gewährleisten.

Artikel 15   Abweichen im Notstandsfall

(1) Wird das Leben der Nation durch Krieg oder einen anderen öffentlichen Notstand bedroht, so kann jede Hohe Vertragspartei Maßnahmen treffen, die von den in dieser Konvention vorgesehenen Verpflichtungen abweichen, jedoch nur, soweit es die Lage unbedingt erfordert und wenn die Maßnahmen nicht in Widerspruch zu den sonstigen völkerrechtlichen Verpflichtungen der Vertragspartei stehen.

(2) Aufgrund des Absatzes 1 darf von Artikel 2 nur bei Todesfällen infolge rechtmäßiger Kriegshandlungen und von Artikel 3, Artikel 4 Absatz 1 und Artikel 7 in keinem Fall abgewichen werden.

(3) [1]Jede Hohe Vertragspartei, die dieses Recht auf Abweichung ausübt, unterrichtet den Generalsekretär des Europarats umfassend über die getroffenen Maßnahmen und deren Gründe. [2]Sie unterrichtet den Generalsekretär des Europarats auch über den Zeitpunkt, zu dem diese Maßnahmen außer Kraft getreten sind und die Konvention wieder volle Anwendung findet.

Artikel 16   Beschränkungen der politischen Tätigkeit ausländischer Personen

Die Artikel 10, 11 und 14 sind nicht so auszulegen, als untersagten sie den Hohen Vertragsparteien, die politische Tätigkeit ausländischer Personen zu beschränken.

Artikel 17   Verbot des Missbrauchs der Rechte

Diese Konvention ist nicht so auszulegen, als begründe sie für einen Staat, eine Gruppe oder eine Person das Recht, eine Tätigkeit auszuüben oder eine Handlung vorzunehmen, die darauf abzielt, die in der Konvention festgelegten Rechte und Freiheiten abzuschaffen oder sie stärker einzuschränken, als es in der Konvention vorgesehen ist.

Artikel 18   Begrenzung der Rechtseinschränkungen

Die nach dieser Konvention zulässigen Einschränkungen der genannten Rechte und Freiheiten dürfen nur zu den vorgesehenen Zwecken erfolgen.

Abschnitt II
Europäischer Gerichtshof für Menschenrechte

Artikel 19   Errichtung des Gerichtshofs

[1]Um die Einhaltung der Verpflichtungen sicherzustellen, welche die Hohen Vertragsparteien in dieser Konvention und den Protokollen dazu übernommen haben, wird ein Europäischer Gerichtshof für Menschenrechte, im Folgenden als „Gerichtshof" bezeichnet, errichtet. [2]Er nimmt seine Aufgaben als ständiger Gerichtshof wahr.

Artikel 20   Zahl der Richter

Die Zahl der Richter des Gerichtshofs entspricht derjenigen der Hohen Vertragsparteien.

Artikel 21 Voraussetzungen für das Amt

(1) Die Richter müssen hohes sittliches Ansehen genießen und entweder die für die Ausübung hoher richterlicher Ämter erforderlichen Voraussetzungen erfüllen oder Rechtsgelehrte von anerkanntem Ruf sein.

(2) Die Richter gehören dem Gerichtshof in ihrer persönlichen Eigenschaft an.

(3) Während ihrer Amtszeit dürfen die Richter keine Tätigkeit ausüben, die mit ihrer Unabhängigkeit, ihrer Unparteilichkeit oder mit den Erfordernissen der Vollzeitbeschäftigung in diesem Amt unvereinbar ist; alle Fragen, die sich aus der Anwendung dieses Absatzes ergeben, werden vom Gerichtshof entschieden.

Artikel 22 Wahl der Richter

Die Richter werden von der Parlamentarischen Versammlung für jede Hohe Vertragspartei mit der Mehrheit der abgegebenen Stimmen aus einer Liste von drei Kandidaten gewählt, die von der Hohen Vertragspartei vorgeschlagen werden.

Artikel 23 Amtszeit und Entlassung

(1) [1]Die Richter werden für neun Jahre gewählt. [2]Ihre Wiederwahl ist nicht zulässig.

(2) Die Amtszeit der Richter endet mit Vollendung des 70. Lebensjahrs.

(3) [1]Die Richter bleiben bis zum Amtsantritt ihrer Nachfolger im Amt. [2]Sie bleiben jedoch in den Rechtssachen tätig, mit denen sie bereits befasst sind.

(4) Ein Richter kann nur entlassen werden, wenn die anderen Richter mit Zweidrittelmehrheit entscheiden, dass er die erforderlichen Voraussetzungen nicht mehr erfüllt.

Artikel 24 Kanzlei und Berichterstatter

(1) Der Gerichtshof hat eine Kanzlei, deren Aufgaben und Organisation in der Verfahrensordnung des Gerichtshofs festgelegt werden.

(2) [1]Wenn der Gerichtshof in Einzelrichterbesetzung tagt, wird er von Berichterstattern unterstützt, die ihre Aufgaben unter der Aufsicht des Präsidenten des Gerichtshofs ausüben. [2]Sie gehören der Kanzlei des Gerichtshofs an.

Artikel 25 Plenum des Gerichtshofs

Das Plenum des Gerichtshofs

a) wählt seinen Präsidenten und einen oder zwei Vizepräsidenten für drei Jahre; ihre Wiederwahl ist zulässig;

b) bildet Kammern für einen bestimmten Zeitraum;

c) wählt die Präsidenten der Kammern des Gerichtshofs; ihre Wiederwahl ist zulässig;

d) beschließt die Verfahrensordnung des Gerichtshofs;

e) wählt den Kanzler und einen oder mehrere stellvertretende Kanzler;
f) stellt Anträge nach Artikel 26 Absatz 2.

Artikel 26 Einzelrichterbesetzung, Ausschüsse, Kammern und Große Kammer

(1) [1]Zur Prüfung der Rechtssachen, die bei ihm anhängig gemacht werden, tagt der Gerichtshof in Einzelrichterbesetzung, in Ausschüssen mit drei Richtern, in Kammern mit sieben Richtern und in einer Großen Kammer mit siebzehn Richtern. [2]Die Kammern des Gerichtshofs bilden die Ausschüsse für einen bestimmten Zeitraum.

(2) Auf Antrag des Plenums des Gerichtshofs kann die Anzahl der Richter je Kammer für einen bestimmten Zeitraum durch einstimmigen Beschluss des Ministerkomitees auf fünf herabgesetzt werden.

(3) Ein Richter, der als Einzelrichter tagt, prüft keine Beschwerde gegen die Hohe Vertragspartei, für die er gewählt worden ist.

(4) [1]Der Kammer und der Großen Kammer gehört von Amts wegen der für eine als Partei beteiligte Hohe Vertragspartei gewählte Richter an. [2]Wenn ein solcher nicht vorhanden ist oder er an den Sitzungen nicht teilnehmen kann, nimmt eine Person in der Eigenschaft eines Richters an den Sitzungen teil, die der Präsident des Gerichtshofs aus einer Liste auswählt, welche ihm die betreffende Vertragspartei vorab unterbreitet hat.

(5) [1]Der Großen Kammer gehören ferner der Präsident des Gerichtshofs, die Vizepräsidenten, die Präsidenten der Kammern und andere nach der Verfahrensordnung des Gerichtshofs ausgewählte Richter an. [2]Wird eine Rechtssache nach Artikel 43 an die Große Kammer verwiesen, so dürfen Richter der Kammer, die das Urteil gefällt hat, der Großen Kammer nicht angehören; das gilt nicht für den Präsidenten der Kammer und den Richter, welcher in der Kammer für die als Partei beteiligte Hohe Vertragspartei mitgewirkt hat.

Artikel 27 Befugnisse des Einzelrichters

(1) Ein Einzelrichter kann eine nach Artikel 34 erhobene Beschwerde für unzulässig erklären oder im Register streichen, wenn eine solche Entscheidung ohne weitere Prüfung getroffen werden kann.

(2) Die Entscheidung ist endgültig.

(3) Erklärt der Einzelrichter eine Beschwerde nicht für unzulässig und streicht er sie auch nicht im Register des Gerichtshofs, so übermittelt er sie zur weiteren Prüfung an einen Ausschuss oder eine Kammer.

Artikel 28 Befugnisse der Ausschüsse

(1) Ein Ausschuss, der mit einer nach Artikel 34 erhobenen Beschwerde befasst wird, kann diese durch einstimmigen Beschluss
a) für unzulässig erklären oder im Register streichen, wenn eine solche Entscheidung ohne weitere Prüfung getroffen werden kann; oder
b) für zulässig erklären und zugleich ein Urteil über die Begründetheit fällen, sofern die der Rechtssache zugrunde liegende Frage der Aus-

legung oder Anwendung dieser Konvention oder der Protokolle dazu Gegenstand einer gefestigten Rechtsprechung des Gerichtshofs ist.

(2) Die Entscheidungen und Urteile nach Absatz 1 sind endgültig.

(3) Ist der für die als Partei beteiligte Hohe Vertragspartei gewählte Richter nicht Mitglied des Ausschusses, so kann er von Letzterem jederzeit während des Verfahrens eingeladen werden, den Sitz eines Mitglieds im Ausschuss einzunehmen; der Ausschuss hat dabei alle erheblichen Umstände einschließlich der Frage, ob diese Vertragspartei der Anwendung des Verfahrens nach Absatz 1 Buchstabe b entgegengetreten ist, zu berücksichtigen.

Artikel 29 Entscheidungen der Kammern über die Zulässigkeit und Begründetheit

(1) ¹Ergeht weder eine Entscheidung nach Artikel 27 oder 28 noch ein Urteil nach Artikel 28, so entscheidet eine Kammer über die Zulässigkeit und Begründetheit der nach Artikel 34 erhobenen Beschwerden. ²Die Entscheidung über die Zulässigkeit kann gesondert ergehen.

(2) ¹Eine Kammer entscheidet über die Zulässigkeit und Begründetheit der nach Artikel 33 erhobenen Staatenbeschwerden. ²Die Entscheidung über die Zulässigkeit ergeht gesondert, sofern der Gerichtshof in Ausnahmefällen nicht anders entscheidet.

Artikel 30 Abgabe der Rechtssache an die Große Kammer

Wirft eine bei einer Kammer anhängige Rechtssache eine schwerwiegende Frage der Auslegung dieser Konvention oder der Protokolle dazu auf oder kann die Entscheidung einer ihr vorliegenden Frage zu einer Abweichung von einem früheren Urteil des Gerichtshofs führen, so kann die Kammer diese Sache jederzeit, bevor sie ihr Urteil gefällt hat, an die Große Kammer abgeben, sofern nicht eine Partei widerspricht.

Artikel 31 Befugnisse der Großen Kammer

Die Große Kammer

a) entscheidet über nach Artikel 33 oder Artikel 34 erhobene Beschwerden, wenn eine Kammer die Rechtssache nach Artikel 30 an sie abgegeben hat oder wenn die Sache nach Artikel 43 an sie verwiesen worden ist,

b) entscheidet über Fragen, mit denen der Gerichtshof durch das Ministerkomitee nach Artikel 46 Absatz 4 befasst wird, und

c) behandelt Anträge nach Artikel 47 auf Erstattung von Gutachten.

Artikel 32 Zuständigkeit des Gerichtshofs

(1) Die Zuständigkeit des Gerichtshofs umfasst alle die Auslegung und Anwendung dieser Konvention und der Protokolle dazu betreffenden Angelegenheiten, mit denen er nach den Artikeln 33, 34, 46 und 47 befasst wird.

(2) Besteht Streit über die Zuständigkeit des Gerichtshofs, so entscheidet der Gerichtshof.

Artikel 33   Staatenbeschwerden

Jede Hohe Vertragspartei kann den Gerichtshof wegen jeder behaupteten Verletzung dieser Konvention und der Protokolle dazu durch eine andere Hohe Vertragspartei anrufen.

Artikel 34   Individualbeschwerden

[1]Der Gerichtshof kann von jeder natürlichen Person, nichtstaatlichen Organisation oder Personengruppe, die behauptet, durch eine der Hohen Vertragsparteien in einem der in dieser Konvention oder den Protokollen dazu anerkannten Rechte verletzt zu sein, mit einer Beschwerde befasst werden. [2]Die Hohen Vertragsparteien verpflichten sich, die wirksame Ausübung dieses Rechts nicht zu behindern.

Artikel 35   Zulässigkeitsvoraussetzungen

(1) Der Gerichtshof kann sich mit einer Angelegenheit erst nach Erschöpfung aller innerstaatlichen Rechtsbehelfe in Übereinstimmung mit den allgemein anerkannten Grundsätzen des Völkerrechts und nur innerhalb einer Frist von sechs Monaten nach der endgültigen innerstaatlichen Entscheidung befassen.

(2) Der Gerichtshof befasst sich nicht mit einer nach Artikel 34 erhobenen Individualbeschwerde, die

a) anonym ist oder

b) im Wesentlichen mit einer schon vorher vom Gerichtshof geprüften Beschwerde übereinstimmt oder schon einer anderen internationalen Untersuchungs- oder Vergleichsinstanz unterbreitet worden ist und keine neuen Tatsachen enthält.

(3) Der Gerichtshof erklärt eine nach Artikel 34 erhobene Individualbeschwerde für unzulässig,

a) wenn er sie für unvereinbar mit dieser Konvention oder den Protokollen dazu, für offensichtlich unbegründet oder für missbräuchlich hält oder

b) wenn er der Ansicht ist, dass dem Beschwerdeführer kein erheblicher Nachteil entstanden ist, es sei denn, die Achtung der Menschenrechte, wie sie in dieser Konvention und den Protokollen dazu anerkannt sind, erfordert eine Prüfung der Begründetheit der Beschwerde, und vorausgesetzt, es wird aus diesem Grund nicht eine Rechtssache zurückgewiesen, die noch von keinem innerstaatlichen Gericht gebührend geprüft worden ist.

(4) [1]Der Gerichtshof weist eine Beschwerde zurück, die er nach diesem Artikel für unzulässig hält. [2]Er kann dies in jedem Stadium des Verfahrens tun.

Artikel 36 Beteiligung Dritter

(1) In allen bei einer Kammer oder der Großen Kammer anhängigen Rechtssachen ist die Hohe Vertragspartei, deren Staatsangehörigkeit der Beschwerdeführer besitzt, berechtigt, schriftliche Stellungnahmen abzugeben und an den mündlichen Verhandlungen teilzunehmen.

(2) Im Interesse der Rechtspflege kann der Präsident des Gerichtshofs jeder Hohen Vertragspartei, die in dem Verfahren nicht Partei ist, oder jeder betroffenen Person, die nicht Beschwerdeführer ist, Gelegenheit geben, schriftlich Stellung zu nehmen oder an den mündlichen Verhandlungen teilzunehmen.

(3) In allen bei einer Kammer oder der Großen Kammer anhängigen Rechtssachen kann der Kommissar für Menschenrechte des Europarats schriftliche Stellungnahmen abgeben und an den mündlichen Verhandlungen teilnehmen.

Artikel 37 Streichung von Beschwerden

(1) [1]Der Gerichtshof kann jederzeit während des Verfahrens entscheiden, eine Beschwerde in seinem Register zu streichen, wenn die Umstände Grund zur Annahme geben, dass

a) der Beschwerdeführer seine Beschwerde nicht weiterzuverfolgen beabsichtigt;

b) die Streitigkeit einer Lösung zugeführt worden ist oder

c) eine weitere Prüfung der Beschwerde aus anderen vom Gerichtshof festgestellten Gründen nicht gerechtfertigt ist.

[2]Der Gerichtshof setzt jedoch die Prüfung der Beschwerde fort, wenn die Achtung der Menschenrechte, wie sie in dieser Konvention und den Protokollen dazu anerkannt sind, dies erfordert.

(2) Der Gerichtshof kann die Wiedereintragung einer Beschwerde in sein Register anordnen, wenn er dies den Umständen nach für gerechtfertigt hält.

Artikel 38 Prüfung der Rechtssache

Der Gerichtshof prüft die Rechtssache mit den Vertretern der Parteien und nimmt, falls erforderlich, Ermittlungen vor; die betreffenden Hohen Vertragsparteien haben alle zur wirksamen Durchführung der Ermittlungen erforderlichen Erleichterungen zu gewähren.

Artikel 39 Gütliche Einigung

(1) Der Gerichtshof kann sich jederzeit während des Verfahrens zur Verfügung der Parteien halten mit dem Ziel, eine gütliche Einigung auf der Grundlage der Achtung der Menschenrechte, wie sie in dieser Konvention und den Protokollen dazu anerkannt sind, zu erreichen.

(2) Das Verfahren nach Absatz 1 ist vertraulich.

(3) Im Fall einer gütlichen Einigung streicht der Gerichtshof durch eine Entscheidung, die sich auf eine kurze Angabe des Sachverhalts und der erzielten Lösung beschränkt, die Rechtssache in seinem Register.

(4) Diese Entscheidung ist dem Ministerkomitee zuzuleiten; dieses überwacht die Durchführung der gütlichen Einigung, wie sie in der Entscheidung festgehalten wird.

Artikel 40 Öffentliche Verhandlung und Akteneinsicht

(1) Die Verhandlung ist öffentlich, soweit nicht der Gerichtshof auf Grund besonderer Umstände anders entscheidet.

(2) Die beim Kanzler verwahrten Schriftstücke sind der Öffentlichkeit zugänglich, soweit nicht der Präsident des Gerichtshofs anders entscheidet.

Artikel 41 Gerechte Entschädigung

[1]Stellt der Gerichtshof fest, dass diese Konvention oder die Protokolle dazu verletzt worden sind, und gestattet das innerstaatliche Recht der Hohen Vertragspartei nur eine unvollkommene Wiedergutmachung für die Folgen dieser Verletzung, so spricht der Gerichtshof der verletzten Partei eine gerechte Entschädigung zu, wenn dies notwendig ist.

Artikel 42 Urteile der Kammern

Urteile der Kammern werden nach Maßgabe des Artikels 44 Absatz 2 endgültig.

Artikel 43 Verweisung an die Große Kammer

(1) Innerhalb von drei Monaten nach dem Datum des Urteils der Kammer kann jede Partei in Ausnahmefällen die Verweisung der Rechtssache an die Große Kammer beantragen.

(2) Ein Ausschuss von fünf Richtern der Großen Kammer nimmt den Antrag an, wenn die Rechtssache eine schwerwiegende Frage der Auslegung oder Anwendung dieser Konvention oder der Protokolle dazu oder eine schwerwiegende Frage von allgemeiner Bedeutung aufwirft.

(3) Nimmt der Ausschuss den Antrag an, so entscheidet die Große Kammer die Sache durch Urteil.

Artikel 44 Endgültige Urteile

(1) Das Urteil der Großen Kammer ist endgültig.

(2) Das Urteil einer Kammer wird endgültig,

a) wenn die Parteien erklären, dass sie die Verweisung der Rechtssache an die Große Kammer nicht beantragen werden;

b) drei Monate nach dem Datum des Urteils, wenn nicht die Verweisung der Rechtssache an die Große Kammer beantragt worden ist; oder

c) wenn der Ausschuss der Großen Kammer den Antrag auf Verweisung nach Artikel 43 abgelehnt hat.

(3) Das endgültige Urteil wird veröffentlicht.

Artikel 45 Begründung der Urteile und Entscheidungen

(1) Urteile sowie Entscheidungen, mit denen Beschwerden für zulässig oder für unzulässig erklärt werden, werden begründet.

(2) Bringt ein Urteil ganz oder teilweise nicht die übereinstimmende Meinung der Richter zum Ausdruck, so ist jeder Richter berechtigt, seine abweichende Meinung darzulegen.

Artikel 46 Verbindlichkeit und Durchführung der Urteile

(1) Die Hohen Vertragsparteien verpflichten sich, in allen Rechtssachen, in denen sie Partei sind, das endgültige Urteil des Gerichtshofs zu befolgen.

(2) Das endgültige Urteil des Gerichtshofs ist dem Ministerkomitee zuzuleiten; dieses überwacht seine Durchführung.

(3) [1]Wird die Überwachung der Durchführung eines endgültigen Urteils nach Auffassung des Ministerkomitees durch eine Frage betreffend die Auslegung dieses Urteils behindert, so kann das Ministerkomitee den Gerichtshof anrufen, damit er über diese Auslegungsfrage entscheidet. [2]Der Beschluss des Ministerkomitees, den Gerichtshof anzurufen, bedarf der Zweidrittelmehrheit der Stimmen der zur Teilnahme an den Sitzungen des Komitees berechtigten Mitglieder.

(4) Weigert sich eine Hohe Vertragspartei nach Auffassung des Ministerkomitees, in einer Rechtssache, in der sie Partei ist, ein endgültiges Urteil des Gerichtshofs zu befolgen, so kann das Ministerkomitee, nachdem es die betreffende Partei gemahnt hat, durch einen mit Zweidrittelmehrheit der Stimmen der zur Teilnahme an den Sitzungen des Komitees berechtigten Mitglieder gefassten Beschluss den Gerichtshof mit der Frage befassen, ob diese Partei ihrer Verpflichtung nach Absatz 1 nachgekommen ist.

(5) [1]Stellt der Gerichtshof eine Verletzung des Absatzes 1 fest, so weist er die Rechtssache zur Prüfung der zu treffenden Maßnahmen an das Ministerkomitee zurück. [2]Stellt der Gerichtshof fest, dass keine Verletzung des Absatzes 1 vorliegt, so weist er die Rechtssache an das Ministerkomitee zurück; dieses beschließt die Einstellung seiner Prüfung.

Artikel 47 Gutachten

(1) Der Gerichtshof kann auf Antrag des Ministerkomitees Gutachten über Rechtsfragen erstatten, welche die Auslegung dieser Konvention und der Protokolle dazu betreffen.

(2) Diese Gutachten dürfen keine Fragen zum Gegenstand haben, die sich auf den Inhalt oder das Ausmaß der in Abschnitt I dieser Konvention und in den Protokollen dazu anerkannten Rechte und Freiheiten beziehen, noch andere Fragen, über die der Gerichtshof oder das Ministerkomitee auf Grund eines nach dieser Konvention eingeleiteten Verfahrens zu entscheiden haben könnte.

(3) Der Beschluss des Ministerkomitees, ein Gutachten beim Gerichtshof zu beantragen, bedarf der Mehrheit der Stimmen der zur Teilnahme an den Sitzungen des Komitees berechtigten Mitglieder.

Artikel 48 Gutachterliche Zuständigkeit des Gerichtshofs
Der Gerichtshof entscheidet, ob ein vom Ministerkomitee gestellter Antrag auf Erstattung eines Gutachtens in seine Zuständigkeit nach Artikel 47 fällt.

Artikel 49 Begründung der Gutachten
(1) Die Gutachten des Gerichtshofs werden begründet.

(2) Bringt das Gutachten ganz oder teilweise nicht die übereinstimmende Meinung der Richter zum Ausdruck, so ist jeder Richter berechtigt, seine abweichende Meinung darzulegen.

(3) Die Gutachten des Gerichtshofs werden dem Ministerkomitee übermittelt.

Artikel 50 Kosten des Gerichtshofs
Die Kosten des Gerichtshofs werden vom Europarat getragen.

Artikel 51 Vorrechte und Immunitäten der Richter
Die Richter genießen bei der Ausübung ihres Amtes die Vorrechte und Immunitäten, die in Artikel 40 der Satzung des Europarats und den auf Grund jenes Artikels geschlossenen Übereinkünften vorgesehen sind.

Abschnitt III
Verschiedene Bestimmungen

Artikel 52 Anfragen des Generalsekretärs
Auf Anfrage des Generalsekretärs des Europarats erläutert jede Hohe Vertragspartei, auf welche Weise die wirksame Anwendung aller Bestimmungen dieser Konvention in ihrem innerstaatlichen Recht gewährleistet wird.

Artikel 53 Wahrung anerkannter Menschenrechte
Diese Konvention ist nicht so auzulegen, als beschränke oder beeinträchtige sie Menschenrechte und Grundfreiheiten, die in den Gesetzen einer Hohen Vertragspartei oder in einer anderen Übereinkunft, deren Vertragspartei sie ist, anerkannt werden.

Artikel 54 Befugnisse des Ministerkomitees
Diese Konvention berührt nicht die dem Ministerkomitee durch die Satzung des Europarats übertragenen Befugnisse.

Artikel 55 Ausschluss anderer Verfahren zur Streitbeilegung
Die Hohen Vertragsparteien kommen überein, dass sie sich vorbehaltlich besonderer Vereinbarungen nicht auf die zwischen ihnen geltenden Verträge, sonstigen Übereinkünfte oder Erklärungen berufen werden, um eine Streitigkeit über die Auslegung oder Anwendung dieser Konvention einem anderen als dem in der Konvention vorgesehenen Beschwerdeverfahren zur Beilegung zu unterstellen.

Artikel 56 Räumlicher Geltungsbereich

(1) Jeder Staat kann bei der Ratifikation oder jederzeit danach durch eine an den Generalsekretär des Europarats gerichtete Notifikation erklären, dass diese Konvention vorbehaltlich des Absatzes 4 auf alle oder einzelne Hoheitsgebiete Anwendung findet, für deren internationale Beziehungen er verantwortlich ist.

(2) Die Konvention findet auf jedes in der Erklärung bezeichnete Hoheitsgebiet ab dem dreißigsten Tag nach Eingang der Notifikation beim Generalsekretär des Europarats Anwendung.

(3) In den genannten Hoheitsgebieten wird diese Konvention unter Berücksichtigung der örtlichen Notwendigkeiten angewendet.

(4) Jeder Staat, der eine Erklärung nach Absatz 1 abgegeben hat, kann jederzeit danach für eines oder mehrere der in der Erklärung bezeichneten Hoheitsgebiete erklären, dass er die Zuständigkeit des Gerichtshofs für die Entgegennahme von Beschwerden von natürlichen Personen, nichtstaatlichen Organisationen oder Personengruppen nach Artikel 34 anerkennt.

Artikel 57 Vorbehalte

(1) [1]Jeder Staat kann bei der Unterzeichnung dieser Konvention oder bei der Hinterlegung seiner Ratifikationsurkunde einen Vorbehalt zu einzelnen Bestimmungen der Konvention anbringen, soweit ein zu dieser Zeit in seinem Hoheitsgebiet geltendes Gesetz mit der betreffenden Bestimmung nicht übereinstimmt. [2]Vorbehalte allgemeiner Art sind nach diesem Artikel nicht zulässig.

(2) Jeder nach diesem Artikel angebrachte Vorbehalt muss mit einer kurzen Darstellung des betreffenden Gesetzes verbunden sein.

Artikel 58 Kündigung

(1) Eine Hohe Vertragspartei kann diese Konvention frühestens fünf Jahre nach dem Tag, an dem sie Vertragspartei geworden ist, unter Einhaltung einer Kündigungsfrist von sechs Monaten durch eine an den Generalsekretär des Europarats gerichtete Notifikation kündigen; dieser unterrichtet die anderen Hohen Vertragsparteien.

(2) Die Kündigung befreit die Hohe Vertragspartei nicht von ihren Verpflichtungen aus dieser Konvention in Bezug auf Handlungen, die sie vor dem Wirksamwerden der Kündigung vorgenommen hat und die möglicherweise eine Verletzung dieser Verpflichtungen darstellen.

(3) Mit derselben Maßgabe scheidet eine Hohe Vertragspartei, deren Mitgliedschaft im Europarat endet, als Vertragspartei dieser Konvention aus.

(4) Die Konvention kann in Bezug auf jedes Hoheitsgebiet, auf das sie durch eine Erklärung nach Artikel 56 anwendbar geworden ist, nach den Absätzen 1 bis 3 gekündigt werden.

Artikel 59 Unterzeichnung und Ratifikation

(1) [1]Diese Konvention liegt für die Mitglieder des Europarats zur Unterzeichnung auf. [2]Sie bedarf der Ratifikation. [3]Die Ratifikationsurkunden werden beim Generalsekretär des Europarats hinterlegt.

(2) Die Europäische Union kann dieser Konvention beitreten.

(3) Diese Konvention tritt nach Hinterlegung von zehn Ratifikationsurkunden in Kraft.

(4) Für jeden Unterzeichner, der die Konvention später ratifiziert, tritt sie mit der Hinterlegung seiner Ratifikationsurkunde in Kraft.

(5) Der Generalsekretär des Europarats notifiziert allen Mitgliedern des Europarats das Inkrafttreten der Konvention, die Namen der Hohen Vertragsparteien, die sie ratifiziert haben, und jede spätere Hinterlegung einer Ratifikationsurkunde.

Geschehen zu Rom am 4. November 1950 in englischer und französischer Sprache, wobei jeder Wortlaut gleichermaßen verbindlich ist, in einer Urschrift, die im Archiv des Europarats hinterlegt wird. Der Generalsekretär übermittelt allen Unterzeichnern beglaubigte Abschriften.

Nichtamtliche Anlage Geltungsbereich[1)]

Vertragsparteien	in Kraft am	BGBl. Jahrgang	S.
Albanien	2. 10. 1996	97 II	1738
Andorra	22. 1. 1996	97 II	733
Armenien	26. 4. 2002	03 II	1575
Aserbaidschan	15. 4. 2002	03 II	1575
Belgien	14. 6. 1955	55 II	832
Bosnien und Herzegowina	12. 7. 2002	03 II	1575
Bulgarien	7. 9. 1992	93 II	808
Dänemark	3. 9. 1953	54 II	14
Deutschland	3. 9. 1954	54 II	14
Estland	16. 4. 1996	97 II	733
Finnland	10. 5. 1990	90 II	806
Frankreich	3. 5. 1974	75 II	1346
Georgien	20. 5. 1999	03 II	1575
Griechenland	28. 11. 1974	75 II	1144
Irland	3. 9. 1953	54 II	14
Island	3. 9. 1953	54 II	14
Italien	26. 10. 1955	55 II	926
Kroatien	5. 11. 1997	98 II	898
Lettland	27. 6. 1997	98 II	898
Liechtenstein	8. 9. 1982	83 II	628
Litauen	20. 6. 1995	97 II	733

---

1) Anm. d. Red.: Stand: 29. 12. 2015.

Vertragsparteien	in Kraft am	BGBl. Jahrgang	S.
Luxemburg	3. 9. 1953	54 II	14
Malta	23. 1. 1967	67 II	2051
Mazdonien, ehem. jugoslawische Republik	10. 4. 1997	97 II	1738
Moldau, Republik	12. 9. 1997	98 II	898
Monaco	30. 11. 2005	09 II	358
Montenegro	6. 6. 2006	09 II	358
Niederlande	31. 8. 1954	54 II	1044
Norwegen	3. 9. 1953	54 II	14
Österreich	3. 9. 1958	59 II	107
Polen	19. 1. 1993	93 II	808
Portugal	9. 11. 1978	79 II	1040
Rumänien	20. 6. 1994	94 II	3623
Russische Föderation	5. 5. 1998	98 II	2932
San Marino	22. 3. 1989	89 II	619
Schweden	3. 9. 1953	54 II	14
Schweiz	28. 11. 1974	75 II	910
Serbien	3. 3. 2004	05 II	87
Slowakei	1. 1. 1993	94 II	352
Slowenien	28. 6. 1994	94 II	3623
Spanien	4. 10. 1979	86 II	78
Tschechische Republik	1. 1. 1993	94 II	352
Türkei	18. 5. 1954	54 II	719
Ukraine	11. 9. 1997	98 II	898
Ungarn	5. 11. 1992	93 II	808
Vereinigtes Königreich	3. 9. 1953	54 II	14
Zypern	6. 10. 1962	68 II	847

Zusatzprotokoll zur Konvention zum Schutz der Menschenrechte und Grundfreiheiten

In der Fassung der Bekanntmachung vom 22. Oktober 2010[1]
(BGBl. II S. 1198, 1218)

(Übersetzung)

Die Unterzeichnerregierungen, Mitglieder des Europarats – entschlossen, Maßnahmen zur kollektiven Gewährleistung gewisser Rechte und Freiheiten zu treffen, die in Abschnitt I der am 4. November 1950 in Rom unterzeichneten Konvention zum Schutz der Menschenrechte und Grundfreiheiten (im Folgenden als „Konvention" bezeichnet) noch nicht enthalten sind –

haben Folgendes vereinbart:

Artikel 1 Schutz des Eigentums

[1]Jede natürliche oder juristische Person hat das Recht auf Achtung ihres Eigentums. [2]Niemandem darf sein Eigentum entzogen werden, es sei denn, dass das öffentliche Interesse es verlangt, und nur unter den durch Gesetz und durch die allgemeinen Grundsätze des Völkerrechts vorgesehenen Bedingungen.

Absatz 1 beeinträchtigt jedoch nicht das Recht des Staates, diejenigen Gesetze anzuwenden, die er für die Regelung der Benutzung des Eigentums im Einklang mit dem Allgemeininteresse oder zur Sicherung der Zahlung der Steuern oder sonstigen Abgaben oder von Geldstrafen für erforderlich hält.

Artikel 2 Recht auf Bildung

[1]Niemandem darf das Recht auf Bildung verwehrt werden. [2]Der Staat hat bei Ausübung der von ihm auf dem Gebiet der Erziehung und des Unterrichts übernommenen Aufgaben das Recht der Eltern zu achten, die Erziehung und den Unterricht entsprechend ihren eigenen religiösen und weltanschaulichen Überzeugungen sicherzustellen.

Artikel 3 Recht auf freie Wahlen

Die Hohen Vertragsparteien verpflichten sich, in angemessenen Zeitabständen freie und geheime Wahlen unter Bedingungen abzuhalten, welche die freie Äußerung der Meinung des Volkes bei der Wahl der gesetzgebenden Körperschaften gewährleisten.

Artikel 4 Räumlicher Geltungsbereich

Jede Hohe Vertragspartei kann im Zeitpunkt der Unterzeichnung oder Ratifikation dieses Protokolls oder zu jedem späteren Zeitpunkt an den Generalsekretär des Europarats eine Erklärung darüber richten, in wel-

---

1) Anm. d. Red.: Neubekanntmachung des Zusatzprotokolls v. 20. 3. 1952 (BGBl. 1956 II S. 1879, 1880) in einer sprachlich überarbeiteten deutschen Übersetzung in der ab 1. 6. 2010 geltenden Fassung.

chem Umfang sie sich zur Anwendung dieses Protokolls auf die in der Erklärung angegebenen Hoheitsgebiete verpflichtet, für deren internationale Beziehungen sie verantwortlich ist.

Jede Hohe Vertragspartei, die eine Erklärung nach Absatz 1 abgegeben hat, kann jederzeit eine weitere Erklärung abgeben, die den Inhalt einer früheren Erklärung ändert oder die Anwendung der Bestimmungen dieses Protokolls auf irgendein Hoheitsgebiet beendet.

Eine nach diesem Artikel abgegebene Erklärung gilt als eine Erklärung im Sinne des Artikels 56 Absatz 1 der Konvention.

Artikel 5 Verhältnis zur Konvention
Die Hohen Vertragsparteien betrachten die Artikel 1, 2, 3 und 4 dieses Protokolls als Zusatzartikel zur Konvention; alle Bestimmungen der Konvention sind dementsprechend anzuwenden.

Artikel 6 Unterzeichnung und Ratifikation
[1]Dieses Protokoll liegt für die Mitglieder des Europarats, die Unterzeichner der Konvention sind, zur Unterzeichnung auf; es wird gleichzeitig mit der Konvention oder zu einem späteren Zeitpunkt ratifiziert. [2]Es tritt nach Hinterlegung von zehn Ratifikationsurkunden in Kraft. [3]Für jeden Unterzeichner, der das Protokoll später ratifiziert, tritt es mit der Hinterlegung seiner Ratifikationsurkunde in Kraft.[1]

Die Ratifikationsurkunden werden beim Generalsekretär des Europarats hinterlegt, der allen Mitgliedern die Namen derjenigen Staaten, die das Protokoll ratifiziert haben, notifiziert.

Geschehen zu Paris am 20. März 1952 in englischer und französischer Sprache, wobei jeder Wortlaut gleichermaßen verbindlich ist, in einer Urschrift, die im Archiv des Europarats hinterlegt wird. Der Generalsekretär übermittelt allen Unterzeichnerregierungen beglaubigte Abschriften.

---

1) Anm. d. Red.: Inkrafttreten für die Bundesrepublik Deutschland gemäß Bek. v. 13. 4. 1957 (BGBl. I S. 226) am 13. 2. 1957. Zum weiteren Geltungsbereich vgl. BGBl. II Fundstellennachweis B, abgeschlossen am 31. 12. jeden Jahres.

Protokoll Nr. 4 zur Konvention zum Schutz der Menschenrechte und Grundfreiheiten, durch das gewisse Rechte und Freiheiten gewährleistet werden, die nicht bereits in der Konvention oder im ersten Zusatzprotokoll enthalten sind

In der Fassung der Bekanntmachung vom 22. Oktober 2010[1]
(BGBl. II S. 1198, 1220)

(Übersetzung)

Die Unterzeichnerregierungen, Mitglieder des Europarats –

entschlossen, Maßnahmen zur kollektiven Gewährleistung gewisser Rechte und Freiheiten zu treffen, die in Abschnitt I der am 4. November 1950 in Rom unterzeichneten Konvention zum Schutz der Menschenrechte und Grundfreiheiten (im Folgenden als „Konvention" bezeichnet) und in den Artikeln 1 bis 3 des am 20. März 1952 in Paris unterzeichneten ersten Zusatzprotokolls zur Konvention noch nicht enthalten sind –

haben Folgendes vereinbart:

Artikel 1   Verbot der Freiheitsentziehung wegen Schulden
Niemandem darf die Freiheit allein deshalb entzogen werden, weil er nicht in der Lage ist, eine vertragliche Verpflichtung zu erfüllen.

Artikel 2   Freizügigkeit
(1) Jede Person, die sich rechtmäßig im Hoheitsgebiet eines Staates aufhält, hat das Recht, sich dort frei zu bewegen und ihren Wohnsitz frei zu wählen.

(2) Jeder Person steht es frei, jedes Land, einschließlich des eigenen, zu verlassen.

(3) Die Ausübung dieser Rechte darf nur Einschränkungen unterworfen werden, die gesetzlich vorgesehen und in einer demokratischen Gesellschaft notwendig sind für die nationale oder öffentliche Sicherheit, zur Aufrechterhaltung der öffentlichen Ordnung, zur Verhütung von Straftaten, zum Schutz der Gesundheit oder der Moral oder zum Schutz der Rechte und Freiheiten anderer.

(4) Die in Absatz 1 anerkannten Rechte können ferner für bestimmte Gebiete Einschränkungen unterworfen werden, die gesetzlich vorgesehen und in einer demokratischen Gesellschaft durch das öffentliche Interesse gerechtfertigt sind.

Artikel 3   Verbot der Ausweisung eigener Staatsangehöriger
(1) Niemand darf durch eine Einzel- oder Kollektivmaßnahme aus dem Hoheitsgebiet des Staates ausgewiesen werden, dessen Angehöriger er ist.

---

1) Anm. d. Red.: Neubekanntmachung des Protokolls Nr. 4 v. 16. 9. 1963 (BGBl. 1968 II S. 422, 423) in einer sprachlich überarbeiteten deutschen Übersetzung in der ab 1. 6. 2010 geltenden Fassung.

(2) Niemandem darf das Recht entzogen werden, in das Hoheitsgebiet des Staates einzureisen, dessen Angehöriger er ist.

Artikel 4 Verbot der Kollektivausweisung ausländischer Personen
Kollektivausweisungen ausländischer Personen sind nicht zulässig.

Artikel 5 Räumlicher Geltungsbereich
(1) Jede Hohe Vertragspartei kann im Zeitpunkt der Unterzeichnung oder Ratifikation dieses Protokolls oder zu jedem späteren Zeitpunkt an den Generalsekretär des Europarats eine Erklärung darüber richten, in welchem Umfang sie sich zur Anwendung dieses Protokolls auf die in der Erklärung angegebenen Hoheitsgebiete verpflichtet, für deren internationale Beziehungen sie verantwortlich ist.

(2) Jede Hohe Vertragspartei, die eine Erklärung nach Absatz 1 abgegeben hat, kann jederzeit eine weitere Erklärung abgeben, die den Inhalt einer früheren Erklärung ändert oder die Anwendung der Bestimmungen dieses Protokolls auf irgendein Hoheitsgebiet beendet.

(3) Eine nach diesem Artikel abgegebene Erklärung gilt als eine Erklärung im Sinne des Artikels 56 Absatz 1 der Konvention.

(4) Das Hoheitsgebiet eines Staates, auf das dieses Protokoll aufgrund der Ratifikation oder Annahme durch diesen Staat Anwendung findet, und jedes Hoheitsgebiet, auf welches das Protokoll aufgrund einer von diesem Staat nach diesem Artikel abgegebenen Erklärung Anwendung findet, werden als getrennte Hoheitsgebiete betrachtet, soweit die Artikel 2 und 3 auf das Hoheitsgebiet eines Staates Bezug nehmen.

(5) Jeder Staat, der eine Erklärung nach Absatz 1 oder 2 abgegeben hat, kann jederzeit danach für eines oder mehrere der in der Erklärung bezeichneten Hoheitsgebiete erklären, dass er die Zuständigkeit des Gerichtshofs, Beschwerden von natürlichen Personen, nichtstaatlichen Organisationen oder Personengruppen nach Artikel 34 der Konvention entgegenzunehmen, für die Artikel 1 bis 4 dieses Protokolls insgesamt oder für einzelne dieser Artikel annimmt.

Artikel 6 Verhältnis zur Konvention
Die Hohen Vertragsparteien betrachten die Artikel 1 bis 5 dieses Protokolls als Zusatzartikel zur Konvention; alle Bestimmungen der Konvention sind dementsprechend anzuwenden.

Artikel 7 Unterzeichnung und Ratifikation
(1) [1]Dieses Protokoll liegt für die Mitglieder des Europarats, die Unterzeichner der Konvention sind, zur Unterzeichnung auf; es wird gleichzeitig mit der Konvention oder zu einem späteren Zeitpunkt ratifiziert. [2]Es tritt nach Hinterlegung von fünf Ratifikationsurkunden in Kraft. [3]Für

jeden Unterzeichner, der das Protokoll später ratifiziert, tritt es mit der Hinterlegung der Ratifikationsurkunde in Kraft.[1]

(2) Die Ratifikationsurkunden werden beim Generalsekretär des Europarats hinterlegt, der allen Mitgliedern die Namen derjenigen Staaten, die das Protokoll ratifiziert haben, notifiziert.

Zu Urkund dessen haben die hierzu gehörig befugten Unterzeichneten dieses Protokoll unterschrieben.

Geschehen zu Straßburg am 16. September 1963 in englischer und französischer Sprache, wobei jeder Wortlaut gleichermaßen verbindlich ist, in einer Urschrift, die im Archiv des Europarats hinterlegt wird. Der Generalsekretär übermittelt allen Unterzeichnerstaaten beglaubigte Abschriften.

---

1) Anm. d. Red.: Inkrafttreten für die Bundesrepublik Deutschland gemäß Bek. v. 18. 11. 1968 (BGBl. II S. 1109) am 1. 6. 1968. Zum weiteren Geltungsbereich vgl. BGBl. II Fundstellennachweis B, abgeschlossen am 31. 12. jeden Jahres.

Protokoll Nr. 6 zur Konvention zum Schutz der Menschenrechte und Grundfreiheiten über die Abschaffung der Todesstrafe

In der Fassung der Bekanntmachung vom 22. Oktober 2010[1]
(BGBl. II S. 1198, 1223)

(Übersetzung)

Die Mitgliedstaaten des Europarats, die dieses Protokoll zu der am 4. November 1950 in Rom unterzeichneten Konvention zum Schutz der Menschenrechte und Grundfreiheiten (im Folgenden als „Konvention" bezeichnet) unterzeichnen –

in der Erwägung, dass die in verschiedenen Mitgliedstaaten des Europarats eingetretene Entwicklung eine allgemeine Tendenz zugunsten der Abschaffung der Todesstrafe zum Ausdruck bringt –

haben Folgendes vereinbart:

Artikel 1 Abschaffung der Todesstrafe
[1]Die Todesstrafe ist abgeschafft. [2]Niemand darf zu dieser Strafe verurteilt oder hingerichtet werden.

Artikel 2 Todesstrafe in Kriegszeiten
[1]Ein Staat kann in seinem Recht die Todesstrafe für Taten vorsehen, die in Kriegszeiten oder bei unmittelbarer Kriegsgefahr begangen werden; diese Strafe darf nur in den Fällen, die im Recht vorgesehen sind, und in Übereinstimmung mit dessen Bestimmungen angewendet werden. [2]Der Staat übermittelt dem Generalsekretär des Europarats die einschlägigen Rechtsvorschriften.

Artikel 3 Verbot des Abweichens
Von diesem Protokoll darf nicht nach Artikel 15 der Konvention abgewichen werden.

Artikel 4 Verbot von Vorbehalten
Vorbehalte nach Artikel 57 der Konvention zu Bestimmungen dieses Protokolls sind nicht zulässig.

Artikel 5 Räumlicher Geltungsbereich
(1) Jeder Staat kann bei der Unterzeichnung oder bei der Hinterlegung seiner Ratifikations-, Annahme- oder Genehmigungsurkunde einzelne oder mehrere Hoheitsgebiete bezeichnen, auf die dieses Protokoll Anwendung findet.

(2) [1]Jeder Staat kann jederzeit danach durch eine an den Generalsekretär des Europarats gerichtete Erklärung die Anwendung dieses Protokolls auf jedes weitere in der Erklärung bezeichnete Hoheitsgebiet erstrecken. [2]Das

---

1) Anm. d. Red.: Neubekanntmachung des Protokolls Nr. 6 v. 28. 4. 1983 (BGBl. 1988 II S. 662, 663) in einer sprachlich überarbeiteten deutschen Übersetzung in der ab 1. 6. 2010 geltenden Fassung.

Protokoll tritt für dieses Hoheitsgebiet am ersten Tag des Monats in Kraft, der auf den Eingang der Erklärung beim Generalsekretär folgt.

(3) [1]Jede nach den Absätzen 1 und 2 abgegebene Erklärung kann in Bezug auf jedes darin bezeichnete Hoheitsgebiet durch eine an den Generalsekretär gerichtete Notifikation zurückgenommen werden. [2]Die Rücknahme wird am ersten Tag des Monats wirksam, der auf den Eingang der Notifikation beim Generalsekretär folgt.

Artikel 6   Verhältnis zur Konvention
Die Vertragsstaaten betrachten die Artikel 1 bis 5 dieses Protokolls als Zusatzartikel zur Konvention; alle Bestimmungen der Konvention sind dementsprechend anzuwenden.

Artikel 7   Unterzeichnung und Ratifikation
[1]Dieses Protokoll liegt für die Mitgliedstaaten des Europarats, welche die Konvention unterzeichnet haben, zur Unterzeichnung auf. [2]Es bedarf der Ratifikation, Annahme oder Genehmigung. [3]Ein Mitgliedstaat des Europarats kann dieses Protokoll nur ratifizieren, annehmen oder genehmigen, wenn er die Konvention gleichzeitig ratifiziert oder sie früher ratifiziert hat. [4]Die Ratifikations-, Annahme- oder Genehmigungsurkunden werden beim Generalsekretär des Europarats hinterlegt.

Artikel 8   Inkrafttreten
(1) Dieses Protokoll tritt am ersten Tag des Monats in Kraft, der auf den Tag folgt, an dem fünf Mitgliedstaaten des Europarats nach Artikel 7 ihre Zustimmung ausgedrückt haben, durch das Protokoll gebunden zu sein.

(2) Für jeden Mitgliedstaat, der später seine Zustimmung ausdrückt, durch das Protokoll gebunden zu sein, tritt es am ersten Tag des Monats in Kraft, der auf die Hinterlegung der Ratifikations-, Annahme- oder Genehmigungsurkunde folgt.[1)]

Artikel 9   Aufgaben des Verwahrers
Der Generalsekretär des Europarats notifiziert den Mitgliedstaaten des Rates
a) jede Unterzeichnung;
b) jede Hinterlegung einer Ratifikations-, Annahme- oder Genehmigungsurkunde;
c) jeden Zeitpunkt des Inkrafttretens dieses Protokolls nach den Artikeln 5 und 8;
d) jede andere Handlung, Notifikation oder Mitteilung im Zusammenhang mit diesem Protokoll.

Zu Urkund dessen haben die hierzu gehörig befugten Unterzeichneten dieses Protokoll unterschrieben.

---

1) Anm. d. Red.: Inkrafttreten für die Bundesrepublik Deutschland gemäß Bek. v. 27. 9. 1989 (BGBl. II S. 814) am 1. 8. 1989. Zum weiteren Geltungsbereich vgl. BGBl. II Fundstellennachweis B, abgeschlossen am 31. 12. jeden Jahres.

Geschehen zu Straßburg am 28. April 1983 in englischer und französischer Sprache, wobei jeder Wortlaut gleichermaßen verbindlich[1] ist, in einer Urschrift, die im Archiv des Europarats hinterlegt wird. Der Generalsekretär des Europarats übermittelt allen Mitgliedstaaten des Europarats beglaubigte Abschriften.

---

[1]   Österreich: authentisch.

Protokoll Nr. 13 zur Konvention zum Schutz der Menschenrechte und Grundfreiheiten über die vollständige Abschaffung der Todesstrafe

In der Fassung der Bekanntmachung vom 22. Oktober 2010[1]
(BGBl. II S. 1198, 1226)

(Übersetzung)

Die Mitgliedstaaten des Europarats, die dieses Protokoll unterzeichnen,

in der Überzeugung, dass in einer demokratischen Gesellschaft das Recht jedes Menschen auf Leben einen Grundwert darstellt und die Abschaffung der Todesstrafe für den Schutz dieses Rechts und für die volle Anerkennung der allen Menschen innewohnenden Würde von wesentlicher Bedeutung ist;

in dem Wunsch, den Schutz des Rechts auf Leben, der durch die am 4. November 1950 in Rom unterzeichnete Konvention zum Schutz der Menschenrechte und Grundfreiheiten (im Folgenden als „Konvention" bezeichnet) gewährleistet wird, zu stärken;

in Anbetracht dessen, dass das Protokoll Nr. 6 zur Konvention über die Abschaffung der Todesstrafe, das am 28. April 1983 in Straßburg unterzeichnet wurde, die Todesstrafe nicht für Taten ausschließt, die in Kriegszeiten oder bei unmittelbarer Kriegsgefahr begangen werden;

entschlossen, den letzten Schritt zu tun, um die Todesstrafe vollständig abzuschaffen,

haben Folgendes vereinbart:

Artikel 1 Abschaffung der Todesstrafe
[1]Die Todesstrafe ist abgeschafft. [2]Niemand darf zu dieser Strafe verurteilt oder hingerichtet werden.

Artikel 2 Verbot des Abweichens
Von diesem Protokoll darf nicht nach Artikel 15 der Konvention abgewichen werden.

Artikel 3 Verbot von Vorbehalten
Vorbehalte nach Artikel 57 der Konvention zu diesem Protokoll sind nicht zulässig.

Artikel 4 Räumlicher Geltungsbereich
(1) Jeder Staat kann bei der Unterzeichnung oder bei der Hinterlegung der Ratifikations-, Annahme- oder Genehmigungsurkunde einzelne oder mehrere Hoheitsgebiete bezeichnen, auf die dieses Protokoll Anwendung findet.

---

1) Anm. d. Red.: Neubekanntmachung des Protokolls Nr. 13 v. 3. 5. 2002 (BGBl. 2004 II S. 982, 983) in einer sprachlich überarbeiteten deutschen Übersetzung in der ab 1. 6. 2010 geltenden Fassung.

(2) [1]Jeder Staat kann jederzeit danach durch eine an den Generalsekretär des Europarats gerichtete Erklärung die Anwendung dieses Protokolls auf jedes weitere in der Erklärung bezeichnete Hoheitsgebiet erstrecken. [2]Das Protokoll tritt für dieses Hoheitsgebiet am ersten Tag des Monats in Kraft, der auf einen Zeitabschnitt von drei Monaten nach Eingang der Erklärung beim Generalsekretär folgt.

(3) [1]Jede nach den Absätzen 1 und 2 abgegebene Erklärung kann in Bezug auf jedes darin bezeichnete Hoheitsgebiet durch eine an den Generalsekretär gerichtete Notifikation zurückgenommen oder geändert werden. [2]Die Rücknahme oder Änderung wird am ersten Tag des Monats wirksam, der auf einen Zeitabschnitt von drei Monaten nach Eingang der Notifikation beim Generalsekretär folgt.

Artikel 5 Verhältnis zur Konvention

Die Vertragsstaaten betrachten die Artikel 1 bis 4 dieses Protokolls als Zusatzartikel zur Konvention; alle Bestimmungen der Konvention sind dementsprechend anzuwenden.

Artikel 6 Unterzeichnung und Ratifikation

[1]Dieses Protokoll liegt für die Mitgliedstaaten des Europarats, welche die Konvention unterzeichnet haben, zur Unterzeichnung auf. [2]Es bedarf der Ratifikation, Annahme oder Genehmigung. [3]Ein Mitgliedstaat des Europarats kann dieses Protokoll nur ratifizieren, annehmen oder genehmigen, wenn er die Konvention gleichzeitig ratifiziert oder bereits zu einem früheren Zeitpunkt ratifiziert hat. [4]Die Ratifikations-, Annahme- oder Genehmigungsurkunden werden beim Generalsekretär des Europarats hinterlegt.

Artikel 7 Inkrafttreten

(1) Dieses Protokoll tritt am ersten Tag des Monats in Kraft, der auf einen Zeitabschnitt von drei Monaten nach dem Tag folgt, an dem zehn Mitgliedstaaten des Europarats nach Artikel 6 ihre Zustimmung ausgedrückt haben, durch das Protokoll gebunden zu sein.

(2) Für jeden Mitgliedstaat, der später seine Zustimmung ausdrückt, durch dieses Protokoll gebunden zu sein, tritt es am ersten Tag des Monats in Kraft, der auf einen Zeitabschnitt von drei Monaten nach der Hinterlegung der Ratifikations-, Annahme- oder Genehmigungsurkunde folgt.[1]

---

1) Anm. d. Red.: Inkrafttreten für die Bundesrepublik Deutschland gemäß Bek. v. 23. 11. 2004 (BGBl. II S. 1722) am 1. 2. 2005. Zum weiteren Geltungsbereich vgl. BGBl. II Fundstellennachweis B, abgeschlossen am 31. 12. jeden Jahres.
Zum Inkrafttreten des Protokolls in den anderen Vertragsstaaten vgl. die Bek. über den Geltungsbereich des Protokolls Nr. 13 zur Konvention zum Schutz der Menschenrechte und Grundfreiheiten über die vollständige Abschaffung der Todesstrafe v. 26. 5. 2014 (BGBl. II S. 435).

Artikel 8 Aufgaben des Verwahrers

Der Generalsekretär des Europarats notifiziert allen Mitgliedstaaten des Europarats

a) jede Unterzeichnung;

b) jede Hinterlegung einer Ratifikations-, Annahme- oder Genehmigungsurkunde;

c) jeden Zeitpunkt des Inkrafttretens dieses Protokolls nach Artikel 4 und 7;

d) jede andere Handlung, Notifikation oder Mitteilung im Zusammenhang mit diesem Protokoll.

Zu Urkund dessen haben die hierzu gehörig befugten Unterzeichneten dieses Protokoll unterschrieben.

Geschehen zu Wilna am 3. Mai 2002 in englischer und französischer Sprache, wobei jeder Wortlaut gleichermaßen verbindlich ist, in einer Urschrift, die im Archiv des Europarats hinterlegt wird.

Der Generalsekretär des Europarats übermittelt allen Mitgliedstaaten des Europarats beglaubigte Abschriften.

Stichwortverzeichnis
Die **erste Ziffer** (Fettdruck) verweist auf den jeweiligen Rechtstext gemäß der Nummerierung im Inhaltsverzeichnis. Die **zweite Ziffer** (mager) bezeichnet den Artikel/Paragrafen innerhalb des betreffenden Textes.